中国交通运输年鉴

（2022）

The Transport Yearbook of China 2022

中华人民共和国交通运输部　编

Ministry of Transport of the People's Republic of China

人民交通出版社股份有限公司

北京

图书在版编目(CIP)数据

中国交通运输年鉴．2022 / 中华人民共和国交通运输部编．—北京：人民交通出版社股份有限公司，2022.12

ISBN 978-7-114-18241-9

Ⅰ. ①中…　Ⅱ. ①中…　Ⅲ. ①交通运输业—中国—2022—年鉴　Ⅳ. ① F512.9-54

中国版本图书馆 CIP 数据核字 (2022) 第 181844 号

Zhongguo Jiaotong Yunshu Nianjian (2022)

书　　名：**中国交通运输年鉴**（2022）
著 作 者：中华人民共和国交通运输部
责任编辑：崔　建
责任校对：赵媛媛
责任印制：张　凯
出版发行：人民交通出版社股份有限公司
地　　址：（100011）北京市朝阳区安定门外外馆斜街 3 号
网　　址：http://www.ccpcl.com.cn
销售电话：（010）59757973
总 经 销：人民交通出版社股份有限公司发行部
经　　销：各地新华书店
印　　刷：天津融正印刷有限公司
开　　本：880 × 1230　1/16
印　　张：46.5
字　　数：1091 千
版　　次：2022 年 12 月　第 1 版
印　　次：2022 年 12 月　第 1 次印刷
书　　号：ISBN 978-7-114-18241-9
定　　价：258.00 元

编辑说明

一、按照《中国交通运输年鉴》的定位，本书由交通运输部和国家铁路局、中国民用航空局、国家邮政局联合编纂。全书本着“全面呈现，重点突出”的原则，聚焦“交通强国”建设目标，突出年度行业核心、重点、热点话题，全景式记录在交通强国建设进程中发生的重大事件和取得的重大成就，凸显交通运输服务国家战略、保障国计民生的先行作用。

二、在坚持权威、系统、客观、准确、连续、实用的原则下，全书由“重要指引、重大政策、发展成就、重大工程、重大事件、专题特辑、地方篇、附录”8 篇组成，共计 34 章，7 个专题，6 个附录。内容涉及党中央和国务院的决策，领导人的指示，铁路、公路、水路、民航和邮政各领域及综合交通融合发展、交通强国建设，以及科技创新，安全监管与应急处置，国际合作与港澳台工作，党的建设，精神文明建设，人才队伍建设，法治政府建设，全国各地交通运输发展成就等方面情况。同时，还注重对综合交通、智慧交通、绿色交通、平安交通发展脉络的梳理。其中，对第二届联合国全球可持续交通大会、党史学习教育、“四好农村路”、乡村振兴、服务国家重大战略、民生实事与建议提案办理、节假日和快递高峰运输 7 个热点予以专题呈现。此外，本书还刊载了交通运输领域的重大政策列表、人事机构情况、各领域重要统计公报、交通运输行业部分统计数据、权威媒体报道以及年度大事记。

三、本书内容由交通运输部部内各司局和国家铁路局、中国民用航空局、国家邮政局相关部门、部分部属单位，各省、自治区、直辖市以及新疆生产建设兵团交通运输主管部门提供。其中，部分内容来自相关业务部门公开发布的发展报告等官方权威信息。编纂工作由交通运输部办公厅会同国家铁路局、中国民用航空局、国家邮政局综合司（办公室）统筹，交通运输部档案馆、中国公路学会和《中国公路》杂志社组成编辑工作组，负责具体实施。

四、本书重点收入了交通运输行业 2021 年的核心信息，所涉信息除特殊注明外，时间均为 2021 年。为体现行业发展的纵深、数据信息的完整性和方便读者对比使用，收入的部分资料时限、数据时限有所放宽。

五、本书所列全国性统计数据，由相关业务主管部门提供并审定，除个别内容外绝大多数未含香港、澳门特别行政区和台湾地区。由于统计口径不同，书中相关数字略有不同，最终数字均以“统计公报”为准。

六、本书正文图表以篇 – 章 – 序号编排，一个表格一般只表达一个主题。

七、为适应现代阅读习惯，方便读者使用，并克服纸质版容量有限的问题，文中加载了部分重要文件的二维码，供读者扫码阅读。二维码统一链接至相关部门官方网站。如果相关网站链接有变动，会造成扫描失效情况，请另行查询。

八、人事机构方面的资料由人事部门提供。

九、本书的名词术语、缩略语、简称及英文缩写未加注释的，见行业相关名词解释及英文缩写释文。

十、本书关于政策的相关内容，是对部分现行法律、法规和政策原文的部分刊登、综述和解读，可以作为了解中国交通运输发展政策的线索，并附有二维码，可供读者扫描参考，必要时读者应查阅使用相关正式文件。

十一、为方便阅读，本书“附录”部分的各统计公报中的图、表序号均按各公报原文排序。

本书编辑工作组

2022 年 6 月 30 日

EDITORS' NOTES

1. As per the position set for the Transport Yearbook of China, it is jointly compiled by the Ministry of Transportation, the National Railway Administration, the Civil Aviation Administration of China and the State Post Bureau. Following the principle of "presenting the full picture while highlighting key events in the industry", focusing on the target of "building China into a transport power" and underling the annual core, important and high-profile issues in the industry, the Transport Yearbook of China gives a panoramic documentation of main events that have taken place and substantial achievements that have been made in the course of building China into a transport power, and highlights the role of the transport industry as the vanguard in serving national strategies and enhancing the national welfare and people's livelihood.

2. The Yearbook, authoritative, systematical, subjective, accurate, consistent and useful, comprises a total of 34 chapters, 7 subjects, and 6 appendixes, in 8 sections: Important Guidelines, Substantial Policies, Development and Achievements, Major Projects, Major Events, Special Subjects, Provincial Subjects, and Appendixes. Included herein are the decisions by the CPC Central Committee and the State Council; leaders' instructions; the progress in the sectors of railway transport, highway transport, waterway transport, civil aviation transport and postal services and in the integrated development of these sectors; and information on technological innovation, safety supervision, emergency response, international cooperation and the work on Hong Kong, Macao and Taiwan, Party building, cultural and ethical advancement, development of professional teams, governance by law, and achievements of transportation development in all parts of China. The Yearbook also highlights the organizing of the development course of a comprehensive, smart, green and safe transport system. Specially presented are seven high-profile issues: The second United Nations Global Sustainable Transport Conference, Party history learning and education, serving the effort of doing a good job in the construction, management, maintenance and operation of the rural roads (also known as the "'four good' rural roads"), rural revitalization, serving major national strategies, dealing with practical issues concerning people's livelihood and related proposals and bills, transport during holidays / festivals and express delivery rush hours. Also contained herein are a list of major policies in the transport sector, organization structure, major statistical bulletins in various fields, parts of the statistics of transportation industry, authoritative media reports and chronicles of major events of the year.

3. The contents herein are provided by departments and bureaus within the Ministry of Transport, relevant departments of the National Railway Administration, the Civil Aviation Administration of China and the State Post Bureau, units under the Ministry of Communications and transportation departments of various provinces and Xinjiang Production and Construction Corps, part of which comes from development reports and other official authoritative information publicly released by relevant business departments. Its compilation is organized by the General Office of the Ministry of Transport in conjunction with the National Railway Administration, the Civil Aviation Administration of China and the general department (office) of the State Post Bureau, and carried out by the Working Group of the Editorial Board consisting of staff members of the Archives Center of the Ministry of Transport, China Highway and Transportation Society and China Highway Magazine Society.

4. Contained herein is mainly the core information of the transport industry in 2021, and therefore all the information is that of the year 2021 unless otherwise specified. In order to demonstrate the developmental depth of the transport industry and the integrity of data / information, and to facilitate the comparison and use of data by readers, part of the data and information is not limited to that of 2021.

5. The national statistical data listed herein is provided and checked by relevant business authorities. Most of these statistics do not include those of the Hong Kong and Macao Special Administrative Regions and Taiwan Province. Where figures contained herein show discrepancy due to different statistical criteria, to unify the figures, those in the Statistical Bulletin shall prevail ultimately.

6. The charts in this Yearbook are numbered with the serial numbers of the sections and chapters in which they appear. One chart is usually used to express only one theme.

7. Important documents herein come with QR codes for readers to scan so as to accommodate the reading habit of modern readers, facilitate their use, and address the problem of limited space available in a print version. All the QR codes are linked to the websites of competent authorities. In case of any invalid scanning of QR codes caused by any change of such website links, please turn to other means of inquiry.

8. The information on the organization structure is provided by relevant personnel departments.

9. With respect to any terms, acronyms, abbreviations or English abbreviations not annotated herein, please refer to the definition of such terminologies and the explanation of such English abbreviations provided by the transport industry.

10. The policy-related contents contained herein are excerpts, summaries and interpretations of the original texts of existing laws, regulations and policies, and may serve as a clue for the understanding of China's transport development policy. QR codes are printed herein for readers to scan for reference; it is advisable, however, to consult the original documents when necessary.

11. To be reader-friendly, the figures and charts of statistical bulletins in the Appendixes are listed in the order in which the original texts appear in such bulletins.

Working Group of the Editorial Board

June 30 , 2022

组织机构名单

编纂工作委员会主任委员

徐成光（兼）

编纂工作委员会副主任委员

黄小平　交通运输部办公厅主任

田　军　国家铁路局综合司（外事司）司长

刘鲁颂　中国民用航空局民航安全监察专员、综合司司长

侯延波　国家邮政局办公室（外事司）主任（司长）

刘文杰　中国公路学会副理事长兼秘书长

编纂工作委员会委员

李天碧　交通运输部总工程师兼水运局局长

李国平　交通运输部安全总监兼中国海上搜救中心常务副主任，部应急办公室主任，部海事局党组书记、局长

刘鹏飞　交通运输部政策研究室主任

魏　东　交通运输部法制司司长

卢尚艇　交通运输部财务审计司司长

李良生　交通运输部人事教育司（党组巡视工作领导小组办公室）司长（主任）

吴春耕　交通运输部公路局局长

蔡团结　交通运输部运输服务司司长

彭思义　交通运输部安全与质量监督管理司司长、部应急办公室副主任

岑晏青　交通运输部科技司司长

李　扬　交通运输部国际合作司（港澳台办公室）司长（主任）

柯林春　交通运输部直属机关党委常务副书记

张晓冰　交通运输部离退休干部局党委书记、局长

梁成谷　国家铁路局综合司（外事司）副司长

孙文生　中国民用航空局综合司副司长

高洪涛　国家邮政局办公室（外事司）副主任（副司长）、二级巡视员

王　雷　交通运输部救助打捞局局长、党委副书记兼中国海上搜救中心常务副主任

朱伽林　人民交通出版传媒管理有限公司党委书记、董事长

杨如学　交通运输部档案馆馆长

谢正光　北京市交通委员会主任
王魁臣　天津市交通运输委员会党委书记、主任
侯智敏　河北省交通运输厅党组书记、厅长
赵建平　山西省交通运输厅党组书记、厅长
高世勤　内蒙古自治区交通运输厅党组书记、厅长
冯万斌　辽宁省交通运输厅党组书记、厅长
李　平　吉林省交通运输厅党组书记、厅长
孙　宇　黑龙江省交通运输厅党组书记、厅长
于福林　上海市交通委员会党组书记、主任
吴永宏　江苏省交通运输厅党组书记、厅长兼省铁路办主任
陈利幸　浙江省交通运输厅厅长
章　义　安徽省交通运输厅党组书记、厅长
李兴湖　福建省交通运输厅党组书记、厅长
王爱和　江西省交通运输厅党委书记、厅长
孟庆斌　山东省交通运输厅党组书记、厅长
徐　强　河南省交通运输厅党组书记、厅长
钟芝清　湖北省交通运输厅党组书记、厅长
赵　平　湖南省交通运输厅党组书记、厅长
李　静　广东省交通运输厅厅长
刘　可　广西壮族自治区交通运输厅厅长
巴特尔　海南省交通运输厅党组书记、厅长
许仁安　重庆市交通局党委书记、局长
罗佳明　四川省交通运输厅党组书记
邵　勋　贵州省交通运输厅党委书记、厅长
马文亮　云南省交通运输厅党组书记、厅长
徐文强　西藏自治区交通运输厅党委副书记、厅长
王海鹏　陕西省交通运输厅党组书记、厅长
刘建勋　甘肃省交通运输厅党组书记、厅长
乌拉孜别克·热苏力汗　青海省交通运输厅党组书记、厅长
曹志斌　宁夏回族自治区交通运输厅党委书记
李学东　新疆维吾尔自治区交通运输厅党委书记、副厅长
李学辉　新疆生产建设兵团交通运输局党组书记、局长

编纂工作联络员

侯　浩　交通运输部办公厅综合处处长、二级巡视员
廖　娟　交通运输部政策研究室综合处处长
罗洪波　交通运输部法制司综合处处长、二级巡视员
荣学文　交通运输部综合规划司办公室（交通运输部交通战备办公室）主任
武　超　交通运输部财务审计司综合处副处长
胡红哲　交通运输部人事教育司综合处副处长
郭　胜　交通运输部公路局办公室主任、二级巡视员
范永辉　交通运输部水运局经济运行处处长
高　博　交通运输部运输服务司综合处（国际道路运输管理处）处长
罗海峰　交通运输部安全与质量监督管理司综合处处长
甘家祥　交通运输部科技司综合处处长、二级巡视员
白　雪　交通运输部国际合作司（港澳台办公室）综合一处处长
郝新光　交通运输部直属机关党委办公室主任、二级巡视员
王成涛　交通运输部离退休干部局综合处（党委办公室）处长（主任）
王洪涌　中国海上搜救中心综合处处长、二级巡视员
董乐义　交通运输部海事局办公室主任
郑　辉　国家铁路局机关服务中心档案史志处处长
冯建朝　中国民用航空局综合司研究室副主任
陈　凯　国家邮政局办公室调研室副调研员
刘秀华　交通运输部救助打捞局办公室主任

冯　陶　北京市交通委员会研究室主任
黄红星　天津市交通运输委员会研究室主任
高正阳　河北省交通运输厅办公室主任
王亚虎　山西省交通运输厅办公室主任
蒙吉生　内蒙古自治区交通运输厅办公室主任
田　彦　辽宁省交通运输厅办公室主任
张明杰　吉林省交通运输厅办公室主任
杨　楠　黑龙江省交通运输厅政策研究室主任
张　谨　上海市交通委员会研究室三级调研员
周体光　江苏省交通运输厅政策研究室主任
张文彪　浙江省交通运输厅办公室主任

杨红雷　安徽省交通运输厅办公室主任
袁文洪　福建省交通运输厅办公室主任
毛　茂　江西省交通运输厅办公室主任
王　磊　山东省交通运输厅政策研究室主任
杨朝晖　河南省交通运输厅政策研究室主任
胡松涛　湖北省交通运输厅办公室副主任
李曙光　湖南省交通运输厅办公室主任
徐海波　广东省交通运输厅办公室主任
谢殿武　广西壮族自治区交通运输厅办公室主任
许教春　海南省交通运输厅办公室主任
王维定　重庆市交通局研究室主任
丁　杨　四川省交通运输厅交通史志总编室总编辑
姜　凯　贵州省交通运输厅办公室主任
何盛龙　云南省交通运输厅办公室副主任
唐定荣　西藏自治区交通运输厅办公室主任
王建勋　陕西省交通运输厅办公室主任
孙永涛　甘肃省交通运输厅办公室主任
张生荣　青海省交通运输厅办公室副主任
陈吉利　宁夏回族自治区交通运输厅办公室负责人
孔令忠　新疆维吾尔自治区交通运输厅办公室主任
梅军民　新疆生产建设兵团交通运输局办公室主任

编辑工作组

组　长　杨如学　刘文杰
副组长　佟　峰　刘传雷
编　辑　于佳玫　朱浅暄　余大鹏　范圆圆
　　　　苗挺节　陈　露　禹　洁　程子研
　　　　徐德谦　王　硕　崔　云　杨心壤
　　　　王　威
美　编　李仪灵　王德本
英　文　北京星辉翻译中心（SLTC）

参 编 单 位

国家铁路局

中国民用航空局

国家邮政局

交通运输部长江航务管理局

交通运输部珠江航务管理局

交通运输部救助打捞局

中国船级社

人民交通出版传媒管理有限公司

中国公路学会

交通运输部办公厅

交通运输部政策研究室

交通运输部法制司

交通运输部综合规划司

交通运输部财务审计司

交通运输部人事教育司（巡视办）

交通运输部公路局

交通运输部水运局

交通运输部运输服务司

交通运输部安全与质量监督管理司

交通运输部科技司

交通运输部国际合作司（港澳台办公室）

交通运输部直属机关党委

交通运输部离退休干部局

中国海上搜救中心

交通运输部海事局

交通运输部档案馆

北京市交通委员会
天津市交通运输委员会
河北省交通运输厅
山西省交通运输厅
内蒙古自治区交通运输厅
辽宁省交通运输厅
吉林省交通运输厅
黑龙江省交通运输厅
上海市交通委员会
江苏省交通运输厅
浙江省交通运输厅
安徽省交通运输厅
福建省交通运输厅
江西省交通运输厅
山东省交通运输厅
河南省交通运输厅
湖北省交通运输厅
湖南省交通运输厅
广东省交通运输厅
广西壮族自治区交通运输厅
海南省交通运输厅
重庆市交通局
四川省交通运输厅
贵州省交通运输厅
云南省交通运输厅
西藏自治区交通运输厅
陕西省交通运输厅
甘肃省交通运输厅
青海省交通运输厅
宁夏回族自治区交通运输厅
新疆维吾尔自治区交通运输厅
新疆生产建设兵团交通运输局

目　　录

第二篇　重大政策

第三篇　发展成就

第四篇　重大工程

第五篇　重大事件

第六篇　专题特辑

第七篇　地方篇

第八篇　附录

Contents

Section I Important Guidelines

Section II Substantial Policies

Section III Development and Achievements

Section IV Major Projects

Section V Major Events

Section VI Special Subjects

Section VII Provincial Subjects

Section VIII Appendixes

第一篇
重要指引

Section I
Important Guidelines

第一章　习近平关于交通运输工作的重要论述

一、与世界相交 与时代相通 在可持续发展道路上阔步前行

尊敬的古特雷斯秘书长，

各位同事，

女士们，先生们，朋友们：

很高兴出席第二届联合国全球可持续交通大会，同大家共商全球交通和发展大计。首先，我谨代表中国政府和中国人民，并以我个人的名义，对会议的召开表示热烈的祝贺，对与会嘉宾表示热烈的欢迎！

交通是经济的脉络和文明的纽带。纵观世界历史，从古丝绸之路的驼铃帆影，到航海时代的劈波斩浪，再到现代交通网络的四通八达，交通推动经济融通、人文交流，使世界成了紧密相连的"地球村"。

当前，百年变局和世纪疫情叠加，给世界经济发展和民生改善带来严重挑战。我们要顺应世界发展大势，推进全球交通合作，书写基础设施联通、贸易投资畅通、文明交融沟通的新篇章。

第一，坚持开放联动，推进互联互通。小河有水大河满，大河无水小河干。各国只有开放包容、互联互通，才能相互助力、互利共赢。我们要推动建设开放型世界经济，不搞歧视性、排他性规则和体系，推动经济全球化朝着更加开放、包容、普惠、平衡、共赢的方向发展。要加强基础设施"硬联通"、制度规则"软联通"，促进陆、海、天、网"四位一体"互联互通。

第二，坚持共同发展，促进公平普惠。各国一起发展才是真发展，大家共同富裕才是真富裕。在新冠肺炎疫情冲击下，贫富差距恶化，南北鸿沟扩大。只有解决好发展不平衡问题，才能够为人类共同发展开辟更加广阔的前景。要发挥交通先行作用，加大对贫困地区交通投入，让贫困地区经济民生因路而兴。要加强南北合作、南南合作，为最不发达国家、内陆发展中国家交通基础设施建设提供更多支持，促进共同繁荣。

第三，坚持创新驱动，增强发展动能。当今世界正在经历新一轮科技革命和产业变革，数字经济、人工智能等新技术、新业态已成为实现经济社会发展的强大技术支撑。要大力发展智慧交通和智慧物流，推动大数据、互联网、人工智能、区块链等新技术与交通行业深度融合，使人享其行、物畅其流。

第四，坚持生态优先，实现绿色低碳。建立绿色低碳发展的经济体系，促进经济社会发展全面绿色转型，才是实现可持续发展的长久之策。要加快形成绿色低碳交通运输方式，加强绿色基础设施建设，推广新能源、智能化、数字化、轻量化交通装备，鼓励引导绿色出行，让交通更加环保、出行更加低碳。

第五，坚持多边主义，完善全球治理。当今世界，各国前途命运紧密相连，利益交融前所未有。要践行共商共建共享的全球治理观，集众智、汇众力，动员全球资源，应对全球挑战，促进全球发展。要维护联

合国权威和地位，围绕落实联合国2030年可持续发展议程，全面推进减贫、卫生、交通物流、基础设施建设等合作。

不久前，我提出了全球发展倡议，旨在加快落实联合国2030年可持续发展议程，推动实现更加强劲、绿色、健康的全球发展，构建全球发展命运共同体，希望各方积极参与。

女士们、先生们、朋友们！

新中国成立以来，几代人逢山开路、遇水架桥，建成了交通大国，正在加快建设交通强国。我们坚持交通先行，建成了全球最大的高速铁路网、高速公路网、世界级港口群，航空航海通达全球，综合交通网突破600万公里。我们坚持创新引领，高铁、大飞机等装备制造实现重大突破，新能源汽车占全球总量一半以上，港珠澳大桥、北京大兴国际机场等超大型交通工程建成投运，交通成为中国现代化的开路先锋。我们坚持交通天下，已经成为全球海运连接度最高、货物贸易额最大的经济体。新冠肺炎疫情期间，中欧班列、远洋货轮昼夜穿梭，全力保障全球产业链供应链稳定，体现了中国担当。

女士们、先生们、朋友们！

中国将继续高举真正的多边主义旗帜，坚持与世界相交，与时代相通，在实现自身发展的同时，为全球发展作出更大贡献。

我愿重申，中国构建更高水平开放型经济新体制的方向不会变，促进贸易和投资自由化便利化的决心不会变。中国开放的大门只会越开越大，永远不会关上！

中国将继续推进高质量共建"一带一路"，加强同各国基础设施互联互通，加快建设绿色丝绸之路和数字丝绸之路。我宣布，中方将建立中国国际可持续交通创新和知识中心，为全球交通发展贡献力量。

女士们、先生们、朋友们！

让我们携手走互联互通、互利共赢的人间正道，共同建设一个持久和平、普遍安全、共同繁荣、开放包容、清洁美丽的世界，推动构建人类命运共同体！

预祝大会圆满成功！

《与世界相交 与时代相通 在可持续发展道路上阔步前行——在第二届联合国全球可持续交通大会开幕式上的主旨讲话》（2021年10月14日），《人民日报》2021年10月15日02版

二、一大批合作项目成果喜人

我们聚焦务实合作，实现了助力各自发展、增进民生福祉的目标。我们推动合作均衡发展，坚持经济和人文结合、贸易和投资并重，让成果惠及不同国家、不同人群。同9年前相比，中国同中东欧国家贸易额增长近85%，其中中方进口增幅高出出口增幅22个百分点，双向旅游交流人数增长近4倍。中欧班列已经覆盖大部分中东欧国家，累计开行3万多列。希腊比雷埃夫斯港、塞尔维亚斯梅戴雷沃钢厂、克罗地亚佩列沙茨跨海大桥等一大批合作项目成果喜人。

《凝心聚力，继往开来 携手共谱合作新篇章——在中国—中东欧国家领导人峰会上的主旨讲话》（2021年2月9日），《人民日报》2021年2月10日02版

三、具备条件的乡镇和建制村全部通硬化路、通客车、通邮路

脱贫地区经济社会发展大踏步赶上来，整体面貌发生历史性巨变。贫困地区发展步伐显著加快，经济实力不断增强，基础设施建设突飞猛进，社会事业长足进步，行路难、吃水难、用电难、通信难、上学难、就医难等问题得到历史性解决。义务教育阶段建档立卡贫困家庭辍学学生实现动态清零。具备条件的乡镇和建制村全部通硬化路、通客车、通邮路。新改建农村公路110万公里，新增铁路里程3.5万公里。贫困地区农网供电可靠率达到99%，大电网覆盖范围内贫困村通动力电比例达到100%，贫困村通光纤和4G比例均超过98%。790万户、2568万贫困群众的危房得到改造，累计建成集中安置区3.5万个、安置住房266万套，960多万人“挪穷窝”，摆脱了闭塞和落后，搬入了新家园。许多乡亲告别溜索桥、天堑变成了通途，告别苦咸水、喝上了清洁水，告别四面漏风的泥草屋、住上了宽敞明亮的砖瓦房。千百万贫困家庭的孩子享受到更公平的教育机会，孩子们告别了天天跋山涉水上学，实现了住学校、吃食堂。28个人口较少民族全部整族脱贫，一些新中国成立后“一步跨千年”进入社会主义社会的“直过民族”，又实现了从贫穷落后到全面小康的第二次历史性跨越。所有深度贫困地区的最后堡垒被全部攻克。脱贫地区处处呈现山乡巨变、山河锦绣的时代画卷！

《在全国脱贫攻坚总结表彰大会上的讲话》（2021年2月25日），《人民日报》2021年2月26日02版

四、推进基础设施联通，畅通经济运行的血脉和经络

我们要开放创新，开创发展繁荣的未来。开放是发展进步的必由之路，也是促进疫后经济复苏的关键。我们要推动贸易和投资自由化便利化，深化区域经济一体化，巩固供应链、产业链、数据链、人才链，构建开放型世界经济。要深化互联互通伙伴关系建设，推进基础设施联通，畅通经济运行的血脉和经络。要抓住新一轮科技革命和产业变革的历史机遇，大力发展数字经济，在人工智能、生物医药、现代能源等领域加强交流合作，使科技创新成果更好造福各国人民。在经济全球化时代，开放融通是不可阻挡的历史趋势，人为“筑墙”、“脱钩”违背经济规律和市场规则，损人不利己。

《同舟共济克时艰，命运与共创未来——在博鳌亚洲论坛2021年年会开幕式上的视频主旨演讲》（2021年4月20日），《人民日报》2021年4月21日02版

五、采取绿色基建、绿色能源、绿色交通、绿色金融等一系列举措，持续造福参与共建“一带一路”的各国人民

作为全球生态文明建设的参与者、贡献者、引领者，中国坚定践行多边主义，努力推动构建公平合理、合作共赢的全球环境治理体系。中方将在今年10月承办《生物多样性公约》第十五次缔约方大会，同各方一道推动全球生物多样性治理迈上新台阶，支持《联合国气候变化框架公约》第二十六次缔约方会议取得积极成果。中方秉持“授人以渔”理念，通过多种形式的南南务实合作，尽己所能帮助发展中国家提高应对气候变化能力。从非洲的气候遥感卫星，到东南亚的低碳示范区，再到小岛国的节能灯，中国应对气候变化南南合作成果看得见、摸得着、有实效。中方还将生态文明领域合作作为共建“一带一路”重点内容，发起了系列绿色行动倡议，采取绿色基建、绿色能源、绿色交通、绿色金融等一系列举措，持续造福参与共建“一带

一路”的各国人民。

《共同构建人与自然生命共同体——在“领导人气候峰会”上的讲话》(2021年4月22日)，《人民日报》2021年4月23日02版

六、加快推动产业结构、能源结构、交通运输结构、用地结构调整

习近平指出，我国建设社会主义现代化具有许多重要特征，其中之一就是我国现代化是人与自然和谐共生的现代化，注重同步推进物质文明建设和生态文明建设。要坚持不懈推动绿色低碳发展，建立健全绿色低碳循环发展经济体系，促进经济社会发展全面绿色转型。要把实现减污降碳协同增效作为促进经济社会发展全面绿色转型的总抓手，加快推动产业结构、能源结构、交通运输结构、用地结构调整。要强化国土空间规划和用途管控，落实生态保护、基本农田、城镇开发等空间管控边界，实施主体功能区战略，划定并严守生态保护红线。要抓住资源利用这个源头，推进资源总量管理、科学配置、全面节约、循环利用，全面提高资源利用效率。要抓住产业结构调整这个关键，推动战略性新兴产业、高技术产业、现代服务业加快发展，推动能源清洁低碳安全高效利用，持续降低碳排放强度。要支持绿色低碳技术创新成果转化，支持绿色技术创新。实现碳达峰、碳中和是我国向世界作出的庄严承诺，也是一场广泛而深刻的经济社会变革，绝不是轻轻松松就能实现的。各级党委和政府要拿出抓铁有痕、踏石留印的劲头，明确时间表、路线图、施工图，推动经济社会发展建立在资源高效利用和绿色低碳发展的基础之上。不符合要求的高耗能、高排放项目要坚决拿下来。

《习近平在中共中央政治局第二十九次集体学习时强调 保持生态文明建设战略定力 努力建设人与自然和谐共生的现代化》(2021年4月30日)，《人民日报》2021年5月2日01版

七、各方积极推进政策沟通、设施联通、贸易畅通、资金融通、民心相通

习近平强调，我提出共建“一带一路”倡议，旨在传承丝绸之路精神，携手打造开放合作平台，为各国合作发展提供新动力。8年来，140个国家同中方签署了共建“一带一路”合作协议，合作伙伴越来越多。各方积极推进政策沟通、设施联通、贸易畅通、资金融通、民心相通，启动了大批务实合作、造福民众的项目，构建起全方位、复合型的互联互通伙伴关系，开创了共同发展的新前景。面对突如其来的新冠肺炎疫情，我们守望相助，共克时艰，推动共建“一带一路”继续前行，向国际社会传递了信心和力量，为全球抗疫合作和经济复苏作出了重要贡献。

《习近平向“一带一路”亚太区域国际合作高级别会议发表书面致辞》(2021年6月23日)，《人民日报》2021年6月24日01版

八、加大交通疏导力度，抓细抓实各项防汛救灾措施

习近平强调，当前已进入防汛关键期，各级领导干部要始终把保障人民群众生命财产安全放在第一位，身先士卒、靠前指挥，迅速组织力量防汛救灾，妥善安置受灾群众，严防次生灾害，最大限度减少人员伤亡和财产损失。解放军和武警部队要积极协助地方开展抢险救灾工作。国家防总、应急管理部、水利部、

交通运输部要加强统筹协调，强化灾害隐患巡查排险，加强重要基础设施安全防护，提高降雨、台风、山洪、泥石流等预警预报水平，加大交通疏导力度，抓细抓实各项防汛救灾措施。

《习近平对防汛救灾工作作出重要指示要求 始终把保障人民群众生命财产安全放在第一位 抓细抓实各项防汛救灾措施》（2021年7月21日），《人民日报》2021年7月22日01版

九、推动北斗卫星导航系统建设、推进北斗产业发展，共享北斗卫星导航系统成果

习近平强调，北斗系统造福中国人民，也造福世界各国人民。中国坚持开放融合、协调合作、兼容互补、成果共享，愿同各方一道，推动北斗卫星导航系统建设、推进北斗产业发展，共享北斗卫星导航系统成果，促进全球卫星导航事业进步，让北斗系统更好服务全球、造福人类。

《习近平向首届北斗规模应用国际峰会致贺信》（2021年9月16日），《人民日报》2021年9月17日01版

十、重点支持现代化互联互通、基础设施建设、绿色低碳可持续发展等项目

为助力各国疫后经济复苏，中方愿继续分享市场机遇，力争未来5年同本组织国家累计贸易额实现2.3万亿美元目标，优化贸易结构，改善贸易平衡。中方将设立中国—上海合作组织经贸学院，助力本组织多边经贸合作发展。中方2018年在上海合作组织框架内设立的首期300亿元人民币等值专项贷款即将实施完毕，将启动实施二期专项贷款用于共建“一带一路”合作，重点支持现代化互联互通、基础设施建设、绿色低碳可持续发展等项目。

《不忘初心 砥砺前行 开启上海合作组织发展新征程——在上海合作组织成员国元首理事会第二十一次会议上的讲话》（2021年9月17日），《人民日报》2021年9月18日02版

十一、要加快新型基础设施建设

习近平强调，要加快新型基础设施建设，加强战略布局，加快建设高速泛在、天地一体、云网融合、智能敏捷、绿色低碳、安全可控的智能化综合性数字信息基础设施，打通经济社会发展的信息“大动脉”。要全面推进产业化、规模化应用，重点突破关键软件，推动软件产业做大做强，提升关键软件技术创新和供给能力。

《习近平在中共中央政治局第三十四次集体学习时强调 把握数字经济发展趋势和规律 推动我国数字经济健康发展》（2021年10月18日），《人民日报》2021年10月20日01版

十二、重点实施交通运输绿色低碳行动

中国将推进全面绿色转型，为亚太及全球生态文明建设作出贡献。我曾在中国黄土高原的一个小村庄生活多年，当时那里的生态环境受到破坏，百姓生活也陷于贫困。我那时就认识到，对自然的伤害最终会伤及人类自己。中国将积极推进生态文明建设，坚持绿水青山就是金山银山，深化水土流失综合治理，打好污

染防治攻坚战。中国将坚定实施应对气候变化国家战略。去年我提出碳达峰目标及碳中和愿景以来，中国已经制定《2030年前碳达峰行动方案》，加速构建“1+N”政策体系。“1”是中国实现碳达峰、碳中和的指导思想和顶层设计，“N”是重点领域和行业实施方案，包括能源绿色转型行动、工业领域碳达峰行动、交通运输绿色低碳行动、循环经济降碳行动等。中国将统筹低碳转型和民生需要，处理好发展同减排关系，如期实现碳达峰、碳中和目标。

《坚持可持续发展 共建亚太命运共同体——在亚太经合组织工商领导人峰会上的主旨演讲》（2021年11月11日），《人民日报》2021年11月12日02版

十三、完善陆、海、天、网“四位一体”互联互通布局

习近平强调，要夯实发展根基。要深化政治互信，发挥政策沟通的引领和催化作用，探索建立更多合作对接机制，推动把政治共识转化为具体行动、把理念认同转化为务实成果。要深化互联互通，完善陆、海、天、网“四位一体”互联互通布局，深化传统基础设施项目合作，推进新型基础设施项目合作，提升规则标准等“软联通”水平，为促进全球互联互通做增量。要深化贸易畅通，扩大同周边国家贸易规模，鼓励进口更多优质商品，提高贸易和投资自由化便利化水平，促进贸易均衡共赢发展。要继续扩大三方或多方市场合作，开展国际产能合作。要深化资金融通，吸引多边开发机构、发达国家金融机构参与，健全多元化投融资体系。要深化人文交流，形成多元互动的人文交流大格局。

《习近平在第三次“一带一路”建设座谈会上强调 以高标准可持续惠民生为目标 继续推动共建“一带一路”高质量发展》（2021年11月19日），《人民日报》2021年11月20日01版

十四、中国将为非洲农产品输华建立“绿色通道”

中国将为非洲农产品输华建立“绿色通道”，加快推动检疫准入程序，进一步扩大同中国建交的最不发达国家输华零关税待遇的产品范围，力争未来3年从非洲进口总额达到3000亿美元。中国将提供100亿美元贸易融资额度，用于支持非洲出口，在华建设中非经贸深度合作先行区和“一带一路”中非合作产业园。中国将为非洲援助实施10个设施联通项目，同非洲大陆自由贸易区秘书处成立中非经济合作专家组，继续支持非洲大陆自由贸易区建设。

《同舟共济，继往开来，携手构建新时代中非命运共同体——在中非合作论坛第八届部长级会议开幕式上的主旨演讲》（2021年11月29日），《人民日报》2021年11月30日02版

十五、铁路一通，昆明到万象从此山不再高、路不再长

习近平指出，2015年，我同老挝领导人一道，作出了共建中老铁路的重大决策。开工5年来，中老双方齐心协力、紧密配合，逢山开路、遇水搭桥，高水平、高质量完成建设任务，以实际行动诠释了中老命运共同体精神的深刻内涵，展现了两国社会主义制度集中力量办大事的特殊优势。

习近平指出，中老铁路是两国互利合作的旗舰项目。铁路一通，昆明到万象从此山不再高、路不再长。双方要再接再厉、善作善成，把铁路维护好、运营好，把沿线开发好、建设好，打造黄金线路，造福两

国民众。

习近平强调，中老铁路是高质量共建“一带一路”的标志性工程。近年来，中方以高标准、可持续、惠民生为目标，不断提升共建“一带一路”水平，实现了共建国家的互利共赢，为世界经济发展开辟了新空间。中方愿同老挝等沿线国家一道，加快打造更加紧密的“一带一路”伙伴关系，共同推动构建人类命运共同体。

习近平强调，几天前，我收到几位曾在中国上海学习铁路专业的老挝留学生写来的联名信。他们一致表示，要把在中国学到的本领贡献给中老铁路的运营和发展，我对此感到非常高兴。中老友谊的未来在青年，互联互通的根基在心心相通。中方愿为中老友谊之路培育更多栋梁之才。

《习近平同老挝人民革命党中央总书记、国家主席通伦共同出席中老铁路通车仪式》（2021年12月3日），《人民日报》2021年12月4日01版

第二章　重大决策

一、中共中央 国务院关于实现巩固拓展脱贫攻坚成果同乡村振兴有效衔接的意见

2021年3月，《中共中央 国务院关于实现巩固拓展脱贫攻坚成果同乡村振兴有效衔接的意见》公开发布。意见提出："持续改善脱贫地区基础设施条件。继续加大对脱贫地区基础设施建设的支持力度，重点谋划建设一批高速公路、客货共线铁路、水利、电力、机场、通信网络等区域性和跨区域重大基础设施建设工程……推进脱贫县'四好农村路'建设，推动交通项目更多向进村入户倾斜，因地制宜推进较大人口规模自然村（组）通硬化路，加强通村公路和村内主干道连接，加大农村产业路、旅游路建设力度……统筹推进脱贫地区县乡村三级物流体系建设，实施'快递进村'工程。"

中共中央 国务院关于实现巩固拓展脱贫攻坚成果同乡村振兴有效衔接的意见

二、中共中央 国务院印发《横琴粤澳深度合作区建设总体方案》

2021年9月，《横琴粤澳深度合作区建设总体方案》公开发布。方案提出："推进基础设施互联互通。支持澳门轻轨延伸至合作区与珠海城市轨道线网联通，融入内地轨道交通网。加快推动合作区连通周边区域的通道建设，有序推进广州至珠海（澳门）高铁、南沙至珠海（中山）城际铁路等项目规划建设。加强合作区与珠海机场、珠海港功能协调和产业联动。"

中共中央 国务院印发《横琴粤澳深度合作区建设总体方案》

三、中共中央 国务院印发《成渝地区双城经济圈建设规划纲要》

2021年10月，《成渝地区双城经济圈建设规划纲要》公开发布。规划纲要提出，到2025年，成渝地区

双城经济圈"基础设施联通水平大幅提升。现代化多层次轨道交通网络初步建成，出渝出川四向通道基本形成，重庆、成都间1小时可达，铁路网总规模达到9000公里以上、覆盖全部20万以上人口城市，航空枢纽地位更加凸显，长江上游航运中心和物流中心基本建成，5G网络实现城镇和重点场景全覆盖，新型基础设施水平明显提高，能源保障能力进一步增强。"规划纲要同时指出，要"合力建设现代基础设施网络"，其中在交通运输领域要"构建一体化综合交通运输体系"，具体包括打造国际航空门户枢纽、共建轨道上的双城经济圈、完善双城经济圈公路体系、推动长江上游航运枢纽建设、提升客货运输服务水平五个方面的内容。

中共中央 国务院印发《成渝地区双城经济圈建设规划纲要》

四、国务院关于印发"十四五"现代综合交通运输体系发展规划的通知（国发〔2021〕27号）

为加快建设交通强国，构建现代综合交通运输体系，根据《中华人民共和国国民经济和社会发展第十四个五年规划和2035年远景目标纲要》《交通强国建设纲要》《国家综合立体交通网规划纲要》，制定本规划。

国务院关于印发"十四五"现代综合交通运输体系发展规划的通知

五、国务院关于印发"十四五"数字经济发展规划的通知（国发〔2021〕29号）

2022年1月，《"十四五"数字经济发展规划》公开发布。规划提出"加快推进能源、交通运输、水利、物流、环保等领域基础设施数字化改造。"

国务院关于印发"十四五"数字经济发展规划的通知

第三章　视察考察

一、习近平在北京河北考察时强调：推动京津冀协同发展，努力在交通、环境、产业、公共服务等领域取得更多成果

习近平强调，北京冬奥会、冬残奥会筹办已经进入关键时期，要围绕如期办赛目标，全面梳理并切实抓好各项工作落实。一是做好场馆建设和管理，按照标准完善场地和设施设备，按期完成非竞赛场馆建设，同步推进各类配套设施和无障碍环境建设，有针对性地增加各类场馆中必要的疫情检测、隔离、应急处置设施，做好场馆运行管理工作，抓好赛前各种测试活动。二是做好赛时运行工作，建立高效有力的赛时运行指挥体系，提升跨区域、跨领域的指挥调度和应急保障能力，确保赛时运行安全高效。三是推进赛会服务保障，按照“三个赛区、一个标准”的原则，全面做好住宿、餐饮、交通、医疗、安保等各项赛会服务保障工作。四是加强同国际奥委会等国际体育组织沟通合作，严格落实疫情防控各项措施，加强演练，做好保障。五是提升冰雪运动发展水平，加强政策引导和扶持，鼓励更多的青少年参与冰雪运动，带动更多群众走向冰场、走进雪场。六是推动京津冀协同发展，努力在交通、环境、产业、公共服务等领域取得更多成果。要积极谋划冬奥场馆赛后利用，将举办重大赛事同服务全民健身结合起来，加快建设京张体育文化旅游带。（选自《人民日报》2021年1月21日01版）

二、习近平在北京河北考察时强调：京张高铁是我国自主创新的一个成功范例

两天里，习近平总书记两次乘坐京张高铁。在太子城站，他站在纵横交织的铁路网图前，结合沙盘了解京张高铁及太子城站建设精品工程、联通三大赛区、服务保障冬奥会有关情况。总书记深有感触地说，新老京张铁路在筹办北京冬奥会、冬残奥会中实现了交汇，具有特殊重要的历史意义。从当年老京张铁路实现我国自主设计建设零的突破到如今新京张高铁领先世界，从当年时速35公里到如今时速350公里，从当年爱国工程师詹天佑设计的“人”字形的八达岭线路到今天“大”字形的立体交通，这些发展变化见证了中国人民自力更生、自主创新的奋斗历程。

他特别强调，京张高铁是我国自主创新的一个成功范例，从引进、消化、吸收到再创新到自主创新，如今已经领跑世界，充分证明举国体制的显著优势。不管别人怎么攻击和诋毁我们的举国体制，我们一定要牢牢坚持，认真总结经验，继续加以完善，争取在“十四五”有更大发展。（选自《人民日报》2021年1月22日01版）

三、习近平在广西考察时强调：高水平共建西部陆海新通道

习近平指出，推动经济高质量发展，既要深刻认识贯彻新发展理念、构建新发展格局对推动地方高质量发展的原则要求，又要准确把握本地区在服务和融入新发展格局中的比较优势，走出一条符合本地实际的高质量发展之路。要推动传统产业高端化、智能化、绿色化，推动全产业链优化升级，积极培育新兴产业，加快数字产业化和产业数字化。要继续深化改革，坚持“两个毫不动摇”，优化营商环境。要加大创新

支持力度，优化创新生态环境，推动各类创新要素向企业集聚，激发创新活力，推动科技成果转化。要主动对接长江经济带发展、粤港澳大湾区建设等国家重大战略，融入共建“一带一路”，高水平共建西部陆海新通道，大力发展向海经济，促进中国—东盟开放合作，办好自由贸易试验区，把独特区位优势更好转化为开放发展优势。（选自《人民日报》2021年4月28日01版）

四、习近平在西藏考察时登上尼洋河大桥

7月21日至23日，习近平在西藏自治区党委书记吴英杰、自治区政府主席齐扎拉陪同下，先后来到林芝、拉萨等地，深入农村、城市公园、铁路枢纽、宗教场所、文化街区等看望慰问各族干部群众。

21日上午11时许，习近平乘坐飞机抵达林芝米林机场。西藏各族干部群众手举花束、载歌载舞，热烈欢迎习近平总书记的到来，并向总书记献上哈达、切玛、青稞酒，表达对总书记的衷心祝福。

随后，习近平乘车来到尼洋河大桥，远眺水波荡漾、草木葱茏的雅尼湿地，听取雅鲁藏布江及尼洋河流域生态环境保护和自然保护区建设等情况。习近平强调，要坚持保护优先，坚持山水林田湖草沙冰一体化保护和系统治理，加强重要江河流域生态环境保护和修复，统筹水资源合理开发利用和保护，守护好这里的生灵草木、万水千山。（选自《人民日报》2021年7月24日01版）

五、习近平在西藏考察时坐上专列实地察看拉林铁路沿线建设情况

今年6月25日，西藏首条电气化铁路拉林铁路开通运营。22日上午，习近平来到川藏铁路的重要枢纽站林芝火车站，了解川藏铁路总体规划及拉萨至林芝段建设运营情况，听取推进雅安至林芝段建设情况汇报，坐上专列实地察看拉林铁路沿线建设情况，深入研究有关问题。习近平高度重视川藏铁路建设，主持召开中央政治局常委会会议研究部署全面推进川藏铁路建设，对推进工作多次作出重要指示。他指出，规划建设川藏铁路是促进西藏发展和民生改善的一项重大举措，雅林段的地形地质和气候条件更加复杂，修建难度之大世所罕见，要发挥科技创新关键性作用，迎难而上、敢为人先，坚持科学施工、安全施工、绿色施工，建设好这一实现第二个百年奋斗目标进程中的标志性工程。要统筹谋划好西部边疆铁路网建设，充分论证、科学规划，更好服务边疆地区高质量发展和广大人民群众高品质生活。（选自《人民日报》2021年7月24日01版）

六、习近平在西藏考察时指出：加快铁路、公路及其他重大基础设施建设

习近平指出，推动西藏高质量发展，要坚持所有发展都要赋予民族团结进步的意义，都要赋予改善民生、凝聚人心的意义，都要有利于提升各族群众获得感、幸福感、安全感。要扬长避短，因地制宜，深化改革开放，加快铁路、公路及其他重大基础设施建设，发展特色产业，加快建设国家清洁能源基地，统筹发展和安全，走出一条符合西藏实际的高质量发展之路。（选自《人民日报》2021年7月24日01版）

七、李克强在山西考察时强调：物流快递是经济流通大动脉

春节期间快递需求旺盛，李克强来到中通快递分拨中心，企业负责人介绍已经采取措施加快物流配送。听到近两年快递的单位成本大幅下降，李克强说，物流快递是经济流通大动脉，成本下降有利于促进消费，也会推动快递行业发展、带动就业特别是灵活就业。他对快递员们说，过去说家书抵万金，现在是

快递暖人心、保生活。运城寓意着好运之城，但好运不是天上掉下来的，必须靠大家努力奋斗才能抓住幸运机遇。（选自《人民日报》2021年2月9日01版）

八、李克强在河南考察郑州地铁5号线隧道受灾现场

李克强考察郑州地铁5号线隧道受灾现场。他指出，城市建设要把搞好“里子工程”摆在更加重要位置，首先是安全工程。要整治城市设施安全隐患，提高建设和安全标准，提升管理水平。强化预警和应急响应机制，在撤离避险标准上留足富余，生命至上，避险为要，紧急情况下地铁、隧道等该停就停、该封就封，保护群众生命财产安全。李克强说，这次特大暴雨造成重大人员伤亡，令人痛心。国务院成立了河南郑州“7·20”特大暴雨灾害调查组，要抓紧实事求是查明情况，对存在失职渎职的行为依法依规问责追责，回应群众关切，警示后人。（选自《人民日报》2021年8月20日01版）

九、韩正在调研国家空中交通管理工作时强调：科学编制规划　强化能力建设　加快提升国家空中交通管理水平

中共中央政治局常委、国务院副总理、中央空中交通管理委员会主任韩正3月31日前往民航局空管局运行管理中心、航空气象中心、航行情报服务中心，调研了解我国民航运行管理、气象服务、航行情报服务等情况。

韩正指出，空中交通管理是国家综合交通运输体系的重要组成部分，是保障航空事业发展的重要基础。要深入贯彻落实习近平总书记重要讲话和指示批示精神，加快提升国家空中交通管理水平，为我国经济社会持续健康发展提供有力支撑。要科学编制“十四五”有关专项规划，统筹把握当前和长远，合理设定目标任务，进一步完善相关政策举措。空中交通管理的专业性技术性很强，不能有任何疏忽，一定要尊重规律、尊重科学，不断强化能力建设，确保空中交通安全平稳运行。要瞄准管理中的短板弱项，加强资金保障，提升装备设备水平，全面增强空中交通管理体系支撑保障。要加强协调配合，以改革推动发展，为把我国建设成为航空强国作出更大贡献。（选自《人民日报》2021年4月2日01版）

十、韩正在广东调研期间参观中共中央至中央苏区秘密交通线汕头交通中站旧址

4月23日至25日，中共中央政治局常委、国务院副总理韩正在广东广州、汕头、潮州调研。韩正强调，要坚持以习近平新时代中国特色社会主义思想为指导，坚定不移深化改革开放，坚定不移推动高质量发展。

韩正来到中共中央至中央苏区秘密交通线汕头交通中站旧址，了解红色历史和革命文化保护情况。韩正说，要大力发扬红色传统、传承红色基因，把党史学习教育同解决实际问题结合起来，切实为群众办实事解难题。（选自《人民日报》2021年4月26日01版）

十一、韩正在河北雄安新区调研期间考察雄安高铁站

中共中央政治局常委、国务院副总理韩正28日到河北雄安新区调研，主持召开京津冀协同发展领导小组会议并讲话。他强调，要认真学习贯彻习近平总书记重要讲话和指示精神，严格按规划高标准高质量建设雄安新区，积极稳妥有序疏解北京非首都功能。

韩正来到雄安高铁站，考察高铁站及配套设施建设运营情况；前往容东片区雄安商务服务中心项目和金湖公园项目现场，详细了解项目建设进展，听取容东片区安置房情况汇报；走进北京四中雄安校区项目施工现场，考察北京市支持雄安建设学校和医院等交钥匙项目进展情况；到启动区大学园选址地块，了解大学园、医院等选址及工作对接情况。（选自《人民日报》2021年4月30日01版）

十二、刘鹤在北京检查春运工作时强调：要把疫情防控放在首位　确保人民群众安全出行　确保重要物资运输畅通

中共中央政治局委员、国务院副总理刘鹤27日下午在北京检查春运工作。他强调，党中央、国务院高度重视春运工作，这是一项重要的政治任务和民生工程。当前国内外疫情防控形势依然严峻复杂，要把疫情防控放在春运工作首位，毫不放松抓实抓细各项防控工作，确保疫情不因春运扩散；要加强运输组织和服务保障工作，确保人民群众健康安全平稳有序出行；要畅通交通物流，确保民生商品和重要物资运输供应。

刘鹤先后来到京平高速北务服务区、首都机场、北京朝阳站等地，听取交通运输部、北京市政府及铁路、民航等有关单位春运工作情况汇报，实地检查春运疫情防控、路网保通保畅、便民服务、安全保障等情况，并慰问了奋战在春运第一线的志愿者、公安干警、交通运输行业干部职工。（选自《人民日报》2021年1月28日04版）

十三、王晨在交通运输部进行立法调研时强调：修改完善海上交通安全法　为加快建设交通强国提供有力法治保障

中共中央政治局委员、全国人大常委会副委员长王晨12日在交通运输部进行立法调研时强调，要坚持以习近平新时代中国特色社会主义思想为指导，立足新发展阶段，贯彻新发展理念，构建新发展格局，实现高质量发展，扎实做好海上交通安全法的修订与实施，推动交通运输重点领域立法修法工作，为把我国建设成人民满意、保障有力、世界前列的交通强国提供有力法治保障。

调研期间，王晨率调研组同志来到交通运输部综合应急指挥中心，观看海上搜救情况视频，了解海图绘制取得的成效，听取交通运输部关于我国交通运输事业特别是海运事业发展情况介绍，着重就修改完善海上交通安全法听取海运企业、航海学会、海上交通专家和海事、救助部门的意见建议。（选自《人民日报》2021年4月13日02版）

第四章　权威声音

李小鹏在2022年全国交通运输工作会议上的讲话

（2021年12月23日）

加快建设交通强国　努力当好中国现代化的开路先锋

这次会议的主要任务是：以习近平新时代中国特色社会主义思想为指导，全面贯彻党的十九大和十九届历次全会精神以及中央经济工作会议精神，深刻把握当好中国现代化的开路先锋的历史使命，总结2021年交通运输工作，分析形势，部署2022年工作。刚才冯正霖同志传达了中共中央政治局委员、国务院副总理刘鹤同志对交通运输工作的重要批示，我们要认真学习领会，抓好贯彻落实。

下面，我讲四个方面的意见。

一、以史为鉴、开创未来，在党的领导下奋勇前进

2021年是中国共产党成立100周年，是党和国家历史上具有里程碑意义的一年，也必将是载入史册的一年。以习近平同志为核心的党中央带领我们实现了第一个百年奋斗目标，开启了实现第二个百年奋斗目标新征程。新征程上，习近平总书记赋予了交通成为中国现代化开路先锋的新使命新定位。我们要牢记嘱托、奋进当下，以史为鉴、开创未来，加快建设交通强国，努力当好中国现代化的开路先锋！

——奋进当下，无愧今天的使命担当。今年以来，以习近平同志为核心的党中央在全党集中开展党史学习教育，推动全党学史明理、学史增信、学史崇德、学史力行，从党的百年奋斗中深刻汲取了智慧和力量。7月1日，习近平总书记在庆祝中国共产党成立100周年大会上庄严宣告，我们实现了第一个百年奋斗目标，在中华大地上全面建成了小康社会，正意气风发向着全面建成社会主义现代化强国的第二个百年奋斗目标迈进，中华民族伟大复兴进入了不可逆转的历史进程。全党全军全国各族人民为之振奋，党心军心民心空前团结。党的十九届六中全会通过了百年党史上第三个历史决议，系统总结了党的百年奋斗重大成就和历史经验，对实现第二个百年奋斗目标提出明确要求，特别是全会提出“两个确立”，反映了全党全军全国各族人民的共同心愿，对新时代党和国家事业发展、对推进中华民族伟大复兴历史进程具有决定性意义。全国交通运输系统认真学习贯彻习近平总书记“七一”重要讲话精神和党的十九届六中全会精神，深入开展党史学习教育，广大干部职工更加自觉坚定地牢记初心使命，更加自信自强地奋进新征程，汇聚起了加快建设交通强国的磅礴力量！

2021年，也注定是交通运输发展历史上很不

平凡、浓墨重彩的一年。这一年，习近平总书记亲自推动加快建设交通强国，党中央、国务院印发了《国家综合立体交通网规划纲要》，这是我国历史上第一个由党中央、国务院发布的中长期综合交通运输规划纲要，是指导交通强国建设的又一纲领性文件，与《交通强国建设纲要》一道，共同为加快建设交通强国描绘了宏伟蓝图。此外，全国人大常委会专题听取和审议建设现代综合交通运输体系工作情况的报告，调研形成了关于交通运输立法修法工作的报告，推动综合交通运输立法进程；全国政协专题召开网络议政远程协商会，推进多式联运高质量发展。这些都充分体现了以习近平同志为核心的党中央对加快建设交通强国的高度重视和大力支持。这一年，习近平总书记出席第二届联合国全球可持续交通大会开幕式并发表主旨讲话，站在世界发展大势和人类前途命运的高度，深刻阐释“与世界相交、与时代相通”的重要理念，深刻阐发促进全球交通合作的中国主张，郑重宣布建立“中国国际可持续交通创新和知识中心”等务实举措，为全球可持续发展指明了前进方向。特别是习近平总书记指出，几代人逢山开路、遇水架桥，建成了交通大国，正在加快建设交通强国；交通成为中国现代化的开路先锋。这充分肯定了我国交通运输发展成就，赋予了交通运输新的历史使命，为新时代交通运输发展注入了强大力量，让全体交通人倍受鼓舞、倍感振奋、倍增信心！我们要不辱使命、不负重托，加快建设交通强国，努力当好中国现代化的开路先锋。

——以史为鉴，勿忘昨天的苦难辉煌。通过党史学习教育，我们深刻认识到：我们党自成立以来，就团结带领全国各族人民为争取民族独立、人民解放和实现国家富强、人民幸福而不懈奋斗，已经走过一百年光辉历程，书写了中华民族几千年历史上最恢宏的史诗。百年来，党领导交通运输事业取得了举世瞩目的成就，大踏步赶上了时代，实现了从交通弱国到交通大国的飞跃，正昂首迈入加快建设交通强国的新征程。新民主主义革命时期，国家蒙辱、人民蒙难、文明蒙尘，铁路修筑权、港口经营权、江海运输权等重要经济命脉被列强操纵、权贵把控。我们党团结带领中国人民，浴血奋战、百折不挠，建立了新中国，从根本上改变了半殖民地半封建社会交通的性质和面貌，实现了交通运输事业从受制于人到“自主”的历史性跨越，为改变交通基础薄弱、整体落后的局面创造了根本社会条件。社会主义革命和建设时期，面对国外长期技术封锁，党领导交通运输事业实现了若干零的突破，初步形成了交通运输体系，有效解决了交通运输“有没有”的问题，实现了交通运输事业从“自主”到“自立”的历史性跨越，为建成交通大国打下了重要基础，为中华民族“站起来”提供了坚实支撑。改革开放和社会主义现代化建设新时期，面对交通运输对经济社会发展的瓶颈制约，党领导交通运输事业改革开放、加快发展，基本建成了交通大国，有效解决了交通运输“够不够”的问题，实现了交通运输事业从“自立”到“自足”的历史性跨越，为中华民族“富起来”提供了有力保障。中国特色社会主义进入新时代，面对社会主要矛盾的新变化，以习近平同志为核心的党中央带领我们砥砺奋进，聚焦解决交通运输“好不好”的问题，推动交通运输在“自足”的基础上向“自强”迈进了一大步，正在加快建设交通强国，努力当好中国现代化的开路先锋，为支撑中华民族“强起来”不懈奋斗！这是党领导交通运输事业百年奋斗取得的根本成就，是新征程上全体交通人的新使命，也是新的赶考之路上必须考好的新答卷。

以史为鉴，才能更好开创未来。我们要从党领导交通运输事业百年奋斗中深刻总结历史经验：必须始终坚持党的全面领导，筑牢交通运输事业持续健康发展的政治保证；必须始终坚持以人民为中心，始终坚守人民交通为人民的初心使命；必须始终坚持以发展为第一要务，不断解放和发展交通运输生产力推动高质量发展；必须始终坚持改革开放，增强交通运输发展动力和活力；必须始终坚持凝聚各方合力，调动一切积极因素推动交通运输事业不断向前发展；必须始终坚持全面从严治党，为加快建设交通强国营造良好的政治生态。

不忘初心，方得始终。我们要用历史映照现实、远观未来。回望百年奋斗历程，对我们奋进新征程具有重要启示：交通运输是兴国之要、强国之基，必须坚持交通先行，高度重视、统筹谋划，加快建设交通强国；交通运输是民生大事，必须坚持人民交通为人民，服务共同富裕，凝心聚力建设人民满意交通；交通运输是畅通国民经济循环的重要纽带，必须坚持与世界相交、与时代相通，在服务加快构建新发展格局中展现新作为；交通运输是构建人类命运共同体的重要领域，必须坚持交通天下，在推进全球交通合作上体现新担当；加快建设交通强国是一场新长征，必须坚持创新引领，不断深化改革、开拓创新、开放合作，加快交通运输现代化进程。

——开创未来，不负明天的伟大梦想。习近平总书记深刻指出，近代以来，实现中华民族伟大复兴，是中国人民和中华民族最伟大的梦想。当好中国现代化的开路先锋，把交通强国和民族复兴紧紧连在一起，为新时代交通人追逐伟大梦想赋予了崇高使命、提供了广阔天地。

我们要深刻把握当好中国现代化开路先锋的战略定位。我们党始终注重发挥交通运输在经济社会发展和国家现代化建设中的先行作用。进入新时代，习近平总书记多次强调坚持交通先行，特别是提出交通成为中国现代化的开路先锋，集中反映了我们党对交通运输发展规律的新认识，把交通在现代化建设全局中的地位提到了前所未有的新高度。在全面建设社会主义现代化国家的新征程上，各行各业都要实现现代化。当好中国现代化的开路先锋，就要求交通运输率先实现现代化，为国家现代化建设提供更加有力的支撑、更加坚强的保障、更加有益的探索。这就要求在行动上冲锋在前、能力上适度超前、发展上率先突破、作用上先行引领，为构建新发展格局、推动高质量发展、全面建设社会主义现代化国家打头阵、闯新路、立新功。

我们要深刻把握当好中国现代化开路先锋的根本遵循。党的十八大以来，习近平总书记高度重视交通运输工作，作出一系列重要论述，形成了一套科学系统的交通发展思想体系，概括起来，主要有：在发展定位上，强调交通成为中国现代化的开路先锋；在发展战略上，强调加快建设交通强国；在发展目的上，强调建设人民满意交通；在发展理念上，强调完整、准确、全面贯彻新发展理念，形成安全、便捷、高效、绿色、经济的现代化综合交通体系；在发展目标上，强调打造一流设施、一流技术、一流管理、一流服务，实现人享其行、物畅其流；在发展主题主线上，强调深化供给侧结构性改革，推动交通运输高质量发展，着力补齐基础设施短板、降低物流成本、调整运输结构、促进各种运输方式融合发展、提升服务水平、加快形成统一开放的交通运输市场、有效支撑国家重大战略实施；在发展合作上，强调与世界相交、与时代相通，坚持交通天下，推进全球交通合作；在发展动力上，强调坚持创新引领；在发展方式上，强调加快形成绿色低碳交通运输方式；在发展保证上，强调加强党的全面领导和党的建设，大力弘扬新时代交通精神。这一系列重要论述，是习近平新时代中国特色社会主义思想的有机组成部分，为交通运输指明了前进的方向，为当好中国现代化的开路先锋提供了根本遵循，我们要学深悟透、入脑入心，落实落细、见行见效。

我们要深刻把握当好中国现代化开路先锋的时代要求。习近平总书记指出，中国要实现的现代化，是人口规模巨大的现代化，是全体人民共同富裕的现代化，是物质文明和精神文明相协调的现代化，是人与自然和谐共生的现代化，是走和平发展道路的现代化。当好中国现代化的开路先锋，必须顺应世界现代化发展潮流，符合我国现代化发展特征，加快实现交通运输现代化，着力建设规模巨大、保障有力的交通运输系统，提供普惠优质、人民满意的交通运输服务，拥有软硬兼备、世界前列的交通运输实力，形成绿色低碳、创新引领的交通运输方式，构建交通天下、互联互通的交通运输网络，实质就是要加快建设人民满意、保障有力、世界前列的交通强国。只有加快建设交通强国，才能真正当好中国现代化的开路先锋，两者是一体贯通、相辅相成的。当好中国现代化的开路先锋，从现代化的角度对加快建设交通强国明确了前进方向、实践要求和衡量标准。我们要以更高的要求、更足的干劲、更好的成效，推动《交通强国建设纲要》《国家综合立体交通网规划纲要》部署落地见效，在国家现代化建设的各阶段、全过程都要当好开路先锋。

我们要深刻把握当好中国现代化开路先锋的实践途径。现代化建设有阶段但无尽头，是一个不断动态向前演化的长期的历史过程，必须持续用力、接续奋斗、久久为功。在新中国成立初期和上世纪90年代，我国都曾推进过交通运输现代化，当时主要是在农业文明迈向工业文明历史进程中推进的现代化。新发展阶段的现代化，必须顺应全球新一轮科技革命和产业变革的时代潮流，在工业文明向数字文明、生态文明过渡转型的历史进程中顺势推进交通运输现代化。从国际经验来看，推进交通运输现代化是建设交通强国的必由之路。推进交通运输现代化，不是要另起炉灶再搞一套，而是要从现代化的角度去深刻理解、全面贯彻、更好落实“两个纲要”的决策部署。必须坚持“与世界相交、与时代相通”，紧跟世界一流水平，紧扣我国现代化建设需要，以构建现代化综合交通体系为核心任务，以实现交通运输基础设施现代化、技术装备现代化、运输服务现代化、行业治理现代化和人才队伍现代化为重点领域，以推进交通运输智慧化、绿色化、一体化、人本化、共享化、全球化为重要路径，以深化改革、创新驱动、开放合作为动力，确保以更高的标准完成“两个纲要”和“十四五”规划已经确立的目标任务。力争到“十四五”末，在部分优势领域率先实现交通运输现代化；到2035年，基本建成交通强国，基本形成现代化综合交通体系，支撑国家现代化建设能力显著增强；到本世纪中叶，全面建成人民满意、保障有力、世界前列的交通强国，全面服务和保障社会主义现代化强国建设，走出一条中国式交通运输现代化新道路。

我们要深刻把握当好中国现代化开路先锋蕴含的精神力量。“开路先锋”，既是战略定位，也是精神要求，深刻阐释了新时代交通精神的核心要义。“开路”是对以“两路”精神、青藏铁路精神、港珠澳大桥建设者奋斗精神、“中国民航英雄机组”精神、邮政快递“小蜜蜂”精神等为代表的新时代交通精神丰富内涵的提炼升华；“先锋”是我们党作为工人阶级先锋队、中华民族和中国人民先锋队精神特质的鲜明标识。“开路先锋”精神，把新时代交通精神熔铸于以伟大建党精神为源头的党的精神谱系中，实质就是一种逢山开路、遇水架桥的精神，一种开拓创新、艰苦奋斗的精神，一种甘为路石、服务奉献的精神，一种敢为人先、勇攀高峰的精神。我们要大力弘扬伟大建党精神，大力弘扬以“开路先锋”精神为魂的新时代交通精神，为加快建设交通强国注入更为主动的精神力量，逐梦前行、勇当先锋，为实现中华民族伟大复兴的中国梦不懈奋斗！

二、2021年交通运输工作

2021年，在以习近平同志为核心的党中央坚强领导下，交通运输行业坚持稳中求进工作总基调，埋头苦干、扎实奋进，实现了“十四五”良好开局。

我们深入开展党史学习教育。按照党中央统一部署，我们统筹谋划、周密组织、扎实推进党史学习教育，取得了实实在在的成效。我们深入学习贯彻习近平新时代中国特色社会主义思想，将党史学习教育与学习贯彻习近平总书记系列重要讲话精神和党的十九届六中全会精神结合起来，深刻领会

“两个确立”的决定性意义，把抓好党史学习教育作为践行“两个维护”的实际行动，努力做到学思用贯通、知信行合一。我们坚持学史明理、学史增信、学史崇德、学史力行，深入开展“四史”学习，充分发挥部党组“学”“讲”“教”“做”示范效应，引领带动全系统学思践悟，唱响了爱党爱国爱社会主义的昂扬旋律。我们教育引导广大党员干部职工牢固树立正确历史观、民族观、国家观、文化观，弘扬光荣传统、赓续红色血脉，按照党中央部署，开展“光荣在党50年”纪念章颁发等活动，让党史学习教育聚人气、鼓士气、扬正气。我们坚持把党史学习教育成效体现在行业实践上，深入推进“我为群众办实事”实践活动，在办好民生实事上创新招、出实招，12件更贴近民生实事、58件我为群众办实事项目全面完成，部系统完成877件民生实事，党员干部承诺践诺4万余项，实现了学党史、悟思想、办实事、开新局。

我们成功筹办第二届联合国全球可持续交通大会。在党中央、国务院领导下，我们深入学习贯彻习近平总书记关于大会筹办工作的重要指示精神，努力克服新冠肺炎疫情和复杂国际形势带来的风险挑战，以百折不挠的韧劲和敢于担当的勇气，齐心协力确保大会取得圆满成功。

这次大会适逢我国恢复联合国合法席位50周年，习近平总书记出席大会并发表主旨讲话，旗帜鲜明地表达了中国维护联合国权威和地位、继续高举真正的多边主义旗帜的坚强决心，充分展现了中国作为全球可持续发展重要建设者、参与者、贡献者的历史担当，进一步彰显了中国负责任大国的形象。习近平总书记宣布建立“中国国际可持续交通创新和知识中心”，为推进全球交通合作搭建重要平台。大会发布《北京宣言》，重申了以人民为中心的发展思想、人类命运共同体、互联互通等重要理念和主张，为全球可持续发展提供了“中国方案”。大会发布《中国交通的可持续发展》白皮书和《中国可持续交通发展报告》，发行特种邮票，举办主题展览，向国际社会展现了中国可持续交通发展成就和实践经验。

联合国秘书长以及相关国家领导人出席开幕式并致辞，171个国家和61个国际组织派代表参会，各国交通部长、企业家代表、国际组织负责人等151位中外代表嘉宾围绕可持续交通发展对话献策，国内外媒体持续报道。这次大会规格高、参与广，成果丰硕、反响热烈，充分体现了国际社会的认可和支持，为进一步凝聚全球可持续交通发展共识打下了坚实的基础。

在大会筹办过程中，我们深刻认识到：党中央高度重视是大会成功筹办的根本保证；坚持中方主导是确保大会取得实效的关键之举；科学统筹、精准调度是大会有序推进的正确方法；高标准严要求是保证大会高质量筹办的重要原则；坚持底线思维是大会成功筹办的重要保障；上下一心、通力合作是确保大会任务顺利完成的强大力量。

总的看，我们落实了习近平总书记把会办好总要求，实现了组委会提出的“办成一届成功的、务实的、具有历史意义的大会”的总目标，圆满完成了党中央交办我们的重大政治任务。大会的成功筹办为加快建设交通强国、努力当好中国现代化的开路先锋注入了强大动力。

我们全力做好常态化疫情防控工作。面对世纪疫情的深远影响，在党中央、国务院领导下，我们按照国务院联防联控机制部署要求，坚持统筹做好常态化疫情防控和经济社会发展工作，持续完善交通运输疫情防控应急预案，因时因势调整优化疫情防控举措，全行业广大干部职工坚守一线、精准施策，有效保障应急防疫物资、生产生活物资和外贸进出口货物运输安全畅通。我们严格落实“外防输入”要求，从严做好机场、水运、陆路口岸等重点部位防控和进口冷链食品、非冷链集装箱物流疫情防控等工作，严格落实高风险岗位人员轮班制、集中居住、封闭管理等措施。我们毫不放松抓好“内防反弹”工作，落实落细客运场站和交通运输工具常态化疫情防控措施，科学设置公路防疫检测站点，坚决做好首都等重点地区疫情防控工作，严格疫情地区客运管控，保障疫情地区民生物资运输。我们做好信息共享、疫苗运输等工作，推动行业重点人员疫苗接种基本实现“应接尽接”。做好自身防控工作。总的看，一年来行业上下团结协作、苦干实干，为做好常态化疫情防控工作付出了艰辛努力，取得了明显成效，为我国保持经济发展和疫情防控全球领先地位提供了坚强的交通运输保障。

我们全力保障国内国际物流供应链稳定畅通。我们加强统筹指挥调度，充分挖掘集疏运潜力，有效加强供需对接，全力做好粮食、煤炭、天然气等关系国计民生的重要物资运输保障，为加强我国初级产品供给安全、服务国民经济健康平稳运行履职尽责。我们全力以赴保障国际物流供应链安全畅通，会同有关部门建立国际物流保障协调工作机制，有效保障国际海运运力、集装箱供给以及粮食接卸疏运，稳步提升国际道路运输便利化水平，持续开通国际货运航班“绿色通道”。截至11月底，推动中欧班列开行约1.4万列，同比增长20.3%，开行国际货运航班7.4万班，同比增长25.8%，完成国际航线货邮运输量241.5万吨、国际及港澳台快递19.3亿件，同比分别增长20.2%、17.4%，完成国际道路运输4200万吨，与上年同期基本持平。开放共享、覆盖全球、安全可靠、保障有力的国际物流供应链体系加快建立。我们和上海市共同举办了首届北外滩国际航运论坛，习近平总书记致贺信，对推动深化国际航运事务合作，促进国际海运业健康发展，全力恢复和保障全球产业链供应链畅通发挥了积极作用。

我们着力解决人民群众“急难愁盼”问题。我们认真贯彻落实习近平总书记重要指示批示精神，在全国集中开展了交通运输执法领域突出问题专项整治行动，下大气力解决了一批执法中的突出问题，让人民群众感受到行业的新变化、新气象、新风貌。我们联合有关部门印发系列文件，多措并举加强货车司机、快递员以及网约车驾驶员等新业态从业人员的权益保障。我们加强对交通运输平台经济的监管，配合有关部门大力推进反垄断和反不正当竞争，会同有关部门多次对网约车、互联网货运等平台公司进行约谈，着力营造良好市场环境。我们坚持以人民为中心的发展思想，加强民生服务保障，解决了一批群众关心、基层需要、社会关注的热点难点问题，人民群众的获得感、幸福感、安全感不断增强。

我们制定实施“十四五”系列规划。国务院即将印发《“十四五”现代综合交通运输体系发展规划》，我们构建了由1个总规划、6个重点专项规划、9个一般专项规划以及若干特殊专项规划组成的规划体系，明确了未来5年交通运输发展的目标任务。我们坚持统筹协调，不断完善工作机制，狠抓规划组织实施，将服务构建新发展格局的重点工作与加快建设交通强国任务一体推进。我们加强探索创新，系统推进交通强国建设试点，实现试点单位广泛覆盖，为推动行业高质量发展发挥了引领带动作用。

一年来，在着力做好上述6个方面工作的同时，交通运输各项工作稳步有序推进，年度目标任务全面完成，取得了积极成效。

（一）加快完善综合立体交通网络

一是稳步推进基础设施网络建设。1—11月，完成交通固定资产投资3.28万亿元，其中铁路6401亿元、公路水路2.53万亿元、民航1050亿元。预计全年新改（扩）建高速公路超过9000公里、新增及改善高等级航道约1000公里、新颁证民用运输机场9个，新增城市轨道交通运营里程超过1000公里。二是加快推进重大工程建设。川藏铁路及配套公路、引江济淮航运工程、连云港30万吨级航道二期工程等重大项目建设有序推进，京哈高铁、京新高速公路全线贯通，西藏首条电气化铁路开通运营。三是健全资金保障机制。调整优化“十四五”期车购税交通资金政策和制度体系。协调落实港建费取消后水运建设发展长期资金保障渠道。调整政府还贷二级公路取消收费后补助资金用于奖补普通公路养护。完善农村客运补助和城市交通发展奖励资金政策。交通运输领域中央与地方财政事权和支出责任划分改革实施工作基本完成。

（二）持续提升综合运输服务水平

一是进一步加强运输服务保障能力。1—11月，完成营业性客运量77.3亿人，同比下降12.2%，其中铁路、水路、民航客运量同比分别增长22.6%、12%和10.1%，公路客运量同比下降25.1%；预计全年全国城市轨道交通客运量237亿人次，同比增长34.8%；全国36个中心城市公共交通客运量528亿人，同比增长19%。1—11月，完成货运量475亿吨，同比增长13.5%，其中铁路、公路、水路、民航货运量同比分别增长6%、15.6%、8.5%和9.8%；预计全年完成港口货物吞吐量155亿吨，同比增长6.8%；快递业务量1085亿件，同比增长30%。二是有效提升出行服务品质。加快推进空铁（轨）联运旅客换乘流程优化。道路客运电子客票服务覆盖超过1600个二级以上汽车客运站，318个地级以上城市实现交通一卡通互联互通。深化国家公交都市建设，已命名的示范城市累计达33个。全国12328热线集中整改任务全面完成。102个城市开通95128电话叫车服务，网约车"一键叫车"功能为老年乘客提供打车服务。开展ETC服务专项提升行动。三是系统推进物流提质降本增效。多式联运示范工程深入实施，完成集装箱多式联运量620万标准箱，开通联运线路450条。完成港口集装箱铁水联运量751万标准箱。全面取消港口建设费，每年减少进出口环节收费250亿元。推广高速公路差异化收费，预计全年优惠货车通行费312亿元，鲜活农产品运输"绿色通道"减免276亿元。网络货运整合375万货运车辆。深入推进货车检测改革。推动电商物流、冷链物流等专业化物流快速发展，构建集约高效的货运物流服务体系。

（三）有效服务区域重大战略和区域协调发展战略实施

一是推进京津冀交通一体化暨雄安新区综合交通运输体系建设。印发《支撑雄安新区交通运输高质量发展标准体系》。京雄高速河北段等重点项目建成通车，雄安新区"四纵两横"区域高速铁路网络加快推进，"四纵三横"对外高速公路骨干路网全面形成。支持天津北方国际航运枢纽建设。北京冬奥会交通运输保障筹办工作有力有序。二是推进长江经济带综合立体交通走廊建设。持续做好长江经济带生态环境保护交通运输相关工作。沪渝蓉高铁、四川沿江高速公路等项目有序推进，赣深高铁全线贯通，武汉青山长江大桥等一批重大项目建成通车，武汉至安庆段6米水深航道整治工程试运行。三是进一步完善粤港澳大湾区交通基础设施。深中通道、黄茅海通道等项目进展顺利，粤港澳大湾区"1小时生活圈"基本形成。四是推动长三角交通运输更高质量一体化发展。推动长三角加快建设世界级港口群、机场群，共建辐射全球的航运枢纽，江苏常泰过江通道等项目加快推进。研究支持浙江建设共同富裕示范区。五是推进黄河流域交通运输生态保护和高质量发展。宁夏中卫卫民黄河大桥等项目建成通车，推进呼北等国家高速公路待贯通路段建设，实施青兰高速公路等繁忙路段扩容改造。六是加快成渝地区双城经济圈交通运输发展。成都天府机场等综合交通枢纽项目建成运营，成渝中线高铁启动建设，泸州至永川高速公路等项目建成通车，推进京昆高速成绵段等扩容工程建设。七是着力服务区域协调发展。加快补齐西部地区交通基础设施短板，推进出疆入藏综合运输通道、西部陆海新通道综合交通运输体系规划建设，推进东北地区、中部地区交通运输高质量发展，引导东部地区率先建成现代化综合交通体系，支持革命老区、民族地区交通运输高质量发展。

（四）做好巩固拓展交通脱贫攻坚成果同乡村振兴有效衔接工作

一是巩固拓展交通脱贫攻坚成果。印发《巩固拓展交通运输脱贫攻坚成果全面推进乡村振兴的实施意见》。预计全年完成脱贫地区公路投资超过8000亿元，推动交通建设项目更多向进村入户倾斜。联合8部门印发《推动农村客运高质量发展的指导意见》，完成乡镇和建制村通客车质量评估整改，优化重点时段农村客运服务供给。持续开行“慢火车”。畅通脱贫地区水运通道，推动百色水利枢纽通航设施工程开工建设。进一步提高脱贫地区航空运输通达性、便捷性。做好定点帮扶、对口支援县工作。二是推动“四好农村路”高质量发展。预计全年新改建农村公路超过16万公里。联合有关部门深化“四好农村路”示范创建工作，推动167个单位开展农村公路管理养护体制改革试点。三是有效服务乡村振兴战略实施。完善农村寄递物流网络体系，持续推进“快递进村”工程，宣传推广35个农村物流服务品牌。深入推进农村客货邮融合发展，建成1300余个融合站点、900余条合作线路。设置农村公路就业岗位76.4万个。深化城乡交通运输一体化示范县创建，命名41个示范县。

(五) 加快发展智慧交通

一是不断提高科技创新与标准引领水平。联合科技部印发《科技创新驱动加快建设交通强国的意见》，在国家重点研发计划重点专项中部署了30余个交通领域项目。实施关键核心技术攻坚科技工程。发挥行业重点科技项目清单作用，引导19.61亿元社会资金投入交通运输科技研发。加快交通领域全国重点实验室、国家野外科学观测站、国家科普基地建设。完善科技示范工程实施机制，促进科技成果转化应用。制修订重点领域国家和行业标准218项。二是持续提升数字化水平。推进国家综合交通运输信息平台建设。深化数据资源开放共享，部级平台政务数据量增长37.7%，数据共享服务次数增长2倍。完成11座长大桥梁结构健康监测系统试点，推进公路路面长期性能科学观测网建设试点。推进汽车维修数据综合应用。三是不断拓展新技术应用。印发《交通运输领域新型基础设施建设行动方案（2021—2025年）》，推动京雄智慧高速公路、深圳妈湾自动化集装箱码头和天津港北疆港区自动化集装箱码头等交通新基建重点工程建设，我国自动化集装箱码头已建和在建规模均居世界首位。初步建成公路网运行监测管理与服务平台。推进基于区块链的全球航运服务网络建设，完成进口电商货物港航“畅行工程”。饱和潜水载人陆基实验深度达502米。启动自动驾驶、智能航运先导应用试点。

(六) 积极推进绿色交通发展

一是做好碳达峰碳中和交通运输工作。制定部贯彻落实碳达峰碳中和工作的实施意见、公路水路行业绿色低碳发展行动方案，发布《交通运输行业节能低碳技术推广目录（2021年度）》。二是推进绿色低碳发展。加快推动绿色公路、绿色航道等技术和政策创新，推动铁路、公路统筹集约利用线位、桥位等通道资源。运输结构优化调整深入推进。加快新能源和清洁能源运输装备应用，铁路电气化率提升至近73%，绿色货运配送示范城市累计新增城市物流配送新能源车8.6万余辆，新能源城市公交车比例超过66%，实施绿色出行续航工程，大力推进长江经济带、渤海湾船舶使用岸电。建设16个“绿色货运配送示范城市”，加快推广应用标准化物流周转箱，推进快递物流包装绿色转型。推进109个城市开展绿色出行创建行动。三是深入打好污染防治攻坚战。完成京津冀及周边地区、汾渭平原国三及以下排放标准营运柴油货车淘汰任务。联合多部门建立健全长江经济带船舶和港口污染防治长效机制，船舶水污染物联合监管与服务信息系统已覆盖长江经济带内河码头，基本覆盖到港中国籍营运船舶。深入推进船舶大气污染防治监管，推动监测监管试验区建设。

(七) 持续提升安全应急保障水平

一是安全生产形势总体稳定。铁路未发生重大及以上事故。公路水路安全生产事故起数、死亡（失踪）人数同比分别下降7.9%、6.7%。民航实现运输航空安全飞行136个月。邮政快递领域未发生较大及以上安全事故。二是进一步提升安全防控能力。深入开展安全生产专项整治"集中攻坚年"行动，排查问题隐患86万余项。初步建立交通运输安全生产重大风险一张图，跟踪管控重大风险3700余项。推动超过57万道路运输企业主要负责人和安全管理人员通过安全考核。提升平安百年品质工程示范作用，推进平安工地建设全覆盖，4.4万名从业人员直接受益。建立健全旅客运输、危险货物运输、网络安全等管理制度。推动构建跨区域、跨部门安全协同监管机制，实施铁路沿线安全、道路客运、常压罐车、港口危险货物、船舶碰撞桥梁、航运枢纽大坝、国际客货班轮、内河船涉海运输、商渔船碰撞等领域治理行动，加强城市轨道交通运营安全。全面推进自然灾害综合风险公路水路承灾体普查工作。完成农村公路安全生命防护工程7.49万公里，改造公路危旧桥梁8578座。"陆海空天"一体化水上交通运输安全保障体系建设有序推进，初步形成水上安全综合治理格局。三是不断提高应急保障能力。编制《加强交通运输应急管理体系和能力建设的指导意见》，完善交通运输应急管理制度、工作机制和预案程序，加强国家区域性公路交通应急装备物资储备中心、水上应急救助基地等建设以及深远海装备配置。提升应急调度指挥、水上安全监管、救助抢险打捞能力，有效应对河南特大暴雨洪涝灾害、青海省玛多县7.4级地震、"永丰"轮爆炸起火等突发事件。组织协调水上搜救行动1881次，搜救遇险船舶1337艘、遇险人员14473人，水上搜救成功率达95.85%。四是有效维护行业稳定。统筹发展和安全，推动平安中国建设和交通运输业务进一步融合，完善新形势下重大决策社会稳定风险评估机制，积极化解信访积案，常态化推进交通运输领域扫黑除恶，做好反恐怖防范隐患排查治理和重点目标分类分级管理，重要节日、重点时段、重大活动期间行业保持安全稳定。

（八）加快提升交通运输治理水平

一是系统推进交通运输法治政府部门建设。加快构建适应现代综合交通运输体系的法律法规体系，完成《中华人民共和国海上交通安全法》全面修订并有效组织贯彻实施工作，《中华人民共和国公路法》《收费公路管理条例》等重点立法项目取得新进展，完成34件规章制修订。办理138件行政复议、诉讼案件，依法妥善化解处理行政争议。交通运输综合行政执法改革基本完成，形成交通运输新型执法体系。二是纵深推进重点领域改革。制定深化交通运输体系改革、形成统一开放交通运输市场行动方案，完善公路养护、出租汽车等管理制度。编制部权责基础清单。稳步推进收费公路制度改革。完善港口规划调整和岸线使用审批管理。推进水上交通管控机制改革，开展全要素水上"大交管"试点。三是持续优化营商环境。深化"放管服"改革，取消5项行政许可，向全国范围推广自贸区实行的40项涉企经营许可"证照分离"改革措施，初步建立事中事后监管规则和标准体系，推动信用监管等新型监管方式应用。对3项证明试行告知承诺，实现12项高频政务服务事项跨省通办。指导6个营商环境创新试点城市，推进10项交通运输创新试点举措。拆除妨碍货车通行的公路限高限宽设施和检查卡点5521处。

（九）进一步深化对外开放合作

一是稳步推进"一带一路"交通互联互通。中老铁路建成通车，中巴经济走廊"两大"公路和"橙线"轨道项目移交通车，中俄黑河公路桥建设完工、具备通车运营技术条件，中欧陆海快线建设加快推进，希腊比雷埃夫斯港完成第二期股权交割。二是积极推进全球交通合作。加强对外合作交流，举行48场部长级双边会议，出席7场多边国际会议，推进危险货物国际道路运输、中俄海上搜救等领域国际合作。第17次连任国际海事组织A类理事国。成功当选万国邮政联盟新一届行政理事会和邮政经营理事会理事国。三是服务自贸区自贸港建设。加强自贸区政策创新和实施，开展外籍国际航行船舶沿海捎带业务试点、外籍船员培训发证试点，推动境外船舶移籍登记"一事通办"。推动海南自贸港交通运输领域财税优惠政策落地。

（十）加强党对交通运输工作的全面领导

一是持续加强党的政治建设。坚持以习近平新时代中国特色社会主义思想为指导，增强“四个意识”、坚定“四个自信”、做到“两个维护”，深刻领会“两个确立”的决定性意义，不断提高政治判断力、政治领悟力、政治执行力。二是持续深化全面从严治党。认真贯彻落实党中央关于加强“一把手”和领导班子监督的意见，着力加强对“一把手”和领导班子的监督。强化政治机关意识教育，加强模范机关建设。开展货车司机等新就业群体党建工作试点。修订《部党组巡视工作实施办法》，实现系统单位巡视全覆盖。持之以恒认真落实全面从严治党主体责任，加强党风廉政建设和反腐败工作，常态化开展典型案例警示教育，严肃执纪问责。严格落实中央八项规定精神，以钉钉子精神纠治“四风”，持续为基层减负。全力支持派驻纪检监察组开展工作，拓展审计监督深度和广度，实现领导干部经济责任审计“全覆盖”。三是加强人才队伍和机关建设。健全人才评价体系，印发《职称评审办法》和工程技术人员、自然科学研究人员职称评价标准。推动战略人才梯队建设，1人当选中国工程院院士，1人和1个集体分获第六届“全国杰出专业技术人才”和先进集体称号，3人入选国家重大人才工程，3人获评全国技术能手，245人获评全国交通技术能手。交通运输新型智库建设进展积极，部成为国家高端智库理事单位。大连海事大学全面完成首轮“双一流”建设任务，取得积极成效。离退休干部工作围绕中心大局取得新成效。广泛开展岗位建功活动，工青妇工作积极推进。机关后勤服务保障扎实有力。四是不断提升行业软实力。做好“沿着高速看中国”主题宣传、“感动交通”和“最美”推选等工作，大力弘扬“两路”精神等新时代交通精神，交通的好故事更加鲜活，交通的好声音传得更远，人民满意交通形象进一步树立。

总的看，今年在困难多、挑战大的情况下，我们办成了一批急事难事，交通运输改革发展稳定各项目标任务全面完成。这些成绩的取得，靠的是以习近平同志为核心的党中央坚强领导，靠的是习近平新时代中国特色社会主义思想的科学指引，靠的是全行业广大干部职工的艰苦奋斗，靠的是各地区、各部门的团结协作，靠的是广大人民群众和社会各界的大力支持。在此，我代表交通运输部，向长期关心支持交通运输事业的各级领导、有关部门、社会各界、广大干部职工和离退休老同志致以崇高的敬意和衷心的感谢！

三、准确把握明年交通运输工作的形势与思路

2022年将召开党的二十大，这是党和国家政治生活中的一件大事。谋划和做好明年交通运输工作，意义重大，必须准确分析形势，明确工作思路。

从宏观经济形势看，在世纪疫情冲击下，百年变局加速演进，外部环境更趋复杂严峻和不确定。我国经济发展面临多年未见的需求收缩、供给冲击、预期转弱三重压力，困难和挑战明显增多。从行业发展形势看，机遇与挑战交织并存，但约束条件明显增多，疫情仍是最大变量，交通运输供需局部失衡问题突出，呈现需求结构分化、供给受到冲击、运行成本高企、市场预期不稳、风险隐患增多等特点。

从安全形势看，行业安全稳定形势依然严峻，事故总量仍然偏大，重大事故仍时有发生，重大风险隐患仍未有效消除，安全生产基础还不稳固，抗灾保通抢险专业能力有待提升，外部环境更趋复杂严峻为行业发展带来更多不确定性，特别是受疫情影响，企业效益普遍下滑，安全投入难以保障，原本隐藏的各类风险隐患可能“水落石出”，保安全、保稳定工作任重道远。

从投资形势看，国家适度超前开展基础设施投资，交通固定资产投资需求依然很大，但财政资金保障不足、资源要素供给不足、债务风险隐患不容

忽视、工程造价大幅上涨等问题突出，一定程度上抑制了投资需求释放，特别是国省干线、农村公路等公益性设施在建规模和投资后劲明显不足，交通固定资产投资维持高位运行压力加大，对高质量发展的要求更加迫切。

从客运形势看，营业性客运受疫情冲击大，总体呈现低位运行态势，仍然难以恢复到疫情前水平；同时，出行结构加速调整，铁路、民航、城市轨道交通客运量占比不断提高，私家车出行保持较快增长。需求萎缩、成本高企、资金紧张加剧客运企业经营困难，特别是中小微道路、水路客运企业生存压力加大，改革发展面临新的形势。

从货运形势看，铁路、公路、水运、民航营业性货运量保持平稳增长，邮政快递业持续快速增长，但中小微道路货运企业经营压力依然较大。国际集装箱运输需求旺盛，港口吞吐量有望保持较快增长，但海运供应链效率下降、成本增加、循环受阻、舱柜供需矛盾等问题依然存在，受疫情影响仍可能波动，运力供给紧张局面仍将持续一段时间，保通保畅任务艰巨，对降本提质增效提出更高要求。

同时，我们还要清醒认识到，与高质量发展的要求相比，还存在不少问题和差距，主要表现在：综合交通运输网络布局不够均衡、结构不尽合理、衔接不够顺畅、韧性有待增强；老旧基础设施养护维修任务快速增长，养护资金缺口大；货物多式联运、旅客联程联运比重偏低，物流运输总体效率不高，定制化、个性化、专业化运输服务产品供给跟不上需求变化；部分关键核心产品和技术自主创新能力不强；实现碳达峰碳中和交通运输行业工作任重道远；综合交通运输管理体制机制有待完善，重要法规制度建设滞后，与交通运输发展阶段特征相适应的财税金融保障机制亟待建立完善，加快形成统一开放交通运输市场还存在体制机制障碍，行业信息数据共享开放不足，综合行政执法等重点改革有待深化，行业现代治理能力和治理水平还有待提升，等等。

面对这些困难和挑战、问题和差距，我们既要勇于面对，又要坚定信心、保持定力、化危为机，在风险挑战中寻找机遇潜力，改革创新、深耕细作，迎难而上。我们要深刻认识到，我国经济韧性强，长期向好的基本面不会改变，交通运输经济运行总体平稳、长期向好的基本面也没有变。更为重要的是，我们有以习近平同志为核心的党中央的坚强领导，有各地区各部门和社会各界的大力支持，有全体交通人的共同奋斗，我们就一定能战胜前进路上的各种风险挑战！

千里之行，始于足下。努力当好中国现代化的开路先锋，必须走好第一步，走好每一步。做好明年交通运输工作，必须牢牢把握“一个总基调”，更加注重“三个服务”，确保实现“六个有效”。

——牢牢把握“一个总基调”。就是坚持稳字当头、稳中求进，这是我们党对做好经济工作的规律性认识，是明年工作的总基调。坚持稳字当头、稳中求进，必须在认识上把“稳”字放在首位。深刻认识到，明年将召开党的二十大，必须保持平稳健康的经济环境、国泰民安的社会环境、风清气正的政治环境，在百年变局和世纪疫情交织叠加的严峻形势下，稳住就是进步、稳住就是胜利。坚持稳字当头、稳中求进，必须在方法上坚持先立后破、统筹兼顾。在调整政策和推动改革时把握好时度效，把稳增长、调结构、推改革有机结合起来，尊重客观实际和群众需求，坚持系统思维，着力统筹疫情防控和行业发展、统筹发展和安全、统筹外保安畅和内提质效，统筹扩大投资和防范风险，确保稳扎稳打、步步为营、久久为功。坚持稳字当头、稳中求进，必须在路径上坚持做稳存量、做优增量。正确处理存量与增量的关系，着力做稳存量，稳住发展基本盘；着力做优增量，培育发展新动能，推动交通运输高质量发展。坚持稳字当头、稳中求进，必须在责任上做到守土有责、守土尽责。坚持“三严三实”，积极推出有利于经济稳定的政策，慎重出台有收缩效应的政策，政策发力适当靠前，切实担负起稳增长的责任。坚持稳字当头、稳中求进，必须在成效上做到平稳有效、稳中有进。紧紧围绕稳定宏观经济大盘、保持经济运行在合理区间、保持社会大局稳定这个核心要求，蹄疾步稳、务求实效，确保各项工作起步稳、基础稳、势头稳，稳中有进。

——更加注重“三个服务”。坚持稳字当头、稳中求进，必须强化服务意识，提升服务能力，更好发挥对经济社会发展的服务保障作用。要更加注重服务大局，全力服务保障大局稳定。服务大局，最根本的是要服务好中华民族伟大复兴这个战略全局。就明年而言，服务大局，关键是要服务好宏观经济大盘和社会大局稳定，有力支撑国家重大战略实施，继续做好“六稳”“六保”工作，确保交通运输经济运行总体平稳、稳中有进，为党的二十大胜利召开营造良好氛围。要更加注重服务人民，有效服务促进共同富裕。习近平总书记指出，人民就是江山，江山就是人民。民心稳，江山才能稳。服务人民，必须坚持人民交通为人民，既要聚焦当下民生难题，努力办好服务民生实事，牢牢兜住民生底线；也要着眼实现共同富裕，正确认识和把握实现共同富裕的战略目标和实践途径，深入研究交通运输促进共同富裕的重大理论和实践问题，不断提升交通运输发展的平衡性、协调性、包容性，在发展中保障和改善民生，奋力建设人民满意交通。要更加注重服务基层，加快推动高质量发展。基层稳，则行业稳；基层强，则行业强。服务基层，必须坚持问题导向，真心实意为基层解难题。要针对基层普遍反映的问题，列出清单、挂图作战、销号管理，一件接着一件办，一年接着一年干，在解决实际问题中推动交通运输高质量发展。当然，资金、土地等外部约束收紧是大势所趋。我们要尽力争取好的发展环境，也要适应在多种约束条件下推动发展，过去那种粗放型发展的老路子走不通了，也不能再走了。推动高质量发展，必须在现阶段各种约束条件下寻求最优解。我们要立足新发展阶段，完整、准确、全面贯彻新发展理念，服务加快构建新发展格局，蹄疾步稳推动交通运输高质量发展。

——确保实现“六个有效”。坚持稳字当头、稳中求进，要落实到行动中，体现在有效上，关键是要找准着力点，精准发力、综合施策，确保实现“六个有效”。

一是有效保安全。安全是交通运输发展的基础。基础不牢，地动山摇。我们要深刻认识到，安全是责任，是比泰山还要重的责任；安全是民生，是最基本的民生；安全是红线，是任何人任何时候都不能触碰的高压红线。特别是明年，抓好安全工作极端重要。我们任何时候都绝不能过高估计我们的安全生产形势，任何时候都绝不能过高估计我们交通运输系统干部职工对安全生产重要性的认识，任何时候都绝不能过高估计我们交通运输领域保障安全生产的能力和水平。要坚持人民至上、生命至上，敬畏生命、敬畏责任、敬畏制度，始终怀着如履薄冰、如临深渊的心态，以强化企业主体责任、保持行业高压严管态势和广泛动员社会监督力量为着力点，加快安全改革创新，完善安全生产体系，确保人人都有责任心、事事都有责任制、处处都把责任落到实处，坚决遏制重特大事故，减少一般事故，降低事故总量，确保行业安全生产形势稳定，保护人民群众生命财产安全。

二是有效保畅通。保畅通，是服务构建新发展格局的战略支撑，是落实“六稳”“六保”任务的迫切要求。要充分发挥国际物流保障协调工作机制作用，按照“保重点、重协作、增韧性、降成本、建体系”的思路，全力保障国际国内物流供应链稳定畅通。保重点，就是要加强对粮食、能源、矿石等重要物资和初级产品运输保障，全力保障集装箱运输，做到动态监测、及时响应、精准调度、特事特办、优先保障。重协作，就是要按照“巩固海上、补齐陆上、政企协作、统筹推进”的思路，既要发挥好综合交通的协同优势，进一步发挥水运作为外贸运输“主力军”作用，同时抓住机遇加快提升中欧班列、国际航空货运、国际道路运输的保障能力。也要引导和支持供应链上下游企业对“海外仓”等资源协同共享，抱团出海。增韧性，要化危为机，补齐短板，推动建立水运建设资金保障机制，适度超前研究建设港航等公共设施，加快疏通边境口岸堵点卡点，增强国际国内物流供应链的韧性和弹性。降成本，既要发挥政府作用，推进国际运输便利化，清理规范港口、航运等环节中介收费，也要善用市场化的手段来解决市场中出现的问题，着力通过加强市场信息监测与发布、鼓励签订长期合作协议、开展集装箱运价指数期货交易等方式，完善运价平抑机制。建体系，就是要着眼长远，加快建设“全球123快货物流圈”，加快建立具有竞争力的现代国际物流供应链体系，加快形成内外联通、安全高效的物流网络。

三是有效稳市场。统一开放交通运输市场是全国统一大市场的重要组成部分，是贯通生产流通消费环节、推动内外循环良性互动的重要纽带。要把行业治理的基点落在加快形成统一开放的交通运输市场上。要落实好保市场主体的任务。2021年，党中央、国务院实施一系列助企纾困政策，起到了很好效果。国家已全部延期今年底到期的支持小微企业和个体工商户的政策，要指导企业用好用足这些政策。要坚持“放水养鱼”、助企纾困，特别要加大对中小微企业支持力度。要推动反垄断、反不正当竞争。要按照党中央要求，正确认识和把握资本的特性和行为规律，发挥资本作为生产要素的积极作用，同时有效控制其消极作用，为资本设置“红绿灯”，依法加强对资本的有效监管，防止资本野蛮生长。要稳妥推进铁路等自然垄断行业改革。破除区域和行业壁垒。要提升市场监管能力。深化综合行政执法改革，加强综合行政执法队伍建设。要针对高速公路等事业单位转企改制、城市群和都市圈交通一体化、港口资源整合等行业发展新趋势，探索建立与之相适应的新型治理体系。要完善市场机制。充分发挥价格在市场运行中的调节作用，在铁路客货运输、道路客运、出租汽车、港口等采用政府定价或指导价的领域研究完善价格形成和调整机制，赋予经营主体更大自主权，激发市场主体活力。

四是有效稳投资。适度超前开展基础设施投资，是应对需求收缩、供给冲击、预期转弱三重压力的有效举措，是稳定宏观经济大盘、保持经济运行在合理区间的现实需要，也是加快建设交通强国的题中应有之义。要把稳投资摆在工作突出位置，实施好扩大内需战略，扎实做好“六稳”工作，全面落实“六保”任务。要抓重点。围绕十九届五中全会《中共中央关于制定国民经济和社会发展第十四个五年规划和二〇三五年远景目标的建议》《中华人民共和国国民经济和社会发展第十四个五年规划和2035年远景目标纲要》《交通强国建设纲要》《国家综合立体交通网规划纲要》《“十四五”现代综合交通运输体系发展规划》确定的交通运输发展目标、重点任务、重大项目，以及“十四五”交通运输系列规划的具体部署，面向国家重大战略布局，围绕“6轴7廊8通道”加强战略骨干通道建设，精准补齐国家综合立体交通网短板，全面完成102项重大工程涉及交通运输的各项建设任务。要抓落实。完善规划实施机制，加强对规划实施的组织、协调和督导，建立健全规划实施监测评估、政策保障、考核监督机制。要做好规划任务分解，明确每项任务责任部门，建立任务台账，压实推进责任，定期开展跟踪调度。要全力推进规划内项目前期工作，科学论证项目方案，优化完善审批程序，加快审批（审核）进度，加强项目储备，着力在稳在建、扩新建、增储备、可持续上下功夫，形成谋划一批、开工一批、投产一批的良性循环。要抓保障。研究推动建立部际、省际、部省间重大项目协调推进机制，积极研究协调解决各地普遍反映的实际问题，凝聚行业、综合部门和项目单位共同推进合力。坚持项目跟着规划走、资金和要素跟着项目走，积极协调对接有关部门，着力解决资金、环评、用地、用海等要素保障问题。积极衔接、深度参与国土空间规划编制和“三区三线”划定，实现交通基础设施线位、点位等与耕地、永久基本农田、生态保护红线、城镇开发边界等统筹衔接协调。要紧紧抓住国家实施积极财政政策和稳健货币政策的机遇，最大限度争取和用好财政资金和财政政策，规范发行和使用各类交通债券，加快创新投融资机制，扩大直接融资比重，探索对新规划开发的交通基础设施项目整体打包一体化开发建设，提高交通项目的经济效益，吸引民间资本广泛参与交通建设。强化预算绩效管理，充分发挥资金效益，防范和化解债务风险。

五是有效促转型。促转型，是“稳”的基础上求“进”的动力源泉，是推动交通运输高质量发展的重要支撑。促转型，必须深刻把握时代大势，乘势而上、顺势而为、借势转型，全面推进行业向数字化、绿色化、融合化转型，这是推进交通运输现代化可以大有作为的重点领域。全面推进数字化转型。交通网是线下的互联网，互联网是线上的交通网。要大力推动大数据、互联网、人工智能、区块链等新技术与交通行业深度融合，着力加强顶层设计、制定统一标准、统筹协调推进、试点示范引领，率先推进高速铁路、高速公路、内河航道、民航机场、港口码头、邮政快递等重点领域数字化转型，从广度和深度两个维度拓展新基建应用场景。要加强对行业信息平台建设的统筹，部省协同，统一标准，留好接口，大力推进全国综合交通运输各类数据平台充分整合、开放共享。全面推进绿色化转型。实现碳达峰碳中和是推动高质量发展的内在要求，要坚定不移推进，但不可能毕其功于一役。要坚持全国统筹、节约优先、双轮驱动、内外畅通、防范风险的原则，在碳达峰、碳中和的框架下，全面推进绿色低碳转型，加快形成绿色低碳交通运输方式。同时，也要把握好节奏和力度，正确处理好发展和减排、整体和局部、短期和中长期的关系，先立后破，通盘谋划，尽力而为、量力而行。全面推进融合化转型。要以咬定青山不放松的执着推进综合交通运输一体化融合发展，同时也要加强与关联产业跨界融合、综合开发，着力用好新能源、新基建等投资政策，顺势推进交通基础设施网、运输服务网、能源网、信息网融合发展，支持发展交通运输路衍经济、枢纽经济、平台经济、通道经济、高铁经济、低空经济等，不断增强发展新动能。

六是有效防风险。防风险，是坚持稳字当头、稳中求进的底线要求。要不折不扣把防风险贯穿到交通运输发展各领域和全过程，按照稳定大局、统筹协调、分类施策、精准拆弹的方针，重点防范和化解可能影响全局的风险点。要严防疫情通过交通运输工具大规模外部输入、内部反弹的风险，严防国际物流供应链中断特别是重要物资运输“进不来”“出不去”的风险，严防重点领域、薄弱环节、重要时段发生重特大安全生产事故的风险，严防重大自然灾害突发可能带来的风险，严防部分地区可能发生的系统性区域性债务风险，严防疫情冲击下客运需求不振可能引发的风险，严防工程造价上涨可能引发的资金短缺、合同违约、工程款纠纷、项目“烂尾”等连锁性风险，严防多重因素叠加可能引发的群体性的风险，严防外部因素可能给行业发展带来冲击的风险，等等。还有一些可以预料和不可预料的风险，我们都要未雨绸缪、心中有数，防治结合、以防为主，宁可十防九空，不可失防万一，全力确保行业安全稳定。

四、2022年工作安排

做好2022年交通运输工作的总体要求是：以习近平新时代中国特色社会主义思想为指导，全面贯彻党的十九大和十九届历次全会精神，认真落实中央经济工作会议精神，弘扬伟大建党精神，坚持稳中求进工作总基调，完整、准确、全面贯彻新发展理念，服务加快构建新发展格局，全面深化改革开放，坚持创新驱动发展，推动高质量发展，坚持以供给侧结构性改革为主线，统筹疫情防控和经济社会发展交通运输工作，统筹发展和安全，继续做好“六稳”“六保”工作，着力抓落实、抓统筹、抓协调、抓保障，更加注重服务大局、服务人民、服务基层，有效保安全、保畅通、稳市场、稳投资、促转型、防风险，为稳定宏观经济大盘、保持经济运行在合理区间、保持社会大局稳定做好服务和保障，促进综合交通一体化融合，加快建设交通强国，努力当好中国现代化的开路先锋，以优异成绩迎接党的二十大胜利召开！

重点做好以下12个方面的工作：

（一）全力确保交通运输安全稳定发展

把安全稳定作为明年工作的重中之重，为做好各项工作夯实基础。一是贯彻总体国家安全观，提高重大风险防范应对能力。提高交通网络抗风险能力，强化交通运输重大基础设施安全风险评估和分级分类管控，稳定提升重点区域的多路径连接比率，完善紧急交通疏散等安全应急设施。完成全国自然灾害综合风险公路水路承灾体普查。着力防范化解交通运输领域债务风险，坚决守住不发生系统性、区域性风险的底线。出台公路水路交通运输关键信息基础设施管理办法和专项规划，加强重要信息系统的网络安全防护。深化交通运输领域平安中国建设，常态化推进扫黑除恶和反恐怖防范工作。全力做好重要节日、重点时段、重大活动交通运输安保工作，全力做好维护行业稳定工作。二是坚决守住安全生产底线。深化完善交通运输安全生产体系建设。深入落实全国安全生产专项整治三年行动计划。坚持“三管三必须”（管行业必须管安全、管业务必须管安全，管生产经营必须管安全），强化安全生产监督管理责任落实，督促指导企业落实主体责任、落实全员安全生产责任制。加强安全生产风险分级管控，健全隐患排查治理机制。紧盯重要领域、重点地区、重点时段，严格长途客运、地铁运营、危化品运输等安全监管。加强铁路沿线安全环境整治。开展公路安全设施和交通管理精细化提升专项行动，完成农村公路安全生命防护工程5万公里，实施干线公路灾害防治工程1000公里，完成危旧桥梁改造6500座。深化船舶碰撞桥梁隐患治理，推进航运枢纽大坝除险加固专项行动、国际客货班轮专项整治行动。联合有关部委继续深化商渔船防碰撞安全整治。深化常压液体危险货物罐车治理。加快推广危险货物道路运输电子运单。推进“陆海空天”一体化水上交通运输安全保障体系建设。提升民航系统安全管理效能。扎实开展平安寄递建设。深化平安工地建设，全面落实工程建设项目“零死亡”安全管理目标。三是提高交通运输应急管理能力。加强综合交通运输应急管理体系建设，制修订国家突发事件交通运输相关应急预案，深入推进调度与应急指挥系统建设，加强应急值守专业化、规范化建设。加快推进国家区域性公路交通应急装备物资储备中心建设。强化城市轨道交通运营安全风险分级管控和隐患排查治理。提高海上搜救应急能力，科学布局沿海和内河搜救溢油应急设备库，推动完善长江干线水上搜救体制机制，持续推进现代化专业救捞体系建设。组织开展多种形式应急演练，提升突发事件科学应对水平。

（二）毫不放松抓好交通运输常态化疫情防控

坚决克服麻痹思想、松劲心态，精准有效抓好外防输入、内防反弹各项工作。一是保持疫情防控指挥体系高效运转。时刻绷紧疫情防控这根弦，统筹抓好联防联控机制各项工作。严格执行《突发公共卫生事件交通运输应急预案》，因时因势调整优化疫情防控举措。充分发挥交通管控和运输保障专班作用，全力做好疫苗运输、应急物资运输服务保障工作。二是持续强化外防输入。坚决落实机场、水运、陆路口岸等重点部位防控措施。继续坚持公路水运口岸出入境运输“客停货通”政策，因时因势修订防控工作指南。加强各领域国际运输一线人员疫情防控工作，继续严格落实高风险岗位作业人员闭环管理等防控措施，严格做好“点对点、一站式”入境人员接运。按照有关规定对来华国际航行船舶船员换班严格实行熔断机制。推进水运口岸船员换班通关便利化。三是持续加强内防反弹。从严加强常态化疫情防控工作，严格落实交通运输工具、场站消毒通风，人员测温、健康码查验、佩戴口罩等要求，坚决避免疫情通过交通运输环节传播扩散。持续做好公路水路同乘密接人员大数据筛查工作。推进行业重点人群疫苗接种和加强免疫接种工作。继续做好部机关和部属单位疫情防控工作。

（三）全力保障国际国内物流供应链稳定畅通

充分发挥国际物流保障协调工作机制作用，多措并举，做好国际国内物流供应链保通保畅工作。一是加快完善国际物流通道网络。加快建设内外联通、安全高效的物流网络，发展多元化国际运输通道。优化海上通道布局。加快完善国际陆路通道，推动西部陆海新通道高质量发展。持续深化国际物流保通保畅合作，着力维护重要物流通道安全畅通。着力推动解决铁路、公路口岸货物拥堵问题。二是全面提升国际物流服务保障能力。持续优化完善海运服务网络，推动稳定我国出口航线运力和集装箱供给，加强沿海集装箱码头能力和粮食码头中转仓储能力建设。推动大型航运企业与国有粮食、能源和矿石进口企业签订长期运输合同。促进中欧班列、中欧陆海快线等高质量可持续发展。加强航空货运能力建设。完善国际寄递网络布局。持续完善国际物流供应链服务保障系统功能，大力推动部门间、政企间、供应链上下游企业间信息交互共享。三是培育壮大具有国际竞争力的现代物流企业。推进国际物流体系建设及创新发展先行先试，着力培育具有全球竞争力的国际物流企业。鼓励骨干物流企业与进出口货主企业建立长期稳定、互利共赢的战略合作关系。鼓励有实力的物流企业走出去，拓展海外物流服务网络。完善重点企业联系和跟踪制度，积极协调解决企业在对外拓展中的问题。四是加大重要物资保通保畅保运力度。统筹利用各种运输资源，全力做好煤炭、天然气、粮食等关系国计民生重要物资运输保障工作。健全完善重要物资应急运输保障体系，推动建立央地结合的运输保障车队，提高应急运输指挥调度水平。推动建立重点地区和能源物资供应重要地区跨地区跨部门路网协调联动工作机制。继续开展全国高速公路易拥堵收费站专项治理。加强航道、航运枢纽大坝和通航建筑物运行监测，保障航道畅通。

（四）加快建设统一开放交通运输市场

着力深化交通运输体系改革，打破地方保护、市场壁垒和行业分割，完善市场制度规则，增强市场主体活力。一是完善交通运输市场制度体系。完善交通运输市场准入和退出制度。清理废除含有地方保护、市场壁垒等妨碍交通运输统一市场和公平竞争的各类政策。推动加大反垄断、反不正当竞争监管执法力度。推进铁路行业竞争性环节市场化改革。推动实现邮政普遍服务业务与竞争性业务分业经营。推动公路、水运建设和养护领域企业资质改革政策落地，规范建设市场招投标行为。深化道路运输从业资格制度改革，提升道路运输高频服务事项“跨省通办”服务水平，推动全国范围内道路运输电子证照推广应用与跨省查验。加快完善综合交通枢纽、多式联运、联程联运、安全应急、节能降碳等重点领域标准，加强重点产品质量监督抽查。二是推进交通运输重点领域改革。深化投融资体制机制改革创新，继续稳定车购税等交通资金政策。推进车购税和成品油消费税转移支付资金“以奖代补”政策落实，强化“以奖代补”资金使用绩效。探索市场化融资新途径，积极引导社会资本参与交通运输高质量发展。深化交通运输预算管理制度改革。推进完成部权责清单编制工作。推进海事职衔制实施。推进长江航道局生产经营类事业单位转企改制、部培训疗养机构改革。指导海南研究完善里程费改革试点方案。三是持续优化交通运输营商环境。深化“放管服”改革，继续推动取消下放一批行政许可事项，优化交通涉企服务。加强和规范事前事中事后监管，全面实施“双随机一公开”监管，对重点领域重点事项强化重点监管，深入推进信息化监管，提升信用监管效能。继续深化交通运输综合行政执法改革，建立健全综合执法运行机制。巩固深化交通运输执法领域突出问题专项整治行动成果，建立完善执法规范化长效机制，组织实施执法队伍素质能力提升行动。强化海事队伍革命化、正规化、职业化、专业化建设。深入推进治超联合执法常态化制度化。加快构建全要素水上“大交管”，优化完善海事监管机制和模式。推动更多船舶、船员证书“电子化”，全面推行证明事项告知承诺制。充分发挥行业协会商会作用，强化行业和企业自律。四是深化交通运输法治政府部门建设。抓好进一步深化交通运输法治政府部门建设的意见各项重点任务落实。加快重点领域立法进程，加快推进《中华人民共和国铁路法》《中华人民共和国公路法》《收费公路管理条例》《农村公路条例》《无人驾驶航空器飞行管理暂行条例》《城市公共交通条例》制修订出台，加快推进《中华人民共和国民用航空法》《中华人民共和国海商法》《中华人民共和国港口法》《道路运输条例》等法律法规和部门规章制修订。严格落实重大行政决策流程，把好合法性和公平竞争审核关，提升行政复议和应诉工作精细化规范化信息化水平。落实“谁执法谁普法”责任制，推进“八五”普法规划实施。

（五）加快建设高质量综合立体交通网

深入实施“两个纲要”和“十四五”系列规划，以现代化高质量综合立体交通网规划建设为引领，加快推动交通强国建设各项重点任务落实。一是完善加快建设交通强国实施机制。加强组织领导，充分发挥部加快建设交通强国领导小组作用，统筹推动各项重点任务落实。各省（自治区、直辖市）要结合本地实际，及时出台加快建设交通强国的实施意见。加快构建完善交通强国建设评价指标体系。对标国际先进水平，深化交通强国建设理论研究，构建中国特色综合交通运输理论体系。开展国家综合立体交通网主骨架适应性评估研究，加快出台高质量推进国家综合立体交通网主骨架建设的意见。完善服务交通强国战略实施的财税金融政策。加大交通强国建设试点推进力度，在体制机制、战略政策、重大改革、重大项目、关键技术等方面开展试点，加快形成一批可复制、可应用、可推广的成果和经验，促进试点成果转化为加快建设交通强国的实际效能。二是继续推进相关规划编制。加快国家公路网规划、全国港口与航道布局规划、中长期铁路网规划等修编出台，进一步完善重点区域综合立体交通网规划。各省在编制完成“十四五”交通规划基础上，要注重与相关国家中长期规划衔接，编制好本省中长期交通规划和综合立体交通网规划。三是加快推进综合交通网络建设。完善国家综合立体交通网主骨架，加强沿江沿海沿边等战略骨干通道建设，高质量推进川藏铁路及配套公路、深中通道等重大项目建设。加快沿江高铁等建设。加快国家高速公路“71118”待贯通路段建设，推进高速公路待贯通路段建设和瓶颈路段扩容改造，加快普通国省道低等级路段提质升级。加快推进内河高等级航道提等升级，推动沿海港口公共基础设施建设。加快推动西部陆海新通道（平陆）运河前期工作，力争开工建设。开展湘桂赣粤运河工程重点问题专项研究。稳步建设支线机场、通用机场。四是加快建设综合交通枢纽体系。完善枢纽场站布局规划，推进枢纽集群、枢纽城市、枢纽港站“三位一体”建设，建设世界级机场群和港口群。推动综合客运枢纽建设，强化综合客运枢纽与周边区域综合开发利用。推进综合货运枢纽体系建设，加快枢纽机场航空货运设施改造升级，强化邮政快递枢纽能力建设。五是加强基础设施建设和养护管理。推行现代工程管理，深化平安百年品质工程创建示范，深入推动精细管理和精品建造，加快完善质量管理体系。推行养护科学决策，强化常态化预防性养护，实现全寿命周期养护投入最优化。开展国家公路网技术状况监测，加强桥梁养护，建设公路长大桥梁结构健康监测系统。健全隧道运行监测和应急处置机制，开展危旧隧道改造。建立健全港口基础设施维护制度标准。

（六）着力提高交通运输服务供给质量

坚持人民至上，聚焦人民群众“急难愁盼”，继续办好办实交通运输更贴近民生实事，顺应人民群众美好生活新期待。一是大力提高出行服务品质。推广“出行即服务”理念，研究开展旅客联程运输专项行动。鼓励和规范发展定制客运，深入推进运游融合发展，加快道路客运转型升级。普及推广道路水路客运电子客票服务。提升水路客运服务品质，打造水上旅游客运精品航线，稳慎推进邮轮海上游试点航线开航。丰富完善铁路客运服务产品。保持民航航班正常率稳定在80%以上。加强出行服务无障碍、适老化、人文化建设。深化电子不停车收费系统（ETC）服务提升。开展公路服务区服务质量等级评定。持续提升机动车维修和驾驶员培训服务品质。统筹疫情防控、运输保障、安全监管、便民服务，认真做好综合运输春运工作。统筹做好北京冬奥会运输服务保障和疫情防控工作。二是持续促进物流降本增效提质。加快多式联运示范工程提质扩面，积极培育网络化市场主体，加大“一单制”、服务规则协同等探索推广力度。加快发展电商物流、冷链物流、危化品物流等专业化物流，提升冷链货物运输服务品质。推动道路货运健康稳定高质量发展，持续推进货运车辆标准化、厢式化、轻量化。提升“司机之家”便民惠民服务水平，优化完善服务区货车停放服务。推进内河重要干线水上服务区建设和服务功能提升。推动高铁货运发展。巩固拓展减税降费成果，进一步规范港口航运、公路铁路运输等收费。深化高速公路差异化收费，完善配套政策。推进跨省大件运输并联许可“掌上办”。完善应急救援车辆免费通行保障政策，优化鲜活农产品运输绿色通道查验。三是推进交通运输新业态规范健康持续发展。落实城市属地责任和网约车平台责任，加快网约车合规化进程。规范汽车租赁和互联网租赁自行车健康发展。推进“互联网＋货运物流”模式创新，推动完善互联网道路货运平台管理制度。强化交通运输新业态运行监测和协同监管，实施交通运输新业态平台企业抽成“阳光行动”。巩固提升12328热线集中整改成果，切实保障消费者权益和货车司机、交通运输新业态等从业人员合法权益。同时，要积极帮助交通运输企业纾困解难。加强行业运行监测分析，引导企业适应常态化疫情防控要求和市场需求变化。推动落实国家财税金融等支持政策。

（七）有力支撑区域重大战略和区域协调发展战略实施

坚持交通先行，找准定位、履职尽责，夯实区域协调发展的基础支撑。一是加快京津冀一体化暨雄安新区综合交通运输体系建设。建成京滨铁路、京唐铁路，加快建设“轨道上的京津冀”。进一步完善京津冀一体化路网格局，加快京雄高速公路北京段、秦唐高速公路等项目建设。推进天津北方国际航运核心区建设。完善京津冀机场群。支持雄安新区开展智慧交通探索。二是推进长江经济带综合交通运输体系建设。印发《长江经济带综合立体交通网建设规划》。着力推进荆江河段、嘉陵江等长江干支流航道重点工程建设，提升长江黄金水道功能。补强沿江高铁和铁路货运能力，全力打通公路省际待贯通路段，推进长江中游机场群建设。完善长江经济带船舶和港口污染防治长效机制，全力推动长江经济带交通绿色低碳发展。三是推动粤港澳大湾区交通运输创新发展。加快构建以高速铁路、城际铁路和高等级公路为主体的城际快速交通网络，持续完善珠三角高等级航道网，优化航运和航空资源配置，增强对横琴粤澳深度合作区、前海深港现代服务业合作区建设的交通运输保障。四是推动长三角交通运输更高质量一体化发展。加快推进宁淮铁路、苏台高速等省际互联互通项目建设，高质量建设长三角高等级航道网，加快开发小洋山北侧集装箱码头，支持上海国际航运中心建设，推进长三角港口群协同发展共建辐射全球航运枢纽。建设世界级机场群。支持浙江高质量建设共同富裕示范区。支持宁波舟山国家大宗商品储运基地建设。五是持续推动黄河流域交通运输生态保护和高质量发展。研究出台推动黄河流域交通运输生态保护和高质量发展的实施意见。优化提升既有普速铁路、高速铁路、高速公路、干支线机场功能，谋划新建一批重大项目，加快构建便捷智能绿色安全综合交通网络。六是促进形成优势互补的区域格局。加快补齐西部地区交通基础设施网络短板，补齐路网空白。打造成渝地区双城经济圈1小时交通网，畅通多向出川渝综合运输大通道。提升东北地区交通基础设施网络整体效能，强化与京津冀等地区联接的通道能力建设，推进辽宁沿海经济带高质量发展。推进中部地区内陆开放大通道建设。加快构建东部地区现代化综合交通运输体系。同时，支持海南构建岛内畅通、陆岛连通、全球通达的现代化综合交通运输体系，推进琼州海峡港航一体化。推进北部湾港总体规划编制工作。做好革命老区振兴交通运输高质量发展工作。

（八）推动城乡交通运输统筹协调发展

兜牢民生底线，及时回应群众关切，促进共同富裕。一是巩固拓展交通运输脱贫攻坚成果同乡村振兴有效衔接。落实“四个不摘”要求，坚持项目优先安排、资金优先保障、措施优先落实、工作优先对接。以国家乡村振兴重点帮扶县为重点，强化对脱贫地区交通基础设施建设的支持，增强“交通+”融合发展能力。继续做好定点帮扶、对口支援工作。二是加快完善“四好农村路”高质量发展体系。有序推进较大人口规模自然村（组）、抵边自然村通硬化路建设，推进农村公路建设项目更多向进村入户倾斜，深化“美丽农村路”建设。规范“路长制”运行机制。持续巩固拓展建制村通客车成果，深入推进客货邮融合发展，完善农村客运补助政策，推动农村客运长效稳定发展。加快推进县、乡、村三级农村物流节点体系建设，深入宣传推广农村物流服务品牌，加快推进“快递进村”工程，健全完善农村物流体系。深入开展“四好农村路”、城乡交通运输一体化等示范创建，推广高质量发展典型案例。三是加快推动城市交通高质量发展。深入实施城市公交优先发展战略，持续深化国家公交都市建设。因地制宜构建适应城市特点的公共交通出行服务体系。持续深化出租汽车改革，推动巡游出租汽车转型升级，促进新老业态融合发展。持续开展城市绿色货运配送示范工程创建工作。加快推动构建重点城市群多节点、网络化城际交通网，进一步提升城市群、都市圈交通一体化水平。

（九）加快推动交通运输创新引领发展

抓住新一轮科技革命和产业变革机遇，赋能交通运输高质量发展。一是深化交通运输技术创新及应用。加强基础设施长期性能科学观测。系统布局交通运输科技示范工程，深化关键核心技术攻坚，推动交通基础设施、载运装备与智能交通等重点专项任务落实。推动突发事件交通运输应急处置、救助打捞、检验检测及监测等专用装备自主化智能化发展。拓展北斗系统行业应用。二是大力发展智慧交通。积极推进智能铁路、智慧公路、智慧港口、智慧航道、智慧民航、智慧邮政、智慧枢纽等交通新基建重点工程建设。加快推进杭绍甬智慧高速公路、广州港南沙港区自动化集装箱码头、长江干线和京杭运河智慧航道等建设。开展公路数字化专项行动。推进国家综合交通运输信息平台和大数据中心一体化建设，深化行业数据整合和开放共享。鼓励企业整合多方式出行信息资源，为旅客提供全链条、多方式、一站式出行服务。实施自动驾驶、智能航运、智能建造等先导应用试点。推进基于区块链的全球航运服务网络建设，推动港口作业单证电子化。三是夯实创新发展的基础。强化交通运输战略科技力量，推动交通运输领域全国重点实验室、技术创新中心、工程研究中心等培育建设。优化交通运输行业科技创新平台布局。组织开展第二批国家交通运输科普基地认定工作。

（十）加快推进交通运输绿色低碳转型

坚持远近结合、突出重点、分类施策，有序推进绿色低碳交通运输体系建设。一是统筹谋划碳达峰碳中和交通运输工作。推动出台交通运输领域绿色低碳发展实施方案，发布部贯彻落实碳达峰碳中和工作实施意见、行业绿色低碳发展行动方案。加快完善交通运输能耗和碳排放统计监测体系，加强评估，推动建立与评估结果挂钩的激励机制。发布绿色交通标准体系。推进行业碳达峰试点工作。二是持续优化调整运输结构。深化运输结构调整示范区建设，推动港口、物流园区铁路专用线建设，持续推动大宗货物和中长途货物运输“公转铁”“公转水”。大力推动集装箱铁水联运和内河集装箱运输发展，提升江海联运服务水平。三是强化交通运输节能减排和污染防治。推广新能源、智能化、数字化、轻量化交通装备，鼓励引导绿色出行，提高交通运输从业人员节能意识。稳步推进铁路电气化改造，持续推进机场飞机辅助动力装置建设。大力推进船舶靠港使用岸电。推进高速公路服务区充电桩建设。有序推进实施汽车排放检验与维护制度。加强船舶水污染物联合监管，推进船舶大气污染物排放控制监测监管试验区建设，加快全国船舶能耗中心建设，研究船舶碳强度评级机制。四是推进资源节约集约利用。统筹利用综合运输通道线位、土地、空域等资源，加大岸线、锚地等资源整合力度，合理避让生态敏感区。大力推广节能环保材料、工艺工法在交通基础设施建设中的应用，积极推广废旧路面、沥青、疏浚土、建筑垃圾等各类废弃物资源化利用。推动快递物流包装绿色转型。

（十一）推进全球交通合作

坚持交通天下，进一步扩大交通运输对外交流与合作，积极打造全球交通合作伙伴关系，以高水平合作促进交通运输高质量发展。一是推动“一带一路”交通互联互通高质量发展。加强基础设施“硬联通”，推进与周边国家铁路、公路、航道等基础设施互联互通，做好中俄黑河公路桥通车工作。深化制度规则“软联通”，加快与相关国家双边海运协定、双边国际道路运输协定或议定书的签署修订。加快国际道路运输中央事权财政改革落地落实，优化调整国际道路运输管理制度体系，提升国际运输便利化水平。推动国际铁路联运规则制修订，推广统一运单，简化手续。二是深化交通运输国际交流与合作。强化全球交通合作伙伴关系，落实全球发展倡议，继续深化中俄、中欧、中国—中东欧、中国—东盟等多双边国际交流合作机制涉交通工作，积极参加中国—东盟交通部长会议、中俄运输合作分委会会议等机制性活动。深化与非洲、拉美国家的互利交流合作。全力推进中国国际可持续交通创新和知识中心落地相关工作。落实区域全面经济伙伴关系协定（RCEP）涉交通运输有关工作。加强与相关国家深远海航行保障、搜救打捞、自动驾驶、科技人才、绿色低碳等领域交流合作。支持交通运输企业高水平走出去，坚定维护企业海外合法权益。办好中国航海日活动和第二届北外滩国际航运论坛。三是积极参与交通运输全球治理。继续加强与国际海事组织、国际民航组织、万国邮政联盟、铁路合作组织、国际运输论坛、国际道路联盟、世界道路协会等事务合作。积极参与海运温室气体减排国际谈判，深度参与国际规则和标准制定。

（十二）加强党的全面领导

坚持党的领导，不断提高党的建设质量，为加快建设交通强国凝聚力量。一是持续深化理论武装。深入学习贯彻党的十九届六中全会精神，同巩固拓展党史学习教育成果、学习贯彻总书记“七一”重要讲话精神结合起来，同学习贯彻总书记在第二届联合国全球可持续交通大会上的主旨讲话精神以及总书记关于交通运输工作重要论述等结合起来，增强“四个意识”、坚定“四个自信”、做到“两个维护”，不断提高政治判断力、政治领悟力、政治执行力。二是以自我革命精神深入推进党风廉政建设和反腐败斗争。坚持严的主基调，一体推进不敢腐、不能腐、不想腐，使惩治震慑、制度约束、提高觉悟一体发力，努力取得更多制度性成果和更大治理成效。坚定不移贯彻中央八项规定及其实施细则精神，毫不松懈纠治“四风”。加强对“一把手”和领导班子的监督，强化权力运行制约监督，健全完善干部选任、规划制定、行政审批、资金安排、项目管理、安全监管、行政执法等重要环节内控机制。加强对群众反映强烈问题的集中整治，严肃查处不正之风和腐败问题。持续深化政治巡视，加强巡视巡察上下联动监督网建设。自觉接受派驻监督，强化财会、审计监督。三是加强队伍建设和机关建设。贯彻新时代党的组织路线，加大干部选任力度，坚持好干部标准，选优配强各级领导班子，加强公务员队伍建设，大力培养选拔优秀年轻干部。健全干部担当作为激励保护机制，加强干部职工人文关怀。深化人才发展体制机制改革，继续实施交通运输科技创新人才推进计划，加大“高精尖缺”人才培养支持力度。加强政治机关建设，深化模范机关建设。推动交通运输新型智库建设。高质量推进研究型世界一流海事大学建设。推进新时代离退休干部工作高质量发展，加强和改进群团、统战、信访等工作，做好机关后勤保障工作。总结货车司机党建专项试点工作，深入推进货运行业党的建设。四是加强精神文明和新闻舆论工作。弘扬新时代交通精神，培树行业重大先进典型。抓好新闻舆论工作，加强交通运输全媒体传播能力建设，提升交通运输政务媒体的传播力、引导力、影响力、公信力，讲好新时代交通故事。

明年将召开党的二十大。我们要认真总结党的十九大以来加快建设交通强国取得的突破性进展、标志性成果和积累的宝贵经验，加大宣传引导力度，运用多种方式提升宣传效果，更好引导广大干部职工凝聚共识、坚定信心、接续奋斗。要按照党中央部署，抓好交通运输部系统党的二十大代表选举等各项工作。

一分部署、九分落实。做好明年交通运输工作责任重大、任务艰巨。我们要以更加务实的工作作风、更加饱满的精神状态，全力以赴抓好各项工作落实。要加大部署推进力度，完善抓落实工作机制，加强工作调度、督促和检查，确保各项工作保质保量完成。要提高抓落实本领，悟透以人民为中心的发展思想，坚持“三严三实”，提高工作效率，扎扎实实把各项任务落到实处。领导干部要强化履职意识、标杆意识，亲自抓、带头干，切实抓出成效。要弘扬奋斗精神，树立重实干、重实绩的用人导向，激发干部担当作为、干事创业的内生动力。鼓励开拓创新，敢闯敢试，创造性地抓好各项任务贯彻落实。

新年将至，做好岁末年初各项工作至关重要。要认真完成好各项年度目标任务，切实抓好安全生产和常态化疫情防控工作，做好煤炭、天然气、粮食等重点物资运输保障工作，全力做好2022年春运工作，统筹做好冬奥运输服务保障和疫情防控工作，切实做好工程款清欠、农民工工资发放等工作，认真做好值班值守工作。

同志们!号角已经吹响，征途就在脚下！让我们更加紧密团结在以习近平同志为核心的党中央周围，逢山开路、遇水架桥，埋头苦干、勇毅前行，加快建设人民满意、保障有力、世界前列的交通强国，努力当好中国现代化的开路先锋，以优异成绩迎接党的二十大胜利召开！

冯正霖在2022年全国民航工作会议上的讲话

(2022年1月10日)

扎实推进民航“十四五”发展规划 以优异成绩迎接党的二十大召开

同志们:

这次会议的主要任务是,以习近平新时代中国特色社会主义思想为指导,贯彻党的十九大和十九届历次全会以及中央经济工作会议精神,贯彻全国交通运输工作会议精神,回顾民航2021年工作,部署民航“十四五”发展规划实施,安排2022年主要任务。刚才,我们传达了刘鹤副总理对交通运输工作批示精神和对民航工作的批示要求,刘鹤副总理的批示充分肯定了2021年民航工作的成绩,是对全行业广大干部辛勤付出的极大鼓舞,全行业要认真贯彻、抓好落实。现在,我代表民航局作工作报告。

一、2021年民航主要工作回顾

2021年是民航发展历程中具有特殊重要性的一年,“政治年、开局年、复杂年”特点非常明显。一年来,全行业在党中央、国务院的坚强领导下,认真落实“十四五”时期“一二三三四”民航总体工作思路,按照“政治年”的特殊要求,结合“开局年”的阶段特征,应对“复杂年”的矛盾问题,工作取得了较好成绩。

一年来,全行业重点办了三件大事:

——扎实开展党史学习教育。我们按照中央统一部署,牢牢把握“学史明理、学史增信、学史崇德、学史力行”的目标要求,深入学习贯彻习近平总书记“七一”重要讲话精神和党的十九届六中全会精神,突出学党史、悟思想、办实事、开新局,落实规定动作,创新自选动作,推动党史学习教育取得实实在在成效。民航系统广大党员对“三个为什么”的感悟更加深刻,对马克思主义中国化成果特别是习近平新时代中国特色社会主义思想的理解更加深入,践行“两个维护”更加坚定自觉,理想信念进一步增强,党的意识、党员意识进一步强化,把握大局大势、应对风险挑战的能力水平不断提升。全行业扎实推进“我为群众办实事”实践活动,局党组层面推出实事22项,全系统共推出实事任务2586项,一批涉及旅客出行痛点、行业运行难点、职工诉求重点的实事任务已经或正在得到解决。

——编制发布民航“十四五”发展规划。我们对标中央关于国家“十四五”规划和2035年远景目标的建议,立足我国民航从单一航空运输强国跨入多领域民航强国建设这一新的历史方位,突出在服务构建新发展格局中更好地发挥民航战略产业作用,编制完成了民航“十四五”总体规划和运输机队、机场建设、航线网络、通用航空、绿色发展等13个专项规划。这是全面开启多领域民航强国建设新征程的纲领性文件，为新时代民航强国建设勾画了鼓舞人心、催人奋进的宏伟蓝图。在规划编制过程中，我们提前布局科教创新这项基础性工作。完善智慧民航顶层设计，研究编制智慧民航建设实施路线图；与科技部共同组织实施新一代智慧民航自主创新联合行动计划，启动筹建民航领域国家科技创新基地，推进南北民航科教创新园区建设；印发推进直属院校高质量发展意见，全面提升院校办学水平；落实中央人才工作会议精神，召开民航直属院校和科研院所座谈会，部署民航科教创新和人才队伍建设；举办中国民航大学建校70周年校庆，刘鹤副总理发来书面致辞，深刻揭示了科教创新对民航高质量发展的支撑作用，提出了全面建成保障有力、人民满意、有国际竞争力民航强国的目标要求，鼓舞了全体民航人在新征程上建设民航强国新篇章的信心和决心。

——圆满完成各项重大任务。我们以高度的政治责任感、使命感，不辱使命，零差错、零失误地完成了党和国家领导人一系列专包机任务；圆满完成建党100周年庆祝活动、党的十九届六中全会、珠海航展等国家重大活动的航空保障和安保维稳任务；印发北京冬奥会航空运输保障工作方案，组建工作专班，做好测试赛航空运输保障，确保北京冬奥会航空运输保障工作全面就绪；参加国际民航组织新冠肺炎高级别会议，干净利落处理涉台问题，提出中国方案，国际民用航空组织（ICAO）理事会主席和秘书长高度评价我方贡献，认为中国的领导力对此次会议成功举办至关重要。这些重大任务的圆满完成，进一步彰显了民航人“忠诚担当的政治品格、严谨科学的专业精神、团结协作的工作作风、敬业奉献的职业操守”这一当代民航精神，体现了民航人自觉增强“四个意识”、坚定“四个自信”、做到“两个维护”的政治定力和过硬业务能力。

一年来，全行业面对疫情防控、经营亏损、安全压力等困难交织叠加影响，坚持稳中求进，在逆境中展现了强大韧劲，难中有成、难中有进，完成了六大重点任务：

一是确保航空安全万无一失。2021年，习近平总书记在上、下半年分别对东海航空和华夏航空的安全事件作出重要批示，一年之内两作批示，这在民航史上尚属首次。全行业深入贯彻落实习总书记批示精神，把为庆祝建党百年创造良好氛围作为首要政治任务，坚持“脑要紧起来、心要细起来、眼要亮起来、脚要勤起来、脸要红起来、手要硬起来”，大力开展“问题隐患清零”行动，严肃开展运输航空空勤人员作风专项整顿，圆满完成东海航空、华夏航空进驻式安全整顿和直升机安全专项整改，稳妥有序推进波音737MAX8复飞工作，严密防范海航破产重整中安全运行风险，严格管控常态化疫情防控下的安全衍生风险，深入开展“平安民航”建设。在安全管理实践中，我们进一步深化了对安全工作政治属性、经济属性、业务属性、社会属性和文化属性的认识，进一步梳理出了需重点监管的“小散变转欠”五类航空公司，进一步强化了运用系统观念提升民航系统安全管理效能的方式方法，进一步丰富了民航安全管理理论体系和文化体系。在全行业的共同努力下，运输航空实现持续安全飞行“120+16”个月、9876万小时，空防安全235个月，责任原因征候万时率同比下降29.6%。通用航空事故万架次率同比下降23.9%。在国务院年度安全生产考核中展现了民航安全管理的规范性、系统性、有效性，成绩名列前茅。

二是统筹疫情防控和行业恢复发展。2021年，新冠肺炎疫情对行业影响的深度和持续性超出预期。我们按照“认真、科学、冷静”的原则，针对南京禄口国际机场疫情，迅速行动，积极应对，依据职责督导南京机场堵塞疏漏、认真整改；全行业优化常态化疫情防控状态下运输生产组织，全年完成运输总周转量、旅客运输量和货邮运输量857亿吨公里、4.4亿人次、732万吨，同比提高7.3个、5.5个和8.2个百分点，分别恢复至2019年的66.3%、

66.8%、97.2%。在统筹疫情防控和恢复发展中，形成了一套科学的、精准的、随疫情变化动态调整的防控标准、办法和机制，既有效防止了疫情通过航空运输渠道传播，又防止了“以一种倾向掩盖另一种倾向”，基本保持了航线航班总体稳定；出台了一揽子系统的、务实的为企业纾困解难、促进行业恢复发展的对策措施，有效扩大了企业降本增效空间，全年为行业降成本近100亿元，稳定了行业发展的基本盘；推出了一系列面向市场不同群体需求，个性化、差异化、针对性的航空服务产品，创新“干支通，全网联”服务模式，发布建党百年百条红色旅游精品航线，进一步激发了国内航空市场潜力，全年新增航空人口3563万，努力保持和提升国际货运网络通达能力，为国家产业链供应链稳定做出突出贡献。

三是持续提升民航服务品质。“我为群众办实事”任务清单中，面向旅客出行痛点的占72.6%，全行业坚持真情服务理念，深入开展“服务质量标准建设年”行动，全力推进办实事任务落实。全年航班正常率达88%，连续4年保持在80%以上。全国29家机场实现身份证一证通行，66家机场应用人脸识别技术，234家机场实现“无纸化”便捷出行。客票退款手续实现7个工作日内完成，签转效率进一步提升。通程航班覆盖范围进一步扩大，行李全流程跟踪范围进一步拓展，40家千万级大型机场开通旅客“易安检”服务。842架客机具备客舱无线网络服务能力，较2020年增加29%。29家航空公司推出定制餐食服务。开展机场服务设施提升专项行动，满足旅客在机场为手持移动设备充电的需求。关爱老年人等特殊群体，推出爱心预约、提拿行李、值机引导、陪同登机等关怀服务。地空协同全力救助新疆维吾尔族断臂男孩，获得全社会高度认可。民航服务质量监督平台正式上线运行，为旅客提供咨询、投诉等“一站式”服务。在做好常态化疫情防控工作同时，民航服务保持了品牌价值，凸显了比较优势。

四是加大基础设施建设力度。全行业深入落实“六稳”“六保”工作要求，服务国家重大区域发展战略，抓住运行总量低位运行的窗口期，加快补齐基础设施短板，固定资产投资连续两年超千亿元，2021年完成投资1150亿元，同比增长6.4%，超额完成年度投资目标。民航“三中心”正式投运，沪蓉大通道正式贯通，京广大通道南段空域优化调整取得突破性进展，中俄联合体全球空间中心正式投入运行。新建迁建运输机场9个，成都天府、青岛胶东国际机场正式投运，全国颁证运输机场达248个。广州、深圳、西安、兰州、乌鲁木齐等枢纽机场扩建项目顺利推进，西藏“3+3”建设项目取得突破，隆子、定日、普兰等支线机场全面开工，昆明、太原、济南等机场改扩建项目前期工作有序推进。召开全国民用机场建设管理工作会，大力推行现代工程管理，着力打造品质工程。

五是深化改革增强发展动力。坚持把深化改革作为推动民航发展的关键一招，印发《关于“十四五”期间深化民航改革工作的意见》，明确10个方面49项改革任务，细化形成16个改革方案、271项具体改革任务，2021年阶段性改革任务完成率超90%。《中华人民共和国民用航空法》完成第六次局部修正。废止《外商投资民用航空业规定》及其补充规定，民航业自主开放已经大大超越我国在世界贸易组织多边框架下的开放承诺。积极主动做好国家空管体制改革涉民航工作。在信息中心增加民航行业大数据管理职责，编制印发《数据治理框架与管理机制》等5项数据治理标准，提升行业数据治理能力。稳步推进行业绿色低碳发展，机场新能源车辆占比超过20%，飞机辅助动力装置（APU）替代设备使用率近100%。组建广州、成都、西安适航审定分中心，加大航空运输业与民机制造业融合发展力度，多措并举提升国产飞机运行品质，ARJ21飞机日利用率提高约50%。针对机务维修人员职业满意度不高的问题，督导相关企业积极改善机务维修人员工作生活条件。首都机场集团完成公司制改制，全面启动西藏区局体制机制深化改革工作，完成36家局属国有企业公司制改制，完成38家民航高校校企改革，清理关闭退出51家企业。完成中国航协、机场协会脱钩改革，全国性民航行业协会脱钩改革任务全部完成。全口径摸清民航局权责清单事项底数，进一步完善民航行政许可事项清单。以通用航空发展军地联合督查为契机，将通航发展成效纳入国务院督查激励政策范围。一年来，通用航空飞行118.2万小时，同比增长20.1%，无人机企业达1.27万家，实名登记无人机约83万架，飞行时间达到千万小时量级。

六是持续推动全面从严治党向纵深发展。民航系统各级党组织深入学习贯彻习近平新时代中国特色社会主义思想，强化“四个意识”、坚定“四个自信”，坚决做到“两个维护”，确保民航各项工作始终沿着正确政治方向前进。坚决把贯彻落实习近平总书记重要指示批示精神摆在首要位置，将跟踪落实与日常工作紧密结合，确保习近平总书记等中央领导同志指示批示落实到位、执行到位。突出重点岗位，拓宽用人视野，调整配备干部335人次，个人事项查核一致率95.6%，选人用人“一报告两评议”总体满意率达99.1%，创历史新高。深化党风廉政建设，一体推进不敢腐、不能腐、不想腐，开展7次全系统警示教育，处置问题线索667件，查办案件75件，给予党纪政纪处分92人次，对7家单位开展政治巡视，对7家单位开展领导干部经济责任审计，扎实开展行政执法不规范等“四个专项治理”，着力营造风清气正的良好政治生态。全面开展定点帮扶“六大工程”，大力推进于田、策勒“乡村振兴示范村”建设。精心组织开展庆祝建党100周年系列活动，对民航系统210名党员、105名党务工作者、105个基层党组织予以表彰，广泛深入开展“永远跟党走”群众性主题宣传教育，举办“民航人·初心”展览、“百年党史·民航印记”主题宣讲、“为了人民的美好航空出行”中外记者见面会、“党史故事进客舱”、中国（港澳台）及外籍客舱人讲民航故事等活动，协调央视、凤凰卫视等制作播出“两航”起义专题片，激励广大党员干部迈进新征程、建功新时代。开展民航青年好声音第四季、青春星工场、青年文明号交流等活动，引导民航团员青年听党话跟党走。24个集体和11名个人荣获全国五一劳动奖，3个女职工集体和2名女职工荣获全国五一巾帼标兵(岗)荣誉称号。推动全国40座机场建设140个“民航职工站坪共享休息室”，惠及职工8.2万余人。为1725名老党员颁发“光荣在党50年”纪念章，广泛深入宣传老战士老党员丁仲华的先进事迹，引导老干部结合亲身经历，讲好党的故事、传承党的光荣传统和优良作风，1名同志获全国老干部先进个人称号。

成绩令人振奋，但我们也要清醒地看到：当前安全风险日益呈现系统性和隐蔽性特点，问题的根源越来越触及组织机构、系统管理、安全文化等深层次。受疫情影响，民航生产运输波动较大，先后错过了春运、暑运、国庆等传统生产旺季，全年行业亏损达843亿元，全面恢复面临严峻考验。行业发展区域性、领域性不平衡不充分问题仍然比较突出，满足人民群众日益多样化的航空需求还存在差距，建设多领域民航强国任重道远。行业管理的体制机制性障碍还不同程度存在，深化改革还需加大力度推进。党的建设还存在薄弱环节，全面从严治党还需进一步深化。面对这些问题，我们必须在“十四五”期间加大攻关力度，通过推进民航高质量发展加快解决。

二、组织实施好民航“十四五”发展规划

制定并实施民航“十四五”发展规划，是关系行业长远发展的大事。目前，规划已正式发布，今后一个时期民航的主要工作就是组织实施好规划，确保如期完成规划确定的发展目标。考虑新冠肺炎疫情影响，规划将民航“十四五”发展分为两个阶段：2021—2022年为恢复期和积蓄期，重在强基固本，

要在积极促进行业运输生产恢复的同时，加快重大项目实施，抓紧推进改革，积蓄发展动能；2023—2025年为增长期和释放期，重在提质增效，要在巩固拓展国内市场的基础上，逐步恢复国际市场，释放改革成效，增强创新动能，全方位推进民航高质量发展。规划明确“十四五”末行业发展的主要指标为：运输总周转量、旅客运输量、货邮吞吐量达1750亿吨公里、9.3亿人次、950万吨，通用航空飞行量450万小时；全国运输机场达270个，航空服务覆盖80%地级行政区；运输航空安全水平在国际上持续保持领先地位；全行业形成年保障1700万起降架次的保障能力，航班正常率保持在80%以上；吨公里二氧化碳排放降至0.886千克，机场单位旅客能耗降至0.853千克标准煤。这些目标绝不是敲锣打鼓、轻轻松松就能实现的，必须“跳起来摘桃子”，付出艰苦的努力，关键要把握好五个方面：

（一）贯彻落实好“十四五”规划，要立足服务构建新发展格局更好地发挥民航战略产业作用

随着近年来民航战略产业的作用进一步凸显，各地方政府越来越深刻认识到航空运输在扩大循环规模、提升循环效率、提高循环质量方面的比较优势；越来越深刻认识到机场网航线网在促进各类要素自由流动和高效集聚，助力区域经济融入全球产业链、供应链、价值链的价值作用；越来越深刻认识到以临空经济为代表的航空经济在转变经济发展方式、促进产业转型升级、推进区域经济高质量发展的引擎地位，纷纷把发展民航业作为发挥各地区位优势，加快形成新发展格局的有力支撑。“十四五”期间，我们要主动对接地方诉求，加强与各地区域发展规划相衔接；要优化民航产业总体布局，更加注重提升机场基础保障能力、注重客货并举、注重国际枢纽打造、注重综合交通枢纽建设、注重基本航空服务、注重通用航空发展，提升民航产业的战略承载能力；要充分发挥好中央和地方两个积极性，统筹利用好各方优势资源，努力形成民航业与区域经济社会深度融合、相互支撑、相互促进的协同发展新局面，为构建新发展格局做出新贡献。

（二）贯彻落实好“十四五”规划，要紧紧扣住“一二三三四”民航总体工作思路展开

“十三五”民航之所以在安全、正常、服务和发展等方面取得历史最好成绩，最关键的原因就是坚持了“一二三三四”民航总体工作思路的引领。根据行业发展规律和“十四五”民航发展阶段性特征，民航局党组坚持继承与创新相结合，将总体工作思路调整为“践行一个理念、推动两翼齐飞、坚守三条底线、构建完善三个体系、开拓四个新局面”，这是牵引“十四五”民航稳中有进、高质量发展的新的举力之纲。

在民航“十四五”规划编制过程中，主要发展预期指标的设置、重点任务的布局都遵循了总体工作思路的指引，更加注重创新驱动、产业协同、绿色生态、开放融合、大众共享等高质量发展导向，更加注重从结构布局、资源配置、运行效率、服务品质、体制机制等供给侧因素发力，着力构建更为安全、更高质量、更有效率、更加公平、更可持续的现代民航体系。组织推进规划的贯彻落实，也必须把思想和行动统一到总体工作思路上来，在深刻理解和把握总体工作思路的思想内涵和工作逻辑的基础上，抓住主题主线，明确主攻方向，聚焦发力点、找准突破口，通过扎实的工作将总体工作思路贯彻到“十四五”发展的全过程，不断开创民航高质量发展的新局面。

（三）贯彻落实好“十四五”规划，要聚焦为多领域民航强国建设打牢基础

当前，我国民航迈上了从单一航空运输强国向多领域民航强国跨越的新征程，这是中国民航发展新的历史方位，也是民航“十四五”规划的基准起点。站在这一民航强国建设转段升阶的关键时期，必须着力巩固航空运输强国地位，重点聚焦行业在网络结构、运行效率、经营品质、综合保障能力

等方面的不足，持续强化运输航空领域各基本特征的成熟度；必须加快补齐多领域民航强国建设的通航产业短板，要对通航产业包括无人机产业进行系统梳理，摸清产业特征和发展规律，找出制约通航发展的关键瓶颈和解决路径，通过创新发展政策，优化运营环境，提升保障能力，拓展服务领域，优化监管体系，努力推动通航领域基本特征不断孕育成长、发展壮大；必须提前布局全方位民航强国建设，以智慧民航建设为牵引，强化自主创新能力，进一步推动航空运输业与航空制造业融合发展，协同推进民航标准国际化，大力培养国际化人才，积极参与全球民航治理，不断提升中国民航的国际话语权和影响力。

（四）贯彻落实好"十四五"规划，要牢牢抓住智慧民航建设这条主线

智慧民航建设是未来民航发展的大蓝图、大战役，将决定"十四五"民航发展质量和多领域民航强国建设的战略进程。全面实施以智慧民航建设为牵引的发展战略，是"十四五"时期民航发展的核心战略。抓住了智慧民航建设这条主线，就抓住了贯彻落实"十四五"规划的关键；实现了智慧民航建设的预定目标，就能更好地带动实现规划确定的发展目标。

智慧民航建设作为一项复杂的系统工程，必须坚持顶层设计与基层探索相结合。要在智慧民航建设总体框架下，以智慧出行、智慧空管、智慧机场、智慧监管为核心抓手，以实现民航"出行一张脸、物流一张单、通关一次检、运行一张网、监管一平台"为目标牵引，大胆实践探索，抓紧形成一批可复制、可推广的经验和成果，加快实现由"人便其行、货畅其流"向"人享其行、物畅其流"的升级跨越。智慧民航建设涉及思维模式、行为模式、运行模式、商业模式和监管模式等一系列深层次变革，必须重视和加强智慧民航建设软科学研究。要围绕智慧民航建设中业务流程再造、组织机构调整、人力资源配置优化、决策方法机制改进、数据共享和数据治理等重大问题深化研究，在实践中推动理论创新，为智慧民航建设提供指引，使智慧民航建设方向更明确、目标更清晰、效果更可评价。智慧民航建设的组织实施，涉及战略管理、运筹管理和项目管理，必须大力营造有利于智慧民航建设的制度环境。要对每一个智慧民航建设技术项目进行跟踪研究，聚焦智慧民航建设项目的需求，及时识别、分析和解决制约智慧民航建设的体制机制性问题，推动完善智慧民航建设的政策环境，为激发新技术的潜力和作用创造空间。

（五）贯彻落实好"十四五"规划，要坚持以改革创新破除发展障碍

"十四五"期间，民航发展环境难，受疫情冲击、高铁等运输方式竞争、旅客需求与结构变化等因素影响，市场环境的挑战进一步加大；发展约束大，行业发展需求与资源保障能力不足的矛盾依然突出，受"碳达峰、碳中和"目标影响，发展约束的挑战进一步加大；发展目标高，既要确保行业规模增速保持在合理区间，又要满足高质量发展在安全水平、服务质量、绿色低碳等内涵特征方面的要求。面对这些困难和挑战，只有进一步深化民航改革，加快理念上的转变、机制上的完善、制度上的改进、方法上的优化，构建起更加适应民航强国战略需要的治理体系和治理能力，才能高水平地完成"十四五"发展目标。各单位、各部门要清晰把握新一轮深化民航改革的主要任务，实现改革与规划深度融合、高效联动，形成以"十四五"规划为目标任务牵引，以深化改革为实现途径和治理手段，规划与改革"双引擎驱动"的工作格局，为民航在新发展阶段开拓新局面提供更强动力。

三、2022年民航工作总体要求和重点工作

2022年将召开党的二十大，将举办北京冬奥会、成都大运会、杭州亚运会等一系列重要活动。2022年也是"十四五"民航发展关键的一年，既关系

到行业恢复的成色好不好，也关系到基础打得牢不牢，积蓄的力量厚不厚实，未来发展的后劲够不够，做好2022年民航工作意义重大。

2022年，我国经济面临新的下行压力，外部环境更趋复杂严峻和不确定，民航运输生产恢复依然面临疫情防控、经营亏损、安全压力等交织叠加影响。我们既要正视困难，又要坚定信心。一是坚定对我国全链条科学精准疫情防控能力的信心。毋庸讳言，疫情反复是影响行业恢复最大的扰动因素。当前尽管奥密克戎变异毒株在全球多地扩散，我国外防输入压力持续加大，但随着新冠疫苗接种率不断提高、特效药物投入临床应用，以及我国科学统筹疫情防控和经济社会发展的能力不断提升，疫情对行业运输生产的冲击总体将更加可控。二是坚定对我国宏观经济大盘稳定的信心。我国经济韧性强，长期向好的基本面不会改变。中央确定2022年经济工作要稳字当头、稳中求进，各地区各部门将积极推出有利于经济稳定的政策。在这一政策导向下，我国经济运行将保持在合理区间，这将为民航恢复发展提供良好宏观环境，尤其将为国际航空货运保持高位运行提供有力支撑。三是坚定对我国超大规模内需市场潜力的信心。依托包括4亿多中等收入群体在内的14亿人口所形成的超大规模内需市场，我国航空市场空间仍然大有潜力可挖。2021年我国新增航空人口中，来自二三四线城市的占比达53%。只要民航主动下沉市场，推出更加符合市场需求产品，市场活力就将得到充分激发。四是坚定对国家加大扶持民航业恢复发展力度的信心。疫情以来，国家通过财政支持、税费减免、金融信贷等方式，积极为航空企业纾困，极大地缓解了航空企业的压力。2022年，国家将对民航业恢复发展继续给予有力的政策支持，我们更有信心渡过难关、迎来复苏。五是坚定对我国民航自身基础实力的信心。经过长期的发展积累，我国民航具备了雄厚的发展实力，业务处理能力长期位居世界第二，民航强国八个基本特征中涉及运输航空领域的五个特征均处于成长期或成熟期。面对疫情冲击，我国民航表现出了坚强韧性和巨大潜能，航空公司没有被压垮，骨干队伍保持了基本稳定，持续发展的安全基础和经济基础是牢固扎实的。当前民航运行遇到的困难是客观的、特殊的，也是阶段性的，只要外部环境好转，行业供给能力就会迅速释放，运输生产就能强劲恢复。

2022年民航工作的总体要求是：以习近平新时代中国特色社会主义思想为指导，深入贯彻党的十九大和十九届历次全会精神，贯彻落实中央经济工作会议精神，弘扬伟大建党精神，坚持高质量发展主题，坚持以深化改革为动力，按照“十四五”时期“一二三三四”民航总体工作思路，扎实推进民航“十四五”发展规划实施，坚持稳字当头、稳中求进，坚持安全隐患零容忍，统筹常态化疫情防控和行业高质量发展，以优异成绩迎接党的二十大胜利召开。

具体到实际工作中，就是要“守底线、稳预期、强基础、挖潜力、提质增效、创新业绩”。

“守底线”就是要牢牢守住飞行安全、廉政安全、真情服务三条底线。“稳预期”就是要提振行业恢复的信心，增强克服目前阶段性困难的决心。“强基础”就是要认真开展民航“十四五”规划组织实施，为实现“十四五”民航发展目标打下坚实基础。“挖潜力”就是要立足国内航空需求这一战略基点，发挥市场主体作用，激活国内航空市场潜力。“提质增效”就是要在推进行业运输生产恢复时，更加注重从发展质量的层面发力，推进行业高质量发展迈出新步伐。“创新业绩”就是要坚持改革创新，坚持智慧民航建设这条主线，在安全、发展、服务和党的建设上取得新的进步，以实实在在的业绩迎接党的二十大召开。

2022年重点工作是：

(一) 坚守航空安全底线

2022年，民航安全工作主要目标是：杜绝重特大运输航空责任事故，杜绝劫机、炸机等机上恐怖事件，防止空防安全严重责任事故，防止重大航空地面事故和特大航空维修事故。实现这一目标，必须深入贯彻落实习近平总书记对民航安全工作系列重要批示指示和关于安全生产重要论述精神，运用系统安全观念，以安全工作的常态化，推动我国民航在跨越运输航空安全飞行1亿小时大关的基础上，不断创造安全发展新业绩。

优化完善国家风险防控体系。从总体国家安全和战略安全的层面思考谋划民航安全工作，深入落实新的安全生产法，启动《中国民航航空安全方案》修订，健全安全法规标准体系。进一步强化安全事件的政治敏感性和安全态势的感知力，改进监测和预警机制。研究制定《民航安全文化建设指导意见》，持续推进以"三个敬畏"为内核的安全作风建设。吸收东海航、华夏航整顿经验，突出党建对企业安全文化建设的引领，强化监管对企业安全管理的促进。进一步加强企业负责人及各级安全管理人员资质和能力管理，强化专业人管专业事。进一步完善行业安全管理体系（SMS）审核机制，组织开展外部审核及相关培训。组织对7个管理局2021年度安全工作进行考核。做好国际民航组织普遍安全监督审计计划（USOAP）审计和国务院安委会第二次年度安全生产工作考核，力争"双优"成绩。

持续开展风险隐患排查整治。巩固提升安全专项整治三年行动，做好问题隐患动态清零和持续监督。加强常态化疫情防控形势下的安全衍生风险管控，关注航班量快速恢复或行业高强度运行时，安全保障能力缺口扩大的风险。盯紧盯住"小散变转欠"公司，在业务准入、基地控制、运行监控等方面加强监管。高度关注中小机场在边缘天气、非精密进近条件下的综合保障薄弱问题。加大通航运行中涉及挂线、目视转仪表等方面的风险的防控。严格开展普货中隐瞒夹带危险品运输行为源头治理。认真应对ICAO强制信息要求（MIR）。持续深化"平安民航"长效机制建设，确保空防安全。加强民航领域关键信息基础设施安全保护。正确处理好安全信息共享与信息内控关系，做好安全事件舆情应对。

加快推进安全监管模式转型。坚持以系统观念为指引，加强"双盯"模型研究，加快"双盯"监管工具开发。充分挖掘行业安全信息系统、各监管执法系统和飞行品质基站等平台数据价值，开展基于大数据的风险预测预警方法研究，提高隐患排查治理和风险监测预警质量。构建民航监管效能评价指标体系，制定监管审计实施框架和程序。加强监管数据分析，有效提高监管效能。深入推进安全管理体系与双重预防工作机制、法定自查的有机融合。开展非现场监管中心研究和建设。加快运输航空公司合格证管理办公室建设。加强民航监察员培训学院建设，抓好高级监察员的培养使用、组织考评和示范引领。

（二）统筹运输生产恢复

深刻认识疫情防控工作的复杂性和不确定性，围绕扩大国内航空需求，努力激发市场主体活力，不断增强行业恢复动力。2022年，力争完成运输总周转量1040亿吨公里，旅客运输量5.7亿人次，货邮运输量780万吨，总体恢复至疫情前85%左右水平；在疫情不出现反复波动的情况下，力争实现行业整体扭亏增盈。

科学精准防控疫情。坚持"认真、科学、冷静"的原则，既要严格落实疫情防控责任，认真执行各项防控措施，切实防止疫情通过航空渠道传播；也要密切跟踪、及时研判疫情新形势新变化，动态调整防控政策。当前阶段，尤其要坚持"外防输入、内防反弹、人物同防"总策略，严格落实运输航空公司和机场防控技术指南要求，严格远端防控、机上防疫管理和落地后闭环转运全链条防控；严格国际机组驻外期间健康管理，统一做好入境后隔离管理；严格落实《全国机场疫情防控工作方案》，严格国际航班保障"四指定、四固定"要求，加强高风险岗位人员"两集中"管理；严格开展疫情防控专项检查，对问题较多单位进行严肃通报和行政约谈；

严格执行熔断政策，加强高风险地区、高风险航线航班管控力度；严格落实境外涉冬奥人员来华全过程管理要求，全力做好涉奥航班、机场防控工作。会同有关部门、地方政府进一步加强信息沟通，健全完善协同共防、联动群防、齐抓共管的工作机制和工作格局，切实做到守好国门、外防输入一刻不能大意，基层防控一点不能放松。

深挖航空市场潜力。鼓励企业根据市场变化，兼顾当前与长远、近期效益与持续发展的关系，调整市场策略，深耕细分市场，形成差异化竞争优势，不搞“白菜价”恶性竞争。鼓励大型骨干航空公司围绕各自核心市场，聚焦中远程商务旅客，打造航空枢纽间空中快线；鼓励中小航空公司专注支线市场，大力开拓中小城市航空市场，与骨干航空公司形成互补。全面落实《民航局创新“干支通、全网联”服务模式实施意见》，加快拓展航线服务网络，积极推广通程航班服务，大力推进中转信息化平台开发及应用，调整发布新一批红色旅游精品航线，发挥线上出行机构（OTA）平台资源聚合作用，加大对新增航空人口的精准营销力度，进一步激发三四线城市航空市场需求，使更多群众享受航空出行便利。密切跟踪全球疫情形势和国际航空运输市场变化，分类施策、稳慎精准、科学动态调控国际客运航班恢复。着力营造良好政策环境，利用市场扩大窗口期，推进枢纽机场货运保障设施能力建设，提升航空物流企业国际竞争力，充分发挥航空货运对畅通国民经济循环的战略支撑作用。

加大助企纾困力度。统筹行业内外资源，全力保障企业平稳运行，增强恢复发展的信心。既要切实落实已出台的各项支持政策；也要聚焦企业关切与诉求，认真落实国家对民航业阶段性和制度性相结合的扶持纾困政策，加快民航业的恢复发展。要继续用好现行中小机场、支线航空、通用航空等补贴政策。鼓励民航企业苦练内功，改善经营管理，降成本，提效益，切实增强抗风险能力。员工队伍是民航企业最宝贵的财富，要切实保障空勤等关键岗位的合理收入，确保员工队伍稳定，为行业恢复发展筑牢根基。

优化提升服务质量。不能因为一时经营困难，就降低服务标准。健全航班正常考核机制，2022年航班正常率稳定在80%以上，千万级以上机场平均放行正常率和始发航班正常率力争达到85%。推进“无纸化”出行服务提质升级，推进“一证通行”服务，支持枢纽机场探索“刷脸通关”，加快“易安检”在全国机场应用，加快推进行程单电子化改革。启动中小机场行李全流程跟踪机场端建设，扩大行李“门到门”服务范围。在更多机场和航空公司推广“随到随飞”快线+“隔离区签转”模式。扩大“空铁联运”机场覆盖范围，进一步优化旅客换乘流程。优化民航服务质量监督平台功能，做好投诉管理和消费者权益保护工作。做好北京冬奥会航空运输保障，实现“好来快走”目标。完成好成都大运会、杭州亚运会等重大运输保障任务。

（三）提高运行保障能力

加大基础设施补短板力度，推进释放国家空管改革红利，深挖内部潜力提升运行效率，力争运行保障容量提升一个新台阶。

推进重点项目建设。围绕打造现代化国家综合机场体系，抓紧民用运输机场建设规划落实，力争2022年底颁证运输机场达256个。发挥好重大项目调度机制作用，协调加强重点项目资金统筹保障，力争全年固定资产投资不低于2021年水平。建设“空中丝绸之路”，服务国家重大区域发展战略，加快推进厦门新机场建设，推进广州、重庆、福州、长沙、西安等机场改扩建。全力推进西藏“3+3”项目建设，力争隆子、定日机场完工。加快提升机场货运保障能力，确保鄂州货运机场顺利投运。加快推进空管能力提升项目前期工作，整体推进区域管制中心项目建设，统筹推进空管信网工程、民航通信网扩容等重大项目，抓好中俄联合体全球空间天气中心建设。优化工程建筑市场供给，大力推行现代工程管理，着力打造“以人为本、优质安全、功能适用、绿色低碳、智慧高效”的民用机场品质工程。

优化空域资源供给。在中央空管委的统筹领导下，推进空域分类划设与管理，重构全国骨干航路网。推进“10+3”大通道建设，打通京广大通道南段，理顺交通流向，降低运行风险，做好沪昆大通道前期工作。继续推进长三角、粤港澳大湾区等繁忙地区空域优化，推动京津冀地区空域持续优化，逐步改善首都两场空域运行环境。推动民航管制区优化调整。加快低空空域改革经验的总结和推广进程，加快低空空域的分类划设与管理，加快推进低空飞行服务保障体系建设，为通航发展创造良好环境。

提升协同运行水平。出台《民用航空协同运行管理办法》，启动全国民航协同运行系统建设，持续推动航权、时刻和预先飞行计划系统全面对接。不断完善大面积航班延误处置和航班计划动态调整机制，推动保障工作时间窗口前移。进一步探索区域运管委建设，在主要机场群和热点城市对航线推动建立多场运管委联动机制。完善运管委考核评价机制，推动实现运管委工作成效与相关资源配置挂钩。扩大运行数据共享范围，初步完成所有运输航空公司、运输机场和空管相关数据资源的汇集共享。充分发挥全国流量管理系统功能，提高容流匹配度和运行精细化管理水平，加快形成以流量管理为核心的运行服务体系。深化管制、气象、情报业务融合，加强危险天气数据集成共享，提高极端天气预报的及时性和准确性。

（四）深化民航科教创新

充分发挥智慧民航建设战略牵引作用，统筹做好科技、教育和人才工作，切实为民航高质量发展提供强有力的科教支撑和人才保障。

突出智慧民航建设。印发智慧民航建设路线图并做好宣贯落实，完成智慧民航建设数据治理标准体系编制发布，规范数据资源管理，推动数据资源高效利用。发挥科教创新攻关联盟作用，积极引导国内外各优秀科研单位和IT企业参与智慧民航建设，组织开展软科学研究，营造智慧民航建设新生态。积极开展典型场景试点示范，推动相关标准规范修订和体制机制改革。提升新型基础设施设计咨询能力，积极推进民航新型基础设施建设。加强政府信息整合和利用，加快推进中国民航智慧监管服务示范项目建设，实现行政机关综合办公系统上线运行。支持民航企业加快数字化转型，变革创新生产运行模式、商业模式、组织模式，积极开展新业务、发展新业态。

提升自主创新能力。聚焦智慧民航主线，推动民航科技创新体系再升级。继续与科技部共同组织实施联合行动计划，用好民航联合研究基金，加强民航领域应用基础研究，大力促进北斗导航、5G航空应用等科技成果转化。研究民航领域国家技术创新中心筹备建设方案，推动国家重点实验室筹建，力争实现国家科技创新基地零的突破。建设民航南北科教创新园区，努力打造全球民航知名人才中心和创新高地，形成支撑智慧民航建设的战略支点和雁阵格局。做好C919、MA700、长江-1000A、直15等重点项目审定工作，促进国产航空材料、零部件和航油航化产品的装机应用。研究制定无人机系统、电动飞机适航审定政策，支撑国内产业创新发展。

优化人才结构布局。落实中央人才工作会议精神，加快布局建设科技创新人才、专业技术人才、国际化人才三支队伍。围绕造就民航院士、打造一流领军人才和创新团队、培养青年科技人才，组织实施新一轮民航科技创新人才推进计划。继续深化民航职称改革，做好民航职业技能鉴定工作，引导专业人才提升技能水平。加强国际化人才培养，做好ICAO借调等初级专业人员（JPO）项目人选推荐工作。进一步明确直属院校发展定位与主攻方向，积极争设国家级一流本科专业建设点及博士点、硕士点，不搞“大而全”、突出“特而精”，合理确定各类型层次招生规模。优化学科专业布局，注重培养适应智慧民航建设的复合型人才。继续加强民航干部培训工作的统筹协调，确保培训工作的系统性、科学性和精准性。

（五）系统推进深化改革

充分发挥改革的动力作用，着力在民航发展的重点领域、关键环节取得突破。

大力提升资源配置效率。坚持高水平航权开放政策，扩大航权资源储备，完善国际客运航权配置规则，实施更加灵活的国际货运航权配置政策。推进高密度机场提质增效，实施中小机场管制运行模式变革，提升机场容量，以高质量的航班时刻资源供给，创造新的航空运输需求。进一步实施机场容量精细化管理，区分不同机场功能定位、不同气象环境、不同空域运行环境等实际情况，对机场容量进行精细划分，更加符合机场运行客观规律和实际需求。统一航班时刻换季与日常协调配置程序，加快建设全国统一的航班时刻管理系统，推进次级市场航班时刻交换和共同经营，提高时刻资源使用效益。设立货邮飞行时刻池，优化货邮时刻供给政策。合理调控运力供给，优化飞机引进项目办理程序，优化完善ARJ21运行支持政策。深化预算管理制度改革，加大财务资源统筹力度。坚持减量化、再利用、资源化方向，以推动飞机拆解产业化发展为突破，加快推进民航循环发展。

扎实推进重点领域改革。积极参与国家空管体制改革，加快重构空域资源配置模式。完善市场准入负面清单、外资准入和跨境服务负面清单民航条目动态调整机制，有序放宽行业准入。进一步深化民航价格收费改革，鼓励航空公司实施差异化服务价格策略，鼓励机场通过经营创新增加非航收入。持续推进海南第七航权试点，深化自贸试验区民航先行先试改革创新举措。落实军地联合督查任务分工，聚焦低空空域管理改革、通用机场选址、公共安全管理职责划分、军地协同工作机制等制约通航产业发展的突出瓶颈，扎实推进通航领域改革。进一步深化拓展无人机、航空医疗救护、应急救援、创新娱乐飞行模式、通航监管机构改革试点，注重试点成果转化固化。从技术先进化、设施智慧化、机制市场化和能源低碳化四个方向发力，系统推动民航减污降碳。推进民航统计现代化改革。完成局属国有企业改革三年行动，完成局属全民所有制企业公司制改革、民航高校所属企业体制改革收尾，按计划推进西藏区局改革。积极发挥行业协会作用，促进协会健康规范发展。

持续推进民航法治建设。贯彻落实立法规划，配合推进《中华人民共和国民用航空法》审查，开展《航空法》《中华人民共和国空域管理条例》研究。推进《民用航空器事故调查条例》《民用机场管理条例》制修。推进飞行运行、安保、机场建设、危险品、货运、无人机等重点领域规章制修。持续完善立法意见和项目征集处理机制，提升立法水平。加大法治工作队伍建设力度，加强涉外法治研究。贯彻落实《国家标准化发展纲要》，发挥国家标准创新基地作用，提升民航标准化管理水平。推动《北京公约》《北京议定书》报批审查，做好国际民航组织第41届大会参会工作，进一步提升中国民航全球影响力。

（六）强化党建引领保障

深入学习贯彻党的十九届六中全会精神，巩固拓展党史学习教育成果，深入推进全面从严治党，认真做好迎接学习宣传贯彻党的二十大各项工作。

深入推进党的政治建设。引导广大党员真学深悟、准确把握党的十九届六中全会精神，贯通领会决议理论内涵和实践要求，推动各级领导干部自觉用习近平新时代中国特色社会主义思想武装头脑、引领实践，自觉运用党的百年奋斗重大成就和历史经验坚定信念、凝聚力量。健全完善第一议题制度，及时传达学习习近平总书记重要讲话和指示批示精神，不断提高政治判断力、政治领悟力、政治执行力。加强党内法规贯彻落实。认真做好党的二十大代表推选工作。党的二十大召开后，及时抓好学习宣传贯彻，切实把党员、干部职工的思想和行动统一到党的二十大精神上来。

着力抓好领导班子和干部队伍建设。强化对“关键少数”的监督，促进各级“一把手”和领导班子层层严格自律、层层严负其责、层层严管所辖。做好有关单位党委换届，坚持好“集体领导、民主集中、个别酝酿、会议决定”的议事决策制度，落实好“集体领导和个人分工负责相结合”的工作运行机制。落实“一个带头、三个表率”和“六个示范”要求，深化模范机关创建。持续推进党支部标准化规范化建设，打造“四强”党支部。坚持党管干部原则，高质量推进领导班子建设，打造结构合理、充满活力的高素质专业化干部队伍，不搞“一潭水”，不搞“一窝蜂”。健全年轻干部培养选拔常态化、长效化工作机制，将年轻干部培养选拔融入日常、抓在经常，积极稳妥推进年轻干部发现、培养、使用和管理，推动形成良好的干部梯队，为民航发展积蓄后备力量。完善领导干部、公务员考核及干部监督等制度措施，坚持做到选育管用并重。

深入开展党风廉政建设和反腐败斗争。持之以恒落实中央八项规定精神，紧盯老问题和隐形变异问题，持续整治形式主义、官僚主义，严防享乐主义、奢靡之风反弹回潮。持续落实“过紧日子”要求，厉行勤俭节约、制止浪费。持续深化“不敢腐、不能腐、不想腐”一体推进，惩治震慑、制度约束、提高觉悟一体发力，取得更多制度性成果和更大治理成效。深化经常性纪律教育，强化案件警示教育，开展常态化廉政谈话，坚持重要节日节点提醒制度，加强对新入职、提拔任用、职级晋升和外派挂职党员干部的廉政提醒，引导党员干部绷紧纪律规矩之弦。紧盯行政审批、行政监察、航权时刻、资金安排、资源调配、工程管理等重点领域，强化对重点人员、关键岗位权力运行的制约和监督。认真做好信访举报受理、问题线索处置、案件查办工作，严肃执纪问责，做深做实查办案件“后半篇文章”。开展局党组巡视整改工作专项检查，加强巡视巡察上下联动，推进巡视监督与其他监督统筹衔接、有机贯通，形成监督合力。

认真抓好意识形态工作。针对政治大年以及复杂疫情形势，加强正面引导，做深做细思想政治工作，强信心、稳预期、反松懈、防麻痹。坚持正确导向，深入开展局属院校思想政治工作，落实立德树人根本任务，强化三全育人机制实际效用。加强民航局政府网站、行业媒体网站及新媒体的建设运营，增强服务性、互动性，提升公众满意度和社会影响力，进一步增强新闻信息工作针对性及时性专业性，营造良好的舆论环境。指导民航报等媒体开展主题宣传，营造喜迎二十大的浓厚氛围。做好《无名英雄》电影等民航题材文化产品创作，讲好民航故事，展示民航形象。继续做好民航定点帮扶工作。健全工会组织体系，拓宽工会宣教阵地，深化“安康杯”竞赛活动，开展民航职工技能提升行动和生活品质提升行动。抓好庆祝建团100周年系列活动，持续开展“青春”系列活动，引导团员青年立足岗位建功。尊老爱老，用心用情，落实好老干部“两项待遇”，加强对老同志的精准服务，进一步发挥老干部优势作用。

同志们，中央明确2022年必须要保持平稳健康的经济环境、国泰民安的社会环境、风清气正的政治环境，民航要把安全稳定作为工作的重中之重，为党的二十大召开营造良好环境，让我们紧密团结在以习近平同志为核心的党中央周围，紧紧围绕全党全国工作大局，迎难而上，开拓进取，贯彻好落实好民航“十四五”发展规划，奋力完成全年工作任务，以优异成绩迎接党的二十大胜利召开！

刘振芳在2022年国家铁路局工作会议上的讲话

（2021年12月27日）

加快建设交通强国　推动铁路高质量发展 努力当好中国现代化的开路先锋

这次会议的主要任务是：以习近平新时代中国特色社会主义思想为指导，全面贯彻党的十九届六中全会和中央经济工作会议精神，落实刘鹤副总理重要批示精神和全国交通运输工作会议精神，总结回顾2021年工作，深入分析形势任务，部署安排2022年重点工作。

一、2021年工作回顾

2021年是党和国家历史上具有里程碑意义的一年。国家铁路局以习近平新时代中国特色社会主义思想为指导，增强“四个意识”、坚定“四个自信”、做到“两个维护”，深入贯彻落实习近平总书记重要指示批示精神和党中央国务院决策部署，扎实推进党史学习教育，立足新发展阶段、贯彻新发展理念、服务构建新发展格局，推动铁路高质量发展，支撑保障国家战略和经济社会平稳发展，人民群众的获得感幸福感安全感不断增强。

1.保障国家重大战略实施，在服务构建新发展格局上取得新进展。科学把握新发展阶段形势任务，完整、准确、全面贯彻新发展理念，积极服务构建新发展格局，为“十四五”开好局、起好步作出了积极贡献。一是高质量推进川藏铁路建设。协调推动川藏铁路设计审查、配套设施建设，发布铁路隧道施工安全监测技术规程，构建铁路工程人工费动态调整机制，着力加强监管，确保年内全线开工建设、拉林段如期开通运营。二是服务区域重大战略和区域协调发展战略实施。落实《交通强国建设纲要》《国家综合立体交通网规划纲要》以及区域发展战略，持续推进京津冀、长江经济带、粤港澳大湾区、长三角、成渝地区、黄河流域等重点区域铁路规划建设，加快补齐区域铁路基础设施短板，服务西部开发、东北振兴、中部崛起、东部率先等区域协调发展战略实施，做好铁路规划建设和运输服务工作。三是谋划推动“十四五”铁路发展。紧密承接国家“十四五”规划，联合有关部门编制完成《“十四五”铁路发展规划》《“十四五”现代综合交通运输体系发展规划》《现代综合交通枢纽体系“十四五”发展规划》等，明确了铁路高质量发展的目标任务。加快推进专用线重点项目建设，推进运输结构调整，助力打好污染防治攻坚战。四是巩固拓展脱贫攻坚成果与乡村振兴有效衔接。研究制定西部地区、革命老区等铁路发展规划，协调铁路运力安排、开好公益性“慢火车”。深入开展新时代对口支援、定点帮扶，做好党建指导、资金支持、消费帮扶、教育就业、政策协调、干部选派等工作，持续推进乡村振兴。五是推动高质量共建“一带一路”。服务中欧班列高质量发展，利用好铁路合作组织和多双边机制等平台，加强沟通协调，推进国际联运便利化，全年开行1.5万列，为保障国内国际循环畅通、国际贸易供应链稳定作出了突出贡献。推动互联互通，签署《中老国境铁路协定》，中老铁路顺利开通运营，中尼铁路前期工作深化推进，中俄同江大桥建成。支持蒙内铁路持续安全运营。推进中国铁路标准国际化，统筹行业资源，年内我国主持31项、参编58项ISO、IEC、UIC等铁路国际国外标准的制修订，主持编制的4项ISO国际标准、1项IEC国际标准和1项UIC标准正式发布。完成中国标准英文译本发布49项。

2.强化责任落实，全力维护铁路安全持续稳定。落实总体国家安全观，坚持人民至上、生命至上，统筹发展和安全，守底线、抓重点、控关键、防风险，盯红线、查隐患、落责任、督整改，完善铁路安全监管体系，不断提升监管效能，推进平安中国建设。全年，全国铁路交通较大事故同比下降92.3%，事故死亡人数同比下降25%，连续八年未发生重特大事故，铁路安全形势持续稳定。一是加强铁路运输安全监管。认真贯彻执行《中华人民共和国安全生产法》，围绕防范重特大事故，加强分析研判，及时预警，超前防范，强化监督检查，开展隐患排查，督促问题整改，严格监管执法，严肃事故问责。深化铁路安全生产专项整治三年行动，压实企业主体责任、地方政府属地责任，安全风险得到有效管控。充分发挥铁路沿线安全环境治理部际联席会议机制作用，推动31个省级政府全部建立“双段长”制、28个省（自治区、直辖市）建立厅际联席会议制度、25个省（自治区、直辖市）出台铁路安全地方性法规，整治隐患69623处，时速120公里以上线路封闭、公跨铁桥梁移交、道口“平改立”等年度目标任务均超额完成，一批长期存在的老大难问题得以有效解决。二是加强工程质量安全监管。巩固隧道安全隐患排查整治专项行动成果，督促整改问题1038个。开展在建铁路站房工程安全隐患排查整治专项行动，排查整治隐患2722个。加快构建信用监管机制，认定公布铁路工程严重失信行为。优化招投标领域营商环境。推进建筑业企业资质改革，服务市场主体健康发展。指导广东、天津等省市政府部门做好地方铁路工程建设工作，铁路工程监管体系进一步完善。三是加强设备质量安全监管。坚持问题导向，紧盯源头质量安全，推进新铁德奥CN道岔质量安全隐患专项整治。规范开展铁路专用设备许可和铁路无线电频率使用许可，开展许可企业监督检查和产品质量监督抽查，有效规范市场秩序。发布20项铁路专用产品质量监督抽查检验实施细则。组织铁路行业落实《关键信息基础设施安全保护条例》。全面实施网上办理铁路机车车辆驾驶资格许可，在线审查3.4万余人次许可申请，完成理论考试9批2.1万余人次、实作考试94批1.9万余人次，助力机车乘务员队伍建设。

3.坚持以人民为中心，不断提高铁路服务保障水平。站稳人民立场，从解决人民群众最关心、最期待的问题做起，以切实保障和改善出行需求、运输需要为目标，着力做好铁路“六稳”“六保”工作，服务经济社会发展。一是强化铁路运输服务保障。督促协调企业做好粮食、电煤、应急、防疫等重点物资运输工作，做好北京冬奥会运输服务保障筹备工作。二是加强服务质量监管。强化重点时段、重点运输任务监督检查，持续开展客运服务质量问卷调查，及时依规处理旅客货主投诉举报，推动解决老年人出行运用智能技术困难问题，研究修订儿童票标准、禁限带物品目录，协调100多座车站配置医疗急救箱，不断增强人民群众的获得感。三是持续抓好常态化疫情防控。督促指导铁路运输企业落实防控责任，阻断疫情通过铁路运输传播扩散。监督指导铁路口岸做好“外防输入”工作。严格落实属地防控规定，抓好疫苗应接尽接，保持全局人员“零感染”。四是切实维护农民工和中小微企业合法权益。加强普法宣传，强化政策引导，开展专项行动，督促有关市场主体落实支付责任，协调解决欠薪欠款共计5890万元。

4.激发铁路发展活力，改革创新迈出新步伐。进一步转变政府职能，坚持创新驱动，发挥市场在资源配置中的决定性作用，更好发挥政府作用，不断优化营商环境。一是深化“放管服”改革。制定国家铁路局权责清单。修订《铁路运输基础设备生产企业审批办法》。落实“证照分离”改革要求，推进涉企经营许可“照后减证”，激发市场主体活力。二是推动市场化改革。印发《公平竞争审查制度实施办法》，修订《铁路运输企业准入许可办法实施细则》，规范铁路运输、装备制造、工程建设等领域市场秩序。主动服务，加强指导，支持保障粤港澳、长三角等地区地方铁路工程建设和自主运营。三是推动科技创新。发布《“十四五”铁路科技创新规划》，推动铁路关键核心技术攻关，组织248项重大科技创新成果入库，择优推荐国家级奖项。指导首批14个铁路行业科技创新基地规范化运行，推进北斗铁路行业综合应用示范工程。组织出版“高铁工程技术创新丛书”29册，推动铁路人才培养和新技术应用。

5.大力加强基础建设，治理体系和治理能力建设取得新成效。落实法治政府建设要求，持续推进法规制度和标准体系建设，夯实依法行政履职基础。一是制度体系进一步完善。《中华人民共和国铁路法》修订取得实质性进展，基本具备提请国务院审议条件。推进落实新《中华人民共和国安全生产法》的11项制度办法制修订，出台《铁路营业线施工安全管理办法》等，持续清理原铁道部规范性文件，进一步完善了包括“一法三条例”、33件规章、367件规范性文件的制度体系。二是标准体系进一步健全。编制发布《“十四五”铁路标准化发展规划》，制定《铁路标准体系建设方案》和框架结构图明细表，形成了涵盖装备技术、工程建设、运输服务三大领域的铁路标准体系。三是应急管理工作进一步规范。完善国家铁路局应急管理工作机制，建立突发事件应急预案体系，修订综合应急预案，编制实施9类专项预案。四是自身建设进一步加强。制定实施《国家铁路局政府部门建设规划（2021—2025年)》，实施事业单位五年发展规划和三年行动，进一步夯实履职基础，提升履职能力、工作质量和监管效力。

6.深入开展党史学习教育，党的建设全面加强。贯彻新时代党的建设总要求，以党的政治建设为统领，把开展好党史学习教育作为重要政治任务，精心组织实施、有力有序推进，以高质量党建助推全局各项工作高质量发展。一是加强党的领导。坚持把党的领导贯穿到每项工作全过程各方面。旗帜鲜明讲政治，深刻理解“两个确立”的决定性意义，不断增强“四个意识”、坚定“四个自信”、做到“两个维护”。严明政治纪律和政治规矩，向党中央及有关部门请示报告重大事项15次。坚持党建与业务工作融合，认真落实党组织书记第一责任人责任、班子成员“一岗双责”。围绕贯彻落实习近平总书记重要指示批示精神和党中央国务院决策部署，开展政治监督，推动53项重点任务落实见效。模范机关建设取得实效。二是强化理论武装。坚持在学懂弄通做实习近平新时代中国特色社会主义思想上下功夫，把“四史”学习和习近平总书记“七一”重要讲话、党的十九届六中全会精神结合起来，教育引领党员干部从党的百年奋斗重大成就和历史经验中汲取智慧力量，弘扬伟大建党精神，坚定走好中国道路、实现中华民族伟大复兴的信心和决心。发挥理论学习中心组“头雁”作用，国家铁路局党组带头开展集体学习15次、研讨交流9次，局属单位分党组（党委）中心组累计集体学习247次、研讨交流133次。各级党组织书记带头讲党课260次。开展全员组织生活日（党日）政治理论学习，举办专题培训班、“国铁大讲堂”，抓实青年理论学习小组学习，提升理论素养。三是扎实为民办实事。坚持学史明理、学史增信、学史崇德、学史力行，聚焦党中央要求和人民群众需求，立足岗位为人民群众办实事办好事，国家铁路局党组确定办实事清单8方面24项措施，局属各单位制定96项244件措施，全部取得实实在在的成效，特别是在铁路沿线安全环境治理、列车鸣笛扰民、“一老一小”便利出行等方面解决了一批群众急难愁盼的问题，产生了良好的社会反响。四是强化组织能力建设。选优配强领导班子，认真落实民主集中制，优化基层党组织设置，推进党支部标准化规范化建设，不断提高“三会一课”、组织生活会、民主评议党员的质量和效果。强化党员教育管理，落实党内关怀帮扶。举办庆祝建党100周年系列活动。加强对群团和统战工作的领导，发挥各自优势。加强干部人才队伍建设，注重发现培养使用优秀年轻干部，选派年轻干部到帮扶地区、铁路运输企业挂职锻炼，到川藏铁路监管一线实践锻炼。五是加强党风廉政建设。配齐事业单位纪委书记，设立地区铁路监管局分党组纪检组。落实中央八项规定及其实施细则精神，坚持不懈纠治“四风”，力戒形式主义为基层减负。开展“三重一大”决策不规范问题等3项专项治理，加强对局属单位“一把手”和领导班子的监督，规范领导干部配偶、子女及其配偶经商办企业行为。召开警示教育大会，用好监督执纪“四种形态”。开展巡视整改“回头看”。完成对沈阳、上海铁路监管局政治巡视，实现党的十九大以来对局属单位巡视全覆盖。

一年来，全局干部职工主动担当，扎实工作，攻坚克难，履职能力、水平和成效进一步提升，在做好上述工作的同时，还高质量做好人大政协建议提案办理、行业统计、网络安全和信息化、政务公开、行政复议、行政应诉、财务预算、内部审计、档案管理、年鉴史志编纂、政务信息、新闻发布、节约节能、后勤保障、值班值守、机要保密、督查督办等各方面工作。

2021年，面对复杂严峻的形势，在以习近平同志为核心的党中央坚强领导下，铁路行业统筹疫情防控和建设运营，圆满完成了建设任务，确保了铁路大动脉畅通，保证了事关国计民生重点物资运输，营造了安全健康的出行环境，为服务国家战略实施、服务经济社会发展作出了积极贡献。年内，全国铁路建设投资完成超7000亿元，新开工项目28个，累计在建项目180个、在建总里程2.3万多公里。新开通线路超4000公里，全国铁路营业里程超15万公里，其中高铁超4万公里。全国铁路货运总发送量预计完成47.8亿吨，同比增长5.0%；旅客发送量预计完成26.1亿人，同比增长18.3%。

一年来，铁路事业取得新发展新成就，靠的是习近平总书记领航掌舵、举旗定向，靠的是习近平新时代中国特色社会主义思想的科学指引，是中央和国家机关各部门、各地区大力支持，行业各单位共同奋斗的结果。在此，我代表国家铁路局，向辛勤工作、默默奉献的全国铁路干部职工致以崇高的敬意！向长期关心支持铁路事业发展和国家铁路局工作的各级领导、有关部门单位和铁路系统老领导老同志表示衷心的感谢！

党的十九届六中全会全面总结了党的百年奋斗重大成就和历史经验，特别是“两个确立”，反映了全党全军全国各族人民共同心愿，对新时代党和国家事业发展、对推进中华民族伟大复兴历史进程具有决定性意义。回望中国铁路发展历程，特别是党的十八大以来，在以习近平同志为核心的党中央坚强领导下，我国铁路事业取得了历史性成就、发生了历史性变革，路网建设成就举世瞩目，运输服务保障能力大幅提升，装备制造跻身世界先进行列，铁路改革持续深入，国际合作交流不断深化，为加快建设交通强国、服务国家战略、促进经济社会发展发挥了先行作用，为全面建成小康社会、实现第一个百年奋斗目标作出了重要贡献。国家铁路局组建以来，我们坚持以习近平新时代中国特色社会主义思想为指导，增强“四个意识”、坚定“四个自信”、做到“两个维护”，坚决贯彻落实习近平总书记重要指示批示精神和党中央国务院决策部署，担当尽责，强化铁路安全质量监管，有力维护了铁路安全持续稳定；构建行业监管的法规制度标准体系，依法行政能力不断提高；落实全面深化改革的决策部署，推进“放管服”改革取得成效；加强规划与政策研究，推动科技创新，为促进铁路改革发展提供支撑；加强政府间铁路交流合作，服务高质量共建“一带一路”、推动铁路“走出去”取得重要成果。

学习贯彻六中全会精神，全面回顾总结党领导铁路事业发展历史和国家铁路局履职实践，我们有6个方面深刻认识和体会。

一是必须旗帜鲜明讲政治。这是我们事业沿着正确方向前进的根本保证。中国铁路的发展进步，最根本在于中国共产党的坚强领导和中国特色社会主义制度的强大优势。我们必须更加坚定地坚持党的全面领导，全面贯彻习近平新时代中国特色社会主义思想，在思想上政治上行动上始终同以习近平同志为核心的党中央保持高度一致，增强政治判断力、政治领悟力、政治执行力，把党的领导贯穿到铁路工作的各方面各环节，以实际行动践行“两个维护”。

二是必须强化责任担当。这是我们做好工作的基本要求。我们必须牢记服务和支撑国家战略的政治责任与历史使命，心怀“国之大者”，增强国家意识和战略思维，忠诚履行职责，主动担当作为，开拓创新，攻坚克难，不断开创工作新局面，在服务大局中展示作为。

三是必须科学务实推动工作。这是我们做好工作的基本态度。面对铁路高质量发展的新形势新任务新要求，我们必须全面掌握分析铁路安全、运输、建设、装备制造的特点和规律，坚持问题导向、目标导向、结果导向，以科学的理念、务实的作风、专业的精神、有力的措施，扎实推动各项工作。

四是必须不断加强基础建设。这是我们做好工作的内在要求。我们积极适应政企分开改革后铁路监督管理工作的形势任务要求，不断推进履职的法治化规范化。落实法治政府建设要求，我们必须注重运用法治思维和法治方式，以建成对党忠诚、依法行政、开拓进取、便民利企、风清气正的政府部门为目标，大力推进治理体系和治理能力建设，持续在健全体系、整章建制、确立标准、提高能力、队伍建设等方面补短板强弱项，持续加强基础建设，不断提升履职效能。

五是必须协调资源形成合力。这是我们做好工作的重要方法。几年来，我们注重发挥相关部门单位的职能作用，积极牵头、协调推进铁路沿线安全环境治理、行业科技创新、标准体系建设等，取得了良好效果。我们必须进一步统筹各方资源和力量，建机制、搭平台、强联合、促共享，调动相关各方积极性，充分发挥各方优势，汇聚推动铁路高质量发展的强大合力。

六是必须坚持依靠组织力量。这是我们事业发展的组织保证。几年来，我们坚持政治引领，加强基层党组织和干部队伍建设，推动党建工作与业务工作深度融合、相互促进。新形势下，我们必须进一步加强组织建设，坚持以提升组织力为重点，强化组织观念，充分发挥各级组织的政治领导力、思想引领力、群众组织力、社会号召力，不断激发干部职工干事创业热情，有效汇聚集体智慧，为各项工作的高质量开展提供坚强的组织保证。

踏上实现第二个百年奋斗目标新征程，对照党中央要求和人民群众的期待，对标高质量发展的目标任务，铁路要在建设交通强国中当好先行，治理体系和治理能力还有诸多不适应，我们的工作还存在不小差距。法规标准不够完善，监管体系需进一步健全，监管效能和执法水平仍需提高；推动改革发展的政策措施还不到位，铁路市场规则不统一、要素资源流动不畅等突出问题亟待解决；推动创新发展的机制平台还不够有效，关键核心技术亟待突破；基层基础还比较薄弱，党建工作需进一步加强。针对这些不足和差距，我们必须勇于面对、坚定信心，攻坚克难、改进提高，从党的百年奋斗重大成就和历史经验中汲取智慧力量，弘扬伟大建党精神，坚持发扬铁路优良传统和履职实践经验，埋头苦干，勇毅前行，加快建设交通强国，推动铁路高质量发展。

二、形势任务分析

（一）充分认识新时代新征程赋予我们的使命和任务

党的十九届六中全会指出，过去一百年，党向人民、向历史交出了一份优异的答卷。现在，党团结带领中国人民又踏上了实现第二个百年奋斗目标新的赶考之路。我们一定要继续考出好成绩，在新时代新征程上展现新气象新作为。习近平总书记在第二届联合国全球可持续交通大会开幕式上发表主旨讲话，深刻阐释“与世界相交、与时代相通”的重要理念，指出，“新中国成立以来，几代人逢山开路、遇水架桥，建成了交通大国，正在加快建设交通强国。”“我们坚持创新引领，高铁、大飞机等装备制造实现重大突破，新能源汽车占全球总量一半以上，港珠澳大桥、北京大兴国际机场等超大型交通工程建成投运，交通成为中国现代化的开路先锋。”（引用自《人民日报》2021年10月15日第01版）习近平总书记的重要讲话充分肯定了我国交通运输发展成就，赋予了交通成为中国现代化开路先锋的新使命新定位，为新时代交通运输发展注入了强大力量，让我们倍受鼓舞、倍感振奋、倍增信心。党中央对全面建设社会主义现代化国家作出一系列重大决策部署，国家“十四五”发展规划对加快建设交通强国、推动铁路高质量发展提出了明确要求，要完整、准确、全面贯彻新发展理念，深化铁路供给侧结构性改革，实现更高质量、更有效率、更加公平、更可持续、更为安全的发展，服务构建新发展格局。奋进新征程、建功新时代，铁路要在综合交通运输体系中发挥骨干作用，当好中国现代化的开路先锋。

当好先锋，我们要深刻理解把握“两个确立”的决定性意义，时刻牢记中央国家机关部门职能定位，增强国家意识和政府观念，强化服务国家、服务人民、服务行业意识，心怀“国之大者”，突出专业精神、攻坚态度，以高的站位和实的措施，精准稳健做好工作，以“功成不必在我”“功成必定有我”的胸怀，强化使命担当，确保党中央国务院各项决策部署落实落地。

当好先锋，我们要守住安全底线，提升安全监管效力，防范化解重大安全风险，确保铁路安全持续稳定，为铁路高质量发展提供可靠的安全保障。要坚持创新驱动，坚持质量第一、效益优先，切实转变发展方式，持续推动质量变革、效率变革、动力变革，实现设施网络更加健全完善，运输服务更加优质高效，技术装备更加智能先进，行业发展更加健康持续。要坚持立破并举，推动建设高效规范、公平竞争、充分开放的全国统一大市场，推动有效市场和有为政府更好结合，进一步激发市场主体活力，更好服务经济社会发展，更好满足人民群众需要。要坚持绿色发展，推进实施碳达峰碳中和行动，进一步打好污染防治攻坚战，为生态文明建设作贡献。要服务高质量共建“一带一路”，建立完善合作对接机制，推动基础设施“硬联通”、制度规则“软联通”。

当好先锋，我们要推进法治政府部门建设，增强法治意识，更加注重运用法治思维和法治方式推动工作，统筹推进安全监管、质量监管、市场监管，完善监管体系，补齐监管短板，不断提升监管效能和服务水平，不断增强人民群众的获得感幸福感安全感。

（二）准确把握稳中求进工作总基调

2022年，将召开党的二十大，这是党和国家政治生活中的大事，必须保持平稳健康的经济环境、国泰民安的社会环境、风清气正的政治环境。做好明年工作意义重大、责任重大。

中央经济工作会议明确要求，明年我国经济工作要坚持稳中求进工作总基调，稳字当头、稳中求进，各地区各部门要担负起稳定经济社会发展的责任，各方面要积极推出有利于经济稳定的政策。我们要认真落实党中央决策部署，准确把握做好经济工作的规律性认识，正确认识和把握面临的新的重大理论和实践问题，紧密结合铁路行业改革发展的形势任务，紧密结合职能职责来理解和把握“稳”和“进”，集中精力做好自己的事，着力抓落实、抓统筹、抓协调、抓保障，以铁路行业的“稳”和“进”高质量服务党和国家工作大局。

关于“稳”。就是要围绕服务经济稳增长和社会稳定，以铁路行业自身的稳发展，扎实做好“六稳”工作、全面落实“六保”任务，确保五个方面的“稳定”。

一是铁路安全稳定。要牢记确保铁路安全发展第一要务，聚焦行业安全监管的主责主业，坚持问题导向、目标导向和结果导向，实施依法、精准、全面、系统、高效监管，压实各方责任，守住安全底线，促进铁路行业本质安全水平持续提升，有效防范和化解各类安全风险，确保不发生铁路交通重特大事故，维护铁路安全持续稳定的良好局面。

二是行业队伍稳定。重点是维护铁路改革发展过程中的安全稳定和队伍稳定。要强化法治意识，完善监管法规制度标准体系，依法规范监管。坚持严格规范公正文明执法，提升执法执行力和公信力，防止因监管方式粗暴、执法行为不当，引发矛盾问题、造成不稳定因素。关注改革过程中企业职工的思想动态，指导督促企业维护职工的切身利益，关注回应职工群众合理诉求，解决实际困难和问题，确保安全和队伍稳定。

三是监管的市场秩序稳定。依法规范，促进良好秩序，保铁路运输畅通、产业链供应链稳定。准确掌握市场运行情况，妥善处理问题、化解矛盾，及时提醒提示和指导帮助。修订完善源头政策标准，营造良好的营商环境。依法查处违法违规行为，以公正监管保障公平竞争。

四是铁路沿线社会环境稳定。要充分发挥部际联席会议制度、厅际联席会议制度、“双段长”制等机制作用，加大协调力度，推动沿线安全环境治理不断深化。坚持生命至上，加强对道口、公铁并行地段、上跨桥等安全隐患的治理，及时消除危及人民群众生命安全的隐患问题。在事故处理和隐患治理过程中，要充分考虑稳定问题，依法妥善处置，有效化解矛盾。

五是铁路常态化疫情防控形势稳定。监督指导铁路运输企业严格落实运输服务各环节的防控责任和具体措施，防止疫情通过铁路运输环节传播扩散。监督指导行业内各企业抓好内部防控，确保从业人员不发生聚集性感染问题。落实“外防输入”要求，加强对铁路口岸的检查，督促指导做好人员、货物、设备、票据的管控、消杀等工作。

关于“进”。就是要完整、准确、全面贯彻新发展理念，服务构建新发展格局，深化铁路供给侧结构性改革，有力有序推进各方面工作，以铁路的高质量发展，更好服务经济社会高质量发展。重点要在“巩固、提高、补缺、突破、创新”等五个方面发力，取得实质性成效。

一是“巩固”。要运用好履职实践中好经验好做法，坚定正确的工作方向，落实好务实有效的工作措施，执行好已建立的制度办法，实施好已出台的各项发展规划，接续奋斗，巩固扩大成绩，不断夯实基础。

二是“提高”。要提高政治站位，增强大局意识，站在党和国家事业发展大局的高度思考谋划、开展工作。强化责任担当，主动作为、善作善成。对照党中央部署要求和新时代的新形势新任务，针对履行职能职责、治理体系建设、治理能力水平等方面的差距和不足，着力在依法行政、全面履职、高效监管等方面，持续改进完善，提升履职能力、工作质量、监管效力。

三是“补缺”。要清醒看到，我们的工作中还存在着监管缺位、规章缺少、标准缺失等问题。要认真研究、逐项梳理“三定”职责和党中央国务院对铁路深化改革、“放管服”改革、建设统一大市场等方面的要求，进一步提高认识、统一思想、落实责任，针对我们在质量、安全、服务、市场秩序等监管方面存在的缺项，抓紧制定和完善相关的规章、制度、标准，补强监管短板，依法履职到位。

四是“突破”。要对照党中央国务院部署要求，针对影响高质量发展的重点难点问题，研究分析把握特点和规律，找准着力点，以专业精神、攻坚态度精准发力，以点带面，实现突破。要在推进铁路高标准市场体系建设、铁路公益性运输监管、工程建设项目招投标在线监管、新装备新技术新产品上线运用支持政策、信用监管、完善国际铁路政府部门间合作机制等方面取得新突破。

五是“创新”。要坚持创新引领，积极学习借鉴国内外相关行业部门工作经验，加强调查研究，在监管履职的理念、方式、方法上不断总结经验、摸索规律、开拓思路，只要有利于促进行业健康发展的、有利于提升履职效能的，就要积极研究、勇于创新、探索实践，推动工作有效落实。

三、2022年重点工作安排

2022年国家铁路局工作的总体思路是：以习近平新时代中国特色社会主义思想为指导，增强“四个意识”、坚定“四个自信”、做到“两个维护”，全面贯彻党的十九大和十九届历次全会精神，认真落实中央经济工作会议精神，弘扬伟大建党精神，坚持稳中求进工作总基调，立足新发展阶段，完整、准确、全面贯彻新发展理念，服务构建新发展格局，推动实施“十四五”铁路发展规划，深化铁路供给侧结构性改革，统筹发展和安全，继续做好“六稳”“六保”工作，毫不放松抓好常态化疫情防控，加快建设交通强国，推动铁路高质量发展，努力当好中国现代化的开路先锋，以优异成绩迎接党的二十大胜利召开。

2022年，重点做好以下10个方面的工作。

1.抓落实，确保习近平总书记重要指示批示精神和党中央国务院决策部署落实落地。贯彻落实习近平总书记重要指示批示精神和党中央国务院决策部署，是全局性、战略性、基础性的工作，是我们的首要政治任务，是践行“两个维护”最直接最具体的体现。提高政治站位。第一时间学习领会习近平总书记重要指示批示精神和党中央国务院决策部署，研究贯彻落实措施，以钉钉子精神扎实推进，不断提高政治判断力、政治领悟力、政治执行力。在狠抓落实上见成效。勇于担当，扎实工作，发扬斗争精神，攻坚克难，确保落实落地。不断深化落实。在取得阶段性成效基础上，持续推进铁路沿线安全环境治理、川藏铁路建设、交通强国建设、平安中国建设等工作。立足当前解决突出矛盾问题，着眼长远打好基础，在深化落实中提高能力，举一反三，带动各方面工作深入开展。持续抓好督查督办。动态掌握各项重点任务的贯彻落实情况，及时更新完善工作台账，适时开展实地调研检查，确保不断取得新的成效。

2.守底线，坚决维护铁路安全持续稳定。树牢安全发展理念，坚持底线思维和红线意识，围绕风险防范和隐患治理，结合常态化疫情防控要求，创新监管方法，推动提升铁路本质安全水平，更好服务平安中国建设。深化依法监管。贯彻落实《中华人民共和国安全生产法》《中华人民共和国行政处罚法》，编制安全生产权责清单，健全完善安全监管相关制度办法，营造尊法学法守法用法氛围，增强法治思维，推进依法行政、规范履职。强化精准监管。针对不同监管对象有序实施分级分类监管，聚焦突破底线和触碰红线的重点问题，精准发力，加大执法力度，强化监管深度，开展专项督查，坚决防范重特大事故发生。实施全面监管。综合运用通报、预警、挂牌督办、约谈、追责等多种监管方式，实现对各类铁路、各类企业的监管覆盖，持续完善对勘察、设计、施工、监理、制造、监造、运营、养护维修和劳务外包的监管措施。加强系统监管。推动建立健全跨部门的综合监管制度，完善各司其职、各负其责、相互配合、齐抓共管的协同监管机制，实施安全、质量、市场秩序的一体化监管，有效推动重点难点问题和结合部问题整治。推进高效监管。科学合理制定监督检查计划，通过综合检查、专项督查、体检会诊式检查等方式，提高检查质量，减少检查频次，强化问题隐患闭环管理，不断提高监管效能。年内，要组织开展铁路沿线安全环境治理、危险货物运输、专用线建设运营等专项督查。

3.抓统筹，推动铁路创新发展提质增效。注重观念创新。统筹各方资源，坚持质量第一、效益优先，持续推动铁路发展由追求速度规模向更加注重质量效益转变、由依靠传统要素驱动向更加注重创新驱动转变、由独立发展向更加注重与其他运输方式一体化融合发展转变。落实创新举措。统筹各方力量，推进实施《“十四五”铁路科技创新规划》，加强科技创新平台建设，制定支持国产化新装备新技术新产品上线运用的政策，强化企业创新主体地位，深化“政产学研用”融合创新，打造战略科技力量，着力激发内生动力，促进铁路科技自立自强。强化创新人才支撑。落实中央人才工作会议精神，有效发挥政府部门作用，统筹各方优势，搭平台、建机制、铺路子、畅渠道，研究建立铁路行业科技人才库、设立铁路行业科学家工作室，引导支持培养铁路战略科学家、科技领军人才等高层次科技人才，同时要注重发现和培养复合型管理人才，不断壮大铁路创新人才队伍。

4.推改革，进一步提升铁路服务保障水平。深化铁路供给侧结构性改革。推动企业优化铁路运输产品供给，推进运输服务市场化、便利化、信息化，创新运输服务模式，提升服务品质。积极支持发展集装化、冷链运输、高铁货运，引导支持新装备上线应用，推动铁路运输产品升级，促进物流业降本增效。推进“放管服”改革。进一步深化简政放权、优化服务，落实“证照分离”改革，分类推进许可事项改革，做好权责清单配套细化和落实，服务市场主体，对新产业新业态实行包容审慎监管，强化事中事后监管，不断优化营商环境。推动铁路市场化改革。开展过轨运输、运输清算等重点领域政策研究，完善铁路运输市场化运行规则，构建覆盖事前事中事后全环节的竞争政策实施机制，建设铁路高标准市场体系，推动竞争性环节市场化改革，推动实现高效规范、公平竞争、充分开放。推动铁路行业国企改革三年行动。

5.抓协调，推动铁路健康可持续发展。协调推动综合交通运输体系建设。科学优化综合运输通道和枢纽布局，推进干线铁路、城际铁路、市域（郊）铁路、城市轨道交通融合发展，推进铁路与其他运输方式战略规划协同、基础设施联通、运输服务联程、信息数据融合，提升设施网络化和运输服务一体化水平。协调推进规划建设。协调推动重点区域和都市圈城际、市域（郊）铁路规划建设，推动做好交通强国试点工作，加强区域铁路网规划和重大建设项目研究，服务国家区域协调发展战略实施。协调推进沿线环境治理。充分发挥牵头作用，深化完善工作机制，着力破解重点难点问题，巩固提升铁路沿线安全环境治理成效。推动落实铁路自然灾害监测预警协调机制，积极开展联合会商研判，提高预警防范能力。协调增强监管合力。加强沟通协调，进一步做好铁路行业统计、关键信息基础设施安全保护以及信用监管、委托监管等工作，不断汇聚铁路发展合力。

6.扬优势，推动绿色低碳发展。推进落实铁路行业碳达峰碳中和行动。推动加快实施既有铁路电气化改造，加强铁路客站及调车作业等重点领域能耗和排放管理，推进新一代高效节能、低碳环保设施设备研制应用，发展绿色节能铁路建筑，开展相关标准研究，不断降低铁路综合能耗。打好污染防治攻坚战。持续推进运输结构调整，协调有关部门联合加快推进铁路专用线重点项目建设，督促指导铁路集疏运项目建设，大力发展多式联运，提高“公转铁”承接能力，提升铁路运输市场比重。做好生态环境保护。在铁路建设中督促指导参建企业多措并举保护沿线环境，严格落实川藏铁路建设环境保护相关政策措施。

7.抓保障，扎实做好“六稳”工作、落实“六保”任务。持续抓好铁路常态化疫情防控。严格落实“外防输入、内防反弹”要求，加强铁路冷链运输、国际联运及客货运输等重点环节和铁路口岸、站车等重点部位的监督检查，督促指导铁路运输企业落实防控责任，严防疫情通过铁路运输传播扩散，为人民群众提供安全健康的出行保障；加强内部防控。强化运输服务保障。高质量做好北京冬奥会、冬残奥会的运输安全和服务保障工作。准确掌握经济社会运行和重点物资市场供需情况，了解铁路运输组织情况，督促协调企业做好粮食、电煤、应急、防疫等重点物资运输工作。加强对春运、暑运等高峰期客流分析，督促企业落实运输服务质量标准，加强组织，提高运输服务质量，确保客运有序畅通。维护铁路市场秩序稳定。完善铁路运输市场秩序制度体系，在规范运输市场秩序、反不正当竞争、打击滥用市场支配地位等方面加强监督执法，保护市场主体合法权益；推进标准招标文件全面应用，推动有关地方公共资源交易平台建设，开展铁路建设市场秩序专项督查，督促市场主体依法建设、公平竞争。服务乡村振兴。持续在规划、产业、消费、就业等方面创新帮扶举措，提升公益性“慢火车”开行质量，巩固拓展脱贫攻坚成果与乡村振兴有效衔接。做好农民工工资清欠、助企纾困解难工作。

8.补短板，持续加强基础建设。推动铁路制度体系建设。协调加快推进《铁路法》修订进程。按照局制度体系建设方案，推进《铁路技术规则》《铁路运输安全监督管理办法》《铁路公益性运输监督管理办法》《铁路建设管理办法》《铁路设备设施质量安全监督管理办法》等规章和规范性文件的制修订工作。推进铁路标准体系建设。规范整合现有零散标准,推进重点标准研究和制修订，健全完善标准管理制度，推动标准向谱系化、一体化发展。发布《铁路产品认证管理办法》和首批国推自愿性《铁路产品认证目录》，加强铁路产品认证工作管理。加强自身能力建设。全面实施《国家铁路局政府部门建设规划》，着力夯实履职基础，提升履职能力。落实政府部门带头“过紧日子”要求，坚持节约优先，创建绿色机关。

9.促开放，加强铁路国际交流合作。推动中欧班列高质量发展。研究建立中欧班列沿线国家政府部门间合作机制，发挥国际组织和多双边机制作用，做好政策沟通和规则对接，搭建中欧班列信息交流平台，确保境外通道安全畅通；推动“卡脖子”区段和口岸堵点的升级改造，支持西部陆海新通道建设，推动完善中欧班列境外通道布局，保障中欧班列长期稳定高质量发展。推进共建“一带一路”重点项目。与老方建立政府间合作机制，做好中老铁路运维和安全保障，确保运营安全稳定。推进巴基斯坦1号干线、中老泰、中尼、中吉乌、中蒙俄等铁路项目工作进程。持续推动铁路标准国际化。加大在国际标准化组织等国际组织中的工作力度，开展好由我国主持的标准制修订工作，推进24项国际国外标准制修订和30项中国标准外文译本编制发布，推进标准“软联通”，服务中国铁路建设、装备产品“走出去”。

10.强责任，全面加强党的领导。把政治建设摆在首位。持续强化政治机关意识教育，深刻理解把握“两个确立”的决定性意义，切实增强“四个意识”、坚定“四个自信”、做到“两个维护”。严格遵守政治纪律和政治规矩，着力提升党内政治生活质量，发展积极健康的党内政治文化。推进模范机关建设“巩固提升年”的各项工作，落实党建工作责任，有效推进党建和业务工作深度融合。强化理论武装。学深悟透习近平新时代中国特色社会主义思想，着力促进融会贯通、知行合一。组织好党的十九届六中全会和二十大精神学习培训。认真总结党史学习教育经验，建立常态化、长效化制度机制，不断巩固拓展党史学习教育成果。加强思想政治工作，守牢意识形态阵地。夯实基层党组织建设。健全基层组织，优化组织设置。落实党支部工作条例，深化党支部标准化规范化建设。严把发展党员入口关，严格党员教育管理，做好党内关怀帮扶工作。围绕增强政治性、先进性、群众性，加强和改进群团工作。着力培养高素质干部队伍。坚持党管干部原则，抓好后继有人这个根本大计。坚持好干部标准，进一步优化干部育选管用工作。加强领导班子能力建设，大力培养选拔使用优秀年轻干部。坚持“三个区分开来”，最大限度调动干部干事创业的积极性。持之以恒正风肃纪。严格落实中央八项规定及其实施细则精神，坚决纠治“四风”。坚持严的主基调，一体推进不敢腐、不能腐、不想腐，严肃查处违规违纪违法行为。健全廉政风险防控机制，抓好常态化警示教育。着力深化政治巡视及成果运用。

同志们，奋进新征程、建功新时代，推动铁路高质量发展，使命光荣、责任重大。让我们更加紧密地团结在以习近平同志为核心的党中央周围，弘扬伟大建党精神，忠诚履职，齐心协力，开拓进取，加快建设交通强国，努力当好中国现代化的开路先锋，以优异成绩迎接党的二十大胜利召开！

马军胜在2022年全国邮政管理工作电视电话会议上的讲话

（2022年1月6日）

这次会议的主要任务是：以习近平新时代中国特色社会主义思想为指导，全面贯彻党的十九大和十九届历次全会以及中央经济工作会议精神，认真贯彻落实习近平总书记关于邮政快递业重要指示批示精神，总结2021年工作，分析形势，部署2022年重点任务。下面，我讲三个方面的意见。

一、2021年工作回顾

2021年是中国共产党成立100周年，是党和国家历史上具有里程碑意义的一年，也是邮政快递业发展历程中极不平凡的一年。这一年，我们扎实开展党史学习教育，深入学习贯彻习近平总书记“七一”重要讲话和党的十九届六中全会精神，为奋进新征程、创造新成绩凝聚智慧和力量；这一年，我们积极应对新冠肺炎疫情，奋力完成行业改革发展任务，“千亿万亿”目标胜利完成，寄递服务渠道拓展畅通安全，行业与经济社会发展融合度持续提升，服务构建新发展格局的作用进一步发挥；这一年，我们坚持“服务全领域、激活全要素，打造双高地、畅通双循环”工作思路，稳步推进“两进一出”工程，建成与小康社会相适应的现代邮政业，实现“十四五”良好开局，高质量发展步伐更加坚实有力。

预计全年邮政业业务收入（不含邮政储蓄银行直接营业收入）和业务总量分别完成1.27万亿元和1.36万亿元，同比分别增长15%和24%；快递业务收入和业务量分别完成1.04万亿元和1085亿件，同比分别增长18%和30%。新增社会就业20万人以上，支撑网络零售额接近11万亿元。服务满意度稳中有升，行业运行平稳有序，在经济社会发展中作用凸显，为扎实做好“六稳”工作、全面落实“六保”任务作出了积极贡献。

（一）不断强化党的领导，全面从严治党再上新台阶

一是党史学习教育走深走实。全系统始终把党史学习教育作为一项重大政治任务，按照“学史明理、学史增信、学史崇德、学史力行”的要求，全面部署、扎实推进。坚持“学党史、悟思想”，充分发挥局党组理论学习中心组龙头作用，通过宣讲报告会、读书班、培训班、网上专题班、专题组织生活会等方式，全面深入学习《中国共产党简史》等规定内容，及时跟进学习贯彻习近平总书记“七一”重要讲话和党的十九届六中全会精神，引领带动全系统学思践悟，唱响了爱党爱国爱社会主义的昂扬旋律。组建4个巡回指导组，召开推进会、交流会、青年干部座谈会，教育引导广大党员干部职工牢固树立正确历史观、民族观、国家观、文化观，行业有关工作被中央党史学习教育简报引用14次。坚持“办实事、开新局”，将“快

递进村”和保障快递员群体合法权益作为“我为群众办实事”重点工作扎实推进，进村比例同比提高近30个百分点，派费调整和罚款削减要求有效落实，把学习教育成效转化为促进行业高质量发展的强大动力。举办青年演讲比赛、歌咏比赛、知识竞赛，颁发“光荣在党50年”纪念章，为党的百年华诞营造了热烈浓厚氛围。二是邮政管理干部队伍建设不断加强。进一步加强系统领导班子建设，制定公务员及时奖励制度，强化干部政治素质培养考察。调整补充20个领导班子，推动提高市地局班子配备率，用好职务职级并行政策，稳妥推进干部交流。加强优秀年轻干部培养选拔，选派106名年轻干部到基层一线历练，大胆使用援派、挂职干部。统筹多种方式提高公务员编配率，推行公务员平时考核，提高年度考核优秀比例。加强“一把手”和领导班子管理监督，开展选人用人专项检查，进一步规范干部及家属兼职和经商办企业。抓好领导干部个人事项报告，依纪依规处理举报申诉。三是快递物流业和快递员群体党建试点工作取得阶段性成果。按照统一部署，在北京、浙江和深圳开展新业态、新就业群体党建工作试点。经过努力，试点单位党的领导全面加强，基层党组织全面完善，工作效能得到全面发挥，纳入管理党员数量增加了21.4%，一线组织数量增加了141.1%，通过党建引领推动行业健康发展、完善行业治理体系和保障从业人员合法权益等工作取得突破性进展。四是正风肃纪反腐向纵深推进。强化政治监督，落实中央八项规定及其实施细则精神，纠治“四风”顽疾，持续解决形式主义问题，拓展基层减负工作，加强监督执纪，紧盯重要节点进行廉政教育提醒，召开系统党风廉政建设会议和专题警示教育大会，开展“三重一大”决策不规范、行政执法不规范等4个方面问题专项整治，查处违规违纪问题。制定加强系统巡视巡察上下联动的若干措施、巡视工作实施办法等制度文件，完成对8个省局党组巡视，实现十九大以来一届任期内巡视巡察全覆盖。五是行业先进文化建设持续加强。大力加强新闻宣传工作，组织行业优秀基层党员代表参加中宣部“践行人民邮政为人民初心使命”专场记者见面会，以“溜索姑娘”尼玛拉木为原型的电影《信者》在全国上映，主要新闻媒体持续加大对行业改革发展宣传力度。精神文明创建活动蓬勃开展，在全行业广泛开展向王顺友、其美多吉等先进模范学习活动，汪勇获得全国道德模范荣誉称号，26人获全国脱贫攻坚先进个人、全国优秀共产党员、全国五一劳动奖章、中国青年五四奖章等称号和表彰，34家单位被授予全国青年文明号。

（二）贯彻落实中央决策部署，服务大局展现新作为

一是建党100周年邮票发行任务圆满完成。我们高度重视、精心组织，全力以赴做好建党百年邮票方案制定和选题、图稿审查等工作，圆满完成发行任务，举办主题邮展和全国少年儿童邮票创作设计作品征集活动，协调港澳邮政发行庆祝建党百年主题邮票，在方寸之间承载和弘扬伟大建党精神，展现中国共产党百年光辉历程。二是“快递进村”扎实推进。加强分类指导，明确分省分阶段推进目标。各地各企业提高站位、负重前进、攻坚克难、梯度推进，取得了显著成效。“快递进村”比例超过80%，江浙沪等地基本实现“村村通快递”，山西、黑龙江、山东等地取得重大政策突破。交快、邮快、快快等合作进一步深化，共同配送、客货邮融合等新模式不断涌现，新增15.5万个建制村实现邮快合作。三是快递员合法权益保障不断加强。对重点品牌快递企业开展“一对一”行政指导，明确工作要求，督导企业落实，中通、韵达等大力推广派费直达快递员模式。中国快递协会出台《快递企业末端派费核算指引（试行）》，研究制定快递员劳动定额，扩大试点适用范围。联合印发推进基层快递网点优先参加工伤保险政策文件，武汉、深圳等地落地实施取得积极成效，安徽省市两级率先实现政策全覆盖。江苏出台首个快递行业省级集体协商指导意见。持续开展“暖蜂行动”和“快递从业青年服务月”，组织慰问活动6560场，协调解决公租房廉租房5068套，新增爱心驿站等服务阵地3万余家，为快递员免费体检义诊39.3万人次。四是区域协调发展持续深化。推进京津冀、长江经济带、粤港澳大湾区、长三角一体化、西部大开发、成渝双城经济圈等重点区域行业发展，打造高质量发展增长极。与广西签署战略合作协议。积极推进快递示范城市建设。印发实施方案，进一步做好新时代西藏和四省藏区邮政快递工作。五是服务乡村振兴有力有效。持续深挖农村市场潜力，年内培育山西吕梁杂粮、山东日照海鲜、河南信阳毛尖、湖南怀化冰糖橙、重庆粉条、陕西咸阳猕猴桃、宁夏银川枸杞等业务量超千万件的快递服务现代农业金牌项目40个，累计达到100个，全年农村地区收投快递包裹总量370亿件，带动农产品出村进城和工业品下乡进村超1.85万亿元。邮政企业不断完善农村邮政服务体系，全国累计建成农村邮乐购站点34.8万个，培育邮政服务农特产品进城项目958个。落实“四个不摘”要求，定点帮扶指标提前完成。

（三）进一步抓好顶层设计，优化发展环境实现新突破

一是政策供给显著增强。《关于加快农村寄递物流体系建设的意见》《关于做好快递员群体合法权益保障工作的意见》印发实施，天津、河北、吉林、江西、贵州、新疆等地出台落实政策。推动多项涉邮任务纳入中央1号文件及加强县域商业体系建设等重要文件。加快推进邮政领域财政事权和支出责任划分改革，多地积极争取地方资金政策支持，多元化资金保障渠道初步形成。推动涉邮财税金融支持政策落地见效。广东等地出台促进行业高质量发展政策文件。二是规划编制衔接取得重大进展。与发展改革委、交通运输部门联合印发《“十四五”邮政业发展规划》，四个专项规划顺利出台。实施快递“两进一出”工程等重点任务和30余项关联工作纳入国家规划纲要，建设邮政国际寄递中心纳入规划重大工程。联合印发现代综合交通枢纽体系等专项规划，紧密衔接现代综合交通运输体系发展、现代流通体系建设等重点专项规划。省市规划更好融入当地经济社会发展大局，规划统筹引领作用进一步发挥。三是法规体系不断完善。完成《邮政行政执法监督办法》等6件部门规章和规范性文件的制修订工作，黑龙江、浙江和南京、成都等地出台规范促进行业发展的法规规章。出台邮政管理系统法治政府建设五年行动方案和行业“八五”普法规划。修订公平竞争审查制度，依法处理好行政应诉、行政复议，强化行业法治监督。四是“放管服”改革深入推进。推进制订国家局权责清单，优化邮政许可事项，发布行业“证照分离”改革方案，分级开展仿印邮票图案审批，优化经营进出境邮政通信业务审批和农村快递末端备案。推进快递业务经营许可证照电子化，推动部门间数据协同共享，实现政务服务事项全程全网“跨省通办”。包容审慎推进新业态监管，全国累计发放智能快件箱、公共服务站许可共238件。扎实做好许可延续审核工作。

（四）持续推进供给侧结构性改革，行业发展质效获得新提升

一是基础能力不断强化。深化与综合交通运输衔接，快递专用货机保有量超过130架，鄂州航空货运枢纽建成校飞，顺丰转运中心和航空基地等加快建设，京东货运航空公司获批筹建，高铁运输快递线路超过1500条，高运能大型干线车辆达2.85万辆。大型分拨中心智能化改造加快推进，枢纽转运中心基本实现自动分拣全覆盖。末端服务体系不断完善，县乡村共配网络加快构建，智能快件箱规模稳中有升，公共服务站达到16.1万个。邮政企业加大对县乡处理中心、村级站点及冷链设施、车辆设备等建设投入力度。福州邮政

快递末端基础设施实现常态化无偿配建。二是科技标准赋能创新发展。邮政快递企业加大科技研发应用，自动分拣在县域小型分拨中心和揽收端加快推广，无人仓技术进一步普及，无人车、无人机在多场景实现常态化运营，大数据、云计算等助力行业实现数字化可视化高效运营。24家行业技术研发中心获第二批认定，快递物流科技装备国产化率明显提升，涌现出中科微至等一批快递物流科技创新上市企业，安徽南陵“全国快递科技创新试验基地”建设成效显著。“三智一码”重点项目攻关积极推进，智能安检系统应用有序铺开，智能语音申诉系统在安徽率先运行，通用寄递地址编码实现收寄环节应用。实施标准“揭榜挂帅”管理创新，制修订《智能信包箱》《信封》等14项标准，首次对现行标准实施情况开展全面评估和复审。三是人才队伍建设持续加强。持续实施职业技能培训“246”工程，年度培训50万余人次，遴选年度行业科技英才和技术能手推进计划人选，持续开展快递工程技术人员职称评审，扎实开展快递运营职业技能等级认定试点。举办全国邮政行业职业技能竞赛，推动职业分类大典修订，增设邮件快件安检员新工种。联合开展行业网络招聘活动，为高校毕业生提供就业岗位3.2万个。持续深化政产学研合作，加强共建院校建设，四所现代邮政学院全部实现实体化运作。四是协同发展进一步深化。加强邮政综合服务平台建设，持续深化政邮、警邮、税邮、法邮、医邮合作，法邮合作已覆盖全国92.4%的法院。加快推进“快递进厂”，打造1908个快递服务制造业业务收入超百万元项目。巩固与电商协同发展基本盘，联合开展“网上年货节”和“双品网购节”活动，认真做好“双11”“双12”快递业务旺季服务保障工作，日最高业务量达6.96亿件。

（五）统筹发展和安全，行业综合治理取得新成效

一是疫情防控有力有序。发布《疫情防控期间邮政快递业生产操作规范建议（第七版）》，制定行业疫情防控与寄递服务保障工作指南，抓实抓细防疫措施。坚决抓好进境关口疫情防控，认真落实国际邮件快件处理场所“人”“物”同防、闭环管理措施，实现监督检查全覆盖。全国联动应对突发疫情，河北、内蒙古、云南、甘肃等地果断处置涉疫邮件快件，有效阻断疫情通过寄递渠道传播。按照“应接尽接”原则做好疫苗接种，从业人员接种率达98.61%。二是邮政普遍服务监督和市场监管不断加强。完善“双随机、一公开”监管机制。组织邮政普遍服务、邮票发行监督检查，集中开展乡镇局所专项整治“回头看”，试行邮政代办所监督管理规定，乡镇营投合一单人局所数量减少了36%，乡镇委代办局所数量减少了16%。巩固提升建制村直接通邮水平，西部地区建制村周投递频次三次及以上的比例超过98%，全国建制村投递实地打卡率保持在97%以上。圆满完成高校录取通知书寄递任务。全国县级城市党政机关《人民日报》当日见报率达到85.76%。高质量保障中央巡视专用信箱寄递服务。调整优化监督员队伍，基本实现监督员县级全覆盖。会同做好邮政集团负责人薪酬管理及经营业绩考核。清理整顿快递市场秩序，规范市场主体竞争行为，大力整治农村快递服务违规收费问题，严肃查处曝光一批违规收寄“动物盲盒”案件，依法对相关总部型企业未按规定实行统一管理立案调查。推进12305与地方政务服务便民热线归并，加强快递市场信用监管，认真做好集邮市场监管工作。三是安全监管和应急处置水平持续提升。强化“三项制度”落实，狠抓“实名不实”问题纠治，大力推进视频联网和安检机联网，接入监控点位1.35万处、摄像头3.98万余个，加快推进“绿盾”工程一期应用。开展作业场地安全管理规范化提升行动，排查治理风险隐患，突出整治“四不”问题，完成1559个处理场所的传送带堵缝、人车分流两项重点整治任务。会同最高人民法院等发布司法意见，依法惩治寄递易

燃易爆危险物品行为。联合开展寄递渠道禁毒百日攻坚行动，集中整治危化品寄递问题，扎实做好寄递渠道反恐、“扫黄打非”、打击侵权假冒、野生动物保护、用户信息安全保护以及行业关键信息基础设施安全保护等工作。健全行业安全事故事件信息报告制度。联合印发《救灾捐赠包裹寄递服务和安全管理规定》。全面实施维稳应急处置“四个一”机制，妥善处置天天、速尔等企业经营异常事件，有效应对暴雨、台风、地震等自然灾害。高质量做好中国共产党成立100周年庆祝活动期间及全国两会、全运会、第四届进博会等重大活动寄递安保工作。四是绿色转型持续推进。深入实施“2582”工程，开展重金属和特定物质超标包装袋、过度包装和随意包装、塑料污染专项治理，重金属与特定物质超标包装袋实现存量大幅消减，过度包装和随意包装得到初步遏制，可循环快递箱（盒）投放量达630万个，电商快件不再二次包装率达80.5%，新增3.6万个设置包装废弃物回收装置的网点。制定《邮件快件包装管理办法》及配套制度，大力推动用品用具监管方式改革，开展快递包装绿色产品认证，加强行业生态环保监管执法，积极推动多方协同共治。大力推广新能源和清洁能源车辆，保有量突破6万台。

（六）紧跟国家开放战略，国际和港澳台交流合作迈出新步伐

一是对外开放格局持续优化。建立自由贸易试验区邮政快递领域央地协同机制，下放北京自贸区、上海自贸区及临港新片区国际快递许可审批事项，加大地方政策创新力度，深度融入自贸区高质量发展。深化海南邮政业改革开放，参与制定跨境服务贸易负面清单及鼓励类产业目录，配合开展自贸港封关运作。完善行业外商投资负面清单，开展快递领域外商投资项目安全审查。二是“快递出海”加快推进。推进重点城市国际邮件互换局设置，支持郑州建设全国重要国际邮件枢纽口岸。积极拓展国际航空、铁路、海运等常态化跨境寄递渠道，持续推动中欧班列常态化运输邮件和跨境电商商品。聚焦RCEP区域拓展地面网络，部分企业加速进入中东、拉美市场，品牌企业加快海外仓建设布局，累计建成海外仓240个、面积近200万平方米。顺丰收购嘉里物流部分股权，京东物流在港上市。全年国际、港澳台寄递业务量突破22亿件，支撑跨境商品流动额超过4400亿元。三是国际和港澳台交流合作深入开展。我国在第27届万国邮联大会上成功当选新一届行政理事会和邮政经营理事会理事国，候选人当选邮政经营理事会副主席，顺利推动会费和开放等重大改革提案通过，有力维护了万国邮联多边体制和我国利益。成功举办第四届中国（杭州）国际快递业大会，推动与塞尔维亚、阿尔及利亚等“一带一路”沿线国家签署合作协议。强化粤港澳大湾区邮政业交流合作，成功举办第四届内地与港澳邮政高峰会议，妥善做好对台工作。

一年来，我们加强省级以下邮政监管支撑体系建设，新增辽宁和青海2个省级安全中心、44个市级安全中心、79个县级机构，江西和新疆等9个省（自治区）实现市级安全中心全覆盖，江苏、浙江实现县（市）监管机构全覆盖。落实“过紧日子”要求，持续强化预算管理和执行，全系统压减一般公共预算项目支出43%。做好协调拨付养老保险和职业年金缴费资金等工作，明确人员经费具体保障项目。完成审计署对国家局经济责任审计问题整改，高质量推进系统内部经济责任审计工作。修订管理办法，积极推进自身能力建设。强化所属单位考核和绩效管理，推进南戴河培训中心脱钩。做好统计调查工作，强化数据质量管控和发布解读。做好网络安全保障，完成政务内网建设。扎实做好督查、信访、保密、档案、政务信息公开、建议提案办理等工作。加强和改进系统离退休干部和工青妇工作。

同志们！2021年邮政快递业经受住了复杂严峻形势的考验，行业改革发展取得了新成效，实

现了“十四五”良好开局。这些成绩的取得，是党中央、国务院坚强领导和亲切关怀的结果，是交通运输部正确领导的结果，是中央各部门、地方各级党委政府和社会各界大力支持的结果，是全行业干部职工团结一心、拼搏奋进的结果。在此，我谨代表国家邮政局，向长期以来关心支持行业改革发展的各级领导和同志们，向全体干部职工和离退休老同志致以崇高的敬意和衷心的感谢！

二、推动高质量发展、高效能治理，在当好中国现代化的开路先锋新征程中勇挑畅通重担

在党成立100周年的重要历史时刻，党的十九届六中全会审议通过《中共中央关于党的百年奋斗重大成就和历史经验的决议》。这是一篇马克思主义纲领性文献，是新时代中国共产党人牢记初心使命、坚持和发展中国特色社会主义的政治宣言，是以史为鉴、开创未来、实现中华民族伟大复兴的行动指南。党确立习近平同志党中央的核心、全党的核心地位，确立习近平新时代中国特色社会主义思想的指导地位，反映了全党全军全国各族人民共同心愿，对新时代党和国家事业发展、对推进中华民族伟大复兴历史进程具有决定性意义。全系统全行业要深入学习贯彻党的十九届六中全会精神，充分认识党的百年奋斗的历史意义和“十个坚持”的历史经验，切实用全会精神统一思想、激发动力，谱写邮政强国建设的华彩篇章，在新征程中交出无愧于历史和人民的答卷。

学习贯彻全会精神，要将邮政快递业的沧桑巨变放到党的百年奋斗重大成就中观照。新民主主义革命时期，党领导建立红色交通线、赤色邮政、战时邮政，不断发展壮大，造就了一支姓党、为军、利民的解放区邮政力量。社会主义革命和建设时期，党建立了人民邮政，迅速收回国家邮政主权，统一全国网络，领导邮政改善装备、提升服务，开启了邮政事业发展新纪元。改革开放和社会主义现代化建设新时期，党和国家支持邮政业优先发展，先后实施邮电分营、政企分开和深化行政体制改革，按照“一分开、两改革、四完善”的思路，形成了企业自主经营、政府依法管理的邮政体制，修订施行邮政法，建立了邮政普遍服务和邮政市场准入机制，拓展经营邮政金融业务，充分激发了市场主体活力，极大解放了行业生产力，为行业跨越式发展奠定了基础。中国特色社会主义进入新时代，习近平总书记对邮政快递业高度重视、亲切关怀，多次作出重要指示批示，为行业指明了发展方向、提供了根本遵循。国务院出台实施促进快递业发展若干意见、颁布快递暂行条例，行业市场化、法治化、国际化环境进一步优化，推动流通方式转型、促进消费升级、畅通经济循环作用进一步发挥，实现了由小到大的跨越、由弱向强的蜕变，取得了历史性成就、发生了历史性变革，踏上了邮政强国建设的新征程。

学习贯彻全会精神，要从党百年奋斗的历史经验中汲取智慧，更好总结、继承、发扬党领导邮政事业发展的历史经验和重要启示，加快推进邮政强国建设。必须始终坚持党对邮政快递业的全面领导，坚持以习近平新时代中国特色社会主义思想为指导，自觉把党的领导落实到邮政快递业发展各领域各方面，确保行业始终沿着正确方向前进。必须始终坚持以人民为中心的发展思想，牢记“人民邮政为人民”，依靠广大从业人员，弘扬“小蜜蜂”精神，更好解决群众用邮中的“急难愁盼”问题，更好满足人民日益增长的美好生活用邮需要。必须始终坚持走中国特色邮政业发展道路，坚持事业产业双轮驱动，坚持“两个毫不动摇”，充分发挥市场在资源配置中的决定性作用和更好发挥政府作用，发挥双重管理体制优势，充分调动中央和地方两个积极性。必须始终坚持以发展为第一要务，完整、准确、全面贯彻新发展理念，助力加快构建新发展格局，推动行业高

质量发展，深化供给侧结构性改革，统筹发展和安全，适应国家经济社会发展需要。必须始终坚持深化改革扩大开放，不断健全完善邮政管理体制，持续推进邮政快递领域深化改革，激发各类要素活力，扩大高水平、制度型开放，坚持创新在引领行业发展中的核心地位，提升行业治理体系和治理能力现代化水平，为推动高质量发展提供强劲动力。

学习贯彻全会精神，必须清醒认识到，发展不平衡不充分仍然是我国邮政快递业面临的主要问题，本质上是发展质量不高。一是大而不强。快递包裹数量占全球一半以上，但综合物流能力不强，嵌入产业链不深，促进产业关联畅通作用不充分；跨境寄递物流供应链自主可控能力不强，无法有效支撑高端制造走出去，国家战略性基础设施作用发挥不充分。二是快而不优。行业增速“领跑”，但与质量、结构、效益、安全不协调。质量不稳，消费者体验还需改善；中高端供给不足，供给适应性和灵活性还需加强；运营还处于价值链中低端、被动依赖局面没有得到根本改变；寄递安全、生产安全、信息安全隐患突出。三是粗而不精。行业总体上处于发展转型阶段，治理资源与规模任务不匹配，治理能力与发展形势不适应，制度刚性还不足，监管盲点交叉点并存，无序发展苗头显现；公共设施难以跟上群众用邮需求，企业经营管理粗放，行业文明有待提升，绿色转型任务艰巨，数据挖掘利用不够。面对这些风险挑战，我们要以更大决心、更大气力、更大勇气，切实加以解决。

学习贯彻全会精神，必须坚持“忠诚、专业、务实”要求，集中精力办好自己的事。当前，我国经济发展面临需求收缩、供给冲击、预期转弱三重压力，百年变局加速演进，外部环境更趋严峻和不确定。中央经济工作会议提出要坚持稳字当头、稳中求进，统筹疫情防控和经济社会发展，统筹发展和安全，加快构建新发展格局，推动高质量发展；强调要着力畅通国民经济循环，加快形成内外联通、安全高效的物流网络，保障产业链供应链稳定，为邮政快递业发展提供了更广阔空间，赋予了更新的使命。邮政快递业既贯通生产、分配、流通、消费各环节，又关联一二三各产业，具有重要的“畅通”功能，仍处在重要战略机遇期。政策引导下，需求侧服务全领域、供给侧激活全要素的步伐加快，经济流通大动脉、畅通民生微循环的价值更加凸显。我们要深化“服务全领域、激活全要素，打造双高地、畅通双循环”的工作思路，注重系统思维、注重统筹结合、注重联动发展，推动行业高质量发展、高效能治理，在“加快建设交通强国、努力当好中国现代化的开路先锋”新征程中勇挑畅通重担。

（一）遵循规律，稳中求进推动行业高质量发展

我们要深刻把握好稳与进的辩证关系，在稳的基础上推动高质量发展，以高质量发展促进更好的稳。一是稳字当头。要稳行业发展态势，确保增速在合理区间，助力“六稳”“六保”；要稳行业运行态势，确保网络平稳运行和基层网点稳定；要稳行业安全态势，贯彻落实总体国家安全观，防范化解重大风险隐患，确保不发生重特大安全事故，为保持平稳健康的经济环境、国泰民安的社会环境和风清气正的政治环境作出积极贡献。二是稳中求进。必须认识到，靠粗放发展，行业可以由小到大，但绝不可能从大变强；靠低效治理，难以有效应对日益复杂的发展难题。因循守旧、墨守成规、穿新鞋走老路，是稳不住、行不通的。要以高效能治理为保障，坚持在规范中发展、发展中规范，明规则、划底线、强监管，推动行业实现质的稳步提升和量的合理增长。三是以进促稳。要充分认识到实现行业高质量发展、高效能治理的长期性、艰巨性、复杂性，不可能一蹴而就。下定决心、保持耐心，不能把持久战打成突击战，也不能把攻坚战打成消耗战。要立

足国情业情和发展阶段，遵循发展规律，精准把握时度效，把稳增长、调结构、促改革有机结合起来，以实践的标准检验行业治理成效。

（二）加固底板，夯实高质量发展根基

在持续高速发展过程中，行业底板建设存在一定滞后，需要我们统筹推进、精准施策，夯实安全、质效、规范、绿色的发展基础。一是统筹“三安”。提升企业寄递安全、生产安全、信息安全本质安全水平，增强安全防控能力。维护产业安全，强化投资并购安全审查，助力保障产业链供应链稳定。加强应急管理体系建设，做好应对各类风险挑战的准备。二是实行“三分”。推动成本分区、服务分层、产品分类，稳步实现差异定价、优质优价，实现行业有价值、企业有利润、员工有尊严、用户有好评。规范末端投递行为，保障消费者对投递方式的选择权。支持发展约定投递、改址投递、改时投递等精准服务。将寄递纳入城市公共服务体系，纳入分钟级便民服务圈，强化属地责任，推动末端设施共建共享。三是发力“三治”。旗帜鲜明反对“内卷”，旗帜鲜明反对损害行业权益、员工合法权益和消费者合法权益的行为，旗帜鲜明维护市场秩序。要聚焦重点区域重点环节，细化配套措施，集中治理恶性低价竞争、超范围经营和空包刷单。要坚决防范不正当竞争，形成工作合力，防范资本无序扩张。四是推进“三化”。坚持减污降碳并重，加快推进快递包装减量化、标准化、循环化，明确行业绿色低碳转型发展实施路径，健全法规政策标准和统计监测体系，倡导简约适度、绿色低碳的生产运营方式和用邮消费模式。加强绿色低碳技术装备推广应用，加快构建快递包装循环利用体系，加快运输和能源结构调整，发展绿色供应链。

（三）补齐短板，激发高质量发展新动能

要在补齐短板上多用力，通过补齐短板挖掘发展潜力、增强发展后劲。当前行业发展还存在一些不协调的短板问题，我们要着力促进城乡区域、生产消费、国内国际、总部末端、高端低端等协调发展。一是深入实施“两进一出”。“快递进村”要提高质效，不仅进得去，更要稳得住、可持续。加快贯通县乡村三级寄递物流服务体系建设，建设村级寄递物流综合服务站，直连小农户与大市场，助力乡村振兴，促进共同富裕。“快递进厂”要形成规模，聚焦重点区域重点领域，推广深度融合典型项目和经验，以点带面，深化产业关联和链条延伸，提升全产业链价值，推动产业集群融合发展。“快递出海”要重点突破，在周边成网络、洲际畅通道、全球布节点，着力提升境内外国际枢纽能级和辐射带动力，增强全球资源配置力和关键环节控制力。加强部门协同，积极参与全球治理，优化出海环境，打通政策堵点。二是提升末端发展能力。规范加盟制管理，全面推进服务安全能力与服务范围相适应。加强基层网点规范化标准化建设，推动向末端赋能，完善价格形成机制和利益分配机制。推进完善网点退出机制，将网络稳定纳入行业信用监管。推动地方政府落实末端设施建设的事权责任。三是统筹区域布局。衔接区域协调发展战略，补齐中西部基础设施短板，进一步做好新时代西藏和新疆邮政快递工作，加强快递经济区和产业园区建设，实现与综合交通枢纽、关联产业协同布局集聚发展。四是提升综合服务能力。深度嵌入采购、制造、销售、消费交互流程，发展库存管理、线边物流、供应链金融和快运业务等，增强价值创造力。发展专业化服务，加强冷链寄递网络建设，提升应急物流能力，提供行业系统解决方案。

（四）锻造长板，打造高质量发展新优势

在发展思路上既要着力破解难题、补齐短板，又要考虑巩固和厚植原有优势。我们要在服务电商、主体培育、科技装备、智慧化等方面继续锻造新优势。一是巩固服务电商优势。巩固电商基本盘，打通信息“堵点”，推动与电商协同布局。丰富产品体系，开展模式创新，支撑农村电

商、直播电商、社区电商、跨境电商等业态发展。二是培育世界一流企业。富有竞争力的企业是高质量发展的微观基础，企强才能业兴。推动企业加强核心资源整合，破解资质、跨境通道建设和重大政策等瓶颈，鼓励企业间、上下游间兼并重组，培育壮大具有国际竞争力的现代快递物流企业。推动邮政企业加快改革，巩固发展邮政普遍服务，做强做优做大寄递主业。三是强化创新驱动。强化需求牵引，丰富资本、科技、人才创新生态，在技术、产品、服务等领域持续创新突破。加快发展行业产学研科技体系，推动关键装备提高水平走向国际。加快产业数字化转型，引领产业链深度融合和高端跃升。四是充分激活数据要素。积极参与数据要素市场建设，加快数据要素价值转化，发挥数据对宏观经济“晴雨表”的功能，加强跨部门数据互通，促进维护公共安全，助力制造业、电商敏捷响应市场需求变化。

（五）科学谋划，以高效能治理保障高质量发展

一是强化依法治邮，创新方式提效能。坚持市场化法治化国际化，加强反不正当竞争，以公正监管保障公平竞争。要完善法规政策体系。围绕压实企业主体责任，在重点领域和薄弱环节，细化实化配套规章政策，将有效措施及时上升为制度；启用能够反映质效提升、结构优化的高质量发展统计指标体系，围绕关键技术、“两进一出”、安全绿色等完善标准体系。要丰富治理方式。健全“双随机、一公开”，开展信用监管、联动监管、分类监管、清单式监管，综合应用日常巡查、专项检查、企业自查等检查方式。要加强信息披露。强化行政处罚、质量服务、网络稳定、社会责任等信息披露，发挥导向作用。

二是强化综合治理，凝聚合力提效能。积极调动各方面积极性，不断完善部门协同、多方共治、双重管理机制。要深化部门协作。拓展部门协同治理领域，推动政策协同、联合监管和共同执法，用好寄递渠道安全管理部门协作机制，完善案件移交与联合侦办机制。落实7号检察建议，主动接受司法监督。要深化上下联动。把市域治理现代化放在突出位置，细化压实地方财政事权与支出责任，积极融入地方发展治理大局，增强地方服务支撑保障。要深化多元共治。指导企业加强内部统一管理，完善现代企业制度，推动协会加大标准规范、团体公约制定力度，引导公众、媒体等社会力量积极参与行业监督，鼓励第三方机构开展行业评价测评认证，打造共建共治共享新格局。

三是强化数字治理，科技赋能提效能。充分发挥行业数据密集的特点和优势，增强事中事后全链条全领域监管能力。要用好“绿盾”工程。加快更新迭代，提升全程全网管控、精准主动发现、自动预警预判等智能监管和应急指挥调度能力；提升各级邮政管理部门应用大数据进行监管的能力，推动监管关口前移。要提升数字治理能力。提高数据开放共享效能，深化“放管服”改革成效；加强数据协同应用，推广数字邮管和快递大脑；筑牢数据安全防线基础，提升全系统全行业网络安全防控能力。要加强科技装备应用。增强通用寄递地址编码、智能视频监控、智能语音申投诉、智能安检检测与自动执法识别等技术装备在监管中的应用深度，加大移动执法科技装备应用，推进在线监管和非现场监管。

三、2022年工作安排

2022年是实施“十四五”规划的关键之年，我们将喜迎党的二十大胜利召开，做好邮政快递业改革发展各项工作意义重大、使命光荣。今年工作的总体要求是：以习近平新时代中国特色社会主义思想为指导，全面贯彻党的十九大和十九届历次全会精神，认真落实中央经济工作会议精神，弘扬伟大建党精神，坚决贯彻习近平总书记关于邮政快递业重要指示批示精神，坚持稳中求进工

作总基调，完整、准确、全面贯彻新发展理念，服务加快构建新发展格局，全面深化改革开放，坚持创新驱动发展，推动高质量发展，坚持以深化供给侧结构性改革为主线，统筹疫情防控和邮政快递业改革发展，统筹发展和安全，继续做好“六稳”“六保”工作，持续改善民生，坚持稳态势、强弱项、重监管、提质效，着力推进畅通循环，着力推进行业高质量发展和高效能治理，加快建设邮政强国，以优异成绩迎接党的二十大胜利召开！

预计2022年全行业业务收入完成1.4万亿元，同比增长11%左右；行业业务总量完成1.5万亿元，同比增长12%左右。其中，快递业务收入完成1.16万亿元，同比增长12%左右；快递业务量完成1225亿件，同比增长13%左右。持续提高邮政、快递服务质量，持续提升行业发展质效，持续增强寄递渠道安全保障能力，持续推进快递包装绿色转型，切实保障快递员群体和消费者合法权益。要重点抓好以下六个方面工作。

（一）进一步巩固行业发展态势

一是加强规划政策宣贯落实。扎实开展规划宣贯，加快重大工程重点任务落地。开展邮政快递枢纽城市布局研究，加强与综合货运枢纽政策衔接。研究邮政强国建设指标体系。推动落实重点区域行业发展重点任务，编制好成渝地区双城经济圈行业规划。在浙江共同富裕示范区开展改革创新试点，推动自贸试验区、自贸港行业高质量发展。加强重大政策实施效果评估。

二是强化法规和统计体系建设。推动修改完善《快递暂行条例》，修订《快递市场管理办法》《邮票发行监督管理办法》《邮政业标准化管理办法》。修改施行邮政行政处罚程序、执法证件管理等制度。推动邮政地方性法规、地方政府规章制修订工作。强化行政执法监督和法治人才队伍建设，对重大执法决定实施法制审查，组织开展执法评议。修订行业统计调查制度，开展统计督察整改“回头看”，加强季度运行及趋势分析，进一步提升数据质量。

三是提升科技研发和标准化工作水平。继续开展智能安检系统太赫兹技术应用科技攻关，推广应用智能安检系统、智能视频监控系统、智能语音申诉处理系统和通用寄递地址编码，提升安全防控能力、申诉处理效率和用户满意度。修订标准化规章制度，完成《快递服务》、通用寄递地址编码规则、寄递用户个人隐私保护等15项以上标准研制和邮政普遍服务标准修订预研究。

四是切实保障从业人员合法权益。督促快递企业有效落实派费调整承诺，推广实施《末端派费核算指引》。鼓励快递企业直接用工。加快推进基层网点优先参加工伤保险工作，进一步提高全国参保水平。督促快递企业完善快递员投诉甄别和心理疏导机制，建立投诉申辩受理、心理疏导专线。持续开展“暖蜂行动”，进一步推动解决快递员在住房、子女教育、医疗体检等方面的实际困难。鼓励企业从农村和边远地区招收员工，提高行业增长的就业带动力。

五是完善行业人才支撑体系。加大高层次、高技能人才建设力度，加快推进高校邮政快递学科专业建设，持续开展从业人员职业技能提升行动，稳步推进快递中高级工程师职称评审工作，推动颁布邮件快件安检员国家职业技能标准。组织第四批全国邮政行业人才培养基地遴选。会同开展2022年高校毕业生网络招聘活动。办好第七届全国“互联网+”快递业创新创业大赛决赛。

（二）进一步深化行业改革开放

一是推动邮政企业深化改革。加快推动邮政普遍服务和竞争性业务分业经营，促进邮政普遍服务高质量发展，做强做优做大国有资本和国有企业，增强国有经济竞争力、创新力、控制力、影响力、抗风险能力。

二是深化“放管服”改革。落实行政许可审批事项清单管理制度，实施许可申请服务提升计划，提升规范化、标准化服务水平。探索建立许可企业承诺服务范围主动申报制度。制定跨省许可申请核定规则，在有条件的地区实行现场预约服务，推动快递业务经营许可电子证照试点应用。持续推进新业态监管服务，试点省内许可“多型合一”管理创新。

三是持续完善国际网络布局。开展“快递出海”品牌创建活动，引导企业健全境外网络布局，重点强化区域全面经济伙伴关系协定（RCEP）区域服务网络，进一步拓展洲际海外市场。支持邮政、快递企业创新跨境寄递模式，多渠道建设海外仓网络。优化国际邮件互换局（交换站）布局，支持南京、郑州等地国际邮件处理设施建设，推动快递企业加大进出境快件处理中心建设。

四是进一步强化国际和港澳台交流合作。加强与“一带一路”沿线国家邮政领域交流合作，办好第12届中日邮政政策对话、RCEP论坛等活动，助力“一带一路”高质量发展。加快推进万国邮联修订铁路运邮法规标准，持续推动中欧班列常态化运输邮件和跨境电商商品，鼓励更多企业开行电商专列。深度参与全球邮政治理，做好万国邮联开放改革有关工作。加大国际邮政组织人才培养和推送工作力度。深化内地和港澳邮政峰会机制，加强与港澳邮政更紧密的交流合作。积极推进海峡两岸邮政交流与合作。

（三）进一步提升行业发展质效

一是加快推进产品服务创新。推动落实成本分区、服务分层、产品分类。鼓励电商平台与快递企业完善电商快递定价模式，建立与服务地域相适应的成本分担机制，保障农村地区快递稳定运营。规范快递末端综合服务站运营，巩固智能快件箱建设成果，健全宅递、箱递、站递等末端多元投递体系。引导企业完善产品体系，提供多元化、差异化的快递服务。

二是深入实施“进村”工程。推动地方出台农村寄递物流体系建设落实政策。深化邮快合作，加强“一点多能”村级寄递物流综合服务站建设，加快农村邮路汽车化，促进农村客货邮融合发展，确保年内基本实现建制村“村村通快递”。督促快递企业规范完善服务范围基础地址库，推动与电商平台系统对接，严格落实“按址投递”服务承诺。开展农村电商快递协同示范工作，建设100个农村电商快递协同发展示范区和300个快递服务现代农业示范项目。推动与乡村振兴有效衔接。落实好定点帮扶政策。

三是加快推进“进厂”工程。制定实施快递服务先进制造业“5312”工程实施方案，开展国家级快递服务先进制造业深度融合典型项目和发展先行区创建。提升制造园区的快递设施覆盖率，推动快递功能进园区。组织重点快递企业与制造业龙头企业开展供需对接，形成互利共赢、长期稳定的战略合作关系。加快完善快递服务制造业标准规范，加强在信息、流程、设施等方面衔接。组织开展新一批中国快递示范城市创建工作。

四是持续开展绿色邮政建设。实施行业绿色发展五年行动计划，全面推进减污降碳。开展快递包装绿色产品认证，引导寄递企业优先采购使用认证产品。推进包装减量化，加强包装操作规范化建设，推进产品包装、销售包装和快递包装一体化，深入整治过度包装和随意包装。推进包装标准化，防范重金属和特定物质超标包装进入寄递渠道，深入推进塑料污染治理。推进包装循环化，联合相关部门组织开展规模化应用试点，培育循环模式。推进邮政业用品用具改革，实施“双名录”监管。加大新能源、清洁能源车辆推广应用，探索绿色网点、绿色分拨中心建设。实施“9917”工程，到年底实现采购使用符合标准的包装材料比例达到90%，规范包装操作比例达到90%，可循环快递箱达到1000万个，回收复用瓦楞纸箱7亿个。

（四）进一步强化防范化解重大风险能力

一是毫不放松抓好重大活动安保和常态化

疫情防控。以高度的政治自觉性，认真做好党的二十大、北京冬奥会、杭州亚运会和成都大运会等重大活动寄递安保任务。完善行业疫情防控基本制度，坚持"外防输入、内防反弹"，抓实抓细"人""物"同防。坚持常态化精准防控和局部应急处置有机结合，及时处置涉疫突发事件。持续做好从业人员疫苗接种，推动"加强针"应接尽接。

二是坚守安全底线不动摇。强化寄递安全综合治理，完善联合监管机制，推动"三个责任"落实。严格落实"三项制度"，规范协议用户管理，强化视频联网、安检机联网应用。做好反恐禁毒、"扫黄打非"、打击侵权假冒、野生动植物保护等工作。打好安全生产专项整治三年行动收官战，持续开展"四不"问题整治，全面完成省、市两级处理场所规范化建设目标。完善行业安全生产标准化体系建设，提升安全生产治理水平。加强信息安全风险防控，持续推进网络信息安全工作，加大行业关键信息基础设施安全保护力度，督促企业严格落实等级保护和数据安全保护制度。推动企业加大虚拟安全号码、隐私面单、电子身份证等技术应用，全面加强个人信息安全保护。严厉打击非法泄露、买卖寄递服务信息等行为。抓好"绿盾"工程一期建设成果应用，推进二期有关工作。

三是扎实做好行业应急管理。健全完善行业应急管理机制，做好行业运行安全的监测预警、舆情监测和报告工作。制定突发事件应对处置工作指南，组织开展多种形式应急演练，加强自然灾害、经营异常等突发事件处置。

(五) 进一步提升治理能力

一是加强邮政普遍服务监督。精心组织《中国共产党第二十次全国代表大会》等重大题材纪念邮票发行工作，研究修订关于邮票选题的若干规定，加强监督检查。开展乡镇邮政服务专项检查，持续提升农村邮政服务规范化、标准化水平。推进抵边自然村邮政服务普遍覆盖。完善指标测评体系，会同做好邮政集团负责人薪酬管理及业绩考核。完成好党报党刊征订发行任务，巩固提升县级城市《人民日报》当日见报率。全力保障巡视巡察等专用信箱寄递服务，精心组织高校录取通知书寄递服务工作。着力优化监督员结构布局，提高社会监督质效。

二是强化邮政市场监管。持续开展市场秩序整顿，依法严肃查处超许可范围经营、无证经营、委托无许可企业经营等违法行为，斩断快递"黄牛"利益链条。会同有关部门大力纠治利用快递服务信息从事"刷单炒信"行为，突出治理非法使用用户信息、虚构服务交易、倒卖快递运单等违法违规问题。加强对企业履行服务承诺事项监督检查，重点治理不按明示价格提供服务、"掐尖揽件"、附加不合理条件等问题，协同有关部门及时处置企业价格违法、不正当竞争等行为。加强末端服务质量监管，严格规范未按服务约定履行服务义务行为。强化落实总部型企业统一管理责任，研究制定责任落实清单。大力加强信用监管，积极推广信用承诺制度，推动实施严重违法失信对象名单管理。完善集邮票品集中交易市场备案管理，规范经营秩序，突出整治制售伪造集邮票品行为。积极推动12305邮政业用户申诉渠道优化建设。

三是推进服务型政府建设。推进落实中央与地方财政事权和支出责任划分改革，加快构建稳定的多元经费保障机制。加强预算绩效管理和节约型机关建设，扎实做好系统内部审计监督。统筹推进政务服务一体化平台和"互联网+监管"系统建设，加大政府信息公开和政务信息资源共享力度。完善省局职能职责和机构设置，重点加强安全中心体系管理，积极推动完善县级机构。继续加强事业单位管理，稳妥推进事业单位为人才松绑赋权。加强离退休干部服务管理，做好工会、共青团工作。

(六) 加强党的全面领导

一是深入推进党的建设。坚持把深入学习贯

彻习近平新时代中国特色社会主义思想作为首要政治任务，巩固深化党史学习教育成果，重点抓好党的十九届六中全会和二十大精神学习贯彻。坚守政治机关职责定位，不折不扣抓好习近平总书记重要指示批示精神和中央决策部署的贯彻落实。深入贯彻支部工作条例，加强党员教育管理，抓实党组织规范化标准化建设，以机关带系统、促行业，推动基层党组织全面进步、全面过硬。按中央部署有序推进快递物流业党建工作，推广试点经验，建立健全党建工作体制，推动快递员群体融入城市基层党建格局，汇聚起推动行业改革发展的强大力量。

二是扎实推进从严管党治党。认真贯彻中央纪委六次全会精神，加强对“一把手”和领导班子监督，加强机关纪委建设。着力强化政治监督，巩固拓展落实中央八项规定及其实施细则精神成果，持续纠治“四风”特别是形式主义官僚主义问题。深化运用“四种形态”，精准监督执纪问责，抓细抓实经常性纪律建设，确保风清气正。以中央巡视为契机进行彻底的政治体检，自觉接受监督检查，抓好整改落实。深入贯彻落实中央关于加强巡视巡察上下联动的意见，不断提高巡视巡察监督质效。

三是进一步加强干部队伍建设。坚持正确选人用人导向，选优配强领导班子和领导干部，加强考核结果运用。完善领导班子和领导干部年度考核工作。积极推动系统干部“对口交流”和国家局机关干部交流。统筹“选、育、管、用”各环节，持续加强年轻干部培养和储备。进一步细化干部提任领导职务资格条件，严格公务员职级晋升标准，精准选人用人。稳步提高全系统公务员编配率。扎实推进平时考核，落实及时奖励办法。继续开展选人用人专项检查。完善干部监督信息台账。做好领导干部报告个人有关事项工作，强化填报提醒辅导。坚持从严考核监督与关心关爱相结合，持续激励干部担当作为。

四是强化行业宣传和精神文明建设。落实意识形态工作责任制。强化舆情监测引导，加强新闻宣传，讲好新时代行业故事。持续弘扬“小蜜蜂”精神，认真开展第五届寻找“最美快递员”活动，大力选树和宣传行业先进典型，继续参与全国青年文明号等创建和评选表彰活动。

同志们，2022年邮政快递业改革发展工作要求高、任务重，需要我们付出更多艰辛、更大努力。让我们更加紧密地团结在以习近平同志为核心的党中央周围，以习近平新时代中国特色社会主义思想为指导，坚决贯彻党中央、国务院决策部署，大力弘扬伟大建党精神，勠力同心、锐意进取，埋头苦干、勇毅前行，以改革发展新的优异成绩喜迎党的二十大胜利召开！

奋力推动交通当好中国现代化的开路先锋

中共交通运输部党组

《人民日报》（2021年11月24日第11版）

10月14日至16日，第二届联合国全球可持续交通大会在北京成功召开。习近平主席以视频方式出席大会开幕式并发表题为《与世界相交 与时代相通 在可持续发展道路上阔步前行》的主旨讲话（以下简称“主旨讲话”）。习近平主席站在世界发展大势和人类前途命运的高度，以宏阔的全球视野、深邃的历史眼光、高远的战略思维、博大的天下情怀，提出重要倡议、宣布务实举措、展现中国担当，为全球可持续交通发展指明了前进方向。我们要认真学习主旨讲话，坚决抓好贯彻落实。

深刻认识主旨讲话的重大意义

习近平主席的主旨讲话，高屋建瓴、视野宏大，凝聚共识、催人奋进，为推进全球交通合作注入了强大动力。

为构建人类命运共同体、全球发展命运共同体进一步凝聚了广泛共识。主旨讲话发出了构建全球发展命运共同体、构建人类命运共同体的时代强音，引起国际社会的热烈反响和广泛共鸣，为维护多边主义扩大了“同心圆”。

为推动全球可持续发展、推进全球交通合作注入了强大动力。习近平主席提出推进全球交通合作的主张，宣布建立中国国际可持续交通创新和知识中心等举措，充分彰显了中国作为全球可持续交通重要建设者、参与者、贡献者的积极作为和历史担当。

为推动我国交通可持续发展、加快建设交通强国提供了根本遵循。习近平主席介绍了中国交通可持续发展的成功实践，强调“交通成为中国现代化的开路先锋”。这些重要论述，为推动我国交通运输实现更可持续、更高质量发展提供了根本遵循，为加快建设交通强国汇聚了磅礴力量。

深入学习领会主旨讲话的丰富内涵和深邃思想

习近平主席的主旨讲话，贯通历史、现实、未来，内涵丰富、思想深邃，具有很强的思想性、指导性、针对性，我们要深入学习领会，切实增强贯彻落实的政治自觉、思想自觉、行动自觉。

深刻把握“与世界相交，与时代相通”的重要理念。从古至今，交通始终承载着人类冲破时空束缚的梦想。伴随着交通的发展，人类交往的时空距离不断压缩，正如习近平主席强调的，“交通推动经济融通、人文交流，使世界成了紧密相连的‘地球村’”“与世界相交，与时代相通”，从历史和现实的维度深刻阐述了交通的本质内涵、交通与发展的关系。当前，百年变局和世纪疫情叠加，给世界经济发展和民生改善带来严重挑战。只有坚持与世界相交，与时代相通，才能促进全球资源高效配置，降低全球交易成本，促进世界经济复苏，推动人类可持续发展。

深刻把握推进全球交通合作的中国主张。习近平主席指出，“我们要顺应世界发展大势，推进全球交通合作，书写基础设施联通、贸易投资畅通、文明交融沟通的新篇章”，明确提出“五个坚持”的中国主张，为应对全球挑战、深化交通合作、推进可持续交通发展提供了科学指引。我们要坚持开放联动，推进互联互通，加强基础设施“硬联通”、制度规则“软联通”，促进陆、海、天、网“四位一体”互联互通，推动经济全球化朝着更加开放、包容、普惠、平衡、共赢的方向发展。要坚持共同发展，促进公平普惠，发挥交通先行作用，加大对贫困地区交通投入，让贫困地区经济民生因路而兴。要坚持创新驱动，增强发展动能，大力发展智慧交通和智慧物流，推动大数据、互联网、人工智能、区块链等新技术与交通行业深度融合，使人享其行、物畅其流。要坚持生态优先，实现绿色低碳，加快形成绿色低碳交通运输方式，加强绿色基础设施建设，推广新能源、智能化、数字化、轻量化交通装备，鼓励引导绿色出行。要坚持多边主义，完善全球治理，维护联合国权威和地位，围绕落实联合国2030年可持续发展议程，全面推进减贫、卫生、交通物流、基础设施建设等合作。

深刻把握推进全球可持续交通发展的中国智慧、中国担当。习近平主席指出，“新中国成立以来，几代人逢山开路、遇水架桥，建成了交通大国，正在加快建设交通强国”，并从坚持交通先行、坚持创新引领、坚持交通天下等方面总结了中国交通发展取得的重大成就、成功经验。这些成就和经验，既是中国对全球可持续交通发展所作的重要贡献，也为其他国家推动交通发展提供了重要借鉴。特别是习近平主席在主旨讲话中提出“中国将继续推进高质量共建‘一带一路’”“中方将建立中国国际可持续交通创新和知识中心，为全球交通发展贡献力量”，进一步体现了中国在实现自身发展的同时，为全球发展作出更大贡献的担当。

推动交通运输高质量发展，加快建设交通强国

立足新发展阶段推动交通运输可持续发展，实质就是要推动交通运输高质量发展，加快建设交通强国，为全面建设社会主义现代化国家当好开路先锋。

大力推进互联互通，积极主动服务共建“一带一路”高质量发展。积极推进与周边国家基础设施互联互通，促进国际道路运输便利化。坚定实施交通运输更大范围、更宽领域、更深层次对外开放和国际合作，全力保障国际物流供应链稳定畅通，加快形成面向全球、互利共赢的交通运输开放合作新格局。

奋力建设人民满意交通，为实现共同富裕提供坚实交通运输保障。要大力推进“四好农村路”高质量发展，推动交通建设项目向进村入户倾斜。要提高城乡交通运输公共服务均等化水平，不断提升运输服务便民惠民利民水平。要完善无障碍出行服务体系，提高运输服务精细化水平，牢牢守住安全发展底线，不断增强人民群众的获得感、幸福感、安全感。

深入推进创新驱动，大力发展智慧交通和智慧物流。要坚持创新引领，注重科技赋能，打好关键核心技术攻坚战，促进交通运输提效能、扩功能、增动能。要大力发展智慧交通和智慧物流，加强交通运输新型基础设施建设，推动交通运输新业态规范健康稳定发展，推动大数据、互联网、人工智能、区块链等新技术与交通行业深度融合，不断增强发展动能。

加快形成绿色低碳交通运输方式，为实现碳达峰、碳中和目标作出积极贡献。要加快构建绿色高

效交通运输体系，优化调整运输结构，深入实施多式联运示范工程，加快综合立体交通网建设。要推广新能源、智能化、数字化、轻量化交通装备，继续推动在重点区域高速公路服务区、客运枢纽等场所建设充电桩、充电站。加强重点领域污染防治，持续推进超标排放柴油车污染治理，深入实施船舶大气污染排放控制区制度，推进可循环快递包装规模化应用，让交通更加环保、出行更加低碳。

积极参与全球交通治理，深入推进全球交通合作。提升国际合作深度与广度，积极打造交通新平台，积极推动全球交通治理体系建设与变革，不断提升交通国际话语权和影响力。要抓紧落实大会成果，积极稳妥、高效务实做好筹备建设中国国际可持续交通创新和知识中心的各项工作，将其打造成“与世界相交，与时代相通”的重要实践平台。

号角已经吹响，征途就在脚下。我们要更加紧密地团结在以习近平同志为核心的党中央周围，加快建设人民满意、保障有力、世界前列的交通强国，奋力推动交通当好中国现代化的开路先锋！

交通运输要为构建新发展格局当好先行

杨传堂

《学习时报》（2021 年 3 月 22 日第 1 版）

党的十九届五中全会是在“两个一百年”奋斗目标历史交汇点上召开的一次具有里程碑意义的重要会议。习近平总书记在全会上发表了重要讲话，为开启全面建设社会主义现代化国家新征程提供了根本遵循。全会对加快建设交通强国作出重大部署，这充分体现了以习近平同志为核心的党中央对交通运输工作的高度重视和殷切期望。交通运输系统要自觉把思想和行动统一到以习近平同志为核心的党中央重大决策部署上来，深入学习领会、全面贯彻落实全会精神，加快建设人民满意、保障有力、世界前列的交通强国，奋力为构建新发展格局当好先行。

实践构建新发展格局，交通运输大有可为

学习领会党的十九届五中全会精神，最核心的就是要深刻把握进入新发展阶段、贯彻新发展理念、构建新发展格局。其中进入新发展阶段明确了我国发展的历史方位，贯彻新发展理念明确了我国现代化建设的指导原则，构建新发展格局明确了我国经济现代化的路径选择，三者是相辅相成、有机统一的。立足新发展阶段，贯彻新发展理念，必须要构建新发展格局。构建新发展格局是以习近平同志为核心的党中央根据我国发展阶段、环境、条件变化，特别是基于我国比较优势变化，审时度势作出的重大决策，是事关全局的系统性、深层次变革，是立足当前、着眼长远的战略谋划。构建新发展格局，关键在于实现经济循环流转和产业关联畅通。

交通运输是畅通国内国际双循环的重要纽带和基础支撑，要从畅通循环角度把握对交通运输的新要求。扩大循环规模。加快培育完整内需体系，是畅通国民经济循环、增强国内大循环主体地位的重要基础。这就要求交通运输主动服务扩大内需战略实施，加快建设国家综合立体交通网，以扩大有效投资支撑扩大内需，形成需求牵引供给、供给创造需求的更高水平动态平衡，进而扩大整个经济循环的总量。提高循环效率。习近平总书记指出，流通效率与生产效率同等重要，要统筹推进现代流通体系建设。这就要求加快建设现代物流体系，紧扣运输和衔接两个关键环节，大力提升运输链综合效率，努力缩短循环周期，提升经济运行整体效率。增强循环动能。加快科技自立自强，是确保国内大循环畅通、塑造我国在国际大循环中新优势的关键，核心在于创新驱动。这就要求交通运输提高创新发展能

力，聚焦“卡脖子”问题打赢关键核心技术攻坚战，加快推动5G、物联网等新一代信息技术与交通运输深度融合，加快发展新基建、新业态、新模式、新能源，培育形成发展新动能。降低循环成本。构建新发展格局是发展问题，最根本的是全面深化改革开放问题。必须依靠改革破除妨碍商品流通的体制机制障碍，形成统一开放的国内大市场，降低全社会交易成本和运行成本。这就要求深化交通运输体系改革，加快形成统一 开放的交通运输市场，全面优化营商环境，有效降低制度性交易成本。保障循环安畅。守住安全发展这条底线，是构建新发展格局的重要前提和保障。交通安全事关国家安全、公共安全、人民生命财产安全。交通运输必须树立底线思维，注重堵漏洞、强弱项，下好先手棋、打好主动仗，有效防范化解各类风险挑战。

交通运输实践构建新发展格局，要科学把握新发展阶段交通运输面临的新形势新任务新要求，内提质效、外保安畅、内外连通，实现交通运输发展质量、结构、规模、速度、效益、安全相统一；要坚定不移贯彻新发展理念，推动交通运输高质量发展，加快构建安全、便捷、高效、绿色、经济的现代化综合交通体系；要加快建设人民满意、保障有力、世界前列的交通强国。

深刻把握交通运输服务构建新发展格局的着力点和突破口

习近平总书记指出，新时代新阶段的发展必须贯彻新发展理念，必须是高质量发展。贯彻新发展理念，必然要求构建新发展格局。交通运输必须完整准确全面贯彻新发展理念，实践构建新发展格局，牢牢把握“先行官”定位，想在前、走在前、干在前，既加强战略谋划，又做好“最后一公里”落地工作。

着力优化综合立体交通网络，支撑扩大内需战略实施。构建新发展格局的关键在于经济循环的畅通。交通运输是衔接供需两端的重要纽带，交通基础设施建设也是积极扩大内需、夯实未来经济发展基础的重要手段。要落实扩大内需战略，深化供给侧结构性改革，围绕优化网络找准补短板的主攻方向，打通“堵点”，连接“断点”，发挥投资关键作用，推动交通基础设施更高水平成网。要以高效率为导向，推进国家综合立体交通网主骨架建设，打通综合运输大通道“堵点”，增强区域间、城市群间、省际间、城乡间以及国际间交通运输联系，促进形成优势互补的区域格局。要加快提升城市群、都市圈交通承载能力，推动完善农村交通基础设施网络，推进综合交通枢纽提档升级。要在精准有效投资上下更大功夫，优化交通投资结构，创新融资渠道，拓展投资空间，激发全社会有效投资活力。

着力发展现代物流，支撑产业链供应链优化升级。产业链供应链是经济循环畅通的关键。加快构建新发展格局，要提升产业链供应链现代化水平，从而提高供给质量，实现更高水平动态平衡。对交通运输而言，要切实把促进现代物流发展作为一项重要战略任务来抓，着力打通“大动脉”，畅通“微循环”，助力提高循环效率。以降本为重点，持续优化综合运输通道布局，调整运输结构，大力发展多式联运，切实降低全社会综合物流成本，提高物流国际竞争力。以增效为重点，着力推进各种运输方式深度融合，在切实强化衔接、优化运输组织、优质城乡配送、完善末端方式布局等方面持续发力，把缩短衔接时间、减少中转次数等作为重中之重，切实提高物流效率。以提质为重点，推进物流运输数字化、集约化、专业化、精细化、定制化、一体化、绿色化，持续提升专业物流服务能力，推动运输链融入供应链、产业链，提升价值链。以安畅为重点，统筹好中欧班列、道路货运、海运、航空货运等运力，加快建设国际物流供应链体系，确保我国出口货物出得去、进口货物进得来。

着力建设人民满意交通，不断实现人民对美好生活的向往。提高人民生活品质，是畅通国内大循环的出发点和落脚点，也是国内国际双循环相互促进的关键联结点。对交通运输而言，要坚持以人民为中心，聚焦人民对美好生活的向往，着力深化供给侧结构性改革，提升服务质量、优化供给结构，凝心聚力建设人民满意交通。持续推进交通基本公共服务均等化，推动交通建设项目向进村入户倾斜，提高农村和边境地区交通通达深度，健全“四好农村路”高质量发展体系，统筹推进城市和农村交通运输高质量发展。大力发展现代运输服务业，推动出行等生活性服务业向高品质和多样化升级，推动货运、快递等生产性服务业向专业化和价值链高端延伸。大力开展服务质量提升行动，以服务标准化、品牌化、数字化、便利化为主方向，以解决若干个“最后一公里”为重点，瞄准城市拥堵、老年人出行等民生痛点，持续提升服务质量，为人民群众带来更多的获得感、幸福感、安全感。

着力强化创新驱动，助力塑造发展新优势。构建新发展格局最本质的特征是实现高水平的自立自强，实施创新驱动发展战略，是我们应对发展环境变化、把握发展自主权、提高核心竞争力的必然选择。对交通运输而言，要把发展基点放在创新上，更多依靠创新培育发展动力、塑造发展优势。提高科技创新能力，以重大工程为载体，抓好人才和机制两个关键点，强化技术、装备、组织、管理等创新，协同部署产业链和创新链。打好关键核心技术攻坚战，明确中长期交通科技创新方向和重点，瞄准新一代信息技术、人工智能、智能制造、新材料、新能源等世界科技前沿，加强前瞻性、颠覆性技术研究，推动交通运输科技高水平自立自强。大力发展智慧交通，推进新型交通基础设施建设，加强5G、人工智能、物联网等创新技术在交通运输领域的应用，用新技术为传统交通基础设施赋能。促进新业态新模式发展，提升交通运输新业态监管能力，激发新业态新模式发展活力。

着力深化改革开放，加快形成统一开放交通运输市场。改革开放是决定实现“两个一百年”奋斗目标、实现中华民族伟大复兴的关键一招。党的十九届五中全会把坚持深化改革开放作为“十四五”时期经济社会发展必须遵循的原则。交通运输要坚定不移推进改革，坚定不移扩大开放，以改革促开放、以开放促改革，推动改革和开放相互促进。深化交通运输体系改革，加大收费公路制度改革、铁路行业改革等攻坚力度，加快形成统一开放的交通运输市场。优化营商环境，持续深化“放管服”改革，转变政府职能，营造市场化、法治化、国际化营商环境。推动行业治理高效能，坚持法治引领，推动法治政府部门建设，深化综合行政执法改革，推动重点领域法规和标准制修订。推进更高水平对外开放，建设面向全球的交通运输服务网络，深化与“一带一路”相关国家合作，积极参与交通运输全球治理。

着力统筹发展和安全，牢牢守住安全发展底线。习近平总书记指出，推动创新发展、协调发展、绿色发展、开放发展、共享发展，前提都是国家安全、社会稳定。没有安全和稳定，一切都无从谈起。交通运输要牢固树立总体国家安全观，加快补短板、堵漏洞、强弱项。加强交通运输保障国家安全的体系和能力建设，加快建立安全可靠的国际物流供应链体系，提升国际运输通道安全防控和应急保障能力，提升重要物资国际运输保障能力，保障“出口货物出得去，进口货物进得来”。深化完善交通运输安全体系建设，全面落实安全生产责任，做实做细预防控制，聚焦可能引发巨灾的重大风险点，着力排隐患、固三基、建体系，标本兼治，坚决遏制重特大事故发生。加快提高应急管理能力，加强应急预案和应急能力建设，全力提高公共安全保障能力，不折不扣抓好常态化疫情防控。切实维护行业健康稳定。

全面加强党的领导和党的建设，提高交通运输服务构建新发展格局的能力

党政军民学，东西南北中，党是领导一切的。立足新发展阶段，贯彻新发展理念，服务构建新发展格局，必须全面加强党的领导和党的建设，确保交通运输事业始终沿着正确方向前进。

增强政治意识，提高政治站位。坚持用习近平新时代中国特色社会主义思想武装头脑、指导实践、推动工作，增强“四个意识”、坚定“四个自信”、做到“两个维护”。不断提高政治判断力、政治领悟力、政治执行力，对“国之大者”心中有数，以系统观念推动工作。深入贯彻落实习近平总书记关于交通运输工作重要指示批示，完善抓落实的机制，不折不扣把党中央决策部署落实到位。

打造过硬队伍，提高执行能力。完善上下贯通、执行有力的组织体系，充分发挥交通运输部党组的领导作用、基层党组织的战斗堡垒作用和共产党员先锋模范作用，加快推动交通运输高质量发展。在“人的现代化”上狠下功夫，围绕加快建设交通强国、服务构建新发展格局的需要，加强干部队伍高素质专业化能力建设，紧跟交通运输行业前沿和科技变化趋势，做到精通政策、熟悉业务、善于开拓，努力成为构建新发展格局的行家里手。提高狠抓落实的本领，发扬钉钉子精神，求真务实、真抓实干，保持力度、保持韧劲，确保各项工作任务落地见效。

坚持底线思维，发扬斗争精神。坚持底线思维，增强忧患意识，系统梳理行业治理存在的风险挑战，提前制定应对预案，提升防范化解风险能力。保持昂扬斗志，坚定信心决心，敢于斗争、勇于碰硬，把握斗争策略，着力破解行业面临的突出矛盾和问题。保持历史耐心，坚守初心恒心，咬定青山不放松，加快建设人民满意、保障有力、世界前列的交通强国，为构建新发展格局当好先行。

党领导交通运输事业的成就与经验启示

李小鹏

《学习时报》（2021 年 11 月 19 日第 1 版）

党的十九届六中全会提出，中国共产党自一九二一年成立以来，始终把为中国人民谋幸福、为中华民族谋复兴作为自己的初心使命，始终坚持共产主义理想和社会主义信念，团结带领全国各族人民为争取民族独立、人民解放和实现国家富强、人民幸福而不懈奋斗，已经走过一百年光辉历程。党和人民百年奋斗，书写了中华民族几千年历史上最恢宏的史诗。这一百年来，特别是党的十八大以来，在党中央坚强领导下，交通运输事业发生了沧桑巨变，取得了举世瞩目的成就，大踏步赶上了时代，实现了从交通弱国到交通大国的飞跃，正在昂首迈入加快建设交通强国的新征程。在前不久召开的第二届联合国全球可持续交通大会上，习近平总书记指出，"新中国成立以来，几代人逢山开路、遇水架桥，建成了交通大国，正在加快建设交通强国"，"交通成为中国现代化的开路先锋"。交通运输的快速发展有力支撑着中华民族从站起来、富起来到强起来的伟大飞跃，成为我们党领导伟大社会革命实践的生动注脚，进一步印证了坚持党对交通运输事业的集中统一领导的历史必然性。

党团结带领人民建成交通大国的壮阔历程

在中华民族5000多年的文明历史中，交通运输是经济的脉络和文明的纽带。历史上，古丝绸之路、京杭大运河等极大促进了经济发展和文化交流。1840年鸦片战争以后，中国逐步沦为半殖民地半封建社会，铁路修筑权、港口经营权、江海运输权等重要经济命脉被外国列强操纵。1921年，中国共产党应运而生，这是开天辟地的大事变。一百年来，我们党始终围绕为中国人民谋幸福、为中华民族谋复兴的初心使命，重视发展交通运输事业，领导交通运输实现了由"瓶颈制约"到"总体缓解"再到"基本适应"的历史性转变，建成了交通大国。

新民主主义革命时期，党团结带领人民积极发展交通运输事业，为改变交通基础薄弱、整体落后的局面创造了根本条件。1921年党诞生后，领导开展香港海员大罢工、安源路矿工人大罢工、京汉铁路工人大罢工等工人运动，给帝国主义和封建主义以沉痛打击。大革命时期，党领导铁路、海运、造船等产业工人积极投身五卅运动、省港大罢工等斗争，成为大革命的领导力量。土地革命战争时期，党将整修交通要道、建筑桥梁作为建设中央苏区"最迫切的一种工作"。抗日战争时期，党领导广大军民破坏日军控制的各种交通设施，依托复杂交通条件和地理环境痛击日寇；在陕甘宁根据地建设中，党领导实行以农业为主、运输业等行业全面发展的方针，有力促进了抗日民主根据地生产发展和民生改善。解放战争时期，党在解放区领导人民开展大规模的铁路、公路建设，开展兵站建设、军事运输、交通作战，发动和依靠人民保障前线军用物资，保障了辽沈、淮海、平津三大战役和渡江战役等重大战略决战的胜利。

社会主义革命和建设时期，党团结带领人民建设发展了新中国交通运输体系，为建设交通大国打下了坚实基础。新中国成立后，国家投资向交通运输不断倾斜，交通基础设施建设和运输规模不断扩大。成渝、天兰、鹰夏、包兰等铁路陆续建成，川藏、青藏、滇藏等公路全线通车，新开辟了国际、国内水路航线，武汉长江大桥、南京长江大桥等一批重大交通工程建成通车，独立制造了新中国第一台蒸汽机车“八一”号，自主设计建造了第一艘万吨级远洋货轮“东风”号。到1978年，铁路营业总里程达到5.2万公里，公路通车总里程达到89万公里，全国主要港口泊位数达到735个，民航国际航线达到12条，国内航线也增加到150条，全国交通运输大动脉逐步打通，有力保障了社会主义建设。

改革开放和社会主义现代化建设新时期，党团结带领人民大力解放和发展交通运输生产力，着力建设综合交通运输体系，基本建成了交通大国。改革开放以来，党中央把交通运输放在优先发展位置，支持创办蛇口工业区，推动改革开放先行先试，基础设施建设步入快速发展期。采取“有河大家走船，有路大家走车”、铁路“大包干”、民航“企业化”、邮电分营等措施，开放搞活交通运输市场。形成“国家投资、地方筹资、社会融资、利用外资”的交通运输投融资模式，加快推动铁路、公路、港口、内河航道和民航机场建设。2008年，国家组建交通运输部，要求统筹规划铁路、公路、水路、民航以及邮政行业发展，加快建设综合运输体系。这一时期，我国交通运输瓶颈制约得到总体缓解，高速铁路、高速公路里程均居世界第一，初步形成干支衔接的水运网，民用机场体系基本成型，乡设所、村通邮总体实现，交通运输服务支撑经济社会发展的能力显著增强。

中国特色社会主义进入新时代，党团结带领人民加快构建现代综合交通运输体系，建成了名副其实的交通大国，正在加快建设交通强国。党中央高度重视交通运输事业发展，习近平总书记多次作出重要指示批示，强调经济发展，交通要先行；加快建设交通强国；加快形成安全、便捷、高效、绿色、经济的综合交通体系。习近平总书记强调，坚持与世界相交，与时代相通；推进全球交通合作。党的十九大明确提出要建设交通强国。党中央、国务院先后印发《交通强国建设纲要》和《国家综合立体交通网规划纲要》，明确交通运输服务实现第二个百年奋斗目标的战略目标、重点任务和政策举措，为加快建设交通强国擘画了蓝图。

党领导交通运输事业取得的历史性成就、发生的历史性变革

一百年来，在党的坚强领导下，我国交通运输事业取得了举世瞩目的成就，走出了一条具有中国特色的发展道路。特别是党的十八大以来，在以习近平同志为核心的党中央坚强领导下，交通运输事业取得了历史性成就、发生了历史性变革，建成了全球最大的高速铁路网、高速公路网、世界级港口群，航空航海通达全球，综合交通网突破600万公里，公路成网、铁路密布、高铁飞驰、巨轮远航、飞机翱翔、天堑变通途的梦想已成为现实。

综合立体交通网络加快构建，有效支撑国家重大战略实施。党坚持发挥交通先行作用，实现了交通基础设施加速成网，基本形成以“十纵十横”

综合运输大通道为主骨架、内畅外通的综合立体交通网络，为国民经济持续健康发展提供了强有力支撑。截至2020年底，我国铁路、公路、内河航道通航、民航航线的里程分别达到14.6万公里、519.8万公里、12.8万公里、942.63万公里，分别是新中国成立初期的7倍、64倍、1.7倍、857倍。其中，高速铁路、高速公路里程分别达到3.8万公里、16.1万公里，万吨级及以上泊位2592个。上海虹桥、北京大兴等一批现代化综合交通枢纽项目建成投运，京津冀、长三角等交通一体化取得明显进展，长江经济带综合立体交通走廊建设、粤港澳大湾区交通互联互通稳步推进，为优化区域经济布局、促进区域协调发展奠定了坚实基础。

交通运输服务能力大幅提升，人民群众获得感明显增强。党领导交通运输坚持共同发展，着力解决发展不平衡不充分问题，促进运输服务能力不断提升。以道路运输为基础，高铁、民航快速发展的出行服务体系不断完善，高铁旅客发送量达23.6亿人次，民航航班正常率连续3年超过80%，公交运营线路长度达148万公里，公交专用道超过1.6万公里。城乡交通运输一体化水平明显提升，具备条件的乡镇和建制村全部通硬化路、通客车，81对公益性“慢火车”常态化开行，村村直接通邮、乡镇快递网点基本覆盖，实现了“小康路上绝不让任何一地因交通而掉队”的庄严承诺。货物流通更加经济高效，取消高速公路省界收费站，大宗物资“公转铁”“公转水”深入推进，铁水联运、公铁联运、空铁联运、江海联运等运输组织模式创新发展。

交通运输创新能力显著提升，发展质量持续改善。党领导交通运输坚持创新引领，实现了交通运输科技水平从跟踪追赶为主，进入到跟跑、并跑、领跑“三跑并行”的新阶段，为我国经济发展增添了新动能。港珠澳大桥、北京大兴国际机场、京张高铁、上海洋山港自动化码头等一批超大型交通工程建成投运，复兴号系列动车组、C919大型客机等大国重器亮相舞台，跨海桥隧、深水航道、自动化码头等成套技术跻身世界前列。北斗系统、无人机、智能船舶、智能网联汽车、无人仓加快应用，共享单车、网约车、网络货运等新业态新模式蓬勃发展，新能源汽车占全球总量一半以上。坚决打好交通运输领域污染防治攻坚战，全面开展运输结构调整三年行动，节能降碳和污染治理不断取得新成效。

综合交通运输体制机制逐步完善，治理效能不断提升。党领导交通运输坚持深化改革，在国家层面形成了“一部三局”综合交通运输管理体制架构，省级综合交通运输管理体制改革逐步推进，运行机制逐步健全。综合交通法规体系和标准体系初步形成。交通运输“放管服”改革、综合行政执法改革、财政事权与支出责任划分改革等取得积极进展，铁路、邮政公司制改革总体完成，通用航空改革不断深化。交通运输安全体系不断健全，安全应急保障能力显著提升，应急救援处置能力不断提升，有效应对各类风险挑战。

交通运输对外开放合作持续深化，国际影响力明显增强。党领导交通运输坚持开放联动，服务“六廊六路多国多港”的交通互联互通架构基本形成，中欧班列通达23个欧洲国家，国际道路运输合作范围拓展至19个国家，水路国际运输航线覆盖100多个国家，民航航线通达64个国家和地区。深化对外交流与合作，加入近120项交通运输领域多边条约，积极参与国际组织事务，合作建成中巴经济走廊“两大”公路、拉合尔轨道交通橙线项目、中俄黑河公路大桥等重大项目，参与建设和运营希腊比雷埃夫斯港、斯里兰卡科伦坡港、巴基斯坦瓜达尔港等海外港口，对外开放合作水平明显提高。新冠肺炎疫情期间，中欧班列、远洋货轮昼夜穿梭，全力保障全球产业链供应链稳定，体现了中国担当。

党在领导交通运输事业发展的伟大实践中，取得了举世瞩目的成就，也积累了宝贵的实践经验。一是必须始终坚持党的全面领导，筑牢交通运输事业持续健康发展的政治保证。二是必须始终坚持为人民服务，保障人民群众共享交通运输改革发展成果。三是必须始终坚持以发展为第一要务，不断解放和发展交通运输生产力。四是必须始终坚持改革开放，增强交通运输发展动力和活力。五是必须始终坚持凝聚各方合力，调动一切积极因素推动交通运输事业不断向前发展。六是必须始终坚持全面从严治党，为加快建设交通强国营造良好的政治生态。

党团结带领人民加快建设交通强国的几点启示

以史为鉴，可以知兴替。回望我们党领导交通运输事业发展的百年历程，用历史映照现实、远观未来，对于在开启全面建设社会主义现代化国家新征程中更加坚定、更加自觉牢记初心使命、加快建设交通强国具有重要启迪。

交通运输是兴国之要、强国之基，必须高度重视、统筹谋划。交通运输是经济社会发展重要的基础性、先导性、战略性产业和重要的服务性行业。党的十九大把建设交通强国上升为国家战略，从经济社会发展全局和战略的高度谋划交通运输发展、统筹交通运输工作。新的征程上，必须坚持以习近平新时代中国特色社会主义思想为指导，不断增强“四个意识”、坚定“四个自信”、做到“两个维护”，把党的领导贯彻和体现到加快建设交通强国的全过程、各领域。要围绕党和国家事业发展全局谋划和推动交通运输工作，特别要以《交通强国建设纲要》《国家综合立体交通网规划纲要》为统领，加快建设交通强国，在建设社会主义现代化国家中更好发挥先行引领和服务保障作用。

交通运输是民生大事，必须不断提高人民群众的获得感、幸福感、安全感。交通运输是社会发展进步的重要标志，关系国计民生，服务亿万群众。新的征程上，必须践行以人民为中心的发展思想，坚持以最广大人民的根本利益为出发点和落脚点，聚焦人民对美好生活的需要，着力打造一流设施、一流技术、一流管理、一流服务，大力推进交通运输基本公共服务均等化，加快建设人民满意交通，努力做到让人民群众享有更加便捷、更加公平、更有效率的交通运输服务，让交通运输发展成果更多惠及广大群众，促进共同富裕。

交通运输是畅通国民经济循环的重要环节，必须在服务构建新发展格局中展现新作为。交通运输是现代流通体系的基础依托，是畅通国内国际双循环的重要纽带，在优化产业布局、提升流通效率等方面发挥着重要作用。新的征程上，必须紧紧围绕经济社会发展大局，坚持深化供给侧结构性改革，加快建设安全、便捷、高效、绿色、经济的现代化综合交通运输体系，加快构建现代物流供应链体系，不断提升交通运输现代治理能力，在服务构建新发展格局中彰显交通运输新担当新作为。

交通运输是落实“一带一路”倡议的重要领域，必须坚持贯彻与世界相交、与时代相通的重要理念。要围绕推动共建“一带一路”高质量发展，推进全球交通合作，书写基础设施联通、投资贸易畅通、文明交融沟通的新篇章，落实全球发展倡议，构建全球发展命运共同体。当前，百年变局和世纪疫情交织叠加，我国在全球治理中的作用日益彰显。新的征程上，必须坚持交通天下，顺应世界发展大势，践行共商共建共享的全球治理观，加强基础设施“硬联通”和制度规则“软联通”，不断塑造交通国际合作和竞争新优势，努力为全球交通治理提供中国智慧、中国方案，推动构建人类命运共同体。

从交通大国迈向交通强国任重道远，必须深化改革、开拓创新、开放合作，当好中国现代化的开路先锋。建设交通强国是全面建成社会主义现代化强国的内在要求，交通现代化是国家现代化的重要标志。面对新形势新要求，当前交通运输还存在质量不优、效率不高、韧性不强等不平衡不充分问题，推动我国交通运输由“大”变“强”仍需付出长期艰苦的努力。新的征程上，必须把加快建设交通强国摆在更加突出的位置，坚持深化改革、开拓创新、开放合作，加快形成促进交通运输高质量发展的体制机制和市场环境，不断激发交通运输发展的动力和活力，使人享其行、物畅其流，为建设社会主义现代化国家提供坚实的交通运输保障。

深入贯彻党的十九届六中全会精神 砥砺奋进民航高质量发展新征程

冯正霖

《人民论坛》（2021 年 12 月 21 日）

在建党百年的重要历史时刻，在向着第二个百年奋斗目标迈进的重大历史关头，党的十九届六中全会召开，全面总结党的百年奋斗重大成就和历史经验，正当其时、意义重大。全会最重要的成果，是审议通过《中共中央关于党的百年奋斗重大成就和历史经验的决议》。决议聚焦总结党的百年奋斗重大成就和历史经验，突出中国特色社会主义新时代这个重点，体现了党中央对党的百年奋斗的新认识，是一篇光辉的马克思主义纲领性文献，是新时代中国共产党人牢记初心使命、坚持和发展中国特色社会主义的政治宣言，是以史为鉴、开创未来、实现中华民族伟大复兴的行动指南。决议强调，习近平新时代中国特色社会主义思想是当代中国马克思主义、二十一世纪马克思主义，是中华文化和中国精神的时代精华，实现了马克思主义中国化新的飞跃。党确立习近平同志党中央的核心、全党的核心地位，确立习近平新时代中国特色社会主义思想的指导地位，反映了全党全军全国各族人民共同心愿，对新时代党和国家事业发展、对推进中华民族伟大复兴历史进程具有决定性意义。《决议》通篇融汇了百年来中国共产党践行为中国人民谋幸福、为中华民族谋复兴的初心使命所进行的奋斗、牺牲和创造，深刻揭示了“过去我们为什么能够成功、未来我们怎样才能继续成功”。

沧海横流有砥柱，万山磅礴看主峰。中国民航的发展史，就是一部在党的坚强领导下，始终听党话、铁心跟党走，为践行党的根本宗旨、实现党在不同时期的历史使命而奋斗的革命史、英雄史、光荣史。在党的领导下，中国民航事业也走过了从无到有、从小到大、由弱到强的非凡历程，取得了举世瞩目的非凡成就。中国民航的沧桑巨变，既是党的百年奋斗重大成就的组成部分，也是党领导下国家各项事业蓬勃发展的一个缩影。

百年奋斗、沧桑巨变，党领导民航发展走过光辉历程

新民主主义革命时期，我们党注意培养航空人才，探索发展航空事业，为民航发展奠基立业。我们党从成立之初，就高度重视发展民航事业。抗日战争时期，从西路军中选派人员到新疆航空队学习。在延安创办了航空工程学校，延安机场为革命胜利发挥了重要作用。抗日战争胜利

后，我们党建立了东北航校，短短3年多时间，就培养航空技术人员500多名。1949年3月，党的七届二中全会在西柏坡召开，在听取东北航校汇报后，毛泽东主席意味深长地说，现在我们胜利了，要建立新中国，要筹备建立空军和发展民航事业。1949年11月2日，中央政治局决定成立军委民航局，新中国民航事业就此拉开序幕。在党中央的直接领导和周恩来总理的亲自指挥下，11月9日，中国航空公司、中央航空公司12架飞机结队北飞，抵达北京和天津。“两航”2000多名员工，在香港宣布起义，回归中国共产党领导下的新中国。毛泽东主席称赞“两航”起义是一个有重大意义的爱国壮举。周恩来总理称其为“具有无限前途的中国人民民航事业的起点”。

社会主义革命和建设时期，我们党领导民航事业在艰难中探索前行、茁壮成长，为国家经济建设和对外交往作出了重要贡献。1950年7月，成立了中苏民用航空股份公司，开辟了以北京为中心通往苏联的3条国际航线，新中国民航国际航线正式开航。当年的8月1日，开辟了天津—北京—汉口—重庆和天津—北京—汉口—广州两条航线，标志着新中国民航国内航线正式开航。特别值得铭记的是，1957年10月5日，周恩来总理对民航作出“保证安全第一，改善服务工作，争取飞行正常”的批示，至今仍然具有很强的指导意义。1972年，民航将工作重点放在开辟远程国际航线上，初步实现了周恩来总理“一定要飞出去”的愿望，有力服务了国家对外交往、走向世界。

改革开放和社会主义现代化建设新时期，我们党领导民航勇立潮头，大刀阔斧进行市场化改革，民航事业快速发展，一跃成为航空运输大国，在经济社会发展的战略地位和作用日益凸显。1980年，邓小平同志提出“民航一定要走企业化道路”，拉开了我国民航以“军转民和企业化”为核心的第一轮改革序幕。民航不再由空军代管，归属国务院，开始了一系列管理制度改革。在对外开放上，民航勇于“第一个吃螃蟹”，1980年成立的北京航空食品有限公司是改革开放以来第一家中外合资企业；同年，通过国际航空租赁公司租赁了第一架波音飞机；1982年利用国外贷款建设厦门高崎国际机场。1984年批准成立厦门航空有限公司，这是我国第一家股份制航空公司。1987年，民航开始了以“政企分开、机场与航空公司分设”为主要内容的改革，初步形成了符合国家经济体制改革目标和民航自身发展规律的民航管理体制全新架构，民航发展进入现代化的快车道。2002年，民航开始了以“政资分开、联合重组、机场属地化”为主要内容的新一轮改革，形成了现代化民航管理体制。2004年，我国当选国际民航组织第一类理事国。2005年，我国民航运输总周转量开始位居世界第二，一跃成为航空运输大国。2012年，国务院出台《关于促进民航业发展的若干意见》，把发展民航上升为国家战略。

中国特色社会主义新时代，在以习近平同志为核心的党中央坚强领导下，民航事业跨越式发展，正朝着建设民航强国的宏伟目标昂首迈进。党的十八大以来，习近平总书记高度重视民航工作，两次视察北京大兴国际机场，亲自会见中国民航英雄机组，站在党和国家工作全局的高度，围绕民航安全、战略地位、发展目标、大兴机场建设、专机保障、支持国产民机制造、空域体制改革、疫情防控等方面，先后作出一系列重要指示批示，科学回答了“为什么要发展民航”“发展什么样的民航”“怎样发展民航”等一系列事关民航发展的根本性、全局性、战略性问题，为新时代民航事业发展提供了根本遵循和强大动力。

在以习近平同志为核心的党中央坚强领导下，民航事业跨越式发展，明确提出了“一加快、两实现”的民航强国战略进程，即：到2020年，加快从航空运输大国向航空运输强国的跨越；到2035年，实现从单一航空运输强国向多领域民航强国的跨越；到本世纪中叶，实现从多领域民航强国向全方位民航强国的跨越。

矢志不渝、勇担使命，新时代民航强国建设取得新成就

航空安全达到国际先进水平。运输航空百万小时重大事故率和亿客公里死亡人数均为“零”，运输航空百万小时重大事故率5年滚动值为0。截至2021年10月底，全行业实现运输航空安全飞行134个月，连续18年确保了空防安全。

航空运输规模大幅增长。截至2020年底，航空运输企业达64家；全行业运输飞机3903架、通用飞机2892架；颁证运输机场达到241个；定期航班航线总条数为5581条；定期航班国内通航城市237个（不含港澳台地区），国内航空公司经营国际定期航班通航62个国家的153个城市。中美民航之间差距越来越小，2019年已相当于美国的71%。未来十年，中国将成为世界第一航空运输大国。

运行服务品质持续提升。倡行真情服务理念，以航班正常为核心的运输服务品质实现根本扭转，连续3年航班正常率超过80%。持续开展服务质量专项行动，先后推出无纸化便捷出行、机场餐饮“同城同质同价”、客舱无线网络服务、人体捐献器官转运绿色通道、射频识别技术（RFID）行李追踪系统等一系列措施，赢得广泛赞誉，增强了人民群众对民航发展的获得感。

民航的基础性战略性支撑作用更加凸显。紧紧围绕京津冀一体化、长江经济带、粤港澳大湾区建设等区域发展战略，统筹谋划行业发展布局，加快基础设施建设。截至“十三五”末，航空服务覆盖全国92%的地级行政单元、88%的人口、93%的经济总量。北京大兴国际机场、成都天府国际机场等一批重大工程建成投运，民航业与区域经济深度融合发展。目前，全国各地规划了近百个航空经济区，其中国家级临空经济示范区12个，民航业越来越成为地方党委政府调整产业结构、转变发展方式的重要抓手。举全行业之力打好脱贫攻坚战，定点扶贫县新疆于田县、策勒县全部脱贫，行业扶贫、对口支援取得显著成效。

关键核心技术联合攻关的创新格局不断优化。开展适航攻坚，国产ARJ21飞机顺利投运，国产大飞机C919成功首飞。组建民航科教创新攻关联盟，首个民航科技创新示范区启动建设，获得国家技术发明一等奖1项、科技进步二等奖2项，国家重点研发项目7项。飞行校验平台、机场行李系统、大兴空管自动化系统、民航客机全球追踪监控系统、跑道拦阻系统等一批自主创新成果加快转化。

应对突发性事件和重大风险挑战的能力不断增强。2019年，中国民航在全球率先停止波音737-8飞机的商业运行，消除安全隐患，彰显了民航大国的责任担当。及时对香港国泰航空发出重大安全风险警示并采取措施，有效防控涉及内地的输入性安全风险。2020年，面对突如其来的新冠肺炎疫情，及时研究出台疫情防控指南，免费退改票、“第一入境点”“五个一”、国际航班熔断奖励机制等措施，把机场作为战场、航线作为火线、客舱作为方舱，连续奋战、冲锋向前，为全国取得抗击疫情重大战略成果作出了重要贡献。

在大国外交、国际合作、维护公民海外利益中的独特作用愈发彰显。目前，我国批准加入26个国际民航多边条约，与127个国家或地区签署了双边航空运输协定，连续6届在国际民航组织当选一类理事国。我们积极开展与“一带一路”合作国家的民航合作，已经与97个沿线国家签署航空运输协定。圆满完成专包机、重要会议活动、海外撤侨、抢险救灾等一系列重大紧急航空运输保障任务。特别是去年疫情以来，民航接回大量留学生，为在外我国公民运送防疫救护包。哪里有党的召唤，哪里有人民的需要，哪里就有中国民航挺身而出。

民航治理体系和治理能力现代化成效明显。以改革促发展，形成了“1+10+N”的深化民航改革

工作总体框架，在运价改革、监管模式改革、通航法规体系重构、国企改革等重要领域和关键环节取得突破，行业的行政管理体制机制进一步完善，行政效率、监管水平和法治化建设加快提升。

党的建设和文化建设卓有成效。深入学习贯彻习近平新时代中国特色社会主义思想，全系统3900多个基层党组织的政治功能和组织力得到明显提升，5万多名党员党的意识、党员意识明显增强，做到“两个维护”更加坚定自觉，广大干部职工干事创业、担当作为的精气神更加饱满。深入推进党风廉政建设和反腐败斗争，民航系统风清气正的良好政治生态不断巩固拓展。总结提炼和宣传弘扬当代民航精神、英雄机组精神，成功拍摄《中国机长》电影并在全社会热映，“三个敬畏”的理念赢得社会各界广泛赞誉，极大地激发了民航人的职业荣誉感和自豪感。

在习近平新时代中国特色社会主义思想指引下，中国民航的发展取得了历史性成就。“十三五”末，我国已基本实现从民航大国向单一航空运输强国的跨越，进入了多领域民航强国建设的新阶段。

以史为鉴、开创未来，砥砺奋进民航高质量发展新征程

回顾历史、总结经验，是为了以史为鉴、开创未来。面对世界百年未有之大变局，民航发展面临的困难挑战更加严峻复杂。我们要深入学习贯彻习近平总书记对民航工作的重要指示批示精神，从百年党史和民航发展历程中汲取前行的智慧和力量，释放改革成效，增强创新动能，加快促进容量规模和质量效率双提升，贯彻落实好民航“十四五”规划，砥砺奋进民航高质量发展新征程。

紧扣“一二三三四”民航总体工作思路，牵引“十四五”民航发展稳中有进。2021年初，民航局党组贯彻新发展理念，确定了“践行一个理念、推动两翼齐飞、坚守三条底线、构建完善三个体系、开拓四个新局面”的“十四五”时期民航总体工作思路。这是牵引“十四五”民航稳中有进、高质量发展的新的举力之纲。民航在“十四五”期间的发展将遵循总体工作思路的指引，更加注重创新驱动、产业协同、绿色生态、开放融合、大众共享等高质量发展导向，更加注重从结构布局、资源配置、运行效率、服务品质、体制机制等供给侧因素发力，着力构建更为安全、更高效率、更优品质、更加均衡、更可持续的现代化民航体系。

聚焦多领域为民航强国建设打牢基础，发力“十四五”民航发展提质增效。按照民航强国战略进程安排，“十四五”是多领域民航强国建设的关键阶段，重在强基固本、提质增效，努力为重点领域和关键环节取得新突破打好基础。我们一方面，将着力巩固好航空运输强国的地位，重点聚焦行业在网络结构、运行效率、经营品质、综合保障能力等方面的不足，提高行业应对风险、抵御冲击的能力；另一方面，将加快补齐多领域民航强国建设的通航产业短板，通过创新发展政策，优化发展环境，提升保障能力，拓展服务领域，积极构建全体系的通航产业链。同时，还将提前布局全方位民航强国建设，着力提升我国引领国际民航业发展的创新能力，以智慧民航建设为牵引，汇聚科教创新优势资源，强化自主创新能力，加快新技术推广应用，推动航空运输业与航空制造业融合发展，推进民航标准国际化，积极参与全球民航治理，不断提升中国民航的国际话语权和影响力。

牢牢抓住智慧民航建设这条主线，作为“十四五”民航发展核心战略。智慧民航是未来民航发展的大蓝图、大战役，全面实施以智慧民航建设为牵引的发展战略，是“十四五”时期民航发展的核心战略。目前，行业各单位对建设智慧民航已形成广泛共识，智慧民航建设的成效初步显

现。“十四五”期间，民航将以“数字感知、数据决策、精益管理、精心服务”为导向，着力打造现代化航空运输系统基础底座，构筑智慧民航产业生态，把智慧民航建设融入行业发展的全过程、各领域。当前，智慧民航建设的顶层架构已基本成形，成立了智慧民航建设领导小组，邀请行业内外40余名院士、专家成立了专家咨询委员会。民航各相关单位将在智慧民航建设总体框架下，重点围绕智慧机场、智慧空管、智慧运行、智慧监管等典型应用场景，以实现民航“出行一张脸、物流一张单、通关一次检、运行一张网、监管一平台”为目标牵引，参与相关试点示范项目建设，抓紧形成一批可复制、可推广的经验和成果，力争“十四五”末智慧民航建设取得阶段性成果。

坚持以改革创新破除发展障碍，驱动“十四五”民航发展开拓新局。“十四五”期间，民航面临着发展挑战多，受疫情冲击、旅客需求与结构变化等因素影响，市场环境的挑战进一步加大；发展约束大，行业发展需求与资源保障能力不足的矛盾依然突出，未来受国家“碳达峰、碳中和”目标影响，资源约束的挑战进一步加大；发展需求强，既要确保行业规模增速保持在合理区间，又要满足高质量发展在安全水平、服务质量、绿色低碳等内涵特征方面的要求。我们将继续坚持以深化改革为抓手，通过坚定不移地深化改革，为民航高质量发展扫清障碍。2021年初，民航局党组印发了《关于“十四五”期间深化民航改革工作的意见》。民航将形成以“十四五”规划为目标任务牵引，以深化改革为实现途径和治理手段，规划与改革“双引擎驱动”的工作格局，为民航业在新发展阶段开拓新局面提供更强动力。

胸怀千秋伟业，百年只是序章。2022年，我们将迎来党的二十大召开，北京冬奥会、杭州亚运会举办等一系列大事、喜事。民航将统筹兼顾，坚决守住飞行安全底线，毫不放松抓好常态化疫情防控，严密做好各项重大运输保障工作准备。在新的伟大时代，我们将更加紧密地团结在以习近平同志为核心的党中央周围，深刻领会党百年奋斗的历史经验，不断汲取前进的智慧和力量，砥砺奋进民航高质量发展新征程，赢得更加伟大的胜利和荣光！

奋力谱写现代化邮政强国建设新篇章

马军胜

《人民日报》（2021 年 10 月 9 日第 8 版）

10月9日，我们迎来了第五十二个世界邮政日。创新是引领发展的第一动力，万国邮政联盟将今年的主题确定为“创新驱动复苏”。在以习近平同志为核心的党中央坚强领导下，我国邮政业坚持以改革创新为根本动力，取得了显著成效。2020年，我国邮政业首次迈过万亿元级产业门槛，业务收入与GDP比值超过1%；快递业务量达到833.6亿件，连续7年稳居世界第一。年支撑网上零售额超过10万亿元，新增社会就业20万人以上。

看到成绩的同时，我们更要清醒认识到，邮政业大而不强、快而不优的基本业情没有改变，不平衡不充分的问题和矛盾仍较突出，还不能满足人民日益增长的更好用邮需要。全系统全行业必须深入贯彻落实习近平总书记关于邮政业重要指示批示精神，更好推进行业高质量发展，更好满足人民美好生活需要，更好服务经济社会发展大局。

第一，坚持创新不动摇，不断提升全领域服务能力。要强化企业创新主体地位，激发创新创造活力，推动上中下游、大中小企业融通创新，加快向“智能+”升级转型。要强化政府统筹作用，健全行业科技研发、标准、认证体系，促进技术、人才、市场等有效对接，推动产业化规模化应用。要强化创新整体效能，聚焦收投两端、绿色环保等短板弱项，以科技创新带动管理创新、模式创新、服务创新、业态创新，提升行业创新的系统性、整体性和协同性。要强化供给体系创新，在服务电商寄递和国内消费基础上，提高行业与现代制造业、现代农业和国际商贸等领域的关联性，更好满足多领域多场景多样化寄递需求。

第二，坚持全面激活要素资源，持续扩大优化邮政快递生态圈。要加强传统要素保障，引导要素资源向末端倾斜，切实抓好快递员群体合法权益保障，切实维护基层网络稳定。要加快数字化转型，将数字技术作为推动行业变革的关键驱动力，加快提升邮政产业全链条数字化水平，提高行业数据治理能力。要带动关联服务专业化，培育壮大关联产业及配套服务，促进空铁货运、环保包装、货代通关等联动发展，升级重塑产业生态圈。

第三，坚持统筹网络业务布局，助力释放市场需求巨大潜力。要建强“主枢纽”，统筹布局一批区域性国际枢纽和全国性枢纽，着力打造一批“枢纽+关联产业”快递经济区。要打通“大动脉”，加快推广多式联运，升级公路运输能力、探索试用无人驾驶，提升航空快递规模、破解高铁快递瓶颈。要畅通“微循环”，推动压实末端基础设施地方财政事权和支出责任，推动城市居住区和社区生活服务圈配建邮政快递服务场所和设施，发展无接触收投，推广共同分拣、共同运递。要推进“新消费”，深化与电商协同联动，顺应消费升级趋势，带动线上线下融合发展，推动网络下沉农村，助力开拓乡村消费新市场。

第四，坚持推进“两进一出”工程，更好畅通国内国际双循环。要因地制宜推进快递“进村”，加快推进农村寄递物流体系建设，建立差异化、渐进式进村标准，三年内实现建制村直接收投，对接特色农产品优势区和产业强镇建设，打造更多快递服务现代农业项目，助力乡村振兴；要分类分步推进快递“进厂”，聚焦3C、医药、汽配、服装和快消品等领域，以及长三角、珠三角等区域，培育一批典型示范项目，打造一批应用场景先行区，提供供应链综合解决方案，着力打造制造业移动仓；要积极稳妥推进快递“出海”，整合优化境内外、上下游资源，增强国际寄递网络连通性和稳定性，加快形成区域性国际寄递网络，补齐海外中转、洲际干线、标准衔接等短板，不断丰富洲际国际寄递物流专线。

第五，坚持激发市场主体活力，着力夯实高质量发展基础力量支撑。要持续深化邮政企业改革，完善邮政普遍服务监督和保障机制，增强其在寄递领域的竞争力、创新力、影响力和抗风险能力，支持重点快递企业加快转型升级，提升连接服务能力，形成数家在全球邮政快递领域具有重要话语权和影响力的世界一流企业。要支持大中小企业融通发展，深化“放管服”改革，为各类市场主体增便利、减负担、降门槛。要支持寄递产业链细化分工，鼓励以寄递服务为内核和依托的新业态新模式发展，丰富市场主体形态。

第二篇
重大政策

Section II
Substantial Policies

第一章 《国家综合立体交通网规划纲要》

党的十九大作出建设交通强国的战略部署，为未来我国交通运输发展指明了方向。为构建现代化高质量国家综合立体交通网，有力支撑现代化经济体系和社会主义现代化强国建设，2021 年 2 月 8 日，中共中央、国务院印发《国家综合立体交通网规划纲要》（以下简称《规划纲要》），并发出通知，要求各地区各部门结合实际认真贯彻落实。

一、出台背景

改革开放特别是党的十八大以来，我国综合交通运输发展取得了显著成就，基础设施网络规模与运输服务能力居世界前列，为保障经济建设和社会发展发挥了重要作用。与此同时，也存在综合交通网络布局不融合，运输质量效率和服务水平不高，现代综合物流体系不健全，科技创新和安全保障能力不足等不平衡、不充分问题，与全面建设社会主义现代化国家的需要仍有差距。党中央、国务院对此高度重视，党的十九大作出了建设交通强国的战略部署。2019 年 9 月，党中央、国务院印发了《交通强国建设纲要》（以下简称《建设纲要》），明确提出建设现代化高质量综合立体交通网络。习近平总书记高度重视综合交通规划工作，多次作出重要指示批示。李克强总理指出，要加快推进运输结构调整，提高综合运输效率，降低综合物流成本。韩正、孙春兰、胡春华、刘鹤等领导同志也对做好相关工作提出了明确要求。

为此，国务院专门设置了以刘鹤副总理任组长的交通强国建设纲要起草组，办公室设在交通运输部。在起草组的领导下，交通运输部会同起草组成员单位，组建了《规划纲要》总体组、协调组、6 个行业组、12 个专项组、32 个地方组、7 个区域组，20 余名院士，铁路、公路、水运、民航、邮政、管道行业上千名专家和工作人员参加，在深入调查研究、广泛征求意见的基础上，起草了《规划纲要》文本，并上报党中央、国务院正式印发。

二、重要意义

《规划纲要》是第一个以党中央、国务院文件发布的交通运输规划纲要，对于在新发展阶段开启加快建设交通强国新征程具有里程碑意义。

（一）《规划纲要》是贯彻落实习近平总书记关于综合交通运输重要指示精神的关键举措

习近平总书记高度重视综合交通运输发展，多次作出重要指示批示。2014 年 2 月，总书记在北京市考察时指出，要加快形成安全、便捷、高效、绿色、经济的综合交通体系。2017 年 10 月，总书记在党的十九大报告中指出，要建设交通强国，加强铁路、公路、水运、航空、管道、物流等基础设施网络建设。2018 年 4 月，总书记在考察长江经济带发展时强调，与发达国家相比，我国在综合交通运输体系方面的差距，必须迎头赶上；强调沿长江通道集合了各种类型的交通运输方式，要注意加强衔接协调，提高整体效率。2018 年 6 月，习近平主席与普京总统在北京至天津高铁上指出，交通部门负责网络运输布局和发展，要做综合、立体的规划，不要造成浪费。2020 年 9 月，总书记在中央财经委第八次会议上强调，要建设现代综合交通运输体系，优化完善综合运输通道布局。党的十九届五中全会指出，要加快建设交通强国，完善综合运输大通道、综合交通枢纽和物流网络，等等。总书记关于综合交通运输的系列重要指示，充分体现了党中央对交通运输事业的重视关心，为新发展阶段综合交通运输发展指明了方向。《规划纲要》印发，既是对未来我国综合交通运输发展的谋划部署，也是对总书记关于交通运输工作系列重要指示精神的深入学习和深化落实，必将对我国交通运输事业发展产生重要而深远的影响。

（二）《规划纲要》是指导加快建设交通强国的又一纲领性文件

《规划纲要》立足新发展阶段，贯彻新发展理念，服务构建新发展格局，对未来国家综合立体交通网进行了谋划，前瞻性、战略性、引领性都十分突出。《建设纲要》是未来我国交通运输发展的“总战略”，《规划纲要》是未来一段时期国家综合立体交通网发展的“总规划”，二者相辅相成，相得益彰，共同构成指导加快建设交通强国的纲领性文件。要发挥好“两个纲要”的战略引领作用，围绕推动“三个转变”、打造“四个一流”，狠抓规划目标任务的推进落实，确保一张蓝图绘到底，加快建设交通强国，为全面建设社会主义现代化国家当好开路先锋。

（三）《规划纲要》是我国综合交通运输体系的顶层规划

编制和实施规划，是我们党治国理政的一种重要方式，在推动我国迎来从站起来、富起来到强起来的伟大飞跃中发挥了重要作用。改革开放以来，我们围绕各种运输方式发展编制并实施了一系列中长期规划，推动建成了名副其实的交通大国，用几十年的时间走完了发达国家上百年走过的历程。当前，我国进入推进各种运输方式统筹融合发展的新阶段，制定《规划纲要》，是顺应交通运输发展阶段、环境、条件深刻变化的现实需要。《规划纲要》居于综合交通运输规划体系的最上位，对于进一步提升交通运输网络整体性、系统性、协同性具有关键引领作用。我们要以《规划纲要》为指引，推动交通运输资源优化配置和治理体系变革，在各类要素上优先满足、在资源条件上优先保障、在公共服务上优先安排，确保如期建成现代化高质量国家综合立体交通网。

三、主要内容

《规划纲要》着眼我国进入新发展阶段、贯彻新发展理念、构建新发展格局的要求，立足交通运输的基础性、先导性、战略性和服务性定位，提出国家综合立体交通网的发展基础、总体要求、重点任务和保障措施，共4个部分。

第1部分，序言和规划基础（序言和第一章）。明确规划的定位、范围和期限，分析我国综合交通运输领域面临的形势和存在的主要问题，对到2035年客货运输需求进行了预测研判。

第2部分，总体要求（第二章）。明确规划的指导思想、基本原则和发展目标。提出到2035年，基本建成便捷顺畅、经济高效、绿色集约、智能先进、安全可靠的现代化高质量国家综合立体交通网，实现国际国内互联互通、全国主要城市立体畅达、县级节点有效覆盖，支撑“全国123出行交通圈”（都市区1小时通勤、城市群2小时通达、全国主要城市3小时覆盖）和“全球123快货物流圈”（国内1天送达、周边国家2天送达、全球主要城市3天送达）。此外，还对到本世纪中叶的远景目标作了展望。

第3部分，重点任务（第三、四、五章）。一是优化国家综合立体交通布局。结合国家区域发展战略、国土空间结构以及城镇、产业布局和人口分布，提出了构建完善的国家综合立体交通网、加快建设高效率国家综合立体交通网主骨架、建设多层级一体化国家综合交通枢纽系统、完善面向全球的运输网络等任务。二是推进综合交通统筹融合发展。坚持系统观念，注重全局性谋划、整体性推进，提出了推进各种运输方式统筹融合发展，推进交通基础设施网与运输服务网、信息网、能源网融合发展，推进区域交通运输协调发展，推进交通与相关产业融合发展等任务。三是推进综合交通高质量发展。贯彻落实我国进入高质量发展阶段的要求，把握交通运输发展规律和趋势，提出了安全发展、智慧发展、绿色发展和人文建设、提升治理能力等任务。

第4部分，保障措施（第六章）。提出了加强党的领导、组织协调、资源支撑、资金保障、实施管理5方面的措施。

四、贯彻实施

在党中央领导下构建国家综合立体交通网，是跨部门、跨行业、跨地区的长期系统工程，必须充分发挥中央和地方、政府和市场、行业和社会各方面的积极性，凝心聚力，共同推进《规划纲要》落深、落细、落实，推动加快交通强国行稳致远。

一是组织开展学习宣传贯彻工作。做好国新办新闻发布会、央视《新闻联播》报道等中央媒体宣传工作，召开《规划纲要》宣传贯彻会议，组织行业媒体及新媒体开展矩阵式报道，印发《规划纲要》分工方案，出版《规划纲要》学习读本，编辑交通强国思维导图，做好培训宣讲学习交流，动员和引导全社会力量共同推动《规划纲要》实施。

二是完善交通运输规划体系。《规划纲要》明确了国家综合立体交通网的构成、规模、结构和布局，是各类各级交通运输规划的总遵循。在《规划纲要》指导下，积极开展行业中长期规划修编工作，编制实施好“十四五”综合交通运输发展规划以及铁路、公路、水运、民航、邮政快递各行业规划和有关重点专项规划。各地交通运输主管部门在地方组工作机制下，抓紧推进省级综合立体交通网规划编制报批工作，截至2021年底已有6个省级规划出台。

三是加快国家综合立体交通网建设。全年完成交通固定资产投资约3.61万亿元，铁路新开通线路4000公里，新增高速公路超过8500公里，新增和改善高等级航道约1000公里，新颁证民用运输机场7个。川藏铁路及配套公路、引江济淮航运工程等重大项目建设有序推进，京哈高铁、京新高速公路全线贯通，西藏首条电气化铁路开通运营，天津港北疆港区自动化集装箱码头、湛江港30万吨级航道改扩建工程、武汉至安庆6米水深航道整治工程等建成并投入试运行。研究起草关于加快建设国家综合立体交通网主骨架的意见，梳理主骨架路线方案，开展适应性评估。

中共中央 国务院印发《国家综合立体交通网规划纲要》

第二章 行业“十四五”规划

“十四五”时期是加快推进交通强国建设、构建现代综合交通运输体系的关键五年，我国交通运输发展阶段和面临形势发生深刻变化，已站在新的历史起点，进入了高质量发展新阶段。按照“十四五”规划编制统一部署，国家发展改革委、交通运输部等部门，国家铁路局、中国民用航空局、国家邮政局、中国国家铁路集团等单位组织成立了“十四五”规划编制领导小组、起草小组和工作专班，经过深入研究论证、广泛调研座谈、充分听取意见，编制形成了“十四五”现代综合交通运输体系发展规划和各专项规划。详见下表：

序号	文件名称及文号	原文二维码	解读二维码
1	国务院关于印发“十四五”现代综合交通运输体系发展规划的通知（国发〔2021〕27 号）		
2	水运“十四五”发展规划（交规划发〔2021〕99 号）		
3	交通运输部关于印发《数字交通“十四五”发展规划》的通知（交规划发〔2021〕102 号）		
4	交通运输部关于印发《绿色交通“十四五”发展规划》的通知（交规划发〔2021〕104 号）		
5	交通运输部 国家标准化管理委员会 国家铁路局 中国民用航空局 国家邮政局关于印发《交通运输标准化“十四五”发展规划》的通知（交科技发〔2021〕106 号）		
6	公路“十四五”发展规划（交规划发〔2021〕108 号）		

续上表

序号	文件名称及文号	原文二维码	解读二维码
7	交通运输部关于印发《综合运输服务“十四五”发展规划》的通知（交运发〔2021〕111号）		
8	现代综合交通枢纽体系“十四五”发展规划（交规划发〔2021〕113号）		
9	救捞系统“十四五”发展规划（交办救捞〔2021〕64号）		
10	长航系统“十四五”发展规划（交办规划〔2021〕66号）		
11	珠江航运“十四五”发展规划（交办规划〔2021〕67号）		
12	交通运输部办公厅关于印发《交通运输“十四五”立法规划》的通知（交办法〔2021〕69号）		
13	中国民用航空局 国家发展和改革委员会 交通运输部关于印发《“十四五”民用航空发展规划》的通知（民航发〔2021〕56号）		
14	国家邮政局 国家发展和改革委员会 交通运输部关于印发《“十四五”邮政业发展规划》的通知（国邮发〔2021〕72号）		
15	海事系统“十四五”发展规划		

第三章　交通运输法律法规规章

一、中华人民共和国海上交通安全法

一、中华人民共和国海上交通安全法（1983年9月2日第六届全国人民代表大会常务委员会第二次会议通过　根据2016年11月7日第十二届全国人民代表大会常务委员会第二十四次会议《关于修改〈中华人民共和国对外贸易法〉等十二部法律的决定》修正　2021年4月29日第十三届全国人民代表大会常务委员会第二十八次会议修订）

海上交通安全事关群众生命财产安全和海上运输、海洋资源开发等事业发展。1984年起施行的《中华人民共和国海上交通安全法》确立了我国海上交通安全管理的基本制度，有力促进了我国海运事业的发展。随着改革开放日益深化和经济社会快速发展，该法有关内容已不能适应海运事业发展和海上交通安全管理的新形势、新要求，亟须修改完善。其修订工作以习近平法治思想为指引，把握新发展阶段、贯彻新发展理念、构建新发展格局，坚持统筹发展和安全，坚持统筹推进国内法治和涉外法治，坚持统筹事前事中事后全链条监管，全面提升对海上运输活动的全要素监管要求，进一步明确对海上运输活动的全过程监管范围，健全并完善与海上运输新形势相适应的安全监管制度体系。修订后的《中华人民共和国海上交通安全法》将进一步提高我国海上交通安全管理水平，对于落实总体国家安全观、推动海运业高质量发展、提升交通运输行业治理能力具有十分重要的意义，为加快建设交通强国提供有力法治保障。

二、邮件快件包装管理办法

二、邮件快件包装管理办法（交通运输部令2021年第1号）

近年来，我国邮政业实现跨越式发展，寄递业务规模稳居世界第一。对邮件快件包装带来的资源消耗、环境污染等问题，中央要求注意节约环保，杜绝过度包装，避免浪费和污染环境。《中华人民共和国固体废物污染环境防治法》《快递暂行条例》对优化、减少、回收快递包装等作出了规定，并明确了邮政管理部门的监督管理职责。为深入贯彻中央决策部署，践行绿色发展理念，提升行业治理能力，加快推进邮件快件包装绿色转型，推动企业落实主体责任，有必要依据上位法的规定制定部门规章，加强制度供给，强化法制保障。《邮件快件包装管理办法》分为总则、包装选用、包装操作、监督管理、法律责任、附则6章，共计47条，自2021年3月12日起施行。

三、民用航空导航设备开放与运行管理规定

三、民用航空导航设备开放与运行管理规定（交通运输部令2021年第2号）

民用航空导航设备对航空器运行提供着重要的定位与导航服务。为规范相关开放、关闭行为，加强导航设备运行管理和监督，交通运

输部曾于2016年制定过本规定。但是，其主要规范的是运输航空导航设备的开放与运行，对通用航空仅原则表述为参照适用。近年来，随着通用航空的快速发展以及通用航空导航设备应用需求的不断增加，需要对通用航空导航设备作出更加明确、具体的规范，切实保障飞行安全。故对本规定作出了全面修订。主要修订内容：一是增设专章对通用航空导航设备的开放运行作出规定。二是落实"放管服"改革要求，对导航设备开放运行管理的部分环节进行调整优化。三是强化对导航设备开放运行的事中事后监管。

四、公共航空运输旅客服务管理规定（交通运输部令2021年第3号）

近年来，民航运输得到快速发展，民航已成为社会大众出行的主要方式之一，人民群众对民航服务种类、服务范围、服务能力和服务水平的要求也越来越高。为进一步规范国内国际旅客、行李运输秩序，有必要在总结近年来旅客运输服务和消费者权益保护工作经验的基础上，对原民航总局发布的《中国民用航空旅客、行李国内运输规则》和《中国民用航空旅客、行李国际运输规则》整合修订为本规定，将规范的重点聚焦在提升民航服务质量、保护消费者合法权益上，从管理的角度，对民航旅客运输服务质量作出规范，增强人民群众对民航服务的满意度和获得感。

五、仿印邮票图案监督管理办法（交通运输部令2021年第4号）

原办法于2000年制定发布，对保障邮政通信、维护邮资凭证发行秩序、加强仿印邮票图案管理等发挥了积极作用。随着2002年《中华人民共和国行政许可法》实施、2005年邮政体制改革、2008年国务院机构改革和2009年《中华人民共和国邮政法》修订，办法施行的行业背景和法治环境均发生了深刻变化。为此，交通运输部结合仿印邮票图案发展的实际，落实简政放权、政府信息公开、信息安全管理等方面要求，对办法进行了全面修订。2021年3月10日，修订后的《仿印邮票图案监督管理办法》发布，自5月1日起施行。

六、交通运输部关于修改《大型飞机公共航空运输承运人运行合格审定规则》的决定（交通运输部令2021年第5号）

飞行机组人员疲劳是一种隐患，可能导致航空事故或事故征候。疲劳管理是指合格证持有人如何应对疲劳对航空安全的影响。现行的《大型飞机公共航空运输承运人运行合格审定规则》提供了管理疲劳的规定性要求，如飞行、值勤时间限制及休息要求等。此类规定性要求是常规通用方法，能够确保疲劳管理的底线，但是未能考虑到航空运营的差异性以及不同运行场景和不同因素影响下人员疲劳的不同表现程度。从科学的角度看，机组人员的疲劳管理是一个复杂的问题，简单的规定性要求可能并不是所有运营情形中的最佳解决方案。特别是疫情发生以来，防疫政策对航空运营的人力资源调配带来巨大挑战，长时间隔离和长航线运行也会对机组人员产生不可忽视的影响。在疫情防控进入常态化的情况下，为了对航

空公司在不同运行条件下的机组疲劳风险进行更加有效地控制，并满足国际民航组织对疲劳管理的精细化和客户化的控制要求，帮助我国航空公司在全球范围内更好地合规运行，民航局飞行标准司组织研究并引入了疲劳风险管理系统理念，并对《大型飞机公共航空运输承运人运行合格审定规则》相关条款进行了修改。

七、交通运输部关于修改《交通运输行政执法程序规定》的决定（交通运输部令 2021 年第 6 号）

新修订的《中华人民共和国行政处罚法》对行政处罚种类、案件管辖、电子送达、非现场执法、简易程序案件范围、案件办理期限、案件听证、法制审核、罚款执行等重要内容进行了较大调整，进一步规范了行政处罚程序，强化了对当事人合法权益的保护。为进一步贯彻落实《中华人民共和国行政处罚法》，切实维护交通运输从业人员合法权益，规范执法行为，交通运输部对《交通运输行政执法程序规定》进行了相应修订。

八、民用航空通信导航监视设备飞行校验管理规则（交通运输部令 2021 年第 7 号）

对民用航空通信导航监视设备进行飞行校验是验证设备性能指标、确保设备运行安全的重要环节。《民用航空通信导航监视设备飞行校验管理规则》自颁布施行以来，对于规范民用航空通信导航监视设备的飞行校验工作发挥了积极作用。随着设备运行保障和飞行校验技术的发展，关于校验优先次序、校验周期、校验实施、校验结果管理等规定已不满足现实发展需要，特别是随着低空空域管理改革的逐步实施和通用航空业的迅猛发展，通用机场的设备日益完善，现行规则未对通用航空设备的飞行校验进行明确区分，因此有必要进行修订补充，强化校验工作安全保障，落实通航领域设备分类管理要求，适应新形势下民航安全工作需要，切实保障运行安全。

九、交通运输部关于修改《邮政行政执法监督办法》的决定（交通运输部令 2021 年第 8 号）

为保障新修订的《中华人民共和国行政处罚法》贯彻实施，需要对《邮政行政执法监督办法》进行相应修改。主要修订内容：一是增加了邮政管理部门委托行政处罚必须采用书面形式的要求，同时对受托组织条件作出修改。二是增加了邮政管理部门将行政处罚裁量基准向社会公布的要求。三是根据新行政处罚法关于办案期限的规定，相应在规章中规定了邮政行政处罚办案期限。四是对开展法制审核的情形以及纠错机制作出修改完善。此外，为满足邮政管理部门执法需要，增加了委托实施行政许可的内容。

十、交通运输部关于废止《中华人民共和国交通部拆解船舶监督管理规则》的决定（交通运输部令 2021 年第 9 号）

本规则于 1989 年发布，

因制定年代较早，部分内容与《优化营商环境条例》有关优化政务服务精神不符；有关废钢船拆解的规定也与《中华人民共和国海洋环境保护法》《防治船舶污染海洋环境管理条例》《中华人民共和国防止拆船污染环境管理条例》等最新环保法规和国家环保政策不符。鉴于本规则的主要内容与制度已不适应国家改革、行业发展的情势变化，应予废止。

十一、交通运输部关于修改《公路、水路交通实施〈中华人民共和国节约能源法〉办法》的决定（交通运输部令2021年第10号）

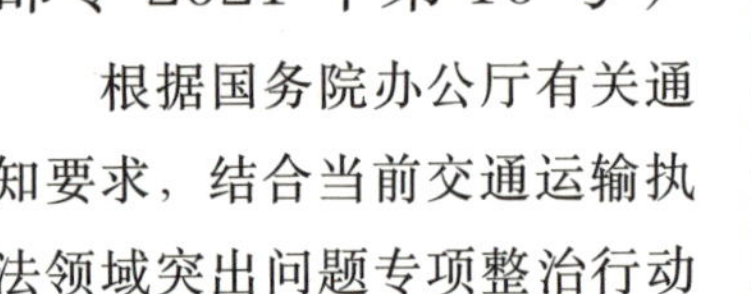

根据国务院办公厅有关通知要求，结合当前交通运输执法领域突出问题专项整治行动工作需要，交通运输部组织开展了"与行政处罚法不相符清理"和"不合理罚款规定清理"工作（清理工作涉及交通运输部令2021年第10～21、28、29号，相关描述中不再赘述）。根据清理结果，通报批评原来不属于行政处罚，在《公路、水路交通实施〈中华人民共和国节约能源法〉办法》中作为行政管理手段予以规定符合当时的立法要求，新修订的行政处罚法将其明确为行政处罚后，此前规定的通报批评因不满足新行政处罚法的规定予以删除。

十二、交通运输部关于修改《公路建设监督管理办法》的决定（交通运输部令2021年第11号）

根据上述清理工作，按照最新立法要求，删除《公路建设监督管理办法》中对项目法人指定分包和指定采购违法情形的处罚，同时删除禁止勘察、设计、施工和监理等单位一定期限内参加投标的处罚，以与上位法严格保持一致。

十三、交通运输部关于修改《超限运输车辆行驶公路管理规定》的决定（交通运输部令2021年第12号）

根据上述清理工作，按照新修订的《中华人民共和国行政处罚法》第四十一条"行政机关依照法律、行政法规规定利用电子技术监控设备收集、固定违法事实"的规定，《超限运输车辆行驶公路管理规定》明确了公路管理机构可以依照相关法律行政法规的规定利用技术监控设备记录资料，对违法超限运输车辆给予处罚，以与《中华人民共和国行政处罚法》严格保持一致。

十四、交通运输部关于修改《老旧运输船舶管理规定》的决定（交通运输部令2021年第13号）

根据上述清理工作，对《老旧运输船舶管理规定》中未交回报废船舶营运证件等可以通过信息化监管手段、优化政府管理与服务职能解决的事项，不再设置罚款。

十五、交通运输部关于修改《水运工程建设项目招标投标管理办法》的决定（交通运输部令2021年第14号）

根据上述清理工作，按照最新立法要求，删除《水运工程建设项目招标投标管理办法》中对招标人不具备自行招标条件而自行招标、资格预审文件和招标文件编制未使用标准文本等违法情形的罚款规定，以与上位法严格保持一致。

十六、交通运输部关于修改《出租汽车驾驶员从业资格管理规定》的决定（交通运输部令2021年第15号）

根据上述清理工作，对《出租汽车驾驶员从业资格管理规定》中安全风险较小、危害后果不严重的违法情形的罚款予以适当降低；对随车携带证件等可以通过信息化监管手段、优化政府管理与服务职能解决的事项，不再设置罚款。

十七、交通运输部关于修改《巡游出租汽车经营服务管理规定》的决定（交通运输部令2021年第16号）

根据上述清理工作，对《巡游出租汽车经营服务管理规定》中安全风险较小、危害后果不严重的违法情形的罚款予以适当降低；对随车携带证件等可以通过信息化监管手段、优化政府管理与服务职能解决的事项，不再设置罚款。

十八、交通运输部关于修改《小微型客车租赁经营服务管理办法》的决定（交通运输部令2021年第17号）

根据上述清理工作，对《小微型客车租赁经营服务管理办法》中安全风险较小、危害后果不严重的违法情形的罚款予以适当降低。

十九、交通运输部关于修改《机动车维修管理规定》的决定（交通运输部令2021年第18号）

根据上述清理工作，通报批评原来不属于行政处罚，在《机动车维修管理规定》中作为行政管理手段符合当时的立法要求，新修订的行政处罚法将其明确为行政处罚后，此前规定的通报批评因不满足新行政处罚法的规定予以删除。

二十、交通运输部关于修改《中华人民共和国海员外派管理规定》的决定（交通运输部令2021年第19号）

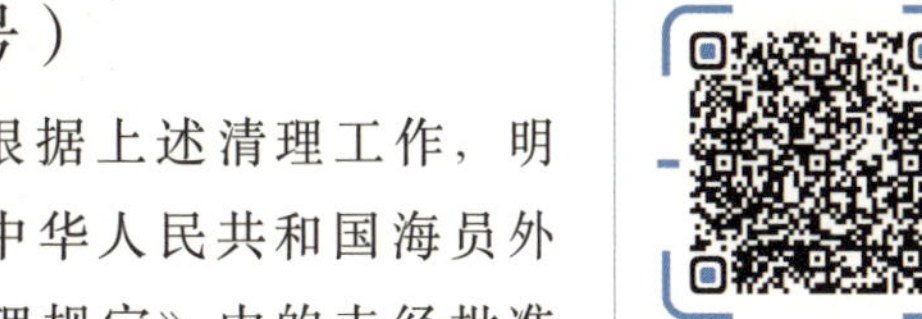

根据上述清理工作，明确《中华人民共和国海员外派管理规定》中的未经批准

擅自从事海员外派活动、海员外派机构未依法签订相关协议等行为，分别依照《无证无照经营查处办法》《对外劳务合作管理条例》进行处罚，以与上位法严格保持一致。同时，根据“放管服”改革要求，依据《对外劳务合作管理条例》对海员外派机构的许可条件、材料、时限进行了调整。

二十一、交通运输部关于修改《中华人民共和国内河海事行政处罚规定》的决定（交通运输部令2021年第20号）

根据上述清理工作，依照《中华人民共和国水污染防治法》有关规定，对违法向水体倾倒船舶垃圾或排放船舶残油废油、未经批准进行散装液体污染危害性货物过驳作业等行为设置处罚。同时，根据“放管服”改革取消“船员服务簿”许可的决定和国家取消港口建设费政策，删除了扣留、吊销船员服务簿和不按规定缴纳港口建设费的处罚规定。

二十二、交通运输部关于废止3件交通运输规章的决定（交通运输部令2021年第21号）

根据上述清理工作，《水运工程施工监理规定（试行）》《公路工程施工监理办法》《海上移动通信业务标识管理办法》3件规章因制定年代较早，大部分内容已不适应交通运输改革形势发展需要，予以废止。

二十三、公路养护作业单位资质管理办法（交通运输部令2021年第22号）

2003年，为培育发展公路养护市场，原交通部发布了规范性文件《公路养护工程市场准入暂行规定》。2011年颁布实施的《公路安全保护条例》，进一步明确设立了养护作业单位资质许可，并授权交通运输部制定资质管理办法。该许可一直列入国务院公布的行政许可事项清单，并明确为中央指定地方实施。自2012年起，交通运输部启动了养护作业单位资质管理办法起草调研工作，就养护作业范围、养护市场定位、市场监管方式等开展深入研究。与此同时，各省级交通运输主管部门依据《公路安全保护条例》在管理实践中开展了公路养护作业单位的资质许可，25个省（自治区、直辖市）通过地方立法规定了地方养护作业单位资质条件。2016年中共中央办公厅、国务院办公厅出台《关于从事生产经营活动事业单位改革的指导意见》后，不少地方从事公路养护工作的事业单位逐步改制转企，公路养护市场化程度和养护工程效率进一步提高。总体上看，经过多年的努力，我国公路养护市场培育富有成效，各地在实践中积累了丰富经验，逐步形成了比较完备的制度规范体系，对促进公路养护高质量发展起到了积极作用。但由于各地养护作业单位资质条件差异较大、内容粗细不均、准入门槛高低不一，不利于进一步形成统一开放、竞争有序的全国养护作业市场。

十九届五中全会提出，全面深化改革，构建高水平社会主义市场经济体制。充分发挥市场在资源配置中的决定性作用，更好发挥政府作用，推动有效市场和有为政府更好结合。要激发各类市场主体活力，建设高标准市场体系，加快转变政府职能。为此，交通运输部公路局、法制司在深入调查研究、广泛征求意见的基础上，形成了公路养护作业单位资质管理规定，并按程序报批印发了《办法》。

二十四、交通运输部关于修改《水上交通事故统计办法》的决定（交通运输部令 2021 年第 23 号）

新修订的《中华人民共和国海上交通安全法》于 2021 年 9 月 1 日起施行，明确了海上交通事故的等级划分，并授权交通运输部会同国务院有关部门制定海上交通事故等级划分的直接经济损失标准，报国务院批准后公布，需要相应修改《水上交通事故统计办法》（交通运输部令 2014 年第 15 号）。同时，结合统计工作实践需要，有必要对《水上交通事故统计办法》规定的事故统计相关制度进行适当调整优化，以便更加科学、准确地开展事故统计。

二十五、中华人民共和国水上水下作业和活动通航安全管理规定（交通运输部令 2021 年第 24 号）

新修订的《中华人民共和国海上交通安全法》对现行水上水下活动管理制度作出较大调整，由原来对水上水下活动统一实施许可管理变为对施工作业实行许可管理、其他水上水下活动实行报告管理，并明确了施工作业范围、许可条件和海事管理机构核定安全作业区的强制性要求。据此，对《中华人民共和国水上水下活动通航安全管理规定》（交通运输部令 2019 年第 2 号）作出相应修改。

二十六、交通运输部关于修改《船舶引航管理规定》的决定（交通运输部令 2021 年第 25 号）

新修订的《中华人民共和国海上交通安全法》对强制引航的范围作出了规定。同时明确了引航水域、对引航机构和引航员、被引领船舶的规范要求等。据此，对《船舶引航管理规定》（交通部令 2001 年第 10 号）作出相应修改。

二十七、交通运输部关于修改《中华人民共和国海事行政许可条件规定》的决定（交通运输部令 2021 年第 26 号）

《交通运输部关于修改〈中华人民共和国海事行政许可条件规定〉的决定》于 2021 年 8 月 25 日经第 22 次部务会议通过，自 2021 年 9 月 1 日起施行。主要修订内容：根据《中华人民共和国海上交通安全法》、国务院“放管服”要求以及海员外派管理、船员适证考试等相关规定，删除了 10 项许可条件，并调整、优化了相关许可条件。

二十八、中华人民共和国海上海事行政处罚规定（交通运输部令 2021 年第 27 号）

《交通运输部关于修改〈中华人民共和国海事行政许可条件规定〉的决

定》于2021年8月25日经第22次部务会议通过，自2021年9月1日起施行。主要修订内容：一是根据新修订的《中华人民共和国海上交通安全法》，优化调整海事违法行为、处罚种类和处罚额度等内容。二是根据新修订的《中华人民共和国行政处罚法》，优化调整海事行政处罚适用规则。

二十九、交通运输部关于修改《中华人民共和国海上船舶污染事故调查处理规定》的决定（交通运输部令2021年第28号）

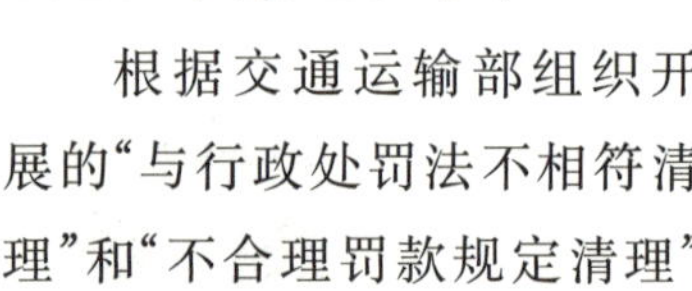

根据交通运输部组织开展的“与行政处罚法不相符清理”和“不合理罚款规定清理”清理结果，对《中华人民共和国防治船舶污染事故调查处理规定》中责任船舶、作业单位造成船舶污染事故的处罚规定予以调整，使之与上位法严格保持一致。

三十、交通运输部关于修改《危险货物水路运输从业人员考核和从业资格管理规定》的决定（交通运输部令2021年第29号）

根据交通运输部组织开展的“与行政处罚法不相符清理”和“不合理罚款规定清理”工作结果，对《危险货物水路运输从业人员考核和从业资格管理规定》中未按规定报送信息的违法行为进行区分，设置一定裁量幅度，视情节轻重给予不同罚额，对某些轻微违法行为视情可不予罚款。同时根据新修订的《中华人民共和国安全生产法》，对部分处罚条款予以调整。

三十一、交通运输部关于修改《民用航空行政处罚实施办法》的决定（交通运输部令2021年第30号）

为保障新修订的《中华人民共和国行政处罚法》贯彻实施，交通运输部于近日对《民用航空行政处罚实施办法》进行了修订。本次修订一是调整完善了民航行政机关实施的行政处罚种类以及规章对行政处罚的设定权限。二是完善了民航行政机关委托实施行政处罚的形式及受托组织的条件要求。三是完善了回避、简易程序、听证、行政处罚决定书、送达、当场执行等行政处罚实施程序的相关内容。四是完善了证据种类。五是删除了附件所列的各种行政处罚文书样式，民航局将根据新形势、新要求和执法需要，对其调整后以其他形式发布。

三十二、交通运输部关于修改《港口和船舶岸电管理办法》的决定（交通运输部令2021年第31号）

2019年12月，交通运输部发布了《港口和船舶岸电管理办法》（2019年第45号令），首次以规章形式对岸电的建设和使用、服务和安全、监督检查等作出了系统规定，对推进船舶靠港使用岸电发挥了重要作用。2021年3月1日起施行的《中华人民共和国长江保护法》第七十二条、七十三条明确规定长江流域县级以上地方人民政府应当制定并组

织实施港口岸电设施、船舶受电设施建设和改造计划，具备岸电使用条件的船舶靠港应当按照国家有关规定使用岸电，以及国务院和长江流域县级以上地方人民政府对长江流域港口岸电设施、船舶受电设施的改造和使用按照规定给予资金补贴、电价优惠等政策扶持；第八十四条明确了具备岸电使用条件的船舶未按规定使用岸电的法律责任。为贯彻落实《中华人民共和国长江保护法》有关要求，对现行办法予以修改。

三十三、交通运输部关于修改《铁路运输基础设备生产企业审批办法》的决定（交通运输部令 2021 年第 32 号）

为深入贯彻落实党中央、国务院决策部署，深化"放管服"改革，进一步优化营商环境，需要对《铁路运输基础设备生产企业审批办法》作出修改，优化申请材料，强化配套制度建设，切实减轻企业负担。本次修改主要对铁路运输基础设备生产企业的申请材料作了精简优化：申请企业仅需按要求提供设备和人员明细表、产品目录及所依据的标准目录等。对国家铁路局通过内部核查或其他方式可以获得的有关证明材料，不再要求企业提交。同时仅要求新研发产品提供试用考核、技术评审（鉴定）证书或者审查意见，已有产品不需重复提交。

三十四、交通运输部关于修改《违反〈铁路安全管理条例〉行政处罚实施办法》的决定（交通运输部令 2021 年第 33 号）

行政处罚是行政机关有效实施行政管理、保障法律法规贯彻施行的重要手段。2021 年 1 月 22 日，新修订的《中华人民共和国行政处罚法》（以下简称《行政处罚法》）由十三届全国人大常委会第二十五次会议审议通过，于 2021 年 7 月 15 日起施行。修订后的《行政处罚法》对行政处罚多项实体和程序内容进行了调整和完善。为保障新修订的《行政处罚法》贯彻实施，需要对《违反〈铁路安全管理条例〉行政处罚实施办法》进行修订。修改的内容主要是，根据新的《行政处罚法》，完善了回避、管辖、听证、行政处罚的适用、行政处罚决定书、送达、当场执行等行政处罚实施的相关内容；同时完善了相关表述。

三十五、交通运输部　国家发展改革委关于修改《港口岸线使用审批管理办法》的决定（中华人民共和国交通运输部　中华人民共和国国家发展和改革委员会令 2021 年第 34 号）

为深入贯彻落实党中央、国务院关于"放管服"改革工作的总体部署，减轻港口岸线使用申请人负担，增强发展内生动力，提高港口岸线资源利用效率，交通运输部、国家发展改革委决定修订完善本办法。现行办法自 2012 年 7 月 1 日起施行，2018 年 5 月 3 日进行了第一次修订，对规范港口岸线使用审批管理，保障港口岸线资源的合理开发与利用，保护当事人的合法权益发挥了重要作用。此次修订，将港口岸线批准文件的有效期由 2 年延长为 3 年，并进一步明确了港口岸线使用的申请材料要求。修订版办法于 2021 年 12 月 23

日起施行。

三十六、交通运输部关于修改《铁路建设工程质量监督管理规定》的决定（交通运输部令 2021 年第 35 号）

行政处罚是行政机关有效实施行政管理、保障法律法规贯彻施行的重要手段。2021 年 1 月 22 日，新修订的《中华人民共和国行政处罚法》（以下简称《行政处罚法》）由十三届全国人大常委会第二十五次会议审议通过，于 2021 年 7 月 15 日起施行。修订后的《行政处罚法》对行政处罚多项实体和程序内容进行了调整和完善。《行政处罚法》是《铁路建设工程质量监督管理规定》的上位法依据，为确保该规章符合新《行政处罚法》规定，交通运输部以修正案形式对其作出了修改，将其中关于限制从业的规定修改为警告或通报批评。

第四章　国家重大政策

一、国务院关于印发“十四五”现代综合交通运输体系发展规划的通知（国发〔2021〕27号）

2021年12月9日，国务院印发《“十四五”现代综合交通运输体系发展规划》。根据规划，到2025年，综合交通运输基本实现一体化融合发展，智能化、绿色化取得实质性突破，综合能力、服务品质、运行效率和整体效益显著提升，交通运输发展向世界一流水平迈进。

二、国务院办公厅关于同意建立铁路沿线安全环境治理部际联席会议制度的函（国办函〔2021〕12号）

2021年1月26日，国务院办公厅发布《关于同意建立铁路沿线安全环境治理部际联席会议制度的函》。联席会议由交通运输部、中央政法委、公安部、自然资源部、生态环境部、住房和城乡建设部、水利部、农业农村部、应急部、国家能源局、国家铁路局、中国国家铁路集团有限公司12个部门和单位组成，交通运输部为牵头单位。

三、国务院办公厅转发国家发展改革委等单位关于进一步做好铁路规划建设工作意见的通知（国办函〔2021〕27号）

2021年3月15日，国务院办公厅转发国家发展改革委等单位《关于进一步做好铁路规划建设工作意见的通知》。通知包括总体要求、加强规划指导、合理确定标准、分类分层建设、有效控制造价、创新投融资体制、防范化解债务风险七方面内容。

四、国务院办公厅关于加快农村寄递物流体系建设的意见（国办发〔2021〕29号）

2021年7月29日，国务院办公厅印发《关于加快农村寄递物流体系建设的意见》。意见指出四项重点任务：一是分类推进“快递进村”工程。二是完善农产品上行发展机制。三是加快农村寄递物流基础设施补短板。四是继续深化寄递领域“放管服”改革。

五、国务院办公厅关于同意建立推动道路货运行业高质量发展部际联席会议制度的函（国办函〔2021〕94号）

2021年9月28日，国务院办公厅印发《关于同意建立推动道路货运行业高质量发展部际联席会议制度的函》。联席会议由交通运输部、中央网信办、国家发展改革委、工业和信息化部、公安部、财政部、人力资源和社会保障部、生态环境部、商务部、应急部、人民银行、国家税务总局、市场监管总局、银保监会、国家信访局、全国总工会16个单位组成，交通运输部为牵头单位。

第五章 行业重要政策性文件

第一节 交通运输部印发的部分重要政策性文件

序号	文件名称及文号	原文二维码	解读二维码
1	交通运输部关于服务构建新发展格局的指导意见（交规划发［2021］12号）		
2	交通运输部关于印发《交通运输政务数据共享管理办法》的通知（交科技发［2021］33号）		
3	交通运输部关于巩固拓展交通运输脱贫攻坚成果全面推进乡村振兴的实施意见（交规划发［2021］51号）		
4	交通运输部关于严格规范公正文明执法的意见（交法发［2021］53号）		
5	交通运输部关于贯彻实施《中华人民共和国长江保护法》的意见（交水发［2021］54号）		
6	交通运输部废止《交通运输部关于进一步加强道路包车客运管理的通知》的决定（交法发［2021］56号）		
7	交通运输部关于印发《12328交通运输服务监督热线管理办法》的通知（交运发［2021］89号）		
8	关于建立交通运输行政执法规范化长效机制的意见（交法发［2021］115号）		

续上表

序号	文件名称及文号	原文二维码	解读二维码
9	交通运输部关于进一步深化交通运输法治政府部门建设的意见（交法发［2021］125号）		
10	交通运输部关于发布《长江江苏段船舶定线制规定（2021年）》的公告（交海规［2021］1号）		
11	交通运输部关于修订《公路建设市场信用信息管理办法（试行）》的通知（交公路规［2021］3号）		
12	交通运输部关于修订《公路施工企业信用评价规则（试行）》的通知（交公路规［2021］4号）		
13	交通运输部关于修订《公路工程施工分包管理办法》的通知（交公路规［2021］5号）		
14	交通运输部关于印发《港口危险货物重大危险源监督管理办法》的通知（交水规［2021］6号）		
15	交通运输部办公厅关于印发《交通运输部项目支出预算绩效管理办法》的通知（交办财审［2021］3号）		
16	交通运输部办公厅关于印发《加强和规范交通运输事中事后监管三年行动方案（2021—2023年）》的通知（交办法［2021］18号）		
17	交通运输部办公厅关于印发《互联网道路运输便民政务服务系统业务办理工作指南》《互联网道路运输便民政务服务系统建设应用技术要求》的通知（交办运［2021］46号）		

续上表

序号	文件名称及文号	原文二维码	解读二维码
18	交通运输部办公厅关于进一步做好交通强国建设试点工作的通知（交办规划［2021］48号）		
19	交通运输部办公厅关于印发《交通运输部门计量检定规程管理办法》的通知（交办科技［2021］81号）		
20	交通运输部办公厅关于印发《公路水路行业产品质量监督抽查实施规范管理办法》的通知（交办科技［2021］86号）		

第二节　交通运输部联合其他部门印发的部分重要政策性文件

序号	文件名称及文号	原文二维码	解读二维码
1	交通运输部 发展改革委 生态环境部 住房和城乡建设部关于建立健全长江经济带船舶和港口污染防治长效机制的意见（交水发［2021］27号）		
2	交通运输部 财政部 农业农村部 国家乡村振兴局关于深化"四好农村路"示范创建工作的意见（交公路发［2021］48号）		
3	交通运输部 国家发展改革委 国家能源局 国家电网有限公司关于进一步推进长江经济带船舶靠港使用岸电的通知（交水发［2021］63号）		
4	交通运输部 公安部 财政部 自然资源部 农业农村部 文化和旅游部 国家乡村振兴局 国家邮政局 中华全国供销合作总社关于推动农村客运高质量发展的指导意见（交运发［2021］73号）		
5	交通运输部 中央宣传部 中央网信办 国家发展改革委 公安部 人力资源和社会保障部 国家市场监督管理总局 中华全国总工会关于加强交通运输新业态从业人员权益保障工作的意见（交运发［2021］122号）		

续上表

序号	文件名称及文号	原文二维码	解读二维码
6	交通运输部 公安部关于公布《道路客运车辆禁止、限制携带和托运物品目录》的公告（交运规［2021］2号）		
7	《交通运输部办公厅 公安部办公厅 商务部办公厅 文化和旅游部办公厅 应急管理部办公厅 市场监管总局办公厅关于进一步加强和改进旅游客运安全管理工作的指导意见》（交办运［2021］6号）		
8	交通运输部办公厅 财政部办公厅关于印发《普通省道和农村公路“以奖代补”考核数据支撑系统建设指南（试行）》的通知（交办规划［2021］59号）		
9	交通运输部办公厅 中国人民银行办公厅 中国银行保险监督管理委员会办公厅关于进一步做好货车ETC发行服务有关工作的通知（交办公路［2021］72号）		
10	交通运输部办公厅 国家发展改革委办公厅关于加强国家公路省际瓶颈路段建设的通知（交办规划［2021］77号）		
11	交通运输部办公厅 公安部办公厅 国家市场监督管理总局办公厅关于充分利用信息化手段切实加强道路旅客运输非法违规运营精准协同治理工作的通知（交办运［2021］80号）		
12	交通运输部办公厅 生态环境部办公厅 商务部办公厅 国家市场监督管理总局办公厅关于深化汽车维修数据综合应用有关工作的通知（交办运［2021］82号）		
13	交通运输部办公厅 财政部办公厅关于进一步加强农村公路技术状况检测评定工作的通知（交办公路［2021］83号）		
14	交通运输部 公安部 生态环境部 住房和城乡建设部关于深入开展坚决整治违规设置妨碍货车通行的道路限高限宽设施和检查卡点工作的通知（交公路函［2021］224号）		

续上表

序号	文件名称及文号	原文二维码	解读二维码
15	交通运输部 国家发展改革委 财政部关于印发《全面推广高速公路差异化收费实施方案》的通知（交公路函［2021］228 号）		
16	《铁路无线电管理办法》（工业和信息化部、交通运输部令 2021 年第 56 号，自 2021 年 10 月 1 日起施行）		

第三节　国家局制定的部分重要政策性文件

序号	文件名称及文号	原文二维码	解读二维码
1	国家铁路局关于印发《铁路运输企业准入许可实施细则》的通知（国铁运输监规［2021］2 号）		
2	国家铁路局关于印发《铁路行业统计调查制度》的通知（国铁综［2021］17 号）		
3	国家铁路局关于印发《铁路进口冷链食品运输新冠病毒防控和消毒技术指南（第二版）》的通知（国铁运输监［2021］25 号）		
4	国家铁路局关于印发《铁路营业线施工安全管理办法》的通知（国铁运输监［2021］31 号）		
5	国家铁路局关于印发《国家铁路局公平竞争审查制度实施办法》的通知（国铁科法［2021］39 号）		
6	国家铁路局关于印发《“十四五”铁路科技创新规划》的通知（国铁科法［2021］45 号）		

续上表

序号	文件名称及文号	原文二维码	解读二维码
7	国家铁路局关于印发《“十四五”铁路标准化发展规划》的通知（国铁科法〔2021〕47 号）		
8	中国民用航空局 文化和旅游部关于促进民航业与红色旅游深度融合创新发展的指导意见（民航发〔2021〕19 号）		
9	关于印发《民航局深化“证照分离”改革进一步激发市场主体发展活力实施方案》的通知（民航发〔2021〕31 号）		
10	中国民用航空局关于推进民航统计现代化改革的若干意见（民航发〔2021〕38 号）		
11	中国民用航空局关于印发《机场无人驾驶设备应用路线图（2021—2025 年）》的通知（民航发〔2021〕46 号）		
12	民航局关于促进公共航空危险品运输高质量发展的指导意见（民航发〔2021〕53 号）		
13	交通运输部 国家邮政局 国家发展改革委 人力资源和社会保障部 商务部 市场监管总局 全国总工会关于做好快递员群体合法权益保障工作的意见（交邮政发〔2021〕59 号）		

第六章　行业重大改革

2021年，交通运输部全面深化改革领导小组认真贯彻落实中央改革决策部署，持续推进交通运输治理现代化，行业各项改革稳步推进，《2021年交通运输部全面深化改革领导小组工作要点》部署的6个方面24项重点改革任务全部完成，铁路、民航、邮政领域重大改革事项有序落实，取得了积极成效，实现了“十四五”良好开局。

一、深化交通运输体系改革

一是推进交通运输综合改革。形成“十四五”时期全面深化交通运输改革总体设计。完成全国人大常委会听取和审议建设现代综合交通运输体系工作情况的报告及专题询问、全国政协“推进多式联运高质量发展”网络议政远程协商会相关工作。印发部全面深化改革领导小组、深化交通运输供给侧结构性改革等年度工作要点。印发《交通强国建设评价指标体系》。持续推进新老统计方法并轨，修订交通运输行业统计报表制度，修订《水上交通事故统计办法》。开展国家综合立体交通网主骨架建设适应性评估。扎实有序推进交通强国建设试点，指导试点单位完善实施方案，印发《进一步做好交通强国建设试点工作的通知》。

二是完善综合交通运输体制机制。完善《交通强国建设纲要》《国家综合立体交通网规划纲要》实施机制，成立交通运输部加快建设交通强国、服务构建新发展格局工作、碳达峰碳中和工作、“十四五”规划编制等领导小组，将落实党中央决策部署重点工作与加快建设交通强国任务一体推进。编制交通运输部权责基础清单，开展部机构编制核查，优化调整系统单位机构设置。全面推进部属单位所管理的全民所有制企业改制工作。完成港口建设费政策到期后机构撤并等工作。制定 6家部培训疗养机构改革方案。做好 21家行业协会脱钩后管理体制调整工作。

三是完善交通运输科技创新体系。联合科技部印发《关于科技创新驱动加快建设交通强国的意见》。在国家重点研发计划重点专项中部署了30余个交通领域项目，实施关键核心技术攻坚科技工程，开展自动驾驶、智能航运先导应用试点。健全科技资源开放共享制度。完善科技示范工程实施机制，促进科技成果转化应用。制修订重点领域国家和行业标准 218项。实施科技创新人才推进计划，完善职称评价标准。推进交通运输新型智库建设，交通运输部成为国家高端智库理事单位。

二、建设统一开放的交通运输市场

一是完善交通运输市场规则。制定深化交通运输体系改革、形成统一开放交通运输市场的意见。印发《公路养护作业单位资质管理办法》。推进公路监理企业资质改革，研究提出深化公路监理企业资质“放管服”改革若干举措，组织修订《公路水运工程监理企业资质管理规定》。全面取消港口建设费，进一步减并港口收费项目，研究将港口设施保安费并入港口作业包干费、定向降低沿海港口引航费。深化巡游出租汽车价格机制改革，在部分城市推动实施政府指导价或节假日动态调价。

二是深化交通运输“放管服”改革。取消 5项行政许可，向全国范围推广自贸区实行的 40项涉企经营许可“证照分离”改革措施。印发《加强和规范交通运输事中事后监管三年行动方案（2021—2023年）》，初步建立事中事后监管规则和标准体系。推动信用监管等新型监管方式应用，修订《公路建设市场信用信息管理办法（试行）》及配套评价标准，开展2020年度公路水运建设市场全国综合信用评价。加强对网约车、互联网货运等交通运输新业态的监管，配合有关部门大力推进反垄断和反不正当竞争。制定发布交通运输部本级、海事系统等电子证照行业标准18项，推动13类海事电子证照在线办理。对3项交通运输部本级证明事项试行告知承诺，推动36项海事证明事项实行告知承诺制。63项海事政务服务事项实现“一网通办”，12项高频政务服务事项实现“跨省通办”。实施进口电商货物港航“畅行工程”，压缩主要进口电商货物港航单证办理时间。在国务院组成部门政务服务平台中率先上线提供无障碍功能，推进部垂直管理业务信息系统与全国一体化在线服务平台对接。完善政务服务“好差评”制度。

三是深化交通投融资体制改革。调整优化“十四五”期车购税交通资金政策和制度体系，印发《车辆购置税收入补助地方资金管理暂行办法》。协调落实港建费取消后水运建设发展长期资金保障渠道。调整政府还贷二级公路取消收费后补助资金用于奖补普通公路养护。完善农村客运补助和城市交通发展奖励资金政策。印发《关于进一步规范交通运输领域地方政府债券发行和使用管理工作的通知》。持续推动研究发行国家公路建设长期债券。指导海南省开展里程费改革试点。交通运输领域财政事权和支出责任划分改革基本完成。全面实施预算绩效管理。

四是支撑服务自贸区自贸港发展。提出关于加快交通运输高水平开放合作的21条工作措施。推动上海自贸区临港新片区外籍国际航行船舶沿海捎带业务试点落地，印发试点公告。推动海南自贸港交通运输领域财税优惠政策落地。印发《关于建设海南自由贸易港海事特区的意见》。推动设立海南国际船舶登记中心。推进国内船舶管理业务行政审批在自贸区内实施告知承诺改革。将沿海省际客船危险品船《船舶营业运输证》相关管理事项下放至自贸试验区所在地省级水路运输管理部门办理。

三、推进交通运输依法治理

一是深化交通运输综合行政执法改革。交通运输综合行政执法改革基本完成，形成交通运输新型执法体系。印发《交通运输综合行政执法队伍素质能力提升三年行动方案（2021—2023年）》《关于严格规范公正文明执法的意见》等，切实推进严格规范公正执法。开展交通运输执法领域突出问题专项整治，共梳理排查执法领域突出问题16839个，平均整改率达98.97%。

二是维护交通运输从业人员合法权益。建立推动道路货运行业高质量发展部际联席会议制度。印发《关于加强货车司机权益保障工作的意见》《关于加强交通运输新业态从业人员权益保障工作的意见》，营造良好从业环境。全面完成全国12328热线集中整改任务，修订12328交通运输服务监督热线管理办法和评分办法，健全运行管理保障机制。

三是深化法治政府部门建设。加快构建适应现代综合交通运输体系的法律法规体系，配合全国人大完成《中华人民共和国海上交通安全法》全面修订，重点立法项目取得新进展，完成35件规章制修订。印发《关于进一步深化交通运输法治政府部门建设的意见》。完善行政复议工作机制，实现全流程信息化。

四、深化公路水路管理体制改革

一是深化收费公路政策调整完善研究。加快推进收费公路政策调整和法规修订工作。健全完善全国高速公路联网收费工作，印发《加快推进高速公路联网收费系统优化升级实施方案》等，建立联网收费系统网络安全常态化工作机制、每日安全告警处置机制和考核评价机制。印发《全面推广高速公路差异化收费实施方案》，全国29个省（自治区、直辖市）全面实施高速公路差异化收费。

二是深化公路管理养护体制改革。制定《“十四五”公路养护管理发展纲要》。推动所有省份出台深化农村公路管理养护体制改革的实施方案，指导167个深化农村公路管理养护体制改革试点单位稳步有序推进试点工作。全面推行县、乡、村三级“路长制”，全国有农村公路管理任务的县级行政单位“路长制”覆盖率达 80.7%。印发《关于深化“四好农村路”示范创建工作的意见》。联合财政部印发《公路资产管理暂行办法》，强化公路资产管理与预算管理有效衔接，指导省级交通运输部门制定本地区公路资产管理制度。

三是推进水运高质量发展。推动构建长三角世界级港口群一体化治理体系，推动津冀、湖北等港口协同发展，琼州海峡港航一体化工作取得积极进展。印发《关于建立健全长江经济带船舶和港口污染防治长效机制的意见》，实施季度通报机制。修订《港口和船舶岸电管理办法》，推进长江经济带船舶靠港使用岸电。印发《关于加强“十四五”期全国航道养护与管理工作的意见》。研究落实西江航运干线、界河航道中央财政事权改革。推进水上交通管控机制改革，开展全要素水上“大交管”试点。推进现代化专业救捞体系建设。

五、推进现代运输服务改革

一是加快推进国际物流供应链体系建设。会同有关部门建立国际物流保障协调工作机制。印发推进现代国际物流供应链发展的政策文件，统筹各种运输方式，全力保障“出口货物出得去、进口货物进得来”。加强煤炭、液化天然气（LNG）水路运输保障，完善粮食接卸疏运保障机制，实施运输船舶“四优先”和“一船一港一调度”，引导班轮公司增加中国航线国际海运运力和空集装箱供给。稳步提升国际道路运输便利化水平。“陆海空天”一体化水上交通运输安全保障体系建设有序推进，初步形成水上安全综合治理格局。

二是提升综合交通运输效率。制定《推进多式联运发展优化调整运输结构行动方案（2021—2025年）》，报请国务院印发。深入实施多式联运示范工程，制定《多式联运示范工程管理办法（暂行）》。实施城市绿色货运配送示范工程，命名16个示范城市。联合公安部、中国民用航空局、中国国家铁路集团有限公司印发《关于开展空铁（轨）联运旅客换乘流程优化工作的通知》，推动民航到达旅客换乘高铁（城际铁路）、城市轨道交通安检流程优化。推动城市轨道交通运营管理和服务数字化、智能化，提升运营服务效能。

三是完善公众出行政策保障体系。进一步鼓励和规范发展道路客运定制服务，已开通定制客运线路 3000余条。深化国家公交都市建设，已有33个城市获得“国家公交都市建设示范城市”称号，推进109个城市开展绿色出行创建行动，制定《关于综合治理交通拥堵加快推动城市交通高质量发展的意见》。研究制定城市轨道交通车辆、信号等关键设施设备运营准入技术条件。完成乡镇和建制村通客车质量评估整改，优化重点时段农村客运服务供给。深化城乡交通运输一体化示范县创建，公布第一批 41个示范县，组织第二批 61个县开展示范创建。

四是完善交通运输新业态监管制度。开展深化出租汽车改革政策实施情况评估。延长《网络平台道路货物运输经营管理暂行办法》有效期，持续完善网络货运运行监管制度。推进专业化物流发展，制定《关于加快推进冷链物流运输高质量发展的实施意见》。推进农村客货邮融合发展，完成《乡镇运输服务站运营服务规范》行业标准报批稿。

六、深化交通运输安全发展体制机制改革

一是完善安全生产管理体系。推动《关于进

一步加强交通运输安全生产体系建设的意见》《交通运输安全生产监督管理规定》等制修订，建立健全旅客运输、危险货物运输、网络安全等管理制度。推动构建跨区域、跨部门安全协同监管机制，建立铁路沿线安全环境治理部际联席会议制度。发布 87个平安百年品质工程创建示范项目清单，修订《公路水运工程平安工地建设管理办法》。

二是强化重点领域治理。深入开展安全生产专项整治三年行动集中攻坚，排查问题隐患 86万余项，整改完成83万项。完成57万道路运输企业“两类人员”安全考核。实施铁路沿线安全、道路客运、常压罐车、港口危险货物、船舶碰撞桥梁、航运枢纽大坝、中韩客货班轮、内河船涉海运输、商渔船碰撞等领域治理行动。

三是完善防范化解重大风险工作机制。推动平安中国建设和交通运输业务进一步融合，印发《加强新形势下重大决策社会稳定风险评估机制建设实施办法》。印发《关于深化防范化解安全生产重大风险工作的意见》，明确42项重大风险清单，跟踪管控重大风险 3700余项，初步建立交通运输安全生产重大风险一张图。持续开展坚守公路水运工程质量安全红线专项行动，累计发现红线问题 3701项，总体整改率 96.6%。

四是健全应急保障体系。印发《交通运输突发事件应急预案管理办法》，制定《关于加强交通运输应急管理体系和能力建设的指导意见》，完善交通运输应急管理制度和工作机制。修订《国家区域性公路交通应急装备物资储备中心布局方案》。进一步规范应对国家重大海上溢油突发事件应急处置工作。持续完善交通运输疫情防控应急预案，因时因势调整优化疫情防控举措，毫不放松做好常态化疫情防控工作。

七、铁路重大改革事项

2021年，国家铁路局认真贯彻落实党中央决策部署，加强制度建设、强化履职监管，切实服务铁路行业发展。

一是深化简政放权。编制《国家铁路局权责清单》，逐项梳理国家铁路局权责事项。编制行政许可事项清单，逐项梳理国家铁路局实施的行政许可事项。印发《国家铁路局深化“证照分离”改革进一步激发市场主体发展活力有关工作实施方案》，推动涉企经营许可事项简化审批。修订《铁路运输基础设备生产企业审批办法》，进一步精简许可申请材料。修订《国家铁路局行政许可实施程序规定》，推进许可办理流程规范化、便利化。

二是维护市场秩序公平。修订《公平竞争审查制度实施办法》，完善国家铁路局公平竞争审查机制。修订《铁路运输企业准入许可办法实施细则》，鼓励具备条件的铁路运输企业开展自主运营，培育多元铁路运输市场主体。积极推进铁路工程建设项目电子招标投标和信息公开，加强必须招标项目的事中事后“双随机、一公开”监管，充分运用约谈、信用等手段，对相关招标投标活动及合同履约情况监督检查，促进铁路建设市场公平竞争。

三是强化事中事后监管。深入开展铁路安全生产专项整治三年行动，加强对匿报、谎报、夹带运输危险货物等行为的处罚力度。压实铁路工程参建企业质量安全主体责任，对近期发生过事故、受过行政处罚、被认定为失信行为的项目单位实施重点监管。紧盯铁路设备质量安全源头，开展许可企业监督检查和产品质量抽查，督促问题按期整改，强化许可事项事中事后监管。

四是为企业群众办实事。印发《铁路进口冷链食品运输新冠病毒防控和消毒技术指南（第二版）》等文件，加强铁路运输疫情防控监督检查，督促指导铁路运输企业落实防控责任。落实“六稳”“六保”，督促解决铁路工程建设领域农民工欠薪，协调支付中小企业欠款，维护农民工和中小企业合法权益。颁发 FXN3内燃机车设计、制造许可，保障复兴号动车组在川藏铁路上线开通运行。

五是协调加快推动运输结构调整和集疏运体

系建设。推进落实《国家铁路局关于推进运输结构调整的工作方案》，推动“公转铁”相关工作。落实长江经济带领导小组工作安排，持续协调推动安庆港长风港区专用线、岳阳港城陵矶松阳湖铁路专用线、宜宾港铁路集疏运中心等重点专用线建设。开展综合交通体系建设和多式联运体系建设相关工作调研，专题研究多式联运相关问题，制定工作方案，协调推动工作。积极参与开展综合货运枢纽（物流园区）、集疏运体系竞争性评审办法的制定和调研工作。

八、民航重大改革事项

2021年深化民航改革工作顺利推进。先后印发了《“十四五”期间深化民航改革工作的意见》《关于调整民航局全面深化改革领导小组成员的通知》和《“十四五”深化民航改革工作方案（2021—2025）》，完成了“十四五”民航改革谋篇布局，调整了改革的领导机构，重新构建了改革工作总体框架，形成了16个改革工作方案，确定了“十四五”期间271项改革任务，进一步细化为2021年度514项阶段性改革目标。

一是坚持党对改革工作的统一领导。始终把“四个意识”“四个自信”“两个维护”作为深化民航改革的政治方向，从党和国家全局思考谋划民航改革举措。坚持深化改革与学党史、办实事有机结合，把改革成果作为检验民航党史学习教育成效的重要方面，为深化改革提供了坚强政治保障。

二是统筹“十四五”改革总体布局。提炼出“十三五”民航改革“四个结合”经验做法。注重改革工作的战略导向，确定了10个方面49项改革任务。注重改革任务的落实落地，按照项目化管理模式，编制形成了16个工作方案，重新组建了相应改革工作组。注重“规划引领+改革动力”的双引擎驱动，将民航“十四五”规划中涉及改革的50余项任务统筹纳入改革方案。

三是树立鲜明的改革创新导向。一方面，编制方案更加注重完善机制、优化流程，审议方案更加注重改革举措的创新性，落实方案更加注重制度转化和试点探索；另一方面，重构评估模型，从过程性评估转变为创新属性评估，创造性地引入“创新指向度”“创新响应度”和“创新实现度”等三个评价维度。

四是协同推动改革任务落实。坚持领导小组督促机制，指导推动任务落实。坚持专项工作组和总召集人的统筹推进机制，促进同一领域改革举措相互衔接、协同发力。坚持任务进度跟踪机制，每季度梳理进展情况，年终对账销号。坚持改革办支持协助机制，提出方案编制建议260余条。坚持第三方评估机制，开展完成情况量化评估与反馈工作。

一年来，民航系统完成制度建设174项，其中，“从无到有”的制度141项，“从有到优”的制度33项，另有48项制度正在制修中。开展改革试点项目25个。年度改革目标的完成率达93%，13个改革方案的完成率在90%以上，其中，完善民航宏观调控体系、完善民航科教创新体系、完善民航应急管理体系、完善民航国际合作体系、提升民航应对突发公共卫生事件能力、推进民航系统全面从严治党共6个方案的完成率为100%。全行业系统性安全管理理念得到强化，行业恢复发展得到有力支持，运行保障能力稳步提升，智慧民航建设成效明显，行政管理能力进一步增强，担当协作的工作作风更加巩固。

九、邮政重大改革事项

推动邮政企业研提邮政普遍服务业务和竞争性业务分业经营改革方案。建立工作联系机制，指导地方局加强自贸区政策创新，推动将国际快递业务经营许可下放北京、上海自贸区，配合制定自贸区跨境服务贸易负面清单，印发邮政快递业自贸区制度创新优秀实践案例。

第三篇
发展成就

Section III
Development and Achievements

第一章 交通强国建设

加快建设交通强国，是以习近平同志为核心的党中央作出的重大战略决策，是全面建设社会主义现代化国家的有机组成部分，是交通运输服务党和国家事业发展全局的重要抓手，也是交通运输长期的中心工作。2021年，交通运输部坚持以习近平新时代中国特色社会主义思想为指导，坚决落实党中央、国务院决策部署，深入推动《交通强国建设纲要》《国家综合立体交通网规划纲要》落地实施，加快建设交通强国取得了新成效。

第一节 交通强国建设开展情况

一、系统推进“两个纲要”贯彻落实

一是抓好《国家综合立体交通网规划纲要》宣贯工作。做好国务院新闻办公室新闻发布会、央视《新闻联播》等中央媒体宣传工作，组织召开全国宣贯会议，印发任务分工方案，编辑出版学习读本，认真组织做好宣贯培训工作。二是交通运输部推进交通强国建设领导小组改称加快建设交通强国领导小组，增补中国邮政集团有限公司为成员单位，进一步强化统筹领导，细化责任分工。三是推动地方建立交通强国建设实施机制，22个省份（含新疆生产建设兵团）和4个计划单列市已建立交通强国建设领导机制，其中20个省市由党委或政府领导担任领导小组组长。四是指导地方篇章陆续出台，26个省(自治区、直辖市)印发《交通强国建设纲要》实施意见或交通强省建设方案，6个省份出台省级综合立体交通网规划。五是制定印发包含国家综合指标、行业指标、省域指标的《交通强国建设评价指标体系》。

二、成功筹办第二届联合国全球可持续交通大会

深入学习贯彻习近平关于大会筹办工作的重要指示精神，努力克服新冠肺炎疫情影响，精心组织、精心安排，确保大会取得圆满成功。习近平以视频方式出席第二届联合国全球可持续交通大会开幕式并发表主旨讲话，指出“新中国成立以来，几代人逢山开路、遇水架桥，建成了交通大国，正在加快建设交通强国。”并宣布“中方将建立中国国际可持续交通创新和知识中心，为全球交通发展贡献力量。”（引自《人民日报》2021年10月15日第02版）大会还发布了《北京宣言》《中国交通的可持续发展》白皮书等。会后，交通运输部迅速召开部党组扩大会议、部务会议、全国交通运输系统电视电话会议，学习贯彻主旨讲话精神，向全行业印发通知，掀起学习领会、贯彻落实主旨讲话精神的热潮，并迅速开展中国国际可持续交通创新和知识中心筹建工作。

三、完善交通运输规划体系

一是编制实施“十四五”系列规划，报请国务院印发《“十四五”现代综合交通运输体系发展规划》，构建了由1个总规划、6个重点专项规划、9个一般专项规划以及若干特殊专项规划组成的规划体系，与“两个纲要”确定的目标任务统筹衔接。二是完善中长期规划，启动修编国家公路网规划、全国港口和航道布局规划等。三是制定服务构建新发展格局、出疆入藏、西部陆海新通道、大别山革命老区、“重走长征路”红色旅

游公路等专项规划或意见。

四、加快国家综合立体交通网建设

一是稳步推进基础设施网络建设，全年完成交通固定资产投资约3.61万亿元，铁路新开通线路4000公里，新增高速公路超过8500公里，新增和改善高等级航道约1000公里，新颁证民用运输机场7个，新增城市轨道交通超过1300公里。二是加快推进重大工程建设，川藏铁路及配套公路、引江济淮航运工程等重大项目建设有序推进。三是研究起草《关于推进国家综合立体交通网主骨架高质量建设的意见》，梳理形成主骨架路线方案，开展主骨架建设适应性评估。四是健全资金保障机制，调整完善"十四五"车购税资金政策。

五、努力建设人民满意交通

一是巩固交通脱贫攻坚成果，推进"四好农村路"高质量发展，全年新改建农村公路超过17.4万公里，着力解决人民群众"急难愁盼"问题，持续提升安全应急保障水平。二是有效提升出行服务品质，道路客运电子客票服务覆盖超过1600个二级以上汽车客运站，318个地级以上城市实现交通一卡通互联互通。三是系统推进物流提质降本增效，高速公路减免货车通行费约676亿元，其中差异化收费政策减免通行费约320亿元，执行鲜活农产品"绿色通道"政策减免通行费约273亿元，ETC用户打折、疫苗免费运输及其他优惠政策减免通行费约83亿元。推动电商物流、冷链物流等专业化物流快速发展。四是在全国集中开展交通运输执法领域突出问题专项整治行动，联合有关部门印发文件，加强货车司机、快递员以及网约车司机等新业态从业人员的权益保障。

六、完善行业篇章

一是持续提升安全应急保障水平，编制《关于加强交通运输应急管理体系和能力建设的指导意见》等。二是加快发展智慧交通，与科学技术部联合印发《关于科技创新驱动加快建设交通强国的意见》《交通运输领域新型基础设施建设行动方案（2021—2025年）》等。三是推进绿色低碳交通发展，印发部贯彻落实碳达峰碳中和工作的实施意见，制定公路水路行业绿色低碳发展行动方案，印发《交通运输行业重点节能低碳技术推广目录（2021年度）》。四是深化对外开放合作，积极推进全球交通合作，稳步推进"一带一路"交通互联互通，中老铁路建成通车，举行48场线上、线下部长级双（多）边会谈，推动海南自贸港交通运输领域财税优惠政策落地。五是加快提升交通运输治理水平，推动修订出台《中华人民共和国海上交通安全法》，系统推进交通运输法治政府部门建设，深入推进重点领域改革，持续优化营商环境。

七、扎实推进交通强国建设试点工作

一是指导试点单位完善实施方案，完成第三批32个试点单位145项试点任务批复，增补重庆等试点单位9项试点任务。二是印发《关于进一步做好交通强国建设试点工作的通知》，进一步加强对试点工作的组织领导和管理跟踪。三是加大政策支持和激励力度，优先将试点工作纳入相关规划计划和年度重点工作。

第二节 交通强国建设铁路方面开展情况

2021年，国家铁路局全面贯彻落实中共中央、国务院印发的《交通强国建设纲要》《国家综合立体交通网规划纲要》，助力交通强国建设。

一是会同有关部门共同编制《"十四五"现代综合交通运输体系发展规划》《现代综合交通枢纽体系"十四五"发展规划》，开展宣贯工作。

二是制定《国家铁路局关于贯彻落实〈国家

综合立体交通网规划纲要〉的工作方案》《国家铁路局〈贯彻落实党的十九届五中全会《建议》的工作方案〉》等，积极推动落实。

三是积极参与交通强国建设试点遴选审核和批复工作，完成4项交通强国建设试点任务申报材料审核和18项试点任务批复工作。

四是联合印发《指导山东等4省交通强国建设试点工作方案》，参与研究制定《交通强国建设评价指标体系》。

五是开展专项调研，组织对浙江省构筑现代综合立体交通网络、优化调整交通运输结构，调研指导广西壮族自治区推进交通运输高水平对外开放等试点工作。

第三节　交通强国建设民航方面开展情况

2021年，中国民用航空局全面贯彻落实中共中央、国务院印发的《交通强国建设纲要》《国家综合立体交通网规划纲要》，有力支撑交通强国建设。一是编制印发《"十四五"民用航空发展规划》，配合国家发展改革委、交通运输部编制《"十四五"现代综合交通运输体系发展规划》。二是深入实施《新时代民航强国建设行动纲要》，抓重点，补短板，强弱项，加快形成两翼齐飞的发展格局。三是积极参与交通强国建设试点遴选工作，配合交通运输部审核地方政府和有关企业报送的交通强国建设试点任务，提出推荐及修改完善意见，加快推动交通强国试点工作。

第四节　交通强国建设邮政方面开展情况

国家邮政局协调推进交通强国建设，推动多项涉邮重点任务纳入《国家综合立体交通网规划纲要》并印发系统内分工，审核有关交通强国建设涉邮试点方案，研提交通强国建设评价指标体系有关意见。

第二章　综合交通

第一节　综合交通规划

《“十四五”现代综合交通运输体系发展规划》（以下简称《规划》）是国家“十四五”规划21项重点专项规划之一，是加快建设交通强国的第一个五年规划。按照党中央、国务院关于“十四五”规划编制部署，2021年，交通运输部全力推进《规划》编制工作。

一、编制工作过程

编制实施好“十四五”规划意义重大。习近平总书记高度重视“十四五”规划编制工作，强调“把社会期盼、群众智慧、专家意见、基层经验充分吸收到规划编制中来。”（引自新华社北京2020年9月22日电《习近平：在教育文化卫生体育领域专家代表座谈会上的讲话》）交通运输部领导高度重视，多次听取《规划》以及专项规划编制工作的汇报。

一是完善规划体系，构建了由总规划、重点专项规划、一般专项规划和特殊专项规划构成的“1+6+9+7”规划体系，明确未来5年交通运输发展的目标任务。

二是健全工作机制。成立交通运输部主要领导任组长，国家铁路局、中国民用航空局、国家邮政局参加的《规划》编制工作领导小组。2021年3月，与国家发展改革委共同牵头成立了规划编制工作领导小组，按照“共同研究起草、共同征求意见、共同审核上报、共同宣传解读”的原则开展工作，联合集中办公20余次。

三是深化重大问题研究，在“十三五”规划实施总结评估基础上，开展“十四五”时期交通运输发展16项相关课题研究，完成了“十四五”基础设施建设、交通空间布局和空间治理等专题研究。

四是广泛开展调研和征求意见建议，交通运输部领导召开10余次规划编制座谈会，听取各级交通运输部门代表以及企业、协会、专家等意见建议。召开了覆盖全国各省份的7个片区座谈会，走访了盐田港、华为、腾讯等典型企业，开展了为期2个月的“十四五”规划征求社会公众建议活动，收到反馈问卷1400份。

二、编制总体思路

《规划》起草过程中，交通运输部深入贯彻习近平总书记关于“十四五”规划编制作出的“坚持党的全面领导，坚持以人民为中心，坚持新发展理念，坚持深化改革开放，坚持系统观念”等重要指示要求，牢牢把握高质量发展这个主题，立足新发展阶段、贯彻新发展理念、构建新发展格局，切实贯彻落实国家“十四五”规划纲要和《交通强国建设纲要》《国家综合立体交通网规划纲要》这三个“纲要”。

一是紧紧围绕加快建设交通强国、服务构建新发展格局总要求。

二是统筹考虑“十四五”和2035年两个阶段目标。

三是加快“三个转变”，即由追求速度规模向更加注重质量效益转变，由各种交通方式相对独立发展向更加注重一体化融合发展转变，由依靠传统要素驱动向更加注重创新驱动转变。

四是统筹考虑存量和增量、建设养护与服务、传统和新型、发展与安全。

五是着力补短板、促融合、提质效、保安畅、强服务、优治理。

三、《规划》的主要内容

《规划》分为总体要求、重点任务、保障措施三大部分，共12章、45节，约2.7万字。

（一）总体要求（第1—2章）

第1章发展环境总结"十三五"时期交通运输发展的主要成绩、存在问题，分析"十四五"时期发展形势和阶段特征。"十三五"时期，我国综合交通运输体系建设取得了历史性成就，基本适应经济社会发展要求，人民获得感和满意度明显提升，为决战决胜脱贫攻坚和全面建成小康社会提供了基础保障。"十四五"时期，总体判断，交通运输进入加快建设交通强国、率先实现现代化的高质量发展新阶段，处于完善设施网络、精准补齐短板的关键期，促进一体融合、提升服务质效的机遇期，深化改革创新、转变发展方式的攻坚期。

第2章主要阐述指导思想、基本原则、发展目标。

指导思想：以习近平新时代中国特色社会主义思想为指导，深入贯彻党的十九大和十九届二中、三中、四中、五中全会精神，立足新发展阶段，贯彻新发展理念，构建新发展格局，坚持以人民为中心的发展思想，以推动高质量发展为主题，以深化供给侧结构性改革为主线，以改革创新为根本动力，以满足人民日益增长的美好生活需要为根本目的，统筹发展和安全，以加快建设交通强国为总目标，完善结构优化一体衔接的设施网络，扩大多样化高品质的服务供给，塑造创新驱动融合联动的发展动能，开创高效治理开放合作的发展局面，强化绿色转型更加安全的发展模式，构建安全、便捷、高效、绿色、经济的现代综合交通运输体系，为全面建设社会主义现代化国家提供战略支撑。

基本原则：服务大局、当好先行；系统推进、衔接融合；创新驱动、深化改革；绿色转型、安全发展。

发展目标：到2025年，综合交通运输全面实现一体化融合发展，智能化、绿色化取得实质性突破，综合能力、服务品质、运行效率和整体效益显著提升，交通运输发展向世界一流水平迈进。同时，《规划》从设施网络、衔接融合、智能绿色、安全可靠等4方面提出了13项主要目标指标。此外，在任务中提出西部地区普通国道二级及以上公路比重、乡镇通三级及以上公路比重、农村公路优良中等路率以及二级及以上汽车客运站、省际和市际客运线路电子客票覆盖率等4项量化任务指标。

（二）重点任务（第3—11章）

围绕交通网络、城乡区域协调、运输服务、智能、绿色、安全、开放、治理等，提出九大重点任务。

一是构建高质量综合立体交通网，包括完善综合运输大通道、打造多层级综合交通枢纽、优化综合立体交通网络、强化一体融合衔接、加强基础设施养护。

二是夯实城乡区域协调发展基础支撑，包括支撑引领区域协调发展、有效服务区域重大战略、夯实乡村振兴交通基础、强化边境交通设施建设。

三是推进城市群都市圈交通现代化，包括建设城市群一体化交通网、构建都市圈通勤交通网、打造城市现代交通系统。

四是扩大优质运输服务供给，包括提升旅客出行服务品质、构建高效货运物流服务系统、发展现代邮政快递服务。

五是加快智能技术深度推广应用，包括推进基础设施智能化升级、推动先进交通装备应用、创新运营管理模式、夯实创新发展基础。

六是全面推进绿色低碳转型，包括优化调整运输结构、推广低碳设施设备、加强重点领域污染防治、全面提高资源利用效率、健全碳排放控制政策。

七是提升安全应急保障能力，包括提高网络抗风险能力、维护设施设备本质安全、加强安全生产管理、强化安全应急保障。

八是推动高水平对外开放合作，包括推进基础设施互联互通、进一步畅通国际运输、推动中欧班列高质量发展、深化多领域交流合作、保障国际物流供应链安全。

九是加强现代化治理能力建设，包括深化重点领域改革、促进形成统一开放市场、创新投融资体制机制、完善法律法规标准规范、强化人才队伍和交通文明建设。

此外，针对战略骨干通道、综合交通枢纽、综合交通网络、网络衔接、边境地区、城市群都市圈、运输服务、数字化网联化、绿色低碳、安全应急、国际运输等领域，按照能落地原则设置了14个专栏，细化49项重大项目、重大工程、重点行动。

（三）保障措施（第12章）

包括加强党的全面领导、加强组织协调、推进试点示范、强化要素保障、做好评估督导。

四、《规划》的主要特点

总体上，《规划》坚持问题导向、目标导向，把握“十四五”高质量发展特征，突出体现了“一体化融合、养护服务、创新绿色、安全治理”这几个关键。

一是一体化融合，强调跨方式、跨领域、跨区域、跨产业协调融合发展，提出国家综合交通枢纽系统构建、综合运输大通道建设、综合交通网络衔接等任务。服务国家重大战略，更加突出乡村振兴、城市群都市圈以及革命老区协调发展。

二是养护服务，强调从重建设向统筹建管养运转变，满足人民群众美好生活新需求，安排专门章节论述基础设施养护，扩大优质运输服务供给，提供多样化高品质客运运输服务、经济高效的货运服务。

三是创新绿色，谋划交通基础设施、装备、运营管理等领域智能化发展任务，建设综合交通信息平台，促进交通运输提效能、扩功能、增动能。持续推进绿色交通发展，落实碳达峰、碳中和目标要求。

四是安全治理，统筹发展和安全，除强调设施设备本质安全、安全生产等内容外，安排专门章节论述边境交通设施建设，推进出疆入藏、沿边等通道建设，保障国际物流供应链稳定及装备自主安全。注重优治理，围绕完善法制、体制、机制、规制，提出改革举措和试点任务。

第二节　综合交通基础设施建设

2021年，交通运输部按照国家综合立体交通网“6轴7廊8通道”主骨架布局，加快构建完善以“十纵十横”综合运输大通道为骨干，以综合交通枢纽为支点，以快速网、干线网、基础网多层次网络为依托的综合交通网络，加快推进存量网络提质增效，聚焦中西部地区精准补齐网络短板，稳步提高通达深度，畅通网络微循环，积极推进现代综合交通运输体系建设。

截至2021年底，全国铁路营业总里程超过15万公里，其中高铁超过4万公里，覆盖95%以上的百万以上人口城市；全国公路总里程528.1万公里，其中高速公路16.9万公里、覆盖98%的20万以上人口城市，农村公路里程446.6万公里，具备条件的乡镇和建制村实现100%通硬化路；全国港口泊位20867个，其中万吨级及以上泊位2659个，内河航道12.76万公里；51个城市开通运营轨道交通，运营里程达8736公里；全国颁证运输机场248个，民用运输机场覆盖92%的地级市；邮政网点超过34万处，稳居世界第一，村村直接通邮、乡镇快递网点基本覆盖，城乡交通运输一体化水平大幅提升。

第三节　综合运输服务

一、旅客联程运输

一是深入研究论证。开展空铁（轨）联运旅

客换乘流程优化工作专题论证，深入研究民航到达旅客换乘高铁（城际铁路）、城市轨道交通安检流程优化的可行性和技术路线。

二是联合开展调研。会同相关部门和单位组成联合调研组，赴北京大兴国际机场、成都双流国际机场、成都天府国际机场、武汉天河国际机场等综合客运枢纽调研，现场踏勘4座机场换乘通道改造、行李直挂运输等基本条件，就推进空铁（轨）联运旅客换乘流程优化工作达成了共识。

三是研究印发文件。以交通运输部办公厅、公安部办公厅、中国民用航空局综合司、中国国家铁路集团有限公司办公厅名义联合印发了《关于开展空铁（轨）联运旅客换乘流程优化工作的通知》，梳理形成上海浦东、西安咸阳等17个“十四五”时期规划建设、基本具备旅客换乘流程优化条件的综合客运枢纽清单，指导各地深入开展安检流程优化工作，力争“十四五”时期部分新建综合客运枢纽能够落地实施。

二、运输结构调整

在运输结构调整“三年集中攻坚”的基础上，2021年底研究起草并报请国务院办公厅印发《推进多式联运发展优化调整运输结构工作方案（2021—2025年）》，会同铁路部门研究制定贯彻落实方案，明确了“十四五”时期运输结构调整工作重点任务目标，持续深入实施运输结构调整，深化运输结构调整示范区建设，推动大宗物资“公转铁、公转水”，推进运输绿色低碳转型。

2021年，全国铁路货运量47.20亿吨，较2017年增加10.8亿吨，在全社会货运量占比由7.81%提高至9.15%，铁路货运量占全社会货运量比重不断提高；全国港口完成集装箱铁水联运量754万标准箱，同比2017年增长116.7%，集装箱铁水联运量快速发展。2021年底，沿海港口大宗货物公路运输量较2017年同比减少4亿吨，环渤海、长三角地区等17个主要港口煤炭集港全部改为铁路和水运，港口“公转铁”“公转水”成效明显；全国水路货运量比2017年增加15.6亿吨，水路承担的大宗货物运输量持续提升。

三、多式联运管理

一是加强统筹谋划。系统研究梳理多式联运工作推进思路；配合全国政协组织召开“推进多式联运高质量发展”网络议政远程协商会，会后配合全国政协梳理形成意见建议，报国务院领导，形成部内分工方案印发相关司局。

二是深入开展调研。会同国务院办公厅秘书二局赴上海、重庆、广西等地开展多式联运调研，起草形成调研报告报批国务院。

三是研究起草文件。研究起草并报请国务院办公厅印发《推进多式联运发展优化调整运输结构工作方案（2021—2025年）》，从提升多式联运承载能力和衔接水平、创新多式联运组织模式、促进重点区域运输结构调整、加快技术装备升级、营造统一开放市场环境、完善政策保障体系等方面推动多式联运高质量发展。

四是开展示范工程建设。会同国家发展改革委完成20个第二批多式联运示范工程验收，组织开展第四批多式联运示范工程申报工作，以多式联运示范工程为重点，探索推进不同运输方式间信息互通共享，加快研究推进多式联运“一单制”。

四、邮政快递服务

积极参与国际物流保障协调工作机制工作，推动国际物流供应链体系建设。

邮政企业加大投资建设力度，打造以南京邮件集散中心为核心，以“自主航班为主，民航腹仓为辅”的自主航空运营网络，拥有全货机34架，建设邮航通航站点26个，民航通达站点70个以上，日运行航班近80班，自主航班覆盖国内26个省份、

286个地市及港澳台地区；拥有揽投网点5.4万个，投递汽车3.9万辆，投递网络覆盖全国31个省份的全部城市和农村地区，实现村村通邮；大力推进甩挂运输，新组开邮路以往返甩挂邮路为主、车辆新增和更新以大吨位的甩挂车为准，累计开通省际干线甩挂邮路1346条；打造次日递为主的高铁运邮模式，重点搭载邮政特快专递及对时限要求高的产品邮件。国际方面建有72个国际邮件互换局、交换站，通过海陆空干线立体运输网络将邮件发运至全球174个寄达口岸。深化快递与综合交通运输衔接，快递专用货机保有量超过130架，鄂州航空货运枢纽建成校飞，顺丰转运中心和航空基地等加快建设，江苏京东货运航空公司获批筹建，高铁运输快递线路超过1500条，高运能大型干线车辆达2.85万辆。

五、绿色货配示范

2021年，交通运输部联合公安部、商务部开展第一批城市绿色货运配送示范工程验收工作，对通过验收的16个城市授予“绿色货运配送示范城市”荣誉称号，并要求各地交通、公安、商务部门认真学习借鉴通过验收城市的创建经验，加快建立“集约、高效、绿色、智能”的城市货运配送服务体系；编制《城市绿色货运配送示范工程运行监测分析报告》，科学评估示范工程建设进展和建设成效；印发《城市绿色货运配送示范工程管理办法》，进一步加强城市绿色货运配送示范工程建设，系统规范创建申报、组织实施、验收与命名、动态评估等工作，推进示范工程创建规范化、制度化。在总结前两批创建工作基础上，会同公安部、商务部组织开展第三批城市绿色货运配送示范工程创建工作。

通过示范工程建设，充分调动了各地发展城市绿色货运配送的积极性，各地在加快完善体制机制、推进三级配送节点体系建设、制定便利化通行政策、推广新能源物流车、创新集约化配送模式、推进信息资源共享等方面创新探索，城市绿色货运配送发展水平不断提升。截至2021年底，16个示范城市和30个示范工程创建城市累计新增新能源物流车12万辆，保有量超过27万辆，约占全国城市配送新能源物流车总数的50%以上，成为全国新能源车推广主阵地。

第四节 现代国际物流供应链体系

一、国际物流供应链顶层设计

按照党中央、国务院决策部署，会同有关部门建立国际物流保障协调工作机制，制订推进现代国际物流供应链发展的意见，提出加快构建开放共享、覆盖全球、安全可靠、保障有力的国际物流供应链体系，使进口货物“进得来”、出口货物“出得去”。对国际海运、航空货运、中欧班列、国际道路运输、国际寄递物流等方式加强协调，保证供应链畅通。

二、国际物流供应链服务保障系统

按照“平时服务、急时应急”的要求，推进国际物流供应链服务保障系统建设。组织开发综合指挥、调度保障、信息服务、应急能力供给和后台管理5个应用子系统和疫苗运输保障、进口粮食保障、集装箱运输保障及运行监测分析等功能模块，有力支撑服务国际物流供应链平稳运行。积极参与制定推动集装箱海铁联运设施联通的实施方案等文件。积极参与“十四五”冷链物流发展规划研究制定和推动冷链物流发展有关工作。

三、国际运输服务保障能力

依托国际物流保障协调工作机制，统筹调度各种运输方式，不断拓展国际物流通道网络，提升国际物流服务保障能力。2021年，完成港口外贸货物吞吐量大约47亿吨，同比增长4.5%；完成港口外贸集装箱吞吐量大约1.6亿标准集装箱，同比增长7.5%；开行中欧班列大约1.5万列，发送货物146万标准集装箱，同比分别增长22%和29%；开行国际货运航班20万班，同比增长22%；完成国际航线的货邮量266.7万吨，国际及港澳台快递21亿件，同比分别增长19.5%和14.6%；完成国际道路运输4600万吨，与上年基本持平。

第三章　铁路

第一节　铁路规划与实施

一、编制《“十四五”铁路发展规划》

深入贯彻落实《交通强国建设纲要》《国家综合立体交通网规划纲要》，国家发展改革委、交通运输部、国家铁路局、中国国家铁路集团有限公司共同编制《“十四五”铁路发展规划》，提出了2025年铁路发展目标，明确了重点任务和具体举措，并积极做好推动实施。

二、协同推进铁路和相关行业规划工作

一是会同国家发展改革委、中国国家铁路集团有限公司推进《中长期铁路网规划（2022—2035年）》研究编制工作，针对性开展专题研究，研究布局新时期的铁路基础设施网和运输服务功能网。二是积极开展并联合印发《现代综合交通枢纽体系“十四五”发展规划》《“十四五”交通气象保障规划》《国家粮食安全中长期规划纲要（2021—2035年）》《大别山革命老区综合交通运输“十四五”发展规划》《西部陆海新通道“十四五”综合交通运输体系建设方案》《出疆入藏综合运输通道规划建设方案（2021—2035年）》等重点规划和实施方案。三是加强沟通对接，调研指导吉林、江苏、安徽、湖北、福建、广东、广西、内蒙古、新疆等多省（自治区）科学开展域内铁路规划编制。

三、扎实推进重点项目前期规划研究工作

一是组织开展重点项目行业评审。组织开展沪渝蓉高速铁路重庆至成都段、上海至南京至合肥段，瑞金至梅州铁路，西安至重庆高铁安康至重庆段，长沙至赣州铁路，南通至苏州至嘉兴至宁波铁路6个重大项目行业评审，及时出具行业意见。二是扎实推进西部陆海新通道建设。认真落实《国家铁路局贯彻落实西部陆海新通道总体规划工作方案》，指导开展黄桶至百色、黔桂铁路增建二线及湘桂铁路南宁至凭祥段、成渝铁路成都至隆昌段、隆黄铁路隆昌至叙永段扩能改造等项目前期工作。三是加强重大项目前期规划研究。组织赴新疆维吾尔自治区开展了中巴、中吉乌等铁路境内段调研，推动中巴、中吉乌等铁路境内段规划研究。

四、协调推进城际和市域（郊）铁路规划建设

一是先后赴北京、浙江、广东、山东等地调研，深入重点地区了解城际铁路和市域（郊）铁路规划建设情况，积极支持地方政府探索运营规则、投融资模式和管理模式改革实践。二是加强对城市群城际铁路发展规划的研究和指导，支持具备条件的大城市都市圈市域(郊)铁路新线建设，充分利用既有铁路富余能力开行市域（郊）列车，推动轨道交通“四网融合”发展。三是加强基础研究，开展《铁路行业运输收入清算机制及规则梳理》等项目研究，为推进城际和市域（郊）铁路规划建设做好基础支撑。

五、积极参与行业重大政策研究

一是与国家发展改革委、交通运输部等部门联合报送《关于进一步做好铁路规划建设工作意见》，结合工作推动落实。二是与国家发展改革委等部门联合印发《关于加快推进2022—2023年

铁路专用线重点项目建设的通知》，积极协调推动落实。三是对《扩大内需战略规划纲要（2021—2035年）》《关于推动长江三角洲地区共建辐射全球航运枢纽的指导意见》《关于加快建立健全绿色低碳循环发展经济体系的指导意见》等重大政策提出意见、建议。

第二节　铁路法规体系建设

一、全面贯彻党中央有关法治建设工作的决策部署

一是全面落实党中央关于法治中国、法治社会建设的决策部署，制定《国家铁路局贯彻落实〈法治中国建设规划（2020—2025年）〉〈法治社会建设实施纲要（2020—2025年）〉工作方案》，提高依法行政能力，推进铁路治理体系与治理能力现代化。二是全面落实《法治政府建设实施纲要（2021—2025年）》，制定《国家铁路局关于贯彻落实〈法治政府建设实施纲要（2021—2025年）〉的意见》，进一步深化铁路行业法治政府部门建设。三是制定印发《国家铁路局贯彻落实〈习近平总书记在中央全面依法治国工作会议上的重要讲话精神〉工作措施方案》，认真组织抓好落实。四是深化国家铁路局制度体系建设，学习宣贯新修订的《安全生产法》，提出11项履职急需的制度建设任务，加快制修订进程。五是落实《中央宣传部、司法部关于开展法治宣传教育的第八个五年规划（2021—2025年）》，编制印发《铁路法治宣传教育第八个五年规划（2021—2025年）》。

二、加快推动重点法律法规和部门规章制修订

一是推进《中华人民共和国铁路法》修订。开展专题研究论证，修改完善草案，配合开展第二轮征求意见，就铁路管理体制、铁路分类等相关重点问题开展部门间协调和立法调研。二是深化行政法规修订研究。结合《中华人民共和国安全生产法》（2021年修订版）颁布实施推动《铁路交通事故应急救援和调查处理条例》修改进程。三是推进部门规章制修订。修订《铁路运输基础设备生产企业审批办法》《违反〈铁路安全管理条例〉行政处罚实施办法》《铁路建设工程质量监督管理规定》三项规章；推进《铁路危险货物运输安全监督管理规定》《铁路旅客运输规程》等制修订。四是印发《国家铁路局关于原铁道部规范性文件清理工作方案》，明确清理原则、处理方式、清理程序、工作要求等，推进原铁道部规范性文件清理工作。五是组织开展涉及长江保护法、行政处罚法、外商投资法及男女平等、计划生育等法规、规章、规范性文件专项清理5项。

三、夯实内部管理制度，防范法律风险

一是加强制度建设，强化法律顾问作用。制定印发《加强法律顾问建设发挥法律顾问作用的实施意见》；组织开展2020年局聘常年法律顾问考核工作，调整法律顾问队伍，选优配强内部法律顾问队伍。二是推进严格规范公正文明执法。严格落实重大行政决策程序制度，推进行政规范性文件合法性审查工作，完成合法性审查80余件。三是妥善处理行政争议。落实行政复议体制改革和行政复议规范化、信息化建设要求，积极参与全国行政复议工作平台试运行，提升行政复议监督效能；完成国家铁路局2020年行政复议和行政应诉案件统计工作；妥善处理行政复议案件9件，行政诉讼案件2件。

第三节　铁路车辆装备

2021年，全国铁路机车拥有量为2.17万台，其中，内燃机车0.78万台，电力机车1.39万台。全国铁路客车拥有量为7.8万辆，其中，动车组4153标准组、3.32万辆。全国铁路货车拥有量为96.6万辆。

第四节　铁路基础设施建设

2021年，川藏铁路拉林段开通运营，全线开工建设；中老铁路、玉磨铁路建成通车，为“一带一路”谱写了新的篇章；第一条民营资本控股的杭绍台高铁顺利通过验收，铁路投融资体制改革不断深化；崇礼到太子城段铁路顺利开通，全面完成服务北京冬奥会增添快捷大通量交通保障铁路建设任务；全年全国铁路固定资产投资完成7489亿元，其中国家铁路完成6616亿元；投产新线4208公里，其中高速铁路2168公里。截至2021年底，全国铁路营业里程达到15万公里，其中高铁4万公里；全国铁路路网密度156.7公里/万平方公里；复线率59.5%；电化率73.3%。西部地区铁路营业里程6.1万公里。

第五节　铁路运输服务

一、客运服务

2021年，全国铁路完成旅客发送量26.12亿人次，比上年增加4.08亿人次，同比增长18.5%；全国铁路旅客周转量完成9567.81亿人公里，比上年增加1301.62亿人公里，同比增长15.7%。

适应旅客需求变化，优化列车开行结构，扩大“复兴号”开行范围，推广新型票制产品，不断丰富产品供给，创新服务方式，提升旅客运输服务品质。一是不断丰富客运产品。优化列车开行结构，动态优化调整列车开行方案，充分利用新线、新增动力集中动车组、达速线路等资源，有效增加运输能力，满足旅客多种出行需求；川藏铁路拉林段开通运营，复兴号动车组开行覆盖全国31个省（自治区、直辖市）；积极拓展差异化票种票制，部分城际铁路上线定期票、计次票等新票制产品，推广城际铁路e卡通服务；深化推广空铁联运合作，持续推进与其他交通方式的融合发展，上线“铁路+公路+水路”联运产品等；大力拓展高铁快运，充分运用载客动车组上的高铁快运柜、预留的不售票车厢和普速客车上的行李车、无乘客的高铁确认列车，精准投放运力，持续提升铁路快运服务品质。二是着力提升客运服务质量。深入实施老年人及脱网人群线下服务措施，保留人工售票窗口、现金购票等传统服务功能，上线“12306”App爱心版，有效解决老年运用智能技术困难的问题；在高铁大站改进商务座旅客候车服务，提供专用安全检查通道、专属候车区和乘车通道，专人引导进出站，提升高端旅客服务品质；推进试点电子临时身份证明，延长互联网售退票办理时间，推广列车扫码点餐“无接触”服务，试点优化静音车厢等精细化服务举措，进一步改善旅客出行体验。

二、货运服务

2021年，全国铁路货运总发送量47.74亿吨，同比增长4.9%，全国铁路货运总周转量33238亿吨公里，同比增长8.9%。

国家铁路货运总发送量完成37.26亿吨，比上年增加1.45亿吨，增长4%。其中，集装箱发送量比上年增长23.5%。国家铁路货运总周转量完成29950.01亿吨公里，比上年增加2552.18亿吨公里，增长9.3%。

三、国际联运

2021年，中欧班列共开行1.5万列，同比增长22%，运送货物146.4万标准箱，同比增长29%，综合重箱率为98.1%，为促进国内国际双循环、构建新发展格局发挥了重要作用。

四、国际间铁路合作

依托铁路合作组织（以下简称“铁组”）等工作平台，深入开展国际铁路运输合作。一是积极参与铁组规章制修订，公布《国际旅客联运协定》《国际旅客联运协定办事细则》《国际铁路货物联运协定》和《国际铁路货物联运协定办事细则》

《货物装载加固技术条件》有关修改补充事项，组织出版《国际铁路货物联运协定》及其办事细则。二是推进铁路国际联运便利化。推广统一运单，组织提出铁组物权凭证临时工作组会议提案，推进解决铁路运输中的物权凭证问题。

第六节　铁路安全监管执法

2021年，国家铁路局坚持红线意识和底线思维，围绕防范化解铁路重大安全风险，以高铁和旅客列车安全为重点，紧盯安全关键和薄弱环节，强化责任落实、制度落实、标准落实、机制落实，夯实铁路安全基础，加强风险管控，提升监管效能。2021年，全国铁路未发生铁路交通特别重大、重大事故，没有发生造成旅客死亡的行车事故，发生铁路交通较大事故1件、同比下降92.3%，铁路交通事故件数和死亡人数同比双下降，铁路安全形势持续稳定。

一、深入开展专项整治三年行动集中攻坚，铁路沿线安全环境明显改善

坚决贯彻党中央关于安全生产工作决策部署，明确铁路沿线环境、危险货物运输、公水铁并行交汇会地段、路外伤害安全等铁路安全生产专项整治的年度集中攻坚工作重点，完善“问题隐患和制度措施”两个清单，动态更新并持续推进整改。推动建立由12部门组成的铁路沿线安全环境治理部际联席会议制度，召开铁路沿线安全环境治理部际联席会议第一次全体会议、治理推进电视电话会议和办公室工作会议，经国务院同意发布《关于加强铁路沿线安全环境治理工作的意见》，4部门联合发布《关于铁路沿线安全环境管理“双段长”制实施指导意见》，27个省（自治区、直辖市）出台了地方铁路法规，28个省份建立了厅际联席会议制度，牵头组织多部门成立联合督导检查组开展督查调研，排查整治各类隐患6万余件，时速120公里线路未封闭地段整治、铁路上跨桥移交、道口“平改立”等完成年度目标，铁路沿线安全环境明显改善。

二、精准研判风险，安全分析预警全面加强

印发《铁路安全形势分析管理办法》《关于加强铁路交通事故管理工作的通知》，规范事故信息报送工作，强化事故管理职责。健全完善安全分析制度，强化每周、每月、每季度定期分析，针对倾向性问题开展专题分析，准确把握安全趋势，为安全监管工作提供有力支撑。全面推行安全预警制度，对关键性、倾向性问题进行精准研判预警，全年实施预警141次381家单位，通过早提醒、早安排、早检查、早督导，督促铁路企业提前部署、充分准备，强化责任落实、措施落实，促进了安全风险的有效管控。

三、强化隐患排查整治，安全监督检查进一步规范

严格计划管理，强化“四不两直”，统筹实施春暑运、汛期防洪、营业线施工及铁路安全隐患集中排查整治等监督检查，全局开展安全防范工作16项，由局党组成员带队深入铁路一线开展检查调研10轮次，加强问题闭环管理，紧盯问题整改，向中国国家铁路集团有限公司通报反馈监督检查情况。对18家铁路运输企业开展综合安全监督检查，面对面与企业主要负责人交换意见，督促问题整改，有力促进了企业安全管理水平的提升。

四、综合运用监管方式，坚决守住安全红线底线

坚持严执法、强管理、追责任、督整改，大力推进通报、督办、约谈等多种监管方式的综合运用，对触碰红线底线的问题和典型事故，加强多种监管方式相互衔接，全年预警、通报、约谈次数同比增加，逐步形成相互关联匹配、互为支

撑补位的工作体系。针对机务系统路外伤亡事故防控不到位、违章作业多发形势，督促企业强化专业管理、堵塞安全漏洞。发挥约谈后半程效力，通过公开约谈信息，促进企业开展巡察并严肃追责问责，取得了显著成效。

五、坚持抓小防大，事故调查追查力度明显加大

加大典型事故调查指导力度，严格事故调查追查、原因分析、责任追究和问题整改。按照"四不放过"原则，提出追责建议，进一步压实各方安全责任。扎实开展事故整改措施落实情况评估检查，开展较大事故和部分一般事故整改检查评估，督促铁路企业吸取事故教训。依据《中华人民共和国安全生产法》对造成从业人员死亡责任事故的责任单位和有关人员实施行政处罚。

六、聚焦执法效能，安全保障作用更加显著

认真落实法治政府建设要求，修订《违反〈铁路安全管理条例〉行政处罚实施办法》《国家铁路局行政处罚管理办法》，扎实开展行政执法不规范问题专项整治，推进落实行政执法"三项制度"。坚持硬起手腕抓监管，不断强化责任意识和法治意识，严厉打击危害铁路安全行为，实施行政处罚 247 起、罚没金额 4560.9 万元，同比分别增长 23.5% 和 15.69%，其中针对铁路运输单位实施行政处罚 32 起、处罚金额 419.72 万元，分别为 2020 年的 3.2 倍、5.3 倍，监管部门的执法效能得到显著提升。首次对 10 种违法情形进行处罚，行政执法范围进一步拓宽。

第七节　铁路工程质量安全监管

一、确保党中央决策部署落实见效

一是科学扎实抓好川藏铁路工程监管工作。局党组、局川藏铁路规划建设领导小组多次召开专题会议。局党组成员多次赴川藏一线开展现场调研检查，靠前指挥、指导项目建设和工程监管工作。局党组书记、局长刘振芳两次主持召开川藏铁路规划建设领导小组会议，先后两次赴现场开展调研、踏勘、督查。局党组成员多次赴川藏铁路走访座谈、现场督导、添乘检查，对机制砂使用、配套公路建设等情况进行调研。推进形成协同管控机制和"三级两段一支撑"监管体制，为 2021 年底实现川藏铁路全线开工提供了高质量的监管服务保障。铁路工程监管系统全年共开展监督检查 27 次，检查标段 151 个次，工点 363 个次，发现问题 1236 个，下达整改通知 96 份，发出风险警示函两份，有力地保障了川藏铁路安全优质建设。二是强化重点项目监管，服务国家重大战略。加强竣工验收项目监督检查，及时消除质量安全隐患，保障项目顺利开通、安全运营。川藏铁路拉林段开通，玉磨铁路建成，中老铁路通车，第一条民营资本控股的杭绍台高铁顺利通过验收，服务北京冬奥会的崇礼到太子城段铁路顺利开通。加强施工图审查设计，有力推进了西部陆海通道、西昆高铁、沿江高铁等项目开工建设。持续推进地方政府落实地方铁路监督责任，促进专用铁路、专用线建设。加强与地方政府有关部门对接沟通，创新开展地方铁路协同监管工作，督促实现地方铁路平稳有序建设。

二、着力实施工程质量安全重点监管

一是开展专项整治。深化在建隧道工程风险隐患排查整治"回头看"，督促 1038 个问题整改闭合；部署在建站房工程安全风险隐患排查整治专项行动，开展监督检查 56 次，抽查工点 279 个，发现问题 965 个，制发整改通知单 70 份，督促参建各方排查整治问题隐患 2722 个，取得显著成效。二是实施重点监管。紧盯重点工程、时段、区域，针对要害部位、关键环节及事故多发项目和单位，

加大监督检查力度；加强对杭绍台高铁等民营控股项目监督管理和行业指导，在投融资新业态项目监管方面积累了经验；对玉磨铁路多次组织全线大检查，督促消除重大质量安全隐患，为中老铁路顺利开通保驾护航；应对河南地区极端强降雨天气，督促参建企业在保护施工成品基础上，全力协调抽调力量支援地方防洪工作。三是规范监督行为。坚持问题导向，修订《铁路建设工程质量安全监督机构和人员考核管理办法》，加强监督机构考核，推动建立有利于发现问题、查处问题的激励机制，提高监督人员的依法监督意识，有效防范各类重大问题和化解事故隐患。四是推动协同发力。国家铁路局向中国国家铁路集团有限公司、中国中铁股份有限公司、中国铁建股份有限公司，各地区监督管理局向辖区驻在地企业，通报年度质量安全形势及其主要问题，调动企业总部积极性和管理资源，有效促进参建企业主体责任落实；全国铁路工程项目未发生重大以上事故，有力维护了优质安全的建设稳定局面，实现了"十四五"良好开局。

三、着力维护市场安全稳定

一是规范铁路建设市场秩序。开展铁路工程施工承发包及合同履约情况专项监督检查，严肃查处转包、违法分包、资质挂靠等违法行为；对西延高铁、西昆高铁等项目开展市场秩序督导检查，积极构建失信惩戒机制，依法依规认定记录公布6起铁路工程建设失信行为，运用信用手段促进市场主体责任落实；加强铁路建设市场主体资质管理服务，全年共完成6批15家企业16项资质初审工作；与国家发展改革委联合印发《关于建立健全招标投标领域优化营商环境长效机制的通知》，优化营商环境取得积极进展。二是大力保障"双欠"支付。细化支付保障措施，明确有关各方责任；举行宣贯活动，加强政策引导，增强依法维权意识；开展根治欠薪冬季专项行动，排查支付保障措施落实情况；依法查处"双欠"投诉举报案件，有力保障进城务工人员和中小企业合法权益。2021年，督促支付欠薪2773万元、涉及进城务工人员1918人，协调解决中小企业欠款3117万元、涉及39家企业。三是加强招标投标监管。大力推进依法必须招标的铁路工程项目全面应用标准施工招标文本，督促企业落实铁路工程招标备案和报告制度，组织办理自行招标备案311次、接收招标投标情况报告410份；加强评标专家库管理，推动地方公共资源交易中心升级铁路工程建设电子招标投标交易系统，推动铁路工程监管信息系统与公共资源交易平台间的数据对接。

四、着力推进工程监管体系和能力建设

一是完善监管制度体系。研究制定铁路建设工程安全风险管控工作指导意见，修订铁路建设工程质量监督管理规定；有序推进铁路建设管理办法、竣工验收管理办法、勘察设计管理办法等的制修订工作；编制并推动全面施行铁路工程标准施工招标文件及资格预审文件。二是创新监管方式方法。提升信息化监管水平，推行铁路工程监管系统全周期使用，推广铁路工程监督检查App，提高监管成效；注重提升大数据分析水平，探索建立问题分级分类监管机制，研究形成高质量专题报告；注重提升行政监督检查水平，组织跨地区局的联合检查组，按照"双随机、一公开"要求，围绕法律法规和强制性标准的执行，开展联合检查，提升整体监管效能；创新信用监管方法，采取制定信用清单、建立评价标准、强化监督检查、运用评价结果等方式，规范参建单位制度建设，形成齐抓共管的良好格局。三是坚持问题导向，开展专题调研。紧盯影响质量关键因素的原材料入口，开展机制砂生产使用情况调研；围绕监督机制、制度执行、责任落实开展工程监管效能调研；推进铁路建设工程安全生产管理制度体系、监理

作用发挥等的专题调研，破解监管制度性难题；聚焦质量安全源头性问题，把握勘察设计深度、承发包模式、合同履行情况，开展专题调研，为勘察设计管理办法修订打好基础。四是发挥政府引领作用推进技术进步。完成2019—2020年度铁路优质工程（勘察设计）奖和铁路工程建设部级工法评选评审工作，依法依规评出68项铁路优质工程奖、202项铁路优秀工程勘察设计奖、176项铁路工程建设部级工法；公开16项先进适用的部级工法，激励参建企业强化创新意识、提升铁路建造水平；推动《铁道工程概论》、路桥、TBM操作等视频资料编审出版工作，促进铁路建设产业工人素质全面提升。

2021年，开展监督检查575次、监督检测89次，检查项目587个次，下达整改通知633份，全年办结投诉举报346件，实施行政处罚65起168件，罚款2193万元，没收违法所得125万元，有效震慑严重违法违规行为，有力维护铁路工程优质安全、平稳有序建设的良好局面。

第八节 铁路设备质量安全监管

一、有序推进铁路设备监管规章制度建设

组织开展铁路运输设施设备质量安全监管工作专题调研，编制《铁路运输设施设备质量安全监督管理办法》，修订颁布《铁路运输基础设备生产企业审批办法》，推动修订《铁路无线电台站设置和频率使用审核办法》《铁路机车车辆驾驶人员资格考试管理办法》，持续清理原铁道部规范性文件，为依法履职提供了科学支撑。

二、依法审查铁路专用设备行政许可申请

积极克服困难，创新工作方法，严格按照行政许可工作程序及取证条件开展审查工作，全年组织完成524项铁路专用设备许可（机车车辆448项、基础设备76项）和80条铁路无线电频率使用许可，以及中国铁路济南局集团有限公司、中国铁路南昌局集团有限公司等8个集团公司机车制式电台执照核发许可申请的审查工作，及时办理FXN3型机车许可，确保了川藏铁路拉林段按时开通运营。

三、认真做好铁路机车车辆驾驶人员资格许可工作

组织修订公布铁路机车车辆驾驶人员资格年度考试大纲和考试公告，全年组织完成铁路机车车辆驾驶资格理论考试9批21646人次、实作考试94批19078人次，完成动车组标准化模拟驾驶考试试点三批。推进一体化政务服务平台应用，采取网上办理铁路机车车辆驾驶资格许可，为铁路机车车辆驾驶人员驾驶证换(补)工作提供便利，全年组织完成铁路机车车辆驾驶人员资格许可申请在线审查37976人次。

四、不断强化铁路设备产品质量安全监管

围绕铁路设备产品质量安全监管职责，突出高铁及旅客列车安全，守底线、抓重点、控关键、防风险，盯红线、查隐患、落责任、督整改，按照“双随机、一公开”原则，制定落实铁路专用设备行政许可企业监督检查年度计划，全年组织完成48家许可企业监督检查，发现问题492项，下发整改通知书47份。紧盯关键设备和薄弱项点，制定落实铁路专用产品质量监督抽查年度计划，编制20项产品质量监督抽查检验实施细则，对20种32厂项产品开展质量监督抽查并公告结果。坚持问题导向，以解剖一个单位、跟班一次作业、全过程参加一个“天窗修”的方式，督促企业推进新铁德奥CN道岔产品缺陷调查和安全隐患专项整治，全年组织更换翼轨531根、基本轨435根、

2点扣压滑床板301组，调整翼轨59根，探伤叉根尖轨214组，如期完成整治任务。统筹疫情防控，组织开展京津冀、春运、“五一”、施工和道口、防洪安全等专项监督检查，及时发现设备质量安全问题并督促企业整改，对问题严重的实施挂牌督办。按月度梳理分析事故、故障暴露出的铁路设备产品质量源头及运用质量问题，下发铁路设备监管情况月、季度通报，强化铁路设备监管工作指导。

五、不断提升铁路无线电管理工作水平

组织制定铁路无线电动态检测和干扰定点检测年度计划并实施，全年完成京沈、京港、合杭、盐通高铁和连镇客专动态检测，以及黑龙江黑河和云南河口边境铁路口岸无线电监测有关工作。组织开展京张高铁沿线17处重点检测点静态检测工作，编写完成北京冬奥会铁路无线电安全保障工作研究报告。组织完成全路机车电台使用摸底及统计工作，协调完成向国际电联报送84座边境铁路无线电台站信息相关工作，组织完成哈萨克斯坦边境台站对我国新疆地区铁路口岸影响的计算工作。

第九节　铁路运输服务质量监督

统筹做好疫情防控和监督检查，围绕铁路运输安全和服务质量，采用监督检查、投诉处理、问卷调查、现场调研等手段，运用明察暗访、交叉检查、联合检查等方式，深入开展铁路运输安全与服务质量监管工作。

一、强化服务质量监督检查

一是统筹春运疫情防控和运输安全及服务质量监督检查。印发《国家铁路局关于做好2021年春运疫情防控和监督检查工作的指导意见》，明确疫情防控、运输安全及服务质量等检查重点，加大对解决老年人便利出行困难情况的检查力度，成立春运督查组开展监督检查。二是组织开展暑运安全及服务质量监督检查。采取“双随机、一公开”监管模式，以旅客视角，全流程体验站车服务，发现现场作业存在的问题和隐患；暑运期间组织对4家铁路局集团公司、2家地方铁路公司以及中铁快运4家分公司的安全基础、客运管理、服务质量标准执行、疫情防控措施落实等情况进行监督检查，督促铁路运输企业落实安全生产主体责任，提升服务质量。三是组织开展清明、“五一”、中秋、国庆假期监督检查工作。重点对节假日期间铁路运输企业落实疫情防控措施、客运安全及服务质量等情况开展监督检查，加强应急值守和信息报送。四是组织开展为期100天的北京冬奥会铁路疫情防控、运输安全和服务保障监督检查；先后5次对北京冬奥会京张高铁运输服务保障工作进行全面调研督查，全力保障北京冬奥会期间铁路运输安全及服务质量稳定。

二、妥善处理运输服务质量投诉

坚持以人民为中心，把着力解决群众“急难愁盼”问题作为出发点和落脚点，妥善处理群众投诉，做到件件有登记、有处理、有回复。对国务院“互联网＋督查”平台收到的有效问题线索、旅客投诉反映的主要问题等，及时调查核实、妥善处理，全力维护广大旅客、货主合法权益。强化重点、热点问题分析，积极研究解决人民群众关心的重点难点问题。2021年，共办理运输类留言、群众来信3910件，其中解决投诉2957件，编写铁路运输服务质量投诉分析报告12份。

三、持续开展客运服务质量问卷调查

充分运用互联网、信息化技术，采取线上线下相结合的方式，围绕票务服务、进出站便利性、工作人员服务、列车正晚点、交通接驳等方面持

续开展铁路客运服务质量问卷调查，全面分析调查情况，帮助铁路运输企业有针对性地提升服务质量，提升旅客出行体验。2021年共完成调查问卷398471份，形成调查分析报告12份。调查数据显示，旅客对铁路客运服务质量总体比较满意，票务服务满意率较高，进出站便捷性、工作人员服务、列车准点率、列车服务设备设施得到旅客认可，便捷换乘等客运服务新举措更受旅客欢迎。

四、及时公开运输服务质量监督信息

按季度、年度公开铁路运输服务质量投诉处理、客运服务质量问卷调查、运输安全及服务质量监督检查等信息。认真办理公民、法人或者组织获取国家铁路局政府信息的公开申请。2021年，共在国家铁路局政府网站公开运输服务质量监督信息36次。

五、开展公益性“慢火车”监管调研

组织开展公益性“慢火车”开行监管调研，全面查找公益性“慢火车”开行存在的问题，督促铁路运输企业巩固“慢火车”开行成果，进一步完善设备设施、提升服务质量，及时整改有关问题，确保公益性“慢火车”开行质量。

第四章　公路（含道路运输）

第一节　公路规划与实施总体情况

2021 年公路规划编制与实施情况以及其他重点工作如下：

一是印发《农村公路中长期发展纲要》。纲要紧扣《交通强国建设纲要》总目标和乡村振兴战略总要求，在评估发展基础、分析发展态势的基础上，明确了农村公路中长期发展的总体思路、目标任务和保障措施，系统绘制了全面建设社会主义现代化国家阶段农村公路发展蓝图，是指导农村公路中长期发展，更好服务和支撑乡村振兴战略实施的纲领性文件。

二是印发《公路“十四五”发展规划》。规划明确了“十四五”时期我国公路交通发展的总体思路、发展目标、重点任务和政策措施，内容涵盖建设、管理、养护、运营、运输等多个领域，是指导“十四五”时期公路交通高质量发展的纲领性文件。建立督促规划执行机制，印发《关于开展〈公路“十四五”发展规划〉主要目标任务进展情况调查及跟踪工作的通知》，按季度调度规划执行情况，及时跟踪督促规划执行。

三是推进国家公路网规划编制工作。为进一步贯彻落实《国家综合立体交通网规划纲要》，优化完善国家公路网络，2021 年 3 月，在既有国家公路网规划编制工作基础上，启动了与国家发展改革委联合编制工作，形成征求意见稿，并征求了相关部委、各省份发展改革和交通运输部门意见，完成了第三方评估。

四是推进“重走长征路”红色旅游交通运输专项规划编制工作。为弘扬伟大长征精神，扎实推进长征国家文化公园建设，持续改善长征沿线交通条件，不断提升长征红色旅游交通运输服务品质，在开展函调摸底、调研座谈、梳理研究、征求意见的基础上，完成了《“重走长征路”红色旅游交通运输专项规划（2021—2025 年）》的编制工作。规划以支撑长征国家文化公园建设和促进“重走长征路”红色旅游发展为导向，明确了“十四五”时期长征国家文化公园区域交通运输发展的总体要求、发展任务和保障措施，内容涵盖基础设施和运输服务。

第二节　公路基础设施建设

一、公路建设基本情况

2021 年底，全国公路总里程达 528.07 万公里，比 2020 年末增加 8.26 万公里。公路密度为 55.01 公里 / 百平方公里，比 2020 年提高了 1.6%。

全国等级公路里程 506.19 万公里，比 2020 年末增加 11.74 万公里，占公路总里程 95.9%，提高 0.7 个百分点。其中，二级及以上等级公路里程 72.36 万公里，增加 2.13 万公里，占公路总里程 13.7%，提高 0.2 个百分点。

全国高速公路里程 16.91 万公里，比 2020 年末增加 0.81 万公里。其中，国家高速公路里程 11.70 万公里，增加 0.40 万公里。全国高速公路车道里程 76 万公里，增加 3.69 万公里。

国道里程 37.54 万公里，省道里程 38.75 万公里。农村公路里程 446.60 万公里，其中县道里程 67.95 万公里，乡道里程 122.30 万公里，村道里程 256.35 万公里。

二、推动公路建设高质量发展

（一）加快推进公路数字化

组织开展新基建与数字化调研，形成《公路新基建与数字化调研报告》，制定《加快推进公路数字化工作方案》；协调推进智慧公路建设试点，组织对机荷高速公路、杭甬高速智慧公路技术方案进行研究论证，调研起草《智慧公路建设技术指南》，指导重点工程因地制宜推动技术创新，解决工程技术难题，不断提升工艺、装备、材料技术水平。

（二）积极推进绿色公路发展

充分总结“十三五”时期绿色公路建设工作成效，组织对绿色公路政策进行评估，形成《绿色公路发展报告》，起草《关于深化绿色公路建设的意见》，组织研究公路建设碳达峰、碳中和技术路径。

三、推动重点工程项目竣工验收

加快推进重点公路建设项目竣工验收工作，进一步明确年度有关项目竣工验收计划和竣工验收工作要求。结合疫情防控要求，创新采取专家现场复核和视频连线相结合方式，高效完成安徽芜湖长江公路二桥、浙江乐清湾大桥、京港澳高速公路河南驻马店至信阳段改扩建工程等项目竣工验收。

安徽芜湖长江公路二桥全长约 55.5 公里，采用双向四、六车道高速公路标准建设，设计速度 100 公里 / 小时。其中跨江主桥采用主跨 806 米的双塔四索面分离式钢箱梁斜拉桥方案，创新采用同向回转拉索锚固体系，研发了纵横向兼顾的塔梁联结斜置阻尼器，结构体系先进，技术含量高，为我国大跨径斜拉桥的建设积累了宝贵经验。竣工验收委员会认为该项目在建设管理、技术创新、质量控制、安全生产等方面取得了较好成效，工程质量和建设项目综合评价等级均为优良。

浙江乐清湾大桥是 G1523 宁波至东莞国家高速公路的重要路段，项目全长约 38 公里，采用双向六车道高速公路标准建设，设计速度 100 公里 / 小时，其中主通航孔桥采用主跨 365 米双塔整幅叠合梁斜拉桥方案。项目积极开展四新技术应用和科技创新，在节段梁预制拼装毫米级精度控制、海洋环境大型桥梁施工等方面取得了突出成果。竣工验收委员会认为该项目总体方案合理，工程质量优良，各项指标符合要求，评定其工程质量和建设项目综合评价等级均为优良。

第三节　公路建设管理

一、工程建设管理

（一）推动重点公路新项目开工建设

指导各地克服疫情影响，改进勘察设计工作方式和项目评审方式，通过视频会商评审，加快审查审批。2021 年完成都香国家高速公路昭通（川滇界）至西昌段、沈海国家高速公路荷坳至深圳机场段改扩建工程等 55 个重点公里项目设计审批，总里程约 2947 公里，概（预）算金额约 3841 亿元，推动一批重大项目尽快开工建设，形成有效投资。

（二）雄安新区公路骨干通道顺利建成

组织赴雄安新区开展重点公路项目现场调研，推进工程建设收尾及通车前各项准备工作，深化智慧高速公路方案论证，并就交通安全设施方案协调北京、河北有关单位做好衔接。2021 年 5 月 14 日，在雄安新区对外骨干通道记者见面会上介绍了重点工程建设情况。京雄、荣乌新线、京德高速公路等重点项目于 2021 年 5 月 29 日顺利建成通车。

（三）提升冬奥会重点项目建设品质

组织部规划院及北京、河北有关单位按照“高标准、高质量”举办 2022 年冬奥会要求，对延崇、兴延高速公路安全设施、隧道照明等进行提升，增强服务保障能力，进一步优化路容情况。

(四) 协调推动粤港澳大湾区重点项目建设

召开深中通道第四次技术专家组会议，会商重点技术问题，保障项目顺利实施，2021年完成13节沉管浮运安放，为2023年完成全部32节沉管安放打下良好基础。组织对机荷高速公路建设方案进行论证，推进机荷高速公路、惠盐高速公路改扩建工程及黄茅海跨海通道等重大项目实施。

(五) 加快出疆入藏重要通道建设实施

建成G6那曲至拉萨、G7梧桐大泉至木垒高速公路等项目，实现G7京新高速公路主线贯通。加快西藏重要国边防公路建设，特事特办集中审查批复国边防公路设计。

(六) 扎实开展农民工工资支付“暖心行动”

认真学习贯彻习近平总书记等中央领导同志关于农民工工资重要指示批示精神，结合党史学习教育要求，多措并举保障公路建设领域农民工工资按时足额支付。与人力资源和社会保障部等部门联合印发《工程建设领域农民工工资专用账户管理暂行办法》(人社部发〔2021〕53号)和《工程建设领域农民工工资保证金规定》（人社部发〔2021〕65号），进一步完善制度体系。按照国务院部署，组织开展公路工程建设领域2022年春节前根治欠薪专项行动，所有排查核实的欠薪问题均于2022年春节前动态清零。

二、公路建设市场监管

(一) 开展公路建设市场督查

印发市场秩序与服务质量检查工作方案，计划对黑龙江、江西、陕西3省开展公路建设市场督查，后因疫情防控影响，将检查方式调整为省级自查，检查内容不变、标准不变。

(二) 加强公路建设市场信用体系建设

完成2020年度公路建设市场全国综合信用评价，发布314家设计企业、982家施工企业、513家监理企业及1834名监理工程师综合信用评价结果。对折达公路有关责任主体进行行政处罚和处理，发布28家公路建设从业企业弄虚作假失信行为信息并进行处理。

(三) 完善公路建设市场法规体系和招投标监管

对照新修订的《中华人民共和国行政处罚法》，按照国务院办公厅有关要求及交通运输部工作部署，修订发布《公路建设市场信用信息管理办法》《公路施工企业信用评价规则》《公路工程施工分包管理办法》3个规范性文件，保护市场主体合法权益。联合国家发展改革委出台了《关于建立健全招标投标领域优化营商环境长效机制的通知》（发改法规〔2021〕240号），推动32个省份公路建设项目招投标进入当地公共资源交易中心，21个省份实行电子招投标。

第四节　公路养护管理

一、2021年全国公路养护基本情况

截至2021年底，全国公路总里程为528.07万公里，其中养护里程共计525.16万公里，占公路总里程的99.45%，分别较2020年底增加10.75万公里和0.49个百分点。其中，国省干线公路养护里程75.90万公里，占国省干线公路里程99.49%；农村公路养护里程444.24万公里，占农村公路里程的99.47%。2021年普通国省干线MQI（公路技术状况指数）值为87.57，优良路率为84.05%，其中国道分别为88.79和87.51%，省道分别为86.54和81.11%，均较2020年有所提高；高速公路MQI值为94.57，优良路率为99.24%，较2020年略有降低。

二、国家公路网技术状况监测

2021年，各省（自治区、直辖市）及计划单列市全面推进养护管理工作，国家公路网总体处于良好的技术状态。交通运输部组织对31个

省份和5个计划单列市开展路网技术状况监测和养护管理检查，共完成1万公里路面、64座重点桥梁、33座重点隧道抽检和监测，完成2500公里公路交通安全设施风险评估。

同"十三五"时期相比，2021年度监测内容进行了优化调整。一是在以路网技术状况评价为主的基础上，将以科学决策为导向的养护管理纳入评价内容，形成路网监测综合评价结果，实现全面综合评价公路养护管理工作。二是在路况、桥梁、隧道及沿线设施按照专业单独评价基础上，分省（自治区、直辖市）、计划单列市形成分年度的公路网技术状况综合评价。三是增加了对计划单列市的监测评价，增加了公路安全设施现场检测内容。

各省份按照部统一部署，积极配合，全面完成了本项工作。全国31个省（自治区、直辖市）国家公路网技术状况监测评价平均得分为90.19。从监测结果看，国家公路网总体处于良好的技术状态。

三、"十三五"全国干线公路养护管理评价工作

交通运输部在"十三五"开展了"十三五"全国干线公路养护管理评价工作，评价对象为省级交通运输主管部门，评价内容包括全国高速公路和普通国省道综合质量效益、治理能力和公众满意度。

综合质量效益评价依据"十三五"期间国家公路网技术状况监测—路况检测数据进行，其中，普通国省道还综合考虑了各省交通量及养护资金投入等因素。治理能力评价中重点评价公路行业践行创新、协调、绿色、开放、共享新发展理念情况，主要内容包括国家公路网规划实施、公路行业相关改革工作落实情况、养护体系建设、安全应急保障、路网运行监测、收费公路管理、路政管理及超限治理、出行服务等。公众满意度委托第三方进行调查，对公路网使用、行政服务、出行服务等进行整体满意度评价。

从评价结果看，全国干线公路路面使用性能指数PQI均值90.86，较"十二五"末提升2.44，国家公路网总体处于良好的技术状态。全国路网结构持续优化，养护能力明显提升，公路网技术状况保持较高水平，科技创新水平持续提升，养护管理效能明显增强，重点领域改革实现突破，综合服务能力全面提高，公众对公路服务的满意度较高。

四、公路承灾体自然灾害综合风险普查

2021年是第一次全国自然灾害综合风险普查的关键之年，交通运输部公路局认真贯彻落实习近平总书记关于提升自然灾害防治能力的重要论述和李克强总理批示的重要精神，按照国务院普查办部署，加强组织领导和机制建设，压实工作责任，认真开展好公路承灾体普查工作。一年来，在做好基础数据制备、系统升级与运维、技术指南修订等基础上，强化技术培训和指导，充分调动一线管养队伍及行业技术力量开展数据采集和数据审核工作，高质量完成全国试点普查、北京冬奥会地区专项普查和全面实施阶段调查各项任务，与国务院普查办密切沟通配合，及时开展数据汇交，广泛开展普查宣传，工作进度与质量皆位于各行业前列，得到了国务院普查办的高度认可。通过普查，全行业已培养出一批专兼结合的技术队伍，基本建成了长效动态的普查机制。同时，积极运用普查成果，开展数据开发与应用，指导全国各地开展公路灾害风险点监测与防治，实现了普查价值升级。

五、公路灾损保通工作

2021年，我国自然灾害形势复杂严峻，极端天气气候事件多发，灾害主要表现为：一是年初降雪频繁，冬融水毁严重。年初，受强冷空气

影响，全国大部分地区出现大风和强降温天气，降雪整体呈现出频次高、强度大、涉及范围广等特点，尤其是内蒙古、西藏、甘肃、新疆等地受灾尤为严重，位于中部地区的安徽也出现了历史罕见的降雪天气。开春后，雪水下渗路基，经夜间低温二次凝结后，公路出现大规模的冻胀损毁。二是地震发生频繁，震级高、烈度大。2021年，全国发生5级以上地震共计37次，其中5月22日青海果洛藏族自治州玛多县的7.4级地震和5月21日云南漾濞彝族自治县的6.4级地震震级高、烈度大、破坏性强，造成多处公路阻断，基础设施损毁严重；9月16日四川泸州市发生的6.0级地震，并未对国省干线公路造成严重损坏，部分农村公路出现局部阻断。三是汛期降雨量大，多地出现洪涝。全年降水呈现“北多南少”的特点。华北、西北降水量较常年同期偏多1.1倍，为历史同期最多，强降雨导致各大河流普涨，长江中游、黄河中游、渭河、黑龙江、松花江等干流和支流出现明显的涨水过程，各地共有239条河流发生超警以上洪水，同时导致局地发生山洪、山体滑坡、泥石流等次生灾害，造成公路阻断。尤以7月河南和10月山西、陕西等地灾情最为严重。据不完全统计，全国公路灾损合计366亿元。

交通运输部高度重视防灾减灾救灾工作，闻灾而动，积极应对，指导各地开展公路应急抢通、灾损评估、灾后恢复重建等工作，有力化解了自然灾害带来的各种险情，把灾损降到了最低，为保障人民群众的生命财产安全作出了重要贡献。一是提前安排部署，抓好贯彻落实。深入贯彻落实习近平总书记重要指示精神，做好公路抢通保通保畅工作，进一步做好公路防汛防台风抢险救灾和疫情防控，指导地方进一步提高思想认识，强化应急抢通工作。二是加强会商研判，做好灾情防范。密切与应急、水利、气象等部门会商，部级层面会商29次，提前发布气象预警信息63期。同时，结合开展自然灾害公路承灾体普查工作，指导相关地区针对高风险路段采取工程措施及管理措施，督促各地压实责任，力争将风险隐患化解在源头。三是强化应急抢通，及时派员现场指导。指导受灾地区交通运输主管部门按照规定启动相应的应急预案，按先通后畅原则做好公路抢修保通工作。2021年5月22日青海果洛藏族自治州玛多县7.4级地震和2021年5月21日云南漾濞彝族自治县6.4级地震发生后，交通运输部第一时间派出两个专家工作组分赴青海、云南；7月至9月，先后多次组织专家组赴河南、湖北、河北等地，现场指导公路应急抢通、灾损评估及灾后恢复重建工作，并根据各地需要，及时调拨国家区域性公路交通应急装备支援抢险救灾工作。2021年10月14日至18日，根据交通运输部主要领导指示要求和部专题会议工作部署，派出5个督导调研工作组分赴山西、陕西、内蒙古、河南、湖北五省（自治区），开展交通运输抢险救灾和灾后恢复重建督导调研工作。四是迅速做好应急资金支持。按照《车辆购置税收入补助地方资金管理暂行办法》相关规定，交通运输部商财政部，紧跟灾情发展态势，及时安排七批次公路灾损抢通补助资金，累计安排6亿元，有力支持了各地公路抢险救灾工作。

六、危旧桥梁改造工程和公路安全生命防护工程

连续第七年将公路危旧桥梁改造工程纳入“交通运输更贴近民生实事”，稳步推进改造工作。坚持以推动公路桥梁高质量发展为统领，着力“补短板、强基础、促提升”，组织各省开展深化排查、摸清底数，进一步加大改造力度，2021年全国共改造公路危旧桥梁10525座（其中国省干线2855座、农村公路7670座）。印发《公路长大桥梁结构健康监测系统建设实施方案》《公路长大桥梁结构健康监测系统试点建设技术评估指南》，在安徽铜陵组织开展现场调研，全面完成11座公路长大桥梁结构健康监测系统试点建

设。健全完善国家公路桥梁基础数据，31个省（自治区、直辖市）和新疆生产建设兵团共29.93万座国家公路桥梁完成数据接入。

部署推动“四好农村路”高质量发展2021年工作，进一步强化农村公路设施服务和安全保障能力，加强农村公路建设管理，更好服务拓展脱贫攻坚成果同乡村振兴有效衔接。结合党史学习教育“我为群众办实事”项目，部署农村公路安全隐患排查、安全生命防护工程实施工作，深化农村公路“千灯万带”示范工程。将相关工作推进情况纳入中央车购税资金“以奖代补”支持范围和考核因素，压实地方主体责任，加大资金投入力度，提升农村公路安全保障能力。2021年全国累计完成农村公路安全生命防护工程8.11万公里，其中村道安全生命防护工程6.11万公里，在全国2.38万个平交路口加装4.74万个减速带。

第五节　公路网运行管理

一、路网运行监测

持续推进路网运行监测制度建设。开展“十四五”路网运行管理政策研究，积极研究与推进《公路网运行管理办法》编制。组织开展行业标准《公路网运行评价技术规范》研究工作，持续推进行业政策机制研究。

不断提升路网监测信息化能力。持续推进“公路网运行监测与服务平台”四大应用系统的研发与测试工作。不断提升高速公路视频接入率和在线率，已累计接入视频超过17.2万路，初步实现了全国25个省份视频资源的云端汇聚和共享应用，提升了路网“可视、可测、可控、可服务”的能力。

持续推进数据挖掘分析。基于公路网流量数据、监测数据、拥堵数据等，持续开展全国公路网运行分析日报、月报、年报（蓝皮书）编制，重大节假日重要时期路网研判分析工作，初步建立了路网运行分析报告体系，有效支撑了路网监测与应急处置工作。

全力做好监测调度工作。着眼主动监测，聚焦精准调度，持续做好疫情防控、电煤运输通道等路网监测与服务保障工作，高效处置省界拥堵等问题。深化跨区域协调联动，提高重大事件跨省区协同效率。强化与公安交管部门协调联动，针对受恶劣天气影响、拥堵缓行收费站和路段，开展路警联动疏堵保畅，强化现场特情处置，服务公众便捷出行。

全力做好值班值守工作。坚决落实重大任务公路保障，做好建党100周年等重要会议、春节等重大节假日、中华人民共和国第十四届运动会等重大赛事、中国国际进口博览会等重大活动期间公路通行服务保障工作。

二、公路应急能力建设

完善跨区域和跨部门应急协作机制。分7个片区建立跨区域协调联动工作机制，促进区域路网运行监测和突发事件应急协同处置工作。2021年9月24日，交通运输部路网监测与应急处置中心与中国气象局公共气象服务中心正式签署战略合作协议，公路气象业务合作不断加深，2021年共联合发布重大公路气象预警82期。

组织开展公路隧道养护和运行管理专题调研工作。2020年12月启动公路隧道养护和运行管理专题调研工作，通过问卷调研和实地调研的方式，对公路隧道养护和运行管理工作现状和特征开展深入调研，编制《公路隧道突发事件应急预案编制导则》，指导完善公路隧道应急预案体系。

做好重大体育赛事保障工作。印发工作方案，指导北京、河北在北京冬奥会期间以涉奥公路保障为重点工作，按照“赛事不停，交通不断”的原则，统筹辖区内应急人员和装备物资，全力保障涉奥公路运行。指导山西、内蒙古等省（自治区）公路交通部门在大同市、乌兰察布市建立了应急备勤点，进一步提升涉奥公路应对极端恶劣天气能力。

三、公路服务区设施建设改造

（一）深化服务区"厕所革命"

2021 年，交通运输部再次将公路服务区"厕所革命"列入交通运输更贴近民生实事，印发了《交通运输部办公厅关于印发〈深化公路服务区"厕所革命"专项行动方案〉的通知》（交办公路函〔2021〕859 号），督促指导各地对省域内客流量排名前 50% 的高速公路服务区公共卫生间进行改造，基本实现设施完备、厕位充足、卫生整洁、生态环保；普通国省干线公路服务区布局进一步优化，卫生服务设施体系更加健全。

科学设置厕位总量。江西省科学增设厕所总量，合理分配男女厕所比例，以保障高峰时段需求，着力解决"如厕难"的问题，图 3-4-1 为江西省景德镇服务区公共卫生间。广东省将厕所更新改造和日常维护资金列入养护资金安排，增加保洁人员编制超 1000 人，增加厕位数超 4600 个，完善第三卫生间、残疾人卫生间，配置干手器、洗手液、绿化盆栽等，让旅客如厕更方便、更舒适、更满意。

图 3-4-1　江西省景德镇服务区公共卫生间

保障特殊需求。甘肃在高速公路和普通国省干线公路服务区（停车区）开展无障碍环境建设排查整改，累计完善卫生间安全抓杆 469 个，增设紧急呼叫器 152 套，通过各种人性化设置，极大地方便老人、儿童、残疾人等特殊群体如厕。

明确管理要求。浙江省制定《高速公路服务区公共卫生间布设指南》《浙江省高速公路智慧服务区建设技术要求》等，明确保洁流程、保洁标准、人员配置要求，指导卫生间建设改造和运营管理，突出标准化，确保管得好、可推广、可复制。

（二）着力打造旅游服务区

各地结合服务区地域文化特点和需求，努力挖掘地方特色优势，以服务区改造升级和新建服务区为契机，紧紧围绕"服务区＋旅游"融合的发展思路，因地制宜，打造出了一批有特色、有文化、有记忆的"旅游主题服务区"和"旅游特色服务区"，具有代表性的主要有江西雷公坳服务区（体育文化主题，见图 3-4-2）、四川天全服务区（大熊猫主题）、江苏扬州广陵服务区（大唐文化）、浙江绍兴服务区（书卷兰亭、醉美绍兴）、陕西高桥服务区（丝路自驾起点）、广西那马服务区（"那文化"主题）等，每一处都成为传承地域文化、展示公路交通良好形象的窗口，让过往驾乘人员流连忘返，产生了积极的社会影响。

图 3-4-2　江西雷公坳服务区为全国首个体育文化主题服务区

第六节　收费公路管理

一、全面推广高速公路差异化收费

李克强总理在 2021 年政府工作报告中明确要求，全面推广高速公路差异化收费。交通运输部、国家发展改革委、财政部认真贯彻落实国务院部署，指导全国 29 个联网收费省份（海南、西藏无收费公路），充分考虑本地公路网结构及运行特点等因素，合理选择分路段、分车型、分时段、分方向、分出入口、分支付方式等差异化收费方式，全面科学精准推广差异化收费。截至2021年底，除全国普惠的对ETC车辆按95折收费外，29个省份出台了167项高速公路差异化收费政策，取得了明显成效。一是促进物流成本持续降低。2021年，全国高速公路货车差异化收费政策惠及货车18.99亿辆次，优惠金额320.4亿元，相当于同期货车应收通行费收入的7.51%。二是路网综合利用效率不断提升。各地利用差异化收费的价格杠杆，引导客、货车辆合理通行，提高了路网综合利用率。2021年，全国高速公路平均日交通量达到3198.80万辆，较2020年同期增长6.26%。三是拥堵缓行现象有效缓解。通过高速公路差异化收费，推动提高ETC使用率，引导交通量均衡分布，有效缓解交通量饱和路段拥堵状况。2021年，在交通量增长的同时，高速公路日均拥堵缓行收费站数量从2020年同期的245个下降到138个，降幅达43.67%，路网通行效率进一步提升。四是节能减排成效明显。2021年，因不停车收费减少车辆启停，全国高速公路网运行车辆日均节约燃油794.3吨，减少一氧化碳排放236.2吨。

二、深入开展电子不停车收费（ETC）服务提升

全网运营工作平稳有序。截至2021年底，累计ETC用户达到2.3亿，全网日均ETC使用率达到67.46%。其中，客车ETC日均使用率68.69%，货车ETC使用率64.01%。客户投诉量从2020年恢复收费以后最高每天3200多笔，下降至目前的每天平均290～300笔，对比日均3000万～3200万之间的高速公路交通量，投诉占比不足十万分之一。

进一步优化高速公路联网收费系统功能。通过摸排联网收费系统存在的问题，深入分析、举一反三，在广泛调研的基础上，加快推进高速公路联网收费系统优化升级，通过五大方面17项具体任务，进一步提高系统运行稳定性、计费精准性和业务规范性。

持续提升ETC客户服务水平。深入贯彻交通运输更贴近民生实事工作任务，在全国范围开展ETC服务大调研，并在此基础上，指导各地深入开展ETC服务提升工作。针对货车ETC在办理使用过程中的痛点难点问题，印发了《关于进一步做好货车ETC发行服务有关工作的通知》（交办公路〔2021〕72号），切实解决货车ETC办理难题，保护货车司机的合法权益。

积极创新拓展应用。积极推动汽车选装和ETC智慧停车试点，截至2021年底，累计完成选装ETC产品二次发行23643个。全网已经有23个省份新建和改造ETC的停车场，具备ETC支付功能的停车场共计3403个，已正式上线运营的停车场2728个。

三、做好新冠病毒疫苗货物运输车辆免费不停车便捷通行服务

为深入贯彻落实党中央、国务院有关决策部署，服务新冠病毒疫苗货物运输车辆高效便捷通行，保护广大人民群众生命安全和身体健康，2021年2月，交通运输部印发《关于做好新冠病毒疫苗货物运输车辆免费不停车便捷通行服务工作的通知》（交公路明电〔2021〕48号），指导各地对执行新冠病毒疫苗货物运输任务的车辆，实施免费、不停车、便捷通行。2021年全国收费公路共保障新冠病毒疫苗货物运输车辆通行71774次，免收车辆通行费1488万元。

第七节 公路执法

2021年，各地交通运输、公安部门联合查

处违法超限超载案件287.9万起，查处“百吨王”货车6.3万起。高速公路货车平均超限超载率降低至0.03%。

一、加快推进公路治超执法工作常态化、制度化、规范化

深入推进治超联合执法常态化制度化。开展全国治超工作总结评估，系统总结分析“十三五”全国治超工作总体情况，研究提出下一步工作思路及工作重点，推动治超工作由人工执法向科技监管转变、由末端管理向源头治理转变、由以罚为主向综合治理转变。强化治超联合执法，指导各地认真贯彻落实《关于治理车辆超限超载联合执法常态化制度化工作的实施意见（试行）》（交公路发〔2017〕173号），严格执行全国统一的超限超载认定标准，严厉打击违法超限超载行为。

规范治超执法。赴广东清远开展货车司机“自残”事件专项调研，印发通知，指导各地优化规范治超执法，深化公路执法服务。开展不合理罚款规定清理工作，编制《交通运输行政执法人员应知应会手册》（公路篇）。定期发布全国治超工作数据监测情况，督促各地严格落实治超联合执法工作政策，规范治超执法行为。建立暗访常态化机制，分4个批次赴山西、内蒙古、吉林、江西、湖北、湖南、四川、贵州、陕西、甘肃等10个省区25个市开展暗访，检查治超联合执法、源头治超等工作开展情况，着力纠治治超执法不作为、乱作为等问题。

持续推进信用治超工作。指导各地持续做好严重违法超限超载运输失信当事人名单的认定、公示、发布和报送工作。据统计，2021年全国共认定、发布了3759条严重失信名单。

组织各地开展以“学党史、当先锋、护公路、优服务”为主题的路政宣传月活动。指导各地围绕宣讲习近平法治思想以及与人民群众密切相关的行业法律法规、政策文件，积极开展“学党史树典型”“沿着高速讲路政”“网络直播”等形式多样的宣传活动。活动期间，“沿着高速讲路政”话题浏览量达到1300万次，落实便民服务措施1173项，营造了社会共治的良好氛围。

二、深入推进科技治超

健全智慧互联的治超业务信息网，以“全过程记录、全业务上线、全路网监控、全链条管理、全方位服务”为目标导向，推进治超系统部省平台建设，形成全国治超“一张网”“一盘棋”。截至2021年12月底，全国已有13个省份完成省级平台建设。

完善智能感知的治超监控设施网，全面实施高速公路入口称重检测，货车平均超限超载率降低至0.03%。加快推进普通公路超限检测站建设改造和电子抓拍系统安装，截至2021年12月底，已有1355个站点完成电子抓拍系统安装。组织北京、浙江、安徽、福建、湖南、新疆6个省（自治区、直辖市）积极试点治超非现场执法。

三、深入开展坚决整治违规设置妨碍货车通行的道路限高限宽设施和检查卡点工作

交通运输部认真贯彻落实2021年《政府工作报告》部署要求，会同公安部、生态环境部、住房和城乡建设部联合印发《关于深入开展坚决整治违规设置妨碍货车通行的道路限高限宽设施和检查卡点工作的通知》（交公路函〔2021〕224号），指导各地对照“六个必须”标准，认真开展全路网复核、全清单整治、全社会监督、全过程规范、全链条创新，实现违规设施和卡点全面清除、保留设施和卡点全面公示、新增设施和卡点全面规范、安全监管措施全面创新。印发技术指南，统一违规设置设施和卡点清理要求，规范依法保留设施和卡点完善标准。组织开发“前路无限”投诉举报小程序，建立“统一受理—通报

抄告—处置反馈—接受评价”工作机制，对于投诉举报，逐条核实、处置和反馈，做到逢诉必查、逢诉必改、逢诉必纠，整治期间，累计受理和处置投诉 1926 件。针对个别地方存在的违规限高限宽设施清理不到位等问题，组织开展公路限高限宽设施和检查卡点整治工作“回头看”，指导各地聚焦重点问题，建立工作台账，逐一排查整改，对账销号清零。经过整治，在 2020 年拆除取缔 20426 处的基础上，2021 年全国再次拆除设施和卡点 5896 处，进一步改善了道路通行条件，打通了“大动脉”、畅通了“微循环”，促进货运行业健康稳定发展。

四、持续优化大件运输许可服务

加快推进大件运输许可服务标准化、规范化、便利化。组织开展大件运输许可服务总结评估，全面梳理“十三五”工作措施及成效，深入分析面临的形势和问题，提出下一步工作思路，加快实现全过程智能审批、全环节公正监管、全链条优质服务。研究起草《大件运输许可服务与管理办法》，提高许可服务标准化、专业化水平。编制应用北斗卫星定位信息核查大件运输车辆实际行驶轨迹技术方案，积极推进系统开发。加快许可系统智能选线功能优化，开展大件运输历史许可数据清洗，构建大件运输历史通行路线网。指导各地持续优化大件运输许可服务，许可效率大幅提高，降本增效成效明显，为“超级工程”建设和“大国重器”造得好、运得出提供了有力支撑。2021 年，全国大件运输许可办结量为 153.6 万件，同比增长 45%。其中，跨省系统办结量为 58.0 万件，是 2020 年的 1.4 倍、2019 年的 3.2 倍、2018 年的 19.4 倍，一、二、三类许可平均办结时间分别为 1.6、1.8、4.4 个工作日，比规定时限分别压缩 68%、82% 和 78%，好评率达到 99.93%。通过清理规范大件运输涉企收费，为企业节约成本 213 亿元。

第八节　道路运输服务

一、道路旅客运输

2021 年，受疫情影响，道路客运量和旅客周转量大幅减少，旅客出行结构继续深化调整，运输服务质量不断提升、创新发展不断加快。

（一）运量变化

1. 道路客运量及旅客周转量

2021 年，全国完成营业性道路客运量 50.9 亿人、旅客周转量 3627.5 亿人公里，同比分别减少 26.2% 和 21.8%。2017—2021 年全国道路客运量及旅客周转量变化情况如图 3-4-3 所示。

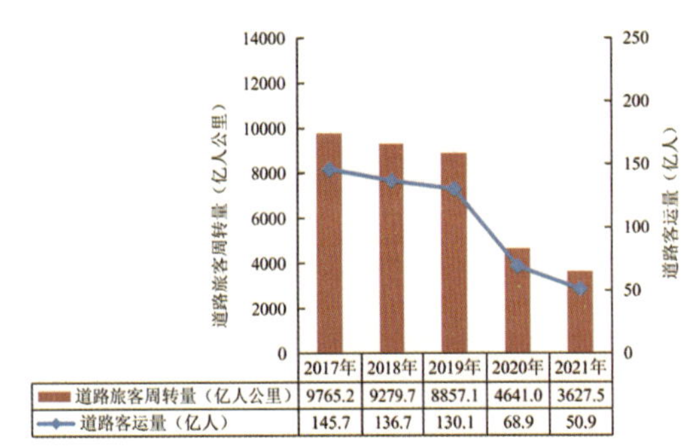

	2017年	2018年	2019年	2020年	2021年
道路旅客周转量（亿人公里）	9765.2	9279.7	8857.1	4641.0	3627.5
道路客运量（亿人）	145.7	136.7	130.1	68.9	50.9

图 3-4-3　2017—2021 年全国道路客运量及旅客周转量变化情况

2. 道路客运在综合运输体系中的地位和作用

2021 年，道路客运量、旅客周转量在综合运输体系中所占比例分别为 61.3% 和 18.4%，道路客运继续在综合运输体系中发挥基础性和主体性作用。2017—2021 年道路运输完成的客运量在综合运输总量中所占比例如图 3-4-4 所示。

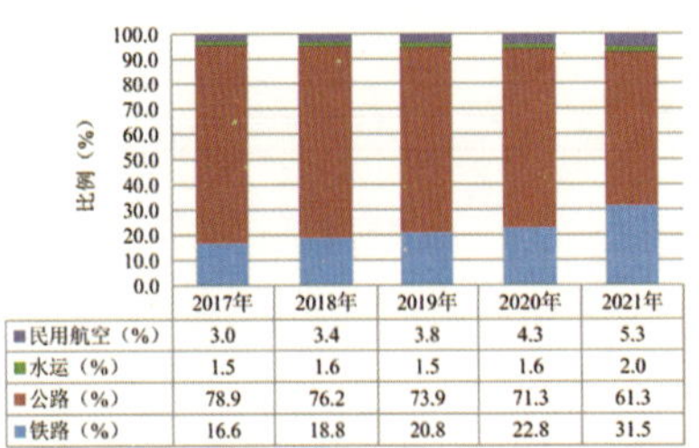

	2017年	2018年	2019年	2020年	2021年
民用航空（%）	3.0	3.4	3.8	4.3	5.3
水运（%）	1.5	1.6	1.5	1.6	2.0
公路（%）	78.9	76.2	73.9	71.3	61.3
铁路（%）	16.6	18.8	20.8	22.8	31.5

图 3-4-4　2017—2021 年各种运输方式完成客运量在综合运输总量中所占比例

（二）市场主体

1. 业务类型及业户规模

2021 年，道路客运市场集中度有所提高，全国从事道路客运的业户为 2.7 万户，同比减少 8.3%。其中道路客运企业 1.2 万户，同比增加 3.6%；个体运输户 1.5 万户，同比减少 16.3%。从业务类型看，截至 2021 年底，全国共有班车客运经营业户 2.2 万户，同比减少 11.2%；旅游、包车客运经营业户 6314 户，同比减少 9.3%。2021 年全国道路客运经营业户构成见表 3-4-1。

表 3-4-1　2021 年全国道路客运经营业户构成
（单位：户）

类　型	合　计	客运企业	个体运输户
班车客运	22152	7536	14616
旅游、包车客运	6314	6312	2

从运力规模来看，2021 年，道路客运企业中拥有车辆数在 50 辆及以上的企业数量有所下降，同比下降 7.8%；拥有车辆数在 50 辆以下的企业数量有所下降，同比下降 2.2%；其中，拥有车辆数在 10~49 辆的企业数量比例持续保持最高，分别有 42.3% 的班车客运企业、52.4% 的旅游、包车客运企业。2021 年全国道路客运企业车辆规模构成情况如图 3-4-5 所示。

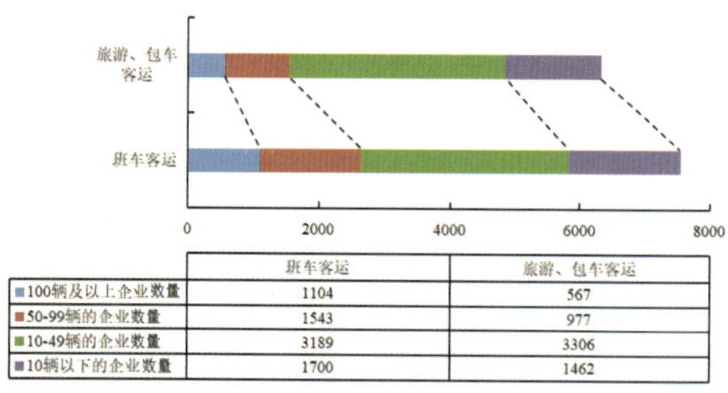

	班车客运	旅游、包车客运
100辆及以上企业数量	1104	567
50-99辆的企业数量	1543	977
10-49辆的企业数量	3189	3306
10辆以下的企业数量	1700	1462

图 3-4-5　2021 年全国道路客运企业车辆规模构成情况

从细分类型运力规模来看，班车客运企业中，拥有车辆数在 10~49 辆和 10 辆以下的企业数量有所增加，同比分别增加 0.3%、10.3%，拥有车辆数在其他两类区间的企业数量均有所减少；旅游、包车客运企业中，各区间的企业数量均有所减少，拥有车辆数在 100 辆及以上、50~99 辆、10~49 辆和 10 辆以下的企业数量，同比分别降低 17.1%、10.4%、1.5% 和 18.7%。

2. 地区分布

2021 年，东、中、西部地区道路客运经营业户分别为 7192 户、12202 户、7351 户，占比分别为 26.9%、45.6%、27.5%。全国道路客运经营业户平均每省 863 户。其中，9 个省份的道路客运经营业户数超过全国平均水平，分别为湖南、云南、河北、黑龙江、湖北、吉林、辽宁、内蒙古、安徽。2021 年全国道路客运经营业户数分布情况如图 3-4-6 所示。

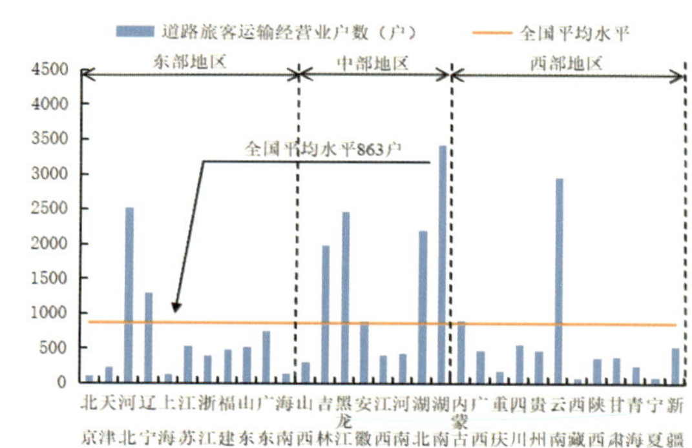

图 3-4-6　2021 年全国道路客运经营业户数分布情况[1]

3. 从业人员

截至 2021 年底，全国共有道路客运从业人员 219.2 万人，同比减少 8.5%。其中客运驾驶员 165.6 万人，乘务员 19.1 万人，同比分别减少 10.6%、21.9%。分地区来看（表 3-4-2），东部地区道路客运从业人员占从业人员总数的 31.9%，同比减少 2.5

[1] 注释：东部地区包括：北京、天津、河北、辽宁、上海、江苏、浙江、福建、山东、广东、海南 11 个省（直辖市）；中部地区包括：山西、吉林、黑龙江、安徽、江西、河南、湖北、湖南 8 个省份；西部地区包括：内蒙古、广西、重庆、四川、贵州、云南、西藏、陕西、甘肃、青海、宁夏、新疆 12 个省（自治区、直辖市）。

表 3-4-2 2021 年全国道路客运从业人员地区分布情况（单位：万人）

从业人员类型＼地区		东部地区		中部地区		西部地区	
		数量	比例	数量	比例	数量	比例
道路客运从业人员		69.8	31.9%	57.6	26.3%	91.8	41.9%
其中	客运驾驶员	60.0	36.2%	34.8	21.0%	70.8	42.8%
	乘务员	3.2	16.5%	9.3	48.7%	6.6	34.8%

个百分点；中部地区和西部地区的道路客运从业人员占从业人员总数的 26.3% 和 41.9%，同比分别增加 0.1 个百分点和 2.5 个百分点。

（三）客运车辆

全国道路营运客车车辆数及客位数总体呈下降趋势，2021 年，全国道路营运客车 58.7 万辆，客位数 1751.0 万个，平均客位数 29.8 个 / 辆。其中，大型客车 27.8 万辆、客位数 1231.7 万个，平均客位数 44.4 个 / 辆。

2021 年，全国道路客运经营业户平均每户拥有车辆数为 21.9 辆 / 户，其中河北、上海、浙江、山西、黑龙江、湖北、湖南、内蒙古、云南、青海、宁夏 11 个省（自治区、直辖市）平均拥有车辆数较 2020 年有所增加。2021 年全国省道路客运经营业户平均拥有车辆数情况如图 3-4-7 所示，共有 21 个省（自治区、直辖市）的道路客运经营业户平均拥有车辆数超过全国平均水平，较 2020 年减少 1 个省份。

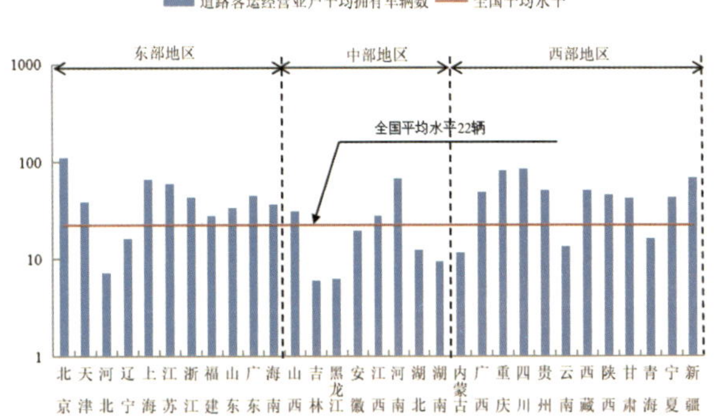

图 3-4-7 2021 年全国道路客运经营业户平均拥有车辆数情况

（四）班线客运

1. 线路数量

2021 年，全国客运班线条数合计 14.4 万条，同比减少 5.8%；年平均日发班次 84.6 万次 / 日，同比减少 7.1%。从线路类别看（图 3-4-8），一类线路 8941 条，年平均日发班次 26649 次 / 日；二类线路 29630 条，年平均日发班次 85713 次 / 日；三类线路 20656 条，年平均日发班次 119455 次 / 日；四类线路 84368 条，年平均日发班次 64186 次 / 日。

2021 年，全国 27 个省（自治区、直辖市）开通定制客运班线线路共计 3257 条，占全国客运班线总条数的 2.3%。其中一类定制客运班线 159 条，占比 4.9%，二类定制客运班线 1687 条，占比

表 3-4-3 2021 年全国定制客运班线构成情况（单位：条）

按等级分	一类		二类		三类		四类	
	班线条数	占比	班线条数	占比	班线条数	占比	班线条数	占比
	159	4.9%	1687	51.8%	602	18.5%	809	24.3%
按长度分	<200 公里		≥ 200 且 <400 公里		≥ 400 且 <800 公里		≥ 800 公里	
	班线条数	占比	班线条数	占比	班线条数	占比	班线条数	占比
	2368	72.7%	743	22.8%	122	3.7%	25	0.8%

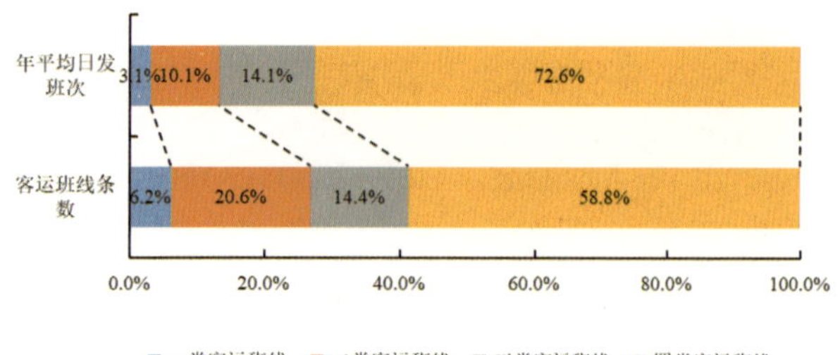

图 3-4-8　2021 年全国道路班线客运结构

51.8%，三类定制客运班线 602 条，占比 18.5%，四类定制客运班线 809 条，占比 24.3%。2021 年全国定制客运班线构成情况见表 3-4-3。

2. 线路长度

2021 年，道路客运班线线路结构持续优化，营运里程在 800 公里及以上的道路客运班线为 1922 条，同比减少 32.7%；营运里程在 400 ～ 800 公里的道路客运班线为 7102 条，同比减少 11.7%；营运里程在 400 公里以下的道路客运班线为 134572 条，同比减少 5.0%。2020 年和 2021 年道路客运班线不同线路长度分布如图 3-4-9 所示。

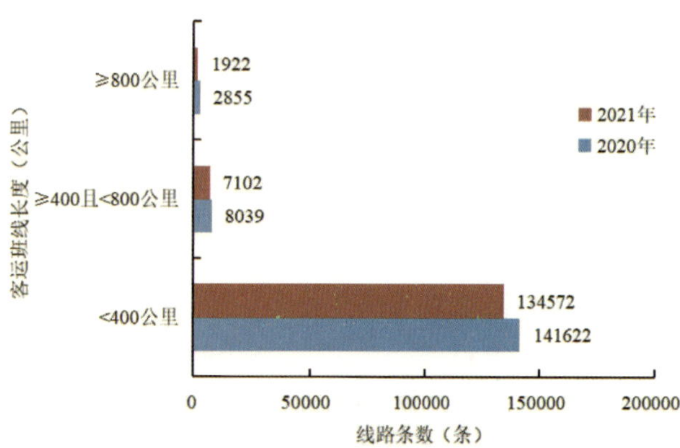

图 3-4-9　2020 年和 2021 年道路客运班线不同线路长度分布比较

3. 线路分布

2021 年，道路客运班线数量排名全国前 10 位的省（自治区）（图 3-4-10）是：四川（11142 条）、湖南（9919 条）、湖北（9817 条）、广东（9141 条）、广西（9024 条）、河南（7838 条）、贵州（6704 条）、云南（6454 条）、新疆（6404 条）、黑龙江（6326 条）。

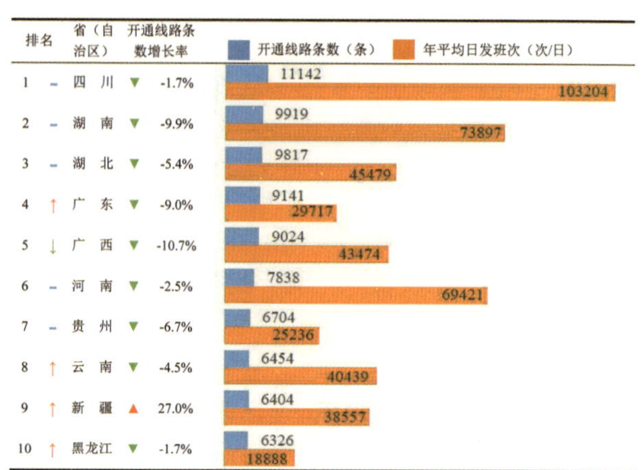

图 3-4-10　2021 年开通客运班线数排名全国前 10 位省（自治区）的客运班线条数及年平均日发班次数

2021 年，开通 800 公里及以上道路客运班线数量排名全国前 10 位的省（自治区、直辖市）（图 3-4-11）是：广东（565 条）、上海（462 条）、湖北（361 条）、广西（344 条）、浙江（211 条）、贵州（183 条）、重庆（177 条）、四川（164 条）、内蒙古（128 条）、安徽（127 条）。

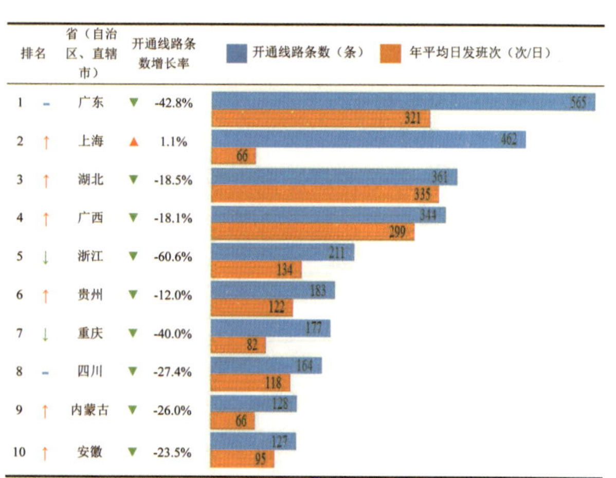

图 3-4-11　2021 年开通 800 公里及以上班线数排名全国前 10 位省（自治区、直辖市）的客运班线及年平均日发班次

2021 年全国东、中、西部地区开通客运班线、定制客运班线数量排名前 5 位的省（自治区、直辖市）见表 3-4-4。

表 3-4-4 2021 年全国东、中、西部地区开通客运班线、定制客运班线数量排名前 5 位的省（自治区、直辖市）（单位：条）

序号	东部地区		中部地区		西部地区	
	省（自治区、直辖市）	客运班线数量	省（自治区、直辖市）	客运班线数量	省（自治区、直辖市）	客运班线数量
1	广东	9141	湖南	9919	四川	11142
2	辽宁	5921	湖北	9817	广西	9024
3	河北	5024	河南	7838	贵州	6704
4	江苏	4770	黑龙江	6326	云南	6454
5	山东	4474	安徽	5723	新疆	6404
序号	东部地区		中部地区		西部地区	
	省（自治区、直辖市）	定制客运班线数量	省（自治区、直辖市）	定制客运班线数量	省（自治区、直辖市）	定制客运班线数量
1	江苏	598	吉林	121	四川	550
2	山东	319	河南	107	贵州	177
3	广东	210	江西	101	广西	100
4	浙江	69	湖南	46	内蒙古	91
5	福建	68	安徽	30	云南	74

（五）农村客运

1. 农村客运站建设

2021 年，全国农村客运站总数达到 31.9 万个，同比减少 3.3%；其中农村三级及以上客运站 1160 个，占全国三级及以上客运站总数的 26.9%。2021 年全国东、中、西部地区农村客运站数量排名前 5 位的省份见表 3-4-5，东、中、西部地区农村客运站总数分别为 11.2 万个、11.8 万个、8.9 万个，同比分别减少 6.5%、4.8% 和增加 3.5%。分地区农村客运站数量排名前 5 位的省（自治区、直辖市）见表 3-4-5。

2. 通达情况

2021 年，全国乡镇和建制村通客车率均达 99.4%。全国共开通农村客运线路 9.7 万条，年平均日发班次 86.3 万次 / 日。全国东、中、西部地区开通的农村客运线路分别为 2.5 万条、3.4 万条、3.8 万条，分地区农村客运线路数量排名前 5 位的省（自

表 3-4-5 2020 年全国东、中、西部地区农村客运班线数量排名前 5 位的省（自治区、直辖市）（单位：个）

序号	东部地区		中部地区		西部地区	
	省（自治区、直辖市）	农村客运站数量	省（自治区、直辖市）	农村客运站数量	省（自治区、直辖市）	农村客运站数量
1	山东	56952	湖南	28351	四川	40521
2	河北	33598	河南	28013	陕西	12530
3	江苏	9667	湖北	24208	甘肃	11362
4	广东	6159	山西	23067	广西	8977
5	浙江	2090	江西	8931	重庆	6272

表 3-4-6　2021 年全国东、中、西部地区农村客运线路数量排名前 5 位的省（自治区、直辖市）

序号	东部地区			中部地区			西部地区		
	省（自治区、直辖市）	农村客运线路（条）	平均日发班次（次 / 日）	省（自治区、直辖市）	农村客运线路（条）	平均日发班次（次 / 日）	省（自治区、直辖市）	农村客运线路（条）	平均日发班次（次 / 日）
1	广东	4394	23042	湖南	6730	63969	四川	8421	87170
2	浙江	4331	76514	湖北	6730	33104	云南	5107	43436
3	辽宁	3908	24846	黑龙江	4454	16838	贵州	4101	17573
4	山东	3582	52166	安徽	3918	35978	重庆	3787	23051
5	河北	3267	38995	河南	3738	57731	甘肃	3697	19213

治区）见表 3-4-6。

3. 农村客运车辆

2021 年，全国农村客运车辆（含农村公共汽电车、农村道路客运车辆）达 32.4 万辆，中小型客车居多。全国农村客运车辆数排名前 10 位的省（自治区、直辖市）是：四川（27703 辆）、云南（25543 辆）、湖南（19691 辆）、山东（19087 辆）、新疆（17243 辆）、湖北（16711 辆）、河南（16488 辆）、黑龙江（14753 辆）、浙江（13924 辆）、贵州（13589 辆），排名及增长率变化情况如图 3-4-12 所示。

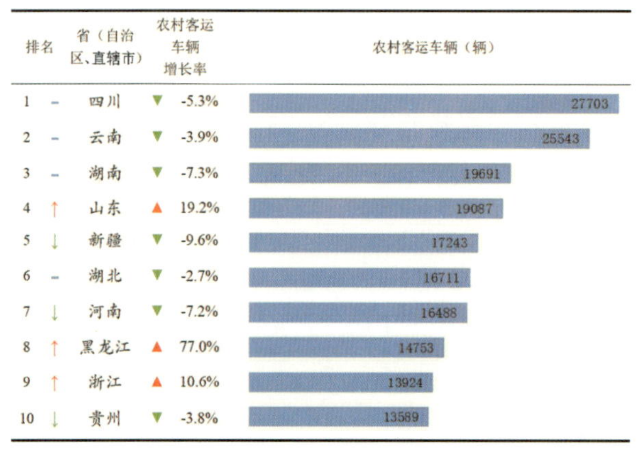

图 3-4-12　2021 年全国农村客运车辆数量排名前 10 位的省（自治区、直辖市）

从车辆类型来看，农村公共汽电车 10.2 万辆，农村班线客车 22.3 万辆。2021 年全国农村班线客车构成情况见表 3-4-7。

表 3-4-7　2021 年全国农村班线客车构成情况（单位：辆）

按等级分	高级车辆数	中级车辆数	普通车辆数
	15047	90700	117082
按类型分	大型及以上车辆数	中型车辆数	小型车辆数（含乘用车）
	23705	81829	104136

从地区分布来看，东、中、西部地区农村客运车辆分别为 9.1 万辆、9.9 万辆、13.5 万辆，同比分别增加 7.1%、3.4% 和减少 3.7%。2021 年全国农村客运车辆的地区分布情况见表 3-4-8。

表 3-4-8　2021 年全国农村客运车辆的地区分布情况（单位：万辆）

指　标	地　区		
	东部地区	中部地区	西部地区
车辆数	9.1	9.9	13.5
公共汽电车数	5.2	3.1	1.9
农村班线客车数	3.9	6.8	11.6

（六）客运站场建设及运营

1. 站场建设

截至 2021 年底，全国客运站总数达 43.1 万个，包括三级及以上客运站 4320 个，便携车站及招呼站 42.7 万个。等级客运站中，一级客运站 1037 个，二级客运站 1812 个，三级客运站 1471 个，2021 年全国等级客运站地区分布情况见表 3-4-9。其中，1685 个二级客运站配备了危险品安全检测仪，占二级客运站总数的 93.0%；804 个三级客运站配备了危险品安全检测仪，占三级客运站总数的 54.7%。2021 年全国等级客运站地区分布情况见表 3-4-9。

表 3-4-9　2021 年全国等级客运站地区分布情况（单位：个）

指　标	地　区		
	东部地区	中部地区	西部地区
等级客运站	1244	1483	1593
一级客运站	389	284	364
二级客运站	489	621	702
三级客运站	366	578	527

2. 站场经营

截至 2021 年底，全国共有客运站经营业户 1.6 万户，同比下降 9.3%。从事客运站经营的人员 20.8 万人，同比下降 13.0%。东、中、西部地区客运站经营业户占全国的比例分别为 17.04%、39.38% 和 43.59%；东、中、西部地区客运站从业人员占全国的比例分别为 28.44%、42.59% 和 28.97%，东部地区客运站的经营业户所占比例有所增加、从业人员所占比例有所减少。2021 年客运站经营业户及从业人员地区分布如图 3-4-13 所示。

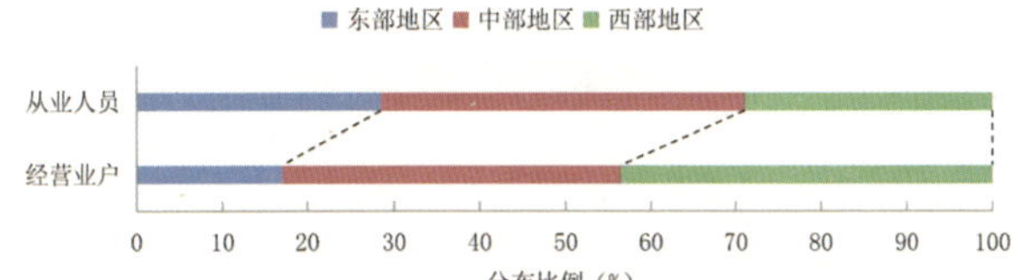

图 3-4-13　2021 年客运站经营业户及从业人员地区分布

2021 年，一级客运站年平均日发班次 20.4 万次 / 日，二级客运站年平均日发班次 25.9 万次 / 日。2020 年和 2021 年全国客运站年平均日发车班次如图 3-4-14 所示。

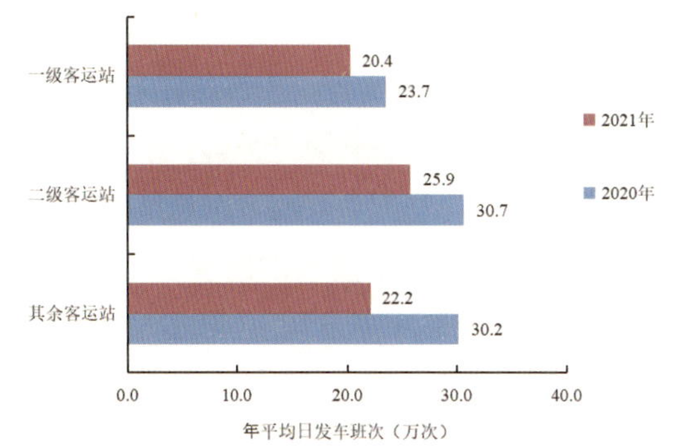

图 3-4-14　2020 年和 2021 年全国客运站年平均日发车班次

二、道路货物运输

（一）全国道路货运量情况

2021 年，全社会完成道路货运量 391.4 亿吨，同比增长 14.2%；货物周转量 69087.7 亿吨公里，同比增长 14.8%。

（二）全国道路货运企业情况

2021 年，全国从事道路货物运输的经营业户为 306.2 万户，同比减少 17.7 万户，减少 5.5%。其中，道路货物运输企业 51.4 万户，同比增加 1.3 万户；个体运输户 254.8 万户，同比减少 18.9 万户，市场主体进一步向规范化、专业化和规模化发展。根据经营范围划分，截至 2021 年底，共有普通货物运输经营业户 297.7 万户，同比减少 5.9%；货物专用运输经营业户 15.1 万户，同比增长 18.9%（其中集装箱运输经营业户 54571 户，同比增长 19.3%）；大型物件运输经营业户 40305 户，同比增长 28.4%；危险货物运输经营业户 13850 户，同比增长 3.6%。

（三）全国道路货运从业人员情况

2021 年，全国道路货物运输从业人员 1736.7 万人，同比增长 0.5%，其中驾驶员 1517.6 万人，同比增长 0.5%（包括危险货物运输驾驶员 77.8 万人，同比增加 0.4%）；危险货物运输押运员 86.2 万人，同比增长 8.1%；危险货物运输装卸管理员 5.0 万人，同比减少 9.7%。

（四）全国道路货运车辆情况

2021 年，全国营运货车总计 1173.3 万辆，同比上升 5.7%。按照车体结构分类，一体货车总计 467.3 万辆，占总量的 39.8%，吨位总计 5642.2 万吨，占总量的 33.0%；甩挂车辆 705.9 万辆，占总量的 60.2%，吨位总计 11457.3 万吨，占总量的 67.0%。

（五）全国危险货物运输情况

2021 年，全国从事危险道路运输的业户为 14094 户，同比增长 3.4%。其中经营性危险货物道路运输业户 13850 户，同比增加 487 户，经营性危险货物道路运输业户占总业户的比例为 98.3%，同比增加 0.2 个百分点；非经营性危险货物道路运输业户有 244 户，同比减少 21 户，下降 7.9%。

（六）全国集装箱运输情况

2021 年，全国道路集装箱运输经营业户有 54571 户，同比增加 8814 户，增长 19.3%。其中道路集装箱运输企业 48763 户，同比增长 19.4%，所占比例达到 89.4%，同比下降 0.1 个百分点。

（七）服务货车司机情况

2021 年，针对广大货车司机的“急难愁盼”问题，交通运输部会同国家发展改革委、财政部、公安部等十六部门印发了《关于加强货车司机权益保障工作的意见》，围绕规范行政执法、畅通投诉举报渠道、优化营商环境、改善停车休息条件、规范新业态经营行为、合理引导货运市场供给等方面提出细化政策措施，切实保障货车司机合法权益。连续四年将“司机之家”建设列为民生实事，交通运输部联合全国总工会印发《关于深入推进“司机之家”建设提升运营服务质量的通知》，指导各地在全国共建成 848 个“司机之家”，为货车司机停车、休息、就餐、洗漱、淋浴、如厕等提供便利。组织开发集服务查询、定位导航、服务评价等功能于一体的“司机之家”小程序，加大宣传推广力度，持续扩大“司机之家”在广大货车司机群体中的覆盖和应用。编制《“司机之家”建设运营服务规范》，指导各地加强“司机之家”服务质量的监督检查。交通运输部会同公安部、全国总工会在全国选树 100 名“最美货车司机”，对货车司机感人事迹进行广泛宣传报道，营造全社会关心关爱货车司机的良好氛围。

第九节　机动车维修与检测

一、机动车维修

（一）维修业务量

2021 年，全国机动车维修行业共完成维修量 27794.5 万辆次，同比增长 0.1%。受疫情影响，机动车使用强度下降。2017—2021 年全国机动车维修业务量及增长率如图 3-4-15 所示。

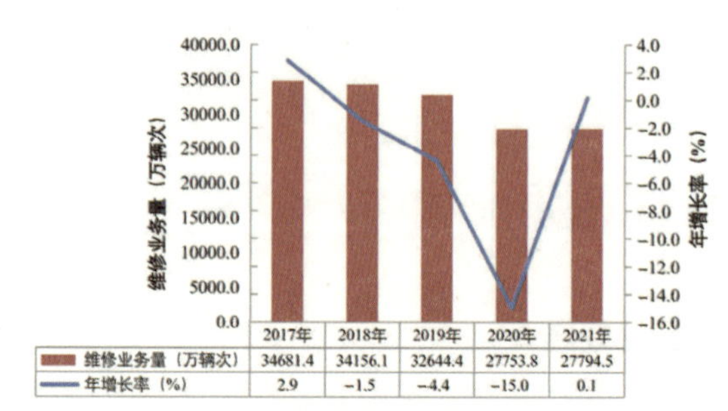

图 3-4-15　2017—2021 年全国机动车维修业务量及增长率

从完成的业务类型看，专项修理依然是主要维修业务，全年完成专项维修量 20121.6 万辆次，同比下降 0.7%，占全部维修量的 72.4%，比 2020 年下降 0.6 个百分点；二级维护 2704.3 万辆次，同比增长 4.7%；总成修理 895.9 万辆次，同比增长 4.0%；整车修理 536.7 万辆次，同比下降 2.6%；维修救援 510.9 万辆次，同比增长 5.4%。2020 年和 2021 年全国机动车维修业务完成量对比情况如图 3-4-16 所示。

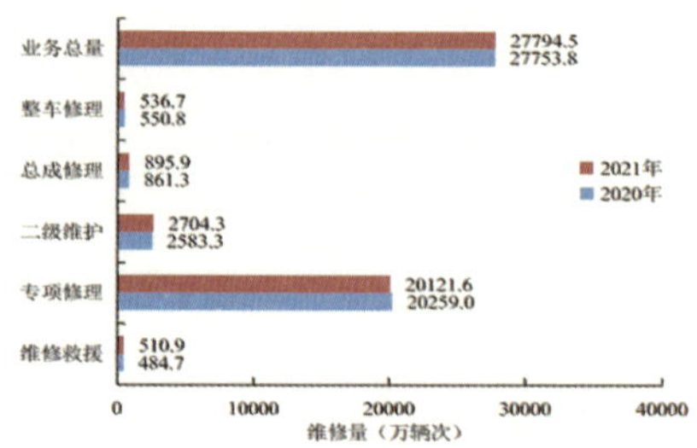

图 3-4-16　2020 年和 2021 年全国机动车维修主要业务完成情况

（二）经营业户

经营业户规模及构成。截至 2021 年底，全

表 3-4-10　2017—2021 年全国汽车、摩托车维修经营业户发展情况（单位：万户）

年　份		2017 年	2018 年	2019 年	2020 年	2021 年
机动车维修经营业户数		44.0	43.0	41.9	40.5	41.7
分类	一类汽车维修业户	1.6	1.7	1.5	1.6	1.6
	二类汽车维修业户	7.2	7.1	6.9	6.7	6.9
	三类汽车维修业户	29.8	29.4	29.2	28.2	30.1
	摩托车维修业户	5.1	4.2	3.9	3.0	2.5
	其他机动车维修业户	0.3	0.6	0.4	1.0	0.6

表 3-4-11　2017—2021 年全国平均每户机动车维修量完成情况

年　份	维修业户数（万户）	维修量（万辆次）	平均每户维修量（辆次 / 户）
2017 年	44.0	34681.4	788.2
2018 年	43.0	34156.1	795.1
2019 年	41.9	32644.4	779.8
2020 年	40.5	27753.8	685.7
2021 年	41.7	27794.5	666.1

国共有机动车维修经营业户 41.7 万户，同比增长 3.1%。汽车维修方面，全国共有汽车维修经营业户 38.6 万户，同比增长 6.0%；其中，三类汽车维修业户仍然是全国机动车维修业的主体，占汽车维修经营总业户数比例达 78.0%，比 2020 年增长 0.7 个百分点。摩托车维修方面，全国共有摩托车维修经营业户 2.5 万户，同比下降 16.0%。2017—2021 年全国机动车维修经营业户发展情况见表 3-4-10。

2021 年，全国机动车维修行业结构基本稳定，一、二、三类汽车维修业户数量均有所上升，同比分别增长 1.6%、3.1%、6.9%。2021 年，平均每户机动车维修经营者完成维修量 666.1 辆次，同比下降 2.9%。2017—2021 年全国平均每户机动车维修量完成情况见表 3-4-11。

地区分布。2021 年，全国汽车维修经营业户依然主要集中在东部地区，占比达到 43.0%；其次是西部地区和中部地区，占比分别为 35.9% 和 21.1%。不同类型汽车维修业户的地区分布与总体分布情况相似：一类、二类、三类汽车维修业户均主要集中在东部地区，占比分别为 46.2%、42.6%、43.0%。不同类型汽车维修业户地区分布情况见表 3-4-12。

表 3-4-12　2021 年不同类型汽车维修经营业户地区分布情况

类　型	东部地区		中部地区		西部地区	
	业户数	比例	业户数	比例	业户数	比例
一类	7334	46.2%	4982	31.4%	3553	22.4%
二类	29436	42.7%	19283	27.9%	20301	29.4%
三类	126855	42.1%	56069	18.6%	118273	39.3%
合计	163625	43.0%	80334	21.1%	136929	35.9%

（三）行业管理

2021 年，交通运输部多措并举推动提升机动车维修服务水平。一是深化数据应用。联合生态环境部、商务部、国家市场监督管理总局印发《关于深化汽车维修数据综合应用有关工作的通知》（交办运〔2021〕82 号），推动建立安全稳定、普惠便民、开放共享的汽车维修数据综合应用体系，促进汽车维修行业高质量发展。二是强化标准引领。结合机动车维修经营管理制度改革及汽车排放检验与维护制度实施有关要求，制修订发布《机动车维修服务规范》《汽车维修救援服务规范》《汽车维修管理信息系统技术规范》等 7 项行业标准，以及《机动车维修费用结算清单》《汽车维修电子健康档案系统》等 5 项标准的 1 号修改单，启动国标《汽车维修业开业条件》修订工作。三是推广经验做法。指导各地依托汽车维修电子健康档案系统，因地制宜深化汽车维修数据应用，提升汽车维修服务水平。组织福建、湖北、四川、江西、陕西等地认真总结电子健康档案应用服务经验做法，在交通运输部微信公众号、《中国交通报》宣传推广，供各地学习借鉴。

二、道路运输车辆检验检测

（一）道路运输车辆检验检测机构及检测量

截至 2021 年底，全国 31 个省份和新疆生产建设兵团全部实施了道路货运车辆“三检合一”改革，实现了检测数据联网共享和结果互认，全国具备“三检合一”检测能力且已接入道路运输车辆检验检测信息系统的检测机构共 8519 家，全年累计上传检测信息 817.95 万辆次、总检测车辆 732.18 万辆，异地检测合计 237.47 万辆次，其中跨省异地检测 99.22 万辆次，省内异地检测 138.25 万辆次。

（二）行业管理

2021 年，交通运输部针对道路货运车辆“三检合一”落实过程中的梗阻问题，深入排查，精准调度，定向指导，确保“三检合一”政策在“最后一公里”落地落细。

一是完善“三检合一”长效机制。印发《交通运输部关于进一步做好道路货运车辆“三检合一”改革有关工作的通知》（交运函〔2021〕262 号），进一步明晰改革目标要求，督促建立“三检合一”工作台账，全面开展自查自纠，形成部省沟通联络机制，及时对接协调“三检合一”落实问题，形成上下联动、齐抓共管工作格局。积极宣传“三检合一”改革政策、检测机构查询方法、异地检测和网上年审办理流程。推广典型经验做法，组织各地总结“三检合一”改革经验做法，梳理浙江、广东、新疆典型经验材料，在交通运输部微信公众号、《中国交通报》宣传推广。

二是推进检验检测系统升级。修订发布了《道路运输车辆检验检测信息系统联网技术要求》（交通运输部公告 2021 年第 10 号），指导各地开展道路运输车辆检验检测信息系统升级改造，为检测数据联网共享、结果互认提供了技术支撑。促进数据共享，加强与公安部门沟通协调，严格按照《机动车安全技术检验项目和方法》（GB 38900—2020）规定，确保检验检测机构实时上传、共享检测数据和检测报告。

三是加强检验检测信息公布。梳理汇总并发布了具备“三检合一”检测能力、检测报告可异地互认的检测机构信息，通过各级交通运输部门官方网站和“两微一端”等多方渠道广泛宣传，提升货车驾驶员知晓度。完善“互联网道路运输便民政务服务系统”“道路运政一网通办”检索查询功能，方便货车驾驶员自由选择检测机构。

第十节　车辆技术管理

一、严格实施道路运输车辆达标管理制度

一是加强道路运输达标车型动态管理。对道

路运输达标车型实施动态管理，2021 年累计发布道路运输车辆达标车型 10 批次、共 19540 个车型，对不符合最新标准要求的车型进行了清理，共公示公告撤销 2126 个车型。二是完善达标车辆核查制度。修订印发《道路运输达标车辆核查工作规范》（交办运〔2021〕4 号），优化道路运输达标车辆参数配置及核查工作，推进行业主管部门加强车辆技术管理，从严把好道路运输车辆入口关，提高营运车辆安全水平。三是开展达标车辆管理“双随机、一公开”抽查。对北京、河北、江苏、河南、湖北、海南六省（直辖市）部分地区交通运输主管部门、10 家道路运输车辆达标车型检测机构，以及 11 家承担道路运输达标车辆核查工作的机动车检验检测机构，开展“双随机、一公开”抽查工作，并对抽查结果予以通报。

二、深入推进道路普通货运车辆网上年审

2021 年，交通运输部深入推进道路普通货运车辆网上年审工作，切实减轻道路货运经营者负担。积极宣传道路运输车辆异地检测和网上年审办理流程，推广典型经验做法，组织各地总结道路普通货运车辆网上年审工作经验做法，梳理浙江等地典型经验总结材料，在交通运输部微信公众号、《中国交通报》宣传推广。在 12328 交通运输服务监督电话知识库补充增加了道路普通货物运输车辆网上年审相关政策解答口径，提升货车网上年审咨询业务解答质量和服务水平，进一步提升道路普通货运车辆网上年审工作办结效率和办理质量。

2021 年，全国联网检测信息 817.95 万辆次、总检测车辆 732.18 万辆，异地检测合计 237.47 万辆次，其中跨省异地检测 99.22 万辆次，省内异地检测 138.25 万辆次。全国共约 600 万辆道路普通货运车辆办理了网上年审业务，且网上年审办理量呈逐年增长趋势。

三、优化道路普通货物运输车辆转籍制度

针对道路货运经营者反映的车辆转籍过程中存在部分地区车辆档案要求不一、擅自增加车辆档案材料等常见问题，制定印发《交通运输部办公厅关于切实做好道路普通货物运输车辆转籍业务办理工作的通知》（交办运〔2021〕57 号），明晰了车辆档案管理实施主体、管理职责和管理要求，指导各地交通运输主管部门依托道路运政管理信息系统等信息化手段规范道路车辆档案管理，实现道路运输车辆管理信息资源共享，推进普通货运车辆转籍业务协同办理，进一步优化道路运输营商环境。

第十一节　机动车驾驶员培训

一、业务规模

2021 年，全国共完成机动车驾驶员培训 2710.1 万人次，同比增长 10.5%；其中培训合格的为 2189.3 万人次，同比增长 11.1%，合格率为 80.8%，与 2020 年相比增长 0.4 个百分点。完成道路运输从业资格培训 202.4 万人次，同比增长 7.1%。2017—2021 年全国机动车驾驶员培训完成情况如图 3-4-17 所示。

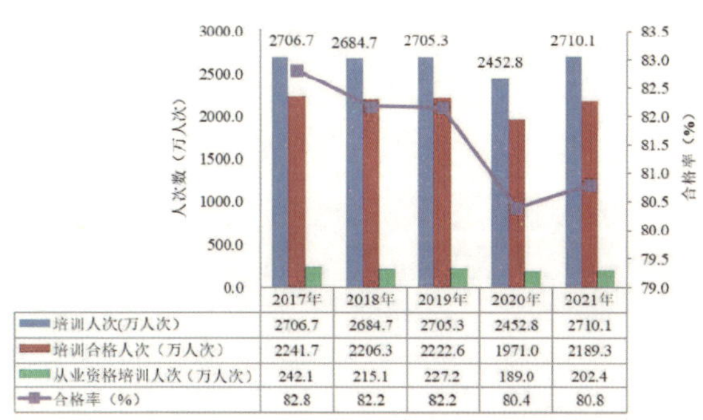

	2017年	2018年	2019年	2020年	2021年
培训人次(万人次)	2706.7	2684.7	2705.3	2452.8	2710.1
培训合格人次（万人次）	2241.7	2206.3	2222.6	1971.0	2189.3
从业资格培训人次（万人次）	242.1	215.1	227.2	189.0	202.4
合格率（%）	82.8	82.2	82.2	80.4	80.8

图 3-4-17　2017—2021 年全国机动车驾驶员培训完成情况

2021 年，全国残疾人驾驶员培训机构业户为 371 户，同比增长 6.6%；完成残疾人驾驶员培训

13375 人次，同比增长 32.8％，合格率为 77.1%，同比减少 0.1 个百分点。

二、市场构成

1. 培训机构

2021 年，全国共有机动车驾驶员培训机构业户 2.1 万户，同比增长 5.0%。2017—2021 年全国机动车驾驶员培训业户数量及增长率如图 3-4-18 所示。

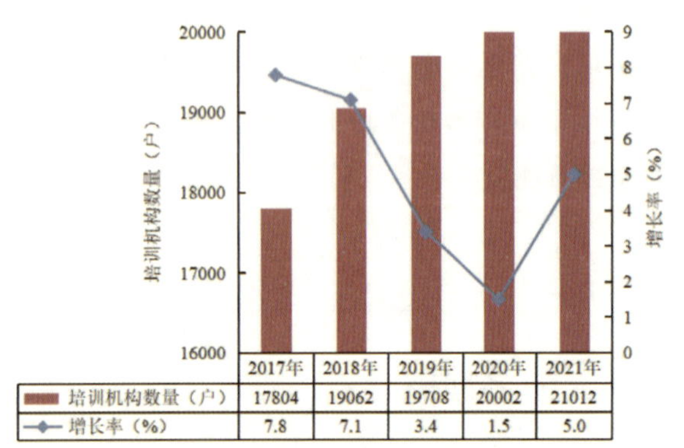

图 3-4-18　2017—2021 年全国机动车驾驶员培训业户数量及增长率

从业户类型来看，普通机动车驾驶员培训业户持续保持以三级类型业户为主，三级类型业户数为 1.3 万户，同比增长 6.6%，占比为 64.2%；一级类型业户数同比增长 1.4%，占比为 9.8%；二级类型业户数同比下降 2.0%，占比为 26.0%。2017—2021 年全国机动车驾驶员培训业户类型及数量变化情况见表 3-4-13。

从车辆规模来看，2021 年全国机动车驾驶员培训业户户均拥有教学车辆达 38 辆。其中北京、天津、辽宁、上海、江苏、浙江、福建、山东、广东、海南、安徽、四川、贵州、宁夏等 14 个省（自治区、直辖市）户均拥有的教学车辆数超过全国平均水平。2021 年，全国机动车驾驶员培训业户户均拥有教学车辆数情况如图 3-4-19 所示。

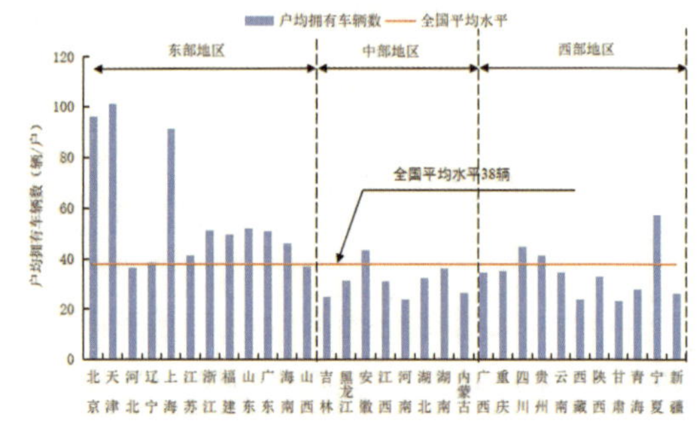

图 3-4-19　2021 年全国机动车驾驶员培训业户户均拥有车辆数量情况

表 3-4-13　2017-2021 年全国机动车驾驶员培训业户类型及数量变化情况（单位：户）

类　型				2017 年	2018 年	2019 年	2020 年	2021 年
机动车驾驶员培训业户		总计		17804	19062	19708	20002	21012
其中	普通机动车驾驶员培训	合计		17552	18837	19471	19361	20082
		其中	一级	2011	2090	2022	1938	1965
			二级	5782	5595	5564	5333	5224
			三级	9759	11152	11885	12090	12893
	道路运输驾驶员从业资格培训	合计		2013	1989	2002	2043	2108
		其中	客货运输	1927	1902	1908	1769	1934
			危险货物运输	445	469	493	487	504
	机动车驾驶员培训教练场经营			836	941	1099	1067	1483
	残疾人驾驶员培训			413	341	354	348	371

表 3-4-14 2021 年全国东、中、西部地区机动车驾驶员培训业户分布情况（单位：户）

类型			东部地区		中部地区		西部地区	
			数量	比例	数量	比例	数量	比例
培训机构			7648	36.4%	6953	33.1%	6411	30.5%
其中	普通机动车驾驶员培训	合计	7241	36.1%	6688	33.3%	6153	30.6%
		一级	948	48.2%	433	22.0%	584	29.7%
		二级	2184	41.8%	1392	26.6%	1648	31.5%
		三级	4109	31.9%	4863	37.7%	3921	30.4%
	道路运输驾驶员从业资格培训		667	31.6%	708	33.6%	733	34.8%
	机动车驾驶员培训教练场经营		594	40.1%	294	19.8%	595	40.1%
	残疾人驾驶员培训		121	32.6%	96	25.9%	154	41.5%

表 3-4-15 2021 年全国东、中、西部地区机动车驾驶员培训业户数量排名前 5 位的省（自治区）

序号	东部地区			中部地区			西部地区		
	省（自治区）	培训机构（户）	培训人次（万人次）	省（自治区）	培训机构（户）	培训人次（万人次）	省（自治区）	培训业户（户）	培训人次（万人次）
1	广东	1,641	343.1	河南	2,280	213.7	云南	856	97.1
2	山东	1,149	202.2	湖南	1,125	104.7	广西	825	93.3
3	江苏	1,146	171.4	江西	829	85.5	四川	782	124.9
4	河北	1,015	92.0	湖北	770	116.1	新疆	782	39.8
5	浙江	877	142.1	安徽	597	112.3	内蒙古	689	42.9

从地区分布来看，2021 年全国机动车驾驶员培训经营业户分布保持稳定，东部地区培训业户所占比例为 36.4%，同比增长 0.4 个百分点；中部地区培训业户所占比例为 33.1%，同比下降 0.6 个百分点；西部地区培训业户所占比例为 30.5%，同比增长 0.3 个百分点。其中，一级普通机动车驾驶员培训业户在东部地区集中的趋势更加明显，占比达 48.2%。2021 年全国不同类型的机动车驾驶员培训业户数的具体分布情况见表 3-4-14。2021 年东、中、西部地区机动车驾驶员培训业户数量排名前 5 位的省（自治区）见表 3-4-15。

2. 从业人员

2021 年，全国共有机动车驾驶教练员 89.0 万人，同比增长 2.1%。其中，驾驶操作教练员、理论教练员、道路客货运输驾驶员从业资格培训教练员分别为 78.8 万人、7.3 万人、11967 人，同比分别增长 0.8%、14.1%、30.5%；危险货物运输驾驶员从业资格培训教练员 2331 人，同比下降 12.8%。全国东、中、西部地区机动车驾驶员培训从业人员分布情况见表 3-4-16。

3. 教学车辆及装备

2021 年，全国拥有机动车驾驶员培训教学车辆 80.6 万辆，同比增长 1.4%。从车辆类型来看，仍然以小型汽车为主，所占比例为 92.4%。大型客车 4147 辆，同比减少 2.1%；通用货车半挂车（牵引车）7535 辆，同比增长 23.2%；城市公交

表 3-4-16　2021 年全国东、中、西部地区机动车驾驶员培训从业人员分布情况

类型		东部地区		中部地区		西部地区	
		数量	比例	数量	比例	数量	比例
教练员（万人）		43.4	48.7%	22.5	25.3%	23.1	26.0%
其中	理论教练员（万人）	3.4	46.6%	1.8	25.1%	2.1	28.3%
	驾驶操作教练员（万人）	39.2	49.7%	20.0	25.4%	19.6	24.9%
	道路客货运输驾驶员从业资格培训教练员（人）	5,111	42.7%	3,689	30.8%	3,167	26.5%
	危险货物运输驾驶员从业资格培训教练员（人）	1,043	44.7%	727	31.2%	561	24.1%

车 1533 辆，同比减少 5.1%；中型客车 1780 辆，同比减少 13.1%；大型货车 2.5 万辆，同比增加 0.6%；小型汽车 74.5 万辆，同比增长 1.0%；低速汽车 2262 辆，同比增长 78.1%；摩托车 15861 辆，同比增加 8.7%。

2021 年，残疾人教学装备不断完善，全国共有残疾人教学车辆 1615 辆，同比增加 17.4%。全国继续加大机动车驾驶模拟器的推广应用，共有机动车驾驶模拟器 12.9 万台，同比增长 2.6%。

三、机动车驾驶员培训管理

印发《关于做好机动车驾驶员培训经营备案有关工作的通知》，明确机动车驾驶员培训经营备案管理流程、备案资料等工作要求，切实推进备案制度改革平稳过渡。同时，围绕落实机动车驾驶培训考试制度改革、许可改备案管理配套制度设计等方面工作，组织开展《机动车驾驶员培训管理规定》全面修订工作。

组织开展《关于做好道路货物运输驾驶员从业资格考试制度改革有关工作的通知》宣贯培训，督促各地有序推动取消除道路危险货物运输以外的道路货物运输驾驶员从业资格考试。结合交通运输综合督查，组织开展普通道路货运驾驶员从业资格考试制度改革专项督查。目前，全国 31 个省份和新疆兵团已全部完成普货驾驶员从业资格考试制度改革任务。

健全完善标准规范，组织开展《汽车驾驶培训模拟器》行业标准修订、《机动车驾驶员计时培训系统 第 2 部分：平台技术要求》行业标准研究起草、《汽车驾驶培训智能辅助教学系统技术要求》标准项目的研究工作，稳妥有序推进行业技术改革创新。

会同有关部门组织开展第十三届全国交通运输行业机动车驾驶教练员职业技能大赛，指导中国道路运输协会举办第二届机动车驾驶培训教学公益竞赛，推动提升教练员教学水平，指导举办第五届“机动车驾驶培训与道路交通安全国际论坛”，围绕“科技与安全”主题，引导机动车驾驶培训高质量发展。

第十二节　国际及港澳道路运输

2021 年，在新冠肺炎疫情影响导致国际及港澳道路运输防范境外输入压力较大的情况下，国际道路运输紧紧围绕服务支撑国家对外开放工作大局，不断加强与沿线国家的双边和多边道路运输合作，取得了丰硕成果。

一、国际及港澳道路运输量及线路

（一）港澳道路运输量

2021 年，内地与港澳之间完成旅客运输量 91.4 万人次，旅客周转量 1.0 亿人公里，比上年分别下降 33.9% 和 53.3%；完成货物运输量 1940.4 万吨，货物周转量 22.6 亿吨公里，比上年分别下降 80.3% 和 81.9%。2017—2021 年我国港澳道路客货运输量情况如图 3-4-20 所示。

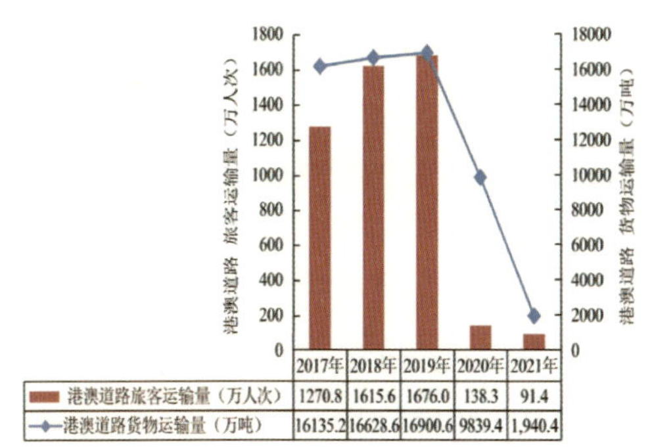

图 3-4-20　2017—2021 年我国港澳道路客货运输量情况

（二）国际道路运输量

2021 年，因疫情防控需要，我国暂停跨境国际道路旅客运输，保留货运。国际道路货物运输量 4202.6 万吨，同比减少 14.5%，货物周转量 24.7 亿吨公里，同比减少 10.2%。其中，由中方完成的国际道路货运量占比为 45.6%，同比上升 19.8%。2017—2021 年我国国际道路客货运输量及中方所占比例情况如图 3-4-21 和图 3-4-22 所示。

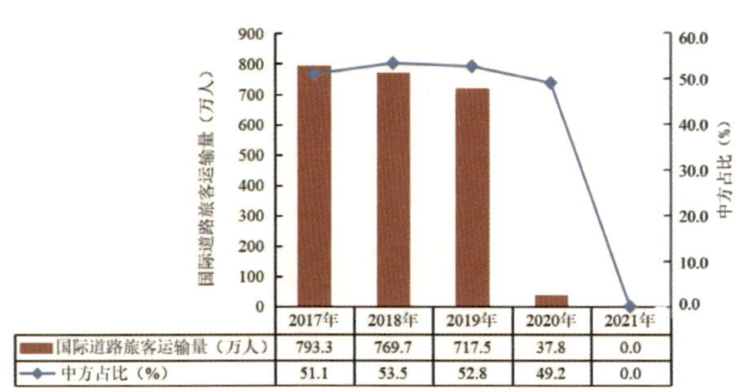

图 3-4-21　2017—2021 年我国国际道路客运量及中方所占比例情况

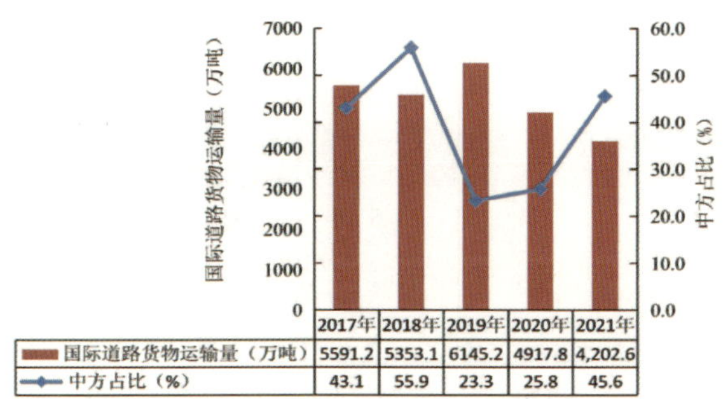

图 3-4-22　2017—2021 年我国国际道路货运量及中方所占比例情况

2021 年，参与国际道路运输的省（自治区、直辖市）有内蒙古、吉林、黑龙江、广西、云南和新疆。中方共完成货运量 1916.5 万吨，完成货运量前三位的是云南（1396.2 万吨）、广西（304.9 万吨）、内蒙古（119.9 万吨）。

（三）国际道路运输区域分布

受新冠肺炎疫情影响，各区域国际道路运输量出现大幅度下降。从车辆出入境次数来看，2021 年我国的出入境客运车辆为 0 万辆次。2021 年我国与东北亚（包括俄罗斯、蒙古国、朝鲜）的出入境货运车辆为 40.7 万辆次，同比减少 39.2%。我国与中亚（包括哈萨克斯坦、吉尔吉斯斯坦和塔吉克斯坦）的出入境货运车辆为 8.5 万辆次，同比增加 21.1%。我国与东南亚及南亚（包括越南、巴基斯坦、老挝、缅甸和尼泊尔）的出入境货运车辆为 140.5 万辆次，同比减少 9.2%。2021 年，我国国际道路运输货运车辆出入境分布情况如图 3-4-23 所示。

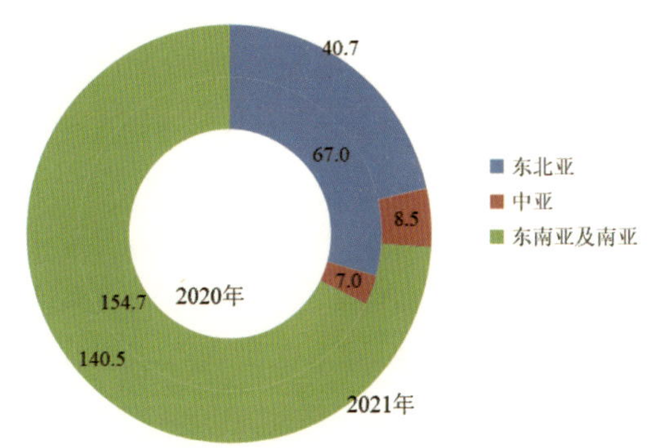

图 3-4-23　2020 年和 2021 年我国国际道路运输货运车辆出入境分布对比情况（单位：万辆次）

2021 年我国与东北亚国家的国际道路运输货运量 1848.2 万吨，同比减少 39.4%；货物周转量 9.0 亿吨公里，同比减少 30.8%。我国与东北亚国家联系的货运量在周边区域的货运量中占比达到 44.0%。2021 年我国与周边国家双边国际道路货运量分布情况见表 3-4-17。

表 3-4-17　2021年我国与周边区域国际道路货运量分布情况

区域	货运量（万吨）	比例（%）	货物周转量（万吨公里）	比例（%）
东北亚	1848.2	44.0	89865.2	36.4
中亚	91.7	2.2	11121.8	4.5
东南亚及南亚	2262.8	53.8	145612.9	59.1
合计	4202.7	100.0	246599.9	100.0

二、国际道路运输服务能力

（一）国际道路运输经营业户及车辆结构

1. 经营业户及从业人员

2021 年末，全国从事国际道路运输的经营业户共有 454 户，比上年末增长 7.6%。其中，从事国际道路旅客运输的经营业户 78 户，从事国际道路货物运输的经营业户 400 户，客货兼营业户 24 户。拥有车辆数在 100 辆及以上的国际道路旅客运输经营业户 1 户，100 辆及以上的国际道路货物运输经营业户 83 户。

国际道路运输从业人员 14062 人，比上年末增长 8.1%。其中，国际道路旅客运输从业人员 727 人，下降 38.5%；国际道路货物运输从业人员 13335 人，增长 12.8%。

2. 车辆结构

截至 2021 年底，全国共有从事国际道路运输的车辆 30760 辆，其中客车 3003 辆，共计 114191 个客位；货车 27757 辆，共计 512368 吨位。2021 年国际道路客货运输车辆情况见表 3-4-18。

（二）行车许可证使用情况

国际道路运输行车许可证是国际道路运输车辆出入境的通行证。2021 年，我国使用的国际道路运输行车许可证中，A、B 种行车许可证使用量均为 0 张；C 种行车许可证使用量为 528387 张，同比下降 21.9%。2017—2021 年我国国际道路运输行车许可证使用情况见表 3-4-19。

表 3-4-19　2017–2021 年我国国际道路运输行车许可证使用情况[1]

年份	2017 年	2018 年	2019 年	2020 年	2021 年
A 种行车许可证使用量	519	341	447	617	0
B 种行车许可证使用量	123561	86186	29634	1817	0
C 种行车许可证使用量	498987	584153	615226	676650	528387

注：A 种行车许可证适用于定期旅客运输，一年多次往返有效；B 种行车许可证适用于不定期旅客运输，一次往返有效；C 种行车许可证适用于货物运输，一次往返有效。

2021 年全国 C 种行车许可证使用量前三的省（自治区）为云南、广西、内蒙古，分别为 310444 张、156361 张、30414 张。

第十三节　道路运输行业管理

一、推动建立道路货运高质量发展部际协同联动机制

经国务院同意，交通运输部联合中央网信办等

表 3-4-18　2021 年国际道路客货运输车辆情况

类型		高级	比例（%）	中级	比例（%）	普通	比例（%）	总计	比例（%）
客运	车辆数（辆）	2812	93.6	57	1.9	134	4.5	3003	100
	客位数（位）	106256	93.1	2139	1.9	5796	5.1	114191	100
类型		重型	比例（%）	中型	比例（%）	小型	比例（%）	总计	比例（%）
货运	车辆数（辆）	25261	91.0	1676	6.0	820	3.0	27757	100
	吨位数（吨）	502293	98.0	7604	1.5	2471	0.5	512368	100

十六部门成立了推动道路货运行业高质量发展部际联席会议制度，充分发挥部门合力，推动解决行业面临的突出问题，保障货车司机合法权益，维护公平有序的市场竞争环境，促进行业健康稳定高质量发展。

二、集中开展危化品道路运输安全整治

贯彻落实国务院安委会工作部署，指导各地围绕从业质资格安全准入、提升运输安全保障水平、规范运输过程安全管控、构建全链条安全监管长效机制等方面开展危险化学品道路运输安全集中整治工作。交通运输部联合工业和信息化部、公安部、国家市场监督管理总局印发了《常压液体危险货物罐车治理工作方案》，启动18万辆常压液体危险货物罐车治理工作。持续完善危货运输安全监管系统，推进危险货物道路运输运单电子化。

三、加强旅游客运协同监管

交通运输部会同公安部、文化和旅游部等5部门联合印发《关于进一步加强和改进旅游客运安全管理工作的指导意见》，指导各地规范开展旅游客运市场准入，强化旅游包车和团组事中事后监管，加强旅游客运市场安全管理。

四、加强省际长途道路客运班线监管

印发《交通运输部办公厅关于进一步加强省际道路客运班线管理有关工作的通知》，指导各地建立800公里以上道路客运班线安全风险评估制度，加强长途道路客运班线安全管理。

五、印发道路客运禁限带品目录

交通运输部会同公安部印发《关于公布〈道路客运车辆禁止、限制携带和托运物品目录〉的公告》（交运规〔2021〕2号），督促道路客运场站和道路客运经营者按照规定履行告知义务，规范开展行李物品安检工作。

六、推进交通运输新业态规范健康发展

印发《关于维护公平竞争市场秩序加快推进网约车合规化的通知》，督促指导各地强化服务意识，简化审批程序，加快网约车合规化进程。公布全国网络货运运行基本情况，定期发布网络货运运行监测分析报告，各省交通运输主管部门依法发放网络运许可，加强企业运行监测，推进网络货运健康规范发展。

第十四节　道路运输安全生产

2021年，交通运输系统认真贯彻落实习近平总书记关于安全生产的重要指示精神，按照党中央、国务院有关决策部署，坚持人民至上、生命至上，深化道路运输安全生产专项整治三年行动，着力除盲区、治隐患、补短板、强弱项，不断夯实道路运输安全基层、基础、基本功，推动道路运输安全生产形势总体稳中向好。

一、安全生产形势稳中向好

2021年，我国道路运输安全生产形势总体保持稳定向好，全国道路运输行业共发生较大以上道路运输安全生产事故77起，造成349人死亡，同比分别上升4.1%和4.8%，比2019年分别下降7.2%和4.1%。其中，重大道路运输安全生产事故5起（江苏盐城“4 · 4”重大事故、甘肃平凉“7 · 26”重大事故、黑龙江七台河“9 · 3”重大事故、河北石家庄“10 · 11”重大事故、安徽马鞍山“11 · 15”重大事故），造成63人死亡、82人受伤，同比2020年事故起数增加3起、死亡人数增加25人。没有发生特别重大道路运输安全生产事故。

总体看，当前我国道路运输行业安全事故仍处于“高位波动期”，车辆带病运行、驾驶员紧急情况处突不当、非法违规运营、行业监管不严不实问题仍突出，重大安全生产事故依然时有发生。

未来发展中，需要进一步增强风险防范意识，坚决守牢安全发展底线，切实强化营运车辆技术管理，提升人员应急操作技能，加强营运车辆动态监管，真正做到把安全生产放到各项工作的首位，坚决遏制重特大安全生产事故发生，切实保障人民群众生命财产安全。

二、安全生产管理能力逐步提升

2021 年，交通运输部印发通知，推进道路运输企业主要负责人和安全生产管理人员安全考核工作，全国累计超过 57 万“两类人员”通过安全考核。

会同公安、市场监管等部门，围绕道路运输经营主体、道路运输车辆、营运驾驶员等关键要素，建立健全信息共享和协同监管机制，推动形成“各司其职、齐抓共管、综合治理”工作格局，江苏、贵州等省建立道路运输车辆注册登记和经营许可协同联动核查机制。

会同公安部、国家市场监督管理总局联合印发《关于充分利用信息化手段切实加强道路旅客运输非法违规运营精准协同治理工作的通知》，推动各地借助大数据比对分析技术，实现对非法营运车辆的智能识别、动态跟踪、精准打击，以及跨区域违规运营客车的协同监管，推进非法违规运营协同共治工作格局的形成。

联合公安部、应急管理部加快修订《道路运输车辆动态监督管理办法》，强化“两客一危”和重型载货汽车动态监督管理。会同相关部门联合印发《关于进一步加强和改进旅游客运安全管理工作的指导意见》，推动旅游客运全要素、全链条安全监管。

印发《关于推动农村客运高质量发展的指导意见》《关于加强农村地区重点时段群众出行服务保障工作的通知》，部署各地聚焦农忙、返乡返岗等重点时段、农业生产重点区域服务供给，推动构建农村客运发展长效机制。

会同公安部制定发布《道路客运车辆禁止、限制携带和托运物品目录》，有效防范乘客携带违禁物品进站乘车，保障旅客运输安全。就全国两会、清明、“五一”、端午、建党 100 周年庆祝活动、北戴河暑期、第二届联合国全球可持续交通大会、进博会、国庆黄金周等重大活动、重点时段的疫情防控、安全生产和服务保障工作进行统筹安排部署。加强托运、充装、运输车辆及容器检验、道路运行等环节的安全管理，严厉查处危险化学品道路运输车辆违法违规行为，建立完善“黑名单”制度，切实强化危险化学品道路运输全链条安全管理。组织梳理危化品运输高速公路路线，实施公路安全设施精细化提升和安防工程建设，完善安全警示标志标线、强化危桥危隧改造，实施公路桥梁防护设施和连续长陡下坡路段安全隐患专项整治行动，保障危货道路运输通行安全。

印发《道路运输安全警示教育基地建设应用指南（试行）》，推进建成布局合理、定位清晰、功能明确、特色突出的道路运输安全警示教育基地。完成重大道路交通事故的立档工作，深入推进典型事故案例深度分析，总结经验、吸取教训、补齐短板、打牢基础。印发《道路运输驾驶员应急驾驶操作指南（试行）》，提出 14 个典型场景的应急处置要领、注意事项，提升驾驶员突发情况应急处置能力。

第五章　水路

第一节　水路规划与实施总体情况

一、健全规划管理体系

国家级规划方面，整合《全国沿海港口布局规划》和《全国内河航道与港口布局规划》，形成《全国港口与航道布局规划》，稳步推动修编、报批工作。五年发展规划方面，印发实施《水运“十四五”发展规划》以及《长航系统“十四五”发展规划》《珠江航运“十四五”发展规划》。专项规划方面，联合三省区印发《琼州海峡客运滚装港口布局规划》。规划执行方面，印发《关于加快推进〈水运“十四五”发展规划〉实施和项目前期工作的通知》《关于加快推进“十四五”国家高等级航道建设的通知》《关于加快推进部属单位水运及支持系统重点项目建设的通知》等系列文件，建立督促规划执行和加强项目管理的体系。

二、完善港口规划管理

与生态环境部联合印发《关于进一步明确港口总体规划调整适用情形和相应环境影响评价工作要求的通知》，明确规划“局部调整”的适用情形和环评审查程序。

第二节　港航基础设施建设

一、水运基础设施建设情况

全年完成水运建设投资约1513亿元，比上年增长11.4%，其中内河建设完成投资743亿元，增长5.5%，沿海建设完成投资723亿元，增长15.4%。

截至2021年末，内河航道通航里程12.76万公里，其中等级航道里程6.72万公里，占总里程52.65%，同比基本持平；三级及以上航道1.45万公里，占总里程11.38%，同比提高0.11个百分点。

各等级内河航道通航里程分别为：一级航道2106公里，二级航道4069公里，三级航道8348公里，四级航道11284公里，五级航道7602公里，六级航道16849公里，七级航道16946公里。等外航道里程6.04万公里。

各水系内河航道通航里程分别为：长江水系64668公里，珠江水系16789公里，黄河水系3533公里，黑龙江水系8211公里，京杭运河1423公里，闽江水系1973公里，淮河水系17500公里。

2021年末，全国港口拥有生产用码头泊位20867个，比上年减少1275个。其中，沿海港口生产用码头泊位5419个，减少42个；内河港口生产用码头泊位15448个，减少1233个。全国港口拥有万吨级及以上泊位2659个，比上年增加67个。其中，沿海港口万吨级及以上泊位2207个，增加69个；内河港口万吨级及以上泊位452个，减少2个。全国万吨级及以上泊位中，专业化泊位1427个，比上年增加56个；通用散货泊位596个，增加4个；通用件杂货泊位421个，增加6个。

二、内河航道建设有序推进

（一）推进内河高等级航道提等升级

嘉陵江利泽航运枢纽船闸土建工程基本完成，岷江龙溪口航电枢纽船闸围堰已全面形成，柳江红花枢纽二线船闸、郁江西津枢纽二线船闸上下引航道基本建成。

（二）服务国家区域重大战略实施

贯彻落实长江经济带发展战略，加快推动长

江黄金水道建设，长江干线武汉至安庆段6米水深航道整治工程、两坝间莲沱段航道整治工程建成试运行，朝天门至涪陵河段航道整治工程建设有序推进。贯彻落实长三角区域一体化、粤港澳大湾区发展战略，持续完善长三角、珠三角高等级航道网，京杭运河浙江段“四改三”、北江航道扩能工程、贵港至梧州3000吨级航道一期工程等建成试运行，引江济淮航运工程、崖门出海航道二期工程等正在有序推进。

（三）推进水运服务乡村振兴

推动右江百色水利枢纽通航设施工程开工建设，打通右江航道和畅通云南经珠江出海通道关键性工程取得阶段性成果；指导推进沙颍河周口至省界航道升级改造工程、青海龙羊峡至拉西瓦航运建设工程等建设。

（四）谋划交通强国水运篇重大工程项目

积极推动西部陆海新通道（平陆）运河前期工作，指导湘桂赣粤运河重大专项研究。

三、港口基础设施建设稳步推进

（一）内河港口基础设施建设有序推进

芜湖港长江船舶LNG加注码头工程、荆州港江陵煤炭储备基地一期工程等已全面建成。重庆港主城港区果园作业区二期工程、九江港彭泽矶山公用码头工程、泰和港沿溪综合货运码头工程等完成竣工验收。重庆港万州新田作业区二期工程、九江港安信物流公用码头工程、韶关港白土港区一期工程等开工建设。重庆港涪陵龙头二期工程、赣州港赣县五云综合码头一期工程、来宾港武宣港区四安林场作业区1号和2号泊位工程等有序推进。

（二）推进沿海港口基础设施建设

北京燃气天津南港LNG应急储备项目码头工程、烟台西港区30万吨级油码头二期工程、福州港漳湾作业区18—20号泊位工程、湛江港宝满港区集装箱码头一期扩建工程、巴斯夫（广东）一体化项目大件码头工程等一批重大工程开工建设，广州港南沙港区四期工程、江苏滨海LNG码头工程、宁波舟山港梅山二期工程、连云港30万吨级航道二期工程等工程稳步推进，天津港北疆港区C段智能化集装箱码头、黄骅港散货港区矿石码头一期（续建）工程、青岛港董家口港区原油码头二期工程、深圳液化天然气应急调峰站项目配套码头、深圳港妈湾港区海星码头1~4号泊位改造工程、广州港深水航道拓宽工程等一批重大项目建成投运。

第三节　水上运输服务

2021年，全国完成水路客运量1.63亿人，比上年增长9.0%，旅客周转量33.11亿人公里，比上年增长0.4%；完成货运量82.40亿吨，货物周转量115577.51亿吨公里，比上年分别增长8.2%和9.2%。全国港口完成旅客吞吐量0.48亿人，比上年增长8.0%；货物吞吐量155.5亿吨，比上年增长6.8%，其中外贸货物吞吐量46.97亿吨，比上年增长4.5%，货物吞吐量超过亿吨的港口46个。截至2021年底，全国拥有水上运输船舶12.59万艘，比上年下降0.7%，净载重量28432.63万吨，比上年增长5.1%；平均净载重吨2258.53吨，比上年增长5.8%；载客量85.78万客位，比上年下降0.3%；集装箱箱位288.43万标准箱，比上年下降1.6%。全国港口拥有万吨级及以上泊位2659个，比上年增加67个。

第四节　水运行业管理

一、水运供给侧结构性改革取得新进展

（一）水运“十四五”重大工程启动

西部陆海新通道（平陆）运河工程立项工作加快推进，启动湘桂赣粤运河工程重大专项研究，

一批“十四五”重大工程开工建设，印发实施《关于加强“十四五”期全国航道养护与管理工作的意见》。

（二）基础设施补短板成效明显

百色水利枢纽通航设施按计划于2021年上半年开工，断航20年的右江航道将被打通。嘉陵江、岷江、柳江、郁江航运工程进展顺利。湛江港30万吨级航道改扩建工程、钦州港东航道扩建工程交工投入试运行。一批重点货类码头项目稳步推进。

（三）水运降本增效持续推进

全国港口集装箱铁水联运量完成751万标准箱，同比持续增长。江海直达运输进一步推广，12艘江海直达集装箱船和散货船投入营运。开展进口电商货物港航“畅行工程”民生实事，部分枢纽港口港航电子单证平均办理时间由2天压缩至4小时以内，实现了区块链规模化应用。

（四）运输服务水平不断提高

开展打造国内水路旅游客运精品航线试点工作。国内第一艘沿海悬挂五星红旗高端游轮“招商伊敦”轮投入运营。指导《海南邮轮港口中资方便旗邮轮海上游航线试点管理办法》出台。京杭大运河北京通州城市段旅游航道建成运行。提高农村地区重点时段水路出行服务供给能力。嘉陵江全线船闸实现联合调度。

二、安全生产工作扎实推进

（一）港口航道安全形势总体稳定

扎实做好港口安全生产各项工作，积极推进客滚码头建立实施安检查危制度，顺利完成三峡北线船闸及葛洲坝2号船闸、三峡升船机计划性停航检修。

（二）安全生产专项整治集中攻坚年任务按期完成

积极推进水运行业安全生产专项整治三年行动相关工作，全面落实危险货物港口作业安全生产重点难点问题集中整治、中韩客货班轮运输安全管理提升、船舶碰撞桥梁隐患治理、航运枢纽大坝除险加固等4个专项行动年度任务。

（三）行业本质安全水平不断提升

印发了《港口危险货物重大危险源监督管理办法》《危险货物港口企业储罐安全风险辨识评估管控指南》和3个重点领域安全检查手册、推动发布了《客滚船码头安全技术及管理要求》《港口作业安全要求第3部分：危险货物集装箱》等4个强制性国家标准，组织完成了港口企业原油成品油储备罐安全风险评估和隐患治理督查；针对“中华富强”轮火灾事故，加强了重点水域客滚运输市场管理；完成了三峡升船机过机客船安全载客人数标准核定，开展了加强三峡船闸危险货物船舶过闸安全管理措施研究；港口危险货物安全管理“三基”建设试点取得预期成效，举办了港口安全管理高级研修班。

（四）应急能力建设进一步强化

总结“长赐”轮搁浅事件影响，完善了碍航事件应急预案，完成了自然灾害综合风险水路承灾体普查试点任务和全面实施阶段数据采集调查任务，圆满完成重要节日、重点时段、重大活动期间安全应急和水路运输服务保障工作。

三、行业治理能力和水平进一步提升

（一）“放管服”改革深入推进

2项事项列入交通运输首批实行告知承诺证明事项，下放了1项管理事项，压减了1项水运工程企业资质；制定实施水运领域加强和规范事中事后监管三年行动方案。

（二）法律法规体系不断完善

修订印发了《港口和船舶岸电管理办法》《船舶引航管理规定》等5件规章，废止1件规章；开展了《长江保护法》行业宣传贯彻及法规文件清理等配套工作；发布了《液化天然气码头设计规范》等30项水运工程建设标准和《自动化集装箱码头设计规范》等4项标准英文版。

（三）市场监管不断加强

深入开展了水路运输执法领域突出问题专项整治，统筹开展水运市场秩序与服务质量督查检查，加大水运领域违法违规行为的监管和处罚力度。加强水运信用体系建设，水路运输市场信用信息系统功能不断提升。

（四）行业软实力进一步提升

与上海市共同成功举办了2021北外滩国际航运论坛，习近平主席致贺信，刘鹤副总理在论坛开幕式上通过视频宣读贺信。成功举办了2021年航海日活动，指导相关企业和地方举办了首届世界航商大会、2021“丝路海运”国际合作论坛和第六届海丝港口国际合作论坛。组织评选了首届“最美港航人”。

第五节　水运绿色发展

一、强化港口和船舶污染防治

（一）积极推进建立健全长江经济带船舶和港口污染防治长效机制

交通运输部联合国家发展改革委、生态环境部、住房和城乡建设部于2021年3月27日印发了《关于建立健全长江经济带船舶和港口污染防治长效机制的意见》，建立实施定期调度制度，突出问题整治成果逐步巩固，长效机制建设取得了明显成效。

一是水上洗舱站建成并投运。2021年累计开展洗舱作业949艘次，共接收化学品洗舱水6.7万吨。指导成立了长江洗舱作业联盟，推动修订实施团体标准《载运散装液体危险货物内河船舶换载货物洗舱要求》。

二是加快实现船舶污染物接收转运处置全过程电子联单管理。船舶水污染物联合监管与服务信息系统已覆盖长江经济带内河码头，基本覆盖到港中国籍营运船舶。

三是指导长江沿线海事部门做好《中华人民共和国长江保护法》有关现场监督检查工作，在部分区域探索散装液体化学品货主高质量选船机制。

四是深入推进《400总吨以下内河船舶水污染防治管理办法》实施，推动完成长江经济带100～400总吨内河船舶改造，基本完成100总吨以下内河船舶改造。

五是加强执法和监管，加大对船舶违法排污行为打击力度，督促船舶规范水污染物船上储存、处理和送岸接收行为。

（二）稳步推进船舶大气污染物排放控制区实施

继续推进船舶大气污染物排放控制区和全球“限硫令”政策实施。

一是制定印发《2021年海事危管防污工作要点》《2021年大鹏湾船舶大气污染物排放控制监测监管试验区工作要点》，深化深圳大鹏湾、上海自贸区（外高桥）、宁波—舟山核心港区船舶大气污染物排放控制监测监管试验区建设，初步试点构建了无人机、岸基、船载设备多种监测手段结合的船舶尾气监测监管模式。

二是指导直属海事管理机构加大执法监管力度，并将船舶污染物处置、防污文书记载、船舶防污染设备工况及操作等情况作为船舶安全监督检查重点。

三是组织完成全国直属海事系统船舶燃油检测设备购置项目二期工程验收，实现船用燃油硫含量快速检测装备的使用普及和监管工作常态化。

二、推进新能源清洁能源应用

（一）大力推进船舶靠港使用岸电

一是落实《中华人民共和国长江保护法》有关要求，修订发布了《港口和船舶岸电管理办法》。发布《船舶岸电系统船载装置检验指南》。

二是会同国家发展改革委、国家能源局等于2021年7月制定印发了《关于进一步推进长江经济带船舶靠港使用岸电的通知》，力争2025年底前基本实现长江经济带船舶靠港使用岸电常态化。配合国家发展改革委将长江经济带船舶受电设施改造纳入中央预算内投资支持范围，2021年督促推动近5400艘船舶完成了受电设施改造。长江经济带全年新增岸电设施覆盖泊位1601个，覆盖泊位累计达到7300多个，港口和水上服务区累计使用岸电6600多万度，同比增长约32%，岸电使用率大幅提高。

三是积极推进渤海湾省际客滚船舶靠港使用岸电工作，会同国家电网公司及辽宁省、山东省建立了协同推进机制。

四是指导中远海运物流有限公司、国家能源投资集团有限责任公司等央企，结合交通强国试点工作率先推进船舶靠港使用岸电。

（二）推进水运行业应用液化天然气等新能源清洁能源

一是修订发布《水上液化天然气加注作业安全监督管理办法》，为船舶LNG加注的大力发展夯实制度基础、明确安全要求。

二是督促长江干线船舶LNG加注站建设，重庆麻柳加注站已投入运行，安徽芜湖、江苏镇江、上海崇明等长江干线重庆以下省市2020年开工建设的7座LNG加注站已建成并基本具备运营条件。

三是江苏海事局、江苏省交通运输厅发布了《长江江苏段载运散装液化天然气船舶航行、停泊、作业安全保障措施（试行）》的公告。

四是研究制定锂电池、氢燃料电池、醇燃料等动力船舶技术要求，推动新能源清洁能源在船舶上应用。

三、碧海行动

一是部海事局组织各直属海事局开展碍航物情况摸排，更新碍航物名称、位置、所有权情况等信息。

二是部救助打捞局研究确定2022年度“碧海行动”待打捞沉船27艘（其中黄渤海海区10艘、东海海区8艘、南海海区9艘），并分别制定科学打捞方案，提出合理预算。

三是将“碧海行动”纳入交通运输支持系统“十四五”建设规划。

四是部救助打捞局组织编制了《2022年度“碧海行动”沉船清除打捞工程工程可行性研究报告》。

第六节 长江航务管理

一、服务长江沿线经济社会发展情况

（一）疫情防控有力有效

全年引领中外籍船舶6.1万艘次、载货4.63亿吨。开辟国计民生重点物资和进出口外贸物资运输“绿色通道”，采取“四个优先”等措施，保障了6.7亿吨煤炭、1.1亿吨石油天然气、0.9亿吨粮食的运输供应。

（二）绿色航运发展成效明显

贯彻实施《中华人民共和国长江保护法》。制定印发贯彻落实工作方案，依法开展行政执法工作，开展禁限航区划定、危化品禁运目录等5个专题研究。船舶与港口污染防治水平显著提升。推动4处水上综合服务区建成投运，实现沿江省市至少1处的年度目标（目前全线已建成投用13处）；推广应用船舶水污染物监管与服务信息系统覆盖至长江经济带所有内河码头，基本覆盖长江干线到港中国籍营运船舶，全年共接收生活污水79.3万立方米、生活垃圾1.1万吨。大力协调督促船舶岸电系统改造。积极推动疏浚土生态化综合利用。在荆州、镇江、泰州等地累计利用疏浚土470万立方米。

（三）规划建设取得新成效

落实年度固定资产投资计划37.3亿元，预算执行率达99%。武汉至安庆段6米水深航道贯通并投入试运行，干线航道武汉以下基本实现区段标准统一。全面建成万州海事监管救助综合基地、

60 米级综合应急指挥船、三峡库区航道维护铲斗挖泥船等支持保障设施装备。

二、服务长江经济带规划

全年落实基本建设投资 30.98 亿元，完成 30.8 亿元，预算执行率 99.42%。4 个项目工可部审，5 个项目初设批复，6 个项目开工建设，17 个项目交工竣工。智慧航道、绿色航道 2 个项目纳入部交通强国建设试点任务，荆江二期、长江口南槽二期、数字航道升级完善工程等 79 个正选项目和 22 个备选项目纳入交通运输部“十四五”规划项目库。长江口南槽一期工程竣工验收，武安段、芜裕段等航道整治工程交工试运行，改善航道 410 公里，其中武汉至安庆 386 公里航道水深提高到 6 米，万吨级船舶可常年直达武汉，干线航道区段标准统一迈进了一大步。第 2 艘 13800 方自航耙吸式挖泥船开工建造，6000 方自航耙吸式挖泥船等 3 艘船舶交付使用，航道维护疏浚保畅能力再提升。岱家山基地维修改造及局档案馆开工建设。南京以下 12.5 米深水航道二期工程揽获“国优金奖”“鲁班奖”。

三、长江干线航道治理和支线航道建设情况

（一）水深服务更畅

成功应对白鹤滩蓄水、向家坝控泄等影响，强化航道运行调度和应急维护，完成疏浚 9171 万方，干线航道实现畅通安全运行。三峡常年库区维护水深试运行提高到 5.5 米，常年海轮航道由安庆钱江嘴上延至吉阳矶，有力保障了行轮走得好、走得畅。

（二）航标服务更亮

上中游航标通信终端升级到 4G，240 座 AIS 航标推广应用，安徽及南京段桥区航标灯实现同步闪全覆盖。优化调整码头、锚地、停泊区 36 座专用航标，完成 174 座专用航标设置清理整改，方便了船舶靠离泊作业。全线航标监测覆盖率达到 100%，航标失常平均恢复效率提升 35%。

（三）信息服务更优

枯水期水位信息发布由每天 1 次增加为 2 次。为航运企业提供 35 处重要险滩和桥区水流条件服务。上线新版“长江航道在线”，提升精准化服务功能。

（四）电子航道图服务更强

长江电子航道图及 App 覆盖范围上延至云南水富，基本实现了与汉江、赣江、信江等重要支流的互联互通。首次开展服务质量量化评价。长江航道公共服务各项指标的船东满意度测评得分首次全部达到优秀等级。

四、三峡通航保障情况

（一）检修施工和通航保障优质完成

编制实施“1+10”通航保障方案，实战应用人字门同步机械保顶系统等创新成果，首次采用“双封闭”疫情严控措施，葛洲坝二号船闸、三峡北线船闸分别提前 12 小时、8 小时完工复航。加快北斗系统推广应用，三峡过闸船舶终端安装实现全覆盖。

（二）安全形势持续稳定

辖区连续 10 年保持“零死亡、零沉船、零污染事故”、连续 24 年渡运安全无事故。实施《三峡通航安全生产风险专项治理总体方案》，第三方评估三峡通航安全管理。圆满完成三峡工程“转正”后首次 175 米蓄水期通航保障。编发《安检手册 4.0 版》，实施过闸船舶安全检查 48879 艘次，合格率 97.7%。

（三）枢纽通航持续高效

2021 年，三峡枢纽通过量 15057.77 万吨（同比增长 9.29%）、葛洲坝船闸通过量 15377.98 万吨（同比增长 9.11%），两坝枢纽航运通过量再创历史新高。高质量完成日常维护、常规性修理及专项工程，主要设备完好率 99.55%。

（四）绿色发展持续推进

发布《三峡通航绿色发展建设指标》，完成绿色发展规划年度任务。长江经济带船舶水污染物联合监管与服务信息系统全面应用，实现常年

过闸船舶和辖区码头100%安装使用。全年船舶共交付生活垃圾24150艘次、1420吨；生活污水21225艘次、88853立方米，四类污染物接收同比平均增长48%，基本实现应收尽收。推进三峡坝区岸电实验区建设应用，辖区船舶接入岸电3021艘次、用电量550万度。

五、长江航运运输服务能力

2021年，长江干线港口预计完成货物吞吐量35.2亿吨，同比增长6.7%。一是持续推进结构调整。淘汰老旧省际客船6艘1685客位、液货危险品船394艘16.5万载重吨。完成运输植物油船专项整顿，129艘船舶全部改建或退市。鼓励企业兼并重组，省际液货危险品运输企业减少12家。二是不断完善工作机制。加强长江水系省际客船、危险品船运输经营人诚信监测管理，研发了信用信息管理系统。制定并试运行水路运输市场分析通报工作机制。三是推动运输组织优化。支持新建4艘江海直达船建成投运。南京龙潭集装箱铁水联运、武汉阳逻铁水联运二期等投入营运，重庆果园港、湖北黄石新港、湖南城陵矶新港等多式联运示范工程通过国家验收，长江干线全年完成集装箱铁水联运量24.1万标准箱，同比增长30%。四是稳步推进港口资源整合。支持湖北组建省级港口集团，积极参与沿江主要港口总体规划修编及调整。

六、体制改革情况

长航局系统各单位持续深化长江航运行政管理体制改革。积极推进长江航道局生产经营类事业单位转企改制，长江航道工程局有限责任公司经营生产再创历史新高，全年完成经营额143.5亿元，同比增长9.4%；完成产值107亿元，同比增长10%；实现收入近94亿元，同比增长7%；初核利润超3亿元，呈现出稳中向好的发展态势。稳妥做好长江引航中心“三定”工作，完成海事系统规费征稽人员安置和机构调整。

第七节 珠江航务管理

2021年，珠江航务管理局统筹做好常态化疫情防控和珠江水运改革发展各项任务，实现了“十四五”开好局起好步。

一、珠江水运发展情况

（一）固定资产

2021年，珠江水系水运基础设施在建项目共计79个，完成投资69.1亿元；其中，航道（含船闸）建设项目共计20个，完成投资48.4亿元；港口建设项目共计59个，完成投资20.7亿元。

（二）航道建设

珠江水系建成了西江航运干线贵港至梧州3000吨级航道一期工程，新开工建设柳江红花枢纽至石龙三江口Ⅱ级航道工程，加快建设西江航运干线贵港至梧州3000吨级航道二期工程、西津水利枢纽二线船闸工程、柳州红花水利枢纽二线船闸工程、红水河—黔江来宾至桂平2000吨级航道工程、右江航道整治工程（两省界—百色）等工程，加快推进西部陆海新通道（平陆）运河、龙滩水电站升船机工程等项目前期工作，积极推进湘桂运河、平陆运河专项研究。截至2021年底，珠江水系内河航道通航总里程15764.3公里，其中Ⅰ级航道827.5公里，Ⅱ级航道443.9公里，Ⅲ级航道1415.9公里，Ⅳ级航道1586.7公里，Ⅴ级航道722.4公里，Ⅵ级航道2091.5公里，Ⅶ级航道3247.8公里。

（三）港口建设

珠江水系建成了贵港港桂平港区中国海洋石油集团有限公司桂平油品码头工程、百色港二塘作业区煤炭物流项目配套码头工程等，新开工建设佛山港高明港区高荷码头工程、梧州港藤县港区赤水圩作业区二期工程等工程，加快建设云浮港都骑通用码头工程（二期工程）、梧州港中心港区大利口作业区码头一期工程等。截至2021年底，珠江水系内河港口生产用码头泊位共计1802

个，港口货物年综合通过能力6.31亿吨。

（四）运输服务

强化市场准入和事中事后监管，修订《珠江水系省际危险品和西江航运干线省际旅客水路运输许可服务指南》等5个行政许可和行业管理制度。2021年，珠江水系内河货运量8.31亿吨、货物周转量1962亿吨公里、客运量1544万人次、旅客周转量41354万人公里，与2020年相比分别增长了2.5%、2.0%、88.6%、40.3%；珠江水系内河港口完成货物吞吐量7.63亿吨、外贸货物吞吐量8149万吨、集装箱吞吐量1354万标准箱，与2020年相比分别增长了4.5%、3.6%、－2.8%。

（五）运输船舶

持续推进内河运输船舶标准化，新建西江航运干线、珠江水系“三线”过闸船舶船型标准化率达100%。积极推进船舶大型化发展，内河货船平均吨位达到1974吨，比2020年增加了257吨；通过长洲船闸船舶平均吨位增长至2328吨，与2020年相比增长了13.6%。截至2021年底，珠江水系内河运输船舶13557艘、净载重量2358万吨、载客量8.5万客位、集装箱箱位量24.3万标准箱、船舶功率462万千瓦。

（六）安全形势

扎实开展安全生产专项整治三年行动，切实履行行业安全监管职责，编制《珠江航务管理局安全生产权利和责任清单》，组织开展珠江水系省际危险品船运输市场、珠江水系水运建设市场、琼州海峡客滚运输市场、港澳航线客船危险品船运输市场等4个市场现场检查12次，保障行业安全稳定发展。2021年，共发生一般等级以上运输船舶交通事故16件、死亡/失踪15人、沉船4艘、直接经济损失927.7万元，与2020年度相比，事故件数上升了6.7%、死亡/失踪人数持平、沉船艘数持平、直接经济损失上升了50.1%。

（七）绿色水运

加快推进珠江水运绿色发展，清洁能源动力船舶建造改造鼓励政策相继出台，水系内掀起了LNG动力船舶和纯电动船舶建造热潮。截至2021年底，珠江水系已建、在建、改建和待建清洁能源动力船舶规模已超过200艘，其中，LNG动力船已建成35艘、在建或改建54艘、图纸设计和送审阶段船舶148艘，纯电动客船已建成4艘、在建2艘，纯电动货船已建成1艘。

二、重点工作完成情况

（一）绘制珠江水运高质量发展蓝图

认真贯彻落实《交通强国建设纲要》《国家综合立体交通网规划纲要》精神，不断完善珠江水运规划体系，组织编制《珠江航运“十四五”发展规划》《珠江航运信息化发展规划（2021—2035年）》等。其中，《珠江航运“十四五”发展规划》首次作为专项规划纳入交通运输部规划体系，于2021年10月由部正式发布实施，为加快推进珠江航运高质量发展奠定了坚实的基础。

（二）推动百色枢纽通航设施开工建设

充分履行“代部协调”职责，发挥“高层协调”作用，推动珠江“通上游”目标取得历史性突破。在部省级领导的见证下，百色水利枢纽通航设施工程于2021年6月23日正式开工建设，在珠江完成了一次部省合力抓交通、抓水运的生动实践，向中国共产党建党100周年献礼。工程开工标志着联通云南、广西水运通道的关键工程取得历史性重大突破，西南水运经珠江走向大海的梦想即将变成现实。

（三）全力保障西江航运干线安全畅通

发挥西江航运干线通航保畅机制作用，加强与交通、水利、海事、电网等单位和企业的协作，强化会商研究和信息共享，最大程度保障航运用水需求，派出工作组开展现场督查和驻点盯防，及时采取管控措施，有效应对滞航问题，保障西江航运干线安全畅通。2021年，长洲枢纽船闸货物通过量较2020年提前18天突破亿吨大关，全年达1.52亿吨。

（四）积极服务粤港澳大湾区建设发展

充分发挥珠江水运发展高层协调机制作用，组织召开高层协调会议办公室工作会议，深入推进《关于珠江水运助力粤港澳大湾区建设的实施意见》实施，航道网络建设、港口网络建设、联运体系建设、水运信息化建设进展顺利，有效提升了粤港澳大湾区基础设施的互联互通；水运服务品质不断提高，促进了粤港澳大湾区运输服务高质量发展。

（五）加快推进琼州海峡港航一体化

认真贯彻习近平总书记关于海南自由贸易港建设重要指示精神，加快完善琼州海峡客滚运输顶层设计，组织编制《琼州海峡客滚运输一体化发展规划纲要》，协同编制《琼州海峡客运滚装港口布局规划方案》，成功促进南北两岸相关方签署资源整合项目战略合作协议，琼州海峡（海南）轮渡运输有限公司完成工商注册登记并启动运营，南岸20艘船舶实现统一运营管理，琼州海峡港航一体化发展进入新阶段。

（六）不断完善珠江水运管理体制机制

落实交通运输领域中央与地方财政事权和支出责任划分改革要求，按照2021年交通运输部全面深化改革工作要点的部署要求，优化论证西江航运干线航道管理体制改革关键问题，修改完善《西江航运干线航道管理体制改革实施方案》，积极推进西江航运干线航道管理体制改革。

第八节 海事管理

一、通航管理

（一）通航环境管理

系统梳理渤海及以东海域船舶航路基本情况，形成船舶航路清单。优先公布实施浙江沿海公共航路并监督船舶航行。发布实施《长江江苏段船舶定线制规定》和厦门水域船舶定线制、报告制。推进渤海西部水域、琼州海峡船舶定线制修订工作。发布实施《中朝国境河流鸭绿江西水道船舶航行规则》。

（二）通航秩序管理

2021年，全国海事系统共计开展水上巡航21.2万次，出动执法人员62.3万人次，总巡航时间达48.9万小时，总巡航里程为440.8万海里。期间，共查处和纠正违法及处置航标异常行为89446起。组织开展南海巡航活动2次、东海巡航1次。

一是持续开展内河船舶涉海运输专项治理。全国海事系统共查处船舶1415艘次，扣押违法船舶950艘次，罚款2.04亿元，移送并拘留人数205人，推动拆解79艘。

二是配合推进长江禁捕工作。与农业农村部等5部门共同印发《关于完善长江流域禁捕执法长效管理机制的意见》；组织长江沿线海事管理机构加强长江流域商船携带渔网渔具管理；服务渔民转岗安置，为105名培训合格的退捕渔民发放运输船舶船员适任资格证书。

（三）船舶交通管理

2021年全国共建成并运行59个VTS中心和303个雷达站。各VTS中心共接收船舶报告1038.2万次，比2020年增加8.48%；提供交通组织服务144.9万次，比2020年增加13.23%；向船舶提供805.3万次信息服务和0.6万次助航服务；VTS中心指导船舶避免险情1.1万次。

（四）水上无线电通信管理

2021年，办理船舶电台执照74394份，核发船舶标识码证书92007份，核发船舶呼号9273个。组织开展水上无线电秩序管理专项整治，累计检查船舶44.96万艘次，发现并纠正各类无线电违法船舶2.92万艘次，实施行政处罚1.04万起，罚没金额2935.27万元，列入协查船舶159艘次，列入重点跟踪船舶51艘次，约谈航运公司497家。

（五）航行警（通）告管理

《中华人民共和国航行警告标准格式》（GB 17577—2020）于2021年6月1日起正式实施。全年累计发布航行警告6538份，包括中文航行警告

4356份、英文航行警告2182份；发布航行通告5871份。

（六）北斗系统推广应用

组织开展北斗系统在海事领域应用体系研究，形成海事系统北斗应用技术体系、政策制度体系、标准规范体系、应用管理体系建设方案。通过“政策精准化、应用产业化、工程体系化、推广国际化”四项措施，建立“规划、政策、机制、标准、推广”五位一体的北斗应用体系。稳步推进北斗海事应用相关标准、建议、指南等文件的制定和修订工作。

二、船舶监督

（一）船舶登记

现有国籍登记有效船舶约24.4万艘，约2.1亿总吨。其中，海船3.42万艘，约1.0亿总吨；内河船20.96万艘，约1.1亿总吨。

（二）国际航行船舶进出口查验情况

2021年，全国共办理国际航行船舶进出口岸查验38.6万艘次，与2020年同期比较（42.6万艘次）下降9.4%。2021年，国际航行船舶载运进出口货物超过62.6亿吨，载运旅客26万人次。

（三）国内航行船舶报告情况

2021年，全国海事系统共接收船舶进出港报告2598.8万次，与2020年同期比较上升11.3%。2021年国内航行船舶载运货物将近154亿吨，载运旅客超过4.1亿人次。

（四）船旗国检查和港口国监督

2021年，各直属海事局共实施国轮安全检查86594艘次，其中海船安检30276艘次，缺陷195369项，滞留2541艘次，滞留率为8.4%；河船安检56318艘次，缺陷230574项，滞留2157艘次，滞留率为3.8%。

2021年，各直属海事局实施港口国监督检查3684艘次，缺陷7450项，其中滞留船舶105艘次，单船平均缺陷为2.02项，滞留率为2.85%。与2020年同期比较（2020年初次检查810艘次、单船缺陷3.04项、滞留率7.28%），初次检查绝对数、单船平均缺陷、滞留率分别增加2874艘、减少1.02项、下降4.43个百分点。

2021年，中国籍国际航行船舶在外被检查660艘次，缺陷799项，被滞留5艘次，我国国际航行船队在全球履约表现总体稳定，滞留率和滞留数略有所增加。与2020年相比，滞留绝对数增加3艘次。

2021年，206艘船舶被列入中国海事局公布的重点跟踪船舶名单，89艘船舶经过系统整改脱离重点跟踪船舶名单，“上榜”船舶总数为962艘。依据诚信船舶评选程序，评选290艘船舶为2021年度安全诚信船舶。

三、危防管理

（一）船舶载运危险货物管理

监管进出港危险货物375590万吨，监管载运危险货物船舶607331艘次，现场检查危险货物集装箱62369箱。

（二）船舶防污染管理

实施船舶防污染检查247747艘次，船舶油污水接收处理141375艘次，船舶垃圾接收处理1661950艘次，船舶其他污染物接收处理23601艘次，压载水排放或接收处理69591艘次。

（三）危防管理能力建设

完善危防政务信息化管理水平，推进28项海事危防政务事项在海事一体化信息平台实现上线。组织开展船载涉硅类货物安全整治工作。修订发布《水上液化天然气加注作业安全监督管理办法》。组织开展2021年危险货物运输安全监管师资人员培训。

四、船员管理

（一）船员综合管理

联合六部门发布《关于加强高素质船员队伍建设的指导意见》，组织开展航海教育培训质量评估。举办“中国船员高质量发展”高端论坛。首次组织开展船舶系列专业技术人才正高级职称评审。成立全国船员考试专家委员会。完善和优化船员、海上设施工作人员管理法规。开展船员从业现状以及船员职业保障和船员自有化建设调研，运行船员身心健康保障系统，关爱船员身心健康。

（二）船员培训、考试及发证

截至2021年底，全国注册船员总数180余万人，其中海船船员85余万人，内河船员95余万人。船员培训开班2.08万期，培训62.04万人次。组织海船船员考试52.68人次，内河船舶船员考试16.60万人次。发放海船船员适任证15.34万本，海船船员培训合格证13.52万本，内河船舶船员适任证24.70万本，内河船舶船员培训合格证2.29万本，海员证10.72万本。

五、水上交通事故调查与处理

（一）水上交通事故情况

全国共发生一般等级以上船舶水上交通事故129件，死亡失踪153人，沉船46艘，直接经济损失22550.9万元，分别同比下降6.5％、下降21.9％、下降39.5％、下降5.3％。2021年，运输船舶每亿吨吞吐量水上交通事故死亡人数为0.98人。

（二）事故调查处理

组织开展了青岛“4·27”船舶污染特别重大事故的调查处理工作；组织开展威海“4·19”“中华富强”轮火灾爆炸、贵州“9·18”“六盘水客8015”轮倾覆、烟台“12·12”“天丰369”轮自沉等3起重大事故（事件）的调查处理工作。

六、航运公司安全与防污染管理

（一）航运公司安全与防污染管理

发布《中华人民共和国海事局关于船舶安全管理体系审核全国通办的公告》，实施船舶安全管理体系审核全国通办。开展安全诚信航运公司年度评选工作，共7家航运公司被新评为安全诚信航运公司，撤销16家航运公司安全诚信航运公司资格，27家航运公司通过安全诚信航运公司年度评价。全国共有34家安全诚信航运公司，新列入重点跟踪航运公司2家，解除重点跟踪的航运公司3家。

（二）航运公司、船舶体系审核工作

全国持有有效“符合证明”的航运公司2143家，其中仅持有国际“符合证明”的航运公司83家，仅持有国内“符合证明”的航运公司1918家，既持有国际又持有国内“符合证明”的航运公司142家。持有有效“安全管理证书”的国际航行船舶1255艘、国内航行船舶13165艘。

七、基本建设

（一）基本建设项目建设管理

全年累计完成投资18.28亿元，其中续建项目87个，新开工项目20个。14个项目完成竣工验收。

全要素水上“大交管”起步项目海事系统监管指挥系统工程基本建成。广东海事局万吨级大型巡逻船“海巡09”交船列编，福建海事局台湾海峡大型巡航救助船“海巡06”完成试航，海南海事局大型巡航救助船“海巡03”下水，东海航海保障中心大型测量船完成合拢。开工建造30米级新型铝合金巡逻船、9.5米级新型高速铝合金巡逻船，完成1200吨中型航标船首制船定型工作；开展40米级、60米B级巡逻船船型优化设计工作。加快推进锦州、日照、温州、汕头、丹东、营口、天津、福州、湛江、三亚溢油应急设备库工程。

（二）海事船舶建造

直属海事系统共拥有945艘公务船舶。其中，巡逻船827艘、航标船76艘、测量船14艘、特种船28艘。巡逻船中，大型巡逻船5艘、中型巡逻船97艘。航标船中，大型航标船11艘、中型航标船12艘。测量船中，中型测量船11艘、小型测量船艇3艘。

八、航海保障

（一）航标管理

共管理沿海航标19214座，其中公用航标10902座、专用标8312座。航标正常率99.95%，

航标维护正常率99.99%，DGPS信号可利用率99.8%，AIS正常率99.98%。全年维护航标3503945总座天，及时、准确发布一类航标动态1481份，二类航标动态352份。

全年接收专用航标269座。开展专用航标设置行政许可230项，涉及航标1830座。位于“海上丝绸之路”起点泉州的赤鼎屿灯塔建成发光并投入使用。积极推进新版桥梁助航标志标准实施，完成三礁港大桥、港珠澳大桥等桥梁标志改造，实施完成青岛航标效能改造工程。

(二) 海道测绘

测量面积25406.94换算平方公里。发布中、英文《改造通告》各52期。出版发行《中国沿海潮汐表（福建沿海）》《中国沿海进港指南（东海海区）》《南中国海至西南太平洋航行航路指南》等系列航海图书，《世界航海地图集》通过专家验收。销售发行中国沿海电子海图3824503幅次。

(三) 水上安全通信

播发安全信息719890条，其中发布航行警告494071次，播发中英文气象预报97879次，安全信息播发准确率达100%，通信事故、无线电报和无线电话差错率为零，正常通信设备完好率和设备维护正常率分别为99.84%、100%。完成渤海中部水域海上宽带通信系统试点工程VSAT系统建设，具备了对外提供海上VSAT宽带卫星通信服务条件。

(四) 应急服务

应急设标60座，完成应急扫测2981.48换算平方公里，处理遇险紧急特殊通信24起，提供DSC遇险信息应急通信服务6385次。

第九节 海上搜救

全国各级海上搜救中心全年累计组织协调搜救行动1990次，成功搜救中外遇险船舶1171艘、中外遇险人员13928人，搜救成功率95.5%。

一、持续发挥部际联席会议制度优势

(一) 狠抓政策落地

抓好《中华人民共和国海上交通安全法》宣传贯彻落实，研究起草关于进一步加强海上搜救应急能力建设的意见等配套文件，谋划破解制约海上搜救高质量发展的瓶颈问题；深入贯彻落实《国务院办公厅关于加强水上搜救工作的通知》，组织调研及经验交流，推动部分省市将搜救工作纳入地方经济社会发展综合考核，进一步落实属地责任；健全完善长江干线省市水上搜救机制，推进万州、武汉、南京水上综合应急救助基地建设，进一步提升长江干线水上应急救助能力。

(二) 加强协作联动

交通运输部、农业农村部联合开展“商渔共治2021”专项行动，有效防范化解商渔船碰撞风险。民政部指导地方贯彻落实《重大突发事件遇难人员遗体处置工作规程》，做好海上遇难人员遗体处置及善后工作。工业和信息化部指导各地建立通信定位协查工作机制，协助搜救机构定位遇险人员、船舶位置，支持开展深远海多功能救助船工程开发与专用救助装备研发。自然资源部强化“国家海上搜救环境保障服务平台”应用，累计为海上搜救机构提供目标漂移轨迹预测信息243期。生态环境部与中国海洋石油集团有限公司签订合作框架协议，进一步强化海上应急能力共建、资源共享、协作联动。国家卫生健康委员会积极开展海上突发事件紧急医学救援工作，及时调派专家强化伤员救治和心理抚慰工作。中央军委联合参谋部会同交通运输部积极推动军地应急力量训练条件开放共享，深化军地搜救协作、军民融合发展。中国石油天然气集团有限公司、中国石油化工集团有限公司、中国海洋石油集团有限公司建立常态化沟通机制，推动所属海上应急资源共享、优势互补。中国远洋海运集团有限公司、招商局集团有限公司充分发挥远洋运输船队规

模体量、动态、就近等优势，主动配合开展远海搜救行动。

二、大力加强海上搜救应急能力建设

（一）注重规划先行

交通运输部牵头编制《国家重大海上溢油应急能力发展规划（2021—2035年）》，联合国家发展改革委编制《国家水上交通安全监管和救助系统布局规划（2021—2035年）》，优化海上搜救应急力量布局。中国气象局联合公安部、交通运输部等印发《"十四五"交通气象保障规划》，创新交通环境气象服务模式，全面提升现代综合交通气象服务保障能力。

（二）强化技术支撑

工业和信息化部强化海上通信覆盖，东部、南部沿海地区向远海拓展约60公里。自然资源部完成"海上突发事件应急处置与搜救决策支持系统研发与应用"项目，持续提升海洋环境预报能力。生态环境部强化国家油指纹库建设，开发油指纹智能分析系统，有效提升海上溢油污染油品分析能力。农业农村部积极建设全国渔业安全"一网一号一中心"，即全国渔业安全事故直报系统、渔业安全应急值守电话"95166"和全国渔业安全应急中心。中国地震局新建15个近海地震台站，进一步提升近海海域地震监测能力。中国气象局建立沿海海域海洋气象观测系统，提升海洋气象监测预报预警能力。国家能源局督促有关企业购置设备、锻炼队伍，进一步加强海上溢油应急处置能力建设。

三、不断完善海上搜救应急保障体系

（一）强化制度保障

印发《国家海上搜救和重大海上溢油应急处置部际联席会议指导监督办法》《海上突发事件信息发布暂行办法》《海上突发事件搜救行动后评估工作办法》等规章制度，推动搜救应急工作规范化、标准化。稳步推进值班值守"三基"建设，打造"日常值守有机制、重要工作有指南、关键环节有标准、量化考核有指标"的海上搜救应急值班值守体系。制定夜间救助飞行技术规范，开展船载救助直升机验证飞行。

（二）加强队伍建设

交通运输部推动万吨级"海巡09"轮、5000吨级"海巡06"轮、长江综合应急指挥船"海事01"轮及大型溢油回收船"德澋"轮、插桩式打捞工程船"华祥龙"轮等列编，6000米ROV（水下机器人）和500米饱和潜水成套设备建成使用，完成500米饱和潜水陆基载人实验。海关总署将水上搜救训练纳入水上缉私实战大练兵活动，邀请搜救应急专家对一线人员进行专题培训，提升一线人员搜救水平，取得了积极救助效果。

四、着力深化对外交流合作

（一）积极履行国际公约

全力做好我国搜救责任区和管辖海域内涉外海上突发事件处置工作，为外籍遇险船舶提供搜救服务，协助做好疫情期间涉外伤病船员救治工作，全年成功救助遇险外籍船舶82艘、船员1141人。发布全球海盗和武装劫船事件信息，及时提醒有关方面做好预警防范工作；配合海军护航兵力完成105批次170艘船舶护航任务；妥善处置"连蓬渔809"轮、"大西洋公主号"轮等遭海盗袭击事件。

（二）积极参与国际搜救事务

参加国际民航组织亚太航空器搜救工作组会议，申报更新我国主张的搜救区坐标数据；参与ReCAAP信息分享中心反海盗及武装劫船合作事务，推动国际海事组织通过反海盗决议，凝聚打击几内亚湾海盗国际共识及合力；组织海上救援力量赴印尼相关海域，协助搜寻打捞印尼失事潜艇，顺利实施首次援潜救生国际实践。

第十节 救助打捞

2021年，交通运输部救捞系统共计执行应急救助和抢险打捞任务1113起，出动专业救捞力量1545次，救助遇险人员1681名（其中外籍人员302名），救助遇险船舶64艘（其中外籍船舶15艘），打捞沉船5艘（其中外籍船舶1艘），打捞罹难者遗体114具，直接获救财产总价值约55.1亿元。

一、专项任务

（一）完成载人航天飞船发射海上应急搜救任务

6月、11月，交通运输部派遣专业救捞力量，圆满完成神舟十二号、十三号载人航天飞船发射海上应急搜救任务。任务期间，“北海救118”“东海救118”“南海救118”轮3艘专业救助船按照任务要求对必要设备进行加改装和测试，展开相关训练和演习，为安全可靠完成保障任务提供了坚实保障。

（二）完成重点时段海上应急值守任务

2021年，救捞系统勇担使命、奋发作为，圆满完成了庆祝中国共产党成立100周年大会、党的十九届六中全会、第四届中国国际进口博览会、第二届联合国全球可持续交通大会等国家重大政治、外交活动的海上应急保障任务。

二、应急救助和抢险打捞

2021年1月7日，东海救助局“东海救113”轮在厦门岛东南约18海里处，救助主机故障的中国台湾油轮“金航2号”及船上12名遇险人员。

1月13日，南海救助局“南海救102”轮在琼州海峡东北约16海里处，救助舵叶丢失的集装箱船“力洲长荣”轮及船上18名遇险人员。

1月14日，北海救助局“B-7126”救助直升机在大连夏家河子海水浴场，救助28名被困在浮冰上的遇险游客，创我国救助直升机单架次救助人数新纪录。

1月15日，东海救助局“东海救117”轮在长江口以北约30海里处，救助主机故障试航船“建桥902”轮及船上43名遇险人员。

1月16日，东海救助局“东海救113”轮将失火巴拿马籍货船“永丰”轮上22名遇险人员（其中中国籍船员14名，孟加拉国籍船员8名）成功从中国台湾海域妥善转运至厦门。

2月1日，北海救助局“北海救118”轮在大连以东100海里处，救助失火渔船“辽丹渔25036”上4名遇险人员。

3月19日，东海救助局“华英391”艇、厦门救助基地应急救助队在厦门观音山附近海域打捞一架失事直升机残骸及3名遇险人员遗体。

3月25日，“北海救115”轮前往潍坊海域，救助主机故障油轮“滨海607”及船上20名遇险船员。

4月6日至6月28日，北海救助局、烟台打捞局、上海打捞局专业救捞力量在山东龙口海域，对失火的石油平台开展应急处置。

4月20日至28日，北海救助局、烟台打捞局专业救捞力量在威海新港码头，协助地方政府开展失火客滚轮“中华富强”轮应急处置。

4月27日至5月22日，北海救助局、烟台打捞局专业救捞力量在青岛朝连岛附近海域，对碰撞的利比里亚籍油船“交响乐”轮开展应急处置。

5月，上海打捞局在长江口北槽航道，成功打捞沉没货船“新其盛69”轮。

5月4日，南海救助局“南海救118”轮在珠江口附近海域，救助主机故障油轮“鑫凯1”轮及船上14名遇险人员。

7月17日，南海救助局、广州打捞局专业救捞力量协助地方政府队对珠海某透水隧道开展应急处置，搜寻打捞起5具遇难人员遗体。

9月8日，东海救助局“东海救115”轮在福建平潭附近海域，救助大风中遇险的无动力工程船“拓友”轮及船上31名遇险人员。

9月18日，广州打捞局协助地方政府在贵州省六盘水市光照电站库区开展翻沉客船“六盘水客0815”轮应急处置。

9月24日，南海救助局“南海救101”轮在珠江口附近海域，救助主机和舵机故障的巴拿马籍货船“ANPING8”轮及船上24名遇险人员。

9月25日，东海救助局“东海救112”轮在长江口北槽航道，救助搁浅渔船“鲁荣渔59006”及船上18名遇险人员。

9月30日，东海救助局“东海救203”轮、“华英390”艇、连云港救助基地应急救助队在连云港附近海域，救助坠海直升机“B-7130”上1名遇险人员并开展残骸打捞。

10月，上海打捞局克服重重困难，在极端恶劣的海况和气候条件下，在南太平洋新喀里多尼亚成功完成“鹦鹉”号沉没集装箱船打捞任务，这也是我国迄今为止在南太平洋海域最大的一项国际打捞工程。

10月9日，烟台打捞局“德渝”轮在北海涠洲岛附近海域，救助锚缆断裂的渔排上3名遇险人员。

10月11日，东海救助局、南海救助局3艘专业救助船和2架救助直升机在莆田南日岛海域，救助受台风袭击的失控漂航的无动力工程船“企业6”轮及船上42名遇险人员。

10月11日，东海救助局“B-7346”救助直升机在福州附近海域，救助受台风影响的走锚自航驳船“金湾女王”上10名遇险船员。

10月12日，“南海救101”轮在珠海以南约15海里处，救助主机故障的某试航船及船上148名遇险人员。

10月23日，南海救助局“南海救101”在西沙永兴岛东北约50海里处，救助漂航的利比里亚籍散货船“THUNDER”轮及船上21名遇险人员。

11月，广州打捞局、南海救助局在深圳矾石水道附近海域，成功打捞因机舱进水沉没的集装箱船“穗富航628”轮及32只集装箱。

11月28日至29日，北海救助局“北海救115”轮、“B-7313”救助直升机在烟台蓬莱西北62海里处，救助机舱失火的货船“骅通99”轮及船上16名遇险人员。

12月12日至16日，北海救助局、烟台打捞局3艘专业救捞船舶、2架专业救助直升机在烟台东北约30海里处，救助沉没货船“天丰369”轮上3名遇险人员、打捞9具遇险者遗体。

三、海洋工程

2021年，广州打捞局、烟台打捞局推进深中通道工程建设，刷新了全球最宽的超宽变宽曲线管节的安装记录，安装轴线偏差达到毫米级超高精度。

5月，烟台打捞局“德建”完成山东半岛海上风电项目首台风机安装，实现了山东省海上风机“零”的突破。

7月，广州打捞局“华天龙”“南天龙”在广东阳江海域成功安装全球首台抗台风型漂浮式海上风电机组。

8月，广州打捞局“华天龙”在广东粤东海域完成我国首台吸力筒导管架风机吊装。

9月，上海打捞局“聚力”在渤海湾完成旅大6-2油田水下管线铺设工程。

10月，广州打捞局完成越南茶荣海上风电工程30台单桩基础、风机安装项目。

11月，上海打捞局“深潜号”在广东汕尾完成海上风电项目。

11月，广州打捞局“南天龙”在广东阳江完成海上风电海缆铺设工程。

四、大件运输

2021年1月19日，上海打捞局“德深”“华虎”船组拖带全球首座10万吨级深水半潜式生产储油平台“深海一号”从山东烟台前往海南陵水。

1月29日，广州打捞局自航半潜船“华洋龙”装载发电船和浮吊船从巴拿马起航，经过6000余海里的航行，于4月18日抵达土耳其亚洛瓦港。

5月21日，广州打捞局自航半潜船“华兴龙”装载风电模块从阿联酋起航，经过6000余海里的航行，于6月20日抵达挪威。

8月23日，广州打捞局自航半潜船“华盛龙”装载自升式钻井平台从阿联酋沙迦起航，经过6000余海里的航行，于9月19日抵达中国青岛。

10月31日，上海打捞局“德宏”拖带“国信”平台从中国东海油田前往印尼马拉都海域。

11月17日，烟台打捞局12000吨抬浮力打捞工程船“德渤3”轮装载4台压缩机模块，从中国大连起航，经过一万余海里的航行，于2021年1月17日抵达巴西维多利亚。

五、演习演练

2021年，救捞系统坚持岗位练兵和实战训练相结合，积极参与交通运输部和地方政府组织的海上应急领域专项演习演练，在稳步提升救捞技能和应急处置能力水平的同时，更好服务地方经济社会发展。

六、科技装备

2021年6月，上海打捞局大深度饱和潜水系列技术研发团队成功完成500米饱和潜水首次陆基载人实验，实验深度达到502米，标志着我国跻身于具备500米饱和潜水成套作业技术国家行列。10月28日，第六届全国杰出专业技术人才表彰会在京召开，会上中共中央组织部、中共中央宣传部、人力资源和社会保障部、科学技术部联合表彰了全国杰出专业技术人才，上海打捞局大深度饱和潜水系列技术研发团队成为交通运输部系统唯一获此殊荣的集体。

第十一节　船舶检验

一、船舶检验管理

（一）船舶检验行业管理

以交通运输部办公厅名义印发2021年地方船舶检验管理工作要点，加快理顺船舶检验体制机制，落实船舶检验主管责任。持续做好渔船检验改革相关工作，积极推进相关省份明确职责。组织开展船舶建造检验质量管理机制创新研究工作，推动地方船舶检验主管部门会同本地区工业和信息化主管部门研究建立船舶建造检验质量管理合作机制，推进船舶检验高质量发展。组织开展渔船检验责任落实情况督导，督促省级渔船检验主管部门落实监督管理职责。推进小型船舶检验制度优化试点，启动小型船舶检验试点工作，共有10个省份13家试点单位检验的3400艘船舶列入了试点船舶清单，9家单位获批开展第二批试点工作。印发文件指导船舶检验机构落实地方政府的疫情防控要求，探索开展远程检验。在全国范围内组织开展船舶救生、消防类检修检测服务专项督查活动，重点督查船舶检验机构对检修检测服务机构技术条件和安全质量的管控情况，共督查船舶救生、消防类检修检测服务机构380家，发现问题1909项；实船督查74艘次，发现问题144项。

（二）船舶检验和船舶检验机构管理

截至2021年12月31日，国内检验登记船舶约56.22万艘，其中，商船约19.26万艘，15953.1万总吨；渔船约36.96万艘，869.8万总吨。商船方面，国内航行海船3.06万艘，6203万总吨，其中地方船舶检验机构检验1.77万艘，2326万总吨，中国船级社检验1.29万艘，3877万总吨；内河船舶约16.2万艘，9750.1万总吨，其中地方船检机构检验14.7万艘，8432.7万总吨，中国船级社检验1.5万艘，1317.4万总吨。渔船方面，国内海洋渔船约12.96万艘，809万总吨；内河渔船约24万艘，60.8万总吨。

全国共有37个省级船舶检验机构；中国船级社设立分社23个，办事处96个；经批准的国外船舶检验机构驻华验船公司24个。支持有条件的地区开展船舶检验体制机制创新，批复福建省成立国有企业性质的专业化船舶检验机构。强化各省船舶检验整体管理。组织开展地方船舶检验机构整体业务范围核定工作。及时做好外国验船公司的资质换证复核和换证工作。

（三）船舶检验人员管理

按程序组织开展注册验船师职业资格考试公告发布、考试报名及审核、出题组卷工作。2021年度参加考试人员1703人，其中A级609人、B级620人、C级290人、D级184人。积极研究制定基于船舶检验业务量的船舶检验人员配备准，印发《交通运输部办公厅关于船舶检验人员配备有关事项的通知》，为船舶检验机构合理配置检验人员提供了有力支撑。组织开展全国范围内船舶检验业务培训，4900余名船舶检验人员参加培训，提升船舶检验人员业务水平。联合中国海员建设工作全国委员会组织开展“最美验船师”主题宣传活动，用榜样的力量提振行业士气。

（四）船舶检验监督管理

组织开展全国船舶检验机构监督检查工作，督促船舶检验机构进一步提升船舶检验质量。全年共开展船舶建造重要日期开工确认456艘次，船舶建造重要日期完工确认368艘次；全年建造完工船舶11903艘，其中开展船舶吨位丈量抽查复核1622艘，抽查比例为13.6%。组织各直属海事局开展船舶检验质量监督检查工作，2021年共抽查12109艘次，抽查比例超过25%。完成“长三角一体化船检质量监管模式”研究。

二、中国船级社船舶检验情况

（一）检验船队保持增长

2021年全年新造船完工1573艘、970.3万总吨，吨位较2020年增长58.8%，审图159863份，较2020年增长20%。完成全球首艘液化天然气双燃料大型油轮、全球首艘超级电容车客渡船、我国首艘同时也是全球最大自主航行集装箱船、我国首艘万吨级海事巡逻船、我国首艘具有破冰功能的电力推进大型航标船、国内最大海洋综合科考船、台湾海峡首艘5000吨级大型巡航救助船、我国首艘双燃料多用途气体运输船、长江中游特定航线江海直达首制散货船、4000吨级液态硫磺运输船等新型高附加值重点项目。

截至2021年底，检验船队总规模为32857艘、17939万总吨，较2020年增长803艘、1594万总吨，吨位增长9.8%。其中，国际航行入级船舶5555艘、14025万总吨，平均船龄9.93年；国内航行船舶24561艘、3720万总吨，平均船龄11.21年；远洋渔船2730艘、193万总吨，平均船龄7.9年。海上在役设施数量达到1049个，同比增长9.3%。完成国际航行入级船舶营运检验8571艘次，同比增长1.6%。国际航行入级船舶审核6035艘次，同比增长18.7%。远洋渔船营运检验2982艘次，同比增长71%。实现豪华邮轮“招商伊顿”号单一船级突破。完成国内船舶营运检验27530艘次，同比增长111.9%。

2021年全年签发船用产品证书489349份，同比增长17%，打破发证数量历史新纪录。签发型式认可2319份，工厂认可811份。产品审图7842项，发布检验指南14份。集装箱检验144.48万只。完成国内首制5000千瓦级船用双燃料发动机型式认可，全球首台机载选择性催化还原技术低速柴油机产品设计认可等项目，助力突破产品国产化“卡脖子”问题。

完成海上移动设施检验274座、海上固定设施584座，完成全球首座10万吨级深水（1500米）半潜式生产储油平台“深海一号”等重点海工检验项目。

（二）科技研发取得新成果

发布规范/指南45部，其中新编24部，修订/换版21部。获得海洋工程“十三五”标准创新贡献特等奖。

在液化天然气船舶薄膜舱围护系统、大型集装箱船结构设计、船舶岸电受电设施技术标准等方面形成关键技术突破并实现规范标准。支撑豪华邮轮入级、集装箱船大型化发展、新检验模式创新，推动“双碳”技术在船舶领域的应用。发布《邮轮整船直接计算指南》《集装箱船结构规范》《船舶应用甲醉／乙醇燃料指南》《远洋渔业船舶远程检验指南》等多部规范标准。开展智能系统试验验证及评估服务，温室气体减排测算、达峰路径分析和船舶能效评估一揽子服务。完成协调共同结构规范直接计算软件升级，船舶与海洋结构物波浪载荷计算软件二期开发。扎实推进“数字船级社”建设。开发基于移动终端设备的软件和远程检验平台。

（三）安全质量保持优异

完成验船师劳保用品全面升级和配备工作。开展国际船级社协会（IACS）成员间对标，整体表现高于IACS平均水平。开展船舶检验诚信管理模式研究。通过欧盟质量认可机构、国际质量评估机构审核，IACS质量认证计划和欧盟授权保持有效。中国船级社（CCS）级船舶在巴黎、东京、美国海岸警卫队三大备忘录中继续保持优良表现，港口国检查（PSC）滞留艘数年同比减少3.85%。国内船舶安全检查表现保持优秀记录。

（四）国际组织技术贡献度持续提升

在海上安全、环境保护、远程检验和温室气体减排等方面技术贡献持续增长。参与国际船级社协会（IACS）工作。成功竞选IACS综合政策委员会主席，完成环境专业委员会、自主航行船舶专家组、综合安全评估专家组主席等工作，在IACS的技术认可度和贡献度显著增强。船旗国授权数量保持增长。新增英属马恩岛、埃及海事主管机关法定检验授权，授权数量达到57家。

（五）组织机构与网点建设进一步优化

优化总部组织机构设置，组建船舶检验技术指导处，助力地方船检机构技术能力提升，开展宁夏、青海等中西部地区船检机构的“一对一”技术培训，向地方船检机构赠送32套价值1600万元船舶审图软件及部分检验装备。

完成非洲几内亚科纳克里、毛里塔尼亚努瓦迪布、马来西亚吉隆坡、南非德班等4个海外网点的建设工作。

第六章 民用航空

第一节 民航规划与实施总体情况

2021年，民航局高质量完成“十四五”规划编制工作。在前期工作基础上，征求意见稿先后提交民航局党组理论学习中心组（扩大）研讨会、2021年全国民航工作会议、民航“十四五”地区规划编制工作会审议，并征求有关单位意见、组织召开专家论证会。10月18日，规划经民航局党组会议审议通过；12月14日，由民航局、国家发展改革委、交通运输部联合正式印发。

为实现民航行业可持续发展，民航局印发实施《“十四五”民航绿色发展专项规划》，统筹推进行业绿色低碳循环发展；深入开展民航减污降碳专项行动，印发实施《关于继续支持行业单位加快推进机场运行电动化项目建设的通知》《民航行业塑料污染治理工作计划（2021—2025）》等，积极推进民航机场运行电动化项目建设和禁限塑工作；会同港澳民航部门完成2020年度我国民航飞行活动二氧化碳碳排放监测、报告和核查工作，高质量完成国际履约；积极参与国际民航组织、《联合国气候变化框架公约》等多边框架国际航空减排政策制定，为推动构建公正合理、各尽所能的国际航空减排制度贡献中国智慧和中国方案。

第二节 民航基础设施建设

2021年，全行业完成固定资产投资总额1880.44亿元。其中，民航基本建设和技术改造投资1222.47亿元，同比增长13.04%；飞机购置及租赁投资657.97亿元，同比增长20.46%。

湖北荆州沙市机场、江西九江庐山机场、山东菏泽牡丹机场、安徽芜湖宣州机场、四川成都天府机场、湖南郴州北湖机场、广东韶关丹霞机场建成投产；青岛流亭机场迁至青岛胶东机场，连云港白塔埠机场迁至连云港花果山机场。

第三节 民航运输服务

一、民航运输主要指标完成情况

2021年，全行业运输航空公司完成运输飞行小时932.16万小时；运输总周转量856.75亿吨公里，比上年增长7.3%；旅客周转量6529.68亿人公里，比上年增长3.5%；旅客运输量44055.74万人次，比上年增长5.5%；货邮周转量278.16亿吨公里，比上年增长15.8%。

二、国内、国际航线开通情况

国内航线开通情况。2021年，我国共有定期航班航线4864条，国内航线4585条，其中，港澳台航线25条。2021年国内（不含港澳台）航空公司新开辟（不含港澳台）航线998条，新开辟香港、澳门、台湾航线2条；2021年港澳台航空公司新开辟至内地（大陆）航线2条。

国际航线开通情况。根据2021年底航班计划，共计85家航空公司（17家国内航司，68家外航）与54个国家保持定期客运航班飞行，每周共计205.75班（国内航司101.5班，外航104.25班）。共计114家航空公司（22家国内航司，92家外航）与52个国家保持定期货运航班飞行，每周共计

3837班；其中，全货运航班2092班（国内航司1162班、外航930班），客改货1745班（国内航司744班、外航1001班）。

三、航班管理情况

建立国内定期客运航班计划执行率动态考核机制，支持航空公司优化调整航线网络，构建完善系统布局效率运行的航空运输网络体系；修订发布《中国民航国内航线航班评审规则》，推动计算机定座系统服务管理规章、国际货运航权配置规则的修订，制定中美包机分配办法，提升国内国际双循环质量；中国民航航线航班管理系统投入使用，实现国内航班计划的全流程自动备案、航线航班系统与预先飞行计划系统之间的数据实时互联；建成外航航权数据库，将国际航班代码共享由审批调整为备案。

四、航班正常率

严格落实《2021年航班正常考核指标和调控措施》的相关要求，每月定期下发《航班正常考核指标和相关调控措施的通报》。2021年，全年航班正常率达88%，连续4年保持在80%以上。

五、枢纽机场集疏情况

2021年，我国既有枢纽机场中的28个已开通39条轨道交通线路，轨道交通接入比达68%。其中，北京大兴国际机场综合交通枢纽是全球集成度最高的大型综合交通枢纽，实现了多种交通方式无缝衔接、立体换乘，代表了现阶段我国以机场为中心的综合交通枢纽最高水平。同时，民航局建立公共信息共享平台，推进空铁联运，在部分机场航站楼实现“一站购票、一证通关、无缝衔接”。

六、重大航空运输情况

圆满完成全国“两会”、中国共产党成立100周年庆祝活动、六中全会等重大活动的航空运输保障任务。全面推进北京冬奥会保障筹备工作，持续完善涉奥人员出入境航空运输保障方案，顺利完成测试赛和训练周的航空运输保障任务。切实做好国防交通运输任务，稳步提升国防交通战备水平。

七、危险品运输情况

为更好地满足防疫物资运输需求，确保防疫物资安全顺畅运输，下发《疫情防控物资（消毒剂）货物航空运输指南（第二版）》指导各单位识别防控物资运输风险。

开展危险品航空运输安全专项整治。落实民航安全专项整治三年行动总体要求，按照《危险品航空运输安全专项整治三年工作方案》，坚持安全隐患零容忍，切实加强危险品航空运输安全管理。巩固超期存储危险品治理工作成果，完善重点区域应急防护措施。全面完成危险品货物航空运输信用管理体系试点。部署各管理局推广复制前期试点建设经验、成果，引导辖区内企业加强内部沟通协调，与安检部门加强信息共享和联合惩戒。

八、运输结构调整情况

创新“干支通，全网联”服务模式。发布《民航旅客中转便利化实施指南》《创新“干支通，全网联”服务模式实施意见》，加快推进“干支通，全网联”模式在全行业的广泛应用。同时，民航局运输司分别委托清算中心和中国民航信息网络股份有限公司开发“通程航班服务管理平台”和“中转旅客服务平台”。2021年12月31日，“通程航班服务管理平台”已完成一期备案和销售功能，在9家航司和53家机场开展试点工作；“中转旅客服务平台”已有15家机场及集团正式使用，14家机场正在试用中。

九、国际运输服务能力

一是切实降低疫情输入风险。认真贯彻国务

院联防联控机制和局党组疫情防控常态化部署，动态调控国际客运航班政策；严格实施航班熔断，2021 年累计实施 415 次熔断措施（国内航司 162 次，外航 253 次），熔断航班 891 班（国内航司 342 班、外航 549 班）；累计实施 11 次控制客座率措施（外航 11 次），控制客座率航班 44 班（外航 44 班）；2021 年累计批复复工复产包机 249 班，运送 4.3 万人次。

二是服务构建双循环发展格局。持续用好国际货运航班审批“绿色通道”政策，支持航空公司新开和加密国际货运航线，推动优化国际货运航线网络结构；鼓励航空公司客改货航班运行，2021 年共批复中外航司定期和不定期货运航班 21.5 万班，其中客改货航班 10.7 万班。

三是关注政策走势，推动国际合作。组建国际航空运输管理专家组，加强国际航空运输政策研究。完善国家航空运输简化手续委员会机制，疫情防控常态化下密切沟通协调各成员单位。组织新冠疫苗生产企业国药、科兴参加 ICAO 航行委员会的 ANC Talk，分享中国保障新冠疫苗航空运输的做法。牵头组织并圆满完成参加国际民航组织新冠肺炎高级别会议简化手续分会各项任务，积极参与国际民航组织简化手续专家组会议。

第四节　民航安全管理

一、民航安全管理工作

2021 年，全国民航完成运输飞行 932.2 万小时，395.2 万架次，旅客运输量 4.4 亿人次，同比分别增长 6.4%、6.5%、5.5%，分别恢复到 2019 年的 75.7%、79.6%、66.8%。航班正常率 88%。全货机货邮运输量 297.1 万吨，同比增长 8.5%。运输航空累计安全飞行“120+16”个月、9876 万小时，安全运送旅客 50.5 亿人次，并连续 19 年实现空防安全。通用航空飞行 118.2 万小时，同比增长 20.1%。

（一）深入落实安全发展理念

完成《中国民航安全生产“十四五”规划》编制。圆满完成国务院对民航局首次安全生产考核。成立专班，筹备迎接国际民航组织对中国民航监管能力的国际性监督审计。全面落实国务院关于应对海航债务风险的重大部署。针对典型不安全事件，民航局党组第一时间研究决策、赴现场督导检查，确保对重大安全问题一抓到底。

（二）牢牢把握稳中求进基调

大力开展“问题隐患清零”行动，排查问题隐患 2668 条，关闭 2292 条，关闭率达到 86%，顺利保障全国“两会”、博鳌亚洲论坛等重大活动。加大现场督导力度频次，直奔基层、直插现场，确保安全链条始终处于良性状态。进一步明确“守住安全底线，保持民航工作平稳运行”的基调，持续推进问题隐患动态清零。

（三）大力推进系统安全管理

一是持续完善安全责任体系。及时宣贯新《安全生产法》。健全安委会工作机制，完善职责分工，提升工作效能。对标国务院安全生产考核做法，在安委会成员单位中率先出台《民航安全生产工作考核办法》，研究制定《民航安全监管责任追究暂行办法》。针对辖区不安全事件重复发生、安全监管不力等问题，严肃追究监管局的监管责任。

二是不断推动安全管理体系落地。出台 SMS 审核及审核员培训管理办法，开展首批 SMS 外部审核员认证。在中国商用飞机有限责任公司开展航空器事件调查体系建设试点，加强国产民机事件调查能力建设，提升国产民机安全运控水平。完成“7 · 22”埃塞航地面起火事件调查，推进“8 · 27”国航 A330 飞机地面起火事件调查，推动机场消防应急救援能力建设。

三是集中精力推进安全生产专项整治三年行动。优化专班机制，完善组织架构。强化动态监督检查，将三年行动纳入民航局安委会督办事项，推动“26 条措施”有机衔接和闭环。强化清单管理，重新梳理细化三年行动 62 项重点任务，完善隐患问题和制度措施“两个清单”。深入开展三年行动“集中攻坚”阶段评估，有效推动问题隐患清零，进一步明确“巩固提升”阶段工作重点。

（四）从严管控核心安全风险

一是专项整治安全作风等突出问题。修订《民航安全从业人员工作作风建设指导意见》，制定《长效机制建设指南》，建立作风量化考核机制和 10 个重点岗位作风问题清单。将作风建设纳入安全监管事项库，专项检查全面铺开。在行业主媒体持续刊登“三个敬畏”优秀征文 150 篇。

二是重点治理“小散变转欠”风险。针对“小规模、散运行、变股权、转基地、欠投入”等类型公司，以及典型事件多发单位，民航局领导带队督导调研 20 家单位。召开行业专题安全会，深入研讨典型问题、总体形势、重点举措。采用进驻式督导等方式对东海航空有限公司、华夏航股份有限公司等公司进行重点监管。

三是持续防范常规和存量风险。专项督导调研中小机场安全保障能力，系统梳理飞行程序、地面保障、应急救援等方面隐患。

（五）勇于应势而动创新求变

一是智慧监管建设上有新突破。局方基站定期向 11 家试点航空公司提供监控周报，为 26 家单位提供定制化飞行品质监控和风险分析报告。

二是“三基”建设上有新业绩。加大安全宣教和文化建设力度，开展行业优秀安全宣教视频评比，150 家单位报送视频 361 部；紧扣行业安全热点，刊发 17 期安全文化特色专栏；编纂“中国民航优秀安全工作经验”供行业交流借鉴；发布 9 期“小博士说安全”系列宣教视频；举办 6 期“通航安全宣讲日”公益培训，350 家单位、近 3 万人次参加。

二、民航安全保障工作

2021 年，圆满完成全国“两会”、中国共产党成立 100 周年庆祝活动、西藏和平解放 70 周年、第十四届全国运动会等重大活动保障任务。扎实推进北京冬奥会安保筹备工作。牵头统筹协调相关部门、保障单位，全力做好测试赛各项涉民航安全保障工作。

（一）全力维护民航空防安全

一是充分发挥反恐怖协调小组的统筹协调作用，完成国家级反恐督导检查任务，召开全国民航公安机关反恐怖工作会议，组织开展北京大兴国际机场“护航 2021”反劫机综合演练。二是深入开展“平安民航”建设，全年全行业累计投入安保资金约 28.84 亿元。三是严厉打击突出违法犯罪，认真履行在反恐、禁毒、跨境赌博、电信诈骗等国家行动中的职责任务。四是深化“六严”专项行动，优化调整了吸食电子烟以及 60 周岁以上老年人携带打火机案件的裁量和处罚标准。

（二）不断提升空防监管治理能力

一是安保审计、安保测试、能力评估一体推进有新突破。完成 20 个机场和 5 个航空公司安保审计。完成 2021 年 233 个运输机场空防安全保障能力评估和 129 个公共航空运输企业空防安全保障能力评估。二是精准监管有新进展。进一步精简优化适用相对人类型、增加远程监管方式适用范围，培养使用高级监察员。

（三）加强教育整顿成果转化

一是提升机场旅客安检效能，在 40 家千万级机场实施“易安检”服务，优化安检流程，实现“安全、高效、舒适”的目标。二是推行民航临时乘机证明纸质二维码系统，缩短排队时间。三是优化民用机场远机位秩序，推广上海市公安局国际机场分局通过设置远机位摆渡车专用停车位并增设人行道线标识的方式，优化远机位秩序做法。四是推动提高机场健康码查验效率，推广北京大兴国际机场航站楼前启用身份核验、健康码查验、无感测温、防爆检测“四合一”自助闸机。

(四) 推动民航公安科技信息化建设再上新台阶

一是加强法规标准建设，编制了《民航公安科技信息化“十四五”规划》和《民用运输机场安防人脸验证技术规范（试行版）》等规范性文件。二是完成与国家公共信用信息中心红黑名单查询、公安部互联网 + 身份认证、无人机动态飞行数据等接口对接。三是广州视图中心前期筹备工作基本完成。四是搭建完成民航公安互联网 + 身份验证平台，具备了人员身份在线实时核验能力。五是研发情报预警 App，打通情报预警最后一公里，直达实战民警手机终端。

第五节　通用航空

2021 年，我国通用航空传统业态稳中有进、新兴业态蓬勃发展。截至 2021 年底，传统通用航空企业达到 599 家，较 2020 年底净增 76 家，全年实现飞行 118.2 万小时，全国可兼顾通用航空服务的运输机场超过 241 个，纳入行业管理的通用机场数量近 350 座，建成通航飞行服务站 24 个，三级飞行服务保障体系“能联尽联”，航油供应覆盖 90% 以上通用机场，通用航空发展态势持续向好。

一是推动开展通航军地联合督查调研。选派专人配合军地联合督查调研组赴浙江、四川、广东、海南 4 省 9 市开展实地调研，调研报告得到习近平总书记和李克强总理等党和国家领导人批示。同时，组织召开专题会议部署相关工作任务，每月定期督办通报任务进展。

二是务实编制通航发展专项规划。在广泛征求各方意见和反复论证基础上，围绕公益服务、新兴业态、通用航空短途运输、无人机应用、传统作业等五大应用领域和服务保障、行业治理两大支撑保障体系，形成专项规划，为通用航空“十四五”发展指明方向和重点。

三是降低制度成本，激发市场活力。完善法律规章体系，推动《民航法》和完成《一般运行和飞行规则》（CCAR—91 部）、《小型航空器商业运输运营人运行合格审定规则》（CCAR—135 部）、《民用航空器驾驶员学校合格审定规则》（CCAR—141 部）、《特殊商业和私用大型航空器运营人运行合格审定规则》（CCAR—136 部）等多部规章制修订。持续简化审批，取消非经营性通用航空活动登记改为备案管理；通过修订《通用航空经营许可管理规定》，取消注册资本限制，压减许可材料；出台《通用航空企业诚信经营评价管理暂行办法》。总结试点工作经验，规范联合审定程序，扩大应用范围。

四是坚持试点探路，扶持新业态发展。推进实施“干支通、全网联”航空运输网络建设，研究促进通用航空短途运输发展工作措施。发布航空医疗救护联合试点阶段性成果，持续推进扩大航空医疗救护联合试点。支持无人机拓展通航应用领域，稳步推进粤港澳大湾区无人机末端物流配送试点，批复同意新疆开展大型无人机综合应用试点，助力乡村振兴和“一带一路”发展。积极推动创新娱乐飞行模式试点。

五是加强部门协同，凝聚通航发展合力。推动通用航空管理逐步从部门行为向政府行为转变，从行业行为向社会行为转变。民航局先后与 11 个省（自治区、直辖市）签署共建协议，明确推动各地通用航空发展任务举措。大力支持四川、湖南、海南、江西、安徽等地低空空域管理改革试点工作。加强与应急管理部、退役军人事务部、国家卫健委、国家体育总局等部委协同，支持通用航空在应急救援、军民融合、航空医疗救护等领域应用。

六是建设智慧通航，积极支持无人机广泛应用。建立无人机云系统平台，批准设立 13 个民用无人驾驶航空试验基地，持续扩大无人机物流配送试点范围，开辟助力精准脱贫攻坚新路径。截至 2021 年底，全国实名登记的无人机达 83 万架，无人机经营性企业 1.27 万家，无人机驾驶员执照超过11.9万本，各类无人机日均飞行小时4.57万小时，各类飞行累计超过千万小时，无人机持续在航拍、巡查、物流配送、城市空中交通领域发力，不断拓展应用深度和广度。

第六节 空中交通管理

2021年，空管系统共保障运输航班起降805.8万架次，航班正常率达到88%，圆满完成中国共产党成立100周年、专机等重大任务保障，继续保持安全零事故、零征候和疫情防控零感染纪录，实现了"十四五"开门红。

一、空管行业管理

2021年，民航局空管办聚焦"安全、效率、智慧、协同、设施、人才、治理"七个维度，"践行一个理念、推动两翼齐飞、坚守三条底线、构建完善三个体系、开拓四个新局面"，坚守安全底线，较好地完成了全年工作。

（一）民航无线电管理情况

组织对甚高频通信频率容量开展评估，编制了《国际民航组织亚太地区航空无线电频率管理指导材料》。针对我国大型多条跑道机场仪表着陆系统/测距仪（ILS/DME）导航频率资源紧缺问题，持续推进北京大兴、成都天府等机场开展同跑道双向ILS/DME同频异呼号试点工作；支持香港新机场建设，针对其扩建跑道新增导航频率需求，研究并确定从内地协调划出2组频率，保证香港第三跑道ILS/DME导航台的建设。推进民用机场跑道外来物（FOD）探测雷达频率规划，组织完成了《关于民用机场跑道外来物探测雷达使用76-77GHz频段评估报告》。利用互联网技术创新行政服务的模式，在航空器电台执照检查上，推广并规范远程检查航空电台方式。在办理民用航空器电台执照上，调整了办理程序，精简了所需材料。

全年指配民航无线电专用频率共计672个，为航空器、机场场面车辆指配民用航空24位地址编码共计466个，核发民用航空器电台执照共计3574本。

（二）航班时刻和空域容量等资源分配情况

指导各地区管理局根据保障能力和市场需求确定发展速度指标、制定相应航班换季政策措施，不断激发市场活力，帮扶企业复工复产，确保航班运行量与安全保障能力相匹配。同时，根据实际运行情况对航班时刻结构进行优化调整，更好满足经济社会对民航发展的需求。一是鼓励航空公司开展次级市场有序流动。支持航空公司有序开展航班时刻的交换与共同经营，提升航班时刻资源的配置和使用效率。二是支持国内航空公司航班时刻灵活使用。国内航空公司的国际地区航班时刻可以转为国内航班时刻配置使用。三是充分利用外国航空公司无计划运营的航班时刻。可将外国航空公司暂不使用的航班时刻临时配置给国内航空公司，进一步满足国内航空市场需求。

持续加强机场容量评估管理工作，努力增加航班时刻资源供给，推进高密度机场提质增效。实施机场容量精细化管理，区分不同机场、不同季节、不同气象环境、不同军民航运行方式等实际情况，对机场小时容量进行精细化划分，进一步实现机场容量管理精细化、科学化，更加符合机场运行客观规律和实际需求。2021年全年，对石家庄正定、深圳宝安、郑州新郑、哈尔滨太平、西安咸阳、厦门高崎等机场容量和协调参数进行了调整，进一步提高了航班时刻资源供给，更好地满足地方经济和行业发展需求。

（三）其他重点工作情况

一是积极推进国家空管体制改革。成立民航局推进国家空管改革工作组和专班。组织研究民航管制区边界适应性调整工作方案、平战转换工作方案、地区协调委办公室组成、管制员队伍纳入预备役管理、国家空管运行管理体制和国家空管中心组建等问题。

二是全面深化低空空域管理改革。全面总结四川省试点经验和存在问题，向中央空管办呈报试点调研专题报告；进一步扩大试点范围，先后与安徽、江西、湖南等地方政府建立了工作联系机制，出台地区试点方案，逐步将深化低空空域管理改革试点工作纳入民航局与各省的合作协议。

三是持续建设低空飞行服务保障体系。按照《低空飞行服务保障体系建设总体方案》工作部署，积极推进飞行服务国家信息通、区域信息系统和飞行服务站三级体系互联互通工作。协调地方开展飞行服务体系规划和服务站建设，已有9个省制定了飞行服务站建设规划，已建成飞行服务站24个，其中17个飞行服务站通过了符合性检查，正式纳入空管运行体系和行业管理体系，即将实现两级低空飞行服务保障体系互联互通，同步推进构建全国飞行服务保障三级体系。

四是切实保障首都地区安全。重点抓好首都地区无人机等"低慢小"航空器风险防控工作，配合开展无人机无线电反制设备管理工作，会同地方无线电管理机构做好无线电干扰排查，累计排查广播信号干扰共计197起，其中包括"黑广播"15起。

五是启动新一代航空宽带通信应用技术。发布《中国民航新一代航空宽带通信技术路线图》。明确以5G为代表的新一代航空宽带通信技术实施路径，制订相应保障措施。为民航各运行单位使用无线数据通信技术提供了技术指南。

六是稳步推进北斗系统国际标准化。参加国际民航组织导航系统专家组第七次会议，促成北斗系统标准和建议措施（BDS SARPs）通过ICAO空中航行委员会初步审查。组织召开通用航空北斗飞行动态信息服务工作推进会，完成546架通用航空器北斗机载终端装机工作。

七是加快远程塔台试点布局。完成新疆新源那拉提机场、富蕴可可托海机场及广州白云国际机场远程塔台应用试点的运行验证评审工作，组织起草《远程塔台技术需求》和《远程塔台运行评估规范》等相关规范性文件。

八是创新航空无线电资源管理模式。会同工业和信息化部等部门共同开展保护民航使用频率、保障民航飞行安全专项行动；向相关地方无线电管理机构提交基于QAR数据航班GPS信号丢失情况每日报告共计1127份；会同地方无线电管理机构共同排查无线电压制（阻断）设备干扰源共计113起。

九是落实客舱无线网络服务。落实民航局"推进航空器客舱无线网络服务"专项任务，组织起草《民用航空运输航空器客舱无线网络指导意见》。截至2021年9月，共有21家国内航空公司770架航空器提供了客舱无线网络服务，较2020年增加116架，同比增长17.7%。

十是指导各地完成精细化管理。按照《民航局关于"精准控、精细调"工作指导意见》，指导各地区完成2021年夏航季、冬航季航班换季工作;起草《民航日常航班时刻协调配置工作程序》，进一步统一平台、规则、流程、时限及申请材料。全年对石家庄正定、深圳宝安、郑州新郑等机场进行容量调整，进一步提高航班时刻资源供给。编制完成《国际民航组织亚太地区无线电频率使用指导材料》；在北京大兴、成都天府、上海浦东等机场开展同跑道双向ILS/DME同频异呼号试点工作，有效解决航空无线电频率紧缺问题。

十一是构建民航气象计量体系。成立民航气象计量支持机构，印发《民航气象计量和校准管理办法》，搭建民航气象计量校准平台，通过CNAS认证，为全国8家民航气象服务机构实施了气象计量校准工作。

十二是开展航空气象情报质量专项整治。深入开展全国航空气象情报质量提升专项行动；继续推进空管安全生产专项整治三年行动；从安全管理、运行环境、人员、设施设备四个方面集中评估全国各中小机场空管运行数据，并形成《空管办关于开展全国中小机场空管安全保障能力评估工作的报告》。

十三是加强人员培训管理，提升资质建设能力。研究起草《管制员资质管理和培训体系重构工作方案》，完成对东北空管局中小机场“管制+1”工作评估；全年组织面向空管监察、检查、中小机场空管等人员的培训共9期，累计培训500多人次。

十四是顺利落地民用无人驾驶航空试验基地（试验区）。编写印发《民用无人驾驶航空试验基地（试验区）管理办法》，组织开展试验区监督指导、综合评估、新建退出、交流推广等相关工作；持续开展载人无人机和支线物流无人机试运行工作，组织丰鸟无人机科技有限公司在榆林等西北地区的支线物流无人机和美团在深圳城市轻型物流无人机的试运行初审；积极组织研究“穿越机”相关问题。

二、空管运行管理

第一，精准把握安全工作新形势，确保空管安全万无一失。

全系统扎实开展安全生产专项整治三年行动，全力推进“问题隐患清零”。针对疫情期间航班量反复波动、极端天气多发、一线人员心理压力增大等新情况新风险，细化管控措施，加强运行现场管理，做好跑道侵入、军民航飞行冲突、空中小于规定间隔、“五种关键设备”和“五类环境问题”等重点领域风险防控，全面开展供电和网络传输中断实战应急演练和隐患治理，对81起事件深入调查分析，及时发布安全预警，牢牢掌握住了空管安全工作的主动权。持续加强基层基础基本功建设，深入推进“手册空管人”建设和法定自查工作，持续加强技能巩固培训，开展实战化网络安全攻防演练，深入推进管制岗位复训改革，东北、西北地区“管制+1”培训质量再创新高。深化“三个敬畏”教育活动。组织编制应急接管和备份方案，开展上海接管南京、武汉接管广州等多科目、多场景、大范围、全要素实战化应急接管演练。云南分局全力做好邻国管制服务中断期间出入境航班保障，河南分局有效应对暴雨影响，西北、河北、江苏等一线空管人员在疫情大考中始终坚守岗位，确保了空中交通不中断、运行保障不降级，有力服务了全国疫情防控的大局。

第二，立足开局年民航发展新要求，服务行业发展有新作为。

空域优化工作取得重大进展，成都、青岛新机场配套空域方案圆满实施，上海终端区顺利南扩，长春、南昌、宁波机场实现进离场航线分离，繁忙地区空域环境持续改善；沪蓉大通道正式贯通，京广大通道建设取得实质性突破，有力服务了京津冀、长三角、成渝等国家区域发展战略；全年净增航路航线55条、总里程逾1.1万公里。加快重塑运行管理体系，民航“三中心”工程正式投运，形成了以全国流量管理系统为核心，运行、气象和情报信息高度融合，空管与机场、航司高效联动的新一代空中交通运行服务管理体系；全国流量管理系统正式上线，实现与国内50家航司和80家机场数据对接，纵向贯穿各级流量管理单位，横向连接各运行主体，形成全国运行一盘棋的战略布局，标志着中国空管正式跻身世界三大流量管理中心之一。打出质量变革组合拳，积极回应航司诉求，持续优化管制运行策略，采取有效措施缩短航空器飞行距离，减少地面等待和滑行时间；通过合理使用高度层资源、优化航班流走向，有效提高山东区域西向航班运行效率，得到了航协和航空公司的高度赞扬；密切与部队沟通协调，积极推广空域精细化改革成果，加大临时航线使用力度，缩短飞行距离2000多万公里，节省燃油消耗约11万吨，减少二氧化碳排放约36万吨，较好支持了航司降本增效；推进低空飞行服务保障体系三级联网运行，开展通航飞行计划军民航联合审批试点，启动目视飞行航图数据应用系统建设，较好服务了通航产业发展。气象预报和服务质量再上新台阶，开展极端天气专项研究，加强气象探测设备建设，在部分中小机场新建天气雷达，实现民航繁忙航路天气雷达资料全覆盖，有效提升了极端天气探测预警能力；面对复杂多变、极端天气频发的天气形势，全系统全年机场预报准确率达到92.91%；持续深化管制气象融合，加强天气趋势预判，加大重要天气概率预报提前量，每日发布四地八场未来54小时MDRS气象预报，拟定北上广蓉四地机场间备份航线54条，减少复杂天气对民航运行的影响。

第三，贯彻高质量发展新理念，现代化空管建设迈开新步伐。

加快构建以国产装备为主体的保障体系，新购设备中全向信标测距仪、甚高频地空通信系统、一／二次雷达国产化比例分别达到50%、60%和100%；深入推进空管自动化系统功能改进提升工作，完成民航数据通信网业务切割上线，实现北京、上海网控中心相互备份、接管运行，设备保障能力得到有效提升；协助建立民航情报资料协调机制，持续提升航空数据质量，初步具备机载导航数据生产能力，筑牢民航安全运行的“最先一公里”。持续发力智慧空管建设，大力推进CDO/CCO、PMS、GBAS等技术应用，加快ADS-B空管运行，推进数据治理基础研究、数字化管制服务技术示范验证和北斗民航应用，组织好北京、上海等14个机场航空器尾流重新分类运行；加强空管实验室建设，加快筹建空管规划研究院；全年投入科研资金1200万元，8个科研项目获国家和省部级奖励；联合举办第二届民航技术装备服务展，全方位立体展示空管在民航安全高效运行中的新设备和新技术。工程项目建设取得标志性成果；高效完成民航管制区配套项目报批；加快推进各地区空中交通管制能力提升工程、民航通信网扩容、空管信网工程等关乎空管长远发展的重大项目；成都、青岛新机场空管工程、武汉终端管制中心等一批重大项目相继竣工投产，特别是民航“三中心”工程实现了当年完工、当年投产、当年决算，树立了空管建设新标杆。

第四，围绕空管改革发展新任务，系统治理取得新成效。

组织编制深化空管改革方案，发布《“十四五”民航空管系统发展规划》和各类专项规划，明确了未来五年空管发展的目标任务。组织编制了民航管制区优化调整方案并圆满完成了第一阶段调整目标；空管机要保密体系建设取得实质性突破，各级机要保密室获批成立；出台管制员分类管理方案和办法，各单位加快落地。加强法治空管建设，完成“十四五”法治规划编制；加大资金统筹使用力度，严格财务成本管控，大幅压缩一般公用经费，全年调减预算支出8%，对东北等资金链紧张地区及时调剂预算资金4.03亿元，安排空管系统折旧资金项目补贴5亿元，确保了空管大局稳定；推进非航收费管理体系建设，逐步规范空管收费管理；加强审计监督，将党政领导经济责任审计突出问题纳入督查督办，整改率达到92%。系统治理结构不断完善，在民航局的支持下调整优化运行中心、气象中心、天府机场空管机构设置和人员编制，调增部分分局站领导职数，较好适应了一线安全运行需要；所属企业改革加快推进，在现代企业制度建设、企业党的建设、兼并重组等重点领域取得关键性进展，重点任务完成率达到79%。开放合作成果丰硕，与中国商用飞机有限公司等5家单位签署战略合作协议，加入国家技术标准创新基地，国内合作继续保持良好势头；创新方式积极开展“云外事”，确保了国际合作不止步、对外交流不停歇；与新加坡民航局、德国空管公司签署合作谅解备忘录，多双边交流合作成果不断巩固；深入参与国际民航事务，在国际民航技术标准制定等方面取得突破，中俄联合体全球空间天气中心正式投入运行。

第七节　飞行标准

一、加强人员资质能力和作风建设，夯实安全运行基础

针对252721名飞行、机务、签派、乘务等专业人员，一是推进飞行员技能全生命周期管理体系建设，发布《循证训练试点实施方法》，逐步实现对航线运输飞行员复训阶段技能曲线的数字化管理；开展维修人员执照培训机构产教融合评估和专项整顿工作，对维修人员执照培训机构进行分级分类管理；发布《飞行签派员训练机构合格审定指南》咨询通告，细化飞行签派员训练机构合格审定程序各阶段的工作要求和程序，从源头上严抓签派员训练质量。

二是修订《飞行运行作风》咨询通告，优化作风量化指标，进一步提高飞行员队伍职业化水平；针对东海航空机组肢体冲突、华夏航空训练造假和冲出跑道等恶性事件所暴露出的人员作风和能力建设突出问题，深入开展业务作风整顿，在公司自查基础上，组织对重点人员资质排查56360人，人员业务作风得到整顿；修订飞行、机务、签派执照考试题库，完善飞行标准委任代表管理政策，严把入口关。

三是下发《121部合格证持有人的疲劳管理管理要求》，指导国航、东航、南航开展机组成员疲劳风险管理系统建设工作，促成东航联合清华大学成立疲劳研究小组，对使用多套机组执行往返国际航线的机组疲劳情况开展比较分析和研究，优化空勤人员疲劳管理制度；启动机务维修人员薪酬体系首批试点改革工作并发布薪酬推荐体系指导文件，促进航空公司建立合理的薪酬体系，提高机务维修人员职业满意度；积极推进飞行签派员职称评定，中高级职称获批超过500人，配合国家职业分类修订工作增设签派工程技术人员职业，提升签派职业认可度。

二、优化监管模式和监管理念，提高安全监管效能

一是优化监管模式。根据FSOP三期建设目标，着力加强事前审定许可和事中隐患排查，优化飞行、运控、航卫等检查单4079项，初步建立疫情防控常态化对航空公司、境外训练机构、维修单位、模拟机等行政相对人远程安全监管模式；注重监管模式向盯组织盯系统的转变，对运输航空公司、通航企业、训练机构、维修单位等2128家行政相对人，组织实施行政检查232627次，发现问题6513个，发现问题率2.8%，同比提高13%。

二是突出重点监察。针对大型航空公司分子公司安全链条越来越长，中心化运行能力不足，“小散转变欠”公司安全隐患相对突出，安全基础和发展思路不够稳固等问题，对8家重点公司开展重点监察；以信息化引导为手段，从航空器使用困难报告管理入手，对维修管控散弱乱的运营人，进行安全管理系统性问题摸底排查和集中整治，强化航空公司主体责任；从风险防控、系统改进、人员培训等方面着手，对高原机场RNP AR运行、雷雨季节和冬季运行保障、机场飞行程序设计质量等工作进行检查督导，着重加强对中小机场各类风险管控。

三是开展专项排查。为进一步加强直升机安全运行管理，从严从实做好直升机安全运行风险源头排查和管控，通过笔试、口试、训练器和真机考核等多种方式对330名直升机飞行教员理论知识、飞行技能、教学方法和飞行教学进行了严格排查，暂停考核未通过的155名直升机飞行教员等级权利；在全行业深入开展通航直升机维修保障和技术状态的检查、监督，直升机运行的安全风险和隐患得到有效控制。

三、完善规章建设和标准推广，满足行业发展需求

一是认真履行法治建设第一责任人职责，重

大问题直接过问、重点环节直接协调、重要任务直接督办，做法治建设的组织者、推动者和实践者。推进《无人驾驶航空器飞行管理条例》等3部规章修订以及《飞行标准监察员手册》等15份规范性文件制修订；全面准确落实放管服政策要求，向前推动通航运行法规体系重构及配套规范性文件的制修工作，发布《直升机防撞线》等5份安全通告；组织协调相关司局共同完成《民用无人驾驶航空器运行安全管理规则》和《分布式无人机操控资质审定行业标准》征求意见稿；与财政部、海关总署联合下发《财政部 海关总署关于2021—2030年支持民用航空维修用航空器材进口税收政策的通知》，开始实施航材免税政策，极大支持和促进我国民用航空运输、维修等产业发展。

二是推动国产自主设备应用体系建设。重点推动完成北斗运输飞机追踪监控应用示范项目全部20架飞机北斗卫星导航系统加改装，以及ARJ21机型RNP AR能力建设等工作，努力满足国产民机、北斗等标准研制与民航运行需求相衔接的要求；推动航科院航空器评审中心的建立和相关评审手册流程的优化，进一步规范航空器评审工作。

三是加强国际标准推广，通过国际民航组织高级别会议，介绍中国民航在抗击新冠肺炎疫情、疲劳管理、飞行程序设计等方面的经验；推动国际民航公约附件一中增加电子执照许可条款，实现中国民航标准国际化；编修的《高海拔运输机场手册》在国际民航组织第八次飞行运行专家组会议上审议通过，指导材料首次由国际民航组织向全体成员国印发，为世界贡献了中国标准，更好地助力多领域民航强国建设；与新加坡民航局签署《关于航空器维修技术协定的实施程序》；与中国香港民航处和中国澳门民航局在深圳签署全面《联合维修管理合作安排》，完成三方在维修单位、维修培训机构和维修人员执照的全面互认，标志着内地与港澳地区在民航合作领域进入新阶段，将进一步促进维修行业的融合发展，支持粤港澳大湾区建设。

第八节　适航审定

2021年，全国新注册航空器630架，其中运输飞机177架，通用航空器453架。2021年末在册民用航空器总数为8681架，其中运输飞机4106架，通用航空器4575架。2012—2021年度新注册航空器数量如图3-6-1所示。2012—2021年末在册航空器数量如图3-6-2所示。

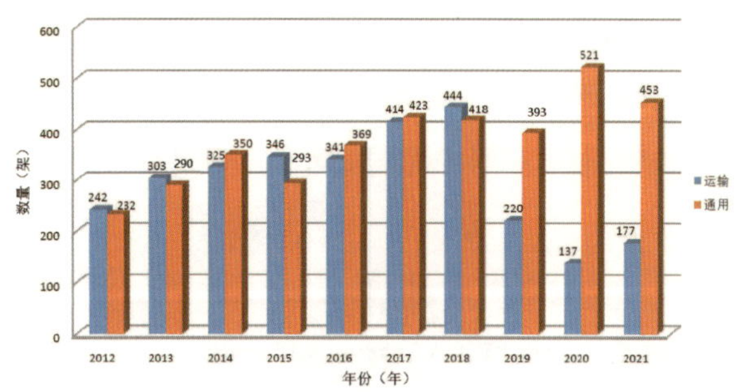

图3-6-1　2012—2021年度新注册航空器数量（图片由中国民用航空局提供）

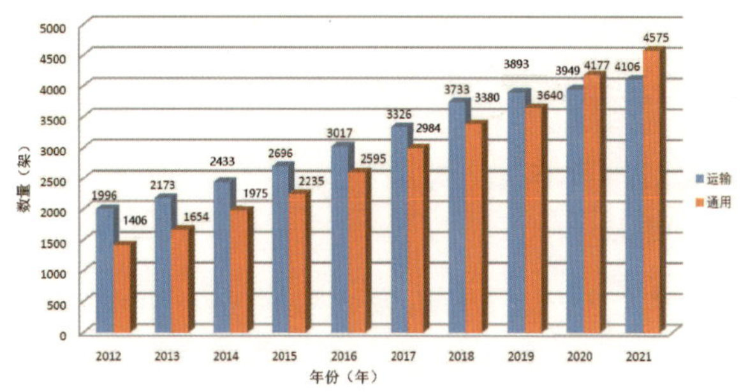

图3-6-2　2012—2021年末在册航空器数量（图片由中国民用航空局提供）

2021年，民航适航审定部门颁发147份设计批准类证件，含新颁发证件139份，修订证件8份；颁发63份生产批准类证件，含新颁发证件28份，修订证件35份；颁发114份航油航化批准证件，含新颁发证件34份，修订证件89份，有力支持了国产航空产品的使用，保障了民航行业的健康发展。

一是印发《“十四五”民航适航发展专项规划》，明确行业适航工作方向。2022年1月7日印发《“十四五”民航适航发展专项规划》，明确了“十四五”期间民航适航审定发展的指导思想、基本原则、发展目标和主要任务，成为未来一段时期指导全行业适航工作的纲领性文件。

二是适航审定运行管理系统（AMOS系统）全面投入运行，提高审定工作效率。完成四期AMOS系统使用培训。开展适航审定数据录入，完成TC、PC历史数据收集、整理和系统录入工作，以及VTC、VSTC、VDA历史数据的迁移工作。完成AMOS电子证照试点，在AMOS系统中新增电子证照功能，实现民航局第一张电子证照（图3-6-3）的发放，有效提高局方行政许可效率。

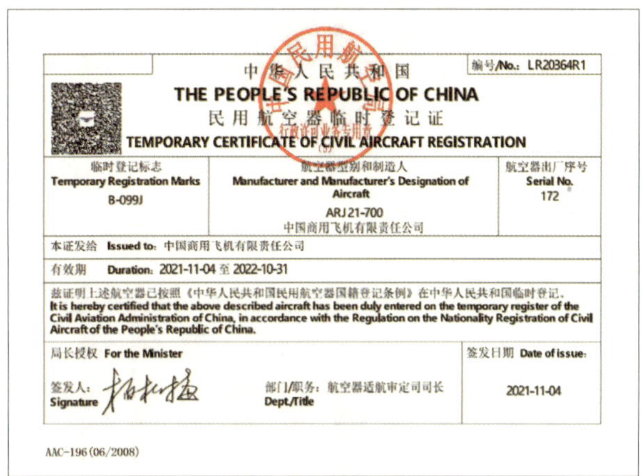

编号/No.：LR20364R1

中华人民共和国
THE PEOPLE'S REPUBLIC OF CHINA
民用航空器临时登记证
TEMPORARY CERTIFICATE OF CIVIL AIRCRAFT REGISTRATION

临时登记标志 Temporary Registration Marks	航空器型别和制造人 Manufacturer and Manufacturer's Designation of Aircraft	航空器出厂序号 Serial No.
B-099J	ARJ21-700 中国商用飞机有限责任公司	172

本证发给 Issued to：中国商用飞机有限责任公司

有效期 Duration：2021-11-04 至 2022-10-31

兹证明上述航空器已按照《中华人民共和国民用航空器国籍登记条例》在中华人民共和国临时登记。
It is hereby certified that the above described aircraft has been duly entered on the temporary register of the Civil Aviation Administration of China, in accordance with the Regulation on the Nationality Registration of Civil Aircraft of the People's Republic of China.

局长授权 For the Minister

签发人：Signature

部门/职务：航空器适航审定司司长 Dept./Title

签发日期 Date of issue：2021-11-04

AAC-196（06/2008）

图3-6-3 民航局发放的第一张电子证照（图片由中国民用航空局提供）

三是服务航空产品审定，推进规章政策制修。推进《正常类、实用类、特技类和通勤类飞机适航规定》《载人自由气球适航规定》《涡轮发动机飞机燃油排泄和排气排出物规定》《航空器型号和适航合格审定噪声规定》《民用航空器国籍登记规定》等规章的制修订工作，推进北斗、5G等新技术相关机载设备的技术标准规定的制修订工作。完成《适航指令颁发管理工作手册》和《民用航空产品和零部件获得外国设计批准接受或认可的指南》两部工作手册的制修订工作。

四是严格适航标准，保障重点型号适航审定工作。稳步推进C919、MA700、AG600、CJ-1000A等国家重点型号飞机适航审定工作。健全完善C919飞机项目报告机制和督察机制，督促协调解决项目中的重大问题，全面统筹适航委任代表资源支持C919型号飞机合格审定和生产许可审定。CJ-1000A发动机和AES100发动机项目签署专项合格审定计划（PSCP），全面进入计划实施阶段。按照局党组统一部署及民航局“恢复运行三原则”，稳妥有序完成波音737MAX8飞机设计改进的适航审定工作，并颁发中国民航适航指令。

五是坚持自主创新，持续推进航空产品国产化。完成首款国产航空涡轮润滑油适航批准，向中石化1号滑油颁发我国首个航空润滑油技术标准规定项目批准书（CTSOA）；推动1号滑油在ARJ21-700飞机上开展750循环地面试验和补充型号合格审定。组织民航地区管理局开展北斗机载设备和机上改装相关适航审定工作，推动完成北斗运输飞机应用示范项目。完成国内首款复合材料航空螺旋桨适航审查，向航空工业惠阳JL-4A/1螺旋桨颁发型号合格证，填补了我国民用复合材料螺旋桨领域研制的空白。完成首款国产飞机防腐剂的适航批准。

六是坚守安全底线，保障国产民机安全运行。针对国产ARJ21飞机机队规模不断扩大、运力不断提升的情况，坚持安全底线，紧抓住国产飞机安全运行，建立国产ARJ21飞机重大安全问题上报和处理机制，妥善处理机队运行安全问题，强化对中国商用飞机有限公司生产质量系统监督检查。

七是优化无人机适航管理政策，做好项目审定实践工作。修订《民用无人驾驶航空器系统适航审定管理程序》《民用无人驾驶航空器登记管理程序》等三份行政规范性文件并公开征求意见。积极探索多个项目的适航审定实践，完成飞鸿98和CH-4B两个无人机项目的阶段性审定，为开展试运行的无人驾驶航空器颁发了特许飞行证，积极推进亿航EH216型载人全电动多旋翼无人机的适航审定工作。截至2021年12月31日，国内现有实名登记的无人机83万架、研制厂家1981家，较2020年底的52.4万架、1800家分别增长58%和10%。2018—2021年无人机实名登记数量如图3-6-4所示。

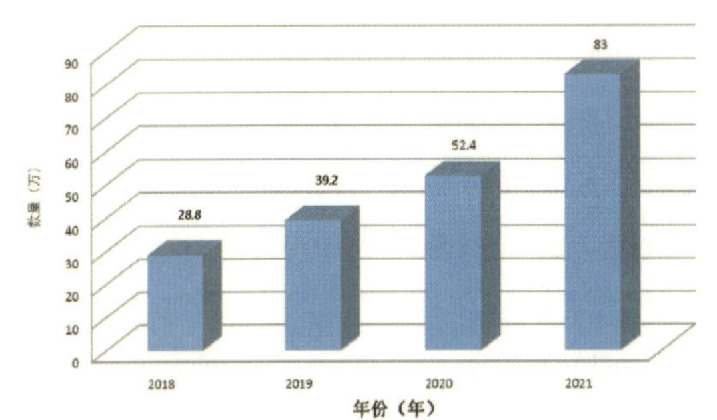

图3-6-4 2018—2021年无人机实名登记数量（图片由中国民用航空局提供）

八是服务国家发展战略，深化双边适航合作。完成《中国民用航空局与欧洲航空安全局关于中国空中客车（天津）A319和A320飞机总装线和A330和A350飞机完成和交付中心的工作安排》《中国民用航空局与斯洛文尼亚共和国民用航空局关于设计批准、出口适航审定、设计批准证后活动以及技术支持的技术安排》《中国民用航空局与大不列颠及北爱尔兰联合王国民用航空局关于相互接受生产和适航批准的工作安排》等双边适航合作文件的签署。

第九节 立法与执法

一、民航行业立法工作情况

（一）疫情防控涉法工作

推动修法，落实“补短板”要求。积极配合国家和民航局疫情防控相关举措，继续优先保障防疫法律“补短板”工作。配合做好制修《传染病防治法》《国境卫生检疫法》《突发事件应对法》《突发公共卫生事件应对法》工作中涉及民航事项。

（二）常态化立法工作

一是编制立法规划。2021年12月30日印发《关于印发“十四五”民航立法专项规划的通知》（民航发〔2021〕58号），包括两部法律、5部行政法规、73部规章立法项目，首次作为专项规划纳入“十四五”民航总体规划中。

二是法律法规制修订。民航局配合司法部完成《民航法》第六次局部修正；配合司法部开展《无人驾驶航空器飞行管理暂行条例》审查，并经司法部部务会审议通过。《民用航空器事故调查条例》已报送交通运输部审查。研究《民用机场管理条例》修订工作，并启动立法后评估工作。

三是规章审查。2021年开展飞行运行、旅客服务、适航管理、机场建设、安全保卫、危险品运输等规章的审查，推动颁布5部。

四是做好行政规范性文件合法性审核工作。共完成民航局行政规范性文件合法性审核34件；完成地区管理局行政规范性文件备案审查20件。

五是立法相关工作。包括继续按照法规建设与时俱进机制面向全社会全行业公开征集立法建议，收集到建议意见共207条。依托航空运输协会、中国民用机场协会等立法联系点，开展意见征集等工作，做到“开门立法”。按照国务院部署开展《行政处罚法》涉及的法规文件清理。办理外部委法律法规征求意见复函29件。做好两会有关民航的3件法律议案提案意见建议的办理。

六是加强国际立法。配合司法部推动2010年《北京公约》《北京议定书》的批准。《北京公约》完成了司法部审查；《北京议定书》已报送国务院。参加ICAO《解决分歧规则》工作组、无人机法律问题研究小组、《芝加哥公约》第十二条工作队等，参加国际利益登记处监管机关专家委员会（CESAIR）第十次会议，积极履行主席职责，全面推动会议进程。做好民航涉外法治研讨会相关工作。

二、民航行政执法情况

(一)夯实执法监管基础

一是修订执法制度文件。开展新《行政处罚法》宣贯，修订《民航行政处罚实施办法》，规范执法手段和程序。开展"释法释规"，统一解读各监管事项837项，提升局方行政检查和企业法定自查水平。收集监管事项库意见128条，优化监管事项。

二是加强监管理论研究。开展"盯组织、盯系统"研究，初步确定了发现问题"局方负责归类、企业负责归因"的工作思路，监察员将日常发现问题按照所研究的"四大类十二要素分类法"进行归类，问题数量达到一定程度后，要求企业分析组织和系统原因。

(二)提升执法监管效能

一是积极开展监管自查。推动各地区管理局从监管数据分析报告出发，开展监管自查。重点检视检查不深入、质量不高，监管创新不足、监管手段不够、系统性原因分析不足等问题成因，提供解决方案。

二是推动监管审计研究。调研、收集各国及其他行业监管模式，广泛听取一线建议，研究提出监管审计的指标框架，为下一步开展第三方监管审计奠定基础。

三是开展法定自查试评价。组织对6家单位开展法定自查试评价，进一步验证法定自查相关标准的合理性和可行性。

四是加强执法监管指导。发文规范疫情防控相关检查文书的使用。征集并组织刊发各管理局行业执法监管典型做法，通过经验交流提升水平。根据新《行政处罚法》的要求，及时下发电报，明确民航行政处罚中立案工作相关要求及文书样式。

(三)推进监管智慧化

一是支持智慧监管系统建设。将SES系统二期并入中国民航智慧监管服务示范项目统一开发建设，以实现与飞标监管、民用机场监管等其他模块整合归集，发挥集成效应。

二是探索执法数据分析应用。编制《2020年度民航行业监管数据分析报告》，分析行业监管总体情况、监管质量、精准监管效能。向各管理局提供月度报告，指导2022年检查计划编制，有效提升监管效能，全年向各管理局及司局提供2020年民航年度监管数据分析报告、月度及季度监管数据分析报告共91次。向47家运输航空公司、133个运输机场分别提供《行业监管数据分析报告》，共计360次，提高企业法定自查质量，减轻监管压力。

三是推进非现场监管试点建设。组织乌鲁木齐、深圳和黑龙江监管局等非现场监管中心试点单位编制、完善《民航非现场监管中心建设需求分析及建设方案》，并开展功能需求和设施设备需求论证。

四是开展信用管理。修订发布《民航行业信用管理办法》，完善民航信用制度，提升信用监管水平。全年共有14名行业从业人员、2家通航公司因严重失信信息被记入民航行业信用信息记录，8名行业从业人员到期移除。做好处罚信息公示工作。每周更新一次，累计更新处罚241条。

第七章　邮政

第一节　邮政规划与实施总体情况

扎实推进规划编制。完成“十三五”规划总结评估，与国家发展改革委、交通运输部联合印发《“十四五”邮政业发展规划》，组织开展“十四五”规划宣贯系列工作。召开规划工作部署会，在重要时间节点召开电视电话会议及时对规划衔接指导。加强全系统规划工作统筹，指导推进 4 部专项规划和 31 部省级规划编制。强化规划衔接实施快递“进村进厂出海”工程等涉邮重点任务、重大工程和关联工作等 30 余项任务纳入国家规划纲要及分工，印发分工方案。深度衔接国家级相关专项规划，在现代综合交通运输体系发展规划中，单设“加快发展先进邮政快递服务”一节。与交通运输部联合印发现代综合交通枢纽体系、大别山革命老区综合交通运输等多部规划。2021 年 8 月 24 日，国家邮政局局长马军胜在国务院新闻办公室举行的为全面建成小康社会提供交通保障新闻发布会上，宣布与小康社会相适应的现代邮政业已经全面建成。图 3-7-1 为发布会现场。

图 3-7-1　国务院新闻办公室举行的为全面建成小康社会提供交通保障新闻发布会现场（尚辉 摄）

第二节　邮政基础设施建设

在《“十四五”邮政业发展规划》《“十四五”邮政事业发展规划》中纳入邮政寄递工程项目，支持建设和改造南京、南昌、郑州、长沙、南宁、成都、西宁、义乌等 10 余处邮件处理中心和国际邮件互换局（交换站），提升核心枢纽节点运转效率，提高自动化、信息化、智能化水平。末端服务体系不断完善，县乡村共配网络加快构建，智能快件箱规模稳中有升，公共服务站达到 16.1 万个。邮政企业累计投入 14 亿元建设县乡处理中心、村级站点、冷链设施以及购置车辆设备，增加运输和投递车辆 3261 辆，农村邮乐购站达 34.8 万个。投入 3.42 亿元改造农村邮政营业场所 1.12 万个。持续加大冷链物流设施建设力度，投资 1216.74 万元立项 5 个气调库项目，总面积 3500 平方米；投资 530 万元购置冷藏车、冷链车 20 辆。大型分拨中心智能化改造加快推进，枢纽转运中心基本实现自动分拣全覆盖。

第三节　邮政普遍服务

2021 年，邮政行业业务收入（不包括邮政储蓄银行直接营业收入）累计完成 12642.3 亿元，同比增长 14.5%；业务总量累计完成 13698.3 亿元，同比增长 25.1%。邮政寄递服务业务量累计完成 271.6 亿件，同比增长 6.2%；邮政寄递服务业务收入累计完成 394.4 亿元，同比下降 2.9%。

一、全面推进邮快合作

贯彻党中央、国务院关于快递进村的重要部

署，落实国家邮政局党组“两进一出”工作要求，各级邮政管理部门和邮政企业统一思想，完善工作机制，明确目标，实化措施，按乡列表、按村挂图、强化调研督导、扎实精准推进，邮快合作的广度、深度和规模取得明显进展。2021 年，新增合作建制村 16.8 万个，累计覆盖建制村 23.1 万个，覆盖率达到 46.7%，提升 34.5 个百分点，代投民营快递企业快件 2.6 亿件。国务院办公厅印发《关于加快农村寄递物流体系建设的意见》，为农村快递发展指明了方向。图 3-7-2 为山东省肥城市汶阳镇的快递超市叠加购物功能，为群众提供生活便利。

图 3-7-2　山东省肥城市汶阳镇快递超市（王宏坤 摄）

二、持续推动邮政综合服务平台建设

警邮合作：全国 12059 个邮政网点开办交管业务，31 个省（自治区、直辖市）全部实现区县级全覆盖。税邮合作：全国 20038 个邮政网点开通办税业务，较上年新增 2312 个，30 个省（自治区、直辖市）实现区县级全覆盖。政邮合作：29 个省（自治区、直辖市）实现区县级全覆盖，线上政务平台、线下政务大厅均已对接或提供上门服务。法邮合作：与全国 3308 家法院签约，合作覆盖率达 94.5%。17 个省（自治区、直辖市）开通警医邮服务。

三、精心做好邮票发行工作

发行中国共产党成立 100 周年纪念邮票、纪念封是庆祝活动的重要内容和政治任务，国家邮政局党组高度重视，分管局领导靠前指挥，邮政集团精心组织方案制定和图稿设计工作，如期圆满完成了 1 套 20 枚纪念邮票和 1 套 1 枚纪念封发行任务，在方寸之间展现了中国共产党百年奋斗的光辉历程，向党的百年华诞献上了一份厚礼，得到中央领导充分肯定。圆满完成《中华人民共和国民法典》《中华人民共和国恢复联合国合法席位 50 周年》等重大题材纪特邮票发行任务。贯彻落实中央部署，增加发行《西藏和平解放七十周年》《辛亥革命 110 周年》纪念邮票。审定发布 2022 年纪特邮票发行计划。

四、持续做好党报党刊发行工作

2022 年《人民日报》等党报党刊收订期发 832.2 万份，同比增长 4.7%。新增设延安《人民日报》分印点。全国县级城市党政机关《人民日报》当日见报率达到 85.76%。甘肃日报报业集团有限责任公司与邮政企业开展全面合作，《甘肃日报》及报业集团所属 7 家子报全部交邮政发行。2021 年累计投递各类报纸 163.9 亿份。

五、切实保障巡视巡察等专用信箱寄递服务

坚持高标准、严要求，完成中央第七轮、第八轮巡视专用邮箱邮件寄递 11.76 万件，中央巡视工作领导小组办公室来信表示感谢。

六、顺利完成高校录取通知书寄递任务

高质量完成 2671 所高校 921.9 万件录取通知书寄递任务，得到中央领导和广大考生家长的肯定。

七、做好重大活动服务保障和疫情防控工作

在中国共产党成立 100 周年庆祝活动、全国“两

会”、第十四届全国运动会等多项重大活动期间，指导邮政企业统筹做好邮政服务和安全保障工作。严格落实常态化疫情防控要求，邮政企业认真落实进境邮件口岸互换局“人物同防”措施，各地邮政管理部门严格实施全覆盖检查，筑牢疫情“外防输入”屏障。

第四节 快递业发展

2021 年，全国快递服务企业业务量累计完成 1083.0 亿件，同比增长 29.9%；业务收入累计完成 10332.3 亿元，同比增长 17.5%。其中，同城业务量累计完成 141.1 亿件，同比增长 16.0%；异地业务量累计完成 920.8 亿件，同比增长 32.8%；国际 / 港澳台业务量累计完成 21.0 亿件，同比增长 14.6%。

图 3-7-3 我国快递年业务量突破一千亿件专题新闻发布会现场（李明炫 摄）

一、加快推进“快递进村”

深入实施“快递进村”三年行动方案，印发《国家邮政局关于加快推进“快递进村”工程的通知》，明确分省分阶段推进目标。江西、湖北、广西等 13 个省（自治区）出台农村寄递物流体系建设实施意见，山西、黑龙江、山东、新疆等省（自治区）加大财政支持力度，各地因地制宜、分类推进，取得显著进展。全年“快递进村”比例提升近 30 个百分点，江浙沪等地基本实现“村村通快递”。农村快递市场潜力进一步释放，年内培育出山西吕梁杂粮、山东日照海鲜、河南信阳毛尖、湖南怀化冰糖橙、重庆粉条、陕西咸阳猕猴桃、宁夏银川枸杞等 40 个业务量超千万件的快递服务现代农业金牌项目，累计达到 100 个。全年农村地区收投快递包裹总量达 370 亿件，带动农产品出村进城和工业品下乡进村总额超 1.85 万亿元。

图 3-7-4 快递企业把车开到田间地头，帮助四川眉山正山口村的果农收寄爱媛橙（图片由中国邮政快递报社提供）

二、积极推动“快递进厂”

快递业与制造业融合发展更加深入，打造出 1908 个年业务收入超百万元的快递服务制造业项目，支撑制造业总产值 1.38 万亿元，产生快递业务量 37.06 亿件。山东济南、福建厦门、广东广州等城市发挥制造业优势，引导快递企业提供仓配一体化、供应链管理、末端订单配送等服务，形成较为成熟的经验。浙江杭州、安徽芜湖、山东临沂等城市引导快递企业入厂、入园，积极培育重点产业、重点园区和重点项目，支撑制造业产值不断扩大。江西景德镇、湖南长沙等城市搭建平台，组织制造企业与快递企业加强业务对接，促进产业链上下游融合。

三、持续推进“快递出海”

快递企业积极开展海外仓建设，累计建成海

外仓240个、面积近200万平方米。拓展国际航空、铁路、海运等常态化跨境寄递渠道，加强RCEP区域境外地面网络建设，在东南亚地区继续深挖电商快递市场，加速进入中东、拉美市场。顺丰收购嘉里物流部分股权，京东物流在港上市。全年寄递业务支撑跨境商品交易额超过4400亿元。

四、继续增强末端服务供给

坚持末端服务多元化发展方向，继续推广智能快件箱、快递公共服务站等末端服务模式，试点实施《快递服务站收投服务规范》，公共服务站保有量达到16.1万个。中国快递协会研究制定《智能快件箱投递业务服务指引》，强化末端行业自律。

五、快递投申诉处理满意度稳中有升

2021年，邮政业用户申诉总量为301680件，同比增长53.6%，其中有效申诉总量为31633件，同比增长52.8%。申诉总量中，邮政服务申诉为9675件，同比增长21.3%，其中有效申诉为846件；快递服务申诉为292005件，同比增长55%，其中有效申诉为30787件。邮政服务的有效申诉率为百万分之0.05，快递服务的有效申诉率为百万分之0.26。邮政业用户对邮政管理机构有效申诉处理工作满意率为97.8%；对邮政企业有效申诉处理满意率为98.0%；对快递企业有效申诉处理的满意率为96.1%。邮政管理机构处理申诉全年为邮政业用户挽回经济损失共计1.22亿元。

第五节　邮政行业治理

一、行业法规政策等制度供给

推动将120多个行业相关政策措施纳入中央1号文件及加强县域商业体系建设等重要文件。制定新时代进一步做好西藏邮政快递工作的实施方案。会同国际物流专班印发政策文件和重点工作，推进国际寄递物流供应链体系建设。会同浙江局起草贯彻落实中央支持浙江建设共同富裕示范区的实施方案。出台邮政业服务乡村振兴能力建设工作要点。完成有关部门碳达峰碳中和文件征求意见和会签工作，研究行业绿色低碳转型发展实施路径。推动涉邮财税金融支持政策落地见效。广东等地出台促进行业高质量发展政策文件。

二、普遍服务和特殊服务监督

健全完善监管制度体系。制修订《仿印邮票图案监督管理办法》《经营进出境邮政通信业务审批工作细则》《邮政代办所监督管理规定（试行）》，开展《邮政普遍服务》标准、《邮政普遍服务监督管理办法》《邮票发行监督管理办法》修订预研，邮政普遍服务制度体系进一步完善。

严格履行监管职责。开展邮政普遍服务、邮票发行监督检查64329处次，下达责令改正通知书1428件，约谈告诫295件，依法做出行政处罚决定77件，全国没有发生违反“两条红线”案件。简化程序、优化服务，实现“撤销邮政普遍服务局所”“停限办邮政普遍服务业务”“经营进出境邮政通信业务”“仿印邮票图案”“停止使用邮资凭证”等5项行政许可线上“跨省通办”。办理邮政普遍服务两项审批323件，办理各项备案35607件。分级开展仿印邮票图案审批工作，办理仿印审批50批次325个图案。

巩固扩大乡镇局所专项整治成效。开展乡镇局所专项整治“回头看”检查，督促整改问题1600多个，开展约谈告诫101次，做出行政处罚26件。邮政企业深入开展农村网点专项自查，整改问题12139个，投入资金3亿元改造网点1.12万个。通过两年集中整治，乡镇营投合一单人局所下降到3360个，降幅53%；乡镇委代办局所数量下降到10936个，降幅18%，乡镇邮政服务标准化、规范化水平全面提升。

推动提升建制村投递频次。将建制村投递服

务水平作为对邮政集团普遍服务考核的重要内容，督促邮政企业增加人员、增配车辆，西部地区建制村周投递频次三次及以上的比例超过98%。运用信息化手段，动态监测建制村投递服务，全国建制村投递实地打卡率保持在97%以上。

不断提升社会监督水平。调整优化监督员队伍，监督员县级覆盖率达到100%，开展社会监督37936人次，走访用户101378人次。

三、邮政市场监管

持续优化行政审批管理。国家邮政局和31个省局开通许可证寄递服务，安徽、广西率先实现分支机构名录寄递地市局全覆盖。国家邮政局和24个省局、23个市（地）局开通许可办理现场预约服务。推进“证照分离”改革，会同国办电证办发布快递许可证电子证照标准。实施许可实地核查路径集约化管理和落地豁免政策，已有688家企业受益。在北京自贸区、上海自贸区及临港新片区范围，国际许可审批事项分别下放至北京局、上海局。有序推进新业态监管，全国累计发放服务站许可158件，智能箱许可85件，除西藏外实现新业态服务监管全覆盖。迎战许可延续审查高峰，包括德邦、百世等品牌总部企业在内的5421家企业完成许可延续审查。

健全完善市场监督执法机制。研究修订《快递市场管理办法》。深化“双随机、一公开”监管机制建设，河北局修订“3334”执法检查操作指引，上海局出台行政指导工作办法，多个省局全面实行随机抽查计划管理，不断提高执法检查工作效能。加强快递市场信用监管，持续组织开展法人主体信用评定，山东局依托省政务信息平台与地方部门实现市场主体信用信息共享，江苏局、四川局对违法失信企业实施信息披露惩戒。贯彻国办优化便民服务热线部署，出台指导意见，推动12305热线向地方12345热线归并。落实驻部纪检监察组要求，深入开展邮政行政执法不规范问题专项治理，查改问题740余个，有效提升执法规范化水平。

着力营造公平竞争环境。大力整顿快递市场秩序，强化突出问题治理。浙江局建立“义乌为核心、区域联动、发现即处理、省内溯源头、跨省推移送、品牌抓管理”的市场秩序治理机制。河南、海南等局依法治理超地域范围经营等无序竞争行为，天津、新疆等局严肃查处违规处理无着快件行为，广西玉林局依法对快递企业泄露用户个人信息的“刷单”行为做出行政处罚。国家邮政局联合市场监管总局等7部门开展“网剑行动”，突出治理农村快递服务违规收费问题，会同国办督查室、市场监管总局对6家品牌快递企业总部开展行政指导，促进农村快递服务规范健康发展。广东局联合有关部门发布严禁农村快递服务违规收费行为通告，坚持从严监管，压实企业合规经营责任。陕西等局聚焦信访、申诉、网民留言等反映的突出问题，集中整治未按名址投递等行为，切实维护用户合法权益。各地扎实做好集邮市场监管工作，严厉打击伪造集邮票品行为。2021年，各级邮政管理部门共查处违法违规问题6800余个，做出行政处罚5744起，罚款总额5574万元，有力维护了市场秩序。

第六节　安全监管

一、圆满完成重大活动安保任务

精心组织、周密部署，坚持最高标准、最严要求、最周密措施，突出寄递安全和行业稳定两个重点，统筹做好安全和服务两项保障，圆满完成中国共产党成立100周年庆祝活动保障工作，同时顺利完成全国“两会”、第十四届全国运动会、北京服贸会、广州广交会、上海进博会等多项重大活动寄递安保任务，实现“四个严防、三个确保”工作目标，得到中央领导同志批示肯定。

二、着力提升安全生产治理能力

压紧压实企业安全生产主体责任，强化安全监管压力传导。开展作业场地安全管理规范化提升行动，集中整治作业场地设备设施不达标、现场管理不到位、发式着装不规范、作业操作不合规“四不”突出问题，920个省级以及发生过操作亡人事故、风险隐患突出的地市级作业场地，完成第一阶段整治任务。1559个处理场所完成传送带堵缝、人车分流两项重点整治任务，消除1万多个装卸伸缩机缝隙隐患点位，排查整治1995处建筑结构、储油储气等重大安全隐患。按照现行统计标准，全年亡人事故数、事故亡人数同比减少55.6%，全行业未发生较大等级以上安全生产事故。

三、深入实施平安寄递建设

充分发挥寄递安全联合监管机制作用，持续强化综合治理，严密防范涉枪涉爆、涉毒涉危、涉黄涉非物品、侵权假冒商品、受保护野生动植物等流入寄递渠道。会同最高人民法院等发布司法意见，依法惩治寄递易燃易爆危险物品行为。联合公安部、国家禁毒办开展寄递渠道禁毒百日攻坚行动，共破获涉寄递渠道毒品犯罪案件1700余起，抓获毒品犯罪嫌疑人3800多名，缴获各类毒品4.3吨，有力净化寄递环境。邮政业安全中心组建数据研判专班，发挥快递大数据驱动作用。山西、江苏等省深挖一批团伙网络线索，云南省依托国家禁毒大数据云南中心破获案件25起。内蒙古、福建、湖北等省（自治区）在邮件快件分拣处理中心设立毒品查缉站，形成情侦堵一体化的寄递渠道缉毒模式。扎实推进“扫黄打非”工作，查缴各类非法出版物近1.82万件，向有关部门提供线索138条。强化总部责任，对快递企业未按规定落实安全统一管理责任的行为进行立案查处。“绿盾”工程（一期）通过竣工验收，两个现代化机房顺利建成，22个信息系统逐步推广应用，298个监控中心投入使用，视频联网和安检机联网系统接入监控点位1.35万处、摄像头3.98万个、安检机2200多台，监管支撑更加有力。安徽省发布国内首个邮政快递业风险管控领域地方标准。

第七节　绿色发展

一、持续完善法规标准政策体系

出台《邮件快件包装管理办法》，印发执法案由。发布《邮件快件限制过度包装要求》《农产品寄递服务及环保包装要求》《寄递包装射频识别（RFID）应用技术要求》等行业标准，完成《快递电子运单》国标制定工作。落实国办转发的《关于加快推进快递包装绿色转型的意见》，实现省级实施意见全覆盖。

二、持续推进绿色转型

圆满完成“2582”工程任务，两个专项治理顺利实施，重金属与特定物质超标包装袋实现存量大幅消减，过度包装和随意包装得到有效遏制，全行业可循环快递箱（盒）投放量达630万个，电商快件不再二次包装率达80.5%，新增3.6万个设置包装废弃物回收装置的网点。开展行业生态环境保护工作评价，组织各省局和主要品牌寄递企业总部开展自评和复评；持续开展邮政快递业生态环保产品、技术和模式征集活动，110个项目纳入名录库。通过大量实地调研、问卷调查、座谈评估，提出邮政业用品用具监管方式改革工作方案。大力推广新能源和清洁能源车辆，全行业保有量突破6万台。北京等10个省（直辖市）试点建设绿色网点、绿色分拨中心。各地邮政管理部门加大执法力度，全年共实施行政处罚485起。浙江、湖南、海南等14个省立案处罚数量超过15起。

三、积极推动协同共治

配合做好固废法执法检查，接受全国人大常委会专题询问。会同国家发展改革委、商务部印发《关于开展可循环快递包装规模化应用试点的通知》，启动试点工作。联合市场监管总局建立实施快递包装绿色产品认证制度，共为68家企业颁发81张证书，稳妥推进快递包装检测服务市场化。与生态环境部、国家发展改革委、交通运输部等部门共同开展塑料污染治理专项行动、“无废城市”建设试点、标准化物流周转箱应用等工作。持续开展“邮来已久、绿动未来”宣传活动，会同国家机关事务管理局举办“绿色快递进机关”主题活动，倡导“使用绿色快递、绿色使用快递”。

第八章　城市交通

第一节　城市公共电汽车

一、设施装备

(一) 运营车辆

截至2021年底，我国城市公共汽电车运营车辆数70.94万辆，折合80.51万标台，车辆数较2020年增加5062辆，同比增长0.7%，标台数同比增长0.5%。其中，新能源运营车辆数(包括纯电动车、混合动力车、氢能源车) 50.89万辆，占我国城市公共汽电车运营车辆总数的71.7%，比2020年增加4.28万辆，同比增长9.2%。快速公交系统(BRT)运营车辆数9749辆，占我国城市公共汽电车运营车辆总数的1.37%，比2020年减少142辆，同比减少1.4%。2021年我国城市公共汽电车燃料类型情况详见图3-8-1。

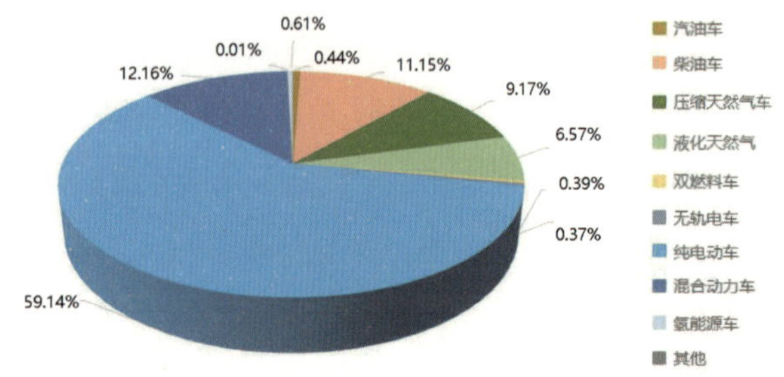

图3-8-1　2021年我国城市公共汽电车运营车辆燃料类型情况

(二) 运营线路

截至2021年底，我国共有城市公共汽电车运营线路75770条，比2020年增加5127条，同比增长7.3%。运营线路长度159.38万公里，比2020年增加11.17万公里，同比增长7.5%。公交专用车道长度18263.8公里，比2020年增加1712.2公里，同比增长10.3%。无轨电车运营线路长度1246.8公里，比2020年减少37.2公里，同比减少2.9%。

(三) 运营场站

截至2021年底，我国城市公共汽电车场站面积共计1.03亿平方米，比2020年增加500.8万平方米，同比增加5.1%。车均场站面积128.4平方米/标台，比2020年增加5.7平方米/标台，同比增加4.6%。31个省(自治区、直辖市)平均场站面积333.5万平方米。

二、经营主体

截至2021年底，我国城市公共汽电车经营业户共计4188户，比2020年减少64户，同比降低1.5%。其中国有企业1377户，国有控股企业394户，私营企业2127户，个体经营86户。城市公共汽电车经营业户数较多的省(自治区)有黑龙江(276户)、山东(260户)、四川(243户)、广东(238户)和河北(223户)。2021年我国31个省(自治区、直辖市)城市公共汽电车经营业户数情况详见图3-8-2。

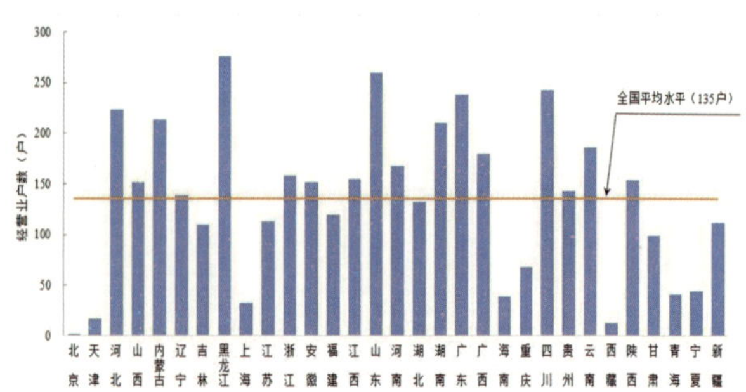

图3-8-2　2021年我国31个省(自治区、直辖市)城市公共汽电车经营业户数情况

三、运营指标

2021年，我国城市公共汽电车运营里程

335.27 亿公里，较 2020 年增加 32.48 亿公里，同比增长 10.7%，回升至 2019 年水平的 94.7%；城市公共汽电车客运量 489.16 亿人次，较 2020 年增加 46.8 亿人次，同比增长 10.6%，回升至 2019 年水平的 70.7%。30 个省（自治区、直辖市）城市公共汽电车客运量有所回升，其中湖北省客运量增幅超过 30%，北京市、山东省、新疆维吾尔自治区客运量增幅超过 20%，河北、山西、黑龙江、安徽、福建、广西、重庆等省（自治区、直辖市）客运量增幅超过 10%。

2021 年我国城市公共汽电车单位运营里程载客量为 1.46 人次 / 公里，与 2020 年持平，为 2019 年水平的 74.9%。

四、快速公交系统（BRT）

（一）总体情况

截至 2021 年底，我国有北京、大连、上海、常州、连云港、盐城、杭州、温州、绍兴、金华、义乌、舟山、合肥、厦门、南昌、抚州、济南、枣庄、滕州、济宁、临沂、郑州、武汉、宜昌、常德、永州、广州、中山、南宁、柳州、成都、贵阳、兰州、银川、乌鲁木齐共 35 个城市开通了 BRT。2021 年无新增开通 BRT 城市。

截至 2021 年底，我国 BRT 运营车辆数为 9749 辆，比 2020 年减少 142 辆，同比减少 1.4%。全国 BRT 线路总长度达 7557.6 公里，比 2020 年增加 875.4 公里，同比增长 13.1%。BRT 全年客运量 12.46 亿人次，比 2020 年增加 0.95 亿人次，同比增长 8.3%。

（二）运营车辆

截至 2021 年底，我国开通 BRT 城市的平均运营车辆数为 279 辆，其中高于 1000 辆的城市有 2 个，分别为郑州 1974 辆，合肥 1012 辆。

2021 年全国 BRT 运营车辆数同比减少 1.4%。其中 13 个城市 BRT 运营车辆所有增加，11 个城市 BRT 运营车辆数与 2020 年基本持平，11 个城市 BRT 运营车辆数有所减少。

（三）运营线路

2021 年全国 BRT 运营线路长度同比增长 13.1%。武汉、宜昌、金华、盐城、贵阳、成都等城市 BRT 运营线路长度增长率超过全国平均水平，大连、上海、绍兴、舟山、南昌、抚州、滕州、济宁、临沂、常德、永州等城市 BRT 运营线路长度与 2020 年基本持平，常州、义乌、济南、枣庄、郑州、广州等城市 BRT 运营线路长度有所下降。截至 2021 年底，开通 BRT 城市运营线路平均长度为 215.9 公里，共有 13 个城市超过平均水平。

第二节 城市轨道交通

2021 年是“十四五”开局之年，城市轨道交通领域认真贯彻党中央、国务院决策部署，立足新发展阶段、贯彻新发展理念、构建新发展格局，不断强化运营安全监管，促进运营服务质量提升，努力为服务人民群众美好出行、加快建设交通强国提供有力支撑。

一、加强城市轨道交通运营安全监管

坚持预防为主、超前防范，强化安全风险分析研判，加强安全风险辨识。一是指导地方按照《城市轨道交通运营安全风险分级管理和隐患排查治理管理办法》（交运规〔2019〕7 号）、《城市轨道交通运营突发事件应急演练管理办法》（交运规〔2019〕9 号）有关要求，建立健全运营安全风险分级管控和隐患排查治理工作制度，完善运营突发事件应急处置体系。二是针对“7 · 20”特大暴雨灾害郑州地铁 5 号线事件，及时印发警示通报，要求各地以案促改、自查自纠，强化监督检查；成立部防汛救灾工作组指导郑州做好地铁运营恢复工作；参加国务院河南郑州特大暴雨灾害调查。三是结合各地报送的险性运营事件分析报告，系统梳理运营险性事件，编制《城市轨道交通运营安全案例库（2008—2019 年）》和《2020 年城市

轨道交通运营险性事件集》，指导行业吸取教训，将各项安全要求细化到岗位职责、作业规程、操作步骤，切实提高运营安全管理水平。

二、提升城市轨道交通运营服务质量

按照《城市轨道交通服务质量评价管理办法》（交运规〔2019〕3号）和《城市轨道交通服务质量评价规范》（交办运〔2019〕43号）要求，城市轨道交通运营主管部门按年度对辖区内线路、线网和运营单位开展服务质量评价，评价结果向社会公示。2021年，上海、宁波、昆明、南宁等24个城市的服务质量得分较2020年有所提升，占比69%；其中有20个城市的乘客满意度得分获得提升，占比57%，城市轨道交通运营服务质量进一步提升。

三、城市轨道交通发展情况

2021年，31个省（自治区、直辖市）和新疆生产建设兵团城市轨道交通在运营规模、运输量和运营指标方面都实现了稳步增长。

（一）运营规模

1. 运营线路

截至2021年底，共有51个城市开通了城市轨道交通线路275条，运营里程8735.6公里。2011—2021年城市轨道交通运营里程变化情况如图3-8-3所示。

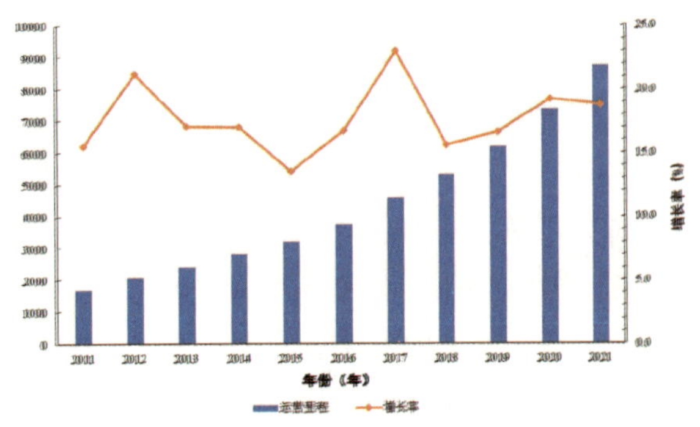

图3-8-3　2011—2021年我国城市轨道交通运营里程变化情况

2. 车站

截至2021年底，城市轨道交通共有车站5284个，比2020年新增518个，同比增长10.9%。其中，换乘站574个，比2020年新增108个，同比增长23.2%，换乘站占车站总数的10.9%。

3. 车辆

截至2021年底，城市轨道交通共有配属车辆数57286辆（配属列车数9874列），比2020年新增7862辆（1391列），同比增长16.4%。其中，地铁配属车辆53060辆，轻轨配属车辆980辆，单轨配属车辆1006辆，有轨电车配属车辆1653辆，磁悬浮列车配属车辆101辆，自动导向系统配属车辆44辆，市域快速轨道配属车辆442辆。

4. 经营业户

截至2021年底，城市轨道交通共有经营业户数81户，其中江苏居首，共9户；浙江、广东次之，均为8户；天津、上海各为6户；北京、辽宁各为4户；福建、山东、河南、湖北、云南各为3户；吉林、安徽、江西、湖南、甘肃各为2户；河北、山西、内蒙古、黑龙江、广西、海南、重庆、四川、贵州、陕西、新疆各为1户。

5. 运营员工

截至2021年底，城市轨道交通运营员工数共计393815人，其中工人或生产人员330962人，工程技术人员25316人，管理人员22751人，其他人员14786人。

（二）运输量

截至2021年底，城市轨道交通进站量共计145.2亿人次，完成客运量237.3亿人次，客运量比2020年提升61.4亿人次，同比增长34.9%。全年完成城市轨道交通旅客周转量达1982.9亿人公里，比2020年新增502.4亿人公里，同比增长33.9%。客运强度平均水平0.74万人次/公里。

（三）运营指标

2021年，城市轨道交通完成运营车公里57.2亿车公里，比2020年新增11.9亿车公里；11个城市轨道交通最大载客率大于100%；各城市列车兑现率均超过99.4%；除嘉兴市有轨电车线路外，其他各城市列车正点率均超过99.0%；成都、杭州等10个城市列车服务可靠度大于1000万车公里/件。

第三节　出租汽车

一、营运车辆

截至2021年底，我国拥有出租汽车139.13万辆，比2020年减少0.27万辆，同比减少0.2%，其中新能源车辆（纯电动车和混合动力车）20.78万辆，比2020年增加7.54万辆，同比增长56.9%。2017—2021年我国出租汽车营运车辆数变化情况见图3-8-4。2017—2021年我国新能源出租汽车车辆数与占比变化情况见图3-8-5。

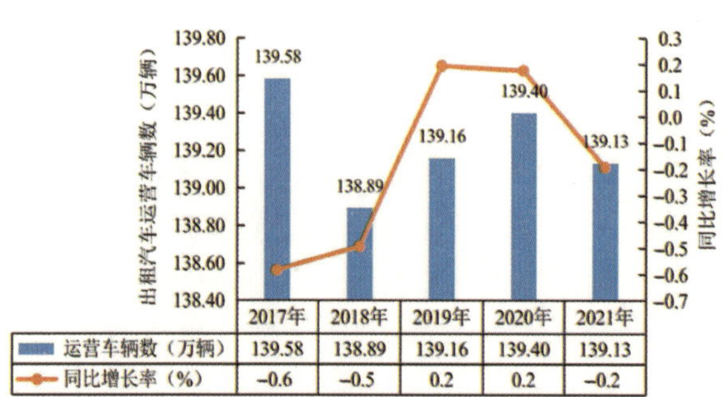

图3-8-4　2017—2021年我国出租汽车营运车辆数变化情况

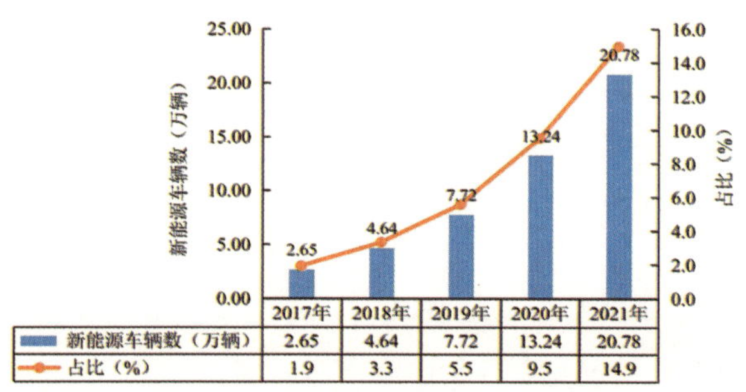

图3-8-5　2017—2021年我国新能源出租汽车车辆数与占比变化情况

二、经营主体

截至2021年底，我国拥有出租汽车经营业户数14.47万户，比2020年减少5439户，同比减少3.6%，其中我国出租汽车个体经营业户数13.11万户，较2020年减少5323户，同比减少3.9%；出租汽车企业共计13554户，较2020年减少116户。2020年和2021年我国出租汽车企业情况见表3-8-1。

三、运营指标

2021年，我国出租汽车共完成客运量266.90亿人次，出租汽车运营总里程1223.77亿公里，其中载客里程782.51亿公里，里程利用率63.9%。2017—2021年我国出租汽车运营里程变化情况见图3-8-6。

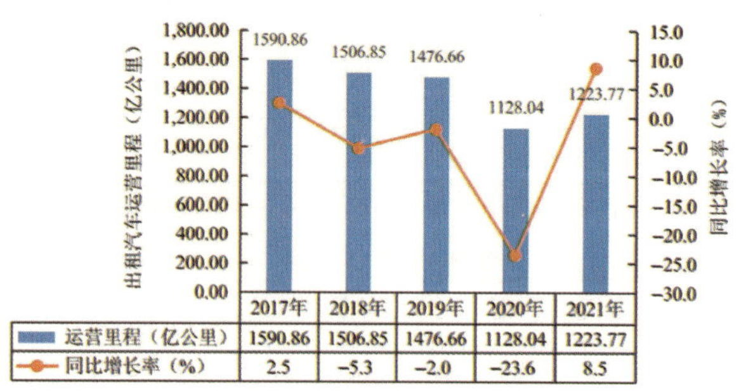

图3-8-6　2017—2021年我国出租汽车运营里程变化情况

2021年，我国出租汽车共完成客运量266.90亿人次，较2020年增加5.4%。2017—2021年我国出租汽车客运量变化情况见图3-8-7。

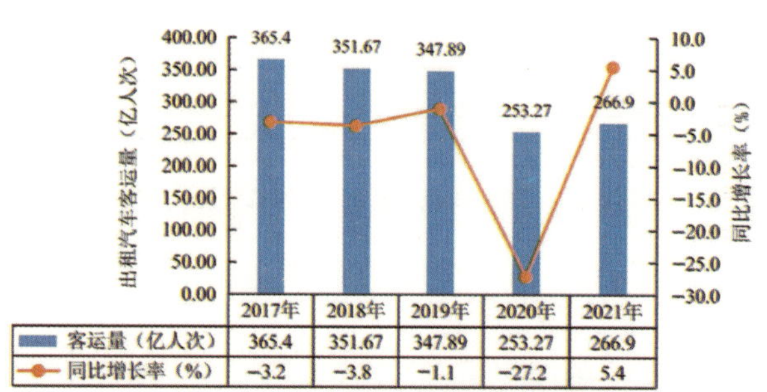

图3-8-7　2017—2021年我国出租汽车客运量变化情况

第四节　汽车租赁

一、租赁车辆

截至2021年底，我国拥有汽车租赁车辆24.99

表 3-8-1　2020 年和 2021 年我国出租汽车企业按车辆规模划分及占比情况

数量＼企业类型	合计	车辆 301 辆（含）以上	车辆 101 ~ 300 辆（含）	车辆 51 ~ 100 辆（含）	车辆 50 辆（含）以下
2021 年企业数量（户）	13554	897	2609	2242	7806
所占比例（%）	—	6.6	19.2	16.5	57.6
2020 年企业数量（户）	13670	898	2651	2232	7889
所占比例（%）	—	6.6	19.4	16.3	57.7

表 3-8-2　2021 年我国汽车租赁车辆不同类型划分情况

车辆数＼车辆类型	客车				货车
		5 座及以下	6 ~ 9 座	10 座及以上	
2021 年车辆数（万辆）	24.97	21.98	2.60	0.40	0.01
占总量比例（%）	99.95	87.95	10.40	1.60	0.05

万辆，比 2020 年增加 0.61 万辆，同比增长 2.5%。其中 5 座及以下客车 21.98 万辆，6 ~ 9 座客车 2.60 万辆，10 座及以上 0.40 万辆。2017—2021 年我国汽车租赁车辆变化情况见图 3-8-8。2021 年我国汽车租赁车辆不同类型划分情况见表 3-8-2。

图 3-8-8　2017—2021 年我国汽车租赁车辆数变化情况

二、经营主体

（一）租赁企业

截至 2021 年底，我国汽车租赁企业共 6838 户，比 2020 年减少 180 户，同比减少 2.5%。2017—2021 年我国汽车租赁企业数变化情况见图 3-8-9。2021 年我国汽车租赁企业按车辆规模划分情况见表 3-8-3。

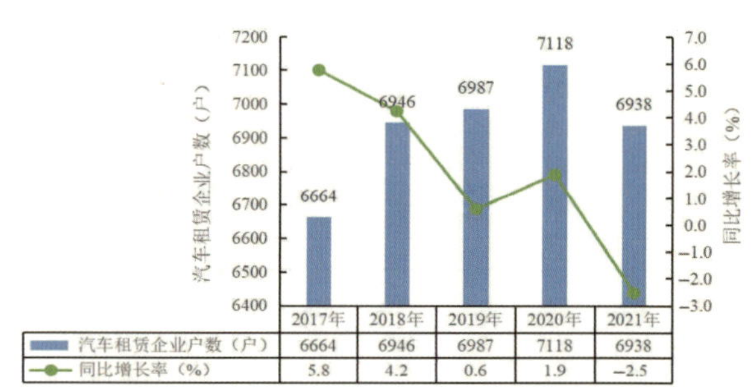

图 3-8-9　2017—2021 年我国汽车租赁企业数变化情况

（二）从业人员

截至 2021 年底，我国汽车租赁从业人员 6.49 万人，比 2020 年减少 3.86 万人，同比减少 37.3%。2017—2021 年我国汽车租赁企业从业人员数变化情况见图 3-8-10。

表 3-8-3　2021 年我国汽车租赁企业按车辆规模划分情况

业户数＼车辆数	10 辆以下	10 ~ 49 辆	50 ~ 100 辆	101 ~ 300 辆	301 ~ 999 辆	1000 辆及以上
2021 年业户数（户）	4373	1903	296	233	94	39
占总量比例（%）	63.03	27.43	4.27	3.36	1.35	0.56

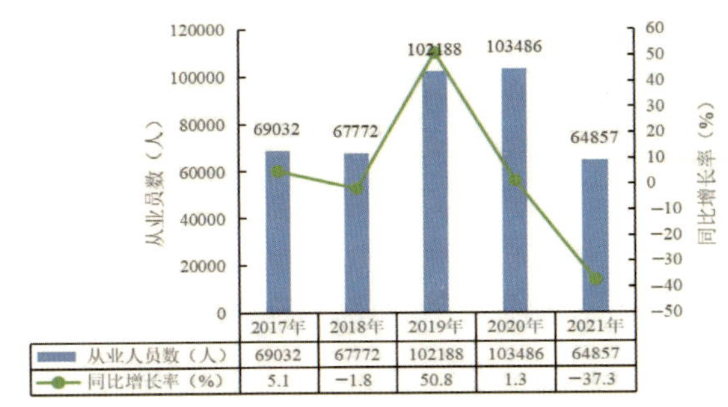

图 3-8-10　2017—2021 年我国汽车租赁从业人员数变化情况

第五节　交通运输新业态

一、完善交通运输新业态管理政策措施

2021 年 8 月，修订印发《出租汽车驾驶员从业资格管理规定》(交通运输部令 2021 年第 15 号)，取消、降低部分违法行为的罚款，维护出租汽车驾驶员权益。9 月，印发《关于维护公平竞争市场秩序加快推进网约车合规化的通知》（交运明电〔2021〕223 号），指导各地交通运输主管部门督促企业落实主体责任，维护公平竞争市场秩序，加快推进网约车合规化进程，促进网约车行业规范健康持续发展。11 月，交通运输部等 8 部门联合印发《关于加强交通运输新业态从业人员权益保障工作的意见》（交运发〔2021〕122 号），紧紧围绕解决交通运输新业态从业人员最关心、最直接、最现实的权益保障问题，提出了完善平台和从业人员利益分配机制、支持从业人员参加社会保险、保障从业人员合理劳动报酬、保障从业人员获得合理休息、改善从业环境和工作条件、加强对从业人员的人文关怀、促进网约车平台企业合规发展、维护公平竞争市场秩序、畅通投诉举报渠道、强化工会组织保障作用等 10 个方面的政策措施。“便利老年人打车出行”列入 2021 年交通运输更贴近民生实事，推动主要网约车平台公司在近 300 个城市上线“一键叫车”服务。

二、持续推动互联网租赁自行车规范管理

2021 年，各级交通主管部门持续推动互联网租赁自行车规范健康持续发展，通过制定互联网租赁自行车实施意见或管理政策、发布共享单车文明骑行的倡议书，从建立车辆投放机制、加强车辆停放秩序管理、倡导文明安全出行等方面规范互联网租赁自行车管理。北京、上海、深圳等城市相继出台文件，根据城区人口数量、道路承载能力和市民出行习惯等确定城市互联网租赁自行车投放量，引导行业从注重规模的快速发展方式转向注重提高运维能力的发展方式。

第九章　法治政府部门建设

第一节　综述

2021 年，在党中央、国务院的坚强领导下，交通运输部以习近平新时代中国特色社会主义思想为指导，全面贯彻落实党的十九大和十九届历次全会精神以及中央全面依法治国工作会议精神，深入学习贯彻习近平法治思想，推动深化交通运输法治政府部门建设取得新进展。

一、深化交通运输法治政府部门建设

一是把学习宣传习近平法治思想作为行业普法的首要政治任务。将《习近平法治思想学习纲要》纳入学习计划。深入学习习近平总书记在中央政治局第三十五次集体学习时的重要讲话精神，开展宪法宣传周活动。二是深入贯彻落实党的十九届六中全会精神。把学习宣传贯彻落实六中全会精神作为一项重大政治任务，推动学习贯彻全会精神往深里走、往心里走、往实里走。三是深入贯彻落实中央法治建设要求。召开全国交通运输法治政府部门建设电视电话会议，制定《关于进一步深化交通运输法治政府部门建设的意见》及分工方案、《关于落实党政主要负责人履行推进法治建设第一责任人职责情况列入年终述职内容工作的实施意见》。

二、纵深推进“放管服”改革

一是深化简政放权。编制《中央层面设定的行政许可事项清单（交通运输部）》。配合修订《市场准入负面清单（2021 年版）》。取消“船舶进入或穿越禁航区审批”等 5 项行政许可。将自贸区实行全部 40 项涉企经营许可“证照分离”改革措施向全国范围推广。二是创新监管举措。制定实施《加强和规范交通运输事中事后监管三年行动方案（2021—2023 年）》。开展交通强国事中事后监管试点。三是优化营商环境。对“从事大陆与台湾间海上运输业务许可”等 3 项事项相关证明试行告知承诺。推动 12 项政务服务高频事项跨省通办。规范实施政务服务“好差评”制度。

三、持续加强交通运输法规制度建设

一是不断完善综合交通法规体系。参加全国人大组织的交通运输立法修法工作调研，提出完善综合交通法律体系立法修法工作计划建议。编制交通运输“十四五”立法规划。二是推动重点立法项目制修订。海上交通安全法于 2021 年 4 月 29 日由全国人大常委会修订通过。成立收费公路法规修订部际工作专班，努力推动政策调整完善的思路和核心制度与相关部门形成共识。道路运输条例报送国务院审议。铁路法、城市公共交通条例、无人驾驶航空器飞行管理暂行条例等立法项目取得积极进展。三是统筹推进部门规章制修订和法规文件清理。制修订 35 件规章。完成 450 余件涉及长江流域保护、外商投资、计划生育等法规和文件的清理。

四、强化行政权力制约和监督

一是规范行政权力运行。完成行政规范性文件、重大行政决策 60 件，办理行政复议案件 88 件，办理行政应诉案件 52 件。二是提升法治意识和法治能力。制定《贯彻落实〈关于加强社会主义法治文化建设的意见〉任务措施部内分工方案》。

出版《交通运输行政复议与行政诉讼典型案例评析》。开展“七五”普法总结表扬，制定交通运输系统“八五”普法规划。积极发挥法律顾问、公职律师在依法行政中的重要作用。三是自觉接受外部监督。办理完成642件人大代表建议和249件政协委员提案，答复率100%。主动公开政府信息915条，受理政府信息依申请公开359件。部机关接待办理群众来信来访4008件人次。

第二节　交通运输执法领域突出问题专项整治行动

为深入贯彻落实党中央、国务院领导同志重要指示批示精神，切实保障从业人员合法权益，交通运输部自2021年5月至11月，组织开展了交通运输执法领域突出问题专项整治行动。全国交通运输系统聚焦人民群众反映强烈的热点、制约严格规范公正文明执法的堵点，推动解决了一批执法领域突出问题。一是加强组织领导。交通运输部第一时间印发专项整治行动方案，成立领导小组，组织召开全国动员部署电视电话会议。专项整治期间，多次召开部务会、领导小组会，研究部署工作；及时召开重点省份视频调度会，压紧压实责任。地方各级交通运输部门在地方党委、政府的领导下，层层传导压力，高效推动落实，将专项整治行动持续向纵深推进。二是突出查纠整改。把问题查纠整改作为专项整治行动的重中之重，聚焦宗旨不牢、作风不优、本领不强、担当不力、执法不廉等突出问题，经过三轮次深入排查和一轮次“回头看”，梳理排查执法领域突出问题16839个，累计完成整改问题16666个，平均整改率达98.97%。开展案件复审复查，主动撤销不当案件5745件。开展扣押车辆证件集中清理，依法退还车辆2367辆、证件1686件。严肃责任追究，立案调查处理执法领域违法违纪案件455件，采取约谈、通报批评、调离执法岗位等方式处理2434人，党纪处分110人，政纪处分160人，移送司法机关处理21人。三是广泛听取意见。组织部机关30名干部开展跟车暗访调研，累计跟车里程达3.7万公里，深度访谈货车司机245名，体验从业环境，了解困难诉求。畅通投诉举报渠道，提升12328交通运输服务监督电话应用服务水平。开展执法大调研、大走访活动，通过官方网站留言征集、线上线下问卷调查、组织基层执法站所开放日活动、实施案件回访、与从业人员换岗体验等多种形式，广泛收集一手资料，听取真实意见，累计走访座谈企业10万余家，座谈从业人员36万余人次。四是践行执法为民。制定实施轻微违法行为依法免予处罚清单，专项整治期间各级交通运输部门对轻微违法行为实施免罚12万余次、对符合减轻条件的案件实施减轻处罚约3.6万次。制定实施为群众办实事解难题项目清单，在基层执法站所、违章处理大厅等设置司机休息室，提供便民暖心服务，获得企业、群众广泛好评。五是注重建章立制。在公路水路领域开展“与行政处罚法不相符清理”和“不合理罚款规定清理”，已完成13件规章修改和3件规章废止工作。

第三节　综合执法改革

按照中央办公厅、国务院办公厅《关于深化交通运输综合行政执法改革的指导意见》（中办发〔2018〕63号）部署安排，交通运输部持续指导督促地方各级交通运输部门深化交通运输综合行政执法改革。经过三年的深入推进，交通运输综合行政执法队伍基本组建形成，改革已经基本完成。经梳理统计，各级交通运输部门已组建综合执法机构2203个。省级层面，除湖北以外，其余省份综合执法机构已经全部挂牌成立；其中，成立独立执法机构的23个，由厅内设机构承担执法职责的8个。市级层面，成立综合执法机构376个，挂牌率为93.3%。县级层面，成立综合执法机构1796

个，挂牌率为86%。各级综合执法机构共核定编制201855名，其中省级29915名、市级67649名、县级104291名。各级在编执法人员共167534名，人员到位率83%。

一、持续加大对地方改革的督促指导力度

一是密切跟进各地改革进展情况。二是针对省级层面改革进展比较缓慢的省份，通过致电、致函等方式进行点对点督促督导。针对部分地方执法人员反映的改革相关问题，责成有关单位调查核实，平稳有序推进改革工作。三是组织开展2021年综合执法检查，查找督促解决问题，通报各地改革情况，确保党中央、国务院改革决策部署落地见效。

二、建立健全综合行政执法运行机制

一些地方和单位立足于改革后审批、检查、处罚等职责相对分离的现状，梳理明确交通运输主管部门、综合执法机构、行业发展服务机构的职责边界，建立健全协作机制，在推动事前审批与事中事后监管有效衔接方面做出了有益探索、积累了宝贵经验。

三、着力夯实综合行政执法基层基础基本功

立足综合执法改革后执法体系重塑、队伍融合提升，切实解决综合执法队伍基础薄、基层弱的问题。一是摸清基层执法底数。组织对全国交通运输综合执法机构和执法人员基本信息进行深入摸底调研，建立了综合执法机构台账，基本摸清了各级综合执法机构和执法人员底数。二是完善基础政策制度。制定公布《交通运输综合行政执法事项指导目录》；修订实施《交通运输行政执法程序规定》，编制印发《交通运输行政执法操作指南》；制定印发《关于严格规范公正文明执法的意见》；印发《交通运输综合行政执法制式服装和标志技术规范》；印发《关于建立交通运输行政执法规范化长效机制的意见》。三是提升队伍素质能力。印发《交通运输综合行政执法队伍素质能力提升三年行动方案（2021—2023年）》，编制印发《交通运输行政执法培训大纲》和《执法人员应知应会手册》，分3期对510名执法骨干师资和综合执法机构负责人进行集中培训。

第四节　政府信息公开

2021年，交通运输部坚持以习近平新时代中国特色社会主义思想为指导，认真贯彻党中央、国务院关于政务公开工作的决策部署，深入落实《中华人民共和国政府信息公开条例》，紧紧围绕中心工作和群众关注关切，聚焦加快建设交通强国加强政府信息公开，以公开促落实、促规范、促服务成效明显，在国务院办公厅有关评估中取得较好成绩。

一、聚焦重点领域，做好政府信息主动公开

全年政府网站发布各类信息约3.89万件，政府信息公开平台依法主动公开政府信息915件，其中规章、行政规范性文件及解读80件、规划和标准规范131件、行政权力事项信息121件、统计数据及分析公报106件、安全及应急管理信息78件、新冠肺炎疫情防控政策信息35件、财政预决算及政府采购信息11件，其他政府信息353件，法定主动公开要求全面落实，主动公开政府信息重点聚焦交通运输“十四五”系列规划、疫情防控和纾困解难、物流供应链稳定畅通、综合立体交通网络建设、综合运输服务等领域。

二、强化服务理念，依规开展依申请公开

严格按照《中华人民共和国政府信息公开条

例》要求开展申请公开工作，认真执行答复文书规范格式，持续优化办理工作流程，同时加强与申请人主动沟通解释，更好满足申请人个性化合理需求，多名申请人专门致电感谢。全年共受理各类政府信息公开申请359件，办理政府信息公开行政复议6件、行政诉讼5件，均维持或驳回。申请事项主要集中在运输管理、项目建设、行业标准、统计数据等方面。

三、规范政策发布，加强政府信息管理

如期完成规章集中公开工作，建成权威规范、便捷高效的国务院部门规章库，实现231部现行有效规章集中统一公开，便利社会公众更快更好使用规章文本。完成交通运输法规查询系统中法律、行政法规、规章文本更新。通过部政府信息公开专栏完成7件行政规范性文件集中统一公开。

四、优化服务功能，加强公开平台建设

持续完善政府信息公开平台，不断优化平台浏览下载、检索查询功能，公众获取政府信息更加精准高效便捷。加强部政府网站和新媒体规范管理，推进完善信息发布审核机制，充分发挥政府网站和政务新媒体作为政务公开第一平台的作用，提升网上履职和服务公众能力。

第五节　信用体系建设

2021年交通运输行业深入贯彻落实党中央、国务院关于社会信用体系建设的重要决策部署，聚焦交通运输信用体系建设高质量发展，有序推进各项工作，取得了积极成效。

一、健全信用管理制度

一是贯彻落实党中央、国务院决策部署。深入学习贯彻习近平总书记关于社会信用体系建设的重要指示精神，加快构建以信用为基础的新型监管机制，规范市场秩序、优化营商环境，服务加快建设交通强国。在《国家综合立体交通网规划纲要》《综合运输服务“十四五”发展规划》等文件中，对信用管理作出明确部署。印发《加强和规范交通运输事中事后监管三年行动方案（2021—2023年）》。二是推动行业立法。研究起草《交通运输信用管理规定》并公开征求意见。规范信用信息归集共享、失信行为认定等工作。会同国家发展改革委等部门共同制定《全国公共信用信息基础目录（2021年版）》《全国失信惩戒措施基础清单（2021年版）》。三是完善各领域政策规章。在铁路领域，编制《铁路工程标准施工招标资格预审文件》《铁路工程标准施工招标文件》。在公路领域，制修订《公路施工企业信用评价规则（试行）》《公路建设市场信用信息管理办法（试行）》《公路工程施工分包管理办法》《公路养护作业单位资质管理办法》。在水运领域，研究起草《海事信用管理规定（试行）》。在民航领域，修订发布《民航行业信用管理办法》。在邮政领域，研究起草《快递市场严重违法失信对象名单管理办法》。

二、创新信用监管机制

一是大力推广信用承诺。指导各级交通运输部门结合实际，在行政审批、招标评标等方面规范运用各类信用承诺制度。印发《深化交通运输“证照分离”改革 进一步激发市场主体活力实施方案》。同时，在自由贸易试验区对“经营国内船舶管理业务审批”等4项实行告知承诺。落实《水运领域许可事项首批推行证明事项告知承诺制工作方案》。实施《长三角海事证明事项告知承诺管理办法》。二是深入开展信用评价和分级分类监管。组织2020年度全国公路、水运建设市场综合信用评价。完成全国215家公路、水运工程甲级（专项）试验检测机构、9659名试验检测工程师的信用评

分和数据录入工作，评价结果依法公开。向社会公示安全诚信航运公司34家、安全诚信船舶290艘、安全诚信船长411人。联合国务院办公厅督查室、市场监管总局治理农村快递“二次收费”问题。指导各地邮政管理部门严格落实《快递市场法人主体信用评定方案（试行）》。全面推广采取差异化监管举措。三是依法实施失信惩戒和信用修复。发布3批次公路超限超载严重失信主体名单。发布28家公路建设从业企业弄虚作假失信行为信息并进行处理。213艘低标准船舶被列入重点跟踪名单。依法将14名民航从业人员、两家通航企业的严重失信行为信息纳入信用记录。大力倡导信用修复，全年累计办理失信主体信用修复1175例。

三、加强信用信息分析利用

一是升级信息平台。系统谋划信用信息化建设，把信用管理作为国家综合交通运输信息平台的六大协同系统之一。二是加强信息归集。通过全国交通运输信用信息共享平台，累计归集行业信用信息34.7亿条，建立“一户式”信用档案。印发《关于深化汽车维修数据综合应用有关工作的通知》。三是做好信息公开。印发《交通运输政务数据共享管理办法》。全年累计实现信用信息交换约110万次，对外发布信用信息1063.9万条，受理查询约12万次，向社会提供3200多万条备查信用信息。四是拓展信息应用。对445个全国“四好农村路示范县”创建主体进行信用核验。积极推进交通运输行业“信易贷”，对接企业融资需求与普惠性金融服务项目，助力行业中小微企业纾困解难。

四、深入推进“信用交通省”建设

一是加强工作指导。指导24个省（自治区、直辖市）、计划单列市、中央企业等将信用体系建设目标纳入交通强国建设试点方案，批复试点任务36项。印发《2021—2022年交通运输信用体系（信用交通省）建设重点工作测评与要求（试行）》。大力支持上海、江苏、浙江、安徽推进长三角交通运输信用一体化。指导江西、山东、湖南等地交通运输部门探索开展“信用交通城市”建设。二是加强信用监管。在事前监管方面，广西、云南等地交通运输部门全面推行信用承诺制。在事中监管方面，浙江、吉林等地交通运输部门把信用评价与“双随机，一公开”相结合，对企业和从业人员采取分级分类监管。在事后监管方面，天津、上海、安徽等地交通运输部门着力开展“屡禁不止、屡罚不改”严重违法失信行为专项治理。三是拓展服务应用。各地交通运输部门充分发挥信用交通便民惠企作用，深入实施“信易+”工程。江苏、江西等地交通运输部门积极推广“信易+”工程，为工程建设、绿色货运、驾驶员培训等领域诚信企业提供政策优惠。四是做好宣传推广。积极开展“信用交通宣传月”“诚信兴商宣传月”主题活动，通过《人民日报》《经济日报》《中国交通报》以及交通运输政务新媒体等推出专题报道。“信用民航宣传月”“诚信快递，你我同行”等活动蓬勃开展。各地大力宣传“信用交通省”建设成果，广泛发起“诚实守信，一路畅行”倡议，为共建共享信用交通营造了良好的舆论氛围。

第十章　科技创新

第一节　交通运输科技管理

一、公路、水路科技管理情况

2021 年，交通运输部坚持以科技创新驱动加快建设交通强国为主线，以深化“科交协同”工作机制为抓手，以提升交通运输科技创新能力为重点，不断推进适应加快建设交通强国需要的交通运输科技创新体系建设取得新进展。

一是坚持科学统计，为科技创新管理决策提供数据支撑。据统计，交通运输行业共有 453 家单位纳入科技统计调查范围，2020 年交通运输科技活动人员 13.75 万人，其中交通运输研究与试验发展（R&D）人员 6.84 万人，占科技活动人员总数的 49.7%；全年交通运输 R&D 经费内部支出 231.2 亿元，其中，经常费支出 200.8 亿元，占 86.9%；在研项目 10549 个，投入项目经费 86.2 亿元，其中，新签项目 4403 个，投入经费 34.1 亿元；科研仪器设备 29.6 万台（套），其中价值在 50 万元以上的 4965 台（套）；发表科技论文 17850 篇，出版专著 531 部，专利授权 10785 个；签订四技（科技成果转让、技术开发、技术咨询、技术服务）合同 12518 项，合同额 109.0 亿元。

二是坚持系统思维，科学谋划交通运输科技创新工作。落实与科技部 2020 年会商共识，共同谋划中长期及“十四五”交通运输科技创新任务。联合印发《交通运输部 科学技术部关于科技创新驱动加快建设交通强国的意见》，明确当前至 2035 年科技创新驱动加快建设交通强国的路径与方向。共同编制《交通领域科技创新中长期发展规划纲要（2021—2035 年）》《“十四五”交通领域科技创新规划》《交通运输“一带一路”科技创新行动计划（2021—2025 年）》，坚持“四个面向”，全面系统部署面向 2035 年和 2025 年的交通运输科技创新主攻方向和重点任务，为未来一个时期交通运输科技创新擘画了蓝图、提供了遵循。

三是坚持资源统筹，全链条推进行业科技创新。聚焦“十四五”交通领域科技创新规划任务，依托国家重点研发计划相关重点专项中布局的交通运输科技创新任务、交通运输行业重点科技项目清单和中央级高校和科研院所基本科研业务费项目等，分层分类响应交通运输科技创新需求，引导行业内外优势科研力量开展重点领域科技攻关。经组织专家评审，在各地各单位已立项项目中遴选出 290 个项目纳入本年度行业重点科技项目清单，引导各类经费投入合计 19.61 亿元。

四是坚持多措并举，促进科技成果推广和示范应用。组织开展自动驾驶、智能航运先导应用试点，面向全行业征集遴选技术应用典型场景，促进技术研发与应用，带动产业发展与升级。持续实施交通运输科技示范工程并加强规范化管理，印发《交通运输科技示范工程管理办法》，批复实施高速公路工业化智能建造、智慧管控、高原生态环保等 7 项科技示范工程。持续发挥交通运输重大科技创新成果库作用，完成年度入库成果遴选，共计 59 项重大创新项目成果、51 项推广项目成果、50 项专利、101 项论文、53 项专著入选成果库。促进交流展示，举办“应对气候变化与中国碳达峰碳中和”主题交通科技大讲堂，聚焦自动驾驶、隧道安全、农村公路、智慧公交、BIM 技术应用、自动化码头等主题，举办 6 期交通科技云论坛，全年吸引超过 200 万人次收看，有力促进了行业科技工作者之间的交流研讨。

五是坚持优化环境，推动全行业进一步形成有利于科技创新的良好氛围。持续加强交通运输创新能力建设，顺利完成交通行业相关国家工程研究中心转序工作，培育行业创新发展需要的战略科技力量。深入实施人才强国战略，持续实施行业创新人才推进计划，并聚焦关键核心技术推荐行业人才申报国家级重大人才计划，强化交通运输科技创新战略人才力量培养。开创交通运输科普工作新局面，首次组织开展交通运输科技活动周线下启动式，并成功组织举办首届交通运输科普讲解大赛。

六是坚持国际视野，促进交通领域国际科技合作交流。在第二届联合国全球可持续交通大会举办期间，选择智能高铁、自动驾驶、智慧工地、智慧港口、智慧机场、智慧邮局等主题，向国内外参会代表展示我国交通可持续发展中的科技创新先进成果和先进经验，获得联合国官员和各国与会代表的高度认可。贯彻习近平总书记"各国一起发展才是真发展"的讲话精神，会同科技部组织举办港口规划建设与管理、巴基斯坦公路工程技术等发展中国家培训班，有力促进了我国交通领域科技人才与巴基斯坦、阿尔及利亚、苏丹、安哥拉等相关国家科技人才之间的交流。

二、铁路领域科技管理情况

组织召开2021年度铁路科技创新工作会议，深入贯彻习近平总书记关于科技创新的重要论述和党的十九届六中全会精神，落实国家和行业科技创新工作部署，总结交流铁路行业科技创新发展成就，谋划"十四五"铁路科技创新工作，为推动铁路高质量发展，加快建设科技强国、交通强国提供支撑。公布了2021年度铁路重大科技创新成果入库结果。

贯彻落实党中央决策部署，推进"十四五"时期铁路科技创新工作。国家铁路局印发《"十四五"铁路科技创新规划》（国铁科法规〔2021〕45号），明确铁路科技创新工作的指导思想、基本原则、发展目标和重点任务，促进铁路科技自立自强、推动铁路高质量发展，支撑建设科技强国、交通强国。

针对5G与北斗应用、川藏铁路建设、铁路行业碳达峰、铁路货运发展、高速铁路安全等重点领域关键问题，编制实施《国家铁路局课题研究计划》，组织开展52项课题研究，支撑国家铁路局履职和行业高质量发展。

三、民航领域科技管理情况

民航局组织完成了《"十四五"民航科技发展专项规划》研究与编制工作。依托民航科教创新攻关联盟，设立了适航审定、飞行技术、机务维修、机场系统、空中交通管理、航空公司运营管理、航空油料、航空医学8个专业领域研究组和民航安全、智慧民航、无人机、通用航空、绿色发展等5个特色专题研究组，行业内外33家单位的294名专家参与研究。经过调查研究、规划研究、专家论证，形成了《"十四五"民航科技发展（含智慧民航）规划研究总报告》以及8个专业领域和5个特色专题研究分报告。

空管局修订了《民航空管系统创新类项目管理办法》，新制定了《民航空管系统创新成果奖励办法》，形成了空管局抓总体技术方向和关键技术布局、地区局结合地域特征需求和抓区域布局，分局、站服务自身运行的三级科技创新模式。

中国航信立足"两个大局"，心怀"国之大者"，坚定履行中央企业政治责任和社会责任，持续强化科技创新在企业发展中的核心地位，以大工程、重点项目为牵引，提出了公司改革发展壹号工程，即关键核心技术攻关"213工程"。成立了"213工程"建设指挥部，形成了"领导小组—指挥部—项目办"的三级管理决策体系，通过揭榜挂帅的方式选出关键技术攻关难点负责人并立下军令状，有效保障了关键核心技术攻坚战的系统高效推进。

中国民航机场建设集团有限公司组织编写了《“十四五”科学技术发展规划》，建立了《科研项目管理规定（修订）》《科学技术奖管理办法》《科技成果转化管理暂行办法》《科技成果转化激励指导意见》《重大任务保障考核暂行办法》《工程建设工法管理办法》和《知识产权管理暂行办法》7项科技管理规章制度。积极落实《中国民航机场建设集团有限公司研发投入专项治理行动方案》，全年科研项目经费及激励实际投入总额2622万元，占集团公司利润总额4.5%，科研经费实际投入较2020年增长37.93%。

四、邮政领域科技管理情况

认真贯彻落实习近平总书记关于加快推进科技创新和新一代人工智能的重要讲话精神和中央决策部署，统筹安全与发展，落实创新驱动发展战略，以解决邮政业高质量发展短板弱项为目标，以人工智能与邮政业深度融合为主攻方向，系统谋划“三智一码”科技攻关工作，强化科研体系建设。加强组织协调，强化项目管理，有序推进系统研发工作。紧贴行业需求、瞄准国际领先，大胆创新，实现社会效益和经济效益的统一。

第二节 重大科技创新

一、交通运输重大科技创新情况

一是加强基础研究。组织开展综合交通运输理论研究，组织编写综合交通运输理论教材，为行业从业人员深植综合交通运输理念。启动交通基础设施长期性能科学观测网建设，推动主要任务纳入科技部《基础研究十年规划（2021—2030年）》和交通运输相关规划及文件中，为在全国范围系统、长期积累交通基础设施服役性能数据，推动形成符合中国实际、具有中国特色的基础设施设计、建设、运行、养护理论体系，走出重要一步。

二是加强关键核心技术研究。开展关键核心技术攻坚，聚焦自动化集装箱码头管理系统（TOS）、船舶交通管理系统（VTS）岸基雷达产品、海上安全甚高频数据交换系统（VDES）等技术，推动产学研用联合攻关。

三是加强重大任务部署。在国家重点研发计划“十四五”交通基础设施、智能传感器、重大自然灾害防空与公共安全、深海和极地关键技术与装备等11个重点专项对交通领域研发任务进行科学布局。2021年度“长江‘黄金航道’整治技术研究与示范”“交通运输基础设施施工安全关键技术与装备研究”等“十三五”首批立项的国家重点研发计划项目已圆满完成研发任务，并在技术创新、成果应用、人才培养等方面取得丰硕成果。

二、铁路领域重大科技创新情况

一是工程建造方面。2021年6月，西藏首条电气化铁路——拉林铁路建成通车，16次跨越雅鲁藏布江，桥隧比高达75%，建设期间攻克高原铁路多项全国性、世界性罕见难题，有效解决了高原铁路路基加固防护技术难题，创新运用综合降温技术和隧道衬砌混凝土施工工艺工法，研发适用大温差的爆破器材，研发了管内无收缩混凝土、空间曲面吊杆、拱肋变管径和组合减震设计等新技术，创造了铁路钢管混凝土拱桥海拔最高、跨度最大等世界之最，创造了一系列高原铁路建设奇迹。

二是技术装备方面。成功研制开行高原内电双源动力集中动车组，采用国际首创的内、电双端双控策略，可根据运用需求切换内燃、电力动力模式控制运行，并兼具内燃、电力协同牵引能力，涵盖动车组操纵一体化、供电一体化、保护一体化、信息一体化、运维一体化及系统功能自动唤醒、应急自救援、运行状态健康管理等多项国际先进控制理念，极大程度地提高了动车组运行的稳定性和可靠性，整体设计达到国际领先水平；时速350公里设备服役性能对比综合试验取得重要成果；“CR450科技创新工程”纳入国家“十四五”规划纲要；智能型复兴号动车组运营范围扩大至京沪、京哈、京广、徐兰和成渝等多条高铁；具有完全自主知识产权的时速600公里高速磁浮交通系统在青岛成功下线，这是世界首套设计时速达600公里的高速磁浮交通系统，标志我国掌握了高速磁浮成套技术和工程化能力；“简统化”接触网装备首次走出国门，助力印度尼西亚雅万高铁建设；世界首台千吨级架桥机“昆仑号”、最大直径土压平衡盾构机“锦绣号”等一系列施工装备在高铁建设中投入使用，为国内大跨桥梁、长大隧道施工提供了强大保障。

三是智能铁路方面。京张高铁北斗示范应用不断推进，可实时跟踪高铁列车位置，实时掌握沿线作业人员位置信息和基础设施安全状态，为列车运行、作业安全以及时空大数据分析提供数据基础；深化开展铁路领域北斗示范应用工程建设，持续提升铁路北斗服务平台服务能力，建设完成铁路北斗综合试验环境；基于北斗的集装箱定位技术已在中欧班列开展应用，可实现对集装箱位置、速度等信息的监测和异常情况报警；北斗定位系统弥补信号盲区，缓存运行信息，货主可实时查询班列运行情况，实现全程跟踪无缝中转，大幅降低了运输成本；进一步推进检测监测大数据应用、优化视频大数据应用、开展智能综合调度系统研发与应用。

四是安全保障方面。聚焦铁路本体、本质安全，开展“技防”关键技术攻关，系统提升设备检测监测、故障预警预防水平，保证全寿命周期安全稳定；开展基于5G的列车超视距应用研究和京张高铁现场试验，实现典型危情与关联视频上车，驾驶员目视范围进一步延伸，应急处置能力得到提升；提出基于多源遥感的高铁外部环境安全隐患识别与风险评估技术方案，高铁外部环境安全技术攻关持续推进；系统研究设施设备检测监测技术路线，完善自我感知、健康管理、故障诊断等列车运行在途监测技术，2700余项监测点为智能型复兴号动车组安全运行保驾护航；深化高铁气象灾害监测技术研究，编制高精度中国高铁风雨雪灾害区划图，完善自然灾害监测、异物侵限报警和地震监测预警系统，实现对自然灾害和治安风险的立体防控。

五是运输服务方面。不断优化完善客站旅客服务与生产管理平台，提高客站视频识别准确率，实现客站中英文双语引导和信息广播；聚焦运输组织提效，持续开展列车运行图智能编制、集装箱公海铁联运、“一带一路”运输、调度管理与站段生产一体化、调度管理与站段生产一体化、货运网上便捷服务体系、客运提质、货运重载等技术研究，系统提升运输集中统一指挥质量和水平。

六是绿色低碳方面。组织开展《铁路行业碳达峰行动方案研究》《铁路行业实现碳达峰目标的技术研究》等课题研究。会同交通运输部、中国民用航空局、国家邮政局研究《贯彻落实〈中共中央 国务院关于完整准确全面贯彻新发展理念做好碳达峰碳中和工作的意见〉的实施意见》。开展铁路碳达峰碳中和计量体系研究、《轨道交通列车电能测量系统》等标准研究，为铁路产业链的绿色化发展提供技术储备。

三、公路领域重大科技创新情况

一是港珠澳大桥推进智能化运维技术集成应用研发。由交通运输部推荐立项的国家重点研发计划“综合交通运输与智能交通”重点专项项目“港珠澳大桥智能化运维技术集成应用”本年度顺利通过中期评估。项目立足于港珠澳大桥的运营实际，以数字化为驱动，从信息感知、结构评估、维养决策、交通运行、安全管控等方面入手，引入物联网、大数据、人工智能等新技术，建立数字化大桥数据标准及技术方法体系，以打造一流的数字化大桥来构建智能化运维平台。研究成果将全面提升港珠澳大桥的智能化运维水平，降低大桥全生命周期维养成本、延长大桥使用寿命，为用好管好大桥提供坚实技术支撑和保障。项目构建的智能运维数据标准及技术方法体系，将为交通基础设施的数字化建设及智能化运维提供标准导则，引领交通基础设施智能运维技术的创新发展。通过在港珠澳大桥的应用示范及转化推广，将进一步服务于大湾区基础设施互联互通和智能运维技术升级，助力粤港澳大湾区经济建设和发展。

二是危险品运输过程安全保障技术取得新成果。交通运输部推荐立项的国家重点研发计划项目“危险品运输过程安全保障技术研究及示范”通过了科技部组织的综合绩效评价。项目针对危险品运输事故致因规律，研究揭示了多因素多要素耦合致灾及衍生机理，形成了人因安全风险主动干预方法；基于多尺度复杂交通场景下的危险品运输车辆碰撞危险工况，创建了危险品运输车辆碰撞事故主动防控系统及测评技术；针对危险品运输罐车侧翻事故，提出了涵盖全时间链条的综合主动防控策略，攻克了基于“车—路—环”多源感知的事前事中预警技术、电子制动与液压悬架匹配的事中自适应协同控制技术，研发了侧翻事故综合主动防控系统及测评技术；研制了具有可视化指挥等功能的无线传感器网络及平视显示终端，开发了组合式模块化堵漏工具组和可收集液体、固体颗粒的收纳车，形成了危险品道路运输泄漏多功能处置技术和装备；建立了危险品运输车辆一体化感知终端及行驶轨迹大数据分析平台，研制了危险品运输罐车专用电子标识和路侧射频视频一体化采集设备，开发了重点区域危险品运输车路协同监控预警系统，形成了基于车路协同和区域协同的重点区域危险品运输过程安全管控技术、车辆碰撞事故主动防控系统及测评技术。项目研究成果在交通运输部公路交通试验场、浙江省消防训练基地和宁波地区典型化工企业等示范工程中进行了应用，示范效果良好，具有明显的社会、经济效益，推动了危险品道路运输的安全生产保障技术发展。

四、水路领域重大科技创新情况

一是500米饱和潜水技术取得关键突破。依托国家重点研发计划相关项目的支持，500米饱和潜水技术取得里程碑式突破。交通运输部上海打捞局开展的500米饱和潜水陆基载人实验自2021年5月22日开始实施，9名饱和潜水员进舱实验，5月27日舱内加压至500米，饱和潜水员在51个大气压的高压环境下共停留176个小时，完成了各项测试项目，其中6月3日潜水钟加压至502米，达到实验目标深度。6月25日，9名饱和潜水员安全减压返回常压并出舱，实验圆满完成。我国从20世纪70年代开始进行饱和潜水技术探索并持续开展技术攻关，2006年实现饱和潜水零的突破，下潜深度103.5米。饱和潜水技术的发展提升了我国深水作业能力，在“桑吉”轮深水抽油应急处置、香港输气管线应急抢修等重大抢险打捞任务中发挥了重要作用。此次500米饱和潜水陆基试验的成功，标志着我国自主掌握了大深度饱和潜水核心技术，成为仅有的几个具备500米饱和潜水深度级别的国家，实现了在饱和潜水技术领域从跟跑转为并跑，大幅提升了大深度水下应急抢险救助能力。

二是我国首艘自主航行300标准箱集装箱商船“智飞”号试航。作为国家重点研发计划项目“基于船岸协同的船舶智能航行与控制关键技术”研发成果的示范应用，我国首艘自主航行的300标准箱集装箱商船“智飞”号，于2021年9月在青岛女岛海区开始开展海上测试，并于11月开展第三方测评。“智飞”号是我国首艘具有智能航行能力、面向商业运营的运输货船，也是目前在建的全球吨位最大的智能航行船舶，总长约110米、型宽约15米、型深10米，设计航速12节。

三是长江黄金航道整治技术取得新突破。由交通运输部推荐立项、长江航道局牵头承担的国家重点研发计划项目“长江‘黄金航道’整治技术研究与示范”通过科技部组织的综合绩效评价。项目围绕水资源综合利用下长江黄金航道功能提升的重大需求，系统开展了长江黄金航道识别与可持续发展潜力评价，提出了长江干线航道承载力和可提升潜力，发展了长江黄金航道可持续发展理论; 揭示了新水沙条件下不同类型航道演变机理，提出了多因素影响下航道滩槽协同调控整治方法、航道整治生态环境融入及再造技术；构建了航道整治工程设计和施工的 BIM 技术体系，研制了水下铣挖环保型清礁、航道浚测一体化、耙吸挖泥船高效节能疏浚等航道整治新装备并完成了现场工程示范。项目成果在长江上、中、下游 4 个国家重点航道整治工程中示范应用，取得了显著的经济、社会和生态效益。

五、民航领域重大科技创新情况

民航局公开择优向科技部推荐了 3 个重点专项中的 4 个项目，分别是“综合交通运输与智能交通”重点专项中的“机场场面智能运行管控关键技术研究与示范”和“民用飞机典型航电设备适航安全性设计及测试验证关键技术研究”，“地球观测与导航”重点专项中的“航空智能可视导航辅助驾驶技术研究”，“交通基础设施”重点专项中的“揭榜挂帅”榜单任务“高海拔极端复杂环境下机场智能化运行技术”。

民航局与国家自然科学基金委员会联合设立的第五期民航联合研究基金，为支撑引领智慧民航建设的应用基础研究，根据有关规定和审批程序，同意资助了 2021 年度联合基金—民航联合研究基金重点项目 18 项，其中依托单位中国民航大学获得资助 4 项，中国民用航空总局第二研究所 3 项，中国民航飞行学院 1 项等。组织开展了 2022 年度民航联合研究基金重点领域建议征集及遴选推荐工作，经过初选评审、专家会议评审，最终遴选出 22 项建议凝练成重点领域指南，由国家自然科学基金委员会面向社会公开发布。

中国航信通过艰苦技术攻关研发了拥有自主知识产权的全新一代航班管理系统，于 2021 年 7 月 22 日完成了所有托管航空公司向新系统的迁移，其中包括全部国内航空公司（除春秋、九元外）均已从主机转移到新系统。新系统显著提升了航空公司运营管理效率，有效降低中国民航对外技术依赖，是中国民航核心商务系统去主机化工作的重要里程碑。

中国民航机场建设集团主攻机场数字化和工业化领域，提升基础设施运营和管理效率，装配式桥梁、无人（少人）站坪等技术研发取得初步成果。依托重庆、广州、厦门新机场等重大工程项目，数字选址、数字施工等技术得到进一步的推广应用。建设集团公司 13 项科研项目顺利通过科技成果评价，多项成果被行业评定为“达到国际领先水平”。

首都机场集团公司开展数字化转型顶层设计，推进数据标准体系建设，下发 10 项企业级数据标准，成立了国家重点研发计划“超大型空港综合交通高效运行与智能服务关键技术及示范应用”项目课题四示范应用工作组，确定项目总体示范方案和课题四示范方案。

六、邮政领域重大科技创新情况

全力推进“三智一码”研发试点。制定智能视频监控系统试点方案，调整优化试点地区，推进在邮政业安全中心、上海、深圳开展政府侧试点，在圆通、中通、韵达等开展企业侧试点。聚焦驾驶行为、盲区、烟火三大检测重点，制定车辆环节推广应用方案。加强组织协调，推动 34 种算法全面试点，初步实现“问题能发现、隐患能排除、事故能减少”。推进智能安检和智能语音申诉系统试点应用。部署智能安检机在北京、上海、浙江等地试点应用，检测范围覆盖 51 个品类，14 个品类通过第三方检测，智能识别可疑件漏检率为

0.5%、误检率为0.5%、图单绑定率达到100%。安检云进入实际运行阶段，接入设备112台，收到超4000万条安检数据。全行业应用智能安检机超70台，手持式毒品和爆炸物检测仪超50台，六面扫码设备超1500套。推动智能语音申诉系统率先在安徽12305上线运行，智能语音导航自助报单成功率、智能座席工作台语音转写准确率、智能外呼占比大幅提升。扎实推进通用寄递地址编码和海南综合试点。在福州开展地址校验，打通企业基础寄递业务场景，实现寄递地址编码在收寄、下单环节的落地应用。

第三节　创新能力建设

一、交通运输创新能力建设概述

一是深入谋划新时期科技创新平台的发展思路。抓好重点科研平台“十三五”建设发展成效总结。在专家深入论证的基础上，编制《交通运输行业重点科研平台“十三五”发展报告》。认真谋划“十四五”平台发展思路。赴国家发展改革委、科技部等部门调研，深入了解国家科技创新基地优化整合政策走向，提出了“十四五”行业重点科研平台在体系优化布局、提升创新能力、强化运行管理等方面的工作思路。会同国家科技基础条件平台中心，认真组织梳理国家重大规划涉及的交通运输科技创新任务，凝练科学问题，提出了交通运输领域国家科技创新基地布局建议，初步明确了“十四五”期全国重点实验室、技术创新中心、工程研究中心、野外科学观测研究基地、科学数据中心等培育建设思路。

二是交通运输领域国家科技创新基地建设取得新突破。高质量完成国家工程研究中心优化整合。交通运输部主管的公路与桥梁高效养护及安全耐久、港口水工建筑技术和交通安全应急信息技术3家国家工程研究中心全部顺利通过国家发展改革委优化整合评价，正式纳入新的国家工程中心序列管理。本次优化整合整体通过率近55%，交通运输部主管的3家国家工程研究中心均一次性通过。据统计，交通运输领域共有25家国家工程研究中心纳入新序列管理，主管部门分别为中央国家机关有关部门、地方发展改革部门和中央管理的企业，涵盖交通基础设施、载运装备、安全应急等重点领域，为建设交通运输领域国家战略科技力量提供了坚实支撑。国家野外站建设取得“零”的突破。2021年10月9日，科技部正式批准交通运输部建设北京大杜社公路材料腐蚀与工程安全、青海花石峡冻土公路工程安全、广东港珠澳大桥材料腐蚀与工程安全3个国家野外科学观测研究站，填补了交通运输领域国家野外站布局的空白，对于积累基础设施长期性能观测数据，提升交通基础设施安全服役性能具有重要意义。

三是科技资源开放共享取得积极进展。积极推动科学数据开放共享。首次组织13家行业野外观测基地参加中国科学数据大会，相关基地承办了交通科学大数据分会，营造科学数据开放共享的良好氛围。组织部公路院参与制定《科技计划形成的科学数据汇交 技术与管理规范》《科技计划形成的科学数据汇交 通用数据元》《科技计划形成的科学数据汇交 通用代码集》3项国家标准，并由国家标准化管理委员会正式发布。大力推动仪器设备开放共享。在科技部、财政部组织的2021年中央级高等学校和科研院所等单位重大科研基础设施和大型科研仪器开放共享评价考核中，交通运输行业6家单位取得历年以来的最好成绩。其中，南京水利科学研究院、部公路科学研究所考核结果为优秀，是为数不多的获得优秀的行业部门所属单位；部水运科学研究院考核结果为良好；部天津水运工程科学研究所、部科学研究院和大连海事大学考核结果为合格。科技部、财政部将对考核结果为优秀和良好的单位予以表扬，并给予后补助经费奖励。

二、铁路领域创新能力建设情况

坚持以习近平新时代中国特色社会主义思想为指导，深入贯彻落实习近平总书记关于科技创新的重要论述和对铁路工作的重要指示批示精神，对标对表党中央决策部署，全面对接国家科技创新工作要求，积极融入国家科技创新体系，依靠行业各方力量和各类资源，推动铁路科技创新再上新台阶。

在强化铁路行业科技创新基地建设上，组织开展铁路行业创新基地建设相关问题研究，系统谋划行业科技创新基地布局；指导 17 家基地揭牌并召开首次学术（技术）委员会会议，凝练研究任务，推进产学研用深度融合。各基地充分发挥在相关领域的基础研究和应用技术优势，承担了多项国家重点研发计划，培养造就了多位青年科技领军人才。

三、民航领域创新能力建设情况

民航局组织开展 2021 年重点实验室和工程技术研究中心认定工作，共认定 20 家民航重点实验室和民航工程技术研究中心，专业领域覆盖民航安全、适航审定、飞行技术、机务维修、机场工程、空中交通管理、机场运行管理、航空公司运营管理、网络安全和信息化、航油航化、无人机等。

中国民航科技创新示范区瞄准示范区“亚太领先、国际一流的民航工程技术创新及应用验证基地”的发展定位，完成了“十四五”规划编制，制定 66 项全面深化改革举措，形成规划与改革“双引擎”驱动高质量发展新格局。2021 年 12 月 24 日，中国民航大学、中国民航科学技术研究院、中国民航适航审定中心 3 家单位在北京大兴国际机场临空经济区建设民航科技创新基地的立项申请获得民航局批复。3 家单位项目总投资 54.61 亿元，将新建科研用房建筑面积 23.67 万平方米。

空管局集中统筹布局了 13 个民航空管实验室，并依据《民航空管实验室认定与管理办法》持续开展相关工作，建立了保障和考评制度。中国航信在已建成的民航旅客服务智能化应用技术重点实验室、北京市民航大数据工程技术研究中心、民航科技创新应用技术开发基地等基础上，新获批“民航旅客智慧出行重点实验室”。

首都机场与华为公司成立联合实验室，落地 5G、北斗、大数据、人工智能、区块链等当前热点技术。大兴机场组建“兴光共享创新工作室”和“兴光创新联盟”，创新工作室下设八个专业实验室，主要包括 A-SMGCS 实验室、生态管理实验室、光学实验室等。

四、邮政领域创新能力建设情况

强化末端科技创新和科研体系建设。编制三期末端科技研发推进情况报告，推动末端科技创新与应用。完成第二批 24 家行业技术研发中心认定和授牌工作。组织开展行业首批 18 家技术研发中心复核。推广应用北斗导航系统，完成行业北斗应用评估，按季度向交通运输部报送应用数据。圆满完成第二届联合国全球可持续交通大会展陈组工作，组织编撰《科技之路》丛书邮政篇。

第四节　重大科技应用

交通运输行业是北斗系统最大的民用行业用户之一，在全行业的共同努力下，北斗系统在行业各领域已得到广泛应用。

一是加强规划引领。2021 年，交通运输部印发《数字交通“十四五”发展规划》《交通运输领域新型基础设施建设行动方案（2021—2025 年）》，将北斗系统应用作为重点任务加以推进。

二是持续扩大应用规模。截至 2021 年底，已安装使用北斗终端的道路重点营运车辆 783 万辆、邮政和快递干线车辆 3.84 万辆、部系统公务船舶 1820 艘、沿海和长江干线航道导助航设施 13107 座、通用航空器 588 架。应用环境不断完善。

三是持续推进创新应用。推动北斗铁路行业综合应用示范工程建设。运输航空北斗追踪监控应用工作取得阶段性成果，地面数据处理系统已投入试运行。持续推进北斗系统在广州、苏州、天津等自动化码头建设中应用，在长江干线航道建设和管理中应用北斗系统，利用北斗授时功能研究探索航标灯器“同步闪”应用。积极探索北斗系统在大件运输事中事后监管方面的应用，利用北斗定位信息核查大件运输车辆行驶轨迹。

四是稳步推进北斗国际化应用。协调国际搜救卫星组织完成对北斗搜救载荷的入网测试，持续推进北斗短报文加入全球海上遇险与安全系统（GMDSS）技术和运营评估工作，开展“一带一路”中欧班列集装箱定位追踪示范点建设。

五是加强宣传推广。与中共中央网络安全和信息化委员会办公室等单位共同主办首届北斗规模应用国际峰会，对外宣传行业北斗系统应用经验成果。

第五节 信息化与网络安全

一、重点工作情况

以习近平总书记关于网络强国的重要论述为指导，深入贯彻落实党中央、国务院以及交通运输部党组关于网信工作系列决策部署，坚持总体国家安全观，着力构建交通运输网络安全综合防范体系，以先进信息技术和数据资源赋能为核心，加快推动数字政府建设，持续提升交通运输管理和服务数字化水平，部网信工作取得新进展新成效。

一是着力提升交通运输行业网络安全防护能力和水平。研究编制关于加强交通运输数据安全和网络安全工作的政策意见，促进数据安全与业务工作“同谋划、同部署、同落实”。更新《部机关及部属单位网络安全和信息系统安全责任清单》，明确网络安全保护的职责边界，有效避免管理盲区。做好重大活动网络安全保障，以“零事件”成绩圆满完成庆祝中国共产党成立100周年、第十四届全国运动会、第二届联合国全球可持续交通大会等9次国家重大活动的行业网络安保任务。

二是国家综合交通运输信息平台建设取得新成效。国家综合交通运输信息平台门户2021年改版，实现52个部政务信息系统统一登录，避免多地址、多用户名、多密码带来的使用不便。“综合交通一张图”实现综合交通基础设施、固定资产投资、运输服务、运输装备四大类数据“一图展示”“国家综合立体交通网主骨架布局”等专题地图上线服务。部应急指挥调度能力稳步提升，部平台汇聚全国应急数据资源7万余条，接入公路水路视频资源共17万余路，交通行业通App在各省级交通运输主管部门和海上搜救机构推广应用，突发事件处置、应急值班值守等业务实现线上信息调度。

三是积极推动数字交通发展规划实施。先后印发《数字交通“十四五”发展规划》等专项规划，推动交通运输数字化、网络化、智能化发展。印发《交通运输领域新型基础设施建设行动方案（2021—2025年）》，明确“十四五”时期交通新基建行动目标、主要任务和保障措施。

四是加快构建高质量交通运输数据资源体系。积极贯彻落实国家关于政务数据共享工作要求，修订印发《交通运输政务数据共享管理办法》，进一步夯实各部门政务数据管理责任，规范政务数据共享工作。部级数据资源共享平台已接入政务数据资源655项，实现8.6亿条数据入库（比2020年增长69.6%）和271个服务接口转发，提供数据共享服务超3.5亿次（比2020年增长超4倍）。部政府网站“交通智数”栏目进一步丰富交通出行领域开放数据集，新增江西和四川省10类数据，更新北京市6类数据，交通运输统计数据、统计公报、经济运行情况、运力分析报告定期更新。

五是以数字化手段积极助力疫情防控工作。

持续开展公路水路客运同乘密切接触人员筛查工作，累计汇聚道路水路实名制客票数据9亿余条，筛查同乘密接人员1.8万余人，有力支撑疫情精准防控及全国统一健康码应用。

二、国家铁路局信息化与网络安全

信息化建设工作情况。统筹推进安全生产监管信息化工程（安监一期）国家铁路局建设项目。全力推进项目建设，完成项目验收并报国家发展改革委备案。通过国家发展改革委组织的“十三五”政务信息化工程项目实施情况现场评估。对照梳理数据共享清单，加强与共建部门的数据共享。强化安监一期系统应用，保障应用系统稳定运行。

网络安全工作情况。坚决贯彻党中央决策部署，严格落实网络安全工作责任制。一是保障庆祝中国共产党成立100周年、党的十九届六中全会、全国两会等重要时期网络安全，制定印发网络安全保障工作方案，组织开展网络安全自查和专项检查，落实7×24小时值班值守和每日“零报告”制度，确保铁路行业网络安全。二是推进铁路关键信息基础设施安全保护工作，落实主管部门部署要求，制定有关指导意见的落实措施，逐项推进工作落实，研究制定相关应急预案、安全规划，督促运营单位落实安全保护主体责任，健全保护制度和责任体系，明确专门安全管理机构，加强风险隐患排查整改，切实维护铁路关键信息基础设施安全稳定运行。三是完善政务信息系统网络安全基础，开展信息系统等保复测和基础网络设施等保测评、整改工作，协调测评机构开展商用密码应用安全性评估的测评、整改工作，构建国家铁路局网络安全密码屏障。四是组织开展网络安全攻防演练，研究制定工作方案，组织对国家铁路局互联网应用系统开展网络安全攻防演练，进一步发现网络安全漏洞和隐患，切实促进网络安全应急处置机制建设，不断完善国家铁路局网络安全保障体系。五是及时接收处理网络安全预警和风险提示，组织做好相关应急处置和防范措施，全年共处置各类预警和风险提示约30余次。六是制定局网络安全宣传周工作方案，组织全局干部职工积极参与网络安全宣传教育活动，进一步普及网络安全知识，提升网络安全防护意识，共同维护国家网络安全。七是组织优化完善网络安全管理制度，不断夯实网络安全制度体系，为有效开展网络安全各项工作提供制度支撑。

三、公路领域信息化

一是积极推进智慧公路建设。开展公路新基建与数字化调研，形成推进公路数字化总体工作方案；发布公路工程信息模型应用系列标准，引领并推动BIM技术行业的应用；完成11座公路长大桥梁结构健康监测系统建设试点，有序推进机荷高速、杭甬高速等智慧公路重点项目实施。印发《农村公路综合监管信息化建设工作方案》，推动农村公路规划、设计、建设、管理、养护、运营全要素全周期数字化和信息化，推进农村公路数据共建共享共管，逐步实现农村公路“一张图”。截至2021年底，全国累计发行ETC总量达2.27亿，车辆ETC使用率67.51%，更多车辆用户享受不停车便捷通行便利和ETC通行费优惠。

二是提升信息系统服务效率。继续推行大件运输跨省许可线上办理。2021年全国跨省大件运输许可办结58万件，同比增长44%。印发《关于进一步做好公路交通情况调查工作的通知》，从打造多源数据采集体系、提升自动化采集能力、提高交调应用服务水平等六方面部署公路交调工作。公路监理企业资质许可实现全程网上办理，全年完成各类监理企业资质审查133家次。优化升级“全国公路建设市场信用信息管理系统”46次，共发布16463家从业企业，近35万名从业人员的974余万条信用信息，供社会公开查询。做好“公路建设市场与收费公路监管信息系统”上线试运行工作。系统梳理公路局现有13个行业管理服务系统，研究提出整合工作方案，分界面集成、数据集成、应用与网络集成三阶段有序推进。做好国家公路建设项目评标专家线上抽取技术保障工作，全年共抽取评标专家14234人次。全国公路建设市场年度综合信用评价结果实行线上填报、自动计算。

三是信息便民惠民服务水平进一步提高。加快推进全国12328热线归并工作，优化完善系统功能，交通运输服务热线社会“触角”和“传感器”作用进一步优化，人民群众对12328的获得感和满意度稳步提升。聚焦老年人打车出行需求，推动全国近300个城市的主要网约车平台开通“一键叫车”和电话叫车服务，累计为720余万老年人乘客提供服务2700余万单。依托互联网道路运输便民政务服务系统，为道路运输驾驶员和经营者提供道路运输高频事项“跨省通办”服务，全年完成业务办理量137万件，同比增长超过300%。20个省份1600个二级及以上汽车客运站开通电子客票服务。51个城市开通运营城市轨道交通，售检票电子化、数字化发展已成为主流。持续提升交通“一卡通”互联互通覆盖面和应用范围，318个地级以上城市实现交通“一卡通”互联互通，香港八达通卡加入全国交通“一卡通”支付系统，在长三角等地区试点探索社保卡加载交通出行功能，积极推动社保、交通等领域“多卡合一”，为包括老年人在内的人民群众提供更加便捷、高效的交通出行支付服务。

四、水路领域信息化

一是加快推进新型基础设施建设。智慧港口方面，天津港北疆C段、日照石臼、深圳妈湾3座自动化码头建成投运。截至2021年底我国已建成投运自动化码头10座，在建8座，已建和在建规模均居世界首位；积极应对疫情影响，大力推进港口非接触作业、无纸化作业，沿海集装箱枢纽港口已基本实现主要业务单证电子化。智慧航道方面，推动通航建筑物和航运枢纽大坝关键设施结构位移实时监控，长江电子航道图“干支联动”覆盖范围进一步扩大，嘉陵江多梯级船闸联合调度系统建设完成并投入运行。

二是稳步推进海事信息化一体化建设。研究制定《海事数据管理办法（试行）》，印发《海事政务数据共享管理办法（试行）》，全面规范海事数据全生命周期流程管控，初步构建了海事一体化数据资源中心，提升海事数据服务社会和业务监管的能力。海事“一网通办”全面上线，开展海事“互联网＋监管”系统建设，初步建成了海事一体化信息平台框架。推进长江干线、粤港澳大湾区试点的海事政务自助服务站建设，提供“一站式”海事业务自助服务。发放海事领域电子证照5万余个，有力支撑交通运输“放管服”改革。

三是推动新一代信息技术行业应用。推进基于区块链的全球航运服务网络建设，办好交通运输部更贴近民生实事进口电商货物港航“畅行工程”，上链港口由年初计划的7家拓展到10家，上链船公司由1家拓展到8家，港航集装箱单证平均办理时间由两天压缩到4小时以内，港口放货效率大幅提升。2021年累计完成44.1万标准箱的集装箱电子放货，其中进口电商货物近2000余箱。制定出台基于区块链的进口集装箱电子放货平台建设指南，通过指导建立可信的单证流转系统，实现港口、航运协同电子放货、自动放货，大幅提升作业效率。基于北斗的全球海上航运应用示范工程部分信息系统完成建设，约3.9万个港作机械、船舶、车辆、冷藏箱上安装了北斗终端，为自动化码头提供了高精度定位、测速等支持，北斗在国际海运冷藏箱的应用效果显著。研究高分遥感应用技术在行业的应用需求和典型应用场景，形成面向行业的高分遥感应用技术指南。

五、中国民用航空局信息化与网络安全

民航局对照中央《“十四五”网络安全规划》，组织起草了《民航网络安全“十四五”规划》，作为专门章节写入《民航发展“十四五”规划》，其中明确提出：“以完善民航网络安全治理体系和综合防控体系为重点，进一步提升航空网络安全技术保障能力，有效防范化解网络安全风险，确保全行业网络安全态势总体平稳可控”。切实履行行业网络安全指导监管责任，结合民航行业监管模式调整改革，规范网络安全检查工作，进一步修订完善行业网络安全监管事项库。重点开展“立法者释法”工作，组织撰写监管事项库中全部65项检查内容的解读材料，对于统一执法标准和尺度起到了规范作用。组织重点时期和重大活动期间民航网络安全保障工作，圆满完成庆祝中国共产党成立100周年、第十四届全运会、全国两会、首届中国国际消费品博览会、2021年中国国际服务贸易交易会、《生物多样性公约》缔约方大会第十五次会议、第二届联合国全球可持续交通大会、第四届中国国际进口博览会等重点时期和重大活动期间民航网络安全保障任务，确保民航重要网络和信息系统运行正常，不发生影响航空运输的网络安全事件。

第六节　标准体系建设

一、交通运输部标准体系建设情况

截至2021年底，交通运输领域现有国家和行业标准3850项。全国性专业标准化技术委员会和分技术委员会13个，行业性专业标准化技术委员会5个，各领域技术专家1000余人。

一是“十四五”标准化工作开局良好。会同国家标准化管理委员会、国家铁路局、中国民用航空局、国家邮政局印发《交通运输标准化“十四五”发展规划》，发布《交通运输部门计量检定规程管理办法》，推进《公路工程行业标准制修订管理导则》等编制。

二是全面完成国务院深化标准化工作改革任务。发布《海运危险货物集装箱装箱安全技术要求》《道路作业人员安全标志服》等14项强制性国家标准。组织开展推荐性标准集中复审，涉及国家和行业标准1200余项，形成“立改废”结论，推动标准提档升级。

三是高质量标准体系建设取得积极进展。2021年，发布重点领域公路水路标准218项。支撑国家重大战略实施，加快推进重点标准供给。交通运输部会同河北省人民政府印发《支撑雄安新区交通运输高质量发展标准体系》，推动建立国际领先的“雄安标准”。围绕中心工作，完善重点领域标准体系。在完善综合交通运输标准体系方面，根据全国人大和全国政协专题研究综合交通运输标准体系建设和多式联运高质量发展有关要求，发布《邮件快件铁路运输交接操作要求》《滚装甩挂运输操作规程》等。在安全应急标准体系方面，发布《客滚船码头安全技术及管理要求》及《港口作业安全要求》系列国家标准，港口作业安全标准持续完善。在提升运输服务品质方面，发布《船舶营业运输证》等18项电子证照标准，推动实现证照信息跨部门共享。在智慧交通建设方面，会同工信部、国家标准委制定《国家车联网产业标准体系（智能交通相关）》，发布《客车车道保持辅助系统性能要求和试验方法》等。在支持绿色发展方面，发布《纯电动城市客车通用技术条件》等。加快完善公路工程建设标准体系，发布《小交通量农村公路工程设计规范》《公路桥梁结构监测技术规范》《公路桥梁抗震评价细则》等标准及公路工程信息模型系列标准，会同自然资源部联合修订《高速公路服务区改建用地控制指标》，加快构建支撑公路高质量发展的公路工程建设标准体系。加快完善水运工程建设标准体系。发布《航道养护技术规范》《内河

航道绿色建设技术指南》《水运工程自动化监测技术规范》《自动化集装箱码头建设指南》等标准，持续推进自动化码头建设相关标准制定工作，支撑水运工程安全、绿色、智能化发展。

四是标准实施监督工作不断完善。发布部门计量检定规程6项和产品质量监督抽查实施规范8项，组织26家检验机构面向28个省份开展道路运输车辆卫星定位车载终端等8类产品质量监督抽查工作，总体合格率达98%。组织开展《公铁联运货运枢纽功能区布设规范》等重要标准宣贯，累计培训1.3万余人次。

五是加快推进标准国际交流与合作。我国牵头制定的《集装箱NFC和二维码电子封条》《船舶与海上技术 耙吸挖泥船 耙臂位置显示系统》两项标准获得ISO立项。发布《公路路线设计规范》等6项行业标准外文版，组织人民交通出版社与国外机构联合出版发行《公路桥梁伸缩装置通用技术条件》等7本英文版标准，推动国际市场采用中国标准。

二、铁路标准体系建设情况

技术标准方面。一是印发2021年铁路技术标准项目计划并组织实施，全年发布6批27项铁道行业装备技术和运输服务标准和1项标准修改单，其中《机车车辆非金属材料及室内空气有害物质限量》是铁路装备制造和运营安全的重要基础性标准。推动发布《铁路大型养路机械 钢轨探伤车》等9项铁道国家标准，标准体系不断完善。二是推进铁道行业技术标准文本公开，在“铁路技术标准信息服务平台”依法全文公开铁道行业标准776项，实现100%免费在线阅览。三是积极宣贯标准，发布《标准轨距铁路限界》系列标准解读，开展《自动化驼峰技术条件》等23项重要铁路技术标准的宣贯活动，共培训技术人员1800余人。四是加强标准前期研究分析，针对国外道岔标准体系及技术内容、ISO国际标准钢轨焊接质量评价指标和方法、IEC国际标准机车车辆电气安全与接地要求等6项关键技术开展研究分析，与国际国外标准技术指标和试验方法进行跟踪比对，为国际标准和铁路技术标准制修订提供技术支撑。

铁路工程建设标准、造价标准工作方面。一是完善标准体系。围绕高速、城际、市域（郊）、客货共线、重载等铁路建设运营需要，编制《铁路标准体系建设方案》和铁路标准体系框架结构图、明细表，理清4类标准管理界面，确立5方面主要任务，推动实施标准建设三年计划。2021年发布建设标准12项和造价标准1项。二是支撑国家重大战略实施。发布《川藏铁路隧道施工安全监测技术规程》，完成川藏铁路复杂艰险山区新型工程地质遥感解译技术标准研究。支持粤港澳大湾区城际铁路建设，推动《城际铁路设计规范》纳入CBTC信号系统等“四新技术”。三是服务建设市场。公布《关于调增铁路工程造价标准编制期综合工费单价的通知》，有效缓解铁路工程概算工费总体偏紧的压力。四是深化关键技术研究。完成铁路隧道工程TBM定额测定与研究、铁路工程建设标准化工作报告（2020）等7项标准研究。开展国外道岔标准体系及技术内容等6项关键技术研究，完成与国际国外标准技术指标和试验方法的比对分析，为国际标准和铁路标准制修订提供技术支撑。五是加强标准宣贯。运用发布标准解读、“互联网＋宣贯”等方式，统筹开展《市域（郊）铁路设计规范》等29项标准宣贯，培训铁路企事业单位人员4500余人次。

三、民航标准体系建设情况

一是国家技术标准创新基地（民航）筹建工作。根据《国家技术标准创新基地（民航）建设方案》积极开展筹建工作。召开民航标准创新基地第一届第一次成员代表大会暨理事会会议。按照《国家技术标准创新基地（民航）2021年工作计划》，积极推进民航标准创新基地筹建工作，取得了阶段性成果。编制《创新中心管理办法》并经理事会审议通过；推进专家咨询委员会和专家库建设；建设民航标准创新基地网站并正式投入使用；初步建立了覆盖民航标准创新基地主体专业领域的标准实验验证服务平台；向市场监管总局报送《国家技术标准创新基地（民航）建设工作总结报告（草案）》，并提请对民航标准创新基地开展验收。

二是全国航空运输标准化技术委员会重组工作。2021 年 5 月，全国航空运输标准化技术委员会（TC464）获得市场监管总局批复重组。通过标委会组织民航领域国标制修订工作，推进 1 项强制性国家标准《机上儿童限制装置》以及 4 项推荐性国家标准《宽体飞机下舱集装货物装载机》等的制定工作。指导《航空燃料可持续性评价》获得国家标准项目立项。

三是行业标准制修订工作。完成《民用航空标准化管理规定》《民用航空计量管理规定》修订稿编制工作。编制民用无人驾驶航空器标准体系框架和标准明细表。围绕智慧民航建设，启动民航服务质量、民航网络安全、航空物流等专业领域标准体系建设工作。组织《舱内非金属材料燃料产生的毒性气体浓度测试方法》等 25 项行业标准计量项目制修订工作。发布《高级航空训练设备检验规范》等 10 项行业标准。截至 2021 年 12 月 31 日，现行有效民航领域国家标准 36 项（含强制性国家标准 1 项，推荐性国家标准 35 项）、民航行业标准 255 项（含民航工程建设类行业标准 61 项）、民航计量技术规范 68 项。

四是标准计量培训工作。在广泛征集标准计量培训需求基础上，建立标准培训体系，制定年度培训计划。举办线上标准化培训班 1 期、线下标准化培训 3 期，培训人员达 600 余人次。组织专题培训宣贯《国家标准化发展纲要》。

五是开展标准国际化工作。向 ISO/TC20/SC17（国际标准化组织 / 航空与航天器标准化技术委员会 / 机场基础设施分技术委员会）提交《无人机综合验证场一般要求》ISO 国际标准提案 1 项，完成 22 项国际标准文件投票。组织开展国际标准和国外先进标准提案申报工作，共征集提案 12 项，其中，《中国千万级民用机场运行服务质量标准》《民用机场无纸化便捷出行建设指南》2 项标准提案已经向 IATA（国际航空运输协会）提交。

四、邮政标准体系建设情况

一是强化国标研制。推动发布《智能信包箱》《快递服务与电子商务信息交换规范》《快递服务制造业仓配信息交换规范》，完成国标《信封》修订。启动重大国标《快递服务》修订工作，完成《快递电子运单》推荐性国标起草，组织研制强制性国标《快递包装重金属与特定物质限量》。组织申报国标新项目，《通用寄递地址编码规则》《快递循环包装箱》等 9 项标准项目通过国标立项评估，国标制修订计划陆续下达。

二是抓好行标制定。出台《邮件快件限制过度包装要求》《邮件快件智能 X 射线安全检查设备技术要求》《农产品寄递服务及环保包装要求》《快递包装 RFID 应用技术要求》等多项行业标准。完成《寄递无人车技术要求》《无人车寄递服务规范》等标准研制，推进数字化、智能化技术装备在行业推广应用。

三是推进标准管理改革创新。结合标准化法改革精神和邮政业实际，启动修订《邮政业标准化管理办法》。对 57 项现行标准实施情况的全面评估。梳理近年来标准化工作情况，提出加强邮政业标准管理改革创新的具体举措。继续做好标准培训，促进标准落地实施。

第七节　科技创新人才与科研成果获奖情况

一、基本概况

2021 年，交通运输行业科技创新人才工作深入学习贯彻落实中央人才工作会议精神，大力加强科技人才队伍建设并取得积极成效。

一是继续实施交通运输行业科技创新人才推进计划，遴选产生行业科技创新中青年领军人才10人、重点领域创新团队7个、创新人才培养示范基地4个，一批行业优秀科技创新领军人才脱颖而出。

二是以中国交建集团林鸣总工程师、南京水利科学研究院胡亚安研究员为代表的多位交通领域资深专家当选为中国工程院院士，进一步充实了行业高层次科技人才队伍。

三是本年度共有15个交通运输相关的项目获国家科技进步奖（其中铁路领域10项、公路领域3项、民航领域两项）。共有66项专利获第二十二届中国专利奖（其中铁路领域35项、公路领域19项、民航领域5项、水运领域7项）。共312项科技成果入选2021年度交通运输重大科技创新成果库，248项科技成果入选铁路重大科技创新成果库。

二、铁路领域科技人才与科研获奖情况

铁路重大科技创新成果库2021年度共评审入库248项，其中铁路科技项目42项、铁路专利42项、铁路技术标准38项、铁路科技论文126篇。

铁路行业共有10个项目获2020年度国家科学技术奖励，其中“现代空间结构体系创新、关键技术与工程应用”获2020年度国家科学技术进步奖一等奖；“深水大断面盾构隧道结构／功能材料制备与工程应用成套技术”“高压富水长大铁路隧道修建关键技术及工程应用”“深部复合地层隧（巷）道TBM安全高效掘进控制关键技术”“高速铁路Ⅲ型板式无砟轨道系统技术及应用”“高速铁路用高强高导接触网导线关键技术及应用”“轨道交通大型工程机械施工安全关键技术及应用”“重大工程黄土灾害机理、感知识别及防控关键技术”获2020年度国家科学技术进步奖二等奖；“铁路轨道用高锰钢抗超高应力疲劳和磨损技术及应用”“超软土地基排水体防淤堵高效处理技术”获2020年度国家技术发明奖二等奖。

铁路行业共有35项专利获第二十二届中国专利奖，其中中铁山桥集团有限公司“一种桥梁用Q345qDNH耐候钢的焊接方法”、中国铁建重工集团股份有限公司“敞开式掘进机”以及中车青岛四方机车车辆股份有限公司与中国国家铁路集团有限公司联合申报的“一种高速轨道车辆转向架”获中国专利奖金奖；中车青岛四方机车车辆股份有限公司“轨道车辆车头（2018-02）”获中国外观设计金奖；此外，另获中国专利银奖4项，中国专利优秀奖26项，外观设计优秀奖1项。

三、民航领域科技人才、科研获奖与成果转化情况

民航局落实《创新人才推进计划实施方案》，组织遴选推荐并入选了2020年国家创新人才推进计划1名创新人才和1个创新团队。空管系统共有3名拔尖人才、3个创新团队入选民航局科技创新人才推进计划，1个重点实验室获得民航局认证。

中国航信制定了《科技创新人才及团队评审办法》等相关制度措施，完成了首批13名公司科技创新领军人才的评选。制定了《科技创新成果奖励暂行办法》，对取得国家和省部级科技创新成果的科技人员予以重奖。中国航信荣获中国专利奖1项。2021年发明专利“航班查询系统可靠性评估方法及装置”（专利号ZL201510999473.1）荣获第22届中国专利奖优秀奖，“一种运价搜索系统”获国资委提名推荐第23届中国专利奖。

中国航空运输协会科学技术奖2019年度授奖项目共35项，其中《中国民航电子商务平台研究及应用（简称：TRP）》等7个项目获得一等奖，《基于全景视频的远程塔台管制系统关键技术及应用》等8个项目获得二等奖，《国产民机性能软件系

统关键技术研发及应用》等10个项目获得三等奖。

“北京大兴国际机场（航站楼及换乘中心、停车楼）工程”入选第十九届中国土木工程詹天佑奖并荣获国家优质工程金奖、全国绿色建筑创新奖一等奖。“北京大兴国际机场航站楼结构设计与指廊施工关键技术”获得中国钢结构协会科学技术奖特等奖。“严寒和寒冷地区大型枢纽机场建设工程关键技术研究”荣获中交协科学技术奖二等奖。“基于虚拟现实技术的机坪模拟驾驶系统”项目荣获全国SMS优秀案例奖。

中国民航机场建设集团公司全年拥有有效专利446个（其中发明专利数60个），较2020年的353个（其中发明专利数54个）分别增加93个（发明专利数6个），增幅分别为26%、11%。2021年，完成《民用机场飞行区技术标准》等4项行业标准规范编制任务并获颁布实施。建设集团成员单位有效利用自身科技成果，共签订横向科研或技术服务合同36项，其中合同额超过500万的1项，装备类合同1项，新材料销售合同3项。

首都机场集团公司全年新增专利112项、软件著作权140项，较2020年专利与软件著作权总数增长了54.6%，其中，发明专利21项，较2020年增长了6倍。天津机场“InSAR技术在机场净空保护区监测巡查的研发及应用”研究成果进入天津市成果登记库，同时被纳入2021年度天津市交通运输行业新技术推广清单。首都机场股份公司“智能资源管理系统”使得资源分配时间由5个小时缩短为3分钟以内，旅客廊桥使用率提升了3%至5%。内蒙古机场集团“除冰废液净化再利用”项目预期每年节约80万元除冰液费用，“痕量化爆炸物检测装置防尘罩”项目每年可节约维修费用40余万元。黑龙江机场集团建设集中预报制作中心，全年为第二批8个试点支线机场发布机场预报11165份，趋势预报779份，准确率均高于支线机场自身预报。

大兴机场建设指挥部制定《北京新机场建设指挥部科技创新奖励办法》。天津机场发布《科技成果转化及收益分配管理办法》，修订并发布《无形资产管理规定》，切实提高知识产权使用效率和经济价值。大兴机场的“超大型复杂机场旅客服务智能化研究及应用”经综合测算创造收益上亿元，建设“海绵机场”的总经济效益为7.2亿元。

四、邮政领域科技人才与科研获奖情况

遴选确定52名人员入选2021年度邮政行业科技英才推进计划。遴选确定39名人员入选2021年度邮政行业技术能手推进计划，推荐的25名人选荣获“全国交通技术能手”称号。

第八节　科学技术普及情况

一、交通运输科学技术普及概述

2021年，交通运输部继续贯彻落实习近平总书记关于科普工作的重要论述，扎实推动《交通运输部关于加强交通运输科学技术普及工作的指导意见》各项任务落实落地。

一是落实与科技部会商机制确定的合作任务，两部门联合认定首批10个国家交通运输科普基地。

二是组织行业深入开展“交通运输科技活动周”等科普活动。5月24日，2021年交通运输科技活动周启动式在中国铁道博物馆举行。交通运输部副部长戴东昌、科学技术部党组成员陆明出席启动式，为两部门共同认定的首批10个国家交通运输科普基地授牌，并为交通运输行业获评全国科普工作的先进集体和个人以及全国优秀科普作品作者颁奖。

三是组织开展首届交通运输科普讲解大赛，在择优选拔推荐全国科普讲解大赛决赛选手的同时，为行业科普工作者提供展示交流平台，有力提升了科技工作者从事科普工作的积极性和主动性。

四是行业科普工作初见成效。经交通运输部推荐，交科院科技发展促进中心和中国交通报社梁微同志分获中国科协全民科学素质工作先进集体和先进个人表彰；《少年儿童防溺水科普丛书》《道路安全运输》系列丛书获评全国优秀科普作品；《直升机水面盲吊救人》《寻找下一个传承人》获评全国优秀科普微视频作品。

二、铁路领域科学技术普及情况

不断强化科普品牌引领作用，将全国科技工作者日、铁路科技活动周和铁路科普日、铁道大讲堂等品牌活动以及科普人才库建设、科普资源开发作为重点，以铁路科技成果转化科普资源、科普知识进博物馆、进站上车、上网、进校园、组织编创科普图书等多种形式开展活动，保障了品牌科普活动有序开展。

充分发挥全国铁路科普教育基地作用，对16家科普教育基地在业务上精心指导，鼓励各基地发挥科普阵地作用，面向社会公众，发挥自身优势自主开展、参与学会和地方科普活动。中国铁道博物馆、中国桥梁博物馆、北京交通大学运输设备教学馆3家铁路科普基地入选首批国家交通运输科普基地名单。

注重铁路领域科普人才培养，联合交通运输部组织开展全国科普讲解大赛初赛，评选交通领域优秀科普讲解选手，并推荐参加全国比赛，讲好铁路故事，普及铁路知识，倡导科学方法，弘扬科学精神，传播科学思想，提升铁路科普传播能力。

评选推荐全国优秀科普作品，推荐《孙永福自传》等4部科普图书参评全国科普优秀作品。

三、民航领域科学技术普及情况

民航科普基金会在北京、上海、成都、湖州、荆门、三亚等城市设有民航科普基地16家，全年完成了3872场次民航科普活动和论坛赛事，吸引带动全国27个省65个市约31万人次参与，组建了30支志愿者服务队伍，为812个企事业单位和社区提供了6300小时的科普活动和服务，线上发布民航科普课程及视频546集，各平台点击率合计达5.21亿次。科普读物方面，发行了系列民航科普读物，其中《一本书读懂无人机》被科技部评为全国优秀科普作品。联合北京大兴机场设立民航科技角，印发10万册《智慧机场助您出行》民航科普读物供旅客免费取阅。科普扶贫方面，对口支援革命老区江西赣州南康地区投入资金92万元，组织开展无人机科普大赛，邀请家庭贫困品学兼优的青少年参加民航公益科普研学活动，支持无人机科普馆建设，委托专家对教师开展科普教员专项培训。对青少年进行模拟飞行和无人机专项培训，捐赠无人机和科普课程软件，赠送民航科普读物，组织各类民航科普活动182场次，吸引10.3万名青少年参与，惠及约两万名贫困儿童和青少年。

四、邮政领域科学技术普及情况

推进海南数字邮政综合试点并推动纳入海南省相关发展规划。京东无人仓在澄迈县正式投入运营，京东无人车在琼海市指定路段开展试运行。将“三智一码”纳入行业、地区重点发展规划等文件和“绿盾”二期可研报告。

第十一章　安全监管与应急管理

第一节　交通运输安全生产

一、交通运输安全生产基本情况

2021年，公路水路行业安全生产形势总体稳定。共接报各领域统计口径内安全生产事故276起、死亡598人，同比下降5.8%、5.1%。其中，一般事故171起、死亡148人，同比下降12.8%、22.5%；较大事故98起、死亡376人，同比上升5.4%和持平；重大事故7起、死亡74人，同比增加3起、11人；未发生特别重大事故。

二、主要做法及成效

（一）深入贯彻落实习近平总书记关于安全生产重要指示精神和党中央、国务院决策部署

一是召开部党组会、中心组学习会、部务会、安委会全体会议，及时组织学习习近平总书记关于安全生产重要指示精神，研究部署行业贯彻落实措施。二是抓好习近平总书记等中央领导同志对湖北十堰燃气爆炸事故、河南洪涝灾害等重要指示批示的贯彻落实。三是建立铁路沿线安全环境治理部际联席会议制度。四是组织观看《生命重于泰山——学习习近平总书记关于安全生产重要论述》电视专题片，提升抓好安全生产工作的主动性和自觉性。五是强化国务院安全生产委员会考核反馈问题整改落实。

（二）落实“三管三必须”，筑牢安全生产防线

一是压实安全生产责任。定期召开视频调度会议，加强道路运输、公路运营、港口经营、水上交通、工程建设等重点领域安全监管。开展安全生产督导检查，确保建党100周年、第二届联合国全球可持续交通大会、十九届六中全会等重大活动、重点时段安全生产形势稳定。对典型事故调查处理实行挂牌督办。二是防范化解安全生产重大风险。发布42项重大风险清单，督促指导各地摸排、辨识、管控重大风险，组织开展防范化解区域安全生产重大风险试点。三是强化事故（事件）调查处理。派员赴河南、江苏、黑龙江、贵州、湖北等地进行事故现场督导，及时印发事故警示通报，指导各地深刻吸取事故教训，举一反三，堵塞安全管理漏洞。

（三）开展集中攻坚，推动各领域重难点问题整治

一是持续推动专项整治三年行动。印发《交通运输部安委会关于安全生产专项整治三年行动2021年“集中攻坚年”任务清单的通知》（交安委〔2021〕2号），制定“百项整治任务清单”，明确“9项重点、6项难点”专项治理任务。二是强化道路运输领域安全整治。会同公安部、国家市场监督管理总局开展道路旅客运输非法违规运营精准协同治理。加强800公里以上省际长途道路客运班线重点监管。深化危险化学品道路运输安全集中整治。三是推进公路运营领域安全整治。联合公安交管部门开展打击“百吨王”专项行动。治理临水临崖、急弯陡坡、视距不良等事故易发多发重点路段，全国共改造公路危旧桥梁10525座（其中国省干线2855座、农村公路7670座）。2021年全国累计完成农村公路安全生命防护工程8.11万公里，在全国2.38万个平交路口加装4.74万个减速带。四是加大水上交通运输安全整治。联合农业农村部开展“商渔共治2021”专项行动。严厉

打击内河船舶非法从事海上运输，累计查处涉海运输内河船舶1415艘次，扣押船舶950艘次，罚款2.04亿元，移送并拘留205人。五是开展港口运营领域安全整治。深入整治特殊作业违规行为、谎报瞒报等危险货物港口作业安全生产重点难点问题，加强港口危险货物重大危险源安全监督管理，强化客滚船及客运码头安全管理。

第二节　工程质量安全监管

一、公路水运工程质量监督基本情况

2021年公路工程质量监督抽检数据2701万个（组），高速公路合格率为98.3%，干线公路合格率为97.8%，农村公路合格率为97.5%；水运工程质量监督抽检数据26.8万个（组），合格率为94.4%。

二、主要做法及成效

（一）持续推进平安百年品质工程建设

一是印发《交通运输部办公厅关于公布平安百年品质工程创建示范项目（第一批）清单的通知》（交办安监函〔2021〕932号），择优选择87个公路、水运工程在建项目作为创建示范项目。二是印发《公路水运工程施工班组建设与规范化管理指南》《“两区三厂”建设安全标准化指南》《施工现场安全防护设施标准化指南》《公路隧道质量安全管控提升指南》《桥梁预制构件质量提升技术及管理指南》5本指南，历时3年的攻关行动圆满结束。三是指导交通强国建设相关试点单位围绕精品建造和精细管理、创新技术和管理措施，积极总结好的经验和做法，努力实现预期成果。

（二）持续推进公路水运工程平安工地建设

一是动态跟踪各地区平安工地考核情况，通过平安工地建设考核管理系统平台，及时掌握2020年各地区高速公路和大型水运工程平安工地考核总体情况。二是开展《公路水运工程平安工地建设管理办法》修订工作，制定实施方案和修订路径，完成征求意见稿，收集行业内书面征求意见共205条。三是组织开展公路水运工程平安工地建设情况调研工作，完成对江苏省的实地调研，以及30个地区的书面调研，收集调研问卷1295份。

（三）开展公路水运工程质量安全督查

完成对陕西、湖南、四川、浙江、广西5个省（自治区）的建设工程质量安全检查督查工作。对京津冀一体化、雄安新区及冬奥会重大交通保障项目开展调研，跟踪指导粤港澳大湾区、长三角、成渝双城经济圈等重点地区工程项目。开展船闸工程建设项目摸底调研，共收集17个地区62个在建项目情况。

（四）提升农村公路质量水平助力乡村振兴战略

一是开展2021年度农村公路建设质量“两服务一培训”志愿帮扶工作，组织464家公路试验检测机构对27个省（自治区、直辖市）1978条农村公路开展义务检测，检测数据约6.96万组（个），检测里程达1.03万公里。二是开展农村公路建设质量安全督查指导，对陕西、湖南、四川3个省5条农村公路的质量安全状况进行督查。三是牵头部第五结对帮扶工作组，做好江西省安远县结对帮扶工作，助力乡村振兴战略。

（五）加强工程建设领域质量安全监管工作

一是组织召开全国公路水运工程建设领域安全生产工作视频会议，明确工程建设领域安全生产工作。二是对事故多发省份主管部门和相关企业进行安全生产约谈。三是指导三家2020年挂牌企业开展问题整改，压实安全责任，组织挂牌核销工作。四是跟踪指导甘肃折达路质量问题整改，按照规定开展核销工作。

（六）探索开展平安工地建设专家巡回指导专项行动

一是试点先行出经验，在重庆市和陕西省组

织开展平安工地建设专家指导试点工作。二是全国行动再部署，印发《关于开展平安工地建设专家巡回指导专项行动的通知》（交安委〔2021〕8号），年内完成31个地区的项目现场指导服务工作，累计派出专家91名，行程超3.8万公里，组织培训30余场，解答平安工地建设相关政策技术问题179项，创办《信息交流》简报，加强同步宣传与交流互鉴。

（七）扎实推进公路水运建设平安工程冠名工作

一是印发《交通运输部办公厅 应急管理部办公厅 中华全国总工会办公厅关于组织公路水运建设项目平安工程冠名工作的通知》（交办安监〔2021〕14号），首次开展三部委联合冠名工作。二是高质量完成项目申报和审核工作，收到省级部门推荐项目172个，年内完成资料受理、专家会审、联合审定等程序工作，形成87个拟推荐冠名项目。

（八）持续推进“坚守公路水运工程质量安全红线”行动

部署红线问题检查工作，红线问题台账动态管理，狠抓问题整改。截至2021年底，31个省（自治区、直辖市）、新疆生产建设兵团交通运输主管部门及长江航务管理局累计上报红线问题3701项，已整改完成3577项，总体整改率96.6%。

第三节　应急管理

一、公路水路应急管理工作

（一）优化交通运输领域应急管理体系和能力顶层设计

深入贯彻习近平总书记关于推进我国应急管理体系和能力现代化的重要讲话精神，对照《交通强国建设纲要》《国家综合立体交通网规划纲要》目标任务，立足行业应急管理高质量发展目标定位，编制《关于加强交通运输应急管理体系和能力建设的指导意见》，聚焦安全风险防范化解、突发事件应急处置和综合交通运输应急保障，提出“一个体系三个能力”的应急管理总架构和20项具体任务措施，指导系统各有关单位推进应急管理体系和能力高质量发展。

（二）完善行业应急预案体系

制定《交通运输部突发事件应急处置内部工作程序》，进一步规范部本级应急处置工作，突发事件处置应对更加规范高效。制定印发《交通运输突发事件应急预案管理办法》，强化行业应急预案体系的完整性以及各项预案的针对性、实用性和可操作性。开展大型船舶原油溢油、大型客船（含邮轮）遇险等多个“巨灾”情景构建研究，探索科学处置方案和应对措施，推动夯实妥善应对重特大事故灾难和极端事件的思想基础、工作基础和能力基础。

（三）健全完善部应急工作领导小组运行机制

编制印发《交通运输部应急工作领导小组工作制度》《突发事件信息报告情况通报制度》《突发事件信息报告及处理联络员会商制度》《专家咨询会商工作制度》《突发事件应急演习演练工作制度》《应急工作检查指导手册》，进一步提升交通运输系统应急管理工作制度化、规范化水平。

（四）做好极端天气和自然灾害防范应对

针对主汛期各地汛情和河南郑州“7·20”特大暴雨灾害，部主要领导多次主持召开会商会，部署做好交通运输抗洪抢险救灾工作；派员参加国务院调查组赴郑州开展工作，会同应急管理部在全国范围内开展地铁汛期安全防范专项督查。密切关注台风生成发展动态，及时启动防御响应，部领导视频调度指导地方落实防范措施，成功有效应对“烟花”“灿都”“雷伊”等多个台风。青海玛多、云南漾濞“一夜双震”，部领导连日召开会议、作出指示批示，指导做好交通运输抗震抢险救灾工作；连夜派出工作组赴震区开展工作。

（五）扎实做好重点时段值班值守和应急保障

以最高标准、最严要求、最实举措做好建党100周年庆祝活动重点时段值班值守工作。圆满完成全国两会、重要节假日、重大活动期间区域路网运行和运输服务保障、航道保通保畅、水上交通组织、行业网络安全重保等工作。制定印发《第二届联合国全球可持续交通大会交通运输安全生产工作专项方案和风险防控工作预案》，开展京津冀交通运输部门风险防控应急演练和全国交通运输系统专题视频调度。

（六）妥善做好突发事件应急处置

认真组织协调做好海上搜救工作，全年各级海上搜救中心共组织协调搜救行动1990次，成功救助中外遇险船舶1171艘、中外遇险人员13928人，搜救成功率95.5%。指导行业妥善处置"永丰"轮爆炸起火、"深联成707"轮翻扣、"六盘水客8015"侧翻等多起突发事件，根据工作需要及时启动应急响应，派工作组赶赴一线指导应急处置等工作。

（七）提升信息化系统决策辅助和支持保障能力

推进调度与应急指挥系统建设与迭代升级，持续优化完善系统各功能模块，丰富完善行业数据和重点区域视频资源接入；固化常态化视频调度工作机制，提升部省及现场应急调度指挥通信保障能力。推进北斗系统国际化应用，推动北斗报文服务系统加入GMDSS（全球海上遇险与安全系统）。

（八）开展应急管理培训和演习演练

在中央党校（国家行政学院）举办交通运输应急管理厅局级干部培训班。举办2021年国家海上搜救无脚本实战演练、反海盗船岸联合演练。结合部乡村振兴工作安排，指导对口支援的四川省阿坝州黑水县开展交通运输突发事件应急演练。

二、铁路应急管理工作

（一）加强应急体系建设

一是加强应急管理基础建设。完善应急管理工作机制，印发《国家铁路局应急管理办法》，明确组织机构，理清应急管理职责，规范突发事件处置和信息报送等工作。推进应急专家库建设，收集掌握应急专家情况，根据需要选择铁路应急专家，为预案评审等应急工作提供支持保障。做好应急管理文件汇编，收集整理习近平总书记、李克强总理等中央领导同志关于应急管理的重要指示批示和有关应急管理的法律、法规、部门规章、规范性文件183件，为应急管理工作提供基础支撑。二是推进应急预案体系建设。修订《国家铁路局突发事件综合应急预案》，编制实施《国家铁路局处置铁路交通事故应急预案》《国家铁路局处置自然灾害突发事件应急预案》等9个专项预案，明确启动应急响应条件和应急响应行动内容，持续加强应急处置能力。三是完善应急联动工作机制。健全与国家地震局、中国气象局的信息推送和共享机制，进一步强化气象信息通报、灾害预警信息共享、地震灾害信息推送等工作，保证相关人员第一时间掌握地震、气象等信息，确保及时采取应对措施。

（二）妥善处置铁路突发事件

按照应急管理职责和应急预案规定，及时启动应急响应，采取应急行动，全年启动应急响应26次，及时采取应对措施，确保铁路安全稳定。协调做好河南郑州"7·20"特大暴雨灾害应急处置，结合铁路实际印发启动应急响应通知，及时启动国家铁路局二级应急响应，局领导带队赶赴现场，协调指导地方人民政府、铁路运输企业做好防汛救灾等工作。按照"有事报情况，无事报平安"的原则，全年向中央办公厅信息综合室、国务院总值班室、应急管理部、交通运输部报送《铁路局值班信息》99期。

（三）开展应急管理培训

举办应急管理培训班，深入学习习近平总书

记关于应急管理的重要论述和指示批示精神，邀请应急管理部专家对应急预案编制工作进行专题授课，开展应急工作交流研讨，分享工作经验，不断提高应急管理意识和工作水平，加快推进应急管理体系、机制和制度建设。

三、民航应急管理工作

2021年，民航局统筹常态化新冠肺炎疫情防控和应急管理工作，积极推进完善民航应急管理体系改革任务，持续提升突发事件应对能力。一年来，妥善处置"2·20"东海航机组空中冲突、"8·29"华夏航阿克苏机场偏出跑道等行业突发事件，有效应对台风、强降雨、地震等自然灾害，圆满完成各项重大运输任务的应急保障工作。截至2021年底，民航运输航空实现持续安全飞行"120 + 16"个月、9876万小时的安全新纪录，连续19年实现空防安全。主要应急管理工作情况如下：

（一）推进专项改革工作

2021年，民航局持续深入推进"完善民航应急管理体系专项改革工作"，全年共完成具体目标任务16项，主要围绕应急预案、应急管理体制、机制和法制建设、应急处置资源支持和保障体系建设展开。通过推进改革工作，行业的应急管理体系得到了进一步完善，特别是应急预案管理、应急支撑力量以及应急处置协同联动机制建设等方面取得了明显成效。

（二）积极应对台风、强降雨、地震等自然灾害

2021年，民航各单位深入贯彻落实习近平总书记对防汛救灾工作作出的重要指示精神，统筹安全运行和防汛救灾工作，密切配合，积极应对"烟花"等台风、河南郑州"7·20"特大暴雨等自然灾害，各地区整体运行平稳有序。按照党中央、国务院决策部署，高质量完成云南漾濞县、青海玛多县抗震救灾和陕西蓝田抗洪抢险等一系列应急救援和紧急运输保障任务。

（三）强化协同联动机制

增强行业各部门与地方政府部门的协同联动，推进民航地区管理局、监管局以及通航企业与当地政府部门在航空医疗救护、航空应急救援以及基地建设方面的合作。华东管理局积极推动上海龙华通用航空机场与上海市瑞金医院构建医疗救护合作机制，建立了民航、医疗两个行业常态化交流、沟通机制，实现了医院、通航企业之间积极开展转运的实践；东北管理局联合辽宁省消防救援总队在沈阳桃仙机场开展了航空应急投送演练，推动了《辽宁省航空应急救援合作框架协议》落地，深化了协议单位之间的合作；山西省通航集团深度参与优化山西省航空应急救援体系建设，在火情处置、防汛等方面为地方政府提供空中保障及无人机巡查等航空力量支援。

（四）广泛开展应急演练

强化对行业各企事业单位应急演练的监督指导，全年各单位针对反恐防爆、航空安全、自然灾害应对等突发事件开展了一系列应急演练，达到了锻炼队伍、检验预案、磨合机制的良好效果。尤其是2021年5月25日，民航局举行的"护航2021"民航反劫机综合演练，共有22家民航单位，18家国家和地方单位参与演练，涵盖非法干扰、反劫机、消防、急救、运行调整和地空联动、军地联动、社会支援力量联动等多个方面，充分展示了近年来民航空防安全能力水平。

四、邮政业应急管理情况

（一）推动行业应急管理体系建设

印发《2021年邮政行业应急管理工作要点》，对全年行业应急管理工作进行安排部署。会同应急管理部、民政部修订原《赈灾包裹寄递服务和安全管理规定》，联合印发《救灾捐赠包裹寄递服务和安全管理规定》。持续加强行业运行监测预警、舆情监测以及突发事件信息报告工作，畅通各级邮政管理部门之间、邮政管理部门与企业

之间、邮政管理部门与相关部门之间的信息沟通渠道，坚持按月编发《全国邮政行业突发事件信息报告工作情况通报》。

（二）做好重大活动寄递渠道安全服务保障工作

全年以中国共产党成立100周年寄递安保任务为核心，抓源头严治理、抓基础夯实力、抓协作强监管、抓执法严责任，先后圆满完成了全国两会、第十四届全运会、北京服贸会等重大活动寄递安保任务。以最高标准、最严要求、最周密措施，圆满完成了建党100周年寄递安保重大政治任务，实现了“四个严防、三个确保”工作目标，得到了中央领导同志批示肯定。密切与相关部门联系，支持配合做好2022年冬奥会、冬残奥会安保工作。

（三）加强涉稳突发事件风险管控

坚决维护行业稳定，督促企业严格落实行业维稳应急处置“四个一”机制（一张清单、一套预案、一支队伍、一笔资金）要求，积极排查化解行业各种矛盾纠纷和不稳定因素，将矛盾风险化解在基层。密切与公安、网信等部门的联系，及时妥善应对处置事故案件、经营异常、负面舆情等突发事件，全力服务社会稳定大局。加强重点企业维稳管控，认真研判苏宁物流对天天快递业务调整、速尔快递进入破产程序相关风险，督促企业积极承担应急维稳主体责任，畅通信息沟通渠道，切实维护员工、用户合法权益，妥善处理与加盟商等相关主体之间的利益关系。

（四）做好灾害性天气监测预警、应急处置

在全系统全行业周密部署汛期和台风防御期应对准备工作，按照地方防洪防汛要求，督促相关地区邮政管理部门、企业严格落实各项汛期安全防范措施，深入排查、辨识、评估汛情可能带来的安全风险和危害因素，全力避免人员伤亡和重大财产损失。积极协调、帮助、推动河南郑州等地强降雨导致受灾地区快递业恢复生产工作，及时将受灾情况通报相关企业总部，并组织企业总部对位于受灾地区所属企业给予政策倾斜和其他方面支持，重点用于河南受灾网点、“快递小哥”的帮扶和公益捐赠运输及网点复工后的运营保障。

第四节 抗击新型冠状病毒肺炎疫情

一、交通运输“抗疫”保障总体情况

2021年，面对新冠肺炎疫情的跌宕反复，交通运输行业坚持“外防输入、内防反弹”总策略和“动态清零”总方针不动摇，制定完善、精准落实各项防控措施，从严从紧、抓实抓细疫情防控各项工作，取得了积极成效，为全国快速有效处置局部地区聚集性疫情、最大限度保护人民生命安全和身体健康、实现经济社会高质量发展提供了坚实的交通运输保障。

（一）坚决贯彻习近平总书记重要指示精神和党中央、国务院决策部署

一是保持疫情应急指挥体系高效运转。交通运输部全年组织召开应对新冠肺炎疫情工作领导小组会议14次、联防联控机制会议27次，部署并落实1000余项工作任务，确保党中央、国务院各项决策逐一落实销号。

二是全力抓好重点时段、重要会议疫情防控。在春节、国庆节等重点时段和全国两会、第二届联合国全球可持续交通大会等重要会议期间强化疫情防控工作部署和督促落实，为人民群众度过平安祥和的假期以及重要会议、重大活动的顺利举办提供有力支撑。

三是督促落实部署，提升防控能力。开展疫情防控专题视频调度22次，常态化督导各地落实落细各项部署，突出重要领域、重点方向、薄弱环节，进一步筑牢防线。及时总结经验做法，编制《突发公共卫生事件交通运输应急预案》。将疫情防控内

容纳入部党校培训计划，提升党员干部从事疫情防控工作的能力。

（二）服务快速妥善处置局部聚集性疫情

一是周密部署做好疫情应急处置。加密调度频次，指导涉疫地区交通运输部门及时暂停中高风险地区所在县级行政区对外道路客运服务，加强医护人员、市政保障人员等重点人员应急运输保障，有力支撑突发疫情应急处置工作；派员赴涉疫省份开展专项督查，督促指导地方尽快扑灭疫情。做好国务院联防联控机制疫情防控组流调溯源专班相关工作，开展公路水路客运大数据筛查，配合做好道路、水路运输流调溯源工作。

二是加强公路防疫检查点设置管理。指导各地交通运输部门会同有关部门依法依规、科学设置、规范运行公路防疫检查点，提高检查效率，缩短车辆排队等待时间；定期统计汇总全国公路防疫检查点设置情况，及时对外发布信息，引导公众合理安排出行，避免因疫情检查引发长时间、大范围拥堵。

三是从严做好进京道路客运疫情防控工作。落实首都联防联控协调机制部署，指导各地交通运输部门做好春运、全国两会、劳动节、建党100周年庆祝活动、国庆节等重大活动、重点时段期间进京交通运输疫情防控工作；指导涉疫地区和陆路边境口岸所在县及时按要求暂停进京道路客运服务，非涉疫地区落实进京人员48小时以内核酸检测阴性证明、“北京健康宝”绿码远端查验。

四是强化突发疫情紧急处置和经验推广。总结武汉、石家庄等地应对局部聚集性疫情经验，编印《局部聚集性疫情交通运输应对工作指南》，指导各地交通运输部门细化方案，做好局部聚集性疫情交通运输应对准备；指导地方积极有效应对深圳港盐田港区、宁波舟山港梅山港区疫情，印发情况和警示通报，形成了疫情防控和保通保畅案例。

（三）坚决筑牢公路水运口岸外防输入防线

一是着力强化公路口岸运输防控。指导落实“客停货通”总要求，注重“人、物、环境同防”，加强常态化督促检查，从严做好公路口岸等重点部位防控；推进落实公路口岸国际道路运输“日调度、零报告”制度，健全完善运行监测机制，加强口岸闭环区域管控，督促跨境运输企业落实“人货分离、分段运输、封闭管理”要求，实现对进口货物非接触作业、入境人员转运和出入境车辆、驾驶员、一线从业人员等全过程闭环管理。

二是筑牢水运口岸外防输入防线。指导各地交通运输部门强化登临国际航行船舶作业人员、进口冷链货物直接接触装卸人员等港口高风险岗位人员集中居住、封闭管理、轮班制、高频次核酸检测等措施，做好人员防护、港口登轮通道管理、非接触作业、应急处置；强化港口高风险岗位人员的人文关怀和心理疏导，做好后勤保障；妥善解决部分地区引航员和港口登轮作业人员不足问题，着力提高港航服务效率。

三是持续做好船舶船员疫情防控。及时修订发布指南，指导做好国际航行船舶船员疫情防控，携手开展国际“抗疫”合作；成立专班协调解决国际航行船舶中国籍船员换班工作中存在的问题和困难，打通“难点”“堵点”环节。2021年，我国共累计完成国际航行船舶船员换班19.5万人次，开展伤病船员紧急救助1100余人次。

（四）精准组织开展常态化疫情防控

一是及时制定优化完善精准化防控措施。密切跟踪疫情态势，科学研判、因时因势调整制定针对性政策举措，督促指导行业有关单位提高政治站位，严格落实常态化防控要求。制修订客运场站和交通运输工具、道路货运车辆、从业人员及场站、港口及其一线人员、进口冷链食品物流等多项防控指南，持续完善疫情防控措施。多次参加国务院联防联控机制新闻发布会，积极回应公众关切，引导全社会支持配合交通防疫。

二是做好客运场站和交通运输工具疫情防控。指导督促各地交通运输部门严格按照指南要求，落实客运场站和交通运输工具消毒通风、客座率限制、测温验码、防疫宣传等举措，要求驾驶员、站务员等一线人员严格执行规范佩戴口罩等防护措施，在保障基本出行服务基础上优化调整运营组织，引导乘客合理出行，严防疫情通过交通运输传播扩散。指导各地强化收费站和服务区卫生管理，加强公共区域通风消毒及一线员工防护，科学调整服务区开放经营业态，做好公路服务区和收费站疫情防控。

三是强化行业重点人群疫苗接种和服务保障。指导各地交通运输部门推进行业重点人群疫苗接种和加强免疫接种工作，筑牢行业免疫屏障。积极协调有关部门、地方政府、航运企业和船员服务机构，为船员接种疫苗提供便利，协调国务院联防联控机制综合组为中国籍国际船员接种疫苗优先提供保障。建立疫苗接种统计报送机制，引航员等高风险岗位人员已基本实现"应接尽接"，行业重点人员接种覆盖率持续攀升。

（五）统筹疫情防控、保通保畅和重点物资运输保障

一是全力做好公路水路保通保畅。健全完善交通运输部、省级交通运输主管部门、高速公路收费站三级调度指挥联动机制，依托全国智慧路网监测平台，加强路网监测调度，对可能发生严重拥堵缓行的路段和收费站，迅速启动三级调度指挥联动机制，及时疏导分流，保障路网畅通。加强水路运输动态监测、组织协调、船舶调度，指导地方交通运输主管部门和港航企业合理安排船期和港口生产计划，实施优先引航、优先进出港、优先靠泊装卸等措施。全年中国重点物资水路运输安全平稳有序，船舶运输和港口装卸保障有力。

二是全力保障重点物资运输。印发《关于进一步做好国务院联防联控机制综合组交通管控与运输保障有关工作的通知》等多份文件，指导各地全力保障重点时段、重点区域疫情防控物资、医疗物资、能源物资、农业物资、生产生活物资运输安全畅通。向全社会公布全国应急运输保障电话，"7×24"小时值班值守，积极协调解决应急物资运输保障事项。强化货运车辆、从业人员及场站疫情防控要求，全力做好货运物流新冠肺炎疫情防控工作，严防疫情通过货运物流渠道传播扩散。

二、铁路"抗疫"保障情况

（一）提高政治站位，加强疫情防控组织领导

深入学习习近平总书记关于疫情防控工作的重要讲话精神和重要指示批示，充分认识疫情防控形势的复杂性、严峻性，进一步统一思想，提高政治站位，坚决贯彻"外防输入、内防反弹"总策略和"动态清零"总方针，国家铁路局党组多次召开专题会议研究部署疫情防控工作，制定具体防控措施，加强检查监督，督促落实各级责任，坚决防止疫情通过铁路运输传播。

（二）严格落实国务院联防联控机制关于疫情防控等工作部署

坚持"人物同防"，强化铁路运输疫情防控制度措施保障，扎实开展综合督导检查，从严从紧抓好常态化疫情防控工作。落实国务院联防联控机制等有关要求，制定印发《贯彻落实全国新冠肺炎疫情防控电视电话会议精神 做好铁路运输新冠肺炎疫情防控工作的通知》等文件18份，组织开展9轮疫情防控监督检查。开展春运、暑运、清明节、劳动节、国庆节等客流高峰期客运安全及服务质量监督检查，全国两会等国家重大活动期间铁路运输安全保障措施落实督导。将铁路进口冷链食品作为"外防输入"工作重点，制定《铁路进口冷链食品运输新冠病毒防控和消毒技术指南》等系列文件，围绕装卸、储运等高风险环节，加强对进口冷链食品运输和高风险地区进口集装箱疫情防控的督导检查。

（三）严格落实属地政策，切实做好内部疫情防控工作

一是加强疫情期间机关人员离（返）京，会议、门卫、食堂、单身宿舍、公共区域通风消毒，针对外来人员以及助勤、劳务、运维人员管理等分

别制定精准防控具体措施，集中组织餐饮、物业等重点岗位劳务人员完成核酸检测，在关键环节上进行重点布防，细化完善疫情防控应急处置预案，及时组织专项应急演练。二是建立全局人员疫苗接种台账，及时督促具备接种条件人员完成接种，动态掌握疫苗接种情况。截至2021年12月31日，国家铁路局在编职工疫苗全程接种率93.5%，加强针接种率88.8%；在京劳务人员全程接种率97.0%，加强针接种率88.0%；地区局劳务人员全程接种率99.1%，加强针接种率81.1%；退休人员全程接种率70.3%，加强针接种率100%。三是按照疫情防控相关工作方案，持续做好日常环境消毒、验证测温、食堂就餐管理、外来人员审批登记、离返京人员管理、应急处置演练及组织疫苗接种、核酸检测等常态化防控工作。安排专人及时掌握各地疫情风险等级及本土新增病例情况，传达属地疫情防控政策，及时调整国家铁路局防疫措施和要求，快速排查风险人员，动态跟踪风险人员防控措施落实情况，加强各环节的监督检查。

三、民航“抗疫”保障情况

疫情以来，民航局按照“保安全运行、保应急运输、保风险可控、保精细施策”的防控工作要求，准确把握疫情形势变化，科学决策、创造性应对，因时因势精准施策，统筹推进疫情防控和安全发展。根据疫情变化，先后8次印发民航运输航空公司和运输机场疫情防控技术指南，动态实施“五个一”“一国一策”“航班熔断与奖励”等航班调控措施，严防疫情通过航空运输渠道传播扩散；配合有关部门做好远端防控，做好飞行途径疫情防控各项措施，严格落地后闭环管理，织密航空口岸联防联控网络，最大限度遏制了境外疫情输入性风险；在首都机场设立国际航班保障专区，采取第一入境点方式分流首都机场国际客运航班，支持西安、上海等地疫情防控需求，动态调整国际航班入境地；多次发布客票免费退改政策，引导人员减少流动；严格落实民航进京航班管控措施，确保首都疫情防控安全；支持国内航线航班有序恢复，保障复产复工运输；采取“客改货”等措施，快速提升国际航空货运能力，支持我国国际供应链保通保运保供。积极开展疫情防控国际合作，多种途径和方式介绍中国民航疫情防控经验与最佳实践。

同时，在国务院联防联控机制指导下，针对南京禄口机场疫情，依据职责督导机场堵塞疏漏，发布机场疫情防控工作方案，指导全行业机场完善防控措施；指导航空公司加强空勤人员管理，严防机组人员染疫。同时关心关爱空勤人员身心健康，规定空勤人员月季年隔离上限、改善空勤人员隔离条件，提供心理健康维护培训等一系列举措。开展常态化疫情防控知识和应急处置技能培训和监督检查，持续推进从业人员疫苗接种。严格落实《全国机场疫情防控工作方案》，严格国际航班保障“四指定、四固定”要求，加强高风险岗位人员“两集中”管理；严格开展疫情防控专项检查，对问题较多单位进行严肃通报和行政约谈；严格执行熔断政策，加强高风险地区、高风险航线航班管控力度；严格落实境外涉冬奥人员来华全过程管理要求，全力做好涉奥航班、机场防控工作。会同有关部门、地方政府进一步加强信息沟通，健全完善协同共防、联动群防、齐抓共管的工作机制和工作格局，切实做到守好国门、外防输入一刻不能大意，基层防控一点不能放松。

2021年，累计实施268次熔断措施（内航105次、外航163次），熔断航班603班（内航238班、外航365班）；累计实施11次控制客座率措施（外航11次），控制客座率航班44班（外航44班）。

四、邮政“抗疫”保障情况

（一）完善行业疫情防控基本制度

制定《邮政快递业疫情防控与寄递服务保障工作指南（试行）》，明确涉疫突发事件“一停二消三查四保”应对措施，指导各地结合实际细化疫情防控和寄递服务保障工作。修订发布《疫情防控期间邮政快递业生产操作规范建议（第七版）》，要求企业依法依规分区分级科学精准做好生产作业场所、生产设备、运输工具、邮件快件消毒工作，保障运营环境安全。

（二）因时因势抓好疫情应对

密切关注疫情形势变化，两次召开全系统电视电话会议，就疫情防控工作再动员再部署，要求全行业慎终如始抓好常态化疫情防控，重点抓好“外防输入”工作。保持疫情应急指挥体系高效运转，先后指导辽宁、安徽、广东、云南、江苏、湖南、河南、福建、黑龙江等省邮政管理部门科学精准应对地方突发疫情。在重要时间节点，督促全行业针对性做好疫情防控人员准备、物资准备、运力准备和预案准备，严防因生产服务繁忙而忽视、弱化疫情防控工作。

（三）持续推进新冠疫苗接种工作

按照中央统一部署，积极推进邮政快递从业人员疫苗接种工作。在全行业从业人员基本实现了“应接尽接”目标基础上，推进将从事邮政快递服务的所有人员纳入接种范畴。

第十二章　国际合作与港澳台工作

第一节　交通运输国际合作与港澳台工作概况

一、成功承办第二届联合国全球可持续交通大会

第二届联合国全球可持续交通大会于2021年10月14日至16日以线上线下相结合的方式在北京顺利召开，主题为“可持续的交通，可持续的发展”。14日晚，国家主席习近平以视频方式出席大会开幕式并发表题为《与世界相交 与时代相通 在可持续发展道路上阔步前行》的主旨讲话。习近平主席强调：新中国成立以来，几代人逢山开路、遇水架桥，建成了交通大国，正在加快建设交通强国。我们坚持交通先行，建成了全球最大的高速铁路网、高速公路网、世界级港口群，航空航海通达全球，综合交通网突破600万公里。我们坚持创新引领，高铁、大飞机等装备制造实现重大突破，新能源汽车占全球总量一半以上，港珠澳大桥、北京大兴国际机场等超大型交通工程建成投运，交通成为中国现代化的开路先锋。全球171个国家、61个国际组织参加大会，大会开幕式由交通运输部部长李小鹏主持。

二、坚决做好公路水运口岸防控境外疫情输入工作

密切跟踪国际疫情形势和防控态势，及时印发工作通知、警示通报，定期开展视频调度，进行调研督导，督促指导地方有关部门严格执行“客停货通”、闭环管理、“人、物、环境同防”等措施，做好公路水运口岸防控境外疫情输入工作。

三、扎实保障国际物流供应链稳定畅通

依托部长级双边会谈等合作机制，推进中欧班列高质量发展，推动完善国际海运网络和国际道路运输体系。主动与有关国家主管部门沟通协作，为进口粮食能源运输和外贸集装箱、疫苗出口运输提供支持。积极支持上下游企业“抱团出海”，提升骨干物流企业国际竞争力。配合推进在华建设全球人道主义应急仓库和枢纽工作。

四、抓时机、献方案，提升全球影响力

成功举办“驻华使节走进交通运输部”活动，李小鹏部长出席并向120多位驻华使节和国际组织代表宣介中国交通发展成就和前景规划。主动通过国际海事组织向国际社会分享11份船舶船员疫情防控经验，开展抗疫国际合作。积极参与海事国际标准制修订，全年提交提案85份。中国第17次连任国际海事组织A类理事国。

五、加强多边交流，强化交通运输合作共识

线上线下举办48场部长级双边会谈，交通运输部领导出席国际运输论坛2021年峰会、联合国亚太经社会第4届部长会议、第8届中日韩运输与物流部长会议、第20次中国—东盟交通部长会议、上海合作组织国际道路运输便利化委员会第3次会议等7场部长级会议，强化交通运输国际合作共识。

六、稳步推进“一带一路”交通基础设施建设互联互通

中老铁路全线开通运营，习近平总书记通过

视频连线出席通车仪式。完成巴基斯坦一号铁路干线升级改造（ML1）项目技术磋商并启动融资磋商，成立喀喇昆仑公路雷科特—塔科特段（N35）改线项目政府间联合技术工作组，完成比雷埃夫斯港第二阶段16%股权交割。中俄黑河公路桥具备开通条件，中俄同江铁路桥中方侧已完工。

七、港澳台工作取得积极成效

促进两岸交通运输领域交流合作，推动交通运输惠台措施落地。推进内地与港澳交通运输领域交流合作，支持香港巩固和提升国际航运中心地位，助力澳门经济适度多元可持续发展。

第二节　铁路国际合作与港澳台工作

一、深化拓展政府间合作交流

巩固拓展中俄、中哈、中蒙、中韩等双边合作机制，与相关各方积极对接各自铁路发展战略，协调提高口岸货物运输交接能力等事项，推动双边铁路合作取得积极成效。利用铁路合作组织、国际铁路联盟、上合组织铁路部门负责人会晤、国际铁路安全理事会等多边平台，积极推动铁路互联互通、简化跨境、运输便利化、规则标准统一等工作。

二、推动中欧班列高质量发展

围绕推动中欧班列高质量发展，组织制定具体落实措施，明确工作专班扎实推进，利用铁路合作组织和多双边机制等平台，加强沟通协调，推进国际联运便利化，为中欧班列发展营造了良好境外环境，全年中欧班列开行1.5万列，为保障国内国际循环畅通、国际贸易供应链稳定作出了突出贡献。

三、服务保障中老铁路开通运营

组织开展中老国境铁路协定编制工作，积极与老方相关部门对接沟通协定文本，全力服务保障中老铁路年内开通运营需要，国家铁路局党组成员分别带队赴昆明就中老铁路建设运营和协定编制情况进行专题调研、赴现场开展安全督导检查，《中老国境铁路协定》按照计划进度签署，中老铁路2021年12月3日顺利开通运营，成为共建“一带一路”和中老友谊的标志性项目。

四、有序推进重点铁路合作项目

巴基斯坦ML1项目技术和融资工作有序推进，项目技术工作取得阶段性成果。中尼跨境铁路前期工作取得积极成效，可行性研究工作方案调整顺利完成，方案第一阶段工作已基本结束。中俄两国首座跨江铁路大桥——同江铁路大桥实现铺轨贯通，为大桥尽快全线开通运营奠定了坚实基础。服务支持蒙内铁路持续安全运营取得实效，开通四年多来，蒙内铁路以安全、快捷、舒适、廉价的突出优势，已成为肯尼亚民众出行的首选交通工具。

五、推进中国铁路标准国际化

统筹行业资源，年内我国主持31项、参编58项ISO、IEC、UIC等铁路国际国外标准的制修订，主持编制的4项ISO国际标准、1项IEC国际标准和1项UIC标准正式发布，完成了中国标准英文译本发布49项，为我国铁路“走出去”提供了标准技术支撑。

六、切实加强外事管理工作

积极应对全球疫情给对外交往带来的不利影响，完善落实局参加国际视频会议报批审批程序办法，保障铁路政府间交流合作平台的稳定性和连续性。加强疫情期间派驻铁组委员会工作人员服务和管理，做好人员轮换调整、新调入人员培训、疫苗接种、防疫物资保障和国内人员返回华沙等工作，确保疫情期间工作稳定连续和我方人员安全。

第三节　公路(含道路运输)国际合作与港澳台工作

一、公路国际合作与港澳台工作情况及效果

(一)举办第35次中日公路技术交流视频会议

按照中日公路技术合作协议，第35次中日公路技术交流于12月21日以视频会议形式顺利举办。双方就共同关注的公路数字化、智能化发展和绿色低碳公路建设议题进行了深入的交流和研讨。交通运输部公路局局长吴春耕和日本国土交通省大臣官房审议官仓野泰行(局长级)以团长身份出席了交流活动。

中日公路技术交流起始于二十世纪八十年代，是中日专业技术领域持续较久的双边交流渠道。30余年来，通过每年的互访和技术研讨，双方在公路建设、养护、运营、管理等各个领域进行了广泛交流，建立了良好的技术交流和合作关系。

(二)交通运输部公路局局长吴春耕当选新一届世界道路协会执委会委员

2021年10月举行的世界道路协会(PIARC)理事会年会上，举行了执委会换届选举，选举新的协会主席、副主席及执委会委员。经全球100余会员国代表在线投票，产生了新一届执委会。南非原国家公路局局长Ali Nazir先生当选新一届主席，交通运输部公路局局长吴春耕当选委员，同时当选的还有美、日、俄等24个国家的委员，任期为2022年1月至2024年12月。

(三)2021年度巴基斯坦公路技术培训班线上举办

按照《中巴公路技术合作五年行动计划(2018—2022年)》工作安排，在科技部“发展中国家技术培训班”项目支持下，交通运输部以视频方式组织开展2021年度巴基斯坦公路技术培训班。交通运输部公路局局长吴春耕、巴基斯坦国家公路局副局长阿西姆·阿明分别在中巴会场出席开班仪式并致辞。本次培训班以英文直播和录播形式开展，课程由交通运输部公路局组织安排，并邀请交通运输部有关司局及行业相关领域专家进行授课，重点介绍了我国公路发展成就、工程技术和标准规范等，培训学员包括巴基斯坦国家公路局官员及公路领域高级管理和技术人员、中建和中国路桥的巴籍工程师等。本次培训收到巴方高度好评。

二、道路运输国际合作与港澳台工作情况及效果

我国道路运输领域不断深化与周边国家的区域交通合作，大力促进与周边国家的互联互通，加大参与国际组织事务的力度，行业对外开放水平和参与行业全球治理的能力不断提高，行业国际影响力和话语权持续提升。充分发挥国际物流供应链保障协调工作机制作用，着力推动国际物流体系建设发展。组织建设国际物流供应链服务保障系统，推动解决进口粮食压港压库问题。克服疫情不利影响，积极推进国际道路运输合作，通过视频会议组织举行了中蒙俄、中塔乌、中越、中韩、中白(白俄罗斯)等双多边国际道路运输事务级会谈，第二届联合国全球可持续交通大会期间，完成了中俄两国交通运输主管部门关于危险货物国际道路运输协议签署工作。牵头组建新冠病毒疫苗出口运输工作专班，确保疫苗安全高效运输，为疫苗国际合作贡献中国力量。

截至2021年12月30日，我国已同格鲁吉亚、白俄罗斯、老挝等19个国家签署了国际道路运输便利化协定，推动我国加入并全面实施《国际公路运输公约》(TIR公约)，推动国际道路运输辐射范围从周边国家拓展至土耳其、白俄罗斯等中欧走廊沿线国家。

第四节　水路国际合作与港澳台工作

一、国际海运合作、港口合作、内河航运发展合作、绿色航运发展合作与港澳台工作等

（一）举行双边或多边海运、河运会谈

4月21日，中丹双方海运主管部门以视频方式召开了第九次中丹海运会谈。双方就当前国际海运形势、最新海运政策、疫情防控、防范西非几内亚湾海盗等议题深入交换了意见，并交流了行业关切的问题，探讨了未来加强合作的领域。8月17—18日，中俄海运主管部门以视频方式召开中俄运输合作分委会海运河运工作组第二十五次会议。双方就开通相关集装箱运输航线、开展界河海事检查互认、加强海上搜救合作等问题进行了会谈。9月7日，中美欧海运主管部门以视频方式召开了第五届中美欧国际海运监管峰会。三方聚焦新冠肺炎疫情对国际集装箱海运市场及海运物流供应链的影响，分享了应对挑战采取的措施及取得的效果，对未来的发展形势进行了研判，探讨了应采取的监管行动。9月28日，中欧双方海运主管部门以视频方式召开了第十七次中欧海运会谈。双方重申了中欧海运会谈的重要意义，强调了海运在服务贸易和经济发展中发挥的重要作用，并就最新海运政策、当前国际集装箱海运市场面临的挑战、新冠肺炎疫情对船员的影响、海运业温室气体减排、海运安全等议题进行了讨论。11月24日第二十一届东北亚港湾局长会议以视频形式在京召开，中日韩三方以保障东北亚海运物流供应链稳定畅通为主题通报和交流了港口发展最新情况，以及抗击疫情、保障国际物流供应链稳定畅通的实践情况。2021年底，中德双方就中国三峡升船机运行维护、德国新尼德芬诺升船机试运行等方面工作进行了书面交流经验，并议定了下一步有关合作事项。

（二）积极推进界河航道国际合作

按惯例开展了界河航道养护管理工作。以视频方式组织召开了中俄航联委第62次例会。在疫情常态化下，创新工作方式，保持了中俄、中朝等界河航道畅通安全，维护了良好的双边合作关系。做好界河航道疫情外防输入工作。

（三）积极推进双边海运协定商签工作

完成中巴（巴拿马）海运协定延期工作，将海运协定延期五年。积极推进与安提瓜和巴布达、科威特等国海运协定文本磋商工作。

（四）积极加强内地与港澳合作

继续做好《内地与香港关于建立更紧密经贸关系的安排》《内地与澳门关于建立更紧密经贸关系的安排》（CEPA）落实工作，鼓励港澳资本在内地投资海运业，加强内地与港澳间海运交流与合作。引导内地港口与香港港错位发展，支持香港国际航运中心建设。指导广东省交通运输主管部门统筹做好内地与港澳间水路运输保障与疫情防控工作。

二、国际搜救合作交流及港澳台工作

（一）国际合作

一是持续巩固与东盟国家务实合作。协调老、缅、泰等国，组织开展澜沧江—湄公河水上联合搜救桌面推演，利用中老缅泰澜湄航联委机制进一步推动澜湄流域水上搜救合作向更深层次发展；利用中越低敏感领域合作专家工作组平台，与越南搜救机构开展磋商，积极推动中越政府间海上搜救合作协定签署工作；参加中菲双边磋商机制第六次会议，推进中菲海上搜救合作。

二是稳妥推动西北太平洋地区搜救合作。参加第十二、十三轮中日海洋事务高级别磋商、中韩海洋事务对话合作机制首轮会谈，指导辽宁、山东、浙江等地省级海上搜救中心与韩、日相关搜救机构举行海上搜救通信演习；参加中俄运输合作分委会

海运河运工作组第二十五次会议，起草中俄海上搜救合作文件，推动深化双边务实合作。

三是积极参与相关国际事务。参加国际海事组织航行、通信与搜救分委会第八次会议、国际民航组织和国际海事组织海上搜救联合工作组第27次会议、国际民航组织亚太航空器搜救工作组第六次会议等，跟踪了解国际海上搜救最新动态和先进经验；组织开展国际海事组织2021年海上特别勇敢奖申报工作。

四是全力做好我国搜救责任区和管辖海域内涉外海上突发事件处置工作。为外籍遇险船舶提供搜救服务，协助做好疫情期间涉外伤病船员救治工作，全年成功救助遇险外籍船舶82艘、船员1141人。发布全球海盗和武装劫船事件信息，及时提醒有关方面做好预警防范工作；配合海军护航兵力完成105批次170艘船舶护航任务；妥善处置"连蓬渔809"轮、"大西洋公主号"轮等遭海盗袭击事件。积极参加RECAAP信息分享中心反海盗合作事务，推动国际海事组织通过反海盗决议，凝聚打击几内亚湾海盗国际共识及合力。

（二）港澳台工作

2021年，与台湾搜救机构，继续保持较为顺畅的合作，认真履行搜救责任及人道主义救援义务，共联合开展搜救行动6次，妥善处置巴拿马籍散货船"永丰"轮在菲律宾以东海域机舱爆炸起火、一艘运砂船在台湾浅滩水域翻扣、中国台湾籍渔船"远东渔富888"轮在浙江温州附近海域起火、散货船"海建93"轮在福建闽江口水域沉没、干货船"鸿运达58"轮、散货船"新航海199"轮在马祖岛海域沉没等海上突发事件。

三、国际海事合作交流及港澳台工作

（一）参与国际海事事务

全年共组织召开或参加67场国际会议或活动，共向国际海事组织（IMO）、国际海道测量组织（IHO）、国际移动卫星组织（IMSO）等国际会议提交121份提案，为历年最高。

在IMO第32次大会上高票当选A类理事国，连续第17次当选。持续增强中国在国际海事领域的制度性话语权，积极牵头国际航运规则标准的制修订，经修订的《VTS指南》（船舶交通服务指南）以大会决议方式在IMO第32届大会通过，"《国内渡运安全示范规则》框架草案"在IMO第104届海上安全委员会通过，《AIS/VDES VDL完善性监控指南工作草案》被国际航标协会（IALA）接受并列入工作计划，《高密度电子海图中等深线生成方法》获得IHO批准并由中国牵头成立专项工作组。此外，中国作为示范先行国之一参与"国际海事组织—挪威2050绿色航行"项目，促进IMO海运船舶温室气体减排初步战略的实施。

向IMO推荐8名《海员培训、发证和值班标准国际公约》（STCW）履约审核专家。向IMO和联合国亚太经社会（ESCAP）各推荐1名助理技术官员（APO），向驻英国大使馆、驻法国大使馆和驻韩国大使馆各选派1名外交官。接受IMSO专家组6次远程审核，稳步推进北斗国际化工作。向国际劳工组织递交《2006年海事劳工公约》第二次国家履约报告。召开国际海事研究委员会首届大会，建立运行"政产学研用"一体的国际海事研究新平台。

（二）推进"一带一路"建设

落实《中国—东盟教育培训发展战略》，利用亚洲技术合作资金，以线上线下相结合方式完成了"东盟地区论坛渡运安全能力建设培训""LNG船舶安全管理能力建设与合作""VTS系统操作员能力建设培训"等能力建设合作项目；在中老缅泰四国"澜沧江—湄公河商船通航协定"框架下，推动《澜沧江—湄公河商船检验技术规则》的修订。

部海事局与利比里亚海事局在第二届联合国全球可持续交通大会期间签署了《中华人民共和

国海事局与利比里亚共和国海事局海事合作谅解备忘录》，首次同非洲国家建立了海事合作机制。

与新加坡海事及港务管理局签署了《中华人民共和国与新加坡共和国关于推广、接受和使用船员和船舶电子证书的谅解备忘录》，拓展两国海事电子证书合作范围。与国际航运公会（ICS）建立了定期会晤机制。主办 2021 北外滩国际航运论坛“安全与合作”专题论坛。

四、国际救捞合作交流及港澳台工作

一是线上召开国际海上人命救助联盟亚太交流合作中心第 13 次理事会议。2021 年 8 月 5 日，国际海上人命救助联盟亚太交流合作中心在线上召开第 13 次理事会议。会议通过了关于理事会成员任期调整的决定，交通运输部救捞局局长王雷当选新一任理事长，会议还就积极组织区域海上人命救助技术交流培训、为发展中国家提供技术帮扶、支持区域海上搜救能力提升等事项达成了诸多共识。

二是参加第 67 届国际救捞联合会年会。11 月 30 日，第 67 届国际救捞联合会年会以视频形式召开，交通运输部救捞局局长王雷率团参会，结合国际海上应急救捞和残骸清除案例，围绕国际公约、规则制定等与代表们深入交流，达成有关共识。

第五节　民航国际合作与港澳台工作

一、国际合作情况及效果

（一）严守民航外防输入关口

继续守好民航外防输入关口，2021 年全年科学动态调整国际客运航班，以超低位运行水平与 52 国保持客运通航，严守民航外防输入关口。

（二）积极参与全球民航治理

2021 年国际民航组织新冠肺炎高级别会议通过视频方式召开，民航局深度参与会议讨论，提出中国方案，展示中国民航抗疫成果，展现负责任大国形象，圆满完成各项参会任务。中国民航参与全球民航治理更加深入，首次由中国籍人员出任国际民航组织亚太地区办事处主任。

（三）系统推动民航对外合作

一是加强抗疫合作，主动增信释疑。全年共向 80 余个国家和国际组织发出约 250 余封信函，举行 54 次双多边线上会议，就我国际客运航班管控措施、冬奥航班政策等密集与外方沟通。二是扩大航权安排，服务六稳六保。与巴基斯坦、土库曼斯坦、芬兰等扩大航权安排，为后疫情时代储备航权资源。三是夯实平台机制，创新技术合作。召开中国民航“一带一路”平台指导委员会第一次会议，推动中国民航安全技术标准国际化。推动中美、中欧民航合作平台年内完成 11 个项目。协调参加国际民航组织航空恢复工作队等系列线上会议，积极参与国际航空运输的复苏与重启工作。

二、港澳台合作情况及效果

（一）加强政治引领，推动对台交流呈现新格局

一是组织指导民航院校圆满完成 2 项国台办对台重点交流项目。民航大学和民航广州职业技术学院采取线上线下相结合方式成功举办“两岸青年飞行与客舱安全交流会”“台湾青少年线上民航技能和岭南文化交流月”等活动，并通过视频方式争取岛内参与，促进专业交流，增进友谊和合作共识，赢得积极响应，增强了台湾青年成为两岸民航交流合作参与者、传播者、推介者的认同感。二是精准施策，认真落实“一视同仁、同等待遇”惠台利民政策措施。指导顺丰航空、中州航空顺利招聘台湾地区飞行员，支持货运航空；协调海南航空在破产重组中注意保障台湾地区员工利益；中国航协组织有关航空公司提升台湾地区乘务员管理水平，举办“中国（港澳台）和外籍客舱人讲故事”主题活动，探访红色航线，感悟建党百年光辉历程与伟大成就。

（二）强化统筹协调，支持港澳融入大局协同发展

一是积极协调联络，高质量完成内地与港澳地区签署《联合维修管理合作安排》，与香港民航意外调查机构商签《民用航空器事故调查合作安排》，实现维修与培训证照互认，无障碍流通，促进三地民航维修业相融合，夯实粤港澳大湾区民航协同发展基础。深入调研，研商澳门机场改扩建工程所需空域优化问题，优化安全飞行。促成澳门航空与飞行学院合作培养澳门本地飞行员，拓宽澳门航空业人才储备和培养渠道。二是贯彻新发展理念，积极推动内地与港澳空管高层交流，共同促进空域优化、智慧空管建设，提升大湾区空管保障能力，构建发展新格局。大力支持民航大学、管理干部学院、国际合作中心全面深化与香港国际航空学院教育交流，积极鼓励将所签协议落实落地落细，不断取得新成绩、新进展，促进“软联通”，更好服务内地与香港民航高质量发展，为建设智慧民航和民航强国建设作出新的贡献。

三、民航参加第二届联合国全球可持续交通大会的情况

第二届联合国全球可持续交通大会于2021年10月14日至16日在北京以线下线上结合方式召开。其间，冯正霖局长担任“可持续交通与政策”主题会议的联合主席并致开幕词。大会前期，根据组委会办公室展陈组工作安排，民航局提交了大会配套展示方案中涉及民航内容的图片、中英双语文字材料。此外，北京大兴国际机场还向大会提供了大兴机场展示模型。

第六节　邮政国际合作与港澳台工作

一、做好邮政领域国际组织工作

圆满完成第27届万国邮联大会竞选和提案审议工作。我国成功当选万国邮联新一届行政理事会和邮政经营理事会理事国、邮政经营理事会副主席国，成功推动万国邮联会费改革“融合方案”、向更多市场主体开放“渐进方案”等提案获得大会审议通过，迫使美国主动撤回国际包裹完全自定义费率提案，有力维护了万国邮联多边体制和国家利益，为我国在未来四年深入参与全球邮政治理，更好维护自身权益奠定了基础。召开国际邮政组织中国职员视频座谈会，组织邮政管理系统青年干部赴亚太邮联培训，研究拓展国际组织人才输送渠道。开展“十四五”邮政业国际发展规划编制和万国邮联重点问题跟踪研究，提高国际邮政领域政策储备能力。

二、推动中欧班列运邮工作

制定和印发中欧班列运邮工作领导小组和联合工作组2021年重点任务目标，持续推动中欧班列常态化运输邮件和跨境电商商品。组织参加阿拉山口等离境口岸调研和中欧班列统一品牌五周年活动。定期发布沿线国家运输政策和法律风险信息。成功推动万国邮联邮政经营理事会通过《万国邮联公约细则》修订提案，将直接转运条款扩展到包括铁路运输在内的各种运输方式，明确了直接过境经转情况下各方的权利义务关系，为国际铁路运邮提供了更为坚实的法律保障。

三、组织邮政领域国际交流合作

做好在华召开第二届联合国全球可持续交通大会、联合国全球人道主义应急仓库和枢纽建设任务的支撑保障工作，邀请万国邮联和亚太邮联领导人出席第四届中国（杭州）国际快递业大会、2021年全球数字贸易博览会（杭州），积极服务国家整体外交和对外开放大局。组织召开推进邮政业服务“一带一路”建设工作领导小组会议，推动我国与塞尔维亚、格鲁吉亚、尼泊尔、阿尔及利亚等沿线国家签署共建“一带一路”合作文件，

不断加强行业服务“一带一路”建设工作的顶层设计和统筹协调。成功举办 RECEP 背景下邮政快递业国际合作发展论坛、“一带一路”倡议下促进非洲贸易便利化邮政研修班，加强与外交、商务、国合署等部门协作，推动我国邮政快递企业与摩尔多瓦、冰岛、亚美尼亚、俄罗斯、乌克兰、巴勒斯坦、柬埔寨等国深化合作。坚持外防输入和“非必要、非紧急不出国”原则，加强线上线下外事活动审批，严格落实疫情防控措施，确保外事活动安全进行。

四、做好邮政领域港澳台工作

召开邮政业对台工作会议、海峡两岸邮政交流协会第二届理事会会议，学习贯彻中央对台工作会议精神，研究部署对台工作新举措。协调福建省疫情期间邮政航空邮件运输问题，推进两岸快捷邮件电子预告信息交换商谈，持续发挥对台联系窗口作用，不断巩固两岸通邮成果。结合党史学习教育活动，组织赴海峡两岸交流基地调研，激发对台工作人员的使命感、责任感，增强对台工作的主动性。积极推进内地与港澳邮政深度合作。组织召开第四届内地与港澳邮政高峰会，做好发行建党百年纪念邮票、智能信报箱标准、进境邮件快件包装使用规范等与港澳邮政的沟通交流，协调解决香港进入内地平邮邮件积压等问题。

第十三章　党的建设

第一节　交通运输部党的建设工作综述

2021年，交通运输部党的建设坚持以习近平新时代中国特色社会主义思想为指导，全面贯彻党的十九大和十九届历次全会精神，深刻认识“两个确立”的决定性意义，进一步增强“四个意识”、坚定“四个自信”、做到“两个维护”，以党的政治建设为统领，全面推进党的各项建设，为交通运输服务全面建设社会主义现代化国家开好局起好步提供了坚强政治保证。

一、深入贯彻落实习近平总书记重要指示精神和党中央重大决策部署，坚决做到“两个维护”

一是坚决贯彻落实习近平总书记关于交通运输工作重要指示要求。通过建立专项台账、按月督查推进、持续跟踪问效，高质量落实习近平总书记重要指示。齐心协力筹办第二届联合国全球可持续交通大会，留下了永久性成果。

二是坚决贯彻落实党中央重大决策部署。牢牢把握党中央关于立足新发展阶段、贯彻新发展理念、构建新发展格局、推动高质量发展部署要求，扎实推进《交通强国建设纲要》《国家综合立体交通网规划纲要》贯彻实施，持续提升综合运输服务水平，不断巩固拓展交通脱贫攻坚成果同乡村振兴有效衔接。积极推进货车司机和道路货运领域两项党建工作试点，抓牢“思想引领”“凝聚服务”两个根本，推动习近平总书记关于维护货车司机等群体合法权益重要指示精神落地落实。

三是深入推进模范机关建设。认真落实习近平总书记在中央和国家机关党的建设工作会议上的重要讲话精神，持续推动部党组分工方案落地落细，对169项具体任务逐项明确评价标准、逐一督促落实。强化政治机关意识教育，通过召开工作推进会、开展“以习近平总书记重要指示精神为根本遵循，建设讲政治守纪律负责任有效率模范机关”专题党课等多种形式，持续深化模范机关建设。一年来，各级党组织严肃党内政治生活，严格请示报告制度，全面落实意识形态责任制，引领广大党员干部坚决走好“第一方阵”、当好“三个表率”，始终在思想上政治上行动上同以习近平同志为核心的党中央保持高度一致。

二、扎实开展党史学习教育，学深悟透习近平新时代中国特色社会主义思想

（略，详见专题二 党史学习教育）

三、加强干部人才队伍和基层党组织建设，为加快建设交通强国提供坚强组织保证

一是培养高素质的干部队伍。把好干部标准贯穿选人用人全过程，调整机关和部属单位班子，提任局处级领导干部，组织京津冀地区单位纪检机构负责人系统性轮岗。加强干部思想淬炼、政治历练、实践锻炼、专业训练，选派干部到乡村振兴一线、重点改革任务中挂职锻炼、参加中共中央组织部“一校三院”调训。发挥公务员职务职级并行的正向激励作用，及时晋升职级。制定部“建立容错纠错机制激励干部担当作为”的实施办法，旗帜鲜明为勇于负责、勇于担当、敢抓敢干的干部撑腰。

二是抓好人才队伍建设。坚持党管人才，加强人才梯队建设。印发部职称评审办法，制定工程技术人员、自然科学研究人员职称评价标准条件，调整部属事业单位岗位设置，为人才脱颖而出创造条件。出台交通运输部促进交通运输职业教育高质量发展的意见，加大交通运输国际人才培养力度，努力为交通强国建设提供强大的人才支撑。

三是强化基层党组织政治功能和组织力。扎实推进党支部标准化规范化建设，159 个党支部在综合评定中被评为“四强”。优化基层党组织设置，全面完成部属单位党组调整为党委工作，加强分类指导，确保党的组织和党的工作全面有效覆盖。组织开展 2020 年度党组织书记抓基层党建工作述职评议考核，压紧压实责任。加强对群团统战工作的领导，指导开展“岗位作贡献、建功新时代”主题实践活动，营造出奋进新征程、展现新气象、创造新业绩的浓厚氛围。充分发挥党组织战斗堡垒作用和党员先锋模范作用，聚焦交通运输急难险重任务，建立临时党支部，设置党员示范岗，让党旗在交通运输一线高高飘扬。

四、深化纠治“四风”顽瘴痼疾，营造交通运输风清气正发展氛围

一是严格落实中央八项规定及其实施细则精神。不折不扣落实党中央过“紧日子”要求，进一步大幅压减非急需非刚性支出。坚决落实节约粮食、制止餐饮浪费行为措施，有效防止“舌尖上的浪费”。严肃查处违规接受宴请、违规收受礼品礼金等违反中央八项规定精神问题。

二是坚决纠治形式主义官僚主义。制定精简文件会议、规范督查检查考核具体措施，建立完善整治形式主义为基层减负长效机制，如期完成“指尖上的形式主义”问题整治任务。完成年度公文精简目标任务；召开各类会议 133 个，占全年控制目标的 66.5%，持续减轻基层负担。

三是深入开展突出问题专项整治。坚持以案促改，深入开展违规举办培训班、组织召开会议、考察调研问题自查自纠等专项工作，坚决纠治突出问题。聚焦党委（党组）“三个清单”贯彻落实不彻底等 5 个方面问题进行专项治理，做到发现一类问题、开展一项治理、完善一套制度、实现一次创新。一年来，各级党组织从严从实抓作风，开展常态化明察暗访和专项监督检查，持续巩固作风建设成效，为交通运输发展营造了风清气正氛围。

五、持续深化政治巡视，充分发挥巡视巡察综合监督作用和联系群众纽带功能

一是推进巡视高质量全覆盖。修订《中共交通运输部党组巡视工作实施办法》，准确把握全面从严治党阶段特征，聚焦“四个落实”，加强对“十四五”规划制定和开局起步情况的监督检查，加强对“一把手”的监督，督促各级党组织落实“两个责任”。分两轮对部属单位开展常规巡视，实现党的十九届中央任期内部属单位巡视全覆盖。

二是扎实做好“后半篇文章”。把抓巡视整改作为提升管党治党能力的有力抓手，坚持巡视情况“双反馈”，对巡视整改报告进行“六方共审”，压实整改责任链条，落实落细监督责任。被巡视单位把解决问题和建章立制相结合，做到久久为功、标本兼治。

三是完善巡视巡察上下联动格局。坚持巡视巡察一体推进，开展加强巡视巡察上下联动若干措施研究，组织召开巡视巡察上下联动座谈会，努力实现巡视巡察系统推进、同向发力、同频共振。各级党组织注重加强巡视巡察队伍建设，建立完善巡视巡察“组长库”“人才库”及培训师资库，组织开展分级分类业务培训，有序推进专职队伍建设，部系统巡视巡察工作取得显著成效。

六、严明党的纪律，一刻不停推进党风廉政建设和反腐败工作

一是常态开展纪律教育。紧盯元旦、春节、“五一”、端午、中秋、国庆等重要时间节点加强廉政提醒，对新入职、新任职干部开展廉政教育，筑牢拒腐防变思想防线。强化典型案例警示教育，召开部系统警示教育电视电话会议，点名道姓通报违纪违法典型案例，督促涉案单位党组织及时召开专题民主生活会，以案为鉴、以案促治。组织观看警示教育片，促进广大党员干部知敬畏、存戒惧、守底线。

二是做实做细日常监督。严把选人用人关，各级纪检机构共回复党风廉政意见15226份，提出否定（暂缓）意见21份。组织领导干部报告年度个人有关事项，按要求抽查核实。开展2018—2020年度“带病提拔”干部选拔任用过程集中倒查。对7名部管领导干部开展离任经济责任审计，发现问题83个，提出建议104条，督促整改落实，发挥审计在规范权力运行、有效防范风险中的重要作用，促进领导干部依法履职，担当作为。

三是严肃查处违纪案件。全年，部属各级纪检机构处置问题线索691件，给予谈话函询、批评教育429人，党纪轻处分、组织调整88人，党纪重处分、重大职务调整30人，严重违纪移送司法23人。坚持一案双查，对履行全面从严治党责任不力的党员领导干部进行问责。各级党组织坚持挺纪在前，综合运用“四种形态”，坚持抓早抓小，强化制度的刚性约束，促进党员干部因敬畏而不敢、因制度而不能、因觉悟而不想，持续将党风廉政建设和反腐败斗争引向深入。

第二节　国家铁路局系统党的建设工作综述

一、坚持把党的政治建设摆在首位，践行“两个维护”的自觉性更加坚定

一是坚决贯彻落实习近平总书记重要指示批示精神和党中央决策部署。坚持把学习习近平总书记重要讲话、重要指示批示精神和党中央决策部署作为党组会议“第一议题”。建立贯彻落实习近平总书记关于铁路工作重要指示批示工作台账，每月督查督办，开展贯彻落实情况“回头看”和政治监督专项检查。扎实推进铁路沿线安全环境治理，高质量推进川藏铁路建设，积极服务区域重大战略和区域协调发展，推动高质量共建“一带一路”，巩固拓展脱贫攻坚成果和乡村振兴有效衔接，持续抓好常态化疫情防控，全力维护铁路安全持续稳定，服务构建新发展格局作出新成绩。

二是压紧压实管党治党政治责任。贯彻落实习近平总书记在中央和国家机关党的建设工作会议上重要讲话精神，压实工作责任，持续推动落实。认真落实全面从严治党主体责任，实施责任清单，强化年初工作部署、全过程推动、年底考核。落实模范机关创建“深入推进年”各项措施。加强对“一把手”和领导班子监督。严格落实意识形态工作责任制，加强和改进新时代思想政治工作。领导支持局内设纪检机构发挥专责监督作用，积极支持驻交通运输部纪检监察组履行监督职责，主动接受监督。

三是严肃规范党内政治生活。严格执行请示报告制度，及时向党中央请示报告重大事项。严格执行民主集中制。高质量召开民主生活会，落实领导干部双重组织生活制度。严格遵守政治纪律和政治规矩，严格执行八小时之外行为约束规范。深化政治机关意识教育，开展家庭家教家风教育，发展积极健康的党内政治文化。

二、扎实开展党史学习教育，推动党的创新理论更加入脑入心

一是深入学习贯彻习近平新时代中国特色社会主义思想。把党史学习教育作为贯穿全年的重要政治任务，坚持系统抓、抓系统，一级抓一级，层层抓落实，教育引导党员干部树立正确的党史

观，从党的百年奋斗历史中汲取智慧和力量，不断加深对"两个确立"决定性意义的理解把握，自觉用习近平新时代中国特色社会主义思想武装头脑、指导实践、推动工作，达到了学党史、悟思想、办实事、开新局的目的。

二是组织开展庆祝建党100周年系列活动。举办"奋斗百年路、起航新征程"文艺演出暨表彰大会，组织开展"党在我心中"党史知识竞赛，第一时间组织收听收看"七一"庆祝大会。局党组赴中国共产党历史展览馆、中国人民抗日战争纪念馆追寻红色记忆、感悟初心使命。各级党组织因地制宜开展参观学习、联学联建、观影交流等特色活动。

三是深入开展"我为群众办实事"实践活动。聚焦党中央要求和人民群众需求，结合履职监管实际，深入开展铁路沿线安全环境治理。着力解决"一老一小"等特殊群体铁路运输服务需求，积极协调推动解决铁路工程项目拖欠农民工工资问题，大力实施"一网通办"、线下"送考上门"，推动解决列车鸣笛扰民问题等。

三、注重基层基础建设，党的基层组织和群团组织作用发挥更加有力

一是健全完善党的组织体系。优化基层组织设置，完善局属单位纪检机构，选优配强基层党组织领导班子。开展垂管系统党建工作调研，进一步理顺党建工作体系。加强川藏铁路工程监管一线党支部建设，指导成立党组巡视组、中央和国家机关实习大学生临时党支部。

二是全面推进党支部标准化规范化建设。贯彻落实党支部工作条例，坚持"三会一课"、组织生活会和民主评议党员等组织生活制度，健全完善重温入党誓词、党员过"政治生日"等政治仪式，规范党支部工作流程，开展考核评估。

三是强化党员教育管理。采取集中培训、集体学习、实践锻炼等形式，用好"国铁大讲堂"、微党课等载体，开展党员教育培训。开展贯彻落实《2019—2023年全国党员教育培训工作规划》中期评估。将专兼职党务干部工作经历纳入干部履历，增强身份意识。

四、锲而不舍加强作风建设，严肃整治不正之风效果更加彰显

一是持之以恒贯彻落实中央八项规定及其实施细则精神。持续改进调查研究，严格限定会议和发文数量，严格按规定乘坐交通工具并缴纳费用。牢固树立过紧日子思想，大力推进节约型机关建设，强化资产调剂处置，深化"光盘行动"，推行无纸化办公。

二是持续整治形式主义官僚主义为基层减负。开展整治形式主义为基层减负工作自查。统筹规范督查检查考核工作，严控督查检查数量和频次，简化问题处理流程。大力整治指尖上的形式主义，进一步规范信息报送App和微信工作群，避免形式主义问题。

三是扎实开展专项治理。集中开展"三重一大"决策不规范、行政许可和行政执法不规范、委外项目管理问题专项治理。

五、坚持系统施治，一体推进"三不"更加深化

严肃执纪问责，强化"不敢腐"的震慑。坚持无禁区、全覆盖、零容忍，坚持重遏制、强高压、长震慑。针对有关单位连续发生同类违纪问题，制发纪律检查建议，督促有关单位认真查找原因，完善制度、堵塞漏洞。

强化政治监督带动日常监督，扎牢"不能腐"的笼子。制定加强领导班子和领导干部政治监督的实施意见，规范领导干部配偶、子女及其配偶经商办企业禁业范围，实施公务员辞去公职后从业行为限制清单制度。加强内部巡视，

实现党的十九届期间巡视“全覆盖”。开展巡视发现问题整改落实情况“回头看”专项检查，巩固拓展整改成效。

持续深化警示教育，增强“不想腐”的自觉。坚持“每月一案”，召开警示教育会，通报典型违纪违法案例。紧盯年节假期等重要节点，开展节前廉政提醒，通过政务微信及时转发中央纪委国家监委通报违规违纪典型案例。

第三节　中国民用航空局系统党的建设工作综述

一、践行“两个维护”更加坚定自觉

深刻认识“两个确立”的决定性意义，始终在思想上政治上同以习近平同志为核心的党中央保持高度一致。严格落实第一议题制度，及时传达学习习近平总书记重要讲话和指示批示精神，健全完善贯彻落实习近平总书记关于民航工作重要指示批示精神工作台账，制定进一步加强总书记重要指示批示贯彻落实15条措施，形成了“民航局总台账＋司局分台账＋定期回头看”和直属机关纪委加强政治监督的多重保障落实机制，高质量落实习近平总书记重要批示32件。认真贯彻落实党中央重大决策部署，统筹推进疫情防控和行业安全、恢复发展工作，编制完成民航“十四五”规划和智慧民航建设“路线图”，圆满完成中国共产党成立100周年庆祝活动、党的十九届六中全会、珠海航展等国家重大活动的航空运输保障和安保维稳任务，全力做好北京冬奥会航空运输保障工作，以实际行动践行了“两个维护”。

二、党的创新理论更加入脑入心

加强理论武装，及时跟进学习习近平总书记最新重要讲话、重要文章、重要指示批示精神，并及时汇编成集，印发各党组织，组织党员学习。组织完成局党组读书班、司处级党史学习教育专题培训班，示范带动局直单位处级以上领导干部学习培训全覆盖。注重抓好青年干部学习，组织召开局直机关青年干部学习座谈会。坚持学以致用，推动党员干部把学习成果转化为指导实践、增强工作的实际能力和实际成效。认真开展党建课题研究，形成课题成果40余篇。

三、基层组织体系坚强有力

坚持把政治标准和政治要求贯穿组织建设始终，严格落实民主集中制，完善“三重一大”事项清单，各级党组织政治功能、组织力持续强化。深入贯彻《中国共产党组织工作条例》，坚持从基础工作、基本制度、基本能力抓起，推进党支部标准化规范化建设和模范机关创建工作。精心组织召开直属机关第六次党代会，选举产生新一届党委、纪委。指导基层组织换届选举。开展“两优一先”评选表彰，激励党员干部担当作为、创先争优。加强对行业党建工作指导，指导东海航成立党委、建立健全基层组织，推动东海航“脱胎换骨”。牢固树立大抓基层的鲜明导向，严格规范“三会一课”、组织生活会、党日活动等党内生活基本制度。严格标准程序做好发展党员工作，丰富党员教育手段渠道，开展形式多样的党内活动，广大党员先锋模范作用发挥愈加明显。

四、正风肃纪反腐深入开展

以永远在路上的清醒和坚定，锲而不舍抓好中央八项规定精神的贯彻落实，坚决纠治“四风”，按照“过紧日子”要求规范经费使用，搭建“民航e政”工作平台，认真落实“加压、减负、撑腰、充电”具体措施，开展制止餐饮浪费行为检查，组织开展“三重一大”事项决策不规范等专项治理，严格论坛、展会、庆典活动审批和会议管理。突出政治监督这一首要责任，加强对“一把手”和领导班子的监督，深入开展常规巡视工作，实现了十九大后局党组巡视全覆盖，督促指导民航系统单位

开展巡察，管党治党责任进一步压实。做实做细日常监督，定期通报典型案例，开展警示教育，健全廉政制度，加强对权力运行的监督制约，各级党组织和党员干部纪律规矩意识进一步增强。

五、思想政治工作富有成效

针对“政治年”“复杂年”“开局年”的特点，各级党组织加强思想教育和正面引导，做深做细思想政治工作，激励党员干部坚定信心、担当作为。严格落实意识形态工作责任制，加强意识形态阵地管理，加强舆情监测和热点敏感问题舆情应对，营造良好舆论环境。持续深化“两航”起义爱国主义精神、当代民航精神、中国民航英雄机组精神宣传教育，完成对电影《平凡英雄》等民航题材影视剧的协助拍摄等工作。充分发挥工会、共青团组织桥梁纽带作用，组织“劳模大讲堂”巡讲，建立民航院校思政课青年教师联盟，举办青春系列主题教育实践活动，发挥民航老干部优势，宣传弘扬优良传统，民航广大干部职工的行业归属感、职业荣誉感进一步增强，奋进新征程、建功新时代的精气神得到极大提振。大兴机场被评为全国爱国主义教育示范基地。地空协同全力救助新疆维吾尔族断臂男孩，生动诠释了人民至上、生命至上的价值追求，展示了民航良好社会形象。

第四节　国家邮政局系统党的建设工作综述

一、以党的政治建设为统领，把践行“两个维护”贯穿到工作全过程、各方面

始终把贯彻落实习近平总书记重要指示批示精神作为践行“两个维护”的政治要求和实践标准，紧跟做好学习部署，滚动更新台账督办，“快递进村”工程、寄递安全监管、快递包装治理、快递员群体关爱服务等多项工作取得重要进展。严格落实《关于加强和改进中央和国家机关党的建设的意见》，持之以恒抓好模范机关建设。严明党的政治纪律和政治规矩，及时向党中央请示报告重要事项。坚守政治机关定位，对 8 个省局党组开展巡视，实现十九大期间覆盖率 100%。

二、聚焦思想建设，确保习近平新时代中国特色社会主义思想学习入心入脑

自觉把学习贯彻习近平新时代中国特色社会主义思想作为首要政治任务，全面系统学习领悟习近平新时代中国特色社会主义思想，及时跟进学习习近平总书记最新重要讲话精神和重要指示批示，聚焦行业发展推动学习成果转化。以党组理论学习中心组为龙头，辐射和示范带动各级党组织和党员干部坚定不移武装头脑、凝心聚魂，自觉在新时代“两个大局”“两个革命”中找准定位、担当作为。同时，按照中央统一部署，在全系统认真开展党史学习教育活动，坚持以上率下，大事大抓，紧紧围绕学史明理、学史增信、学史崇德、学史力行的目标要求，全面部署、扎实推进。

三、认真贯彻新时代党的组织路线，推动邮政管理系统党的建设全面过硬

出台《关于进一步加强邮政管理系统领导班子建设的若干措施》，坚持好干部标准，全年调整补充领导班子 20 个、任免局管干部 51 人次。加强优秀年轻干部队伍建设，选派 106 名年轻干部到基层一线历练。严格落实“三会一课”等制度，开展“灯下黑”问题专项整治，对基层党建工作落实情况进行季度通报，着力推进基层党组织全面进步。在国家局机关和直属单位为 21 名老党员颁发“光荣在党 50 年”纪念章，认真开展“两优一先”评选，号召党员干部向先进学习、向榜样学习。

按照中央统一部署，在北京、浙江、深圳开展快递物流业和快递员群体党建工作试点，加强督导和分类指导，通过党建引领行业高质量发展成效明显，试点工作取得阶段效果。坚持党建带群建，认真做好离退休干部及群团等各项工作，为加快建设邮政强国汇集强大正能量。

四、落实中央八项规定精神，驰而不息打好作风建设持久战

深入贯彻落实习近平总书记关于厉行节约、反对浪费重要批示，常态化推进“光盘行动”。落实“过紧日子”要求，持续强化预算管理和执行，全系统压减一般公共预算项目支出43%。对标中央要求，围绕深化拓展基层减负，梳理6个方面8类问题，制定32项解决措施，着力纠治破解表态多、调门高、行动少、落实差等问题。优化整合部门内部事项，国家局机关全年优化赴基层调研频次60次。持续推动精文简会，发文办会同比分别减少30.5%和3.3%。在节假日等重要时间节点印发严防反弹回潮通知，强化点对点提醒监督，精准发现纠正苗头性倾向性问题，形成常态化制度机制。

五、加强纪律建设，持续纯正政治生态

综合运用平时观察、谈心谈话等形式抓细抓实日常监督，常态化开展廉政提醒。召开全系统警示教育大会，深入剖析全面从严治党中存在的15种突出表现，健全完善责任清单与任务清单，压实工作责任。认真贯彻中央办公厅《关于加强对“一把手”和领导班子监督的意见》，运用检查抽查、指导民主生活会等方式，加强对各级领导班子及其成员特别是“一把手”的监督。深入开展“三重一大”决策不规范等4个方面突出问题专项整治，全盘组织筹划、加强专题调度，确保高标准推进、高质量整改。综合运用“四种形态”，严肃案件查处。

六、扛稳抓实全面从严治党主体责任，提高党的建设工作质量

坚持民主集中制度，严格落实《党组议事规则》，重大事项集体研究决定。印发全面从严治党工作要点，将“落实全面从严治党责任”纳入年度领导班子考核指标，国家邮政局党组全年研究全面从严治党及党风廉政工作16次。党组书记认真履行全面从严治党第一责任人职责，党组其他成员履行“一岗双责”，党组成员参加所在党支部和党小组活动58次，讲党课6次。主动接受中央和国家机关工作委员会、交通运输部对本级党组全面从严治党工作的指导，自觉接受中央纪委国家监委驻交通运输部纪检监察组的监督。

第十四章 精神文明建设

第一节 全国交通运输行业精神文明建设

一、交通运输部精神文明建设工作综述

一是持续深入学习宣传贯彻习近平新时代中国特色社会主义思想。十九届六中全会闭幕后，交通运输部迅速组织召开系列学习活动，掀起学习宣传全会精神的热潮；组织全行业深入学习习近平总书记在第二届联合国全球可持续交通大会开幕式上的主旨讲话，每月整理编印《习近平总书记重要论述学习资料》，并将其作为部党组理论学习中心组学习资料、部党校培训教材；深入开展《贯彻习近平总书记重要论述建设人民满意交通的理论》等课题研究，为加快建设交通强国提供理论指引。

二是持续推进社会主义核心价值观建设。连续11年组织开展"社会主义核心价值观主题实践教育月"活动。在"车、船、机、路、港、站"及各类交通运输服务窗口等广泛展播"我为群众办实事"主题公益广告。积极参加全国青年文明号、2021年全国城乡妇女岗位建功先进个人（集体）等评选表彰活动，中国正能量2021"五个一百"网络精品征集评选活动等。

三是持续提升精神文明创建工作科学化水平。召开交通运输部精神文明建设指导委员会会议，研究部署全年交通运输行业宣传思想和精神文明建设工作。制定印发《交通运输行业先进典型培树宣传工作方案》和《交通运输部系列"最美人物"推选工作办法（试行）》。

四是持续打造交通运输志愿服务品牌。深入开展志愿服务活动，增加便民举措，提升服务品质。北京市交通委员会组织开展"爱满京城"主题学雷锋志愿服务月活动，重点志愿服务站（岗）每年安排活动70余项，组成38个公益出租车队。江苏省交通运输厅举行"爱心送考 为梦护航"交通志愿服务活动，全省1700余辆巡游出租车、网约车等提供送考志愿服务。浙江省交通运输厅围绕技术服务、环境整治、社会公益，发动党员干部传递爱心与温暖。

五是持续扩大精神文明建设覆盖面和影响力。印发年度工作要点，把弘扬新时代交通精神、培育现代交通文明作为全年工作要点纳入其中。在中央精神文明建设指导委员会指导下设立重点工作项目基层联系点。组织开展"我家门口那条路"主题宣传活动，"我家门口那条路"微博话题阅读量7亿次，直播观看量近1300万次。组织开展"我的公交我的城"绿色出行宣传月和公交出行宣传周等宣传活动，"文明交通绿色出行"微博话题阅读量过亿。

六是持续弘扬以"两路"精神为代表的交通精神。在行业媒体开设专栏集中宣传"3个100杰出人物"，培树宣传"时代楷模""连钢创新团队"等模范榜样。开展"沿着高速看中国"主题宣传活动，各媒体刊发稿件1.7万篇，电视端收看近35亿，全网阅读播放量超70亿次；"您出行我守护"等15个微博话题轮番登上热搜，17场融媒体直播超过1亿网友在线观看。连续9年会同中华全国总工会开展"感动交通年度人物"推选宣传。组织开展"最美公路人""最美港航人""最美搜救人""最美出租汽车司机"等群众性推选宣传活动。

二、国家铁路局精神文明建设工作主要举措与成就

一是学懂弄通做实习近平新时代中国特色社会主义思想。国家铁路局党组和局属单位分党组（党委）两级理论学习中心组认真落实学习制度，带头学习习近平总书记最新重要讲话和重要指示批示精神以及党中央重要文件等，累计开展学习262次；有力有序推进党史学习教育，紧扣学史明理、学史增信、学史崇德、学史力行的要求，教育引导党员干部树立正确的党史观，不断加深对“两个确立”决定性意义的理解把握，自觉用习近平新时代中国特色社会主义思想武装头脑、指导实践、推动工作。

二是认真做好庆祝建党100周年宣传。紧紧围绕“爱党爱国爱社会主义”主题，精心谋划，研究制定活动方案，组织开展文艺演出、知识竞赛、主题征文系列庆祝活动，宣传党和国家各项事业取得的历史性成就、发生的历史性变革，展示铁路的巨大发展成就，切实担负起举旗帜、聚民心、育新人、兴文化、展形象的使命任务，广泛凝聚起全局干部职工奋进新征程的决心和信心。

三是深入开展“我为群众办实事”实践活动。聚焦党中央要求和人民群众需求，结合履职监管实际，围绕“守初心、办实事、促发展、惠民生”主题，国家铁路局党组确定办实事清单8方面24项措施，局属各单位制定96项244件措施，全部取得实实在在的成效，办好了一系列为民服务的实事好事，在铁路沿线安全环境整治、提升铁路机车车辆驾驶员资格许可服务、维护农民工和中小微企业合法权益以及列车鸣笛扰民、“一老一小”便利出行等方面成效显著。

四是认真开展社会主义核心价值观宣传教育。把社会主义核心价值观教育与庆祝建党100周年系列活动紧密结合起来，广泛宣传中国共产党人精神谱系、先进模范人物、典型事迹，开展主题实践教育月、“信用铁路宣传月”活动。深入开展宪法宣传周、平安高铁普法宣传等活动，积极做好全国巾帼文明岗、感动交通年度人物推荐工作，强化典型激励，用身边的感动鼓舞人心、凝聚合力。

三、中国民用航空局精神文明建设工作主要举措与成就

在全行业大力开展“两航起义”爱国主义教育和当代民航精神、中国民航英雄机组精神学习宣传，持续推动当代民航精神、英雄机组精神进班组、进基层，进校园、进课堂，教育民航干部职工自觉弘扬践行以“忠诚担当的政治品格、严谨科学的专业精神、团结协作的工作作风和敬业奉献的职业操守”为主要内容的当代民航精神，弘扬践行以“敬畏生命、敬畏规章、敬畏职责”为核心内涵的中国民航英雄机组精神，进一步增强民航行业的凝聚力战斗力创造力。根据《关于“十四五”期间深化民航改革工作的意见》提出的“完善民航文化价值体系”改革任务，积极推进2021年文化体制改革各项重点任务的贯彻落实。推荐“2020年感动交通年度人物”。完成中央国家机关工委“学党史·强素质·作表率”读书活动。协助教育部语言文字应用管理司做好第24届全国推广普通话宣传周宣传工作。

四、国家邮政局精神文明建设工作主要举措与成就

一是强化思想政治引领。深入学习贯彻习近平总书记关于精神文明建设的重要论述，在抓好物质文明建设的同时，锲而不舍、一以贯之抓好精神文明建设，实现“两个文明”协调发展。进一步深化精神文明相关工作，组织全系统全行业干部职工学习《党领导邮政事业的历史经验与启示》，感悟党领导下的邮政行业伟大发展历程。编写《邮政快递业精神谱系和先进典型人物汇编》，引导各级党组织和广大党员传承邮政精神，凝聚奋进力量。大力培育和践行社会主义核心价值观，不

断推动社会主义核心价值观在邮政快递业落细落小落实，为加快建设现代化邮政强国提供坚强思想保证。

二是积极选树行业典型。组织行业优秀基层党员代表参加中宣部“践行人民邮政为人民初心使命”专场记者见面会，以“溜索姑娘”尼玛拉木为原型的电影《信者》在全国上映，主要新闻媒体持续加大对行业改革发展宣传力度。在全行业广泛开展向王顺友、其美多吉等先进模范学习活动，汪勇获得全国道德模范荣誉称号，26 人获全国脱贫攻坚先进个人、全国优秀共产党员、全国“五一劳动奖章”“中国青年五四奖章”等表彰，34 家单位获全国青年文明号。

三是营造全社会支持良好氛围。依托行业报、刊、网和新媒体平台，持续性、多角度挖掘和宣传“小蜜蜂”精神典型事迹，启动第五届“最美快递员”评选；指导组织召开以“永远跟党走奋进新时代”为主题的“中国青年五四奖章”获奖者（集体）线上事迹分享会，累计受众达 28.58 万余人次；各省、市局采用直播、短视频等具有感染力的传播方式，引导社会和媒体广泛关注快递员群体，促进社会公众对快递小哥的尊重与理解，营造了良好社会氛围。

第二节　行业精神文明建设重要活动

一、交通运输部精神文明建设重要活动

一是制定印发《交通运输行业先进典型培树宣传工作方案》和《交通运输部系列“最美人物”推选工作办法（试行）》，明确通过建立典型库、培树梯队，加强先进典型宣传教育，关心关爱先进典型等 10 条具体工作举措。

二是做好庆祝中国共产党成立 100 周年活动和“永远跟党走”群众性主题宣传教育活动。连续 11 年组织开展“社会主义核心价值观主题实践教育月”，在“车、船、机、路、港、站”及各类交通运输服务窗口等广泛展播“我为群众办实事”主题公益广告。

三是连续 9 年会同中华全国总工会开展“感动交通年度人物”推选宣传，召开“2020 年感动交通年度人物”视频报告会。开展“2021 年感动交通年度人物”推选宣传。组织开展“最美公路人”“最美港航人”“最美搜救人”“最美出租汽车司机”等群众性推选宣传活动。

四是组织中外媒体记者参加第二届联合国全球可持续交通大会报道，中央各媒体开设专栏持续报道，部政务新媒体开设大会话题“可持续的交通可持续的发展”连续两天被微博热搜榜、要闻榜置顶推荐，抖音设置开屏宣传，央视综合频道连续 5 天播出公益广告。

五是开展“沿着高速看中国”主题宣传，各媒体刊发稿件 1.7 万篇，电视端收看近 35 亿次，全网阅读播放量超 70 亿次，“您出行我守护”等 15 个微博话题轮番登上热搜，“五一”假期 17 场融媒体直播，超过 1 亿网友在线观看。

六是组织开展“我家门口那条路”主题宣传活动，“我家门口那条路”微博话题阅读量 7 亿次，直播观看量近 1300 万次。开展“我的公交我的城”绿色出行宣传月和公交出行宣传周等宣传活动，“文明交通绿色出行”微博话题阅读量过亿。

七是组织开展“百年风华 交通风采”全国交通运输摄影大赛和微视频大赛，以及“永远跟党走 • 逐梦新征程”第三届交通运输行业公益广告大赛，生动展示建党百年特别是党的十八大以来我国交通运输行业取得的伟大成就和重要贡献。

八是深化志愿服务工作，深入开展志愿服务活动。组织开展交通运输行业志愿服务展示项目征集，向中央精神文明建设指导委员会办公室推荐江苏省连云港市“雷锋车”志愿服务队参加文明实践志愿服务展示项目、上海海事局水

上交通安全知识进校园活动文化参加志愿服务文化展示项目。

九是组织开展交通运输行业2021年全国城乡妇女岗位建功先进个人（集体）评选表彰活动，95个单位荣获“全国巾帼文明岗”，18名个人被授予“全国巾帼建功标兵”，10个单位荣获“全国巾帼建功先进集体”称号。组织开展交通运输行业往届全国青年文明号星级认定和第20届全国青年文明号推荐工作，453个集体申报往届全国青年文明号复核，114个创建集体被认定为第20届全国青年文明号。组织参加全国先进女职工集体和个人表彰活动，交通运输行业48个集体和33名个人荣获全国先进女职工集体和个人称号。中国邮政邮票博物馆、中国铁道博物馆正阳门展馆、北京大兴国际机场、“毛泽东号”机车展示室、山东港口青岛港自动化码头科技创新教育基地、矮寨大桥、港珠澳大桥、青藏公路建设指挥部旧址（将军楼）、青藏铁路等成功入选全国爱国主义教育示范基地。

二、国家铁路局精神文明建设重要活动

一是组织开展庆祝中国共产党成立100周年系列活动。举办“奋斗百年路、起航新征程”文艺演出暨表彰大会，组织开展“党在我心中”党史知识竞赛，第一时间组织收听收看“七一”庆祝大会，营造浓厚的庆祝氛围。因地制宜开展特色活动，充分利用红色资源组织参观学习、联学联建、观影交流，赓续红色血脉，传承红色基因，鼓舞士气，提振全局干部职工积极向上干事创业的精气神。

二是选树先进典型。组织开展决胜全面建成小康社会建功立业竞赛活动，进一步激励全局干部职工围绕中心工作发扬实干精神，立足岗位拼搏奉献，在全面建成小康社会中攻坚克难、担当作为。组织开展“两优一先”表彰，对全局优秀共产党员、优秀党务工作者、先进基层党组织进行表彰，颁发奖牌证书，向家庭致喜报，让先进更有荣誉感。通过政府网站、政务微信、展板等方式大力开展先进典型宣传，营造学先进、赶先进、当先进的浓厚氛围。

三是广泛组织有关铁路企业参与交通运输部“2021年感动交通年度人物”推选宣传。组织推荐的中国通号集团研究设计院基础装备技术研究院院长刘贞入围“2021年感动交通年度人物”候选人。

四是丰富干部职工的业余文化生活。开展“健康工作、幸福生活”系列文体活动，举办直属机关2021年干部职工乒乓球比赛、线上健步行活动，营造热爱运动、健康向上、团结奋进的机关氛围；择优参加交通运输部组织的网球比赛，在比赛中赛出了水平、赛出了国家铁路局职工风采。

三、中国民用航空局精神文明建设重要活动

中国民用航空局成立中国民航文化研究中心，举行挂牌仪式，完成《当代民航精神读本》初稿。在民航博物馆建设“民航党性教育基地”和“民航安全教育基地”。组织开展2期“民航讲学堂”。完成大兴机场全国爱国主义教育示范基地挂牌工作。完成荣获第六届全国文明单位的北京大兴国际机场、审计中心、华北空管局、北京南航地面服务公司等4家民航单位授牌。会同中宣部共同打造“文化国门建设工程”。推荐三亚空管站气象台预报室为全国巾帼文明岗。推荐飞行标准司为中央和国家机关创建模范机关先进单位。协助完成交通精神谱系编纂工作。完成与中央电视台合作制作播放《一九四九“两航起义”》、与凤凰卫视合作制作播放《飞向光明——两航起义纪事》专题片。出版《百年伟业——中国共产党领导下的中国民航事业》。积极筹备“两航起义”影视剧拍摄；出版《中国大兴——北京大兴机场诞生记》等图书；持续开展学雷锋志愿服务。

四、国家邮政局精神文明建设重要活动

一是建立完善机制。深化落实国家邮政局和团中央签订的快递从业青年联系服务“1+3+N”合作协议，有序推进快递从业青年联系服务工作。推动各省局、市（地）局与有关职能部门及机构建立工作联席会议等机制，指导全行业各级共青团组织加强条块联动，组织有关机构开展企业规范用工培训、职业技能培训等活动，提升快递员知识素养和职业技能水平。

图 3-14-1　快递小哥像勤劳的小蜜蜂，为大家的生活带来了便利，他们的合法权益理应得到维护。图为 2021 年 2 月 2 日，北京圆通工体网点的快递小哥黄国俊正在为客户快递年货。（易思祺 摄）

二是传递关心关爱。联合团中央权益部在全国各地市开展 2021 年“快递从业青年服务月”活动，组织慰问 6500 余场次。持续开展关爱快递员“暖蜂行动”，在旺季前夕发布《致全体快递从业者的倡议书》，号召全系统从业人员通过自我加压追求卓越，提升职业归属感、认同感和自豪感，促进社会公众对快递从业人员的理解与尊重。

三是强化权益保障。积极贯彻落实《关于做好快递员群体合法权益保障工作的意见》，协调各地有关部门共同推动快递员权益保障相关措施及政策出台，促进快递员群体合法权益保障相关制度机制健全。2021 年，全国各省、市邮政管理局新出台关于关心关爱快递员意见政策、措施等文件及新签署合作协议 660 余项，历史累计 1500 余项。推动地方有关部门将快递员优先纳入住房政策优先保障范围，累计为快递员解决公租房 8800 余套；引导企业及工会组织为快递员购买或赠送社会保险以及商业保险等覆盖人数达 90 万余人次，组织快递员免费体检和义诊 39 万余人次；协调各地疫情防控部门和疫苗接种单位，推动邮政快递业从业人员新冠疫苗接种“应接尽接”等。

四是建设服务阵地。指导各级邮政管理局争取多方支持，进一步加大快递员服务关爱站点覆盖力度。引导利用“青年之家”、党群服务中心等场所设立快递员爱心驿站、关爱站、“小蜜蜂”驿站等，持续督促已有站点增强服务能力，引导快递员用好各类服务关爱站点。2021 年，全国共新建各类服务阵地 3 万余家，累计 5.4 万余家，有效为快递员等一线劳动者提供生活服务。

五是提供在线咨询。依托共青团 12355 青少年服务台实体阵地、电话热线及网络平台，联动各地法律援助、心理咨询、社会工作等机构组建的专家志愿者团队，为快递员群体提供法律和心理援助逾 8.6 万次，较去年上涨一倍有余，有效解决快递员群体心理压力大、维权意识弱的问题。

第三节　年度精神文明建设先进集体与个人

一、交通运输部精神文明建设先进集体与个人

2021 年 1 月 30 日，中共中央宣传部、国家发展改革委向社会发布了 2020 年“诚信之星”，包括 3 个集体和 9 名个人。交通运输行业有 1 个集体和 1 名个人入选，分别是青海省西宁汽车站有限责任公司和湖北顺丰速运有限公司分公司经理汪勇。

2021 年 2 月 10 日，印发《交通运输部关于在全国交通运输行业开展向“时代楷模”山东港口集团青岛港“连钢创新团队”学习活动的决定》（交政研发〔2021〕20 号），号召全行业要学习“连钢

创新团队”至诚报国、自强不息的爱国精神，勇挑重担、攻坚克难的奋斗精神，开拓进取、敢为人先的创新精神，齐心协作、勠力同心的团结精神。

2021 年 2 月 17 日，《感动中国 2020 年度人物颁奖盛典》在中央电视台综合频道播出。其中，快递小哥汪勇入选感动中国 2020 年度人物。在湖北武汉疫情期间，他主动承担护送医护人员的重任，组织了一支志愿者服务团队，主动帮助医护人员解难题、化烦忧，为打赢疫情防控阻击战作出了突出贡献。

2021 年 3 月 8 日，中华全国妇女联合会公布了“全国城乡妇女岗位建功先进个人（集体）”，其中交通运输行业有 95 个单位荣获“全国巾帼文明岗”，18 名个人被授予“全国巾帼建功标兵”，10 个单位荣获“全国巾帼建功先进集体”。她们在平凡的岗位上坚守奉献，绽放别样芳华；在国家和人民需要之时，毫不犹豫挺身而出；在行业需要之时，义无反顾冲锋在前，生动诠释了爱国奉献和自尊、自信、自立、自强的新时代巾帼精神和交通精神。

2021 年 4 月 19 日，中华全国总工会在北京人民大会堂举行全国先进女职工集体和个人表彰大会，隆重表彰全国五一巾帼奖状（奖章）、全国五一巾帼标兵岗（标兵）获得者。中车唐山机车车辆有限公司总装配二厂端子压接班被授予“全国五一巾帼奖状”，马婷（中国铁路青藏集团有限公司西宁东车辆段西宁货车检修车间制动钳工）被授予“全国五一巾帼奖章”，北京市地铁运营有限公司运营一分公司东单站区等 47 个集体被授予“全国五一巾帼标兵岗”荣誉称号，黄晶等 32 名个人被授予“全国五一巾帼标兵”荣誉称号。

2021 年 4 月 27 日，交通运输部会同中华全国总工会联合发布《关于公布“2020 年感动交通十大年度人物”等名单的通知》，确定山东港口集团青岛港“连钢创新团队”等 4 名集体（个人）为“2020 年感动交通年度特别致敬人物”，于本蕃等 10 名个人（团队）为“2020 年感动交通十大年度人物”，王佳煌等 50 名个人（团队）为“2020 年感动交通年度人物”。

2021 年 9 月，第 20 届全国青年文明号集体评选结果揭晓，北京公交集团第四客运分公司 1 路 4730737 号车组等交通运输行业 114 个创建集体被认定为全国青年文明号。这些集体政治素质好、职业道德好、职业技能好、工作作风好、岗位业绩好，在政务服务、商业服务、社会服务等领域的窗口岗位、一线单位、服务平台上展示了新时代青年的文明风采，作出了“青年文明号 · 青春心向党”的响亮回答。

二、国家铁路局精神文明建设先进集体与个人

上海铁路监督管理局坚持以习近平新时代中国特色社会主义思想为指导，牢固树立“四个意识”、坚定“四个自信”，做到“两个维护”，按照交通运输部和国家铁路局统一部署，多措并举，不断提升单位精神文明建设成效，被评为第六届全国文明单位。

国家铁路局铁路机车车辆驾驶人员资格考试中心以“打造一流考试中心”为奋斗目标，积极践行“创新、高效、便捷、文明”的服务宗旨，大力开展文明窗口服务示范，打造了具有一流管理、一流服务、一流队伍的铁路驾驶资格考试服务平台，树立了新时代铁路先行的良好形象，被评为全国交通运输行业文明示范窗口单位。

在全局评选表彰决胜全面建成小康社会先进个人 76 名。

三、国家邮政局精神文明建设先进集体与个人

（一）全国优秀共产党员、全国先进基层党组织

2021 年 6 月 28 日下午，全国“两优一先”表彰

大会在北京人民大会堂举行。邮政快递业7人获授全国优秀共产党员称号，详见表3-14-1。中国邮政集团有限公司安徽省萧县分公司投递员、萧县蓝天救援队党支部书记吴海洲所在党支部获得全国先进基层党组织称号。

表3-14-1　全国优秀共产党员

序号	个人/集体	简　介
1	宋学文	北京京东世纪贸易有限公司快递员、京东物流北京海淀鼎好配送站站长
2	刘保朝	中国邮政集团有限公司河北省宽城满族自治县分公司椁罗台支局邮递员
3	何健忠	中国邮政集团有限公司江苏省泰兴市分公司城区分局党支部书记、江平路支局支局长
4	其美多吉	中国邮政集团有限公司四川省甘孜县邮政分公司邮运驾驶组组长
5	张林昌	中国邮政集团有限公司贵州省锦屏县启蒙支局乡邮投递员
6	桑南才	中国邮政集团有限公司云南省怒江州分公司泸水市称杆乡邮政所所长
7	赵明翠	中国邮政集团有限公司陕西省石泉县分公司乡邮投递员

（二）重大宣传典型

1. 汪勇

男，汉族，1985年12月出生，中共预备党员，大专学历，现任湖北顺丰速运有限公司分部经理。新冠肺炎疫情来袭后，他瞒着家人成为武汉金银潭医院战疫一线医护人员后勤保障的“带头人”，他和他组织起来的志愿者团队，挺身而出、深入一线，帮助医护人员解难题、化烦忧。2021年1月31日，入选2020年“诚信之星”；2月17日，入选感动中国2020年度人物；11月5日，获评全国道德模范。

2. 徐龙

男，汉族，1988年6月出生，中共党员，大专学历，现任中国邮政集团有限公司武汉市江岸区分公司上海路揽投站投递员。从业13年，累计驾驶邮车行驶30多万公里，投递各类报刊邮件40余万件。在新冠疫情武汉关闭离汉通道的76天里，他累计出班160趟、行车3000公里、投递7000余件，医疗防疫物资及时妥投率达100%。2021年5月3日，获得第25届“中国青年五四奖章”；入围“2020年感动交通年度特别致敬人物”。

3. 吉克罗批

男，彝族，1982年5月出生，高中学历，现任韵达四川马边县公司快递员。在偏远的三河口乡，他每天骑着摩托车穿行在崎岖的山路上，带领团队在大山深处铺设了一条用快递连接的“希望之路”。2021年4月30日，获得“2020年感动交通十大年度人物”称号。

（三）“五一”劳动表彰

2021年4月27日，中华全国总工会召开大会表彰先进集体和个人。邮政快递业共有36个集体和个人获表彰：中国邮政集团有限公司甘孜藏族自治州分公司等3个集体荣获全国五一劳动奖状，湖北顺丰速运有限公司径河速运营业点、圆通速递有限公司重庆省区网络管理部、江苏苏宁物流有限公司物流研究院等17个集体荣获全国工人先锋号，中国邮政集团有限公司天津市河北区分公司天泰路营业部快递员刘树东、河北顺丰速运有限公司石家庄市裕华区华夏营业部网点负责人谷聪、申通快递有限公司车队驾驶员关立平、陕西京东信成科技供应链科技有限公司汉中分公司快递员罗明等16人荣获全国五一劳动奖章。

第四节　交通文化建设

一是围绕庆祝中国共产党成立100周年推出系列主题出版物。出版中共中央宣传部建党百年主题出版物“中国科技之路”丛书交通分册《交通先行》，出版中国水运“一史一录”和《中国船谱·第二卷》，《中国大百科全书·交通运输卷》（第三版）电子版顺利上线、实体版组织编制。

二是组织行业开展系列主题文化活动。开展交通运输行业摄影、微视频大赛，征集上千幅图片、作品，涵盖铁路、公路、水路、民航、邮政等交通运输行业各领域，生动展示建党百年以来交通运输行业发展成就，大力弘扬交通精神，激励广大交通人不忘初心、牢记使命，锐意进取、砥砺前行，加快建设交通强国。

三是打造交通主题文艺精品。《寻路乡村中国》在中央广播电视总台央视播出，《中国灯塔》纪录片在新媒体平台播出。推出《交通中国》《中国船谱》电视纪录片。

四是深入推进交通文博工程建设。按照党中央、国务院部署要求配合推进落实黄河、长城、大运河、长征等国家文化公园建设方案，梳理挖掘交通文化遗产。加大交通运输领域文化教育基地、博物馆、展览馆、纪念馆建设和数字化建设。

五是加强交通出版管理。有序推进部属出版文化单位改制，做好报纸抽样抽查，开展部管图书出版单位“图书质量管理 2021”专项检查，赴出版单位开展有无买卖书号专项检查，对相关单位“一号多刊”行为勒令整改。推动“好生活在路上”交通发展成就融媒体宣传项目入选“2021 年中国报业深度融合发展创新案例（网络内容建设类）”。深入开展“扫黄打非”工作，严防非法有害出版物通过交通运输传播。

第十五章　人才队伍建设

第一节　交通运输部人才队伍建设情况

一、坚持和加强党对人才工作的全面领导

认真贯彻落实中央人才工作会议精神。及时召开部党组会议、部务会，明确贯彻落实中央人才会议精神的总体思路。开展部党组理论学习中心组集体学习，深入学习领会习近平总书记在中央人才工作会议上的重要讲话精神。

坚持党对人才工作的全面领导。印发《交通运输部2021年人才工作要点》。干部教育培训工作领导小组、教育工作领导小组和职业资格制度领导小组，在行业人才培养、选拔、使用方面研究确定年度重点工作任务，并推动各成员单位抓好落实。将学习贯彻党的十九大和十九届历次全会精神、习近平总书记关于交通运输工作重要论述、习近平总书记在第二届联合国全球可持续交通大会开幕式上的主旨讲话精神等，作为干部教育培训的必修课程。深入开展党史学习教育，指导部党校开发《赓续共产党人精神血脉　弘扬新时代交通精神》等专题课程。

完善人才事业发展整体设计。面向综合交通运输人才培养需求，组织编制《综合交通运输导论》本科教材；出台《交通运输部关于海事队伍革命化正规化专业化职业化建设的意见》。

二、着力推进专业技术人才队伍建设

重视培养选拔创新领军人才。推荐31人申报国家高层次人才，14人入选享受政府特殊津贴人员名单，3人入选国家级人才工程，完成2021年度行业科技创新人才推进计划评选，遴选中青年科技创新领军人才10人、重点领域创新团队7个、创新人才培养示范基地4个，行业科技创新人才推进计划入选者大连海事大学弓永军教授、中交集团张晴波教授级高工成功入选“万人计划”。

调整优化事业单位岗位设置。积极协调人力资源和社会保障部，完成包括部属高校和科研院所在内的事业单位岗位设置调整方案报批。允许部属高校和科研院所按照规定，结合单位实际和发展需要，自主制定岗位设置调整方案和管理办法，以及通过设置特设岗位的方式，引进急需的海外和行业外高层次人才。

继续深化职称制度改革。推进落实《交通运输部关于深化职称制度改革的实施意见》，印发《交通运输部职称评审办法》《交通运输部工程技术人员职称评价标准条件》《交通运输部自然科学研究人员职称评价标准条件》。组织开展工程技术系列、自然科学研究系列、经济系列高级专业技术职务任职资格评审和船舶专业技术人员高级职称评审，465人获评相应专业技术职务任职资格。

加大专业学科人才培养力度。支持大连海事大学入围第二轮“双一流”建设高校名单，新增一级学科博士学位点2个、一级学科硕士学位点2个。支持部公路科学研究院新增硕士专业学位授权点1个，完成2021年中国政府交通运输奖学金招生工作，招收30人。

三、努力打造素质优良的交通运输劳动者大军

认真落实与人社部签署的备忘录。推动与人

力资源和社会保障部办公厅联合印发人才队伍建设年度工作要点，在技能人才培养体系、评价体系、使用激励体系、竞赛体系和人才宣传工作方面明确了42项具体举措，统筹推进行业技能人才队伍建设。

持续推动技能人才队伍建设。完善技能人才评价，组织完成起重装卸机械智能控制员等13个交通运输新职业（工种）申报工作，会同人力资源和社会保障部联合颁布2项国家职业标准，完成1项国家职业标准终审，启动道路客运汽车驾驶员等3项职业国家标准修订工作。加强技能人才培养选拔，会同人力资源和社会保障部、全国总工会、共青团中央举办第十三届全国交通运输行业职业技能大赛，支持做好第46届世界技能大赛轨道车辆技术项目集训工作。

着力维护从业人员合法权益。组成5个工作组随车暗访3.8万公里，部署开展交通运输执法领域突出问题专项整治。会同中宣部、人力资源和社会保障部等7部委印发《关于加强交通运输新业态从业人员权益保障工作的意见》。组织修订《道路运输从业人员管理规定》。

四、突出抓好管理人才队伍建设

建强管理人才队伍。严格落实新时期"好干部"标准，不断改善干部队伍结构。加大班子调整和干部选任力度，全年调整机关和部属单位班子45个，提任局级领导干部38人，推动京津冀8名纪检干部轮岗交流。

提升干部队伍能力素质。继续落实《2018—2022年交通运输干部教育培训规划》，研究制定《交通运输部2021年度教育培训计划》《交通运输部2021年教育培训工作要点》。全年举办培训项目55个、班次69期，培训2.07万人次。举办部党校主体班次11期，累计培训622人次。组织开展党的十九届五中全会精神轮训。举办行业领导干部培训班11期，累计培训1193人次。承办中央组织部委托的加快建设交通强国专题研究班。举办第二届联合国全球可持续交通大会联络员、中方支持人员、志愿者培训班，培训768人次。举办行业网络培训10期，13395人次受益。

持续激励干部担当作为。会同有关部门认真做好"光荣在党50年"纪念章颁发工作。制定《关于建立容错纠错机制激励干部担当作为的实施办法》，完成部属企业工资总额、企业负责人薪酬审核批复。加强对干部职工身心健康关心关怀，研究出台11项具体措施，帮助解决实际困难。

五、为当好中国现代化开路先锋提供人才保障

做好挂职干部人才工作。选派12名干部到乡村振兴一线、重点改革任务地区挂职锻炼，接收4名西部地区和其他民族地区干部到部机关挂职，完成四川阿坝、海南自贸区挂职干部考核选派工作。组织实施巩固拓展脱贫攻坚成果培训项目19个，培训基层干部、专技人员、致富带头人等近3000人次。举办定点帮扶四川四县、对口支援江西安远县等专题培训班6期，培训853人次。指导全国交通运输职业教育教学指导委员会印发交通职业院校结对帮扶新疆、青海交通职业技术学院行动计划。

重视发挥高端智库人才作用。进一步完善部长政策咨询委员会、部专家委员会、交通运输新型智库等重要咨询机构工作规则，建立健全各专业多层次专家交互合作咨询机制，引导各智库委员专家围绕加快建设交通强国、推动交通运输改革发展的重大战略规划、重大技术政策、重大科技项目等，报送30余篇调研报告、决策咨询意见和个人建言。

六、全面提升人才基础工作水平

着力稳定和扩大就业。坚持实施就业优先政策，指导部属事业单位人员公开招聘，规范招聘

工作流程和操作程序，确保人才招聘工作公开公平公正。探索线上线下有机融合教学方式，指导大连海事大学多措并举做好毕业生就业工作。

大力推进职业教育事业发展。指导全国交通运输职业教育教学指导委员会完成换届工作，研究制定《关于进一步推进交通运输职业院校结对帮扶工作的意见》，促成22所交通运输职业院校确立结对帮扶关系。组织开展“吴福—振华”奖学金评选，评选优秀教师奖44名，优秀学生奖35名。

做好退役军人事务工作。参与制定《烈士褒扬条例》《退役军人逐月领取退役金安置暂行办法》《“十四五”退役军人服务和保障规划》。印发《关于做好2021年退役军人重点工作的通知》《交通运输部办公厅关于做好烈士亲属异地祭扫公路出行服务保障工作的通知》《关于进一步加强英烈遗属出行服务保障有关工作的通知》，推动军人军属、退役军人等群体交通运输优待政策落地。出台《交通运输部 教育部 财政部 人力资源和社会保障部 退役军人事务部 中华全国总工会关于加强高素质船员队伍建设的指导意见》，支持退役军人从事船员职业，对接优质资源，保障退役军人顺利上岗。继续与退役军人事务部就业创业司密切合作，支持退役军人职业技能培训和就业工作。

第二节　铁路人才队伍建设情况

一、坚持党管人才，推动人才工作取得新进展

一是国家铁路局党组始终发挥在人才工作中的领导作用，保证党的人才工作方针政策全面贯彻落实，印发《国家铁路局关于深入学习贯彻习近平总书记在中央人才工作会议上重要讲话的通知》，深刻领会把握新时代人才工作的新理念新战略新举措。二是加强人才工作统筹谋划，推进行业人才工作，认真贯彻执行党的人才工作方针政策，统筹做好人才引进、培育、选拔、管理、使用。三是着力优化人才结构，选优配强领导班子，多渠道引进人才，汇聚高层次人才。开展局属单位领导班子建设情况调研、年轻干部队伍建设调研，组织开展贯彻落实《2019—2023年全国党政领导班子建设规划纲要》情况自评，着力从专业、学历和工作经历考虑，调整局机关部门、局属单位领导班子，更好地适应履职监管需要。

二、统筹行业人才建设，完善人才工作机制

一是加强行业职业教育。参加国家职业分类大典修订论证，印发《关于高质量推动铁路职业教育工作的意见》，组织编写出版“高铁工程技术创新丛书”。二是推动铁路行业科技创新基地的建设。2020年首次认定17家铁路行业科技创新基地，2021年持续跟进科技创新基地建设。三是推进铁路高校科技创新工作。与甘肃省人民政府签署共建兰州交通大学协议书，支持兰州交通大学开展课题研究等铁路科技创新工作；指导华东交通大学承办“交通强国”论坛。

三、多措并举，激励人才队伍担当作为

深入开展“我为群众办实事”实践活动，用好用足激励政策，营造干事创业主动担当氛围。推进落实公务员职务职级并行制度，推进落实地区监督管理局属地待遇政策，指导事业单位实施绩效工资。开展工程系列职称评审，指导事业单位完善落实奖励办法、补充医疗保险管理办法。

四、突出人才锻炼，完善多层次锻炼体系

一是服务支持国家重大战略，服务乡村振兴，贯彻落实党中央关于深化铁路改革发展的重大决

策部署，加强人才培养锻炼。选派20名年轻干部到扶贫地区、12名到铁路运输企业挂职锻炼，2名到重点工程一线实践锻炼。二是聚焦高层次人才建设。编制2021年度课题研究计划，集聚局内外铁路专家承担铁路规划、法规、科技、标准等的课题研究工作。开展2021年度铁路重大科技创新成果入库，共收到成果申报918项，入库248项。三是继续推进干部实践锻炼培养。落实《中共国家铁路局党组关于加强年轻干部培养锻炼的实施意见》，组织局机关、局属单位间干部交流任职，系统研究年轻干部挂职锻炼工作方案，优化事业单位岗位设置方案。

五、强化教育培训，建设高素质专业化队伍

贯彻《国家铁路局2018—2022年干部教育培训纲要》，坚持按需培训、精准培训。实施“习近平新时代中国特色社会主义思想教育培训计划”，推动人才队伍深刻领会“两个确立”的决定性意义，切实增强“四个意识”、坚定“四个自信”、做到“两个维护”。组织39名干部参加上级调训和专题研修；依托交通运输部党校举办年轻干部学习贯彻习近平新时代中国特色社会主义思想专题培训班，局机关、局属单位20名年轻干部参训。

第三节　民航人才队伍建设情况

一、专题部署人才工作

深入贯彻落实中央人才工作会议精神，中国民用航空局党组及时召开直属院校及科研院所座谈会，面对民航发展的新形势、新任务，聚焦智慧民航主线，进一步研究布置深化民航科教创新和人才培养工作。以高质量发展为核心，立足建设科技创新人才、专业技术人才、国际化人才三支民航战略人才队伍，加快布局民航人才力量。

二、教育培训人才顶层设计

结合直属院校高质量发展调研，制定出台《民航局关于推进民航直属院校高质量发展的意见》，为当前及今后一个时期院校教育工作提供基本遵循。根据《关于“十四五”期间深化民航改革工作的意见》，制定“完善民航科教创新体系工作方案”，明确“十四五”时期民航科教创新工作具体任务。紧密对接民航总体规划以及各专项规划，征求多方意见，修订完善《民航教育培训“十四五”规划》。

三、直属院校疫情防控阻击战

按照中国民用航空局党组及防控工作领导小组的安排部署，指导直属院校认真落实属地疫情防控要求，多措并举严防校园疫情输入，并持续推进疫苗接种工作。多次召开直属院校疫情防控联络员会议，在研判全国防疫形势的基础上积极协调和督促直属院校做好疫情防控工作，全力保障春、秋季学期开学工作，确保校园“零感染”。截至2021年底，直属院校师生健康状况良好，教学秩序正常，情况稳定，未发现新冠肺炎确诊、疑似病例及无症状感染者。师生新冠疫苗第二针剂接种率96%，并均已开展第三针剂（加强针）的接种工作。

四、全力保就业

坚决贯彻中国民用航空局党组决策部署，结合民航工作实际，认真开展党史学习教育，坚持学懂弄通做实，凝聚思想共识。落实“我为群众办实事”重点任务，组织召开各直属院校2021年就业工作视频会和相关司局座谈会。2021年直属院校毕业生就业率达到91.94%。

五、持续提升培训质量

围绕改革干部教育培训方式、增强培训工作统筹协调、提升重点培训班次质量等方面，持续提升干部教育培训工作质量。精心组织开展民航

中青年管理干部调训班、司局级领导干部党校班、处级公务员读书班等培训项目，利用监察员入门通识培训，完善公务员入职培训制度。继续突出对定点帮扶地区所辖机场的培训支持。

六、深化民航职称改革

不断推进民航主体系列职称改革，力破“四唯”更新评审条件体系，修订制定经济、高教、研究和卫生系列各层级10个评审条件。创新职称评委会换届方式提升专家质量和代表性，全行业遴选组建新一届民航各主体系列高评委专家库。进一步提高评审会议质量和评议质量，细化评审会议流程，压实评委职责。与时俱进紧跟国家新要求，指导直属院校稳步推进自主开展职称评审工作，将评审权完全下放至条件成熟的院校。积极推荐姚亚波同志获评第六届全国杰出专业技术人才表彰先进个人。

第四节　邮政人才队伍建设情况

一、强化人才工作领导

召开国家邮政局党组会议，深入学习领会习近平总书记在中央人才工作会议上的重要讲话精神。大力实施新时代人才强邮战略，推动将习近平总书记提出的“八个坚持”贯彻落实到邮政行业人才工作全过程各方面。召开2021年全国邮政行业人才工作领导小组会议，制定印发2021年人才工作要点。将人才工作任务有机融入“十四五”邮政业发展等规划。用心用情联系服务专家，支持交通运输部专家委员会邮政组等专家积极发挥作用。

二、加强技能人才队伍建设

将提升行业人才素质纳入2021年度邮政业更贴近民生七件实事和党史学习教育“我为群众办实事”实践活动重点民生项目清单，深入实施快递从业人员职业技能培训“246”工程，年度开展培训50万余人次。遴选确定39名人员入选2021年度邮政行业技术能手推进计划，推荐的25名人选荣获“全国交通技术能手”称号。联合中国就业培训技术指导中心、中国国防邮电工会全国委员会成功举办全国行业职业技能竞赛——第三届全国邮政行业职业技能竞赛。新增邮件快件安检员工种，起草编制邮件快件安检员国家职业技能标准，经国家邮政局审议并报人社部面向全社会公开征求意见。参加职业分类大典修订，申报国际快递业务师、快递设备运维师、快递站点管理师3个新增职业（工种）。

三、持续壮大专业人才力量

召开国际邮政组织职员（中国）视频座谈会。组织有关青年参加亚太邮联培训班。持续推进快递工程技术人员职称评审。委托有关部门对国家邮政局所属单位人员开展职称评审，2人获评高级职称。遴选确定52名人员入选2021年度邮政行业科技英才推进计划。

四、强化共建合作机制

积极落实共建协议，支持共建院校申报首批现代产业学院。四个现代邮政学院全部实体化运行。赴北京邮电大学调研，为现代邮政学院新生做主题报告；指导北京邮电大学现代邮政学院举办第三届“强邮论坛”。参加南京邮电大学现代邮政学院毕业典礼；指导南京邮电大学举办线上“一带一路”框架下5G技术与邮政物流现代化专题培训班。与西安邮电大学就校企共建、人才培养等进行研讨，支持西安邮电大学申请2022年亚专资项目。支持重庆邮电大学举办重庆市政府外国留学生市长奖学金“丝路专项”培训。

五、不断深化产学研用有机融合

学习贯彻全国职业教育大会精神，研究贯彻

举措。推动成立新一届全国邮政快递职业教育教学指导委员会。联合教育部印发《关于开展2021年邮政快递业面向高校毕业生网络招聘活动的通知》，积极开展网络招聘活动。筹办第六届全国“互联网+”快递业创新创业大赛。完成第二批行业人才培养基地考核评估。印发《邮政行业人才发展研究课题征集管理办法（试行）》，首次遴选确定30项课题。

第十六章　离退休干部工作

第一节　离退休干部工作综述

一、不断强化政治引领，推动离退休干部工作更好融入党的建设伟大工程

一是扎实开展党史学习教育。深入学习贯彻习近平总书记系列重要讲话和给新四军百岁老战士重要回信精神，按照部党组部署要求，制定党史学习教育工作方案计划及排档表，深入开展四史和十九届六中全会精神等重要内容的学习教育，组织老同志参加中组部网上专题报告会3场，局中心组集体学习14次，线上线下结合形式举办两期党务工作人员专题学习班和4期离退休干部大讲堂，教育引导广大老同志深刻领会“两个确立”的决定性意义，增强“四个意识”、坚定“四个自信”、做到“两个维护”。扎实开展“我为群众办实事”承诺践诺活动，局研究制定实事清单9项（其中1项列入部实事清单），各处结合工作职责制定实事清单51项。

二是礼敬尊崇老党员，圆满完成216枚“光荣在党50年”纪念章颁发工作。在京部党组成员为老党员代表12人颁发纪念章，分管部领导上门为党龄80年的老党员代表颁发纪念章，切实增强离退休干部党员的政治荣誉感和组织归属感。

三是全面推进离退休干部党支部标准化规范化建设。继续开展联学和党建活动，并将联学活动范围首次向部属单位延伸，全年共开展主题联学9场、党建活动6次。继续开展主题联学和党建活动；建立网上学习签到制度；指导支部过好党员政治生日；做好“两优一先”表彰推荐工作，共有5名个人和两个组织（含局党委）荣获部系统“两优一先”称号。

二、引导老同志发光发热，推动离退休干部工作更好服务中心大局

一是发挥政治引领优势作用。组织老领导老专家录制党史学习教育精品课、开展“我看建党百年新成就”专题调研、“百年百人红色档案”视频录制活动，营造新老交通人共学党史、齐强党性的良好氛围。

二是发挥建言献策优势作用。丰富完善“老交通”智库人员结构；举办“老交通”智库沙龙活动；开展老年人便利化出行社会调查；与新疆生产建设兵团交通运输局、河南省交通运输厅签署智库合作协议，不断提升智库知名度和影响力。

三是发挥增能助力优势作用。围绕“永远跟党走”举办离退休干部运动会、组织参加文艺演出；围绕庆祝中国共产党成立100周年开展主题征文、书画摄影展等活动；开展老照片征集编印活动，充分激发老同志爱党爱国政治热情。

三、从严从实做好常态化疫情防控工作，推动离退休干部服务管理水平不断提升

一是健全疫情防控网格化应急工作机制。加强人员出返京管理和会议活动管理，为老同志配送防疫物资，组织做好疫苗接种工作，织密筑牢疫情防控安全网。

二是以信息化带动精准化规范化建设。推动上线智能平台两期，举办线上春节团拜会，开展“云赏云游”活动，启动“智慧助老公益行动”，切实让

老同志感受到信息化便利。

三是不断提高精准化工作水平。建立离休干部“一人一策”工作台账；调整优化养老驿站运营单位；组织开展健康义诊活动；继续开展居家适老化改造、购买服务工作；推动老旧小区加装电梯工作取得实质性进展；开展敬老月系列活动；定期举办荣休仪式。

四是注重建章立制。印发《交通运输部离退休干部服务管理手册》；建立工作年历及双周督查工作制度；落实“首问负责制”做好老同志来信来访工作；开展警示教育，紧盯重要节点做好廉政提醒，引导老同志遵守兼职任职、继续从业等纪律规定。

四、以创建模范机关为抓手，推动工作部门自身建设再上新台阶

一是对标对表，强化政治引领。始终把学习贯彻习近平新时代中国特色社会主义思想作为首要政治任务，通过政策微解读、政治学习等形式及时跟进学习总书记系列重要讲话精神，不断提高干部职工的政治判断力、政治领悟力、政治执行力。

二是提升素质，强化“三基建设”。注重选树典型，1 名干部荣获全国先进老干部工作者。注重学习交流。选派 1 名干部赴乡村振兴县挂职交流，3 名干部服务保障第二届联合国全球可持续交通大会；注重行业指导。举办部属单位离退休干部工作处长培训班，形成做好离退休干部工作的合力。

三是营造氛围，加强信息宣传。发挥微信公众号、双月刊《情况交流》、画册《我们这一年》等载体作用，不断扩大宣传影响与范围。

第二节　国家铁路局退休干部工作

一、坚持把政治建设摆在首位

一是认真落实党支部“三会一课”，抓好组织生活日（党日）学习，及时组织退休党员收听收看全国“两会”和中国共产党成立 100 周年“七一”庆祝大会实况，深入学习习近平总书记“七一”重要讲话和党的十九届六中全会精神。

二是扎实开展党史学习教育，组织退休党员学习党史、新中国史、改革开放史和社会主义发展史，深入学习习近平总书记在党史学习教育动员大会上的重要讲话，通过微信平台定期推送党史学习教育片及党史学习教育文章，引导退休党员读原著、学原文、悟原理，增强“四个意识”、坚定“四个自信”、做到“两个维护”。

三是组织退休党员学习贯彻习近平总书记对统筹新冠肺炎疫情防控和经济社会发展工作的部署要求，毫不松懈地抓紧抓实疫情防控工作，教育引导退休党员提高站位，自觉执行属地疫情防控要求。

二、切实传递组织的关心关爱

2021 年春节前夕，国家铁路局离退休干部局党组以慰问信形式为每一名退休干部送去关心问候和祝福，在元旦、春节、“五一”、端午、中秋、国庆等节日来临之际，组织采购节日慰问品，为退休干部配送到家。关注退休干部健康状况和家庭困难情况，认真做好退休干部困难慰问工作，及时对困难退休干部给予关爱帮扶；确保退休金统筹外部分和冬季取暖费等生活待遇按时发放到位。

三、积极为退休干部办实事做好事

提升退休干部医疗费报销工作质量和效率，加强与退休干部沟通联系和政策宣传贯彻，协助退休干部做好医疗费报销单据整理、核对和报销工作。及时收集整理北京区域内医保定点医院名录，协助退休干部选择确定个人医保定点医院，为退休干部看病就医做好基础工作。提前准备、细致摸排、有序组织，按计划开展退休干部年度体检，切实保障退休干部身体健康。

四、不断丰富退休干部文体活动

依托中央国家机关老年大学资源线上共享平台，积极鼓励退休干部参加线上开放课程学习。通过微信平台开展诵读毛泽东诗词、讲红色故事等文化活动，不断丰富退休干部的业余生活。为更好地促进退休干部身心健康，展示退休干部良好的精神风貌，开展春季线上健步行活动，引导退休干部加强锻炼、健康生活。2021年下半年，国家铁路局退休干部党支部每周开展太极拳兴趣交流活动，受到广大退休干部的热烈欢迎。

第三节　中国民用航空局离退休干部工作

一、落实政治待遇，上好政治建设“三门课”

一是抓好“学习课”。及时为老同志传阅文件、通报情况，深入开展党史学习教育。创新学习形式，线上推送和线下学习结合，确保学习不间断。全年累计组织主题党日活动10场，组织收看中共中央组织部中组部线上专题报告会6场，推送学习资料3600条，组织开展线上党史知识答题，取得良好成效。

二是开好“宣讲课”。组织学习离休干部丁仲华同志先进事迹，赓续红色基因，弘扬优良传统。积极发挥老同志优势，组织8名老领导围绕党史学习教育开展主题宣讲，在宣传民航等方面发挥了积极作用。

三是办好“实践课”。组织开展“我看建党百年新成就”系列活动，征集作品800余件，部分作品获中央国家机关工委奖项。“七一”前夕，为老党员代表颁发“光荣在党50年”纪念章，极大增强了党员荣誉感。

二、提高服务质量，确保生活待遇“两丰富”

一是丰富慰问方式。落实好老同志生活待遇，建立全局联动的关怀体系。坚持重大节日与重要时点集中走访，全年累计走访慰问1200人次。组织开展生日慰问，为年满80岁、90岁、100岁的老同志送上特别祝福。针对不同需求，提供多种慰问品选择，不断增强老同志的获得感与幸福感。

二是丰富文化生活。打造老年大学云课堂，开设直播课，扩大教学范围。线上开展“巾帼向党·剪纸寄深情”“颂党恩·咏流传”“永远跟党走·健康迎冬奥”等“云活动”，线下举办“我看建党百年新成就”书画影展，线上线下结合，极大丰富了疫情期间的文化生活。

三、聚焦特殊人群，做到帮扶解困“三上门”

一是温暖送上门。认真落实党中央各项政策，为民航系统内29名离休干部申请提高医疗待遇，为局机关20名长期生活不能自理的离休干部申请提高护理费，为局机关全体离休干部增补生活补贴。重点关注高龄、失能等特殊群体和有特殊困难的家庭，一人一策，建立信息档案，坚持定期联系、上门走访、关爱帮扶。

二是健康送上门。落实防疫举措，引导老同志不聚集、少流动。组织158名老同志分期分批到民航医院体检，协调58名老同志住院就医，协助办理17名老同志后事。坚持服务下沉常态化，每周4天到4个家属区送药、答疑、帮办事项，全年累计提供一对一健康咨询160人次，送药3.5万余盒，发放口罩7万支、防疫物品2000件，安装急救电话30余部。

三是服务送上门。积极争取，成为中央国家机关养老助老服务试点，为高龄、失能等老同志提供五大类11项专业化上门服务。全年累计提供服务700余小时，解决高龄老同志出不了门的现实困难。

四、加强作风建设，持续做好廉政防控

突出老干部工作的政治属性，强化政治机关

意识，加强干部队伍建设。加强系统指导，印发《离退休干部工作政策选编》，推进各单位落实政策、规范服务。做好全国老干部工作先进个人推荐，弘扬无私奉献的精神。坚持民主集中制，“三重一大”集体决策，严格落实中央“八项规定”，厉行节约，严格车辆管理，将廉政建设与老干部服务保障程序紧密结合，形成廉洁自律的工作氛围。

第四节 国家邮政局离退休干部工作

一、建立健全制度规范，加强离退休干部工作规范化建设

结合邮政管理系统离退休干部实际情况，制定《中共国家邮政局党组关于加强和改进邮政管理系统离退休干部工作的实施意见》和《局机关离退休干部服务管理工作规范》，加强对全系统离退休干部工作的指导，不断提高工作的规范化、信息化、精准化水平。

二、加强离退休干部党支部建设，提升组织凝聚力

按照党史学习教育有关要求，通过每月固定学习日，组织党员学习习近平同志《论中国共产党历史》《中国共产党简史》等学习材料。开展“我看建党百年新成就”专题调研活动，形成专题调研报告报中组部。赴双清别墅开展现场参观学习，组织收看中共中央组织部10场党史学习教育专题报告会，并组织党员谈体会。组织召开专题民主生活会。开展“讲党史、颂党情、献礼建党百年”主题宣讲活动等。组织参加“百年初心——老党员的故事”征集活动，1篇文章获得优秀征文作品奖。每日在离退休干部微信群转发中共中央组织部有关信息、每日邮政舆情等，开展经常性学习教育。做好“光荣在党50年”纪念章人选核实、公示及颁发等，积极组织党员参与推优评先，发挥先进典型的表率示范作用。

三、办好老年大学，不断丰富离退休干部文化生活

结合邮政老年大学学员情况，配合教师制定授课计划，办好声乐合唱班和书法班。录制《十送红军》《在太行山上》《妈妈教我一首歌》《爱我中华》歌曲联唱，获得“高举党旗 放歌夕阳”优秀文艺节目云展演歌曲类节目三等奖，获得机关“唱支红歌给党听”歌咏比赛一等奖。组织“百年党旗红 初心映华章”书画摄影作品创作，推荐5幅作品在中国邮政快递报上刊登。在离退休干部微信群开展摄影作品展示。订阅一报一刊、生肖邮票和建党百年邮品等，不断丰富离退休干部文化生活。

四、做好日常服务工作，传递组织关心关爱

积极协调增加医药费报账频次，做好日常医药费报账服务。做好年度养老金调整、房产过户、因私出国备案等。重点关注重病独居等特殊老同志思想、生活、健康和需求情况，全年累计接待退休干部200余人次。认真做好在春节、“七一”等时间节点关心关爱老党员活动，累计慰问93人次。积极向国家机关事务管理局争取资源，加强老干部活动室基础设施建设，落实“一键通”急救电话需求摸排和安装。

第四篇
重大工程

Section IV
Major Projects

第一章　铁路重大工程建设项目

第一节　铁路重大工程建设情况概述

川藏铁路拉林段开通运营，全线年内开工建设；玉磨铁路建成，中老铁路通车，为“一带一路”谱写了新的篇章；第一条民营资本控股的杭绍台高铁顺利通过验收，铁路投融资体制改革成果喜人；崇礼到太子城段铁路顺利开通，服务冬奥会增添快捷大通量交通保障的铁路建设任务全面完成。

工程研究主要成果有：“现代空间结构体系创新、关键技术与工程应用”获国家科技进步奖一等奖；“重大工程黄土灾害机理、感知识别及防控关键技术”“高速铁路Ⅲ型板式无砟轨道系统技术及应用”“深水大断面盾构隧道结构/功能材料制备与工程应用成套技术”“高压富水长大铁路隧道修建关键技术及工程应用”“深部复合地层隧（巷）道 TBM 安全高效掘进控制关键技术”“轨道交通大型工程机械施工安全关键技术及应用”“高速铁路用高强高导接触网导线关键技术及应用”等项目获国家科技进步奖二等奖；“超软土地基排水体防淤堵高效处理技术”“铁路轨道用高锰钢抗超高应力疲劳和磨损技术及应用”等项目获国家技术发明奖二等奖。“一种高速轨道车辆转向架”“一种桥梁用 Q345qDNH 耐候钢的焊接方法”“敞开式掘进机”获中国专利金奖；“轨道车辆车头（2018-02）”获中国专利奖外观设计金奖；“非完全对称渐开线齿轮及其加工方法”等 4 项专利获中国专利银奖；“一种泡沫轻质土铁路路基结构及工法”“交流传动电力机车用模块化冷却装置”等专利获中国专利奖优秀奖。《高速铁路实施可行性》获国际铁路联盟（UIC）标准化杰出奖。

第二节　铁路重大工程建设项目介绍

一、川藏铁路

（一）项目概况

川藏铁路是中国境内一条连接四川省与西藏自治区的快速铁路，呈东西走向，是中国国内第二条进藏铁路，也是中国西南地区的干线铁路之一。

川藏铁路东起四川省成都市，从既有成昆铁路引出，经蒲江、雅安、天全后翻二郎山进入甘孜藏族自治州；经康定、理塘、白玉后跨金沙江，进入西藏自治区昌都；经江达、昌都、邦达、八宿后进入林芝；经波密、林芝进入山南地区；经桑日、乃东、贡嘎后，西至拉萨。线路全长 1560 公里，其中，雅林段新建正线长 1018 公里；拉林段新建线路长 403 公里；成雅段全长 140 公里，设计时速 120 公里/200 公里。

川藏铁路由成雅段、雅林段和拉林段 3 段组成；拉林段与成雅段于 2014 年 12 月开工建设；雅林段于 2020 年 11 月开工建设。2018 年 12 月 28 日，川藏铁路成雅段开通运营。2021 年 6 月 25 日，川藏铁路拉林段开通运营。拉萨至林芝铁路正线全长 435 公里，线路 16 次跨越雅鲁藏布江，桥隧比高达 75%，设计时速 160 公里，是西藏首条电气化铁路。

新建川藏铁路雅林段起自既有成都至雅安铁路雅安站，经甘孜、昌都、林芝，接入在建拉萨至林芝铁路林芝站。新建正线 1011 公里，全线共设 26 座车站。配套建设临时施工道路 885 公里、电力线路2000公里，以及成都、林芝运营保障基地等。项目估算总投资约3198亿元。

（二）建设亮点

川藏铁路工程需要面对崇山峻岭、地形高差、地震频发、复杂地质、季节冻土、山地灾害、高原缺氧及生态环保等建设难题。川藏铁路途经地区集合了山岭重丘、高原高寒、风沙荒漠、雷雨雪霜等多种极端地理环境和气候特征，跨14条大江大河、21座4000米以上的雪山，被称为“最难建的铁路”。

（三）项目意义

建设川藏铁路，是促进民族团结、维护国家统一、巩固边疆稳定的需要，是促进西藏经济社会发展的需要，是贯彻落实党中央治藏方略的重大举措。

川藏铁路拉林段东端连接规划建设中的滇藏铁路，可通往西南及东中部地区，向北、向西连接既有青藏铁路和在建的拉萨至日喀则铁路及规划的日喀则至亚东、日喀则至聂拉木等铁路，可通往西北广大地区及中国与尼泊尔、印度的主要口岸，是西藏自治区对外运输通道的重要组成部分，对于完善西藏铁路网结构、改善沿线交通基础设施条件、促进西藏经济社会发展、增进中华民族团结具有重要意义。

川藏铁路成蒲段作为成都中心城区连接西部县市区的快速铁路通道，对促进城乡一体协调发展、推动成都国际性综合交通通信枢纽功能建设具有重要作用。该线路开通运营后，对提升中国西部地区特别是进藏通道的交通能力，增强川西地区交通基础设施建设，促进四川西部、青藏高原东部地区交通不便城镇和四川省内甘孜、阿坝等少数民族自治州经济社会发展具有十分重要的意义。

作为雪域高原的第二条“天路”、世界铁路建设史上地形地质条件最为复杂的工程，川藏铁路肩负起了中国三代铁路建设者们的梦想；铁路建设本身也能起到加强生态保护、防止水土流失、实施道路绿化等配套提升的作用。

二、杭绍台铁路

（一）项目概况

杭绍台铁路是国家发展改革委2015年确定的首批8个社会资本投资铁路示范项目之一，是我国首条民营控股高铁，也是浙江省“一带一路”全省大通道建设重点项目。2017年9月11日，浙江省政府与由复星集团牵头的民营资本联合体正式签署《杭绍台铁路PPP项目投资合同》，建设资金来自项目资本金30%和国内银行贷款70%，项目股比为：复星集团牵头的民营联合体51%，中国国家铁路集团有限公司15%、浙江省13.6%、台州市10.2%、绍兴市10.2%。

杭绍台铁路总投资450亿元，全长266.9公里，其中新建线路226.369公里，桥隧比88.9%，设计时速350公里，设绍兴北、上虞南、嵊州北、嵊州新昌、天台山、临海、台州、温岭8个车站，在既有绍兴北站、温岭站与杭深铁路接轨，并在温岭站预留沿海通道向南方向的延伸条件。全线于2017年12月28日正式开工建设，总工期4年，于2021年12月28日具备开通条件。2022年1月8日，杭绍台铁路举行了通车仪式。

（二）建设亮点

改革创新。杭绍台铁路作为“PPP+EPC”改革双示范项目，其投融资方式在交易结构、股权设置、回报机制和风险分担机制等方面进行了积极尝试和创新，开创了投融资“杭绍台模式”，相关经验已在杭温、杭瞿等多个高铁PPP项目中推广实践，起到了“先行先试”的示范作用，为我国铁路投融资体制改革探索了新路。同时在推进过程中，项目突破了如外电源接入、矿山取土方式等诸多体制机制问题，为国家发展改革委制定出台新的政策提供了实践经验和依据。

技术创新。杭绍台铁路位于浙江省中东部，

具有桥隧比高、特殊桥跨多、长大隧道多、软土分布广等特点，工程实施难度大；全线建有正线桥梁87座、隧道56座，总长201.8公里，占比89%；过程中通过组织科研攻关等措施，优质高效推进工程建设，创造了椒江特大桥主墩钻孔桩深度达143米、国内没有先例的硅藻土施工，华东地区最长隧道（东茗隧道全长18.226公里），首个单洞四线大断面隧道等多项高铁建设施工纪录，确保了工程安全有序快速推进。

（三）项目意义

改革之路。杭绍台铁路肩负着铁路投融资体制改革创新的使命，它的成功实践对于拓宽铁路投融资渠道，完善投资环境，打通社会资本投资建设铁路“最后一公里”，促进铁路事业加快发展具有重要示范意义，在中国铁路改革发展史上具有里程碑意义。

快捷之路。杭绍台铁路开通运营后将连通沪昆高铁、商合杭高铁、宁杭高铁、杭黄高铁、杭深高铁，接入长三角地区高铁网，使杭州至台州高铁出行时间缩短至60分钟左右，有效扩大浙江省“1小时交通圈”范围，极大地便利沿线居民出行，实现改革成果人民共享。

文化之路。杭绍台铁路与“浙东唐诗之路”的线路高度契合，沿线历史遗存和人文典故众多，1500余首唐诗在此创作，是融合儒学、佛道、诗歌、书法、茶道、戏曲、陶艺、民俗、方言、神话传说等内容的中华文化宝藏，成语“东山再起”、李白的著名诗作《梦游天姥吟留别》等都出自该区域，正所谓古有“浙东唐诗之路”，今有杭台“诗路高铁”。

旅游之路。杭绍台铁路沿线旅游资源丰富，一路串联鲁迅故里、天台山、神仙居等5个国家5A级旅游景区以及台州府城等30多个国家4A级旅游景区（其中温岭是中国大陆新千年、新世纪第一缕曙光首照地），是浙江省内的一条黄金旅游通道。

共富之路。杭绍台铁路沿线经过8个国家级开发区、3个国家级高新区、8个万亩千亿新产业平台，所辐射的杭州、绍兴、台州三地GDP总额达2.7万亿元，社会经济发展充满活力。项目通车后结束了嵊州、新昌、天台等地不通铁路的历史，进一步加速温台城市群融入杭州都市圈和长三角更高质量一体化发展，对带动沿线经济社会发展，助力浙江高质量发展建设共同富裕示范区有着积极的促进作用。

三、玉磨铁路

（一）项目概况

玉磨铁路，即中老昆万铁路玉磨段，是中国云南省境内一条连接玉溪市与西双版纳傣族自治州勐腊县磨憨口岸的国铁Ⅰ级电气化铁路，是中老昆万铁路的重要组成部分。

2015年7月，玉磨铁路获国家发展改革委批复；2016年4月19日，玉磨铁路开工建设；2021年12月3日，玉磨铁路通车运营。玉磨铁路北起玉溪站，南至磨憨站，全长507.4公里，全线设13座车站，设计时速160公里。

玉磨铁路位于云南省南部地区，以昆玉铁路玉溪西站为起点，自北向南经玉溪市、峨山县、新平县、元江县、墨江县、宁洱县、普洱市、景洪市、勐腊县9县市到达中国与老挝边境口岸磨憨。玉磨铁路全线共有隧道93座、桥梁136座，桥隧比高达87.3%，建设难度大。铁路途经地区气候恶劣、地形复杂，线路穿越磨盘山、哀牢山、无量山，跨元江、阿墨江、把边江、澜沧江，沿线地形地貌变化大，施工便道修建条件差，雨季持续时间长，运输条件困难。

玉磨铁路为国铁Ⅰ级电气化客货共线铁路，正线长508.535公里，其中玉溪至西双版纳为双线，正线长363.307公里，西双版纳至磨憨为单线，正线长145.228公里。全线正线路基长度65.021公里，占线路总长的12.79%；正线桥梁总计134座48.009公里，占线路总长的9.44%；正线隧道91

座 395.505 公里，占线路总长的 77.77%；正线桥隧总长 443.514 公里，桥隧比 87.21 %。全线设置车站共计 29 座。新建车站 27 座，近期开站 18 座，分别为研和、峨山、罗里、元江、墨江、过尧、宁洱、普洱、普文、野象谷、西双版纳、橄榄坝、飞龙、梭罗河、勐远、勐腊、曼勒、磨憨；缓开站 9 个，分别为立新、南溪河、他郎河、磨黑、曼么、关累、勐腊北、大龙哈、磨憨北。改建车站 2 个，分别为玉溪南站和玉溪站。

（二）项目意义

玉磨铁路是中国实施西部大开发战略的重要基础设施项目，是泛亚铁路中线昆明至曼谷的重要组成部分，是云南省通往老挝、泰国的重要国际铁路通道的连接线，是“一带一路”建设、推进与周边国家互连互通的重大建设项目。它的建设对完善西南铁路网布局，促进中国—东盟自由贸易区建设，带动沿线地区经济社会发展具有重要意义。

第二章　公路重大工程建设项目

第一节　公路重大工程建设情况概述

2021年是"十四五"开局之年，交通运输行业坚持服务国家重大战略和区域协调发展战略，加快推进重点公路工程项目建设，不断完善公路基础设施网络，为加快建设交通强国作出贡献。

湖北省宜都长江大桥、赤壁长江公路大桥、武汉青山长江公路大桥、京雄高速公路河北段、京德高速公路一期工程、荣乌高速新线、京新高速公路新疆梧桐大泉至木垒段、京藏高速公路那曲至拉萨段、绥满高速公路黑龙江卧里屯至白家窑段、张南高速公路重庆黔江至石柱段、四川德阳至都江堰高速公路、都香高速公路贵州都匀至安顺段、景洪至打洛高速公路景洪至勐海段、银昆高速公路陕西宝鸡至坪坎段、菏宝高速公路陕西合阳至铜川段和旬邑至凤翔段、榆蓝高速公路陕西延长至黄龙段、银百高速公路甘肃甜水堡（宁甘界）至永和段、乌玛高速公路宁夏青铜峡至中卫段等一批重点项目建成通车。京哈高速公路拉林河（吉黑界）至哈尔滨段、日兰高速公路山东巨野西至菏泽段、京台高速公路山东德州（鲁冀界）至齐河段和泰安至枣庄（鲁苏界）段、二广高速公路河南洛阳城区段等国高网繁忙路段完成扩容改造，大大提升了通行能力和服务水平。

2021年，都香高速公路四川昭通（川滇界）至西昌段、呼北高速公路湖南新化至新宁段、安来高速公路湖北渝鄂界至建始段、恩施至广元高速公路重庆万州至开江段、沈海高速公路荷坳至深圳机场段改扩建工程、宁洛高速公路安徽来安至明光段改扩建工程、北京市东六环路京哈高速至潞苑北大街段改造工程、京台高速公路山东齐河至济南段改扩建工程、铁科高速公路黑龙江方正至延寿尚志界至五常段、京昆高速公路四川广元至绵阳段扩容工程、京哈高速公路辽宁绥中（冀辽界）至盘锦段改扩建工程、京港澳高速公路湖北豫鄂界至军山段改扩建工程等一批国家重点公路建设项目的初步设计通过交通运输部审批，为项目实施奠定基础。

呼北高速公路湖南张家界至官庄段和炉红山（湘鄂界）至慈利段、张南高速公路湖南桑植至龙山段、盐洛高速公路江苏宿城至泗洪段、集阿高速公路内蒙古安业至公主埂段、长张高速公路湖南益阳至常德段扩容工程、京昆高速公路四川绵阳至成都段扩容工程、京台高速公路山东济南至泰安段改扩建工程、长深高速公路河源热水至惠州平南段改扩建工程、乌鲁木齐绕城高速公路西线段等一批重点公路项目开工建设。

第二节　公路重大工程建设项目介绍

一、雄安新区骨干公路通道

京雄高速公路河北段、京德高速公路一期工程（京冀界至津石高速段）、荣乌高速公路新线（京台高速至京港澳高速段）是雄安新区"四纵三横"区域高速公路网规划的重要组成部分，2021年5月29日，三条高速公路同期建成通车，雄安新区"四纵三横"对外高速公路骨干路网全面形成。

京雄高速公路是北京中心城区连接雄安新区最便捷的高速公路通道。河北段包括主线和大兴国际机场北线支线，主线起自涿州市京冀界与北京段顺接，向南经涿州市、固安县、高碑店市、白沟新城，止于容城县，与既有荣乌高速公路相接，长69.4公里；支线起自涿州市京冀界（永定河）与北京段顺接，向西经涿州市义和庄镇与主线相接，路线长5.6公里。项目采用双向八车道和六车道高速公路标准建设，设计速度120公里/小时，概算总投资213.35亿元。项目于2019年8月开工建设，2020年底主体完工。图4-2-1为白沟河特大桥。

京德高速公路是雄安新区通往北京新机场的最主要的高速公路。一期工程主线起自廊坊市固安县纪家庄村东京冀界（永定河）与北京段顺接，跨越固安县、永清县、霸州市、文安县、任丘市5个县（市），终于任丘市梁召镇，与津石高速交叉处，路线全长87.3公里，概算总投资193.47亿元，采用双向六车道高速公路标准建设。项目于2019年11月开工建设，2020年底主体完工并实现半幅贯通。

荣乌高速新线是落实雄安新区规划要求，对国家高速公路网G18荣乌高速公路相应路段进行改移新建。项目路线起自廊坊市永清县南大王庄村，与京台高速交叉，途径廊坊市的永清县、霸州市、固安县，保定市高碑店市、白沟新城、定兴县，止于保定市定兴县柳卓乡东侧，与京港澳高速相接，全长约72.8公里，采用双向八车道高速公路标准建设，设计速度为120公里/小时，整体式路基宽度为42.0米。项目采用PPP模式建设，于2019年11月开工。图4-2-2为荣乌智慧高速公路管控中心。

雄安新区高速公路建设项目始终坚持"世界眼光、国际标准、中国特色、高点定位"，在建设过程中，突出"永久路面、智能建造、智慧高速"三大技术创新，实施专项技术攻关，申请多项新型发明专利，形成了团体及地方标准，在大掺量橡胶沥青永久路面成套技术、预制T梁环形生产线工厂化生产成套技术、智慧高速风险预警系统解决方案等取得了系列成果；在推广"四新"技术以及微创新等方面，建成了BIM+GIS智慧高速公路全过程管理平台，有效提升智能化建造水平。此外，上述项目均制定了智慧交通相关方案，京雄高速计划开设自动驾驶专用车道，并研究应用了环境适应型智慧照明系统和主动发光的标志标牌；荣乌新线高速重点建设智慧化货运通道；京德高速完成了交通事故风险辨识系统实地测试。

图4-2-1 国内规模最大的上承式十七孔钢箱连拱桥——白沟河特大桥

图4-2-2 荣乌智慧高速公路管控中心

二、京新高速公路新疆梧桐大泉至木垒段

京新高速梧桐大泉至木垒段位于新疆维吾尔自治区哈密市和昌吉州境内，是国家高速公路网首都放射线G7北京至新疆高速公路的重要路段，是新疆交通运输"十三五"发展规划的重大工程项目。项目路线起自京新高速明水（甘新界）至哈密段双井子互通立交，经哈密市伊州区、伊吾县、巴里坤县，止于昌吉州木垒县大浪沙互通立交，接京新高速奇台至木垒段，全长约515公里，采用双向四车

道高速公路标准建设，批复概算176.5亿元。工程于2017年7月开工建设，2021年6月30日建成通车。

该路段通车后，东起北京、西至乌鲁木齐，全长超过2200公里的京新高速成为继连霍高速公路之后的又一条出疆公路大动脉，对打造新疆“一带一路”核心区、推动天山北坡城市群的经济社会发展、稳固国防边防等都具有重大意义。

京新高速公路大量路段位于戈壁、荒漠地区，自然环境脆弱，建设条件艰苦，给工程实施带来了巨大挑战。项目建设单位和参建单位在勘察设计和建设实施过程中，克服恶劣条件，充分考虑区域交通特点，兼顾生态环保和地方经济发展需要，精心制定实施方案，有效避让环境敏感点，严格施工排污管控，及时恢复临时用地，实现整体水资源循环利用，按期高质量完成建设任务，为沙漠戈壁地区公路建设发展积累了宝贵经验。其中，巴里坤至木垒段别列为部绿色公路建设试点示范项目，取得了良好的效果。

图4-2-3　巴里坤U形转弯

图4-2-4　动物通道

三、湖北宜都长江大桥

湖北宜都长江大桥（原名：白洋长江大桥，见图4-2-5）是国家高速公路网纵线G59呼北高速宜昌至张家界高速公路段跨越长江的关键控制性工程。项目起于宜张高速北段白洋互通，经秦家河河谷跨越长江，至南岸宜都市陆城镇，接宜张高速南段与宜岳高速交叉的宜都南枢纽互通，路线全长15.68公里，批复概算33.85亿元。全线采用双向六车道高速公路标准，设计速度100公里/小时，桥梁宽度33.5米。主桥采用主跨1000米双塔单跨钢桁梁悬索桥方案。图4-2-6为宜都长江大桥施工现场。

项目于2016年11月15日开工建设，2020年10月16日建成交工，2021年2月9日正式通车。大桥通车后，呼北高速相关路段全面贯通，成为鄂西北与湘西地区之间的省际快速通道，对完善湖北省过江通道以及区域高速公路网络布局，促进沿线地区经济社会发展具有重要意义。

项目注重贯彻“全寿命成本”理念，开展了多项技术创新。宜都侧锚碇采用富水深厚卵石地层锚碇浅埋扩大基础，基础开挖深度仅8.0米，较常规沉井或地连墙方案节省造价约1.5亿元，经济效益显著；主梁采用塔连杆+柔性中央扣支承体系，避免了大型支座更换，有效降低全寿命成本；板桁分离式钢桁梁大节段整体化安装工艺和悬索桥钢桁加劲梁安装窗口铰接施工工法，大幅度减少了高强螺栓现场作业数量，大大增加了高强螺栓的作业面，提高工效，缩短工期。

四、湖北赤壁长江公路大桥

赤壁长江公路大桥（见图4-2-7）是《国家公路网规划》中台州至小金国道（G351）跨越长江的控制性工程。该项目的建设对完善区域公路网布局、促进“武汉城市圈”、开发长江经济带等发展战略实施，改善区域交通出行条件，提高长江中游地区防洪减灾能力等都具有重要意义。

图 4-2-5 宜都长江大桥

图 4-2-6 宜都长江大桥施工现场

项目起于湖北省荆州市洪湖市乌林镇，止于湖北省咸宁市赤壁市赤壁镇，路线全长 11.2 公里，其中长江大桥 3.35 公里（主桥长 1380 米），洪湖侧接线 2.71 公里，赤壁侧接线 5.15 公里，批复概算 32.49 亿元。全线采用双向六车道高速公路标准建设，桥梁宽度 36.5 米，设计速度 100 公里 / 小时。工程于 2018 年 3 月开工，2020 年 4 月跨江主桥索塔封顶，2021 年 3 月跨江主桥合龙，2021 年 9 月 25 日建成通车。

通航孔主桥采用（90 + 240 + 720 + 240 + 90）米双塔组合梁斜拉桥方案，是目前最大跨径的钢—混凝土组合梁斜拉桥，实现了结合梁斜拉桥跨度由 600 米级向 700 米级突破，推动了大跨径桥梁技术的发展。

项目建设过程中始终以创建“品质工程”“平安工程”为目标，大力推广标准化、信息化、现代化管理方法，采用了半岸半水下放双壁钢围堰施工工法、双边箱型栓焊组合梁制造关键技术、大跨度钢—混组合梁斜拉桥主梁精准安装施工技术、大跨径钢—混组合梁斜拉桥内力分配机理与调控技术等，先后荣获了“全国工人先锋号”“全国‘安康杯’项目”“湖北省公路水运工程‘平安工程’建设示范工程”“省级文明单位”等多项荣誉。图 4-2-8 为赤壁长江公路大桥主桥合龙现场。

图 4-2-7 赤壁长江公路大桥

图 4-2-8 赤壁长江公路大桥主桥合龙现场

五、京藏高速公路西藏那曲至拉萨段

那曲至拉萨高速公路是国家高速公路网首都放射线 G6 京藏高速公路的重要组成部分，是连接西藏与内地的公路大动脉，在国家和西藏公路网中具有特殊重要地位。

项目平均海拔 4500 米，是世界上海拔最高的高速公路。路线起点位于那曲市那曲火车站西北侧，终点位于拉萨市堆龙德庆区波玛村，全长 294.86 公里，采用双向四车道高速公路标准建设，设计速度100公里/小时、120公里/小时，批复概算307.54亿元。项目控制性工程羊八井至拉萨段于2017年7月开工，2020年10月1日通车试运营；主体工程那曲至羊八井段于2018年6月开工，全线于2021年8月20日建成通车。项目建成通车后，拉萨市与那曲市之间的车程由6个多小时缩短至3个小时。

项目功能地位突出，是青藏、川藏、滇藏、新藏四条进藏通道中地形条件最好、运输能力最大、战略保障最佳的进藏通道。项目沿线走廊狭窄，控制性因素多，路线布设困难，不良地质发育，同时区域环境优美，生态环境脆弱，环境保护压力大，社会关注度高，藏区文化习惯特殊，维稳压力大。

项目实施过程中坚持“保障安全、绿色生态、科技引领、创建品质、民族特色、社会认可”的建设理念。加强基本农田保护及水土保持设计，减少

图4-2-9　跨青藏铁路宁中乡大桥

图4-2-10　当雄隧道

植被破坏，做好取土场复垦、草皮移植设计。加强节能技术设备在沿线设施中的应用，淘汰老旧设备，推广新工艺、新能源，顺利完成了建设任务。

六、银昆高速公路陕西宝鸡至坪坎段

宝鸡至坪坎高速公路（见图4-2-11）是G85银川至昆明国家高速公路的重要组成部分，是陕西省第5条穿越秦岭、横贯南北的高速公路大通道，是陕西省穿越秦岭等级最高、规模最大、安全舒适性最好的高速公路。

该项目地处秦岭腹地，地形地质条件异常复杂，环保要求高，自2008年起历时8年规划，先后论证7个路线方案，最终确定项目起于宝鸡市高新区潘家湾，向西沿秦岭北麓展线，再向南设隧道群穿越秦岭，终点止于凤县坪坎镇，与银昆线坪坎至汉中段相接，全长约73公里。全线采用双向六车道高速公路标准建设，设计速度80公里/小时，批复概算129亿元。工程于2016年8月开工建设，2021年9月30日全线建成通车。

秦岭天台山隧道（见图4-2-12）是项目的关键控制性工程，全长15.56公里，最大埋深973米，工程量和建设规模居世界公路隧道第一位，刷新了我国高速公路多车道隧道建设的历史纪录。包含秦岭天台山隧道在内，宝坪高速穿越秦岭天台山路段设置了总长达32公里的超长隧道群，隧道群路段桥隧比高达98.1%，穿越多条地质断裂带，地层岩体破碎，岩爆、突涌水等风险时刻存在，工程建设面临前所未有的挑战。

项目建设过程中，全体建设者攻坚克难，按照交通运输部科技示范工程和“品质工程”创建要求，积极探索、勇于创新，推广应用13项“四新技术”，探索应用14项工艺、工法、设备等“微创新”成果，采用自动化、智能化装备，实现“机械化换人、自动化减人”和信息化管理，大大提高了施工效率，形成了一批可复制、可推广的典型经验，为全国长

大隧道建设提供了陕西方案。在环境保护方面，严守秦岭生态红线，建立绿色施工长效机制，开展隧道弃渣资源化、生态化利用，强化隧道节能运用，大幅降低隧道运营费用。

图 4-2-11　宝鸡至坪坎高速公路

图 4-2-12　秦岭天台山隧道

第三章　水路重大工程建设项目

第一节　水路重大工程建设情况概述

一、沿海港口码头设施建设

盘锦港荣兴港区液体化工泊位工程、锦州港301B原油泊位工程、天津港北疆港区C段智能化集装箱码头工程、烟台港西港区原油码头工程、青岛港董家口港区原油和液体化工码头工程、日照港岚山港区12号和16号散货工程、连云港徐圩港区盛虹炼化液体化工泊位工程、宁波舟山港金塘港区集装箱码头工程、厦门港古雷港区液体化工泊位工程、汕头港广澳港区集装箱码头工程、深圳港南山港区妈湾海星集装箱码头工程、湛江港东海岛宝钢配套杂货码头工程、北部湾港广西钢铁配套通用码头工程等一批建成投产。北京燃气天津南港LNG码头工程、烟台西港区第二座30万吨级油码头工程、湛江港宝满港区集装箱码头一期扩建工程、巴斯夫（广东）一体化项目大件码头工程等重大工程开工建设；继续推进江苏滨海LNG码头工程、深圳港宝安综合港区一期工程、广州港南沙港区粮食及通用码头扩建工程、广州港南沙港区四期工程、钦州港大榄坪港区南作业区泊位工程、宁波舟山港梅山二期工程等工程建设；中石化天津液化天然气（LNG）项目扩建工程（二期）码头工程、黄骅港散货港区矿石码头一期（续建）工程、深圳液化天然气应急调峰站项目配套码头工程、日照港自动化集装箱码头三期工程等重大工程完成竣工验收；苏州港太仓港区四期工程主体工程完工并开始调试运行。

二、沿海港口公共基础设施建设

沿海港口航道建设基本以既有航道浚深、拓宽为主。继续推进日照港岚山港区深水航道二期工程等建设。目前大连、营口、天津、烟台、青岛、日照、连云港、宁波舟山、福州、厦门、湛江、防城港等港口可通航20万吨级及以上船舶，秦皇岛、南通、上海洋山、温州、深圳、广州、珠海等港口可通航10～20万吨级船舶，南京、镇江、苏州、汕头等港可通航5～10万吨级船舶。广州港环大虎岛公用航道工程、南通港三夹沙南航道、南通港小庙洪上延航道等工程开工建设；继续推进连云港港30万吨级航道二期工程、唐山港京唐港区25万吨级航道等工程建设；湛江港30万吨级航道改扩建工程、虾峙门口外30万吨级人工航道扩建工程完成交工验收；广州港深水航道拓宽工程完成竣工验收并正式投入使用。

三、长江黄金水道建设

持续推进长江干线航道系统治理。长江中游武汉至安庆段6米水深航道、长江下游芜裕河段航道整治工程和三峡—葛洲坝两坝间莲沱段航道整治工程投入试运行；长江上游三峡升船机候工设施改造工程基本完工；长江上游朝天门至涪陵河段航道整治工程、长江下游江心洲至乌江河段航道整治二期工程持续推进建设。长江口南槽治航道治理一期工程竣工验收。

四、珠江黄金水道建设

西江航运干线扩能升级稳步推进，珠三角高等级航网进一步优化完善。西江航运干线贵港至梧州3000吨级航道工程一期工程基本完工；西江航运干线贵港至梧州3000吨级航道工程二期工程，红水河—黔江来宾至桂平2000吨级航道工程，右江航道整治工程（广西段），柳江红花水利枢纽二线船闸，西津水利枢纽二线船闸，左江山秀船闸扩能工程持续推进；砚石水道航道一期工程开工建设；广西百色水利枢纽通航设施工程开工建设；桂江航道工程（马江至莲花大桥段）、大藤峡水利枢纽二线三线船闸工程前期工作加快推进。

五、其他航道、通航设施建设

赣江井冈山枢纽工程，信江双港航运枢纽工程，京杭运河湖西航道（二级坝—苏鲁界）改造工程，湘江永州至衡阳三级航道一期建设工程，苏申外港线江苏段航道整治工程交工验收；锡溧漕河前黄枢纽工程，长湖申线航道西延工程，京杭运河枣庄段二级航道整治工程基本完工；京杭运河浙江段三级航道整治工程，汉江白河水电站通航建筑物工程，岷江龙溪口航电枢纽工程，嘉陵江梯级渠化利泽航运枢纽工程，汉江雅口、孤山航电枢纽工程，汉江新集水利枢纽船闸工程，信江双港至褚溪河口湖区三级航道整治工程，引江济淮工程安徽段航运部分，宿连航道京杭运河至盐河段整治工程一期工程，丹金溧漕河丹阳段航道整治工程，锡溧漕河无锡段航道整治工程持续推进；乌江白马航电枢纽工程，湘江永州至衡阳三级航道二期建设工程，澧水石门至澧县航道建设工程，通海港区—通州湾港区疏港航道整治工程，长湖申线（苏浙省界—京杭运河段）航道整治工程开工建设。

第二节　水路重大工程建设项目介绍

一、天津港北疆港区C段智能化集装箱码头工程

天津港北疆港区C段智能化集装箱码头工程（见图4-3-1）建设3个20万吨级集装箱泊位，占用岸线长度1100米，设计通过能力250万标准箱／年，后方陆域占地面积约75万平方米。工程总投资57.95亿元，2019年12月开工，2021年10月竣工验收。

工程为自动化集装箱码头工程。工艺采取堆场平行岸边装卸、单小车岸桥地面集中解锁、人工智能交通机器人（ART）水平运输、码头数字孪生智能管控等高端应用。工程突出以人为本、绿色健康的设计理念，采用绿色能源解决方案，构建智慧用能体系，积极打造零碳智能化集装箱码头。

图4-3-1　工程鸟瞰图（图片由天津市交通运输委提供）

二、黄骅港散货港区矿石码头一期（续建）工程

黄骅港散货港区矿石码头一期（续建）工程（见图4-3-2）建设2个20万吨级专业化矿石泊位（水工结构按25万吨级设计），码头长度为682米，设计吞吐量为2000万吨／年，总投资27.32亿元，2020年6月开工，2021年10月交工验收，大量应用了智慧港口关键技术及设备。

图4-3-2　工程鸟瞰图（图片由沧州黄骅港矿石港务有限公司提供）

三、青岛港董家口港区原油码头二期工程

青岛港董家口港区原油码头二期工程（见图4-3-3）建设1个30万吨级油品泊位（水工结构按靠泊45万吨级油轮设计）和1个10万吨级油品泊位（水工结构按靠泊12万吨级油船设计）。码头设计通过能力为2500万吨/年，总投资15.6亿元，2019年1月开工，2020年12月竣工验收。

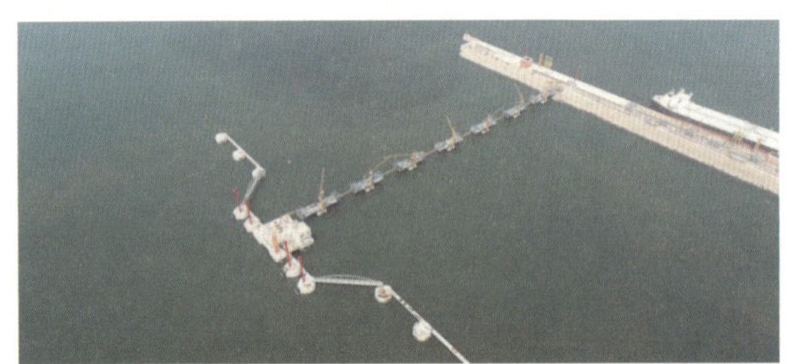

图4-3-3　董家口港区码头全貌(图片由山东省交通运输厅提供)

四、深圳港妈湾港区海星码头1#—4#泊位改造工程

深圳港妈湾港区海星码头1#—4#泊位改造工程（见图4-3-4）建设内容为拆除原有旧码头，新建两个20万吨级集装箱泊位，泊位岸线850米，改造后方陆域40.47万平方米。项目总投资43.7亿元，2017年9月27日开工，2021年6月竣工验收。

该工程为自动化集装箱码头工程，通过建设“妈湾智慧港”，自主研发了TOS系统，集成人工智能、全自动化无人操作、5G应用、区块链、北斗定位、绿色环保等高科技智慧因子，打造了一个集自动化、智能化、环境友好、智慧口岸等诸多功能为一体的高科技码头。

图4-3-4　深圳妈湾港鸟瞰（王宁 摄）

五、广西北部湾港钦州30万吨级油码头工程

广西北部湾港钦州30万吨级油码头工程（见图4-3-5）建设1个30万吨级油码头，设计通过能力986万吨/年。码头总长546.3米。主要建设内容有平台水工结构、栈桥、平台房建工程等设施。工程总投资23.17亿元，2010年9月开工，2021年5月竣工验收。

图4-3-5　钦州30万吨级油码头现状鸟瞰图（杨煜航 摄）

六、广州港深水航道拓宽工程

广州港深水航道拓宽工程在广州港出海航道三期工程（见图4-3-6）基础上进行拓宽，航道全长66.6公里，按满足10万吨级集装箱船与15万吨级集装箱船（减载，营运吃水控制在14.5米以内）双向通航标准建设，通航宽度385米，设计底高程-17.0米。工程总疏浚工程量约4900万立方米，总投资29.36亿元，2016年10月开工，2020年8月全线完工投入试运行，2021年12月竣工验收。

图4-3-6　疏浚设备进场（图片由广州港深水航道拓宽工程项目部提供）

七、武汉港阳逻国际港集装箱铁水联运二期项目

武汉港阳逻国际港集装箱铁水联运二期项目（见图 4-3-7）位于湖北省武汉市阳逻经济技术开发区，用地总面积约 852.6 亩。主要由三部分组成。码头作业区部分：将原有 4 个 5000 吨级件杂货码头泊位，改造为集装箱泊位，且可满足 1140 标准集装箱船靠泊作业需求，年设计吞吐能力 75 万标准箱，码头区陆域用地面积为 394.75 亩，用于建设集装箱堆场及相应的配套设施；铁路装卸场部分：自江北铁路香炉山站东端接轨后向南引入 1 束铁路线，新建 1 个装卸作业区及配套堆场，满足 2 条装卸作业线（有效总长 2100 米）年集装箱铁水联运作业量 40 万标准箱的作业需求，用地面积为 239.55 亩；附属作业区部分：主要提供配套增值服务，包括拆装箱、洗修箱、空箱堆存等业务，用地面积为 218.3 亩。2020 年 7 月 9 日，项目取得湖北省发改委核准批复；2020 年 10 月，施工单位进场建设，项目正式开工建设；2021 年 8 月 1 日，项目建成开港通车。

图 4-3-7　武汉港阳逻国际港集装箱铁水联运二期项目（图片由湖北省交通运输厅提供）

八、京杭运河施桥船闸至长江口门段航道整治工程

京杭运河施桥船闸至长江口门段航道整治工程（见图 4-3-8）位于江苏省扬州市境内，起自施桥船闸，止于六圩长江口，航道整治里程 5.37 公里。工程采用Ⅱ级双线航道建设标准，工程内容包括：生态岸线修复和航道疏浚，拆建碍航桥梁，配套完善船舶停靠服务区、运河文化工程等。工程概算总投资 13.3 亿元，2020 年 2 月开工建设，2021 年 11 月通过交工验收。该工程为江苏省京杭运河绿色现代航运示范区先导工程，2020 年，江苏省委、省政府正式印发的《交通强国江苏建设方案》中将“打造航运特色鲜明的大运河文化带样板，重点建设京杭大运河绿色航运示范区”列入十大样板之一。2021 年项目入选交通运输部第一批平安百年品质工程创建示范项目。

图 4-3-8　京杭运河施桥船闸至长江口门段航道整治工程现场（图片由江苏省交通运输厅提供）

九、乌江构皮滩水电站通航建筑物工程

乌江构皮滩水电站通航建筑物工程（见图 4-3-9）是乌江自下而上建设的第六座通航建筑物，通航建筑物按照通航 500 吨级机动船Ⅳ级航道标准建设，设计代表船型尺度参数（55×10.8×1.6）米。通航建筑物线路位于构皮滩水电站枢纽左岸煤炭沟至野狼湾一线，型式为带中间渠道的三级垂直升船机，由上下游引航道、3 座钢丝绳卷扬垂直升船机和两级中间渠道（含通航隧洞、渡槽及明渠）等建筑物组成，线路总长 2306 米。设计最大单向过坝运量 125 万吨 / 年，双向 145 万吨 / 年，

图 4-3-9　构皮滩水电站通航建筑物第二级升船机（图片由贵州省交通运输厅提供）

总投资 30.55 亿元。2021 年 7 月 28 日该项目通过交工验收进入试运行阶段。

构皮滩水电站通航建筑物多项参数皆为世界之最；最大通航水头为 195 米，上游通航水位变幅 45 米，是目前世界上通航水头最高、水位变幅最大、通航最为复杂的通航设施；第一、三级垂直升船机采用下水式，第二级升船机采用全平衡式，三级垂直升船机最大提升高度分别为 47 米、127 米和 79 米，是目前世界上下水式升船机提升能力最大、单级提升高度最高、主提升设备规模最大的通航建筑物。

十、贵州都柳江郎洞航电枢纽工程

贵州都柳江郎洞航电枢纽工程（见图 4-3-10）为都柳江 12 级开发方案中的第 8 个梯级，主要建设左右岸重力坝、发电厂房，总装机容量 22 兆瓦；7 孔泄水闸；Ⅳ级标准船闸 1 座，船闸有效尺度为（120×12×3）米（长 × 宽 × 门槛水深）；按照（1.9×40×270）米（航深 × 航宽 × 曲率半径）整治Ⅴ级航道 12.45 公里。枢纽工程正常蓄水位为 217 米，死水位为 216 米，水库总库容为 3677 万立方米。上游最高通航水位 217 米，上游最低通航水位 216 米，下游最高通航水位 211.45 米，下游最低通航水位 207 米。坝顶高程 228.4 米。工程建设投资 7.035 亿元，2019 年 10 月下闸蓄水验收，2020 年 12 月主体完工验收，2021 年投入试运行。

图 4-3-10　贵州都柳江郎洞枢纽（图片由贵州省交通运输厅提供）

第四章　民航重大工程建设项目

第一节　民航重大工程建设情况概述

2021 年，湖北荆州沙市机场、江西九江庐山机场、山东菏泽牡丹机场、安徽芜湖宣州机场、四川成都天府机场、湖南郴州北湖机场、广东韶关丹霞机场建成投产；青岛流亭机场迁至青岛胶东机场，连云港白塔埠机场迁至连云港花果山机场。

第二节　民航重大工程建设项目介绍

一、青岛胶东国际机场工程

2015 年 11 月，青岛胶东国际机场（见图 4-4-1）开工，机场等级为 4F，新建东跑道（长宽尺寸为 3600 米 ×60 米）、西跑道（长宽尺寸为 3600 米 ×45 米），两条跑道均为水泥混凝土结构，可供所有机型起降。此工程投资总额为 360.39 亿元。其中，资本金按 40% 配置，民航发展基金为 10.05 亿元、项目建设期内分年度返还民航发展基金 8 亿元，青岛国际机场集团有限公司自有资金为 15 亿元，其余资本金由青岛市地方财政解决。资本金以外投资由青岛国际机场集团有限公司利用银行贷款解决。2019 年 11 月 13 日，机场飞行区工程通过竣工验收。2020 年 6 月 24 日，机场航站楼工程通过竣工验收。2021 年 3 月 4 日，青岛胶东国际机场通过行业验收。2021 年 8 月 12 日，青岛胶东国际机场正式投运。

二、成都天府国际机场

2016 年 5 月 27 日，成都天府国际机场（见图 4-4-2）正式开工，机场等级为 4F，新建西一跑道（长宽尺寸为 4000 米 ×60 米）、东一跑道（长宽尺寸为 3200 米 ×45 米）、北一跑道（长宽尺寸为 3800 米 ×45 米），三条跑道均为水泥混凝土结构，可供所有机型起降。机场工程投资总额为 562.08 亿元。其中资本金为 307.08 亿元，包括中央预算内投资 25 亿元及民航发展基金 80 亿元和由省、市、机场出资的 40.416 亿元、121.248 亿元、40.416 亿元。资本金以外投资由四川省机场

图 4-4-1　青岛胶东国际机场航站楼航拍图（图片由青岛胶东国际机场提供）

图 4-4-2　2021 年 6 月，成都天府国际机场航站楼航拍图（图片由成都天府机场提供）

集团公司利用银行贷款解决。2021 年 6 月 10 日，成都天府国际机场的机场工程、新技术应用项目、空管工程通过行业验收和机场使用许可审查。2021 年 6 月 27 日，成都天府国际机场正式投运。

三、深圳宝安国际机场卫星厅及其配套工程

2018 年 12 月 21 日，深圳宝安国际机场卫星厅及其配套工程（见图 4-4-3）正式开工。此工程投资总额为 40.67 亿元（全部由企业自筹）。2021 年 5 月 30 日，机场卫星厅及其配套工程通过竣工验收。2021 年 12 月 7 日，机场卫星厅及其配套工程正式投运。

图 4-4-3 深圳宝安国际机场卫星厅全景图（图片由深圳宝安国际机场提供）

四、贵阳龙洞堡国际机场三期扩建工程

2017 年 5 月，贵阳龙洞堡国际机场三期扩建工程（见图 4-4-4）中的飞行区工程正式开工，机场等级为 4E，新建东跑道（长宽尺寸为 4000 米 ×45 米），向北延长西跑道 300 米（延长后西跑道的长宽尺寸为 3500 米 ×45 米），两条跑道均为水泥混凝土结构，可供 B747-400 及同类以下机型起降。此工程投资总额为 210.50 亿元，包括机场工程的 203 亿元、空管工程的 6 亿元、供油工程的 1.50 亿元。其中，机场工程资本金比例按 50% 配置，由中央预算内投资的 15 亿元、民航发展基金的 33.59 亿元和地方安排的其余资金构成；空管工程的投资额由民航发展基金的 6 亿元构成；资本金以外投资由贵州机场集团有限公司利用银行贷款解决；供油工程的投资额由中航油集团公司解决。2018 年 9 月 5 日，机场三期扩建工程中的 T3 航站楼项目正式开工。2021 年 12 月 9 日，机场三期扩建工程中的 T3 航站楼及相关站坪工程通过行业验收。2021 年 12 月 15 日，贵阳龙洞堡国际机场 T3 航站楼及相关设施正式启用。

图 4-4-4 贵阳龙洞堡国际机场 3 号航站楼亮灯（图片由贵阳龙洞堡国际机场提供）

五、郴州北湖机场

2019 年 1 月 4 日，郴州北湖机场正式开工，机场等级为 4C，新建长宽尺寸为 2600 米 ×45 米的水泥混凝土结构跑道，可供 A321、B737-800 及同类机型起降。此工程投资总额为 21.30 亿元。其中，国家发展改革委中央预算内投资为 3.50 亿元，民航发展基金为 6.90 亿元，湖南省省级基本建设投资专项资金为 0.50 亿元、财政预算资金为 0.50 亿元，其余资金由郴州市人民政府自行筹措。2021 年 4 月 28 日，机场飞行区工程、空管工程通过竣工验收。2021 年 6 月 18 日，机场飞行区工程、空管工程通过行业验收。2021 年 9 月 1 日，机场航站区及供油工程通过行业验收，机场通过使用许可审查。2021 年 9 月 16 日，机场正式投运。

六、韶关丹霞机场

2018 年 12 月 27 日，韶关丹霞机场开工，机场等级为 4C，新建一条长宽尺寸为 2800 米 ×50 米的水泥混凝土结构跑道，可供 B737-800 同类及以下机型、

A321同类及以下机型起降。此工程投资总额为16.66亿元。其中，民航发展基金为3.20亿元，广东省人民政府出资为10亿元，其余资金由广东省机场管理集团有限公司自行筹措。2020年11月30日，机场航站区及工作区工程通过竣工验收。2021年8月25日，机场飞行区工程及空管工程通过竣工验收。2021年9月11日，韶关丹霞机场通过行业验收。2021年11月27日，韶关丹霞机场正式投运。

七、昭苏天马机场

2019年9月25日，昭苏天马机场开工，机场等级为4C，新建长宽尺寸为2800米×45米的水泥混凝土结构跑道，可供A321、B737-800及同类机型起降。此工程投资总额为6.86亿元。其中，中央预算内投资为1.95亿元，民航发展基金为3.25亿元，其余1.66亿元由伊犁州人民政府安排财政资金解决。2021年9月15日，昭苏天马民用机场工程通过竣工验收。2021年12月17日，昭苏天马民用机场工程通过行业验收。

八、连云港花果山机场

2019年2月12日，连云港花果山机场开工，机场等级为4D，新建长宽尺寸为2800米×45米的水泥混凝土结构跑道，可供B757-200及同类机型起降。此工程投资总额为24.95亿元。其中，民航发展基金为5.20亿元、江苏省人民政府安排财政资金5.2亿元，其余资金由连云港市人民政府安排财政资金解决。2021年9月29日，连云港花果山民用机场迁建工程通过行业验收和机场使用许可审查。2021年12月2日，连云港花果山机场正式投运。

九、湛江机场

2019年10月19日，湛江机场迁建工程开工，机场等级为4E，新建长宽尺寸为3200米×45米的水泥混凝土结构跑道，可供B747、A350等E类及以下机型起降。此工程投资总额为48.95亿元。其中，民航发展基金为3.50亿元，广东省财政资金7亿元，湛江市人民政府安排财政资金23.28亿元，其余资金由广东省机场管理集团有限公司筹措解决。2021年10月20日，湛江机场迁建项目民航专业工程通过竣工验收。2021年12月7日，湛江机场迁建工程中的空管工程、工艺工程及塔台工作区土建工程通过竣工验收。

第五章　邮政重大工程建设项目

2021年，在前期工作的基础上，“绿盾”工程完成了项目建设收尾、推广应用和竣工验收等工作。6年间，国家邮政局绿盾办和4个建设实施单位、全系统各部门和近60家参建单位共计近千人参与建设，召开各类会议近600次，完成采购项目147个，形成近45万页档案材料，建成2个现代化机房、298个监控中心和22个信息系统，配备892套便携执法装备和421套应急指挥装备，连接超过4万个监控点位、14万路企业视频和2200台安检机，各项目应用逐步常态化并在日常行业管理中发挥基础性作用，圆满完成了国家邮政局重组以来自身建设规模最大、标准最高、要求最严的“三最工程”。

一、提高了信息化基础设施水平

“绿盾”工程建设以“业务先行、技术保障、用户满意”为原则，以“功能完备、性能先进、质量优异”为目标，打造“好用、实用、管用”的民心工程，稳步推进工程建设取得成效。一是邮政管理系统信息化基础设施条件大幅提升。按照数据“大集中”模式和A级标准，建成“一主一备”两个现代化数据中心。实现各省市监控中心、便携执法装备和应急指挥装备“三个全覆盖”，极大改善了长期以来邮政管理系统信息化硬件条件薄弱的现状，有效提高全系统执法监管和应急处置的能力。二是邮政管理系统行业监管数据底盘全面强化。通过建设云计算、大数据和数据资源等支撑平台，构建集中统一、安全稳定的数据底盘，加强对数据全生命周期的监测管控，实现监管数据高度整合和互联互通。相关数据已向省市局开放应用，与公安部、安全部等部委共享，打破了信息壁垒，充分发挥了丰富的数据资源作用。三是工程一期“五可”目标基本实现。通过建设完善运行监测、安全预警、行政执法、应急指挥、决策支持和公共服务6大类应用系统，初步建成寄递渠道安全监测与预警体系和现代化执法体系，基本实现了邮件快件寄递“动态可跟踪、隐患可发现、事件可预警、风险可管控、责任可追溯”“五可”目标，为筑牢寄递渠道安全监管防线提供了基础支撑保障。

二、提升了行业安全监管能力

“绿盾”工程高度重视实际应用，各项目按照“建成一个、应用一个”的原则，边建边用，及时推进工程应用，尽早将建设成果转化为工作成效。一是“绿盾”工程应用逐步常态化。“绿盾办”组织开展13轮线上线下培训，累计培训超1300人次，编制了各系统应用指南和两期典型应用案例，推动各地加强制度建设，推动应用工作制度化、常态化、规范化。浙江、甘肃、安徽和山东等局制定应用管理的制度规定，形成业务管理与信息系统充分融合的应用机制，实现“安全中心与市场监管部门”“业务和系统”双融合。二是“绿盾”工程在日常行业管理中逐步发挥基础性作用。各地创造性地将“绿盾”工程融入行业监管工作中，工作质效显著提升。河北、陕西、湖北、内蒙古和福建等局运用“两联”系统，及时发现企业违法违规线索。江苏、江西等局通过实名制监管系统，实现收派员自寄件数量大幅减少。重庆局利用便携执法设备开展行政执法600余人次，有效解决了边远山区执法不便的难题。三是“绿盾”工程在重大活动安保中逐步发挥关键支撑作用。各地在重大活动安保中灵活应用“绿盾”工程，提高监管工作的精准性。上海局依托安全监控中心和视频巡查监管、市场监管等信息系统，极大助力花博会期间的寄递安全。广东、河南等局利用舆情系统进行网上监测预警，及时掌握建党100周年活动期间基层末端网点稳定运营情况。四是“绿盾”工程在健全完善行业监管体系中逐步发挥纽带作用。浙江、山东、上海等局积极发挥三级安全监管体系和“绿盾”工程信息化“两个作用”，将省市局、各级安全中心、寄递企业有机连接在一起，实现统一指挥，统一应急处理，逐步形成纵向到底、横向到边的监管体系，促进行业监管规范化、精准化、智能化。

三、支撑了国家安全和经济社会发展

“绿盾”工程既着眼寄递渠道安全监管工作，又注重服务国家安全和公共安全，并有效支撑行业和社会经济发展。一是有力维护国家安全和公共安全。“绿盾”工程主动向公安、国家安全等部门提供实时数据，支持其开展挖掘分析、情报信息研判和场景运用，加强政治安全、公共安全和社会稳定等风险监测预警，不断提升打击违法犯罪精准化能力。二是有力支撑保障重大任务。通过“绿盾”工程应用，全面提高对风险因素的感知、预测、防范能力，实现寄递安全风险“发现得了、控制得住、处置得好”。圆满完成中国共产党成立100周年庆祝活动等重大活动寄递安保任务，有力支撑新冠疫情期间医用物资和生产生活物资的高效流通运转，实现邮政快递业重特大安全事故“零发生”和行业疫情有效防控。三是有力服务经济社会发展和民生保障。通过“绿盾”工程推动上下游数据协同，实现行业资源的有效调配，引导邮政快递业有效服务国家“脱贫攻坚”“乡村振兴”战略，畅通国内国际双循环。

第六章 综合交通枢纽重大工程建设项目

一、湖北国际物流核心枢纽

该项目位于湖北省鄂州市，是湖北省人民政府与顺丰速运（集团）有限公司共同打造的全球第四个、亚洲第一个专业性货运枢纽，是《国家综合立体交通网规划纲要》明确的国际航空货运枢纽之一，也是《现代综合交通枢纽体系"十四五"发展规划》重点推进的综合货运枢纽项目。项目建设对完善我国内外联通的航空货运网络具有重要作用，对于构建"全球123快货物流圈"形成有力支撑。项目主要由机场工程、转运中心及顺丰航空公司基地工程、供油工程等三部分构成，形成以机场为主体的邮政、快递全球转运国际物流枢纽。

二、长沙黄花机场综合客运枢纽

该项目位于长沙市长沙县，是打造长沙临空经济示范区的重要载体。项目依托长沙黄花机场T3航站楼建设，与渝长厦高铁机场站、磁悬浮机场站、城市轨道6号线机场站等衔接，属于公铁航衔接型综合客运枢纽。其中，项目与T3航站楼一体化设计、无边界化衔接，主体建筑地上两层、地下五层，实现了铁路、公路、磁悬浮、城市轨道交通、公交、出租等多种方式在同一建筑体内、全室内立体换乘。

三、杭州西高铁站综合客运枢纽

该项目位于杭州市余杭区，是《长江三角洲地区交通运输更高质量一体化发展规划》重点项目之一。项目与杭温高铁、合杭高铁杭州西站、地铁杭州西站等衔接，属于公铁衔接型综合客运枢纽。其中，项目与杭州西站位于同一建筑体内，站房共分为九层，地下三层主要为地铁，地上一层为铁路出站厅、换乘大厅、公路、公交、出租车、社会车辆停车场等，能实现不同交通方式的全室内立体换乘。

第五篇
重大事件

Section V
Major Events

第一章　行业重大事件

一、铁路行业重大事件

1月6日，修订印发《铁路运输企业准入许可实施细则》（国铁运输监规〔2021〕2号），推动铁路行业竞争性环节市场化改革。向贵州瓮马铁路有限责任公司，浙江金台等铁路的经营主体颁发铁路运输许可证。支持深圳、江苏等地组建地方铁路自主运营队伍。

1月26日，发布《国务院办公厅同意建立铁路沿线安全环境治理部际联席会议制度的函》（国办函〔2021〕12号），联席会议由交通运输部、中央政法委、公安部、国家铁路局、中国国家铁路集团有限公司等12个部门和单位组成，日常工作由国家铁路局承担。2月23日，全国铁路沿线安全环境治理部际联席会议第一次全体会议和治理推进电视电话会议在北京召开。

5月8日，国内首套无砟轨道智能铺轨机组在张吉怀高铁建设中成功运用，WPZ-500型无砟轨道智能铺轨机组的铺设到位，标志着无砟轨道智能铺轨机组成功落地。该机组能够智能完成长钢轨的精准牵引和推送、滚筒的精确布放以及滚筒的自动回收、堆码、倒运等系列工序。

5月19日，发布《国务院办公厅转发交通运输部等单位关于加强铁路沿线安全环境治理工作意见的通知》（国办函〔2021〕49号），从铁路沿线安全环境治理的总体要求，提升多方共治合力，实施专项行动，增强监管能力等方面，全面指导强化铁路沿线安全环境治理工作。

6月25日，川藏铁路拉林段开通运营。拉萨至林芝铁路正线全长435公里，线路16次跨越雅鲁藏布江，桥隧比高达75%，设计时速160公里，是西藏首条电气化铁路。川藏铁路拉林段东端连接规划建设中的滇藏铁路，是西藏自治区对外运输通道的重要组成部分。

7月20日，由中国中车承担研制、具有完全自主知识产权的我国时速600公里高速磁浮交通系统在青岛成功下线，这是世界首套设计时速达600公里的高速磁浮交通系统，标志着我国掌握了高速磁浮成套技术和工程化能力。该项目于2016年10月启动，历时5年攻关，成功攻克关键核心技术，系统解决了速度提升、复杂环境适应性、核心系统国产化等难题，实现了系统集成、车辆、牵引供电、运控通信、线路轨道等成套工程化技术的重大突破。

7月22日，习近平总书记到川藏铁路的重要枢纽站林芝火车站，了解川藏铁路总体规划及拉萨至林芝段建设运营情况，听取推进雅安至林芝段建设情况汇报，乘坐专列实地察看拉林铁路沿线建设情况，深入研究有关问题。

8月，国际标准化组织（ISO）发布《铁路基础设施 钢轨焊接 第1部分：钢轨焊接的通用要求和试验方法》（ISO 23300—1:2021），这是由我国主持制定的首项ISO铁路应用领域国际标准，标志着中国铁路标准国际化工作取得重大突破。

9月1日，铁路12306网站进行的适老化及无障碍改造相关功能正式上线运行，此次升级的适老化服务，新推出了无障碍辅助工具，为老年人及障碍人士“私人订制”了出行购票需求解决方案。

11月4日，印发《北京2022年冬奥会铁路运输疫情防控、运输安全保障和服务质量监督检查通知》等5份文件，为确保北京冬奥会期间疫情防控和运输保障奠定了基础。

11月19日，《交通运输部关于修改〈违反《铁路安全管理条例》行政处罚实施办法〉的决定》（中华人民共和国交通运输部令2021年第33号）公布施行，自公布之日起施行。

12月3日，中老铁路顺利开通运营，成为共建"一带一路"和中老友谊的标志性项目。中老铁路为电气化客货运输铁路，设计时速160公里（部分区段预留时速200公里条件），于2016年12月正式开工，线路全长1035公里，北起中国云南省昆明市，终点为老挝首都万象。中老铁路是一条秉承绿色生态环保理念、采用中国标准和先进技术、高质量高标准建设完成的现代化铁路。

二、公路行业重大事件

1月21日，会同公安部、商务部、文化和旅游部等5部门联合印发《关于进一步加强和改进旅游客运安全管理工作的指导意见》，强化旅游客运全要素、全链条安全监管。

3月19日，印发《交通运输部关于组织开展第二批城乡交通运输一体化示范县创建工作的通知》，组织开展第二批城乡交通运输一体化示范创建工作。

5月19日，交通运输部、财政部、农业农村部、国家乡村振兴局联合印发《关于深化"四好农村路"示范创建工作的意见》（交公路发〔2021〕48号），对"四好农村路"示范创建工作的意义、要求、创建标准和程序进行了明确。组织开展了2021年"四好农村路"全国示范创建工作，经县（市）申请、省级核查、专家评审、交叉复核等程序，交通运输部、财政部、农业农村部、国家乡村振兴局联合命名153个"四好农村路"全国示范县，通报表扬40个"四好农村路"建设市域突出单位。

全面推广高速公路差异化收费。为贯彻落实2021年《政府工作报告》部署要求，进一步提高高速公路路网通行效率和服务水平，促进物流降本增效，6月2日，交通运输部、国家发展改革委、财政部联合印发《关于印发〈全面推广高速公路差异化收费实施方案〉的通知》（交公路函〔2021〕228号），指导各地协同科学高效推广差异化收费，不断提升公路网资源综合利用效率，让社会公众更多分享高速公路改革发展的红利。

6月17日，会同公安部印发《关于公布〈道路客运车辆禁止、限制携带和托运物品目录〉的公告》，督促相关经营者按照规定履行告知义务，开展行李物品安检工作。

7月26日，召开全国公路养护管理工作会暨公路桥梁安全耐久水平提升视频会议。全面总结"十三五"全国公路养护管理工作，研究部署"十四五"公路养护管理重点任务。交通运输部戴东昌副部长出席会议并强调，要坚持以习近平新时代中国特色社会主义思想为指导，深入学习贯彻习近平总书记"七一"重要讲话精神，按照立足新发展阶段、贯彻新发展理念、构建新发展格局的要求，以推动高质量发展为主题，着力推进设施数字化、养护专业化、管理现代化、运行高效化、服务优质化，奋力谱写公路养护管理高质量发展新篇章，为加快建设交通强国提供有力支撑。会议通报了"十三五"全国干线公路养护管理评价情况。四川、安徽、重庆、福建、湖南、浙江、新疆、江苏等省（自治区、直辖市）交通运输主管部门作了典型经验交流发言。

7月27日，印发《关于命名北京市怀柔区等41个县（区、市）城乡交通运输一体化示范县的通知》，正式命名北京市怀柔区等41个示范县为"城乡交通运输一体化示范县"。

7月28日、29日，交通运输部先后印发了《关于修订〈公路建设市场信用信息管理办法（试行）〉的通知》（交公路规〔2021〕3号）、《关于修订〈公路工程施工分包管理办法〉的通知》（交公路规〔2021〕5号）、《关于修订〈公路施工企业信用评价规则（试行）〉的通知》（交公路规〔2021〕

4号），自发布之日起施行。

8月9日，会同公安部、财政部等8部门联合印发《关于推动农村客运高质量发展的指导意见》，部署各地进一步完善农村客运基础设施、优化服务供给、推动构建农村客运发展长效机制，推进农村客运高质量发展。

9月1日出台《公路养护作业单位资质管理办法》（交通运输部令2021年第22号，以下简称《办法》），科学合理设置全国统一的公路养护作业单位资质类别和条件，开展养护作业单位资质实施告知承诺制试点，全面加强养护作业单位资质事中事后监管。《办法》的颁布将全面指导公路养护市场规范管理工作，对促进市场要素合理流动、维护公共利益和养护市场秩序、保证公路养护工程质量和安全、促进公路养护高质量发展具有重要意义。

9月10日，交通运输部公布2020年度公路建设市场全国综合信用评价结果。

10月15日，交通运输部公布对28家公路建设从业企业弄虚作假失信行为的处理意见。

10月21日至22日，交通运输部在河南省兰考县召开了2021年全国推动“四好农村路”高质量发展现场会。部长李小鹏出席会议并讲话，副部长戴东昌做了总结。

11月4日，印发《交通运输部关于公布第二批城乡交通运输一体化示范创建县的通知》，公布北京市通州区等61个县（区、市）为第二批城乡交通运输一体化示范创建县，其中22个县（区、市）为乡村振兴重点县和革命老区县。

11月5日，财政部、交通运输部联合印发《政府还贷二级公路取消收费后补助资金管理暂行办法》（财建〔2021〕361号），明确奖补资金用于普通公路养护等相关支出，不得列支管理机构运行经费和人员等相关支出，同时，明确了资金测算原则、管理流程和资金使用相关要求。

12月16日，交通运输部、财政部联合印发《关于进一步加强农村公路技术状况检测评定工作的通知》（交办公路〔2021〕83号），指导各地加强农村公路技术状况检测评定工作。

12月21日，印发《交通运输部办公厅关于进一步加强省际道路客运班线管理有关工作的通知》，指导各地建立800公里以上道路客运班线安全风险评估制度，加强长途道路客运班线安全管理。

三、水路行业重大事件

（一）水运重大事件

1月1日起，取消港口建设费。

2月22日，交通运输部办公厅印发《关于做好进口电商货物港航“畅行工程”有关工作的通知》。

2月24日，交通运输部召开船舶碰撞桥梁隐患治理三年行动视频调度会。

3月19日，交通运输部安全委员会印发《关于深入整治危险货物港口作业安全生产重点难点问题的通知》。

3月26日，长江干线武汉至安庆段6米水深航道工程交工试运行。

3月27日，交通运输部、国家发展改革委、生态环境部、住房和城乡建设部等4部门联合印发《关于建立健全长江经济带船舶和港口污染防治长效机制的意见》。

5月22日，李小鹏在广州调研进口粮食港口接卸疏运情况，要求统筹做好疫情防控和运输保障各项工作，为国际物流供应链稳定畅通提供有力交通运输服务保障。

6月3日，杨传堂在交通运输部天津水运工程科学研究院参加党支部联系点活动，并到天津港就智慧港口建设、港口运行、港口及船员疫情防控等开展调研和座谈。

6月8日，交通运输部印发《关于贯彻实施〈中华人民共和国长江保护法〉的意见》。

6月22日，交通运输部召开水运行业安全生产专项整治三年行动视频推进会暨安委会专题会。

6 月 23 日，广西百色水利枢纽通航设施工程开工建设，断航 20 年的右江航道将被打通。

6 月 24 日，交通运输部办公厅印发《关于开展〈中国港口史〉和〈中国运河史〉编纂工作的通知》。

7 月 2 日，交通运输部办公厅印发了《关于印发 2021 年系列“最美人物”推选宣传活动方案的通知》，第一届“最美港航人”推选宣传活动正式启动。

7 月 14 日，交通运输部、国家发展改革委、国家能源局、国家电网有限公司联合印发《关于进一步推进长江经济带船舶靠港使用岸电的通知》。

7 月 29 日，交通运输部印发《关于全力做好水路运输领域安全管理工作的警示通报》。

9 月 8 日，交通运输部办公厅印发《关于加快推进船舶碰撞桥梁隐患治理三年行动隐患排查阶段工作的通知》。

9 月 21 日，交通运输部印发《水运“十四五”发展规划》。

10 月 4 日，交通运输部印发《关于做好今冬明春煤炭、LNG 水路运输保障工作的通知》。

10 月 17 日，以“智慧零碳”为特色的自动化集装箱码头—天津港北疆港区 C 段智能化码头建成投运。2021 年我国已有深圳妈湾、日照石臼、天津北疆 3 座自动化集装箱码头建成投运，已建和在建自动化集装箱码头规模均居世界首位。

10 月 20 日，李小鹏视频出席首届“世界航商大会”并致辞。

10 月 20 日，交通运输部办公厅印发《关于做好船舶碰撞桥梁隐患治理三年行动集中整治阶段有关工作的通知》。

10 月 27 日，交通运输部印发《关于印发〈港口危险货物重大危险源监督管理办法〉的通知》。

11 月 3 日至 4 日，李小鹏在上海港调研煤炭、LNG 等能源物资和粮食运输保障情况，要求统筹做好疫情防控和运输保障各项工作，为国际物流供应链稳定畅通提供有力交通运输服务保障。

11 月 4 日，国家主席习近平向上海市人民政府与交通运输部共同举办的 2021 北外滩国际航运论坛致贺信。国务院副总理刘鹤在论坛开幕式上通过视频宣读贺信。交通运输部部长李小鹏出席论坛开幕式并致辞。

11 月 19 日，交通运输部印发《交通运输部关于加强“十四五”期全国航道养护与管理工作的意见》。

11 月 24 日，第二十一届东北亚港湾局长会议在北京以线上会议形式召开，三国港口管理部门以“保障东北亚海运物流供应链稳定畅通”为主题通报和交流了港口发展最新情况、抗击疫情以及保障国际物流供应链稳定畅通的情况和做法。

12 月 2 日，交通运输部印发《关于开展境外国际集装箱班轮公司非五星旗国际航行船舶沿海捎带业务试点的公告》。

12 月 24 日，交通运输部办公厅印发了《关于开展打造国内水路旅游客运精品航线试点工作的通知》。

（二）海上搜救重大事件

一是救助“永丰”轮遇险船员（见图 5-1-1）。1 月 13 日，巴拿马籍散货船“永丰”轮在菲律宾以东约 400 海里海域机舱爆炸起火，有沉没危险。中国海上搜救中心协调搜救，22 名遇险船员全部获救。

图 5–1–1　救助“永丰”轮

二是搜救“深联成 707”轮遇险渔民（见图 5-1-2）。3 月 2 日 8 时许，远洋渔船“深联成 707”（船上 10 人）在浙江温州以东约 150 海里处翻扣。中国海上搜救中心累计搜寻超过 105 小时，搜寻水域累计超过 4700 平方公里。经全力搜寻，5 人获救、5 人失踪。

图 5-1-2　救助“深联成 707”轮

三是处理蓬莱 19-3 油田 WHPV 平台火灾险情（见图 5-1-3）。4 月 5 日 6 时许，蓬莱 19-3 油田 WHPV 平台在山东烟台龙口港西北约 42 海里发生井涌，随后发生浅层气火情。山东省海上搜救中心共协调 37 艘船舶参与现场处置，安全转移 98 人，失踪 3 人，事发海域附近未发生大面积溢油。

图 5-1-3　对蓬莱 19-3 油田 WHPV 平台开展灭火作业

四是救助“中华富强”轮（见图 5-1-4）。4 月 19 日 23 时许，客滚船“中华富强”轮（载船上 762 人）在由威海港驶往大连港途中，汽车舱载货车辆载运的硅泥发生自燃。20 日 11 时 40 分，该轮发生爆燃，山东省海上搜救中心积极配合地方政府全力开展灭火救援。5 月 13 日，该轮被安全拖带进坞。

图 5-1-4　对“中华富强”轮开展灭火作业

五是处理“交响乐”轮溢油险情（见图 5-1-5）。4 月 27 日 9 时 18 分，利比里亚籍油船“交响乐”轮与巴拿马籍散货船“义海”轮在距青岛朝连岛东南约 11 海里处发生碰撞，造成约 9400 吨货油泄漏，构成特别重大等级船舶污染事故。事故发生后，交通运输部领导高度重视，并派出工作组赶赴现场指导。山东省海上搜救中心积极开展存油过驳、溢油清除、安全保障等各项工作。

图 5-1-5　清除“交响乐”轮海面油污

六是救助“宏进”轮多名发热船员（见图 5-1-6）。8 月 3 日 21 时许，巴拿马籍散货船“GRAND PROGRESS”轮（中文船名“宏进”轮，船上 20 人，全部为中国籍）装载煤炭由菲律宾开往江苏南通途中，因多名船员出现发热情况，在舟山东福山以北水域锚泊，申请救助。浙江省交通运输部门启动紧急救助程序，积极开展发热船员救助工作。20 日，在完成三轮全船消杀、接班船员登轮、物料补给和港口国监督检查后，该轮开航驶往江苏太仓港。

图 5-1-6 转运“宏进”轮染疫船员

七是搜救侧翻排筏遇险人员（见图 5-1-7）。8 月 9 日，一机动排筏在广西北海营盘镇出海挖沙虫返程途中侧翻，61 人落水遇险。交通运输部领导多次开展视频指挥调度，部署做好人员搜救工作。广西海上搜救中心立即协调救援力量，开展遇险人员转移和治疗工作。最终，53 人获救、8 人死亡。

图 5-1-7 救助侧翻排筏 61 名遇险人员

八是搜救“六盘水客 8015”轮遇险人员（见图 5-1-8）。9 月 18 日 17 时 10 分，贵州省六盘水市六枝特区西陵航运公司所属钢质客船“六盘水客 8015”在北盘江上游牂牁江光照电站库区遇突风发生侧翻，57 人遇险。交通运输部领导多次作出批示，并派出工作组和潜水专家赶赴现场指导搜救。经全力搜寻，42 人获救、12 人死亡、3 人失踪。

图 5-1-8 组织开展水下探摸

九是救助“企业 6”轮遇险船员（见图 5-1-9）。10 月 11 日 12 时 38 分，受第 18 号台风“圆规”影响，无动力工程船“企业 6”轮（船上 42 人）在莆田南日岛西南约 4.6 海里处锚泊避风时锚链断裂，船舶失控。福建省海上搜救中心指导船舶积极开展自救，协调专业救助力量进行救援。该轮两天漂移 170 海里后，“东海救 113”轮成功带缆，并将其拖带至安全位置。

图 5-1-9 专业救助直升机转移“企业 6”轮遇险船员

十是搜寻“浙岱渔 06609”遇险人员（见图 5-1-10）。10 月 16 日 18 时许，浙江籍渔船“浙岱渔 06609”在长江口鸡骨礁东北约 105 海里海域失联，

图 5-1-10 救助“浙岱渔 06609”落水渔民

13 人遇险。上海海上搜救中心立即协调救援力量开展搜救。经全力搜寻，2 人获救，11 人失踪。

（三）海事系统重大事件

1 月 1 日，直属海事系统自 2011 年 10 月 1 日起的港口建设费代部征收管理工作正式结束。

2 月 4 日，推动国务院安委会印发《关于加强水上运输和渔业船舶安全风险防控工作的意见》。

2 月 8 日，5000 吨级大型海事巡航救助船“海巡 06”轮在湖北武汉下水。

3 月 30 日，交通运输部发布《长江江苏段船舶定线制规定（2021 年）》。

4 月 15 日，我国首艘具备破冰能力的大型航标船“海巡 156”轮在湖北武汉下水。

4 月 29 日，《海上交通安全法》通过第十三届全国人民代表大会常务委员会第二十八次会议审议，并于 2021 年 9 月 1 日起实施。

4 月 29 日，交通运输部、教育部、财政部、人力资源和社会保障部、退役军人事务部、中华全国总工会联合印发《关于加强高素质船员队伍建设的指导意见》。

5 月 18 日，《海事系统“十四五”发展规划》正式印发。

6 月 23 日，上海海事局陈维参加中宣部举行的“建设人民满意交通 我的岗位在一线”中外记者见面会，讲述海事故事，展现海事系统先进典型风采。

6 月 25 日是第十一个“世界海员日”，交通运输部部长李小鹏致信慰问全国船员。交通运输部发布《2020 年中国船员发展报告》，截至 2020 年底，我国共有注册船员 171.6 万人，同比增长 3.5%。

7 月 22 日，海事系统首艘 20 米级新型铝合金巡逻船“海巡 01053”正式列编上海海事局。

9 月 14 日，5000 吨级大型巡航救助船“海巡 03”轮在广州长洲岛下水。

10 月 23 日，我国首艘万吨级海事巡逻船“海巡 09”轮在广州南沙列编，标志着我国目前吨位最大、装备先进、综合能力强，具有世界领先水平的公务执法船正式投入使用。

10 月 27 日，交通运输部印发《关于加强海事队伍革命化正规化专业化职业化建设的意见》。

12 月 6 日至 15 日，在国际海事组织第 32 届大会上，我国第 17 次连续当选国际海事组织（IMO）A 类理事国。

12 月 21 日，长江干线最先进海巡艇、60 米综合应急指挥船“海事 01”轮正式列编长江海事局，填补长江中上游无大型指挥公务船的空白。

（四）救捞重大事件

2021 年是救捞系统创建 70 周年。70 年来，交通运输部直属救捞系统大力弘扬“把生的希望送给别人、把死的危险留给自己”的交通救捞精神，共救助遇险人员 82418 名（其中外籍人员 12650 名），救助遇险船舶 5409 艘（其中外籍船舶 954 艘），打捞沉船 1826 艘（其中外籍船舶 99 艘）。8 月 24 日，交通运输部召开“护佑生命 70 载 建功碧海新时代”救捞系统创建 70 周年新闻发布会。9 月 29 日、10 月 1 日，中央领导同志、部主要领导分别在救捞局报送的《我国专业救助打捞队伍成立 70 周年救助遇险人员 82783 人》信息上作出批示。

3 月 5 日，交通运输部救助飞行队成立 20 周年。交通运输部救助飞行队共安全飞行 70000 余小时，执行救助任务 5300 余起，成功救助遇险人员 5400 余人。

南海救助局广州救助基地应急救助队获国际海事组织（IMO）“海上特别勇敢奖表彰证书”。

2020 年 7 月 25 日深夜，福建漳州籍散货船“宏翔 819”轮在汕头南澳东侧的台湾海峡南部海域翻扣，船上 9 名船员失联。南海救助局广州救助基地应急救助队紧急从 300 海里外的基地驰援现场，经过 20 余小时的不间断潜水搜寻，成功救出 1 名幸存者，并找到 4 具遇难者遗体。

9 月 14 日，国际海上人命救助联盟（IMRF）2021 年杰出海上搜救行动奖颁奖仪式以视频方式举行，东海救助局高级船长陈建凭借在 2020 年 12 月救助失事货船“新其盛 69”轮船员行动中的优异表现荣获杰出个人奖。

11 月 17 日至 19 日，交通运输部救捞局联合中国航海学会、大连海事大学以线上方式举办了国家专业技术人才知识更新工程 2021 年高级研修项目“救助打捞领域专业技术转移转化能力提升班”。

12 月 15 日，交通运输部救捞局与意大利莱奥纳多股份公司、中国航空技术国际控股有限公司签署 6 架 AW189 型直升机采购合同，该型救助直升机有效救助半径可达 200 海里，进一步提升了我国空中应急救援保障能力。

四、民航行业重大事件

一是统筹推进疫情防控和行业恢复发展。2021 年，民航局修订发布了《运输航空公司、机场疫情防控技术指南（第八版）》，提出促进行业恢复发展的六个方面对策，通过提高资源配置效率促进行业恢复发展。

二是中国民航再创飞行安全新纪录。截至 2021 年 12 月底，中国民航安全飞行 136 个月，运输航空百万小时重大事故率和亿客公里死亡人数均为 0，运输航空百万小时重大事故率 5 年滚动值为 0。提出“六个起来”，将“对安全隐患零容忍”的要求落实到各项安全生产工作中。针对东海航空不安全事件，3 月，民航局修订印发《民航安全从业人员工作作风建设指导意见》，在全行业开展运输航空公司空勤人员作风整顿。

三是扎实开展“我为群众办实事”实践活动。2021 年，民航系统分两批推出了民航局党组层面的 22 项实事任务。全系统累计推出实事任务 2586 项。全国 29 座机场实现身份证一证通行；66 座机场应用人脸识别技术；234 座机场实现“无纸化”便捷出行；客票退款手续实现 7 个工作日内完成；40 个民用机场已推出“易安检”服务。发布《民航局关于提高机务维修人员职业满意度的指导意见》，并于 6 月启动机务维修人员薪酬体系试点改革工作；中国民航工会支持 40 座机场建成 140 个共享休息室，惠及民航职工 8 万余人。

四是大力推进智慧民航建设。2021 年，民航局将智慧民航建设作为多领域民航强国建设的重要抓手，确定了“民航出行一张脸、物流一张单、通关一次检、运行一张网、监管一平台”的发展目标，以“数字感知、数据决策、精益管理、精心服务”为导向，构建智慧民航产业生态。并与科技部签署《中国新一代智慧民航自主创新联合行动计划纲要》。

五是民航业与红色旅游深度融合创新发展。5 月 7 日，民航局、文化和旅游部联合印发《关于促进民航业与红色旅游深度融合创新发展的指导意见》。6 月，民航局对外发布了“建党百年百条红色旅游精品航线”。

六是《公共航空运输旅客服务管理规定》（简称“新客规”）实施。新客规于 2021 年 3 月正式出台，9 月 1 日正式实施。新客规是对 1996 年和 1997 年分别颁布的《中国民用航空旅客、行李国内运输规则》和《中国民用航空旅客、行李国际运输规则》进行的统筹修订。9 月 1 日，民航服务质量监督平台正式启用。

七是两大机场通航投运。6 月 27 日，成都天府国际机场正式通航投运。成都成为继北京、上海后，我国内地第三个拥有两座国际枢纽机场的城市。8 月 12 日，青岛胶东国际机场正式投运，实现国内规模最大的民用机场一次性转场。

八是民航“三中心工程”投运。6 月 30 日，民航运行管理中心、民航气象中心、民航情报管理中心工程正式投运，标志着我国现代化空管体系建设迈出了新的坚实步伐。“三中心工程”于2017年9月26日开工，总建筑面积约7.5万平方米，总投资22.46亿元，被誉为中国民航构建世界一流空管运行管理体系的“一号工程”。

九是海航集团破产重整。10月31日，海南省高级人民法院向海航集团及相关破产重整企业送达《民事裁定书》，裁定批准《海南航空控股股份有限公司及其十家子公司重整计划》《海航基础设施投资集团股份有限公司及其二十家子公司重整计划》《供销大集集团股份有限公司及其二十四家子公司重整划》《海航集团有限公司等三百二十一家公司实质合并重整案重整计划》。本次权益变动使海南方大航空发展有限公司（以下简称“方大航空”）取得海航航空集团95%股权，通过海航航空集团控制的大新华航空及大新华航空子公司间接持有公司40.95亿股股票，控制*ST海航权益股份比例为24.95%，方大航空进而成为上市公司控股股东。重整完成后，海航将拆分为航空板块、机场板块、金融板块、商业及其他板块，四个板块完全独立运营。12月23日，海航基础披露公告，拟更名为海南机场设施股份有限公司，围绕机场及免税商业两大核心业务板块布局。

十是东航物流A股上市。2021年6月9日，中国东方航空集团有限公司旗下东方航空物流股份有限公司在上海证券交易所主板挂牌上市，成为“民航混改第一股”。2016年，东航物流成为民航领域首个混改的试点项目；2019年6月，东航物流正式向证监会提交上市申请；2021年3月11日，通过证监会发审会审核；2021年5月7日，获得证监会核准首次公开发行股票的批复。2016—2020年，东航物流营业收入由58.37亿元增至151.1亿元，营业收入年均增长26.84%，一举扭转了航空货运在21世纪初“十年九亏”的被动局面，为国企混改积累了可复制、可推广的经验。

第二章　重大宣传成就

一、交通运输部重大宣传成就

一是深入开展党史学习教育宣传报道。协调《人民日报》等中央媒体专题报道，刊发《党坚实对交通运输事业领导的历史经验与启示》。部政府网站开设党史学习教育专栏，行业媒体开设专栏，刊发专题报道，部政务新媒体创新宣传报道形式，微博话题“交通运输民生实事”阅读量超过1.4亿次。

二是全力做好庆祝中国共产党成立100周年主题宣传。制定活动方案，指导督促全行业有序推进各项工作，大力营造爱党爱国爱社会主义的浓厚氛围。积极参与筹备“不忘初心 牢记使命”中国共产党历史展览，举办“建党100周年书画摄影展”和“百年风华 交通风采”摄影大赛。

三是圆满完成“沿着高速看中国”主题宣传。各媒体刊发高速公路主题稿件1.7万篇，《人民日报》2次头版头条报道，央视“新闻联播”18次专题报道、“焦点访谈”专题报道，全网传播量超过70亿次，登上微博热搜榜15次，网络红人参与代言，相关主题歌曲在网络上广泛流传。

四是浓墨重彩做好第二届联合国全球可持续交通大会宣传报道。在中宣部指导下制定专项宣传工作方案，中央媒体提前1个月开展预热宣传，大力宣传报道中国交通可持续发展成就。围绕大会推出《中国交通的可持续发展》政府白皮书，策划推出大会主题宣传片、《交通天下》中英文画册、特种邮票。筹建大会新闻中心，组织220余名中外记者参与现场报道。《人民日报》头版头条报道，新华社刊发长篇通讯，央视“新闻联播”8次播报大会有关消息、“焦点访谈”专题报道、刊发大会主题公益广告，向世界展示了中国交通开路先锋的形象。

五是做好交通运输中心工作宣传报道。全年《人民日报》头版关于交通宣传报道23次、央视“新闻联播”报道180条，新华社报道223篇。围绕交通春运和“五一”、国庆等假日服务做好宣传报道，《人民日报》37次、央视“新闻联播”22次报道2021年交通春运工作，“五一”“十一”期间交通出行新媒体直播收看超过5000万次。策划“权威访谈”，《人民日报》、新华社和央视专访部主要领导。配合做好2022年北京冬奥会交通工作宣传，《人民日报》、新华社等刊发相关报道。开展《国家综合立体交通网规划纲要》学习宣传，协调中央媒体系列宣传报道。做好交通运输执法领域突出问题专项整治宣传报道。深化交通重大工程宣传报道，开展“新基建大工程”主题巡展。

六是做好交通政务新媒体宣传。持续开展“我家门口那条路”主题宣传，相关话题阅读量超过7亿次，举办线上线下展示周活动，组织系列新媒体直播，为全国推动“四好农村路”高质量发展现场会营造良好环境。加强部政务新媒体建设，部微博获评“走好网上群众路线百佳账号”，全年阅读量过10亿次的微博话题1个，过亿的微博话题12个，26次登上微博热搜要闻榜。部微信8篇文章阅读量超过10万。部快手、抖音短视频全年播放量超过15亿次。6个“学习强国”交通号发布文章8000篇，阅读量超过1亿次，多篇文章被“学习强国”首页推荐。

七是做好新闻发布和舆论引导。全年组织新闻发布会36场，其中参加中宣部记者见面会1场，组织参加国新办专题新闻发布会12场，国务院联防联控机制发布会9场。创新发布形式，在雄安交通建设工地召开新闻发布会，联合上海市政府在上海召开2021年北外滩国际航运论坛新闻发布会。组织6期“热点讲坛”，及时有效解读交通政策，有针对性解疑释惑，强化正本清源工作。做好舆情工作，营造了和谐稳定的舆论环境。

二、铁路重大宣传成就

一是深入开展党史学习教育专项活动。积极举办党史学习教育专题培训班，推动党员领导干部在党史学习教育中先学一步、深学一层。坚持两级理论学习中心组专题学习，在深学细研基础上，邀请党史学习教育中央宣讲团专家进行专题辅导讲座，力求在更深层次上学懂弄通党在不同时期的历史和习近平总书记“七一”重要讲话精神实质。坚持组织生活日（党日）理论学习，及时跟进学习习近平总书记最新重要讲话精神和党中央重大决策部署。2021年10月3日，《人民日报》头版头条刊登《勇于自我革命 永葆政治本色——广大基层党组织召开党史学习教育专题组织生活会情况综述》对国家铁路局开展组织生活会有关情况进行了报道。做好学习效果宣传。积极编发简报信息，多篇学习简报中总结的经验做法在中央党史学习教育简报、中央和国家机关工委党史学习简报、旗帜网等平台刊发报道。

二是持续做好新闻宣传工作。出席国务院新闻办公室“全面建成小康社会提供交通保障”“落实《国家综合立体交通网规划纲要》精神加快建设交通强国”等新闻发布会，介绍铁路方面相关情况，接受媒体记者提问。举办铁路沿线安全环境治理部际联席会议办公室现场工作会议并组织做好相关新闻宣传工作。2021年9月16日，人民网首页刊发题为《我国织牢铁路沿线安全网 保障人民群众安全出行》通讯报道。2021年5月27日，《光明日报》刊发题为《保障好人民群众出行安全》的报道。围绕中老国境铁路协定签订、铁路安全专项整治等内容，分别接受中央电视台、中央人民广播电台记者采访、专访，并通过中央电视台新闻节目、中央人民广播电台《交广会客厅》等平台播出。全年，通过政府网站发布各类新闻资讯类信息1646篇，政务微博发布信息899条。

三、民航重大宣传成就

督促指导民航报，紧紧围绕党和国家工作大局、民航工作全局，较好地完成全国两会、全国民航工作会议、民航系统全面从严治党工作会议、民航援藏工作会议等重要会议的宣传工作，完成韩正副总理视察民航空管三中心，民航局回应江西航空风挡玻璃事件、发布“建党百年百条红色旅游精品航线”等重要新闻的宣传报道。围绕疫情防控工作，常态化进行重点宣传，及时发布民航局熔断指令，广泛宣传民航疫情防控重要部署、举措、经验等。围绕航空安全工作，持续推出《增强“三个敬畏”意识 深入推进作风建设》专栏，新开《学习习近平总书记重要安全论述 努力实现民航安全问题隐患清零》专栏，对局党组提出的“三个敬畏”“六个起来”“安全隐患清零”等重要安全论述进行重点报道。围绕民航深化改革工作，开设《改革增动力 发展有活力》专栏，全面宣传“十三五”民航深化改革工作的主要做法、主要成效、工作经验和“十四五”民航深化改革工作重点。围绕民航脱贫攻坚工作，详细报道民航脱贫攻坚战所取得的全面胜利，充分挖掘和宣传民航脱贫攻坚先进集体、先进个人和先进事迹。围绕民航系统全面从严治党工作，及时宣传各单位的好经验好做法，营造浓厚氛围。围绕行业重要政策法规，精心策划《图谱》栏目，以灵活、多样的报道形式多层次、全方位解读重大政策法规。针对春节期间机票免费退改签、海航集团破产重整方案出台、成都天府机场建成投运等民航热点新闻，除纸质媒体重点报道外，还侧重利用新媒体手段，通过海报设计、图片解析、微信重点发布、微博话题主持和直播等多种方式进行报道。围绕庆祝中国共产党成立

100周年、党史学习教育等精心设计宣传主题，在重要版面推出了“奋斗百年路 启航新征程”“飞越百年”等系列专栏，开展系列报道，宣传中国共产党领导下民航事业发展的非凡历程、辉煌成就。

四、邮政重大宣传成就

一是全力做好庆祝建党百年重大主题宣传。局党组发表专文《党领导邮政事业的历史经验与启示》，组织行业党员代表参加中宣部中外记者见面会，在行业媒体平台策划推出专题专栏报道，全景展示中国共产党百年奋斗历程，全面反映党和国家事业取得的历史性成就以及行业的发展变化，大力宣传党中央精神和有关部署，充分报道全系统开展学习教育的进展成效，为全系统高质量开展学习教育和庆祝中国共产党成立100周年营造良好舆论氛围。广泛开展全行业庆祝中国共产党成立100周年青年演讲比赛、歌咏比赛、学习习近平总书记“七一”重要讲话暨党史知识竞赛、建党百年视频创作竞赛等活动。

二是加强意识形态阵地和队伍建设。制定年度新闻宣传工作要点，对2020年全系统新闻发布和政务新媒体工作情况进行评估。充分发挥“3+X”行业新闻宣传平台和三级行业新闻宣传体系作用，坚持政治家办报，不断加强行业新闻宣传队伍体制机制建设，启动邮政管理融媒体平台建设。建设完善政务新媒体矩阵，入驻央视号和抖音，拓展政务发布渠道，创新发布形式，加强网上内容建设，增强网上宣传和舆论引导力，妥善处置重大网络舆情。

三是多渠道做好行业政策发布解读和新闻宣传工作。通过国务院政策例行吹风会、国新办新闻发布会、国务院联防联控机制新闻发布会、国家邮政局新闻发布会、媒体采访、政府网站和新媒体等多个渠道，发布解读国务院办公厅《关于加快农村寄递物流体系建设的意见》和七部门《关于做好快递员群体合法权益保障工作的意见》等政策措施，介绍行业加快农村寄递物流体系建设、做好春节期间服务保障等有关情况，及时回应社会关切。做好与小康社会相适应的现代邮政业全面建成的宣传报道，展示行业助力小康社会建设成效，引导行业干部职工奋进新征程、创造新奇迹、展现新气象。各主要中央媒体对行业报道超过1400篇，其中人民日报174篇，新华社128篇，央视新闻联播69条。

第六篇
专题特辑

Section VI
Special Subjects

专题一　第二届联合国全球可持续交通大会

第二届联合国全球可持续交通大会于2021年10月14日至16日以“线上线下”相结合的方式在北京顺利召开。大会由联合国主办，中国政府承办。大会的主题是“可持续的交通，可持续的发展”。大会会期3天，共有14场活动，包括开幕式、3场全体会议、3场论坛、6场主题会议和闭幕式。共有171个国家的代表以线上或线下方式出席会议，133个国家驻华使节、在华国际组织代表，近千名代表在线下参会。

一、主要特点

一是规格高。中国国家主席习近平和联合国秘书长古特雷斯全程出席开幕式及第一次全体会议并发表重要讲话，俄罗斯总统普京、土库曼斯坦总统别尔德穆哈梅多夫、埃塞俄比亚总统沃克、巴拿马总统科尔蒂索、荷兰首相吕特、津巴布韦总统姆南加古瓦以视频连线或预录视频形式出席全体会议并发言，132位部长级以上代表参会，凸显了国际社会对此次大会的高度重视。

二是参与广泛。171个国家以线上、线下至少一种方式参加大会，占联合国成员国总数的近90%，真正实现了联合国会议的广泛代表性。有61个国际组织的代表出席了会议。151位参会代表和嘉宾在大会期间各场活动中发言，大会全程通过联合国官网面向全球直播，体现了国际社会对大会的大力支持和对可持续交通的普遍关注。

三是主题突出。大会围绕“可持续的交通，可持续的发展”这一主题，聚焦可持续交通与减贫脱贫、民生、国际互联互通合作、绿色发展、区域发展、创新发展、安全发展、可持续城市、政府治理等9项议题，内容充实丰富。同时，大会还结合疫情防控，探讨了保障国际交通运输畅通对促进全球经济复苏的重要作用。大会期间还举办了主题展览、互动体验、北京市可持续交通发展专题展等活动，让线下与会代表对可持续交通发展和实践有了亲身感受，给与会代表留下深刻印象。

四是创新办会模式。面对新冠肺炎疫情复杂反复的严峻形势，大会采用“线上线下”结合，北京、纽约、维也纳多地多会场联动，多个视频会议系统融合的方式举办。大会筹办团队同联合国秘书处团队一起，克服各种困难，协调政府、企业、社会各方，精心组织，有力保障会议的顺利进行，并且全程通过联合国官网面向全球直播，大大丰富了疫情防控新常态下的国际合作交流模式。

五是反响热烈。国际社会广泛关注，新闻媒体持续报道，多国政要、使节、国际组织对大会予以支持，纷纷表示大会提出的倡议和举措将为全球可持续交通发展注入信心和动力。行业、企业主动做出承诺，积极参与全球可持续交通合作，以务实举措推动可持续交通发展。

二、主要成果

一是大会深化了可持续交通发展的全球共识。中国国家主席习近平在大会开幕式上发表了《与世界相交 与时代相通 在可持续发展道路上阔步前行》的主旨讲话，提出了坚持开放联动，推进互联互通；坚持共同发展，促进公平普惠；坚持创新驱动，增强发展动能；坚持生态优先，实现绿色低碳；坚持多边主义，完善全球治理五点主张，为推进可持续交通、实现可持续发展贡献了中国智慧。联合国秘书长古特雷斯在开幕致辞中指出交通对于贯彻落实2030年可持续发展议程具有至关重要的意义，多位国家元首呼吁社会各界加强国际合作，使可持续交通发挥应有的作用。

二是大会凝聚了可持续交通发展的合力。大会期间，151位参会代表和嘉宾围绕可持续交通发展对话献策，深化了关于交通运输对落实联合国2030年可持续发展议程重要作用的认识，就推进全球可持续交通合作、加强互联互通、推动技术创新、加快绿色转型、促进经济复苏等方面进行了广泛深入地交流探讨，进一步凝聚了国际社会推动可持续交通、可持续发展的共识与合力。

三是中国做出多项"自主贡献"。习近平在主旨讲话中宣布，中方将设立"中国国际可持续交通创新和知识中心"，以此实际行动，为全球交通可持续发展贡献中方力量。中方还发布了《中国交通的可持续发展》白皮书、《中国可持续交通发展报告》，向国际社会贡献了中国可持续交通发展理念和实践经验。会间举办了交通主题展览，以直观生动的方式讲述了中国可持续交通发展故事。

四是大会发布了成果文件《北京宣言》。借鉴和延续首届联合国全球可持续交通大会的方式，大会发布了成果文件《北京宣言》，描绘了全球可持续交通发展的未来愿景，提出了加强交通合作的行动倡议，为联合国2030年可持续发展议程与交通相关的各项目标的落实提供了一个框架。

五是实现了交通国际联系"全覆盖"。通过大会邀请工作"全覆盖"，基本建立了与所有国家交通主管部门和驻华使馆的直接联系，有效扩大了交通国际合作"朋友圈"，为落实习近平总书记主旨讲话精神、推进全球交通合作提供了重要保障。

三、主要体会

（一）党中央高度重视是办好大会的根本保证

习近平总书记高度重视此次大会，亲自出席开幕式并发表重要讲话，在党中央高度重视下，国务院成立了由刘鹤副总理担任主任、王毅国务委员担任第一副主任，李小鹏部长任组委会执行副主任，27个有关部门共同参加的大会组委会，为凝聚各方力量共同办好大会提供了坚强的组织保证。

（二）组委会坚强领导是办好大会的关键所在

此次大会线上线下相结合，北京、纽约、维也纳多地相协同，中方外方多个视频会议平台相融合，具有难度大、不确定性强的特点。在组委会主任刘鹤副总理、第一副主任王毅国务委员的领导下，组委会27家成员单位通力协作、密切配合，共同保障组委会办公室下设11个功能组和大会现场指挥体系的有效运作。组委会办公室主任李小鹏部长多次召开工作会议，视频面对面邀请32位外方交通部长，保障了筹备工作的有序、有效推进。

（三）各方面全力支持是办好大会的坚实基础

交通运输部充分发挥组委会办公室的统筹协调作用，外交部、北京市等组委会成员单位各司其职、全力配合，为大会成功举办打下了坚实基础。

四、中国可持续交通发展情况

（一）促进综合交通运输协调发展

积极推动各种交通运输方式融合发展。以统筹融合为导向，着力补短板、重衔接、优网络、提效能，完善铁路、公路、水运、民航、邮政快递等基础设施网络，构建以铁路为主干，以公路为基础，水运、民航比较优势充分发挥的国家综合立体交通网。

（二）建设多层级一体化国家综合交通枢纽系统

着力打造北京、上海、广州等国际性综合交通枢纽城市，加快建设全国性综合交通枢纽城市，积极建设区域性综合交通枢纽城市，国际性、全国性综合交通枢纽城市辐射能力持续提高。交通运输部引导支持了一批实现旅客便捷换乘、货物高效联运的综合交通枢纽，不断优化完善综合交通枢纽布局。综合客运枢纽一体化衔接水平显著提高。货运枢纽布局逐步优化，铁路物流基地、港口物流枢纽、航空转运中心、快递物流园区等规划建设和设施改造加快推进，提升了口岸枢纽货运服务功能，枢纽集聚效应增强，提升了物流效率。枢纽与城镇、产业逐步融合，形成了一批城市综合体、临空经济区、临港经济区。

（三）提高综合运输服务能力水平

一是推进出行服务快速化便捷化。构筑以高铁、航空为主体的大容量、高效率区际快速客运服务体系，提升主要通道旅客运输能力；动车组已成为铁路旅客运输的主力军；道路客运转型升级步伐加快，城乡客运服务体系不断完善，公交优先战略深入实施，服务水平明显提升；鼓励不同运输方式加强协同合作，积极发展公铁、空铁、公空、空海等联运服务模式；不断提升旅客联程运输服务质量，积极推进联运票务一体化，高铁无轨站、异地候机楼、行李直挂运输等专业化服务不断完善；杭州萧山机场、深圳宝安机场等机场的部分城市候机楼结合公路航空联运初步实现了跨运输方式行李直挂；提高旅客联运信息化水平，鼓励综合客运枢纽建设综合信息服务平台，提高旅客联运公共信息服务能力。

二是打造绿色高效的现代物流系统。聚焦提高货运服务体系的综合效率，不断优化货物运输结构，持续推动大宗货物运输“公转铁、公转水”，提高运输组织水平，推动交通运输绿色发展和高质量发展；铁路、水路在大宗货物中长距离运输中的骨干作用进一步凸显；加快建设高效货运服务网络，大力发展高铁快运，加强航空货运能力建设，提升道路货运规模化、集约化水平，完善农村物流服务网络，提升城市配送服务水平。发展“互联网 +”高效物流，近1300家网络平台道路货运企业在城乡配送、多式联运、线路整合、甩挂运输、冷链物流等领域探索创新运营模式，提高了运输效率；推进电商物流、冷链物流、大件运输、危险品物流等专业化物流发展。加快快递扩容增效和数字化转型，壮大供应链服务、冷链快递、即时递送等新业态新模式；将多式联运作为促进物流业降本增效和可持续交通发展的重要手段，创新公铁联运、空铁联运、铁水联运、江海联运、水水中转、滚装联运等高效运输组织模式。

三是加速“互联网 +”新业态新模式发展。积极推进智慧化运输服务发展，探索出行即服务（MaaS）模式，围绕城市公共交通、出租车、共享出行等各类交通运输方式，实现数据资源、运营调度、票务清分、聚合支付、信息服务、监督管理等方面的全面整合，在北京、广州、深圳等城市广泛开展应用示范；北京市建立了交通绿色出行一体化服务平台，为市民提供整合多种交通方式的一体化、全流程智慧出行服务；广州市启动了“广州市一站式出行服务体系应用试点工程”，实现人与公共交通出行网络、生活消费网络的连接，构建一站式支付 + 出行 + 生活新生态；深圳市推出了深圳湾生态科技园 MaaS 试点示范，市民通过小程序“SOGO 出行”提前预约上车时间与地点，系统根据需求规划路线，实现工作地和地铁站之间的公交快速接驳。

（四）为经济社会发展当好先行

一是拉动经济增长。将交通基础设施投资作为逆周期调节、稳定经济增长的重要手段，不断加大基础设施投资力度，快速便捷的交通运输网络不断完善，提升了生产要素的流通效率，促进了产业结构优化，带动了制造业、物流业、旅游业等的发展；不断推进交通运输与旅游融合发展，推动旅游专列、旅游风景道、旅游航道、自驾车房车营地、游艇旅游、低空飞行旅游等发展，完善客运枢纽、高速公路服务区等交通设施旅游服务功能，发展定制化运游服务，创新交旅融合服务产品，提升旅游交通品质。

二是促进区域协调发展。按照区域发展总体战略要求，完善区域交通网络，增强对区域协调发展的交通支撑；西部地区交通短板加快补齐，基本实现省会通高铁，地市通高速、通铁路，具备条件的县城通二级及以上公路，具备条件的乡镇、建制村通硬化路；东北地区进一步畅通对外通道，交通基础设施效能得到提升；中部地区加强大通道大枢纽建设，贯通南北、连接东西的通道能力和综合交通枢纽功能不断强化；东部地区加快推动综合运输高质量发展，着力优化运输结构，率先建设现代综合交通运输体系。

三是服务城乡统筹协调发展。发挥交通运输在服务城乡统筹协调发展、促进乡村振兴中的支撑作用，持续加快补齐农村交通运输在基础设施、公共服务等方面的短板，提升城乡交通运输一体化发展水平。

（五）推进交通运输创新驱动发展

近年来，中国持续推动交通运输科技创新能力建设，科技创新政策制度不断优化，科技人才队伍不断壮大，科研平台布局更加完善，有力支撑了交通运输科技进步和创新发展。

在营造支持创新的良好环境方面，一是科技创新政策制度不断优化。持续编制交通运输科技五年规划，引导科技资源配置，推动交通运输科技进步和创新发展。积极推动科技创新改革政策在交通运输领域落地，加快构建适应现代交通发展需要、具有引领性的科技创新体系，鼓励支持科技成果转化应用。二是创新人才队伍加快建设。加快科技人才队伍建设，通过重大工程技术创新、重点项目研发锻炼人才，依托重点实验室及研发中心凝聚人才，实施交通青年科技英才、行业科技创新人才推进计划培养人才，鼓励行业各类用人主体建立完善科技创新领军人才和团队的支持保障机制，利用市场机制优化配置人才。交通运输科技创新人才总量、结构、素质、梯队等方面取得明显提升。三是加快完善科技创新基地布局。围绕基础设施建设养护、交通装备、绿色低碳等领域开展系统布局，形成了涵盖应用基础研究、技术创新与成果转化、基础支撑与条件保障三类的科技创新基地体系。

在提高交通运输科技创新技术水平方面，一是推动交通基础设施建设技术跻身世界先进行列。高速公路、高速铁路、高寒铁路、高原铁路、重载铁路技术达到世界领先水平，膨胀土、沙漠等特殊地质公路建设技术攻克世界级难题；特长悬索桥、斜拉桥等桥梁建设技术，离岸深水港建设关键技术，巨型河口航道整治技术，长河段航道系统治理技术以及大型机场工程建设技术世界领先。二是推动交通运输装备技术取得重大突破。交通运输关键装备技术自主研发水平大幅提升；时速600公里高速磁悬浮试验样车成功试跑；盾构机等特种工程机械研发实现重大突破；大中型邮轮、大型液化天然气船、极地航行船舶、智能船舶、新能源船舶等自主设计建造能力增强。节能与新能源汽车产业蓬勃发展。三是不断提高交通基础设施数字化水平，积极推进5G、北斗卫星导航系统等新一代信息技术应用，以铁路、公路、港口、航道、民航、邮政等为重点，推动试点示范项目建设，加快推进交通基础设施数字转型、智能升级。发布了自动化集装箱码头设计规范、建设指南；广泛应用智能化铁路信号系统；高速公路视频监控系统广泛覆盖；港航电子放货平台应用良好，推进基于区块链的全球航运服务网络建设；民航机场“无纸化”乘机提升了旅客出行体验；智能投递设施遍布中国主要城市，自动化分拣覆盖主要快递企业骨干分拨中心；出台《智能网联汽车道路测试管理规范》和《封闭测试场地建设指南》，颁布智能船舶规范，建立无人船海上测试场，推动无人机、无人车在快递等领域示范应用。四是稳步提高交通运输管理服务信息化水平。交通积极推动云计算、大数据等新技术与交通运输管理服务深度融合；国家综合交通运输信息平台初步建立，建设部级、省级综合交通大数据中心，部省、部际间数据交换共享框架基本构建，交通运输数据资源共享不断深入；北斗卫星导航系统广泛应用于重点运输过程监控、城市交通出行服务、公路基础设施安全监控、港口高精度实时定位调度监控、铁路测试监测和运输运营等领域，显著提升了综合交通管理效率和运输安全水平；建立部省联动的公路、水路、道路运输、海事、救捞、船检等领域的信息系统，提高了协同工作效率；以数据为纽带，组织建设了部政务服务平台、跨省大件运输并联许可平台等，基本实现部级政务服务事项“一网通办”。

在法治轨道上推进交通治理创新方面，一是深化交通运输法治政府部门建设，出台交通运输法治政府部门建设实施意见和评价制度，建立评价指标体系；健全公共决策机制，完善重大行政决策工作流程，扩大社会参与，提高交通运输科学民主依法决策水平；深入推进权力公开，公布实施权力和责任清单，依法实施政务信息公开，提高政府工作的透明度；法治宣传教育和普法等工作机制逐步健全。二是完善综合交通法规体系，制定出台铁路法、公路法、海上交通安全法、港口法、航道法、海商法、民用航空法、邮政法等行业龙头法，铁路交通事故应急救援和调查处理条例、收费公路管理条例、道路运输条例、国内水路运输管理条例、国际海运条例、内河交通安全管理条例、快递暂行条例等行政法规；正在研究制定交通运输法、农村公路条例、城市公共交通条例、无人驾驶航空器飞行管理暂行条例等法律法规；出台加强安全生产、服务群众出行、优化营商环境、防治污染等方面的部门规章。力争到2035年，基本形成系统完备、架构科学、布局合理、分工明确、相互衔接的综合交通法规体系。三是严格规范公正文明执法，推进交通运输综合行政执法改革，建立健全综合执法运行机制，推动形成权责统一、权威高效、监管有力、服务优质的交通运输综合行政执法体制；注重提升综合行政执法队伍素质能力；全面推行包括行政执法公示制度、执法全过程记录制度、重大执法决定法制审核制度的执法“三项制度”，推进严格规范公正文明执法；加强以基层执法队伍职业化、基层执法站所标准化、基础管理制度规范化、基层执法工作信息化为内容的“四基四化”建设；完善交通运输行政执法程序，规范行政处罚自由裁量权，强化执法评议考核与监督；持续优化全国交通运输行政执法综合管理信息系统，积极推进非现场执法，行政执法效能不断提升。

（六）不断优化交通运输营商环境

一是持续推进简政放权。持续推进行政许可事项精简下放、“证照分离”改革等；工商登记前置审批全部改为后置审批；分类推进“证照分离”改革，推动建立简约高效、公正透明、宽进严管的行业准营规则，大幅提高市场主体办事的便利度和可预期性；深入落实交通运输领域各项减税降费政策，激发市场主体活力。

二是强化监管能力建设。加快构建以信用为基础的新型监管机制，强化事中事后监管；加强信息化手段在监管中的运用，大力推广“互联网＋监管”模式，线上线下一体化监管模式进一步创新；强化“大数据”监管，强化资源共享、信息互通，提升监管能力和监管效率；全面推动实现交通运输领域“双随机、一公开”监管全覆盖、常态化、制度化。推进网络预约出租汽车、互联网租赁自行车等交通运输新业态协同监管。

三是持续优化政务服务。持续推进“互联网＋政务服务”建设，优化行政审批服务方式，推广交通运输政务服务“一网通办”，企业群众办事“只进一扇门”“最多跑一次”服务，让数据多跑路、群众少跑腿；完善公众对政务服务的评价监督机制；推动道路运输驾驶员高频服务事项等异地网上办理，大件运输许可等政务服务实现“一网通办”“跨省通办”；完善海事政务办理程序，推进海事政务服务事项逐步实现一次性提交、一次性受理、一次性办结。加强国际贸易“单一窗口”跨部门推广应用，口岸查验信息在海事、海关、移民等口岸查验部门间实现共享共用，各口岸查验部门所有手续一次办结，一次反馈船舶或者其代理；2021年底前将全面完成船员证书电子化工作。

（七）推动交通运输绿色低碳转型

我国力争2030年前实现碳达峰、2060年前实现碳中和。中国交通把推动绿色低碳转型作为可持续交通发展的战略性任务，追求以最少资源投入、最小环境代价，最大限度地满足社会经济发展和人民出行需要。

在推动交通运输节能减排与低碳发展方面，一是持续降低能源消耗和碳排放强度。制定节能降碳发展的行动纲领与阶段路径，推进运输结构调整、装备能效水平提升、能源消费结构优化、节能降碳制度创新与技术应用等节能减排工作；积极开展交通运输节能减排试点示范；组织开展绿色交通省（城市）、绿色公路、绿色港口等示范工程并逐步形成一套绿色交通发展的管理理念和模式。二是加快推广应用新能源装备设施。积极推动交通装备设施用能多元化发展，加快新能源和清洁能源的推广应用。三是推动船舶靠港使用岸电。积极推进港口和船舶岸电建设与使用。四是开展绿色出行行动。倡导绿色出行理念，发挥政府、企业、社会组织等多元主体作用，提高公众对绿色出行方式的认知度和接受度，推动形成绿色发展模式和生活方式；开展绿色出行创建行动，逐步构建以轨道交通为骨干、地面公交为主体，社区公交、定制公交、慢行交通等多样化绿色出行体系；积极构建安全、连续和舒适的城市慢行交通体系，加大非机动车道和步行道的建设力度，加强慢行系统环境治理，塑造绿色出行环境。

在促进交通运输资源节约集约与循环利用方面，一是节约集约利用通道、土地、岸线等资源。结合国土空间规划编制和生态保护红线、永久基本农田、城镇开发边界三条控制线划定落实，统筹铁路、公路、水路、民航、邮政等交通运输各领域融合发展；按照“统筹规划、合理布局、集约高效”原则，推动铁路、公路和市政道路统筹集约利用线位、桥位等交通通道资源，改扩建和升级改造工程充分利用既有走廊，促进交通通道由单一向综合、由平面向立体发展；因地制宜采用低路基、以桥代路、以隧代路等节地措施，加强铁路、公路沿线土地资源保护和综合利用，提高土地节约集约利用水平；严格港口岸线使用审批管理与监督，严格控制开发利用强度，提高岸线使用效率；推进区域港口协同发展，促进区域航道、锚地和引航等资源共享共用，促进港口集约化经营。二是推动废旧材料等资源化利用。开展废旧路面、沥青、钢材、水泥等材料再生利用，高速公路路面废旧料循环利用率达到95%；多措并举实现粉煤灰、煤矸石、矿渣、废旧轮胎等废旧材料资源综合利用，开展建筑垃圾无害化处理与利用；全面加强疏浚土综合利用。三是推进快递包装绿色治理。扎实推进快递包装的绿色化、减量化、可循环，大力推进可循环中转袋全面替代一次性塑料编织袋，可循环中转袋使用率达93.8%，“瘦身胶带”封装比例达96.4%，电商快件不再二次包装率达74%，电子面单使用基本实现全覆盖；积极推进循环周转箱应用，开展邮件快件过度包装和随意包装专项治理。四是降低交通基础设施全生命周期成本。加快完善现代化工程建设质量管理体系，推进精品建造和精细管理，聚焦工程安全性和耐久性，依托跨江跨海大桥、隧道工程、港口工程、航道工程等重点建设工程，全面推进平安百年品质工程建设；推动交通基础设施标准化、智能化、工业化建造，积极应用高性能混凝土，推进钢结构桥梁建设；推动落实全生命周期养护，强化常态化预防性养护，提高养护管理科学决策水平，加大养护新技术推广力度，推进养护机械化和标准化，科学实施养护作业，提高基础设施使用寿命，降低全生命周期成本。

在加强交通运输生态环境保护与修复方面，一是推进绿色基础设施建设。坚持全生命周期绿色发展理念，实施绿色设计、绿色施工及绿色运维，提升基础设施绿色发展水平；建设绿色公路，大力推广路域生态防护与修复等方面的先进适用技术和产品，加强生态保护，注重自然和谐；大力开展绿色港口、绿色航道建设，出台一批评价标准、技术指南等标准规范，引导新建码头高标准绿色建设和老旧码头绿色升级改造；发展绿色铁路，制定实施一批铁路工程环境保护、节能等方面的设计规范和制度标准，从源头上强化环保选线、生态保护和水土保持等；民航绿色发展规划体系、政策体系、标准体系和考评体系建设不断完善，机场运行电气化率超过60%。二是推广应用生态保护技术。严守生态保护红线，严格落实生态保护和修复制度，交通基础设施建设全面实行“避让—保护—修复”模式，推进生态选线选址，强化生态环保设计，依法避绕自然保护区、水源保护地等生态敏感区域，以及耕地、林地、湿地等具有重要生态功能的国土空间，最大限度保护重要生态功能区；完善生态保护工程措施，合理选用工程结构、建筑材料和施工工艺，降低交通建设造成的生态影响。铁路、公路建设工程注重动物通道建设。三是不断提高生态恢复水平，针对早期建设由于理念和技术原因导致不能满足环保要求的交通基础设施，组织实施了以边坡、取弃土场、生态护岸等修复为主要内容的公路、港口生态修复试点工程。针对高寒高海拔及水源涵养、水土保持等重点生态功能区的铁路、公路生态恢复，开展草皮移植、植物纤维毯等技术研发。港口码头建设和航道整治过程中，实施滩涂湿地恢复、生态护岸、过鱼通道、人工鱼巢、增殖放流等生态恢复措施。铁路、公路、航道沿线加强对原生自然风貌的保护与利用，强化边坡植被恢复与生态防护，提升生态功能和景观品质。

在推进交通运输污染综合防治方面，一是加强船舶和机动车大气污染治理。加强基层海事管理机构燃油快速检测设备、船舶尾气遥测无人机及机载嗅探设备等装备配备，提高监管效率；强化机动车污染排放源头管控。推进实施汽车排放检验与维护制度，强化超标排放汽车维护修理，降低在用汽车污染排放强度；按计划加快推进京津冀及周边地区、汾渭平原国三及以下排放标准营运柴油货车淘汰工作。二是强化水污染物排放控制，严格执行船舶水污染物排放标准，加强船舶水污染物排放控制；建立完善船舶水污染物转移、处置联合监管制度；坚持长江经济带“共抓大保护”，开展长江经济带船舶和港口污染突出问题专项整治与港区污水综合治理；推动载运散装液体危险货物船舶强制洗舱和洗舱水收集处理；加强铁路客运站、公路运输枢纽、民航机场等污水处理和循环利用，在高速公路服务区建设6000余套污水处理设施，年处理能力超过2亿吨。三是加强交通噪声污染控制。加强公路建设与运营中的噪声监测与控制，各类声屏障、低噪声路面、通风隔声窗、吸声板等技术不断应用；开展高速铁路噪声源识别、低噪声车辆制造、声屏障降噪等技术研究。加强机场周边噪声污染防治。

（八）加强交通运输对外开放与交流合作

中国注重发挥交通运输对于推进全球互联互通、促进共同发展繁荣的基础性作用，深化与有关国家在交通领域互利合作，积极参与全球交通治理，认真履行国际责任与义务，服务构建人类命运共同体。

在推进“一带一路”交通互联互通方面，加强与共建“一带一路”国家的互联互通伙伴关系，构建全方位、多层次、复合型的交通互联互通网络，促进沿线各国共同实现多元、自主、平衡、可持续的发展。一是完善“一带一路”交通合作机制，积极推进与共建“一带一路”国家交通互联互通，加强政策规则标准“软联通”。二是加强铁路互联互通，初步探索形成了多国协作的国际班列运行机制。三是推动公路互联互通。加快推动与周边国家公路联通，实现国际道路直达运输试运行，为推进国际道路运输便利化提供有力支持。四是加强海运互联互通。与66个国家和地区签署70个双边和区域海运协定，海运服务覆盖沿线所有沿海国家；与27个国家（地区）签署船员适任证书认可协议；引领和推进电子证书在全球航运业的应用进程；积极打造丝路海运品牌，提供高质量海运服务。五是推进航空互联互通。注重发挥民航在互联互通中的重要支撑作用，与其他国家或地区签订128个双边航空运输协定；积极倡导“一带一路”上的航空运输自由化和便利化。

在加强交通运输国际交流合作方面，秉持正确义利观，加强与各有关国家的交流合作，积极参与国际组织事务，认真履行相关国际义务，为全球交通治理提供中国智慧、中国方案。一是打造全球交通合作伙伴关系。加强与欧洲国家在可持续交通、自动驾驶、新能源应用、交通安全与物流信息共享等前沿领域的合作，与中东欧国家共同建立海运合作机制；通过上海合作组织、中国—东盟（10+1）等区域合作机制，不断深化和扩大与有关国家交通运输合作；拓展与发展中国家交通合作，通过组织承办发展中国家技术培训班项目，积极培训广大发展中国家交通运输科技人员；支持非洲国家交通能力建设，拓展与拉美国家交通合作。二是认真履行国际责任和义务。坚定支持多边主义，推动实现联合国2030年可持续发展议程，积极参与联合国亚洲及太平洋经济社会委员会、铁路合作组织、国际铁路联盟、世界道路协会、国际运输论坛、国际海事组织、国际民航组织、万国邮政联盟、国际海道测量组织、国际移动卫星组织等国际组织事务；积极参与上述组织开展的交通运输领域国际规则的制定工作，积极参与保障航行安全、防止船舶污染等重要议题国际谈判；认真履行交通运输领域国际公约，遵守有关国际标准，积极推动国内法律与国际公约有效衔接。三是积极参与交通运输全球气候治理，积极参与联合国气候变化框架公约、国际海事组织、国际民航组织等框架下的温室气体减排谈判，在全球航空减排市场机制制定和实施进程中努力维护发展中国家权益，为全球可持续发展贡献力量。

在促进国际物流供应链畅通方面，一是提高国际物流供应链服务能力。初步形成国际物流主通道网络；持续完善海运服务体系。二是推进国际物流与供应链融合发展。鼓励和推动“一带一路”国际物流全程经营主体间开展战略合作，降低国际联运全程物流成本；鼓励国际物流企业与生产制造、外贸等企业深度融合协同发展，提高产业链供应链现代化水平；加快推进自由贸易港、自由贸易试验区、跨境电商综合试验区和国际航运中心等建设，加大政策和制度创新，强化与国际规则和标准对接，为畅通国际物流供应链营造良好环境。三是提高国际物流供应链应急保障能力。增进国际合作，研究健全集风险识别、分类评估、安全防控、应急预警、应急救助等于一体的国际物流供应链安全预警监测体系，深化大数据、人工智能在信息共享、预测预警、响应处置和智能调度等方面技术研发与应用，提升整体快速协同反应能力，与全球各国共同构建反应迅速、保障有力的国际物流供应链应急服务体系。

（九）让人民共享交通运输发展成果

始终坚持以人民为中心，坚持人民共建共治共享，大力推进交通运输基本公共服务均等化，保障城乡居民行有所乘，让人民共享交通运输发展成果，努力建设人民满意交通。

在服务全面建成小康社会方面，一是决战决胜交通运输脱贫攻坚。注重发挥交通在脱贫攻坚中的基础支撑作用，加强顶层设计，完善交通扶贫规划政策体系，制定了一系列五年规划、三年行动计划、实施方案、年度计划。以深度贫困地区为重点，强化“外通内联”，加快完善综合交通运输网络。根据贫困地区发展特点的不同，主动融合特色产业、电商、文化旅游等，探索出了“交通＋特色农业＋电商”“交通＋文化＋旅游”“交通＋就业＋公益岗位”等发展模式，制定差异化支持政策，有效带动了种养业、农村电商、乡村旅游等特色产业发展，为贫困地区群众打开了脱贫致富的大门。二是全面建设“四好农村路”，推动农村交通运输高质量发展。以“护好”为保障，深入推进农村公路管理养护体制改革，显著提升养护资金补助标准，在各地积极推广农村公路“路长制”；以“运营好”为目的，实现所有具备条件的乡镇和建制村通客车，逐步形成县乡村三级物流网络体系，建制村全部实现直接通邮。

发展公共交通是现代城市发展的方向，是促进交通可持续发展、提升城市居民生活品质的有效措施。中国坚持公交优先发展战略，将公共交通作为“民生工程”持续推进，不断满足人民群众美好出行需要。一是不断完善公交优先发展制度。二是稳步发展城市公共汽电车。三是快速发展城市轨道交通。四是提档升级城市公共交通车辆装备，加快城市公共交通升级换代，提升服务效能。

抓住“互联网＋”与交通深度融合的契机，加快完善便捷化、多样化的出行服务体系，丰富了人民群众多样化、个性化的出行选择。一是发展定制化出行服务。二是普及便捷化移动支付方式。三是发展水路客运服务。为打造覆盖全面、无缝衔接、安全舒适的无障碍出行服务环境：一是制定无障碍出行政策，为交通运输无障碍建设提供指引和规范。二是坚持无障碍配套设施与交通基础设施主体工程同步设计、同步施工、同步投用，不断加强铁路客运站、汽车客运站、高速公路服务区、客运码头、民用运输机场、城市轨道交通车站和城市公共交通枢纽等交通基础设施中的无障碍配套设施建设；积极推进客运列车、客运船舶、民用航空器、公共汽电车、城市轨道交通车辆等交通运输工具无障碍设备配置。三是提升无障碍出行服务水平。加快推进综合交通出行信息平台建设，为乘客提供及时准确的交通出行信息服务；提高客运站无障碍服务水平，完善站场、枢纽、车辆设施的盲文标志标识配置、残疾人通信系统、语音导航和导盲系统，加强对老年人和残疾人进站、购票、乘车（船、机）等环节的引导，为老年人和残疾人提供多样化、便利化的无障碍出行服务。四是加强服务女性和儿童群体的交通基础设施改造。在大型客运枢纽、公路服务区建设母婴室、母婴候乘休息区等设施，优化男女厕位比例，设置女性专用停车位和女性夜间停车位；实施爱心运输服务，完善城市公共交通车辆老弱病残孕优先座椅和标志标识，在机场、火车站、汽车站为孕妇、儿童等重点旅客提供爱心服务，部分城市为女性提供地铁专用车厢、机场专用安检通道。完善政策保障，在儿童身高标准基础上，增加以年龄为依据的儿童票、免票优惠政策。

专题二 党史学习教育

第一节 中共交通运输部党组党史学习教育

自2021年2月20日党史学习教育动员大会召开以来，交通运输部党组坚决扛起政治责任，紧紧围绕“学史明理、学史增信、学史崇德、学史力行”和“学党史、悟思想、办实事、开新局”的目标要求，聚焦加快建设交通强国、当好中国现代化开路先锋的任务要求，扎实开展党史学习教育，较好完成了党史学习教育各项任务，取得了预期效果。

一、坚持正确党史观，深入学习党的百年奋斗历程、重大成就和历史经验

一是带头示范学。紧紧围绕学习习近平《论中国共产党历史》，带头在全系统开展党史、新中国史、改革开放史、社会主义发展史宣传教育，深入学习领会《党的百年奋斗重大成就和历史经验的决议》，分专题完成14次理论学习中心组（读书班）集体学习。党组成员带头讲专题党课、作专题宣讲，为党员干部作专题辅导，并带队深入基层开展实地调研。

二是推动深入学。把4本指定学习教材列入党委（党组）理论学习中心组学习计划，纳入部党校培训教学重点内容；举办4期专题培训，培训处以上领导干部1238人；组织完成观看中央党校党史12堂网络课程。部系统各级党组织结合“三会一课”、主题党日，依托理论学习中心组、读书班、青年理论学习小组等载体，通过“线上+线下”“课内+课外”“基地+阵地”等形式，共组织开展集中学习4.2万余次，覆盖系统11.3万名党员干部职工。

三是鼓励创新学。鼓励各单位结合实际，创新自选动作、开展对象化、分众化、互动化学习。部系统各单位纷纷组织开展演讲比赛、知识竞赛、红色经典诗朗诵、微视频制作大赛等活动；注重抓好离退休党员的学习覆盖，建立老党员“红色档案”；组建青年宣讲团，开展青年主题团日、青春接力赛等活动。

二、感悟思想伟力，深入学习领会党的创新理论最新成果

一是紧扣主线学习感悟。分阶段、分专题深入学习习近平总书记在动员大会上的重要讲话、“七一”重要讲话等系列重要讲话精神，深入学习宣传贯彻落实党的十九届六中全会精神，认真学习传达习近平总书记关于党史学习教育的重要指示精神和总结会议精神。印发《宣讲提纲》，开展集中学习研讨，邀请中央宣讲团成员进行专题宣讲10次。各级党组织开展相关专题学习2.6万余次，专题宣讲1.1万余场。

二是及时跟进学习感悟。坚持读原著、学原文、悟原理，组织广大党员干部在紧扣主线完成学习任务的同时，及时跟进学习习近平总书记在福建、广西、青海、西藏以及陕西榆林等地考察期间的重要讲话精神，学习习近平总书记在纪念辛亥革命110周年大会、中央人才工作会议、中央党校（国家行政学院）中青年干部培训班的重要讲话精神。

三是联系实际学习感悟。坚持把学习贯彻习近平总书记关于交通运输工作的重要论述作为学习教育的重要内容，研究形成《党坚持对交通

运输事业领导的历史经验与启示》，得到中央党史学习教育领导小组重点支持，先后在“学习强国”和《学习时报》发布。在中国交通报等行业媒体开设学习专栏，连续刊发学习心得体会。全面深入学习宣传贯彻习近平总书记在联合国全球可持续交通大会上的主旨讲话精神和重要论述。

三、做到“两个维护”，深刻领悟“两个确立”的决定性意义

一是在把握历史方位中深刻领悟。对标对表新时代新征程新任务新要求，集中5天举办部党组集体学习班，深刻领悟“两个确立”的时代意义；系统总结百年来特别是党的十八大以来，党领导交通运输事业的历史发展进程，从新时代交通运输事业发展的具体实践中，深刻领悟党确立习近平同志党中央的核心、全党的核心地位，是历史的选择、时代的选择、人民的选择。

二是在政治机关站位中深刻领悟。在深刻领悟“两个确立”的决定性意义、做到“两个维护”上走在前、作表率。坚持“第一议题”制度，每次党组会、部务会、领导小组及办公室会议，都首先传达学习习近平总书记最新重要讲话和指示批示精神，研究贯彻落实意见；坚持对党中央国务院重要决策部署进行细化分解，形成重点任务“一本账”，定期上报反馈落实情况。

三是在开路先锋定位中深刻领悟。坚定当好中国现代化开路先锋的信心和决心，团结带领广大党员干部全力以赴成功举办第二届联合国全球可持续交通大会，全力抓好交通运输安全生产，毫不放松抓好常态化疫情防控，全力做好国际物流供应链保通保畅，抓紧推动“十四五”规划出台，抓好重大项目投资，积极推动新业态规范健康持续发展，投身抗洪抢险、防汛防台风等急难险重任务，坚决以担当作为的实际行动深刻领悟“两个确立”的决定性意义、做到“两个维护”。

四、赓续红色血脉，弘扬传承以伟大建党精神为源头的党的精神谱系

一是强化党性锤炼。把开好专题组织生活会、专题民主生活会作为赓续红色血脉、强化党性锤炼的重要抓手。部党组成员带头深入学习、谈心谈话、回顾历程、征求意见、检视问题。组织开好专题民主生活会，督促各级领导班子和党员领导干部走好新的赶考之路。

二是开展专项活动。把握清明、“五一”“七一”、国庆等重要时间节点，在全系统组织开展“清明祭英烈”活动，“永远跟党走”群众性主题宣传教育活动，党史、新中国史、改革开放史、社会主义发展史宣传教育，“光荣在党50年”纪念章颁发、“两优一先”评选表彰等活动；就地就近就便利用革命旧址、纪念展馆、烈士陵园等红色资源，组织开展祭扫先烈、重温入党誓词等主题党日活动5000余次。

三是弘扬新时代交通精神。以弘扬伟大建党精神为精神之源，梳理编纂《中国交通运输精神谱系》，大力弘扬“两路”精神、青藏铁路精神、港珠澳大桥建设者奋斗精神、“中国民航英雄机组”精神、邮政快递“小蜜蜂”精神。深刻把握当好中国现代化开路先锋蕴含的精神力量，大力弘扬以“开路先锋”精神为魂的新时代交通精神。

五、坚守为民情怀，扎实开展“我为群众办实事”实践活动

一是破难点，治痛点。坚决贯彻落实习近平总书记关于维护好交通运输从业人员合法权益的重要指示精神，部党组成员分别带队到相关省份调研指导，组成5个工作组随车暗访3.8万公里，部署开展交通运输执法领域突出问题专项整治，解决执法领域突出问题1.67万个。

二是重民生，解民忧。深入推进、全面完成部党组12件更贴近民生实事、司局层面58件实事，督促指导部系统完成877件民生实事。组织开展

党委（党组）“三个清单”贯彻落实不彻底等五个方面问题专项治理，排查问题708个，制定措施1023项，制修订政策制度391项。

三是重实效，践承诺。创新建立实事实践评价程序和标准，把人民群众满意作为评价办实事成效的根本标准。组织公众问卷调查，专项评估部党组12件更贴近民生实事成效，形成有效调查问卷2.27万份，其中11项满意度超过90%，1项为89.3%。重视发挥基层党组织战斗堡垒作用和党员先锋模范作用，带动引导广大党员干部职工多为群众办实事、办好事，党员干部承诺践诺4万余项，涌现出一批感动交通、感动社会的先进人物和先进集体。

第二节　交通行业各领域党史学习教育情况

一、国家铁路局党史学习教育

（一）庆祝中国共产党成立100周年活动开展情况

研究制定《国家铁路局关于开展庆祝中国共产党成立100周年系列活动的方案》，主要开展以下活动：一是组织收听收看庆祝中国共产党成立100周年大会、表彰大会等重大庆典活动，认真学习宣传贯彻习近平总书记相关重要讲话精神。二是举办“奋斗百年路、起航新征程”文艺演出暨表彰大会，对全局优秀共产党员、优秀党务工作者、先进基层党组织进行表彰。三是开展重温入党誓词活动，教育引导全局党员强化党员意识，自觉履行党员义务，践行初心使命。四是召开座谈会，组织优秀党员、年轻干部和退休党员代表，进行座谈交流。

（二）党史学习教育工作开展情况

一是强化组织领导，压紧压实责任。第一时间成立由局党组书记、局长担任组长的党史学习教育领导小组，加强对学习教育的统一领导、统筹谋划。各局属单位分党组（党委）成立相应领导机构和工作机构，加强组织领导。局党组党史学习教育领导小组及办公室加强统筹协调，推动落实相关部门工作职责。编发简报信息、开设党史学习教育宣传专栏，为学习交流提供平台。采取实地督导、随机抽查、调研访谈、巡听旁听等方式开展3个轮次巡回指导。

二是强化理论武装，推动深学细悟。围绕七个专题，采取一专题、一辅导、一研讨的形式，党组成员带头谈认识、讲体会。举办学习班、培训班，推动党员领导干部先学一步、深学一层。坚持党支部组织生活日（党日）理论学习，及时跟进学习习近平总书记最新重要讲话精神和党中央重大决策部署。积极发挥青年理论学习小组作用，广泛开展微党课宣讲、网络读书接力等学习活动。坚持党组带头，各级党组织和广大党员干部全员参与，突出抓好习近平总书记“七一”重要讲话和六中全会精神的学习贯彻，不断加深党员干部对党的百年奋斗重大成就和历史经验的理解领悟。

三是创新方式方法，提升学习成效。立足本部门本系统党员干部队伍实际，积极开展“党史接力讲”“人人讲党史”“政治生日寄语”“读书沙龙”等活动。邀请党史学习教育中央宣讲团成员和专家学者，为党员干部进行专题辅导讲座。充分利用属地红色资源，局党组带头赴中国人民抗日战争纪念馆、中国共产党历史展览馆参观学习，局属各单位、部门就地就近参观革命遗址遗迹、党史展览、教育基地。组织召开推进会、交流会等活动，积极开展党史知识测试。

四是强化实践活动，切实为民办事。聚焦党中央要求和人民群众需求，紧密结合履职监管工作实际，研究制定实践活动方案，聚焦解决“一老一小”等特殊群体铁路运输服务需求，推进修订《铁路旅客运输规程》。积极协调有关部门，推动解决铁路工程项目拖欠农民工工资问题。加强铁路机车车辆驾驶员资格许可服务，大力实施“一网通办”、线下“送考上门”。推动解决列车鸣笛扰民问题，努力改善铁路沿线人民群众的生产生活环境。开展铁路沿线安全环境治理，确保铁路运输通畅，保障人民群众生命财产安全。局党组确定的办实事清单8方面24项措施，局属各单位制定的96项244件措施，全部取得实实在在的成效。

二、中国民用航空局党史学习教育

(一) 开展庆祝建党100周年系列活动情况

广泛深入开展“永远跟党走”群众性主题宣传教育，组织开展“百年党史·民航印记——民航人向党旗报告”主题宣讲、遴选5名行业优秀党员代表参加中宣部中外记者见面会、“民航人·初心”展览、“红色故事进客舱”“中国(港澳台)及外籍乘务员讲中国民航故事”“劳模大讲堂”巡讲等活动，与中央电视台、凤凰卫视合作摄制《一九四九“两航”起义》《飞向光明——两航起义纪事》专题片，与文化和旅游部联合印发《关于促进民航业与红色旅游深度融合创新发展的指导意见》并推出100条红色旅游航线，出版《百年伟业——中国共产党领导下的中国民航》《中国大兴——北京大兴机场诞生记》等图书。

(二) 开展党史学习教育情况

一是提高政治站位，强化组织领导。第一时间成立局党组党史学习教育领导小组，下设办公室及综合协调联络、学习教育宣传、实践活动督促3个专项工作组和4个巡回指导组，及时召开动员大会进行动员部署，制定工作方案，细化目标任务，加强分类指导，推进党史学习教育全面开展。定期召开领导小组会、工作推进会，听取情况汇报，提出明确要求，压实各级党组织责任，确保各项任务落到实处。以动员大会、“七一”讲话、六中全会、总结大会为关键节点，明确重点任务、阶段目标，做到环环相扣、步步深入。派出4个巡回指导组，采用多种形式加强督促指导。

二是着眼铸魂固本，推动深学细悟。先后举办4期党史学习教育读书班、8次理论中心组(扩大)学习会、4期司处级干部培训班，示范待定民航系统各级党组织通过中心组学习、读书班、专题培训、“三会一课”、主题党日、联学联建、答题测试等多种形式开展学习研讨。认真组织召开专题组织生活会，党员干部党性修养和政治能力明显提升。从严从实召开专题民主生活会，领导班子的战斗力和纯洁性明显提升。

三是聚焦急难愁盼，认真办好实事。召开党组会研究制定办实事方案，分2批推出22项办实事任务，局属各单位累计推出办实事任务2564项。局机关建立督办机制和办实事台账，通过定期对账、召开专题督促会、不定期问卷调研等方式跟进直属单位办实事进展情况。党组同志通过调研、检查等方式深入一线督促指导办实事，推动落实落地。各单位各部门结合各自职责或辖区特点，加强指导推动。

四是注重统筹结合，促进中心工作。坚持党史学习教育与中心工作紧密结合、相互促进，坚决贯彻落实习近平总书记对民航工作的重要指示批示精神和党中央重大决策部署，在全行业开展民航关键岗位从业人员“三个敬畏”专题教育，零差错、零失误完成了党和国家领导人一系列专包机保障任务。坚守疫情防线，采取多项措施促进行业恢复发展，稳住生产和发展的基本盘，民航基础性战略性支撑作用更加凸显，在大国外交、国际合作、维护公民海外利益中的独特作用愈发彰显，智慧民航建设稳步推进。

三、国家邮政局党史学习教育

(一) 坚决履行主体责任

把党史学习教育作为邮政管理系统贯穿全年的重大政治任务，坚决履行好党史学习教育工作的主体责任，通过宣讲报告会、读书班、培训班、网上专题班、专题组织生活会等方式，全面深入学习《中国共产党简史》等规定内容，及时跟进学习贯彻习近平总书记“七一”重要讲话和党的十九届六中全会精神，引领带动全系统学思践悟，唱响了爱党爱国爱社会主义的昂扬旋律。

（二）多种方式组织开展

围绕学习习近平总书记系列重要讲话和四本指定教材等内容，先后开展13次理论学习中心组专题学习和4期专题读书班，举办全国邮政管理局长学习“七一”重要讲话精神培训班、青年干部座谈会、先进典型报告会，开展机关和直属单位学习“七一”重要讲话暨党史知识竞赛，编印《邮政快递业精神谱系和先进典型人物汇编》。

（三）确保学习教育有效覆盖

党史学习教育动员大会、推进会议等全部开到市地局，实现31个省（自治区、直辖市）局、356个市（地）局学习督导全覆盖；创新垂直管理单位党史学习教育方式，引导民营快递企业党组织通过直播参加相关活动，将党的历史“快递”到派送线和小哥身边；开展全行业“学党史、感党恩、跟党走，我在岗位建新功”青年演讲比赛、全国邮政管理系统“唱支颂歌给党听”歌咏比赛，不断在全系统掀起学习新高潮；通过聚焦百年党史集中学、利用红色资源实地学、观看红色影剧感悟学、开展红歌快闪应景学，使党史学习教育覆盖到更多群体。

（四）扎实开展“我为群众办实事”实践活动

找准“小切口”，做实“大文章”，锚定推进“快递进村”工程和快递员群体合法权益保障两件实事持续发力，着力解决好基层困难事、群众烦心事。推动出台《国务院办公厅关于加快农村寄递物流体系建设的意见》，助力农民创业增收；会同六部委出台《关于做好快递员群体合法权益保障工作的意见》，深入组织开展关爱快递员“暖蜂行动”。

（五）务实召开专题组织生活会

印发文件、加强督导，引导全系统各级党组织与党员以刀刃向内、自我革命的勇气查找问题、分析原因，严肃开展批评与自我批评，做到立行立改。全系统535个基层党支部全部按照要求召开专题组织生活会，共排查整改问题16435个，制定整改措施15334条。

（六）召开党史学习教育专题民主生活会

国家邮政局党组以“大力弘扬伟大建党精神，坚持和发展党的百年历史经验，建党历史自信，践行时代使命，厚植为民情怀，勇于担当作为，团结带领人民群众走好新的赶考之路，奋力开创现代化邮政强国新篇章”为主题，认真开展党史学习教育专题民主生活会，重点从五个方面内容，查摆不足，剖析原因，开展批评与自我批评，提出整改措施。

专题三　“四好农村路”

2021年交通运输部深入学习贯彻习近平总书记关于“四好农村路”重要指示精神，坚决贯彻落实党中央、国务院决策部署，推动“四好农村路”高质量发展，为加快建设交通强国，服务巩固拓展脱贫攻坚成果同乡村振兴有效衔接，助力农民农村共同富裕提供有力支撑。

一、加强组织领导，深入学习贯彻落实总书记指示精神

一是强化工作部署。调整成立由党组书记杨传堂、部长李小鹏任组长的服务乡村振兴战略推进“四好农村路”建设领导小组，将农村公路相关工作列入“2021年交通运输更贴近民生实事”和党史学习教育“我为群众办实事”实践项目，加强工作安排部署。

二是组织召开全国推动“四好农村路”高质量发展现场会。2021年10月，在河南兰考县组织召开全国推动“四好农村路”高质量发展现场会，实地考察了兰考县“四好农村路”发展情况，9家单位分享了典型经验，同时全面总结了党的十八大以来农村公路发展经验，研判形势、明确思路，围绕“六个着力”对推动“十四五”“四好农村路”高质量发展相关工作进行重点部署。

三是报送工作进展情况。起草了关于深入贯彻习近平总书记重要指示精神加快推进“四好农村路”高质量发展助力农民农村共同富裕的报告。将党的十八大以来“四好农村路”发展取得的成效、主要认识和体会以及下一步工作安排报送中共中央、国务院。

二、持续推进农村公路基础设施网络建设

一是完善基础设施网络。印发《农村公路中长期发展纲要》（交规划发〔2021〕21号）、《关于巩固拓展交通运输脱贫攻坚成果全面推进乡村振兴的实施意见》（交规划发〔2021〕51号）、《公路“十四五”发展规划》（交规划发〔2021〕108号），因地制宜推进乡镇对外公路实施三级以上公路建设改造和较大人口规模自然村（组）、抵边自然村通硬化路建设，加强通村公路与村内道路连接，加强资源路、旅游路、产业路建设，推进农村公路建设项目更多向进村入户倾斜。全年完成农村公路投资约4100亿元，新改建农村公路超17.4万公里，农村公路基础设施网络进一步完善。

二是提升安全保障能力。强化农村公路设施服务和安全保障能力，加强农村公路建设管理。开展农村公路、桥梁隐患排查，有序实施农村公路安全生命防护工程和危桥改造。全年实施农村公路安全生命防护工程8.11万公里，危桥改造7670座，在全国农村地区2.3万个平交路口加装了4.74万个减速带。印发《关于开展农村公路建设质量“两服务一培训”志愿帮扶工作的通知》（交办安监函〔2021〕531号），组织464家试验检测机构对全国369个市（州）719个县（区）的1978条农村公路开展质量检测帮扶和进现场技术服务，对11975名基层管理人员进行现场指导培训，提高了一线技术管理人员的质量安全意识和管理水平。

三、持续提升农村公路管理养护水平

一是深化农村公路管理养护体制改革。认真贯彻落实《关于深化农村公路管理养护体制改革的意见》（国办发〔2019〕45号），指导推动各地出台深化农村公路管理养护体制改革的实施方

案，加快完善农村公路管理养护长效机制。截至2021年底，全国31个省（自治区、直辖市）以及新疆生产建设兵团均在省级层面出台了深化农村公路管理养护体制改革的实施方案，市级层面出台比例为63.17%，县级层面出台比例为55.92%。指导16个“四好农村路”交通强国试点省份和167个深化农村公路管养体制改革试点单位稳步有序推进试点工作，推广成效显著、特点突出的典型经验，因地制宜推进试点成果落地应用。

二是全面推行“路长制”。组织编制《农村公路“路长制”运行指南》，总结各地推行“路长制”过程中好的经验做法，更好地指导各地工作。指导推动各地出台落实“路长制”的政策文件，截至2021年底，全国31个省（自治区、直辖市）以及新疆生产建设兵团均在省级层面出台了落实“路长制”的政策文件，市级层面出台比例为66.28%，县级层面出台比例为79.78%。全国路长总人数45.5万，县级路长1.4万，乡级路长6万，村级路长38.1万。有农村公路管理任务的县级行政单位“路长制”覆盖率达80.7%。

三是加强农村公路技术状况检测评定工作。加强普通省道和农村公路路面技术状况核查，联合财政部印发《关于进一步加强农村公路技术状况检测评定工作的通知》（交办公路〔2021〕83号），指导各地加强农村公路技术状况检测评定工作，合理选用检评标准，科学确定检评周期，逐步提升路面技术状况自动化检测比例，强化数据的保存和应用。

四是加大农村公路就业岗位开发力度。指导各地加强技能培训，全力做好就业困难人员就业安置工作。截至2021年底，全国共设置农村公路就业岗位超76.3万个，平均年收入达1.3万元，吸收脱贫户超37.8万人，其中公益性岗位超30.5万个，平均年收入约0.9万元，吸收脱贫户超24.2万人。全国有农村公路管理任务的县级行政单位就业岗位覆盖率达80.09%。

五是完善政策法规和标准规范体系。加快推动《公路法》和《农村公路条例》制修订工作。发布《小交通量农村公路工程设计规范》（JTG/T 3311—2021），组织开展《农村公路简易铺装路面设计施工技术细则》编制工作，启动农村公路技术状况评定相关标准、指南的编制工作，不断完善农村公路政策法规和标准规范体系。

四、持续增强农村运输服务质量

一是巩固拓展具备条件的建制村通客车成果。督促各地对照通客车质量评估反馈意见开展立行立改，巩固建制村通客车成果。联合公安部、财政部等8部门印发《关于推动农村客运高质量发展的指导意见》（交运发〔2021〕73号），部署各地进一步完善农村客运基础设施、优化服务供给、推动构建农村客运发展长效机制，推进农村客运高质量发展。

二是完善重点时段农村客运服务供给。联合农业农村部印发《关于加强农村地区重点时段群众出行服务保障工作的通知》（交办运函〔2021〕934号），部署各地交通运输部门加强农忙时节等重点时段出行服务保障，着力解决农村群众“急难愁盼”问题。将完善重点时段农村客运服务供给作为国庆期间惠民举措，保障城乡群众安全便捷出行。

三是推进农村客货邮融合发展。将农村客货邮融合发展工作纳入2021年交通运输民生实事，印发工作方案，指导各地推进农村客货邮体制机制、基础设施、运力、信息等融合发展，实现农村运输可持续发展。截至2021年底，各地建成了1300多个客货邮融合站点，开通了900余条客货邮合作线路，涌现出浙江宁海“集士驿站＋公交邮路”、四川乐至“金通工程·天府交邮通”、山东乐陵“乐快工程”等典型模式。

五、持续深化农村公路示范创建工作

一是深化“四好农村路”示范创建。联合财政部、农业农村部、国家乡村振兴局印发《关于深化“四好农村路”示范创建工作的意见》（交公路发〔2021〕48号），对“四好农村路”示范创建工作的意义、要求、创建标准和程序进行了明确。印发《关于组织开展2021年第一批“四好农村路”示范创建工作的通知》（交办公路函〔2021〕831号），组织开展了2021年“四好农村路”全国示范创建工作，经县（市）申请、省级核查、专家评审、交叉复核等程序，联合财政部、农业农村部、国家乡村振兴局命名153个“四好农村路”全国示范县，通报表扬40个“四好农村路”建设市域突出单位。

二是深入开展城乡交通运输一体化示范创建。印发《关于命名北京怀柔区等41个县（区、市）城乡交通运输一体化示范县的通知》（交运发〔2021〕68号），正式命名41个城乡交通运输一体化示范县。组织各地聚焦客货邮融合发展开展第二批示范创建工作，印发《关于公布第二批城乡交通运输一体化示范创建县的通知》（交运函〔2021〕577号），公布北京市通州区等61个第二批示范创建县，通过示范引领，有力带动了城乡交通运输公共服务均等化水平的提升。

六、持续强化保障机制

一是加强资金政策支持。配合财政部印发《车辆购置税收入补助地方资金管理暂行办法》（财建〔2021〕50号）、《政府还贷二级公路取消收费后补助资金管理暂行办法》（财建〔2021〕361号），“十四五”期采取“以奖代补”方式安排车购税等资金支持农村公路建设和养护，调动地方积极性，进一步压实地方在农村公路建设、养护中的主体责任，实现“建养并重”。2021年采取“以奖代补”方式下达资金755.46亿元。积极争取地方政府一般债券支持农村公路发展。开展农村客运油补政策绩效评估，指导各地用好农村客运油补资金，推动实现农村客运可持续发展。会同财政部研究制定农村客运油价补贴延续政策，积极推动建立中央财政农村客运补助机制。

二是加强信息化建设，推进农村公路综合监管信息化建设，利用信息化手段提升农村公路管理效能，将全国农村公路监管信息应用功能纳入国家综合交通运输信息平台“十四五”建设规划中，开展公路信息化系统整合工作。修订《公路养护统计调查制度》，完善以路段为核心的农村公路基础数据信息，推动加强公路行业管理工作。

三是加强宣传力度，推广发展经验。组织开展“我家门口那条路”主题宣传活动，网上网下融合宣传评选发布了2020年度“十大最美农村路”，启动了2021年度“十大最美农村路”推选宣传活动。组织编印《全国推动“四好农村路”高质量发展经验交流材料》《全国推动“四好农村路”高质量发展法律法规政策汇编》《全国深化农村公路管理养护体制改革试点经验交流材料》《全国推动“四好农村路”高质量发展典型案例集》《全国“美丽农村路”建设图册》等材料，在部微信公众号发布3批客货邮融合发展典型案例，供各地学习借鉴。会同国家邮政局公布第二批35个农村物流服务品牌名单，通过宣传推广农村物流服务品牌，为各地因地制宜提升农村物流服务能力和水平提供经验借鉴，指导各地加大对农村地区物流资源整合力度，创新运营服务模式，便利城乡间物资运输，以农村物流支撑带动农村地区的农业和产业发展，助力乡村振兴战略实施。

专题四　乡村振兴

脱贫摘帽不是终点，而是新生活、新奋斗的起点。交通运输部深入贯彻落实习近平总书记关于巩固拓展脱贫攻坚成果、全面推进乡村振兴重要指示精神，扎实落实党中央、国务院决策部署，切实扛起政治责任，充分发挥交通先行作用，以国家乡村振兴重点帮扶县为重点，加大对脱贫地区倾斜支持力度，服务巩固拓展脱贫攻坚成果、全面推进乡村振兴。

一、扛起政治责任，做好工作机制衔接

严格执行“一把手”负责制，调整成立交通运输部服务乡村振兴战略推进“四好农村路”建设领导小组，由部党组书记杨传堂、部长李小鹏担任组长并承担第一责任人责任，全面落实部党组领导、领导小组主抓、司局落实的组织领导机制。将巩固拓展交通运输脱贫攻坚成果、服务全面推进乡村振兴工作摆上重要议事日程，2021 年召开 4 次党组会、8 次部务会、2 次领导小组会、2 次专题会、1 次动员部署会、1 次工作调度会，传达学习习近平总书记关于巩固拓展脱贫攻坚成果、全面推进乡村振兴重要指示精神，研究部署各项工作。将综合规划司的投资计划处（扶贫处）更名为投资计划处（乡村振兴处）。

二、加强顶层设计，做好政策举措衔接

2021 年，交通运输部印发《关于巩固拓展交通运输脱贫攻坚成果全面推进乡村振兴的实施意见》，明确过渡期总体要求、发展目标和重点任务。会同农业农村部等 11 部门印发《关于支持国家乡村振兴重点帮扶县的实施意见》，集中支持国家乡村振兴重点帮扶县。联合财政部等部门印发《车辆购置税收入补助地方资金管理暂行办法》《关于继续支持脱贫县统筹整合使用财政涉农资金工作的通知》，对国家乡村振兴重点帮扶县以及特殊困难地区予以倾斜支持。印发《农村公路中长期发展纲要》《公路“十四五”发展规划》，将服务乡村振兴的一系列重大举措、重大项目纳入规划。

三、发挥先行作用，加快交通运输发展

（一）打通交通“大动脉”

建成 G6 京藏高速那曲至拉萨段、G7 京新高速梧桐大泉至木垒段、G85 银昆高速宝鸡至坪坎段、G1816 乌玛高速青铜峡至中卫段等一大批重点项目。加快推进西部陆海新通道规划建设，平陆运河已完成立项。2021 年脱贫地区公路完成投资约 7581.7 亿元，其中高速公路完成投资 5063.2 亿元，普通国省道完成投资 1478.2 万元，农村公路完成投资 1040.3 亿元。2021 年脱贫地区新增国家高速公路通车里程约 1707 公里，建成普通国道约 2605.7 公里。

（二）推动农村公路提档升级

巩固具备条件的乡镇和建制村通硬化路成果，有序推进乡镇通三级及以上等级公路建设、较大人口规模自然村（组）通硬化路建设，推进农村公路建设项目更多向进村入户倾斜。2021 年全国新改建农村公路里程超过 17.4 万公里，其中脱贫地区超过 7 万公里。

（三）深化农村公路管理养护体制改革

扎实推进农村公路管理养护体制改革试点，

全面推行县、乡、村三级“路长制”，持续加大农村公路公益性岗位开发力度，进一步完善管理长效机制。截至2021年底，全国有农村公路管理任务的县级单位农村公路“路长制”覆盖率达80.7%，全国共设置农村公路就业岗位超过76万个。

（四）优化农村运输服务供给

会同公安部、财政部等8部门联合印发《关于推动农村客运高质量发展的指导意见》，指导各地引导有条件的地区有序推进城乡公交线路向城区周边重点镇村延伸和农村客运班线改造。会同农业农村部联合印发《关于加强农村地区重点时段群众出行服务保障工作的通知》，进一步优化农村客运服务供给。加快构建县、乡、村三级农村物流节点体系，深入推进农村客货邮融合发展。

（五）深化示范创建工作

一是联合财政部、农业农村部、国家乡村振兴局等部门印发《关于深化“四好农村路”示范创建工作的意见》，优先推荐国家乡村振兴重点帮扶县。2021年度，陕西柞水县等4个国家乡村振兴重点帮扶县和西藏、新疆的6个县被命名为“四好农村路”全国示范县。二是在城乡交通运输一体化示范创建县申报中，优先支持国家乡村振兴重点帮扶县。2021年确定四川壤塘县、宁夏红寺堡区，以及西藏、新疆的4个县为全国城乡交通运输一体化示范创建县。三是联合国家邮政局在全国范围内开展农村物流服务品牌宣传推广工作，公布第二批35个农村物流服务品牌名单。

四、坚持“四个不摘” 扎实做好定点帮扶工作

（一）加强调研督导

李小鹏部长、王志清副部长带队于2021年8月和10月分别赴西藏和四川开展定点帮扶调研，组织召开定点帮扶工作座谈会，了解定点帮扶县经济社会发展情况，帮助解决问题，共谋发展良策，合力做好定点帮扶各项工作。各结对帮扶工作组深入定点帮扶县和对口支援县开展调研，了解基层情况，对接帮扶需求，督促定点帮扶县和对口支援县及时制定政策方案，构建防止返贫动态监测和帮扶机制。

（二）优化结对帮扶工作机制

将原帮扶六盘山片区的第六至第九结对帮扶组力量调整充实到四川四县（小金、黑水、壤塘、色达）和江西安远县，加强各结对帮扶工作组力量配置。

（三）制定规划计划

印发《交通运输部定点帮扶四川四县工作规划（2021—2025年）》《交通运输部对口支援安远县实施方案（2021—2025年）》及2021年工作要点等，形成“五年规划＋年度要点＋任务台账”的工作推进机制。各结对帮扶工作组制定年度工作计划和帮扶任务清单，积极推动帮扶工作落实见效。

（四）选优配强挂职干部

选派优秀的管理与技术干部赴四川四县（小金、黑水、壤塘、色达）和江西安远县挂职，组建部定点帮扶和对口支援联络组，加强对挂职干部的关心关爱和日常服务。截至2021年底，部定点帮扶和对口支援联络组共有挂职干部11名。

（五）助力乡村振兴

一是发挥行业优势，加大倾斜支持。进一步加大对部定点帮扶和对口支援县的倾斜支持力度，优先安排项目、保障资金、对接工作、落实措施，2021年直接投入无偿帮扶资金约9.9亿元。二是助力产业振兴。帮助四川四县（小金、黑水、壤塘、色达）引进5个产业项目；积极推动“交通＋就业”，指导各县积极开发“四好农村路”公益性岗位，推广以工代赈。三是助力人才振兴。举办专题培训班5期，培训422人次。四是助力文化振兴。制定交通运输部定点帮扶和对口支援宣传方案，借助中央媒体和行业媒体，深入开展宣传；开展“两约四进”活动，激发内生动力；开展捐资、捐物等活动，加强文化设施建设。五是助力生态振兴。支持开展厕所改造、垃圾污水治理和公路路域环

境整治，推动“路田分家、路宅分家”。六是助力组织振兴。开展支部结对共建，捐赠党建书籍，建强党员活动阵地；通过投入资金、消费帮扶等方式，帮助壮大农村经营主体和集体经济，打造乡村振兴示范点。七是推动工作创新。多措并举支持巩固“两不愁三保障”成果，积极开展消费帮扶，全年直接购买脱贫地区农产品2130余万元，直接购买定点帮扶县和对口支援县农产品640余万元。

五、铁路乡村振兴战略推进情况

2021年，国家铁路局发挥行业和自身优势，加大帮扶力度，组织召开乡村振兴工作领导小组会议和工作专题会议5次，组织人员到榕江县开展调研11人次，直接无偿投入帮扶资金110万元，引进帮扶资金200万元，直接购买、帮助销售脱贫地区农产品251万元，培训专业技术人员70人、基层干部100名，帮助就业94人，扎实推进乡村振兴工作，协助脱贫地区做好巩固脱贫攻坚成果同乡村振兴的有效衔接。

国家铁路局研究制定了《贯彻落实巩固拓展脱贫攻坚成果同乡村振兴有效衔接的实施方案》《定点帮扶榕江县的实施方案》《新时代对口支援永丰县实施方案》《定点帮扶榕江县2021年工作计划》，细化工作任务，压紧夯实帮扶责任。5月、12月，完成驻村第一书记和榕江县政府挂职帮扶干部轮换工作。国家铁路局主要领导、分管领导分赴榕江县开展乡村振兴调研督导工作，了解工作情况，研究下一步工作，督促指导榕江县坚决防止规模性返贫，做好巩固脱贫攻坚成果同乡村振兴的有效衔接。协调铁路相关运输企业完成运输运力调整，在深圳—贵阳往返旅客列车增加停靠榕江站，推动榕江县加快融入经济发展改革前沿；为榕江县高扒村修建产业路1400余米，改造室内电路280户，惠及328户群众1464人；培训榕江县技术人才70人，帮助解决榕江籍学生就业94人；协调指导榕江县通过贵州省国家农业产业融合发展示范园省级初评考核工作，率先进入国家级示范园认定环节。

另外，国家铁路局还参编了《国家综合立体交通网规划纲要》《“十四五”现代综合交通运输体系发展规划》，为脱贫地区和对口支援地区铁路网规划布局提供政策依据和理论支撑，协调推进温武吉铁路对口支援地区铁路项目建设。

六、民航乡村振兴战略推进情况

新疆维吾尔自治区于田、策勒两县脱贫摘帽后，2021年，中国民用航空局继续承担对两县的定点帮扶工作。中国民用航空局围绕中央决策部署，调整优化定点帮扶“六大工程”，全年直接投入帮扶资金3546.03万元，引进帮扶资金301.11万元，培训基层干部、致富带头人、技术人员等859人次，购买和帮助销售两县农产品分别为2455.94万元、579.79万元。

加强组织领导。中国民用航空局党组多次召开会议，专题研究定点帮扶工作。完善领导体制机制，调整成立民航局乡村振兴工作领导小组，制定下发《2021年定点帮扶工作计划》，先后召开定点帮扶工作动员部署会和乡村振兴工作领导小组（扩大）会，部署帮扶任务、压实帮扶责任、督导项目推进。2021年7月22日至23日，中国民用航空局党组成员、副局长、乡村振兴工作领导小组副组长崔晓峰赴两县督导调研，落实第八次全国对口支援新疆工作会议精神，推进定点帮扶工作。继续选派定点帮扶挂职干部，选派4名同志分别挂职担任两县县委常委和驻村第一书记，继续承担自治区“访惠聚”驻村工作任务，全系统新选派15名干部赴策勒县达玛沟乡担任驻村第一书记或工作队队员。

优化帮扶举措。立足当地需求，依托行业优势开展帮扶。一是开展机场建设运营工程，协调航空公司开辟于田万方机场通达内地的航线，正式开通机场货运业务，提高机场对当地经济发展的辐射带动作用。协助地方开展策勒通用机场前期建设工作。二是启动乡村振兴示范村建设工程，安排资金200万元在于田县巴什喀群村建设“幸福小院”；安排资金635万元在策勒县古勒铁日干村建设“蓝天干果加工厂”“蓝天创业市场”等特色品牌项目，发展干果加工业及服务业。三是实施产业帮扶工程，投入300万元支持于田基础设施、策勒航达饲料厂二期等项目建设，加快两县种植、养殖等产业的发展；推动两县特色农产品“进机场”“上飞机”，在首都机场集团所属8家省级机场候机楼中设立“乡村振兴特色产品店”，全年免收柜台租金及广告费用合计1220万元；协调航食企业采购核桃、大枣、葡萄干等特色产品，作为12家航空公司机上餐食配餐的原材料。四是开展扶智扶志工程，安排资金60万元在两县开展强化培训班，对致富带头人、基层干部和教师等进行培训；结合建党100周年，中国民用航空局党校赴两县组织开展送党课活动。五是深化教育帮扶和医疗帮扶工程，继续参加中国扶贫基金会“新长城”项目，出资200万元对两县中小学幼儿园进行基础设施改造，改善校园硬件条件；拨付资金120万元，在两县分别选取一个乡镇街道医院援助采购医疗设备，改善医疗卫生条件。

七、邮政乡村振兴战略推进情况

一是积极推动邮政服务和农村电子商务协同发展。2021年，各地培育邮政服务农特产品出村进城“一市一品”项目1004个，比去年增加156个，带动农产品销售额142.1亿元，同比增长73.6%；带动邮政寄递农产品业务量6亿件，同比增长71.5%。其中，带动农产品进城销售额超过1亿元的项目有18个，超过1000万元的项目160个；3个项目寄递业务量超1000万件，12个项目超500万件，62个项目超100万件。

二是快递服务现代农业成效突出。2021年，快递企业持续增加服务供给，不断创新服务模式，推动农产品出村进城，全年共培育出100个快递服务现代农业金牌项目，在提升农产品流通效能、促进农民增收、助力乡村振兴方面发挥积极作用。全年农村地区收投快递包裹总量达370亿件，带动农产品出村进城和工业品下乡进村总额超1.85万亿元。脱贫地区乡村特色产业发展壮大。快递企业帮助湖北蕲艾、宁夏枸杞、青海农畜产品等脱贫摘帽地区特色产品走出去，带动农村劳动力就业，拉动农村经济发展，拓展脱贫攻坚成果和推动乡村振兴作用日趋明显。

三是末端共同配送体系进一步健全。农村寄递物流末端共同配送模式逐步推广。越来越多的快递企业参与农村末端共同配送，降低运递成本，提高投递效率。河北省邯郸市涉县、江苏省南通市海门区等地形成一批具有典型特点的案例。商务部、国家邮政局等单位共同推进县域商业体系建设，推动农村寄递物流与农村电子商务协同发展。电子商务进农村综合示范县年度新增206个，累计支持1489个县，建设县级电子商务公共服务中心和物流配送中心超过2400个。

八、城乡交通运输一体化推进情况

印发《交通运输部关于命名北京怀柔区等41个县（区、市）城乡交通运输一体化示范县的通知》。经过示范创建，各示范县农村公路等级路率平均超过95%；城乡客运车辆公交化率平均超过85%；县、乡、村三级农村物流节点覆盖率分别达100%、100%、96%。截至2021年底，全国城乡交通运输一体化发展水平达到AAAA级及以上的县（区、市）比例达84%。

印发《交通运输部关于组织开展第二批城乡交通运输一体化示范县创建工作的通知》，研究确定61个县（区、市）为第二批示范创建县。截至2021年底，全国建成了1373个客货邮融合站点，开通了917条客货邮合作线路，农村交通运输发展的内生动力得到进一步增强。

专题五　服务国家重大战略

一、“一带一路”倡议

2021年是加快建设交通强国和实施“十四五”规划的开局之年，交通运输行业认真贯彻落实党中央、国务院的决策部署，按照推进“一带一路”建设工作领导小组工作安排，秉持共商共建共享原则，坚持开放、绿色、廉洁理念，围绕“六廊六路多国多港”总体布局和加快建设交通强国战略部署，统筹安全和发展，同步推进交通基础设施“硬联通”和政策规则标准“软联通”，交通运输高质量共建“一带一路”取得重要进展。

（一）推动交通基础设施“硬联通”，重大项目建设取得新进展

中蒙俄经济走廊方向。中俄黑河公路桥建设完工，具备通车运营技术条件。中俄同江铁路桥和黑河跨境索道建设取得积极进展。

新亚欧大陆桥经济走廊方向。中国企业承建的黑山南北高速公路、克罗地亚佩列沙茨大桥等工程项目建设顺利推进。匈塞铁路塞尔维亚段34.5公里进入静态验收阶段，匈牙利段举行奠基仪式。

中国—中南半岛经济走廊方向。中老铁路全线开通运营。雅万高铁、中泰铁路建设稳步推进。

中国—中亚—西亚经济走廊方向。中吉乌铁路前期工作持续推进，中亚班列数量增长。

中巴经济走廊方向。巴基斯坦一号铁路干线升级改造（ML1）项目完成技术磋商并启动融资磋商，成立喀喇昆仑公路雷科特—塔科特段（N35）改线项目政府间联合技术工作组，“两小”项目（瓜达尔新国际机场、瓜达尔港东湾快速路）建设取得进展。

孟中印缅经济走廊方向。中尼跨境铁路可行性研究持续推进。

海上丝绸之路方向。2021年，中欧陆海快线完成运输箱量15.2万标准箱、同比增长25.2%，累计发出班列2272列、同比增长17.6%。完成比雷埃夫斯港第二阶段16%股权交割。瓜达尔港、吉布提港、汉班托塔港、阿布扎比港哈利法码头等海外港口运营良好。

境内通道建设方面。编制印发《公路“十四五”发展规划》《水运“十四五”发展规划》《西部陆海新通道“十四五”综合交通运输体系建设方案》，提出关于共建“一带一路”境内、跨境交通通道建设的规划安排，积极推进与周边国家基础设施互联互通，加快推进口岸铁路、口岸公路、界河航道建设。

（二）深化政策规则标准“软联通”，切实强化安全风险防控

道路运输方面，签署《中俄危险货物国际道路运输协议》。推动国际道路运输管理与服务信息系统建设，推动实现国际道路运输数据归集。推动公路工程标准外文版取得进展。

海运方面，完成《海上交通安全法》全面修订并有效组织宣贯实施工作。与国际海事组织签署《关于落实〈通过“21世纪海上丝绸之路”倡议推动国际海事组织文件有效实施的合作意向书〉加强海事合作的行动计划（2022—2023年）》。与利比里亚海事局签署中利《海事合作备忘录》。推动水运工程建设标准外文版取得进展。以外交换文方式与巴拿马确认，将2021年到期的《中巴海运协定》有效期延长5年。

铁路方面，积极推进铁路制度规则“软联通”，利用铁路合作组织和双多边机制等平台，推进国

际铁路联运便利化，有效服务中欧班列高质量发展。扎实做好中老国境铁路协定编制签署工作，保障中老铁路顺利开通运营。推进中国铁路标准国际化，主持参编铁路国际国外标准的制修订。积极推进铁路互联互通，简化跨境和运输便利化规则标准等工作。

民航方面，研究编制《“十四五”时期推进“空中丝绸之路”建设高质量发展实施方案》，印发实施《长江三角洲地区民航协同发展战略规划》。与所罗门群岛、圭亚那商签航空运输协定，与巴基斯坦扩大航权安排。举办第一届中国—东盟民航合作论坛，参与主办第三届“空中丝绸之路”国际合作峰会。

邮政方面，完善了“一带一路”寄递服务网络、促进“一带一路”跨境贸易发展、深化了“一带一路”邮政快递领域国际合作。在加纳、肯尼亚、摩洛哥布局海外站点，增开12条国际自主航线。完善北京、南京等“一带一路”重要节点城市邮政国际航空枢纽建设。持续推进中欧班列常态化运邮工作，2021年，中国邮政利用中欧班列（重庆）、中欧班列（义乌）共计发运187个集装箱，1281吨国际邮件。成功当选万国邮联新一届行政理事会和邮政经营理事会理事国、邮政经营理事会副主席国。此外，还加强了“一带一路”人才交流。

二、京津冀协同发展战略（含雄安新区建设）

2021年，交通运输部坚持以习近平新时代中国特色社会主义思想为指导，深入学习贯彻习近平总书记关于京津冀协同发展系列重要指示批示精神，以及习近平总书记在京津冀地区考察并主持召开座谈会重要讲话精神，落实首都规划建设委员会、京津冀协同发展领导小组工作安排，努力克服新冠肺炎疫情影响，扎实推动京津冀交通一体化和雄安新区综合交通运输体系建设，为加快建设交通强国积累了经验，为深入实施京津冀协同发展战略提供了有力支撑。

（一）持续完善协调机制

切实加强组织协调，对京津冀交通一体化和雄安新区综合交通运输体系建设进行统筹部署，印发了2021年工作要点。召开第六次区域交通一体化统筹协调及第七次应急联动联席会议，编制印发《京津冀交通一体化发展白皮书（2014—2020年）》。按照《京津冀协同发展“十四五”实施方案》要求，推进落实交通领域重要工作和重点改革事项、京津冀重大项目和雄安新区“十四五”重点项目清单。

（二）强化基础设施互联互通

公路方面，大兴机场北线高速东延段、迁曹高速公路京哈高速至沿海高速段等建成通车，津石高速公路天津东段主线贯通，大兴机场北线高速公路西延段、良常路南延主体工程完工。

铁路方面，编制印发《“十四五”铁路发展规划》，持续开展《中长期铁路网》编修，完善京津冀地区及周边铁路网规划，加强雄安新区对外骨干交通路网建设方案重点项目研究工作。

水运方面，开展天津港总体规划修编，天津港北疆港区C段智能化集装箱码头投入运营，中石化LNG（二期）码头工程提前竣工验收，北疆港区海嘉汽车滚装码头建成，唐山港曹妃甸港区中物通用码头工程建成投用，唐山港京唐港区25万吨级航道工程疏浚工程、黄骅港矿石码头一期续建工程完成交工验收。

（三）积极推进雄安新区综合交通运输体系建设

印发《支撑雄安新区交通运输高质量发展标准体系》。京雄城际铁路北京至雄安新区段稳定运营，雄安新区进入北京“1小时交通圈”。京雄高速公路河北段、荣乌高速公路新线、京德高速公路一期工程及容易线、安大线建成通车，“四纵三横”对外高速公路骨干路网全面形成。

（四）大力提升运输服务一体化水平

增开涿州、天津南、下花园、石家庄早间进京列车各1列，为环京地区旅客提供通勤服务。推进京津冀交通“一卡通”向雄安新区延伸覆盖，北三县完成京津冀一卡通系统改造工作，实现与北京互联互通，河北省交通一卡通互联互通实现县级全覆盖。持续提升京津冀地区国际航空货运能力，开辟货运航班审批“绿色通道”，支持客改货航班运行。

（五）推进交通运输协同治理

北京、天津、河北三省市联合发布《关于进一步深化京津冀交通一体化法制协作工作指导意见》，完善区域法制协作机制。召开治超联席会议，联合制定《京津冀治超数据共享管理暂行办法》等，开展“迎冬奥、优服务、保畅通”联合治超专项行动。签署《京津冀三地交通运输信息共享协议书》《京津冀三地交通运输信息共享保密协议》，营运车辆基本信息、从业人员基本信息等17项信息数据实现三地共享。“道路旅客运输站经营许可（含经营主体变更）”纳入京津冀自由贸易试验区“同事同标”政务服务事项目录。

三、长江经济带发展战略

交通运输部深入贯彻习近平总书记关于推动长江经济带发展的重要讲话和指示批示精神，认真落实推动长江经济带发展领导小组各项工作部署，坚持问题导向、目标导向，扎实推进生态环境突出问题专项整治，加快长江经济带综合立体交通网建设，全面推动长江经济带交通运输高质量发展。

（一）强化安全应急保障

推进安全生产专项整治三年行动，制定“集中攻坚年”任务清单，明确76项针对性制度措施、15项专项治理任务。推进平安工地和平安百年品质工程建设，开展2018—2020年度公路水运建设项目平安工程冠名工作，36个公路水运工程建设项目纳入第一批平安百年品质工程创建示范项目清单。加强长江干线安全监管与应急能力建设，推动沿江省市健全省级水上搜救机制，统筹推进综合应急保障基地、装备和人才队伍建设。推进船舶碰撞桥梁隐患治理三年行动，对128座桥梁建立“一桥一档”。强化水路客运安全治理，撤销减少渡口60处、淘汰渡船96艘。

（二）推进生态环境保护修复

印发《关于做好长江经济带生态环境突出问题整改工作的通知》，督促地方扎实推进涉及交通运输的生态环境突出问题整改，11项问题全部完成整改。联合国家发展改革委等部门印发《关于建立健全长江经济带船舶和港口污染防治长效机制的意见》，推进船舶污染物接收转运处置联单管理电子化，船舶水污染物联合监管与服务信息系统用户数达22.9万，在线注册船舶8.3万艘，已覆盖长江经济带内河码头，基本覆盖到港中国籍营运船舶，沿线内河主要港口船舶污染物接收转运处置基本实现全过程电子联单闭环管理。联合国家发展改革委等印发《关于进一步推进长江经济带船舶靠港使用岸电的通知》，推动长江干线船舶使用岸电常态化，11省市完成运输船舶岸电受电设施改造5300余艘，港口和水上服务区累计使用岸电6615万度，同比增长32%。长江干线13座洗舱站全部投入试运行，全年进行洗舱作业949艘次，接收化学品洗舱水6.7万吨。加快形成长江干线船舶LNG加注能力，建成7座LNG加注站。督促加快9条主要支流非法码头整治，持续保持高压态势，严防非法码头“死灰复燃”。

（三）提升长江黄金水道功能

稳步推进长江航道建设。长江口南槽航道治理一期工程竣工验收。推进两坝间莲沱段航道、宜昌至昌门溪二期工程、武汉至安庆段6米水深航道、芜裕河段等交工并试运行。推进朝天门至涪陵、江乌二期等工程建设。推动涪陵至丰都、荆江二期、长江口南槽二期等前期工作。配合做好三峡枢纽水运新通道前期论证。推进支流千吨级航道和长三角水网航道提升工程，京杭运河浙江段“四改三”、赣江井冈山航电枢纽、汉江河口段2000吨级航道等建成。岷江犍为等枢纽船闸试通航，引江济淮航运工程、汉江雅口、乌江白马、嘉陵江利泽、岷江龙溪口等航电枢纽和赣江万安枢纽二线船闸等工程进展顺利。加快提升港口服务能力。重庆忠县新生港、襄阳小河港区综合码头等建成。黄石棋盘洲三期、宜昌白洋二期、万州新田港二期等顺利推进。南京港、苏州港等一批集装箱作业区开工建设。推动长三角区域港口资源整合，促进投资运营一体化，初步形成以上海港、宁波舟山港为核心的长三角世界级港口群。重庆、湖北、江西等地印发港口资源整合方案，湖北省港口集团正式成立。

（四）推进综合立体交通网建设

完善规划顶层设计，组织编制《“十四五”长江经济带综合立体交通网发展规划》。充分发挥铁路骨干作用，安九、赣深、张吉怀等高铁建成，川藏铁路雅安至林芝段全线开工。协调推动成渝中线、上海至南京至合肥、西渝高铁安康至重庆段、长沙至赣州、南通至苏州至嘉兴至宁波、瑞金至梅州铁路等重大项目前期工作。持续协调推动岳阳港、安庆长风港、宜宾港等长江干线重点专用线建设，完善长江干线港口铁水联运体系。沪渝蓉沿江高铁武汉至宜昌段开工，长江干线14个港口铁水联运项目全面开工。加快推进公路网络贯通，G7611都香高速公路都匀至安顺段等重点项目建成，G4216四川沿江高速公路和G59呼北高速公路湖南、湖北段等省际待贯通路段加快建设。完成安康至来凤高速公路渝鄂界至建始段、都香高速公路昭通至西昌段等国家重点公路建设项目初步设计审批。有序推进民航机场建设，成都天府、芜湖宣州机场通航运营，贵阳机场改扩建完成。有序推进杭州、重庆等机场改扩建和鄂州、丽水、瑞金、湘西等机场项目建设。稳步推进浦东机场四期扩建、合肥机场飞行区改扩建、武汉机场第三跑道等前期工作。加快完善邮政快递网络，湖北国际物流核心枢纽项目有序推进，顺丰转运中心和航空基地等加快建设。

四、粤港澳大湾区战略

2021年，交通运输部坚持以习近平新时代中国特色社会主义思想为指导，全面贯彻落实党的十九大和十九届历次全会精神，深入学习贯彻习近平总书记重要讲话和指示批示精神，认真落实《粤港澳大湾区发展规划纲要》《粤港澳大湾区建设“十四五”实施方案》要求，按照推进粤港澳大湾区建设领导小组工作安排，扎实推进粤港澳大湾区交通运输创新发展，大力推进深圳交通运输改革开放，为加快建设交通强国积累了经验，为粤港澳大湾区建设国际一流湾区和世界级城市群提供了有力支撑。

（一）加强交通基础设施互联互通

深中通道进展顺利，黄茅海通道、南中高速、中山西部外环高速等互联互通项目有序推进，狮子洋通道先行工程开工。建成广佛肇庆高速公路三期、珠海鹤港高速公路一期等工程，广中江高速公路全线通车。深圳港南山港区妈湾作业区海星20万吨级集装箱码头改建工程、广州港深水航道拓宽工程建成投运，广州港南沙港区近洋码头工程等项目主体工程完工。启动赣粤运河相关重点研究工作。

（二）提高运输服务品质

印发《粤港澳大湾区“一票式”联程客运试点（一期）创建方案》。大力推广新能源运输车辆应用，大湾区珠三角9市公交电动化率达100%，加快高速公路服务区充换电配套设施改造。研发上线广东省公路交通流能耗与排放监测系统。全力推动船舶清洁能源动力改造，改造LNG动力船舶128艘，首批新建LNG单一燃料动力船舶交付使用，3艘“珠江夜游”纯电动客船投入运营，完成全省400总吨以上营运船舶水污染设施达标改造，加快内河 LNG 加注码头布局建设。广州、珠海、汕头等城市开展绿色出行创建行动。

（三）推进交通运输高质量发展

开展新基建建设行动，积极推进粤港澳跨海智慧通道工程、广州港南沙港区集装箱码头智慧港口工程等交通新基建重点工程。建设面向南海海区的国际标准 E 航海系统，支持大湾区交通运输数据共享应用。推进平安百年品质工程建设。开展公路水运工程质量安全红线行动，及时排查整治质量安全隐患。持续推进深圳救助基地陆域工程、珠海飞行基地起降配套设施工程等建设，提升大湾区水上监管和应急救助能力。

（四）深化大湾区交通运输合作和开放发展

制定出台《广东省直通港澳道路运输管理办法》，研究起草内地与港澳间水路运输管理规定，推进内地与港澳运输便利化。推动对接港澳游艇出入境、活动监管、人员货物通关等开放措施。

（五）提升交通运输治理水平

有序推进交通综合执法改革、生产经营类事业单位改革、航道管理体制改革。分类推进 25 项涉企经营许可事项"证照分离"改革。梳理完成中介服务事项"一张清单"。持续优化政务服务事项网上办理流程，启用大件运输许可综合服务系统，道路运输驾驶员高频服务事项实现"跨省通办、省内通办"。组织道路运输、公路建设等行业领域 1.4 万家经营单位参与信用评价，开展网约车、危运行业和安全生产领域失信专项治理行动。

五、长三角一体化战略

2021 年，交通运输部坚持以习近平新时代中国特色社会主义思想为指导，深入学习贯彻习近平总书记关于推进长三角一体化发展系列重要指示批示精神，以及习近平总书记在扎实推进长三角一体化发展座谈会、浦东开发开放 30 周年庆祝大会上的重要讲话精神，全面落实《长江三角洲区域一体化发展规划纲要》，按照推动长三角一体化发展领导小组工作部署，在巩固拓展疫情防控和经济社会发展交通运输成果基础上，全面推进长三角地区交通运输更高质量一体化发展，显著提升人民群众的获得感、幸福感、安全感，为加快建设交通强国提供积累了丰富经验，为长三角一体化发展提供有力支撑。

（一）加力提速区域交通基础设施互联互通

兴至长兴高速公路江苏段、芜湖至黄山高速公路、池祁高速公路池州至石台段等高速公路建成通车，复兴路、朱吕公路、兴豪路等一批省界断头路项目相继打通。京杭运河浙江段三级航道中"四改三"航道工程等建成并试运行。引江济淮航运工程枞阳、庐江、白山、兆河、派河口、蜀山、东淝河 7 个船闸和瓦埠湖、菜子湖、巢湖 3 段湖区航道加快建设。

（二）持续提升运输服务水平

三省一市主管部门联合编制印发了《关于促进长三角省际毗邻地区公交化客运更高质量一体化发展的指导意见》《长三角毗邻公交运营服务规范》《市域（郊）铁路客运服务规范》，累计开通省际毗邻公交线路 71 条，上海与长三角 11 个城市实现轨道交通"一码通行"。江海联运和江海直达运输快速发展，开行无锡西站—上海洋山港，以及徐州、芜湖、绍兴至宁波舟山港等海铁联运班列。积极协调推动上海至南京至合肥铁路等重大项目前期工作。持续协调推进安庆长风港铁路专用线加快建设，推动长江干线港口铁水联运体系建设。开展长三角地区 13 项交通强国建设试点遴选及后续实施指导工作。依托互联网道路运输便民政务服务系统，道路运输普货驾驶员、危货驾驶员从业资格证换证、补证、变更、注销等高频事项已实现"跨省通办"。三省一市基本实现"村村通快递"。

（三）全面推进交通运输高质量发展

三省一市交通运输管理部门共同签署《长三角智慧高速公路建设战略合作协议》。沪杭甬高速公路完成柯桥至绍兴10公里试点路段智慧化改造并启动试运营。苏州港太仓港区四期自动化码头主体工程完工，长三角“船舶开航一件事”内河船舶多证合一电子化系统上线试运行。三省一市交通运输主管部门与上海组合港管委会办公室共同签署《长三角船舶和港口污染防治协同治理战略合作协议》。内河运输船舶生活污水接收设施改造高效推进，船舶垃圾、生活垃圾和含油污水等污染物接收设施基本实现全覆盖。长三角港口和船舶岸电推广使用成效显著。截至2021年底，三省一市具备岸电供应能力的泊位6500余个，完成船舶受电设施改造近3200艘，2021年累计使用次数、时间和用电量分别为43万次、464万小时、5015万度。持续推进公路水运工程质量安全红线行动开展，经三省一市交通运输主管部门及项目参建单位排查，累计发现红线问题129条，已基本完成整改。

（四）持续增强交通运输协同治理能力

建立长三角道路客运违法违规行为互通机制。印发实施《长三角海事证明事项告知承诺管理办法》。签署《长三角省际水路联合查控协作协议书》，建立了长三角省际水路联合查控机制。区域船舶营运检验“通检互认”试点有序开展，船检供给服务水平显著提升。

六、北京冬奥会交通筹办工作

2021年，交通运输部认真贯彻落实习近平总书记重要指示精神，坚决担起“交通成为中国现代化的开路先锋”的政治责任，全力做好冬奥会交通保障工作。成立了北京冬奥会交通保障组，统筹做好赛时交通组织、交通疏导、交通服务等工作。牵头成立冬奥会交通工作协调小组，统筹推进冬奥会交通筹办工作，全面完成冬奥会专用道施划、临时交通场站建设、交通指挥中心建设、冬奥会交通疫情防控指南制定等重点任务。

一是赛时交通指挥体系扁平高效。按照“三个赛区、一个标准”“构建扁平化调度指挥体系”等有关要求，北京冬奥组委与属地加强融合，组建北京市冬奥会交通保障指挥调度中心和张家口市冬奥会交通保障指挥调度中心，实现组委会与属地集中办公、一体化调度。

二是服务保障力量坚实有力。北京冬奥组委、北京市、张家口市共同筹措6800余辆服务用车和1.3万余名驾驶员。国铁集团开发了12306冬奥订票专区，组织制定冬奥会列车开行方案。北京、延庆、张家口赛区510公里的冬奥会专用道路网施划完毕并全面启用。

三是疫情防控闭环管理。为切实保障防疫安全，交通运输部与北京冬奥组委、属地人民政府紧密协作，按照闭环内外“分区不重叠、流线不交叉、界面严管控、人员不跨区”的要求，全力做好疫情防控工作。重点聚焦开闭幕式、人员抵离、跨赛区转运、运动员转场等关键环节，加强交通服务，确保防控到位、保障到位、服务到位、响应到位，为举办一届简约、安全、精彩的奥运盛会提供了有力的交通运输保障。

（一）铁路

认真贯彻落实习近平总书记关于京张高铁重要指示批示精神和关于2022年北京冬奥会、冬残奥会筹办工作的重要讲话精神，协调中国国家铁路集团有限公司、北京冬奥组委、财政部、北京市及河北省人民政府，研究确定北京冬奥会赛时特定人群免费乘坐京张高铁的政府购买服务方案。

及时掌握北京冬奥会赛时主要服务对象、运力安排、运输组织、特色服务、售票技术支持、突发大客流的应急处置等情况。印发《国家铁路局关于加强北京2022年冬奥会铁路疫情防控、运输安全保障和服务质量监督检查的通知》，自2021年12月1日起组织开展为期100天的北京冬奥会铁路疫情防控、运输安全和服务保障监督检查。印发《国家铁路局关于做好北京冬奥会运输保障督导和2022年春运督查工作的通知》，统筹国家铁路局内资源，组织检查力量，形成检查合力，提升检查效果。

加强北京冬奥会铁路运输安全监督检查。派员参加国务院安委会2022年春节冬奥会期间全国安全生产第15督导组，对湖南、河北省进行督导检查。联合北京市交通委、应急管理局，北京铁路公安局，开展北京地区集装箱运输、混装货物运输安全联合执法检查，全力保障北京冬奥会期间铁路运输安全稳定。

（二）公路

深入贯彻落实习近平总书记关于全力做好北京冬奥会、冬残奥会筹办工作的重要指示精神，围绕"简约、安全、精彩"办赛要求，坚持精益求精、善始善终，坚持部省联动、部门协作，明确重点公路项目高质量建设及协调推进、路网监测调度、保通保畅等重点任务，做到夯实责任、细化分工、一体推进，高标准、高质量、高效率地完成了冬奥会和冬残奥会公路交通服务保障工作。

保质保量按期完成了兴延、延崇高速等18个冬奥会公路项目建设，实现了延庆、张家口赛区一小时转场，并持续改善路域环境，提升路容路貌，完善赛区地名指路标志、关怀提示和英文标识，净化隧道洞内净空和涂装、照明，优化洞门覆土绿化及路基边坡防护，最大程度提升了行车体验和视觉效果。制定铲冰除雪保障总体方案，强化力量配置，河北省配备大型除雪设备300台、人员842人，并协调国家区域性公路交通应急装备物资（河北）储备中心、承德市、秦皇岛市做好应急备勤工作。北京市安排保障人员645人，机械设备367台，备勤点40处。联合北京市人民政府、武警第一机动总队筹备开展北京冬奥会极端天气综合交通保障应急联动演练，着力提升突发事件应对能力。指导京冀两地完成专用道施划和标志牌安装，完成4030辆车的ETC安装，确保冬奥交通服务车辆不停车快速通过高速公路收费站。制定工作预案，指导北京、湖南等6个省市保障奥运焰火运输车辆在收费站优先快速通行、在服务区优先停车，并做好就餐和加油等服务，确保焰火产品安全抵京储存。大力推动公路监测视频部省联网，累计接入涉奥公路视频1915路，在线率稳定在95%以上，完善部、省、站三级调度机制，不断提升跨部门、跨区域的协调调度和管理水平，保障冬奥期间北京、河北境内京藏、京新、京礼、首都环线（张家口段）等4条涉奥高速路网运行高效有序，10个重点路段、55个收费站运行平稳。

（三）民航

制定《北京2022年冬奥会和冬残奥会利益相关方出入境航空运输保障工作方案》，组建了涉奥包机和临时航班计划制定工作专班，建立了航班计划审批"冬奥绿色通道"，完善了相关配套政策。

确定20家中外航空公司，在赛时稳定运营北京往返巴黎、东京和新加坡等20个城市的临时航班，有效满足涉奥人员出入境需求。积极推进抵离信息系统、值机柜台前移、行李全流程跟踪、无障碍设施环境优化等服务项目建设，提升服务保障能力，顺利完成了北京冬奥会航空运输保障任务。

从2022年1月23日进入赛时保障至3月16日，共保障涉奥航班733架次，涉奥人员34746人次，行李98682件。其中，进港航班382架次，涉奥人员16122人次，行李44686件；出港航班351架次，涉奥人员18624人次，行李53996件。

（四）邮政

出台《北京2022年冬奥会和冬残奥会期间寄递渠道安全和服务保障工作实施方案》，印发《国家邮政局办公室关于统筹做好北京冬奥会邮政服务基础设施保障工作的通知》《国家邮政局办公室关于全力做好北京冬奥会邮政服务设施建设工作的通知》。

累计发行冬奥会题材纪念邮票6套20枚，特别发行邮票1套1枚。冬奥会邮政无障碍设施改造全面完成。北京、河北两地16处冬奥会邮政服务设施建设顺利完成，邮政公司抽调精干人员，组建赛事服务团队。

专题六　民生实事与建议提案办理

一、交通运输部民生实事完成情况

2021 年 12 件交通运输更贴近民生实事纳入党史学习教育“我为群众办实事”实践活动，按月督办工作进展，已全部达到或超额完成既定目标。

（一）主要工作举措

交通运输部坚持重实干、求实效的工作导向，从交通运输最突出的问题抓起、从人民群众最现实的利益出发，推动民生实事形成常态化工作机制，确保了各项措施有效落实落地。一是在贴民心、近民意上体现“真实”。始终把群众满意与否作为检验工作成效的根本标准，公开征集和公布民生实事项目，组织开展效果评估，主动收集民意、接受监督，力求真正把民生实事做到群众的心坎上。2021 年组织开展了民生实事实施效果专项督查评估，通过部政府网站、微信公众号等渠道广泛收集群众意见，共有 7000 余人次参与调查，形成有效问卷 2.2 万份，群众满意度保持在较高水平。二是在定任务、定目标上体现“务实”。坚持尽力而为、量力而行，既全力以赴、主动进取，又尊重实际、实事求是。在研究确定民生实事项目过程中，针对群众需求、发展现状、问题困难等进行认真分析、仔细论证、充分考量后，确定具体的工作数量，确保每件实事结果可考核、效果可实现，并尽可能覆盖范围更广、服务人群更多，更好满足人民群众日益增长的美好生活需要。三是在打基础、利长远上体现“扎实”。发扬钉钉子精神，一件接着一件办，一年接着一年干，在脱贫攻坚、交通出行、政务服务、平安交通等方面持续发力，不断推进基本公共服务均等化，使人民群众获得感、幸福感、安全感更加充实、更有保障、更可持续。

（二）具体完成情况

一是便利老年人打车出行，已实现 95128 电召服务号码覆盖 102 个地级及以上城市，推动各主要网约车平台公司开通了“一键叫车”功能，为 690 多万老年人乘客提供服务 2200 余万单。二是推进农村客货邮融合发展，已建成 1373 个客货邮融合站点，开通 917 条客货邮合作线路。三是实施公路危旧桥梁改造工程，改造危旧桥梁 8578 座。四是开展 ETC 服务专项提升行动，印发通知做好货车 ETC 发行服务工作，16 个省（自治区、直辖市）开通了 ETC 停车场，具备 ETC 支付功能的停车场达到 2703 个。五是推进道路运输驾驶员高频服务事项“跨省通办”，已依托全国 5 个统一入口和 15 个地方政府平台入口，实现了从业资格证 5 项业务 7×24 小时“网上受理”“全程网办”。六是推广道路客运电子客票服务，覆盖全国 20 个省（自治区、直辖市）、超过 1600 个二级以上客运站。七是扩大“司机之家”覆盖范围，新增建设“司机之家”400 个，实际稳定运行的司机之家将超 800 个；开发完成线上“司机之家”小程序，实现线上线下协同发展。八是深化公路“厕所革命”，已完成 3181 个高速公路服务区、244 个普通国省干线公路服务区厕所建设改造。九是实施绿色出行“续航工程”，在重要城市群、都市圈交通运输服务场站新建充电桩 9824 个，升级改造充电桩 453 个。十是推进海事政务自助服务站建设，已投入使用 195 台自助服务终端，提供 7×24 小时自助服务。十一是实施进口电商货物港航“畅行工程”，已在 9 个港口应用港航区块链电子放货平台，主要进口电商货物港航单证平均办理时间缩短至 4 小时以内。十二是推广普及交通医疗急救箱伴行计划，联合有关部门印发了指导意见，指导各地有序做好推广普及工作。

二、12328 交通运输服务监督热线相关工作

一是系统研究部署。组织召开全国 12328 交通运输服务监督热线电视电话会议，推进深化应用和提升服务工作；召开两次 12328 重点工作视频调度会，统筹安排部署集中整改工作，进一步完善系统建设、数据传输、地方知识库等；加强日常调度，建立周公示、月通报制度，指导督促相关省份统筹做好整改工作，确保整改任务落实落细；按月度、季度编制形成《12328 交通运输服务监督电话系统运行情况月报》《12328 电话系统运行情况季度分析情况通报》。

二是完善顶层设计。进一步推进服务提升和深化应用工作，印发《12328 交通运输服务监督热线管理办法》《12328 交通运输服务监督热线评分办法》及《关于畅通投诉举报渠道进一步提升 12328 交通运输服务监督电话运行服务质量的通知》等有关文件，调整优化投诉举报业务处置流程，将货车司机等从业人员和社会公众对管理部门乱收费、乱罚款、违规执法等投诉举报类电话，提高到省级交通运输主管部门指导监督。

三是开发上线微信小程序。组织开发上线 12328 微信小程序，实现"上管一级""好差评"、数据实时传输、微信小程序业务办理等功能。自 2021 年 9 月上线以来，截至 2021 年底，12328 微信小程序共受理有效业务 3982 件（已办结 2885 件，满意率 99.25%）。

2021 年，12328 热线共受理业务总量 2234.96 万件，其中信息咨询类 1953.11 万件，占 87.39%；投诉举报类 178.68 万件，占 7.99%；意见建议类 103.17 万件，占 4.62%；全国 12328 热线接通平均等待时长约 28 秒（含语音导航提示时间），信息咨询类即时答复率 98.39%，限时办结率 95.84%，回访满意率 97.63%。

三、交通运输部建议提案办理情况

（一）办理情况

2021 年，交通运输部承办人大代表建议和政协委员提案共计 905 件（含议案 7 件），其中主办（含分办、独办）334 件、协办 452 件、参阅 119 件。从答复类型上看，A 类占答复总数 57.6%，B 类占答复总数的 4.0%，C 类占答复总数的 38.4%；从内容上看，综合交通类最多，有 439 件，占 48.5%，主要涉及"十四五"规划编制、基础设施网络建设、公共交通服务、绿色低碳发展、物流降本增效、资源集约与生态保护、综合交通运输法规体系等；公路类有 224 件，占 24.8%，主要涉及巩固拓展交通脱贫攻坚成果、提升农村公路发展水平、公路收费政策等；水路类有 99 件，占 10.9%，主要涉及绿色水运发展、港口建设、船舶污染物排放管理等；运输与城市交通类有 91 件，占 10.1%，主要涉及运输与城市交通法规标准体系建设、提高公共交通服务能力、加快建设现代物流体系等；铁路类有 38 件，占 4.2%，主要涉及铁路规划建设方面。

全国人大、全国政协重点督办建议提案涉及交通运输部的共 9 项，其中交通运输部牵头办理 3 项、参加办理 6 项。关于加快公共交通适老化进程的提案为交通运输部牵头办理的全国政协重点督办提案，交通运输部高度重视，认真抓好落实。4 月，研究制定专门工作方案，明确办理工作的目标、计划、时限、工作措施等；5 月，面向全国开展函调，了解各地在建立交通运输适老化出行服务体系方面出台的政策措施和相关建议；6 月，邀请相关政协委员及全国政协社法委有关同志一起组成调研组，赴南京市开展实地调研，深入了解地方交通运输适老化出行服务情况；同月，全国政协副主席汪永清到交通运输部走访督办重点提案并召开座谈会，专门听取该重点提案办理和推进情况，对交通运输部提案办理工作给予了充分肯定。

（二）主要做法

一是部党组高度重视，层层压实责任。全国两会结束后，交通运输部在第一时间召开会议传达大会精神，研究部署有关工作，立足于做早做实做好。4月1日，部党组书记杨传堂就今年建议提案办理工作批示："弘扬部里的传统并高质量完成任务"，部长李小鹏批示："抓好落实"。部党组要求提高政治站位，深刻认识做好建议提案办理工作是贯彻以人民为中心的发展理念、推进人民民主实践的必然要求，是提高政治判断力、政治领悟力、政治执行力的具体行动和重要检验，要认真办理代表委员建议提案，确保件件有着落、事事见成效。分管副部长主持召开专题会议研究制定办理方案，全面督促答复的质量、进度和成效，要求完善各司局主要负责同志负总责、分管负责同志抓落实、工作人员各司其职的建议提案办理责任制，站在推进国家治理体系和治理能力现代化的高度，结合开展"我为群众办实事"实践活动，认真做好今年建议提案办理工作。4月，部党组书记杨传堂在参加"推进多式联运高质量发展"专题调研期间，与王志国、刘起涛等委员面对面沟通交流，听取对交通运输工作的意见建议。8月，李小鹏部长在交通运输援藏工作座谈会上，与格桑卓嘎、果果等代表面对面交流，听取意见建议。

二是创新工作机制，提升工作合力。两会前夕，制定印发《2021年交通运输部办理全国两会建议提案任务清单》，明确工作目标、任务分工等。两会期间，按照国务院统一部署和部领导批示要求，继续组建全国两会期间听取代表委员意见建议工作专班，成员扩大至部内10个司局负责同志和业务骨干，制定专班工作手册。两会期间，共收到代表委员意见建议242件，同比增长3.0%，全部纳入台账管理，逐一登记运转、协调分办、督促反馈。司局负责同志主动与代表委员联系沟通，虚心听取意见建议，认真研究并做好解释回应工作。两会后，建立办理工作台账制度，在交通运输部办公内网平台设立办理专栏，选派业务骨干专责办理，建立了经办人起草、处室领导初审以及司局领导、办公厅领导、部领导审核把关的"五级"办理制度，确保办理工作的制度化、规范化、程序化。

三是严格督查督办，抓好跟踪落实。将建议提案办理工作纳入交通运输部年度督查计划，实行目标管理，并采取发布办复进度统计表、定期进行督查通报、召开办复工作协调会等形式，加大督查督办力度。5月起对办理进度实行双周通报；6月上旬起实行按周通报，在重要时间节点每天催办，落实事项包括调研、沟通、答复、公开、总结、新闻宣传等，有力督促各相关司局按要求完成好各项办理工作。对B类建议提案要求牢固树立"复命"意识，定期梳理答复承诺事项，录入台账管理，每年逐项跟踪。

四是畅通沟通渠道，积极回应关切。交通运输部在建议提案办理中要求必须做到"五个沟通"，即答复前必须与代表沟通，主办件必须与协办单位沟通，协办件必须与主办单位沟通，答复后必须再次与代表沟通，重点建议办理必须与全国人大沟通，确保建议答复优质高效。连续7年组织开展承办两会建议提案专项分析研究，为交通运输部科学决策提供有效支撑。立足行业报刊和政务微信平台主动发声，积极宣传交通运输部建议办理典型案例，回应代表关切。截至目前，全年在《中国交通报》刊载建议提案办理典型案例7篇。

五是注重实地调研，强化务实作风。围绕关于推进青藏高速公路高品质工程建设、农村公路提档升级促进物流大循环、加快港口自动驾驶支撑体系建设等重点建议，组织开展专题调研，形成了有价值的调研报告和政策建议。邀请全国人大代表殷勇共同参与"四好农村路"调研，殷勇代表充分肯定了"四好农村路"建设助力农村物流发展取得的积极成效，高度评价交通运输部积极主动、严谨负责的工作作风，表示将一如既往地关心支持相关工作，合力推动“四好农村路”高质量发展。

（三）工作成效

一是加快推进“十四五”现代综合交通运输发展规划编制。二是聚焦推动解决代表委员关注的重点难点问题。三是扎实推动建议提案答复承诺事项跟踪落实。

四、国家铁路局民生实事与建议提案办理情况

（一）基本情况

2021 年，“两会”代表委员提出涉及国家铁路局工作的议案、建议和提案共 334 件。其中，人大议案 2 件、人大建议 250 件、政协提案 82 件。从承办方式上看，与其他部门共同办理的 317 件，占总数的 95.48%，其中主办 161 件、会办 156 件；参阅办理 15 件，占总数的 4.5%。截至 2021 年 11 月底，国家铁路局已全部完成建议提案办理工作，办复率为 100%。从建议提案内容上看，加强铁路规划建设方面 300 件，占 89.82%，优化调整运输结构方面 7 件，推进中欧班列高质量发展方面 5 件，加快铁路修法立法方面 4 件，其他方面 18 件。

（二）主要做法

一是强化政治责任，加强组织领导。国家铁路局高度重视“两会”建议提案办理工作，局党组书记、局长刘振芳专门作出批示：“办理全国人大代表建议和全国政协委员提案，是政府依法履职、为人民服务的重要内容。我们要……践行人民铁路为人民宗旨，切实提高办理质量，助推铁路高质量发展”。

二是精心组织部署，落实办理责任。各承办部门认真研究吸纳答复建议提案内容，通过建立局领导、司局负责同志、处室负责同志、具体承办人员分级负责制，形成了层层抓落实、件件有着落的办理工作格局。综合司规范答复模板，建立总台账，实行跟踪督办；各承办部门建立分台账，把建议提案办理纳入重要议事日程，务求每一件建议提案办理都取得实效。

三是聚焦办理重点，重点建议重点办理。2021 年需国家铁路局重点办理的人大建议共 5 件。为做好重点建议办理工作，承办部门拟定重点建议办理方案，加强分析研究，认真审核答复意见，及时与代表沟通，保证了重点建议办理工作顺利完成。

四是加强联系沟通，提高办理质量。在建议提案办理过程中，积极与代表委员沟通联系，通过座谈交流、上门走访、出差顺访、联合调研等方式畅通联系渠道。对于目前尚不具备实施条件的建议提案，承办部门明确专人进行跟踪，及时向代表委员反馈办理情况。2021 年与代表委员沟通联系共计 160 余次，取得了代表委员的理解和支持。

五是强化复文质量，推进公开力度。在办理工作中，国家铁路局内各承办部门更加注重办理质量和实效，选派业务骨干共同参与分析建议提案内容，深入把握建议提案实质，科学提出对策措施，确保复文文稿从起草时就达到高质量；同时，为进一步严把好复文质量关，明确由分管局领导审核并签发复文，对重点建议提案报主要负责同志审核签发。在全面推进复文公开工作中，对涉及公共利益、公众权益、社会关切及需要社会广泛知晓的建议提案办理复文，在国家铁路局政府网站全文公开，主动接受社会和公众的监督。

五、中国民用航空局建议提案办理情况

（一）基本情况

2021 年，中国民用航空局承办两会建议提案 173 件（办理件 149 件，参阅件 24 件），其中，人大代表建议 127 件，政协提案 46 件。从建议提案的内容看，涉及机场项目建设、航空物流、航空枢

组建设、通用航空发展、航空卫生、疫情防控、航空应急救援、绿色发展、空域管理改革等。从建议提案质量看，代表委员所提建议意见紧扣民航发展实际，具有重要的研究和参考价值。从办理成效看，所有人大建议全部按时间要求如期办理完毕，所有政协提案提前40天办理完成，办结率达100%。代表委员对办理工作满意率为100%。

（二）主要做法和经验

一是局党组高位推动，切实加强组织领导。全国“两会”闭幕后，中国民用航空局迅速召开全系统电视电话会议，认真传达贯彻“两会”精神，冯正霖局长亲自动员、亲自部署，对做好建议提案办理工作提出明确要求。收到交办建议提案后，冯正霖局长第一时间批示要求抓紧抓实，高质高效完成建议提案办理工作。其他局领导多次就建议提案办理工作作出批示，提出明确要求，亲自指导建议提案办理工作。

二是各司局协同发力，夯实责任落实机制。进一步完善工作方案，修订建议办理指南，明确办理时间节点要求。积极承办人大、政协确定的重点督办建议提案5件；并建立中国民用航空局内部重点建议提案办理制度，选择8件建议提案作为内部重点件。建立建议提案答复承诺事项跟踪落实制度，建立工作台账，列为督办事项，基本按计划完成往年办理工作中承诺事项，并及时向代表委员通报落实情况。

三是时刻牢记宗旨意识，积极主动对接“两会”代表委员。由于疫情防控等原因，主要以电话、微信等方式，密切联系，强化沟通。认真倾听代表委员诉求，妥善解答各种问题疑惑，对短期内不能解决的问题也做到在沟通中详细解释原因，尽量让代表委员理解民航的工作实际和困难。对于会办和协办的建议提案，中国民用航空局主动与主办单位沟通，结合工作职责认真提出办理措施，积极推动事项的解决。

四是创新宣传公开方式，全面加强办理结果的公开力度。一是充分利用媒体矩阵创新推出“1+3+10”组合报道，以《丹丹说新闻》为载体推出一期视频栏目；遴选3件建议提案作为重点，深入基层进行实地采访，制作行程系列专题视频节目；连续6年在《中国民航报》上开设专栏，刊发稿件10篇。二是在网站设置专题公开建议提案复文。三是充分利用新媒体渠道，在中国民航网、中国民航报客户端、中国民航报微信公众号、中国民航报微博等渠道进行专题推送有关办理工作报道，获得大量读者的点击阅读并转发。

六、国家邮政局民生实事与建议提案办理情况

（一）民生实事完成情况

一是提高建制村快递服务通达率。“快递进村”比例超过80%。交快、邮快、快快等合作进一步深化，共同配送、客货邮融合等新模式不断涌现，新增15.5万个建制村实现邮快合作。

二是进一步提升末端投递服务水平。末端服务体系不断完善，县乡村共配网络加快构建，智能快件箱规模稳中有升，公共服务站达到16.1万个。

三是巩固提升建制村直接通邮成果。大力巩固提升建制村直接通邮水平，西部地区建制村周投递频次三次及以上的比例超过98%，全国建制村投递实地打卡率保持在97%以上。

四是依法维护消费者合法权益。大力清理整顿快递市场秩序，规范市场主体恶性竞争行为，大力整治农村快递服务违规收费问题，严肃查处并曝光一批违规收寄“动物盲盒”案件，强化“三项制度”落实，加快推进“绿盾”工程一期应用，邮政市场监管和安全监管进一步加强。

五是加快推进快递包装绿色转型。深入实施“2582”工程，开展重金属和特定物质超标包装袋、过度包装和随意包装、塑料污染专项治理，重金属与特定物质超标包装袋实现存量大幅消减，过

度包装和随意包装得到初步遏制，可循环快递箱（盒）投放量达630万个，电商快件不再二次包装率达80.5%，新增3.6万个设置包装废弃物回收装置的网点。

六是不断提高从业人员素质。持续实施职业技能培训“246”工程，年度培训50万余人次，遴选年度行业科技英才和技术能手推进计划人选，持续开展快递工程技术人员职称评审，扎实开展快递运营职业技能等级认定试点，举办全国邮政行业职业技能竞赛。

七是加强快递员（投递员）权益保护。督导企业落实上调派费承诺，推动出台《快递企业末端派费核算指引（试行）》，研究制定快递员劳动定额，扩大试点适用范围。联合印发推进基层快递网点优先参加工伤保险政策文件，持续开展“暖蜂行动”和“快递从业青年服务月”，协调解决公租房和廉租房5068套。

（二）建议提案办理情况

国家邮政局始终将建议提案办理工作作为一项重要政治任务，进一步提高办理工作的自觉、进一步完善办理工作机制、进一步提高复文质量，按时办复2021年“两会”期间的所有建议提案，并推动相关建议提案转化为促进行业发展的政策措施。

2021年，国家邮政局共收到人大建议41件、政协提案25件，合计66件。其中主分办件29件（建议18件，提案11件），协办会办件31件（建议19件，提案12件），参阅件6件（建议4件，提案2件）。内容主要涉及寄递安全、末端配送、跨境寄递、新业态等12个方面，其中行业服务乡村振兴（16件）、绿色包装治理（14件）、快递员群体合法权益保障（7件）、行业助力区域发展（6件）等4个方面关注度最高。

专题七　节假日和快递高峰运输

一、节假日出行保障总体情况

2021年春运从1月28日开始，于3月8日结束，共40天。国务院联防联控春运工作专班组建以来，各部门各地区通力合作，认真贯彻落实党中央、国务院决策部署，坚持把疫情防控放在春运工作首位，统筹做好春运疫情防控、安全生产和运输保障工作，圆满完成了各项工作任务，实现了确保疫情不因春运扩散、确保人民群众健康安全平稳有序出行、确保民生商品和重要物资运输供应的目标。

（一）2021年春运总体情况

春运40天，全国铁路、公路、水路、民航共发送旅客8.7亿人次，比2019年同期下降70.9％，比2020年同期下降40.8%。其中，铁路累计发送旅客2.2亿人次，比2019年下降46.5%，比2020年上升3.5%；公路6.0亿人次，比2019年下降75.5%，比2020年下降50.2%；水路1536.6万人次，比2019年下降69.7%，比2020年上升24.8%；民航3539.8万人次，比2019年下降51.5%，比2020年下降8.4%。全国高速公路累计流量11.8亿辆，比2019年上升0.5%，比2020年上升77.6%。

节前客流低位运行，削峰控量效果明显。全国人民积极响应就地过年政策号召，减少不必要出行，春运客运规模、日均运输强度、客流高峰峰值均较往年大幅下降，削峰控量政策措施取得明显成效。从春运开始（1月28日）到除夕（2月11日），全国铁路、公路、水路、民航共发送旅客2.7亿人次，日均1800.7万人次，比2019年同期下降76.0%，比2020年同期下降76.3%。

节后客流小幅上升，未出现明显返程高峰。随着疫情得到有效控制、高校延迟返校、农民工错峰返岗等，节后返程客流呈现“稳中有升、有序恢复、峰值滞后”等特点，未出现集中返程客流高峰。2月12日（正月初一）至3月8日，全国铁路、公路、水路、民航共发送旅客6.0亿人次，日均2403.4万人次，比2019年同期下降67.8%，比2020年同期上升80.1%。

（二）开展的主要工作及成效

春运工作专班各成员单位坚决贯彻落实习近平总书记等中央领导同志重要指示精神，高效协同，密切配合，会商研判疫情防控和客流运行趋势，研究制定相关政策措施和工作方案，全力保障春运疫情防控、安全生产、运输服务等各项工作有序推进。

一是统筹谋划部署。习近平总书记在中央经济工作会议上强调，岁末年初要把各项工作抓紧抓实，毫不放松抓好“外防输入、内防反弹”工作，确保不出现规模性输入和反弹。李克强总理在国务院第120次常务会议上要求，国务院联防联控机制要建立工作专班，压实各方责任，做好统筹协调。孙春兰副总理主持召开国务院联防联控机制会议，刘鹤副总理专题检查春运疫情防控和运输保障工作，对春运疫情防控、安全生产、运输服务等工作提出明确要求。中办、国办印发《关于做好人民群众就地过年服务保障工作的通知》，对就地过年服务保障工作作出总体部署。春运工作专班坚决贯彻落实党中央、国务院决策部署，坚持以客流减量为关键、疫情防控为核心、安全生产为底线、服务保障为基础，围绕“削峰控量、分类施策、提级防控、做好预案”的思路，指导各地统筹做好春运疫情防控、安全生产、运输服务工作。

二是加强指导调度。制定国务院联防联控机

制春运工作专班运行规则，印发《2021年综合运输春运疫情防控总体工作方案》《关于做好2021年春运工作和加强春运疫情防控的意见》《关于有序做好春运群众出行核酸检测工作的通知》，指导各地做好春运及疫情防控等工作。同时，各成员单位也就协同做好各运输方式运力对接和信息共享、加强就地过年运输服务保障、农民工返岗复工"点对点"运输服务等工作作出具体部署。专班先后组织召开3次全体会议和3次视频调度会议，对全国31个省（自治区、直辖市）和新疆生产建设兵团春运工作进行调度安排。编制60期工作日报和7期工作专报。

三是加强协同配合。春运工作专班强化统筹协调，各成员单位发挥职能优势，共同做好春运疫情防控等工作。国家发展改革委组织召开全国春运电视电话会议，对做好春运工作进行动员部署。国家卫生健康委强化疫情形势分析研判，指导交通运输行业做好疫情防控工作。教育部、人力资源和社会保障部、文化和旅游部有针对性地采取措施，加大对学生流、务工流、旅游流等重点客流调控力度，引导旅客错峰避峰出行。民航局、国家铁路集团根据疫情变化，因时因势调整运输组织、运力安排和服务衔接，确保旅客健康安全便捷有序出行。应急管理部、国家卫生健康委、国家铁路局组织召开春运安全生产视频调度会议，联合开展春运疫情防控和安全检查。公安部加大对地方指导力度，切实做好交通管控与运输保障相关工作。中国气象局及时发布恶劣天气监测及预报预警信息。中央军委后勤保障部、全国总工会、共青团中央在军人出行保障、关心关爱一线职工、志愿者服务等方面开展了大量工作。

四是落实地方责任。各地健全完善春运工作机制，切实加强春运工作组织领导。广东、重庆等地主要领导赴一线督导检查春运疫情防控工作。上海、天津等地加大景点、商超等重点区域运力投放，切实提高旅客疏运能力。北京、安徽等地开通春运"点对点"旅游专线，便捷群众假期出游。广西、四川、云南等组织实施务工人员"点对点、一站式"运输，保障农民工安全有序返岗和重点企业用工。浙江、吉林等地在应急物资运输中转站建设、道路客运企业补助等方面积极探索实践，取得良好效果。

在各成员单位的支持配合、共同努力下，春运工作取得了显著成效：

一是重点客流调控效果明显。通过综合施策，实现了务工、学生、旅游等重点客流错峰避峰出行。返乡过年的外出劳动力约8370万人，较去年减少3988万人，返乡比例减少22个百分点。春运开始前全国98.7%的高校完成放假，节后高校按需分批错时开学。春节假期共接待游客2.56亿人次，较2019年下降24.7%。

二是疫情防控举措落地落实。全国各级交通运输、铁路、民航、邮政部门坚持"三同防两畅通一保障"原则，进一步细化实化疫情防控要求，严格落实消毒通风、测温扫码、客座率控制等疫情防控措施，实现了运输过程全链条、运输场景全覆盖管控。未发生疫情通过客运场站和交通运输工具传播的情况。

三是安全生产形势总体平稳。春运期间，全国交通运输安全生产形势总体平稳。铁路、民航未发生运输安全事故。道路共接报一次死亡3人以上运输安全事故6起，死亡23人，分别比去年同期下降14.3%和8.0%，未发生重大及以上道路运输安全事故。水路未发生一次死亡失踪3人以上的运输安全事故。

四是综合交通网络运行畅通高效。春运期间，全国综合交通网络运行有序。铁路旅客列车始发正点率99.1%，终到正点率96.2%。全国高速公路和国省干线运行有序，未发生大范围、长时间交通拥堵和人员车辆滞留。水路通航条件进一步改善，服务保障便捷高效。民航平均航班正常率93.8%，同比提升5.7个百分点。

二、铁路节假日保障情况

（一）春运期间

坚持以习近平新时代中国特色社会主义思想为指导，提高政治站位，积极履职尽责，加强组织领导和协同配合，强化监督管理，主动担当作为，圆满完成春运各项任务。

一是印发《关于做好2021年春运疫情防控和监督检查工作的指导意见》，国家铁路局成立由局党组书记、局长担任组长，局党组成员任副组长的春运监督检查工作领导小组，成立国务院联防联控机制春运工作专班国家铁路局工作组。

二是成立由局党组成员带队的5个春运督查组，分节前、节后两个阶段检查铁路运输企业疫情防控和春运工作情况。

三是参加交通运输部牵头组织的跨部门联合检查组。春运期间，国家铁路局共派出检查组819组次，出动检查人员2180人次，检查铁路单位和场所1068个，添乘动车组和列车411趟，累计里程16.9万公里，共发现各类问题隐患2470个。

（二）暑运期间

国家铁路局认真贯彻落实习近平总书记对常态化疫情防控、防汛救灾等工作的重要指示批示精神及党中央决策部署，结合安全隐患集中排查整治工作，全面履行监管职责，全力维护暑期旅客运输安全，促进服务质量提升。

一是强化随机检查，开展跨地区交叉暗访。采取“双随机、一公开”监管模式，以旅客视角全流程体验站车服务，发现现场作业存在的问题和隐患。

二是组织开展对4家铁路局集团公司、2家地方铁路公司以及中铁快运股份有限公司4家分公司的监督检查，重点检查安全基础、客运管理、设备设施运行、服务质量标准执行、应急管理、结合部管理、疫情防控措施落实等情况，督促铁路运输企业落实安全生产主体责任。

三是指导地区铁路监督管理局突出高铁和旅客列车安全，全面开展客运安全及服务质量监管，保障暑期旅客运输安全及服务质量稳定。暑运期间，国家铁路局共派出督导检查组141个次，检查铁路单位和场所239家次，添乘检查列车173趟，检查发现各类问题1592个，下发问题整改通知书35份，下发问题通报7份。

三、公路节假日保障情况

2021年节假日期间，全国路网运行总体平稳有序，高速公路、普通国省干线及各大中城市出入口收费站通行状况基本良好，圆满完成了元旦、春节、清明、五一、端午、中秋、国庆等法定节假日期间全国路网运行保障任务。

一是加强路网运行监测调度。加强节假日高峰时段、恶劣天气影响路段、事故多发路段的路网运行监测。建立部省站三级的收费站、服务区责任人联系机制，利用音视频系统，及时调度拥堵缓行收费站和路段，采取多种方式指导服务区加强停车秩序、厕位保障、场区卫生、能源补给等服务管理。

二是持续深化路警联动机制。开展路警联动工作试点工作，选取全国20个易发拥堵收费站和20个繁忙服务区作为路警联动、疏堵保畅重点进行实时监测调度。完善交通运输部门与公安交管部门联络表和微信群，畅通路警联络渠道，确保信息实时共享、高效协同处置，形成路警疏堵保畅合力，最大程度缓解收费站拥堵。

三是毫不放松做好疫情防控。指导各地严格落实《公路服务区和收费站新冠肺炎疫情防控工作指南》要求，全面做好公路服务区和收费站疫情防控工作。指导各地交通运输主管部门会同公安、卫生健康等部门科学合理设置公路防疫检测点，进一步优化检测方式，提高检测效率，加强交通疏导，减少车辆拥堵。加强对涉疫地区路网运行监测与调度，确保不因防疫造成长时间、大范围车辆拥堵情况。

四是全心全意做好出行服务。落实假期免收小型客车通行费政策，加强收费站通行管理，强化 ETC（电子不停车收费）车道运行监测，及时处置异常情况，避免造成车辆拥堵和人员聚集。引导公众向公路沿线非繁忙或拥挤服务区均衡分流，确保服务区防疫安全和服务质量。配合中央电视台完成“沿着高速看中国”专题节目电视播报和新媒体直播。加强出行信息发布，与百度地图、高德地图联动发布实时路况信息，引导公众合理出行。

四、水路节假日保障情况

2021 年，各级交通运输管理部门统筹做好春节和五一、中秋、国庆等假期安全生产、疫情防控和水路运输服务保障工作，加强运行监测和形势研判，强化运输组织调度，确保重要水路运输通道畅通和人民群众安全便捷出行。

一是严格落实疫情防控措施。指导地方交通运输管理部门和港航企业按照有关防控指南要求，坚持“人物同防”，落实落细“外防输入、内防反弹”各项措施，重点做好进口冷链食品和进口高风险非冷链集装箱货物运输、内地及港澳航线水路客运、国际转国内航线船舶的疫情防控工作，严密防范疫情通过水运环节传播。

二是做好重点物资运输保障。发挥专班作用，建立实施日报告、周调度、月通报和粮食紧急疏运机制，督促地方交通运输管理部门采取“优先引航、优先过闸、优先锚泊、优先靠离泊”措施，加强运输组织和船舶调度，做好冬春季电煤、LNG（液化天然气）、粮食等重点物资水路运输服务保障。加强主要外贸集装箱班轮航线运行情况监测，引导班轮企业增加中国航线运力投入，保障国际物流供应链稳定畅通。

三是优化水路客运服务。协调相关水路运输管理部门和港航企业落实节假日船舶运力，强化应急运力储备。做好重点群体服务，指导落实军人依法优先出行措施，便利老年人和残疾人出行便利，提高假期客运服务质量。

四是加强港口航道安全监管。督促落实水路运输旅客实名制要求，加强客运站和滚装码头安检查危、港口危险货物作业场所安全管理和监督检查，加强高等级航道航标的维护巡查，做好三峡、长洲枢纽、京杭运河等干线船闸的运行监测和维修保养，保障重要水路运输通道安全畅通。

五是加强节假日期间值班值守。密切跟踪琼州海峡、渤海湾水域、舟山水域等重点水域水路运输情况，指导做好应急值班值守和应急准备，畅通信息报送渠道，及时协调解决突发事件，保障水路旅客出行安全有序。

2021 年 1 月 28 日至 3 月 8 日，全国水路春运总体运行平稳。全国水路累计发送旅客 1533.8 万人次，比 2019 年同期下降 69.8%，比 2020 年同期上升 24.5%。干线船闸运行畅通，船舶运力供给充足，未发生大面积拥堵或旅客大规模滞留情况。

五、道路运输节假日保障情况

2021 年，交通运输部强化统筹部署安排，组织各地交通运输主管部门加强组织调度、优化服务举措、落细防疫措施、压实安全责任，圆满完成了 2021 年春节、清明、五一、端午、中秋、国庆等重点节假日运输服务保障工作，切实保障人民群众安全便捷出行。

一是加强运输组织调度。加强节假日客流趋势研判，完善运输组织方案，优化运力调配，科学安排班次计划，强化客运枢纽、火车站、机场、旅游景区等重点区域运力投放，切实提高疏运能力，减少人员聚集。强化道路客运班线、城市公共交通、出租汽车运力与铁路列车、民航班机等的衔接，畅通出行“最后一公里”。

二是优化运输服务举措。通过缩短城市公共交通发车间隔、开行区间车和快车等措施，避免客流聚集和乘客长时间等待。针对节假日农村地区旅游探亲、返乡返岗需求增加实际情况，进一步优化农村客运组织，加密农村客运班线服务频次、提供预约响应和包车服务，切实保障城乡群众出行需求。积极开展联网售票、电子客票、定制客运服务，落实军人、消防救援人员、英烈遗属和儿童旅客乘车优待政策。

三是落实落细防疫举措。坚持“外防输入、内防反弹”总策略和“动态清零”总方针，抓实抓细疫情防控工作。落实落细道路客货运运输、城市公共交通、进口冷链食品物流等领域运输场站和交通运输工具消毒通风、运输组织、人员防护、防疫宣传等防控措施，严防疫情通过交通运输环节传播扩散。

四是压实安全生产主体责任。压实经营者安全生产主体责任，加强从业人员安全培训，强化车辆安全管理和动态监控，及时排查、消除各类安全隐患。加强与公安交管等部门协同联动，强化“两客一危”重点营运车辆、农村客运车辆安全监管，加大高速公路出入口、重点场站、旅游景点、农村地区等重点区域执法力量投入，从严查处非法违规经营行为，坚决防范重特大安全生产事故。

六、航空节假日保障情况

2021年，7个法定假日全国共保障航班72.8万班，累计运送旅客3467.2万人次，平均客座率68.96%。其中春节期间全国共保障航班47万班，同比下降51.64%；运送旅客357万人次，较往年有大幅下降；平均客座率57.51%，航班准点率达96.17%。五一假期全国共保障航班5.7万班，同比增长118.3%；运送旅客866.3万人次，同比增长174.03%；平均客座率约80.17%。国庆假期，全国实际飞行航班9.1万班，同比下降11.27%，运送旅客929.14万人次，同比下降4.8%，平均客座率约为73.7%。

七、邮政服务保障情况

2021年“双11”期间（11月1日至16日），全国邮政、快递企业共揽收快递包裹68亿件，同比增长18.2%；共投递快递包裹63亿件，同比增长16.2%。

由于电商平台促销模式和节奏发生变化，从往年在11月11日单轮促销变成了在11月1日和11月11日两轮促销，导致2021年整个促销期内快递业务量从“单高峰”变为“双高峰”。其中，第一个高峰出现在11月1日，当日全国共揽收快递包裹5.69亿件，同比增长28.5%，超过2021年前9个月日均业务量1倍以上；第二个高峰是11月11日，当天全国共揽收快递包裹6.96亿件，稳中有升，再创历史新高。

面对促销周期延长、战线提前并拉长的新考验，邮政快递业不断加强与电商平台信息对接，持续发挥“错峰发货、均衡推进”工作机制的基础性作用，在场地、车辆、分拣设备、信息系统等方面进行了扩容和升级，对人员进行了储备和培训，大幅提升行业的承载能力和运行效率。国家邮政局重点利用大数据技术实施更加精准、科学的业务量及流量流向信息预测分析，全程组织调度、监测监控全网运行情况，提升行业各类资源投入的针对性和匹配度，全力做好2021年旺季服务保障工作。在强化安全保障方面，要求企业严格落实收寄验视、实名收寄、过机安检“三项制度”，坚持旺季实名收寄要求不降低，努力打造安全旺季、畅通旺季、暖心旺季，以满足人民日益增长的更好用邮需要。

第七篇
地方篇

Section VII
Provincial Subjects

北京

第一节　整体概况

2021年，北京市交通系统深入学习贯彻习近平总书记视察北京特别是对交通工作的重要指示精神，在北京市委、市政府坚强领导和交通运输部指导支持下，坚持以人为本，坚持慢行优先、公交优先、绿色优先，坚持优化供给、调控需求、强化治理，奋力推进首都交通高质量发展，高标准编制完成《北京市"十四五"时期交通发展建设规划》，高质量完成2021年度各项任务，实现了"十四五"良好开局。全市完成交通领域固定资产投资792亿元，交通设施明显改善；完成公共交通客运量53.8亿人次，同比增长30.6%；共享单车骑行量9.5亿次，增长37.6%；中心城区绿色出行比例74%，增长0.9个百分点；高峰时段平均道路交通指数5.58，交通堵点明显减少；未发生较大及以上等级安全生产责任事故，交通运行平稳有序。

第二节　综合交通基础设施建设

以京津冀协同发展交通一体化规划和《国家综合立体交通网规划纲要》为指导，加快推进京津冀交通设施互联互通，推进京津冀城市群交通高效衔接。双机场城市交通衔接进一步优化，轨道交通首都机场线西延段、新机场北线高速东延及西延段工程完工，为辐射京津冀空港经济提供重要保障。建设"轨道上的京津冀"，京哈高铁京承段开通运营，丰台站、朝阳站和城市副中心站3个铁路车站配套交通枢纽建设加快推进，北京与天津地铁实现一码通乘。继续完善京津冀路网，国道109新线高速公路桥隧工程全部进场施工，承平高速公路实现开工。京雄交通联系不断完善。良常路南延（G230）主体完工，京雄高速公路北京段全线进场施工，协同推进雄安新区至北京大兴国际机场快线（R1线）和京雄商高铁建设，推进"一卡通"向雄安新区延伸覆盖，为实现北京与雄安新区快速联系奠定坚实基础。

加快推进城市副中心交通建设。建成广渠路东延、武窑桥改建、广渠路公交走廊、环球影城京哈立交和六环立交。推进东六环改造、京哈高速公路加宽、城市副中心综合枢纽等重点工程建设。新开工建设环球影城北和通马路交通枢纽。提前签署通州与北三县4条规划跨界道路接线协议，开工建设厂通路，完成北三县京津冀一卡通系统改造。北运河（通州段）40公里游船全线通航，成为城市副中心建设具有标志性意义的成果。

加快推进轨道交通四网融合。路地双方签署战略合作框架协议，推进组建平台公司。研究制定既有线网优化提升行动计划，完成轨道交通"四网融合"顶层设计。制定市郊铁路公交化运营标准并与路方对接，启动东北环线等市郊铁路整体提升改造。轨道交通8号线三期北段、11号线西段（冬奥支线）、17号线南段、14号线贯通等9条（段）开通，轨道交通运营里程达1148公里（含市郊铁路364.7公里），运营线路27条线，车站459座（换乘站72座），线路覆盖12个行政区和亦庄经济技术开发区。

稳步推进道路建设养护。市级重大专项计划项目和城市主干路建设推进顺利，来广营北路、锅炉厂南路建成通车，安宁庄北路等5条续建道路持续推进，南中轴路、太平庄中街开工建设，完成"二一工程"周边道路改造。编制万宁桥修缮和交通限流方案，实施交通限载限速措施。实施20项市级疏堵工程，建成21条次支路。完成151万平方米城市道路大修工程，完成108处桥下空间清理整治和814个路段代征代建道路接收管理。推进乡村公路提档升级，创建"美丽乡村路"225公里，"窄路加宽"182公里、创历年新高。

持续优化提升慢行系统。推进慢行系统与轨道融合，完成51个重点轨道车站224处共享单车电子围栏建设。编制出台《慢行系统规划2020—2035年》《步行和自行车交通设施改善技术指南》等一系列规划和标准规范。实施慢行系统品质提升行动，建成7个示范区，整治京藏高速公路辅路慢行廊道，完成二环辅路慢行系统改造、通行效率提升25%。自行车专用路全年骑行量突破185万辆次，东拓、南展工程有序推进。共享单车骑行量9.5亿次，比疫情前（2019年）大幅增长56.5%，市民绿色出行意愿持续提升。

第三节　运输服务保障能力

启动实施轨道交通既有线网优化提升改造。1号线与八通线、房山线与9号线实现跨线运营，分别节省换乘时间10分钟和5分钟，并实现网络资源共享和网络化运营新突破；推进北新桥、平安里轨道站点一体化改造，完成21个轨道微中心设计方案，站城融合取得新突破；134处便利店、药店等站内便民设施上线运营，丰富了乘客出行体验，车站便民增值服务取得新突破；"回天地区"5个站点"信用+智慧安检"试点启用，节省乘客排队时间6～8分钟，安检新模式取得新突破。2021年轨道交通客运量30.8亿人次，同比上年增长34.4%，北京地铁运行质量效率处于国际领先水平。

持续提升地面公交运营服务水平。推进公交与轨道融合，初步确立功能融合、线网融合、站点融合和服务融合的基本思路，明确站点融合换乘距离标准和目标。持续完善"干普微"三级线网，优化调整151条线路，方便186个居民小区出行；削减重复线路384.6公里，有效提升了运输效率。升级定制公交服务，高峰日运载达2.3万人次，累计运送乘客1000万人次；在望京等六个区域开拓巡游定制公交，日发480班次。改革公交运行体制，建成53个区域调度中心，完成三级调度向二级调度转变，95%以上常规线路实现区域智能调度，车辆准点率提高25%，调度人员数量下降40%。三环等重点区域1518块公交电子站牌投入使用。2021年公共电汽车客运量23亿人次，同比上年增长25.8%，公交运行体制改革及效率提升得到市政府充分肯定。

第四节　行业治理体系建设

继续实施工作日高峰时段区域限行，扩大办理进京证空间范围和禁行区域。从源头上调控小客车出行，全年小客车增量指标严格控制在10万辆以内，优先向"无车家庭"配置了约5.5万个小客车指标、惠及21.5万个家庭成员，打断买卖京牌非法链条，小客车数量调控新政平稳实施。研究制定P+R停车场管理规定，新建屯佃站等P+R停车场，引导小客车出行在远端换乘公共交通。2021年小汽车出行强度日均26.9公里/辆，同比上年降低6.9%。进一步落实预约诊疗制度，全市二、三级医疗机构全面实行非急诊预约就诊，各医院上下午号源比例达1.2∶1，有效缓解了患者人流高峰。监测医院周边平均交通指数4.69，下降1.69%。深化预约分时游览，各公园景区按照"限量、预约、错峰"要求，严格落实75%限流措施。着眼减量、提质、治乱，深化核心区旅游客车治理，30项任务完成26项，核心区旅游交通密度明显降低。推进前门旅游集散中心外迁，完成屯车功能外移、旅游公交停运。稳步推进核心区公交场站优化提质和外迁工作。建立核心区停车设施数据库，实现停车资源"一张图、一张表、一个库、一个机制"，为核心区"以静制动"奠定基础。

持续完善交通运输标准体系，发布1项国标、9项行标和8项地标，完成68项标准复审、评估，交通行业管理进一步规范。建立交通综合协同调度机制，加强早晚高峰交通运行调度，削峰引流初见成效。道路停车改革实现全覆盖，共上线1055条道路、9.28万个车位；建成全市统一停车资源平台，道路停车位数据与MaaS平台（出行即服务）共享，对外提供信息服务。强化共享单车合规投放，重点治理投诉集中区域，车辆合规率提升至95%以上。建立包含5种交通方式的城市交通综合运行体征监测诊断体系，实现对绿色出行和小汽车出行的综合监测和分析，支撑交通综合协同治理。实施10处重点区域交通综合治理，治理后交通运行状况均有不同程度的改善。其中金科新区最为明显，工作日高峰时段交通指数降低13.3%，西直门外南路运行速度提升56.7%。跟踪监测72所学校、71家医院、30家景区和63家商场交通综合治理，约谈整改连续排名靠后点位。推广应用危货电子运单系统，覆盖全市213家危货运输企业、267家单位，电子运单系统使用率100%（部分保密单位除外）。

坚持把接诉即办作为推进交通共治的重要渠道，针对市民诉求痛点和行业治理重点，结合交通噪声扰民、停车资源不足、共享单车乱停乱放等"每月一题"任务，实现精准施策；对持续时间长、解决难度大的诉求，加强统筹谋划，完善政策措施，用心用力回应群众诉求。持续深化"放管服"改革，全面优化政务服务事项，由改革前363个优化为274个，全部实现"一网通办、全程网办、跨区协办、全市可办"，33个事项实现"京津冀+雄安"跨省（直辖市）通办，政务服务效率大幅度提升。当好行业管家，为24家重点"服务包"企业解决诉求事项41项。圆满完成世行营商环境评价迎评任务，出台公路养护招标投标"免收投标保证金、履约保证金"等4项改革措施，均为全国首创。进一步拓展北京交通广播等平台建设，推动北京电视台《红绿灯》栏目升级改版，交通宣讲团进学校、社区、企业宣讲293余场，传递共建共治共享发展理念。

建立交通行业法规库、规范文件库，动态清理废止103份规范性文件。围绕出租车行业改革、停车收费政策等重点问题，强化法治研究。落实权责清单动态调整机制，形成646项行政职权清单，为交通行业依法行政提供有力支撑。推进交通执法规范化建设，全面实施"三项制度"，统一裁量基准，细化行政处罚自由裁量幅度2200多个。开展执法领域突出问题专项整治，建立6项工作机制，对5类795个问题逐项挂账销账，交通执法呈现新面貌。严格规范合法、打击非法，研究制定出租汽车行业改革方案，促进出行平台规范健康发展，推进网约车合规化，深化"黑车"治理机制，推进核心区及故宫周边综合整治，查处6.6万件交通运输违法违章，对84家责任主体实施超载超限"一超四罚"，高速公路、综检站超载超限率分别降至0.05%、0.3%。重点治理电动三四轮车违法违规乱象，制定落实禁止生产销售、设置过渡期等规范治理政策措施。加快淘汰超标电动自行车，以旧换新30万辆，外卖、快递等重点行业置换率达100%，实现政策平稳实施。

第五节　科技创新

研究完成智慧交通顶层设计，制定三年行动计划，明确了发展目标和实施路径。强化交通大脑建设，TOCC（北京市交通运行监测调度中心）三期建设方案通过评审；持续推动北京绿色出行一体化平台（MaaS）建设，拓展室内枢纽导航等功能，日均服务630万人次绿色出行。推进智慧交通基础建设，完成交通"一套码"二维码编码规则，开展交通“时空一张图”规划设计和原型开发，推进交通“一张网”EUHT（超高速无线通信技术）综合业务承载网建设。推进智慧交通示范应用场景建设，智慧地铁国家重点示范工程取得阶段性成果，智慧高速建设指南编制完成，延崇智慧高速基本建成。自动驾驶水平持续全国领先，开放自动驾驶测试道路278条1028公里，安全测试里程超326万公里。

研究制定“十四五”绿色交通发展规划和交通领域碳中和方案。持续开展碳普惠激励活动，累计碳减排量达6.5万吨，完成全球首笔涵盖多种绿色出行方式的碳交易。完善运输结构调整机制，编制《北京市“十四五”时期推进重点大宗物资运输结构优化调整行动计划》，提升大宗物资绿色运输规模，本市铁路货物到发量2142万吨，同比上年增长7.9%。优化机动车能源结构，办理通行证的轻型货车（危险品、冷链运输车辆除外）全部新能源化，完成2.17万辆巡游出租车电动化，建成新能源智慧驾培园区，布设新能源教练车800余辆、充电桩1000余个，充电桩数量创国内单体场站之最。

第六节　安全与应急

高标准完成建党100周年庆祝活动交通服务保障，重大活动服务保障能力和水平得到新的历练和提升。全力应对汛期“7 · 12”等多轮强降雨和雨雪大风天气，有效保障了首都城市正常运行。严格落实交通领域常态化疫情防控措施，动态管控进出京客运业务，突出冷链运输防控及跨省“黑车”治理，高频次开展出租汽车疫情防控专项执法检查，强化公交、地铁疫情防控措施落实，为首都疫情防控做出重要贡献。全面落实安全生产管理责任，系统推进三年行动“集中攻坚年”任务，完善双重预防控制机制，持续开展安全监测预警，强化重点行业专项治理，建立全市水上搜救工作机制，有效保障了首都交通安全稳定。

第七节　合作与交流

加强区域协同、执法联动、联合治超工作。编制完成《京津冀三省市交通一体化发展白皮书（2014年—2020年）》。持续推进年度蓝皮书编制。联合津冀共同发布《关于进一步深化京津冀交通一体化法制协作工作指导意见》，完善区域法制协作机制。与津冀共同签署《京津冀三地交通运输信息共享协议书》《京津冀三地交通运输信息共享保密协议》，确定跨区域两客一危、路网运行、城际公交及相关视频等信息共享需求，并形成共享明细表。持续开展大兴国际机场联合执法，建立会晤协商、统一指挥、分工协作、信息互通、案件会办、人员交流等新型合作机制。召开第七次京津冀应急联动联席会议，联合河北制定北京冬奥会公路铲冰除雪标准规范。保持京津冀常态化联合治超、应急联动等一系列工作。

全面推进交通支援合作暨乡村振兴，做好干部人才支援合作工作。2021年，按照市支援合作办要求，北京市交通委组织2批次慰问援派挂职干部，乌鲁木齐市、拉萨市各1人。

赴赤峰市积极推进京蒙支援合作，搭建以行业引领企业合作为载体的协作帮扶机制，初步探索交通行业消费帮扶合作模式。北京市交通委赴内蒙古赤峰市实地了解北京市交通企业在赤峰市投资兴业及协作帮扶情况，期间北京交通企业与赤峰当地企业签署4份合作协议。通过调研对接，进一步拓宽京赤交通企业协作帮扶渠道和领域，巩固公路养护用工专业村合作成果，促进京蒙支援合作向深度发展。落实中央和北京市委市政府关于京拉协作有关要求，动员社会力量向拉萨捐赠交通专业设备。2021年北京市向拉萨市交通部门捐赠总值198.85万的交通专业设备。

开展交通行业消费扶贫试点工作。按照交通运输部消费扶贫相关文件要求，北京市交通委与首发集团沟通，确定以货柜进枢纽站的形式在天通苑北交通枢纽站先行试点消费帮扶。5月27日，天通苑北交通枢纽站首层换乘大厅摆放的两台消费帮扶智能货柜正式启用，经营状况良好。货柜的启用标志着北京市交通行业在推动公众参与消费帮扶方面做出有益探索。

第八节　特色工作

紧紧围绕首都“四个中心”功能建设，加强重大活动交通服务保障，打造首都交通文化品牌，提高交通国际化服务水平，强化交通科技创新，服务首都发展的能力得到提升。

着眼文化中心建设，打造首都交通文明品牌取得新成效。以培育国际化大都市先进交通文化为目标，积极推进“文明礼让、信用出行、志愿服务”三大文化品牌创建。开展“文明驾车、礼让行人”专项整治行动，加强路口文明示范和设施改造，公交、出租等企业加强员工教育并签订“文明礼让交通承诺书”，礼让行人理念深入人心。建立从业企业和人员“一户式”信用档案，出台信用评价及分级分类监管办法，道路客运、驾培、汽修等行业率先开启信用评价；开发8个行业信用排行榜，强化信用评价结果应用；开展“诚实守信、一路畅行”信用交通宣传月活动，运用“两微一端一网”等平台增强信用出行体验感，信用交通关注度进一步提升。研究建立统一平台、统一标准、共同招募、共享信息的平安地铁志愿服务工作机制，推广平安地铁志愿服务，线上线下多渠道宣传引导，交通参与者“随手做志愿”习惯逐步养成。

着眼国际交往中心建设，提升首都交通国际化服务水平取得新成效。对标国际都市和冬奥服务需求，按照“简约、安全、精彩”办赛要求，成立交通保障“一办五组”，编制交通保障总方案和运输工作专项方案，制定完善赛事期间城市公共交通使用政策、社会交通需求管理政策和高速公路通行政策，完成京礼、京藏高速公路和六处冬奥临时交通场站建设以及无障碍交通设施改造、专用道施划，组织开展全要素交通保障测试和应急演练，全力筹备冬奥交通保障。圆满完成第二届联合国全球可持续交通大会承办任务，服务大会开闭幕式、部长论坛等14场活动，充分展示了首都综合、绿色、安全、智能的立体化现代化交通系统。优化轨道全网双语广播，更新282处英文标志标识，开展站务、乘务人员礼仪和英语对话培训。通过服务保障重大国际交往活动，首都交通的国际化服务水平在软、硬件方面均得到了检验、历练和提升。

天津

第一节　整体概况

天津市交通运输系统按照天津市委、市政府和交通运输部"立足新发展阶段、贯彻新发展理念、构建新发展格局"的部署要求，统筹推进疫情防控和交通运输发展，扎实开展党史学习教育，全力深化供给侧结构性改革，着力补短板、降成本、强服务，解决人民群众"急难愁盼"问题，推进交通强国、京津冀交通一体化、世界一流智慧绿色港口建设等工作迈出新步伐、取得新成效。

全年完成交通运输固定资产投资120亿元，实现天津港集装箱吞吐量2027万标准箱，增速在全球枢纽港口中居于前列。集装箱航线达到133条，新华·波罗的海国际航运指数保持全球第20位。天津机场累计完成12.2万运输架次，旅客吞吐量1512.7万人次，同比增长13.9%。重大工程项目建设稳步实施。京滨、京唐高铁路基桥梁工程全部完成，津兴铁路完成全部征拆，开工建设首条市域（郊）铁路。津石高速公路东段完成主线交工验收，塘承高速公路一期滨海新区南段主体完工。全球首个"智慧零碳"码头——天津港北疆港区C段智能化集装箱码头建成投入运营。中石化天津LNG（液化天然气）项目二期码头工程完成竣工验收，为华北地区"迎峰度冬"提供重要保障。

第二节　综合交通基础设施建设

一、铁路

2021年，持续加快打造"轨道上的京津冀"，京滨铁路（宝坻至北辰段）、京唐铁路完成全部连续梁、转体梁等重大节点，全线站前工程实现主体完工，进入线上铺轨和站后"四电"施工，车站站房全面开工建设；津兴铁路征地拆迁全部完成，完成桥梁下部结构，连续梁全部合龙，开展箱梁架设施工；开工建设天津市第一条新建市域（郊）铁路——津静线。

二、公路

（一）高速公路建设

2021年，天津市高速公路通车里程达到1295公里，完成固定资产投资共计21.8亿。长深高速公路改扩建工程海河特大桥项目完成施工，津石高速公路工程、津宁高速公路未来科技城互通立交工程等项目正在施工。

长深高速公路改扩建工程海河特大桥项目。长深高速公路（津塘公路—荣乌高速）扩建工程全长43.95公里，其中新建海河特大桥工程长2.85公里，是该项目唯一一座特大型桥梁。海河特大桥采取双侧分离式，老桥东西两侧对称加宽，与原海河大桥共同运营。

津石高速公路工程（海滨大道—荣乌高速），主要经过区域为滨海新区大港和西青区，东起滨海新区南港工业区，经大港油田、大港电厂、东台子村和长深高速公路后止于荣乌高速公路，建设线路总长31.3公里。

塘承高速公路滨海新区段（西中环快速—津汉高速）工程，起自西中环永定新河特大桥北侧，向北与规划京港高速公路交叉，从宁车沽村西侧穿过，向北基本平行于潮白新河展线，穿越宁车沽大面积养鱼池水面与津汉高速公路（滨海绕城高速公路）相交，下穿津汉高速公路（滨海绕城高速公路）后接塘承高速公路一期工程。路线全长约4.196公里。

（二）普通国省干线公路建设

2021年，天津市普通公路完成固定资产投资21.93亿。截至2021年底，独流减河北堤路（原西青环线）工程、武清区东环线（嘉河道北—京津公路）改建工程完工通车，九园公路（梅丰—宝新段）改建工程、宝武公路（平宝—津围公路）改建工程等10项工程正在施工。

独流减河北堤路（原西青环线）工程。独流减河北堤路全线位于西青区内，建设路线东起津涞公路，自东向西下穿津沧高速后，沿北吴高压走廊带南侧一直向西，下穿京沪铁路及铁路西南环线，西止于G104京福公路，建设长度约7.8公里。路线整体沿着独流减河北堤走向，共设置桥梁3座，涵洞19道，下穿铁道地道1处。

武清区东环线（嘉河道北—京津公路）改建工程：起点位于嘉河道北，终点为京津公路平交口西侧，途经下朱庄街道、徐官屯街道、曹子里镇、大碱厂镇、南蔡村镇等5个镇街，全长15.5公里。

九园公路（梅丰—宝新段）改建工程。工程起点位于梅丰公路，终点位于宝新公路，工程全长30.423公里，其中新建16.723公里，改建13.7公里。设计公路等级为一级公路，建设规模为双向四车道。

宝武公路（平宝—津围公路）改建工程。工程起点位于宝武公路与平宝公路交口，终点位于宝武津围联络线，工程全长26.247公里。设计公路等级为一级公路，建设规模为双向四车道。

（三）农村公路建设

提升改造农村公路328公里，桥梁维修改造31座。全市创建10个四好农村路示范街镇和25条美丽乡村示范路，总里程74公里。

2021年天津市20项民心工程之一的300公里农村公路提升改造和30座农村公路桥梁维修改造工程，进一步改善群众出行条件，助力农村农业经济发展。民心工程道路项目完工314公里，桥梁项目完工30座，累计完成投资4.8亿元。

三、港口

2021年，天津市重点水运工程建设项目完成固定资产投资35.85亿元，同比增长4.09%。

全球首个智能化集装箱码头——天津港北疆港区C段智能化集装箱码头工程完成竣工验收并顺利投产；中石化天津LNG项目扩建工程（二期）码头工程完成竣工验收，为华北地区天然气供应提供了坚实保障；海嘉汽车滚装码头工程顺利通过竣工验收，进一步提升天津港滚装业务区域优势。

天津海洋装备制造基地码头工程水工结构完工；天津港高沙岭港区防波堤一期工程按期复工，已开展海上施工；北京燃气天津南港LNG应急储备项目（码头部分）于2021年5月份开工建设。天津港北疆港区C段智能化集装箱码头工程、北京燃气天津南港LNG应急储备项目（码头部分）两个项目成功申报全国“平安百年品质工程”创建示范工程。

筹划了天津港北航道及相关水域疏浚提升项目、天津港南疆港区27号通用泊位升级改造工程、天津海洋装备制造基地项目二期码头工程等一批世界一流港口建设新项目，为天津港在液体化工、大宗散货、高端临港产业、国家重大能源战略等方面实现高质量发展奠定了坚实的基础。天津港跨越保税区北港路南延及东环路畅通工程是解决“港城矛盾”的集疏运系统工程，北港路南延工程一标段于2021年开工建设。

第三节　运输服务保障能力

一、铁路运输服务

截至2021年，天津市境内铁路主要由津山、京沪、京哈、大秦四条普速干线和京津城际、京津城际延伸线、京沪、津秦、津保五条高铁以及若干支线和联络线构成，形成以天津站、天津西站、滨海西站为主要客运站的“三主三辅”客运枢纽格局；货运系统南仓站为区域性编组站，已建成西南环线、大北环铁路、进港三线和新港北集装箱中心站，基本形成“南进南出、北进北出”的“C字形”集疏港通道。现有铁路共计22条，营业里程1368公里，其中高速（城际）铁路5条，营业里程311公里，铁路运营里程密度全国第一。全年铁路旅客运量3405.56万人次，货物运输量11750万吨。

二、港口运输服务

2021年，天津市共计完成水路货运量10159万吨，同比增长11.2%；完成水路货物周转量1451.3亿吨公里，同比增长0.6%。水路货物运输量同比增速高于全国平均水平。天津市共有无船承运企业1462家、国内船管企业37家、国际船管企业11家、国际船代企业204家、国内船代企业155家、国内水路货代企业161家。共引领船舶17645艘次，其中，新港港区13744艘次，临港港区3234艘次；国轮2097艘次，外轮15548艘次；引领集装箱船舶6014艘次；20万吨级以上集装箱434艘次，VLCC（超大型油轮）186艘次，吃水大于15米船舶582艘次。

三、航空运输服务

2021年，天津滨海机场完成旅客吞吐量1512.7万人次，同比增长13.9%。2021年春运期间，天津滨海机场运输旅客119.2万人次，同比增长2%。2021年清明小长假期间，天津滨海机场完成旅客吞吐量15.2万人次，日均吞吐量约5.1万人次。2021年“五一”小长假期间，天津滨海机场完成旅客吞吐量29.8万人次，日均旅客吞吐量5.96万人次。完成货邮吞吐量19.5万吨，同比增长5.4%。3月，天津滨海机场成功保障进港超大货物包机，该包机由俄罗斯伏尔加第聂伯航空公司执飞，由乌兹别克斯坦始发，机型IL76，共计2件货物，重量共30.4吨；完成首班俄罗斯叶罗费航空公司波音757-200临时货包机保障任务，航班号ERF9422，航线为莫斯科—天津—下瓦尔。4月天津滨海机场完成首批出口疫苗保障任务，这批出口疫苗由阿塞拜疆丝绸之路西部航空承运，共计50万支，目的港为巴库。

四、邮政运输服务

2021年，天津市邮政业务总量完成138.75亿元，比上年增长25.71%；业务收入完成163.63亿元（不包括邮政储蓄银行直接营业收入），比上年增长18.60%。快递业务量完成12.34亿件，比上年增长33.01%；快递业务收入140.12亿元，比上年增长21.21%。支撑网络零售额1388亿元。全市2637个建制村实现快递进村，网点覆盖率超89%。建立各类爱心驿站1770余处。

五、道路运输服务

2021年，全年累计道路运送旅客发送量8915万人次，周转量543009万人公里。累计完成道路货运量34527万吨，周转量6727110万吨公里。

六、城市交通运输服务

2021年，天津市公共交通运营企业13家，公共汽车车辆总数13258辆，公交线路1011条，线路长度27713公里，公交场站274个，全年客运量6.91亿人次。全年轨道交通完成客运量4.65亿人次，日均客运量127.29万人次，最高日客运量184.28万人次，运行图兑现率和列车正点率均保持99%以上。有巡游出租汽车31940辆，主营巡游出租汽车业务车辆31779部，其中企业管理的车辆25804辆，个体工商户出租汽车5975辆，从业人员4.3万余人。

第四节　行业治理体系建设

一、统筹部署交通运输法治建设

围绕贯彻落实国家及天津市"一规划两纲要"部署要求，瞄准天津市法治建设先行区总体目标，制定印发《天津市交通运输法治建设实施意见（2021—2025年）》，明确"十四五"时期法治建设工作目标及任务分工，有力推动交通运输法治建设各项工作。

二、完善交通运输法规制度体系

全年出台两部地方性法规规章。《天津市推进北方国际航运枢纽建设条例》于2021年9月1日起正式实施，为加快天津北方国际航运枢纽建设提供有力法治保障。《天津市铁路安全管理规定》于2021年12月经市政府常务会审议通过，2022年3月1日起正式实施，有效促进铁路沿线安全环境依法治理工作。全年共制定印发《天津市公路桥梁养护工程师管理制度》《天津市铁路无人看守道口监护实施办法》《天津市公共汽车站牌与候车亭管理办法》等18个行政规范性文件，并与京、冀交通运输主管部门完成交叉备份工作。

三、落实重点法治建设职责

一是落实权责清单动态管理机制，及时梳理调整权责清单，形成年度职权调整意见129项报市委编办；配合市委编办做好审核工作，已更新包含485项职权的权责清单。建立权责清单与政府服务事项互通对接机制，确保对外公示职权事项无遗漏。

二是严格落实重大行政决策程序。公布年度重大行政决策事项目录，强化合法性审查等重点环节，充分发挥法律顾问和公职律师"外脑"作用，促进重大行政决策科学化、民主化、法治化。

三是法治化营商环境不断优化。全程网办事项达到175项，占比89%；累计压减办结时限110个工作日；"零跑动"比例超过90%，即办件比例达到41%；道路运输领域4项电子证照实现全国互认，5项高频事项实现"跨省（自治区、直辖市）通办"。

四是依法有效化解矛盾纠纷。制定《负责人出庭应诉工作规定》，全年诉讼案件均由负责人出庭应诉，未出现行政行为被撤销或败诉情况。对投诉举报问题实施提级管理，将案件中发现的问题作为执法监督的重点内容，强化监督问责。

四、深入推进严格规范公正文明执法

一是集中开展交通运输执法领域专项整治。成立工作专班和专项督导组，制定实施方案，建立工作机制，深入基层执法站所、"三站一场"、地铁场站、超限检测站、高速公路服务区及收费站、物流集散地和重要执法点位开展暗访督查，对市、区两级12家执法单位实现督导全覆盖。

二是以制度促规范执法。制定《天津市交通运输综合行政执法事项目录》《关于严格交通运输行政执法工作的规定》《天津市交通运输"双随机、一公开"检查工作实施细则》《天津市交通运输领域轻微违法行为免罚清单》和《交通运输行政处罚自由裁量基准》（2021版）。组建第一批13名培训师资队伍，为全市执法人员轮训提供保障。

三是加强日常执法监督。落实"班子成员每周通报、党委会定期听取汇报、重点事项随时部署"，定期致函各区政府主要负责人，督促执法任务开展。开展案卷评查和"典型差案""示范优案"专项评查。

第五节　科技创新

一、加强科技管理，推进改革创新

制定《天津市交通运输科技创新三年行动计

划（2021—2023 年）》，全面落实天津市科技创新战略部署，科学谋划了未来 3 年交通运输领域科技创新发展方向；编制《市科学技术局市交通运输委关于科技创新驱动加快建设新型交通城市的合作协议》，在项目研发、成果推广、人才培养等方面提出合作方向，明确合作事项，不断优化完善科技工作体制机制。

二、重大科技创新成果

全年共形成科研成果 40 项、新授权实用新型专利 11 项、发明专利 8 项，发表学术论文 50 余篇，并将其中优秀的 4 项专利、6 篇论文推荐至交通运输部重大科技创新成果库。《道路低碳建设固废资源化利用技术研究及工程应用》课题成功入围天津市科技进步一等奖复审环节；发布 2021 年度天津市交通运输新技术推广清单目录，对技术先进、应用前景良好的 13 项成果进行推广。

三、标准体系建设

印发《天津市公路工程建设标准管理办法（试行）》，编制《天津市交通运输标准化“十四五”发展规划（初稿）》，全年完成天津市地方标准立项 14 项，天津市公路工程建设标准立项 16 项。全年发布天津市地方标准 9 项，公路工程建设标准 3 项。

四、推动科技创新人才队伍建设

申报交通运输部科技创新领军人才 3 名，创新团队 2 个，创新基地 1 个。开展中国公路建设行业协会科学技术英才和天津市最美科技工作者推荐工作。

第六节　安全与应急

一、大力推进安全生产专项整治三年行动

印发了《交通运输委安全生产专项整治三年行动 2021 年“集中攻坚年”工作方案》，制定了三年行动评估细则，绘制了交通运输和道路运输安全 2 个专项作战图，开展了三年行动专项督导工作。施行“一情况两清单一台账”的工作方法，动态更新工作进展情况、突出问题清单、制度措施清单和工作推进台账。截至目前，天津市交通运输委员会牵头的 2 个专项，累计排查隐患 26034 处，整改 24941 处，整改率 95.8%；完成季度总结 4 期，调度通报 3 期，发布工作信息 54 期。

二、深入开展危险化学品专项整治

持续开展危险化学品安全隐患大起底大排查和专项整治，对危化品港口企业和道路运输企业下发《安全警示提示函》，采取“执法人员 + 专家”的形式，对危化企业进行全覆盖检查，累计排查隐患 383 处，下达整改通知书 48 份，立案处罚 10 起，处罚金 113.2 万余元。执法总队与交警持续开展路面联合执法 31 次，入企检查 20 次，立案处理车辆 25 部，行政处罚 43 万余元。

三、认真组织铁路沿线环境安全隐患治理

制定《关于加强天津市铁路沿线安全环境治理工作的实施意见》。更新完善《天津市“铁路双段长”人员名册》，制定了《关于加强天津市铁路沿线安全环境治理工作的若干措施》。组织开展了高铁沿线“回头看”和普铁沿线“100 ~ 500 米”隐患专项治理、天津市铁路沿线安全环境治理“回头看”、京哈线和津秦高铁暑期运输安全专项治理、平安铁路“清朗行动”、雪后次生灾害专项整治等工作，发现解决隐患问题 1368 处。

四、严厉打击安全生产违法行为

建立安全生产执法事项清单，共计检查车辆 163932 辆次，检查企业 2214 户次，适用安全生产相关法律法规处罚企业、施工单位以及法定代

表人、安全管理人员12起，共处罚34.6万元，责令1家企业停业整顿30天。检查港航企业1434家次，下达责令整改通知书528份，督促整改隐患问题2384项，行政处罚51家次，处罚金322.4万元，停产停业整顿企业3家次。

第七节 特色工作

一、谋划“十四五”实现良好开局

印发《天津市综合交通运输发展“十四五”规划》，着力打造海空两港“国际双枢纽”、区域铁路公路和城市公共交通网“三大交通网络”、智慧先进绿色集约安全可靠治理高效“四大交通体系”，明确港口、航空、铁路、公路等领域十项重点任务。起草编制《国家综合立体交通网规划纲要》天津实施方案，加快建设综合立体交通主骨架和主枢纽。《天津港总体规划（2020—2035年）》修编已完成报审稿。

二、打造智慧绿色港口

在全国率先批准建设港口自动驾驶示范区。实施天津港绿色智慧专业化码头科技示范工程，探索试点推进基于区块链的集装箱电子放货平台应用。海铁联运量首次突破100万标准箱，天津市首个氢能运输示范应用场景成功落地。获得首批国家“绿色货运配送示范城市”。

（一）智慧港口建设

助力通信信息基础设施建设，截至2021年底，天津港区内5G基站总数达到168座，全球首创性实现1套TOS（码头生产作业管理系统）系统对全部集装箱码头生产要素的集约化管理。建设港口自动驾驶示范区（二期），推进无人集卡应用。2021年12月，建设港口自动驾驶示范区（二期）。二期方案进一步开展创新实践，在一期方案的基础上扩充优化自动驾驶车队，搭建自动化水平运输管理系统，实现同类载具设备多元化、规模化接入应用。目前全国首个港口自动驾驶示范区建设成功测试，共有25台无人集卡在集装箱码头参与实船作业。推进码头作业装备自动化。2021年新建并投入运营的天津港北疆港区C段智能化集装箱码头使用了北斗、5G相关的自主技术，集成应用无人自动化轨道桥、无人驾驶电动集卡、远程控制无人自动驾驶岸桥等智能技术。

（二）绿色港口建设

建设全球首个零碳码头—天津港北疆港区C段智能化集装箱码头。2021年10月，天津港北疆港区C段智能化集装箱码头正式投产运营，与传统码头相比，其采用全新能源解决方案，全场设备全部使用清洁能源，源网荷储和风光储一体化布局，整体构建智慧绿色用能体系。继续深入推进运输结构调整，打造“公转铁＋散改集”双示范绿色港口。

（三）疫情防控体系建设实现新拓展

推动行业防控专班实体化运行。成立市空港防控和进京通道管控专业组、市转运隔离专项工作组工作专班，保障人员、设施、机制始终处于热备状态。按照铁桶般管道式无缝管理要求，梳理完善了海港、空港疫情防控工作机制，确保全流程“点对点、无接触、可追溯”闭环管控。安全保障国际航班617架次，转运旅客132484人次，使用转运车辆5733车次；累计保障出入境换班船员27997人次。成立市区两级转运组，按照分区分级、梯次保障、区域协同、平战结合的原则，指导各区建立并完善应急运力保障机制。开发冷链运输监测预警平台系统，固定人员24小时监测进口冷链食品运输车辆，全年监控3.4万部次。

附表

天津市交通运输主要指标统计表

指标			2021年	备注
基础设施投资（亿元）	综合交通固定资产投资		121.56	
	铁路投资		40.53	
	公路投资		41.96	
	#❶高速公路投资		20.66	
	水运投资		35.38	
铁路	通车总里程（公里）	铁路营业里程	—❷	
		#国家铁路	—	
		#合资铁路	—	
		#地方铁路	—	
	运输情况	旅客发送量（万人次）/货物发送量（万吨）	3405.56/11750	
		旅客周转量（万人公里）/货物周转量（万吨公里）	—	
公路	通车总里程	公路通车总里程（公里）	15307.17	
		#高速公路通车里程（公里）	1324.79	
		#等级公路里程（公里）	—	
		#农村公路里程（公里）	11230.79	
		#桥梁（座）	4120	
		桥梁总长（万延米）	94.56	
		#隧道（座）	5	
		隧道总长（万延米）	0.80	
	运输情况	客运量（万人次）/货运量（万吨）	8915.57/34527.01	
		旅客周转量（万人公里）/货物周转量（万吨公里）	543008.78/6727110.09	
水路	航道及码头情况	内河航道通航里程（公里）	91.90	
		#高等级航道通航里程（公里）	39.50	
		港口生产用码头泊位拥有量（个）	160	
		#万吨级泊位（个）	127	
	运输情况	客运量（万人次）/货运量（万吨）	70.03/10158.69	
		旅客周转量（万人公里）/货物周转量（万吨公里）	1055.29/14512594.52	

续上表

指　标		2021 年	备　注
民航	机场数量（个）	1	
	运输总周转量（万吨公里）	—	
	# 国内运输总周转量（万吨公里）	—	
	# 国际运输总周转量（万吨公里）	—	
	旅客运输量（万人次）/ 货邮运输量（万吨）	1512.7/19.5	
	旅客周转量（万人公里）/ 货邮周转量（万吨公里）	—	
邮政	邮政行业业务总量（万元）	—	
	快递业收入（万元）	—	
	邮政邮路总条数（条）	—	
	邮政邮路总长度（单程 / 公里）	—	

注：❶ # 表示分项。
❷ —表示无统计数据。

河北

第一节　整体概况

2021年河北省交通运输系统围绕重大国家战略和全省发展大局，强化担当、主动作为，稳步推进交通运输事业高质量发展，京津冀交通一体化纵深推进，雄安新区对外骨干路网全面打通，冬奥交通服务保障全面到位，交通固定资产投资超额完成，省会绕城高速公路以内高速公路免费通行如期实现，实现“十四五”良好开局。

第二节　综合交通基础设施建设

2021年，全省交通基础设施固定资产投资完成906.9亿元，为年计划的105.5%。全省地方铁路累计完成固定资产投资123.31亿元，同比增长15.12%。铁路新增109公里，达到8050公里。

唐山曹妃甸实业港务有限公司铁路专用线改造工程（装车线部分）、唐山港路物流铁路专用线工程、唐山东海钢铁集团有限公司铁路专用线工程、河北东海特钢集团有限公司铁路专用线工程、天道仓储物流（迁安）铁路专用线工程和河北津西钢铁集团股份有限公司铁路专用线、新建太子城至锡林浩特铁路太子城至崇礼段等项目的主体工程已完成，雄安新区至北京大兴国际机场轨道快线（R1线）已开工建设。

全省公路累计完成固定资产投资706亿元，高速公路投资370亿元。公路新增4800公里，达到20.95万公里，其中高速公路新增278公里，达到8087公里。京雄、荣乌新线、京德高速一期3条对外通道和容易、安大普通干线2条建材“粮道”建成投用，拼出“雄安速度”，创出“雄安质量”。省部给予充分肯定、中央、省媒体广泛报道。

港口建设稳步推进。全省水运累计完成固定资产投资53.18亿元，新增港口泊位5个，达到242个，年设计通过能力新增708万吨，达到11.3亿吨。内河航道通航里程达到900公里，其中高等级航道通航里程286公里。唐山港曹妃甸港区中物通用码头建成投用，津冀港口干支联动持续深化。

机场基础设施建设超额完成。全省完成固定资产投资7.23亿元，为年计划的120.4%。运营航线177条，其中石家庄机场航线总数达133条，通航城市75个，国际地区航线累计达到3条，通航国际地区城市累计3个，基地航空公司达到4家，驻场运力34架。全省运输机场运营航线、通达城市分别达到177条、77个，国内航线基本覆盖全国省会城市。邢台军民合用机场完工，京津冀机场群不断壮大，统一管理水平持续提升。

第三节　运输服务保障能力

2021年全年完成营业性货运量28.7亿吨，增长7.8%，公路、水路、地方铁路货运量分别完成22.7亿吨、0.5亿吨、5.5亿吨，增长7.2%、4.9%、10.7%。开行中欧中亚班列295列、增长52.8%，完成港口外贸集装箱吞吐量19.4万标准箱、增长25.4%。

全省运输服务能力稳步提升，站场建设步伐不断加快，完成投资16.9亿元，占年度计划的105.4%，提前完成年度目标任务。持续优化调整运输结构。煤炭铁路集港率继续保持100%，矿石、焦炭等大宗货物疏港公路运输量减少2200万吨。加快创建国家多式联运示范项目，培养秦港集团、亿博集团发展海铁联运、公铁联运。

积极推进城乡客运一体化工作，全省农村公路建设改造完工8978公里，占全年目标的119.7%，其中翻浆路整治完工7446公里，占全年目标的107.9%，乡镇农村客运班线基本完成公交化改造。构建轨道交通智能管理系统，推动轨道效能与铁路、公交、客运“四网融合”，积极提升服务品质，地铁的聚合效应初步显现，石家庄市地铁日均客运量达30万人次，单日最高客运量达51万人次，列出正点率、运行图兑现率等均优于国际标准，受到市民认可。

行业转型升级不断深化，网络货运新业态发展迅速。严格落实《网络平台道路货物运输经营管理暂行办法》，强化网络货运运行监测，全省共有90家企业通过线上服务能力认定，80家企业取得网络货运经营资质，运输货物3029.9万吨、产生运费16.2亿元。网约车管理逐步规范，石家庄、保定等8市出台网约车相关政策，72家平台获得经营许可，许可网约车3276辆、驾驶员55843人。绿色货运配送示范城市创建深入开展，石家庄、衡水两市建成一、二级枢纽节点25个、累计购置新能源配送车6870辆、建设充电桩5134个，被交通运输部授予“绿色货运配送示范城市”称号。

新建码头同步规划建设岸电设备，具备岸电供应能力的5万吨级以上专业化泊位达到62个、占比78.5%；黄骅港煤炭港区岸电基本实现应用尽用。

“司机之家”试点建设推进顺利。全省物流园区“司机之家”达17家，为改善驾驶员工作环境起到积极作用。聚焦维护货车驾驶员群体合法权益，全力开展办实事活动，领导班子成员深入54家企业开展大走访大调研活动，抽样16876名货车驾驶员对全省货运驾驶员工作现状进行全方位调研，制发70万份货运驾驶员温馨提示卡，设置开播《卡友之声》法律咨询直播平台，建立道路运输车辆动态监控终端设备服务联盟，组织管理人员依法行政专题培训，宣贯车辆异地网上年审，得到广大货车司机好评。同时，汽车租赁稳步发展。严格落实《小微型客车租赁经营服务管理办法》，加强租赁行业运行监管，规范经营行为，保护经营者和承租人合法权益，目前全省已许可小微型客车租赁企业124家，备案车辆304辆。道路客运电子客票加快推广。对全省二级以上汽车客运站补助1800万，140个二级以上汽车客运站实现电子客票功能。

第四节　行业治理体系建设

积极推进交通运输行业治理体系和治理能力现代化。2021年，河北省委、省政府出台《河北省综合立体交通网规划纲要》，为全国首个省级综合立体交通网规划，是指导河北省综合交通高质量发展的顶层设计文件，部、省予以高度评价。《河北省现代综合交通运输体系发展“十四五”规划》《河北省民航发展“十四五”规划》编制完成，《河北省公路发展“十四五”规划》《河北省沿海港口发展“十四五”规划》印发实施，绘制了“十四五”时期河北交通发展的美好蓝图。

坚持依法治理、源头治理、综合治理，以有效的行业治理，保障行业的健康、平稳、有序发展。应急保障能力稳步提升。应急预案体系建设不断加强，《河北省城市轨道交通运营突发事件应急预案》《河北省出租汽车行业突发事件应急预案》经省政府审核印发。

法治交通建设深入推进。制定法治交通建设五年实施方案，编制部门权责事项清单。立法工作取得新进展，《河北省公路条例》出台实施，入围全省十大法治成果。省厅“一局八中心”挂牌成立，监管企业脱钩划转。“放管服”改革巩固提升，取消、下放审批事项14项。省政府印发《河北省进一步规范交通运输综合行政执法工作实施方案》，为执法改革提供政策保障，执法领域突出问题专项整治深入开展，制定执法事项指导清单，出台"十不准""十必须""五提倡"举措，倡导轻微免罚、首违不罚。唐山等市交通运输综合执法经费纳入同级财政预算。推行危险货物道路运输电子运单制度，全省13市及雄安新区全部实行电子运单管理，注册企业达93.57%，上传电子运单65.97万单。市场监管扎实有效。开展道路运输执法领域突出问题专项整治，梳理行政执法风险点，建立企业长效联系机制，畅通信访投诉渠道，加强执法监督检查，全省道路运输行政执法行为得到有效规范。

开展国际道路货物运输企业"双随机、一公开"抽查工作，进行出租汽车企业和驾驶员服务质量信誉考核，组织汽车维修行业诚信企业创建，实施"两站一场"重点区域专项整治、打击非法治理违规经营专项行动，市场环境进一步优化。强化提升从业人员素质。落实"两类人员"考核管理制度，建立27家考点组织对道路运输企业主要负责人和安全生产管理人员进行考核，下发《道路运输驾驶员应急驾驶操作指南（试行）》，指导货运驾驶员提高应急驾驶操作能力，道路运输企业管理能力、从业人员应急能力得到有效提升。为进一步规范全省公路建设工程安全生产事故统计工作，印发《河北省交通运输安全生产事故统计管理办法（试行）》，落实完善安全生产事故统计报送制度，要求各市交通运输局、雄安新区规划建设局、厅监管企业建立事故统计报送责任制，明确责任部门和具体人员，强化动态管理，严格按照报表制度的统计指标、报送程序和报送时限等要求，做好相关统计报送工作。

开展复工复产质量安全生产专项督查。印发《关于做好节后复工复产安全生产工作的通知》（冀交安委办函〔2021〕7号）和《关于扎实做好全国"两会"期间交通运输安全防范工作的通知》（冀交安委〔2021〕1号），切实做好疫情防控期间全省高速公路建设项目复工复产安全生产工作。印发《关于开展全省高速公路建设工程复工复产和全国"两会"期间安全生产专项督查的通知》，对已复工的9条段在建高速公路建设工程开展复产复工和"两会"期间安全生产专项督导检查。

第五节 科技创新

体制机制建设与政策出台方面，制定并印发《河北省交通运输科技创新三年行动计划》及实施方案，主要围绕加强交通运输科技创新能力建设、促进新技术与交通运输融合发展、强化交通运输科技研发供给、推动交通运输产业创新发展、推动交通运输科技治理能力现代化五个方面，细化为82项具体工作任务，实行任务清单管理，建立了任务清单、责任清单、结果清单，细化推动落实的时间表、路线图和责任人，做到责任主体、目标任务、工作标准、时限要求"四明确"，实现了省市两级工作任务全覆盖，形成了省市联动、齐抓共管的良好局面。

科技管理与改革创新方面，指导各市交通运输局开展科研项目"揭榜挂帅"制度。组织高速集团、交投集团制定科研项目"揭榜挂帅"制度年度工作计划，科研项目"揭榜挂帅"制度全面实行，共计揭榜科技项目30余项，进一步激发了广大科技人员的科研活力，形成了浓厚的科技创新氛围。

重大科技创新成果方面，关键技术研发与应用取得新突破，科技产出效益全面显现。延崇高速公路在基础设施数字化、路运一体化车路协同、北斗高精度定位、特长隧道安全应急处置、沥青路面抑凝冰等方面，组织开展了10余项科技项目研究，高速公路运营与服务智能化管理决策平台建成并投用，北斗高精度定位和5G信号实现全覆盖，隧道行车实现智能诱导。京雄高速公路在车辆准全天候通行、车路协同自动驾驶、耐久性沥青路面、智能建造等方面开展10余项科技项目研究，建成智慧高速综合管理平台。荣乌新线智慧高速公路关键技术研发与应用取得重大突破，研发了车路云网一体化整体解决方案，具有自主知识产权的千米超距毫米波交通雷达在国内首次应用，监测距离突破1000米，建成高速公路数字孪生系统和主动交通控制系统，实现公里级车辆速度管控和车道管控，可有效减少因交通事件导致的交通拥堵，提高通行效率。京德智慧高速公路安全风险预警系统完成部署，实现了交通状态、交通环境信息的全面感知，总体技术达到国内领先水平。

创新能力建设方面，科技创新平台建设取得新进展。截至目前，全系统省部级以上科研平台数量总计11个，涵盖公路建设与养护、智能建造、交通大数据、智能交通等领域。组织高速集团、交投集团编制《科技创新平台建设计划》，在整合现有平台基础上，进一步完善平台布局，建立奖补退出机制，申报智能交通方向国家工程研究中心，力争填补国家级科研平台的空白。

标准体系建设方面，与交通运输部科技司共同组织制定了《支撑雄安新区交通运输高质量发展标准体系》，以综合性、引领性、协调性为基本原则，全面覆盖了雄安新区内外部交通运输系统，涵盖了综合交通运输、铁路、公路、水路、民航、邮政以及城市客运管理等方面，贯穿规划、设计、建设、养护、运营、管理全过程，突出创新引领、服务导向的作用，注重与其他有关标准的协调衔接，构建了覆盖全面、结构合理、协调衔接的标准体系。体系共包含标准60项，截至目前，已发布17项、在研6项、待编37项，均为雄安新区地方标准，分为规划设计、建设实施、运营管理、相关标准四个部分，并明确了各项标准的名称、级别、建议实施时间等。同时依托延崇、京雄、荣乌新线、京德四条智慧高速公路建设实践成效组织编制了《河北省智慧高速公路建设指南》地方标准，旨在为今后河北省及雄安新区智慧高速公路建设提出智慧高速公路的总体架构、建设等级、建设内容、建设要求和测试要求等，以指导智慧高速公路科学建设，避免建设的盲目性和资源浪费。

第六节　安全与应急

2021年，河北省交通运输系统防范化解重大风险取得显著成绩，持续构建安全生产预防预控体系，规模以上企业评估合格率达99.7%，河北高速集团、交投集团所属路段评估优秀率达71.1%，各级管理部门备案重大风险48项、挂牌督办重大隐患7项。大力实施领域专项治理行动，进一步深化三年行动，制定《重点任务推进工作方案》，突出“6项重点、4项难点”，共排查整治问题隐患5.2万项，实施行政处罚775.8万元。相关做法被省、部安委办《工作简报》刊登推广。

成立雄安新区重点建设项目质量安全督导组，对北京至雄安新区高速公路河北段、荣乌高速公路新线京台高速公路至京港澳高速公路段、北京新机场至德州高速公路京冀界至津石高速公路段3个项目共组织综合督查1次、专项督查2次、巡视检查3次，现场签发抽查意见通知书12份，发现质量安全问题581项，全部问题均完成整改。

国道省道方面，对秦皇岛、张家口、石家庄、承德、邯郸市等14条段及养护大中修工程项目进行质量安全综合督查，签发《质量抽查意见通知书》13份。高速公路方面，对张承、京张、沿海高速公路等12个养护项目进行质量综合督查，签发《质量抽查意见通知书》11份。农村公路方面，对邯郸、石家庄、承德市农村公路进行质量安全综合督查，印发《关于农村公路建设质量安全综合督查情况的通报》。为保障冬奥交通项目质量安全，对冬奥项目张榆公路进行监督检查。全力防风险、除隐患、遏事故、保安全、促稳定，实现事故起数和死亡人数“双下降”，没有发生重大及以上责任事故，安全生产形势保持稳定向好态势。

第七节　特色工作

2021年，面对突发局部疫情，河北省坚持人民至上、生命至上，持续优化“1+7”工作方案，巩固提升“一阻三通”防疫机制。精准实施交通检疫，增设城市客运和邮政快递两个专项组，坚持防输出防输入并重，筑牢“三道防线”，做到人车物同防同控、京津冀协防协控，道路检疫站点按需设立，客运、货运视情动态调整，民航、港口实施闭环管理。高效做好运输保障，设立3个应急物资转运站，储备充足运力，组建应急车队、志愿车队，人员返工“点对点”运输安全便捷，应急运输“绿色通道”畅通无阻，实现人流物流商流往来通达。严格落实常态化措施，统筹公路、铁路、水路、民航四大领域，压实“四方责任”，深化爱国卫生运动，严格冷链运输管理，严格运输工具、服务站所、工作场所消毒消杀，严格测温验码、健康防护等防疫措施。完成23.6万余人疫苗接种。春节、五一、十一等重大节假日运输服务保障任务圆满完成。春运40天，全省共完成客运量1.11亿人次，其中客运班线完成270.12万人次，城市公交完成6822.2万人次，出租汽车完成3667.93万人次，地铁完成373.31万人次，秩序平稳、安全有序。

冬奥交通服务保障全部到位。坚持简约、安全、精彩的办赛要求，全力冲刺、决战决胜，交通保障任务高质量完成。交通设施全面就绪，太崇铁路通车，延崇高速公路延伸线、赤城支线及和平驿站投用，8个临时场站投运，实现大通道全面贯通、微循环互联互通。运输保障全面提升，高铁赛时增开20对，达到25对，高速公路7个服务区无障碍设施改造完成，赛区5个加氢站投入运营，核心区保障车辆、驾驶员同步到场，除雪设备、人员足额配置，服务保障团队组建完成并加强演练，与北京交通指挥平台有效对接，石家庄机场全力备降，实现陆空网全方位覆盖、无缝隙衔接。防控预案全面落地，制定疫情防控、极端天气、重要节点保通保畅等方案预案，做到有备无患、万无一失。

附表

河北省交通运输主要指标统计表

指　标			2021 年	备　注
基础设施投资（亿元）	综合交通固定资产投资		906.9	
	铁路投资		123.31	
	公路投资		706	
	# 高速公路投资		370	
	水运投资		53.18	
铁路	通车总里程（公里）	铁路营业里程	—	
		# 国家铁路	—	
		# 合资铁路	—	
		# 地方铁路	1214.7	统计对象为取得河北省地方铁路运营许可证的企业

续上表

指标			2021年	备注
铁路	运输情况	旅客发送量(万人公里)/货物发送量(万吨公里)	—/54539.6	地方铁路货运量
		旅客周转量(万人公里)/货物周转量(万吨公里)	—/3728864.1	地方铁路货物周转量
公路	通车总里程(公里)	公路通车总里程(公里)	207049	
		#高速公路通车里程	8084	
		#等级公路里程	206991	
		#农村公路里程	178766	
		#桥梁(座)	29729	
		桥梁总长(万延米)	333	
		#隧道(座)	694	
		隧道总长(万延米)	80	
	运输情况	客运量(万人次)/货运量(万吨)	7078.66/227200	
		旅客周转量(万人公里)/货物周转量(万吨公里)	664600/86501000	
水路	航道及码头情况	内河航道通航里程(公里)	900	
		#高等级航道通航里程(公里)	286	
		港口生产用码头泊位拥有量(个)	242	
		#万吨级泊位(个)	208	
	运输情况	客运量(万人次)/货运量(万吨)	—/4799.77	
		旅客周转量(万人公里)/货物周转量(万吨公里)	—/7240008.69	
民航	机场数量(个)		25	
	运输总周转量(万吨公里)		—	
	#国内运输总周转量(万吨公里)		—	
	#国际运输总周转量(万吨公里)		—	
	旅客运输量(万人次)/货邮运输量(万吨)		844.63/3.46	
	旅客周转量(万人公里)/货邮周转量(万吨公里)		—	
邮政	邮政行业业务总量(万元)		528	
	#快递业收入(万元)		—	
	邮政邮路总条数(条)		—	
	邮政邮路总长度(单程/公里)		—	

山西

第一节 整体概况

2021年，山西交通运输事业全面推进。交通运输各项指标圆满完成，实现“十四五”良好开局。特别是疫情防控、水毁抢修、创新驱动等许多工作可圈可点，涌现出许多可歌可泣的英雄事迹。在各种风险挑战和急难险重的工作锤炼中，崇尚实干、务实高效成为全行业主旋律。

山西交通运输发展规划的牵引性不断加强。对标《国家综合立体交通网规划纲要》和《交通强国建设纲要》，深刻把握交通运输在全省全方位推进高质量发展中的“先行官”作用，有序推进各项规划编制。印发《山西省省道网规划（2021—2035年）》和《山西省“十四五”综合交通运输体系发展规划》。完成《山西省交通运输“十四五”发展规划》《山西省公路运输服务“十四五”发展规划》等34个行业内系列专项规划。启动《山西省交通基础设施国土空间控制规划》《山西中部城市群综合立体交通网规划研究》和《太忻经济区交通运输高质量发展行动计划》等的编制工作，交通运输中长期发展的“四梁八柱”宏伟蓝图基本绘就。

山西省交通运输厅高起点布局交通强国建设。提请省委、省政府成立了省长任组长的交通强国建设工作领导小组，省委、省政府印发了山西省贯彻落实交通强国建设纲要的《实施意见》《行动计划》《项目清单》《责任分解》和《考核办法》。37项试点任务取得实质性进展；18项预期成果已完成3项，10项取得阶段性成果。推动形成了各部门通力协作、各单位全力攻坚、各级责任全面压实的交通强省建设工作格局。

第二节 综合交通基础设施建设

2021年，山西交通运输经济持续高位运行。全年完成交通固定资产投资715亿元，同比增长12.4%，创历史新高，占全省固定资产投资总额的8.99%。全年完成公路货运量11.5亿吨、公路货物周转量3226亿吨公里，分别同比增长16.8%、15.8%；社会物流总额预计达4万亿元以上，物流业景气指数高于全国1.4个百分点；实现交通运输服务业增加值1209.4亿元，同比增长9.7%。交通运输投资和服务业的强势增长为全省“六稳”“六保”发挥积极作用。

山西省交通运输厅精准对接国家战略，强化高速度、专业化对外对内骨干通道建设。高速公路方面，新打通古城出省口，出省口总数达到28个。另一个出省通道静兴高速公路建成静乐至蔡家崖段。汾石高速公路、浮临高速公路最后两个县县通项目和支撑太忻经济区建设的青银二广太原联络线顺利开工。长临和长邯高速公路改扩建工程、运宝黄河大桥等3个项目获得“李春奖”，太原西北二环、临猗黄河大桥、黎霍高速公路等3个项目入选交通运输部首批平安百年品质工程创建示范项目。民航机场方面，运城、长治机场改扩建和朔州机场新建工程稳步推进，太原武宿机场飞行区西区滑行道工程完成阶段性目标任务。全省机场一体化运营管理步入正轨。干线交通的支撑性不断加强，干线交通网布局进一步优化。国道342线晋城过境改线工程等8个项目已完工，其余27个项目加快推进，共完成新改建和路面改造工程156公里，普通国省干线公路二级以上路段占比达到87.68%。支撑太忻经济区建设的国道108线砂河至石岭关段改建工程获批复立项；基础交通的普惠性不断加强。全年新改建农村公路5709公里，其中，“四好农村路”建成3696公里，运城、晋城2个市和长子、阳城等5个县（区市）荣获2021年“四好农村路”全国示范市、示范县称号；三个一号旅游公路建成2013公里，累计串联沿线74个A级以上景区、185个非A级景点，黄河一号旅游公路临汾永和南庄至阁底段被评为2020年度“十大最美农村路”。支撑重大项目实施的要素保障能力不断加强。“十四五”期重点公路项目的土地预审和用地审批问题得到有效解决，土地规划指标将全部由省级保障，穿越生态红线和敏感地区的审批程序进一步规范。61个公路工程项目和7个水运工程项目全部纳入国家规划，“十四五”期可争取中央补助资金400亿元以上。出台“十四五”期普通省道和农村公路建设补助标准，可争取省财政一般预算资金43亿元。

第三节　运输服务保障能力

2021年，山西省交通运输厅聚焦提质升级和安全畅通，路网运行管理水平不断提升。一是持续推进高速公路服务区提质升级。出台《高速公路服务区管理办法》，规范和完善服务区运营机制。以省政府办公厅名义印发《高速公路服务区提质升级三年行动方案》，投入资金6.79亿元，新建“司机之家”12个，新开通运营加油站10座，开工建设加气站20座，改造老旧厕所32座，全省高速公路服务区面貌焕然一新。二是持续加大公路养护力度。出台《国省干线公路养护工程管理办法》，以“灌缝补坑”为主日常养护，全年处置坑槽7200余处、裂缝24万余处。以晋中、吕梁为精准养护试点，对不同次差路段不同病害实施不同养护措施，处置次差路202公里。落实山西省出台《深化农村公路管理养护体制改革的实施意见》，在足额安排农村公路养护省级补助资金的同时，明确市县两级日常养护资金投入比例，全省公共财政将每年投入农村公路日常养护资金7.18亿元，平均每县624万元，养护标准全国排名第5位，中部六省排名第1位。全面建立县乡村三级“路长制”，全省登记在册各级路长共计2.2万人；成立“县有交通运输综合执法员、乡有监管员、村有护路员”路产路权保护队伍3万余人。全省农村公路优良中等路率达到90%。三是持续开展路域环境综合整治。按照交通运输部等四部委部署要求，开展公路限高限宽设施和检查卡点专项整治行动，共排查出1687处违规限高限宽设施和检查卡点，拆除取缔131处，整治完善1556处。制定实施《山西省高速公路非公路标志管理办法》，开展公路交通标志标线优化提升专项行动，调整标志、标线1000余块、20余万平方米，受到交通运输部通报表扬。四是持续保持治超工作高压态势。坚持依法治超、科技治超，全省累计投入执法人员137.5万人次，检测车辆上亿辆，查处违法超限超载车辆9030辆，卸载货物1.59万吨，罚款166.11万元，记分39877分，超限超载率始终控制在0.2%以内，继续保持在全国最好水平。

山西省交通运输厅满足群众出行多样化需求，运输服务更加便捷多元。一是打造对外开放空中走廊。加密了太原通往上海、天津等国内经济发达地区的航班，太原至日本、韩国、欧洲直航航线正在推进过程中。6月26日首次开通太原到旧金山的国际货运航线，为山西省后续开通更多国际货运航线提供借鉴。二是提升城市客运服务水平。统筹配置全省公共客运资源，全省新开通公交线路85条，调整优化线路105条，定制公交、旅游公交、接驳专线等特色公交发展迅速。11个设区市城区新设立电子公交站牌150块，全部实现手机实时查询乘车信息，移动支付覆盖区域逐步扩大，累计发放交通一卡通128.9万张，全省公共客运智能化、信息化水平稳步提升。太原地铁2号线通车运营，全年客运量3918.9万人次，运营里程数1416.5万车公里，准点率99.97%。太原市被交通运输部命名为“国家公交都市建设示范城市”。三是推进城乡交通运输一体化。全省具备条件的26186个建制村100%通客车。开展城乡交通运输一体化示范县创建，鼓励农村客运公司化经营、集约化发展，有序推进城市公交线路向城区周边重点镇村延伸和农村客运班线公交化改造。

山西省交通运输厅立足结构优化和降本增效，现代流通体系建设逐步加强。一是推动货运车辆平台化。认真贯彻落实省委、省政府关于市场主体倍增和发展平台经济的决策部署，印发《山西省推进网络货运发展行动方案》和《促进网络货运行业健康发展的若干措施》，推动单车独户车辆进入平台、统一管理，加快网络货运市场主体培育。全省网络货运企业数量由年初23家增至329家，增长13倍，货运车辆纳入88.7万辆，全年完成营业额735亿元，同比增长12倍。入统的网络货运企业数达到63家，入统的营业额685亿元，晋中成丰货运入选山西省互联网企业20强。二是着力推动陆海空港一体化。深化晋津冀路港合作，协调中铁太原局、华远国际陆港，分别与天津港、唐山港签署战略合作协议，推动多式联运发展，有效带动企业货物运输“公转铁”“散改集”，不断提升铁路集疏港比例，有效降低企业物流成本。交通运输部公示山西方略保税物流中心为“口岸型国际内陆港、‘一园双网两级多维’大宗货物集装箱多式联运示范工程”。三是统筹谋划推动客货邮融合化。积极规划布局功能完善的乡镇客货邮综合服务站点，开展“交邮”“客邮”“快快”合作等方式，丰富和满足人民群众对美好生活的需求。全年快递包裹收投总量达到29.25亿件，同比增长34.24%。

第四节　行业治理体系建设

2021年，山西省交通运输厅围绕优化职能和增强动能，推动交通重点领域改革成效进一步显现。一是做好事业单位改革“后半篇文章”。在基本完成事业单位重塑性改革的基础上，进一步理顺政事关系，明确厅直事业单位和厅机关各处室的职责清单、业务范围清单，划定业务边界和工作流程，有效解决推诿扯皮和事业单位“人多事少”等问题。二是推进交通运输综合行政执法改革。省级层面，完成省高速公路综合行政执法系统三级机构挂牌组建、干部配备、人员转隶调配，开展执法人员资格培训和执法证件申领、执法职责界定、执法制度创设等工作，与山西交控集团建立高速公路综合行政执法工作联席会议制度，上路执法各项准备工作基本就绪。市县层面，已全部挂牌，绝大多数已正常履职。三是推进省公路局改革。统筹公路系统事业单位改革、所办企业脱钩改革、养护事权划分改革和养护市场化改革，系统开展了省公路局改革方案研究，推进构建普通国省道现代治理体系。四是深化交通领域“放管服”改革。推进省级行政审批事项“取放调”工作，提升行政审批效能，全年省级交通运输行政审批事项共办理10.96万件，全程网办率达98.4%，所有行政审批事项按照规定时限办结。持续创优交通投资环境，协调省自然资源部门首次使用省级土地指标解决重点工程补充耕地近1万亩，节约投资近5亿元；协调省人社厅等6部门优化失地农民社保测算，基本解决在建项目正式用地手续报批难题。正式上线运行道路运输电子证照系统，在全国率先实现《网约车经营许可证》等9类电子证照的申领使用。推动道路运输便民政务服务事项“跨省通办”落地落实，从业资格5项高频事项实现“跨省通办”。

山西省交通运输厅坚持依法治理，行业治理能力持续提升。组织开展交通运输执法领域突出问题专项整治行动。坚持见人见事、走深走实，抓住交通运输执法领域存在的宗旨不牢、作风不优、本领不强、担当不力、执法不廉、管理粗放等突出问题，扎实完成部署动员、自查自纠、深入整改、总结提升各阶段任务。清单内48个问题全部整改清零，全系统共立案调查处理执法领域违法违纪案件8件，54人受到组织处理，彰显了执法为民、正风肃纪的坚强决心。人民网、山西电视台等中央和省级媒体对山西省专项整治行动的成效报道19次。

第五节　科技创新

2021年，山西省交通运输厅着力发展绿色交通和智慧交通，行业含绿量、含新量显著提升。一是做好交通运输碳达峰前期工作。对接清华大学、交通运输部规划研究院等单位，结合山西省交通运输企业“十三五”各年度主要能耗指标，编制《交通领域碳排放现状、趋势与峰值测算及达峰行动初步方案》，开展《山西省交通领域碳达峰路径研究》等4项课题研究，推动全省交通运输碳达峰工作高起点开展。二是发展绿色交通。开发交通运输生态环保管理平台，对全省绿色交通重点工作实行省、市、县三级平台化、网格化管理。开展绿色出行创建行动，指导太原等5市制定创建方案，分解创建指标，提升绿色出行水平。完成淘汰国三及以下营运类柴油货车任务，累计淘汰15.06万辆。推动城市客运领域车辆电动化、甲醇化，新增及更新城市公交车辆全部采用新能源车，全省城市新能源公交车达1.47万辆，占比87.3%，全国排名第5位；新能源巡游出租车2.2万辆，占比52.5%，全国排名第2位。三是发展智慧交通。提升信息化建设水平，编制完成《山西省数字交通五年（2021—2025年）建设行动计划》，推动交通运输信息监管平台建设。应用新技术管控危化品车辆风险，组织研发“危化品车辆跟踪辨识与自动警示系统”，对隧道内危化品车辆进行精确识别、动态跟踪、实时警示、主动报警，在太佳东高速公路临县3号隧道试运行，解决了全国共性难题。持续完善公路建设智慧监管平台，实现对在建重点公路工程特大桥、长大隧道等主要工点施工现场和关键岗位人员在线履约的实时监管。此外，推进“交通科技创新中心”建设，汇集科研骨干力量和科研成果，为全省交通运输高质量发展提供有力科技支撑。

第六节　安全与应急

2021年，山西省交通运输厅多措并举推动交通运输领域安全形势稳中向好。落实“三管三必须”要求，先后召开7次厅安委会全体会议，分析研判安全生产形势，针对性部署重点工作。持续推进安全生产专项整治三年行动，明确32项重大风险清单，组织对重点领域进行5轮督导检查，发现问题隐患1009项，完成整改998项。完成危旧桥梁改造163座、公路安全生命防护工程464公里，新设农村公路平交道口减速带4126处，提升公路本质安全水平。完成全省公路承灾体普查的数据采集，共采集路线及桥隧信息10.28万条、高边坡及各类自然灾害风险点9369条，经验做法受到国务院灾害普查办的通报表扬。在全国率先开展《高速公路运营交通安全风险评估指南》标准研究，填补行业空白，得到交通运输部的高度认可。在青银高速公路吕梁段试点探索创建平安文明示范路，突发事件起数和死亡人数同比分别下降22%和60%。狠抓工程质量，重点工程质量抽检合格率达95.9%，较上年度提升1.3%，运宝黄河大桥、霍永高速公路永和关段等2个项目入选交通运输部、应急管理部和全国总工会联合冠名的平安工程。规范高速公路服务区危货运输车辆停放管理，在全省74对服务区设置危化品车辆停放专区。严把营运船舶市场准入，强化海事安全监管和极端恶劣天气预警预报，全年停业整顿水运企业5家、限期整改14家、实施水上交通管制20次。省交通运输厅应急值班室全年共接报生产安全亡人事故101起，死亡139人，同比分别下降7%和12%，重点公路建设和水上交通领域实现安全生产“零死亡”。扎实有效推进铁路沿线安全环境治理。高起点建立铁路沿线安全环境治理联席会议制度，创设定期报告、通报评价等10个联动机制，及时召开第一次全体会议。组织排查铁路沿线问题隐患1699项，已整治1591项，销号率93.64%；完成上跨铁路桥梁移交386座，完成率97.7%，提前超额完成省政府要求的隐患治理销号60%和桥梁移交80%年度目标任务。推行铁路沿线安全环境管理“双段长”制，设立县、乡两级“双段长”770名。

第七节　合作与交流

2021年，山西省交通运输厅巩固交通运输脱贫攻坚成果与乡村振兴有效衔接。认真贯彻落实省委、省政府各项决策部署，准确把握支持实施乡村振兴战略的总体要求。一是加强组织领导，成立山西省交通运输厅交通运输服务乡村振兴领导小组。二是明确责任部门，印发《山西省交通运输厅关于巩固拓展交通运输脱贫攻坚成果全面推进乡村振兴的实施意见》。三是落实“四个不摘”政策要求，研究起草《山西省“十四五”交通运输巩固脱贫成果衔接乡村振兴发展规划纲要》；与省直相关部门联合印发《关于在重点帮扶县小型基础设施建设领域落实招标投标有关政策规定的通知》《关于做好异地扶贫搬迁后续扶持工作巩固拓展脱贫攻坚成果的实施意见》，进一步建立健全巩固拓展交通运输脱贫攻坚成果长效机制。

山西省交通运输厅强化政府主导，高质量推动落实。连续四年召开“四好农村路”和旅游公路建设现场会、推进会和项目建成投用仪式，学习贯彻习近平总书记重要批示指示精神，统筹安排部署各项工作，将“四好农村路”和三个一号旅游公路建设任务等列入省委全委会、经济工作报告和省政府工作报告。将农村公路“一灯一带”列为全省交通运输领域“我为群众办实事”任务，推动将“四好农村路”和三个一号旅游公路年度目标任务、农村公路管养体制改革、“路长制”完成情况等纳入政府绩效、乡村振兴考核范畴，切实压实主体责任。11个市均出台市级农村公路管理养护体制方案，多数县（市、区）主要领导将“四好农村路”和改革任务作为“一号工程”，亲自部署，全力推动，全省“政府主导、部门协同、上下联动、运转高效”的工作格局正在形成。

第八节　特色工作

2021年，山西省交通运输厅统筹疫情防控和服务大局，交通基础先导作用充分发挥。一是抓好交通运输常态化疫情防控。全年全系统累计投入防疫资金5830万元，出动5.5万余名干部职工奋战在运输场站、公路检测点等防疫一线，守住疫情防控的交通阵地。严格交通场站、运输工具和物流全链条防控。督促指导汽车场站、城市公交、出租车及冷链物流企业落实通风、消毒、查码、登记等防控措施，根据疫情变化，及时停发中高风险区域的客运班线，在公路入省口、收费站、服务区动态设置疫情检测点。防控境外疫情输入。持续抓好国际航班旅客转运及保障工作，全年保障经停太原国际航班43班次，安排转运车辆301台次，转运人员5068人次。畅通京津冀交通保障。依托中转调运站合理安排运输计划、运输路线和接驳方式，确保应急物资及时运输，全面加强市场保供、应急物资运输保障，当好首都“护城河”。做好交通运输行业重点人群疫苗接种工作，累计达44.5万剂次。二是全力推进灾毁公路抢险保通和恢复重建。7月、9月、10月，全省连续遭受3次强降雨影响，公路基础设施损毁严重，累计受损6500公里，道路阻断3350处，灾毁损失96.42亿元。灾情发生伊始，山西省交通运输厅高度重视、高度负责、闻“汛”出征，先后出动抢险人员22.7万人次，动用各类机械9.5万台次，投入9.43

亿元，应急抢险、保通保畅工作取得明显成效，高速公路、村通公路全部抢通，普通国省干线公路基本抢通，人民群众日常出行和生产生活物资运输及国家能源保供运输均未受影响。及时将工作重心转移到灾后恢复重建，开展灾损评估，科学编制灾后重建方案和项目清单，健全部门联审机制，多渠道争取资金补助，积极争取交通运输部的支持，灾后恢复重建有序推进。

附表

山西省交通运输主要指标统计表

指标			2021 年	备注
基础设施投资（亿元）	综合交通固定资产投资		—	
	铁路投资		—	
	公路投资		715	
	# 高速公路投资		324	
	水运投资		—	
铁路	通车总里程（公里）	铁路营业里程	—	
		# 国家铁路	—	
		# 合资铁路	—	
		# 地方铁路	—	
	运输情况	旅客发送量（万人次）/ 货物发送量（万吨）	—	
		旅客周转量（万人公里）/ 货物周转量（万吨公里）	—	
公路	通车总里程	公路通车总里程（公里）	144617	
		# 高速公路通车里程（公里）	5763	
		# 等级公路里程（公里）	143667	
		# 农村公路里程（公里）	126307	
		# 桥梁（座）	15756	
		桥梁总长（万延米）	146	
		# 隧道（座）	1047	
		隧道总长（万延米）	116	
	运输情况	客运量（万人次）/ 货运量（万吨）	5280/114705	
		旅客周转量（万人公里）/ 货物周转量（万吨公里）	558471/32257120	

续上表

指标			2021年	备注
水路	航道及码头情况	内河航道通航里程（公里）	467	
		#高等级航道通航里程（公里）	139	
		港口生产用码头泊位拥有量（个）	6	
		#万吨级泊位（个）	0	
	运输情况	客运量（万人次）/货运量（万吨）	76.0312/15.67	
		旅客周转量（万人公里）/货物周转量（万吨公里）	301.1393/344.88	
民航	机场数量（个）		7	
	运输总周转量（万吨公里）		—	
	#国内运输总周转量（万吨公里）		—	
	#国际运输总周转量（万吨公里）		—	
	旅客运输量（万人次）		1461	
	货邮吞吐量（万吨）		7	
邮政	邮政行业业务总量（万元）		1307900	
	快递业收入（万元）		901600	
	邮政邮路总条数（条）		1347	
	邮政邮路总长度（单程/公里）		69873	

内蒙古

第一节 整体概况

2021年，内蒙古交通运输系统立足新发展阶段，完整、准确、全面贯彻新发展理念，服务构建新发展格局，实现了“十四五”平稳开局。

一是深入贯彻落实习近平总书记重要讲话及重要指示批示精神。落实“第一议题”制度，建立工作台账6个，分解重点任务67项，采取清单化管理、项目化推进，加强过程调度和动态调整，年终盘点总结、巩固提高，形成从传达学习、任务落实、督促检查到结果报告的全流程工作链条，对习近平总书记亲自为内蒙古谋划的战略定位和行动纲领理解更加系统和全面，对找准交通运输在大局中的定位、服务支撑“两个屏障”“两个基地”“一个桥头堡”的认识更加明确。

二是出台交通强国实施方案。推动成立内蒙古自治区交通强国建设工作领导小组，出台《贯彻〈交通强国建设纲要〉实施方案》，分解落实任务，推进试点项目建设。

三是印发交通运输“十四五”规划。争取交通运输部支持，内蒙古自治区14个高速公路和60个国道项目纳入交通运输部“十四五”规划，《国家公路网规划（2021—2035年）》拟调增内蒙古自治区1181公里国家高速公路和4130公里普通国道项目。印发“十四五”综合交通、公路水路交通、城市公共交通等系列规划，形成定位清晰、目标明确、有机衔接的交通运输发展规划体系。

第二节 综合交通基础设施建设

2021年落实建设资金266.7亿元，其中自治区本级争取国家和自治区补助资金152.7亿元、发行专项债66亿元，盟市落实一般债23亿元、发行专项债25亿元，到位资金与完成投资基本匹配。建立重点公路建设项目调度协调工作机制，强化与自治区重大项目厅际联席会议和相关部门沟通对接，全年协调批复重点公路建设用地手续19项，组卷并上报国家和自治区14项。重点公路建设规模5832公里，白音查干—安业、草高吐—乌兰浩特高速公路、卓资山—凉城一级公路等主体建成。农村牧区公路开工建设7518公里、建成4704公里，新增250个自然村通硬化路、54个建制村通双车道公路，分别完成年度目标的119%和200%。

建立“十四五”普通干线非收费公路养护工程项目库，开展路况检测1.6万公里、监测重点桥隧10座，完成807公里路面养护工程，处置路面病害414万平方米，普通国省干线和农村牧区公路优良路率分别提高2.7和3.5个百分点，内蒙古交通运输厅被交通运输部授予“十三五”全国干线公路养护管理进步单位。持续推动“四好农村路”高质量发展，新增自治区级示范盟市2个、示范旗县15个，1个市域示范突出单位，4个示范旗县入围国家级“四好农村路”示范创建评选。印发《深化农村牧区公路管理养护体制改革试点工作推进方案》，6个改革试点全面铺开，信息化管理、市场化运作、美丽农村公路等试点工作取得初步成效。

第三节 运输服务保障能力

出台加快推进道路定制客运发展措施，阿拉善、鄂尔多斯、呼和浩特等地开通定制班线、旅游专线、扶贫专线。10个盟市、18个旗县实现交通一卡通互联互通，9个盟市开通95128出租汽车电召服务，干线公路服务区、停车区新增无障碍设施238处，老年人等特殊群体出行更加便利。ETC应用覆盖停车场、加油站等多种场景，鄂尔多斯市收费停车场基本实现ETC全覆盖，入选全国ETC智慧停车建设试点城市。12328、12122等监督服务热线全年办理咨询建议和投诉举报业务67.8万件，即时答复率、群众满意率和全国评价排名均实现较大提升。培育网络货运企业99家，累计整合货运车辆6.6万辆。试点开展高速公路差异化收费，全年减免公路通行费14.1亿元。鄂尔多斯市获评全国"绿色货运配送示范城市"，扎兰屯市"智惠乡村+电商快递"获评全国第二批农村物流服务品牌。全年营业性公路客运量、旅客周转量、货运量、货物周转量分别完成0.3亿人次、49.4亿人公里、10.9亿吨、1888.8亿吨公里。

第四节　行业治理体系建设

健全规章制度，编制《自治区公路养护作业单位资质管理实施细则》，印发《自治区公路工程勘察设计管理办法》《自治区公路工程建设项目投诉处理办法》，11个盟市出台网约车管理实施细则。大力优化营商环境，推进政务服务"四办"和行政审批"五减"，压减大件运输办理时限70%以上，取消除危险品以外的货运驾驶员从业资格证考试，实现巡游车和网约车驾驶员从业资格考试"两考合一"、从业资格证"两证合一"，公路建设项目勘察设计审批自治区和盟市"两审合一"，道路运输高频服务事项"跨省通办"。强化重点领域监管，聚焦企业群众反映强烈的堵点痛点，下大力气解决执法风纪不严、行政审批要件偏多等问题172项，拆除取缔不规范限高限宽设施150处，"一站一策"治理公路收费站拥堵，实施15个收费站改扩建工程，已完成7个，拥堵收费站数量下降80%，高速公路平均超限率降至0.1%。

第五节　科技创新

推进行业数字化升级改造，初步建成高速公路视频联网监测工程、治理超限超载联网管理信息系统。积极推进交通运输领域碳达峰工作，编制交通运输物流领域碳达峰实施方案，出台能耗双控工作方案。持续调整运输结构，推动大宗货物运输"公转铁"，公路货运量在综合运输体系中占比同比下降1.2%。发展低碳交通装备，新增和更新公交车新能源和清洁能源占比达98.8%，全区中心城区绿色出行分担率达60%。推进基础设施绿色低碳发展，制定出台《内蒙古绿色公路设计与施工通用技术指南》，推广应用环保节能新工艺、新技术，加大废旧沥青路面回收利用，绿化公路里程1364公里，新增充电设施569个。

第六节　安全与应急

实施安全生产专项整治三年行动，排查安全隐患9053项，整改率98%。强化人、车、路、工程各环节安全风险防控，运输企业"两类人员"安全考核通过率98.2%，"两客一危"车辆基本实现动态监控全覆盖。完成危旧桥梁改造221座，安防工程1572公里，高等级公路交竣工合格率100%，铁力—科右中旗高速公路入选交通运输部"平安百年品质工程"创建示范项目。推进公路承灾体普查，形成公路自然灾害风险点数据库，累计采集灾害风险点1365处。修订印发公路交通、水上交通2个自治区级专项应急预案，开展系列安全应急演练。完成呼伦贝尔市、兴安盟严重洪涝灾害和通辽市特大暴雪灾害公路应急抢通任务，春运、"七一"等重要节点、重大活动安保态势平稳有序。全年发生安全生产事故6起、死亡6人，未发生较大及以上安全生产责任事故。

第七节　特色工作

健全常态化疫情防控工作机制，坚持“人、物、环境”同防，及时调整完善交通运输防控措施，基本实现行业重点人员疫苗接种“应接尽接”。有效应对突发疫情，高效完成额济纳逾万名滞留游客、满洲里近8000名密接人员转运保障任务。落实口岸出入境运输“客停货通”政策，全面加强口岸疫情防控闭环管理，因地制宜配合推进“甩挂、接驳、吊装”等无接触作业，实现人货分离、分段运输、封闭管理，确保国际道路运输不断链。持续加强重点时段、热点路段运力供给，建立14支应急运输保障车队，设立应急物资专用收费站10个，开辟应急运输绿色通道296条，保障医疗物资和重要生产生活物资顺畅供应。

附表

内蒙古自治区交通运输主要指标统计表

指标			2021年	备注
基础设施投资（亿元）	综合交通固定资产投资		—	
	铁路投资		—	
	公路投资		290.4	
	# 高速公路投资		108.7	
	水运投资		0.146	
铁路	通车总里程（公里）	铁路营业里程	—	
		# 国家铁路	—	
		# 合资铁路	—	
		# 地方铁路	—	
	运输情况	旅客发送量（万人次）/ 货物发送量（万吨）	—	
		旅客周转量（万人公里）/ 货物周转量（万吨公里）	—	
公路	通车总里程	公路通车总里程（公里）	212603	
		# 高速公路通车里程（公里）	6985	
		# 等级公路里程（公里）	208632	
		# 农村公路里程（公里）	171677	
		# 桥梁（座）	26979	
		桥梁总长（万延米）	1389321	
		# 隧道（座）	51	
		隧道总长（万延米）	72995	
	运输情况	客运量（万人次）/ 货运量（万吨）	2868/132847	
		旅客周转量（万人公里）/ 货物周转量（万吨公里）	342025/22185002	

续上表

指　标			2021 年	备　注
水路	航道及码头情况	内河航道通航里程（公里）	2402.8	
		# 高等级航道通航里程（公里）	0	
		港口生产用码头泊位拥有量（个）	0	
		# 万吨级泊位（个）	0	
	运输情况	客运量（万人）/ 货运量（万吨）	77.37/—	
		旅客周转量（万人公里）/ 货物周转量（万吨公里）	721.45/—	
民航	机场数量（个）		—	
	运输总周转量（万吨公里）		—	
	# 国内运输总周转量（万吨公里）		—	
	# 国际运输总周转量（万吨公里）		—	
	旅客运输量（万人次）/ 货邮运输量（万吨）		—	
	旅客周转量（万人公里）/ 货邮周转量（万吨公里）		—	
邮政	邮政行业业务总量（万元）		—	
	快递业收入（万元）		—	
	邮政邮路总条数（条）		—	
	邮政邮路总长度（单程 / 公里）		—	

辽宁

第一节　整体概况

2021年，辽宁省交通运输系统坚持以人民为中心，践行新发展理念，开拓创新、克难奋进，各项工作取得了新的进展，实现了“十四五”的良好开局。

京哈高速公路绥盘段改扩建，凌绥、本桓（宽）高速公路前期工作取得突破性进展。“四好农村公路”建设获国务院通报表扬。建设改造农村公路7060公里，超额完成年度任务，工程质量合格率达到97%。朝凌高铁验收获得国铁集团“首条零隐患开通”高度评价。集装箱海铁联运继续保持全国先进行列。全省集装箱海铁联运量突破130万标准箱，占集装箱吞吐量的11.8%。出租汽车精神文明创建活动成效显著。联合公安、邮政部门出台“的士驿站”政策，全省180个邮政网点设置“的士驿站”、1540家工会户外劳动者服务站成为驾驶员温馨港湾。评选“最美出租车司机”100名，16人入围全国“最美出租车司机”评选。经验做法在全省精神文明工作会议上进行交流。行政审批服务位居全国前列。建立“窗口对门口”大件运输审批政企合作新模式，跨省三类大件审批时限缩短至2.7天。在全国率先开展普通货运、国际道路运输延续行政许可“一单承诺制”。道路运输驾驶员从业资格5项高频事项在全国第一批实现“跨省（自治区、直辖市）通办”。

交通服务重大战略成效明显。服务交通强国战略。4项国家试点和48项省级试点任务稳步推进。鞍山公交都市通过国家验收，盘锦公交都市扎实推进。支持建设重点公交场站基础设施16个，新增和优化调整公交线路 124条，省辖市区公交站点500米覆盖率和公交车进场率均达到98%。10个城市市区清洁能源与新能源公交车比例达到100%。推动锦州港申报国家多式联运示范工程，打造沈哈红运升级版多式联运组织模式。全省新增大连、抚顺两个“四好农村路”国家级示范市，金普新区、普兰店区、本溪县、桓仁县4个国家级示范县。服务乡村振兴战略。实施巩固脱贫地区农村公路建设改造2347公里、美丽农村路650公里，围绕“飞地经济”和乡村旅游资源开发，建设产业路和旅游路700公里。新建改造农村综合服务站94个，培育农村物流品牌示范企业15家。各市通过城市公交向周边乡村延伸、农村客运公交化改造和区域经营等方式，推动66家公交企业、4421台车辆覆盖乡镇74个、建制村999个。服务对外开放战略。全年开行中欧班列637列、货值23.33亿美元。支持沈阳中欧班列集结中心建设，开行班列508列，完成4.3万标准箱，位居东北地区首位、全国第7位。大连港直发中欧班列开行121列，完成1.2万标准箱。全省港口新增外贸航线5条，集装箱外贸吞吐量完成299万标准箱。服务全省经济社会发展战略。紧紧围绕“一圈一带两区”区域发展格局，深入谋划交通发展。省政府印发《“十四五”综合交通运输发展规划》，编制了综合立体交通网规划和干线公路国土空间规划。印发公路建设养护、综合运输服务发展等7个专项规划；出台辽宁港口引领沿海经济带高质量发展等工作方案10个。

第二节　综合交通基础设施建设

2021年，完成交通运输基础设施投资255.7亿元，其中，公路、水路完成177.6亿元，铁路、民航完成78.1亿元。

一、公路基础设施建设

完成公路工程建设投资77.3亿元。其中，高速公路建设投资完成31亿元，普通国省干线公路建设投资完成7.3亿元，农村公路建设投资完成39亿元。一是全力推进高速公路建设。京哈高速公路绥中至盘锦段改扩建，本桓（宽）、凌绥高速公路前期工作扎实有序推进，京哈高速公路绥中至盘锦段改扩建软基处理试验段正式开工；沈康连接线项目按期顺利实现高质量建成通车目标；阜奈项目“平安百年品质工程”创建得到部“三送行动”专家组充分肯定。二是不断完善国省干线路网。实施干线公路改造工程2412公里，进一步提升干线公路路况水平；实施干线公路危桥改造90座，有效消除干线公路安全隐患。实施旅游路、园区路、产业路等80公里，推进柞本线等低标准路段升级改造，有效促进地方经济和产业发展。三是持续优化农村公路网络。以服务巩固拓展脱贫攻坚成果同乡村振兴有效衔接为目标，持续推进农村公路新改建、维修改造工程实施。完成新改建、维修改造工程6800公里，完成农村公路安防工程900公里。全省自然村（组）通硬化路比重达到99%，具备条件的相邻行政村之间基本实现互联互通，基本消灭县、乡道严重破损路段，农村公路网络结构进一步优化，服务能力进一步加强。四是有序推进重点项目建设。完成沈阳沈环线满都户大桥与本溪集本线八盘岭隧道前期审批、工程招标工作。抓好沈阳沈张线分水岭、通武线柳河、京沈线马虎山大桥建设工作，工程进度已达75.4%、17.9%和53.5%。平改立项目新建4处，本溪南沟、火连寨道口及朝阳双庙道口已完成招标，近期开工建设；葫芦岛影壁山道口正在进行初步设计批复；续建6处，工程形象进度已达67.9%。

二、水运基础设施建设

完成水运工程建设投资20亿元。其中，大连港大港港区二码头邮轮泊位改扩建工程、大连港大窑湾港区深水航道扩建工程、盘锦港10万吨级航道工程、盘锦港30万吨级原油码头工程、营口港鲅鱼圈港区钢杂泊位改造一期工程、丹东港大东港区泊位改扩建工程、锦州港航道改扩建工程、锦州港302、303液体散货泊位工程及大连港大窑湾智慧港口2.0项目等17个重点项目有序推进。锦州港301号原油泊位、锦州港209、210号集装箱泊位、盘锦港荣兴港区101、102多用途泊位等5个泊位完成升级改造；盘锦港荣兴港区西作业区301号油品泊位、盘锦港荣兴港区西作业区331号、332号、334号液体化工品泊位、大连港大窑湾港区汽车滚装码头4号泊位等5个泊位建成投产；锦州港404、405号煤炭码头、绥中电厂二期5万吨级煤炭码头、绥中36-1油田二期5万吨级油码头等4个泊位通过竣工验收，全年新增港口综合通过能力4464万吨。盘锦港荣兴港区公共航道工程作为辽宁省港口整合工作完成后，第一个政府投资的沿海港区公共航道改扩建工程，受到各界高度关注。

三、铁路民航基础设施建设

朝凌高铁开通运营；沈白高铁全线开工，完成投资30亿元；沈丹铁路桃仙机场段前期工作全面完成，正式进入实施阶段。朝阳高铁北站综合客运枢纽等4个项目建成完工，大连北站综合客运枢纽主体工程基本完工。同时，沈阳桃仙机场、大连机场建设前期工作加快推进。

第三节　运输服务保障能力

货物运输持续增长。全省累计完成货运量17.9亿吨、货运周转量4521亿吨公里，同比分别增长8.2%和3.4%。其中，公路货运量15.3亿吨，铁路货运量2.3亿吨；民航货运量8.9万吨；港口吞吐量7.9亿吨、集装箱1135万标准箱；高速公路出口车流量1.97亿台次。邮政业务收入、快递业务量分别增长15.2%和23.7%。新增网络货运企业5家，累计达31家。新增水路化学品运输企业1家、化学品运输船舶2艘。大连港完成丰田商品车中转4070台，“班轮+班列”多式联运跨渤海通道开通运营。

客运服务提质升级。开通定制公交线路757条，7个城市开通95128老年乘客电话服务。35个市县区城乡交通运输一体化发展程度达到5A级标准。会同邮政部门建立合作机制，促进交邮融合发展，全年试点建成盘锦大洼区和盘山县、朝阳喀左县3个县级中心站、22个乡镇中转站、247个村级融合站，开通27条客货邮合作线路，覆盖46个乡镇和500个自然村屯，日均带货1.6万件。盘山县交邮合作模式被交通运输部选为全国十大典型之一。会同省财政厅制定出台奖补政策，给予农村客运在购车、运营、保险等方面补助4274万元。

服务品质持续提升。制定实施6项差异化收费政策，全年核算减免通行费12.2亿元。持续提升高速公路服务质量，ETC入口使用率位居全国第一。全面取消港口建设费，大连港、营口港下调177项收费标准。新增“司机之家”19个，全省达到45个。

煤炭保供运输有力。发挥综合交通协调作用，突出抓好能源等重点物资运输保障，建立公铁水闭环运输管理模式，积极化解煤炭海铁联运和铁路跨局运输难题，有效加强供需对接，优先保障煤炭船舶靠泊接卸和车辆绿色通行。完成铁路装运发电供暖用煤2761万吨，港口接卸发电供暖用煤1568万吨。

第四节　行业治理体系建设

放管服改革深入推进。完成《辽宁省货运车辆超限超载治理条例》《辽宁省公路条例》两部地方法规修订工作。在省直单位率先推行包容免罚监管机制，包容免罚事项增加至105项，是全国交通运输执法领域适用事项最多、最全的省份。行政审批事项网上可办率、实办率、限时办结率均达到100%。全省道路运输驾驶员从业资格证补发、换发、注销、变更、诚信考核等实现了“跨省通办”，道路货运车辆“三检合一”改革落地实施。

行业管理更加规范。加强农村公路、国省干线公路建设养护等领域资金规范管理，公路水路公共基础设施首次入账。创新推行普通国省干线公路建设养护工程招投标“五公开、四随机、三记录、二承诺、一保密”制度。

市场秩序平稳有序。统筹开展限高限宽设施和检查卡点、成品油道路运输、超限超载、海上砂石船舶管理等六项专项整治行动，制定印发了《关于开展交通运输领域群众意见较大的“老大难”问题专项整治方案》《关于开展2021年全省路域环境整治专项行动的通知》等文件，拆除违规设施338处，认定超限超载车辆4.7万台次，查处“黑出租、黑客运”等各类非法运营行为4884起，查扣违法违规车辆3055台。

第五节　科技创新

智慧交通建设收获新成果。省高速公路路网智慧监测平台完成深度开发，路网运行监测预警及分析评价等系统基本建成。积极对接辽港集团，推进智慧港口2.0建设，编制港口安全管理智慧云平台建设方案，大连集装箱码头智慧建设取得新进展。盘锦5G石化运输智慧路试点效果良好。同时，立足服务智慧城市精细化管理需求，持续完善ETC智慧停车服务平台功能，累计签约停车场306家，设备已完成安装280家，上线运营147家，累计服务车辆513万台，实现了不停车快捷支付。

科技创新引领实现新提升。创建辽宁省数字化转型促进中心科研平台。全年完成科技立项56

项，《高速公路沥青路面养护指南》等地方标准立项14项，均创历史新高。“低碳抗盐冻型桥梁养护新材料研制及工程化应用示范”等5个项目获省政府科技进步奖，“海量数据驱动的特大型桥梁性能诊断理论方法与关键技术”等3个项目获中国公路学会科学技术奖。

绿色交通发展取得新进展。全省新能源公交车购置省补助资金提高至15万元/辆，新增新能源公交车1338辆，新能源和清洁能源公交车占比达到92%。配合环保、公安部门淘汰高耗能、高排放老旧车辆2万台。港口岸电设施累计建成81套。辽港集团通过清洁能源替代、绿色港口数字化管理平台建设等措施，推进节能降碳，全年综合能源消耗同比下降11.2%，二氧化碳直排量下降7.3%。

第六节　安全与应急

全力打造平安交通。深入实施安全生产专项整治三年行动“集中攻坚年”，组织开展道路客运、危化品道路运输、港口危货储存等专项整治行动28项，整改隐患1万余个，形成道路水路运输等领域风险清单40项，确保了建党100周年、第二届联合国全球可持续交通大会、十九届六中全会等重大活动、重点时段安全生产形势稳定。实施安防工程1501公里，处置路面病害22万平方米。同时，成功应对汛期多轮强降雨、台风和“11·6”特大暴雪等重大自然灾害，圆满完成了抢通保通保运任务。

疫情防控持续平稳。强化重点地区交通管控，疫情发生后第一时间停运重点地区来往客运班线以及旅游包车，迅速设置公路防疫查验点，实现车辆、人员检测全覆盖。同时，启动应急预案，做好物资运输保障。强化口岸入境管控，认真做好国际航行船舶、冷链食品装卸、港口登船作业等关键环节管控，对高风险岗位人员实行“三集中”常态化管理。严格落实船舶靠港作业“一船一档”制度，得到交通运输部通报表扬。强化冷链运输监管。严禁未备案企业及车辆从事进口冷链运输业务，全省冷链运输企业全部纳入交通管控。强化常态化防控，认真落实交通通道、交通工具、从业人员等防疫要求，严格落实消毒、实名认证等防控程序。交通重点人群疫苗接种比例达到97%。

第七节　建设人民满意的“四好农村路”

“十三五”期间，在行政村通硬化路的基础上，辽宁省继续推动农村交通项目进村入户，共建设农村公路5.3万公里，全省自然村（组）通硬化路比例达到98%，实现了行政村互联互通，行政村内主要道路基本实现硬化，为农村经济社会发展提供了坚实的交通服务保障。

一、需求导向，推动农村公路“建档立卡”，规划好人民需要的交通

高位谋划做部署。为决胜辽宁省脱贫攻坚战，全面建成小康社会，省委、省政府将农村公路建设作为重点工作，部署开展农村交通需求调查工作。省交通运输厅牵头编制建设需求调查手册，并将调查工作与各级党委派驻第一书记工作紧密结合，形成党政领导、交通主导、乡镇政府负责、建制村和驻村第一书记具体落实、村民代表广泛参与的工作局面，共召开部署、培训会议130余场次，参会人员超过15000人。

问需于民绘愿景。借鉴“精准扶贫”方式，全省各驻村干部与村两委班子密切配合，步量手画路线草图，由村民代表大会决议决定农村交通发展，确定建设需求和先后顺序，初步绘制农村公路建设“一村一图”，并逐级汇总形成“一镇一图”“一县一手册”，全面、细致地绘制出人民群众期盼的农村交通。历时2个多月，全省达5万多名干部、技术人员和群众参与调查，绘制手工草图9万多张，全景式构建了农村公路需求基础档案。

科技赋能奠基础。充分利用高清遥感影像及图像处理技术，由技术支持单位会同县、乡技术人员，将全省1000余张“一镇一图”描绘到高清遥感影像地图上，并进行矢量化处理、排布桩号、关联属性信息，形成全省农村公路基础电子地图和数据库，推动全省农村公路基础数字化建设。

优化规划保落实。基于人民群众需求，汇总建设总需求达10万公里，结合脱贫任务和区域发展水平，进一步优化农村公路规划，确保做到“修什么样的路让群众说的算”。到2021年底，共解决村组互联互通建设需求1.7万公里，落实比例为74%；村内巷道建设需求2.4万公里，落实比例为39%；1.4万公里油返砂改造需求全部销号。

二、质量为基，贯彻农村公路安全至上理念，建设好人民放心的交通

强化工程质量监管。以“长度、宽度、厚度、强度”4项指标为重点，每年对在建工程质量进行督导和上年已完工程质量进行复验，覆盖所有县区和标段，实现省市监管制度化，质量监管压力得到有效传导。“十三五”期，累计抽检工程项目1590余项4200多公里，检测各项指标65285点（组）。到2021年底，全省农村公路检测指标合格率达到96.5%，比2017年提升了6.1个百分点。

集中实施危桥“歼灭战”。省级委托专业检测机构负责县、乡道大中桥和村道大桥检测评定，市县组织技术人员负责其余桥梁评定，利用一年时间摸排出713座危桥，并实施“歼灭战”，消除潜在隐患。同时，完善农村公路桥梁管理制度，加强桥梁巡查，特别是对老旧桥梁加强监测，基本实现了上年发生危桥下年及时实施改造的良性循环。

大力开展安全隐患整治行动。积极落实“三同时”制度，加大对农村公路隐患排查，按照“一路一档”原则，在梳理完善农村公路安防设施台账的基础上，依据交通运输部颁《公路安全生命防护工程实施技术指南（试行）》，逐一排查安全隐患路段，建立全省农村公路安全设施图，并建立整改项目库，推动农村安全隐患整治。

三、养护为本，深化农村公路管养体制改革，维护好人民满意的交通

夯实主体责任，完善资金保障机制。深入贯彻国办45号文件精神，强化落实各级政府管养责任。各县（市）政府均出台了推行“路长制”实施方案，县、乡、村三级路长和县、乡镇路长办公室设置率均达到100%。按照不低于替代养路费部分15%的比例安排养护工程资金，每年约11亿元，推动农村公路养护落实。同时，严格按照“1053”标准落实日常养护省、市、县三级公共财政资金，规定市级投入标准不低于总量的40%，有效分担县区财政压力。

大力实施维修改造工程，有效确保路网通畅。开展县道破损路段集中整治行动，对1100公里严重破损路段集中实施改造。同时，开展农村公路技术状况评定，省交通运输厅每年专项列支390万资金，委托专业检测机构按照县道40%、乡村道20%的比重进行自动化检测。五年全省累计实施维修改造工程2.3万公里，年均维修改造比重达到6.3%，全面完成了农村公路“畅返不畅”改造任务，技术状况中等及以上农村公路比重由“十三五”初的76%提高到92%。

坚持因路制宜分类养护，全面确保养护水平。按照分类养护原则，县级公路由县公路管理机构全面实施专业化养护；乡村级公路采取专群结合的养护方式，养护工程及小修保养等专业化养护由县公路管理机构负责，日常养护工作则充分发挥乡镇政府和村委会作用，聘用养路工开展乡道养护工作。全省乡镇农村公路管理机构覆盖率达到100%，管理养护专兼职人员达2100余名，养护工近17000人，切实做到了“县道县管、乡村道乡村管”，农村公路列养率保持100%。

四、服务优先，完善农村交通运营体系，运营好人民期盼的交通

坚持公益属性，破解农村客运“开的通，留不住”难题。推动落实地方政府主体责任，建立与地方财政相适应的投入机制，统筹用好退坡资金、场站资金和其他涉农资金，在农村客运基础设施建设、购车、运营、保险、卫星定位及视频监控装置、客运公交一体化改造等方面给予奖补，同时将建制村通客车工作纳入考核，确保农村客运“开得通、留得住、有效益”。

坚持服务民生，探索灵活多样的农村客运模式。以百姓出行需求为出发点和落脚点，按照“宜公交则公交、宜客运则客运”的原则，在城镇化水平较高的地区推动城市公交向乡村延伸和农村客运公交化改造，具备条件的实现全域公交；在客流较少地区，因地制宜推广定制班线、区域经营、预约响应等组织模式，提高车辆利用效率，打造村至乡镇20分钟、至县城40分钟、至市区60分钟便捷生活圈。

坚持改革创新，打造集约共享的融合发展模式。健全部门协同机制，构建“一点多能、一网多用、功能集约、便利高效”的农村运输服务发展新模式。建设农村综合服务站，开通客货邮合作线路27条，客车日均带货16399件。培育农村物流品牌企业，引导交通运输企业与邮政、快递、农业生产、电商等企业跨行业联营合作，促进工业品下乡和农产品进城双向流通，全省乡镇快递服务覆盖率达100%，建制村直接通邮率100%。

附表

辽宁省交通运输主要指标统计表

<table>
<tr><th colspan="3">指　标</th><th>2021 年</th><th>备　注</th></tr>
<tr><td rowspan="5">基础设施投资（亿元）</td><td colspan="2">综合交通固定资产投资</td><td>—</td><td></td></tr>
<tr><td colspan="2">铁路投资</td><td>66</td><td></td></tr>
<tr><td colspan="2">公路投资</td><td>101.75977</td><td></td></tr>
<tr><td colspan="2"># 高速公路投资</td><td>13.89</td><td></td></tr>
<tr><td colspan="2">水运投资</td><td>30.00969</td><td></td></tr>
<tr><td rowspan="6">铁路</td><td rowspan="4">通车总里程（公里）</td><td>铁路营业里程</td><td>6733</td><td></td></tr>
<tr><td># 国家铁路</td><td>6302</td><td></td></tr>
<tr><td># 合资铁路</td><td>—</td><td></td></tr>
<tr><td># 地方铁路</td><td>431</td><td></td></tr>
<tr><td rowspan="2">运输情况</td><td>旅客发送量（万人次）/ 货物发送量（万吨）</td><td>7645/23148</td><td></td></tr>
<tr><td>旅客周转量（万人公里）/ 货物周转量（万吨公里）</td><td>3334547/12407408</td><td></td></tr>
<tr><td rowspan="4">公路</td><td rowspan="4">通车总里程</td><td>公路通车总里程（公里）</td><td>131587.799</td><td></td></tr>
<tr><td># 高速公路通车里程（公里）</td><td>4347.785</td><td></td></tr>
<tr><td># 等级公路里程（公里）</td><td>122824.835</td><td></td></tr>
<tr><td># 农村公路里程（公里）</td><td>109644.971</td><td></td></tr>
</table>

续上表

指标			2021年	备注
公路	通车总里程	# 桥梁（座）	49860	
		桥梁总长（万延米）	204.567031	
		# 隧道（座）	269	
		隧道总长（万延米）	23.877967	
	运输情况	客运量（万人次）/ 货运量（万吨）	19361.5084/152596.2397	
		旅客周转量（万人公里）/ 货物周转量（万吨公里）	960912.1721/27195008.5149	
水路	航道及码头情况	内河航道通航里程（公里）	413	
		# 高等级航道通航里程（公里）	413	
		港口生产用码头泊位拥有量（个）	438	
		# 万吨级泊位（个）	254	
	运输情况	客运量（万人）/ 货运量（万吨）	268.1942/3490.6311	
		旅客周转量（万人公里）/ 货物周转量（万吨公里）	18865.3498/5590881.5322	
民航	机场数量（个）		8	
	运输总周转量（万吨公里）		—	
	# 国内运输总周转量（万吨公里）		—	
	# 国际运输总周转量（万吨公里）		—	
	旅客运输量（万人次）/ 货邮运输量（万吨）		2515.7/31.3	
	旅客周转量（万人公里）/ 货邮周转量（万吨公里）		1580493/16708	
邮政	邮政行业业务总量（万元）		2238000	
	快递业收入（万元）		1677000	
	邮政邮路总条数（条）		—	
	邮政邮路总长度（单程 / 公里）		—	

吉林

2021 年，吉林省交通运输行业聚焦"一主六双"高质量发展战略和"两确保一率先"发展目标，全力加快高质量交通强省建设，各项工作取得显著进展，实现了"十四五"良好开局。

第一节 整体概况

全省公路总里程达到 108691 公里，等级公路 104783 公里，占总里程的 96.4％，其中：高速公路 4315 公里，一级公路 2233 公里，二级公路 9767 公里，二级及以上公路 16315 公里，占总里程的 15.0％。国省干线 15799 公里，占总里程的 14.5％，国省干线中二级及以上公路比重为 85.1%，普通国省干线二级及以上公路比重为 79.4%。农村公路 91755 公里，占总里程的 84.4％，专用公路 1138 公里，占总里程的 1.0％。全省公路密度为 58.0 公里／百平方公里。所有乡镇和建制村 100% 实现通达通畅。

全省通航里程为 1621.06 公里，其中，三级航道 128.5 公里、四级航道 89 公里、五级航道 817.8 公里、六级航道 391.67 公里、七级及以下航道 194.09 公里。

第二节 交通基础设施建设

一、交通重大项目建设加快推进

全年完成交通基础设施建设投资 274 亿元，同比增加 48 亿元、增长 21.4%，投资继续保持强劲发展势头，为全省经济稳增长作出了积极贡献。高速公路完成投资 199 亿元，同比增加 67.1 亿元、增长 50.9%，续建大蒲柴河至烟筒山、烟筒山至长春、集安至桓仁等 7 个项目 604 公里，新开工长春都市圈环线农安至九台和双阳至伊通段 126 公里。东丰至双辽辽宁段提前 10 个月建成通车，集安至双辽高速公路全线贯通，进一步增强了南向通道能力。国省干线公路完成投资 31.1 亿元，同比增加 5 亿元、增长 27.4%，续建万良至抚松、营城子至伊通等 23 个项目 551 公里，新开工威虎岭至白石山等 5 个项目 117 公里，建成长春至依家屯、园池至图们等 11 个项目 225 公里，路网衔接更加顺畅，服务区域经济发展作用更加突出。

图 7-7-1 2021 年 10 月 19 日东双项目辽宁段通车预热（图片由吉林省交通运输厅提供）

二、"四好农村路"建设水平显著提升

农村公路建设完成投资 40.4 亿元，为年度目标的 112.1%，新改建农村公路 2805 公里，实施安防工程 2068 公里，危桥改造 171 座。新增 11 个乡（镇）通三级路，新增 517 个自然屯通硬化路，自然屯通硬化路率达到 95.1%，同比提高 2.6

个百分点。各地全面推行农村公路"路长制",多渠道筹集资金,加强农村公路日常养护,实施农村公路养护工程5005公里,有效避免"畅返不畅"问题。通化市、白城市和双阳、双辽、通化、辉南、扶余、通榆6个县(市)被评为全国"四好农村路"示范市、示范县,创建数量分别位居全国第7位和第11位。开展美丽农村路创建活动,建设"美丽农村路"138条,双阳区神鹿峰旅游路被评选为全国"十大最美农村路"。

三、城市轨道交通建设步伐加快

2021年,长春轨道交通集团完成投资104.8亿元;融资156.5亿元;取得存量债务融资再安排贷款授信467亿元,完成存量债务重组354亿元。长春轨道交通年度内开通2号线西延、3号线东延工程2条新线,运营总里程达到106.7公里;在建项目9个,其中7个续建项目,分别为轨道交通2号线东延(东方广场—赵家岗东)、西延线、3号线东延线、4号线南延线、5号线一期、6号线、7号线一期工程;2个新建项目,轨道交通9号线(空港线)一期工程、轨道交通3号线南延线工程。

第三节 运输服务保障能力

一、公路运输

省政府出台《关于促进吉林省道路客运行业高质量发展的实施意见》,全面启动道路客运体制机制改革。全年实施公交化改造线路301条,公交化线路辐射60%的建制村,发展各类定制客运线路65条,城乡群众出行更多样更便捷。

全省共有营业性汽车(在运管部门登记注册且许可在有效期内的车辆)25.17万辆(不含出租车、公交车及4.5吨及以下货车),其中,载客汽车1.20万辆,载货汽车23.97万辆。完成营业性公路客运量9155.43万人次、旅客周转量72.90亿人公里;完成营业性公路货运量47675.07万吨、货物周转量1523.81亿吨公里。

全省从事国际道路运输的经营业户共有67户,其中,旅客运输经营业户3户,货物运输经营业户63户,客货运输兼营经营业户1户;投入从事国际道路运输的载客汽车70辆,载货汽车666辆;开通国际道路运输客运线路10条,货运线路14条。货物通过量9.1万吨,货物周转量1092.5万吨公里,同比下降122%和96%。

二、出租汽车、城市公交(轨道交通)

全省共有公共汽电车111979台,营运线路1421条,营运线路总长31656.7公里,营运里程62518.2万公里,年客运量114855.4万人次;设有公交专用车道471.4公里,公共汽电车停保场139.2万平方米;经营业户110户,其中国有企业21户,国有控股企业6户,私营企业79户,其他4户。

全省共有出租汽车68569辆,其中个体车辆31497辆,载客车次总数94280.4万车次,客运量167188.18万人次,营运里程683041.7万公里;出租汽车经营业户31788户,其中车辆301辆以上的企业35户,车辆101~300辆的企业55户,车辆51~100辆的企业61户,车辆50辆以下的企业146户,个体经营业户31491户。

全省有轨道交通运营线路7条,分别为地铁线路2条(长春地铁一号线、二号线),轻轨线路3条(长春轻轨三、四、八号线),有轨电车线路2条(长春有轨电车54、55路);全省拥有轨道客车893辆,其中地铁306辆,轻轨540辆,有轨电车47辆,线路总长度达到124.2公里。2021年,完成客运量20553.2万人次,旅客周转量 108985.2 万人公里，最高日客运量 57.0 万人次，正点率 99.7%。

图 7-7-2　松花湖库区航道应急管理船进行巡航（图片由吉林省航道局提供）

2021 年，长春轨道交通集团开通 2 条新线，运营里程达到 106.7 公里，实现收入 7.58 亿元；减亏 1.69 亿元；全年安全运送乘客 1.95 亿人次，同比增加 25.88%，日均客运量 53 万人次，最高日客运量 79.5 万人次。客运收入 3.14 亿元，同比增加 19.45%。

三、水路运输

全省拥有各类船 1170 艘（包含机动船、挂桨机船、快艇、驳船、工程船、趸船、人力渡船、排筏和小型游乐船），7.4 万总吨，净载重量 4.1 万吨。其中营运船舶 204 艘，营运客船 194 艘，驳船 10 艘，拖船 2 艘，载客量 8597 客位，总载重 5260 吨，总功率 440 千瓦。水路运输完成旅客运输量 98.45 万人次、旅客周转量 908 万人公里。

四、邮政快递

2021 年全省邮政行业业务收入 118.71 亿元（不包括邮政储蓄银行直接营业收入），同比增长 18.52%；业务总量 108.59 亿元，同比增长 26.92%。其中，快递业务量 6.22 亿件，同比增长 39.16%；快递业务收入 76.92 亿元，同比增长 26.65%。全省邮政邮路总条数 919 条，邮政邮路总长度单程 14.79 万公里。

第四节　行业治理体系建设

一、营商环境持续优化

进一步深化“放管服”改革，直接取消审批 2 项、审批改备案 1 项、实行告知承诺 4 项、优化审批 14 项，审批事项办理时限全部压减至 10 个工作日以内。全面实现交通建设项目电子化招标和道路运输高频服务事项“跨省通办”，在全国率先实现道路运输证照电子化和大件运输审批网上“自动发证”。

二、市场监管持续加强

深入开展行政执法“亮剑 2021”专项行动，扎实推进扫黑除恶常态化，查处“黑车”1300 余台、清退不合规网约车 20 余万台，交通运输市场秩序持续改善。加强危货运输专项整治，危货车辆异常增长势头得到有效遏制。

三、法治政府部门建设深入推进

完成《吉林省道路运输条例》等 3 部地方性法规修订工作。出台了一批交通运输综合执法制度规范，做好综合执法改革后半篇文章。开展交通运输执法领域突出问题专项整治，积极推进包容审慎监管执法，处罚额度同比下降 49.9%，交通运输行政执法更有温度。

四、构建水上交通安全监督长效机制

推动水上运输和渔业船舶安全管理责任落实。7 月 12 日，同省农业农村厅召开了“吉林省商渔船防碰撞专项整治活动磋商会”。双方在商渔船防碰撞、渔业船舶检验、水上交通安全宣传等方面进行了详细磋商，达成了一致意见。推进商渔船检验更加规范高效。全年共完成船舶检验 701 艘，共计总吨位 58652、总功率 55836 千瓦、总客位 13837 个、总载货量 47599 吨。全省船舶

检验登记数量为1108艘，共计总吨位61043、总功率79919千瓦、总客位12966个。全年共准予新建、改建渔业船舶6艘，受理建造检验渔船6艘，受理运营检验渔船310余艘，完成282艘渔船检验及发证工作。专项整治长期逃避海事监管船舶。积极督促各级交通运输部门不断更新《船舶检验证书过期清单》和《长期逃避海事监管船舶名录》，对发现异常的船舶进行全面核查，全省共治理长期逃避海事监管船舶46艘。

第五节　科技创新

一、数字交通建设

完成投资2.3亿元，启动建设“互联网+”交通运输监管和服务系统等8个信息化项目，路网运行监测、高速公路视频云联网二期工程投入使用。长春至龙嘉机场智慧公路试点取得阶段性成果。

二、交通运输实用技术攻关

橡胶粉改性沥青在公路应用成套技术、油页岩灰渣在公路工程应用项目获得省科技进步二等奖。植物类融雪剂研发成功投入使用，该产品融冰化雪能力较融雪盐提高5%～10%，环保性能提高50%，最低冰点可达-25℃，对混凝土的侵蚀破坏幅度降低40%，对植被的侵蚀性降低35%，解决了困扰公路交通多年的冬季道路撒盐除雪对基础设施、路侧植被、土壤损伤和环境污染等问题，该成果已在吉林、黑龙江两省有关路段进行了实际应用。高分子纳米防腐护栏研发成功投入使用，该产品相比传统的镀锌护栏抗冻性提高3倍，抗盐蚀性能提高4到5倍，护栏使用寿命可延长10年以上，造价降低5%至10%，具有优异的气候和环境适应性，现已在鹤大高速公路（黑龙江省段）、蒲烟高速公路进行了推广应用。

三、绿色交通建设

助力实施“旗E春城 旗动吉林”活动，新增红旗新能源出租汽车723台，新增更新新能源公交车828台。绿化美化公路基础设施，2021年，全省高速公路投资7100万元，完成高速公路的长春绕城、机场路主线104公里及13座互通区、11座收费站、60对服务区绿化景观提升工程；普通国省干线公路投资1972万元，完成普通国省干线公路绿化补植661公里。

第六节　安全与应急

全年未发生重特大交通运输安全生产事故，省交通运输厅连续8年在省政府年度安全生产考核中获得优秀等次。

安全生产基层基础不断夯实。逐领域逐层级明确安全职责、任务清单和工作手册、流程图集，以“五化”工作法推动安全责任一贯到底。构建了省市县乡四级安全风险防控体系，对排查出的157家重大风险企业全部落实风险管控措施。普通公路安全隐患综合整治取得重大成果。

安全监管始终保持高压严管态势。深入开展道路客运、公路工程、船舶碰撞桥梁、水上无线电秩序专项治理行动，实施督查暗访6400余次，严肃查处了一批违法违规行为，停业整顿或吊销经营许可39户企业。组建工作专班，对“两客一危”车辆实行日监控、日通报、日整改，抽查发现问题隐患率下降95%。

应急保障能力不断增强。积极应对冰冻雨雪等各类极端天气，第一时间开展高速公路和国省干线公路除雪除冰，没有出现因冰雪阻断通行情况。开展各类应急演练109次，全面完成建党100周年、春运等重点时段和重大活动应急值守与运输保障任务。

疫情防控有力有效。严格落实行业疫情防控措施，突出强化客运场站、交通运输工具、冷链物流、公路口岸等重点领域常态化防控，交通运输从业人员疫苗接种实现“应接尽接”，有效防范了疫情通过交通运输环节传播扩散。圆满完成对黑龙江、天津和通化市的应急运输支援任务。1月19日，省交通运输厅紧急派出工作组赶赴通化市，指挥调度应急物资运输工作，组织动员货运车辆210辆、客运驾驶员450人，圆满完成应急物资转运任务，累计运输医疗和生活物资7.5万件，完成运输量623吨。全省交通运输行业累计出动应急保障车辆337辆，运送各类物资4881吨。

第七节　合作与交流

9月23日，吉林省政府与交通运输部签署《关于加快建设交通强国 推进吉林交通运输高质量发展(2021—2025年)合作协议》，就加快建设交通强国，共同推进吉林交通运输高质量发展，保障全面建设社会主义现代化新吉林开好局、起好步达成共识。

12月9日，吉林省交通运输厅与中国联通有限公司吉林省分公司签署战略合作协议。

吉林高速公路集团有限公司与中国一汽汽车股份有限公司就租用高速公路部分路段开展“智能网联高速公路封闭实验”签订合同，为推动吉林省自动驾驶试验路实施迈出第一步。

开展中俄国际道路运输合作，积极做好便利化和跨境运输工作，推广口岸不停车查验，为企业搭建通关“绿色通道”。持续做好自俄罗斯进口液化石油气运输工作，为俄企业发放特别行车许可证37张，进口液化石油气698吨。

第八节　特色工作

一、“十四五”重点项目纳入国家规划

一是部省战略合作进一步深化。吉林省第一个与交通运输部签署“十四五”战略合作协议，5条高速公路669公里、7条省道560公里纳入国家公路网中长期规划，升级为国家高速公路和普通国道。二是重大项目前期工作成效显著。长春都市圈环线西环、白山至临江、松江河至长白高速公路项目工可报告已报交通运输部审核，珲春至防川高速公路项目工可报告编制基本完成，沿边开放旅游大通道建设方案、投融资方案加速推进，为项目尽早开工奠定坚实基础。三是高质量发展的顶层设计基本完成。综合立体交通网规划纲要、综合交通运输“十四五”发展规划编制基本完成，公路水路、安全生产、科技信息“十四五”规划印发实施。

二、公路交通标志标线优化提升

吉林省在全国率先开展高速公路交通标志质量提升专项行动，并将专项行动纳入“我为群众办实事”12项民生实事之一，通过门户网站和中国吉林网、吉林日报、今日头条等媒体，发布《征集全省高速公路交通标志改进意见的公告》，征求沿线市（州）、县（市区）政府、社会公众意见57件。全省共投入资金2849万元，优化新增标志3451处，施划标线11.1万平方米。其中：高速公路优化新增标志2266处，拆除457处，施划标线3.2万平方米；普通国省干线优化新增80处，拆除5处，施划标线4.5万平方米；农村公路优化新增633处，拆除10处，施划标线3.4万平方米。重点解决了社会反响比较大的断崖式降速、大型互通指示不清晰、反光效果差等问题，极大提升了路网服务水平，改善了出行品质，减少了安全隐患。通过整治优化公路交通标志标线，公众出行满意度、行业管理部门服务意识、交通标志标线设计水平都得到了较大提升，交通运输部对吉林省公路标志标线优化提升工作给予通报表扬。

三、邮政快递服务拓展产业协同取得显著成效

一是实施“两进一出”工程。全面推广快递“进

村”，全省建制村快递服务通达数量8929个，通达率96.94%。推广多种合作模式，全省邮快合作建制村2629个；8家主要品牌快递企业与电信公司签订“快电合作”框架协议。重点实施快递“进厂”，快递服务制造业业务量5407.08万件，累计实现业务收入1.48亿元，直接服务制造业产值8.43亿元。精心组织快递“出海”，多方式拓展“出海”基础网络，加快与跨境电子商务协同发展，在对俄、对韩等跨境包裹方面，发运航班16架次，运输快件137.6吨。

二是提升行业供给质量。打造“一地一品”项目10个，“双阳鹿产品”“白山人参”“松原大米”3个项目销售额均过亿，“黄松甸木耳”“查干湖冬捕鱼”等4个项目销售额过千万。快递服务农业业务量1112.42万件，累计实现业务收入6501.63万元，直接服务农业产值5.39亿元。充分发挥行业优势，破解农村末端服务难题，联合省商务厅等部门打造寄递农特产品“示范项目”和基地建设，吉林省内“一黑一白”“千里辽河”“长春一颗农心万亩田”“通化佟江印象”等五个项目销售额过千万，累计销售额2.25亿元。

三是加强产业协同融合。多举措推进快递园区建设，累计建成快递园区17个，入驻企业46家，配置自动分拣设备179套，日均处理量达到622万件。末端投递服务能力显著提升，累计建立快递末端公共服务站1683个，同比增长99.97%；累计布放智能快件箱2124组，25.4万个格口。提升邮政综合服务能力，积极拓展警邮、税邮、政邮、医邮等政务便民服务业务功能，全省警邮合作网点195个，税邮、政邮合作网点720个，实现区县覆盖率100%。

附表

吉林省交通运输主要指标统计表

指标			2021年	备注
基础设施投资（亿元）	综合交通固定资产投资		274.5	
	铁路投资		—	
	公路投资		270.5	
	#高速公路投资		199.1	
	水运投资		0	
铁路	通车总里程（公里）	铁路营业里程	5151.6	
		#国家铁路	—	
		#合资铁路	—	
		#地方铁路	—	
	运输情况	旅客发送量（万人次）/货物发送量（万吨）	4216/5912	
		旅客周转量（万人公里）/货物周转量（万吨公里）	2557800/5447600	
公路	通车总里程	公路通车总里程（公里）	108691	
		#高速公路通车里程（公里）	4315	

续上表

指标			2021年	备注
公路	通车总里程	# 等级公路里程（公里）	104783	
		# 农村公路里程（公里）	3909	
		# 桥梁（座）	17714	
		桥梁总长（万延米）	84.1	
		# 隧道（座）	225	
		隧道总长（万延米）	31.2	
	运输情况	客运量（万人次）/ 货运量（万吨）	9155/47675	
		旅客周转量（万人公里）/ 货物周转量（万吨公里）	729040/15238130	
水路	航道及码头情况	内河航道通航里程（公里）	1621.06	
		# 高等级航道通航里程（公里）	129	
		港口生产用码头泊位拥有量（个）	21	
		# 万吨级泊位（个）	0	
	运输情况	客运量（万人）/ 货运量（万吨）	98.45/—	
		旅客周转量（万人公里）/ 货物周转量（万吨公里）	908.06/—	
民航	机场数量（个）		—	
	运输总周转量（万吨公里）		—	
	# 国内运输总周转量（万吨公里）		—	
	# 国际运输总周转量（万吨公里）		—	
	旅客运输量（万人次）/ 货邮运输量（万吨）		—	
	旅客周转量（万人公里）/ 货邮周转量（万吨公里）		—	
邮政	邮政行业业务总量（万元）		—	
	快递业收入（万元）		—	
	邮政邮路总条数（条）		—	
	邮政邮路总长度（单程 / 公里）		—	

黑龙江

第一节　整体概况

2021年，黑龙江省交通运输系统全面贯彻落实交通运输部和省委、省政府的部署要求，坚持稳中求进工作总基调，按照立足新发展阶段、贯彻新发展理念、构建新发展格局的要求，以推动高质量发展为主题，以深化供给侧结构性改革为主线，以改革创新为根本动力，以满足人民日益增长的美好生活需要为根本目的，坚持系统观念，聚焦"一带一路"建设、维护国家五大安全、建设六个强省等战略部署，加快构建安全便捷高效绿色经济的现代综合交通运输体系，勇当建设社会主义现代化新龙江的开路先锋。

一年来，全省交通运输系统立足服务全省经济社会发展，团结拼搏、开拓创新、砥砺奋进，全面开启龙江交通运输"十四五"高质量发展新局面。加快综合交通基础设施建设。全年综合交通基础设施投资创近年新高。以省委、省政府名义印发黑龙江省《综合立体交通网规划纲要》，指导未来30年全省综合交通基础设施空间布局。以省政府办公厅名义印发《黑龙江省"十四五"综合交通运输发展规划》，推动全省未来五年综合交通高质量发展。积极推动对外开放联动。加快推进跨境基础设施互联互通，黑河公路大桥具备通车条件，同江铁路大桥实现铺轨贯通，黑河跨境索道开工建设，黑龙江省中俄跨境基础设施建设成就被写入第二届联合国全球可持续交通大会《中国可持续交通发展报告》。启动哈尔滨国际航空货运枢纽建设，全力打造最具影响力的国际航空货运基地、北方快运基地和物流中转基地。大力推进物流降本提质增效。以省政府办公厅名义印发《关于推动物流降本提质增效的实施意见》，出台实施高速公路差异化收费、大宗货物运输"公转铁"补助等11项政策细则，有效落实全省提升交通运输效能指标，年度交通运输总周转量完成1909亿吨公里，同比增长9.87%。以省政府办公厅名义印发《加快农村寄递物流体系建设若干措施》。全面打赢疫情防控阻击战。持续强化交通管控措施，建立省、市、县三级交通协同、铁公机水综合联动的常态化防控机制，严守公路卡点、交通场站、运输工具防疫关，有效阻断疫情通过交通途径传播。高效抓好转运隔离，有力发挥统筹协调作用，创新以铁路为主、公路为辅的冬季长距离异地转运模式。强化交通运输保障，新冠肺炎疫情期间、圆满完成全省生产生活物资和医疗物资运输任务。推动解决绥芬河、东宁等口岸疫情防控形势下的扩大对俄贸易问题。持续深化交通运输改革。正式成立省交通运输综合行政执法局，直属12个分局先后挂牌，一线69个执法大队全部组建完毕；全省13个市(地)、88个县(市、区)交通运输综合行政执法改革基本完成。聚力向引进外来战略投资者要发展，在高速公路、公路质量提升等项目建设中，探索适应黑龙江省的PPP(政府和社会资本合作)融资等投融资新模式，有效放大投资效应，变招标为招商，实现了交通部门从"运动员"向"裁判员"的角色转换，公路投资模式改革取得实效。不断提升行业综合治理能力。不断完善交通行业法规体系，深化"放管服"改革，持续优化营商环境。深入推进"信用交通省"创建，行业信用体系不断完善。不断深化平安交通建设，全省交通安全生产形势总体稳定。

截至2021年底，全省公路总里程168354公里，二级以上公路20384公里，其中高速公路4520公里、一级公路3291公里、二级公路12573公里、三级公路33434公里、四级公路91637公里、等外公路22899公里；全省1082个乡镇全部实现通畅，通畅率100%，10920个行政村10851通畅，通畅率接近100%。全省铁路线路96条，其中客运专线5条，干线23条，支线19条、联络线49条，铁路正线延展长度10639公里。全省机场13个，通航城市102个，航线341条，其中国内航线337条、国际航线4条。

第二节　综合交通基础设施建设

积极发挥稳增长、补短板作用，全年完成“铁公机水”综合交通基础设施投资507亿元。其中，铁路完成年度投资158.9亿元。全国最东高速铁路牡佳客专开通运营，龙江东部地区高铁闭环成网，高铁网已连通8个地级市，全省近三分之二人口享受到高铁服务。铁伊客专、佳鹤铁路、北黑铁路（龙镇至黑河段）、宝迎铁路等重点铁路项目加快建设，启动哈尔滨至绥化至铁力客专、富裕至加格达奇铁路升级改造项目前期工程。全省铁路营业里程达到7153公里，其中高速铁路1374公里，路网规模、运输能力和服务质量大幅提升。公路完成年度投资300.6亿元。建设高速公路项目9项764.8公里，全省首条八车道京哈高速公路建成通车，绥满高速公路卧里屯至白家窑段交工运营；鹤大高速公路佳木斯过境段、绥大高速公路、哈肇高速公路、吉黑高速公路山河（吉黑界）至哈尔滨（永源镇）段加快实施；铁科高速公路方正至延寿尚志界段、方正至尚志至五常段、黑龙江五常至拉林河（吉黑省界）段开工建设。全年建设普通国省道35项1238公里、农村公路4129公里。密山、萝北、林甸晋升“四好农村路”国家示范县，宾县、同江、勃利、鸡东被授予省级示范县。在全国推动“四好农村路”高质量发展现场会上，虎林市作为6个典型代表之一作了经验交流发言。机场完成年度投资36亿元。哈尔滨机场二期重点项目全面开工。齐齐哈尔、佳木斯、鸡西、绥芬河、漠河等机场项目有序推进。

第三节　运输服务保障能力

坚持以人民为中心的发展思想，持续提升交通运输服务保障能力。不断强化公共出行保障。积极推广哈尔滨公交都市创建经验，牡丹江市创建工作稳步推进。扎实开展公共交通服务提升专项行动，全省常住人口100万以上城市建成区公交站点500米覆盖率达到100%。规范出租汽车管理，全省已有11座城市出台了网约车实施细则。引导6家主要网约车公司和网约车平台，全面开通“助老模式”“一键叫车模式”等服务功能，齐齐哈尔市、牡丹江市等8座城市开通95128电召约车服务。哈尔滨地铁1、2、3号线闭环成网，运营总里程达到79.6公里，全年客运量7255.5万人次。积极应对疫情影响助推复工复产，科学组织春运返程运输，采取“点对点”等措施，保障1.16万人返岗就业；全力做好常态化疫情防控应急运输，转运接送医护及隔离人员3.4万人次；完成危重病人和隔离人员转运、新冠病毒疫苗、核酸检测设备运输等保障任务2000余台次。狠抓运输结构调整，加快推进大宗货物“公转铁”进度，2021年完成铁路货物货运量12512万吨，公转铁运量达到1463万吨，同比增长45.3%，运输结构优化显著。大力发展道路运输，加快网络货运建设，首家网络货运数字产业园正式运营，招商入驻企业18家。加快客货邮融合发展，建成穆棱、东宁、富裕、泰来四个农村客货邮融合样板县。建设“司机之家”6处，依托服务区提供停车休息、餐饮便利、加油住宿、汽车维修等功能。严肃开展全省打击非法从事出租车和道路客运专项整治行动，有力净化道路运输市场环境。

全年黑龙江省三级及以上客运站219个，开通客运线路6326条，乡镇通车率100%，建制村通车率100%，全省累计完成公路客运量8477万人次、旅客周转量56.6亿人公里、公路货运量42086万吨、货物周转量815.8亿吨公里，同比增速分别为11.4%、4.5%、18.5%、17.5%，道路运输总周转量增速17.4%，高于全国平均水平2.9个百分点。

第四节　行业治理体系建设

把加强行业管理作为永恒主题，贯穿于交通运输全过程、各方面，确保各项工作依法、有序、规范、高效运行。法治政府部门建设深入推进，牵头推进《地方铁路安全管理规定》立法，3月1日已通过省政府常务会议审定出台。营商环境进一步优化，落实“双随机、一公开”等监管机制，在省直部门率先实现厅本级政务服务事项100%可网办和“零跑动”办理，市县交通审批事项网办率不断提升。省交通运输综合行政执法局挂牌成立，市（地）综合执法改革基本完成，69个县（市、区）改革方案获批执行。深入推进扫黑除恶专项斗争，全面开展重点领域专项治理，严肃查处超限超载，整治道路运输行业乱象，查处违法违规行为3.2万起。

第五节　科技创新

大力推进智慧交通建设，以信息化引领交通管理现代化。强化科技创新顶层设计。组织完成承担的“突出交通运输科技创新提供发展新动能思路”重大课题研究，编制完成《黑龙江省交通运输信息化“十四五”建设规划》，突出“大数据、大系统、大平台、大服务”理念，规划建设1个基础支撑综合平台、6个应用平台，推动实现支撑技术融合、业务融合、数据融合以及协同管理和服务。科技攻关取得成果。组织开展科技攻关20项。其中，结合吉黑高速、京哈改扩建等工程，组织实施工程建设科技项目18项，完成鉴定验收16项，达到国际先进水平1项、国内领先水平7项，1项获得2021年度省科技进步二等奖。标准建设实现突破。加强行业标准建设，成立“黑龙江省交通运输专业标准化技术委员会”。组织颁布交通运输行业黑龙江省地方标准3项，促进科技成果在生产实践中转化。信息化项目建设持续推进。完成“道路客运联网售票系统”等3个系统升级改造初步设计编制和应用软件招标，完成“水路综合管理系统（一期）”“治超联网管理信息系统”部分设备安装，推进公路综合系统、道路运输监管平台等软硬件建设。落实政务信息系统上云迁移部署，制定迁移计划及上云技术方案，组织完成申报工作，待迁29个系统已有18个通过省营商局审核。积极推进公共物流信息平台建设，组织前期调研、需求分析、建设方案编制、平台架构建设等工作，初步满足业务服务需求功能。

第六节　安全与应急

始终把确保交通安全稳定作为首要任务。强化重大风险防范，建立行业风险“四项机制”和“五个清单”，严密防控7个方面32项重大风险点，保证持续可控。推进重点领域整治，深入开展安全生产“集中攻坚年”行动、船舶碰撞桥梁隐患治理行动、“雷霆行动”和风险大排查隐患大整治，整改各类问题6000余个，严肃查处客运违法违规车辆3600台次，停产整顿企业70家。夯实安全生产基础，推进重点车辆动态监控升级。抓好突发应急保障，有效应对台风、暴雨、暴雪各类极端天气灾害，出色完成沉船打捞、水上交通应急救援任务，完成全省自然灾害综合风险公路水路承灾体普查工作。加强交通安全宣传，与省委宣传部、公安厅联合行动，充分运用广播、电视、抖音等媒体平台，形成了浓厚宣教氛围。全年公路运营、水路运输、港口码头、工程建设、轨道交通安全无事故，道路运输事故同比减少14起，保持全省交通安全生产形势总体稳定。

第七节 合作和交流

着力推进国际道路运输发展，着手与俄方交通运输部门建立常态化工作联络机制，加强国际道路运输事务沟通联系，积极协调中、俄双方相关部门多途径共同推进畅通边境口岸运输，扩大对外贸易。有力组织开展进口俄罗斯液化石油气试点运输，促进黑龙江省危险货物国际道路运输规范、健康、有序发展，绥芬河、密山市开展俄罗斯液化石油气试点运输。开展推进国际道路运输便利化调研、边境口岸汽车出入境运输财政事权改革调研、黑龙江省口岸交通综合协调策略与实施路径研究、国际道路运输信用及安全生产标准化评价工作，进行全省国际道路运输企业普查，为进一步加强中俄边境口岸管理奠定了基础。坚决贯彻中央和省委、省政府疫情防控部署要求，按照“外防输入、内防反弹”要求，严格落实“货开客关”措施，严格开放口岸境外疫情防控。与俄方交换行车许可证8万余张。2021年度口岸出入境车辆61708辆次，出入境货运量793195.22吨。持续强化中俄界河管理，通过视频方式召开中俄航联委第62次工作例会，认真开展界河联检任务，切实维护国家事权。

附表

黑龙江省交通运输主要指标统计表

指标			2021年	备注
基础设施投资（亿元）	综合交通固定资产投资		507	
	铁路投资		159	
	公路投资		312	
	# 高速公路投资		125	
	水运投资		0.3	
铁路	通车总里程（公里）	铁路营业里程	7153	
		# 国家铁路	6516	
		# 合资铁路	1594	
		# 地方铁路	637	
	运输情况	旅客发送量（万人公里）/ 货物发送量（万吨公里）	4867/13000	
		旅客周转量（万人公里）/ 货物周转量（万吨公里）	1335000/8828000	
公路	通车总里程	公路通车总里程（公里）	168354	
		# 高速公路通车里程（公里）	4520	
		# 等级公路里程（公里）	145455	
		# 农村公路里程（公里）	140461	
		# 桥梁（座）	23718	
		桥梁总长（万延米）	105.5	
		# 隧道（座）	4	
		隧道总长（万延米）	0.44	

续上表

<table>
<tr><th colspan="3">指 标</th><th>2021 年</th><th>备 注</th></tr>
<tr><td rowspan="2">公路</td><td rowspan="2">运输情况</td><td>客运量（万人次）/ 货运量（万吨）</td><td>8477/42000</td><td></td></tr>
<tr><td>旅客周转量（万人公里）/ 货物周转量（万吨公里）</td><td>566000/8158000</td><td></td></tr>
<tr><td rowspan="6">水路</td><td rowspan="4">航道及码头情况</td><td>内河航道通航里程（公里）</td><td>5495</td><td></td></tr>
<tr><td># 高等级航道通航里程（公里）</td><td>3226</td><td></td></tr>
<tr><td>港口生产用码头泊位拥有量（个）</td><td>154</td><td></td></tr>
<tr><td># 万吨级泊位（个）</td><td>0</td><td></td></tr>
<tr><td rowspan="2">运输情况</td><td>客运量（万人次）/ 货运量（万吨）</td><td>135/519</td><td></td></tr>
<tr><td>旅客周转量（万人公里）/ 货物周转量（万吨公里）</td><td>1414/462000</td><td></td></tr>
<tr><td rowspan="6">民航</td><td colspan="2">机场数量（个）</td><td>13 个</td><td></td></tr>
<tr><td colspan="2">运输总周转量（万吨公里）</td><td>25023</td><td></td></tr>
<tr><td colspan="2"># 国内运输总周转量（万吨公里）</td><td>—</td><td></td></tr>
<tr><td colspan="2"># 国际运输总周转量（万吨公里）</td><td>—</td><td></td></tr>
<tr><td colspan="2">旅客运输量（亿人次）/ 货邮运输量（万吨）</td><td>1704/11.1</td><td></td></tr>
<tr><td colspan="2">旅客周转量（万人公里）/ 货邮周转量（万吨公里）</td><td>3177000/25000</td><td></td></tr>
<tr><td rowspan="4">邮政</td><td colspan="2">邮政行业业务总量（万元）</td><td>133.4</td><td></td></tr>
<tr><td colspan="2"># 快递业收入（万元）</td><td>83.4</td><td></td></tr>
<tr><td colspan="2">邮政邮路总条数（条）</td><td>824</td><td></td></tr>
<tr><td colspan="2">邮政邮路总长度（单程 / 公里）</td><td>226764</td><td></td></tr>
</table>

上海

第一节 整体概况

2021 年，上海交通系统立足新发展阶段，贯彻新发展理念，服务新发展格局，紧紧围绕实施“三大任务、一大平台”、强化“四大功能”、深化“五个中心”建设，在“育新机、开新局”中牢牢把握发展主动权，以交通强市建设为统领，全力推动交通高质量发展，实现了“十四五”良好开局。

第二节 综合交通基础设施建设

一、重大战略与规划发布实施

上海市委、市政府发布《交通强国建设上海方案》，并印发《上海市交通委员会关于进一步做好交通强国建设试点工作的通知》，有力推进五大试点任务，支撑上海加快建设交通强市；编制发布《上海市综合交通发展“十四五”规划》《上海国际航运中心建设“十四五”规划》《上海市道路运输行业“十四五”发展规划》、新城综合交通规划等重大交通规划，完成上海市第六次综合交通调查；编制上报《构建长三角世界级港口群形成一体化治理体系总体方案》；编制发布《“十四五”上海市邮政业发展规划》。

二、重大交通基础设施加快建设

上海市重大交通工程完成投资 705 亿元，嘉闵线、13 号线西延伸等“五个新城”17 个项目集中开工；南汇支线、21 号线一期等浦东现代化引领区重大交通项目启动建设；崇明线、机场联络线等轨道交通项目建设加快推进，建成 14 号线、18 号线一期部分区段；S7 公路（月罗—宝钱）、北横通道西段主线地道、江浦路越江等项目建成通车。

表 7-9-1 2021 年上海交通港航基本情况

项 目	单位	数值	比上年增长（%）
对外旅客发送量	万人次	13121	17.2
铁路	万人次	8369	22.6
公路	万人次	1468	10.2
水路	万人次	10	-34.2
航空	万人次	3273	8.4
公共交通客运量	万人次	510558	20.6
日均客运量	万人次	1398.8	20.6
轨道交通	万人次	978.6	26.1
占比	%	69.95	3.0
地面公交	万人次	409.5	9.5
占比	%	29.27	-2.9
城市轮渡	万人次	10.7	3.1
占比	%	0.76	-0.1
出租汽车日均客运量	万人次	99.5	-1.0
金山铁路客运量	万人次	914.8	17.4
日均客运量	万人次	2.5	17.4
国际邮轮靠泊	艘次	0	-100
邮轮旅客吞吐量	万人次	0	-100
货物运输量	万吨	155211.8	11.5
铁路	万吨	496.12	3.75
公路	万吨	52899.25	14.9
水路	万吨	101380	9.8
航空	万吨	436.60	8.5
上海港货物吞吐量	万吨	77635.4	8.3
内贸	万吨	36146.1	10.4
外贸	万吨	41489.36	6.6
上海港集装箱吞吐量	万标准箱	4703.3	8.1

图 7-9-1　2021 年 12 月 15 日，上海市域线机场联络线 2 标段盾构机“新穿越号”顺利始发（图片由上海市交通委员会供提供）

三、持续推进海空枢纽港建设

打造世界领先的海空枢纽港，五号沟作业区规划调整方案通过交通运输部评审，规划环评报生态环境部审批；小洋山北作业区规划方案具备报批条件；东北亚空箱调运中心开工建设；浦东机场三期扩建交通配套工程、机场联络线建设继续推进，旅客过夜用房及配套工程完成主体结构施工；虹桥机场绕滑道系统改造工程完工投用。

持续完善水路集疏运系统，长江口 12.5 米深水航道保持有效维护，南槽航道治理一期工程竣工；平申线（上海段）航道整治工程叶新公路泖港大桥全线通车；苏申内港线西段 G1503 跨吴淞江桥西半幅通车，省界—老白石路段开工；油墩港航道整治工程、大芦线东延伸航道整治工程前期工作有序推进。

大力推进公铁集疏运重点项目，沪通铁路（太仓—四团）先开段施工有序推进，全线施工图待批；沪苏湖铁路启动上部施工；临港集疏运中心（陆域）工程开工，市政配套工程（东海大桥连接道）获施工许可；G1503 西延伸段（江杨北路—富长路）及浦东段建设稳步推进。

第三节　运输服务保障能力

一、铁路

上海市铁路营业里程 490.9 公里，全年铁路旅客发送量 9284.1 万人，同比增长 22.1%。铁路货物发送量 496.12 万吨，同比增长 3.8%。旅客周转量 84.27 亿人公里，同比增长 21.1%。货运周转量 18.75 亿吨公里，同比增长 19.8%。

二、公路

2021 年，上海公路旅客对外发送量 1468 万人次，同比增长 10.2 %。公路货运量 52899 万吨，比上年增长 14.9 %；公路集装箱运输量 2373 万标准箱，比上年增长 12.7 %。截至 2021 年底，上海市道路旅客行业共有企业 135 家、客运站 24 个、营运车辆 8961 辆；经营道路货物运输的企业 2.5 万家，营运车辆 24.5 万辆，车辆总吨位 356.1 万吨；从事集装箱运输的企业 4370 家，集装箱运输车辆 5.8 万辆。

三、航运

2021 年，上海港集装箱吞吐量达 4703.3 万标准箱，同比增长 8.1%，连续 12 年世界第一。其中，国际中转业务量达 610 万标准箱，同比增长 14.4%。集装箱水水中转比例达 49.6%，其中

图 7-9-2　2021 北外滩国际航运论坛 11 月 4 日上午在位于上海北外滩的世界会客厅举行（图片由上海市交通委员会提供）

洋山深水港区达 50%。上海船舶险和货运险保费收入分别为 22.90 亿元和 22.75 亿元，分别占全国的 38.81% 和 13.49%。成功举办首届北外滩国际航运论坛，发布《2021 上海倡议》及 8 项重大成果。海事部门向国际海事组织等提交 18 项提案，被全部采纳。航运指数期货上市申请正式报送中国证券监督管理委员会。上港集团投资的以色列海法新港建成开港。上海在 2021 年新华·波罗的海国际航运中心发展指数中排名第三，上海国际航运中心建设进入从“基本建成”向“全面建成”新阶段。

四、民航

2021 年，虹桥、浦东两大机场全年实现航班起降 58.08 万架次，旅客吞吐量 6541.41 万次，货邮吞吐量 436.60 万吨。受全球新冠肺炎疫情持续影响，国际客运市场持续低迷，货运吞吐量创历史新高，出入境旅客吞吐量 167.79 万人次，出入境货邮吞吐量 373.06 万吨。2021 年，浦东机场定期航班通航 43 个国家 253 个航点，恢复至 2019 年的 88%；虹桥机场通航点达 99 个，超过 2019 年水平（97 个）。浦东、虹桥机场放行正常率分别达到 87.23%、91.42%。

图 7-9-3　2021 年 6 月 29 日，上海机场举办百年庆活动（图片由上海机场集团提供）

五、邮政

上海邮政和快递服务企业业务收入（不包括邮政储蓄银行直接营业收入）累计完成 1788.1 亿元，同比增长 18.9%；邮政普遍服务业务量完成 8.9 亿件，同比下降 12%；快递服务企业业务量累计完成 37.4 亿件，同比增长 11.2%，业务收入累计完成 1715.8 亿元，同比增长 20.1%。中国邮政集团上海邮政分公司新建 3 处网点，有效缓解了大型居住社区公共服务资源不平衡的矛盾。上海市邮政管理局积极推进智能快件箱政策体系落地，截至 2021 年底，全市共有智能快件箱 3.8 万组，其中新建智能快件箱 6000 余组；格口数 357 万个，同比增长 18.6%。

第四节　行业治理体系建设

一、推进“公交都市”建设

上海发布实施《上海市关于深入践行人民城市重要理念，建设更高水平公交都市示范城市的三年行动方案（2021 年—2023 年）》。2021 年，上海轨道交通运营线路总长达 831 公里，网络规模继续领跑全球，日均客运量 978.6 万人次，同比增加 26.1%，恢复至疫情前的 92%，最大单日客流 1301.5 万人次（12 月 31 日）；实施三号线、四号线增能改造；持续优化运营组织，缓解高峰

图 7-9-4　71 路“中共一大”公交专列亮相申城街头（图片由上海市交通委员会提供）

图 7-9-5　上海市“四好农村路”示范路惠南镇幸新路（图片由上海市交通委员会提供）

时段拥挤，加大新城服务供给；推出 11 条线路“弱冷车厢”服务举措。上海地面公交品质也得到进一步提升，日均客运量 409.5 万人次，同比增加 9.5%；完善骨干公交通道布局，上南路、沪闵路、北横西段等 3 条骨干通道建成；实现郊区 36 条公交线路中途站点实时到站信息服务预报。

二、提升道路设施服务品质

2021 年，上海高质量完成一系列民心工程和实事项目。停车难综合治理累计完成 57 个先行项目创建，开工建设 8300 余个公共泊位；上海停车 App“停车预约”功能在新华、瑞金等 32 家医院上线运行，统一支付功能已接入市内 1500 家公共停车场（库），错峰共享服务场（库）数达 160 家；中心城区新增 110 个出租汽车候客站点，推进 200 个“一键叫车”点位进社区；实施 14 座人行天桥加装电梯适老化改造；新增两万根充电桩。完成 27 座新能源出租车充电示范站建设任务。此外，上海还优化提升了一批道路设施的功能和品质。完成 121 个缓拥堵项目和 115 条精品示范路创建；累计完成 35 个高品质慢行交通空间改善项目；推进苏州河桥梁、内环内高架等 21 座桥下空间改造提升；完成中环以内禁车柱、隔离护栏设施整治；提档升级改造“四好农村路”595 公里，整治安全隐患 421 处，金山区成功创建全国示范县，全市创建市级示范镇 15 个、示范路 185 条。

三、优化航运产业发展环境

在加速聚集航运服务机构方面，上海市政府与国际海事组织签署合作备忘录。上海波罗的海国际航运公会中心升级为亚太总部；中国船舶集团有限公司总部正式迁驻上海；亚太运输资产保护协会落户浦东；东方海外物流中国区域总部、佛罗伦租箱中国总部等落户临港新片区。

在强化航运制度创新保障方面，《中国（上海）自由贸易试验区临港新片区国际船舶登记管理规定》发布，“中国洋山港”籍国际航行船舶达 18 艘；浦东新区实施国际船舶管理跨境收支便利化试点；国内首个“船舶供应物料产品分类与编码”地方标准实施；沪浙两地实现保税船用燃料油市场一体化监管；长三角试点推行海船转籍登记“不停航办证”服务，启动船舶检验通检互认机制试点；国际贸易“单一窗口”长三角合作专区上线；临港新片区法律服务中心集聚仲裁、调解、公证、司法鉴定、域外法律查明等各类机构 44 家。

在有序推动邮轮产业发展方面，吴淞邮轮港船舶交管中心主体建成，“东方之睛”完成改造；构建邮轮母港综合防疫体系，编制国际邮轮海上游试点方案；推进船票认证码、行李码、通关码多码合一；中船嘉年华（上海）邮轮有限公司落户；中国首制大型邮轮在外高桥船厂实现坞内起浮。

此外，航运旅游文化发展也呈现出新亮点。浦江游览深挖陆域景点、游玩资源，新开金陵东路至定海路码头“水上慢行旅游”新航线；中国航海日上海主题活动成功举办；海博馆获首批“国家交通运输科普基地”等重量级荣誉称号。

四、推动交通领域改革

加速法治政府建设方面，《上海水上搜寻救

助条例》发布实施，配合修改并发布《上海市轨道交通管理条例》《上海市停车场（库）管理办法》等法规规章，制定发布新一轮《上海国际航运中心建设专项资金管理办法》，制定《上海市高速公路电子不停车收费管理规定》等13件委规范性文件。

深化“放管服”改革方面，推进“船舶开航”“挖掘道路”等两个市级重点“一件事”上线运行；推动监理企业资质“一业一证”改革试点和27项证照分离改革任务落地；制定实施《上海市交通建设市场信用信息管理办法》《上海市水路运输市场信用管理实施细则》，着力打造以信用管理为重点的新型监管机制；聚焦非现场执法、大数据分析等新技术应用，强化多部门、跨区域联勤联动和联合惩戒，进一步提升执法监管效能；推出18个“好办”“快办”事项，实现“好办”事项材料减少81%，“快办”事项“三分钟填报、零材料提交”；实现出租车营运证补证等高频事项智能终端自助办理。

推动重点行业改革方面，新一轮地面公交行业改革方案制定实施；完成市域巡游出租车调价。全面完成沪籍800公里以上道路客运班线清理。规范网络货运平台发展，审批发放经营许可19家。深化养护市场改革，发布实施《关于进一步深化本市道路养护市场化改革促进行业健康发展的指导意见》；着力推动崇明、浦东、金山等区全国农村公路养护体制改革主题试点取得阶段性成效；上海市邮政管理局和市经信委联合制订《关于促进本市快递业与制造业深度融合发展的实施意见》；推动成立了由副市长担任主任的上海市空港管理委员会，市空港管理委员会办公室设在机场集团，着力推动市空港办的实体化、常态化运作，督促各驻场单位履行最严格的主体责任。

第五节　科技创新

一、推进交通数字化转型

发布实施《上海市交通行业数字化转型实施意见（2021—2023年）》，明确60项建设任务；组织编制《上海市智能交通系统顶层设计（2021—2025年）》，形成87项重点项目清单；第一届智能交通上海论坛顺利召开。

设施数字化方面，明确S32、G60等智慧高速建设方案，G15嘉浏段智慧公路建设有序推进；首次开放智能网联汽车城市快速路测试，新开放嘉定新城和临港新片区测试道路372条，全市累计开放测试道路1289公里，总里程居全国首位；上海港全球首次实现F5G超远程技术在港口作业场景应用；洋山智能重卡初步具备全路段自动驾驶及载货运输能力，全年完成4.08万标准箱运输量；港内智能转运车辆（AIV）试点启动；“海运集装箱重量验证（VGM）智能监管系统”在全港推广；上海机场制定数字化转型、智慧化发展规划和白皮书，时空大数据平台等项目启动实施。

服务数字化方面，基本完成MaaS主体筹建，同步推进MaaS1.0版建设和“三码合一”，实现随申码在公交、轮渡全面应用，启动公交乘车码、随申码在轨道交通部分线路试点应用；虹桥机场推进One ID服务、RFID行李跟踪系统、陆侧交通智能管理平台、安检人工智能判图等；浦东机场推进保障车辆高精定位、航班集成系统升级、国内航班“一证通关”和国际航班“刷脸登机”、托运行李RFID追踪，实施到港海关先期机检试点，实现“无感通关模式”。

治理数字化方面，上海交通城运系统1.0接入市城运中心；危险货物道路运输数字化监管系统上线试运行；“云路”中心1.0版上线试运行；推动交通建设BIM技术应用，搭建智能发现应用场景，实现重大施工风险在线监护。

二、推进交通绿色低碳发展

上海研究制定《上海市交通领域碳达峰行动方案》，下达能耗总量与强度“双控”考核目标，促进重点用能单位节能技改。

运输结构调整方面，海铁联运班列通达长三角、长江经济带9省28市，并通过业务信息平台实现铁路与港口信息查询功能；上海港完成海铁联运41.7万标准箱，同比增长56%；中欧班列“上海号”开通运行。

能源结构优化方面，投放新能源公交车1025辆，更新新能源出租车2500辆；截至2021年底共投放新能源专用小型货运额度约2.9万辆，企业约450家，已运营车辆约2.1万辆；累计推广燃料电池公交车31辆，临港新片区首条氢能源公交线路正式投运；强化靠港船舶岸电使用要求，发布内河低压岸电建设技术标准，完成20%内河泊位标准化改造；完成崇明公共货运码头LNG加注泊位建设；推进浦江游览船舶电动化试点。全国船舶能效管理中心筹备工作启动；浦东、虹桥两场桥载设备100%配置到位，桥载电源使用率99%以上，两场民航牌照新能源车占比达20.6%。

污染治理方面，加强中央环保督察和长江经济带环保警示片问题整改，关停涉事码头。闵行水上绿色综合服务区启用，实现黄浦江下游段内河船舶污染物免费接收全覆盖，完成道路交通噪声整治项目88项。

第六节　安全与应急

一、常态化疫情防控落实落细

上海充分发挥机场和港口两个专班作用，严防境外疫情输入和境内疫情扩散。上海机场承担了全国航空客运出入境吞吐量的1/3，货运出入境吞吐量的1/2，全年投入防疫专项资金7.7亿元；迅速建立机场地区平战结合的公共卫生体系，成立了上海机场集团公共卫生管理部和浦东机场公共卫生中心；从严从细抓好枢纽场站、交通工具等疫情防控，配合完善邮政等行业防控机制，坚决防止疫情反弹；积极有序推进全行业疫苗接种，全程接种62.16万人，接种率87.9%；加强针接种47.6万人。

二、安全形势总体稳定

通过进一步夯实安全生产责任，上海全行业安全形势总体稳定，并扎实开展安全生产专项整治“集中攻坚年”行动，排查、整改问题隐患1167项；推进内河航道船舶碰撞桥梁隐患治理；开展铁路沿线安全环境动态长效治理，全年因外部环境影响列车运行问题发生率同比下降25%，未发生铁路道口事故；制定实施《上海市交通工程建设安全隐患排查实施指导意见》；完成龙华嘴弯段航道（黄浦江徐汇滨江段）应急疏浚，改善黄浦江核心段航道通航环境；安全优质地完成上海港船舶引航任务；成功抵御台风“烟花”“灿都”等恶劣天气；浦东、虹桥两机场安全运行态势平稳，分别实现了第22个、第34个安全年，顺利完成浦东机场全部入境航班合并至T2航站楼运行。

为提升安全保障能力，上海市安全委员会水上交通安全专业委员会成立；海上与内河搜救指挥体系合署运行；开展上海市水上搜救基地站点布局规划编制；成立海上搜救中心金山分中心；建立海上人命救助“最后一公里”机制。开展“护航长江口”专项整治行动；试点实施上海港散装液体危险货物运输货主（码头）高质量选船机制；编制完成《上海国际航运气象保障基地项目建设方案》；浦东机场高级机场场面活动引导与控制系统工程（A-SMGCS）立项获批。

此外，上海全年共受理群众来信、来电、来访、电子邮件7800余件/3.4万余人（批）次；受理热线工单101.5万件，综合满意率98.2%，使行业稳定基础得到进一步巩固，并圆满完成春运、两会、第十届中国花卉博览会、第四届中国国际进口博览会等重大活动及节假日交通保障，以及各项国防战备保障任务。

第七节　合作与交流

上海市交通委员会印发《上海市长三角交通更高质量一体化发展三年行动计划（2021—2023年）》，推进长三角交通更高质量一体化发展。持续推进沪苏湖铁路、沪通铁路（太仓—四团）上海段（沪通铁路二期）、浦东机场三期扩建、杭平申线航道、大芦线航道二期，以及国道320线、国道228线等公路工程；开工沪杭客专上海南联络线等项目；开通复兴路等4条省际对接道路，使交通基础设施进一步互联互通。新增4条省际毗邻公交线路；实现道路运输相关从业人员5个高频事项“跨省通办”；试运营长三角一体化车生活公共服务平台，使交通服务进一步互通共享。推动超限运输等区域联合执法常态化；深化长三角交通一体化研究中心等智库建设，开展虹桥商务区综合交通规划、轨道上的长三角、示范区公交信息服务等一批专项研究，进一步营造出协同高效的交通治理氛围。

第八节　加强党的建设和干部队伍建设

扎实推进全面从严治党，将旗帜鲜明讲政治贯穿于交通工作的全过程和各领域，持续深入学习习近平新时代中国特色社会主义思想，深入开展党史学习教育；深化细化“四责协同”机制，落实中央和市委巡视整改，深化政治巡察，强化审计监督；组织开展建党100周年系列主题活动，认真学习贯彻习近平总书记“七一”重要讲话精神，培树先进典型，培育表彰一批“交通先锋”。

加强党建工作标准化建设，聚焦人民群众“急难愁盼”问题，完成“我为群众办实事”项目171项；持续加强干部和人才队伍建设，坚持正确用人导向，加强年轻干部培养，统筹推进交通行业高层次和急需紧缺人才队伍建设，打造服务全行业的人才工作平台；推动“三校”整合，深化产教融合，培养素质优良交通人才。

附表

上海市交通运输主要指标统计表

指　标			2021年	备　注
基础设施投资（亿元）	铁路投资		132.40	
	公路投资		153.52	
	水运投资		40.28	
铁路	通车总里程（公里）	铁路营业里程	490.9	
		# 国家铁路	231.80	
		# 合资铁路	259	
		# 地方铁路	—	
	运输情况	旅客发送量（万人次）/ 货物发送量（万吨）	9284.13/496.12	
		旅客周转量（亿人公里）/ 货物周转量（亿吨公里）	84.27/18.75	
公路	通车总里程	公路通车总里程（公里）	13082.5	
		# 高速公路通车里程（公里）	851.27	
		# 等级公路里程（公里）	13082.5	
		# 农村公路里程（公里）	11209.35	

续上表

指标			2021年	备注
公路	通车总里程	#桥梁（座）	11692	
		桥梁总长（万延米）	82.91	
		#隧道（座）	3	
		隧道总长（万延米）	1.73	
	运输情况	客运量（万人次）/货运量（万吨）	1468/52899	
		旅客周转量（万人公里）/货物周转量（亿吨公里）	491452/1037.32	
水路	航道及码头情况	内河航道通航里程（公里）	1665.23	
		#高等级航道通航里程（公里）	268.06	
		港口生产用码头泊位拥有量（个）	567	海港
		#万吨级泊位（个）	185	海港
	运输情况	客运量（万人次）/货运量（万吨）	361/101380	
		旅客周转量（万人公里）/货物周转量（亿吨公里）	7067.81/33018.33	
民航	机场数量（个）		2	
	运输总周转量（万吨公里）		—	
	#国内运输总周转量（万吨公里）		—	
	#国际运输总周转量（万吨公里）		—	
	旅客运输量（万人次）/货邮运输量（万吨）		6541.41/436.6	
	旅客周转量（万人公里）/货邮周转量（万吨公里）		—	
邮政	邮政行业业务总量（亿元）		1691.9	
	邮政行业业务收入（亿元）		1788.1	
	#快递业收入（亿元）		1715.8	
	邮政邮路总条数（条）		1221	
	邮政邮路总长度（单程/公里）		186242	

江苏

第一节　整体概况

2021年，江苏交通运输系统统筹行业发展与疫情防控、统筹发展与安全、统筹发展与生态，全力探索建设交通运输现代化示范区，顺利实现“十四五”和现代化新征程的良好开局；交通强国试点建设取得全面推进，交通强国试点项目在服务国家战略、创新驱动、支撑共同富裕等方面取得积极成效；新增三项试点任务获交通运输部批复，交通运输现代化示范区建设蓝图绘就；江苏省政府与交通运输部签署《共建交通运输现代化示范区合作框架协议》，江苏省委、省政府印发《江苏交通运输现代化示范区建设的实施意见》。

江苏重要枢纽的定位和能级全面提升。南京列入全国20个国际性综合交通枢纽城市；连云港港列入全国11个国际枢纽海港；苏州列入全国13个国际铁路枢纽场站，淮安被明确列入京津冀——长三角主轴的京沪路径；苏州、南通、无锡组合，淮安、徐州、连云港组合成为国家级综合交通枢纽。

江苏综合交通运输体系规划得到进一步完善。江苏省政府印发《关于进一步加快推进铁路发展的意见》；《江苏省“十四五”综合交通运输体系发展规划》等“十四五”专项规划“1+15”规划体系全部落地；淮安机场、连云港港连云港区、苏州港太仓港区规划调整方案获批。

第二节　综合交通基础设施建设

2021年，江苏省公铁水空交通基础设施建设完成投资1779.8亿元，同比增长7.7%，完成年度计划的104.5%，超额完成全年投资目标。

一、铁路

江苏省铁路建设完成投资500.8亿元，同比下降10.7%；连徐高铁、太仓港疏港铁路专用线建成通车，苏锡常城际铁路太仓站、宁芜铁路扩能改造工程开工建设，截至2021年底，江苏省铁路里程达4222公里，其中高速铁路2212公里。

图7-10-1　连徐高铁建成通车（图片由江苏省交通运输厅提供）

二、公路

江苏省公路建设完成投资1080.4亿元，同比增长19.9%（其中，高速公路及通道完成514.0亿元，普通国省干线公路完成228.8亿元，集疏散和连接公路完成76.3亿元，农村公路完成103.9亿元，客货场站完成76.7亿元，其他公路完成80.6亿元）；建成宜兴至长兴高速公路江苏段、五峰山过江通道南北公路接线工程、苏锡常南部高速公路常州至无锡段，开工建设常泰长江大桥南北公路接线工程，高速公路通车里程达5023公里。建成普通国省道302公里；完成新改建农村公路2937公里、改造桥梁979座。开工建设张靖皋过江通道、南京地铁4号线过江通道。江苏省过江通道累计建成 17 座，在建 8 座，沿江两岸设区市之间均有直通过江通道。

三、水运

江苏省水运建设完成投资 177.2 亿元，同比增长 14.6%；新增干线航道网达标里程 56 公里，全省干线航道网达标里程达 2419 公里，达标率 60.3%。新增沿江沿海万吨级及以上泊位 5 个，万吨级及以上码头泊位达到 529 个；拥有港口生产性泊位 5909 个，港口综合年通过能力达 23.8 亿吨。

图 7-10-2　太仓港疏港铁路专用线开通运营（图片由江苏省交通运输厅提供）

四、民航

江苏省机场建设完成投资 21.5 亿元，同比下降 39.0%；连云港花果山机场建成运营、南京禄口机场入境航班专用航站区建成投运、盐城南洋机场 T1 航站楼改造工程开工建设，省内 9 家民用运输机场年客货保障能力达 7280 万人次、170 万吨。

图 7-10-3　连云港花果山机场建成投入运营（图片由江苏省交通运输厅提供）

五、邮政

推动快递企业用地指标纳入《江苏省建设用地指标》；加快推进邮政服务用房建设，全年在 493 个住宅小区新设邮政服务用房，总面积超过 2.3 万平方米；全省累计建成智能信报箱 1240 组、16 万格口；巩固建制村直接通邮成果，建制村投递实地打卡率 99.88%；优化邮政综合平台服务，继续深化政邮、警邮、税邮、法邮合作，税邮合作代征税额超过了 9 亿元；全面推广交邮合作、快快合作、快商合作、邮快合作典型模式和做法，鼓励有条件的地区建设面向农村的共同配送中心；“快递进村”硕果累累，全省 4 个品牌快递服务通达率 100%、7 个品牌快递服务通达率 96.95%。

第三节　运输服务保障能力

全面提升客货运输服务品质，江苏综合运输服务能力得到有效提升。

现代交通物流体系加快构建。运输结构调整成效凸显，开展连云港—蚌埠集装箱铁水联运“一单到底”试点，沿海主要港口大宗货物铁路和水路集疏港比例提升至 94.9%，集装箱公铁联运、铁水联运量同比分别增长 22.4% 和 12.6%，铁路运输增量居长三角首位。累计开辟 94 条内河集装箱航线，完成内河集装箱运输量 91 万标准箱、同比增长 41.9%。

国际物流供应链保持稳定畅通。先后开通海安至越南河内、南京至老挝万象等 6 条国际物流新通道，国际货运班列全年开行 1800 列，同比增长 29%，进出口货值达到 255.5 亿元人民币，同比增长 67.7%。江苏省港口累计完成外贸集装箱吞吐量 786 万标准箱，同比增长 12.6%；外贸吞吐量 5 亿吨，同比增长 8%。航空运输市场稳步恢复，开通南京—大阪国际货邮航线和淮安机场首条国际全货运航线，全省高峰时运营 20 余条国际全货机航线、25条“客改货”航线。完成机场货邮吞吐量65.3万吨；完成瑞丽航空公司股权收购，更名为苏南瑞丽航空公司，落户无锡；江苏京东货运航空公司获得中国民用航空局筹建许可。

民生保障不断强化。全省铁路列车开行数量大幅增加，各设区市均有动车直达北京，沭阳、泗洪、洪泽、如东、丰县等地相继开通“高铁便民车”服务。新增10个“司机之家”。高速公路服务区充电桩覆盖率达95%以上。12328交通运输服务监督电话满意度连续三年蝉联全国第一。在全国率先实现社保卡加载交通出行功能全覆盖。新辟调整公交线路达到429条，新开通7条长三角省际毗邻公交线路。

城乡交通运输一体化加快推进。推进城乡物流服务一体化“十百千万”建设，完成13个农村物流示范县建设任务，率先实现乡镇快递网点100%覆盖，行政村100%设置“村邮站”。丰县、如皋、新沂、盐都入选全国首批农村物流服务品牌；海门、太仓、盐都入选第二批全国城乡交通运输一体化示范创建县名单。累计完成11个城乡公交一体化示范县建设。实现城乡公交乡镇、行政村全通达，85%的乡镇和64.4%的行政村实现公交车直通县城，位列全国第一。

第四节　行业治理体系建设

一是加强法治政府部门建设。修订《江苏省公路条例》，出台《江苏省铁路安全管理条例》。交通运输综合执法检查综合评分蝉联全国第一。深入开展交通运输执法领域突出问题专项整治，44项突出问题全部完成整改并建立长效治理机制。

二是深入推进放管服改革。在全国各省（自治区、直辖市）率先实现交通运输电子证照全覆盖。江苏省一体化在线交通运输政务服务平台上线运行，实行“一枚印章管审批”。42项涉企经营许可事项全面实施“证照分离”改革；对6类许可17项证明事项实施告知承诺制。全省94项跨部门许可事项实现交通“一家受理、全程代办”。发布40项轻微违法行为依法免罚事项清单。

三是构建以信用为基础的监管机制。完成全省道路水路运输市场、公路水运建设市场以及港口经营人信用评定，形成行业“红黑名单”。推进道路运输违法行为积分试点、网上学习消分试点。建立公路水运建设工程质量安全监督记分机制。评出全行业13家诚信单位和10位诚信个人。

第五节　科技创新

一是不断完善科技创新体系。新型道路材料国家重点实验室入选首批新序列国家工程研究中心。江苏航院、华设集团成为首批省“双创示范基地”。在国内首次探索高速公路和普通公路无人化集群养护作业。“交通综合执法大脑”项目入选智慧江苏十大标志性工程。

二是加快建设交通新型基础设施。发布智慧公路、智慧工地等系列标准指南和典型案例。建成五峰山未来高速、苏锡常南部高速太湖未来隧道、省道342线无锡段智慧公路、太仓港集装箱自动化码头等智慧交通基础设施。农村公路“一网一平台”智能化信息化管理和服务平台基本实现市县级全覆盖。

三是大力培育智慧交通产业。完成新一代国家交通控制网江苏（常州）试点工程验收，在全国率先实现基于车路协同的城市公交安全辅助驾驶示范运营。建成沪宁高速无锡东段车道级管控示范路，实现智慧扩容。路桥隧结构安全智能监测、机场绿色能源、ETC生态运营平台3个项目列入省战略性新兴产业计划。

第六节　安全与应急

全年水上、港口和交通工程建设领域继续保

持低事故率，道路运输领域发生的涉及营运车辆道路交通事故数和死亡人数同比分别下降 42.11% 和 38.64%。

一是开展专项整治落实行业责任。在全国率先完成“两客一危”挂靠车辆清理并保持动态清零；率先出台旅游包车安全管理办法，首创旅游包车车辆安全例检、游客实名制管理、行包安检等安全制度。高速公路、普通干线公路超限率分别降至 0.1%、0.22%。推进船舶碰撞桥梁隐患专项治理，为全省 2453 座跨等级航道桥梁建立“身份档案”。13 个设区市均设立“双段长”制办公室，完成境内 378 座公跨铁桥梁的移交工作。

二是大力实施“科技兴安”战略。在全国率先建成海江河全覆盖的港口安全监管信息平台。建立非法营运疑似车辆常态化研判核查机制、“白名单”复核机制等 7 项工作机制。深化主动安全智能防控系统应用，在徐州试点联网联控系统和主动安全智能防控系统“两网融合”，在昆山试点应用大数据画像构建“一企一档”“一车一档”“一人一档”。

三是更大力度提升交通本质安全水平。完成普通国省道 157 公里和 60 个集镇段、交叉口交通安全设施精细化提升，实施农村公路安全生命防护工程 6038 公里。完成 435 座独柱墩桥梁提质升级。推动撤除乡镇渡口 43 道。70% 以上船闸实现安全生产标准化一级达标。6 个项目荣获 2018 至 2020 年度交通运输部平安工程冠名。自然灾害综合风险公路水路承载体普查信息采集工作获国务院普查办通报表扬。

第七节　特色工作

一、绿色交通

持续巩固污染防治成果。建立交通运输环境保护风险分级管控与隐患排查治理双重预防机制。发布首个长三角区域标准《内河船舶水污染物接收设施配置规范》，实现港口企业 100% 接入长江经济带船舶污染物联合监管和信息服务平台。完成 2606 个内河非法码头整治。在全国率先成立“江苏洗舱站联盟”。

推广应用新能源和清洁能源装备。全省新能源及清洁能源营运客车 7200 辆，占比达 21%，新能源及清洁能源营运公交车 4.4 万辆，占比达 85%。协调国家电网取消内河岸电服务费，全省累计建成港口岸电设施 3036 套，覆盖泊位 3644 个。完成 894 艘船舶岸电设施改造，全省港口岸电用电量同比增长 76.65%。31 家港口企业获评全省星级绿色港口。

二、疫情防控

一是全力打赢南京、扬州疫情阻击战。第一时间启动应急处置机制，暂停封控区公共交通、道路客运和出租车进出城业务，严格公铁水空管控措施。疫情期间，全省共设置公路水路查验点 996 个，累计查验车辆 2084.8 万辆次、人员 2936.2 万人次，船舶 10.8 万艘次、船员 21.5 万人次；发现黄码 4040 人、红码 37 人。确保重点物资和人员运输“三保障一畅通”，运输生产生活和防疫等重点物资超过 79 万吨。

二是严格落实常态化疫情防控措施。强化“两站一场一码头”和城市公共交通疫情防控，严格落实测温验码、佩戴口罩等常态化防控措施。坚持“人物同防”，以最严措施做好入境人员“点对点、一站式”接运工作，昆山中转基地累计接转入境来苏人员近 10 万人次。

三是主动承担交通口岸疫情防控工作。成立 3 个工作专班，建立工作例会、信息通报、应急响应、督导检查 4 项制度，从严抓好专班管理、核酸检测、环境消杀、垃圾处置、疫苗接种、应急演练 6 个重点环节，严格把好口岸防控关口。

附表

江苏省交通运输主要指标统计表

指　标			2021 年	备　注
基础设施投资（亿元）	综合交通固定资产投资		1779.8	
	铁路投资		500.8	
	公路投资		1080.4	
	# 高速公路投资		514.0	
	水运投资		177.2	
铁路	通车总里程（公里）	铁路营业里程	4222	铁路营业里程为统计年报数据
		# 国家铁路	—	
		# 合资铁路	—	
		# 地方铁路	—	
	运输情况	旅客发送量（万人次）/ 货物发送量（万吨）	19075/8188	
		旅客周转量（万人公里）/ 货物周转量（万吨公里）	6781342/3451628	
公路	通车总里程	公路通车总里程（公里）	158036	
		# 高速公路通车里程（公里）	5023	
		# 等级公路里程（公里）	158036	
		# 农村公路里程（公里）	140243	
		# 桥梁（座）	71356	
		桥梁总长（万延米）	388.5	
		# 隧道（座）	38	
		隧道总长（万延米）	4.2	
	运输情况	客运量（万人次）/ 货运量（万吨）	43789/186708	
		旅客周转量（万人公里）/ 货物周转量（万吨公里）	3015808/36877943	
水路	航道及码头情况	内河航道通航里程（公里）	24368	
		# 高等级航道通航里程（公里）	2505	
		港口生产用码头泊位拥有量（个）	5909	
		# 万吨级泊位（个）	529	
	运输情况	客运量（万人次）/ 货运量（万吨）	2140/98232	
		旅客周转量（万人公里）/ 货物周转量（万吨公里）	8254/77432909	

续上表

指标		2021年	备注
民航	机场数量（个）	9	
	运输总周转量（万吨公里）	171935	
	# 国内运输总周转量（万吨公里）	—	
	# 国际运输总周转量（万吨公里）	—	
	旅客运输量（万人次）/ 货邮运输量（万吨）	1152.54/23.51	
	旅客周转量（万人公里）/ 货邮周转量（万吨公里）	1615478.13/28396.17	
邮政	邮政行业业务总量（万元）	—	
	快递业收入（万元）	—	
	邮政邮路总条数（条）	—	
	邮政邮路总长度（单程 / 公里）	—	

浙江

第一节　整体概况

2021年，浙江省交通运输系统面对“两个百年”历史交汇的新形势、新要求，集中推进21项重点工作，全力抓好一批大事要事，实现了“十四五”时期的良好开局。

第二节　综合交通基础设施建设

面对2021年严峻形势，浙江省交通运输系统以超常规力度，集中开展“百日攻坚”行动，实现全年综合交通投资3413亿元，其中公路、水运投资2000亿元、同比增长3.5%；出台专项方案，组建7个省级专班、11个地市专班，首次开展15个前期项目集中招标、11个重点项目线上集中审查，梳理9大牵引性项目、44个重大前期项目，逐个明确节点、倒排时间、加力提速。同时，浙江省交通运输系统还紧盯用地报批、杆线迁改、融资变更等关键瓶颈，建立“专班推动、部门会商、省市县联动”机制，专题协调40余次，破解难题100余项；迭代升级作战指挥系统2.0版，实施“赛马亮灯”机制，有效推动投资放量；修订专项资金管理办法，出台投融资改革方案，制定公路、水运、航空、综合运输等省补资金改革配套政策；针对普通国省道这一省级资金调配重点领域，研究制定专项政策，优化建设养护资金补助模式，同步出台普通省道网布局规划；积极拓展融资渠道，沪杭甬公司成功发行全国首批、浙江首单基础设施公募基金，募集资金43.6亿元。

一、公路

建成钱江通道北接线、杭金衢改扩建金华衢州段等5项143公里高速公路，312公里普通国省道；开工建设杭绍甬宁波段二期等3个高速公路项目及10个普通国省干线项目；推进甬台温高速公路改扩建等项目。截至2021年底，浙江省高速公路达5200公里。

二、铁路

推进通苏嘉甬铁路等项目建设。截至2021年底，浙江省铁路达3663公里。

三、水运

全年建成梅山9#等6个万吨级以上码头泊位，75公里内河高等级航道及虾峙门航道等项目；开工建设杭甬运河新坝二线船闸等6个水运项目；推进浙北集装箱主通道等项目；出台全国首部地方性内河高等级航道建设技术指引。截至2021年底，浙江省沿海万吨级以上泊位达268个、内河高等级航道达1660公里。

四、民航

推进丽水机场等项目建设。截至2021年底，浙江省机场航站楼面积达148万平方米。

第三节　运输服务保障能力

一、增强综合运输保障能力

坚持保畅通、降成本、提效能，浙江省全力保障物流链供应链稳定，全年完成综合运输货运量32.7亿吨，同比增长9.2%，客运量达4.9亿人次、同比下降19.1%。

沿海港口货物、集装箱吞吐量分别达14.9亿吨、3489万标准箱，同比增长5.4%、8.4%；国际航线新增27条，总数增至287条，创历史新高。服务大宗商品储运基地建设，先行启动鼠浪湖40万吨码头延伸工程；深化宁波舟山港一体化改革，破解“一港两拖”问题，彻底解决虾峙门渔船碍航“顽疾”；打造嘉兴长三角海河联运枢纽，实施22项针对性举措；主动应对国际集装箱运价过快上涨，出台专项补贴等12项政策，吸引海外空箱回流750余万标准箱，极大地缓解了“一箱难求”等问题；全力做好电煤、LNG和粮食等重要物资保畅保供工作。

民航机场旅客吞吐量达5183万人次，货邮吞吐量突破百万吨大关，居全国第四；杭州机场双跑道运行“双起双落”，高峰时刻容量提升30%。圆满完成“通用航空低空飞行服务体系建设”国家试点任务，建成低空通信监视网、气象服务中心，实现900米以上低空监视全覆盖。

公路运输提质增效，出台《关于规范发展班车客运定制服务的实施意见》，开通定制班线超60条；推广高速公路差异化收费，全面实施通行费电子发票，人工车道通行效率提升超20%；ETC综合使用率超73%，居全国第三；落实货运惠企减负47亿元；“四港”联动联盟成员单位增至54家，组建实体化公司，上线智慧物流云平台2.0版；推进宁波海铁联运等示范项目，创建义乌示范城市，集装箱海铁联运量同比增长20%，居全国第二，集装箱海河联运量增长13.2%。邮政快递业务量达230亿件，占全国五分之一，同比增长28%，“两进一出”试点成效显著。

二、积极服务长三角一体化等重大战略

围绕“一体化、高质量”，浙江省深入落实长三角主要领导座谈会部署，“三省一市”交通部门共同签署省际通道中长期规划、智慧高速等4项协议。

首轮涉及浙江省的9个项目全部开工、建成5个；新一轮协议21个项目中，开工7个、建成6个。印发嘉善片区综合交通规划，落实22项支持措施，指导创建城乡交通运输一体化、“四好农村路”全国示范县。实现4类电子证照共享互认、6类事项长三角通办；开通省际毗邻公交4条，总数达24条。出台联运平台建设方案，推动海河联运示范区、航空联运中心建设；全力落实“一带一路”、长江经济带、“四大”建设等重点任务。

第四节　行业治理体系建设

一、深化法治建设和行业创新

一是加快法治政府部门建设。制定实施意见，推进铁路安全、道路运输、水上交通安全等条例制修订。集中整治交通执法领域突出问题，率先制定全领域“非现场执法”工作指引，推广“轻微违法行为告知承诺制”等暖心举措，在全国会议作经验交流。发布综合执法事项清单，建成23家基层站所规范化试点，完成执法能力建设三年行动，案卷质量获评全国第一。浙江省1件交通工程类执法案例入选全行业典型案例。浙江省交通运输厅获全国交通运输系统“七五”普法先进单位。率先启用统一电子证照专用章，实施10个事项告知承诺办。

二是完善信用交通制度体系。出台首个全省五年实施方案、信用管理办法及6个专项细则。道路运输行业信用监管案例，获评浙江省信用数字化改革十大示范案例。

三是加快建设未来交通科创中心。完成浙江省交通运输科学研究院融合提升，建设人工智能技术应用等4个省部级研发平台，举办首

届科技成果推介活动，获评首批省级软科学研究基地。浙江交院获中国国际“互联网 +”大学生创新创业大赛职教赛道金奖。

四是积极培育综合交通产业。精心筹办产企对接推介会、第四届浙江国际智慧交通产业博览会，协调推动萧山、龙游、松阳等园区项目落地。

二、高质量办好民生实事

牵头承担全国道路运输从业人员管理改革，制定《关于加强货车司机权益保障工作的意见》，推出 10 项暖心实事，全力破解“办证难、停车难、通行难”问题。整治“民评民选”堵点乱点 39 个、群众反映强烈的拥堵路段 12 条，建设改造公交站点 621 个；深化杭州绕城高速治堵，集中整治省内拥堵收费站，通行效率提高 37.3%；服务特殊群体出行，推出 95128 电召热线，各市均组建爱心车队，运力超 2000 辆。新改建农村公路 2250 公里，实现 200 人以上自然村全通达，城乡公交一体化率达 68%；新改建陆岛、渡埠渡船项目 48 个。完成 25 个水上服务区、客运站智慧化提升，打造 21 个船员驿站；三堡船闸年可运行时间增加 7%，普通货船平均待闸时间 4.5 天，缩短 30%，为船户节省成本约 6000 万元。优化提升 12328 交通运输服务监督热线，在全国首创建设浙江省高速公路 MTC 电子发票平台，服务全省 1300 多万 ETC 车主，货车、客车使用率分别居全国第三、第四位，综合使用率全国第三。

第五节　安全与应急

围绕“遏重大”，浙江省集中抓好“1+7”专项整治，圆满完成“平安护航建党百年”任务，行业亡人事故起数、死亡人数，分别较前两年平均下降 22% 和 24%。

聚焦长陡下坡、平交道口等重点，完成 230 个挂牌点段治理、400 个一级公路平交口改造，建成 749 公里安防工程、维修改造 255 座病害桥梁。严格落实“两长四员”网格机制，加强对挂靠、“两外”车辆治理，压减危货运输企业 54 家，基本建成 20 个危货公共停车场、新增一批高速服务区危货专用停车位；全面淘汰卧铺客车和 57 座以上营运客车，清退 374 条 800 公里以上班线。深刻吸取杭绍台桥梁垮塌事故教训，迅速实施“利剑”行动，深入开展桥隧隐患排查，整改问题 1.5 万个。全面落实重点货源单位出场称重、视频监控，严格实施“一超四罚”，新增 340 条非现场执法车道，使高速公路、普通公路超限率分别降至 0.01% 和 1.75%。大力整顿沿海航运企业，淘汰小散企业 19 家；建立港口危货特殊作业视频监控机制，完成 200 个老旧危货码头、储罐检测。整改问题 5800 余个，实现“三年任务一年半完成”，创新双段长、“110”接警联动等机制，两次获交通运输部党组书记杨传堂批示肯定。在抗击台风“烟花”中，面对“强风、暴雨、大潮”三碰头的严峻形势，以决战决胜姿态主动应对，投入抢险人员 4.8 万人次，车辆、设备 1.5 万台次；交通领域没有一人因灾死亡或受伤、没有发生一起因台风引发的安全事故，实现交通秩序快速恢复，用交通人的“辛苦指数”，降低台风带来的“风险指数”，提高群众的“安全指数”。

第六节　特色工作

一、精心组织、扎实开展党史学习教育

按照党中央、省委统一部署，紧扣“九学九新”要求，统筹谋划、整体推动，取得了实实在在的成效，获浙江省委党史学习教育办、巡回指导组充分肯定。

浙江省交通运输厅党组 17 次专题研究部署，厅党组书记 3 次讲授党课，宣贯十九届六中全会精神，引导广大党员干部，深刻领会“两个确立”

决定性意义，增强“两个维护”行动自觉。创新“我在红船起航地学党史”“学史路上悟思想”等4方面19项特色载体，开展“重温习近平在浙江”“劳模工匠全省巡回宣讲”系列活动，组织大型全媒体宣传，在全行业掀起建功“十四五”、向党当先行的热潮，特别是围绕庆祝建党百年，精心开展“永远跟党走”主题党日活动，交通战线86个集体、447名个人荣获“两优一先”表彰，1457位老党员被授予“光荣在党50年”纪念章。深入开展“我为群众办实事、我为企业解难题、我为基层减负担”实践活动，组建10个省级服务专班，一线攻坚27项重大难题，破解91项企业、群众“急难愁盼”问题。

二、先行先试、高标准抓好交通强省建设

作为首批交通强国试点单位，认真贯彻落实《交通强国建设纲要》《国家综合立体交通网规划纲要》，发挥浙江省交通强省建设领导小组办公室统筹作用，全面构建强省规划、政策、项目、推进体系，精心筹备全国现场会，加快推动试点工作落地。印发《浙江省综合立体交通网规划》。

一是制定实施“十四五”系列规划。涵盖1个总体规划、10个专项规划和11个地市规划，明确了未来5年目标任务和指标体系，统筹布局664个重大项目、总投资超2万亿元，形成九要素一体推进格局；开展厅局长“十四五”规划宣贯活动，创新直播访谈形式，参与人次超400万。

二是打造“世界一流强港”等标志性成果。构建强港政策体系，启动总体规划修订，宁波舟山港货物、集装箱吞吐量实现“双突破”，分别超12亿吨、3100万标准箱，稳居世界第一、第三，首次跻身国际航运中心指数前十；宁波舟山港主通道全面建成，与舟山跨海大桥共同构筑我国最大跨海桥梁群和最长连岛高速；杭台高铁正式通车，瓯江北口大桥主桥合龙，杭州机场T4航站楼、交通中心基本建成。

三是体系化、机制化推进强国试点工作。统筹8方面60项试点工作，建立“项目长、清单式、实战化”机制，形成争先创优良好氛围。

三、敢为人先、举全系统之力推进数字化改革

一是坚持“一把手”亲力亲为，扑下身子带头干。建立强有力协调机制，厅主要领导33次专题研究，班子成员牵头组建专班，省市县联动推进，形成“一把手领衔、班子带头、全员参与”浓厚氛围。

二是系统构建“1+7+N+X”推进体系。紧扣“152”跑道，精心打造基础底座，大幅整合行业系统，全面接入高速公路、营运车辆、交通工程等关键信息，汇聚数据超1300亿条；统筹建设数字公路、数字港航、数字机场、数字工程、审批执法等7个业务板块，先行打造8个重点应用，评选12个基层和社会最佳实践。

三是以重大需求为牵引，形成一批具有辨识度、引领性的“硬核”成果。首创“浙运安”智控应用，创新“一码三闭环”机制，实现危货运输安全“一升两降”，案件查处量上升292%、事故起数下降46%、死亡人数下降77%，成为全省数字化改革“十大标志性成果”中，最具代表性场景应用之一，并入选交通强国建设试点、向长三角推广；“阳光监管”获评全省数字化改革“最佳应用”；“浙里畅行”成为国庆期间“浙里办”最热门应用和数字社会“最佳应用”；浙路品质、“四港”联动、浙闸通等7个应用纳入全省S1[浙江省委改革办（省数改办）21年底印发的全省数字化改革重大应用]一本账。

四是联动推进改革突破、制度重塑。将改革作为本质要求贯穿始终，创新“3个平台”“3个机制”，率先出台省级危货运输安全管理办法、内河智慧航道建设导则等27项标准、规范，形成系列理论和制度成果。

五是注重顶层设计与基层探索双向发力，构

建数字交通“生态圈”。统筹综合交通，联动省市县，鼓励龙头企业参与，共同打造一大批特色应用，实现纵向贯通、横向联动。

四、主动谋划、全力服务共同富裕示范区建设

深入贯彻省委十四届九次全会精神，认真落实《浙江高质量发展建设共同富裕示范区实施方案》，聚焦缩小“三大差距”，全面构筑交通服务示范区建设的“四梁八柱”。部党组专门出台《交通运输支持浙江高质量发展建设共同富裕示范区的实施意见》，提出4方面26条含金量高、针对性强的支持政策，这是交通运输部首次为一个省专门出台综合性支持政策。突出“均衡协调、公平普惠、群众体验”。以共富指数为牵引，形成闭环推进体系。从设施通达、服务优质、安全绿色、治理高效4个维度，设定22项特色指标，对全省90个县（市、区）进行综合评价。在广泛征集市县、群众意见的基础上，进一步摸清需求、找准短板，统筹实施干线交通基础设施补短板、城乡运输服务品质提升等12项行动。重点推进桐浦义高速、杭淳开高速等14个群众呼声高、经济带动强的标志性工程；出台支持26县跨越式高质量发展专项政策，做好庆元等结对帮扶工作。

五、边谋边干、坚决落实碳达峰碳中和任务

交通是碳达峰“6+1”重点领域之一，占全社会排放总量9%，目前浙江省在册车船多达1800万辆（艘），减排难度最高、任务最为艰巨。

一是深入开展系列基础研究。系统分析近10年交通能耗数据，全面摸清排放底数，测算达峰年限和峰值，明确“两个70%”主攻方向，研究提出针对性政策、举措。

二是编制交通碳达峰实施方案。聚焦运力装备、运输结构等“关键变量”，谋划实施6方面、14项行动，召开全系统会议专题部署，建立省市县协同机制，出台“一市一策”方案，细化达峰目标、分解重点任务、形成责任闭环。

三是先行实施一批突破性举措。开展亚运城市绿色智慧交通年行动，新增新能源公交、出租车6800辆，淘汰老旧营运货车1.1万辆；在全国率先建立船舶港口污染防治长效机制，召开全省现场会，主要指标居长江经济带各省市前列。大力推广港口岸电，湖州成为长江经济带岸电价格最低城市，相关经验在第26届联合国气候变化大会作宣传展示。

六、以战时状态、战斗精神，慎终如始抓好疫情防控

围绕“外防输入、内防反弹”，严守港口、机场、铁路、上海口岸入浙转运等重要关口，牵头建立省级统筹、协调、督查机制，升级完善防控指引，实施“5+4”驻点指导、“人物同防”“两集中四固定”等有效措施，不断织密疫情防线，总体实现平稳可控。

海港方面，完成国际航行船舶引航1.6万艘次，稳妥处置全国首例德尔塔涉疫外轮，累计处置79起涉疫外轮，救治265名阳性船员，完成国际船员换班7.9万人次，数量均居全国首位；及时处置梅山港区疫情，实现“零扩散”；紧急救助“弘进”轮，赢得各界高度肯定。机场方面，累计管控航班77.5万架次、旅客9790.6万人次，其中境外旅客15.7万人次，全力做好央企境外员工回国包机保障工作。铁路方面，累计测温6.23亿人次，发现发热旅客3920人次，均落实规范处置。上海口岸转运方面，累计转接2900班次、4.65万人次。

在持续做好常态化防控方面，加强道路、水路运输和城市公共交通防控，累计测温9亿人次；从严管控全省950个在建工程、15万施工人员，牢牢守住交通“小门”。特别是面对上虞、北仑等

突发疫情，勇担转运工作重任，克服重重困难和巨大风险挑战，以战斗姿态直插一线、夜以继日、连续奋战；创新“三通一稳”机制，实现省市区“贯通”指挥、前后端“融通”闭环、接转运“畅通”高效、全过程“平稳”安全；累计转运近5万人次，实现有需即转、应转尽转，为打赢遭遇战、阻击战做出重要贡献。

七、锐意进取、实干担当，形成了一大批特色亮点

杭州充分发挥“头雁”作用，投资总量达到浙江省三分之一。宁波持续深化城乡一体化发展，获评全国“四好农村路”市域示范创建突出单位。温州大力发展综合运输，开通浙南首条集装箱海铁联运班列。嘉兴高质量推进长三角一体化示范区建设，海河联运枢纽实现跨越式发展。湖州率先实现全域公交一体化，公交服务质量居全省第一。绍兴创新“数字打非”等场景应用，成功破获跨省重大案件。金华物流快递量连续3年全国第一，成为首个年业务量超百亿件城市。衢州加快补齐交通设施短板，常山江航电枢纽列入国家规划。舟山精心打造“蓝色岛链”，沿海水路客运量超全国三分之一。台州着力建设品质工程，台州湾、乐清湾大桥双获“鲁班奖”。丽水出台全国首个公交渡口建设与管理地方标准。省交通集团继续发挥投资主力军作用，首次进入世界500强。省机场集团开通省内首条第五航权货运航线，国际航空货邮吞吐量增长45%。省海港集团全力保障物流链供应链稳定，成为全省首个、全国港口首家荣获中国质量奖单位。

附表

浙江省交通运输主要指标统计表

指标			2021年	备注
基础设施投资（亿元）	综合交通固定资产投资		3414.5	包括城市轨道、机场
	铁路投资		1295	包括城市轨道
	公路投资		1799	
	# 高速公路投资		702	
	水运投资		201	
铁路	通车总里程（公里）	铁路营业里程	—	
		# 国家铁路	—	
		# 合资铁路	—	
		# 地方铁路	—	
	运输情况	旅客发送量（万人次）/ 货物发送量（万吨）	—	
		旅客周转量（万人公里）/ 货物周转量（万吨公里）	—	
公路	通车总里程	公路通车总里程（公里）	123885	
		# 高速公路通车里程（公里）	5200	
		# 等级公路里程（公里）	123885	
		# 农村公路里程（公里）	110074	

续上表

指　标			2021 年	备　注
公路	通车总里程	# 桥梁（座）	52815	
		桥梁总长（万延米）	418	
		# 隧道（座）	2375	
		隧道总长（万延米）	193	
	运输情况	客运量（万人次）/ 货运量（万吨）	24246/213653	
		旅客周转量（万人公里）/ 货物周转量（万吨公里）	1768689/26369680	
水路	航道及码头情况	内河航道通航里程（公里）	9770	
		# 高等级航道通航里程（公里）	1660	四级及以上航道
		港口生产用码头泊位拥有量（个）	3553	
		# 万吨级泊位（个）	263	
	运输情况	客运量（万人次）/ 货运量（万吨）	3846/109210	
		旅客周转量（万人公里）/ 货物周转量（万吨公里）	49403/100295135	
民航	机场数量（个）		19	民用机场和通用机场数量
	运输总周转量（万吨公里）		—	
	# 国内运输总周转量（万吨公里）		—	
	# 国际运输总周转量（万吨公里）		—	
	旅客运输量（万人次）/ 货邮运输量（万吨）		5183/11.3	
	旅客周转量（万人公里）/ 货邮周转量（万吨公里）		—	
邮政	邮政行业业务总量（亿元）		—	
	邮政行业业务收入（万元）		—	
	# 快递业收入（万元）		—	
	邮政邮路总条数（条）		—	
	邮政邮路总长度（单程 / 公里）		—	

安徽

第一节 整体概况

2021 年，安徽省交通运输系统统筹推进疫情防控和经济社会发展交通运输工作，奋力实现“十四五”精彩开局，交通强省建设迈出坚实步伐。着眼国家和省中长期发展战略，发布实施安徽省综合立体交通网规划纲要、高速公路网规划修编。着眼“十四五”综合交通运输发展，编制发布交通运输“1+5+1”五年发展规划，首次编制民航、安全生产专项规划，规划体系更臻完善、发展蓝图全面擘画。

全面加快交通重点项目建设，“县县通”高速全面实现，“县城通”高速加速推进，年度重大项目开工数、在建规模创“十三五”以来之最，交通固定资产投资达到 945 亿元，再创历史新高。加快推动交通强国建设，印发安徽省试点实施方案，25 家单位全面启动试点工作。世界遗产、环太平湖、名山秀水、醉美 218 等旅游风景道开工建设，“竹乡画廊”等一批“一县一品”创建初见成效。

第二节 综合交通基础设施建设

一、公路

蚌五、固蚌、池祁高速池州至石台段、芜黄 4 条高速公路建成通车，全年新增高速公路通车里程 242 公里，总里程达到 5146 公里。建成省会到市、市到县一级公路联通工程 109 公里，新增一级公路 398 公里，总里程达到 6171 公里。完成农村公路提质改造工程 4489 公里、安防工程 4925 公里、危桥改造 334 座。紧抓项目前期工作“牛鼻子”，强化省市联动、部门联动，重调度、聚合力、破堵点，全年获批高速公路建设用地 13 个、用地预审 15 个、争取省政府出具生态红线论证意见 12 个。

二、水运

引江济淮航运工程 81 个项目均已开工建设，8 大枢纽、河渠全部开工。郎溪县定埠综合码头二期工程、淮北港孙疃作业区综合码头工程、沱浍河航道（蚌埠段）整治工程开工建设。新汴河航道（宿县—徐岗段）整治疏浚工程完成交工验收。耿楼复线船闸、水阳江航道建成投运。新汴河航道（宿县闸—徐岗段）整治工程完成交工验收。

三、民航

芜宣机场正式通航运营，成为安徽省第 6 个运输机场。合肥机场机坪改扩建完成竣工验收和行业验收，安庆机场改扩建主体工程已基本完工，阜阳机场、池州机场改扩建加快推进；合肥机场改扩建、亳州机场和蚌埠机场正式开工建设。合肥施湾通用机场完工，即将正式运营；砀山、泗县、白龙、界首等通用机场建设持续推进。定远、长丰、萧县、霍邱等通用机场已正式启动前期工作。

四、邮政

全年新签约亿元以上行业重大投资项目 5 个，总投资额达 50.5 亿元。南陵“全国快递科技创新试验基地”加速建设，累计签约落户并培育行业龙头、快递物流智能装备关联企业 84 家，签约投资额 73 亿元。全省实现快递服务覆盖的行政村达 14182 个，覆盖率达 97.77%。6 个项目入选 2021 年度“全国快递服务现代农业金牌项目”，其中“亳州花草茶”项目业务量在全国率先破亿件。

第三节 运输服务保障能力

一、客运服务保障

铜陵、芜湖长江公路大桥及宁洛高速曹庄收费站、合裕线裕溪船闸等“堵点”得到有效治理。建成省级ETC智慧停车云平台，合肥、池州入选全国智慧停车试点城市。轨道交通合肥4号线和芜湖1号线、2号线开通运营。全省100%建制村通客车、40%建制村通公交。完成151个服务区公厕改造，建设司机之家15个。道路定制客运创新发展，运输服务与旅游加速融合。12328与12345服务热线加快归并，高速公路服务实现96566“热线一个号”，老年人叫车服务电话95128实现市级全覆盖。网约车“双合规”订单率位居全国前4位。2021年完成公路客运量1.6亿人次，旅客周转量147.8亿人公里，同比分别减少28.5%和12.1%，与2019年同期相比，分别减少64.3%和56.5%。完成水路客运量161万人次、旅客周转量2130万人公里，同比分别增长45.7%和40.2%，与2019年同期分别减少27.4%和29.9%。全省运输机场完成旅客吞吐量1100.1万人次，同比增长6.5%，与2019年同期相比减少27.6%。

二、货运服务保障

大力发展多式联运，开展第二批10个省级多式联运示范项目创建，完成集装箱多式联运量15.8万标准箱。大宗货物运输“公转水”效果显著，水路货运量占比33.7%、同比提高1.2%。支持网络货运平台发展，认定平台企业175家，运单数及货运量居全国前5位。农村寄递物流体系加快建设，行政村快递服务覆盖率达98%。新改建乡镇客货邮融合服务站22个，开通客货邮融合运营线路32条。广德、舒城正式命名全国首批城乡交通运输一体化示范县，天长、界首、霍邱三地入选第二批创建名单。合肥至上海外贸定制直达航线、芜湖至日本快运航线、定埠至上海港航巴士相继开通，芜湖港—上海洋山港实现一体化运行。芜湖专业航空货运枢纽港加快建设，合肥至伦敦、仁川2条国际货运航线开通，合肥国际货运集散中心建设进程加快。2021年完成公路货运量25.9亿吨、货物周转量3727.9亿吨公里，同比分别下降6.4%和9.3%，比2019年同期分别下降12.9%和35.1%。完成水路货运量13.5亿吨、货物周转量6513亿吨公里，同比分别增长9.2%和6.9%，比2019年同期分别增长7.7%和4.6%。全省运输机场完成货邮吞吐量10万吨，同比增长7.7%，与2019年同期基本持平。完成港口货物吞吐量5.8亿吨，其中集装箱吞吐量204.1万标准箱，与2020年底相比分别增长0.4亿吨和9.7万标准箱，增长7.8%和5%，较2019年同期分别增长6%和13.7%。

三、运输装备

截至2021年底，全省拥有公路营运汽车67.09万辆，比上年末增长7.11%万辆。其中载客汽车1.72万辆、56.98万客位，比上年末分别下降11.92%和9.92%；载货汽车65.36万辆、946.8万吨位，比上年末分别增长7.73%、4.45%。全省拥有营业性民用运输轮驳船2.48万艘、净载重量5428.13万吨，同比分别增长1.15%和5.55%；载客量1.46万客位，同比增长4.88%；集装箱箱位13.02万标准箱，同比下降5.87%；船舶功率1119.72万千瓦，同比增长3.05%。全省城市及县城拥有公共汽电车2.83万辆、3.22万标台，比上年末分别下降0.11%和1.42%。全省出租汽车营运车辆5.53万辆，同比增长2.15%。全省拥有地铁营运车辆1290辆，比上年末增长76.23%。

第四节 行业治理体系建设

一、交通运输体制机制改革

省市县三级交通运输综合执法改革全部到位，政事分开、统一执法新体制基本确立。低空空域管理改革有序实施，以全国最短时间获批改革试点，成为长三角第一个、全国第三个低空空域全域开放省份，低空空域协同运行管理委员会、省通用航空协调管理中心相继成立，通用航空发展平台公司成功组建，民航业“两翼齐飞”格局全面构建。水运领域财权事权改革取得新突破，提请省政府出台进一步加强水运基础设施建设和管理的政策文件，省级层面水、路、空政策体系全面构建。

二、法治政府建设

出台并贯彻落实“一规划两纲要”深化法治政府部门建设实施意见，完成安徽省实施《航道法》办法的立法调研，协同推进省引江济淮条例、省铁路安全管理等地方立法。着力提升行业依法行政水平，开展执法领域突出问题专项整治行动，实施综合执法人员能力素质提升三年行动。普法教育常态化推进，“七五”普法工作获全国表彰、3个集体和2个个人被交通运输部通报表扬。“轻微免罚和告知承诺制”荣获“全省十大法治事件”提名奖。营商环境持续优化，累计减少省级权力事项29项、涉企收费事项3项，26项行政许可纳入“证照分离”改革；5项道路运输高频事项实现“跨省通办”，大件运输审批实行“网上办”“掌上办”。

第五节　科技创新

一、科技创新与标准化建设

推动关键核心技术攻关。超大跨径跨江桥梁工程创新技术研究取得重大突破，桥梁技术总体水平跻身国际领先行列。创新研究系列根式基础、同向回转成套技术等工业化建造技术，形成以工业化建造为核心导向的原创技术体系。开展重点科技项目攻关，取得科技成果近百项，6项科研成果获得省部级科技进步奖。持续推进标准体系建设，制订交通类地方标准14项。推动长三角区域交通运输标准一体化发展，完成《长三角省际毗邻公交运营服务规范》的报批工作，推进《长大桥梁无人机巡检作业技术规程》等5项区域标准共同立项。

二、信息化与网络安全

实施智慧交通三年行动计划，编制交通运输新基建实施方案，宁芜智慧高速、芜湖港智慧港口等项目加快实施，“引江济淮智慧航道工程”纳入交通运输部新基建重点工程，芜湖港成为全国进口电商货物港航“畅行工程”唯一入选内河试点港口。加强网络安全工作，常态化开展网络安全风险隐患排查和整改工作，完善重点时段网络安全保障工作机制，全力保障重点时段、重要时期网络安全，2021年未发生网络安全事件。

第六节　安全与应急

一、安全生产及应急管理

深入开展交通运输安全整治“集中攻坚年”行动，危化品道路运输、车辆超限超载、内河船舶涉海运输、船舶碰撞桥梁、商渔船防碰撞等整治行动成效明显，公路水路承灾体普查启动实施。常态化推进扫黑除恶专项斗争，牵头推进全省交通运输领域专项整治，交通运输发展环境不断净化优化。出台行业首个危化品运输安全生产实施意见，初步建立行业重大风险“电子地图”。提请省政府发布城市轨道交通突发事件应急预案，系统修订、初步形成“1+15”预案体系，联合开展轨道交通、危化品运输突发事件等应急演练。完善固化重点时段保安全工作机制，组织开展“防风险、遏事故、保畅通、庆华诞”安全风险防范专项行动，保障建党百年等重点时段安全形势稳定。

二、工程质量监管

出台强化质量安全监管意见，修订完善有关制度，质量安全政策体系不断健全。“平安工地”

建设不断深化。工程实体质量稳中有进，高速公路、普通国省干线公路、农村公路、水运工程一次抽检合格率分别达98.4%、97.1%、96.5%和96.5%，位居全国前列。品质工程创建深入开展，3个项目入选交通运输部首批“平安百年品质工程”示范创建项目，19个公路水运项目斩获“菲迪克奖”“李春奖”“詹天佑奖”等国内外大奖。

三、疫情防控

坚持“人、物、环境”同防，始终保持指挥系统高效运转，慎终如始狠抓常态化疫情防控，全力做好突发疫情应急处置工作。严格落实“外防输入”要求，从严做好机场、水运口岸等重点部位防控和进口冷链食品运输环节疫情防控。毫不放松抓好“内防反弹”工作，落实落细客运站场、服务区和交通运输工具各项防控举措，配合做好首都疫情防控，推进交通运输行业重点人群疫苗接种。

第七节　合作与交流

一、长三角一体化发展

建立健全对标学习沪苏浙长效机制，提出对标建议23项，项目前期工作等8项对标成果相继落地。印发合肥机场“一枢纽一中心”等7个重大工程实施方案，签署公路水路省际通道中长期规划建设等5项区域合作协议，交通运输支撑皖北“四化同步”研究不断深化。互联互通水平持续提升，宁和高速以及宁洛、宣广高速改扩建工程开工建设，来六、黄千、宁安等项目加快推进，新开通省际毗邻公交线路5条。携手共建长三角世界级港口群，合肥至上海外贸定制直达航线、芜湖至日本快运航线、定埠至上海港航巴士相继开通，芜湖港—上海洋山港实现一体化运行，上港集团—安徽港航芜湖集装箱联合服务中心揭牌运营。携手共建长三角世界级机场群，芜宣机场正式运营，芜湖专业航空货运枢纽港加快建设，合肥机场二期开工，合肥至伦敦、仁川2条国际货运航线开通，合肥国际货运集散中心建设进程加快。

二、美丽长江（安徽）经济带建设

扎实推进长江经济带交通运输领域污染防治，中央、省生态环保督察及“回头看”反馈问题、生态环境警示片披露问题基本完成整改。常态化推进长江经济带船舶和港口污染防治工作，全面完成100总吨以下船舶生活污水防污改造。完成船舶受电设施改造1984艘，岸电累计使用120万千瓦时、同比增长140%。安庆化学品洗舱站有效运行，芜湖船舶LNG加注站码头建成运营。加强船舶污染物全过程闭环管理，“船—港—城”一体化污染防治联动机制运行良好。

附表

安徽省交通运输主要指标统计表

指　标		2021年	备　注
基础设施投资（亿元）	综合交通固定资产投资	945.24	不含铁路投资
	铁路投资	—	
	公路投资	821.15	
	# 高速公路投资	376.07	
	水运投资	93.47	

续上表

指标			2021 年	备注
铁路	通车总里程（公里）	铁路营业里程	5405	
		# 国家铁路	—	
		# 合资铁路	—	
		# 地方铁路	—	
	运输情况	旅客发送量（万人次）/ 货物发送量（万吨）	11000/7600	
		旅客周转量（万人公里）/ 货物周转量（亿吨公里）	6035000/782.5	
公路	通车总里程	公路通车总里程（公里）	237411	
		# 高速公路通车里程（公里）	5146	
		# 等级公路里程（公里）	237388	
		# 农村公路里程（公里）	209059	
		# 桥梁（座）	49153	
		桥梁总长（万延米）	289.54	
		# 隧道（座）	422	
		隧道总长（万延米）	35.38	
	运输情况	客运量（万人次）/ 货运量（万吨）	16300/259000	
		旅客周转量（万人公里）/ 货物周转量（亿吨公里）	1478200/3727.88	
水路	航道及码头情况	内河航道通航里程（公里）	5775	
		# 高等级航道通航里程（公里）	1831	
		港口生产用码头泊位拥有量（个）	823	
		# 万吨级泊位（个）	—	
	运输情况	客运量（万人次）/ 货运量（万吨）	161.26/134600	
		旅客周转量（万人公里）/ 货物周转量（亿吨公里）	2130.4/6513.26	
民航	机场数量（个）		6	
	运输总周转量（万吨公里）		—	
	# 国内运输总周转量（万吨公里）		—	
	# 国际运输总周转量（万吨公里）		—	
	旅客运输量（万人次）/ 货邮运输量（万吨）		1100.1/10	
	旅客周转量（万人公里）/ 货邮周转量（万吨公里）		—	
邮政	邮政行业业务总量（亿元）		393.55	
	# 快递业收入（亿元）		216.81	
	邮政邮路总条数（条）		—	
	邮政邮路总长度（单程 / 公里）		—	

福建

第一节　整体概况

2021 年，福建省交通运输系统统筹疫情防控和交通运输发展，有效防疫情、稳投资、保畅通、促发展，高质量完成各项目标任务，为实现“十四五”开好局、起好步奠定了坚实基础。

综合交通网络加快完善。坚持规划先行引领，《福建省“十四五”现代综合交通运输体系专项规划》印发实施。持续推进高速公路贯通联网、扩容改造，国省干线公路贯通衔接、提质升级，内河航道畅通联通、拓展延伸，农村公路提档升级、内外衔接，加快补齐交通基础设施短板。新增铁路通车里程 207.42 公里，高速公路路网密度达 4.97 公里 / 百平方公里，居全国各省第三位，新改建普通国省干线公路 948 公里，建设改造农村公路 2326 公里，建成投产罗屿 40 万吨铁矿石泊位等一批重大项目，启动超千公里的国道 G228 线滨海风景道建设。

图 7-13-1　12 月 2 日上午，40 万吨级散货船“VLOC SEA TUBARAO 图巴朗”轮顺利靠泊罗屿港口 9 号泊位（图片由福建省湄洲湾港中心提供）

综合运输效能显著提升。多式联运“一单制”试点深入实施，海铁联运比例和综合运输效率持续提高，电商物流、冷链物流等专业化物流快速发展。一批网络货运全国区域总部、智慧物流电商产业集群落地投产，培育一批数字经济龙头示范企业，网络货运平台新增 47 家，集群规模实现翻番。全省公路、水路换算总周转量同比增长 20.4%、11.7%，均超全国平均水平。

交通强国建设全面推进。印发实施《福建省交通强国先行区建设实施方案》，推动福建省综合立体交通网由“通”向“优”全方位转变。认真组织推进交通强国建设试点任务，围绕苏区老区“四好农村路”高质量发展、交通运输治理能力现代化建设、区域交通协调发展等五大试点任务，研究制定试点工作实施方案，细化分解 21 项具体试点项目，实行任务项目化、项目清单化、清单具体化，部分试点领域实现率先突破。

第二节　综合交通基础设施建设

固定资产投资保持高位运行，全省综合交通固定资产投资累计完成 1013.37 亿元，其中铁路投资完成 288.06 亿元，公路、水路投资完成 725.31 亿元。

一、铁路

全年完成铁路投资 288.06 亿元，浦梅铁路（建宁至冠豸山段）、兴泉铁路（省界至宁化段）建成通车，新增通车里程 207.42 公里，福厦客专、龙龙铁路（龙岩至武平段）、兴泉铁路（宁化至泉州段）等干线铁路建设稳步推进。

图 7-13-2　莆炎高速公路金饶山互通枢纽（王海清 摄）

二、公路

全年完成高速公路建设投资 230.35 亿元，建成莆炎尤溪中仙至建宁里心段、龙岩东环、厦门第二西通道、厦门同翔大道等项目共 40 公里及龙岩坎市、福州飞石、南平塔前与合掌岩等一批互通项目，建成世界最大跨径的钢桁组合连续刚构桥（三明莆炎沙溪大桥），新开工宁古、武沙、福州滨海新城一期高速公路、厦门马銮湾互通等项目。

全年完成普通公路固定投资 408.82 亿元，新改建国省干线公路 948 公里、建成 190 公里，累计在建乡镇便捷通项目 32 个 370.4 公里、完工 7 个 92.8 公里。建设改造农村公路 2326 公里，完成路面修复 150 万平方米，新增 1213 个较大自然村通硬化路。

三、水路

全年完成港航投资 70.56 亿元，建成投产罗屿 40 万吨铁矿石泊位、古雷 15~19 号公共液散码头，新增生产性泊位 10 个、货物通过能力 1228 万吨，改善航道里程 49 公里。闽江水口坝下水位治理与通航改善工程基本建成，闽江干流具备复航条件。

四、城市（城际）轨道交通

城市轨道交通方面：截至 2021 年底，福州、厦门开通运营城市轨道交通，共计 6 条线路，总运营里程 132 公里。在建福州、厦门第二期建设规划项目，共计 6 条线路。

城际铁路方面：2021 年，武夷新区旅游观光轨道交通——武夷山东站至武夷山景区线城际铁路建成通车，运营里程 23.94 公里；加快建设福州至长乐机场城际铁路。

五、民航

福州机场二期扩建工程初步设计获中国民用航空华东地区管理局、福建省发展和改革委员会联合批复，并全面开工建设。泉州晋江机场扩能改造工程开工建设。武夷山机场迁建工程项目建议书通过国家发展改革委、军方审查。龙岩新机场项目建议书通过中国民用航空局审查。

六、邮政

福州圆通海通星升自创园、京东厦门亚洲一号、中通漳州角美转运中心、极兔漳州角美转运中心、福建申通闽南转运中心、闽北电商快递产业园等建成投入使用。

第三节　运输服务保障能力

一、道路运输

城市公共交通方面，截至 2021 年底，福建省共有公共汽电车经营业户 119 户，同比增长 3.5%；共有运营车辆 2.06 万辆、折合 2.25 万标台，同比分别下降 0.8% 和 1.4%；运营线路 2395 条、总长度 4.34 万公里，同比分别增长 6.2% 和 5.8%。2021 年，年客运量 15.95 亿人次，同比增长 11.5%。

全省共有地铁经营业户 3 户，与 2020 年持平；地铁运营线路 5 条，同比增长 25.0%；运营里程 158.55 公里，同比增长 20.07%；配属车辆数 1146 辆，同比增长 27.33%；年客运量 2.89 亿人次，同比增长 38.3%。共有巡游出租汽车经营业户 178 家，同比下降 1.7%；运营车数 2.20 万辆，同比增长 1.2%；年客运量 4.71 亿人次，同比增长 5.8%。

道路旅客运输方面，截至 2021 年底，福建省共有道路旅客运输经营业户 498 户，同比增长 7.8%；共有营运载客汽车 1.36 万辆、41.95 万客位，同比分别增长 2.5%、4.0%；完成公路客运量 1.05 亿人次、旅客周转量 74.52 亿人公里，同比分别下降 29.3%、17.8%。

道路货物运输方面，截至 2021 年底，福建省共有道路货物运输经营业户 3.52 万户，同比下降 23.4%；共有营运载货汽车 23.38 万辆、372.56 万吨位，同比分别增长 7.1% 和 9.2%；完成公路货运量 11.08 亿吨、货物周转量 1233.16 亿吨公里，同比分别增长 21.6%、20.7%。

二、铁路

截至 2021 年底，福建省铁路运营里程 4091.42 公里。2021 年完成的旅客运输 8350.4194 万人次，同比增长 10.8%，旅客周转量 238.63538 亿人公里，同比增长 6.9%；完成货物运输 5111.7191 万吨，同比增长 12.5%，货运周转量 201.32046 亿吨公里，同比增长 11.3%。

三、水路

截至 2021 年底，全省拥有营运船舶 1886 艘、净载重量 1645.25 万吨位、载客量 3.17 万客位、集装箱位 31.87 万 TEU、功率 411.68 万千瓦，同比增长 6.1%、16.3%、-0.9%、4.7% 和 13.6%。全年全省完成营业性水路旅客运输量 742.13 万人、8220.51 万人公里，同比增长 0.1%、7.1%；水上营业性货物运输量完成 5.02 亿吨、8724.61 亿吨公里，同比增长 11.6% 和 11.7%。

2021 年，全省沿海港口货物吞吐量完成 69190.28 万吨，同比增长 11.4%；其中，集装箱吞吐量完成 1746.21 万 TEU，同比增长 1.5%。截至 2021 年 12 月，全省沿海港口集装箱航线总数共 282 条，全年累计开行航班 22901 班。厦门港集装箱吞吐量 1205 万标准箱，首次超过比利时安特卫普港、连续 5 年超过中国高雄港，集装箱排名提升至全球第 13 位、全国第 7 位，集装箱干线港地位进一步巩固。

图 7-13-3 10 月 3 日，厦门港又迎来一艘"丝路海运"巨轮——"地中海安布拉"号（MSC AMBRA）。该轮全长 399.90 米，可装载 2.37 万标准箱，载重吨高达 22 万（图片由厦门港口局提供）

四、民航

截至 2021 年底，全省已开通运营的民航运输机场 6 个。2021 年，全省民航旅客吞吐量完成 3065.3 万人次，货邮吞吐量完成 52.55 万吨。

五、邮政

2021 年，全省邮政行业业务收入（不包括邮政储蓄银行直接营业收入）完成 421.38 亿元，同比增长 14.22%；业务总量完成 474.78 亿元，同比增长 26.80%。全行业业务收入、总量两项主要经济指标增幅高于全国平均水平。泉州、福州、厦门快递业务量、业务收入保持全国前 50 强城市。全省共有从业人员约 10 万人，邮政普遍服务营业场所 1360 处，快递许可企业 424 家、分支机构 867 个、末端网点 15128 个。

优化"快递 + 农业"服务模式，共培育 6 个全国千万级金牌项目、5 个银牌项目、18 个铜牌项目，覆盖15个县。邮政企业积极打造"基地＋品牌＋平台＋渠道"服务模式，共有"邮政农品"国家级基地18个、省内基地83个、4485个建制村邮乐购站点，累计寄递特色农产品2889万件、服务贫困户53594户。"快递出海"助推对外贸易增长和产业转型升级，全年全省快递企业国际、港澳台业务量达1.05亿件，增长38.03%。协同发展进一步深化，全年"快递进厂"服务制造业收入8.2亿元，支撑制造业产值达736.47亿元。

第四节　行业治理体系建设

重点行业改革稳步推进。船检体制改革顺利推进，福建港设船舶检验有限公司检验资质获批，海船检验完成由"直接把关型检验"向"事中事后质量监督"转变。内河船舶"多检合一"改革在全省全面推广。普通公路财权、事权进一步明晰，推动人员、机构运转经费纳入财政保障。

交通营商环境持续优化。推进"证照分离"改革，取消审批事项8项，下放3项，实现审批服务事项"一张网"全覆盖，省级事项办结时限平均压缩67.7%。高频政务服务事项实现5项"跨省通办"、24项"就近办、自助办"、24小时不打烊政务服务。大件运输并联许可系统上线，实现省内外"一网通办"，办理时限平均压缩66%。推出3件行政许可与公共服务集成套餐改革。全面推进降本增效，停征港口建设费，减收进出口环节费用2.5亿元，全省港口码头企业收费标准都在"单一窗口"公示全覆盖。推广高速公路差异化收费，减免车辆通行费43.9亿元。港航信易贷和航运公司综合服务平台入选福建自贸区第18批创新举措。厦门港荣获"2021年十大海运集装箱口岸营商环境测评"四星级评级。

法治交通建设扎实推进。全面清理厅机关及厅直相关单位规范性文件，修订《福建省交通运输行政处罚裁量权基准制度》，制订《福建省交通运输综合行政执法事项指导目录（2021年版）》，加快《福建省治理货物运输车辆超限超载条例》立法进程。集中开展交通运输执法领域突出问题专项整治行动，出台涉及严格规范文明执法制度35项，行政相对人满意度和社会认同度均得到较大提高。创新执法方式，公布21项"首违不罚"事项清单，实施轻微免罚768起。36项交通运输行政处罚权下放乡镇、街道，推动执法力量下沉基层。网约车"双50"目标加快实现，全省网约车双合规订单率达64%，居全国第三位。

第五节　科技创新

启动交通运输科技示范工程，高水平建设行业研发中心，两个部行业研发中心实体化运作，首次主导智能建造省级重大科技专项，成立中国科学院无人机应用与管控研究中心福建高速科创基地、华为—福建高速联合创新实验室，开展智能管养、智慧出行技术和产品研发、无人机应用等科技攻关，建立产业基金和科创子基金。主导编制3项行业标准，发布3项省地方标准，形成40项科研项目成果。数据资源汇聚工程等5个信息化项目投用，建成省级交通运输信息资源汇聚共享平台，形成"一数一源、一源多用"的省级数据

图7-13-4　海润码头全智能化作业现场，蓝色的平面运输设备为自动驾驶集卡（IGV）（图片由厦门港务集团提供）

资源联动体系。全面推动电子证照应用生成，整合行业自建行政审批系统，完成省、市数据在线对接回流。4个项目入选交通运输部新基建行动方案（2021—2025年）重点工程。厦门港发布全国首创引航船舶信息可视化平台和全国首个港口无人驾驶集装箱车技术标准，海润集装箱码头全智能化改造项目试运行。福建省高速公路集团有限公司成功举办第二届福建高速科技创新论坛，全省交通系统单位主导或参与的6个科技项目分获省科技进步奖一等奖1项、二等奖2项、三等奖3项。

图7-13-5　第二届福建高速科技创新论坛（图片由福建省交通运输厅提供）

第六节　安全与应急

2021年，交通运输安全生产形势总体平稳，未发生重大、特别重大安全生产事故，水上客运、港口作业实现"零死亡"。

持续深化安全生产责任落实。严格落实"党政同责、一岗双责"和"三个必须"要求，推动安全融入规划、建设、管理、运营服务、执法各个环节。继续延续省级下沉指导服务机制，督促基层安全履职。加大企业源头执法检查工作，依据《安全生产法》查处166家道路运输企业，推动落实企业安全生产主体责任。

持续推进安全生产专项整治。深入开展安全隐患排查整治，细化制定集中攻坚年99项任务清单，聚焦"6项重点、5项难点、4项焦点"，提升重点领域安全生产水平。对安全管理水平较差的县区、企业实施"开小灶""补课班"，探索实施重大隐患作为事故处理，树典型30家，汇编集中攻坚年成果，提炼推广典型经验做法。

持续加强重点领域安全防范。将福建、广东、浙江、江西四省13.7万辆"两客一危"车辆纳入监控，建立跨省跨部门协同监管机制。全面启用危货道路运输电子运单，清查整顿危货运输违规挂靠经营。超额完成普通公路安保工程、公路危桥以及道路交通安全隐患路段整治任务。公路治超站电子抓拍实现"应装尽装"，建成38处车辆路面动态检测技术监控。港口危货企业高危作业场所和环节全部实现重要设施设备实时监测。对桥梁、隧道建设项目组织省级专家全覆盖检查，保障重点工程项目施工安全。

建成"响应快速、处置高效"的省市两级应急设施体系，建成4个省级应急抢险中心和9个市级应急抢险中心，组建专业化应急抢险队伍，与7家社会单位签订应急救援合作协议，设立26个直升机应急救援降落点，与保畅抢修队、120急救中心、119消防中心等单位快速联动处置，形成了覆盖全省的"黄金一小时"生命救援网络。配备大中小型清障车247辆，开展各类应急演练达1500多场次，国家高速和省级高速的拥挤度分别为0.24、0.13，路网运行效率显著提高。

第七节　合作与交流

"丝路海运"品牌影响力不断扩大。"丝路海运"国际合作论坛连续三年成功举办，86条命名航线通达全球29个国家102个港口，联盟成员增至250家，涵盖港口、航商、铁路、贸易、金融、保险、科研、海事、气象等海运物流全流程，为中国和东盟、美国和欧洲间提供畅通国际贸易新通道。2021年省内68条命名航线合计开行2829航次、完成集装箱吞吐量284.12万标准箱。

闽台融合发展持续深化。稳步提升对台货物运输，2021年全省沿海港口完成对台货物吞吐量1799万吨，同比增长5.69%；对台集装箱吞吐量72万TEU，同比增长8.67%；完成对台铁矿石中转399.55万吨，同比增长20%。积极推进闽台交通基础设施互联互通。平潭海峡公铁两用大桥平潭段已实现公路铁路全部贯通。完成与金门、马祖通桥初步技术方案。全力落实深化台海通道项目研究论证各项工作，组织起草《台海通道前期专题研究工作方案》。全面落实惠台利民政策。认真执行国家、省惠台利民政策措施，依法依规放开交通运输对台投资限制，积极服务台湾同胞创业就业，切实增强台胞在闽工作生活获得感。截至2021年底，全省共办理台胞公交"敬老卡"等证件2858件，台资元客公司开通"里享行"微循环公交线路8条。

第八节　疫情防控

主动担当作为，履行好交通检疫牵头职责，因时因势调整优化防控措施，织密扎牢机场、码头、车站疫情防控网，实现从"国门"到"家门"全闭环管理，有效切断疫情传播链，为全省常态化疫情防控和经济社会发展作出积极贡献。

一是毫不松懈抓好"外防输入"。从严做好厦门、福州机场口岸入境航班旅客"点对点、一站式"转运分流工作，27个省外工作组（小分队）坚守省外口岸一线，精准摸排入境涉闽人员，并及时推送地市实行从"国门"到"家门"全闭环管理。聚焦港口口岸疫情防控，落实国际航行船舶船员换班熔断机制，做好船员换班、伤病船员救治以及国际转国内航线船舶疫情防控工作，有效切断疫情输入传播链。

二是持续深入做好"内防反弹"。全省6个机场、72个动车站、84个汽车站、15个客运码头严格落实人员测温、验码、戴口罩和通风消杀、客座率控制等防疫措施，做好查验工作。行业重点人员疫苗接种实现"应接尽接"。因时因势调整优化疫情防控举措，开展专项督导25次，发现并督促整改问题411个。组织完成福建省援助陕西防疫物资的运输保障工作。

三是众志成城打赢本土疫情歼灭战。莆田、厦门等地发生本土疫情时，迅速进入"战时"状态，科学精准抓好疫情发生地公路查验站设置、重点人群区域协查、客车客轮停班停运等管控工作。交通检疫"三公（工）一大"联网协同工作机制得到国家工作组和省领导充分肯定。坚持"一断三不断"，召集208家骨干物流企业建立保畅协调机制，落实应急车辆2183辆，运输重点物资30万吨，重点协调解决厦门市45万余户和仙游县90多万居民燃气、中铜公司硫酸等运输需求。畅通24小时值班及重点企业信息渠道，迅速协调解决通行梗阻问题。

附表

福建省交通运输主要指标统计表

指　标		2021年	备　注
基础设施投资（亿元）	综合交通固定资产投资	1013.37	
	铁路投资	288.06	
	公路投资	654.76	
	#高速公路投资	230.35	
	水运投资	70.56	

续上表

指　标			2021 年	备　注
铁路	通车总里程（公里）	铁路营业里程	4091.42	
		# 国家铁路	1674.57	
		# 合资铁路	2416.85	
		# 地方铁路	0.00	
	运输情况	旅客发送量（万人次）/ 货物发送量（万吨）	8350.4194/5111.7191	
		旅客周转量（亿人公里）/ 货物周转量（亿吨公里）	238.63538/201.32046	
公路	通车总里程	公路通车总里程（公里）	111030.66	
		# 高速公路通车里程（公里）	5810.37	
		# 等级公路里程（公里）	97876.04	
		# 农村公路里程（公里）	94042.38	
		# 桥梁（座）	32966	
		桥梁总长（万延米）	351.8	
		# 隧道（座）	1917	
		隧道总长（万延米）	246.33	
	运输情况	客运量（万人次）/ 货运量（万吨）	10521.70/110776.99	
		旅客周转量（万人公里）/ 货物周转量（亿吨公里）	745152.22/1233.16	
水路	航道及码头情况	内河航道通航里程（公里）	3245.28	
		# 高等级航道通航里程（公里）	277.90	
		港口生产用码头泊位拥有量（个）	430	
		# 万吨级泊位（个）	190	
	运输情况	客运量（万人次）/ 货运量（万吨）	742.13/50223.83	
		旅客周转量（万人公里）/ 货物周转量（亿吨公里）	8220.51/8724.61	
民航	机场数量（个）		6	
	运输总周转量（万吨公里）		—	
	# 国内运输总周转量（万吨公里）		—	
	# 国际运输总周转量（万吨公里）		—	
	旅客运输量（万人次）/ 货邮运输量（万吨）		3065.3/52.55	
	旅客周转量（万人公里）/ 货邮周转量（万吨公里）		—	
邮政	邮政行业业务总量（万元）		4747762.25	
	# 快递业收入（万元）		3025580.41	
	邮政邮路总条数（条）		—	
	邮政邮路总长度（单程 / 公里）		—	

江西

第一节　整体概况

2021年，江西省紧紧围绕交通强省建设目标，以“三大攻坚行动、三大提升工程”和加快水运改革发展为抓手，加速推进重大交通项目，全年公路水路交通固定资产投资完成851亿元，高速公路、普通国省道、农村公路高效便捷、衔接顺畅，公路路网水平显著提升；赣江、信江高等级航道网基本建成并运行，水运发展取得重大突破；运输服务水平不断提升，群众满意度全国名列前茅；“放管服”及管理体制改革落地见效，行业治理能力明显提高。

第二节　综合交通基础设施建设

铁路建设成果丰硕。2021年，赣深高铁、安九高铁开通运营。截至2021年末，中国铁路南昌局集团有限公司管辖营业里程8990.6公里（江西境内4822.0公里）。其中，国家铁路营业里程3738.8公里（江西境内2485.0公里），合资铁路营业里程5251.8公里（江西境内2337.0公里）。线路总延展里程18370.2公里。复线里程5504.6公里，复线率61.2%；电气化里程7482.9公里，电化率83.2%。

2021年，江西省公路水路交通固定资产投资完成851亿元，超额完成年度目标任务。高速公路方面：萍莲、抚州东外环王安石特大桥等项目建成通车，全省高速公路通车总里程达到6309公里。祁婺、宜遂、寻龙等高速公路在建项目加快推进。遂大、樟吉改扩建、抚州东临环城项目开工建设。普通国省道方面：完成升级改造和养护大中修2100公里，G105吉水县醪桥至青原区草坪桥段公路改建工程成功入选交通运输部第一批“平安百年品质工程”创建示范项目。水运建设方面：赣江井冈山航电枢纽项目全面建成，6台机组并网发电投产运营。九江矶山公用、泰和沿溪、余江中童等3个码头项目全部完工。信江枢纽界牌船闸和八字嘴枢纽东大河船闸主体工程已完工，双港枢纽船闸基本建成，信江具备三级通航条件。客货运枢纽方面：鹰潭北综合客运枢纽主体工程基本完工。九江港彭泽港区红光作业区综合枢纽物流园一期主体工程基本完工。

2021年，江西省机场集团狠抓重点项目建设管理，各重点建设项目稳步推进。南昌机场三期扩建工程，T2航站楼C指廊房建工程、场道工程西站坪施工基本完成。全面启动南昌机场三期扩建前期工作，项目建议书获国家发展改革委正式批复；先行项目主进场路跨线桥正式开工建设，“两站一池”迁改工程可研获批。

2021年，江西省共有邮政支局所1923个，邮路3433条，邮路里程402446公里，实现了“乡

图7-14-1　萍乡至莲花高速公路建成通车（图片由江西省交通运输厅提供）

乡设所”“村村通邮”和县级以上城市党报100%当日见报。共有各种所有制快递法人企业627家，分支机构911个，备案末端网点9250个，实现了快递网点乡镇全覆盖、快递服务建制村达到100%。全省现有较大投资项目24个，投资额约190亿元，市县两级快递园区数量77个，快递服务乡镇覆盖率100%，建制村实现100%邮件直投。京东亚洲一号、南昌昌北邮件综合处理中心和鹰潭邮件处理中心等重大项目加快推进，赣州市顺丰丰泰产业园、抚州市快递电商产业园等入选全省重点建设项目。邮快件自动化分拣设施、X光安检机和信息化系统普遍应用，货机专线、高铁运邮、智能快件箱和末端配送网络建设等工作有序推进，全省已建成智能快件箱超1万组，村级寄递物流服务站14802个，城乡寄递物流配送体系加速完善。

图7-14-2　信江八字嘴航电枢纽试运行（图片由江西省交通运输厅提供）

第三节　运输服务保障能力

2021年，江西省旅客发送1.71亿人次，完成计划的91.6%，同比增长10.5%（江西铁路旅客发送8942.8万人次，同比增长12.3%）；货物发送8900.1万吨，完成计划的100.6%，同比增长8.0%（江西铁路货物发送4770.4万吨，同比增长6.3%）。换算周转量为1528.20亿吨公里，完成计划的99.0%，同比增长12.3%。其中，旅客周转量为750.57亿人公里，完成计划的94.3%，同比增长10.5%；货物周转量为777.63亿吨公里，完成计划的104.0%，同比增长14.1%。

2021年，江西省完成公路客运量1.49亿人次，旅客周转量97.7亿人公里，同比分别减少55.48%和45.98%；完成货运量18.1亿吨，货运周转量3960.1亿吨公里，同比分别增长27.57%和21.96%。客运平均运距65.24公里，货运平均运距218.76公里。城市公交客运量94061.4万人次，同比减少0.13%；巡游出租汽车客运量41094.5万人次，同比增加0.2%。

2021年，江西省机场集团公司积极争取中国民航航空局华东地区管理局对江西机场航班增量支持。冬航季航班换季后，南昌机场日均计划航班量近390架次（不含国际及地区航班），加密了首都、大兴、虹桥、浦东、成都、昆明、青岛、重庆、南宁、海口、兰州等航线，新开了西宁、福州两个省会城市航线，实现适宜通航的省会城市全覆盖，同时新增了忻州等9个支线航点，航线网络覆盖面持续拓宽。南昌机场放行正常率为91.10%，在全国旅客吞吐量占0.2%的机场排名第19位。南昌机场ACI旅客满意度达到4.95分，高于年度目标值，所有支线机场ACI满意度全部达到年度目标。圆满完成“两会”“全国脱贫攻坚表彰大会”“建党100周年”等重大运输保障任务。

2021年，江西省邮政管理局扎实开展“快递进村”，省市县实现邮政快递合作全覆盖，基本实现三个以上品牌快递服务进村全覆盖。新余市率先实现“快递进村”攻坚目标。吉安安福县“交邮商农供融合发展”、泰和县“电子商务+农村物流”、赣州安远县“智运快线+数字平台”等获评交通运输部第二批农村物流服务品牌。培育快递服务现代农业“一地一品”项目30个，支撑农业产值27.6亿元。赣州脐橙、宜春竹木产品、萍乡豆制品被国家邮政局授予“2021年快递服务现代农业金牌项目”。加快推进“快递进厂”，培育快递服务先进制造业项目90个，支撑工业产值136.7亿元。积极推动“快递出海”，充分发挥南昌国际邮件互换局和国际快件监管中心的核心作用和辐射效应，南昌跨境电商实现国际邮件、快件、跨境电商监管“三关合一”。加强国际寄递服务网络建设，寄递通达地新增全球11个国家或地区，累计完成跨境邮快件业务量962.5万件。

2021年，南昌轨道交通线网开通4条运营线路，运营里程128.5公里，拥有车站94座（含换乘站9座，不重复计算）；客运量25602万人次，同比增加88%，日均运送乘客70.14万人次；旅客周转量165268.3万人公里，同比增加77.6%；运营车公里6552.6万车公里，同比增加69.65%。

服务保障水平持续提升。推动“四好农村路”高质量发展。完成新改建农村公路5248公里，危桥改造556座，安防工程2144公里。上饶市、南昌市获评首批省级示范市和全国市域示范创建突出单位。安义县、寻乌县、新干县、安福县、靖安县、玉山县成功创建全国示范县。加快城乡交通运输一体化发展。德兴市顺利通过国家级示范县验收，丰城市、安远县入围第二批全国示范县创建名单。推进农村客货邮融合发展，建成7个客货邮融合站点、20条客货邮合作线路。推动“改渡便民工程”有序实施。全省已撤销具备撤渡条件的渡口118道，超额完成年度目标任务。萍乡市、新余市成为全省首批无渡口城市。推动“服务区提质升级三年行动”深入开展。完成49对中心、普通服务区改造提升，打造了万年西、永修等一批商业综合体服务区和文旅文体主题特色中心服务区，全省服务区整体面貌焕然一新。

第四节　行业治理体系建设

行业治理能力稳步增强。国省干线养护管理再创佳绩。“十三五”期间，江西省国省干线养护管理评价综合评分排名全国第8名（不含直辖市），较“十二五”前进两名并获评全国“十三五”干线公路养护管理工作先进单位。公路交通标志标线优化提升专项工作获交通运输部通报表扬。

法治交通建设再获突破。立法工作取得重大成果，江西省首部水路交通综合性地方性法规《江西省水路交通条例》于2022年3月1日实施，全省水路交通进入依法发展新阶段。开展柔性执法，建立全省交通运输首违轻微免罚事项清单41项。开展交通运输执法领域突出问题专项整治取得明显实效。连续5年荣获全面依法治省先进单位，获评省政府法治建设先进单位。

推动“放管服”改革落地见效。全面规范事中事后监管，制定全省交通运输统一行政权力清单144项，“双随机一公开”执法检查计划由106项精简为60项。积极对接“赣服通”应用，完成交通运输专区建设，实现了交通公众出行服务掌上查询和办理。推行政务服务“好差评”管理。简化大件许可审批流程。工程建设领域涉企事项实现行政审批“零跑腿”，交通建设招投标活动全部实现网上办理。积极推进机动车综合检测机构“三检合一”和信息联网，实现普货车辆异地年审等高频服务事项“跨省通办”，办结率位居全国第一方阵。12328服务监督月度考评持续稳居全国前列。江西省邮政管理局开通快递业务经营许可证寄递服务，实现“不见面”审批，为企业提供优质、便捷、高效政务服务。包容审慎推进新业态监管，全省累计发放智能快件箱、公共服务站许可共17件。

事业单位改革任务全面完成。厅属涉改事业单位由176个精简至12个，有效实现了政事分开、事企分开，工作效能不断提高。

加快绿色转型发展。推进船舶和港口污染防治，全面完成400总吨以下运输船舶生活污水储存装置改造任务。部署开展全省船舶防污染专项执法行动，严肃查处船舶防污染类违法违规行为。建成九江港湖口LNG加注站，推动九江港湖口水上化学品洗舱站正常运营。淘汰高污染高耗能老旧运输船舶。完成全省船舶岸电系统受电设施改造任务。推广应用桥涵装配化建造和“永临结合”，建设绿色低碳基础设施。大力发展多式联运，赣州港“一带一路”多式联运示范工程成功创建国家多式联运示范工程。持续推进新能源车应用，新增及更换公交车中新能源车占比超过95%。稳步推进绿色邮政建设，全行业可循环快递箱（盒）使用量达7.47万个，电商快件不再二次包装率为85%，新增设置标准包装废弃物回收装置的邮政快递网点3160个，新能源汽车保有量1031辆。

第五节　科技创新

获部级科技奖励9项，省科技进步奖3项。获批组建“邮政行业技术研发中心”等两个省部级科技平台。获批两个省部级科普教育基地。制定发布14项地方标准和3项行业指南。加快推进“03专项”应用示范，推动物联网、人工智能等技术与交通运输深度融合，打造“智赣行”智慧交通品牌工程。信江智慧航道工程等4个项目列入交通运输部“十四五”新基建重点工程。

30个信息化项目全部建成，以“一中心、三平台”为总体架构的智慧交通管理体系加速形成，建设思路和经验在全国交流推广。通过交通监控云联网平台，实现全省高速交通实时监测100%全覆盖。大力推广科技治超新模式，不停车检测点基本建成，全省一张网同步推进的治理格局加速形成。

推动厅属院校内涵式发展。江西交通职业技术学院深化教育教学改革，学院知名度和影响力稳步提升。江西省交通高级技工学校积极策应交通强省战略，推动水运专业建设。

第六节　安全与应急

扎实推进安全生产专项整治三年行动集中攻坚，行业安全生产形势保持总体稳定，安全生产事故起数和死亡人数实现“双下降”。深化推进全省铁路沿线安全环境治理工作，推动路地双方建立实施“双段长”制，公铁并行路段防护设施基本完成移交。聚焦道路运输、水路运输、工程建设、行业执法等重点领域常态化开展扫黑除恶专项整治，行业乱象得到有效遏制。制定《深入开展网络预约出租汽车合规化工作方案》，网约车合规化进程加快推进。建立道路货运行业高质量发展联席会议制度，保障货车司机合法权益。始终巩固应急保障防线。修订完善《江西省交通运输综合应急预案》等7项应急预案。组织开展高速公路隧道交通事故应急处置联合演练。严密组织交通战备训练演练，不断提高国防交通应急应战保障水平。提升水上安全监管和救助打捞能力，高效处置18起水上突发事件。坚持不懈抓好网络安全，全系统网络安全呈优良状态。全面落实信访工作目标责任制，群众合理诉求得到有效解决。

邮政行业寄递渠道安全畅通。压实企业安全生产主体责任，严格落实寄递安全“三项制度”。开展邮件快件处理场所安全管理规范化提升行动，全面排查安全隐患，督促企业完成“传送带堵缝”“人车分流”等治理工作。强化“绿盾”工程信息化运用，提升信息化监管水平，运用视频联网、安检机联网、实名监管等系统，建立“一周一通报”机制。圆满完成庆祝建党100周年等重大活动和重要时期寄递安保任务。联合禁毒部门开展寄递渠道禁毒百日攻坚行动，开展禁毒知识培训141场次，协助公安禁毒部门甄别异常信息2000余条，发现线索、破获案件44起。邮政机要通信连续26年实现质量全红。创新行业意识形态工作，向基层网点发放“扫黄打非”工作培训手册8000册，工作成效明显，推荐上饶市局获评全国“扫黄打非”先进单位。持续做好涉枪涉爆、反恐、打击跨境走私以及濒危野生动植物保护等工作，全省行业安全平稳有序。

第七节　合作与交流

2021 年，江西省港航供应链管理有限公司与湖南煜江物流有限公司、中集东瀚（上海）航运有限公司签订运输协议。12 月，启动和浙江四港联动发展有限公司航线合作，完善了公司在长江上中下游、浙江、江苏、福建等地航线运输服务，实现了长江上下游航线贯通。

2021 年，九江长江港口集团有限公司会同江西省港口集团有限公司多次赴长江沿线港口集团考察交流，并重点与长三角地区港口开展交流。通过考察交流，逐步与相关港口集团建立起交流合作机制，先后开通九江—南京航线、九江—宁波集装箱航线和“穿巴航线”，并同上港集团初步达成轻资产合作意向，拓展了业务渠道。

第八节　交通强省建设与党史学习

交通强省建设全面启动。高标准推进各项交通强国试点任务。“四好农村路”高质量发展等 6 项交通强国建设试点任务扎实推进，部分试点任务取得阶段性成果。交通强省建设试点工作全面启动，确定了一批试点任务及实施单位。交通强省发展基金、赣粤运河重大问题研究等一批重大政策及项目取得实质性进展。以省政府名义印发《关于深化高速公路、水运项目投融资改革的若干意见》。高起点做好各项规划编制。加快构建“1+1+13”综合交通规划体系，《江西省“十四五”综合交通运输体系发展规划》经省政府常务会审议通过并发布实施。《江西省公路水路交通运输“十四五”发展规划》及 10 个专项规划发布实施。成功争取 101 个项目列入国家“十四五”规划项目库。

党史学习教育模式不断创新。党史学习教育开展以来，厅党委按照中央和省委统一部署，聚焦“凸显特色、务求实效、走在前列”的目标定位，坚决扛起政治责任，紧紧围绕学史明理、学史增信、学史崇德、学史力行，提高政治站位，精心组织实施，守正创新，推动“规定动作”做到位、“自选动作”有特色，创造性开展“讲好党课学党史、百名书记走在前”“百年党史江西路”“学百年党史、办百件实事”等活动。深入推进交通民生“映山红”行动，相关做法 3 次被中央党史学教办在全国宣传推介，两项办实事经验做法入选全国 261 件典型案例。开展庆祝中国共产党成立 100 周年文艺晚会等系列活动。始终坚持有声有色学党史，不断熔铸信仰力量；坚持融会贯通悟思想，不断领悟真理力量；坚持浓墨重彩办实事，不断彰显初心力量；坚持澎湃动力开新局，不断凝聚奋进力量，推动党史学习教育有力有序、扎实开展。

附表

江西省交通运输主要指标统计表

指标		2021 年	备注
基础设施投资（亿元）	综合交通固定资产投资	1237.93	
	铁路投资	388.53	
	公路投资	753.8	
	# 高速公路投资	361.8	
	水运投资	95.6	

续上表

指标			2021年	备注
铁路	通车总里程（公里）	铁路营业里程	4822	
		# 国家铁路	2485	
		# 合资铁路	2337	
		# 地方铁路	—	
	运输情况	旅客发送量（万人次）/ 货物发送量（万吨）	8942.8/4770.4	
		旅客周转量（万人公里）/ 货物周转量（万吨公里）	7505700/7776300	
公路	通车总里程	公路通车总里程（公里）	211101.17	
		# 高速公路通车里程（公里）	6308.915	
		# 等级公路里程（公里）	205654.796	
		# 农村公路里程（公里）	186161.422	
		# 桥梁（座）	27861	
		桥梁总长（万延米）	180.767632	
		# 隧道（座）	333	
		隧道总长（万延米）	33.044516	
	运输情况	客运量（万人次）/ 货运量（万吨）	14977/181022	
		旅客周转量（万人公里）/ 货物周转量（万吨公里）	977066/39601133	
水路	航道及码头情况	内河航道通航里程（公里）	5715.85	
		# 高等级航道通航里程（公里）	871	
		港口生产用码头泊位拥有量（个）	465	
		# 万吨级泊位（个）	0	
	运输情况	客运量（万人次）/ 货运量（万吨）	159.2/12843.3	
		旅客周转量（万人公里）/ 货物周转量（万吨公里）	2407/3542415	
民航	机场数量（个）		7	
	运输总周转量（万吨公里）		—	
	# 国内运输总周转量（万吨公里）		—	
	# 国际运输总周转量（万吨公里）		—	
	旅客运输量（万人次） / 货邮运输量（万吨）		1371.6/17.9	
	旅客周转量（万人公里）/ 货邮周转量（万吨公里）		—	
邮政	邮政行业业务总量（万元）		2106900	
	# 快递业收入（万元）		2009300	
	邮政邮路总条数（条）		3433	
	邮政邮路总长度（单程 / 公里）		402446	

山东

第一节 整体概况

2021 年，山东省交通运输系统牢牢把握现代化开路先锋新定位，全面开启交通强省建设新征程，全力推进交通基础设施大建设、交通运输事业大发展，交通运输服务能力和保障水平全面提升。这一年，山东省政府印发《山东省“十四五”综合交通运输发展规划》，与山东省委、省政府印发的《山东省贯彻〈交通强国建设纲要〉的实施意见》一道，共同构成建设交通强省的顶层设计，掀开了交通强省建设的“新篇章”。这一年，山东省交通运输系统持续推进交通运输互联互通、高质量发展，实现大投入、大建设、大转型、大产出，投资规模再创历史新高，交通可持续发展成绩突出，行业“软实力”进一步提升，展示了山东交通运输的“新作为”。这一年，按照中央和山东省委部署要求，全系统深入开展党史学习教育，全面加强党的建设，党风政风行风建设取得新的成绩，形成了全系统干事创业、事争一流的“新局面”。

第二节 综合交通基础设施建设

加强交通基础设施“硬联通”，持续强力推进交通基础设施建设，全年累计完成交通固定资产投资 2655 亿元，同比增长 12.7%，再创历史新高，一批重大工程项目加快推进、建成投产，化作高质量发展“压舱石”。

“轨道上的山东”加快打造。济郑、潍烟、莱荣等 7 个在建高铁项目加快推进，鲁南（日兰）高铁曲阜至菏泽段、菏泽至庄寨段建成通车，新增高铁里程 209 公里，结束菏泽市不通高铁历史，山东省高速铁路里程达到 2319 公里，居全国第 3 位。

“山东的路”品牌持续擦亮。加快推进 13 个、1259 公里在建高速公路项目建设，京台高速公路德州至齐河（鲁冀界）段改扩建、日兰高速公路巨野西至菏泽段改扩建、京台高速公路泰安至枣庄段改扩建、董家口至沈海高速公路段等 4 个、333 公里项目建成通车，全省高速公路通车里程达到 7477 公里，居全国第 6 位，六车道以上占比提升到 30%；明村至董家口、京台高速公路济

图 7-15-1 鲁南（日兰）高铁曲阜—菏泽—庄寨段（图片由山东省交通运输厅提供）

图 7-15-2 京台高速公路德州至齐河段改扩建项目（图片由山东省交通运输厅提供）

南至泰安段改扩建、日照港岚山疏港高速公路、济南绕城高速公路二环线北环段等 4 个项目开工建设。推进普通国省道瓶颈路、未贯通路、低等级路段提升，完成新改建 231 公里，养护大中修 1096 公里，安全防护提升整治 253 处。烟台市打造了以信息化为统领的日常养护、路产路权保护、智慧化管控"三位一体"普通国省道管养新模式。威海市推动"交通 +"旅游，建成了千里山海自驾旅游公路。

图 7-15-3　京杭运河二级航道复线船闸（图片由山东省交通运输厅提供）

世界一流海洋港口建设迈出坚实步伐。青岛港董家口港区液体化工码头、日照港岚山港区 15 万吨级通用泊位、烟台港西港区 10 万吨级液体化工码头等 10 个泊位建成投产，新增港口通过能力 4000 万吨，内陆港增加到 26 个，世界一流海洋港口功能和布局进一步完善。

"通江达海"内河水运网建设加速构建。京杭运河升级改造工程（济宁段）等 3 个航道项目主体完工，济宁梁山港、泰安东平港正式投产，京杭运河济宁以南实现二级航道通航。小清河复航工程基本完成航道开挖和管线迁改。京杭运河与小清河连通工程研究工作全面启动。

现代化机场建设管理取得积极进展。烟台机场二期、济宁机场迁建、临沂机场航站楼改扩建等 3 个项目加快建设，菏泽牡丹机场正式通航，整合纳入山东省机场管理集团有限公司统一运营，全省运输机场达到 10 个，居华东地区首位。济南机场二期改扩建工程、枣庄机场预备可行性研究获国家批复。济南商河、临沂费县等 4 个通用机场建成，全省通用机场达到 14 个。

图 7-15-4　青岛国际机场（图片由山东省交通运输厅提供）

综合交通枢纽建设取得突破。集航空、高铁、高速公路、城市地铁、城市公交等一体的现代化综合交通枢纽——青岛胶东国际机场成功实现"整体迁建、一夜转场"，是近年来国内民航机场最复杂、难度最大的转场。

济南青岛轨道交通加速成网。济南城市轨道交通 3 号线二期、4 号线一期、6 号线和青岛地铁 2 号线二期、5 号线、7 号线二期 6 个项目开工建设。济南轨道交通 2 号线、青岛地铁 1 号线南段通车运营，全省城市轨道交通通车里程达到 377 公里。

第三节　运输服务保障能力

加快运输结构调整，充分发挥多种运输方式的比较优势和组合效率，努力构建稳定可靠的交通运输链，服务国内国际双循环。2021 年山东省综合交通累计完成客运量 3.2 亿人次、货运量 34.3 亿吨。

物流大通道建设扎实推进。加快构建陆海和海铁联运网络体系，畅通东联日韩、西接欧亚的国际物流大通道。"齐鲁号"欧亚班列运营线路增至 51 条，开行 1825 列，同比增长 21.2%；推动国际航空和海运增航线、拓中转，国际航空新增或加密全货机航线19条，国际海运新增外贸集装箱航线25条。

港口一体化改革规模化效应加速显现。加快推进世界一流海洋港口建设，推动物流港、枢纽港、金融港、贸易港一体发展。坚持陆海联动，开班列、建陆港、拓货源，截至2021年底，内陆港达到26个。2021年，山东省沿海港口累计完成货物吞吐量17.8亿吨、集装箱吞吐量3447万标准箱，同比增长5.5%和8%，分别居全国第2位、第4位。山东海洋集团有限公司运力规模达到1385万载重吨，居全国第3位。

道路客运货运加快转型发展。召开全省推动道路运输转型发展工作现场会，印发实施《道路客运转型发展三年行动方案（2021—2023）》。推动农村客运高质量发展，全省城乡交通运输一体化水平首次达到5A级。沂水、荣成被命名为全国城乡交通运输一体化示范县，龙口、临淄、肥城获评全国第二批城乡交通运输一体化示范创建县，3个县农村物流入选全国第二批农村物流服务品牌。加快网络货运发展，全省网络货运企业达到113家，整合社会车辆97万辆。

多式联运持续提质增效。加快多式联运发展，印发"十四五"多式联运发展规划，扎实推进多式联运"一单制"改革试点，全省铁路集装箱多式联运发送量和沿海港口集装箱铁水联运量增长20%，青岛港集装箱海铁联运连续七年保持全国沿海港口第一。加快铁路专用线建设，临沂临港疏港铁路等12条建成，坪岚铁路等8条开工建设。潍坊市入选13个全国性高铁快运基地。

第四节　行业治理体系建设

交通强国试点建设高质量推进。山东省交通运输厅是交通强国首批试点单位之一。对综合交通体制机制改革、高速铁路建设管理模式、"四好农村路"乡村振兴齐鲁样板、智慧高速、智慧港口5项交通强国试点，实行项目化、工程化管理，对3家试点承担单位和18个建设示范单位进行授牌，试点工作进展良好，综合交通体制机制改革试点通过高层次专家评审。

交通运输法规政策体系持续完善。山东省人民代表大会出台《山东省铁路安全管理条例》，山东省政府办公厅印发实施《关于加快推进世界一流海洋港口建设的实施意见》。山东省交通运输厅起草《山东省治理货物运输车辆超限超载条例（草案征求意见稿）》，并广泛征求意见。组织开展《山东省小清河航运管理办法》前期立法调研。

"放管服"改革深入推进。大力实施"双随机、一公开"监管和"互联网＋监管"同源管理，对涉及交通运输的441项行政检查、行政处罚、行政强制和其他权力事项进行关联。组织开展交通运输领域政务服务"双全双百"工程、高频事项跨省和省内通办、电子证照应用、网上中介超市整合运行等工作。开展小清河通航水域五市水运类审批事项"异地通办"试点。持续深化交通运输"证照分离"改革。启动实施交通运输事中事后监管三年行动，全面做好交通运输行政审批和事中事后监管衔接工作。扎实推进"信用交通省"建设，试点开展"信用交通市"建设，日照、临沂、滨州3市通过首批评估验收。

执法建设和治超工作成效显著。全面抓好交通运输执法领域突出问题专项整治，排查出的493个问题全部整改完成，执法形象和执法公信力显著提升，山东省在全国交通运输综合执法检查中排名第二，济南"交通融合＋"执法模式被交通运输部在全国推广。创新"双跨"执法模式，在胶东5市、省会经济圈7市率先开展跨区域联合执法试点，开展鲁苏跨省治超联合执法行动。科技治超水平显著提升，德州市率先建成市级"治超非现场平台"和非法营运车辆智能识别监管网络，潍坊、淄博、枣庄等地建成多处治超非现场执法点。

行业文明建设成果丰硕。坚持物质文明和精神文明建设"两手抓"，着力提升行业"软实力"。开展"沿着高速看山东""我家门口那条路""我的公交我的城"主题宣传活动，举办了全国"十大最美农村路"发布会暨山东展示周活动，在全省开展"百佳文明服务窗口"、感动交通年度人物和"最美"系列推选宣传，山东省机场管理集团有限公司赵华清获评"全国感动交通十大年度人物"，充分发挥了典型示范引领作用。推进新型智库建设，山东省交通运输厅与山东交通学院、中国工程科技发展战略山东研究院共同组建山东交通运输智库联盟。

第五节　科技创新

科技创新引领步伐加快。印发数字交通、科技创新两个"十四五"专项规划。强化创新驱动引领，加快科技创新，下达年度交通运输科技计划 120 项。加快省智慧交通重点实验室建设，山东高速集团有限公司智能网联高速公路测试基地获交通运输部认定，固体废弃物资源化技术创新中心入选省技术创新中心。山东省交通运输厅联合科技厅首创开展省交通运输行业科普基地认定工作，认定 9 个基地。加强重点领域标准供给，印发《智慧高速公路建设指南》等地方标准 20 项。

新型基础设施示范项目建设加快推进。智慧高速建设取得突破，京台高速公路泰安至枣庄段成为全国最长智慧高速公路，济青中线智慧高速公路建设全线启动。智慧港口建设有力推进，山东省港口集团有限公司"智慧港口科技示范工程"被列入山东省重大科技示范工程，"全自动化集装箱码头关键技术研究与应用"获山东省科学技术奖一等奖，全国首创干散货码头智能管控平台和全球首创智能空中轨道集疏运系统在青岛港上线运行，全球首个顺岸开放式全自动化集装箱码头在日照港建成。鲁南高铁实现 5G 网络全覆盖，山东跨入全面 5G 高铁时代。

第六节　安全与应急

安全生产专项整治三年行动扎实推进。持续推进安全生产专项整治三年行动和大排查大整治行动，制定《交通运输安全生产专项整治三年行动 2021 年"集中攻坚年"任务清单》，累计排查整改安全隐患约 10.5 万个。扎实开展安全生产驻点监管，共驻点重点领域监管企业（项目）572 家，派驻人员 882 人。

安全生产信用体系建设有力推进。启用全省交通运输安全生产信用管理服务平台，省市县 167 个行业主管部门通过平台实施信用监管，对重点领域 2413 家企业开展了安全生产信用评价。建立实施安全生产信用管理"重点名单关注"制度，实现信用监管全覆盖。将交通运输安全生产第三方机构纳入信用管理，规范服务行为。京台高速公路济泰段改扩建等 4 个在建工程入选交通运输部第一批"平安百年品质工程"示范创建项目。

重点领域安全隐患整治效果显著。针对严峻复杂的海上运输、大件运输、危货运输等安全生产形势，研究实施大件运输监管 25 条，出台《进一步加强海上安全工作的若干措施》，推动实施船舶足额配备卫星电话和保温救生服等救援措施，全面推广应用东营市率先研发的危化品"鲁运通行码"管理系统，危货运输电子运单应用率达到 96% 以上。抓好铁路沿线安全环境治理，优化调整综合治理工作机制，山东省交通运输厅会同国铁济南局建立路地三级"双段长"，督导整治铁路沿线环境问题 4566 件，综合治理示范段建设取得阶段性成效。

应急管理水平稳步提高。山东省交通运输厅印发《贯彻落实〈山东省重大突发事件应急保障体系建设三年行动计划（2020—2022 年）〉工作任务分工表》，制定《山东省交通运输厅应急值班工作制度》，对 20 家生产经营单位应急预案和应急演练工作进行专项执法检查。圆满完成交通运输防汛工作，秋汛期间创新启用京杭运河八里湾船闸、邓楼船闸输水廊道泄洪，分泄东平湖洪水超1亿立方米。

第七节 为民与服务

服务乡村振兴战略成效明显。“四好农村路”提质增效和农村客货邮融合发展两项省级重点民生实事圆满完成。省政府启动实施为期五年的“四好农村路”提质增效专项行动，全年新建改造农村公路1万公里，完成危旧桥梁改造777座、安保工程4155公里，临沂沂南“爱尚沂南·红色之旅”环线入选全国“十大最美农村路”。全省建成12个农村客货邮融合样板县，运营200余条客货邮融合线路，日均发送邮件快件13.6万件，农村物流服务基本实现全覆盖。德州乐陵“乐快”工程成为交通运输部首批农村客货邮融合典型案例，济宁金乡“基地建设＋仓配一体”模式入选交通运输部农村物流服务品牌。

一批为民服务实事圆满完成。实施公交优先发展战略，全省新开和优化公交线路619条，全面实行60周岁及以上老年人免费乘坐城市公共交通工具，16市全部开通95128出租汽车约车服务。扎实推进城乡交通运输一体化，全省乡镇和建制村通公交率提升至93%，全省城乡交通运输一体化水平首次达到5A级，临沂市沂水县、威海市荣成市创建为全国城乡交通运输一体化示范县。深入落实道路货运车辆“三检合一”改革，获交通运输部认可的“三检合一”检验检测机构达到790家，居全国首位。积极维护从业人员权益，建成“司机之家”44个，具备条件的78个基层站（所）全部对货车司机开放，免费提供热水、法律咨询等“七项”基本服务。

图7-15-5 四好农村路、“十大最美农村路”临沂爱尚沂南红色之旅环线（图片由山东省交通运输厅提供）

物流降本增效取得积极进展。取消11处政府还贷普通路桥收费站，全省政府还贷普通路桥收费站全部停止收费。科学实施高速公路差异化收费政策，严格执行高速公路通行费减免政策，累计减免通行费77.97亿元。加快拓展ETC场景应用，济南市、青岛市、日照市、威海市率先开展全国ETC智慧停车城市建设试点。联合山东省公安厅开展高速公路通行效率提升专项活动，对65个易拥堵收费站进行了重点整治。坚决整治违规设置妨碍货车通行的道路限高限宽设施和检查卡点，自2020年10月整治工作开展以来，累计拆除限高限宽设施7571处。

附表

山东省交通运输主要指标统计表

指 标		2021年	备 注
基础设施投资（亿元）	综合交通固定资产投资	2655	
	铁路投资	515	
	公路投资	1311	
	#高速公路投资	766	
	水运投资	148	

续上表

指 标			2021年	备 注
铁路	通车总里程（公里）	铁路营业里程	—	
		# 国家铁路	2635	
		# 合资铁路	3544	
		# 地方铁路	1091	
	运输情况	旅客发送量（万人次）/ 货物发送量（万吨）	11713.6/32203	
		旅客周转量（万人公里）/ 货物周转量（万吨公里）	5113106.3/16675905	
公路	通车总里程	公路通车总里程（公里）	288143	
		# 高速公路通车里程（公里）	7477	
		# 等级公路里程（公里）	288123	
		# 农村公路里程（公里）	259432	
		# 桥梁（座）	64718	
		桥梁总长（万延米）	381.5	
		# 隧道（座）	143	
		隧道总长（万延米）	16.58	
	运输情况	客运量（万人次）/ 货运量（万吨）	15139/291196	
		旅客周转量（万人公里）/ 货物周转量（万吨公里）	1778325/75176111	
水路	航道及码头情况	内河航道通航里程（公里）	1117	
		# 高等级航道通航里程（公里）	308	
		港口生产用码头泊位拥有量（个）	837	
		# 万吨级泊位（个）	358	
	运输情况	客运量（万人次）/ 货运量（万吨）	1047/19329	
		旅客周转量（万人公里）/ 货物周转量（万吨公里）	38521/28024112	
民航	机场数量（个）		10	
	运输总周转量（万吨公里）		—	
	# 国内运输总周转量（万吨公里）		—	
	# 国际运输总周转量（万吨公里）		—	
	旅客运输量（万人次）/ 货邮运输量（万吨）		4335/55	
	旅客周转量（万人公里）/ 货邮周转量（万吨公里）		—	
邮政	邮政行业业务总量（万元）		—	
	# 快递业收入（万元）		—	
	邮政邮路总条数（条）		—	
	邮政邮路总长度（单程 / 公里）		—	

河南

第一节 整体概况

2021年面对疫情灾情双重叠加考验，河南交通运输系统深入贯彻落实交通运输部决策部署，坚持目标不变、任务不减、力度不松，统筹发展和安全，圆满完成各项目标任务，实现了“十四五”迈好第一步、见到新气象。

综合交通运输管理体制改革稳步推进。研究起草《河南省深化交通运输综合行政执法改革实施方案》。整合全省交通运输系统内道路运政、水路运政、航道行政、港口行政、地方海事行政、工程质量监督管理等执法门类的行政处罚以及与行政处罚相关的行政检查、行政强制等执法职能，组建交通运输综合行政执法队伍。省、市、县三级交通运输综合行政执法机构全部挂牌成立，编制管理部门全部印发三定方案，初步建立了交通运输综合行政执法机构与行业主管部门、服务性事业单位工作衔接机制。

综合交通运输规划引领作用充分发挥。高质量编制《河南省综合立体交通网规划（2021—2035年）》，印发实施《河南省“十四五”现代综合交通运输体系和枢纽经济发展规划》，加快编制公路水路等5个专项规划和综合运输等10个单项规划，全省“十四五”时期“1+5+10”综合交通运输规划框架加速形成。

服务区域发展能力不断提升。省内京港澳、大广主轴，新亚欧大陆桥、沪陕、宁洛走廊和二广通道纳入《国家综合立体网规划纲要》，郑州被确定为国际性综合交通枢纽城市、国际铁路枢纽、国际航空货运枢纽、全球性国际邮政快递枢纽，洛阳、商丘、南阳被确定为全国性综合交通枢纽城市，周口港被确定为全国内河主要港口。安罗高速公路罗山至豫鄂界、国道107线、淮河航道等120多个重大项目纳入国家“十四五”规划。

服务国家重大战略有力有效。黄河流域交通运输生态保护和高质量发展全面推进，规划黄河流域高速公路项目46个、2700公里以上，实施沿黄、郑州至洛阳等高速公路项目，构建黄河沿岸“一轴两翼”高速公路通道布局。609公里郑汴洛沿黄生态大道基本建成，规划的44座跨黄河公路桥梁有序推进。黄河小浪底库区港航项目启动实施。黄河干流、库区污染物处置实现全面达标，黄河流域交通运输生态保护力度不断加大。深入贯彻习近平总书记“两个更好”重要指示精神，助力大别山革命老区建设扎实推进，争取交通运输部编制印发《大别山革命老区综合交通运输“十四五”发展规划》，推进沿大别山、安阳至罗山等高速公路和国道107线、国道312线等普通干线公路项目建设，淮河淮滨至息县航运工程淮滨段基本完工、息县段前期工作加快推进，大别山旅游风景道等工程加快实施，革命老区振兴发展再添新动力。

交通强国试点建设成效明显。成功举办全国推动“四好农村路”高质量发展现场会，“兰考经验”全国推广。洛阳市等3市获评“四好农村路”建设市域突出单位，宜阳县等6县获评“四好农村路”全国示范县，全国“四好农村路”示范县数量达到16个。兰考至赵岗公路获评全国“2021年度十大最美农村路”。“空中丝绸之路”空陆联运项目成功创建国家多式联运示范工程，部省多式联运示范工程达39个。《公铁联运货运枢纽功能区布设规范》行业标准发布实施，制定地方标准、团体标准 33 项。开通公铁、铁海联运线路 80 余条，累计完成联运量 92 万标准箱。积极推动马士基与郑州国际陆港合作，成功开行越南—郑州—欧洲国际中转班列。“内陆地区货物出海物流一体化协作新模式”等两项制度创新成果入选自贸试验区最佳实践案例。货车超限超载治理、综合交通运输大数据应用成功获批交通强国试点，全省交通强国试点总数达到 4 个。

疫情防控责任压紧压实。严格落实“外防输入、内防反弹”要求，扎紧疫情防控“四个口袋”，抓牢交通运输关键环节，强化重点部位防控，有效杜绝了疫情通过交通运输环节传播扩散。印发应急物资运输通行证，开通绿色通道，为疫情防控大局提供了坚强的交通运输保障。

第二节　综合交通基础设施建设

全年全省公路水路基础设施累计完成投资 1169 亿元，首次突破 1000 亿元，同比增长 73.1%；加快实施高速公路“13445 工程”，栾川至双龙高速公路等 5 个项目建成通车，全省高速公路通车总里程达 7216 公里，在建项目总数达 53 个、总里程 3388 公里。实施普通干线公路“畅通畅连”工程，新改建普通干线公路 918 公里，国道 107 线新乡段等改扩建项目建成通车。实施内河水运“通江达海”工程，信阳港淮滨港区开港运营，郑埠口复线船闸建成运行，平顶山港、信阳港闾河口作业区基本建成，具备运营条件。南阳高铁客运站综合客运枢纽、上蔡综合客运站、商水县联营车站等 12 个客运场站加快建设；汝阳、内黄、正阳等 7 个县级老旧客运站改造项目加快实施。

第三节　运输服务保障能力

全省道路客货运输车辆保有量达 2.9 万辆和 79.8 万辆（含挂车 26.7 万辆），公路完成货运量 22.6 亿吨，同比增长 17%；货物周转量 7026.3 亿吨公里，同比增长 26.1%；港口完成货物吞吐量 4071 万吨，同比增长 130.7%；公路水路完成客运量 3.7 亿人次，旅客周转量 293.7 亿人公里，同比降幅收窄；高速公路累计出口流量 5.6 亿辆，各项惠民政策减免通行费 31.7 亿元；邮政行业完成业务量 545 亿元，同比增长 28.2%，完成快递业务量 43.6 亿件，同比增长 40.5%。全面开展河南省县域城乡交通一体化行动，上蔡县成功创建交通运输部第一批城乡交通运输一体化示范县，浚县、兰考县、郏县入选第二批示范创建县，全省新增“万村通客车提质工程”示范县 27 个，栾川、卫辉等 4 县（市）荣获交通运输部农村物流服务品牌。出台河南省城市公共汽电车客运服务规范，洛阳市、南阳市、驻马店市完成公交都市创建验收工作。郑州高铁东站实现换乘地铁单向“免安检”，洛阳地铁一号、二号线通车运营。印发推动网络平台道路货物运输规范健康持续发展的指导意见，全省通过线上服务能力认定企业达 48 家，累计完成运单 69.5 万单。试点开通 102 条定制客运班线，累计服务 65 万人次。南阳市等 9 个城市实现巡游出租 95128 电召常态化运行，一键叫车功能适老化水平全面提升。

第四节　行业治理体系建设

“放管服效”改革持续深化。持续推进放权赋能改革，向郑州市、洛阳市、郑州市航空港经济综合实验区下放省级交通运输管理权限 46 项，向市辖县下放市级交通运输管理权限 54 项，赋予地方更大改革发展自主权。省级 164 个政务服务事项全部实现“最多跑一次”，157 个事项实现“零跑腿”，49 个事项纳入“全豫通办”。公路超限运输许可实现“两网融合”，道路运输驾驶员高频事项实现“跨省通办”，申请量、办结率和成功率位居全国前列。12328 服务监督水平持续提升，答复满意率达 97.1%。

交通运输执法领域突出问题专项整治成效显著。深入排查整改各类问题 1452 个，推广“App+移动执法 + 不见面处理”模式，全面落实“一超四罚”，依法查处“百吨王”“黑客车”“黑出租”8000 余台次，吊销 6 家运输企业经营许可证，对 2713 家违法装载源头实施追踪查处。“以信息化手段提升执法监管精度”等 5 个案例被交通运输部全国推广。“扫黑除恶”成果显著，交通运输市场环境明显改善。

高速公路沿线广告设施清理工作圆满完成。联合公安、自然资源、市场监管等部门扎实开展清理高速公路沿线广告设施专项行动，累计清理广告设施 5664 处，提前两个月圆满完成清理任务，全省高速公路路域环境明显改善、通行安全明显提升。

第五节　科技创新

科技创新水平持续提升。成功举办首届“交通运输科技创新周”，搭建交流平台，展示科技成果，营造创新氛围，在全国科技活动周及重大示范活动中，获得科学技术部表扬。河南公路养护装备国家工程研究中心成功创建该领域全国唯一国家级创新平台。河南省枢纽经济与产业发展研究中心挂牌成立。开展高速公路专项科技攻关计划两项，4 项纳入交通运输部重点攻关项目。推广应用装配式工业化建造等“四新”技术，完成 15 项地方标准制修订。高速公路运行态势感知与智能管控应用等 6 个项目分别获得中国公路学会科学技术奖一等奖和河南省科技进步二、三等奖。周南高速公路、三淅高速公路卢氏至西坪段、息邢高速公路荣获“国家优质工程奖”，台辉高速公路黄河特大桥荣获“鲁班奖”。

数字交通建设持续加快。全省交通运输行业大数据平台体系基本建成，汇聚行业内外数据 720 亿条，日交换数据 4 亿条。安罗高速公路、郑洛高速公路、综合交通运输信息平台 3 个项目入选交通运输部新基建试点。全省 1.8 万公里普通国省道初步建成全要素资产数据库，实现运用卫星遥感技术和 GIS 路网轨迹，精准评估公路状况。行业“一中心、四平台”数字大脑建设持续推进。郑州、许昌两个货运枢纽项目和全省 57 个客货邮乡镇综合服务平台建设加快推进。

行业节能降碳工作成效明显。扎实推进中央生态环境保护督察整改工作，提前完成国三及以下排放标准营运柴油货车淘汰任务。全省新增更新公交车辆均为新能源汽车。运输结构调整成效显著，铁路、水路货运量同比增长 2.9%、32.3%，集装箱公铁、铁水联运量增幅达 21%。

第六节　安全与应急

交通运输应急抢险措施有力。做好预案准备、机制准备、力量准备、装备物资准备，郑州“7•20”特大暴雨灾害发生后，迅速启动应急预案，果断暂停全省交通重点建设项目、实施水运封航，及时管控 28 条高速公路和 213 个收费站，全省高速公路、普通公路、内河水运、在建项目没有一人因灾伤亡。市县交通运输部门、交通重点项目参建单位迅速组织人员设备，奔赴一线抢险救援，转移遇险被困群众 46 万人。紧急调动交通运输部在河南设立的国家区域性公路应急救援中心各类专业装备，增援郭家咀水库抢险、国道 310 线巩义米河镇段抢通等救援行动，架起了 23 座应急保通桥，积累了抢险应急经验，发挥了“国家队”重要作用。

安全生产三年行动攻坚扎实推进。动态实施“三个清单”管理，全省累计排查整治问题隐患 10.4 万项。注销长期逃避海事监管船舶 261 艘。实施公路安全生命防护工程 4858 公里，改造危桥 779 座。全省道路运输领域行车事故起数、死亡人数，同比分别下降 31.5%、14.8%，交通基础设施建设连续9年、水上交通连续7年保持“零事故”。行业监管责任有效落实。出台跟踪督办与公开通报制度，对问题突出的市县交通运输局进行约谈。发布运输企业“红黑榜”，对运营规范的30家企业和排名落后的30家企业在主流媒体上公开通报。制定实施全省交通运输领域安全重大风险管控4两项，督促指导郑州、洛阳对轨道交通全面开展风险辨识和隐患整改。圆满完成自然灾害综合风险公路水路承灾体普查工作，受到国务院普查办通报表扬。联合省公安厅、省应急管理厅成功举办高速公路运营隧道交通事故和在建隧道突发事件应急演练，交通运输安全发展基础不断夯实。科技治安水平不断提升。依托综合交通运输管理服务平台，初步形成省、市、县三级“互联网＋统一指挥＋综合监管”新模式，累计查处非法营运车辆677辆、违规营运车辆160辆，处置违规营运行为18万条。平台上线后，日均违规事项发生量由最高峰的2300余条下降到目前的300余条，下降率87%，安全生产管理水平不断提升。

第七节 合作与交流

成功举办2021年河南省交通运输科技创新周活动，以“科技赋能智领交通”为主题，邀请50余位知名专家学者和交通运输部科学研究院、交通运输部公路科学研究院、河南省公路学会、国内知名企业等参与，举办主题论坛、院士大讲堂、技术研讨会、行业研发中心揭牌、技能竞赛、科普开放等多场活动，集中展示交通运输领域的新材料、新装备、新方案等技术成果，切实营造交通运输科技创新氛围，推动交通科技创新交流合作。吸引社会资本参与交通基础设施建设，38个、总投资3126亿元高速公路“13445工程”新开工项目吸引了众多国内一流的设计、施工企业参与建设，共吸引了包括中国交通建设股份有限公司、中国铁路工程集团有限公司、中国建筑集团有限公司等世界500强企业、大型央企在内的30余家社会资本参与建设，吸引投资约1255亿元。积极参与“一带一路”沿线国家交通基础设施和国际运输市场合作，河南省交通规划设计研究院股份有限公司加快推进承担的孟加拉国达卡高架快速路、柬埔寨雅居乐天悦房建监理、斯里兰卡科伦坡立交桥、老挝万象至巴色高速公路选线咨询等项目，新签订尼泊尔加德满都-特来/马德哈西快速路设计、南苏丹卢布科纳桥-帕米尔边界道路可行性研究等项目。河南交通职业技术学院作为河南职业院校代表参加了中国人民对外友好协会举办的“第十二届中国伊朗两国友协年会”。

第八节 推动“四好农村路”高质量发展

河南交通运输系统认真贯彻落实交通运输部关于“四好农村路”高质量发展部署要求，坚持试点示范引领，推动“四好农村路”建设由点到面，以交通运输先行发展助力乡村振兴。洛阳市、焦作市、濮阳市3个市被交通运输部、财政部、农业农村部、国家乡村振兴局联合评为“四好农村路”建设市域突出单位，宜阳县、宝丰县、汤阴县、沁阳县、南乐县、临颍县6个县被命名为“四好农村路”全国示范县，全国“四好农村路”示范县数量达到16个。截至2021年底，累计新改建农村公路约3万公里，实现了全省88%的乡镇通二级及以上公路、98%的乡镇通三级及以上公路、100%的建制村和95%的自然村通硬化路，全省农村客运线路7401条，运营总里程29.4万公里，乡镇和建制村层面基本实现“路通运达”，累计建成集交通、供销、商贸、邮政、物流快递于一体的乡镇综合服务站190个，村级邮政快递网点41806个，“快递进村”成为电商物流新常态。

深入研究谋划，以科学的顶层设计引领工程

实施。2018年以民政部门自然村信息、公路统计年报数据为基础，深度应用高分遥感影像和大数据分析技术，组织开展全省自然村通硬化路情况普查，全面掌握了全省自然村点位分布和通硬化路情况。立足各地客观实际，统筹财力物力、民意民需及易地扶贫搬迁、自然消亡等因素，研究确定以“20户以上”为标准推进全省自然村通硬化路建设。改变定额补助的传统模式，创新性采用“先建后补、以奖代补、目标考核”的管理模式，充分调动了地方政府的积极性和主动性。在明确自然村通硬化路建设标准的基础上，鼓励各地实行“一村一策、一路一标准”，综合利用建设、搬迁、撤并村庄等多种方式解决自然村通达问题。统筹国土空间规划、人居环境整治、美丽乡村建设等规划和当地特色产业发展需求，集约高效推进农村公路建设，推动实现串联带动、互促共进。

强化资金保障，以多渠道多形式融资支撑工程实施。持续加大车购税、省级燃油税及财政资金支持力度，三年累计安排农村公路建设国省补助资金120.5亿元，占总投资302.5亿元的40％左右，其中安排25.2亿元用于“百县通村入组”工程专项奖补资金。在省财政的大力支持下，克服一般债额度有限且需求旺盛的矛盾，三年累计安排省级一般债资金25亿元、市级一般债资金40多亿元，为目标任务的圆满完成提供了资金保障。在持续加大一般公共财政预算投入的基础上，各地探索运用整合涉农资金、过桥贷款、PPP等模式多渠道筹措资金，全力保障“百县通村入组”工程顺利实施。各级财政部门建立了资金动态常态化监督机制，实行专款专用、计量支付，审计部门开展全过程审计监督，切实保障了资金及时足额到位、依法依规使用。

注重科技赋能，以现代化治理手段服务工程实施。研发运用河南省普通公路综合管理平台，实行项目全过程信息化监管，建立集规划、计划、招投标、进度、交竣工等环节于一体的全链条精细化监管体系。县级通过平台提交项目基础信息，定期利用手机App上报现场督导中发现的进度、质量、安全等问题，省级通过平台及时下达整改通知并全程监督整改，实现工程项目精细化、实时化监管。同时，结合道路数字信息、自然村组空间点位信息以及现场实景照片信息，通过大数据云分析，确保真实掌握通村道路的工程技术标准和通达通畅等情况，为工程顺利实施和后期考核评估工作提供可靠的服务支撑。

广泛发动群众，以共建共治共享助力工程实施。坚持“以人民为中心”的发展思想，前期工作阶段组织县级交通公路部门广泛征求基层干部和人民群众意见，对群众关注度高、需求迫切、意愿强烈的路段予以优先安排。工程实施过程中，组织动员农村劳动力投入项目建设。通过出让公路冠名权、广告权、绿化权等多种方式，吸引社会资金参与项目建设。持续加大政策解读和成果展示力度，引导广大群众参与项目建设监督，推动形成共建共享共治的群众广泛参与氛围，让群众真正成为农村公路发展的参与者、监督者和受益者，努力为党在基层凝聚更加广泛而坚定的民心。

坚持目标导向，以强有力的督导考核保障工程实施。河南省政府将“百县通村入组”工程纳入重点督办事项，将各市县目标任务完成情况纳入政府目标考核评价体系，对推进情况进行督导。省级交通公路部门加强督导检查，严格实行月报制度，定期对工程进度滞后、推进举措不力的市县进行通报、约谈，全力保障工程稳步有序推进。各地切实履行主体责任，成立由政府领导任组长、相关部门及乡镇负责人为成员的建设领导小组，明确目标任务、责任要求和完成时限等，为工程顺利实施提供了强大的组织保障。

湖北

第一节 整体概况

截至2021年底，湖北省综合交通网总里程达31万公里，实现市市有铁路（神农架林区在建），县县通高速公路，具备条件乡镇通二级路，村村通硬化路和客车。全省公路总里程29.7万公里，其中高速公路7378公里；铁路营业里程5310公里，其中高速铁路和城际铁路1690公里；内河通航里程8667公里，其中高等级航道2090公里；油气管道7500公里，其中天然气管道5750公里。全省有民用机场7个、通用机场5个。全省建制村100%通邮，快递网点100%乡镇全覆盖。

综合交通体制改革。湖北省推进综合交通运输管理体制改革，在全省港口资源整合、构建多式联运集疏运体系、深化农村公路管理养护体制等方面取得重要改革成果。统筹全省港口资源集约发展，省港口集团挂牌成立。

综合交通规划。《湖北省综合交通运输发展“十四五”规划》正式印发，《湖北省高速公路发展“十四五”规划》等4个专项规划获省政府批准。沿江通道作为战略骨干通道纳入国家专项规划，中部地区大通道大枢纽建设、长江中游城市群交通互联互通得到重点支持。一批国家高速公路、高等级航道、综合交通枢纽项目纳入国家规划。湖北省综合立体交通网规划编制工作通过专家评审验收。

交通强国建设。制定《湖北省交通强国建设试点实施方案》，统筹推进6个方面试点建设。现代内河航运建设9个试点项目全部启动建设，其中3个项目建成运营。完成农村公路新改建19675.5公里、危桥改造完工1655座、在建桥梁982座；启动乡镇汽车客运站和农村候车亭达标建设行动。推进打造省级综合交通运输信息平台，部省治超联网管理信息系统初步设计获批复，汉江电子航道图完成375公里。开展信用评价工作和“失信联合惩戒”工作。探索政企合作新模式。多式联运创新发展，湖北省政府印发促进多式联运高质量发展的意见和行动方案。

推动长江经济带发展。坚持在发展中保护，长江生态保护修复攻坚战进一步深入，交通领域生态环境突出问题整改序时推进，船舶水污染物接收、转运、处置过程闭环管理持续加强，船舶水污染物联合监管与服务信息系统基本覆盖长江、汉江港口码头和到港中国籍营运船舶，全省船舶和港口污染防治长效机制逐步完善。

长江中游城市群协同发展。长江中游城市群一体联通的综合交通网络初步成型，形成以高速铁路、高速公路和长江黄金水道为主的多向连通对外运输大通道和城际综合交通网络；长江中游城市群客运一体化服务和货运保障能力显著增强，武汉、长沙、南昌基本实现城际客运2小时快速通达，江海、铁水等多式联运积极推进，城际速递、同城物流等多样化、专业化物流模式快速发展。

第二节 综合交通基础设施建设

铁路建设。沿江高铁武汉至宜昌段全线启动实施，沿江高铁武汉至合肥段初步设计工作积极推进。武汉新港江北铁路一期工程、荆州煤炭储备基地铁路专用线等建成，宜昌白洋港疏港铁路等建设加快推进。

公路建设。十巫高速鲍峡至溢水段等4个高速公路项目148公里建成。鄂州机场高速一期工程等项目开工，利川至咸丰高速公路等项目前期工作积极推进。全年建成一级公路508.6公里、二级公路926公里。重点实施农村公路“畅通、连通、提升、创建”四项工程，新增“四好农村路”全国示范县8个、市域示范创建突出单位3个。

水运建设。长江干线武汉至安庆段6米水深航道整治工程完工投入试运行。雅口、孤山等汉江梯级枢纽加速实施，新集枢纽全面开工建设；汉江河口段2000吨级、香溪河等航道整治工程基本完工；唐白河、汉北河、富水、浠水等航道整治工程开工建设。荆州江陵煤炭储备基地一期工程基本完工，阳逻集装箱铁水联运二期、黄石棋盘洲三期、宜昌白洋二期建设顺利推进。襄阳港小河港区综合码头正式开通。全年新增港口吞吐能力1000万吨。

民航建设。湖北国际物流核心枢纽项目全面推进，机场年底成功校飞，机场主体工程建设进入收尾阶段。宜昌三峡机场改扩建工程加快推进，飞行程序实地试验试飞工作圆满成功。武汉机场第三跑道前期工作正式启动，项目预可行性研究报告获批。

物流园建设。全省物流通道、物流园区、物流中心组成的交通物流基础设施体系加快建设，建成以公路货运为主的交通物流枢纽78个，武汉东西湖保税物流中心、武汉阳逻港综合物流园、宜昌东站物流中心、宜昌三峡物流园、襄阳国际陆港物流园、十堰林安综合物流园等大型物流园区稳步运营。大花岭、三江港铁路物流基地、阳逻港区铁水联运一期工程、黄石新港铁路货场等铁路进港的物流枢纽相继建成运营。

多式联运枢纽建设。武汉阳逻港、武汉粮食物流项目、黄石新港、宜昌白洋港和鄂州三江港5个项目列入全国多式联运示范工程，数量位居全国第一。武汉阳逻港水铁联运项目实现常态化运营，黄石新港多式联运示范工程通过交通运输部验收。

第三节　运输服务保障能力

2021年，湖北省完成客运量3.41亿人次，比上年增长9.2%；完成货运量21.48亿吨，比上年增长33.9%。全省客货运总量高于上年同期，但受疫情反复影响，仍未恢复至疫情前水平，综合运输服务主要指标呈现“增幅货大于客，增速前高后低”态势。

铁路客运恢复性增长，中欧班列需求高涨。2021年，全省铁路完成客运量11627.02万人次，比上年增长42.7%；完成货运量5828.02万吨，比上年增长8.7%。受海运通道不畅、价格高涨影响，中欧班列（武汉）累计开行班列455列，比上年增长97.8%，超过历史最高水平。

道路客运量低位波动，货运量持续增长。2021年，全省公路完成客运量21098.39万人次，比上年下降2.9%，呈现“上半年回暖、下半年回落”发展态势。全省公路完成货运量16.13亿吨，比上年增长41.1%，呈现“强力复苏、前高后低”发展趋势。

水路客运量较快恢复，货运规模再创新高。2021年，全省水路完成客运量314.35万人次，比上年增长35.0%；完成货运量47624.00万吨，比上年增长17.0%；港口吞吐量完成4.88亿吨，比上年增长28.6%。其中，武汉港集装箱吞吐量完成248万标准箱，比上年增长26.1%，首次跻身全国港口集装箱吞吐量年度前20强。

民航客运波动增长，货运恢复势头良好。2021年，全省民航完成客运量1095.92万人次，比上年下降4.4%；完成货运量7.01万吨，比上年增长19.6%。武汉天河机场完成货运吞吐量31.6万吨，比上年增长66.9%，其中国际及地区货运吞吐量14.6万吨，比上年增长191.3%。

邮政快递业持续高速增长。2021年，全省邮政行业业务收入完成350.10亿元，比上年增长26.7%；业务总量完成366.57亿元。快递业务量和业务收入分别完成26.93亿件和241.31亿元，比上年增长50.9%和35.1%。

城市出行服务量稳步回升。2021年，全省公共汽电车完成客运量21.7亿人次，巡游出租车完成客运量10.8亿人次，轨道交通完成客运量10.1亿人次，比上年分别增长38.2%、25.6%和62.9%。全省公交运营线路2147条、运营线路长度3.86万公里，比上年分别增长9.8%、16.6%。全省轨道交通运营线路14条，比上年增长16.7%。

物流行业运行企稳回升。2021年，全省物流行业景气指数（LPI）月度均值为52.3%，高于上年1.4个百分点，市场运行呈稳中向好态势，水运集装箱、航空跨境电商、快递与民生消费物流保持较快增长。

运输结构持续优化调整。2021年，全省公路、水路、铁路货运量在综合运输中比重分别为75.1%、22.2%和2.7%，与2019年相比，公路下降4.7个百分点，水运和铁路上升4.5和0.2个百分点。

第四节　行业治理体系建设

2021年，湖北省港口资源整合完成，省港口集团有限公司挂牌运行，全省港口业务资源优化重组，港口功能定位细分。推进多式联运发展，多式联运集疏运基础设施重点项目开工51个，黄石新港铁水公联运示范工程获“国家多式联运示范工程”。

法治部门建设。建立健全交通运输厅主要负责人牵头、各部门分工落实的领导协调机制、工作调度机制。凡涉及“三重一大”事项，依法进行公众参与、专家论证、风险评估、合法性审查、集体讨论等程序。建立法律顾问制度，法律顾问按规定参与重大行政决策；建立健全案件研究会商与沟通协调机制；建立案例分析研判指导机制。

法规规章清理。全面清理省本级交通运输法规6部、省政府规章8部、规范性文件50份。重点修订《省水路交通管理条例》《省道路运输条例》。2021年7月，湖北省第十三届人大常委会第二十五次会议作出《关于集中修改、废止涉及优化营商环境省本级地方性法规的决定》（第二百九十五号公告），对《湖北省道路运输条例》作出修改；省政府作出《关于修改和废止部分规章的决定》（省政府420号令），决定对《湖北省出租汽车客运管理办法》《湖北省港口管理办法》进行修改。

行业治理能力提升。印发《湖北省交通运输综合行政执法队伍素质能力提升三年行动方案（2021—2023年）》，细化交通运输行政执法“三项制度”实施标准。编制完成高速公路路政执法站所规划、基础设施建设标准。全面推广应用交通运输部行政执法综合管理信息系统。推动基层执法站所“四基四化”建设，升级执法装备。组织开展交通运输执法领域突出问题专项整治行动。

优化营商环境。持续推进简政放权，下放“港口经营许可”权限。深化“证照分离”改革，取消“水运工程监理企业丙级资质认定”“公路工程专业丙级监理资质认定”省级行政许可事项。深化扩权赋能强县改革，下放省、市级事项35项，确定“县直报省、省直达县”改革事项12项。持续深化“互联网＋监管”。加强信用监管，开展公路水运建设市场信用评价，对全省道路运输企业进行质量信誉等级评定。对省级超限运输许可开发启用二维码电子证书。省级政务服务事项压减时限比例达77%。持续开展“我要开物流公司（货运）”多部门联合办理，减时限比例最多达

93%。开通省交通运输厅"店小二"服务专线电话。

第五节　科技创新

2021 年，立项 2022 年度厅科技计划项目 50 个，计划补助资金 522 万元，补助项目 36 个。签订 2021 年度厅科技计划项目任务书 41 份。结题验收往年厅科技计划项目 15 个，成果信息在厅网站予以公开。

科技创新成果。2021 年，交通运输部"公路交通节能与环保技术及装备交通运输行业研发中心"（湖北国创），完成湖北省知识产权局"三大工程"项目"道路废旧沥青混合料再生新型建筑材料关键技术"结题验收；组织完成"基于紫外老化的彩色沥青混合料色彩稳定性研究"等项目研究，开发出相关沥青、混凝土材料和施工技术。交通运输部"公路建设与养护技术、材料及装备研发中心"（湖北交投），建立"科技研发 + 养护设计 +IT"一体的公路基础设施数字化研发团队，与 6 所高校建立长期合作机制，获知识产权授权 32 项；研发的基于光栅阵列传感技术成套解决方案，可实现公路健康状况、车辆行驶状态等全域、全天候的实时监测，成功应用于鄂州机场和省内首条智慧高速鄂州机场高速公路建设。"智能网联汽车自动驾驶封闭场地测试基地（襄阳）"完成 25 项课题结题，获 8 项发明专利授权、13 项软件著作权授权，主持和参与制修订国家标准 13 项、行业标准 2 项。

信息化与网络安全。与中国交通建设集团签订《交通强国智慧交通试点战略合作框架协议》，政企合作打造交通强国双试点示范。交通云数据中心扩容升级一期工程初步设计获批复；省级综合交通信息平台一期工程工可完成专家评审。汉江兴隆至蔡甸智慧航道等 3 个项目纳入交通运输部交通新基建重点工程。智慧公交、智慧地铁、智慧机场等交通强国智慧交通试点项目进展顺利，武汉市开放自动驾驶测试道路 321 公里，全省重点营运车辆均安装北斗双模动态监控终端，汉江建设完成 375 公里电子航道图。开展行业网络安全高风险隐患排查和网络安全督查，组织完成交通运输厅攻防演习。省厅被湖北省网络安全等级保护领导小组办公室评为 2021 年度等级保护工作先进单位。

标准体系建设。2021 年，《桥梁多点同步顶升施工技术规范》等 11 项湖北省地方标准批准发布，"公路沥青材料表面能测试指南"等 20 项湖北省地方标准批准立项编制。

第六节　安全与应急

2021 年，全省公路水路行业安全生产事故 47 起、死亡 70 人，未发生重大及以上等级事故。道路运输领域接报事故 43 起、死亡 64 人，其中"两客一危"行车事故 9 起、死亡 14 人。公路水运工程建设领域接报事故 4 起、死亡 6 人。水上交通、港口作业以及城市轨道交通领域未发生人员死亡事故。

安全监管。会同应急管理、公安交管等部门开展联合安全约谈，督促各地坚决整改安全隐患。制定《湖北省"两客一危"车辆动态监控违规信息闭环处理基本规范》，对全省 2.6 万余辆"两客一危"车辆实施"全天候、全覆盖、全闭环"监管。

平安建设。制定平安建设 7 项工作制度，明确 53 项重点工作任务，平安建设试点工作全覆盖推进。武汉市四环线高速公路北湖至建设段项目等 5 个公路水运建设项目获国家三部门"平安工程"联合冠名。

风险隐患治理。排查建立重大风险信息清单，研究建立交通运输防范化解安全生产重大风险防控机制。全面开展交通运输安全隐患"大排查、大清理、大整治"专项行动，扎实推进安全生产专项整治三年行动集中攻坚，全年排查安全隐患 46547 项，已整改 46111 项，整改率 99%。2021

年省级挂牌督办的17处重大隐患全部按时整改销号。

开展专项整治。会同多部门联合发文，全面加强危险化学品道路运输安全协同监管。全省建成不停车超限检测系统100余处、电子抓拍系统50处。开展船舶碰撞桥梁隐患治理，全省523座桥梁均已完成自查工作。完成全省公路水路承灾体风险普查数据采集和县、市级数据检查，取得阶段性成果。

改善基础条件。全省城市公交车驾驶区域安全防护隔离设施安装率持续保持100%。全省14730辆农村客运车辆全部完成安装4G动态视频监控。累计实施危桥改造4036座，完成公路安全生命防护工程17215公里、干线公路灾害隐患治理229公里。

应急管理。修订印发交通运输应急保障工作预案等。在长江汉江安全环保视频监控一期基础上，延伸、加密387个视频监控点位。加强与应急、气象、自然资源、公安交管等部门协调，强化应急联动和信息共享；深化高速公路"一路多方"联勤联动机制。

第七节　港口岸线管控

"十三五"以来，湖北省交通运输系统牢固树立"生态优先、绿色发展"理念，始终坚持把保护和修复长江生态环境摆在压倒性位置，积极开展长江、汉江港口岸线资源清理整顿，严格港口岸线管控，推动港口岸线资源集约高效利用。

高位推动，打好长江、汉江港口岸线资源清理整顿专项战役。"十三五"期间，省交通运输厅提请省政府将长江段和汉江沿线港口岸线资源清理整顿纳入全省长江大保护十大标志性战役，强化组织领导，健全工作机制，完善政策支持，加强指导督办，高位推动专项战役取得积极成效。完成全省长江干线及汉江沿线港口岸线资源利用清理评估工作，按照2004年《中华人民共和国港口法》实施前建成投产、2004年至2012年《港口岸线使用审批管理办法》实施前建成投产的未办理港口岸线使用审批手续、符合完善港口岸线使用手续的码头实行分类处置，并对全省长江、汉江公务码头经相关职能部门评估认定后形成名录库备案。截至"十三五"末，长江、汉江利用港口岸线长度150公里，仅占自然岸线总长的4%，约为"十二五"末期的50%，全省港口岸线资源管控长效机制进一步健全，码头作业效能和港口岸线利用效率进一步提升。武汉市采用无人机对长江汉江武汉段岸线资源进行拍摄，动态监控岸线资源；荆州市继续深化岸线管理员制度，将岸线资源日常监管落实到人；宜昌市探索建立岸线管控"互联网+"新模式，在全省率先实现岸线信息矢量化、港口档案数字化、"多规合一"可视化。

源头把控，实行严格的港口岸线管控措施。省交通运输厅会同省发改委联合出台《关于严格管控湖北省长江、汉江港口岸线资源利用的通知》，会同省发改委、生态环境厅、水利厅、住建厅、自然资源厅等职能部门，实施长江、汉江港口项目前期工作多部门协同管理、联合管控，执行严格的港口岸线特批制度。

严控增量，从严开展港口岸线审批管理工作。省交通运输厅严格依照《港口岸线使用审批管理办法》规定，履行省级港口管理部门岸线审批职责，尤其是对于岸线合理性审查环节，严格把关项目建设必要性及岸线利用合理合规性，认真落实现场踏勘审核环节，特别是对于同一港区内同类码头能力仍有富余的一律严禁短期内重复建设同类码头项目，严格限制产能过剩、产出率较低的码头沿长、汉江布局。

控制规模，协调推动港口总体规划修编工作。指导沿江各港在修编港口总体规划时，规划的港口岸线总规模只减不增，不得突破原规划规模；港口岸线坚持有保有压、有增有减，保障集约高效的公用规模化港区和提升安全绿色发展水平设施建设的港口岸线需求，根据生态保护和城市发展需要调整、压缩或退出部分港口岸线。武汉港、黄石港、宜昌港、荆州港4个主要港口以及恩施港、鄂州港、黄梅港、团风港、蕲春港、浠水港、武穴港、巴东港、仙桃港、钟祥港等重要港口总体规划修编获批。

坚持全省“一盘棋”，统筹全省港口资源集约发展。按照“国资整合以行政为主、化学变化以市场为主”总体要求，坚持“资产整合＋业务组合”原则，组建省级港口平台；坚持“国有、关联、整体”划转原则，通过行政手段集中划转国有港口资产；按照“资本纽带＋市场化”的原则，整合社会港口资本。2021年5月17日，省政府正式印发《湖北省港口资源整合工作方案》，6月30日省港口集团揭牌成立，全省港口发展实现“规划一体化、建设一体化、管理一体化、运营一体化”，为发挥长江“黄金水道”效益、打造中部地区枢纽港、促进“十四五”全省综合交通运输发展奠定坚实基础。

附表

湖北省交通运输主要指标统计表

指标			2021年	备注
基础设施投资（亿元）	综合交通固定资产投资		1406	
	铁路投资		248.3	
	公路投资		1093.4	
	#高速公路投资		381.1	
	水运投资		64.3	
铁路	通车总里程（公里）	铁路营业里程	6539.9	
		#国家铁路	—	
		#合资铁路	—	
		#地方铁路	—	
	运输情况	旅客发送量（万人次）/货物发送量（万吨）	12241.5/8736.8	
		旅客周转量（亿人公里）/货物周转量（亿吨公里）	596/1536.8	
公路	通车总里程	公路通车总里程（公里）	296921.758	
		#高速公路通车里程（公里）	7378.063	
		#等级公路里程（公里）	292720.553	
		#农村公路里程（公里）	257632.72	
		#桥梁（座）	43126	
		桥梁总长（万延米）	337.04	
		#隧道（座）	1176	
		隧道总长（万延米）	120.54	

续上表

指 标			2021 年	备 注
公路	运输情况	客运量（万人次）/ 货运量（万吨）	21098.39/161309.53	
		旅客周转量（亿人公里）/ 货物周转量（亿吨公里）	128.61/2196.18	
水路	航道及码头情况	内河航道通航里程（公里）	8667	
		# 高等级航道通航里程（公里）	2090	
		港口生产用码头泊位拥有量（个）	772	
		# 万吨级泊位（个）	—	
	运输情况	客运量（万人次）/ 货运量（万吨）	314.35/47623.68	
		旅客周转量（亿人公里）/ 货物周转量（亿吨公里）	1.88/3446.39	
民航	机场数量（个）		7	
	运输总周转量（万吨公里）		—	
	# 国内运输总周转量（万吨公里）		—	
	# 国际运输总周转量（万吨公里）		—	
	旅客运输量（万人次） / 货邮运输量（万吨）		2663.7/32.48	
	旅客周转量（万人公里）/ 货邮周转量（万吨公里）		—	
邮政	邮政行业业务总量（亿元）		366.57	
	快递业收入（亿元）		241.31	
	邮政邮路总条数（条）		1443	
	邮政邮路总长度（单程 / 公里）		126988.2	

湖南

第一节　整体概况

2021 年是“十四五”开局之年，湖南省交通运输圆满完成规划目标任务，荣获 2021 年度国务院真抓实干激励表彰。湖南省公路总里程达到 24.2 万公里，建成高速公路 134 公里、通车总里程近 7083 公里，新改建干线公路 961 公里，农村公路提质改造 4570 公里；新增千吨级及以上泊位 18 个；100% 的乡镇和具备条件的建制村通客班车全面实现；交通运输体制机制改革稳步推进；运输服务体系不断提升；交通强国试点创出新路子；“十四五”交通运输发展规划、“一江一湖四水”水运规划、公路网布局规划获批实施；首次获评全国干线公路养护管理先进单位；铁路安全环境集中整治三年任务两年完成。湖南交通形成高速公路内联外畅、国省干线纵横三湘、农村公路进村入户、水运航道通江达海格局，阔步迈向交通强国建设新征程。

综合交通运输管理体制改革不断深化。湖南省于 2017 年 10 月在协调机制层面成立了省综合交通运输工作领导小组，由分管副省长担任组长，省政府副秘书长、省交通运输厅厅长担任副组长。2020 年，省综合交通运输工作领导小组在公路治超、高速公路开工、综合立体交通网规划编制等工作层面上发挥重要的统筹协调作用，有效地推动了工作开展。2021 年公路、水路完成固定资产投资 1040 亿元，超额完成年度目标。

综合交通规划与实施全面推进。《湖南省“十四五”交通运输发展规划（公路、水路）》于 2021 年 8 月份正式印发实施。《湖南省“一江一湖四水”水运发展规划》《湖南省公路网布局规划（2021—2050 年）》获批实施。启动《湖南省高速公路网规划修编（2021—2035 年）》《湖南省交通运输与物流融合发展专题研究》等重大规划和研究的编制工作，并取得阶段性成果。

积极服务区域及国家重大战略。推动 G60 沪昆高速醴娄段扩容工程建设，全面启动 G4 京港澳高速湖南段扩容工程前期工作，着力融入粤港澳大湾区、长江经济带发展。续建靖黎、芷铜、城龙、沅辰等高速公路，强化怀化西部陆海新通道战略门户城市地位，稳步推进湘江永衡航道一期、二期工程建设，积极推进湘桂运河研究，加快融入北部湾经济区。

交通强国建设推进有力有效。湖南是交通强国首批 13 个试点单位之一，共 4 个试点项目。其中，全域旅游生态景观路建设初见成效，首个旅游公路示范工程建成通车；湘赣边区域综合交通加快完善，“十四五”湘赣边交通专项规划编制完成，区域内高速公路、国省道、旅游资源产业路加快建设；城乡客运一体化成果惠民，示范创建县达 55 个，覆盖全省 45% 的县市区，人民群众“出门硬化路、抬脚上客车”；科技兴安成效明显，全面推进公路治超不停车检测系统建设，全省所有“两客一危”车辆实现智能监管。

第二节　综合交通基础设施建设

公路基础设施建设。2021 年，全省在建高速公路共完成投资 535.2 亿元，占年度任务的 105%；祁常、临连和龙琅、安慈剩余段 4 个项目建成通车，通车里程 134 公里，超额完成年度通车任务；益常扩容、新新和零道 3 个项目新开工里程 362 公里；怀芷、南益项目已完成竣工验收。干线公路改扩建完成投资 204.2 亿元，占年度考核任务的 145%，建成通车近 700 公里，超额完成年度目标任务。平安百年品质工程建设稳步推进。2021 年在临连、祁常、平益项目先后两次组织召开平安百年品质工程暨高质量建设现场观摩会，全面启动平安百年品质工程建设，靖黎、芷铜项目 2021 年实现入选交通运输部第一批“平安百年品质工程”示范项目，安全生产总体形势逐年向好，2021 年公路水运工程建设领域零死亡。2021 年 10 月，交通运输部检查组到湖南省督察，对湖南省公路水运工程建设安全生产工作给予了肯定，对湖南省推行“一会三卡”、应用信息化管理平台、十项施工重大风险防控等工作给予了高度评价。

水路基础设施建设。2021 年全省完成水运建设投资 42.1 亿元，同比增长 110.5% 建设投资创历史新高。湘江 2000 吨级航道一期工程、土谷塘航道枢纽工程竣工验收，湘江永州至衡阳 1000 吨级航道一期工程湘祁二线船闸建成通航；湘江永州至衡阳 1000 吨级航道二期工程、澧水石门至澧县 1000 吨级航道工程、沅水常德至鲇鱼口 2000 吨级航道建设工程开工建设，共建设 1000 吨级航道 112 公里、2000 吨级航道 213 公里。完成岳阳城陵矶新港危化品堆场、云溪新华联富润石油化工码头等港口项目建设，新增千吨级及以上泊位 18 个。

第三节　运输服务保障能力

公路运输量。2021 年湖南省客运车辆 32045 辆，客位数 809724 客位。货运车辆 276965 辆，吨位数 3893532.7 吨。公路客运量 37030.85 万人，公路旅客周转量 1953755.56 万人公里。公路货运量 198422.63 万吨，公路货物周转量 14611563.27 万吨公里。

水路运输量。2021 年湖南机动船 4250 艘，总载重量 4873057 吨位；载客量 56419 客位；标准箱位 10087TEU。驳船 84 艘，净载重量 29054 吨位；载客量 700 客位。水路客运量 763.92 万人，水路旅客周转量 16896.84 万人公里。水路货运量 21272.19 万吨，水路货物周转量 4496242.73 万吨公里。

城市客运。2021 年湖南公共汽车运营车辆 32903 辆，运营线路 2749 条，运营线路长度 52633.5 公里，客运量 227395.5 万人次。巡游出租汽车运营车辆 35043 辆，客运量 111446.4 万人次，载客车次 58490.0 万车次，运营里程 378629.8 万公里。长沙市轨道交通运营车辆 894 辆，运营线路长度 161.6 公里，客运量 58789.8 万人次。

综合运输。2021 年 9 月以来组织开展交通基础设施与物流融合发展专题研究并取得重要成果，强化互联互通，促进多式联运，降低物流成本。编制完成《“十四五”运输服务专项规划》，逐步增强客运“零距离换乘”、货运“无缝衔接”，提升综合运输服务供给能力。积极推进公交优先发展战略。新能源公交占比居全国前列。完成 9 批次 11 件特大件审批和运输服务保障任务。

第四节　行业治理体系建设

交通运输法治政府部门建设取得新成效。《湖南省铁路安全管理条例》《湖南省治理货物运输车辆超限超载条例》正式颁布施行，《湖南省高速公路条例（修订）》完成调研论证。制定印发“八五”普法规划。合法性和公平竞争审查严格把关，完成行政规范性文件、社会投资项目实施方案、招标文件、投资协议、特许合同、新开工高速公路所涉法律事务以及其他重大合同等合法性和公平竞争审查 56 件。依法办理行政复议案件 7 件、行政诉讼案件 4 件、民事纠纷案件 2 件。聘请 3 家律所担任厅法律顾问。

交通运输综合行政执法改革落地见效。湖南省市县三级交通运输综合行政执法改革工作基本完成。从 2021 年 4 月 1 日零时起，市州正式全面承接高速公路路政执法职责。省调整下放高速路政执法编制460名、高速公路管理行政职权事项67项。划转市州高速公路路政执法车辆编制122台。《综合执法规范化信息化建设三年行动方案（2021—2023年）》稳步推进。制定公布《湖南省交通运输综合行政执法事项指导目录（2021年版）》《湖南省交通运输领域"轻微不罚""首违不罚"清单（2021年版）》，修订《2021版交通运输行政处罚（强制）文书样式》。建立行政执法人员专业法律知识考试题库。

"放管服"改革提升服务取得新成效。2021年初赋予岳阳市自贸区行政权力12项和长沙市自贸区行政权力1项。年底调整行政权力36项，包括1项新增，4项取消，10项下放，21项变更。下放数量连续两年居全省之首。印发《加强和规范全省交通运输事中事后监管三年行动方案（2021—2023年）》和年度"双随机、一公开"监管抽查计划，全覆盖工程建设、运输、安全生产等领域；印发《2021—2022年交通运输信用体系（信用交通省）建设重点工作测评与要求任务分工表》《湖南省2021年市州交通运输信用体系建设考核指标》《湖南省交通运输行业信用评价结果确定程序办法》，湖南省级信用交通指数全国排名靠前。2021年全年办件154106件，交通政务窗口的办件群众满意率高达99.9%，收到表扬信26封，锦旗23面。积极做好12328电话热线归并及优化工作，湖南省12328运行服务质量考评从年初全国第三十名跃升至全国第一。同时，大件运输许可全年办件152069件，占总办件量的98%以上。成功组织总重量超过300吨及以上的特大件运输，圆满完成8批次10件特大件运输，总重量达3912吨。其中，湖南省公路大件运输服务史上历时最长（近2个月）、重量最重（409吨）、体量最大（长宽高分别为97.45米、5.25米和4.95米）、批次最多（5个批次共7台特高压变压器）的交通运输保障工作任务。

第五节　科技创新

加强科研成果推广应用。2021年度科技创新计划立项支持52项交通科研课题研究；推动24项科技创新项目验收取得创新性研究成果；遴选出5项优秀科研成果列入2021年度《湖南省交通运输科技成果推广目录》。常祁高速公路获批交通运输部科技示范工程；省交通规划勘察设计院有限公司、省路桥集团有限公司、省高速公路集团有限公司联合申报的《山区大跨度悬索桥设计与施工技术创新及应用》；湖南联智科技股份有限公司《基于卫星和AI驱动的桥梁智能监测技术及装备》等2个项目成功入围交通运输部重大科技创新成果库；省交通科学研究院有限公司《基于全寿命周期理念的路面预防性养护关键技术研究》《基于云计算+GIS的大件运输智能审查系统关键技术研究》《高速公路智慧隧道综合监控平台研发》等3个项目纳入2021年度交通运输部重点科技项目清单。

稳步推进智慧交通与信息化发展。完成湖南省"两客一危"车辆智能监管平台、湘江新区车路协同智慧高速示范项目、交通旅游大数据省级平台等6个项目的建设和竣工验收；推动交通运输行政执法综合管理系统、交通运输安全生产监管监察管理信息系统、湖南省治超联网管理信息系统等项目建设。下发《湖南省交通运输信息系统优化整合工作方案》，信息系统优化整合年度目标数据资源整合基本完成。组织G4京港澳高速湖南段扩容智慧公路工程、湘江衡阳至岳阳段航道与港口智慧工程、长沙机场改扩建智慧枢纽工程等新基建项目申报成功，正式纳入交通运输新型基础设施建设行动方案（2021—2025年）。成功举办2021年湖南（长沙）国际智慧交通博览会。

加快推进行业地方标准制修订。推动《高速公路车辆救援服务与管理规范》《沥青路面热再生施工与验收技术规范》《乳化沥青厂拌冷再生施工技术规范》《水运工程施工标准化指南》《排水降噪沥青路面应用技术规范》《铁路专用线道口安全管理技术规范》等6项地方标准正式发布。向省地方标准主管部门争取到15项行业标准为地方标准计划项目，编制并下发厅2021年交通运输标准化项目计划。推荐17项交通行业地方标准参与2022年度省地标立项审查。

加强管理技术人员教育培训。2021年湖南省厅下达8个专项24个教育培训项目，培训人员达5000余人次。

第六节　安全与应急

交通运输安全生产持续向好。坚持统筹发展和安全，全省公路水路行业安全生产事故起数、死亡人数同比分别下降4.9%、2%，省域国家铁路路外事故起数、死亡人数分别下降36%、41.3%，重要时节和重大活动期间未发生较大事故，全行业未发生重特大事故。科技赋能保安成效明显。建成“两客一危”智能监管平台，对全省2.6万辆“两客一危”车辆实现全天候、全覆盖监管，联网联控考核稳居全国前列，驾驶员不安全驾驶行为进一步规范。建设不停车检测系统网点377处，736家重点货运源头企业安装视频监控和称重设备，全省治超“一张网”基本形成。铁路环境整治高效完成。提前一年完成国家铁路安全环境集中整治任务，消除安全隐患1.28万处，拆除各类违章违建构筑物94.9万平方米，新建铁路通道322处、连接道路491处，封闭栅栏开口1315处，完成公跨铁桥梁移交105座，国家铁路集团2次专门致信感谢。安全基层基础不断夯实。全面推行“一会三卡”制度，一线作业人员安全意识和应急处置能力有效提高。完成农村公路安防工程10068公里，农村危桥改造557座，验算加固独柱墩桥梁203座，完成长大隧道交安整治191座。

应急处置管理能力稳步提升。印发《湖南省交通运输突发事件综合应急预案》等9个部门应急预案，进一步科学规范湖南省交通运输突发事件应对处置工作，形成精简、统一、高效和协调的突发事件应急处置体制机制；全力防控重大安全风险，有效应对新冠肺炎疫情防控、防汛救灾、防范应对低温雨雪冰冻天气等突发事件应急处置，为全省社会稳定、经济发展创造了良好环境。

第七节　合作与交流

湖南省交通水利建设集团有限公司是湖南省新一轮国资国企改革组建的首家集团。2021年在世纪疫情和百年变局叠加影响下，集团全年承接海外项目5个，新签合同额24.3亿元，年度在建海外项目15个，完成营收12.4亿元；湖南路桥连续四年入围ENR排行榜，参建的刚果（布）国家1号公路项目荣获“鲁班奖”。

第八节　特色工作

交通项目投资大、辐射广、带动强，是稳投资、扩内需的主战场，是“六稳”“六保”的主力军。湖南省交通运输厅坚持做负责任的行业、有担当的部门，高质量推进交通基础设施建设，全年累计完成交通投资突破1000亿元、创历史新高。

狠抓前期工作，确保应开尽开、能开快开。一是提前谋划。五年规划的第一年，往往由于部、省规划未确定，项目建设易断档。2020年在编制“十四五”规划时，提前启动一批符合部省规划方向和投资政策的重大项目前期工作，为2021年总投资1600多亿元的15个重点项目全面开工奠定基础。二是挂图作战。针对高速公路、高等级航道等重大项目，逐项梳理前期工作关键节点92个，逐一明确任务书、时间表、路线图、责任人，实行挂图作战、交叉作业、压茬推进，坚持月调度、季通报，前期工作跑出“加速度”，平均缩短近7个月，有效保障项目如期开工建设。三是保障质量。前期工作深度、精度是重大项目高质量推进的前提条件。建立健全

“双院”制、工可“三级审查”制、设计监理制、专家咨询论证制等，有力保障前期工作质量。四是强化衔接。抢抓国家统筹编制国土空间规划有利契机，提前完成重大项目线位研究，强化规划深度对接，为项目顺利实施夯实基础、赢得主动。

创新思路方法，做到多措并举、多元融资。一是全力争资。加强汇报衔接，争取省委、省政府重视支持，在省本级财力十分有限、债券额度大幅下降的情况下，2021 年争取一般债资金 28 亿元、专项债资金 90 亿元用于交通建设。二是招商引资。坚持市场导向、效率优先，高速公路通过“打捆招商”“肥瘦搭配”，优化 PPP、BOT 模式建设，2020 年以来 16 个新开工项目 15 个由社会投资建设，筹资达 2017 亿元，没有增加财政负担，有效防范了政府债务风险。三是创新融资。为破解水运建设筹融资难题，报请省政府同意对以提升航道通航能力为目的的新建船闸收取合理通行费，打开市场化水运发展之门，为航道建设使用专项债资金创造条件。鼓励地方政府创新融资渠道，利用公路两侧土地升值收益和出让优质资源经营权等方式，发展路衍经济，解决普通国省道建设资金问题。四是多元筹资。发挥高速公路上市公司平台作用，推进高速公路资产证券化，2021 年盘活存量资产 109 亿元。发展高速公路产业基金，全年新增基金管理规模 30 亿元。争取世界银行 PforR 项目贷款 4.55 亿元，巩固拓展脱贫地区“四好农村路”建设、养护资金渠道。

突出质量安全，打造精品工程、平安工程。一是标准化建设。设计标准化，明确施工图设计标准，倡导精、细、美，反对奇、特、怪。生产标准化，实行料场、预制场、钢筋加工场、拌和站、驻地等标准化建设。施工班组标准化，制定施工标准化指南，严格按照指南组织施工。二是示范化推进。省厅、施工企业、项目单位多层次、多层面开展关键工艺、单位工程、分项工程等示范创建、现场观摩，营造“比、学、赶、帮、超”浓厚氛围，同时将示范引领纳入年度目标考核和信用评价。三是科技化支撑。坚持科技赋能，推行智能建造，推广应用工程质量安全智慧云监管、人脸识别人员履约监管、路基路面压实智能检测、钢筋加工智能焊接一体化、焊接机器人、装配式预制制造等新技术、新工艺、新材料、新设备，夯实平安百年品质工程基础。四是一体化保障。健全省市县交通运输主管部门、社会监理、项目建设单位各方联动的质量安全管控机制，制定工程施工领域 10 大风险源具体管控方案，严格现场质量安全网格化管理，全面推行“一会三卡”制度，确保工程质量安全。

附表

湖南省交通运输主要指标统计表

指标		2021 年	备注
基础设施投资（亿元）	综合交通固定资产投资	—	
	铁路投资	—	
	公路投资	997.87	
	# 高速公路投资	550.40	
	水运投资	42.14	

续上表

指　标			2021 年	备　注
铁路	通车总里程（公里）	铁路营业里程	5909	
		# 国家铁路	—	
		# 合资铁路	—	
		# 地方铁路	—	
	运输情况	旅客发送量（万人次）/ 货物发送量（万吨）	12865.13/4770.64	
		旅客周转量（万人公里）/ 货物周转量（万吨公里）	6606243.2/9869180.3	
公路	通车总里程	公路通车总里程（公里）	241939.902	
		# 高速公路通车里程（公里）	7082.737	
		# 等级公路里程（公里）	231018.718	
		# 农村公路里程（公里）	203658.248	
		# 桥梁（座）	51308	
		桥梁总长（万延米）	329.132	
		# 隧道（座）	900	
		隧道总长（万延米）	78.679	
	运输情况	客运量（万人次）/ 货运量（万吨）	37030.85/198422.63	
		旅客周转量（万人公里）/ 货物周转量（万吨公里）	1953755.56/14611563.27	
水路	航道及码头情况	内河航道通航里程（公里）	11967.7	
		# 高等级航道通航里程（公里）	4219.2	
		港口生产用码头泊位拥有量（个）	577	
		# 万吨级泊位（个）	0	
	运输情况	客运量（万人次）/ 货运量（万吨）	763.92/21272.19	
		旅客周转量（万人公里）/ 货物周转量（万吨公里）	16896.84/4496242.73	
民航	机场数量（个）		9	
	运输总周转量（万吨公里）		131177.24	
	# 国内运输总周转量（万吨公里）		—	
	# 国际运输总周转量（万吨公里）		—	
	旅客运输量（万人次）/ 货邮运输量（万吨）		1150.9279/11.2196246	
	旅客周转量（万人公里）/ 货邮周转量（万吨公里）		1556465.47/17566.62	
邮政	邮政行业业务总量（万元）		2958418.61	
	# 快递业收入（万元）		1625079.67	
	邮政邮路总条数（条）		—	
	邮政邮路总长度（单程 / 公里）		—	

广东

第一节　整体概况

2021 年，广东省交通运输系统圆满完成全年各项工作任务。高站位推进交通强省建设。广东省委省政府印发实施《广东省综合立体交通网规划纲要》，成立加快建设交通强省领导小组。编制《广东省综合交通运输体系"十四五"发展规划》，印发实施广东省综合运输服务、铁路货运、水运、普通国省道、农村公路、数字交通等"十四五"专项规划，全面实施交通强省"十大工程"。省政府印发实施《关于推进广东省邮政快递业高质量发展的实施方案》。多项涉邮任务纳入广东省全面推进乡村振兴加快农业农村现代化实施意见等重要文件。联合印发《广东省邮政业发展"十四五"规划》。截至 2021 年底，全省公路通车总里程约 22.3 万公里（含高速公路 1.1 万公里），铁路运营里程 5278 公里，城市轨道交通里程 1137.5 公里（居全国首位），内河航道总里程 1.2 万公里。2021 年，广东省邮政行业业务总量和业务收入分别完成 3021.1 亿元和 2653.1 亿元，占全国比重分别为 22.1% 和 21%，行业业务总量、业务收入居全国第一。

强供给构建综合交通基础设施网络。全年续建高速公路项目 50 项约 1911 公里，建成新（扩）高速公路 14 项，同比增加 554 公里。普通国省道新改建和路面改造以及滨海旅游公路建成超 1600 公里。新改建农村公路 3323 公里。赣深高铁建成通车，全省实现"市市通高铁"。广佛环线佛山西站至广州南、佛莞城际广州南至东莞望洪段基本建成。新增城市轨道交通运输运营里程 109 公里，全省城市轨道运营里程 1137.5 公里。44 个水运续建项目进展顺利，湛江港 30 万吨级航道改扩建工程等项目完工。截至 2021 年底，全省持有快递末端备案网点 5.8 万个；邮政普遍服务营业场所 3000 处；邮政邮路总条数为 3950 条，单程里程 39.8 万公里；投递段道 1.88 万条，单程里程 56.96 万公里。

开新局、办实事，深入建设人民满意交通。2021 年，广东围绕解决人民群众"急难愁盼"问题，高质量推进党史学习教育，着力抓好"我为群众办实事"涉及交通方面 47 项任务，其中系统防范化解道路交通安全风险专项行动、农村公路桥梁安全隐患整治工作、道路客运市场专项整治行动、交通运输执法领域突出问题专项整治行动取得一定成效。统筹做好"畅顺春运""平安高考""厕所革命"等节假日疫情防控和保安全、保畅通、优服务工作，确保群众出行安全有序。

第二节　综合交通基础设施建设

持续完善交通基础设施建设。2021 年，广东公路水路固定资产投资完成 1971.4 亿元，为年度计划的 127.1%。建成韶新、罗信二期、阳茂改扩建等 14 项新（扩）高速公路，其中广连一期三凤里立交以北段 193 公里提前建成。全省高速公路通车里程 1.1 万公里，连续 8 年位居全国第一。强化普通国省道的建设管养质量，在全行业推选出国道 G324 线广州黄埔段（广汕公路）等 2021 年度广东省"十大最美普通国省干线公路"。全省农村公路通车总里程 18.3 万公里，基本形成以县城为中心、乡镇为节点、建制村为网点，遍布农村、连接城乡的农村公路交通网络。完成航道疏浚 300 多万立方米；航标检查、保养、调整、修复 35.6 万座次，航标维护正常率 100%。广湛铁路、广汕铁路等 19

项约1600公里续建省管铁路顺利推进。

大力推进重大工程建设。深中通道完成20个管节沉放，海底沉管隧道长度3052米（占61%），黄茅海跨海通道、南中高速、中山西部外环高速等粤港澳大湾区重点互联互通项目有序推进，狮子洋通道先行工程开工，京港澳高速公路等改扩建前期工作加快推进。广湛、汕汕高铁顺利推进，珠肇高铁江机段全线开工建设，广清南北延等粤港澳大湾区城际铁路加快推进。

继续推动“四好农村路”高质量发展。2021年，广东完成农村公路危桥整治545座。印发深化农村公路管理养护体制改革实施方案，推行农村公路“建养一体化”模式。实施数字化工程质量安全监管。韶关市阅丹公路等被推选为2021年度广东省“十大最美农村路”。广州市番禺区等8个县（市、区）荣获“四好农村路”全国示范县称号。

水运工程项目建设进展顺利。2021年，广州港南沙港区近洋码头等项目完工，湛江港成为华南第一个成功满载靠泊40万吨级船舶的世界级深水港。广州港环大虎岛公用航道、矾石水道航道一期工程开工。2021年《广东省内河航运能力提升实施方案》印发实施。

邮政行业。全省形成最大处理能力超1000万件/天的快件处理中心2个，100万件/天的30个，自动化分拣场所近200个。建成快递末端公共服务站点1.5万个，投入运营智能快件箱6.3万组。

第三节 运输服务保障能力

客运服务更加便民慧民。2021年，广东城市综合运输服务和公交优先发展战略扎实推进，广州、深圳两市完成交通运输部关于国家公交都市建设示范城市动态评估工作，佛山稳步推动国家公交都市创建。城乡客运发展质量稳步提升，广东省四会市、梅县区、南雄市入选交通运输部第二批城乡交通一体化示范县创建城市名单。深化全国交通一卡通互通与安全便捷应用。2021年，全省新增发行全国交通一卡通票卡超382万张，累计发行量超987万张。推动粤港澳大湾区“一票式”联程客运服务体系建设。开展出租汽车文明服务提升行动，中山市开通95128老人打车服务热线，推动12328交通运输服务监督热线高质量发展，全年受理工单总量超870万件，群众满意度为95.26%。道路客运行业改革深入推进，客运班车、包车运力结构更加合理。全省开通短途客运、接驳公交线路2106条，在客流集中区域建成招呼站128个，充分发挥道路运输“门到门”的服务优势。全省228家等级客运站完成标准化站务“云系统”部署，完成535万联网售票量。推进干线铁路与城际铁路、城市轨道交通融合发展，强化广清、广州东环城际等新开通城际铁路运营监测。建成72个“司机之家”。推进粤港澳三地联动，合力保障港珠澳大桥运行安全、便民、有序、通畅。琼州海峡北岸基础设施保障、运输服务保障质效、安全监管能力不断增强。

货运服务集约降本增效提升。2021年，广东运输结构调整成效初显，多式联运示范工程稳步推进，“东盟—广东—欧洲”公铁海河多式联运示范工程等2个项目获得国家多式联运示范工程称号。规范网络平台道路货运发展，具备19家线上服务能力的平台企业。优化道路运输车辆网上年审、异地检测，为货运行业降低综合成本约25亿元。助力企业复工复产和重大工程项目建设，全面推进交通强省建设，2021年共办理大件运输许可57206宗，同比增长127.36%。农村物流节点体系建设有序推进，建成46个乡镇运输服务站。疫情期间，广州港、深圳港等较大幅度下调引航费。

深入开展违规设限专项整治。2021年，全省开展坚决整治违规设置妨碍车辆通行的公路限高限宽设施和检查卡点专项行动，共排查治理公路设限设施和检查卡点1894处，清理331处，依法保留并完善设施设置1563处，进一步改善公路通行条件。推广使用全国统一的“前路无限”小程序，及时处理群众举报的违规设限设施。

高速公路运营服务水平连续升级。2021年，广东建立政府还贷高速公路可持续发展长效机制，印发政府还贷高速公路“统贷统还”实施方案，自2022年1月1日起对省属政府还贷高速公路实行“统贷统还”，提高公路运营管理的现代治理能力。严格执行国家和省出台的各项通行费减免优惠政策，推动实施多种形式的差异化收费，推动全省84个路段6943公里高速公路纳入车辆通行费优惠范围，全年共减免通行费107亿元。推进服务区重点民生实事全面落实，除部分涉及改扩建高速公路和客观条件限制外，在2022年春运前实现全省高速公路服务区充电设施100%覆盖目标，总共在449个服务区建设了充电桩1207座、充电停车位2010个。实现高速公路服务区无障碍卫生间、无障碍台阶、无障碍停车位全程无障碍通行，共设置无障碍卫生间461个、第三卫生间148个。除部分在建和改扩建服务区外，基本实现无障碍卫生间全覆盖。

城际铁路运输服务保障能力不断增强。至2021年底，粤港澳大湾区共开通运营城际线路7条，运营里程476公里，其中广清、广州东环2条由省方自主运营。2021年全省城际铁路旅客发送量4589.3万人次，广清、广州东环城际铁路发送旅客220.5万人次，日均发送旅客6042人次。城际铁路运输组织不断强化，广清、广州东环城际铁路新增清城至花都站间13对直达列车，最小行车间隔缩小至10分钟，广州与清远两城间实现最快16分钟直达，初步达到公交化运营水平。城际铁路运营服务水平持续提升，广清、广州东环城际铁路花都站在春运前启用与国铁广州北站连接通道，避免二次安检，形成“高铁＋城际＋地铁”一体化换乘交通综合枢纽。

交通运输服务振兴乡村成果巩固拓展。统筹谋划建设“美丽农村路”，推进“四好农村路＋”融合发展。2021年，肇庆市四会、梅州市梅县、韶关市南雄等入选交通运输部第二批城乡交通一体化示范县创建城市。高质量完成促进农村客货邮融合发展年度任务，从化、高州获全国第二批农村物流服务品牌。

邮政行业。2021年，快递业务量和业务收入分别完成294.6亿件和2454.3亿元，占全国比重分别为27.2%和23.8%。“双11”最高单日处理快件量达2亿件。年人均用邮频次超410次；新增社会就业1.5万人；行业业务收入与全省GDP比值达到2.14%。

第四节　行业治理体系建设

综合交通运输体制机制不断完善。2021年，广东制定推动交通运输法治部门建设实施意见，编制全省交通运输系统普法教育第八个五年规划，推进全省水路运输等地方立法工作。制定全省铁路建设管理等10项省管铁路建设管理办法，编制城际铁路设计细则。有序推进交通综合执法改革、生产经营类事业单位改革、航道体制改革。

行业“放管服”改革进一步深化。14项省级行政职权事项调整由广州、深圳市实施，4项省级行政职权事项调整由自贸区实施。分类推进25项涉企经营许可事项“证照分离”改革，推动部门内部“双随机”抽查规范化以及部门联合“双随机”抽查常态化。梳理完成全省中介服务事项“一张清单”。持续优化政务服务事项网上办理流程，推进道路运输驾驶员高频服务事项全省通办、跨省通办，道路运输从业人员办证业务首先实现“资格类别全覆盖、业务办理零上门、资格证书零费用”。组织道路运输、公路建设等行业领域1.4万家经营单位参与信用评价，开展网约车、危运行业和安全生产领域失信专项治理行动。加快“数字政府”改革建设，首次实现省市行业数据双向通道共享共用。联合省市场监管局发布《关于规范快递末端服务禁止违规收费的通告》。通过12305申诉电话和网站处理邮政业用户申诉43075件，累计为用户挽回经济损失

1500万元，用户对邮政管理部门有效申诉处理满意率96.6%。

第五节　科技创新

智慧交通绿色交通发展动能不断强化。2021年，广东系统部署数字交通新型基础设施建设等八大任务。开展交通基础设施建设与科技创新"同步规划、同步审查、同步推进、同步监管、同步验收"机制。

加强对行业科技创新研究项目的支持和指导力度。2021年，全省交通运输行业获得广东省科学技术进步奖2项，中国公路学会科学技术奖17项（含特等奖1项、一等奖6项、二等奖7项、三等奖3项）。推进乐广、深圳外环高速等智慧公路试点建设，打造广州港、深圳港等智慧港口，不断提升数字航道化管理水平。交通工程项目档案及电子档案工作持续保持行业领先。

积极发展绿色低碳交通。2021年，全省交通运输行业大力推广应用新能源营运车辆13.2万辆，全省城市公交电动化率98%。广州、深圳市获国家级"绿色货运配送示范城市"，珠海、佛山稳步推进"国家绿色货运配送示范城市"创建。全力推动船舶清洁能源动力改造，LNG改造船舶128艘，新建LNG单一燃料动力船舶首批船交付使用。完成全省400总吨以上营运船舶水污染设施达标改造。开展快递包装重金属和特定物质超标包装袋与过度包装治理，可循环快递箱（盒）使用量超110万个，新增4236个设置标准包装废弃物回收装置的邮政快递网点。在广州、深圳、佛山、东莞等城市共建设绿色网点69个、绿色分拨中心15个。

第六节　安全与应急

疫情防控毫不放松，平安交通建设日益完善。2021年，广东统筹抓好交通运输领域"外防输入、内防反弹"各项防控工作。持续做好971个"两站一场一港口一服务区"场所疫情防控；落实国际航行船舶登轮及港口码头作业人员防疫闭环管理专项整治。针对5月省内本土疫情，在环粤9市出省通道设立246个省际检疫站点进行全覆盖、高效能管控。系统防范化解道路交通安全风险工作卓有成效，省部署的55项任务中交通牵头的18项全部顺利完成。开展安全生产"三年行动"集中攻坚，隐患排查整改率达95.7%。近3年公路水运工程项目获"平安工程"荣誉数量保持前列。全省完成"平安村口"整治1.9万处、"一清一灯一带"安装整治1.2万处、"穿村过镇"隐患治理1800余处。全省全年共发生交通行业安全事故149起、死亡179人，比2019年（疫情发生前）分别下降5.7%、5.79%，未发生重特大安全事故。2021年，广东进一步完善省治超工作领导小组机制，理顺源头治超监管职责体系。启动116个治超卸货场新建工作，建成266个治超非现场执法监测点。组织开展全省交通运输领域突出问题专项整治工作。全省全年查处各类交通运输违法案件19.55万宗。

全面推进平安百年品质工程创建示范。按照交通运输部的统一部署，广东积极开展平安百年品质工程建设研究。分别以深圳至中山跨江通道和广州港南沙港四期工程等项目为依托项目，深入开展桥梁、港口平安百年品质工程建设研究。在智慧梁场、造塔机智能施工成套技术、码头钢筋混凝土结构全寿命周期监检测与评估技术等相关研究工作取得了阶段性成果，有力支撑工程建设，对提升工程品质、保障施工安全起到积极作用。2021年深入总结平安百年品质工程创建示范工作经验，部署全面推进公路水运平安百年品质工程建设；研究确定首批32个省级平安百年品质工程创建示范项目，推动广东省公路水运工程质量安全水平的全面提升。

第七节　合作与交流

联动建设国际贸易组合港，实施陆海空多式

联运、枢纽联动。2021 年，深圳市交通运输主管部门推进货物在沿海港口与内河口岸之间专线驳船跨港区调拨作业，配合海关部门将原来进出口两次报关精简为“一次申报、一次查验、一次放行”，实现 24 小时自动放行，有效提高通关效率，大幅压减通关时间和运输成本。截至 2021 年 11 月，深圳港与顺德新港、南海九江、中山外贸、佛山三水、珠海洪湾、佛山高明、肇庆高要、惠州、东莞等地共计开通 12 个点位的组合港。

邮政服务创新发展。广东湛江徐闻“菠萝邮局”、茂名“荔枝邮局”、江门归侨主题邮局、佛山红色主题邮局、“梅州柚”主题邮局、肇庆贡柑主题邮局等特色主题邮局先后揭牌运营。广州、深圳等市开展智能邮局建设。推进邮政综合服务平台建设，处理政务业务 5738 万件，其中，全国首创的“出生证邮寄到家”便民服务已覆盖全省 21 个地市的 1688 家签发机构，累计服务 58 万人次。

第八节　特色工作

出台全省路政法规统揽性文件。2021 年，广东制定全省公路路政管理实施细则，进一步理清路政管理与综合执法、路政行业管理与路政事务的工作界面，不断健全各地公路路政的机构、职责，强化国省道路政巡查、路政许可、路产赔偿等路政管理职能的规范和监管，推动全省公路路政管理制度化、规范化、法制化建设，以保障公路的完好、安全和畅通。贯彻落实事业单位去行政化改革后路政工作，有效解决了当前全省公路路政管理出现的一些新问题、新情况。

交通造价服务能力持续增强。2021 年，广东进一步完善全省交通造价制度标准体系。出台《广东省省管铁路造价管理的办法》《广东省省管铁路工程设计变更管理的办法》及适用于广东省新冠肺炎疫情防控期公路、水运、省管铁路建设项目的造价计价指导意见。保持承担部级交通行业造价标准最多、参与度最广省份的纪录（4 项主编、10 余项参编）。推进广东交通建设造价管理由建设期为主向“建管养运”全寿命造价管理转变，“广东交通造价”标准体系从建设领域延伸到养护领域，主编《广东省农村公路养护预算编制办法》，为全国农村公路养护预算提供“广东方案”。全年完成省管公路、水运、铁路工程造价审查（备案）工作量继续位列全国同行前列。全省造价管控以“前期设计造价核定合理，招标预算备案价格可控，设计变更管理成效明显，竣工决算管理规范有序”的良好态势——批复概算总体控制作用好、招标预算备案周期短效率高、设计变更审批及时率稳步上升、竣工决算基本杜绝“三超”现象，保障交通重点项目投资可控、建设资金合理配置。

全面深入推进绿色公路建设。2021 年，广东总结 2017 年至 2020 年全省绿色公路建设情况，按照“一、二、七、十”的绿色公路建设模式全面深入推进全省公路建设。即：1 个总体目标——实现绿色公路建设新理念、新技术及新制度的全省重点公路工程建设项目全覆盖总目标；2 级示范项目——协同推进交通运输部级、省级绿色公路建设示范工程创建活动；7 大重点研究方向——示范了安全与节能“两型”隧道建造、绿色低碳服务区建设、绿色公路建设运营管理信息化、工厂化智能制造、城区高速公路绿色建造、装配化设计与施工、动态公路景观走廊打造等重点示范研究方向；10 个方面示范成效——取得了建设理念创新、生态环保设计、实施永临结合、废旧材料再生利用、施工环境保护、标准化施工、建设管理制度、建设信息化、科技攻关、微创新技术等建设示范成效。截至 2021 年底，鹤港高速（洪鹤大桥段）、罗信高速公路等 7 个项目成为全省第一批绿色公路建设示范项目。2021 年 5 月，云浮罗定至茂名信宜（粤桂界）高速公路被中国公路学会授予“最美绿色高速”荣誉称号。

建立健全广东公路工程施工标准化系统体系。按照新时期公路建设的工作要求，广东全面总结近10年的公路建设标准化管理经验和成果，形成统一规范的管理标准、施工控制标准、技术管理标准以指导全省公路工程建设，推动广东公路建设领域"交通强国示范省"建设进程，提升全省交通基础设施建设的现代化管理水平。历经3年的深入调研与修订，《广东省公路工程施工标准化指南》（2021版）于2021年7月完成编制，12月发布施行。

附表

广东省交通运输主要指标统计表

<table>
<tr><th colspan="3">指　标</th><th>2021年</th><th>备　注</th></tr>
<tr><td rowspan="5">基础设施投资（亿元）</td><td colspan="2">综合交通固定资产投资</td><td>—</td><td>公路水路固定资产投资1971.4亿元</td></tr>
<tr><td colspan="2">铁路投资</td><td>—</td><td></td></tr>
<tr><td colspan="2">公路投资</td><td>1813.5</td><td>高速+国省道+农村公路+公路其他</td></tr>
<tr><td colspan="2">#高速公路投资</td><td>1146.5</td><td></td></tr>
<tr><td colspan="2">水运投资</td><td>157.9</td><td>航道+港口+水运其他</td></tr>
<tr><td rowspan="2">铁路</td><td>通车总里程（公里）</td><td>城际铁路营业里程</td><td>476</td><td></td></tr>
<tr><td>运输情况</td><td>旅客发送量（万人次）</td><td>4589.3</td><td></td></tr>
<tr><td rowspan="3">城市轨道交通</td><td>通车总里程（公里）</td><td>#城市轨道交通营业里程</td><td>1137.5</td><td></td></tr>
<tr><td rowspan="2">运输情况</td><td>旅客发送量（万人）</td><td>508357.6</td><td></td></tr>
<tr><td>旅客周转量（万人公里）</td><td>4160377.6</td><td></td></tr>
<tr><td rowspan="10">公路</td><td rowspan="8">通车总里程</td><td>公路通车总里程（公里）</td><td>222986.754</td><td></td></tr>
<tr><td>#高速公路通车里程（公里）</td><td>11041.813</td><td></td></tr>
<tr><td>#等级公路里程（公里）</td><td>222778.752</td><td></td></tr>
<tr><td>#农村公路里程（公里）</td><td>183642.571</td><td></td></tr>
<tr><td>#桥梁（座）</td><td>51464</td><td></td></tr>
<tr><td>桥梁总长（万延米）</td><td>492.9</td><td></td></tr>
<tr><td>#隧道（座）</td><td>1007</td><td></td></tr>
<tr><td>隧道总长（万延米）</td><td>113.2</td><td></td></tr>
<tr><td rowspan="2">运输情况</td><td>客运量（万人）/货运量（亿吨）</td><td>27567/26.7</td><td></td></tr>
<tr><td>客运周转量（万人公里）/货运周转量（亿吨公里）</td><td>2659600/2980.5</td><td></td></tr>
</table>

续上表

指标			2021 年	备注
水路	航道及码头情况	内河航道通航里程（公里）	12266	
		# 高等级航道通航里程（公里）	1402	
		港口生产用码头泊位拥有量（个）	2079	
		# 万吨级泊位（个）	349	
	运输情况	客运量（万人次）/ 货运量（亿吨）	1580/10.7	
		旅客周转量（万人公里）/ 货物周转量（万亿吨公里）	45074/2.5	
邮政	邮政行业业务总量（万元）		30211037	
	快递业收入（万元）		24543385.4	
	邮政邮路总条数（条）		3950	
	邮政邮路总长度（单程 / 公里）		398078	

广西

第一节 整体概况

2021年,广西壮族自治区交通运输系统解放思想、改革创新、扩大开放、担当实干,扎实推动交通运输各项工作提质增效,多项指标居全国前列,成为全区追赶跨越发展的排头兵、“起步就要提速、开局就要争先”的开路先锋和“三个高于”的典范,实现了“十四五”良好开局。

交通强区建设加快推进。2021年7月22日,自治区党委、政府召开全区加快交通强区建设工作会议,是广西交通史上最高规格的一次会议,会议全面吹响了新时代交通强区建设的冲锋号。出台了加快建设交通强区构建现代综合交通运输体系的若干政策措施。印发广西推进交通强国建设试点实施方案,确定了第一批11个交通强区建设试点单位,按下了交通强区建设的“快进键”。

规划蓝图加快绘就。印发实施了《广西综合立体交通网规划(2021—2035年)》和《广西综合交通运输发展“十四五”规划》等一批规划。

投融资取得新实效。2021年争取获得中央各类补助资金117.08亿元用于公路水路建设项目,通过“桂惠贷”优惠政策筹措银行贷款965亿元以上。采取PPP模式,引导和鼓励社会资本参与广西交通基础设施建设,完成横县至钦州港等15个高速公路PPP项目的招标采购,成功引进中交、中建、中铁建等55家央企及12家地方国企参与项目的投资建设,总里程约1264公里,总投资约1954亿元。全区计划推进的21个总里程约1851公里、总投资约2902亿元的高速公路PPP项目通过联评联审,并录入财政部全国PPP综合信息平台项目管理库,入库项目数量和投资规模均排全国第一。与中国银行、交通银行签订战略合作协议,“十四五”期广西交通强区建设项目将获得中国银行和交通银行4000亿元以上综合融资支持,为交通运输高质量发展提供有力的资金保障。

第二节 综合交通基础设施建设

全区综合交通固定资产投资超2500亿元,同比增长40.5%。铁路方面,南宁至深圳、贵阳至南宁高速铁路等9个项目稳步推进,南宁高铁物流基地等3个项目实现开工建设,建成钦州至钦州东联络线工程。

公路方面,高速公路新开工项目32个2233公里,为广西历年之最,续建项目47个3873公里,建成项目6个536公里,总里程突破7000公里;新增忻城和金秀县通高速公路,县县通高速公路比例达97%。19个县进城连道全部开工建设。路网项目新开工建设8个174公里,续建127个3922公里,建成10个240公里。农村公路新开工1719个3188公里,完工1873个3874公里。

水路方面,开工百色水利枢纽通航设施工程等4个项目,续建29个项目,建成钦州港东航道扩建一期、二期工程调整等13个项目,新增港口吞吐能力1308万吨。

民航方面,乐业通用机场等2个项目实现开工建设,南宁国际空港综合交通枢纽工程加快推进。

邮政快递方面,中通快递东盟跨境(南宁)智慧物流产业园等5个项目建成投产。

轨道交通方面,华南地区首条全自动运行地铁—南宁地铁5号线开通试运营。

第三节　运输服务保障能力

运输服务保障能力不断提高。“公转铁”“公转水”保持增长态势，铁路货运量1.3亿吨，同比增长6.5%；水路货运量3.81亿吨，同比增长15.8%；公路货运量17亿吨、货物周转量1873亿吨公里，同比分别增长16%和26%。铁路旅客发送量9373.4万人次，同比增长15.3%。公路客运量1.83亿人次，同比下降32%。水路客运量504万人次，同比增长49%。民航客运量1930万人次，同比增长10%。全区完成港口货物吞吐量5.57亿吨、集装箱吞吐量720万标准箱，同比分别增长18.6%、16.7%。快递业务量10.28亿件，同比增长31.94%。保障电煤运输内河优先过闸122.99万吨，服务广西电力供应。

出行服务品质进一步提升。积极发展定制客运，全区开通70多条定制客运线路。加快推进网约车合规化，建成投用省级网约车监管服务平台。全面推进便利老年人交通出行，实现13个地市95128出租汽车电召服务。在全国率先启动高速公路限速调整论证，全区所有在役高速公路完成限速论证调整工作，并全部调整到100~120公里/小时。恢复广西船舶航行珠海高栏港航行审批。广西12328交通运输服务质量首次进入全国前三。

物流提质降本增效明显。多式联运加快发展，广西第一、第二批国家多式联运示范工程通过验收，获得“国家多式联运示范工程”称号。北部湾港实现进口货物“船边直提”和出口货物“抵港直装”。积极发展网络货运，成立“广西网络货运企业联盟”，全区网络货运企业达24家。全面启用道路运输电子证照。

国际运输合作不断深化。新增外贸航线9条（其中远洋航线1条），总数达64条。推动中越跨境班列常态化开行，全年开行1904列，同比增长50.63%；其中集装箱班列开行346列，集装箱量10076标准箱，同比增长108.49%。稳定开行南宁至胡志明、雅加达等重点国际货运航线，在飞航线达8条，基本覆盖东南亚主要枢纽机场。全年完成国际（含地区）货邮运输15.45万吨，同比增长15.3%。

第四节　行业治理体系建设

交通运输执法领域突出问题专项整治见实效。坚持以上率下，建立自治区、市、县三级上下联动工作机制，以市县基层为重点对象，对全区各地市开展专项整治工作进行全覆盖督导和“回头看”。全区查摆问题198个，逐项明确整改措施、时限、责任人，全部完成整改；全区交通运输执法机构主动撤销不当错误案件11件，退还罚款1.5万元，退还扣押和登记保存车辆12辆，退还扣押和登记保存证件22件，约谈156人，通报批评24人。

重点领域改革取得明显成效。自治区交通运输综合行政执法局挂牌成立，下设的十二个支队及东兴、友谊关口岸国际道路运输管理处相继挂牌成立，标志着自治区本级交通运输综合行政执法改革基本完成。合资铁路公司资产重组加快推进。完成6户企业脱钩划转和9户全民所有制企业改革。全国首创普通国省道公路危旧桥梁改造“先养后补”模式，完成181座改造任务。公路水路公共基础设施资产管理和会计工作进一步加强，在全国率先全面将普通公路纳入保险保障范围，近2万公里普通国省道、10.5万公里农村公路及公路附属设施全部作为保险标的进行投保。大力推进市县级船检机构改革，出台渔船检验机构设置指导意见。边境口岸汽车出入境运输管理中央财政事权改革加快落地实施。

法治建设不断加强。加快推进交通运输地方性法规、规章制定、修订工作，颁布实施《广西农村公路条例》《广西船闸管理办法》。《广西高速公路条例》已提交自治区人大常委会。积极开展《广西航道管理条例》《广西治理货物运输车辆超限超载条例》的立法调研和立法风险评估，编制完成条例初稿。

营商环境持续优化。持续推进简政放权，取消“水运工程监理企业丙级资质认定”等4项行政许可事项，下放16项自治区级行政权力事项，实行证明事项告知承诺制，落实“证照分离”改革。率先实施水路运输市场信用评级并实现商用应用，提升广西水路运输市场诚信意识和信用水平。南宁市在全国率先实现出租汽车驾驶员从业资格证智能审批“扫脸即办”。持续实施国际道路客运许可“免证明”等7项国际道路运输便民惠企措施。“双随机、一公开”“互联网＋监管”事中事后监管不断深化拓展。

从业人员合法权益保障不断强化。成立全国首个省级物流快递行业党委和行业工会，各地相继成立本地区物流快递行业党委，自治区、市两级物流快递党委、工会体系加快构建。争取600万元补助资金，建成28个“司机之家”。全国首个推行道路运输驾驶员免费继续教育服务，为19.95万道路运输驾驶员提供免费继续教育，减轻驾驶员负担近4000万元。

第五节　科技创新

科技创新能力不断提高。《广西滨海地区高速公路低影响高品质改扩建工程》首次获批交通运输部科技示范工程。“大跨钢管混凝土拱桥建造技术创新团队”入选2021年度交通运输部行业科技创新人才推进计划的七个团队之一。全区15项交通科技成果荣获2021年度广西科学技术奖，其中《超大跨混凝土拱桥设计、施工与材料成套关键技术体系》获得技术发明类一等奖。以智慧交通为主题的5个项目获批自治区科技重大专项和重点研发课题，24项厅级重点科技项目入选交通运输部重点科技项目清单，位列全国第二。广西高速公路智慧监测工程研究中心等4个中心被认定为自治区级工程研究中心。14项广西地方标准获自治区市场监管局批准发布实施。与自治区科技厅、交通运输部科学研究院、武汉理工大学在科技创新与技术攻关、科技成果产业化等方面开展全方位深入合作。

智慧交通建设取得历史性突破。西部陆海新通道（平陆）运河智慧航道工程等4个项目被列入交通运输部“十四五”新基建重点工程，是全国入库项目最多的省份。全区首条智慧高速公路——南宁沙井至吴圩高速公路建成通车，在智慧交通一体化示范项目现场观摩会上得到全国专家学者的高度肯定。交通运输部ETC智慧停车（南宁市）试点工作扎实推进，完成19个停车场共计135条ETC车道。全球第一个U形布局堆场装卸系统北部湾港钦州自动化集装箱码头开始调试；北部湾港集装箱智能理货系统上线试运行；西江智慧航运在贵港罗泊湾作业区完成试点工作。西部陆海新通道1400多公里路面项目推行智慧路网养护数字化管理试点。高速公路视频云联网平台与高速路段公司互联互通，实现9700路的视频云联网接入率100%，同部级平台视频交换共享。公路网智慧监测一体化平台上线试运行。

绿色交通建设加快推进。加大新能源汽车推广应用，全区新增新能源公交车、出租汽车（含网约车）分别为893辆、6012辆，总保有量分别为10042辆、11049辆，新能源比重分别提升69.2%、21.8%。深入打好污染防治攻坚战，注销淘汰老旧柴油货车10096辆。实施绿色出行“续航工程”，建成新能源汽车充电桩2750个，完成目标任务的137.5%，是全国交通运输系统新建数量最多的省份。大力推进“绿色船舶”推广应用，新批准12艘LNG动力船舶开工建造。完成400总吨以下小型船舶水污染防治改造900艘。完成交通运输能耗排放监测统计信息平台建设。

第六节　安全与应急

全区公路水运行业累计接报事故起数、死亡人数，与2019年同比减少13.54%、9.18%，实现公路水路安全事故起数和死亡人数“双下降”。全区未发生重特大道路运输行车事故，安全生产形势稳中向好。

安全生产管理不断强化。扎实开展安全生产专项整治三年行动等一系列专项整治，防范化解安全生产重大风险；深入开展危险化学品道路运输安全集中整治工作，全面排查治理港口危险货物安全生产隐患，全力推动道路运输安全隐患大排查大整治百日攻坚行动，持续强化监管检查。建立“互联网＋监管”的科技治超新模式，全区506家重点源头单位纳入信息化监控平台，全区高速公路入口称重监测系统全覆盖，违法超限超载率降至0.5%以下。

安全发展基础进一步夯实。加强交通平安工地建设，公路铁路水运项目平安工地实现全覆盖，走在全国前列；桂林至柳州高速公路改扩建等4个项目入选交通运输部首批平安百年品质工程创建示范项目。扎实推进自然灾害综合风险公路水路承灾体普查，数据采集完成任务量超90%，提前四个半月完成阶段性任务，公路水路普查综合进度排全国第一。高速公路服务区、收费站、重要桥梁及隧道视频监控覆盖率100%。开展道路危货运输全过程监管平台建设试点，已注册365家企业，实现运输全过程的可视、可控。全面实施交通安全生产责任保险，参保企业超1700家，保费突破1.2亿元，保障额度超百亿元，排全国第一。全面完成村道和县乡道安防工程建设年度任务，完成普通国省道危桥整治141座，整治交通事故多发路段353处。

应急保障能力不断增强。圆满完成建党100周年、中国—东盟博览会等重大活动期间的交通运输安全保障任务，春运、国庆等节假日重点时段的交通运输应急保障有力有效，妥善应对台风等各类极端天气和自然灾害。积极化解信访积案，常态化推进交通运输领域扫黑除恶。通过广西预警短信平台在重大节假日发布提示短信10条，接收总人数为5.94亿人次。

疫情防控持续加强。严格落实各项常态化防控措施，特别是强化港口码头、陆路口岸和机场的一线管控，实行“三全”工作法（边境口岸车货检查全覆盖、海域码头全管控、机场通关全部署）进一步守好国门，实现境外疫情通过陆路口岸和港口码头零输入。东兴市新冠肺炎疫情暴发以来，统筹全区运力，全程协调、全天候待命，“点对点”运送。全区各级交通运输部门完成应急运输指令19起，以最快速度调派车辆316辆，运送医务人员3859人次，179辆应急运输车辆高速公路免费通行，转运入境人员973人次，出动执法人员96人次，执法车辆34辆。

第七节　合作与交流

打造北部湾东、中、西线出海口运输通道。东线推进焦柳铁路怀化至柳州段电气化改造，加快推动柳州至南宁第二高速、桂林至柳州高速公路改扩建和湖南城步经龙胜至南宁高速公路（广西段）、柳州经覃塘至钦州港高速公路、南宁经玉林至信宜高速公路（广西段）等项目建设。中线加快推动贵阳至南宁高铁（广西段）、兰海高速钦州至北海改扩建和荔浦至玉林、贵阳经天峨经南宁至北海（广西段）、南宁经上思至防城港高速公路等项目建设，推进黔桂铁路二线、沿海铁路钦州至防城港段扩能改造。西线补齐通道短板，推进黄桶至百色、百色至威舍段二线等铁路项目。积极推进百色水利枢纽通航设施、平陆运河建设和湘桂运河前期工作。

加大干线运输通道连通口岸能力。以友谊关、东兴、龙邦口岸为重点，加快南宁至崇左高铁、防城港至东兴铁路建设，推进湘桂铁路南宁至凭祥段扩能改造，加大峒中、爱店、硕龙、平孟等口岸高速公路连通密度。

推动交通与产业融合发展。大力引导产业园区、物流园区等向通道沿线聚集，推动区域产业结构优化升级，加快打造桂林—柳州—南宁高速公路交旅融合项目。深入挖掘沿线文化旅游资源，加大服务区与旅游融合力度，推动沿线农副特色产业有效发展。

加强对外开放能力建设。加强与周边国家合作，强化跨境交通基础设施改造提升工作参与力度，支持有实力的广西交通企业积极参与中国—中南半岛经济走廊交通基础设施建设和国际运输市场合作，提升交通行业国际影响力。

第八节 推进农村客货邮融合发展

近年来，广西交通运输系统深入贯彻落实习近平总书记以人民为中心的重要思想，深入开展“我为群众办实事”实践活动，推进农村客货邮融合发展，统筹解决群众出行、物流配送、邮政寄递“最后一公里”问题，让农村运输发展更有温度、农民幸福生活更具优质感。今年东兴市、荔浦市顺利通过交通运输部城乡交通运输一体化示范县验收；富川瑶族自治县顺利通过交通运输部农村物流服务品牌验收。广西农村客货邮融合发展取得了明显成效。

强化顶层设计，推进农村客货邮创新发展。自治区党委、政府高度重视农村客货邮融合发展，作出一系列决策部署。出台实施《广西壮族自治区农村公路条例》，专设“运营”章节，在法规层面明确了“农村客运具有公益属性”。《广西综合交通运输发展“十四五”规划》等重大规划政策对支持农村客货运与邮政、商务、物流等功能整合、深度融合等提出了明确要求。自治区交通运输厅、农业农村厅、商务厅、供销合作社、邮政管理局联合印发了《广西农村客货邮融合发展示范创建工作方案》，明确未来5年农村客货邮融合发展的工作目标任务和进度安排。

强化资金支持，推动农村客货邮优先发展。改建和扩建乡镇综合运输服务站补助纳入《广西“十四五”公路水运交通基础设施项目补助政策》中统筹考虑，拟按不高于100万元/项目给予补助，鼓励城乡客货运输站场改造为客货邮综合服务站。将农村客货邮融合发展样板县纳入补助范围。鹿寨、富川和平南3县已获得农村客货邮融合发展样板县奖励补助资金各500万元。鹿寨、富川县申报城乡交通运输一体化示范县创建已公示，如获批，再奖励各1000万元。相关县区还可以申报广西“四好农村路”示范创建县，获批后再奖励各500万元。

加强协调指导，促进农村客货邮共赢发展。联合自治区商务厅、农业农村厅、供销合作社和广西邮政管理局组建工作领导小组，共同指导全区推进农村客货邮融合发展。各市县组织成立相应的工作协调机制，上下联动，形成推进农村客货邮融合发展的合力。加强对各地市指导，选择条件较好、特色鲜明的3个县作为第一批农村客货邮融合发展样板县，2021年完成20个综合服务站改造和25条合作线路示范创建，超过交通运输部下达工作任务。交通运输与邮政管理部门搭建起了农村客货运企业与邮政快递企业交流合作平台，鼓励开通客货邮合作线路，目前已建成16个综合服务站、开通16条合作线路。主动对接指导东风柳汽公司，丰富车辆产品，开发设计了菱智M5、菱智M5EV两款适用车型，加强与市县政府、行业管理部门、客货运企业沟通交流合作，积极推广使用客货邮融合专用车型。

附表

广西壮族自治区交通运输主要指标统计表

<table>
<tr><th colspan="3">指 标</th><th>2021 年</th><th>备 注</th></tr>
<tr><td rowspan="5">基础设施投资（亿元）</td><td colspan="2">综合交通固定资产投资</td><td>2365.54</td><td></td></tr>
<tr><td colspan="2">铁路投资</td><td>256.7</td><td></td></tr>
<tr><td colspan="2">公路投资</td><td>1965.65</td><td></td></tr>
<tr><td colspan="2"># 高速公路投资</td><td>1616.07</td><td></td></tr>
<tr><td colspan="2">水运投资</td><td>143.19</td><td></td></tr>
<tr><td rowspan="6">铁路</td><td rowspan="4">通车总里程（公里）</td><td>铁路营业里程</td><td>5216</td><td></td></tr>
<tr><td># 国家铁路</td><td>3015</td><td></td></tr>
<tr><td># 合资铁路</td><td>2201</td><td></td></tr>
<tr><td># 地方铁路</td><td>0</td><td></td></tr>
<tr><td rowspan="2">运输情况</td><td>旅客发送量（万人次）/ 货物发送量（万吨）</td><td>9088.19/9119.3</td><td></td></tr>
<tr><td>旅客周转量（万人公里）/ 货物周转量（万吨公里）</td><td>3356509.8/7727263.6</td><td></td></tr>
<tr><td rowspan="10">公路</td><td rowspan="8">通车总里程（公里）</td><td>公路通车总里程（公里）</td><td>160637.229</td><td></td></tr>
<tr><td># 高速公路通车里程</td><td>7339.107</td><td></td></tr>
<tr><td># 等级公路里程</td><td>153292.291</td><td></td></tr>
<tr><td># 农村公路里程</td><td>133574.066</td><td></td></tr>
<tr><td># 桥梁（座）</td><td>24775</td><td></td></tr>
<tr><td>桥梁总长（万延米）</td><td>185.48</td><td></td></tr>
<tr><td># 隧道（座）</td><td>1153</td><td></td></tr>
<tr><td>隧道总长（万延米）</td><td>97.65</td><td></td></tr>
<tr><td rowspan="2">运输情况</td><td>客运量（万人次）/ 货运量（万吨）</td><td>18326/169019</td><td></td></tr>
<tr><td>旅客周转量（万人公里）/ 货物周转量（万吨公里）</td><td>1842221/18733892</td><td></td></tr>
<tr><td rowspan="6">水路</td><td rowspan="4">航道及码头情况</td><td>内河航道通航里程（公里）</td><td>5703</td><td></td></tr>
<tr><td># 高等级航道通航里程（公里）</td><td>1214.7</td><td></td></tr>
<tr><td>港口生产用码头泊位拥有量（个）</td><td>801</td><td></td></tr>
<tr><td># 万吨级泊位（个）</td><td>101</td><td></td></tr>
<tr><td rowspan="2">运输情况</td><td>客运量（万人次）/ 货运量（万吨）</td><td>504/38030</td><td></td></tr>
<tr><td>旅客周转量（万人公里）/ 货物周转量（万吨公里）</td><td>20815/22359300</td><td></td></tr>
</table>

续上表

指　标		2021 年	备　注
民航	机场数量（个）	8	
	运输总周转量（万吨公里）	—	
	# 国内运输总周转量（万吨公里）	—	
	# 国际运输总周转量（万吨公里）	—	
	旅客运输量（万人次）/ 货邮运输量（万吨）	1925.2/15.4	其中国际货邮吞吐量 2.38 万吨
	旅客周转量（万人公里）/ 货邮周转量（万吨公里）	—	
邮政	邮政行业业务总量（亿元）	162.01	
	快递业收入（亿元）	112.76	
	邮政邮路总条数（条）	1452	
	邮政邮路总长度（单程 / 万公里）	125211.5	不含机要通信

海南

第一节　整体概况

2021年，海南省交通运输厅努力构建"1+N"交通运输规划体系，构建安全、便捷、高效、绿色的现代综合交通运输网络，按照"交通运输来往自由便利"要求，落实好各项行业发展政策，重点围绕"运输来往自由便利"，按照"12345"的发展愿景，加快构建现代综合交通运输体系，打造交通强国建设先行区，即实现"一个总目标"、构建"两个交通圈"、打造"三类综合枢纽"、建设"四张网络"、完善"五大支撑体系"，全力支撑海南自由贸易港建设。

交通运输生产。2021年，全省公路、水路完成建设投资为195.8亿元，其中公路建设完成为180.2亿元，水路建设完成为15.6亿元。全省公路运输客运量、旅客周转量分别完成4855.2万人次、42.5亿人公里，同比分别增长6.3%、19.3%。全省公路运输货运量、货物周转量分别完成7608.1万吨、44.7亿吨公里，同比分别增长11.0%、8.2%。全省水路运输客运量、旅客周转量、货运量、货物周转量分别完成1317万人次、2.8亿人公里、19282.5万吨、8710.9亿吨公里，同比分别增长14.2%、4.4%、52.0%、140.3%。全省港口货物吞吐量完成20373.3万吨，同比增长2.4%；集装箱业务量完成334.3万标准箱，同比增长11.5%；旅客吞吐量1264.7万人次，同比增长6.8%；滚装汽车完成375.4万辆，同比增长7.9%。规模以上港口货物吞吐量完成19371.9万吨，同比增长2.2%。全省民航旅客吞吐量完成3488.9万人次，同比增长7.4%；货邮吞吐量完成25.4万吨，同比增长17.9%。全年完成通行附加费征收26.3亿元，比计划增收1.1亿元。绿色通道减免49.4万台次、减免金额1.95亿元。完成2020年小客车节假日成功退付29.2万台、退费金额4357.73万元。

公路状况。截至2021年底，全省公路通车总里程40174公里，其中高速公路1382公里，普通国省干线3564公里，农村公路3.53万公里，公路网密度达到118.5公里/百平方公里，高速公路网密度提升至3.7公里/百平方公里。高等级公路比例显著提升，路网技术等级和服务水平有了新的提高。目前，全省已建成以"田字型"高速公路为主动脉，以"三纵四横"的国省道公路为主骨架，旅游公路为补充，高等级公路沟通市县，辐射开发区和旅游区，高质量推进"四好农村路"建设，各市县互联互通、贯通东西南北、辐射全岛的"安全、高效、集约、绿色"的公路网格局。随着儋州至白沙、五指山至保亭至海棠湾高速的建成通车，全省实现了"县县通高速"的目标。

港口状况。全省已初步建成北有海口港、南有三亚港、东有清澜港、西有八所港和洋浦港的"四方五港"格局。均为国家一类口岸。截至2021年底，全省港口共有生产性泊位149个；其中万吨级以上深水泊位79个。万吨级以上深水泊位中海口港34个，洋浦港32个，八所港9个，三亚港3个，乐东1个。港口能力加快提升。西部陆海新通道国际航运枢纽建设有新进展，启运港退税、内外贸同船运输船舶加注保税油政策相继落地实施，"中国洋浦港"船籍港国际航行船舶总数增至30艘，洋浦港集装箱吞吐量突破130万标准箱大关。

第二节　综合交通基础设施建设

2021年，全省公路水路固定资产完成约195.8亿元，同比增长13%。其中公路建设完成180.2亿元，水路建设完成15.6亿元。

公路方面。综合交通网络日臻完善。陆域交通迈进"田"字型路网新时代，"五化"公路成为海南亮丽风景线。全岛路网提质升级，山海高速五指山至保亭段、海口绕城美兰机场至演丰段建成通车；G15沈海高速海口段、G360文临公路、环岛旅游公路等项目加快建设。海文大桥荣获海南交通史上首个全国优质工程奖"鲁班奖"，并与琼乐高速共同获得部优质工程奖"李春奖"。海南省获评全国"十三五"干线公路养护管理工作进步单位。"四好农村路"高质量发展获国家试点，文昌市获评全国示范县。

图 7-21-1　绿色环保的山海高速（吴开心 摄）

水路方面。全省港口能力加快提升，洋浦港小铲滩集装箱码头起步工程改造项目建成投产，海口港新海客运综合枢纽等项目加快推进。海运政策体系有新突破，海南自由贸易港国际客船、国际散装液体危险品船经营管理办法、国际船舶条例相继出台，境外船舶移籍和登记"一事通办"获省改革和制度创新奖三等奖。"中国洋浦港"船籍港国际航行船舶总数增至30艘，洋浦港集装箱吞吐量突破130万标准箱大关。国际邮轮游艇消费有新增长，西沙邮轮航线安全复航运营，"招商伊敦"号和"鼓浪屿"号邮轮投入海南市场；全年游艇累计出海约16.9万艘次、113万人次，同比分别增长49.7%、49.9%。琼州海峡运输服务保障能力明显提升。琼州海峡港航一体化整合工作取得突破性进展，南岸航运资源整合完成；"全预约过海""货车一站式支付"上线，过海效率进一步提升；建立省外菜进岛运输保障机制，制定应对台风等恶劣天气应急通航预案，"五一"黄金周和首届消博会期间琼州海峡客滚运输、海口港滚装危险品泊位搬迁等工作获省政府主要领导批示肯定。

客货站场建设方面。定制客运服务正式推出，客运多样化、个性化服务水平进一步提升。出台《海南省开展班线定制客运工作的指导意见》。海汽集团开通了琼海嘉积至海口、文昌至美兰机场等多条定制客运线路，并依托公司自行研发的"海汽e行"平台进行组客发班运营。同时，开展新客规、租赁车、定制客运等业务研讨宣贯，加强对市县道路客运经营事项、班车定制客运、微型客车租赁经营服务备案等业务的培训指导。通过加大宣传、线上预订、拓展服务功能多措施，不断提升全省"司机之家"的知晓率和使用率。全年4家"司机之家"登记入住、使用共600余人次，基本实现"司机之家"在主要高速公路全覆盖，有效解决了广大货运司机"停车难、吃饭难、休息难"等问题。宣传推广95128一键叫车服务，便利老年人打车出行；实现全省19个市县交通一卡通与全国地级以上城市互联互通。

民航方面。民航领域改革有新亮点，"空地组网"推动低空空域管理改革案例获省改革和制度创新奖三等奖；中国邮政开通"海口—南京"邮航航线，国内货运定期航线实现"零突破"；国际货运航线增至12条，通达境外城市11个；第五航权货运航线实现"零突破"，第七航权航线取得实质性进展；航空货运发展财政补贴办法正式出台；海南至全国省会城市的航线实现全覆盖，国内通航城市达129个，执飞境内航线431条，美兰机场进入“双跑道”时代；通航产业发展方案受到国务院领导批示肯定。

第三节　运输服务保障能力

严把客运站场、车辆“外防输入、内防反弹”关，落实关于客运车站及客运车辆的疫情指南要求。进一步压实客运车站、客运车辆经营者防控职责，督促冷链运输企业切实做好预防性消毒，司机等从业人员积极主动接种新冠疫苗，切实做到应接尽接。切实落实纾困解难政策，延长全省道路旅客运输企业班线线路经营权和旅游客运批次期限。

交通民生实事实施成效显著。积极破解机场国内货运收费偏高及货站纸箱包装收费不合理问题，美兰、凤凰机场相关收费全面下调。深化通行附加费征收改革，柴油机动车通行附加费改为按小时计征。推动高速公路服务区治理、“司机之家”建设、公路驿站提质升级、道路运输电子证照推广、驾驶员高频服务事项“跨省通办”、职业资格考试网上报名缴费等多项民生实事落地落实，惠民效应不断彰显。

完善进出岛柴油车计征标准。创新实施柴油车进出岛当日按小时计征通行附加费政策，优先遵循最优惠原则使用计量标准，实行“双轨制”，有效缓解琼州海峡两岸港口车辆拥堵，减轻群众、企业负担，体现通行附加费征收的公平性、合理性。开发海南通行费 App、微信小程序，实现网上缴费，新增外省柴油车预缴费功能，实行对外省柴油车辆容缺办理入户和开放车辆异地报停业务，提高车辆征费效率和通关速度，得到广大车主的认可。

第四节　行业治理体系建设

全年在路政执法改革工作中，181 名路政执法人员全部划转至各市县，涉及路政执法的 200 名财政预算管理事业编制也全部完成划转。职能职权平稳转变。4 月份路政执法划转后，制定了《执法改革后路产维护等相关工作方案（试行）》《关于明确公路养护单位公路路产管理和路损追偿职责的通知》等文件。精简和优化道路运输行政许可服务事项流程，修订了《道路旅游客运经营许可与事中事后监管工作规范》，旅游客运企业开业条件审核由 61 项删减合并为 32 项。其中，删减 12 项，合并 30 项为 13 项，全年新增旅游客运运力 270 辆。修订印发《道路旅游客运企业质量信誉考核办法（试行）》并开展信誉考核工作。取消道路货物运输驾驶员资格考试，全年发放从业资格证 20399 本。实施机动车驾驶培训经营许可改为备案制。顺利实施启用《道路运输从业人员从业资格证》电子证照。修订了《道路运输车辆卫星定位系统监控平台备案工作规范》。

深入推动法治政府部门建设，落实重大行政决策、规范性文件合法性审核、公平竞争审查等制度，全年全省公平竞争审查工作评估位列省直单位第 2 名。进一步简政放权，告知承诺制事项增至 13 项，审批事项取消 2 个，下放至洋浦事项 4 个。全年行政审批事项办结件数 680 件，提前办结率 95.2%。交通运输执法领域突出问题得到有效整治，完成 117 项执法问题整改，整改率 100%；实施轻微、主观无过错免罚 36 件，涉及金额 17.9 万元；行政复议、诉讼案件同比分别下降 95%、98%，处罚金额同比下降 34%。全省共计轮训执法人员 2151 人次，出台涉及严格规范公正文明执法等制度 110 个，大力推广践行说理式执法、柔性执法，让交通运输行政执法有“力度”有“温度”。

第五节　科技创新

智慧交通建设。2021 年，全省新增及更换公交车、出租车、网约车100%实现清洁能源化，处于全国领先位置。道路运输领域推广应用清洁能源汽车4.2万辆，占全省客运车辆的81%。积极落实禁塑工作责任，查获一次性不可降解塑料3768箱近954万个。建设岸电设施50个，完成投资1.9亿。海文大桥科研项目获省科技进步一等奖。综合业务平台等交通信息化项目推进有力，进出岛物流监管项目完成初验，为海南自贸港封关运作奠定基础；12345与12328平台数据实现对接，12328热线服务质量在交通运输部考评中排名大幅提升。完成《海南省公路高液限土路基设计与施工技术规范》《公路工程机制砂混凝土技术规程》等2项地方标准立项，完成科技项目《五指山特长隧道机械化智能化建设关键技术研究》中期验收，《海南省公路工程机制砂混凝土应用技术研究》完成机制砂试验梁制作及加载、机制砂墩柱浇筑等重要实体试验。签订2021年科技项目《海南省公路高液限土路基设计与施工技术规范研究》《沥青与花岗岩粘附特性及工程应用技术研究》合同。

出岛车辆实行全预约购票过海模式。4月27日12：00时起，海口秀英港、新海港、铁路南港实行全预约购票过海模式，所有出岛客货车辆（含小车、客车、货车）须提前预约购票，凭票进港，驾驶员通过“琼州海峡轮渡管家”“新海港”“铁路轮渡”微信公众号、椰城市民云及携程、同程等第三方平台提前购票，凭票进港，提升琼州海峡轮渡运输服务水平，引导出岛车辆有计划出行，打造安全、有序、畅通、便捷的海峡运输通道。

新海港实现货车“一站式”过海。11月1日，海口新海港优化过海流程，司机只需在手机上操作，就可以缴纳货车过海船票费和通行附加费，简单方便，节省了时间。海南省交通运输厅在新海港推行合署办公模式、增设自助缴费设备、取消提供车辆通行附加费缴费凭证、实施出岛车辆全预约过海等举措。

图7-21-2 海口新海港货车有序排队安检，新海港实现货车“一站式”过海 （吴开心 摄）

海南省交通科技项目获科学技术进步奖一等奖。11月30日，海南省人民政府公布了2020年度海南省科学技术奖励的决定，海南省交通科技项目“近断层、跨断层桥梁抗震关键技术及应用”荣获科学技术进步奖一等奖。“近断层、跨断层桥梁抗震关键技术及应用”项目为海南省交通运输厅立项的重大技术攻关课题。课题组前后历经约10年时间，依托海南铺前大桥（海文大桥），系统开展了地震活动断层勘测、近/跨断层桥梁选型、抗震、减震及桥梁监测等关键技术研究，解决了在强震区近断层、跨断层场地建设桥梁工程的重大技术难题，取得多项原创性成果，申报专利60余项（发明专利18项），发表论文90余篇，指南及修编建议书6项，研究成果总体达到国际领先水平。

海南推进公路工程建设项目招投标电子标。12月1日起，全省推行公路工程建设项目招投标电子标，规范全省公路工程招标投标工作，实现项目招投标工作全流程电子化。招投标电子标适用于省及各市县公共资源交易服务区中心开展招投标活动的政府投资公路工程建设项目。

第六节 安全与应急

2021年海南省交通运输厅深入开展“平安交通”建设，强化重大节假日、重大活动期间安全监管，扎实开展交通运输安全生产大排查、道路交通安全专项整治新一轮三年攻坚战、安全生产专项整治三年行动等，全年公路水路交通运输行业未发生较大及以上生产责任事故。圆满完成建党百年庆典等重大安保维稳、汛期台风和强降雨等防灾减灾应急保通任务。严格执行“外防输入，内防反弹”防控措施，从严做好高风险岗位人员管理，全省引航员、登临国际航行船舶作业人员等共400多名高风险岗位人员实现零感染；暂停16条跨省际客运班线和包车备案服务，阻断疫情通过交通运输工具扩散输入；督促指导交通运输企业严格落实旅客佩戴口罩、测温扫码、消毒通风等防控措施，加强从业人员定期核酸检测、疫苗接种、健康监测、正确佩戴防护装备等个人防护措施，实现内无感染、外无传染，为常态化疫情防控作出积极贡献。全年交通运输行业对照全面排查交通运输部明确的42项风险清单，排查上报风险116项，初步完成行业风险“一张图”。聚焦三年行动“集中攻坚年”明确的“9项重点、6项难点”工作目标，共排查行业隐患5815项，已整改5429项，整改率93.4%，其中重大隐患60项，已全部整改。完成公路安全生命防护工程105公里，改造农村公路危旧桥梁60座，实施公路安全设施工程25项，老旧危桥改造12座，自然灾害防治工程5个，修复水毁工程9个，一批行业顽症痼疾得到精准治理。全面排查全省已核发港口经营许可证的6个市县区，危货企业22家，查找问题隐患622项，制定了“问题隐患清单”有针对性进行整改。

海南省交通运输厅成立交通运输执法领域突出问题专项整治行动领导小组，切实加强对专项整治工作的督导、检查和指导，对落实专项整治工作责任不力、进展迟缓、效果较差的，进行约谈、通报批评并限期整改；对敷衍塞责、弄虚作假，搞形式、走过场的，依规依纪严肃追究责任，坚决防止和纠正形式主义、官僚主义问题，要求领导干部带头深入道路运输场站，港口码头等基层一线，深入调查了解货车司机、出租车司机等实际从业状况，积极回应各类市场主体和群众的关切，向执法领域各类顽瘴痼疾开刀，切实让从业人员和人民群众感受到交通运输执法工作的真改进、真变化。

第七节　合作与交流

2021年5月26日，海南省交通运输厅与长安大学在海口举行座谈会。双方就科技创新与成果转化、人才培养与毕业就业和学术交流与决策咨询等方面签署了战略合作框架协议。

2021年9月19日，“粤港澳大湾区—湛江港—海南自贸港”海铁联运通道首趟班列抵港货物在湛江港宝满集装箱码头装船出运，标志着该海铁联运通道从前期策划、宣传、测试正式转入常态化的实质运营。

图7-21-3　2021年9月19日，“粤港澳大湾区—湛江港—海南自贸港”海铁联运通道开通运营　(吴开心 摄)

2021年12月2日，海南省交通运输厅和定安县进行交流座谈，双方就加快推进海口羊山大道至定安母瑞山公路、G98东线高速公路仙沟互通改造项目、G98南丽湖互通及连接线项目等项目建设有关问题进行了深入讨论。12月17日，海南省交通运输厅五指山市举行交流座谈，双方就五指山市农村公路发展进行深入讨论，一致认为坚持以“建好、管好、护好、运营好”农村公路为总目标，高质量推进五指山市“四好农村路”建设。

2021年12月30日，海南省交通运输厅与中交海洋投资控股有限公司签订《海上环岛游项目的战略合作框架协议》，推动开展邮轮海上环岛游项目研究。

2021年12月30日，海南自由贸易港邮轮游艇产业招商推介会在海口举行，本次招商推介会主要有游艇产业重点园区考察、海南自由贸易港邮轮游艇产业投资发展论坛、邮轮游艇产业招商推介会及游艇行业评选盛典等活动，深入了解海南邮轮游艇产业政策优势，共话海南邮轮游艇行业未来发展，是今年海南自贸港重点招商推介活动之一，当天共有25个邮轮游艇项目集中签约。

第八节　特色工作

以案促改。全年不打折扣贯彻落实党风廉政建设年、作风整顿建设年、以案促改工作部署，强化落实“两个责任”，厅党组书记担任机关党委书记，增设一名常务副书记。全系统近万人接受警示教育，厅管干部旁听案件庭审35人次，厅领导开展廉政谈话153人次，新提拔干部“家庭式”廉政谈话机制全面落实。以案促改见真章，共704人主动讲清问题并清退钱款230余万元。机关纪委立案审查4人、问责5人、党纪政务处分24人、批评教育或诫勉330人。完成50个遗留项目竣工决算审计和6名厅属单位领导干部经济责任审计，配合开展8个国家审计项目，审计“利剑”作用充分发挥。全面清理规范权力清单和责任清单，修订和完善18项制度，实现惩治腐败“治标”又“治本”，交通领域政治生态得到修复和净化。

交通党建品牌创建。聚焦建党百年主题，通过全覆盖学习、全方位宣贯、全系统落实，引领党员干部深入领悟党的百年奋斗重大成就和历史经验，深入理解“两个确立”的决定性意义，经受全面深刻的政治教育、思想淬炼和精神洗礼，切实做到学党史、悟思想、办实事、开新局。全系统共开展理论中心组学习167次，各级领导班子成员参加学习2539人次，党员干部撰写心得体会1310篇，各级党组织书记讲党课140人次，开展专题辅导61场，举办“党史青年说”等系列微论坛39期，完成“我为群众办实事”和“查堵点、破难点、促发展”事项92项，党史学习教育取得良好成效。大力推动党支部标准化建设，全系统支部标准化建设达标率100%，4个党支部获评省直机关“标准化党支部示范点”。打造“党在心中、路在心上”等一批有底蕴、有温度、有特色的党建品牌，建成党员示范路16条共200公里；“支部建在项目上”荣获2021年“椰树杯”党建创新引领创优大赛三等奖，“海上党支部”“水上国门党支部”分别荣获基层党建创新微视频大赛全国三等奖、省优秀奖，省公路管理局机关一支部被评为省先进基层党组织。

重庆

第一节 整体概况

2021年，重庆保持交通建设三年行动计划拼搏劲头，扎实抓好常态化疫情防控，全年完成投资960.6亿元、同比增长4.8%。全市公路总里程达到18.41万公里，比上年增加3310公里，高速公路达到3839公里（其中国高2875公里、省高964公里），比上年增加12.8%，路网密度增加到223公里/百平方公里，比上年增加1.8个百分点。

交通强市建设起步有序。成立由市长任组长、常务副市长任常务副组长、相关副市长任副组长的领导小组，分管交通的副市长任领导小组办公室主任，下设6个专项工作组和秘书处，出台政策20项，建立统筹协调、汇报衔接、调度推进、考核督促等运行机制，一批重大交通项目有力推进。

交通投资建设成效显著。全年落实中央、市级资金151.6亿元，成功招商引资339亿元，有力服务了“六稳”“六保”。扎实推进重大项目，成达万、渝万、渝昆、渝湘高铁重庆至黔江段提速，郑万高铁重庆段联调联试，高速公路开工290公里、建成439公里，嘉陵江利泽船闸、忠县新生港等相继建成，重庆新机场选址进入实质性阶段。

川渝交通一体化发展加快推进。印发《加强交通基础设施建设行动方案》，联合四川制定《共建长江上游航运中心建设实施方案》等文件。启动成渝中线高铁建设，建成通车合安高速等项目，两江新区和天府新区实现高速直连。新开行跨省公交9条，常态化开行嘉陵江干支直达集装箱班轮。公路应急治超联动有力推进，11个“川渝通办”事项线下“异地可办”、线上“全程网办”。

人民满意交通加快建设。干线公路国评跃居全国第二，市交通局荣获全国5个管理优秀单位之一。“四好农村路”、安防工程、小巷公交等民生实事如期完成。高速公路交通安全执法权划归公安部门。成功创建国家公交都市建设示范城市，国内首次实现环线、4号线与5号线三线跨线运行。新增“跨省通办”11项、“跨区县通办”11项、“一件事一次办”两项，营商环境持续优化。邮政快递进村、进厂、出海“两进一出”全国试点成效明显。

第二节 综合交通基础设施建设

2021年，重庆交通基础设施建设取得重大进展，综合立体交通运输网络进一步完善。

加快铁路建设，在建规模创历史新高。全年铁路完成投资251.3亿元。“米”字形高铁网提速构建。按照“五年全开工、十年全开通”目标，持续实施高铁建设五年行动方案，高铁在建里程929公里、营业里程839公里。普速铁路网有序推进。

图7-22-1 渝湘高铁重庆至黔江段清水坪乌江双线特大桥施工现场（图片由重庆市交通局提供）

铁路枢纽东环线、成渝铁路重庆站至江津段改造、渝合铁路一期、新田港铁路集疏运中心、龙头港铁路专用线5条普速铁路共296公里。枢纽场站加快建设。重庆东站建设稳步推进，西站二期基本建成。

完善公路网络，通行服务能力不断提高。高速公路建设成效明显。全市通车总里程达到3839公里，出口通道由24个增至27个。开工建设渝赤叙重庆段等9个项目，巫溪至镇坪等26个、1346公里在建项目有序推进，成渝高速加宽等1000余公里前期工作加快推进。助推全面乡村振兴取得积极进展。建立与17个市级乡村振兴重点帮扶乡镇对口联系机制，出台4个国家乡村振兴重点帮扶县帮扶政策。新改造普通干线公路535公里，新建成农村公路3330公里，实施安防工程4011公里，新解决801个村民小组通硬化路、21个乡镇通三级公路。酉阳、巫溪、城口、开州4个区县成功试点手机预约农村客运，巫山大昌镇等13个乡镇成功试点农客带货。打造快递服务现代农业项目14个、制造业项目21个，建制村快递服务覆盖达到97.6%、邮件周投递频次3次及以上比例达到100%。

可持续发展能力持续增强。印发《"十四五"公路养护管理发展纲要》，召开新建高速公路通行费率调整听证会，推进高速公路车辆通行费率、收费站拥堵治理等专项行动，修订《普通国省道建设工程管理办法》，全面推行农村公路"路长制"，争取市财政按50%比例兑现农村公路日常养护补助资金。"十三五"全国干线公路养护管理治理能力获得第2名的历史最佳成绩，是西部省（直辖市）首次进入前5名。

图7-22-2　涪陵2021年度"四好农村路"全国示范县创建成效（图片由重庆市交通局提供）

大力发展航运，长江黄金水道效益持续发挥。航道通行条件持续改善。嘉陵江建立全国首个跨省船闸调度机制。港口建设取得积极进展。《重庆港总体规划》等专项规划获批，《长江上游航运中心总体规划》《枢纽港建设实施方案》等取得阶段性成果，果园二期及二期扩建黄磏一期前期工作加快推进。船型标准化建设持续推进。新建三峡船型30艘，全市货运船舶平均吨位突破4000吨。水路运输保持总体平稳。积极协调重点物资优先通过三峡船闸2000余艘次，寸滩邮轮母港、万州新田二期开工建设，协调集装箱快班轮650余艘次、16.6万标准箱、货值131.5亿元，周边地区货物经重庆港中转比重达到45%。航运服务体系不断完善。积极拓展航运交易服务，辐射重庆及周边300多家企业，交易额首次突破10亿元，重庆成为长江中上游最大船舶交易中心。

图7-22-3　2021年9月29日重庆新生港正式开港运营，图为建成的重庆忠县新生港一期工程全景（图片由重庆市交通局提供）

优化机场体系，航空枢纽功能显著提升。枢纽机场建设有序推进。江北机场年旅客吞吐量达到3576.6万人次、同比增长2.4%，货邮吞吐量达到47.7万吨、同比增长15.9%，T3B航站楼及第四跑道进入主体施工。重庆新机场前期工作取得积极进展。支线机场扩能提效加快推进。完成万州机场T2航站楼主体结构施工，基本完成黔江机场改扩建。通用机场布局逐步完善。忠县机场可研通过评审，云阳、秀山、石柱等机场前期工作有序推进。

图 7-22-4　武隆仙女山机场（图片由重庆市交通局提供）

第三节　运输服务保障能力

渝怀二线重庆至秀山开行“绿巨人”复兴号动车组，实现渝东南动车开行“零突破”。中心城区正式命名为国家公交都市建设示范城市，开行定制公交化列车 35 对。开行小巷公交 11 条、定制公交 29 条、主城与璧山和江津同城公交 2 条，调整中心城区公交线路 148 条，16 项重点民生实事如期“交卷”，落实 104 条公交线路保障桥隧高峰限号市民出行。聚焦成渝双城经济圈建设，开行跨省城际公交 10 条、同城公交 2 条，实现川渝通办和成渝公共交通“一卡通”“一码通”。推进中心城区高速公路路域环境整治、服务区“厕所革命”“司机之家”“续航工程”等专项行动。正式运行中心城区巡游出租车线上召车系统，所有车辆实现巡游和网召并行，全面提升 12345 和 12328 监督电话运行服务质量。《重庆市道路运输管理条例》修订出台。扎实抓好公路及附属设施建设管养。全年建设普通国省道服务设施 12 处，交调站 30 个。实施普通国省道预防养护 622 公里，完成路面灌缝 143 万延米、病害修补 52 万平方米。强化法治引领助力路产路权保护。推动《重庆市公路管理条例》立法后评估项目。新增“重庆市大件运输桥梁安全快速评估系统”三条大件运输快速通道，全年办理大件运输许可 7 万余件，网上许可率达到了 100%。

第四节　行业治理体系建设

法治交通建设扎实推进。行业治理日益规范。修订实施《重庆市道路运输管理条例》《重庆市公路管理条例》，加快推进《重庆市铁路安全管理条例》等立法项目。开展执法领域突出问题专项整治，印发综合行政执法事项清单。审批服务快捷高效。推行“网上办”“预约办”“咨询办”等服务模式，推动审批事项“证照分离”全覆盖，“好差评”监管机制不断完善。加快“信用交通省”建设，制定《重庆市交通运输信用管理办法》以及六大重点领域配套实施细则。

法治政府部门建设持续推进。制定《交通运输综合行政执法事项指导目录》396 项，分门类梳理 2021 年版交通行政处罚裁量基准 997 项。推动《重庆市道路运输管理条例》《重庆市轨道交通条例》《重庆市铁路安全管理条例》等立法工作。推送行政处罚公示信息 27.5 万余条（包含交通安全类），向各级人民法院申请非诉执行案件 4163 件。启用市级“双随机、一公开”平台，录入执法检查人员库 40 个、检查对象库 152 个，按计划实施随机检查 16 项，对 96 家维修企业开展市级联合抽查。

加大交通执法力度。全年查处交通运输领域各类违法行为 7.67 万件，同比上升 56.36%。其中，普货运输违法行为 5.12 万起，超限超载 5992 起、危化品运输违法行为 1084 起、非法营运 4547 起、非法改装 1675 起、涉及路域环境的违法行为 431 起。

水上执法检查不断加强。检查船舶1641艘次，码头1877座次，走访企业571家次，查办违法案件150件。开展新承接的中心城区外市管航道基础信息采集专项工作，查处航道违法行为5起，实现近年来航道类违法案件零罚金的突破。深入开展中央环保督察整改"回头看"工作，核查区县19座违建码头整改情况。

成渝地区双城经济圈联动执法深度融合。推行成渝两地公路治超联合执法、信用报告互认等8项工作举措。推动统一成渝地区60余项交通运输违法行为行政处罚裁量基准。制定《适用告知承诺制执法事项清单》13项，实施成渝两地交通运输领域轻微违法行为承诺告知制。高速公路交通安全管理模式调整。2021年5月20日零时起，全市高速公路交通安全管理工作统一由市交通运输综合行政执法总队调整为市公安局交巡警总队（市公安局交通管理局）负责。

第五节　科技创新

智慧交通加快发展。印发《加强科技创新推动交通运输高质量发展的指导意见》，发布全国首个智慧高速公路地方标准暨川渝首个区域地方标准。西部科学城、永川和两江新区共建成车路协同和自动驾驶测试路段约260公里，4个智慧客运车站投用，奉建高速科技示范工程智能应用良好。综合交通业务信息化管理系统一期有序推进，数据资源共享交换系统、行政许可管理平台上线运行。新增网络货运企业21家，协调公安部门换发城市配送示范车辆通行证1200余台。

信息化建设有序推进。初步完成重庆市公路事业综合管理平台软件平台开发工作，加快推进部省共建项目，完成国省干线公路交通量调查系统软件平台开发，建成交调数据中心，实现120余路交调站数据接入，完成指挥调度中心子工程建设并正式投入使用。

科研创新成果加快应用。结题"重庆市普通公路沥青路面预防养护技术集成示范工程"，编制《重庆市美丽农村路技术指南》。开展智慧公路、安全公路课题研究，开展"基于GIS地图的公路资产智能化管理研究"。中心科研课题获得中国公路学会科学技术奖一等奖、重庆市政府科技进步奖二等奖。

绿色交通成效明显。新能源车辆覆盖面持续扩大。全市新增新能源公交690辆，投放换电式巡游出租车225台，7800余辆新能源小货车投入营运。汽车排放检验更加严格科学。I/M制度有效落实。维修不合格车辆32295辆，治理合格率达95%。柴油货车治理扎实推进。超标排放"黑名单"制度有效落实。

水上交通生态环境进一步改善。完成100总吨以下运输船舶生活污水收集或处置装置改造；完善100余座码头船舶污染物固定接收设施建设；基本完成商滚、重滚、集装箱、三峡船型货运船舶岸电改造；新建云阳张飞庙、巫山北门客运码头岸电设施和完成果园、佛耳岩、重钢等标准化港口岸电改造试点；继续完善全市船舶污染物协同治理信息系统建设。环境突出问题整治圆满完成。全力配合完成中央第二轮环保督察反馈的违规建设港口码头、擅自调整规划、港口建设情况底数不清等问题整改任务。绿色基础设施持续完善。全市首座水上绿色综合服务区在涪陵投入运营，完成主城果园、佛耳岩以及长寿重钢等9座码头31个泊位岸电标准化改造。重点完成100总吨以下船舶污水装置改造200艘，超额完成货运船舶受电设施改造1120艘、约占"十四五"期总任务的80%。完成洪崖洞"两江游"临时码头建设；基本完成朝天门未来"3+3"泊位布局方案研究，启动航运博物馆建设前期工作；累计完成"两江四岸"新一轮船舶治理198艘及广阳岛周边区域18艘停泊船舶。水上交通污染物处置发生历史性转变，健全完善“船—港—城”污染物移交确认机制，基本实现船舶水污染物“零排放”。

第六节　安全与应急

安全形势持续向好。牢固树立安全发展理念，突出安全稳定、疫情防控等重点工作。严格落实安全生产“四个责任”，扎实推进“三年行动”攻坚任务，狠抓客货运、公共交通等重点领域整治。强化隐患排查，建立“熔断”“叫应”机制。开展轨道交通淹水倒灌等各专项应急演练721次。行业矛盾平稳可控。渝西8区仿冒出租汽车整治持续推进。提升安全防护能力，扎实开展安全生产专项整治集中攻坚年行动。建立安全生产举报奖励制度，组建安全生产专家库，创建危货运输企业安全风险管理系统，推广“风险管理＋集中监控”道路货运管理先进模式。建立汛期“叫应”机制、极端恶劣天气熔断机制，成功应对多轮洪峰过境、“9·16”暴雨等突发险情。在交通运输部“前路无限”小程序中，各项工作指标均排在全国前列。

水上运输安全形势平稳可控。2021年，管辖水域持续保持水上交通死亡事故“零发生”。严格落实安全责任制。督促企业健全安全生产责任制，强化标准化建设，巩固执行双重预防机制；督促区县严格落实属地责任，加强安全生产基础设施建设和监管能力建设；认真落实行业部门责任，统筹用好水安办联席会、安委会例会等会商机制，加强行业安全培训，积极推行“两单两卡”试点工作，推动提升行业本质安全。重点时段稳定可控。紧盯大庆之年敏感节点和重点时段，严格落实安全监管“十条措施”，总结推广防汛度汛“十个方面经验”，强化值班值守和指挥调度，加强“四类重点船舶”、重点港口码头、航道设施、水工作业区、风景旅游区等风险隐患检查排查。三年行动集中攻坚任务全面完成。加大水上涉客运输安全治理；强化危险化学品专项整治；加大船舶防碰撞桥梁治理。应急救援能力加快提升。坚持“预案、装备、队伍”三个贴近实战，分类修订完善各类应急预案，定期开展市区（县）应急联调；成功举办2021年水上应急救援青工技能竞赛和全市水上应急救援演习，实施应急救援142次，救助遇险船舶18艘、涉险群众119人，成功应对长江1号和嘉陵江3次洪水过境，全市地方水域连续18年未发生重特大事故。

工程质量监督进一步夯实。加强对公路水运、地方铁路项目等共107个施工合同段的质量安全检查，开展监督执法检查188次，发出监督执法意见书177份、责令整改通知书305份，排查并督促整改安全隐患3911处。查处工程建设案件同比上升162%，重点公路水运工程质量平稳，公路、水运工程抽检合格率分别为96.6%、94.1%。

行业持续保持稳定。化解办结一批“治重化积”案件，妥善处置仿冒出租汽车、滴滴App下架、疫情导致巡游出租车司机收入大幅下降等不稳定因素。常态开展扫黑除恶斗争，校园和车站等周边运输环境持续净化。

第七节　合作与交流

川渝道路运输一体化发展取得突破。聚焦双城经济圈建设，坚持“川渝一盘棋”，建立定期磋商、

图7-22-5　成渝地区双城经济圈建设重点合作示范项目嘉陵江利泽航电枢纽工程现场全景（图片由重庆市交通局提供）

常态对接、联合督导机制，初步实现政策互认、数据互通、信息互享。跨省城际公交新开10条。网络货运企业在两地互设分公司程序简化、资料互认。成渝市民互通刷卡扫码日均2000余人次。通过公交一卡通、二维码乘车互认，成都和重庆中心城区实现公交、轨道“一卡、一码”通乘。业务数据互通共享16项。实现从业资格证换证、补发等10个高频事项川渝通办，办结488件。从业人员资格、营运车辆等6项数据互联互通，共享数据达1600万条。

统筹做好港口、航道、海事管理。会同四川省交通运输厅，落实部党组“为民办实事”工作部署，建立嘉陵江船闸联合调度机制，印发联合调度规程，联合调度系统上线试运行。深入开展重庆市地方水域水上无线电秩序、长期逃避海事监管船舶等专项整治；完成年度船舶检验政府购买服务。

长江上游水运合作。加快推进川渝水运一体化发展。两地港航部门联系机制高效运行，联合开展嘉陵江船型研发，合力推进航道整治和梯级航电枢纽建设，携手实现嘉陵江通航建筑物联合调度“一次申报、全线通过”，过闸时间减少1/3。积极推动川渝港口合资建设运营，加大运行重庆港至泸州、宜宾、广元等港口集装箱班轮。长江上游地区航运高质量发展战略合作创新开展。主动加强与四川、贵州、云南、陕西港航部门沟通对接，明确了“3366”工作目标和重点举措，成功签署五省市港航部门“1+4”战略合作协议，33家航运企业达成19项省际合作项目，获得了上级有关部门高度肯定和沿江各省市港航单位热烈反响。

第八节　乡村振兴重大战略决策落地见效

重庆市交通在“村村通”基础上全面推进脱贫攻坚与乡村振兴有效衔接。一是保量提质，农村客运开行成效不断深化。制定脱贫攻坚成果同乡村振兴衔接方案，优化农村客运发展政策，争取油价补助资金、提高营运补贴标准，引流市级财政资金向偏远地区倾斜。二是降本增效，农村物流发展模式不断融合。“客货邮”“交邮”模式融合发展提速，农村物流“最初和最后一公里”更加畅通。三是增点扩面，公共交通服务半径不断延伸。江津至大学城、璧山至白市驿同城公交和万州至开州、云阳城际公交相继开通，助力区域融合发展。北碚集中开行24条农村公交，中心城区又新增一区实现全域公交；二环外镇街及有条件的村社实现公交全覆盖，城乡公交一体化和服务均等化水平有效提升。

抓紧抓好农村公路建设。全年建设“四好农村路”3330公里，新解决21个乡镇通三级公路。新解决801个村民小组通硬化路，全市村民小组通硬化路率达到92.4%。大力支持重点帮扶乡镇。印发《重庆市巩固拓展交通运输脱贫攻坚成果全面推进乡村振兴实施方案》，认真做好17个市级乡村振兴重点帮扶乡镇交通发展帮扶指导工作，指导区县科学编制17个乡镇乡村振兴规划，制定常态化帮扶举措。发挥示范引领作用。落实示范创建奖励补助资金，修订出台重庆市《“四好农村路”示范创建方案》，涪陵区荣获“四好农村路”全国示范县，评选出5个市级示范区县、7个市级示范乡镇，示范县创建比例达到全市区县数量的一半以上。与四川省公路局联合打造川渝毗邻地区“四好农村路”示范区，推动广安融入重庆主城发展。持续打造“美丽农村路”。组织开展全市“最美农村路”评选活动，评选出10条市级“最美农村路”，涪陵区白武路获2021年度“十大最美农村路”，万盛经开区丛黑路获2021年“第二届全国美丽乡村路”，农村路域环境显著改善。

附表

重庆市交通运输主要指标统计表

指标			2021 年	备注
基础设施投资（亿元）	综合交通固定资产投资		961	
	铁路投资		251	
	公路投资		624	
	# 高速公路投资		433	
	水运投资		31	
铁路	通车总里程（公里）	铁路营业里程	2394	
		# 国家铁路	2303	
		# 合资铁路	—	
		# 地方铁路	91	
	运输情况	旅客发送量（万人次）/ 货物发送量（万吨）	6497/1593	
		旅客周转量（亿人公里）/ 货物周转量（亿吨公里）	157/247	
公路	通车总里程	公路通车总里程（公里）	184106	
		# 高速公路通车里程（公里）	3839	
		# 等级公路里程（公里）	171559	
		# 农村公路里程（公里）	164786	
		# 桥梁（座）	13525	
		桥梁总长（万延米）	109	
		# 隧道（座）	843	
		隧道总长（万延米）	97	
	运输情况	客运量（万人次）/ 货运量（万吨）	25648/121185	
		客运周转量（万人公里）/ 货运周转量（亿吨公里）	1203887/1156	
水路	航道及码头情况	内河航道通航里程（公里）	4353	
		# 高等级航道通航里程（公里）	1239	四级及以上等级航道
		港口生产用码头泊位拥有量（个）	478	
		# 万吨级泊位（个）	0	
	运输情况	客运量（万人次） / 货运量（万吨）	610/21462	
		旅客周转量（万人公里）/ 货物周转量（亿吨公里）	29847/2436	

续上表

指　标		2021 年	备　注
民航	机场数量（个）	5	
	运输总周转量（万吨公里）	332426	
	# 国内运输总周转量（万吨公里）	318694	
	# 国际运输总周转量（万吨公里）	13732	
	旅客运输量（人次）/ 货邮运输量（万吨）	24951400/14.57	
	旅客周转量（万人公里）/ 货邮周转量（万吨公里）	3645708/32206	
邮政	邮政行业业务总量（万元）	1631900	
	快递业收入（万元）	1034300	
	邮政邮路总条数（条）	466	
	邮政邮路总长度（单程 / 公里）	87073	

四川

第一节　整体概况

2021年是四川交通运输发展史上具有里程碑意义的一年。年初发布的国家综合立体交通网规划纲要，将成渝地区列为全国综合交通“四极”之一，开启了四川由西部综合交通枢纽向国际性综合交通枢纽集群跨越的新篇章。全省交通运输系统抢抓战略机遇，奋力推进交通强省建设，全年公路水路建设完成投资突破2000亿元，实现了“十四五”开局之年“开门红”。对标“交通极”，规划谋篇布局高点起步；唱好“双城记”，川渝协同发展一体推进；聚力“稳投资”，交通建设投资再创新高；接续“固成果”，脱贫振兴实现有机衔接；着力“优服务”，服务保障能力不断提升；深入“促改革”，行业治理能力不断提升；培育“新动能”，创新驱动发展成果显现；守住“生命线”，行业持续安全和谐稳定；大力“抓党建”，全面从严治党向纵深发展。

第二节　综合交通基础设施建设

2021年，全省公路水运交通建设完成投资2158亿元。其中，高速公路完成1071亿元，国省干线完成659亿元，农村公路完成258亿元，站点建设完成33亿元，水运建设完成53亿元，智慧交通及其他专项工程完成40亿元。

高速公路建设。新建成G0511德阳至都江堰高速、G0512成乐高速扩容（眉山至乐山段）、G8513九寨沟至绵阳高速（江油段）、镇广高速王坪至通江段、叙永至威信高速、内江城市过境高速、巴中至万源高速（通江至万源段）、天府国际机场高速南线、峨眉至汉源高速（峨眉至峨边段）、广安城市过境高速（悦来互通至前锋互通段）、宜宾绕城高速南线等11个项目（路段），新增通车里程521公里，全省高速公路通车总里程达8608公里。成都都市圈环线高速公路闭环成网。仅用15个月建成全国首条红色主题高速公路镇广高速王坪至通江段，创造了山区高速公路建设新纪录。西昌至香格里拉等7个项目、670公里工可获批。新增峨边、筠连、高县3个县通高速公路，全省通高速公路的县达139个；新增2条出川高速大通道，出川高速通道达26条。

国省干线及农村公路建设。普通国省道新（改）建里程2419公里；G351夹金山隧道6个月完成前期工作实现开工，创造了交通重点项目建设“超常规不超程序”新经验。农村公路新（改）建里程1.7万公里；新创建“四好农村路”国家级示范市1个、示范县10个，省级示范市2个、示范县25个。平昌县板青路、布拖县阿布洛哈村通村公路等获评“十大最美农村路”。普通国道路况水平总体良好，国道PQI位居全国前列。

内河水运建设。新增高等级航道100公里，四级以上高等级航道达1748公里。岷江犍为枢纽通航发电，渠江风洞子航运枢纽工程、岷江老木孔航电枢纽工程2个项目开工。

运输站点建设。全省建设道路运输站场42672个，建成成都天府国际机场客运站等4个客运枢纽和达州复兴物流配送中心等2个货运枢纽，新开工建设川陕甘高铁物流基地等2个货运枢纽。积极打造“金通工程 · 天府交邮通”品牌，深化交商邮融合发展，建成3136个“金通 · 邮快驿站”。

第三节 运输服务保障能力

2021年，全省公路运输客运量、旅客周转量、货运量、货物周转量分别完成4.5亿人次、270.3亿人公里、17.1亿吨、1789.8亿吨公里，比上年分别增长0.2%、-6.7%、8.7%、10.6%。水路运输客运量、旅客周转量、货运量、货物周转量、集装箱吞吐量分别完成864万人次、9784万人公里、5400万吨、265万吨公里、26.2万标准箱，比上年分别增长-9.34%、-6.06%和-17.26%、-9.26%、-4.18%。

运输服务能力提高。道路客运运力结构进一步优化。2021年高级客车达17496辆，占比36.8%，较上年提高4.1个百分点。全省12328电话系统受理业务共281252件，同比下降4.67%；限时办结率为98.33%，抽查回访满意率为98.61%。

货运物流体系不断完善。全省营运货车45.1万辆（比上年上升7.9%）、总吨位614.3万吨（比上年增长13.9%），集装箱车辆2659辆（比上年增长5.0%）。发展网络平台道路货物运输经营者17家，现有注册货运司机7.14万人，整合货运车辆7.87万辆，完成货运量1395.01万吨，货物周转量53.51亿吨公里，货运车辆利用率提高40%，运费交易总额超19亿元。全省水路运输企业从个体经营向公司化运营转变，新增运输企业91家，达435家。水运多式联运发展成效明显，泸宜乐三港整合聚力发展，推动水运多式联运走出上扬线。持续推动泸州、宜宾港至重庆“水水中转”班轮常态化运行，新增广安至重庆、南充至重庆、广元至南充集装箱班轮航线。积极推进运输结构调整，开通集装箱班轮航线15条，铁水联运班列11条，全年完成铁水联运集装箱量3.73万标准箱。

重大运输保障能力提升。2021年，水路客（渡）运量共计236.9万人次，比2019年下降55.3%，比2020年上升3.6%。高速公路车流量共计8.6亿辆次，比2019年上升14.64%，比2020年上升17.51%。普通国省干线日均断面流量为6570辆，比2020年上升4.6%。

第四节 行业治理体系建设

一、改革方面

深化高速公路市场化改革。推动出台《四川省关于深化高速公路市场化改革的指导意见》，建立市（州）政府招商承诺制、高速公路反哺地方道路机制，率先试点高速公路PPP项目绩效管理，制定《四川省高速公路政府与社会资本合作项目绩效管理实施细则（试行）》。

推进物流降本增效。持续推进跨境运输通道建设，严格执行鲜活农产品“绿色通道”和高速公路差异化收费政策。实施道路运输车辆“三检合一”改革。支持西部陆海新通道物流产业联盟发展，明确泸州港、宜宾港、乐山港等川内5大港口功能定位，统一费用定价，消除恶性竞争。

推进公路养护市场化改革。规范市场主体培育，出台《四川省公路养护作业单位资质管理实施细则（试行）》。开展养护从业单位信用评价，出台《四川省重点公路养护工程从业单位信用管理办法（试行）》。强化配套政策研究，探索分片区整体打包养护模式，推行“N+1”超长年限包干制一体化养护。

发展绿色交通。制定《四川省“十四五”交通运输绿色发展规划》，开展3个专项工程和1个专项行动。加快绿色公路、绿色航道建设，实施《四川省绿色出行创建实施方案》，指导成都、蒲江等8市（县）绿色出行创建工作。提升综合运输效率，引导中长距离货物运输向公铁、公水等联运方式转变。推广绿色装备设备应用，完成38对高速公路服务区、3个客运枢纽站充电基础设施建设改造，建成港口岸电设施98套，完成7艘新能源船舶建造并投入使用。推广新能源汽车应用，全省新能源、清洁能源营运车辆达8万辆、占比18%；全年新增和更新的公交车中，新能源车辆达2240辆、占比超97%。

开展交通旅游服务大数据应用试点。建成交通旅游运行监测预警及应急联动、交通旅游信息服务、交通旅游大数据分析及辅助决策等3大应用系统，与省文旅厅实现交通旅游行业数据资源及社会数据资源的多源采集、融合、共享和开放。开发应用"天府畅行"手机端并在"天府通办"App上线运行。

二、法治政府部门建设方面

加强法治建设组织领导。厅党组会专题学习习近平法治思想，将习近平法治思想作为法治专题培训班和执法人员轮训考试的重点内容，并纳入"八五"普法宣传重要内容。加强法治规划引领，制定《四川省"十四五"交通运输法治政府部门建设规划》。

健全完善法规制度体系。强化重点领域立法，制定出台《四川省交通运输综合行政执法条例》，开展《四川省交通建设管理条例》等立法前期工作。推动废止《四川省公路路政管理条例》。制修订出台15件行政规范性文件，全部依法报备审查。完成不符合行政处罚法、长江保护法等相关法规规章及规范性文件清理。强化法治审核，严格落实厅重要决策事项及重要政策文件全过程法治审核机制，完成32个文件合法性审查，完成上会文件审查40件。

第五节　科技创新

2021年，四川交通运输持续提升科技能力，推进数字交通建设，强化网络安全管理。

依托都汶高速龙池段建成西南地区首个封闭式车路协同测试场。成宜高速全线建成开放式车路协同试验路段。与重庆市交通局共同编制的《智慧高速公路》标准，成为国内首个智慧高速公路地方标准和川渝两地共同发布的首个区域性标准。

科技创新平台体系建设。获批成立公路生态环境省级工程技术研究中心，累计拥有交通运输部行业研发中心4个、省级创新平台9个。

行业科技成果及转化应用。行业标准体系建设取得新突破。获批筹建交通运输标准化技术委员会。组织完成《公路旅游标志设置规范》等16项地方标准制修订工作。新获批立项地方标准12项。科技示范工程有序推进。"高寒高海拔地区公路工程质量监测与控制科技示范工程"通过部正式验收。新获批开展"四川久马高速公路高原生态环保科技示范工程"建设。以"金通工程"为基础的"基于大数据及移动支付的乡村客运金融服务"项目成功入选人民银行金融科技赋能乡村振兴示范工程。科研成果获国内外重要奖项。沿江高速BIM项目获building SMART International（建筑智慧国际联盟）国际大奖，为国内公路行业首次。国道317线雀儿山隧道获第十八届中国土木工程詹天佑奖。山区高速公路三维数字化测绘、边坡安全防控等关键技术研究项目获省科技进步二等奖1项、三等奖1项。

"互联网＋政务服务"。全省交通运输23类证照生成电子证照200万余张。道路运输从业资格证等10类证照实现电子证照亮证应用。道路运输从业资格证换发等19项高频事项实现"掌上办、即时办"。

"互联网＋监管"。交通运输行政执法综合管理信息系统投入试运行。升级完善公路水路投资计划管理系统，新增路线、点位地图核查以及"以奖代补"资金监管功能。建成乡村客运监管平台，实现乡村营运客车运行全过程动态监控。

智慧交通基础设施建设。大渡河大桥完成全国首批试点的桥梁结构健康和安全监测系统建设试点任务。192个具备条件的二级以上汽车客运站完成电子客票相关设施设备安装部署。

第六节　安全与应急

2021年，四川交通运输行业持续抓好安全生产各项工作。全年行业事故起数（84起）、死亡人数（108人），在2020年两位数下降的基础上，又下降31.71%、29.41%，是近年来下降幅度最大的一年，未发生重特大事故，安全生产形势总体稳定。

健全安全工作责任体系。2021年，省交通运输厅召开16次党组会、4次安委会、2次电视电话会，坚持每月召开安全例会，适时召开专题会。以新《安全生产法》为遵循，落实"党政同责、一岗双责"和"三管三必须"要求，强化行业监管责任，压紧压实企业安全生产主体责任。推动安全生产清单制管理提档升级，编制实施企业责任清单共性参考模板，推进企业安全生产标准化建设。

夯实安全生产基础。全年完成公路安全生命防护工程3270.8公里、危桥改造211座，建设中高洪水位系锚设备139套，清理取缔老旧、"僵尸"船366艘。顺利推进森林火灾高危县3条高速公路、14条干线公路建设和林区农村公路建设，干线公路、林场农村公路分别建成353.1公里、315.4公里。

强化安全生产一线监管。先后出台实施道路运输车辆安全营运"五项工作"、交通建设驻地安全"六条举措"、公路管理抢通作业"七不抢要求"、水上交通防跑船"八条措施"和应对冬季灾害性天气"七项工作安排"等"硬措施"，通过针对性实时调度、常态化暗查暗访、重点时段一线派员驻守等手段狠抓落实。全年派出44个厅级暗访督导组，发现并督促整改一线监管问题339项。

深化安全隐患排查整治。开展安全生产专项整治三年行动"集中攻坚"行动，组织全行业深入开展交通运输安全生产"排险除患"，严格落实重大问题隐患挂牌督办，着力"去存量、减增量"，全年全行业排查整治隐患22827个。升级出台《四川省公路水路交通行业重大安全风险及防控要点（2.0版本）》，全年报送重大风险514条次，全部实施"图斑化"精准管控。

着力做好应急保障。与重庆市签署成渝地区双城经济圈公路交通突发事件应急工作联动协议。牵头完成3个省级专项预案和5个交通运输专项预案编制，修订年度地震重点危险区应急预案，建成500人规模的省级交通运输常备应急队伍，圆满完成国家"应急使命2021"抗震救灾演习交通运输工作任务。有力应对"9·16"泸县地震突发事件，成功避险"9·30"阿坝黑水西尔隧道高位崩塌，先进事例获自然资源部全国推广。

第七节 合作与交流

2021年，四川交通运输与江苏、浙江、广东、河北、河南、重庆、西藏、甘肃、云南等多个省（市、自治区）开展多方交流合作；同周边省市联合共商省际大通道建设、开行跨省城际定制客运、开展各项专项整治行动。加快西部陆海新通道建设，完善通道及枢纽布局，推动组建西部陆海新通道物流产业联盟。

组织召开智慧高速发展座谈会，邀请百度、华为、阿里等40余家企业就四川智慧高速发展及四川省智慧高速产业大会等议题深入讨论交流。深化粤川合作，加快建设成渝—粤港澳交通主轴，《深化粤川全面战略合作框架协议》提出协同发展铁海联运、深化航空领域合作、推进交通运输管理合作。与西藏交通运输厅共商川藏通道规划建设。就"四好农村路"创建情况、农村公路管理养护体制改革等与甘肃交流经验。与渝滇黔陕签署战略合作协议，共推长江上游地区航运高质量发展。就金沙江下游航运快速发展与云南省携手开展深度合作。

唱好"双城记"，川渝协同发展一体推进。一是规划一体化。编制出台《成渝地区双城经济圈综合交通运输发展规划》，万州—达州—开州被纳入全国性综合交通枢纽。二是网络一体化。广安市过境高速东环线及渝广高速支线全线通车，川渝建成和在建高速公路通道达17条。G210线邻水高滩至川渝界段等毗邻地区国省干线项目加快建设。三是枢纽一体化。川渝共同编制《共建长江上游航运中心建设实施方案》，在全国首创嘉陵江梯级通航建筑物跨省联合调度。利泽航运枢纽船闸基本建成。川渝班轮航线总数达5条。四是服务一体化。新开通川渝省际公交线路9条，累计开通15条；实现成渝公共交通“一卡通”“一码通”，川渝两地汽车票实现网上互售。升级改造毗邻地区跨省农村客运班线8条，四川“金通工程”与重庆“金佛快巴”实现融合发展。共建川渝东向物流大通道，川渝货运专线常态化运行。五是管理一体化。道路客货运驾驶员从业资格证换发等11项高频事项实现“川渝通办”。建成成渝地区双城经济圈交通大数据共享中心，川渝共同发布4项智慧高速公路地方标准。签署成渝地区双城经济圈公路交通突发事件应急工作联动、政策法规“软联通”等合作协议。

第八节　特色工作

一、全国首个交通运输领域执法条例获省人大通过

2021年9月27日至29日，四川省十三届人大常委会第三十次会议全票通过了《四川省交通运输综合行政执法条例》（以下简称《条例》）。该条例为全国首个交通运输综合行政执法条例，对解决执法改革中体制机制性问题、巩固改革成果、在交通运输领域实现“一支队伍”管执法等具有重要意义，为纵深推进综合行政执法改革贡献四川智慧、提供交通样板。

《条例》共七章、四十八条，分为总则、执法规范、执法协作、执法监督、执法保障、法律责任和附则。《条例》明确了交通运输执法主体和执法内容，规定：由交通运输综合行政执法机构以交通运输主管部门名义，集中行使交通运输行政处罚权以及与其相关的行政检查权、行政强制权。

二、积极探索货车司机党建工作

四川主动探索以党建为引领、维护货车司机合法权益的新路径。

一是搭体系、建机制，确保党建工作有力有序开展。在省委组织部和省委“两新工委”领导支持下，成立省交通运输行业党委，建立组织系统和交通运输系统“双线联动”的货车司机党建工作体系。建立省委组织部及交通、公安、发改等20个部门参与的厅际联席会议制度。

二是找党员、建组织，确保流动党支部作用有效发挥。与全国最大货运平台企业——满帮集团合作，利用大数据平台找出川籍党员货车司机，从132.9万名全省道路运输从业人员中核实具有道路货运驾驶员资格的党员5.6万名并建立信息库。依托满帮集团建立1个流动党总支、10个流动党支部，在货车流量较大的高速公路服务区和物流园区建立10个线下党群服务中心。选派10名第一书记点对点指导流动支部建设。

三是搭平台、优服务，确保看得见摸得着的实惠。系统解决货车司机吃饭贵、休息难、停车难等问题，在全国率先打造“司机之家”升级版——“暖心之家”。打造示范点，推广经验，系统推出10元实惠餐饮、自带被褥1元休息、免费享受“车货无忧”公众责任险等7项实惠举措；研发“蜀道畅”微信小程序，方便货车司机参加组织生活、享受线下服务、购买保险等。制定“暖心之家”建设运营管理指导意见。

四是解诉求、优环境，确保合法权益得到持续维护。提升诉求办理质效，深化“放管服”改革，及时固化有效做法。

三、重点推进“金通工程”

“金通工程”是乡村客运的提质升级版，是四川交通运输巩固脱贫攻坚成果同乡村振兴有效衔接的标志性工程。四川省委、省政府高度重视“金通工程”，2020年被写入省政府工作报告，2021年被纳入30件民生实事范围，重点推进。交通运输部

高度肯定“金通工程”，2021 年同意“金通工程”新增为交通强国试点建设任务。

四川地区地质地貌复杂，农村公路里程 34.7 万公里，但线长、面广、发展不平衡，为切实解决广大农村因客运网络覆盖不足、长期饱受非法营运和安全出行困扰的问题，四川交通创新性地以“四个统一”（统一车辆外观、驾驶员工牌工装、乡村客运标识、监管投诉平台）作为“金通工程”的基础和切入点，推动乡村客运提质升级。2021 年，全省 21 个市（州）、183 个县“金通工程”全部实现“四个统一”，成效显著，有效遏制了长期困扰行业的非法营运“顽疾”，大部分乡村客运线路经营收入增加 20% 以上，2021 年乡村客运安全事故比上年下降 33%。

充分发挥“金通工程”优势，四川交通运输积极探索推进做优“客运网”、融合“邮快网”快递、延伸“物流网”、拓展“旅游网”和其他可以为老百姓服务的内容，融入、丰富“金通工程”建设体系。以“四项功能”（政策宣传、基层治理、应急救援、商业开发）为载体，服务外延有效拓展，支撑乡村振兴、基层治理，服务民生，实现“一辆小黄车，串起大乡村”。以“三项机制”（考核机制、补助机制、监管机制）为支撑，制定出台五项制度，坚决遏制“通返不通”。对“金通工程”样板县给予 500 万的奖补，确保乡村客运发展高质量、可持续。客车通达和运行情况“动态可视”“静态可查”。畅通网络舆情、12328 电话举报投诉渠道，及时受理解决乡村群众出行问题。

附表

四川省交通运输主要指标统计表

指　标			2021 年	备　注
基础设施投资（亿元）	综合交通固定资产投资		—	
	铁路投资		—	
	公路投资		2105	
	# 高速公路投资		1072	
	水运投资		53	
铁路	通车总里程（公里）	铁路营业里程	—	
		# 国家铁路	—	
		# 合资铁路	—	
		# 地方铁路	—	
	运输情况	旅客发送量（万人次）/ 货物发送量（万吨）	—	
		旅客周转量（万人公里）/ 货物周转量（万吨公里）	—	
公路	通车总里程	公路通车总里程（公里）	398899	
		# 高速公路通车里程（公里）	8608	含国道 108 金鸡关段 2.388 公里高速公路
		# 等级公路里程（公里）	376283	
		# 农村公路里程（公里）	351463	

续上表

<table>
<tr><th colspan="3">指 标</th><th>2021 年</th><th>备 注</th></tr>
<tr><td rowspan="6">公路</td><td rowspan="4">通车总里程</td><td># 桥梁（座）</td><td>47040</td><td></td></tr>
<tr><td>桥梁总长（万延米）</td><td>406</td><td></td></tr>
<tr><td># 隧道（座）</td><td>1662</td><td></td></tr>
<tr><td>隧道总长（万延米）</td><td>219.094171</td><td></td></tr>
<tr><td rowspan="2">运输情况</td><td>客运量（万人次）/ 货运量（万吨）</td><td>45349/171377</td><td></td></tr>
<tr><td>旅客周转量（万人公里）/ 货物周转量（万吨公里）</td><td>2702690/17897895</td><td></td></tr>
<tr><td rowspan="6">水路</td><td rowspan="4">航道及码头情况</td><td>内河航道通航里程（公里）</td><td>10881</td><td></td></tr>
<tr><td># 高等级航道通航里程（公里）</td><td>1748</td><td></td></tr>
<tr><td>港口生产用码头泊位拥有量（个）</td><td>371</td><td></td></tr>
<tr><td># 万吨级泊位（个）</td><td>—</td><td>四川省没有万吨级泊位</td></tr>
<tr><td rowspan="2">运输情况</td><td>客运量（万人次）/ 货运量（万吨）</td><td>864/5400</td><td></td></tr>
<tr><td>旅客周转量（万人公里）/ 货物周转量（万吨公里）</td><td>9784/2647296</td><td></td></tr>
<tr><td rowspan="6">民航</td><td colspan="2">机场数量（个）</td><td>—</td><td></td></tr>
<tr><td colspan="2">运输总周转量（万吨公里）</td><td>—</td><td></td></tr>
<tr><td colspan="2"># 国内运输总周转量（万吨公里）</td><td>—</td><td></td></tr>
<tr><td colspan="2"># 国际运输总周转量（万吨公里）</td><td>—</td><td></td></tr>
<tr><td colspan="2">旅客运输量（万人次）/ 货邮运输量（万吨）</td><td>—</td><td></td></tr>
<tr><td colspan="2">旅客周转量（万人公里）/ 货邮周转量（万吨公里）</td><td>—</td><td></td></tr>
<tr><td rowspan="4">邮政</td><td colspan="2">邮政行业业务总量（亿元）</td><td>—</td><td></td></tr>
<tr><td colspan="2">快递业收入（亿元）</td><td>—</td><td></td></tr>
<tr><td colspan="2">邮政邮路总条数（条）</td><td>—</td><td></td></tr>
<tr><td colspan="2">邮政邮路总长度（单程 / 公里）</td><td>—</td><td></td></tr>
</table>

贵州

第一节　整体概况

2021年，贵州交通运输系统全面贯彻落实“一二三四”总体思路，实现了“十四五”良好开局。完成公路水路固定资产投资903亿元，超年度目标12.8%。建成高速公路403公里、普通国省道435公里、县乡公路路面改善提升工程6025公里、村道安防工程2664公里、农村公路危桥改造152座，高速公路总里程8010公里，交通优势正在转化为高质量发展的新优势。北上长江夙愿得偿，首批14艘满载6800吨磷矿石货船从开阳港出发，运抵安徽芜湖港，千里乌江全线复航。交通工程斩获大奖，贵瓮高速荣获第十九届中国土木工程詹天佑奖，平罗高速平塘大桥荣获第38届国际桥梁大会“古斯塔夫斯·林德撒尔奖”，正习高速特长隧道群获“2021年度NCE隧道工程奖”国际大奖，成为继港珠澳大桥岛隧工程后，中国内地第二次获得该奖项的项目。“四好农村路”领跑全国，成功创建“四好农村路”全国示范市3个、示范县8个，示范市创建个数与江苏等5省并列第1，示范县累计达17个，位居全国前列。遵义市湄潭27°茶海路入选2020年度“十大最美农村路”。“交邮融合+”发展助力乡村振兴9个示范县、1562个中心站点挂牌运营，实现快递通乡达村，打通了农产品进城、工业品下乡“双通道”。投融资改革纵深推进，创新国家高速公路与乡镇通三级及以上公路打捆统一招标实施，推出新的交通项目建设“肥瘦搭配”PPP投融资模式，既保证了经营性公路合理收益，又解决了普通公路市县资金配套难题，实现干支协同发展。职业教育成果丰硕，交职院《月乡苗伊》荣获中国国际“互联网+”创新创业大赛金奖，实现贵州职业教育国赛金牌零的突破；获得“全国优秀教材一等奖”“黄大年教学团队”等6个国家级教改项目，在全国1400多所高职院校中排第6位；教学成果、科研成果等奖项位居全省职教行业第一。安全事故大幅下降，全行业共发生安全生产事故144起、死亡152人，同比分别下降43.8%和48.8%，是21世纪以来死亡人数最少、安全形势最好的一年。

第二节　综合交通基础设施建设

铁路建设。2021年贵州省境内铁路固定资产投资完成105.3亿元，占年度任务的100.3%。在建铁路加快推进，瓮安至马场坪铁路年初建成开通，贵阳枢纽小碧经清镇东至白云联络线建成，2021年新增铁路里程147公里。其中，瓮安至马场坪铁路是全国首条采用PPP模式建设的自建自营地方铁路，为地方铁路建设开创了有益探索。截至2021年底，贵州省铁路建成规模达到4014公里，其中高速铁路1609公里。

公路（高速公路）建设。2021年贵州省在建高速公路项目16个共1492公里，在建里程935公里，总投资2420亿元；新开工项目10个，总里程1043公里，总投资1897亿元。投资完成方面，高速公路项目投资持续保持高位，截至2021年12月底，在建、新开工项目完成投资677.21亿元。项目建成方面，年内建成通车都安、遵余等9个项目（路段）共403公里，全省高速公路通车里程达8010公里。

普通国省干道及农村公路建设。编制发布《贵州山区普通公路改扩建工程技术规范》。2021年累计建成普通国省道395公里，建成县乡公路路面改善提升工程6025公里，村道安全生命防护工程累计开工3027公里，完成2664公里，农村公路危桥改造开工 175 座，建成 152 座。

客运场站建设。2021 年全面完成 5 亿元固定资产投资目标。贵阳铁路枢纽都拉营新建货运场站专用线项目（一期）1 个重点枢纽项目建设进度推进有序，累计总体形象进度达 45% 以上。全省 70 个剩余乡镇客运站建设任务中，在建 36 个，基本建成 12 个。

水路。2021 年，在建项目清水江平寨、旁海航电枢纽工程总体形象进度分别达 95%、90%；乌江索风营等四个库区航运建设工程总体工程形象进度达 95%。建成便民码头 8 座，其中完成验收 4 座；建成渡口改桥 4 座，其中完成验收 1 座。全年全省水路交通固定资产投资完成 7.27 亿元。

民航。2021 年完成投资 23.76 亿元。建成贵阳龙洞堡机场三期，2021 年 12 月 2 日，随着贵阳机场西跑道首架航班起飞，贵州省正式进入“双跑道”机场时代，T3 航站楼投入使用，三期扩建工程的建成大幅提升贵阳机场运行保障能力。威宁机场加快建设，截至 2021 年 12 月底，开工累计完成投资 9.83 亿元，占总投资的 54%，荔波、毕节、安顺等一批支线机场改扩建工程有序推进。德江机场于 2021 年 12 月 15 日开工建设，黎平机场改扩建项目可研已批复，盘州机场初步设计完成评审；遵义新舟机场改扩建工程及独山、织金、百里杜鹃等一批通用机场项目前期工作有序推进。

邮政。2021 年，贵州省邮政企业完成投资 2100 万元，对 802 个网点店招等外部形象设施进行更新，对 311 个网点形象进行全面改造。截至 2021 年底，全省共设有普遍服务营业网点 1827 处。其中，城市网点 378 处、农村网点 1449 处，乡镇覆盖率 100%。全省设置信箱（筒）1861 个，其中 1785 个信箱（筒）已完成智能化改造，电子化改造率 95.92%。贵州省快递园区入驻快递物流、电商仓配及商贸市场类企业（项目）46 家、投入运营 38 家。全省建成省级快递物流园 1 个，每个地市均有分拣中心，县县有分拨点。建成乡镇快递网点 3209 个，村级快递网点 4762 个，全省 13299 个行政村累计已有 11509 个实现快递服务通达，“快递进村”覆盖率达 86.54%。

第三节　运输服务保障能力

铁路运输。2021 年，全省铁路旅客发送量 6390.8 万人次、同比增长 16.3%，旅客到达量 6394.8 万人次、同比增长 15.9%，旅客周转量 255.4 亿人公里、同比增长 13.5%；全省铁路货物发送量 6517.6 万吨、同比增长 15%，货物到达量 5633.5 万吨、同比下降 9%，货物周转量 685.9 亿吨公里、同比增长 11%。

道路运输。2021 年，全省道路运输行业完成客运量 19004 万人次、客运周转量 1538892 万人公里，完成货运量 89154 万吨、货运周转量 7263145 万吨公里。组织实施农村物流品牌项目创建工作，习水县“交邮融合 + 新零售”项目获得交通运输部第二批农村物流品牌项目。加大新能源汽车推广应用，2021 年贵州省新增及更新公交、出租汽车 16958 辆，新能源公交、出租汽车（含网约车）13876 辆，新增或更新公交、出租汽车（含网约车）车辆中新能源汽车占比 81.8%。

内河航运。2021 年，完成水路客运量 370 万人次、旅客周转量 0.89 亿人公里；完成水路货运量 560 万吨、货物周转量 23.73 亿吨公里，其中乌江过闸货运量 42 万吨。截至 2021 年底，贵州省货船拥有量为 394 艘，平均吨位 342 吨，其中 500 吨以上 1000 吨以下 39 艘，同比增长 50%，1000 吨以上船舶 25 艘。

民航。2021 年，全省机场旅客吞吐量 2221.7 万人次、同比增长 -1.4%，货邮吞吐量 11.7 万吨、同比增长 -0.9%，起降架次 236170 架次、同比增长 4.4%。其中，贵阳机场旅客吞吐量达到 1696.45 万人次、同比增长 2.3%，排名全国第 17 位，恢复程度排第 6 位；支线机场中，遵义茅台机场、遵义新舟机场、兴义机场旅客吞吐量均超过 100 万人次，铜仁凤凰机场超过 50 万人次。

邮政。2021 年，贵州省邮政行业业务总量完成 87.81 亿元，比 2020 年增长 23.09%（按 2020 年不变单价计算，同比增长按照可比口径计算）；业务收入完成 103.50 亿元，同比增长 19.36%。快递业务量累计完成 39787.06 万件，同比增长 41.30%，其中同城业务量累计完成 8819.68 万件，同比增长 74.37%，异地业务量累计完成 30909.09 万件，同比增长 34.10%，国际 / 港澳台业务量累计完成 58.29 万件，同比增长 16.52%。

第四节　行业治理体系建设

行业改革纵深推进。完成省委改革委牵头任务 4 项、省领导领衔重大改革 1 项、行业内部重点改革 8 项。交通运输综合行政执法机构全部挂牌。持续推进“放管服”改革，梳理省市县三级交通运输部门标准化清单共 125 大项 172 小项，其中将 82 大项 128 小项纳入“全省通办、一次办成”清单，将省级 35 大项 67 小项纳入“一窗式”办理。创新推出政务服务“交慧办”，道路运输从业资格高频服务事项“跨省通办”办结 4002 件，办结率 99.53%，排全国第 3 位。农村公路养护改革涌现出“湄潭模式”和“长顺经验”。

行业治理水平不断提升。完成综合行政执法条例起草报审工作，省交通综合行政执法九支队等 5 个单位、黄朝成等 6 人获交通运输部法治政府部门建设、“七五”普法通报表扬。举办交通建设工程质量安全知识大赛，持续开展平安百年品质工程建设。组织开展 22 座长大桥梁结构健康监测系统试点方案评审，交通标志标线优化提升专项工作获交通运输部表扬。

第五节　科技创新

强力攻克重大关键技术。突破峡谷桥梁建设核心技术，形成了山区复杂条件下千米级悬索桥、大跨径斜拉桥、高墩大跨径连续刚构桥、悬臂浇筑混凝土箱型拱桥和钢管混凝土拱桥等设计施工成套技术，有力支撑了杭瑞高速北盘江大桥和贵黔高速鸭池河大桥等一批世界级桥梁的建成。开展边坡治理技术和地质灾害预警预报技术研究，攻克公路瓦斯隧道安全施工控制技术，解决公路瓦斯隧道施工的技术瓶颈，在安全事故预防、公路瓦斯隧道安全施工方面达到国内领先水平。在智慧高速、智能辅助驾驶、高速公路 InSAR 监测和悬索桥空中纺丝法等方面开展应用研究，为交通强国建设试点做好新技术储备。

推广先进科技成果。完成“交通强国 · 贵州省数字交通创新示范基地”建设，组织开展交通运输部科技示范项目“贵州乌蒙山区毕都高速公路安全保障科技示范工程”全国技术交流会，以“安全保障、低碳环保”为主题，推广应用煤系地层隧道建设技术、公路交通安全设计技术、桥梁结构健康监测和机制砂自密实混凝土等 20 余项新技术新材料，在全国形成示范效应。实施“贵州喀斯特石漠化地区高速公路绿色建造科技示范工程”，作为 2020-2021 全国 7 个示范工程之一，引领绿色公路建设。“块片石自密实混凝土施工技术在兴义环城高速公路中的推广应用”成功通过交通运输部科技成果推广项目立项。开展地方标准和技术指南编制，组织制定并发布《高速公路隧道照明设计规程》《高性能沥青路面（Superpave）施工技术规范》等 5 项省级地方标准和《贵州省县乡公路路面改善提升工程施工技术指南》等 36 项厅行业技术指南。申请《钢桁梁整节段梁底轨道纵移悬拼施工工法》《悬索桥板桁结合加颈梁工地拼装施工工法》和《空腹式连续钢构桥空腹区施工工法》等 34 项省级工法。出版专著 22 部。

提升科技创新能力。国家级创新平台建设取得零突破（山地交通灾害防治技术国家地方联合工程实验室），认定了 8 个省部级创新平台（山地交通安全与应急保障技术交通运输行业研发中心、山区公路自然灾害防治交通运输行业野外科学观测研究基地、贵州省高速公路智慧管理大数据创新中心和5个省级企业技术中心）以及3个厅级行业研发中心（公路交通防灾减灾技术行业研发中心、贵州公路桥梁健康监测与加固技术行业研发中心和贵州省交通大数据应用行业研发中心）。成立贵州数字交通研究院，跟踪国内外智慧交通和大数据发展的前沿技术和团队，梳理交通行业发展的痛点和难点，以智慧交通和大数据引领交通大发展。另外，还成立了1个院士工作站和1个博士后科研工作站，聚集和培养了一批交通运输科技人才。

逐渐改善创新环境。制定《贵州省交通运输厅技术指南管理办法》和《贵州省交通运输技术成果推广目录管理办法》，对《贵州省交通运输厅科技项目管理办法》进行修订。发挥企业创新主体作用，原来厅属2家科研机构按照国家相关规定完成了体制改革。贵州省交通规划勘察设计研究院成功改制为股份有限公司，并于2017年8月在上交所正式上市。完善财政科研资金撬动作用，优化财政科研资金支出结构，积极鼓励项目承担单位、高速公路业主等配套资金，加强应用研究，支撑工程建设。

第六节　安全与应急

安全管理。督查道路运输“五条军规”，制定行业安全“八防”、项目施工“五条军规”和“八个一律”、危货运输“七个一律”、水运“1+10”等系列安全管理制度，压紧压实各方责任。编制安全生产风险管控指南，织密扎牢安全管理防护网，高度警惕“黑天鹅”、严密防范“灰犀牛”。深入开展三年行动“集中攻坚”，扎实开展提级管理等“九个专项行动”，排查治理隐患3.4万个。建立铁路沿线安全环境管理“双段长”制，共排查整治铁路沿线安全环境类隐患1733处。通过不懈努力，跳出了路修得越长、车跑得越多、人死得越多的交通运输“安全陷阱”，人民至上、生命至上的发展理念得到极大彰显。

应急管理。制定《2021年贵州省交通运输应急管理工作要点》《贵州省交通运输突发事件应急管理暂行办法》，编制《贵州省交通运输突发事件应急预案管理办法》，修订完善《贵州省交通运输行业火箭落区防护工作应急处置预案》《贵州省交通运输行业反恐突发事件应急预案》《贵州省突发事件交通运输保障应急预案》《贵州省城市轨道交通营运突发事件应急预案》《贵州省交通运输行业处置自然灾害应急预案》，增强预案科学性、针对性和可操作性。督促指导行业各单位开展58项应急演练，其中厅二级局3项，业主单位47项，各市（州）交通运输局8项，演练内容覆盖疫情防控、抗凝保通、清障救援、地质灾害、轨道交通等重点领域。“2021年公路地质灾害应急抢险实战演练”在贵阳市修文县成功举办，提升了国省干线公路领域的自然灾害监测、预防、预警能力。首次创新开展150余人的应急管理业务线上培训班。

附表

贵州省交通运输主要指标统计表

指标		2021年	备注
基础设施投资（亿元）	综合交通固定资产投资	1008.5431	
	铁路投资	105.3	
	公路投资	895.9651	
	# 高速公路投资	677.2062	
	水运投资	7.278	

续上表

指标			2021年	备注
铁路	通车总里程（公里）	铁路营业里程	4014	
		# 国家铁路	—	
		# 合资铁路	—	
		# 地方铁路	—	
	运输情况	旅客发送量（万人次）/ 货物发送量（万吨）	6481.1052/7275.5922	
		旅客周转量（万人公里）/ 货物周转量（万吨公里）	2553858/6858510.5	
公路	通车总里程	公路通车总里程（公里）	207189.595	
		# 高速公路通车里程（公里）	8010.457	
		# 等级公路里程（公里）	188797.102	
		# 农村公路里程（公里）	173019.123	
		# 桥梁（座）	27239	
		桥梁总长（万延米）	418.70	
		# 隧道（座）	2535	
		隧道总长（万延米）	268.35	
	运输情况	客运量（万人次）/ 货运量（万吨）	19004/89154	
		旅客周转量（万人公里）/ 货物周转量（万吨公里）	1538892/7263145	
水路	航道及码头情况	内河航道通航里程（公里）	3953.57	
		# 高等级航道通航里程（公里）	988.25	
		港口生产用码头泊位拥有量（个）	441	
		# 万吨级泊位（个）	0	
	运输情况	客运量（万人次）/ 货运量（万吨）	370/560	
		旅客周转量（万人公里）/ 货物周转量（万吨公里）	8890/237349	
民航	机场数量（个）		11	
	运输总周转量（万吨公里）		—	
	# 国内运输总周转量（万吨公里）		—	
	# 国际运输总周转量（万吨公里）		—	
	旅客运输量（亿人次） / 货邮运输量（万吨）		0.22/11.70	
	旅客周转量（万人公里）/ 货邮周转量（万吨公里）		—	
邮政	邮政行业业务总量（万元）		—	
	# 快递业收入（万元）		—	
	邮政邮路总条数（条）		—	
	邮政邮路总长度（单程 / 公里）		—	

云南

第一节 整体概况

2021 年，云南省完成综合交通固定资产投资 3525.68 亿元，占全省社会固定资产投资 22% 以上。其中，公路水路完成投资 3217 亿元，连续四年位居全国第一。2021 年协调省级财政安排综合交通建设补助资金 176 亿元；争取中央车购税资金 222 亿元，争取综合交通专项债券 345 亿元（其中高速公路 259 亿元）。

这一年，学史力行，汇聚发展磅礴力量。扎实开展党史学习教育，完成 32 件民生实事，举行庆祝建党 100 周年系列活动，从党领导交通运输事业百年奋斗历程中深刻汲取智慧和力量，忠诚拥护“两个确立”，汇聚起加快交通强省建设的强大力量。

这一年，科学谋划，绘就交通规划蓝图。省委省政府印发《云南省综合立体交通网规划纲要》和《云南省“十四五”综合交通运输发展规划》，为云南交通“十四五”和 2035 年实现交通强省目标擘画了宏伟蓝图。《交通强国建设云南试点任务推进方案》和公路、铁路、民航、水运、邮政等 5 个行业“十四五”规划印发实施，运输服务等 9 个重点领域专项规划编制完成待发布。

这一年，攻坚克难，项目建设提速提质。克服前所未有的困难和挑战，全省高速公路新增里程 1000 多公里、总里程突破 1 万公里，新增 5 个县共 115 个县通高速公路。中老铁路建成通车、运营开局良好，中缅新通道海公铁联运成功试运。

这一年，展现担当，统筹抓好疫情防控。全行业广大干部职工坚守一线，强化口岸跨境运输、冷链物流运输环节管控，严格落实交通运输场站防控措施，筑牢“外防输入”“内防反弹”严密防线，全力保障疫苗运输、推进从业人员疫苗接种，应急防疫物品和生产生活物资运输有序畅通。

这一年，聚焦重点，纵深推进执法改革。全省交通运输综合行政执法改革和厅属企事业单位改革取得突破，省交通运输综合行政执法局和省公路路政管理总队（省综合交通发展中心）已经挂牌。进一步理顺普通国省道建设、管理、养护事权与支出责任。

这一年，交旅融合，打造景区化服务区。获评“十三五”全国干线公路养护管理进步单位。积极开展美丽公路建设，完成 54 个高速公路服务区改造提升，26 个被评为全国百佳示范或优秀服务区，小沙坝、读书铺等景区化服务区成为“网红打卡地”。

图 7-25-1 小沙坝服务区（图片由云南省交通投资建设集团有限公司提供）

第二节 综合交通基础设施建设

认真落实交通运输部和省委、省政府部署要求，前期工作有序推进，积极推行省级部门前期工作联席会议制度，联合编制《高速公路建设项目前期工作指导手册》，开展工作培训，加快推进项目前期工作。78 个“互联互通”工程项目，8 条国高项目中功小、南云、勐打、宁香4个项目已获得部资金安排意见（其中2个已批复用地预审），其余4个项目正开展前期工作。70个地高项目中已出具行业审查意见64个，获批用地预审48个、工程可行性研究45个、初步设计35个。国道G219线的13个项目已全部出具行业审查意见，用地预审、工程可行性研究和初步设计同步批复3个。

公路方面，高速公路成立8个工程项目跟踪督促协调推进工作组，全力开展“百日攻坚”行动，“能通全通”32个续建项目已全线通车5个、在建27个；78个“互联互通”项目已建成3个、开工31个；国道G219线的13个项目已开工2个，大滇西旅游环线公路加快推进，德贡公路德钦段及孔雀山隧道工程即将建成；新改建农村公路9608公里，新增1个全国“四好农村路”建设市域突出单位、4个全国“四好农村路”示范县。

水运方面，滇桂右江百色水利枢纽通航设施项目开工建设，澜沧江244界碑至临沧港航道和东川港、水富港等项目加快推进。

铁路方面，渝昆高铁云南段工程全线启动，大瑞铁路等项目加快推进，大理铁路枢纽已开工建设，文蒙铁路即将实现开工，大丽攀铁路已完成可行性研究评审，文山至靖西、临沧至普洱等项目纳入国家铁路“十四五”规划。

民航方面，昆明机场改扩建项目获得国家立项批复，弥勒通用机场建成投用，蒙自机场新建、昭通机场迁建工程开工。新开通省内环飞航线6条，开辟全货机国际货运航线7条；全省支线机场提升改造项目中，竣工项目3个、在建项目5个、开工前准备项目8个，其余10个项目正在开展前期工作。

图7-25-2　2021年7月15日，弥勒东风机场正式通航
（图片由云南省交通运输厅提供）

第三节　运输服务保障能力

交通服务品质持续改善，综合交通客货运量实现高位增长，累计完成总周转量1986亿吨公里，同比增长17.3%。深化运输结构调整，宝象物流国际多式联运示范工程已通过国家验收命名。大宗物资“公转铁”成效明显，开通高铁货运车次，助力云品出滇。新开省内环飞航线6条，昆明机场开通或恢复南亚东南亚全货机航线7条。“快递进村”覆盖率达到75.8%，国际寄递服务能力有效提升。群众出行的获得感、幸福感持续提升，完成全省136条高速公路限速值调整优化，开展ETC服务专项提升行动，积极推广高速公路差异化收费政策，推进道路运输驾驶员高频服务事项“跨省通办”，建成12个“司机之家”。爱国卫生“七个专项”行动取得显

图7-25-3　2021年12月31日，南涧至景东高速公路通车
（图片由云南省交通投资建设集团有限公司提供）

著成效，公路路域环境、客运站场环境卫生实现全达标。12328交通运输监督服务热线月度考评均位列全国前五。不断优化便利特殊人员、老年人出行，推广应用95128约车服务电话号码。完成全省三级及以上客运站、定制客运线路的电子客票系统部署及应用，云南省道路客运步入电子化、无纸化新时代。

第四节　行业治理体系建设

不断加强法治政府部门建设，推动修订废止《云南省道路运输条例》等4件地方性法规及政府规章，开展交通运输执法领域突出问题专项整治行动，扎实做好“双随机、一公开”监管，“信用交通省”建设不断深化。持续推动“放管服”改革，清理并规范17项行政审批中介服务事项，分类推动21项行政审批事项“证照分离”改革，4项证明事项推行告知承诺制，交通运输行政审批事项承诺办结时限平均压缩60%。全力提升路网监测和管理养护水平，公路自然灾害承载体普查工作受到国务院普查办通报表扬，56座长大桥梁健康监测有序推进，农村公路养护体制改革全面落实，公路路政管理和超限运输治理不断加强。全力做好中央环保督察发现问题整改，提前完成云南交通运输职业学院白鱼口校区退出滇池一级保护区的拆除和复绿；建立健全长江经济带船舶与港口污染防治长效机制，开展非法码头专项整治，九大高原湖泊18艘提前淘汰柴油机船舶按时完成拆解。

第五节　科技创新

加强行业科技攻关，积极推动重点工程科技创新，科技成果转化成效显著，共有9项成果获得省科技进步奖。大力推进智慧交通建设，印发《云南省智慧交通行动计划（2021—2022年）》，完成昆明—大理—丽江—香格里拉智慧高速公路试点建设，有序推进14个部、省新基建重点项目建设，全国首张部省联网的道路运输电子证照在云南颁发，“滇运码”成功上线。

第六节　安全与应急

全面加强安全质量监管，2021年接报生产安全事故起数同比下降3.13%，未发生重大及以上事故。完成5000公里农村公路安全生命防护工程和271座危桥改造，25家企业获交通安全统筹理赔准备金补助，补助资金达1.3亿元。认真抓好铁路沿线安全环境整治，常态化推进机场净空保护工作，深入开展邮政快递业安全生产专项整治三年行动、寄递渠道禁毒百日攻坚行动。从严从实做好造价审查和工程质量监督。全力加强行业平安建设，落实矛盾纠纷排查调处和信访责任制，常态化开展扫黑除恶斗争。开展地质灾害交通运输应急保障演练，有效应对处置“5.21”漾濞6.4级地震等各类突发事件和开展灾后恢复重建工作，全力确保春运、建党100周年、COP15大会等重要时段的安全稳定。

第七节　合作与交流

加强对外交流合作，发挥澜沧江—湄公河商船通航协调联合委员作用，协调省交通运输厅与老挝波乔省公共工程运输厅召开2021年澜沧江—湄公河国际航运合作视频会议，共商澜湄国际航运合作；积极筹备中老缅泰澜沧江—湄公河商船通航协调联合委员会第十九次会议（视频会议）。协调邀请老挝驻华大使坎葆·恩塔万一行到省交通投资建设集团有限公司参观座谈，争取越方对磨丁—会晒高速公路项目的更大支持。泰国驻昆明总领事孟功一行到省交通运输厅访问交流，推进滇泰交通运输互联互通合作。协调做好湖南、甘肃、陕西、广西等地交通运输厅到省交通运输厅的调研座谈和书面调研工作，积极推进交通运输合作交流。

第八节　特色工作

一、毫不松懈做好疫情防控工作

一是健全春运疫情防控体系，制定《云南省2021年综合运输春运疫情防控总体工作方案》《云南省2021年春运疫情防控总体应急预案》，全面细致做好春运疫情防控工作。二是认真做好公路口岸跨境运输疫情防控工作。严格执行跨境运输“货开客关”总要求，跨境货物运输实行“人货分离、分段运输、封闭管理”，全年累计入境货运量422.18万吨，累计出境货运量636.79万吨。对陆路口岸入境人员，采取口岸至指定隔离点“点对点”运输，累计转运10.17万人次。三是严格落实冷链物流运输环节防疫措施。全力做好入滇进口冷链食品运输车辆临时信息登记点工作。共投入人员6.82万人次，对15.07万辆冷链运输车辆进行登记，信息全部上传“云智溯”平台。四是全力保障疫苗货物运输和行业人员接种。全省近500个沿途收费站累计投入6400余名收费人员，保障了790车次疫苗运输便捷通行。省交通运输厅系统接种率为97.02%，应接种人员接种率为100%；全省交通运输行业应接种人员接种率为92.70%，口岸一线的交通运输从业人员疫苗接种率为98.73%。五是支持交通运输企业加快恢复发展。对2020年期间公路水路客货运企业新增贷款实行财政贴息补助，助企纾解资金困难，下达第三批省级财政贴息资金3853.65万元。对各州、市支持辖区内交通运输企业恢复发展实施以奖代补政策，下达专项资金1.2亿元。

二、脱贫攻坚同乡村振兴有效衔接

下达2021年全省农村公路建设计划，启动全省30户以上自然村通硬化路、乡镇通三级公路及农村公路安防工程、危桥改造等项目建设。组织召开全省农村公路计划执行视频调度会，成立5个工作组督促推进农村公路项目建设。新改建9608公里农村公路，将“四好农村路”与乡村振兴相结合，实施道路提质升级、环境整治、智慧交通等服务设施建设，每州市每年的美丽公路建设规模不低于50公里，助力乡村振兴战略实施以及中国最美省份建设。出台《云南省交通运输厅关于巩固拓展交通运输脱贫攻坚成果全面推进乡村振兴的实施意见》，起草《关于深化“四好农村路”示范创建工作的意见》，制订《云南省全面做好农村公路“路长制”工作实施方案》，强化农村公共基础设施建设。会同相关单位联合印发《云南省农村客货邮融合发展创建指南》，深入推进农村客运、货运、邮政快递融合发展。定点帮扶工作方面，组织召开2021年兰坪县省级挂联单位帮扶工作现场推进专题会，在助力挂联兰坪县成功摘帽、定点帮扶凤塔村出列的基础上，完成10名队员轮换调整，为巩固脱贫攻坚成果、高质量服务乡村振兴继续贡献交通力量。

附表

云南省交通运输主要指标统计表

指　标		2021年	备　注
基础设施投资（亿元）	综合交通固定资产投资	3525.68	
	铁路投资	235.24	
	公路投资	3205.56	
	#高速公路投资	2873.19	
	水运投资	11.96	

续上表

指标			2021 年	备注
铁路	通车总里程（公里）	铁路营业里程	4741	
		# 国家铁路	—	
		# 合资铁路	—	
		# 地方铁路	56	
	运输情况	旅客发送量（万人次）/ 货物发送量（万吨）	6064/14217	
		旅客周转量（万人公里）/ 货物周转量（万吨公里）	1362770/4382520	
公路	通车总里程	公路通车总里程（公里）	300890	
		# 高速公路通车里程（公里）	9947	
		# 等级公路里程（公里）	281614	
		# 农村公路里程（公里）	263497	
		# 桥梁（座）	37872	
		桥梁总长（万延米）	541.13	
		# 隧道（座）	2580	
		隧道总长（万延米）	303.19	
	运输情况	客运量（万人次）/ 货运量（万吨）	14975/129090	
		旅客周转量（万人公里）/ 货物周转量（万吨公里）	1380309/13775726	
水路	航道及码头情况	内河航道通航里程（公里）	5109	
		# 高等级航道通航里程（公里）	1857	
		港口生产用码头泊位拥有量（个）	230	
		# 万吨级泊位（个）	0	
	运输情况	客运量（万人次）/ 货运量（万吨）	632/576	
		旅客周转量（万人公里）/ 货物周转量（万吨公里）	9680/79198	
民航	机场数量（个）		18	其中运行民用机场 15 个
	运输总周转量（万吨公里）		121969	
	# 国内运输总周转量（万吨公里）		—	
	# 国际运输总周转量（万吨公里）		—	
	旅客运输量（万人次）/ 货邮运输量（万吨）		986.48/7.78	
	旅客周转量（万人公里）/ 货邮周转量（万吨公里）		1238207/11976	
邮政	邮政行业业务总量（万元）		1251500	
	# 快递业收入（万元）		908400	
	邮政邮路总条数（条）		1816	
	邮政邮路总长度（单程 / 公里）		177326.3	

西藏

第一节　整体概况

截至2021年底，西藏自治区交通运输厅机关内设17个处室（中心）和1个事业单位，行政编制82名、事业编制15名。全系统干部职工共10769人，其中在职2816人，离退休3777人。

全区公路总里程为12.07万公里（含青海省境内国道G109线格尔木至唐古拉山路段594.71公里），二级及以上公路总里程为2677.86公里，铺装路面里程49497.22公里，同比增长14.29%和7.26%。全区公路养护里程为119359.09公里，同比增长3.89%。国道设养率达100%，农村公路列养率达98.49%。

全年落实交通建设资金362.63亿元，完成公路交通固定资产投资201亿元，超额完成年度目标任务。成功召开全国交通运输援藏工作会。会同自治区发改委、邮政、民航等部门编制《西藏自治区"十四五"时期综合交通运输发展规划》《西藏自治区综合立体交通网规划(2021—2035年)》，启动《西藏自治区"十四五"公路养护管理发展规划》《西藏自治区"十四五"时期智慧公路交通发展规划》等专项规划。成立西藏自治区交通强国建设领导小组，制定《西藏自治区贯彻〈交通强国建设纲要〉实施意见》。开展交通强国建设系列政策和技术标准研究，将相关研究经费纳入财政预算，积极与交通运输部规划研究院、中国交通建设股份有限公司等单位和高等院校沟通对接，组成专家委员会，为西藏交通强国建设试点提供技术支撑。先后启动6项制度编修工作，完成公路交通总体应急预案和公路气象灾害、公路地质灾害等10个专项应急预案，开展西藏公路交通行业地方标准规范体系、高速公路设计标准化等政策研究工作，交通强国建设取得积极成果。

图7-26-1　G6京藏高速西藏拉萨至羊八井段（图片由西藏自治区交通运输厅提供）

第二节　综合交通基础设施建设

平均海拔世界最高、全长295公里的那拉高速全线通车，建成拉日高速控制性工程和贡嘎机场快速路，全区一级及以上公路通车里程达1105公里，实现除阿里外全区6个市均有高速公路。加快推进拉日高速中间段建设，国道G219线墨脱至察隅段等15个重点项目有序推进。拉日高速成功入选交通运输部第一批平安百年品质工程创建示范项目。全力做好川铁配套项目前期工作，17个国省道项目全部获批，30个农村公路项目全部开工，有力服务保障了川藏铁路建设。实施67个农村公路项目，全年新增5个乡镇、67个行政村通硬化路，实现全区94.4%的乡镇和77.89%的行政村通硬化路。亚东县被命名为全国"四好农村路"示范县，昌都市、那曲市申扎县和阿里地区噶尔县被确定为全国深化农村公路管理养护体制改革试点区，拉萨市堆龙德庆区被确定为第二批全国城乡交通运输一体化示范创建县。

图 7-26-2　西藏拉萨林周县农村公路（图片由西藏自治区交通运输厅提供）

第三节　运输服务保障能力

运输服务方面，截至 2021 年底，全区共有经营性客货运车辆 54704 辆；客货运输场站 87 个、便捷车站 31 个、招呼站 337 个、货运站 12 个；开通客运班线 517 条，日均发车 921.4 班次；道路运输从业人员 154502 人，机动车维修企业 3313 家，汽车综合性能检测站 27 家，机动车驾驶员培训机构 73 家；开通湖泊、水域旅游运输共 5 处，旅游船舶 38 艘，渡口 16 个、渡船 19 艘。全年完成客运量 612.30 万人次，客运周转量 14.77 亿人公里；货运量 4502.03 万吨，货运周转量 118.91 亿吨公里；新增 24 个乡镇、209 个建制村通客车。推动实行全区 7 市（地）老年人乘坐公交车免费政策。制定印发“跨省通办”工作方案，实现道路运输驾驶员从业资格证补发、换发、变更、注销及诚信考核 5 项高频事项的“跨省通办”。联合自治区邮政管理局制定印发《西藏自治区 2021 年推进农村客货邮融合发展工作实施方案》；制定印发《西藏自治区网约车合规化工作方案》，指导各市（地）推动网约车驾驶员和车辆合规化，日喀则市出台了网约车实施细则。2021 年 11 月，省级网约车监管平台通过初步验收后投入试运行，实现与交通运输部全国网约车监管系统互联互通和数据交互。12328 交通运输服务监督电话系统考评居全国上游水平，实现西藏公路出行服务信息每日发布。

公路保通方面，实施国省公路养护大中修工程 216.22 公里、国道危旧桥梁改造 27 座、国省公路政府采购养护机械设备 39 台（套）、青藏公路专项工程 1 项。对重点旅游路线省道 S504 线老虎嘴隧道和西藏交通量最大的 G4219 拉贡高速嘎拉山隧道共 2 座隧道实施加固工程，对多吉扎寺隧道、柳梧隧道等 31 座隧道实施精细化提升工作。

图 7-26-3　G4219 拉贡高速公路（图片由西藏自治区交通运输厅提供）

第四节　行业治理体系建设

区、市、县三级交通运输综合行政执法改革基本落实落地，建立了“局队合一”的管理模式。推进建管分离，招投标业务全部在公共资源交易中心进行，西藏交通建设项目电子招投标系统正式启用。41 项政务服务事项全部接入自治区“互联网 + 政务服务”平台。根据农村公路建设“以奖代补”政策，积极推进农村公路建设事权下放。西藏交通发展集团有限公司整体划转自治区国资委监管，过渡期工作平稳有序推进。组织开展行业领域专项整治，加大对项目合同履约、质量、进度、安全、廉政建设的监督检查力度，加强市场准入和招投标过程诚信管理。进一步完善交通运输制度体系，修订《西藏自治区交通运输厅党委工作规则》《西藏自治区交通运输厅工作规则》，明确科学民主决策程序，完善重大事项决策机制，出台制度性规范性文件35项，涵盖前期工作、设计变更、施工管理、招投标等各个方面，基本形成以地方性法规、政府规章为主骨架，厅规范性文件、内部管理制度为主的制度体系。开展宪法宣誓活动，专项整治执法领域突出问题，深入开展普法宣传工作。

第五节　科技创新

积极参与2021年度西藏自治区科学技术奖的申报工作，组织报送《高寒高海拔地区路域生态保护与修复技术及应用》项目相关资料。撰写《西藏自治区交通运输厅"十三五"期间及2020年度科技创新工作总结》《西藏自治区交通运输厅2020年援藏科技工作总结》。积极推进G6京藏高速那曲至羊八井段5项科研课题立项评审工作，完成交通运输部2020年度科技项目统计信息年报录入工作。

第六节　安全与应急

安全稳定方面，牢牢守住维护稳定底线，深入推进反分裂斗争、扫黄打非、禁毒工作，常态化开展交通运输领域扫黑除恶工作，严格落实各项维稳措施，促使行业保持和谐稳定的良好局势，在2021年度全区平安建设考核中被评为优秀等次。先后多次召开安全生产专题会议，制定印发《西藏自治区交通运输厅安全生产监督检查工作实施细则》《西藏自治区交通运输厅安全生产工作责任制规定》等40余份安全生产相关文件，深入开展安全生产专项整治三年行动，制定交通运输安全生产责任规定和监督检查实施细则，大力排查整治安全隐患，整改率达100%。圆满完成第一次自然灾害普查阶段性普查任务。开展公路养护安全生产"双控"体系建设。联合气象、公安、卫生健康等部门开展公路灾害突发事件多科目应急处置演练。全年行业安全生产平稳有序，未发生重特大生产安全事故。进一步压实项目业主和建设企业主体责任，集中力量清理拖欠农民工工资和机械款问题，全年受理群众来信来访3692人（件）次，全年未发生重大群体访、越级访和进京访事件。

应急处置方面，全区国省干线公路共发生断通806次，受阻车辆15895辆、人员37255人，救助社会车辆806辆、人员2149人。交通运输部门累计组织保通人员1.81万余人次、投入机械6315余台次，清理泥石流、塌方37.05万立方米，清雪除冰766.5万立方米，全力保障公路安全畅通。圆满完成自治区和平解放70周年大庆、川藏铁路建设（TBM运输）道路保通和西藏重要活动等专项保通任务。制定多种突发事件应急预案和处置方案，基本形成"1+10"公路交通突发事件应急预案体系，妥善应对那曲比如"3.19"地震、林芝墨脱县突发泥石流、定日县绒辖乡特大水毁等自然灾害和突发事件。挂牌组建6个二级储备中心。依托拉萨和昌都2个国家级储备中心，初步建设西藏自治区公路交通应急管理信息系统，统筹OA视频会议、运营商物联网、车联网等资源，形成有效的应急信息指挥体系，实现应急装备物资库存静态信息和监控、应急音视频及指挥调度等动态信息整合与共享。组织举办2021年公路交通重大突发事件应急演练。

工程质量监督方面，对18个重点公路建设项目开展质量安全监督，下发限期整改通知书165份，发现质量安全问题2315处，提出整改要求596条，形成督查报告7份。对14个重点公路建设项目开展整改回复现场复核专项检查，共计核查问题252处。采取"双随机、一公开"的监督方式，对全区重点公路建设项目质量安全、公路工程试验检测机构、重点公路产品质量进行3次检查，并形成专题报告。完成6个项目质量安全监督交底工作。完成西藏自治区试验检测机构、监理企业、从业人员的资质管理、人员信息变更登记工作；完成西藏自治区试验检测机构、重点公路建设项目工地试验室、试验人员及西藏自治区重点公路建设项目监理企业、监理人员信用评价录入、公示等工作。

第七节　合作与交流

目前除尼泊尔借道运输外，未开展国际客货运输业务。全区共开通借道运输路线8条，因疫情原因，2021年未办理借道运输业务。配合区外事办，扎实做好尼泊尔医疗物资运力协调、随队运输等相关协助协调工作，协助完成运输3批次，运送物资约121吨。

第八节　特色工作

一、弘扬“两路”精神

西藏自治区交通运输厅党委秉持“把红色资源保护好、把红色基因传承好、把红色传统发扬好”的理念，以“两路”精神纪念馆为依托，通过着力充实展品内容、切实提升宣讲效果、不断扩大覆盖范围，筑牢“红色基因”，打造“红色品牌”，释放“红色力量”，切实加大“两路”精神的宣传教育力度，充分发挥“两路”精神纪念馆和林芝分馆两个教育基地作用，大力宣传和弘扬“两路”精神。2021年党史学习教育活动开展以来，“两路”精神纪念馆和林芝分馆两个教育基地先后接待时任自治区党委书记吴英杰，时任自治区党委副书记、拉萨市委书记严金海等领导及140余家单位4000余名党员干部开展党史学习教育活动。2021年，“两路”精神纪念馆先后被中华全国总工会和中国公路学会、自治区党委宣传部分别命名为第一批全国职工爱国主义教育基地、全国公路科普教育基地和西藏自治区爱国主义教育基地。林芝分馆被林芝市市委宣传部命名为林芝市爱国主义教育基地。

二、党建工作

2021年，西藏交通运输系统累计发展党员126名，先后举办党支部书记、入党积极分子、党务干部、纪检干部等专题培训班4期，参与人数360人次；召开理论学习中心组学习会17次，开展“学习党章、向党章宣誓”“学习宪法、向宪法宣誓”等活动185次，参与人数4341人次。采取线上线下相结合的方式，举办各类培训班33期，培训干部职工5000余人次。在中国共产党成立100周年和西藏和平解放70周年之际，评选表彰民族团结模范集体4个、民族团结模范家庭6个、民族团结模范个人5个。集中开展警示教育244次，参与人数6254人次。压实各级党组织责任，建立“咬耳扯袖”的谈心谈话常态机制，厅党委班子成员开展谈心谈话300余人次。制定印发《西藏自治区交通运输厅关于深化新时代全区交通运输行业精神文明建设工作的实施意见》《进一步加强西藏自治区交通运输厅党支部建设的意见》等制度。各驻村工作队共为群众办实事解难事216件，走访农牧民群众921户，为重症病人捐款34人次，组织捐赠衣物23次，资助困难学生26名，组织孕产妇入院分娩18人次。召开村民大会及维稳宣讲大会315场次，调处化解各类矛盾纠纷64起，安全隐患排查312次。深入开展新冠肺炎防控知识宣传活动313次，发放防疫宣传手册9860册，一次性口罩6000余只。

三、新闻宣传

2021年，西藏交通运输新闻宣传工作以中国共产党成立100周年和西藏和平解放70周年主题宣传为大背景，圆满完成“沿着高速看中国”等重大主题宣传活动并形成传播热度。“西藏交通”微信公众号、新浪微博、抖音号、快手号、视频号实现每日更新。“西藏交通”微信公众号粉丝量突破万人大关，获批每日多次更新；“西藏交通”抖音号、快手号、视频号加强天气和路况播报服务，粉丝量呈现“井喷式”上涨并赢得了大量好评。截至2021年12月底，“西藏交通”微信公众号、新浪微博、抖音号、快手号、视频号等官方账号合并粉丝数达15万余人，累计点击量（播放量）达到5000多万次。

附表

西藏自治区交通运输主要指标统计表

指　标			2021年	备　注
基础设施投资（亿元）	综合交通固定资产投资		—	
	铁路投资		—	
	公路投资		201.0016	
	# 高速公路投资		64.293	
	水运投资		—	
铁路	通车总里程（公里）	铁路营业里程	—	
		# 国家铁路	—	
		# 合资铁路	—	
		# 地方铁路	—	
	运输情况	旅客发送量（万人次）/ 货物发送量（万吨）	—	
		旅客周转量（万人公里）/ 货物周转量（万吨公里）	—	
公路	通车总里程	公路通车总里程（公里）	120726.322	含青海境内594.71公里
		# 高速公路通车里程（公里）	407.295	
		# 等级公路里程（公里）	101007.226	
		# 农村公路里程（公里）	90473.433	
		# 桥梁（座）	14092	
		桥梁总长（万延米）	66.4	
		# 隧道（座）	131	
		隧道总长（万延米）	10.4	
	运输情况	客运量（万人次）/ 货运量（万吨）	612.3014/4502.028	
		旅客周转量（万人公里）/ 货物周转量（万吨公里）	14.77/1189100	

续上表

指标			2021年	备注
水路	航道及码头情况	内河航道通航里程（公里）	—	
		# 高等级航道通航里程（公里）	—	
		港口生产用码头泊位拥有量（个）	—	
		# 万吨级泊位（个）	—	
	运输情况	客运量（万人次）/ 货运量（万吨）	—	
		旅客周转量（万人公里）/ 货物周转量（万吨公里）	—	
民航	机场数量（个）		—	
	运输总周转量（万吨公里）		—	
	# 国内运输总周转量（万吨公里）		—	
	# 国际运输总周转量（万吨公里）		—	
	旅客运输量（万人次）/ 货邮运输量（万吨）		—	
	旅客周转量（万人公里）/ 货邮周转量（万吨公里）		—	
邮政	邮政行业业务总量（万元）		—	
	快递业收入（万元）		—	
	邮政邮路总条数（条）		—	
	邮政邮路总长度（单程 / 公里）		—	

陕西

第一节 整体概况

2021 年，在陕西省委、省政府的坚强领导和交通运输部的大力支持下，全省交通运输系统砥砺奋进、勇毅前行，实现“十四五”良好开局，为全省经济社会高质量发展做出积极贡献。

2021 年，陕西省交通运输行业重点开展了以下 5 个方面的专项工作：

一是做细做优“十四运”和“残特奥运”交通运输保障。坚决贯彻落实习近平总书记关于办一届精彩圆满体育盛会的重要指示，按照省委、省政府和组委会统一部署，坚持全省“一盘棋”理念，制定 13 个赛区 1 个标准，提前完成 363 条 1200 公里涉赛路段路域环境治理、380 处无障碍交通设施提升改造和两处赛区水域航道安全整治。结合疫情防控形势，创新制定运力保障方案，形成系统性经验做法。两个赛事期间，投入保障车辆 2881 辆，出车 9.6 万辆次，保障与会人员 70 万人次，圆满完成各项会议活动、对口接待等交通保障任务，得到省委、省政府的高度认可和与会团体的广泛赞誉。

二是从严从紧毫不放松抓好疫情防控。认真落实“外防输入”，全力做好境外人员落地集中隔离转运，严格查验进口冷链货物承运信息。切实抓好“内防反弹”，坚决落实“两站一场”、城市公共交通等重点部位防控指南，动态调整重要节日、重点时段客运组织，高效保障防疫物资运输。面对严重疫情冲击，省交通运输厅闻令而动、尽职尽责，下沉一线、靠前指挥。着力保障运输通道快捷畅通，迅速建立高速公路“绿色通道”，最大限度恢复邮政快递业务，保障应急物资和基本生产生活必需品优先快速通行。从严落实外籍货运车辆闭环管理，依托高速公路服务区，设置 5 个临时接驳点、38 处核酸检测点和 19 个中高风险地区过境车辆专用停靠点，坚决阻断疫情通过交通运输渠道传播。配合中央电视台开展“陕西省交通运输厅全力保障物流通畅”新闻专访。着力保障重点人群安全转运，采取“点对点”“一对一”方式，高效完成研究生招考西安封（管）控区考生、外地滞留考生及部分高校异地隔离学生的集疏运任务。西安市大中专院校寒假离校返家学生转运工作稳妥有序开展。

三是有力有序做好防汛救灾抢通保畅。立足“防大汛、抢大险、救大灾”，未雨绸缪、提前部署。面对历史罕见汛情，及时派出工作组，调集应急队伍，赶赴受灾严重地区抢险救灾。及时编制灾后恢复重建方案，明确目标任务，夯实各方责任，加快开展项目前期工作。积极调整省级交通资金支出结构，紧急安排补助资金约 3 亿元，支持市、县抢通和恢复重建受损普通国、省道和农村公路。经各方共同努力，水毁公路全部抢通，有力保障灾区群众生活出行和灾后重建物资运输。

四是谋深谋实综合交通运输发展战略规划。紧跟交通强国建设重大战略，省委、省政府联合印发《关于贯彻落实〈交通强国建设纲要〉的实施方案》，这是陕西省历史上第一个以省委、省政府名义印发的综合交通运输发展顶层设计，是指导交通强省建设的纲领性文件，为建设人民满意、保障有力、全国前列的交通强省描绘了宏伟蓝图。作为全省 13 个重点专项规划之一的《陕西省“十四五”综合交通运输发展规划》，由省政府办公厅正式印发，连同公路、铁路等 5 个专项规划和若干专题研究，构成了完整的综合交通运输规划体系，交通运输发展目标任务也进一步明确。

5 项交通强国试点任务取得阶段性成果，为推动行业高质量发展探索引路。全力争取将陕西省 13 个高速公路和 130 个普通国道项目纳入交通运输部“十四五”规划，将西安—十堰、延安经榆林—鄂尔多斯等 6 个高铁项目纳入国家铁路“十四五”规划，有效服务区域重大战略实施。

五是用心用情办好交通运输更贴近民生实事。坚守为民情怀，致力解决一批群众关心、基层需要、社会关注的热点难点问题。完成农村公路安全生命防护工程 5154 公里、桥涵配套和危桥改造工程 8139 延米；全省 2.8 万辆“两客一危”营运车辆实时监测、安全高效运行；新建“司机之家”6 个；推动网约车平台增设“一键叫车”功能，推广巡游车 95128 电召服务，便利老年人打车出行；创建 6 个农村客、货、邮融合发展样板县（区）；全年 ETC 发行量突破 70 万套；道路运输驾驶员从业资格证补发等 5 项高频服务事项实现“跨省通办”。

一年来，陕西省交通运输行业勠力同心、苦干实干，办好一批实事，办妥不少难事，在大战大考中展现了新担当新作为。在做好上述 5 个方面专项工作的同时，各项重点工作统筹推进，年度目标任务圆满完成，行业发展取得新成效。

第二节　综合交通基础设施建设

一是重点项目建设稳步推进。2021 年，全省完成综合交通投资 585 亿元，其中公路、水路 446 亿元，铁路 89 亿元，民航 49 亿元。高速公路方面，加快建设西安外环高速南段等 17 个续建项目，推动停工已久的韦庄—罗敷项目恢复建设，新开工鄠邑经周至—眉县项目，建成通车延长—黄龙、宝鸡—坪坎、合阳—铜川、旬邑—凤翔 4 个项目，新增通车里程 313 公里，总里程达到 6484 公里。普通国、省道方面，统筹实施城镇过境公路、区域重要路段、能源运输通道、红色旅游公路等重点项目，建设规模达到 1770 公里，建成通车 315 公里。铁路建设方面，西康、西十高铁开工建设，西延高铁加快实施，安康—重庆高铁工程可行性研究报告获国家发展改革委批复，延安经榆林—鄂尔多斯高铁前期工作加紧办理；实施咸铜铁路电气化改造工程，建成投用西安火车站改扩建工程。民航发展方面，西安咸阳国际机场三期扩建工程积极推进，宝鸡、府谷等机场项目前期工作加快完善。轨道交通方面，西安地铁开通 14 号线北客站站—灞桥区贺韶站，全网运营里程达到 258 公里。

图 7-27-1　陕西省商洛市商南县富水镇茶山产业路（图片由陕西省交通运输厅提供）

二是农村交通面貌提质改善。省交通运输厅印发《巩固拓展交通脱贫攻坚成果 服务乡村振兴战略实施 助推县域经济高质量发展的实施意见》，建立“两通”动态监测体系，坚决消除“通返不通”隐患。制定《全面做好农村公路“路长制”工作的实施意见》，83 个县（区）落地实施。创建“四好农村路”全国市域示范创建突出单位 2 个、示范县 6 个，省级示范市 2 个、示范县 10 个，全省“最美农村路”10 条。补助 5000 万元支持客车“村村通”常态化运行。新改建完善农村公路 7681 公里，其中 30 户以上自然村通硬化路 3315 公里，推进实施乡村旅游路、资源路、产业路，助推乡村振兴和县域经济发展。

三是公路建养水平稳中有升。高速公路建设项目中，2 个项目分别荣获国家优质工程奖、李春奖，2 个项目列入交通运输部平安百年品质工程创建示范项目清单。高速公路、国省干线公路技术状况指数分别达到95.6、84.6。省交通运输厅被交通运输部评为“十三五”干线公路养护管理工作先进单位。

第三节　运输服务保障能力

2021年，陕西省交通服务质效持续提升，运输保障能力不断增强。全省营业性客运量约2.4亿人次；营业性货运量达到14.8亿吨，比上年增长8%。全省快递业务量达到11.2亿件，比上年增长22%。西安地铁客运量达到10.2亿人次，比上年增长41%。出行服务品质明显提高。定制客运、旅游客运和商务包车等运输服务新业态蓬勃发展，不断满足群众个性化、多样化出行需求。“绿巨人”动车组开行实现10个设区市全覆盖。宝鸡市眉县、安康市石泉县被列为全国第二批城乡交通运输一体化示范创建县。物流降本增效切实推进。多式联运示范工程深入实施。中欧班列长安号全年开行突破3800列，核心指标稳居全国前列。“安康—武汉双城同港”集装箱铁水联运专列开通。宝鸡扶风“电商引领＋精准扶贫”入选部级农村物流服务品牌。全年减免高速公路通行费51.42亿元。

第四节　行业治理体系建设

一是坚决贯彻落实省委、省政府深化国企改革的重大决策部署，全力支持陕西交通控股集团有限公司（以下简称“陕西交控集团”）组建和持续发展。2021年1月27日，陕西交控集团经省政府以陕政函〔2021〕11号文批复组建，是省政府出资设立的国有独资公司，省政府授权省国资委履行出资人职责，省交通运输厅负责行业管理和业务指导。新组建的陕西交控集团以陕西省高速公路建设集团公司、陕西省交通建设集团公司、陕西省交通投资集团有限公司为基础，这3家企业的资产、业务、人员、债权债务由陕西交控集团承接，同时将省交通运输厅及其下属单位持有的陕西省交通规划设计研究院、西安公路研究院、陕西省汽车工业贸易总公司等14家企业股权无偿划转陕西交控集团。陕西交控集团组建后持续健康发展。二是扎实推进法治政府部门建设，推动2项行业法规修订工作，制定印发综合行政执法事项（367项）通用目录。完善省交通运输厅重大行政决策执行机制。省、市、县三级交通运输综合行政执法改革基本完成。执法领域突出问题专项整治扎实开展。三是全力攻坚解决建设项目土地手续和“批而未供”问题。高质量办结建议提案118件。扎实推进“放管服”改革，12项政务事项上线“秦务员”App，实现“掌上好办”；深入开展“双随机、一公开”监管工作；推动“证照分离”改革全覆盖，办理大件运输许可12万件，交通运输营商环境不断优化。

第五节　科技创新

2021年，省交通运输厅坚持创新驱动发展，实施科研项目67项，地方标准获批立项12项，交通运输成果1项获国家科技进步二等奖，5项获省科学技术进步奖。聚焦数字赋能，建成“陕西云上高速”综合信息互联服务系统、省公路综合业务管理平台等，实施西安绕城高速智慧扩容（一期）。与省科技厅签订关于科技创新支撑陕西交通运输高质量发展合作协议，积极参与“秦创原”科研平台建设。坚持绿色低碳发展，加强固体废物、噪音等环境污染防治，启动公路水路“碳达峰”“碳中和”行动方案编制。鼓励推广新能源装备应用，全省新能源公交车、出租汽车占比分别达到56%、22%。推广绿色建养技术，厚植交通运输发展生态底色。

第六节　安全与应急

2021年，陕西省平安交通建设扎实有效。深化防范化解重大风险隐患，安全预防和应急救援机制不断完善。扎实开展安全生产专项整治三年行动“集中攻坚年”活动，全省危险化学品运输安全生产治理、铁路沿线安全环境治理取得明显成效。4个高速公路建设项目被冠名为全国公路水运建设“平安工程”。自然灾害综合风险公路承灾体普查取得阶段性成果。积极化解信访积案，常态化推进行业“扫黑除恶”，做好反恐怖防范隐患排查治理，维护行业和谐稳定。全省交通运输系统发生安全生产事故28起，死亡39人，事故起数和死亡人数与2020年相比分别下降12.5%和11.4%，未发生重大以上事故，安全生产形势总体平稳向好。

第七节　合作与交流

2021年，陕西省公路学会开展内容丰富、形式多样的学术交流活动，举办或参加学术交流活动7次，参加人数达4300余人次。

4月19日，宁夏回族自治区公路学会一行到陕西省公路学会考察调研，宁夏回族自治区公路学会理事长武宁生、陕西省公路学会理事长杨育生分别介绍各自学会工作。双方就学会内部治理、科技奖励设立、课题研究等方面进行深入交流。

6月3-4日，陕西省公路学会秘书长韩瑞民带队赴江苏省宿迁市参加湘沪苏陕“三省一市”公路学会高质量发展联席会议。

6月16日，由中国科学技术协会、交通运输部、中国工程院和陕西省人民政府指导，中国公路学会、世界交通运输大会（WTC）执委会、西安市人民政府、陕西省科学技术协会主办的世界交通运输工程技术论坛（WTC2021）在西安市召开，论坛主题为“新技术 · 新模式 · 新交通”。20余位院士及学术界领军人物、国内外知名企业家、企业代表等6000余人参会。陕西省公路学会作为此次论坛协办单位，组织省内科技工作者200余人参加论坛。

6月18日，由中国公路学会和陕西交控集团联合主办，陕西省公路学会协办的中国交通企业家高峰论坛在西安市举办。陕西省公路学会理事长杨育生出席论坛，陕西交控集团党委书记、董事长张文琪作主旨报告。此次中国交通企业家高峰论坛以“创新引领 务实合作”为主题，以创新、协调、绿色、开放、共享五大发展理念为主线，邀请来自全国交通、产业、互联网等领域的企业家分享管理经验、发展理念和交通新业态，为推动交通企业转型升级、高质量发展提供了新思路。

第八节　“十四运”开幕式交通保障

2021年9月15日，中华人民共和国第十四届运动会开幕式在陕西省西安市隆重举行。陕西省和西安市交通运输部门统筹联动，严格执行开幕式方案，组织投放970余辆保障车辆，高效、有序、安全地完成开幕式各类群体约3.7万人次的抵离运输保障任务，实现“零差错”“零延误”“零事故”“零投诉”“零纠纷”的“五零”目标。

图7-27-2　中华人民共和国第十四届运动会赛事服务车辆ETC专用卡（图片由陕西省交通运输厅提供）

筹办工作启动以来，省委、省政府高度重视，主要领导亲自督导、亲自部署，相关领导多次实地调研，就做好交通保障工作提出明确要求。自9月8日起，省交通运输厅主要领导驻会办公，牵头组织交通、公安等交通保障部相关部门通力合作、密切配合，统筹指挥开幕式交通保障和疫情防控各项工作。

一是优化指挥调度体系。依靠“十四运会交通指挥中心”信息化智控平台，组建“1+2+7”工作模式，组委会交通保障部、西安市执委会交通保障部门和承运企业合署办公、融为一体。依托2个专家团队，充分发挥综合协调、指挥调度、交通供应、交通秩序、公共交通、信息保障、应急处置7个执行工作组作用，建立流程化、标准化、模块化的交通保障体系，确保开幕式指挥调度统一高效、响应及时、执行有力。

二是反复细化保障方案流线。按照“远端集结、团进团出、错时抵离、定点上下”组织策略，以分钟为单位，统筹精算40个集结点、46组车队抵离时间，绘制远端集结工作流程图；按照“一点一方案”原则，细化人员分工，车辆编队排号，确保开幕式交通保障整体运行安全有序。将开幕式当日细分为6个时段，并对各类群体分类集结、编组编号，确保错时抵达、按号落座；规划车队抵离线路104条，观众内场行进流线49条，安排部署86辆引导车、20名一对一调度专员、17个“绿波”保障小组，全方位引导开幕式各类保障群体有序进退。

三是精准掌握保障需求，完成分类保障。加强与主要用车部门沟通对接，精确把握用车需求，充分备足冗余运力，确保车辆数量充足、车况良好、服务优质。对保障车队进行编队排号，设置随车责任人，全流程、多要素做好各类群体进退引导，做到统一集结、编组编号、错时抵达，确保所有参与活动人员进退有序、按号落座、精准顺畅。采取循环摆渡和专用车辆相结合方式，保障群体分时分区入退场，避免交叉。开幕式当日，970余辆保障车辆严格按照方案、流线和编排计划，从42个集结点分时集结、有序发车、抵达，实现各类保障群体安全、有序、高效抵离。

四是持续做好疫情防控，聚焦任务加强人员教育。严格按照“人车同防”的疫情防控要求，做好驾驶员健康监测、核酸检测、车辆消杀和封闭管理等工作，确保疫情防控万无一失。组织全流程、全要素演练4次，不断细化方案、完善应急预案，确保交通保障工作万无一失。为驾驶员开设网上直播课程，确保培训到位、操作规范。聚焦远端集结任务，紧盯入场安检、落座观演、离场登车等关键环节，开展车辆引导员业务培训，确保人人熟知点位流程，打造素质过硬、服务优良的保障团队，展示运输行业良好形象。

五是加强道路保畅。提前开展西安市区重点线路、铁路沿线和机场周边环境整治提升，设置全运专用道127公里，有效提升西安全市路网通行效率。省交通运输厅协调相关行业，提前安排部署重点保障路段保通保畅工作，做好开幕式当日地铁、公交、出租汽车等公共交通的组织调度，加强入陕车辆管控。

六是交通运输部给予大力支持。为确保“十四运”疫情防控和安全生产工作万无一失，陕西省针对入陕客车、危险化学品运输车辆及大货车出台了一系列管控政策。省交通运输厅向交通运输部汇报相关情况，得到交通运输部大力支持。8月27日，交通运输部印发通知，要求全国各地交通运输主管部门切实加强入陕车辆管理，坚决确保“十四运”和“残特奥运”期间道路运输和防疫安全。8月29日，交通运输部副部长汪洋到陕调研检查“十四运”交通保障工作。9月1日，交通运输部对陕西省及环陕8省（自治区、直辖市）进行视频会议调度，要求环陕省、市严格落实入陕车辆管控要求。9月14日，交通运输部副部长汪洋再次到陕，并在“十四运”交通调度指挥中心现场指导开幕式交通保障工作。在交通运输部的指导支持和相关省、市的协作配合下，省交通运输厅和相关市交通运输部门顺利完成“十四运”开幕式交通保障工作。

附表

陕西省交通运输主要指标统计表

指标			2021年	备注
基础设施投资（亿元）	综合交通固定资产投资		584.75	
	铁路投资		89.01	
	公路投资		446.32	
	# 高速公路投资		250.55	
	水运投资		0.02	
铁路	通车总里程（公里）	铁路营业里程	—	
		# 国家铁路	—	
		# 合资铁路	—	
		# 地方铁路	—	
	运输情况	旅客发送量（万人次）/ 货物发送量（万吨）	7704/25128	
		旅客周转量（亿人公里）/ 货物周转量（亿吨公里）	331/1851	
公路	通车总里程（公里）	公路通车总里程（公里）	183414	
		# 高速公路通车里程	6484	
		# 等级公路里程	173045	
		# 农村公路里程	156852	
		# 桥梁（座）	38065	
		桥梁总长（万延米）	427	
		# 隧道（座）	1812	
		隧道总长（万延米）	167	
	运输情况	客运量（万人次）/ 货运量（万吨）	12793/122716	
		旅客周转量（万人公里）/ 货物周转量（亿吨公里）	1019720/1819	
水路	航道及码头情况	内河航道通航里程（公里）	1146	
		# 高等级航道通航里程（公里）	137	
		港口生产用码头泊位拥有量（个）	261	
		# 万吨级泊位（个）	—	
	运输情况	客运量（万人次）/ 货运量（万吨）	159/85	
		旅客周转量（万人公里）/ 货物周转量（亿吨公里）	2782/0.31	

续上表

指　标		2021年	备　注
民航	机场数量（个）	5	
	运输总周转量（万吨公里）	—	
	# 国内运输总周转量（万吨公里）	—	
	# 国际运输总周转量（万吨公里）	—	
	旅客运输量（万人次）/ 货邮运输量（万吨）	3311/41	
	旅客周转量（万人公里）/ 货邮周转量（万吨公里）	—	
邮政	邮政行业业务总量（万元）	1685100	
	快递业收入（万元）	1209900	
	邮政邮路总条数（条）	—	
	邮政邮路总长度（单程 / 公里）	—	

甘肃

第一节 整体概况

2021年,甘肃省交通运输厅统筹推进全省公路、水路、民航等行业协调发展，着力发挥交通有效投资和项目建设对稳增长的关键作用，交通投资建设实现赶超进位，全省交通运输经济运行呈现稳中有进、稳步提质的良好态势，“十四五”交通运输高质量发展开局良好。全年累计完成交通运输固定资产投资1158.99亿元，其中公路水路完成901.89亿元，完成总量居全国第13位，稳居西北五省第1位；民航机场完成82.62亿元，创历史新高；铁路完成174.48亿元。

甘肃省交通运输厅立足经济社会发展“先行官”定位，部署开展了“甘肃交通发展短板弱项研究”等16项重大课题研究，为系统谋划“十四五”交通运输发展目标提供了实践支撑。2021年9月，甘肃省委、省政府印发了《交通强国甘肃方案》，擘画了一张从现在到本世纪中叶甘肃省交通运输高质量发展的宏伟蓝图。同月，交通运输部批复了交通强国建设甘肃省试点实施方案，确定了大敦煌交旅融合发展、航空枢纽一体化发展等5个试点项目；甘肃省政府办公厅印发了《甘肃省“十四五”综合交通运输体系发展规划》。甘肃省交通运输厅主导编制的《甘肃省“十四五”公路水路交通发展规划》等16个行业专项规划全部出台印发，其中《甘肃省“十四五”公路水路投融资规划》《甘肃省“十四五”路衍经济发展专项规划》为全国首创。

第二节 综合交通基础设施建设

公路方面，截至2021年底，全省公路总里程达到15.66万公里，其中高速公路及一级公路里程达到6700公里。建成平绵高速公路平凉（华亭）至天水段、银昆高速公路彭阳至大桥村段等9条675公里高速（一级）公路。新增环县、秦安、华亭、肃南4个县（市）通高速公路，全省通高速公路县（市、区）达到71个。新打通省际高速、国道出口6个，省际出口通道达到74个，全省东进西出、南拓北展、织密中部的公路主骨架基本形成。改建普通国省干线公路810公里。陇南、白银南、庆城等综合客运枢纽建成，庆阳等6个综合客运枢纽加快建设。支持兰州市交通率先畅通，扎实推进“环兰”骨干通道完善工程，傅家窑至苦水、临洮至康乐至广河等公路项目开工建设。总投资1800多亿元的10条国家高速公路、36条普通国道纳入交通运输部“十四五”公路发展规划；总投资400亿元的4条国家高速公路获得交通运输部BOT模式支持；总投资24亿元的5个水运项目纳入交通运输部“十四五”水运发展规划；3个新基建和9个综合枢纽场站项目纳入交通运输部“十四五”项目库。

铁路方面，截至2021年底，全省铁路营业里程达到5590公里（复线里程3654公里，电气化里程5064公里），其中高速铁路1425公里，新增铁路里程123公里，增长率为2.25%，铁路网密度131.3公里/万平方公里。按照储备一批、开工一批、建设一批、竣工一批的项目滚动推进机制，持续加强与国家发展改革委、国家铁路局、国铁集团等相关部委、单位的对接汇报，争取国家支持甘肃省重大铁路项目建设。酒额铁路酒泉至东风段升级改造工程于2021年12月26日建成通车，兰合铁路全面开工，中卫至兰州铁路、兰州至张掖三四线铁路中川机场至武威段、西成铁路、天陇铁路、兰州中川国际机场三期扩建工程综合交通枢纽环线铁路等续建项目加快实施，平庆铁路、兰张三四线武威至张掖段等项目前期工作稳步推进。

图 7-28-1 2021 年 7 月建成通车的平天高速公路深沟特大桥（张宾 摄）

机场方面，截至2021年底，全省运输机场9个。兰州中川机场三期建设项目前期工作和施工图设计、77项招标采购工作已完成，开始飞行区场道、航站楼、综合交通枢纽、高架桥及落客平台、航站区总图及相关附属工程建设，2021年9月26日，空管工程项目正式开工。截至2021年底，项目累计完成投资146.31亿元（含59亿元征拆费用），其中2021年以前完成投资65.81亿元，2021年累计完成投资80.5亿元，完成年度投资计划80亿元的101%。白银通用机场建成通航，庆阳华池通用机场开工建设。嘉峪关机场改扩建项目环评、水保、稳评、节能、规划选址等前期要件批复。临夏民用机场项目预工程可行性研究报告通过国家发展改革委评估。平凉军民合用机场项目召开行业审查会。天水军民合用机场迁建工程可行性研究报告方案初步编制完成。

邮政方面，截至2021年底，全省1669个邮政普遍服务营业网点全部实现电子化。99%的建制村周投递三次及以上，达15850个，周投递一次以下建制村实现清零，建制村投递实地打卡率稳定在98%左右；县以下农村地区投递段道汽车化投递率达85%，较2020年提升13%。兰州中川邮件处理中心优化改造项目和天水邮件处理中心顺利投产；兰州物流仓储中心项目完成场地防洪评价；张掖邮件处理中心完成可行性研究方案编制及评审工作。有序开展老旧普遍服务营业网点形象改造253处。

第三节 运输服务保障能力

综合运输服务水平持续提升。公路货运量保持较快增长，完成公路货运量6.97亿吨，货物周转量1197.4亿吨公里，同比分别增长13.7%和17.4%；公路客运量有序恢复，完成公路客运量1.08亿人次，旅客周转量66.7亿人公里。完成铁路旅客运输量4601.4万人次，旅客周转量269.1亿人公里；铁路货运量6444.1万吨，货物周转量1689.9亿吨公里。民航旅客吞吐量达到1498.5万人次，货邮吞吐量达到7.9万吨，同比分别增长9.9%和5.3%。完成邮政业务总量50.6亿元，快递业务量1.8亿件，同比分别增长19.5%和31%。积极推进物流提质降本增效，推行符合甘肃路网特点的高速公路差异化收费政策。全年累计减免通行费超17亿元，其中鲜活农产品运输“绿色通道”减免9.6亿元。整合网络货运车辆8.5万辆，完成运单60.8万单。

公路养护管理提质增效。扎实推进国省干线公路桥隧管养能力提升专项行动，持续加大公路日常养护力度，全年实施预防性养护699公里，高速公路优良路率99.97%，普通国省干线公路优良路率78.7%。开展货车超限超载违法行为专项整治行动，全年高速公路超限超载率控制在0.04%以下，普通国省干线公路控制在0.8%以下。拆除公路限高限宽设施和检查卡点452处，公路安全保畅能力不断增强。扎实开展全省自然村（组）道路和乡镇通三级公路普查，农村公路网实现“底数明、一图清”；持续推行农村公路灾毁保险，落实赔付资金6618万元，86个县市区全面实施“路长制”管理，全省农村公路列养率保持在100%，优良中等路率达到82.9%。

农村交通运输服务网络日趋完善。创建农村客运示范线路100条，农村通公交覆盖比例超过20%，皋兰县入选全国第一批“城乡交通运输一体化示范县”。推进农村客货邮融合发展，建成示范县3个、示范点55个、示范线路38条，全省快递进村率达到70%。成县“电商脱贫+农村物流”获评交通运输部农村物流服务品牌。创建“四好农村路”全国示范县3个，命名省级示范市2个、示范县7个。清水县X307线农村公路获评2020年度“十大最美农村路”。全省首次评选出“最美农村路”10条、“最美路长”92名、“最美护路员”97名。

民航运输新增客运航线54条，加密客运航线34条，新增货运航线2条，加密货运航线2条，新增通航城市11座；累计通航城市111座（其中国际地区城市5座），执行客运航线239条、货运航线7条（其中国际地区临时货运航线5条）。兰州新区“空铁海公”多式联运项目通过国家验收，兰州国际陆港多式联运工程运行平稳。

图 7-28-2　结合乡村游热潮，甘肃省张掖市甘州区靖安乡打造别具特色的村组路（张宾 摄）

第四节　行业治理体系建设

法治政府部门建设系统推进。《甘肃省水路交通管理条例》经甘肃省人大常委会审议通过并颁布实施；《甘肃省道路运输条例》等法规修订有序推进。出台了《甘肃省交通运输厅法治政府部门建设实施方案（2021—2025年）》《甘肃省交通运输综合行政执法事项目录清单》。清理废止行政规范性文件41件。深入开展交通运输执法领域突出问题专项整治，排查整改执法突出问题215个。对22项行政处罚事项实施“两轻一免”柔性执法，累计实施“两轻一免”案件1295件，减免行政处罚115万元。

营商环境持续优化。深化“放管服”改革，取消5项行政审批事项，5项事项实行告知承诺，3类电子证照在线制发、全省互认，8项高频事项实现跨省通办。除危货运输以外，驾驶员凭《培训结业证书》和相应驾驶证，可直接申领货运从业资格证。交通工程建设项目审批时限压缩至90个工作日内。加快数字政府建设，交通运输政务服务事项办理实现“4级46同”。省级89项依申请事项全部实现全程网办，全年在线办件11.3万件；市级交通运输政务服务事项网上可办率达到95%以上，县级达到90%以上。交通运输领域监管事项实现“双随机、一公开”全覆盖，“信用交通省”建设持续推进。

重点领域改革纵深推进。机构改革进一步深化，完成厅属事业单位更名及职责调整工作，授权实施行政辅助事项40项。省属公路养护单位“职能归位、职责落地”全面推开。在普通国道项目建设中，引入竞争性磋商机制遴选项目法人，并推行“永临结合”。交通投融资创新取得重大进展，委托建设运营、建设模式转换、特许经营等投融资路径试点落地，专项债券用作项目资本金在康县至略阳高速公路项目成功应用。完成行业统计分析、公路水路资产清查，为实现国有资产全口径、全覆盖管理奠定了基础。坚持合理举债、科学化债、有序偿债，交通存量债务风险总体可控。

路衍经济发展活力迸发。成立高速公路路衍经济产业研究中心、甘肃路衍经济产业研究院，成功举办两届路衍经济论坛，进一步提升了甘肃作为“路衍经济”首倡地的话语权。交响丝路1号线、太石服务区等交旅融合项目加快推进，启动实施8个高速公路"开口子"拓展工程，"交通+特色产业""交通+旅游""交通+新能源"等发展势头良好。

第五节　科技创新

智慧交通建设扎实推进。出台支持交通运输重点科研平台发展的10条措施，推动5G、物联网、云计算、大数据等新型技术在交通运输行业深度应用。甘肃省公交建集团博睿重装公司荣获国家级专精特新"小巨人"企业称号。西北寒旱区交通行业野外观测研究基地正式运营，首批入驻19家科研团队。清傅一级公路启动"5G+智慧公路"示范项目。机器视觉产品成功落地并在乌鞘岭隧道和基于人工智能的主线车流管控项目成功应用。省级综合交通数据中心加快建设。全省首个智慧交通与智能网联汽车综合测试应用示范基地建成使用。

行业科技创新能力持续增强。在全国率先出台《自然村（组）通硬化路建设技术指南》。全国交通运输行业首个"揭榜挂帅"项目"高震区分幅联塔钢混组合梁斜拉桥关键技术及产业化应用研究"立项研究。甘肃紫光智能交通与控制技术有限公司研发的公路工程可视化云平台和ARM2000嵌入式公路收费车道控制机获中国公路学会"2021中国高速公路信息化奖"最佳产品类奖。由甘肃省公交建集团承担的"长寿命高性能钢桥结构体系、设计理论与建造关键技术"获得了2021年度中国公路学会科学技术奖特等奖，"装配式波形腹板钢梁-混凝土组合梁桥力学性能与建造关键技术""装配式波形腹板钢梁-混凝土组合梁桥力学性能与建造关键技术"获得中国钢结构协会技术创新奖。

绿色交通发展持续提升。强化交通项目建设全过程生态保护，推动形成"黄河战略"下交通运输绿色协同发展共识。合作开展低环境影响公路建造技术研究，填补了甘肃省交通部门承担国家级科研项目的空白。成立全国首个以绿色公路、智慧公路交通科技为载体的"甘肃省绿色智慧公路交通创新联合体"。持续打好污染防治攻坚战，强化道路运输车辆污染排放源头管控。加快新能源和清洁能源运输装备应用，全省新能源公交车比例达到56.2%。兰州市荣获国家公交都市建设示范城市、绿色货运配送示范城市称号。完成兰州北服务区污水乱排问题整改。

第六节　安全与应急

平安交通安全体系建设不断深化，建立了公路水路行业安全生产重大风险清单，32类重大风险完成分级分类辨识和源头管控。深入开展安全生产专项整治三年行动"集中攻坚年"活动，全行业排查问题隐患3.07万项，整改率98.9%。国务院安全生产委员会督导反馈的29项问题、省级挂牌督办的10处事故多发路段隐患全部完成整治。扎实开展了铁路沿线、道路水路运输、城市轨道交通、邮政快递等领域安全隐患排查治理行动。全面完成自然灾害综合风险公路水路承灾体第一阶段普查工作。改造公路危旧桥梁275座，完成农村公路村道安全生命防护工程3578公里。完成驾驶员应急技能培训1.5万余名。"两客一危"营运车辆动态监控全覆盖，10220辆安装了智能视频监控系统，安装率76.7%。具备条件的6929辆公交车安装了安全防护隔离栏，安装率96.7%。甘肃省首个国家区域性公路交通应急装备物资储备中心在兰州新区建成运营。组织开展各类应急演练160余次，高效完成重大活动、重要节日、重点时段交通运输保通保畅工作。认真落实平安甘肃建设任务，常态化推进交通运输领域扫黑除恶斗争。全年未发生重特大生产安全事故，行业安全生产形势总体平稳。甘肃省交通运输厅运输处被评为"全省打击涉烟违法犯罪专项行动成绩突出集体"。

第七节　合作与交流

紧抓兰西城市群、西部陆海新通道等重大战略机遇，主动加强与陕西、四川、青海等省交通运输厅交流合作，2021年3月，赴陕西省交通运输厅进行工作对接会谈，双方就多项重点工作达成共识；2021年7月，赴四川省交通运输厅进行工作对接会谈，双方达成联合向国家争取项目和资金等方面支持的意见，签订了《甘川省际通道规划建设座谈会备忘录》；2021年10月，甘青两省交通运输厅签订《共促兰西城市群交通互联互通建设备忘录》，合力推进省际公路通道和交通互联互通规划建设。积极开展省内合作，先后与兰州、甘南、庆阳、金昌等市州签订共建协议，合力推动“十四五”交通基础设施建设；2021年4月，与兰州市人民政府、省公交建集团签订《兰州市交通基础设施省市企共建协议》，率先支持兰州市交通发展。持续加大交通运输领域政银企合作，成功举办重点交通项目云招商推介会，与40多家企业达成合作意向，与中国电力建设股份有限公司等企业签订《战略合作框架协议》。

第八节　特色工作

常态化交通疫情防控有序有力。全面落实常态化疫情防控措施，持续完善交通运输疫情防控应急预案，落实落细“两站一场、一区一站”、交通运输工具常态化疫情防控措施，科学设置公路防疫检测站点，持续加强进口冷链食品运输过程防控。推动行业重点人员疫苗接种，基本实现“应接尽接”。完成22个国际航班5000余名入境人员闭环转运，保障29批次新冠病毒疫苗分包装运输。面对2021年10月中旬突如其来的疫情，全省交通运输系统坚决有力贯彻执行省委、省政府决策部署，因时因势、科学精准调整交通管控措施，公路、铁路、民航、邮政联动发力，行业广大干部职工坚守一线，累计检疫车辆773.2万辆，坚决阻断疫情通过交通运输环节传播扩散。全力保障运输安全畅通，疫情防控期间及时启用、发放“快通证”2.6万张，保障重点物资车辆12.2万辆。设置便民核酸检测点12处，免费为驾乘人员核酸检测采样14.6万份。积极加强同新疆哈密、内蒙古额济纳旗、陕西西安等地供需对接，点对点调度，全力保障煤电油气、粮食蔬菜等重要物资运输，为保障供应链畅通和复工复产发挥了积极作用。

交通运输惠及民生成色更足。承诺的22件民生实事全部完成。出行服务体验更加美好。新建成自然村（组）通硬化路1.08万公里，新增6366个自然村（组）通硬化路。深入实施“厕所革命”，解决了30对高速公路服务区“如厕难、环境差”的问题。实施绿色出行“续航工程”，在5个服务区建成投运8座充电站。兰州、天水开通“95128”电召服务，1800多辆网约车增设“一键叫车”功能，方便老年人打车出行。在全省12个客运站、42对服务区等场所，累计建成投用72个爱心母婴休息室。道路客运电子客票服务、交通医疗急救箱伴行计划覆盖全省所有一级客运站。开展ETC服务专项提升行动，新增ETC用户29.8万，货车ETC安装率达45.6%，新增ETC停车场19个。出租汽车行业管理及网约车等新业态发展不断规范。纾困解难彰显交通作为。承办省人大代表建议77件、省政协提案32件，受理办结群众来信来访309件（次）、各类网民留言1046件。开展农民工工资支付“暖心行动”，督办解决欠薪投诉16起270余万元，甘肃省交通运输厅建设管理处荣获“全国根治拖欠农民工工资工作先进集体”称号。积极破解困扰行业发展的历史遗留难题，遴选确定的10项“啃硬骨头”工程全部完成。12328热线答复办理群众反映事项43万件，群众满意率位居全国前列，其中9月排名全国第一。交通惠民举措实效突出。多措并举加强货车司机权益保障，开展关爱货车司机行动，升级改造司机之家10个、新建7个，在全国率先免费推出"车货无忧"公众责任险，首次评选出30名"最美货车司机"。在农村公路建设中吸纳当地低收入群体就近务工，累计为3000余人次发放劳务报酬5700多万元。通过"以购代捐""以买代帮"等方式，促进农特产品销售，完成扶贫消费2961万元。

附表

甘肃省交通运输主要指标统计表

指 标			2021年	备 注
基础设施投资（亿元）	综合交通固定资产投资		1158.99	含机场
	铁路投资		174.48	
	公路投资		901.84	
	# 高速公路投资		529.14	
	水运投资		0.049	
铁路	通车总里程（公里）	铁路营业里程	5590	
		# 国家铁路	—	
		# 合资铁路	5476	
		# 地方铁路	114	
	运输情况	旅客发送量（万人次）/ 货物发送量（万吨）	4601.4/6444.1	
		旅客周转量（亿人公里）/ 货物周转量（亿吨公里）	269.1/1689.9	
公路	通车总里程	公路通车总里程（公里）	156582.54	
		# 高速公路通车里程（公里）	5539.72	
		# 等级公路里程（公里）	152434.49	
		# 农村公路里程（公里）	125187.92	
		# 桥梁（座）	17510	
		桥梁总长（万延米）	168.64	
		# 隧道（座）	748	
		隧道总长（万延米）	98.43	
	运输情况	客运量（万人次）/ 货运量（万吨）	10813.11/69664.70	
		旅客周转量（亿人公里）/ 货物周转量（亿吨公里）	66.70/1197.41	
水路	航道及码头情况	内河航道通航里程（公里）	910.67	
		# 高等级航道通航里程（公里）	—	
		港口生产用码头泊位拥有量（个）	186	
		# 万吨级泊位（个）	—	

续上表

指标			2021年	备注
水路	运输情况	客运量(万人次)/货运量(万吨)	79.05/0	
		旅客周转量(万人公里)/货物周转量(万吨公里)	869.92/0	
民航	机场数量(个)		9	
	运输总周转量(万吨公里)		—	
	# 国内运输总周转量(万吨公里)		—	
	# 国际运输总周转量(万吨公里)		—	
	旅客运输量(万人次)/货邮运输量(万吨)		1498.5/7.9	
	旅客周转量(万人公里)/货邮周转量(万吨公里)		—	
邮政	邮政行业业务总量(亿元)		49.8	
	快递业收入(亿元)		36.96	
	邮政邮路总条数(条)		—	
	邮政邮路总长度(单程/公里)		—	

青海

第一节　整体概况

2021年，青海省交通运输行业积极克服新冠肺炎疫情、经济下行和刚性约束等诸多不利因素，立足新发展阶段，贯彻新发展理念，构建新发展格局，推动高质量发展，着力建设安全便捷、畅通高效、绿色智能的现代综合交通运输体系，顺利实现"十四五"良好开局，为全力打造"高地"、建设"四地"，落实"一优两高"提供了有力的交通运输支撑。

全年累计完成交通固定资产投资241亿元，同比增长4.74%。2021年，全省公路总里程达8.62万公里，较上年增加1021公里。其中，高速（含一级）公路里程达4101公里，二级公路里程达9116公里，三级及以下公路里程达7.29万公里。

第二节　综合交通基础设施建设

一是项目资金保障有力。落实中央车购税资金136.68亿元、成品油税费改革补助资金10.75亿元、招商引资2亿元，配合省级财政部门发行收费公路建设专项债14亿元、普通公路建设一般债8亿元，支持格茫项目公司与银团落实项目贷款46.9亿元、加西察项目公司与银团落实项目贷款26.72亿元，各市州县自筹整合以工代赈、乡村振兴等涉农资金8.5亿元用于农村公路建设。海南州积极落实地方事权及支出责任，有序化解农村公路存量债务。贵南县争取政府一般债券资金6000万元解决农村公路建设资金缺口，有力保障了项目顺利推进。德令哈市、格尔木市、都兰县通过一般债券、援青资金、地方自筹等多种方式融资2870万元，对建制村水泥路进行改造。"政府主导、分级负责、多元筹资、规范主体"的交通项目投融资机制逐步建立。二是项目建设稳中有进。尖扎至共和马康支线、西互公路塘川至威远段、南绕城东延段等5个公路项目建成通车，小峡口王家庄至昆仑路改建工程开工建设，加定至西海等23个续建项目有序推进。格尔木市综合客运枢纽开工建设。投入资金3.1亿元，全力支持玛多地震受损公路修复重建。自然资源、林草等部门积极配合办理新开工项目前期手续，31个未取得建设用地审批手续项目前期工作取得实质性进展。海东市积极与周边市州建立联席会商机制，支持推进了G6京藏高速重要节点升级改造、民和至永靖高速公路等项目前期工作。

第三节　运输服务保障能力

一是运输服务持续优化。积极推动交通运输新业态发展，全省网约出租车双合规率保持在70%以上，排名位居全国前列。定制客运规范发展，县乡村三级农村物流网络节点体系不断完善，各种运输方式衔接更加顺畅。西宁市成功创建全国"公交都市"，湟中区成功创建全国城乡交通运输一体化示范县。加快培育更加活跃的水运市场主体，水上客运支撑地方旅游的作用日益凸显。全年完成公路货运量1.41亿吨、周转量160.47亿吨公里；完成公路客运量1589.91万人次、周转量27.72亿人公里；完成水路客运量63.02万人次、周转量613.67万人公里。二是交通保障不断加强。全面完成全国第一次自然灾害综合风险公路承灾体普查数据采集工作，进度排名与5个省（直辖市）并列全国第一。积极推进木里矿区生态环境综合整治交通运输保障专项行动，矿区内国省干线公路集中整治任务全面完成。铁路沿线安全环境整治工作基本完成。实施沥青复合封层、防水罩面等预防性养护29.2万平方米。全力做好建党100周年、“环湖赛”等重要时段和重大赛事活动期间的交通保障工作。深入推进军民融合发展，圆满完成部队机动道路交通保障任务。扎实开展公路治超工作，平均超限率严格控制在2%以内。三是民生实事深得人心。全力加强公路基础设施提质改造，完成国道G574线拉庚拉隧道和国道G345线长拉山、澜沧江隧道渗水处治及照明系统改造工程，有效改善了玉树地区国省干线公路隧道的通行条件。实施高速公路桥梁护栏过渡连接改造161座，进一步提升了高速公路安全通行能力。高速公路运营单位完成ETC车道优化提质升级改造336条，有效提升了ETC车道交易成功率和通行效率。认真做好收费公路通行费征收工作，严格落实通行费优惠减免政策，全年实现通行费收入21.26亿元，优惠减免通行费4.59亿元。完成青海省12328交通运输服务监督电话系统升级改造，新增路域环境投诉举报受理业务，新设立市州级话务转办中心6个。开通西宁市“95128”便利老年人出行电话约车号码。实现二级及以上汽车客运站电子客票全覆盖。新建“司机之家”示范项目3个。省交通医院充分发挥公立医院公益性，抽调医护人员保障疫苗接种超2万人次，完成全员核酸检测采样近20.6万人次，为西宁市主城区疫情防控发挥了积极作用。

第四节　行业治理体系建设

《青海省治理货运车辆超限超载条例》列入省政府立法计划重点调研项目。一是深入开展交通运输执法领域突出问题专项整治行动，排查整改突出问题555项。部署开展交通运输综合行政执法队伍素质能力提升三年行动，行业公正文明执法能力持续提升。着力推进科学民主依法决策，启用法律顾问团参与省厅涉法事项咨询论证6次。全面启动“八五”普法工作。二是重点领域改革纵深推进。完成青海省交通控股集团经营性国有资产集中统一监管改革，将省厅所持有股权划转省国资委。联合省发改委对全省道路班线客运等相关指导价进行调整，有效激发了道路运输市场主体活力。深化交通运输综合行政执法体制改革，8个市州、38个县（区）完成综合行政执法机构的组建。完成涉改厅属单位内设机构设置调整工作。青海交通职业技术学院组建资产运营公司，初步完成校企改革工作任务。三是“放管服”改革进一步深化。持续推进“证照分离”改革全覆盖，全面推行证明事项告知承诺制，对16项涉企经营许可事项实行全覆盖清单管理，实现5项道路运输高频服务事项“一网通办”“跨省通办”。四是行业监管能力逐步提升。制修订《青海省公路水运工程质量监督管理办法》《青海省公路建设市场管理办法》等制度办法，规范市场准入，强化行业监管，完成52个信用承诺制公路建设项目招投标监督管理。会同省发改委等34个单位联合签署《交通运输工程建设领域守信联合激励合作备忘录》，交通运输信用体系建设持续推进。组织开展行业安全生产集中整治专项行动，深化“双随机、一公开”监管应用和跨行业协同监管，实现重点项目、重点领域监督检查全覆盖，综合监管能力和水平有效提升。

第五节　科技创新

一是信息化建设稳步推进。全力推动青海省“十三五”交通运输行政执法综合管理信息系统工程等6个重点信息化项目建设，加强与公安、应急管理、武警部队和地方政府数据资源开放共享，行业数字化治理能力和水平显著提升。圆满完成建党100周年等重大活动、重要敏感时间节点的网络安保任务。二是科研创新取得突破。花石峡冻土公路工程安全野外站获批国家野外科学观测研究站，实现了全省交通运输领域国家级野外站建设"零"的突破。完成"扎麻隆至倒淌河公路生态脆弱区公路路域生态环保科技示范工程"验收工作。全年完成科研项目结题验收6项，立项5项。《高寒高海拔公路隧道防排水设计指南》等40项标准批复立项，有力支撑了全省交通运输高质量发展。

第六节　安全与应急

一是安全监管水平不断提高。深入开展安全生产三年行动"集中攻坚年"专项整治工作，排查整治各类安全突出问题隐患，实施行政处罚807次，警示约谈单位企业82家。联合公安、应急管理部门统一全省高速（含一级）公路限速标准，优化了18条高速公路交安设施。交通运输生产安全事故起数、死亡人数、受伤人数同比实现"三下降"，省厅连续11年被评为全省安全生产先进单位。二是安全防控体系不断完善。初步完成交通运输重大风险信息管理系统建设，建立重大风险基础信息、责任分工、防控措施、监测监控和应急处置"五个清单"，评估确定重点领域重大风险37项。组织实施公路危旧桥梁改造、公路独立墩桥梁运行安全提升等专项工程，累计改造加固各类桥梁367座。实施农村公路村道安防工程204公里。完成公路隧道提质升级工程75座。三是应急保障能力不断加强。开展交通运输应急管理体系建设，修订完善部门应急预案8类，组织各类突发事件应急演练17次。42小时打通玛多地震灾区"生命线"，24小时内完成祁连水毁公路战备应急钢桥架设，公路突发性事件应急处置和保障能力进一步提升。联合公安、应急管理、气象等部门及时发布路况气象预警信息，引导人民群众安全出行。四是疫情防控成果不断巩固。举办"守护—2021"等新冠肺炎疫情防控处置演练42次。精准开展客运场站、在建项目、学院医院等重点区域常态化疫情防控工作。联合商务、市场监管部门加强进口冷链食品运输环节监管，消除冷链食品运输环节疫情传播风险。高效推进行业重点人员疫苗接种工作，全系统新冠肺炎疫苗接种率达95%。五是平安建设基础不断夯实。持续深化交通运输领域"平安青海"建设，常态化推进扫黑除恶斗争，累计摸排线索180条，依法查扣非法营运车辆1796辆，追缴偷逃通行费81.17万元，有力维护了行业安全稳定大局。进一步强化信访维稳、舆情管控等工作，受理群众信访事项733件，办结率99.86%，监测处置网络舆情17起，行业内未发生较大舆情事件。

第七节　党建和亮点工作

一是党史学习教育扎实开展。坚持"学史明理、学史增信、学史崇德、学史力行"，深入开展四史学习，集中宣讲习近平总书记"七一"重要讲话、党的十九届六中全会精神，教育引导广大党员干部职工牢固树立正确历史观、民族观、国家观、文化观，弘扬光荣传统、赓续红色血脉，让党史学习教育聚人气、鼓士气、扬正气。深入开展"我为群众办实事"实践活动，立足群众急难愁盼问题，完成4大类14项重点项目。隆重举行庆祝建党百年系列活动，圆满完成"促百分百达标、迎党百年华诞"党支部以评促建活动，组织召开全厅基层党建观摩暨"两优一先"表彰大会，举行"青衢畅美党旗扬"党建品牌启动仪式，颁发"光荣在党50年"纪念章。二是全面从严治党责任落实有力。认真贯彻落实党中央关于加强"一把手"和领导班子监督的意见，着力加强对"一把手"和领导班子的监督。修订《青海省交通运输厅党组巡察工作办法》，实现系统单位巡察全覆盖。完成中央巡视青海省反馈问题2项牵头任务整改工作。全力配合开展省委巡视组巡视"回头看"工作，积极支持省纪委监委驻厅纪检监察组开展工作，立行立改驻厅纪检监察组反馈5个方面11个问题。拓展审计监督深度和广度，全力开展常态化“经济体检”工作，基本完成国家审计署反馈涉及全省交通运输系统6项问题和省审计厅17项移送处理事项的整改工作。在全厅县处级以上领导干部中集中开展违规收送礼金整治专项行动，持续深化整治群众身边腐败和不正之风突出问题。认真开展党政机关及事业单位办公用房专项整治工作。三是干部队伍建设和机关自身建设不断强化。深入贯彻新时代党的组织路线，落实新时期好干部标准，注重在急难险重和基层一线历练干部、检验干部、识别干部、选配干部，全年共调整处级领导干部40名。认真贯彻落实《2019—2023 年党政领导班子建设规划纲要》，加大优秀年轻干部的育、选、管、用，持续优化干部队伍结构，建立15大类干部人才库及28册年轻干部“一人一档”信息库，成功签约人才项目4个，柔性引进高层次人才3人，圆满完成全省交通工程正高级职称首次评审。制定《中共青海省交通运输厅党组关于加强厅机关自身建设的意见（2021—2025）》，加快建设符合时代要求、适应发展需要、人民群众满意的模范机关。青海交通职业技术学院获批省级“双高计划”建设院校。四是建制村“两通”建设成果巩固拓展。实施乡村振兴战略农村交通提质行动，开展“美丽乡村路”示范工程建设，将中央车购税“以奖代补”资金重点向进村入户倾斜，完成普通省道和农村公路投资22亿元，新改建农村公路1727公里，新增8个乡镇通三级公路和150个自然村通硬化路。积极推进15个乡镇运输服务站建设，新增3个建制村通客车。循化县依托“以奖代补”资金，整合撬动其他涉农资金，整村推进6个乡镇13个村的村道加铺沥青路面，村庄面貌焕然一新。五是“四好农村路”建设持续推进。组织召开推动全省“四好农村路”高质量发展视频会议。联合省发改委等7部门印发《青海省农村公路“路长制”实施方案》，全面推行县、乡、村三级“路长制”，实施农村公路管理养护体制改革5项试点工作。围绕“十四五”期农村公路发展目标，有针对性地开展农村公路基础数据核实工作，首次对全省有铺装路面的农村公路开展路面技术状况自动化检测评定。联合青海省财政、农业农村、乡村振兴等部门推进“四好农村路”示范县创建，完成2个国家级示范县及13个省级示范县实地复核工作。黄南州大力开展农村公路管理养护体制改革“路长制”试点创建工作，建立了由州长担任总路长，县乡两级政府主要领导担任第一路长，州直各部门主要负责人参与的“路长制”工作委员会。六是帮扶政策衔接有效。严格落实“四个不摘”重大要求，健全防止返贫帮扶机制，新选派12名驻村干部到6个结对帮扶村接续履职，入户走访掌握实情，积极推进人居环境整治，开展消费帮扶助力农产品销售，持续巩固了脱贫攻坚帮扶成效。七是精神文明建设和意识形态工作卓有成效。树立“畅行青海、美在交通”行业形象，组织开展行业“社会主义核心价值观主题实践教育月”“全民阅读进交通”等活动。全省交通运输行业荣获国家级荣誉表彰集体2个、个人4名，省部级荣誉表彰集体18个、个人25名。此外，离退休干部、工会群团建设、机关效能建设、民族团结进步创建、编史档案、政务公开、机关保密、后勤服务保障和部门绿化工作推进有序，为推动交通运输事业发展汇聚了强大合力。

附表

青海省交通运输主要指标统计表

指标			2021年	备注
基础设施投资（亿元）	综合交通固定资产投资		—	
	铁路投资		—	
	公路投资		241.25	
	# 高速公路投资		87.78	
	水运投资		0.54	
铁路	通车总里程（公里）	铁路营业里程	—	
		# 国家铁路	—	
		# 合资铁路	—	
		# 地方铁路	—	
	运输情况	旅客发送量（万人次）/ 货物发送量（万吨）	—	
		旅客周转量（亿人公里）/ 货物周转量（亿吨公里）	—	
公路	通车总里程（公里）	公路通车总里程（公里）	86,151.87	
		# 高速公路通车里程	3,502.87	
		# 等级公路里程	74,668.81	
		# 农村公路里程	64,351.05	
		# 桥梁（座）	8,628	
		桥梁总长（万延米）	51.83	
		# 隧道（座）	181	
		隧道总长（万延米）	30.36	
	运输情况	客运量（万人次）/ 货运量（万吨）	1590/14083	
		旅客周转量（万人公里）/ 货物周转量（万吨公里）	277209/1604686	
水路	航道及码头情况	内河航道通航里程（公里）	662.69	
		# 高等级航道通航里程（公里）	—	
		港口生产用码头泊位拥有量（个）	—	
		# 万吨级泊位（个）	—	
	运输情况	客运量（万人次）/ 货运量（万吨）	63/614	
		旅客周转量（万人公里）/ 货物周转量（亿吨公里）	—	

续上表

指标		2021年	备注
民航	机场数量(个)	—	
	运输总周转量(万吨公里)	—	
	# 国内运输总周转量(万吨公里)	—	
	# 国际运输总周转量(万吨公里)	—	
	旅客运输量(万人次)/货邮运输量(万吨)	—	
	旅客周转量(万人公里)/货邮周转量(万吨公里)	—	
邮政	邮政行业业务总量(万元)	—	
	快递业收入(万元)	—	
	邮政邮路总条数(条)	—	
	邮政邮路总长度(单程/公里)	—	

宁夏

第一节　整体概况

2021年，宁夏回族自治区交通运输厅聚焦“安、快、畅、美”高质量发展目标，统筹疫情防控和交通运输发展，项目建设成果丰硕，管养水平明显提高，运输服务多点突破，治理体系不断完善，各项工作取得了新进步、迈上了新台阶。全年完成公路水路固定资产投资146亿元，超出年度目标12.3%，高速公路通车里程突破2000公里，干线公路养护管理水平提升至全国第18位、取得历史最好成绩，在全国交流分享法治政府部门建设工作经验，交通运输工作实现“十四五”开门红。

第二节　综合交通基础设施建设

铁路方面，宁夏境内共有铁路线路1645公里（干线铁路里程1363公里，其中高铁里程317公里；地方铁路里程282公里），电气化率82.86%，复线率33.84%。2021年，全区铁路在建中兰、包银（银川至惠农段）2个高铁项目总投资169亿元，累计完成投资72亿元；全区铁路已建银西高铁项目总投资217亿元，累计完成投资204亿元。

公路方面，截至2021年底，宁夏公路通车总里程约3.76万公里，较2020年末增加676公里，公路密度56.59公里/百平方公里。按技术等级分，高速公路2079公里（其中国家高速公路1685公里），一级公路2003公里，二级公路4263公里，三级公路5501公里，四级公路23722公里，等外公路9公里。按行政等级分，国道4056公里（其中国家高速公路1685公里），省道2947公里（其中地方高速公路394公里），农村公路29010公里（其中县道823公里、乡道9124公里、村道19063公里），另有专用公路1564公里。

水路方面，截至2021年底，黄河银川段航运建设一期工程、黄河中卫市沙坡头枢纽至白马乡航运建设二期工程加快建设；黄河宁夏中卫市南长滩至沙坡头航运一期工程已完成竣工验收；黄河吴忠段航运一期工程已到收尾阶段，正在组织开展验收工作；黄河石嘴山段航运建设一期工程已开展初步设计。

民航方面，宁夏机场建设指挥部以“四型机场”建设为总要求，立足银川、中卫、固原三地机场建设，注重规划、建设及运行的有机融合，扎实推动机场规划水平提升和现代工程管理落地。银川机场1号站坪更新改造项目全部完工，并顺利通过竣工验收。积极推进银川机场四期扩建和中卫、固原机场二期改进项目，协调当地政府，畅顺沟通渠道，组织实地调研踏勘，建立专业对口联系。

图 7-30-1　宁夏固原泾源县泾白公路（石新军 摄）

邮政方面，大型分拨中心建设加快推进，京东快递永宁县“亚洲一号”建成投运。城乡末端投递服务体系不断完善，2021年，全区设置智能快件箱1503组，快递末端公共服务站点突破2210处。县乡村共配网络加快构建，邮政企业加大对县乡处理中心、村级站点及车辆设备等建设投入力度。加强邮政综合服务平台建设，进一步深化政邮、警邮、税邮、法邮、医邮合作。推进邮政服务进军营，引导邮政企业在驻宁某部队开办邮政综合服务网点。加快推进“快递进厂”，支持邮政、快递企业嵌入电子通信、装备制造等重点产业，针对单位价值较高和个性化较强的产品提供差异化寄递服务，快递进厂5个，进园区9个。深入实施行业绿色发展“2191”工程，新增包装废弃物回收装置网点294处，企业自有新能源或清洁能源车辆保有量81辆。积极推进“一市一品”农特产品进城示范项目，推广“快递+互联网+特色农产品供销”模式，助力脱贫地区发展，全区建制村邮政电商服务站“邮乐购”达526个。

第三节　运输服务保障能力

铁路方面，截至2021年底，宁夏铁路完成旅客发送量682.9万人次，同比增长28.5%；完成货物发送量3195.61万吨，同比减少2.2%。

公路方面，全年累计完成公路客运量2712万人次，客运周转量26.8亿人公里，同比分别下降6.5%和5%；全区累计完成公路货运量3.8亿吨，货运周转量577.7亿吨公里，同比分别增长9.6%和19.4%。合规网络预约出租车完成91.43万单次；网络货运完成4.38万单次；中心城市（银川市）出租汽车客运量达到1.1亿人次，同比增长9.36%；中心城市（银川市）城市公交车客运量达到1.3亿人次，同比增长7%。

水路方面，截至2021年底，全区有营运资质的水路运输企业共23家，其中从事水上旅游客运的18家，经营公路渡口（黄河浮桥）运输的5家，营运性渡船22艘。全区共有车客渡船、浮桥承压舟、拖轮、旅游客船（包括普通旅游客船、快艇等）等各类船舶和水上浮动设施1000余艘。另外约500艘（架、座）为5米以下非机动游乐船舶，分布于各城市公园。全区水路运输从业人员约2100名，在册船员1145名。2021年，全区累计完成水路客运量141.6万人次，水路旅客周转量823.57万人公里。

民航方面，2021年，宁夏机场公司累计完成运输起降6.9万架次、旅客吞吐量739.77万人次、货邮吞吐量4.3万吨，同比分别增长2.1%、0.2%和－18.6%。其中，银川机场三项指标分别完成6.37万架次、699.84万人次、4.2万吨，同比分别增长4.4%、1.3%和－18.9%；中卫、固原机场分别完成旅客吞吐量21.64万人次和18.29万人次，同比分别增长－2.6%和－29%。中卫、固原、月牙湖机场通航飞行分别累计完成0.28万、0.25万和0.77万架次，同比分别增长－13.1%、－25.4%和－34.9%。

邮政方面，2021年，全区邮政业业务总量完成22.46亿元，同比增长24.13%；业务收入（不含中国邮政储蓄银行直接营业收入）完成24.23亿元，同比增长22.95%。全区快递服务企业业务量完成9962.97万件，同比增长36.15%；业务收入完成15.41亿元，同比增长30.31%。邮政寄递业务量完成8920.67万件，同比增长3.97%；邮政寄递业务服务收入完成8500.97万元，同比下降1.5%。

第四节　行业治理体系建设

事业单位改革基本到位。整合组建新的宁夏公路管理中心，实现非收费公路“建管养运”一体化运行；争取设立自治区公路水路发展中心等4家事业单位，进一步明晰事权责任，完成“一局一校一站七中心”厅属事业单位布局。综合执法改革成效显著。市、县（区）交通运输综合行政执法改革全面落地；更新发布权力清单，建立执法事项目录，制定行政执法三项制度实施细则、执法流程文书规范样本；行政执法信息系统全面应用，3处非现场执法试点项目建成使用，治超联网系统投入运行；扎实开展素质能力提升、突出问题专项整治两项行动，素质考核综合达标率提升到83.5%，查纠整改问题687项。管养体制改革蹄疾步稳。全面推行农村公路"路长制"，20个县（市、区）明确三级路长，银川市等市、县（区）将农村公路养护资金、管理机构运行经费和人员支出纳入同级财政预算。强化典型示范引领。全区共打造12条"美丽农村路"，盐池县创建"四好农村路"全国示范县，彭阳、西吉县开展农村公路"专业化+社会化"管养试点。"放管服"改革走向深入。落实"简、放、减"要求，下放行政许可、备案事项5项；深化"证照分离"改革，取消审批6项，优化服务17项；5项运输高频服务事项实现跨省通办，44项运输服务事项融入全区"一张网"，区本级交通运输政务服务事项基本实现"不见面"办理。

重要法规规章制度建设方面，深入推进法规制度系统化建设，制定全区交通运输法规制度体系建设工作实施方案，按照"1+2+5+N"总体思路，打造内容科学、配套完备、运行有效的行业法规制度体系。基于宁夏"十三五"交通运输行政执法综合管理信息系统的数据库平台框架已初步构建，制度体系基本梳理完成。持续推进《宁夏回族自治区水路交通运输安全条例》立法，开展《宁夏回族自治区高等级公路广告牌管理规定》调研，深入开展法规规章和规范性文件清理工作。先后废止政府规章8件、修改1件，废止自治区行政规范性文件2件、修改2件，废止、宣布失效交通运输厅行政规范性文件27件，修改4件。起草完成《公路水路市场行政执法监管办法》《运输市场行政执法监管办法》，推动构建新型执法监管体系。

公路建设领域监管方面，一是提升建设市场管理能力。按照自治区统一要求，完成交通项目全流程电子化招投标工作，对所有公开招标的公路建设项目的开标评标活动进行行政监督。提升数字化管理能力，在厅管项目推行项目工地主要履约人员人脸识别软硬件适配及信息上报，并于2021年7月实现数据报送，实现在建项目主要管理人员数字化监管。二是完善信用管理体系。修订印发《宁夏回族自治区公路建设与养护市场信用评价管理办法（试行）》，同步升级宁夏回族自治区公路建设与养护市场信用信息管理系统。开展2020年度宁夏公路建设市场设计、施工单位信用评价工作，对85家施工企业和14家设计企业进行信用评价。85家施工企业（施工企业62家，房建工程15家，机电工程8家）中，AA级9家、A级63家、B级12家、D级1家。14家设计企业中，AA级9家，A级5家。三是工程质量强基提质。开展红线行动、平安工地等专项行动，对10个重点项目的49个标段开展执法检查，发现问题484个，办理案件7起，筑牢品质工程防线。

深化公路管养方面，统筹公路管理、养护、保护、运营各个环节，探索科学、智慧、多元、便民的管理服务模式。路况质量稳步提升。建立公路基础数据库，科学精准实施日常养护，及时处治路面病害和路基隐患，提升优化标志标线440公里；投入4.48亿元，实施养护工程97项；完成公路安全生命防护工程480公里，改造危旧桥梁22座；高速公路平均优等路率、普通国道及省道平均优良路率分别达到93%、98%、68%。管理模式不断优化。制订政府和社会资本合作项目绩效考核管理办法，压实收费公路经营单位管养责任；有序建设公路"一张图"，探索建立公路"三色"管理法，推进建设养护科学决策；落实全方位预算绩效管理，出台《宁夏回族自治区农村公路养护预算编制办法》等地方标准，加强农村公路抽检，"以奖代补"推动普通省道和农村公路管养提效。灾害风险全面核查。完成自然灾害综合风险公路承灾体普查，排查公路、桥梁、隧道的各类自然灾害风险点2782个，建立全区公路地质灾害数据库。

依法治路方面，一是路产路权有效保护。巩固联勤联动联管机制，联合执法巡逻450余万公里，公路执法监管整治5700余处。规范涉路施工监管，查处违法行为58起。深化大件运输企业“一对一”联络服务机制，勘验大件运输车辆6300余辆，查处违法行为430起。全年行政处罚971起、行政强制93起，事中事后监管更加有力，路产路权得到有效保护。二是联动治超成效明显。坚持治源头、抓路面、堵节点、查末端，开展联合治超3100余次，查处超限车辆2万辆次，卸转载货物50余万吨，高速公路、干线公路超限率分别控制在0.5%和2%以内。拆除限高限宽设施281处、规范345处，实现了执法效果和社会效应的统一。

第五节　科技创新

坚持以科技创新为引领，为建设黄河流域生态保护和高质量发展先行区提供有力保障。一是加强顶层设计，强化规划引领。深入贯彻落实《交通强国建设纲要》，编制完成并正式印发了《宁夏交通运输科技“十四五”发展规划》《宁夏交通运输信息化“十四五”发展规划》，为交通运输高质量发展谋篇布局。二是以科技创新为引领，高质量推进交通重点项目建设取得新突破。依托乌海至玛沁高速公路（宁夏境）青铜峡至中卫段工程，开展“基于绿色生态理念的沙漠腹地高速公路建设关键技术研究”，目前已探索研发出风积沙资源综合利用、生物矿化固沙技术、新型沙漠公路沥青路面结构设计方法、全寿命周期的数字信息化模型场景分析及综合应用等关键成套技术，为我国沙漠高速公路的建设积累了实践经验。三是积极推动绿色交通发展取得新成效。成功举办第五届绿色交通论坛。引导推进银昆高速绿色示范公路建设，围绕生态选线、资源再利用、永临结合、环境保护等开展绿色公路建设，计划在风积砂路基施工、服务区亮化和功能提升、清洁能源再利用等方面实现水平提升。四是在申报立项重点研发项目上取得新突破。2021年“近黄河沙漠腹地高速公路建设关键技术研究”等三项科研课题被列入自治区2021年重点研发计划。五是交通运输标准供给持续加强。《公路沥青面层典型结构应用技术规范》等四项地方标准通过自治区市场监督管理厅组织的专家审查，《公路工程湿陷性黄土地基处理技术规范》等三项地方标准获批列入自治区地方标准制定计划。五是大力推进智慧交通建设。以高速公路视频云联网平台、高速公路智慧监测系统等为代表的宁夏“互联网+交通运输”最新成果在第四届数字中国建设峰会上集中展示，取得了良好的宣传效果。六是积极推进交通新基建，提升交通基础设施数字化水平。发布实施《宁夏公路网智能感知设施建设指南（试行）》，在中卫下河沿黄河公路特大桥项目中对有关智能感知设施进行实践应用，在全区“治超联网”和“非现场执法试点”项目中应用智能感知设施，为自治区超限超载非现场执法工作提供了法律依据，提高了工作效率。

图 7-30-2　2021 年 12 月 29 日，乌玛高速公路宁夏青铜峡至中卫段通车（锁恺星 摄）

第六节　安全与应急

结合安全生产专项整治三年行动，从5个方面开展试点，打造监管责任科学分担、双重预防机制全面覆盖的平安交通建设新格局。健全安全管理和执法监督“两个责任”体系，制定印发厅系统安全生产管理职责清单，落实内部“管”的常态责任到基层、到企业、到岗位，外部“监”的执法责任全过程、全领域、全覆盖。加强重大风险图斑化、精准化、动态化管理，956家交通企业纳入安全风险防控和隐患排查治理“双重预防”机制，实现交通运输重点领域全覆盖。日常监管检查与专项整治行动相结合，安全生产形势持续稳定。扎实推进安全生产专项整治三年行动，道路运输、交通运输和渔业船舶专项整治19项任务完成整改，铁路沿线安全环境治理排查出的2011件隐患全部销号，船舶碰撞桥梁隐患治理稳步推进。认真开展安全生产月、平安工地“三送行动”、质量督查等系列活动，紧盯重点时段路段、重点区域水域、重点车辆船舶，加强执法检查和警示约谈，抓好隐患排查治理，安全生产形势总体稳定。加强应急队伍建设，健全交通救援队伍6个，应急保障运力达到800余辆，培训应急救援人员3000余人次。建设交通应急物资储备站点8个，救援中心辐射能力持续提升。修订应急预案30个，组织开展公路交通阻断、隧道突发事件、水上交通安全等8个科目应急演练，全面提高行业应急处置能力。

图 7-30-3　2021 年 10 月 12 日，交通运输、公安、应急管理等多部门联合在青兰高速六盘山特长隧道，举办以火情处置、人员疏散和应急救援为主题的综合性隧道突发事件应急演练活动（符城玮 摄）

第七节　特色工作

一、党的建设

以党史学习教育为主线，全面提升党建和党风廉政建设水平，行业形象全面改观。扎实开展党史学习教育，赓续红色血脉，凝聚奋进力量。组织大调研大排查大提升活动，梳理汇总“我为群众办实事”清单40余项，推动党史学习教育与中心工作双提升、同进步。深入创建模范机关，持续打造“党建引领高起点谋划、交通先行高质量发展”党建品牌，深化“三强九严”工程，充分发挥“党建+业务”考核的指挥棒作用，推动干部政治能力和专业能力提升。推广“机关+基层”模式，开展“主题党日+联系点共建活动”，助力基层党建全面提升。扎实开展廉政警示教育，认真组织违规吃喝隐形变异问题专项治理，着力营造风清气正政治生态，行业形象大幅提升。

二、亮点工作

一是破旧立新，管理体制完成结构性重塑。坚持问题和目标双导向、政事企事相分离、管理重心向下移，同步推进“五大改革”。构建“两个体系、三级管理”模式，建立了收费公路与非收费公路两大运营体系，管理规范、职责明晰的行政事业单位运行体系，全覆盖不交叉的综合执法监管体系，实现了从“管系统”向“管行业”的全面转变。二是锐意创新，投融资机制发生根本性变革。面对统贷统还政策退出、财政投入严重不足的困难局面，积极探索公路交通投融资新路径，构建起社会参与、多元投入的投融资新机制，推动政府与社会资本合作模式取得新突破，保障了高速公路持续健康发展。三是革故鼎新，政治生态得到系统性改善。坚持以案促改，规范权力运行，修订议事规则，重建决策机制，实现议事决策民主化、程序化、规范化。排查制度风险，堵塞制度漏洞，修订完善工作制度627项，把权力关进制度的笼子。创新建立“三内一直”管理模式，从健全制度、理顺体制、改进作风等方面全面净化修复政治生态，干事创业环境得到改善。四是守正出新，交通事业实现历史性突破。公路水路固定资产投资连续10年超额完成目标任务，全区公路总里程3.76万公里，高速公路通车里程达到2079公里，省际出口增至12个，路网规模不断增加、结构逐步优化、韧性持续增强，运输服务水平进一步提升，交通运输先导性作用更加凸显。五是服务乡村振兴趟出新路。创新推进农村客货邮“商”（客运、货运、邮政快递、商贸物流）融合发展，确定33个农村客货邮商融合发展服务站点和56条示范线路，全区1583个建制村通快递，覆盖率达71.63%，推动“农产品进城、工业品下乡”，统筹解决农民群众幸福出行、物流配送、邮政寄递三个“最后一公里”问题。

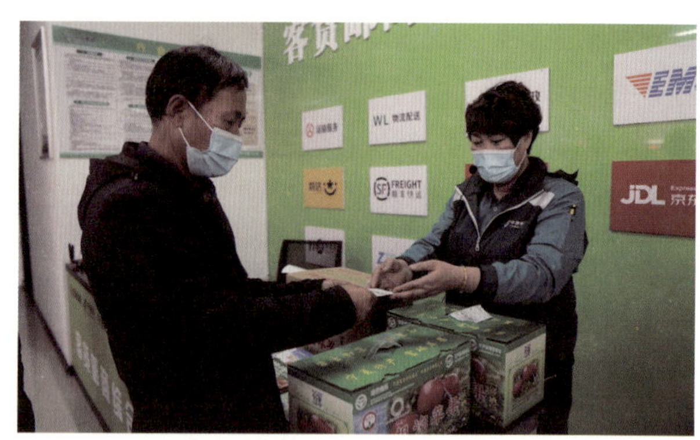

图 7-30-4　客货邮商融合发展服务站点（王浩 摄）

附表

宁夏回族自治区交通运输主要指标统计表

指　标			2021年	备　注
基础设施投资（亿元）	综合交通固定资产投资		282.42	
	铁路投资		38.70	
	公路投资		145.37	
	#高速公路投资		97.80	
	水运投资		0.55	
铁路	通车总里程（公里）	铁路营业里程	1631.50	
		#国家铁路	678.60	
		#合资铁路	670.90	
		#地方铁路	282.00	
	运输情况	旅客发送量（万人次）/货物发送量（万吨）	682.90/9422.74	
		旅客周转量（亿人公里）/货物周转量（亿吨公里）	28.85/232.64	
公路	通车总里程	公路通车总里程（公里）	37577.00	
		#高速公路通车里程（公里）	2079.00	
		#等级公路里程（公里）	37568.00	
		#农村公路里程（公里）	29010.00	

续上表

<table>
<tr><th colspan="3">指　标</th><th>2021 年</th><th>备　注</th></tr>
<tr><td rowspan="6">公路</td><td rowspan="4">通车总里程</td><td># 桥梁（座）</td><td>5231.00</td><td></td></tr>
<tr><td>桥梁总长（万延米）</td><td>35.70</td><td></td></tr>
<tr><td># 隧道（座）</td><td>35.00</td><td></td></tr>
<tr><td>隧道总长（万延米）</td><td>4.80</td><td></td></tr>
<tr><td rowspan="2">运输情况</td><td>客运量（万人次）/ 货运量（万吨）</td><td>2712/37505</td><td></td></tr>
<tr><td>旅客周转量（万人公里）/ 货物周转量（亿吨公里）</td><td>268065/577.7</td><td></td></tr>
<tr><td rowspan="6">水路</td><td rowspan="4">航道及码头情况</td><td>内河航道通航里程（公里）</td><td>129.87</td><td></td></tr>
<tr><td># 高等级航道通航里程（公里）</td><td>0.00</td><td></td></tr>
<tr><td>港口生产用码头泊位拥有量（个）</td><td>0.00</td><td></td></tr>
<tr><td># 万吨级泊位（个）</td><td>0.00</td><td></td></tr>
<tr><td rowspan="2">运输情况</td><td>客运量（万人次）/ 货运量（万吨）</td><td>141.60/—</td><td></td></tr>
<tr><td>旅客周转量（万人公里）/ 货物周转量（亿吨公里）</td><td>823.57/—</td><td></td></tr>
<tr><td rowspan="6">民航</td><td colspan="2">机场数量（个）</td><td>3.00</td><td rowspan="5">银川、中卫、固原3个机场合计，与报送自治区统计局数据一致</td></tr>
<tr><td colspan="2">运输总周转量（万吨公里）</td><td>40471.05</td></tr>
<tr><td colspan="2"># 国内运输总周转量（万吨公里）</td><td>40470.03</td></tr>
<tr><td colspan="2"># 国际运输总周转量（万吨公里）</td><td>1.03</td></tr>
<tr><td colspan="2">旅客运输量（万人次）/ 货邮运输量（万吨）</td><td>325.2/2.19</td></tr>
<tr><td colspan="2">旅客周转量（万人公里）/ 货邮周转量（万吨公里）</td><td>495614.88/3299.94</td><td></td></tr>
<tr><td rowspan="4">邮政</td><td colspan="2">邮政行业业务总量（万元）</td><td>224600.00</td><td>统计口径有调整</td></tr>
<tr><td colspan="2">快递业收入（万元）</td><td>154100.61</td><td></td></tr>
<tr><td colspan="2">邮政邮路总条数（条）</td><td>400.00</td><td></td></tr>
<tr><td colspan="2">邮政邮路总长度（单程 / 公里）</td><td>17654.00</td><td>此数据为日均里程非单程邮路总长度</td></tr>
</table>

新疆

第一节　整体概况

2021年，新疆维吾尔自治区完成交通固定资产投资690.5亿元，实施交通建设项目67个，建设规模9898公里，25个项目交（竣）工通车。完成农村公路建设投资76.1亿元，新改建农村公路里程9291.5公里，整治村道安全隐患5441公里，改造危桥100座。完成道路旅客运输量1.35亿人次，同比增长172.47%；旅客周转量80.12亿人公里，同比增长84.65%。完成道路货物运输量5.43亿吨，同比增长34.7%；货物周转量681.33亿吨公里，同比增长38.7%。

跨区域大通道建设稳步推进。中欧班列乌鲁木齐集结中心建成投运。G3018精河至阿拉山口高速公路建成，阿拉山口口岸实现通高速。环准噶尔盆地高速（一级）公路全面建成，环塔里木盆地高速（一级）公路基本建成，第二条进出疆高速公路大通道——京新高速公路全线贯通。G0711尉犁至35团、35团至若羌及S21阿勒泰至乌鲁木齐高速公路建成通车，国道G314线布伦口至红其拉甫口岸段建成通车，中巴经济走廊通行条件全面改善，“疆内环起来、进出疆快起来”的目标正加快实现。

综合交通规划方面，涉及自治区的“大陆桥走廊”“沿边通道”被纳入《国家综合立体交通网规划纲要》国家综合立体交通网主骨架布局。乌鲁木齐市入选国际性综合交通枢纽城市建设名单，库尔勒、喀什、伊宁被列为全国性综合交通枢纽城市。由自治区交通运输厅主导编制的《关于促进公路交通运输与旅游产业融合发展的指导意见》《新疆公路交通运输与旅游产业融合发展规划纲要》印发实施。《新疆维吾尔自治区交通运输（公路）“十四五”发展规划》经自治区党委常委（扩大）会议审议通过，这是自治区党委常委（扩大）会议首次研究制定交通运输五年发展规划。自治区人民政府办公厅相继印发实施《新疆维吾尔自治区“十四五”综合立体交通规划》《关于进一步推进全区公路交通建设高质量发展的指导意见》。坚持公路通道和线位资源节约、国土空间和生态保护红线相协调，持续修编《“乌昌石”“奎独乌”区域“十四五”综合交通运输发展规划》。

交通强国建设方面，自治区党委、人民政府印发实施《新疆维吾尔自治区贯彻落实〈交通强国建设纲要〉实施方案》，成立了由自治区人民政府主要领导为组长的自治区推进交通强国建设工作领导小组，并印发《交通强国建设新疆试点任务分工方案》，充分调动各地积极性，形成合力办交通的有利条件。交通强国试点建设各项任务取得阶段性成果，其中进出疆高速公路大通道基本建成，南北疆高速公路大通道加快推进，覆

图 7-31-1　2021 年 12 月 25 日，S21 阿勒泰至乌鲁木齐高速公路建成通车（崔剑 摄）

盖全疆的高速公路大通道基本成型。

第二节　综合交通基础设施建设

2021年，全区完成公路交通固定资产投资690.5亿元，为年度计划的115%，实施交通建设项目67个，其中国省干线项目65个、农村公路项目包1个、客货场站项目包1个，建设规模9898公里。S20五工台至克拉玛依高速公路等25个项目建成，G0711乌鲁木齐至尉犁高速公路等31个项目加快建设，国道218线那拉提至巴仑台等9个项目按期开工，新增国道314线喀什过境等4个预备项目、省道238线汉水泉至下涝坝等4个计划外项目开工建设。全区新增高速（一级）公路超过1800公里，总里程突破9400公里；全区107个县市中91个县市（新增11个）实现通高速（一级）公路，占比突破85%，为建设丝绸之路经济带核心区交通枢纽中心奠定了坚实基础。

品质工程创建方面，2021年6月，G0711乌鲁木齐至尉犁高速公路项目入选交通运输部"平安百年品质工程"创建示范项目（第一批）清单，并编制《G0711乌鲁木齐至尉犁高速公路建设项目天山胜利隧道"平安百年品质工程"示范创建总体方案》报交通运输部；9月，组织召开2021年自治区公路建设项目"平安百年品质工程"创建示范现场会。12月，G7明水（甘新界）至哈密高速公路项目顺利通过交通运输部竣工验收，被评定为质量优良工程。

农村公路建设方面，截至2021年底，全区累计完成农村公路建设投资76.1亿元，占年度目标任务的126.8%；累计完工里程9291.5公里，占年度目标任务的163%；累计整治村道安全隐患7781.3公里，占年度目标任务的148.5%；累计改造危桥100座，占年度目标任务的100%。成功创建"四好农村路"全国示范县5个，组织评选"四好农村路"自治区示范县5个。

图 7-31-2　G0711 尉犁至若羌高速公路（蔡增乐 摄）

客货运站场建设方面，2021年，全区累计完成客货场站项目建设投资6亿元，为年度计划的200%。G7梧桐大泉至下马崖等高速公路沿线的10个高速公路收费站积极推进设站的前期审核工作。巴州轮台县阳霞矿区等3个二级以上公路收费站完成设站报批。

第三节　运输服务保障能力

道路客运方面，截至2021年底，全区共有客运企业489家、客车3.58万辆，全年完成道路旅客运输量1.35亿人次、旅客周转量80.12亿人公里，同比分别增长172.47%和84.65%。

道路货运方面，截至2021年底，全区共有货运企业3.46万家，营运车辆26.81万辆，从业人员37.03万人。其中，普通货物运输企业3.35万家，营运车辆24.36万辆；危险品运输企业463家，营运车辆2.45万辆。全年完成道路货物运输量5.43亿吨，货物周转量681.33亿吨公里，同比分别增长34.7%和38.7%。

国际道路运输方面，2021年，全区共完成国际道路货物运输量201.99万吨，货运周转量46992.36万吨公里，受新冠肺炎疫情等多种因素影响，同比分别增长25.55%和-4%。

全区52家二级及以上汽车客运站全部完成电子客票推广应用。推动农村客运高质量发展，印发《关于推动新疆维吾尔自治区农村客运高质量发展的实施意见》。广泛开展绿色出行创建行动，推荐乌鲁木齐市、伊宁市申报交通运输部绿色出行创建城市。推动农村客货邮融合发展，印发《关于进一步深化交通运输与邮政快递融合推进农村物流高质量发展的实施意见》，建成挂牌“中邮驿站+乡镇运输服务站”70个，打造客运班车代运线路123条。加强长途客运班线安全管理，引导800公里以上的客运班线、客运车辆有序退出道路客运班线市场。

出行服务体验不断优化。全区公路客货运站场、收费站、服务区、治超站全部配备交通医疗急救箱，40处服务区完成“厕所革命”，2个“司机之家”建成使用，30%的高速公路服务区提供淋浴和洗衣服务，12座服务区新能源充电站和4个停车区充电桩正式投用，“新e畅行”便民服务小程序全面启用，重点路段拥堵整治有力，全年路网畅通运行。客运服务提档升级。4个城市推广巡游出租车电召服务，52家二级及以上汽车客运站完成电子客票推广应用，14个地州市交通一卡通互联互通建设完成技术改造，出租汽车行业管理不断规范，新老业态融合发展有序推进。

深入推广旅客联程运输和货物多式联运，阿拉山口“公铁联运”、喀什包机、霍尔果斯“空中路桥”集装箱吊运等模式初步形成。交通与旅游融合发展，组织开展G7巴里坤至木垒高速公路等14条旅游线路出行服务提升行动，实施喀纳斯景区道路等12个公路品质提升工程，打造了以省道101线天山地理画廊为代表的精品旅游线路及两处特色主题服务区，“快进慢游”的全域旅游大交通体系不断完善。

第四节　行业治理体系建设

推进经营类事业单位改革，完成新疆交通规划勘察设计研究院事转企改革；注销自治区交通建设管理局外国专家接待服务中心、交通建设工程招标投标中心；推进自治区汽车产品质量监督检测站改革；统筹推进自治区交通职业技术学院所属企业体制改革。深化交通运输执法改革，自治区交通执法局规格调整，已报自治区编办《关于报送审核〈新疆维吾尔自治区交通运输综合行政执法局职能配置、内设机构和人员编制规定〉的请示》和《关于报送审核〈新疆维吾尔自治区道路运输事业发展中心职能配置、内设机构和人员编制规定〉的请示》；自治区公路管理局转自治区公路事业发展中心挂牌。

投融资改革方面，全年实施PPP项目和交投集团承接公路项目总投资2126亿元，占全区公路建设项目总投资的74.8%，“自治区主导、各地积极支持、社会资本有效参与”的公路建设新格局基本形成。

“放管服”改革方面，印发《新疆维吾尔自治区交通运输厅深化“放管服”改革优化交通运输营商环境实施方案》《新疆维吾尔自治区交通运输厅关于服务“六稳”“六保”进一步做好“放管服”改革工作实施方案》，25个交通运输政务服务事项实现“一网通办”。大件运输许可审批周期降低37.5%，审批数量提高35.4%。5项道路运输高频服务事项实现“跨省通办”。全面落实“绿色通道”和高速公路差异化收费等优惠政策，全年减免通行费29.09亿元。204家具备资质的检验检测机构全部实现“三检合一”、结果互认，为运输企业直接减负1450万元。推动厅本级、14个地州（市）、93个县（市、区）各层级交通运输部门电子印章申领。推进政务服务“好差评”制度，政务服务一体化平台事项办理、处理咨询和投诉1.02万件，其中厅主办事项评价2910件，公众满意度达99.89%。实现三级十二同行政审批标准化事项清单86项，开展厅本级政务数据资源目录和供需清单21项。取消除道路危险货物运输以外的道路货物运输驾驶员从业资格考试，5项道路运输高频服务事项实现“跨省通办”。信用体系深入推进，“信用交通·新疆”数据归集完整度在全国排名第五，全年公布失信主体名单89条，试点开展“信易贷”联合惩戒，以信用为基础的新型监管机制加快构建。

推进依法行政方面，制定《新疆维吾尔自治区交通运输系统法治建设实施方案》，印发《2021年新疆维吾尔自治区交通运输法制工作要点》，细化重点工作任务46项。开展自治区交通运输执法规范年活动，启动执法队伍素质能力提升三年行动，推动自治区交通执法、公安交警和兵团交通执法三方联勤联动，实现全区交通执法“一盘棋”，全区高速公路超限超载率降至0.07%。推进严格规范公正文明执法，印发《加强和规范新疆维吾尔自治区交通运输事中事后监管三年行动方案（2021—2023年）》，适用新式行政执法文书，严格落实行政执法“三项制度”。完成系统行政执法人员新式执法制服和新式执法证件换发。加大普法宣传力度，印发自治区交通运输系统“八五”普法规划，制定交通运输系统学法清单，编撰完成《〈中华人民共和国民法典〉涉及交通运输行业工作指引（一）（二）（三）（四）》。加强信用体系建设，印发《2021年新疆维吾尔自治区交通运输行业信用体系建设工作要点》，与自治区发改委签订《交通运输行业与新疆金融综合服务平台（信易贷）合作共享协议》；推动建设“新疆维吾尔自治区农村公路建设市场信用信息管理系统”。

第五节　科技创新

加大科技创新工作力度。2021年，完成4个科技项目验收，荣获一项2020年度自治区科技进步一等奖。组织举办自治区交通运输科技活动周，荣获全国科技活动周省部级表彰。研究梳理公路建设行业“十四五”科技需求，根据自治区交通运输工作实际和国道217、218、219线等主要建设项目面临的重大科技难题，制定科技项目申报指南，完成14个完全自筹资金科技项目的立项工作。组织申报6个地方标准项目并列入2021年自治区地方标准制（修）订计划，其中4项地方标准完成审查，2项地方标准正式发布。

稳步推进网络安全和信息化工作。制定发布《新疆维吾尔自治区交通运输厅网络安全和信息化工作管理办法》《新疆维吾尔自治区交通运输厅网络安全信息通报工作方案》。加快推进综合执法、治超联网、视频云联网、互联网道路运输便民政务服务项目、安全生产监管监察和工程质量监督等重点信息系统建设。有序推进政务信息系统迁云，初步完成迁移方案。推进交通数据中心建设，加强系统内外数据共享交换；推动新基建在交通运输领域的应用；落实网络安全责任制，推进等级保护制度，加强网络安全检查及网络安全保障队伍建设，全年培训1000余人次。

大力发展绿色交通，完成G7巴里坤至木垒段等绿色公路典型示范工程建设。大力推进路域环境整治，按期淘汰营运柴油货车19514辆，建设或达标尾气排放治理站32家，新增清洁能源及新能源车辆7164辆，长距离道路货物运输量占比逐年递减，行业节能减排和环境治理成效明显。

第六节　安全与应急

2021年，自治区交通运输厅荣获全区安全生产和消防工作目标管理考核先进单位。全年完成13个国省干线安全设施精细化提升项目、6个灾害防治项目建设；强化果子沟等长大桥梁关键结构健康检测；完成128座危旧桥梁改造；开展隧道提质升级等4个专项工程；完成自然灾害综合风险公路承灾体试点普查；整治村道安全隐患7781公里。在全区首批建成和启用安全生产指挥调度中心，推行“互联网+监管”新模式，日常监管及调度能力实现较大突破。坚持压实“三管三必须”职责，

图 7-31-3 新疆维吾尔自治区交通运输厅公路事业管理中心吉木乃公路分局除雪保通救援（刘丽 摄）

完善安全责任体系，制定《安全生产委员会工作规则》《安全生产专业委员会组成及职责》《新疆维吾尔自治区交通运输厅领导及各处室安全生产职责》。扎实开展安全生产专项整治三年行动集中攻坚年行动，突出“5项重点，3项难点治理，制定督战台，开设动态专栏，明确集中攻坚77项任务清单和38项重大风险项”。狠抓道路运输，特别是“两客一危”运输车辆安全治理，全区道路运输事故三项指标连续6年下降。成立三年行动服务专家组，指导交通运输基层单位辨识、整治隐患，防控风险；建立全面加强危险化学品道路运输安全管理厅际联席会议制度；统筹厅局单位齐抓共管危险化学品道路运输基础性、源头性、瓶颈性问题。

提高应急处置能力。开展全行业全覆盖、拉网式安全生产大排查大整治。全区15个自治区级应急交通物资装备储备中心，40个地州级应急交通物资装备储备中心工程材料、医用物资、照明设施、燃料、安全设施等应急物资足量储备。常态化开展应急演练。全年组织公路、桥梁、隧道、地质灾害、防风除雪保交通、消防、水上交通等防灾减灾应急演练1215次，参与人员2.04万余人，投入机械设备389台。持续加强预警预测。制定印发《交通运输系统应对持续高温天气工作方案》《关于做好旅游旺季道路运输服务保障工作的通知》《关于全力做好交通运输行业极端天气过程防范应对工作的紧急通知》《关于做好当前安全风险研判及管控工作的通知》，突出客运、水运、危险品运输、在建和运营桥梁、隧道等重点区域、重点领域、重点环节的防范工作。严格落实领导带班制和24小时值班制，应急救援队伍24小时随时待命，确保第一时间准确应对、处置突发情况。

第七节 合作与交流

2021年，自治区与周边5个毗邻国家开通双边国际道路运输线路118条，其中客运59条、货运59条，约占全国线路总数的33%。开通、开放中巴哈吉、中哈俄、中吉乌、中蒙俄、上合组织等多边国际道路货运线路10条。与乌兹别克斯坦、俄罗斯全域开放双边、过境国际道路货物运输。“中欧卡车特快专线”双向TIR甩挂运输开通运行，TIR公约全面实施，中欧南疆公路货运通道首次打通，国际道路货物运输备案管理和备案证明电子化全面推进。

受新冠肺炎疫情影响，自治区公路口岸“客关货开”，全面暂停国际道路旅客运输，有序恢复相关口岸国际道路货物运输。13个批准开放的公路口岸中，霍尔果斯、阿拉山口、巴克图、塔克什肯、吐尔尕特、伊尔克什坦、卡拉苏、老爷庙（未过货）、吉木乃（未过货）、红其拉甫（临时过货）10个口岸保持或恢复国际道路货物运输，确保了国际物流供应链稳定。

第八节 立足区域发展，全力推进交通建设

自治区交通运输厅坚持“外防输入、内防反弹”和“动态清零”总方针，严格落实“八项监测预警机制”，做到“四早”“四个不松”，持续抓好关键部位、重点环节和从业人员监测预警、预防性消杀，实现了全区公路交通疫情“零传播”。

立足区域发展，规划引领交通先行。严格执行“531”规划计划体系，通过精心编制和执行年度投资计划，实现了全年9个新上项目全部按期开工，4个预备项目成功完成转化并开工建设，新增4个计划外项目开工建设；推进了31个项目继续加快建设。年度25个公路项目建成通车。全年超额完成公路交通固定资产投资。

筹谋在前，奋力扫清开工障碍。一是积极与各部委、厅局沟通协调，坚持问题导向，严格审查前期工作质量，狠抓项目审查、审批、土地预审、环评等重要环节，完成17个项目工可和初步设计等前期工作，保障了两个“五年规划”的平稳过渡。二是借脑借智，攻坚克难。推动穿越天山的独库高速、昭苏至温宿、温泉至霍尔果斯、乌鲁木齐至尉犁等技术复杂、施工条件恶劣的公路项目在“十四五”时期落地实施，邀请国内一流专家现场把脉指导，对项目关键施工环节的把控能力显著提高；完成国道G219线昭苏至温宿项目西、东线走廊带方案比选，稳步推进穿越托木尔峰世界自然遗产地等环境敏感点问题评估。三是充分发挥专家型领导干部的技术优势，实施穿透式管理。狠抓项目重大方案研究、建设模式研究和造价控制，勘察设计精细化程度大幅提高，工程造价大幅降低，保障了国道G218线那拉提至巴仑台等项目顺利推进。四是实施清单化管理，做到“建设一批、开工一批、谋划一批”，按照“一项目一方案”建立工作台账，倒排工期，明确每个环节的时间节点，落实责任单位和责任人，围绕目标任务定期研究，成熟一个项目开工一个项目，地毯式推进项目建设。

强化监督，破解难题，全力推进公路建设。一是紧盯关键时间节点。2021年上半年，自治区交通运输厅组织召开全疆公路项目推进会三次。8月5日，自治区党委常委（扩大）会议后，自治区交通运输厅再动员、再部署、再安排，召开“奋战100天，再创新佳绩”动员大会，厅领导带队现场“督战”，推动项目建设目标再落实。二是月调度会、周例会全程服务，及时疏通项目推进的堵点问题。三是厅领导靠前督导，着力推进项目实施。2021年，厅领导对全区65个项目进行拉网式现场指导，帮助建设单位解难题、攻难点。同时发挥体制机制作用，针对工作推进缓慢、问题较多、矛盾突出的项目，采取约谈、通报等措施进一步压实责任，通过积极协调和调动各方力量，全区交通固定资产投资任务逐步落实，一批年度计划项目相继建成。

附表

新疆维吾尔自治区交通运输主要指标统计表

指 标		2021年	备 注
基础设施投资（亿元）	综合交通固定资产投资	—	
	铁路投资	—	
	公路投资	690	
	# 高速公路投资	232	
	水运投资	—	

续上表

指标			2021年	备注
铁路	通车总里程（公里）	铁路营业里程	—	
		#国家铁路	—	
		#合资铁路	—	
		#地方铁路	—	
	运输情况	旅客发送量（万人次）/货物发送量（万吨）	—	
		旅客周转量（万人公里）/货物周转量（万吨公里）	—	
公路	通车总里程	公路通车总里程（公里）	217326	
		#高速公路通车里程（公里）	7014	
		#等级公路里程（公里）	192708	
		#农村公路里程（公里）	175933	
		#桥梁（座）	16781	
		桥梁总长（万延米）	74.56	
		#隧道（座）	49	
		隧道总长（万延米）	7.12	
	运输情况	客运量（万人次）/货运量（万吨）	13483/54309	
		旅客周转量（万人公里）/货物周转量（万吨公里）	801206/6813268	
水路	航道及码头情况	内河航道通航里程（公里）	—	
		#高等级航道通航里程（公里）	—	
		港口生产用码头泊位拥有量（个）	—	
		#万吨级泊位（个）	—	
	运输情况	客运量（万人次）/货运量（万吨）	—	
		旅客周转量（万人公里）/货物周转量（万吨公里）	—	
民航	机场数量（个）		—	
	运输总周转量（万吨公里）		—	
	#国内运输总周转量（万吨公里）		—	
	#国际运输总周转量（万吨公里）		—	
	旅客运输量（万人次）/货邮运输量（万吨）		—	
	旅客周转量（万人公里）/货邮周转量（万吨公里）		—	
邮政	邮政行业业务总量（万元）		—	
	#快递业收入（万元）		—	
	邮政邮路总条数（条）		—	
	邮政邮路总长度（单程/公里）		—	

新疆生产建设兵团

第一节　整体概况

2021年，兵团交通运输系统干部职工以习近平新时代中国特色社会主义思想为指导，完整准确贯彻新时代党的治疆方略，立足兵团职责使命，贯彻新发展理念，融入新发展格局，逢山开路、遇水架桥，实现了“十四五”开门红。

国家政策支持卓有成效。2021年3月，财政部、交通运输部联合下发《车辆购置税收入补助地方资金管理暂行办法》，明确提出“西藏自治区、新疆生产建设兵团省道参照国道标准执行”，为兵团公路建设带来了重大的利好政策。4月，兵团党委书记、政委（时任）王君正率队拜访交通运输部并与政协副主席、交通运输部党组书记杨传堂进行座谈交流。杨传堂指出交通运输部对兵团交通发展的支持要优于全国其他地区，提出了“四个优”，即项目上优先安排、资金上优先筹措、审批上优化流程、选派优秀干部人才，为加快兵团综合交通发展开辟了绿色通道。经过积极对接沟通，兵团“十四五”公路建设规划国省道重点项目达到96个，第八师石河子市、第十师北屯市、第十四师昆玉市、第二师铁门关市客运枢纽项目和第八师石河子市、第二师铁门关市智慧物流枢纽申请纳入国家“十四五”交通运输项目库，将兵团交通运输高质量发展的要求落实到了具体的项目上。

“十四五”规划体系初步形成。2021年12月3日，《新疆生产建设兵团“十四五”综合交通运输发展规划》正式印发，总结了兵团“十三五”综合交通运输发展情况，明确兵团“十四五”综合交通运输发展的指导思路、发展目标和主要任务。《新疆生产建设兵团综合立体交通网规划（2021—2035）》《新疆生产建设兵团“十四五”公路建设规划》《新疆生产建设兵团“十四五”航空发展规划》等专项规划进一步修改完善，形成了“一个总规划，多个专项规划”的规划体系，为“十四五”期兵团综合交通运输高质量发展指明了方向。力争到2025年，以铁路、高等级公路为主体的路桥、环塔、环准、沿边等“四大综合交通运输通道”基本建成。兵团公路总里程达到4.5万公里，其中，二级及以上公路里程突破1万公里，基本实现团场与周边自治区城镇30分钟通达；建成一批铁路专用线，物流运输更加便利；建成一批通用机场，实现所有垦区支线机场或通用机场100%覆盖，80%的团场能在100公里范围内享受到航空基本公共服务，综合立体交通运输网络初步形成。

交通强国试点起步良好。2021年3月，兵团成为全国第三批交通强国试点单位，《新疆生产建设兵团推进交通强国战略实施方案》得到交通运输部批准，申报“兵地交通协同融合发展机制创新、特色旅游绿色公路建设技术开发与工程建设”等4个试点项目通过审批。5月，交通运输部“老交通”智库专家赴兵团开展专题调研，围绕兵团交通强国试点任务，加快建设交通强国的方案、实践和经验进行了深入研讨和交流，为推进兵团“十四五”交通运输发展和交通强国建设步伐提供了强有力的支撑。第一师阿拉尔—阿拉尔塔里木机场（G580线扩容）等一批具有示范作用的兵团推进交通强国试点工程提前启动，有效推动了交通强国战略在兵团落地实施。

兵地融合发展呈现新局面。2021年3月30日，兵团交通运输局与自治区交通运输厅召开兵地交通运输深度融合发展对接座谈会，围绕“十四五”交通运输规划和促进兵地交通运输深度融合发展进行了沟通对接。11月19日，兵团交通运输局与自治区交通运输厅再次召开加强兵地融合对接G217库车至沙雅等重点项目专题对接座谈会，提出初步解决方案。建立兵地交通运输工作协商机制，深入推进兵团与自治区交通运输规划衔接，启动《交通运输支撑兵地融合发展课题研究》等课题，5月份组织相关课题研究单位赴有关师市开展了专项调研。

南疆兵团公路路网结构进一步完善。交通运输部初步同意阿克苏—阿拉尔公路纳入国家高速公路网，铁门关—阿拉尔公路、阿拉尔—38团公路、图木舒克—昆玉公路纳入普通国道网，南疆兵团公路路网结构更加合理。第一师5团—阿拉尔等一批支撑兵团向南发展重点公路项目建成通车；图木舒克支线铁路、阿克苏至阿拉尔支线铁路建成通车；阿拉尔塔里木机场校飞试航，图木舒克机场改扩建项目开工建设，南疆兵团“铁公机”网络日渐完善，为群众提供更优质的出行条件、高水平的出行服务。

第二节　综合交通基础设施建设

2021年，兵团交通运输行业完成交通固定资产投资152亿元，同比增长23%。

公路方面，完成投资130.7亿元，新建国省干线项目37个；续建国省干线项目25个；建成项目14个，建设总里程462.10公里。兵团公路总里程达38014公里。农村公路完成投资8.8亿元，建设总里程1143.9 公里。

铁路方面，完成投资13.3亿元，2021年2月28日，阿克苏至阿拉尔铁路复工，昆玉市公铁联运枢纽工程前期工作持续推进，铁路专用线初设已评审。图木舒克至阿拉尔铁路项目完成预可研报告评估工作。9月，兵团交通运输局牵头组织召开了兵团铁路沿线安全环境治理联席会议，会议研究审议了《新疆生产建设兵团铁路沿线安全环境管理“双段长”制实施方案》和《新疆生产建设兵团2021年铁路沿线安全环境治理工作要点建议工作方案》等相关事宜。

民航方面，完成投资6.8亿元，38团机场完成可研评审，飞行区指标为4C级，已列入国家民航局审核计划。阿拉尔塔里木机场于2021年3月18日正式开工建设，于10月28日举行校飞欢迎仪式。该项目总投资8.86亿元，为国内4C级支线机场，计划开通疆内航线至乌鲁木齐、石河子、喀什、和田、库尔勒、伊宁等；疆外航线至北京、上海、杭州、西安、成都、武汉等。图木舒克机场改扩建项目可行性研究报告（代项目建议书）获批。

第三节　运输服务保障能力

深化运输结构改革，更好满足群众对美好出行的新要求。全年完成营业性客运量992.25万人次、货运量1.39亿吨，同比增长27.18%和40.70%；完成旅客周转量6.03亿人公里、货物周转量211.74亿吨公里，同比增长28.90%和39.37%。2021年末，从事普通货物运输经营业户3933户，经营性普通道路货运车辆25888辆，从事危险货物运输经营业户37户，经营性危险货物运输车辆1148辆。兵团辖区内经营性道路客运车辆1087辆，兵团辖区客运班线303条（市际81条、县际71条、县内151条），经营许可客运站49个（一级6个、二级4个、三级10个、四级12个、五级4个、未定级13个）。

出行方式更加多元化。通过引进“帮邦行”网络出行平台服务兵团辖区农村客运市场。2021年4月26日新疆首家定制客运平台“长运 · 帮邦行”进驻第八师石河子市试运营。石河子新长运客运有限公司联手“帮邦行”整合资源，转换传统客运经营方式，为农村居民搭建专业优质、安全便捷的多元化出行环境；同时鼓励各师市发展网络货运，兵团6家网络货运平台实现运营。9月，“帮邦行”开通石河子往返兵团第八师121团场定制客运，实现石河子团场定制客运全覆盖。

多式联运加快推进。第八师兵团大宗物资国际多式联运示范工程和第十二师兵团丝绸之路国际多式联运示范工程通过国家发展改革委、交通运输部联合验收。第十三师交通运输局攻坚师市道路运输业发展瓶颈问题，聚焦内畅外联、铁路运输“最后一公里”推进铁路专用线建设，逐步完善货运运输短途靠汽车、长途靠铁路的公铁联运物流体系。

大力发展绿色交通。推广新能源公交车，鼓励新能源汽车在出租汽车、城市配送车等领域的应用，截至2021年底，兵团城市公交车共计930辆，新能源公交车490辆，占比52.69%。推动第八师石河子市创建城市绿色货运配送示范城市工作，指导和支持采用新能源运输车辆，推动集中配送、集中仓储工作，落实共同配送机制。同时指导推进城市配送三级节点网络建设，打造一级干支衔接型枢纽和二级公共配送中心及三级节点网络，形成集约高效的城市货运配送组织链条。通过第八师的创建，力争在兵团辖区城市建成“集约、高效、绿色、智能”的城市货运配送服务体系。

加快智慧交通建设。推动现代信息技术与交通运输管理和服务全面融合，逐步运用5G通信、大数据、人工智能等新兴技术。第八师石河子市、第十师北屯市、第三师图木舒克市等8个城市在实现公共交通“一卡通”全国联网基础上，利用新技术不断推进兵团辖区公交智能化水平。同时整合交通运输、供销、商贸、电商、邮政快递等资源，持续加强“交通+特色农业+电商”“交通+文化+旅游”“交通+就业+公益岗”等模式在兵团的探索与实践。

第四节　行业治理体系建设

综合执法改革取得阶段性成果。13个师市交通运输行政执法机构新招录的194人陆续到位，综合执法队伍得到有效充实。实施执法队伍素质能力提升三年行动，组织全员业务培训，统一完成换装，交通运输综合执法队伍能力明显提升、面貌焕然一新，在全国交通运输执法大检查评比中获得较好成绩。以队伍建设为关键，以规范管理为重点，科学整合执法职责，职能合并、效率提高，实现了执法区域全覆盖。

法治政府部门建设不断加强。制定《兵团交通运输局行政规范性文件制定和管理办法》，健全行政规范性文件合法性和公平竞争审查工作机制。“八五普法”工作顺利实施。

营商环境不断优化。深化“放管服”改革，推行“双随机，一公开”监管方式，开展兵团“信用交通省”建设，提升12328服务质量，实现了“道路运输从业人员从业资格证换证”等5项高频服务事项跨省通办，全年受理“跨省通办”业务30件。2021年5月1日，兵团道路运输便民政务服务系统上线，兵团普通货物运输车辆网上年度审验，货运车辆《道路运输证》补发、换发、注销，道路运输驾驶员网上诚信考核，以及货运驾驶员《道路运输从业人员从业资格证》补证、换证、变更、注销等事项均可通过该平台办理，至2021年末共受理网上申请5186件。

交通软实力有所提升。兵团交通运输局综合规划处荣获全国交通运输脱贫攻坚先进集体，公路管理处荣获兵团脱贫攻坚先进集体；兵团交通运输局2人、第三师图木舒克市交通运输局1人荣获“全国交通运输脱贫攻坚先进个人”表彰，树立了一批新时代兵团交通行业的先进典型。

第五节　安全与应急

安全是交通运输发展的基础，2021年，兵团交通运输局以强化企业主体责任、保持行业高压严管的态势为着力点，着力保护群众生命财产安全。

疫情防控常态化推进。坚决筑牢“外防输入、内防反弹”的安全线。切实做好疫苗运输道路保通保畅、配送过程中安全及应急交通保障工作。推进交通运输行业重点人群疫苗应接尽接，实现了交通运输系统新冠肺炎疫情“零传播”。

安全生产形势平稳。根据人员变动情况，及时调整安委会成员，印发《兵团交通运输局安全生产委员会及成员单位安全生产和应急管理工作职责》，层层压实责任。推进安全生产专项整治三年行动。组织4轮安全生产巡查暗访，查出隐患问题268条，倒逼企业落实主体责任。开展“平安工地”建设，突出隐患排查治理，强化公路施工安全生产防控措施。第四师可克达拉特大桥项目顺利通过交通运输部、应急管理部和中华全国总工会联合开展的“公路水运建设项目平安工程”专家评审。全年全系统安全形势总体平稳有序，未发生安全生产责任事故。

应急保障能力不断增强。制定“十四五”应急保障专项规划，建立国家级、师级应急物资储备库中心，加强各师市应急保障队伍建设。做好煤炭、天然气等能源物资运输保障工作，兵团辖区内整体保障供应平稳。

附表

新疆生产建设兵团交通运输主要指标统计表

指标			2021年	备注
基础设施投资（亿元）	综合交通固定资产投资		152	
	铁路投资		13.3	
	公路投资		130.7	
	#高速公路投资		0	
	水运投资		0	
铁路	通车总里程（公里）	铁路营业里程	—	
		#国家铁路	—	
		#合资铁路	—	
		#地方铁路	—	
	运输情况	旅客发送量（万人次）/货物发送量（万吨）	—	
		旅客周转量（万人公里）/货物周转量（万吨公里）	—	
公路	通车总里程	公路通车总里程（公里）	38014	
		#高速公路通车里程（公里）	0	
		#等级公路里程（公里）	27387.51	
		#农村公路里程（公里）	28864	
		#桥梁（座）	1138	
		桥梁总长（万延米）	3.92	

续上表

指 标			2021年	备 注
公路	通车总里程	#隧道（座）	1	
		隧道总长（万延米）	0.09	
	运输情况	客运量（万人次）/货运量（万吨）	922.25/13910.05	
		旅客周转量（万人公里）/货物周转量（万吨公里）	60279.46/2117386.13	
水路	航道及码头情况	内河航道通航里程（公里）	—	
		#高等级航道通航里程（公里）	—	
		港口生产用码头泊位拥有量（个）	—	
		#万吨级泊位（个）	—	
	运输情况	客运量（万人次）/货运量（万吨）	—	
		旅客周转量（万人公里）/货物周转量（万吨公里）	—	
民航	机场数量（个）		2	
	运输总周转量（万吨公里）		—	
	#国内运输总周转量（万吨公里）		—	
	#国际运输总周转量（万吨公里）		0	
	旅客运输量（万人次）/货邮运输量（万吨）		36.89/0.003	
	旅客周转量（万人公里）/货邮周转量（万吨公里）		—	
邮政	邮政行业业务总量（万元）		0	
	快递业收入（万元）		0	
	邮政邮路总条数（条）		0	
	邮政邮路总长度（单程/公里）		0	

第八篇
附录

Section VIII
Appendixes

附录1　组织机构与负责人

交通运输部领导和内设机构负责人名单

（截至2021年12月31日）

十三届全国政协副主席，交通运输部党组书记 杨传堂

十九届中央委员，交通运输部部长、党组副书记 李小鹏

十九届中央候补委员，交通运输部党组副书记、副部长，中国民航局党组书记、局长（正部长级） 冯正霖

交通运输部党组成员，国家邮政局党组书记、局长 马军胜

中央纪委国家监委驻交通运输部纪检监察组组长，交通运输部党组成员　邹天敬

交通运输部党组成员、副部长 戴东昌

交通运输部党组成员、副部长兼中国海上搜救中心主任 赵冲久

交通运输部党组成员，国家铁路局党组书记、局长 刘振芳

交通运输部党组成员、副部长 汪洋

总工程师 徐亚华

总工程师兼水运局局长 李天碧

安全总监兼中国海上搜救中心常务副主任、部应急办主任 李国平

总规划师兼综合规划司司长 徐成光

办公厅主任 黄小平

办公厅副主任 周敏霞

办公厅副主任 李洪斌

办公厅一级巡视员 许春风

政策研究室主任 刘鹏飞

政策研究室副主任 舒驰

政策研究室副主任 孙文剑

政策研究室二级巡视员（副局级） 李占川

法制司司长 魏东

法制司副司长、一级巡视员 王海峰

法制司副司长 张雅萍

法制司一级巡视员 王永胜

总规划师兼综合规划司司长 徐成光

综合规划司副司长、一级巡视员 张大为

综合规划司副司长、一级巡视员 苏杰

综合规划司副司长 范振宇

综合规划司副司长 王松波

财务审计司副司长（主持工作） 卢尚艇

财务审计司副司长 胡荣明

财务审计司二级巡视员（副局级） 张建宏

人事教育司（党组巡视工作领导小组办公室）司长（主任） 李良生

人事教育司副司长 时骏

人事教育司副司长 王韬

党组巡视工作领导小组办公室专职副主任（副局级） 于敏

公路局局长 吴春耕

公路局副局长 王太

公路局副局长 周荣峰

公路局副局长 顾志峰

总工程师兼水运局局长 李天碧

水运局副局长、一级巡视员 杨华雄

水运局副局长、一级巡视员 易继勇

水运局副局长 柳鹏

水运局副局长 郑清秀

水运局二级巡视员（副局级） 罗德麟

运输服务司司长 蔡团结

运输服务司副司长 王绣春

运输服务司副司长 李华强

运输服务司副司长 韩敬华

安全与质量监督管理司司长、部应急办副主任 彭思义（满族）

安全与质量监督管理司副司长、一级巡视员 丁彦昕

安全与质量监督管理司二级巡视员（副局级） 张继顺

科技司副司长（主持工作） 岑晏青

科技司副司长 林强

国际合作司（港澳台办公室）司长（主任） 李扬

国际合作司（港澳台办公室）副司长（副主任）、一级巡视员 单红军

国际合作司（港澳台办公室）副司长（副主任） 李冠玉

国际合作司（港澳台办公室）二级巡视员（副局级），驻英国使馆参赞 王宏伟

直属机关党委常务副书记 柯林春

直属机关党委副书记、直属机关纪委书记（正局级） 刘鹏

直属机关党委副书记，直属机关工会主席 张健

离退休干部局局长、党委书记 张晓冰

离退休干部局一级巡视员（正局级）、党委副书记、纪委书记 汪宝良
离退休干部局副局长、党委常委，挂职任新疆生产建设兵团交通运输局副局长、党委委员 霍凌
离退休干部局副局长、党委常委 王利军
离退休干部局副局长、党委常委 任谊
安全总监兼中国海上搜救中心常务副主任、部应急办主任 李国平
中国海上搜救中心副主任（副局级）、部应急办副主任、一级巡视员 卓立
中国海上搜救中心副主任（副局级）、部应急办副主任 周旻
中国海上搜救中心一级巡视员（正局级） 杨世同
部海事局局长、党组书记，中国海上搜救中心常务副主任 曹德胜
中共交通运输部党组派驻部海事局纪检组组长兼部海事局纪检组组长、党组成员、一级巡视员 刘晴
部海事局副局长、党组成员、一级巡视员 李宏印
部海事局副局长、党组成员、一级巡视员 杨新宅
部海事局副局长、党组成员、一级巡视员 徐春
部海事局副局长、党组成员、一级巡视员 寿涛
部海事局一级巡视员（正局级） 孙有恒
部海事局二级巡视员（副局级） 王泽龙
部海事局二级巡视员（副局级） 曾晖

国家铁路局领导和内设机构负责人名单

交通运输部党组成员，国家铁路局党组书记、局长 刘振芳
国家铁路局副局长、党组成员 刘克强
国家铁路局副局长、党组成员 安路生
国家铁路局副局长、党组成员 吴德金（满族）
国家铁路局副局长、党组成员 郑宏波
国家铁路局安全总监 白晓春
综合司（外事司）司长 田军
综合司（外事司）副司长 梁成谷
综合司（外事司）副司长 吴宪
科技与法制司司长 王忠刚
科技与法制司副司长 王强
科技与法制司副司长 刘燕（女）
科技与法制司二级巡视员 冯双洲
安全监察司司长 王启铭
安全监察司副司长 范宝链
安全监察司副司长 韩晓根

运输监督管理司司长 高文（蒙古族）
运输监督管理司副司长 查艾军（女）
运输监督管理司副司长 高德胜
工程监督管理司司长 米隆（满族）
工程监督管理司副司长 崔珑
工程监督管理司二级巡视员 黄晋昌
设备监督管理司副司长 胡文君
人事司司长 郭家宏
人事司副司长、一级巡视员 张清
直属机关党委常务副书记 张忠
直属机关党委副书记、直属机关纪委书记 王成贵
直属机关党委二级巡视员 沈慧（女）
驻铁路合作组织委员会工作组组长 张群

中国民用航空局领导和内设机构负责人名单

十九届中央候补委员，交通运输部党组副书记、副部长，民航局党组书记、局长（正部长级）冯正霖
民航局副局长、党组成员，中国民航工会全国委员会主席，民航局直属机关党委书记 董志毅
民航局副局长、党组成员 吕尔学
民航局副局长、党组成员 崔晓峰
民航局副局长、党组成员 胡振江
民航局党组成员，正局级干部 柳芳
民航局总飞行师 万向东
民航局总工程师 殷时军
民航局安全总监 舒明江
民航局民航安全监察专员、综合司司长 刘鲁颂
民航局综合司副司长 王海波
民航局综合司副司长 孙文生
民航局综合司一级巡视员（正司局级） 刘锋
民航局民航安全监察专员、航空安全办公室主任 朱涛
民航局航空安全办公室副主任（副司局长级） 吴世杰
民航局航空安全办公室副主任 李勇
民航局民航安全监察专员、政策法规司司长 颜明池
民航局政策法规司副司长 杨颖
民航局政策法规司副司长 吉大鹏
民航局发展计划司司长（正司局长级） 韩钧

民航局发展计划司副司长、二级巡视员 张清

民航局财务司司长 熊艳华

民航局财务司副司长、二级巡视员 赵德成

民航局财务司副司长 林琼

首都机场集团有限公司监事会副主席、民航局财务司二级巡视员 赵婷芬

民航局人事科教司司长（正司局长级） 刘金波

民航局人事科教司副司长、二级巡视员 刘志宏

民航局人事科教司副司长、二级巡视员 张静

民航局国际司（港澳台办公室）司长 陈卫

民航局国际司（港澳台办公室）副司长、二级巡视员 白文利

民航局国际司（港澳台办公室）副司长、二级巡视员 杨继如

民航局运输司司长 梁楠

民航局运输司副司长（副司局长级） 徐青

民航局运输司副司长兼国防动员办公室主任、二级巡视员 靳军号

民航局运输司副司长 商可佳

民航局飞行标准司司长 韩光祖

民航局飞行标准司副司长、二级巡视员 薛世俊

民航局飞行标准司副司长（副司局长级） 孔繁伟

民航局航空器适航审定司司长 杨桢梅

民航局航空器适航审定司副司长（副司局长级） 徐锋

民航局机场司司长 张锐

民航局机场司副司长、二级巡视员 马志刚

民航局机场司副司长、二级巡视员 朱文欣

民航局空管行业管理办公室主任（正司局长级） 许浩

民航局空管行业管理办公室副主任、二级巡视员 陈向阳

民航局空管行业管理办公室副主任（副司局长级） 骆洪江

民航局空管行业管理办公室二级巡视员 刘连喜

民航局直属机关党委（思想政治工作办公室、党组巡视工作领导小组办公室）常务副书记（主任）、一级巡视员 张冲峰

民航局直属机关党委（思想政治工作办公室、党组巡视工作领导小组办公室）副书记（副主任），民航局直属机关纪委书记（民航局内设机构正职），共青团全国民航委员会书记 陈丽娟

民航局直属机关党委（思想政治工作办公室、党组巡视工作领导小组办公室）副书记（副主任） 郝雪松

民航局直属机关党委（思想政治工作办公室、党组巡视工作领导小组办公室）副书记（副主任） 冯永刚

中国民航工会全国委员会常务副主席 王铎

中国民航工会全国委员会副主席（副司局长级）、一级巡视员 毕务芳

中国民航工会全国委员会副主席 王忠才

中国民航工会经费审查委员会主任、二级巡视员 齐金升
民航局离退休干部局局长、一级巡视员 周勇
民航局离退休干部局副局长、二级巡视员 王本前
民航局离退休干部局副局长 侯玉英
驻国际民用航空组织理事会代表处代表（正司局级） 杨胜军
驻国际民用航空组织理事会代表处副代表、国际民用航空组织航行委员会委员 梁均荣

国家邮政局领导和内设机构负责人名单

交通运输部党组成员，国家邮政局党组书记、局长 马军胜
国家邮政局副局长、党组成员 戴应军
国家邮政局副局长、党组成员 刘君
国家邮政局副局长、党组成员 赵民
国家邮政局副局长、党组成员 廖进荣
国家邮政局副局长、党组成员 陈凯
办公室（外事司）主任（司长） 侯延波（蒙古族）
政策法规司司长 曾军山
普遍服务司（机要通信司）司长 马旭林（东乡族）
市场监管司司长（安全监督管理司） 金京华（朝鲜族）
人事司司长 孙广明
机关党委（党组巡视工作领导小组办公室）常务副书记（主任） 张星朝

附录 2　统计公报

2021 年交通运输行业发展统计公报

2021 年，交通运输行业在以习近平同志为核心的党中央坚强领导下，以习近平新时代中国特色社会主义思想为指导，全面贯彻党的十九大和十九届历次全会精神，按照中央经济工作会议和《政府工作报告》部署，坚持稳中求进工作总基调，完整、准确、全面贯彻新发展理念，服务加快构建新发展格局，统筹疫情防控和经济社会发展交通运输各项工作，加快建设交通强国，着力推动行业高质量发展，努力当好中国现代化的开路先锋，实现了“十四五”良好开局，为做好“六稳”和“六保”工作提供了重要的交通运输支撑。

一、基础设施

（一）铁路

年末全国铁路营业里程达到 15.0 万公里，其中高铁营业里程达到 4 万公里。铁路复线率为 59.5%，电化率为 73.3%。全国铁路路网密度 156.7 公里 / 万平方公里。

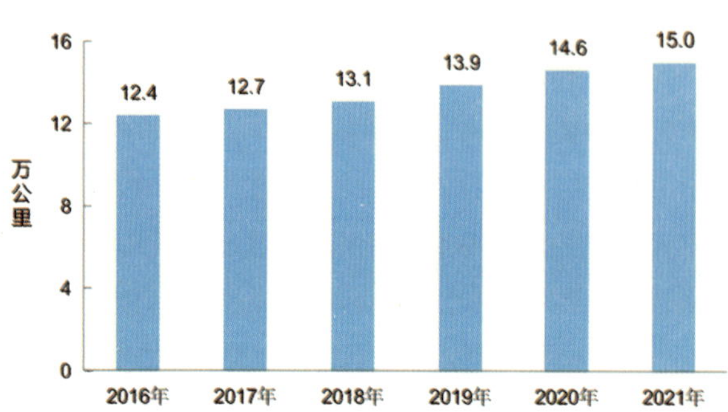

图 1　2016—2021 年全国铁路营业里程

（二）公路

年末全国公路总里程 528.07 万公里，比上年末增加 8.26 万公里。公路密度 55.01 公里 / 百平方公里，增加 0.86 公里 / 百平方公里。公路养护里程 525.16 万公里，占公路总里程 99.4%。

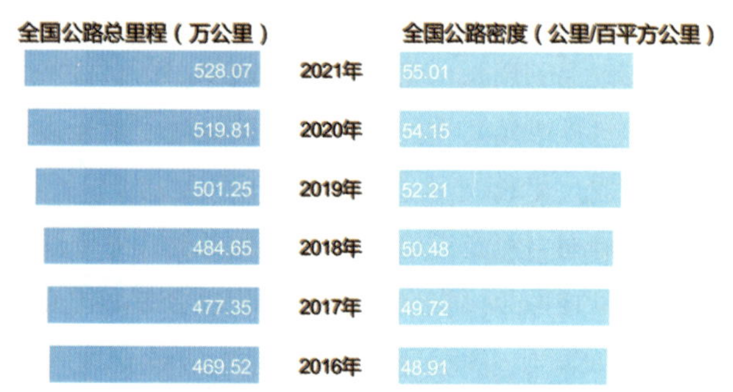

图 2　2016—2021 年全国公路总里程及公路密度

年末全国四级及以上等级公路里程 506.19 万公里，比上年末增加 11.74 万公里，占公路总里程比重为 95.9%、提高 0.7 个百分点。其中，二级及以上等级公路里程 72.36 万公里、增加 2.13 万公里，占公路总里程比重为 13.7%、提高 0.2 个百分点；高速公路里程 16.91 万公里、增加 0.81 万公里，国家高速公路里程 11.70 万公里、增加 0.40 万公里。

年末国道里程 37.54 万公里，省道里程 38.75 万公里。农村公路里程 446.60 万公里，其中县道里程 67.95 万公里、乡道里程 122.30 万公里、村道里程 256.35 万公里。

年末全国公路桥梁 96.11 万座、7380.21 万延米，比上年末增加 4.84 万座、751.66 万延米，其中特大桥梁7417座、1347.87万延米，大桥13.45万座、3715.89万延米。全国公路隧道23268处、2469.89万延米，增加1952处、269.96万延米，其中特长隧道1599处、717.08万延米，长隧道6211处、1084.43万延米。

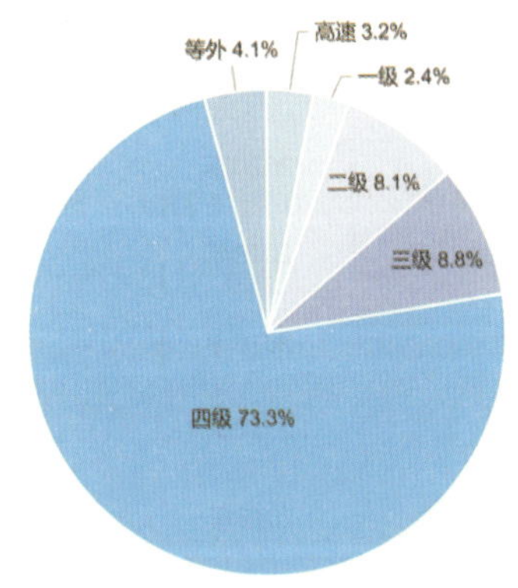

图3　2021年全国公路里程分技术等级构成

（三）水路

1. 内河航道

年末全国内河航道通航里程12.76万公里，比上年末减少43公里。等级航道通航里程6.72万公里，占总里程比重为52.65%，其中三级及以上航道通航里程1.45万公里，占总里程比重为11.38%。

各等级内河航道通航里程分别为：一级航道2106公里，二级航道4069公里，三级航道8348公里，四级航道11284公里，五级航道7602公里，六级航道16849公里，七级航道16946公里。等外航道6.04万公里。

各水系内河航道通航里程分别为：长江水系64668公里，珠江水系16789公里，黄河水系3533公里，黑龙江水系8211公里，京杭运河1423公里，闽江水系1973公里，淮河水系17500公里。

2. 港口

年末全国港口生产用码头泊位20867个，比上年末减少1275个。其中，沿海港口生产用码头泊位5419个、减少42个，内河港口生产用码头泊位15448个、减少1233个。

年末全国港口万吨级及以上泊位2659个，比上年末增加67个。从分布结构看，沿海港口万吨级及以上泊位2207个、增加69个，内河港口万吨级及以上泊位452个、减少2个。从用途结构看，专业化万吨级及以上泊位1427个、增加56个，通用散货万吨级及以上泊位596个、增加4个，通用件杂货泊位421个、增加6个。

表1　全国港口万吨级及以上泊位数量（计量单位：个）

泊位吨级	全国港口年末数	比上年末增加	沿海港口年末数	比上年末增加	内河港口年末数	比上年末增加
合计	2659	67	2207	69	452	-2
1万~3万吨级（不含3万）	875	10	687	15	188	-5
3万~5万吨级（不含5万）	447	10	321	8	126	2
5万~10万吨级（不含10万）	874	24	748	23	126	1
10万吨级及以上	463	23	451	23	12	0

表2　2021年全国万吨级及以上泊位构成（按主要用途分）（计量单位：个）

泊位用途	年末数	比上年末增加
专业化泊位	1427	56
#集装箱泊位	361	7
煤炭泊位	272	7
金属矿石泊位	85	0
原油泊位	93	6
成品油泊位	146	-1
液体化工泊位	270	31
散装粮食泊位	38	-1
通用散装泊位	596	4
通用件杂货泊位	421	6

（四）民航

年末颁证民用航空运输机场248个，比上年末增加7个，其中定期航班通航机场248个，定期航班通航城市（或地区）244个。

全年旅客吞吐量达到100万人次以上的机场96个，比上年增加11个，其中全年旅客吞吐量达到1000万人次以上的机场29个、增加2个。全年货邮吞吐量达到10000吨以上的机场61个，增加2个。

二、运输装备

（一）铁路

年末全国拥有铁路机车2.2万台，其中内燃机车0.8万台、电力机车1.4万台。拥有铁路客车7.8万辆，其中动车组4153标准组、33221辆。拥有铁路货车96.6万辆。

（二）公路

年末全国拥有公路营运汽车1231.96万辆，比上年末增长5.2%。分结构看，拥有载客汽车58.70万辆、1751.03万客位，分别下降4.2%和4.9%；拥有载货汽车1173.26万辆、17099.50万吨位，分别增长5.7%和8.3%，其中，普通货车406.94万辆、4923.43万吨位，分别下降1.7%和增长5.6%，专用货车60.39万辆、718.76万吨位，分别增长19.2%和20.5%，牵引车346.68万辆、增长11.5%，挂车359.25万辆、增长7.4%。

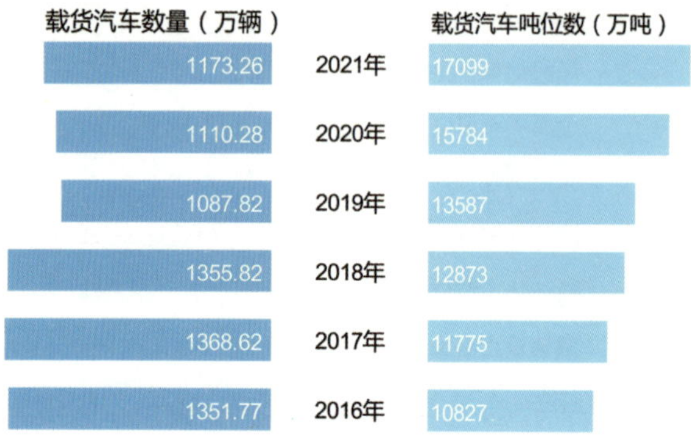

图4　2016—2021年全国载货汽车拥有量

（三）水路

年末全国拥有水上运输船舶12.59万艘，比上年末下降0.7%，其中净载重量28432.63万吨、增长5.1%，载客量85.78万客位、下降0.3%，集装箱箱位288.43万标准箱、下降1.6%。

船舶数量（万艘）		船舶净载重量（万吨）
12.59	2021年	28433
12.68	2020年	27060
13.16	2019年	25685
13.70	2018年	25115
14.49	2017年	25652
16.01	2016年	26623

图5　2016—2021年全国水上运输船舶拥有量

表3　2021年全国水上运输船舶构成（按航行区域分）

指　标	单位	年末数	比上年末增长（%）
内河运输船舶			
运输船舶数量	万艘	11.36	-1.2
净载重量	万吨	14676.92	7.3
载客量	万客位	59.45	-1.0
集装箱箱位	万TEU	48.37	-5.7
沿海运输船舶			
运输船舶数量	艘	10891	5.2
净载重量	万吨	8885.61	12.1
载客量	万客位	23.91	1.2
集装箱箱位	万TEU	62.45	2.5
远洋运输船舶			
运输船舶数量	艘	1402	-6.5
净载重量	万吨	4870.09	-10.8
载客量	万客位	2.42	5.4
集装箱箱位	万TEU	177.62	-1.8

（四）城市客运

年末全国拥有城市公共汽电车70.94万辆，

比上年末增长 0.7%，其中纯电动车 41.95 万辆、增长 10.8%，占整个城市公共汽电车比重为 59.1%、提高 5.4 个百分点。拥有城市轨道交通配属车辆 5.73 万辆，增长 15.9%。拥有巡游出租汽车 139.13 万辆，下降 0.2%。拥有城市客运轮渡船舶 196 艘，增长 1.0%。

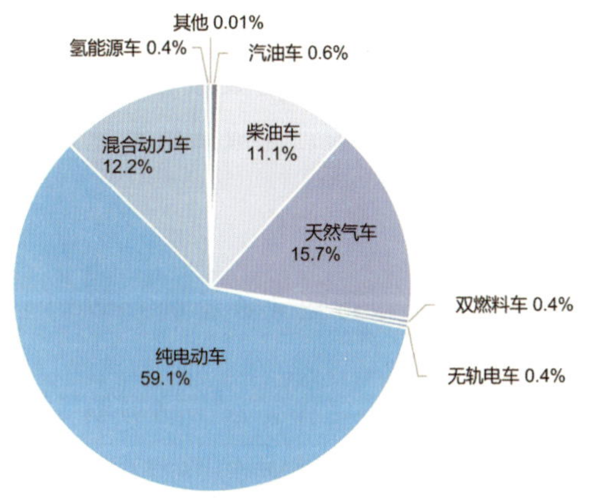

图 6　2021 年公共汽电车分燃料类型构成

表 4　2016—2021 年全国城市客运装备拥有量

年份	公共汽电车（万辆）	城市轨道交通配属车辆（辆）	巡游出租汽车（万辆）	城市客运轮渡船舶（艘）
2021 年	70.94	5.73	139.13	196
2020 年	70.44	4.94	139.40	194
2019 年	69.33	4.10	139.16	224
2018 年	67.34	3.40	138.89	250
2017 年	65.12	2.87	139.58	264
2016 年	60.86	2.38	140.40	282

三、运输服务

全年完成营业性客运量 83.03 亿人，比上年下降 14.1%，完成旅客周转量 19758.15 亿人公里、增长 2.6%。完成营业性货运量 521.60 亿吨、增长 12.3%，完成货物周转量 218181.32 亿吨公里、增长 10.9%。

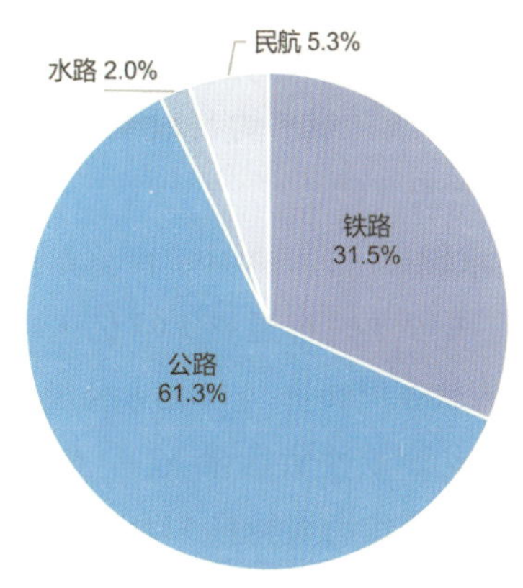

图 7　2021 年营业性客运量分运输方式构成

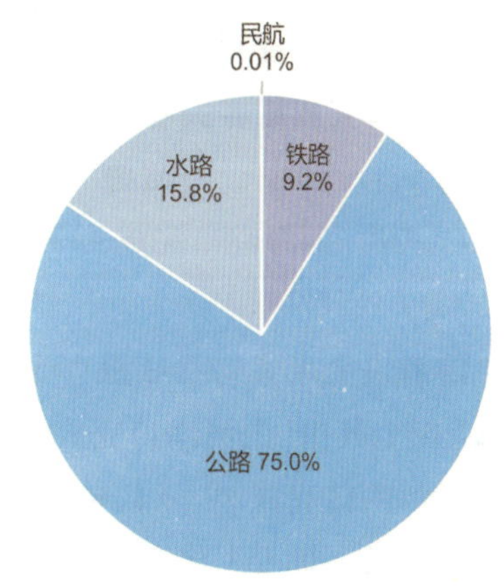

图 8　2021 年营业性货运量分运输方式构成

（一）铁路

全年完成旅客发送量 26.12 亿人，比上年增长 18.5%，完成旅客周转量 9567.81 亿人公里、增长 15.7%。

全年完成货运总发送量 47.74 亿吨，比上年增长 4.9%，完成货运总周转量 33238.00 亿吨公里、增长 8.9%。

（二）公路

全年完成营业性客运量 50.87 亿人，比上年下降 26.2%，完成旅客周转量 3627.54 亿人公里、下降 21.8%。

全年完成营业性货运量 391.39 亿吨，比上年增长 14.2%，完成货物周转量 69087.65 亿吨公里、增长 14.8%。

全年机动车年平均交通量为 14993 辆 / 日，比上年增长 4.9%，年平均行驶量为 348692 万车公里 / 日、增长 3.6%。

（三）水路

全年完成营业性客运量 1.63 亿人，比上年增长 9.0%，完成旅客周转量 33.11 亿人公里、增长 0.4%。

全年完成营业性货运量 82.40 亿吨，比上年增长 8.2%，完成货物周转量 115577.51 亿吨公里、增长 9.2%。其中，内河货运量 41.89 亿吨、增长 9.8%，内河货物周转量 17735.99 亿吨公里、增长 11.3%；海洋货运量 40.51 亿吨、增长 6.6%，海洋货物周转量 97841.51 亿吨公里、增长 8.8%。

全年全国港口完成旅客吞吐量 4773.64 万人，比上年增长 8.0%。其中，内河港口完成 121.87 万人、增长 63.4%，沿海港口完成 4651.77 万人、增长 7.1%。

全年全国港口完成货物吞吐量 155.45 亿吨，比上年增长 6.8%。其中，内河港口完成 55.73 亿吨、增长 9.9%，沿海港口完成 99.73 亿吨、增长 5.2%。完成集装箱铁水联运量 754 万 TEU，增长 9.8%。

表 5　2021 年全国港口分内外贸及重点货类吞吐量

类　别	计算单位	自年初累计	比上年增长（%）
货物吞吐量	亿吨	155.45	6.8
按内外贸分			
外贸	亿吨	46.97	4.5
内贸	亿吨	108.48	7.9
按主要货类分			
其中：煤炭及制品	亿吨	28.31	10.8
石油、天然气及制品	亿吨	13.16	0.5
金属矿石	亿吨	23.99	2.5
集装箱	亿 TEU	2.83	7.0
内河	亿 TEU	0.33	11.3
沿海	亿 TEU	2.49	6.4

（四）民航

全年完成客运量 4.41 亿人，比上年增长 5.5%，完成旅客周转量 6529.68 亿人公里、增长 3.5%。国内航线完成客运量 4.39 亿人，比上年增长 7.6%，其中，港澳台航线完成 59.25 万人、下降 38.4%，国际航线完成 147.72 万人、下降 84.6%。

全年完成货邮运输量 731.84 万吨，比上年增长 8.2%，完成货邮周转量 278.16 亿吨公里、增长 15.8%。

全年民航运输机场完成旅客吞吐量 9.07 亿人，比上年增长 5.9%，完成货邮吞吐量 1782.80 万吨、增长 10.9%。

（五）邮政

全年完成邮政行业业务总量 13698.3 亿元，比上年增长 25.1%。

全年完成邮政函件业务 10.9 亿件，比上年下降 23.3%，完成包裹业务 1822.9 万件、下降 10.2%，完成报纸业务 163.9 亿份、下降 0.9%，完成杂志业务 6.9 亿份、下降 3.6%，完成汇兑业务 646.0 万笔、下降 32.8%。

全年完成快递业务量 1083.0 亿件，比上年增长 29.9%。完成快递业务收入 10332.3 亿元、增长 17.5%，占邮政行业业务收入比重为 81.7%、提高 2.0 个百分点。

（六）城市客运

年末全国城市公共汽电车运营线路 75770 条，比上年末增加 5127 条，运营线路总长度 159.38 万公里、增加 11.17 万公里，其中公交专用车道 18263.8 公里、增加 1712.2 公里。城市轨道交通运营线路 275 条、增加 49 条，运营里程 8735.6 公里、增加 1380.9 公里，其中地铁线路 223 条、7664.0 公里，轻轨线路 7 条、262.9 公里。城市客运轮渡运营航线 84 条、增加 1 条，运营航线总长度 376.3 公里、增加 52.9 公里。

全年完成城市客运量 993.84 亿人，比上年增长 14.0%。其中，公共汽电车客运量 489.16 亿人、运营里程335.27亿公里，分别增长10.6%和10.7%，城市轨道交通客运量237.27亿人、增长34.9%，巡游出租汽车客运量266.90亿人、增长5.4%，城市客运轮渡客运量0.51亿人、增长30.5%。

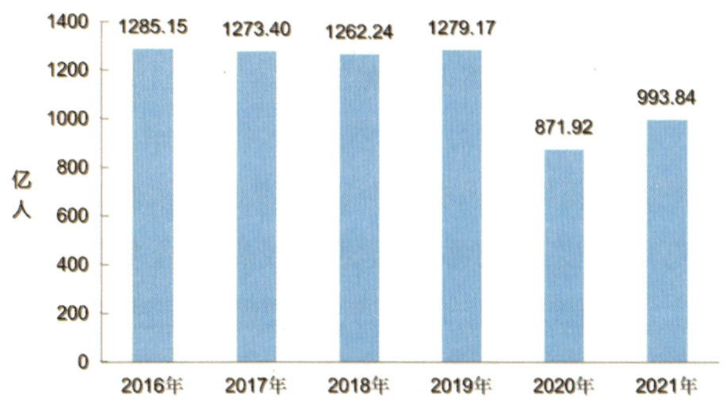

图9　2016—2021年全国城市客运量

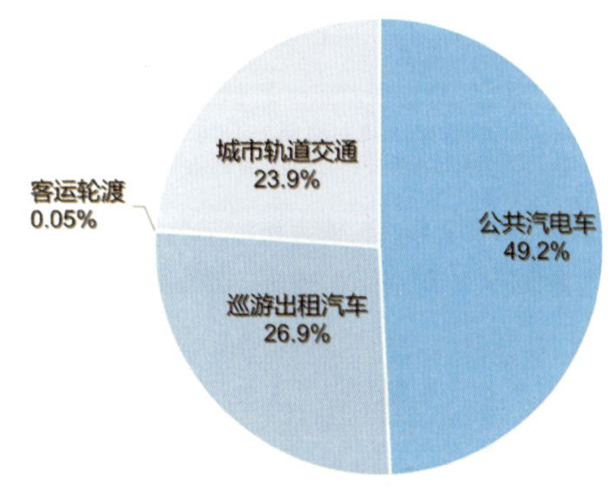

图10　2021年全国城市客运量分运输方式构成

四、交通固定资产投资

全年完成交通固定资产投资36220亿元，比上年增长4.1%。

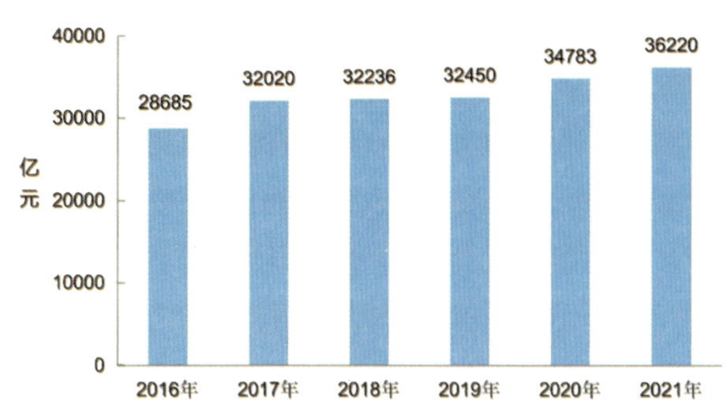

图11　2016—2021年交通固定资产投资额

（一）铁路

全年完成铁路固定资产投资7489亿元。

（二）公路水路

全年完成公路水路固定资产投资27508亿元，比上年增长6.3%。

1. 公路

全年完成公路固定资产投资25995亿元，比上年增长6.0%。其中，高速公路完成15151亿元、增长12.4%，普通国省道完成5609亿元、增长5.9%，农村公路完成4095亿元、下降12.9%。

全年全国832个脱贫县完成公路固定资产投资7582亿元。

2. 水路

全年完成水路固定资产投资1513亿元，比上年增长11.4%。其中，内河建设完成743亿元、增长5.5%，沿海建设完成723亿元、增长15.4%。

（三）民航

全年完成民航固定资产投资1222亿元，比上年增长13.0%。

五、安全生产

（一）铁路

全年全国铁路未发生铁路交通特别重大、重大事故，发生较大事故1件，比上年减少12件。铁路交通事故死亡人数比上年下降23.1%。

（二）公路水路

全年共发生运输船舶水上交通事故（等级事故）129起，比上年下降6.5%，死亡失踪153人、下降21.9%，沉船46艘、下降39.5%。全国各级海上搜救中心共组织、协调搜救行动1990次，在我国搜救责任区内成功搜救1171艘中外遇险船舶、13928名中外遇险人员。

全年公路水运工程建设领域未发生重特大事故，发生生产安全事故64起、死亡90人，比上年分别下降13.5%和4.3%。

全年港口作业领域发生安全生产一般事故6

起、死亡 6 人，比上年分别减少 1 起、1 人。未发生较大及以上等级事故。

（三）民航

全年全国发生通用航空事故 16 起，比上年减少 2 起，死亡 18 人，比上年增加 5 人。

六、科技创新与人才队伍建设

全年交通运输领域共有 15 个项目获得 2020 年度国家科学技术奖，其中，铁路行业 10 个、公路行业 3 个。共有 66 项专利获第二十二届中国专利奖，其中，铁路行业 35 项、公路行业 19 项、水运行业 7 项。共有 312 项科技成果入选 2021 年度交通运输重大科技创新成果库，248 项科技成果进入铁路重大科技创新成果库。

年末公路水路领域共有 56 个行业重点实验室，86 个行业研发中心，19 个协同创新平台，13 个野外科学观测研究基地，10 家国家交通运输科普基地。

全年铁路、公路、水路、民航、邮政领域发布国家和行业标准 218 项。

全年共有 10 名中青年科技领军人才、7 个重点领域创新团队、4 个创新人才培养示范基地入选 2021 年度交通运输行业科技创新人才推进计划。2 人获得国家高层次人才特殊支持计划，3 人获得“全国技术能手”称号，245 人获得“全国交通技术能手”称号。

注释：

1. 香港、澳门特别行政区及台湾省统计数据未包括在本公报内。
2. 按照《国家公路网规划（2013—2030 年）》，结合各省（自治区、直辖市）路网调整情况，公报中国道、省道、县道、乡道、村道里程的统计口径做了部分调整。
3. 公报中营业性旅客运输量为铁路、公路、水路、民航完成数，不包括城市客运量；营业性货物运输量为铁路、公路、水路、民航完成数，不包括管道数据。自 2021 年起，道路货物运输量统计方法由“行业主管部门推算”调整为“规上企业全面调查 + 规下业户波动推算”。自 2021 年起，水路客运量统计方式全面采用企业联网直报。
4. 邮政相关指标中，2021 年邮政行业业务总量按 2020 年不变单价计算，2020 年邮政行业业务总量按 2010 年不变单价计算，同比增减绝对量不可计算，同比增减百分比按照可比口径计算。

资料来源：

本公报数据来自交通运输部、国家铁路局、中国民用航空局、国家邮政局。

《2021 年交通运输行业发展统计公报》评读

2021 年，是交通运输发展史上具有里程碑意义的重要一年。这一年，习近平总书记出席第二届联合国全球可持续交通大会并发表主旨讲话，党中央、国务院印发《国家综合立体交通网规划纲要》，为行业发展指明了前进方向、提供了根本遵循。这一年，面对百年变局和世纪疫情，全行业在以习近平同志为核心的党中央坚强领导下，坚持稳中求进工作总基调，统筹推进疫情防控和经济社会发展交通运输各项工作，着力推动行业高质量发展，加快建设交通强国，努力当好中国现代化的开路先锋。最新发布的《2021 年交通运输行业发展统计公报》，全面展现了一年来全国交通运输系统上下勠力同心、团结奋斗取得的新成就，生动记录了加快建设交通强国征程中取得的新成绩。

一、综合立体交通网络加快完善

全年完成交通固定资产投资 3.6 万亿元，比上年增长 4.1%，两年平均增长 5.6%，发挥了重要的稳增长作用。分结构看，铁路完成投资 7489 亿元，规模继续保持在较高水平；公路完成投资 25995 亿元，比上年增长 6.0%，其中西部地区公路投资占比为 45.3%、全国 832 个脱贫县公路投资占比为 29.2%；水路完成投资 1513 亿元，增长 11.4%；民航完成投资 1222 亿元，增长 13.0%。在投资的支撑带动下，交通基础设施建设稳步推进，综合立体交通网络加快完善。

高效率交通基础设施覆盖范围持续扩大。截至 2021 年末，全国高铁营业里程达到 4 万公里，占铁路营业里程比重超过 1/4。高速公路里程 16.9 万公里，比上年末增加 8090 公里，占公路总里程比重为 3.2%，呈现稳步提高态势。全国港口万吨级及以上泊位 2659 个、增加 67 个，占全国港口泊位比重为 12.7%、提高 1 个百分点。定期航班通航机场、通航城市（或地区）分别提高至 248 个和 244 个。

普通干线交通网结构不断完善。截至 2021 年末，全国铁路营业里程达到 15 万公里，比上年末增加超过 3600 公里，路网密度 156.7 公里 / 万平方公里、增加 4.4 公里 / 万平方公里，复线率接近六成。二级及以上等级公路里程 72.4 万公里、增加 2.1 万公里，占公路总里程比重为 13.7%、提高 0.2 个百分点。三级及以上航道通航里程 1.45 万公里、增加 140 公里，占航道总里程比重为 11.4%。

农村交通网络通达通畅水平稳步提升。截至 2021 年末，农村公路里程 446.6 万公里，比上年末增加 8.4 万公里，其中乡镇通三级及以上公路比例达 82.2%、提高 1.4 个百分点。农村快递服务营业网点数量占比提高至 30% 以上，快递服务乡镇网点覆盖率达到 98%，服务满意度进一步提高。

西部地区路网规模不断提升、结构持续优化。截至 2021 年末，西部地区公路总里程占全国公路总里程比重达 42.9%、比上年末提高 0.5 个百分点，高速公路里程占全国比重达 41.3%、提高 1.7 个百分点，路网规模和质量与东部、中部地区差距进一步缩小，为实现共同富裕战略目标提供了重要保障。

二、运输装备进一步提档升级

大型化装备不断提高。截至 2021 年末，营运载货汽车平均吨位为 14.6 吨 / 辆，比上年末增加 0.4 吨 / 辆；普通货车中，标记吨位 4 吨以上货车吨位占比达 98.5%、提高 1.0 个百分点。营业性运输船舶平均净载重量 2259 吨 / 艘，比上年末增加 125 吨 / 艘。

专业化装备持续增加。截至 2021 年末，全国铁路拥有动车组 33221 辆，比上年末增加 1881 辆、增长 6.0%，占铁路客车总量超过四成。公路拥有专用货车60.4万辆，增加9.7万辆、增长19.2%，占营运载货汽车总量的5.1%、提高0.6个百分点；拥有牵引车346.7万辆，增加35.8万辆、增长11.5%，占营运载货汽车总量的29.5%、提高1.6个百分点；拥有挂车359.3万辆，增加24.6万辆、增长7.4%，占营运载货汽车总量的30.6%、提高0.5个百分点。

绿色化装备趋势明显。截至2021年末，全国铁路拥有电力机车1.39万台，占铁路机车总量达64%、比上年末提高约1.3个百分点。全国城市公共汽电车中，拥有纯电动车42.0万辆，增加4.1万辆、增长10.8%，拥有天然气车11.2万辆、混合动力车8.6万辆，三者合计占公共汽电车比重达87.0%，提高2.7个百分点。

三、物流供应链保障能力不断增强

国内物流供应链保障能力进一步提升。全年完成营业性货运量521.6亿吨，比上年增长12.3%，两年平均增长5.7%。其中，铁路货运量比上年增长4.9%，全国港口集装箱铁水联运量比上年增长9.8%；公路货运量比上年增长14.2%，高速公路货车流量比上年增长6.0%；水路货运量比上年增长8.2%，全国港口完成货物吞吐量155.5亿吨、比上年增长6.8%；民航货运量比上年增长8.2%，民用运输机场货邮吞吐量比上年增长10.9%。快递业务量完成1083亿件，比上年增长29.9%。

国际物流供应链安全畅通保障水平稳步提高。全年中欧班列开行量达15183列，首次站上1.5万列大关，比上年增长22%。公路水运口岸继续实行“货开客关”政策，国际道路货物运输保持总体稳定，全国港口完成外贸货物吞吐量47.0亿吨、增长4.5%，其中煤炭外贸进港量大幅增长21.3%，原油、铁矿石外贸进港量与上年基本持平、规模保持高位，完成外贸集装箱吞吐量1.6亿标箱、增长7.5%，西部陆海新通道班列集装箱发送量57万标箱、增长57.5%。民航开行国际货运航班20万班、增长22%，国际航线货邮量完成266.7万吨、增长19.5%。国际及港澳台快递业务量完成21.0亿件、增长14.6%。

四、公众出行结构持续变化

从出行总量看，营业性客运量持续下降、城市客运量稳定恢复、私家车出行逆势增长。全年完成营业性客运量83.03亿人，比上年下降14.1%，两年平均下降31.3%。完成城市客运量993.8亿人，比上年增长14.0%，但两年平均仍下降11.9%。同期，私家车出行逆势增长，监测数据显示，全年全国高速公路9座及以下小客车流量继续保持增长态势，两年平均增长达3.7%。

从城际间营业性客运看，选择高铁、民航等方式出行比重进一步提高。全年铁路、民航客运量实现恢复性增长，比上年分别增长18.5%和5.5%，而公路客运量规模进一步收缩，比上年下降26.2%。受此影响，铁路、民航客运量占营业性客运量比重进一步提高至36.8%，较2020年、2019年分别提高9.6个和12.2个百分点。

从城市内出行看，各运输方式客运规模逐步恢复，轨道交通占比持续提升。全年公共汽电车、巡游出租汽车、城市轨道交通和客运轮渡客运量比上年分别增长10.6%、5.4%、34.9%和30.5%，其中城市轨道交通客运量增长更快，规模已基本恢复至疫情前水平，占城市客运量比重为23.9%，较2020年、2019年分别提高3.7个和5.2个百分点。

同时，交通运输行业发展取得新的进展。制定实施“十四五”交通运输发展规划，有序推进加快建设交通强国各项具体任务，有力支撑国家重大战略实施，持续深化行业供给侧结构性改革，强化科技创新，更好服务构建新发展格局，毫不放松抓好安全生产，慎终如始做好疫情防控，全力保通保畅保民生，实现了“十四五”良好开局，为做好“六稳”“六保”工作提供了重要的交通支撑。

2021年全国收费公路统计公报

根据《政府信息公开条例》的有关规定，经汇总各省（区、市）已公布的收费公路统计数据，现将2021年全国收费公路统计汇总结果公报如下：

一、收费公路总体情况

（一）里程构成

2021年末，全国收费公路里程18.76万公里，占公路总里程528.07万公里的3.55%。其中，高速公路16.12万公里，一级公路1.76万公里，二级公路0.75万公里，独立桥梁及隧道1329公里，占比分别为85.9%、9.4%、4.0%和0.7%。

全国收费公路里程比上年末净增加8337公里。其中，高速公路净增加8310公里，一级公路净增加213公里，二级公路净减少446公里，独立桥梁及隧道净增加261公里。

（二）主线收费站

2021年末，全国收费公路共有主线收费站972个，比上年末净增加7个。其中，高速公路488个，一级公路308个，二级公路115个，独立桥梁及隧道61个，占比分别为50.2%、31.7%、11.8%和6.3%。

（三）建设投资

2021年末，全国收费公路累计建设投资总额121184.4亿元，较上年末净增加13109.3亿元，增长12.1%。其中，累计资本金投入39011.2亿元，占比32.2%；累计债务性资金投入82173.2亿元，占比67.8%。

（四）债务余额

2021年末，全国收费公路债务余额79178.5亿元，比上年末增加8517.3亿元，增长12.1%。其中，银行贷款余额64546.9亿元，其他债务余额14631.6亿元，占比分别为81.5%和18.5%。

（五）收入支出

2021年度，全国收费公路车辆通行费收入6630.5亿元，比上年增加1762.3亿元，剔除2020年2月17日至5月5日新冠肺炎疫情防控期间全国收费公路免收79天车辆通行费1593亿元因素（以下简称“2020年疫情防控免费因素”）后，2021年车辆通行费收入同比净增加169.3亿元，增长2.6%；支出总额12909.3亿元，比上年增加562.9亿元，增长4.6%；车辆通行费收支缺口6278.8亿元，比上年减少1199.4亿元，剔除2020年疫情防控免费因素后，2021年车辆通行费收支缺口同比增加393.6亿元，增长6.7%。

2021年度支出总额中，偿还债务本金7164.8亿元，偿还债务利息3426.8亿元，养护支出739.1亿元，公路及附属设施改扩建工程支出307.3亿元，运营管理支出838.8亿元，税费支出432.5亿元，占比分别为55.5%、26.5%、5.7%、2.4%、6.5%和3.4%。

二、政府还贷公路情况

（一）里程构成

政府还贷公路总里程8.60万公里，其中，高速公路6.86万公里，一级公路1.32万公里，二级公路0.40万公里，独立桥梁及隧道209公里，占比分别为79.7%、15.4%、4.7%和0.2%。政府还贷高速公路占收费高速公路里程的42.6%。

（二）建设投资

政府还贷公路累计建设投资总额48592.3亿元，其中，高速公路44370.0亿元，一级公路3087.6亿元，二级公路193.1亿元，独立桥梁及隧道941.6亿元，占比分别为91.3%、6.4%、0.4%和1.9%。

政府还贷公路累计建设投资总额中，累计资本金投入14791.8亿元，占比30.4%；累计债务性资金投入33800.5亿元，占比69.6%。

（三）债务余额

2021年末政府还贷公路债务余额35572.8亿元，其中，高速公路33065.4亿元，一级公路1904.8亿元，二级公路78.8亿元，独立桥梁及隧道523.8亿元，占比分别为93.0%、5.4%、0.2%和1.5%。

（四）收入支出

2021年度政府还贷公路车辆通行费收入2307.0亿元，其中，高速公路2201.2亿元，一级公路60.5亿元，二级公路7.3亿元，独立桥梁及隧道38.0亿元，占比分别为95.4%、2.6%、0.3%和1.6%。

2021年度政府还贷公路支出总额5006.6亿元，其中，偿还债务本金2677.3亿元，偿还债务利息1559.8亿元，养护支出301.5亿元，公路及附属设施改扩建工程支出73.0亿元，运营管理支出325.4亿元，税费支出69.8亿元，占比分别为53.5%、31.2%、6.0%、1.5%、6.5%和1.4%。

2021年度政府还贷公路车辆通行费收支缺口2699.6亿元，其中，高速公路缺口2547.9亿元，一级公路缺口144.4亿元，二级公路盈余0.3亿元，独立桥梁及隧道缺口7.6亿元。

三、经营性公路情况

（一）里程构成

经营性公路总里程为10.15万公里，其中，高速公路9.26万公里，一级公路0.44万公里，二级公路0.34万公里，独立桥梁及隧道1120公里，分别占经营性公路里程的91.2%、4.3%、3.4%和1.1%。经营性高速公路占收费高速公路里程的57.4%。

（二）建设投资

经营性公路累计建设投资总额72592.1亿元，其中，高速公路68992.4亿元，一级公路1282.0亿元，二级公路184.1亿元，独立桥梁及隧道2133.6亿元，占比分别为95.0%、1.8%、0.3%和2.9%。

经营性公路累计建设投资总额中，累计资本金投入24219.4亿元，占比33.4%；累计债务性资金投入48372.7亿元，占比66.6%。

（三）债务余额

经营性公路债务余额43605.7亿元，其中，高速公路41788.5亿元，一级公路602.3亿元，二级公路43.3亿元，独立桥梁及隧道1171.6亿元，占比分别为95.8%、1.4%、0.1%和2.7%。

（四）收入支出

2021年度经营性公路车辆通行费收入4323.5亿元，其中，高速公路4030.8亿元，一级公路40.6亿元，二级公路19.5亿元，独立桥梁及隧道232.6亿元，占比分别为93.2%、0.9%、0.5%和5.4%。

2021年度经营性公路支出总额为7902.7亿元，其中，偿还债务本金4487.5亿元，偿还债务利息1867.1亿元，养护支出437.7亿元，公路及附属设施改扩建工程支出234.4亿元，运营管理支出513.4亿元，税费支出362.7亿元，占比分别为56.8%、23.6%、5.5%、3.0%、6.5%和4.6%。

2021年度经营性公路车辆通行费收支缺口3579.2亿元，其中，高速公路缺口3499.4亿元，一级公路缺口77.4亿元，二级公路盈余3.6亿元，独立桥梁及隧道缺口5.9亿元。

四、车辆通行费减免情况

2021年度，全国收费公路共减免车辆通行费1178.9亿元。其中，鲜活农产品运输“绿色通道”减免274.7亿元，重大节假日免收小型客车通行费380.7亿元，高速公路差异化收费、ETC通行费优惠、抢险救灾车辆免费通行等其他政策性减免523.5亿元，占比分别为23.3%、32.3%和44.4%。剔除2020年疫情防控免费因素后，2021年车辆通行费减免金额同比增加91.0亿元，增长8.4%。

附表：2021年全国收费公路统计汇总表

附表

2021 年全国收费公路统计汇总表

项目		编号	收费公路里程	主线收费站	建设投资情况					债务余额情况		
					累计建设投资总额	财政性资本金投入	非财政性资本金投入	举借银行贷款本金	举借其他债务本金	年末债务余额小计	年末银行贷款余额	年末其他债务余额
			公里	个	万元	万元	万元	万元	万元	万元	万元	万元
甲		乙	1	2	3	4	5	6	7	8	9	10
总　计		1	187578.9	972.0	1211843740	209411851	180700350	748306116	73425424	791785213	645469151	146316062
还贷性		2	86042.2	424.5	485922971	119696784	28221661	301937400	36067126	355728245	284396672	71331574
经营性		3	101536.7	547.5	725920769	89715067	152478689	446368716	37358297	436056968	361072479	74984488
高速	小　计	4	161220.2	488.0	1133623863	193549682	166646820	706979861	66447500	748538871	613218831	135320040
	还贷性	5	68604.5	161.0	443699942	107302392	24486815	279568060	32342675	330654265	265613380	65040885
	经营性	6	92615.8	327.0	689923921	86247290	142160005	427411801	34104824	417884606	347605452	70279155
一级	小　计	7	17576.5	308.0	43695939	12184068	4380522	22298784	4832566	25070476	17312016	7758460
	还贷性	8	13223.1	222.0	30876059	9634057	1779845	15942869	3519288	19047570	13078188	5969383
	经营性	9	4353.4	86.0	12819880	2550011	2600676	6355915	1313278	6022905	4233828	1789077
二级	小　计	10	7453.3	115.0	3771787	1432115	788055	1050656	500962	1220964	1011368	209596
	还贷性	11	4005.6	31.5	1930763	1157200	48738	666630	58196	787961	787961	—
	经营性	12	3447.7	83.5	1841024	274915	739317	384026	442766	433003	223407	209596
独立桥梁	小　计	13	1202.0	51.0	28366011	2083706	8008347	17046872	1227086	16022701	13269297	2753404
	还贷性	14	194.9	9.0	8975518	1461024	1906263	5494142	114090	5006827	4695659	311168
	经营性	15	1007.1	42.0	19390493	622683	6102085	11552730	1112995	11015875	8573639	2442236
独立隧道	小　计	16	126.9	10.0	2386140	162280	876606	929943	417310	932200	657639	274562
	还贷性	17	14.2	1.0	440689	142112	—	265700	32877	231622	221485	10138
	经营性	18	112.8	9.0	1945451	20168	876606	664244	384433	700578	436154	264424

注：两个不同收费公路项目合建共用的主线收费站各按 0.5 个计算。

续上表

项目		编号	年通行费收入	年支出总额	还本付息支出小计	偿还债务本金支出	偿还债务利息支出	养护支出	公路及附属设施改扩建工程支出	运营管理支出	税费支出	通行费减免情况：年绿色通道减免金额	通行费减免情况：年节假日小型客车减免金额	通行费减免情况：年其他政策性减免金额
			万元	万元	万元	万元	万元	万元	万元	万元	万元	万元	万元	万元
甲		乙	11	12	13	14	15	16	17	18	19	20	21	22
总　计		1	66304851	129092771	105915726	71647519	34268207	7391305	3073361	8387503	4324876	2747031	3807079	5234586
还贷性		2	23069999	50066072	42370278	26772683	15597596	3014602	729757	3253542	697892	1049510	1255114	1883365
经营性		3	43234852	79026699	63545447	44874836	18670611	4376703	2343604	5133961	3626984	1697521	2551966	3351221
高速	小　计	4	62320227	122793089	101094685	68643219	32451467	6939883	2855315	7898227	4004979	2677319	3644065	4918011
	还贷性	5	22012154	47490784	40359328	25813381	14545948	2871619	547599	3037443	674794	1036098	1207770	1774478
	经营性	6	40308073	75302306	60735357	42829838	17905519	4068264	2307717	4860784	3330185	1641221	2436295	3143533
一级	小　计	7	1011256	3229979	2566016	1544521	1021495	190714	186495	239503	47251	9556	41342	78290
	还贷性	8	604843	2049282	1587215	792895	794319	104816	170421	169158	17673	6235	24399	51309
	经营性	9	406413	1180697	978801	751625	227176	85898	16074	70344	29579	3322	16943	26981
二级	小　计	10	267891	229139	95252	44949	50303	56489	431	49802	27165	3097	7574	34138
	还贷性	11	73176	70574	41344	3755	37589	16330	—	12899	—	2166	2056	14390
	经营性	12	194715	158565	53907	41193	12714	40159	431	36903	27165	931	5518	19747
独立桥梁	小　计	13	2501784	2456936	1821226	1110043	711183	181903	27296	189252	237258	55537	107079	188024
	还贷性	14	349210	433594	364867	156152	208716	19773	11737	31826	5391	4714	19730	41967
	经营性	15	2152574	2023341	1456359	953891	502467	162130	15559	157426	231868	50823	87349	146057
独立隧道	小　计	16	203694	383629	338546	304788	33759	22315	3824	10720	8223	1521	7020	16124
	还贷性	17	30617	21838	17524	6500	11024	2063	—	2216	35	297	1159	1222
	经营性	18	173077	361791	321022	298288	22735	20252	3824	8504	8188	1224	5861	14902

注释：

1. 政府还贷公路：指县级以上地方人民政府交通运输主管部门利用贷款或者向企业、个人有偿集资建设的公路，以及使用地方政府收费公路专项债券建设的公路。
2. 经营性公路：指国内外经济组织投资建设或者依照公路法的规定受让政府还贷公路收费权的公路。
3. 累计建设投资总额：指历年建设投资和当年新增建设投资之和，包括征地拆迁、土木工程、交通工程及沿线设施的投资，不含养护、大中修投资。
4. 财政性资本金投入、非财政性资本金投入：指累计建设投资总额中分别属于政府财政和其他来源（如社会资本投资、企事业单位自筹）的资本金部分。
5. 举借银行贷款本金、举借其他债务本金：指累计建设投资总额中通过举借银行贷款和举借其他债务（如发行债券、对外借款）筹集的债务性资金，即原始银行贷款本金和原始其他债务本金，不考虑偿还因素。

6. 养护支出：指公路日常小修保养（含养护人员薪酬）、大中修工程、预防性养护、养护设施设备购置、养护检查检测、应急养护、机电系统改造维护、生产及照明用电等费用支出之和。

7. 公路及附属设施改扩建工程支出：指公路及附属设施的改建支出，如收费站、收费广场，部分路段线位调整、提升技术等级、增加车道数和出入口，以及立交工程的改建工程。

8. 运营管理支出：指收费业务、日常管理、路政管理及治超工作支出之和，包括收费人员、管理人员、后勤人员和路政治超人员薪酬、收费业务费用、日常管理办公经费（含）、其他管理支出、路政治超办公及业务费用、执法装备使用及维修、路产巡查等支出。

9. 税费支出：指税务部门征收的所有税金与政府财政等有关部门按相关规定征收或提取的规费之和，包括增值税、所得税、城建税、房产税、教育附加费、水利基金、交警经费等。

10. 车辆通行费收支缺口：指使用车辆通行费收入减去支出总额，车辆通行费收入大于支出总额为盈余，车辆通行费收入小于支出总额为缺口。

11. 部分数据因四舍五入的原因，存在着与分项合计不等的情况；占比率根据四舍五入前数据计算。

《2021年全国收费公路统计公报》解读

2021年，各地、各有关部门坚决贯彻落实党中央、国务院的决策部署，充分发挥收费公路政策举借债务、吸引投资的作用，全面加强高速公路建设，为经济社会发展提供更多更好的公路基础设施；同时，严格落实各项惠民优惠政策，利用车辆通行费筹集收费公路养护、管理、还本、付息、税费等资金，支撑行业稳定发展，为人民群众安全便捷出行、货运物流健康发展提供优质、高效、可持续的公路交通保障。为保障人民群众的知情权、监督权，根据《统计法》有关规定，交通运输部组织各地省级交通运输主管部门对全国1359家收费公路经营管理单位管理的2451个收费公路项目运行情况进行了全面统计，以公报形式发布了统计汇总结果。

一、收费公路政策实施成效

1984年12月国务院出台的收费公路政策，打破了公路建设单纯依靠财政投资的体制束缚，形成了“国家投资、地方筹资、社会融资、利用外资”的多元化投融资机制，对我国公路交通的快速发展起到了至关重要的作用。

截至2021年末，全国公路通车总里程达到528.07万公里，是1984年末的5.7倍。其中，高速公路达到16.91万公里。公路基础设施的快速发展，大幅提高了公路通行能力和运输效率，促进了经济社会持续健康发展。2021年，全国公路旅客周转量为3627.5亿人公里（近两年受疫情影响下降较大，统计口径为营运客车，未包括私家车出行等），是1984年的2.7倍；公路货物周转量为69087.7亿吨公里，是1984年的131倍。

二、收费公路发展状况

（一）总体情况

1.里程规模

2021年末，全国收费公路里程18.76万公里，占公路总里程528.07万公里的3.55%。其中，高速公路16.12万公里，一级公路1.76万公里，二级公路0.75万公里，独立桥梁及隧道1329公里，占比分别为85.9%、9.4%、4.0%和0.7%。

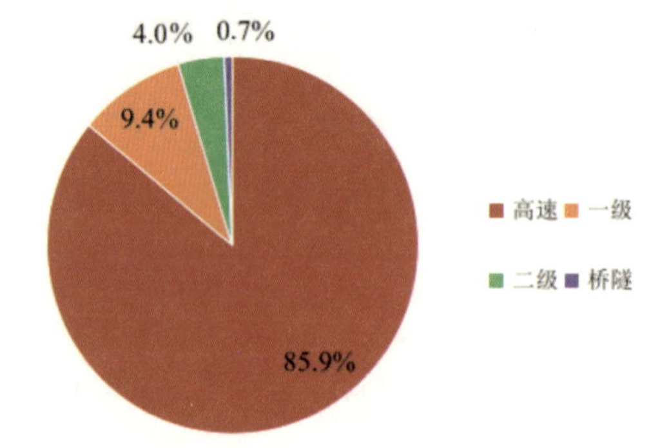

图1 收费公路技术等级构成（2021）

与上年末相比，全国收费公路总里程由179242公里增加到187579公里，净增加8337公里，增长4.7%。其中，高速公路里程由152911公里增加到161220公里，净增8310公里，增长5.4%，大部分位于西部地区；与此同时，随着普通公路逐步收费期满，一、二级公路里程由25263公里减少到25030公里，净减233公里，下降0.9%；独立桥梁及隧道里程由1068公里增加到1329公

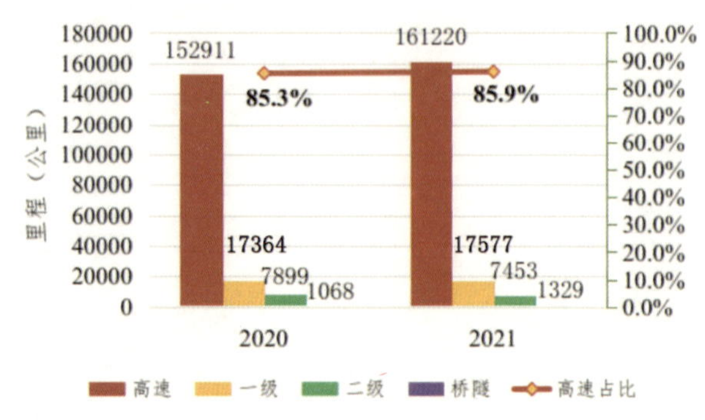

图2 收费公路里程（2020—2021）

里，净增 261 公里，增长 24.4%。随着高速公路里程不断增长和普通收费公路逐步到期停止收费，全国收费公路结构进一步优化，收费公路中高速公路里程占比增加至 85.9%，占比持续增长，全国公路“两个体系”建设加快推进，公众出行更加便捷。

2. 主线收费站

2021 年末，全国收费公路共有主线收费站 972 个，比上年末净增加 7 个，增长 0.7%。其中，高速公路 488 个，一级公路 308 个，二级公路 115 个，独立桥梁及隧道 61 个，占比分别为 50.2%、31.7%、11.8% 和 6.3%。

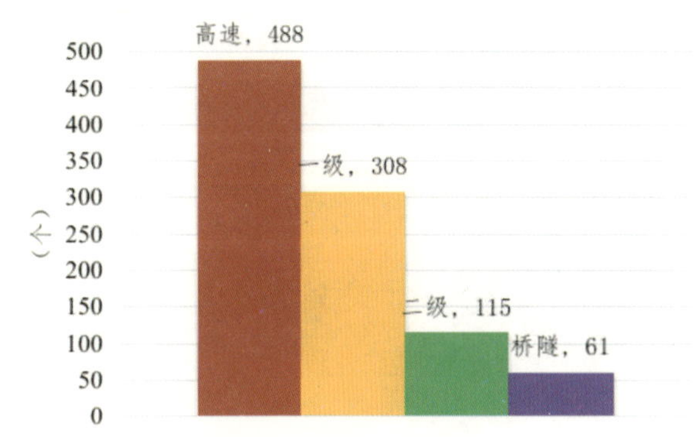

图 3 主线收费站数量（2021）

其中，高速公路主线收费站由 484 个增加至 488 个，净增加 4 个，增长 0.8%；一级公路收费站由 300 个增加至 308 个，净增加 8 个，增长 2.7%；二级公路收费站由 122 个减少至 115 个，净减 7 个，下降 5.7%；独立桥梁及隧道收费站由 59 个增加至 61 个，净增 2 个，上升 3.4%。

3. 建设投资

由于新通车高速公路里程规模较大，2021 年末，全国收费公路累计建设投资总额达到 121184.4 亿元，比上年末净增 13109.3 亿元，增长 12.1%。其中，累计资本金投入 39011.2 亿元，占比 32.2%；累计债务性资金投入 82173.2 亿元，占比 67.8%。

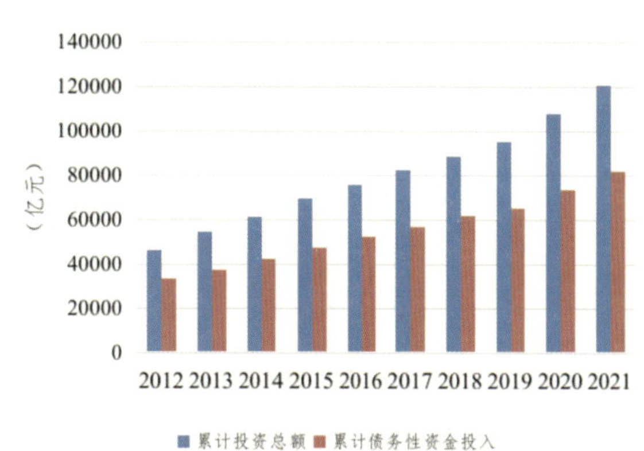

（注：累计建设投资总额指历年和当年收费公路建设投资额的合计）

图 4 累计建设投资总额（2020—2021）

与上年末相比，全国收费公路累计债务性资金投入由 73642.5 亿元增加到 82173.2 亿元，净增 8530.6 亿元，增长 11.6%，主要是新通车高速公路所举借的债务本金。

4. 债务余额

受高速公路里程增加和建设投资总额扩大，以及部分项目为养护管理、偿还利息举借新债等因素的影响，收费公路债务余额持续上升。2021 年末，全国收费公路债务余额 79178.5 亿元，比上年末净增 8517.3 亿元，增长 12.1%。其中，高速公路 74853.9 亿元，比上年末净增 7870.3 亿元；一级公路 2507.0 亿元，比上年末净增 231.9 亿元；二级公路 122.1 亿元，比上年末净减 28.7 亿元；独立桥梁及隧道 1695.5 亿元，比上年末净增 443.7 亿元；占债务余额的比例分别为 94.5%、3.2%、0.2% 和 2.1%。

5. 收入支出

（1）车辆通行费收入

2021 年度，全国收费公路车辆通行费总收入 6630.5 亿元。其中，高速公路 6232.0 亿元，一级公路 101.1 亿元，二级公路 26.8 亿元，独立桥梁及隧道 270.5 亿元，占比分别为 94.0%、1.5%、0.4% 和 4.1%。

2021 年度全国收费公路车辆通行费总收入比

上年净增1762.3亿元。剔除2020年疫情防控免费因素后，2021年车辆通行费收入同比增加169.3亿元，增长2.6%。

（2）支出情况

2021年度，全国收费公路支出总额12909.3亿元。其中，偿还债务本金7164.8亿元，偿还债务利息3426.8亿元，养护支出739.1亿元，公路及附属设施改扩建工程支出307.3亿元，运营管理支出838.8亿元，税费支出432.5亿元，占比分别为55.5%、26.5%、5.7%、2.4%、6.5%和3.4%。

全国收费公路支出总额比上年净增562.9亿元，增长4.6%，主要增长原因：一是随着债务规模持续扩大，偿还债务利息支出不断增加；二是运营管理支出有所增长，主要是2020年底前集中通车和2021年内新通车高速公路的新增运营管理成本；三是上年因新冠肺炎疫情防控期间免收车辆通行费政策导致车辆通行费收入基数较低，增值税和所得税支出低于正常年份。其中，偿还债务本金支出净减15.3亿元，偿还利息支出净增365.6亿元，养护支出净减4.9亿元，公路及附属设施改扩建工程支出净减4.6亿元，运营管理支出净增83.3亿元，税费支出净增138.9亿元。

（3）收支对比

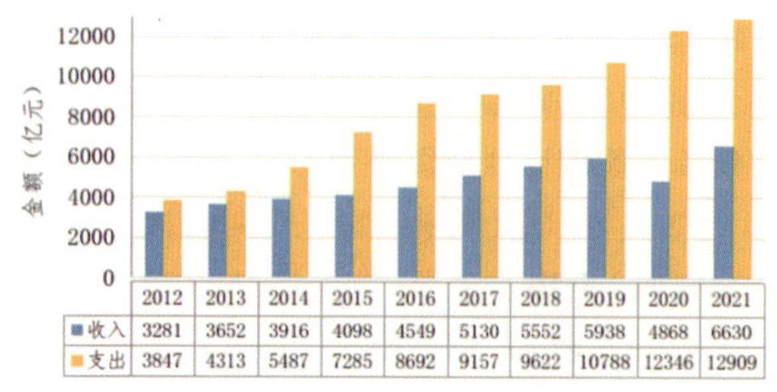

图5　收入与支出（2012—2021）

2021年度，全国收费公路车辆通行费收支缺口为6278.8亿元。其中，高速公路收支缺口6047.3亿元，一级公路收支缺口221.9亿元，二级公路收支盈余3.9亿元，独立桥梁及隧道收支缺口13.5亿元。剔除2020年疫情防控免费因素后，2021年车辆通行费收支缺口同比增加393.6亿元，增长6.7%。

（二）政府还贷公路

1. 里程规模

2021年末，全国政府还贷公路里程8.60万公里，占全国收费公路里程的45.9%。其中，政府还贷高速公路6.86万公里，一级公路1.32万公里，二级公路0.40万公里，独立桥梁及隧道209公里，占比分别为79.7%、15.4%、4.7%和0.2%。政府还贷高速公路占收费高速公路里程的42.6%。

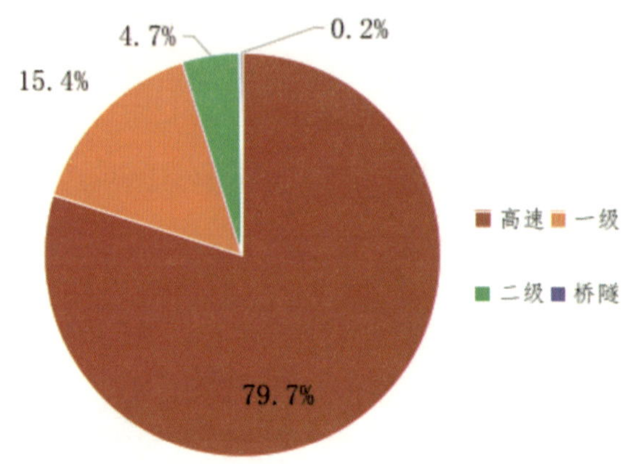

图6　政府还贷公路技术等级构成（2021）

与上年末相比，政府还贷公路总里程由83578公里增加到86042公里，净增2464公里，增长2.9%。其中，高速公路里程由66132公里增加到68604公里，净增2473公里，增长3.7%；一级公路里程由13230公里减少到13223公里，净减7公里，下降0.1%；二级公路里程由4013公里减少到4006公里，净减8公里，下降0.2%；独立桥梁及隧道里程由204公里增加到209公里，净增5公里，增长2.7%。

2. 建设投资

2021年末，政府还贷公路累计建设投资48592.3亿元，占收费公路累计建设投资总额的40.1%。其中政府还贷高速公路累计建设投资44370.0亿元，一级公路3087.6亿元，二级公路

193.1 亿元，独立桥梁及隧道 941.6 亿元，占比分别为 91.3%、6.4%、0.4% 和 1.9%。

与上年末相比，政府还贷公路累计建设投资总额由 45803.3 亿元增加到 48592.3 亿元，净增 2789.0 亿元，增长 6.1%。其中，政府还贷高速公路累计建设投资总额由 41680.1 亿元增加到 44370.0 亿元，净增 2689.9 亿元，增长 6.5%。

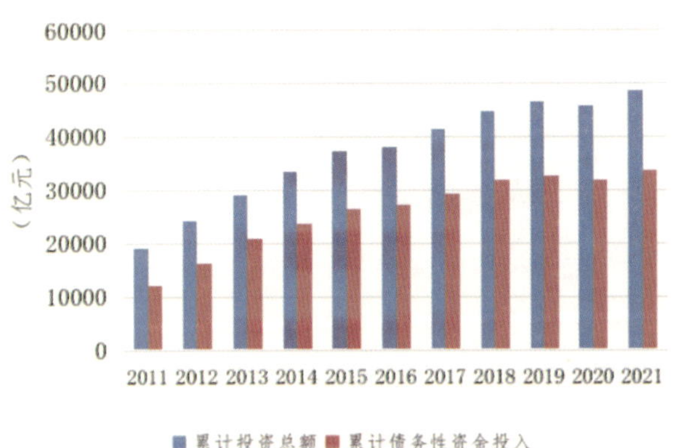

图 7 政府还贷公路累计建设投资总额（2012—2021）

2021 年末，政府还贷公路累计建设投资中，累计资本金投入 14791.8 亿元，占比 30.4%；累计债务性资金投入 33800.5 亿元，占比 69.6%。

3. 债务余额

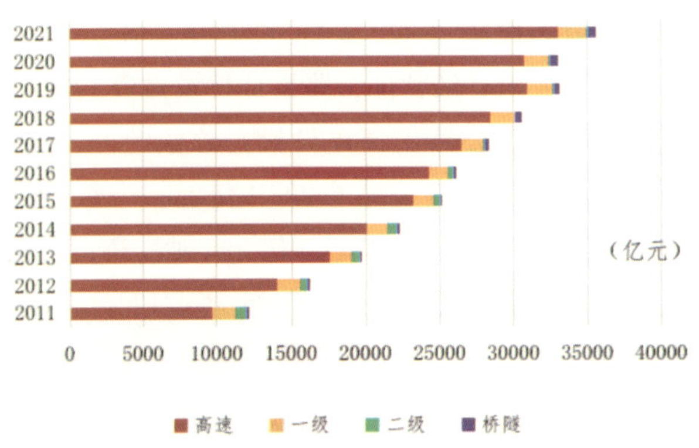

图 8 政府还贷公路债务余额（2012—2021）

2021 年末，政府还贷公路债务余额 35572.8 亿元，占全国收费公路债务余额的 44.9%。其中，高速公路债务余额 33065.4 亿元，一级公路 1904.8 亿元，二级公路 78.8 亿元，独立桥梁及隧道 523.8 亿元，占比分别为 93.0%、5.4%、0.2% 和 1.5%。

与上年末相比，政府还贷公路债务余额由 32991.6 亿元增加到 35572.8 亿元，净增 2581.2 亿元，增长 7.8%。其中，政府还贷高速公路债务余额由 30684.8 亿元增加到 33065.4 亿元，净增 2380.6 亿元，增长 7.8%。

4. 收入支出

（1）车辆通行费收入

2021 年度，政府还贷公路车辆通行费收入 2307.0 亿元，占收费公路车辆通行费收入总额的 34.8%。其中，高速公路 2201.2 亿元，一级公路 60.5 亿元，二级公路 7.3 亿元，独立桥梁及隧道 38.0 亿元，占比分别为 95.4%、2.6%、0.3% 和 1.6%。

与上年相比，全国政府还贷公路车辆通行费总收入由 1725.4 亿元增加到 2307.0 亿元，净增 581.6 亿元。剔除 2020 年疫情防控免费因素后，2021 年政府还贷公路车辆通行费收入同比增加 17.0 亿元，增长 0.7%。

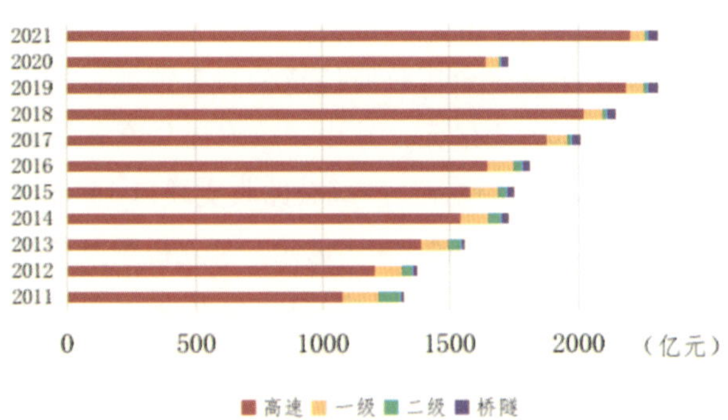

图 9 政府还贷公路通行费收入情况（2012—2021）

（2）支出情况

2021 年度，政府还贷公路支出总额为 5006.6 亿元，占收费公路支出总额的 38.8%。其中，偿还债务本金 2677.3 亿元，偿还债务利息 1559.8 亿元，养护支出 301.5 亿元，公路及附属设施改扩建工程支出 73.0 亿元，运营管理支出 325.4 亿元，税费支出 69.8 亿元，占比分别为 53.5%、31.2%、6.0%、1.5%、6.5% 和 1.4%。

与上年相比，全国政府还贷公路支出总额由 4828.1 亿元增加至 5006.6 亿元，净增 178.6 亿元，增长 3.7%。其中，偿还债务本金支出净增 54.0 亿元，偿还债务利息支出净增 105.3 亿元，养护支出净减 13.7 亿元，公路及附属设施改扩建工程支出净减 9.5 亿元，运营管理支出净增 19.9 亿元，税费支出净增 22.5 亿元。

（3）收支对比

图 10　政府还贷公路收入与支出（2012—2021）

2021 年度，全国政府还贷公路车辆通行费收支缺口为 2699.6 亿元。其中，政府还贷高速公路收支缺口 2547.9 亿元，一级公路收支缺口 144.4 亿元，二级公路收支盈余 0.3 亿元，独立桥梁及隧道收支缺口 7.6 亿元。剔除 2020 年疫情防控免费因素后，2021 年政府还贷公路车辆通行费收支缺口同比增加 161.5 亿元，增长 6.4%。

（三）经营性公路

1. 里程规模

2021 年末，全国经营性公路里程 10.15 万公里，占全国收费公路里程的 54.1%。其中，高速公路 9.26 万公里，一级公路 0.44 万公里，二级公路 0.34 万公里，独立桥梁及隧道 1120 公里，分别占经营性公路里程的 91.2%、4.3%、3.4% 和 1.1%。经营性高速公路占收费高速公路里程的 57.4%。

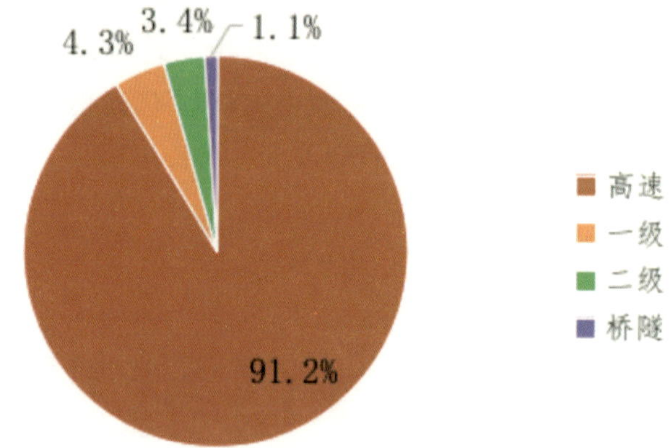

图 11　经营性公路技术等级构成（2021）

与上年末相比，经营性公路总里程由 95663 公里增加到 101537 公里，净增 5873 公里，增长 6.1%。其中，高速公路里程由 86779 公里增加到 92616 公里，净增 5837 公里，增长 6.7%；一级公路里程由 4134 公里增加到 4353 公里，净增 220 公里，增长 5.3%；二级公路里程由 3886 公里减少到 3448 公里，净减 438 公里，下降 11.3%；独立桥梁及隧道里程由 865 公里增加到 1120 公里，净增 255 公里，增长 29.5%。

2. 建设投资

2021 年末，经营性公路累计建设投资 72592.1 亿元，占收费公路累计建设投资总额的 59.9%。其中，经营性高速公路 68992.4 亿元，一级公路 1282.0 亿元，二级公路 184.1 亿元，独立桥梁及隧道 2133.6 亿元，占比分别为 95.0%、1.8%、0.3% 和 2.9%。

与上年末相比，经营性公路累计建设投资总额由 62271.7 亿元增加到 72592.1 亿元，净增 10320.4 亿元，增长 16.6%，其中，经营性高速公路累计建设投资总额由 59237.8 亿元增加到 68992.4 亿元，净增 9754.6 亿元，增长 16.5%。

图 12 经营性公路累计建设投资总额（2012—2021）

经营性公路累计建设投资总额中，累计资本金投入 24219.4 亿元，占比 33.4%；累计债务性资金投入 48372.7 亿元，占比 66.6%。债务性资金投入依然是收费公路建设投资的主要来源。

3. 债务余额

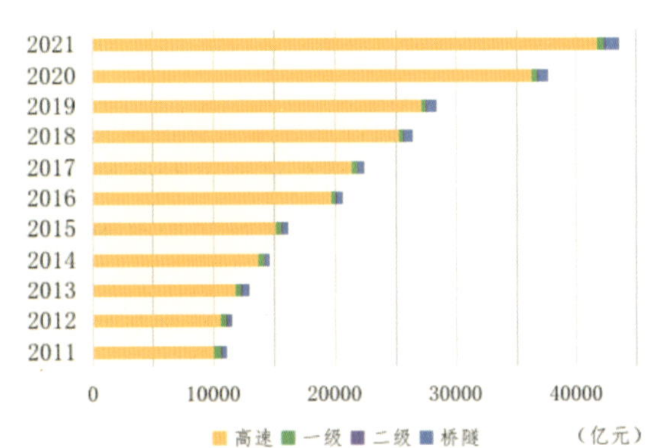

图 13 经营性公路债务余额（2012—2021）

2021 年末，经营性公路债务余额 43605.7 亿元，占收费公路债务余额的 55.1%。其中，高速公路 41788.5 亿元，一级公路 602.3 亿元，二级公路 43.3 亿元，独立桥梁及隧道 1171.6 亿元，占比分别为 95.8%、1.4%、0.1% 和 2.7%。

与上年末相比，经营性公路债务余额由 37669.6 亿元增加到 43605.7 亿元，净增 5936.1 亿元，增长 15.8%，其中，经营性高速公路债务余额由 36298.7 亿元增加到 41788.5 亿元，净增 5489.7 亿元，增长 15.1%。

4. 收入支出

（1）车辆通行费收入

2021 年度，经营性公路车辆通行费收入 4323.5 亿元，占收费公路车辆通行费收入总额的 65.2%。其中，经营性高速公路 4030.8 亿元，一级公路 40.6 亿元，二级公路 19.5 亿元，独立桥梁及隧道 232.6 亿元，分别占经营性公路车辆通行费收入的 93.2%、0.9%、0.5% 和 5.4%。

与上年相比，经营性公路车辆通行费总收入由 3142.8 亿元增加到 4323.5 亿元，净增 1180.7 亿元。剔除 2020 年疫情防控免费因素后，2021 年经营性公路车辆通行费收入同比增加 152.3 亿元，增长 3.7%。

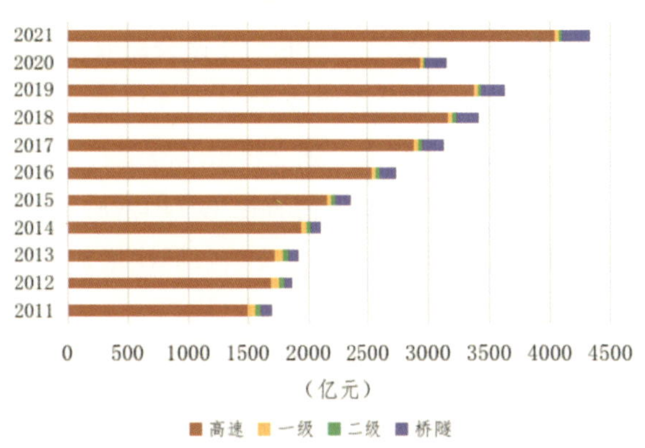

图 14 经营性公路通行费收入情况（2012—2021）

（2）支出情况

2021 年度，经营性公路支出总额为 7902.7 亿元，占收费公路支出总额的 61.2%。其中，偿还债务本金 4487.5 亿元，偿还债务利息 1867.1 亿元，养护支出 437.7 亿元，公路及附属设施改扩建工程支出 234.4 亿元，运营管理支出 513.4 亿元，税费支出 362.7 亿元，分别占经营性公路支出总额的 56.8%、23.6%、5.5%、3.0%、6.5% 和 4.6%。

与上年相比，经营性公路支出总额净增 384.3 亿元，增长 5.1%。其中，偿还债务本金支出净减 69.4 亿元，偿还债务利息支出净增 260.2 亿元，养护支出净增 8.8 亿元，公路及附属设施改扩建工程支出净增 4.8 亿元，运营管理支出净增 63.4 亿元，税费支出净增 116.4 亿元。

（3）收支对比

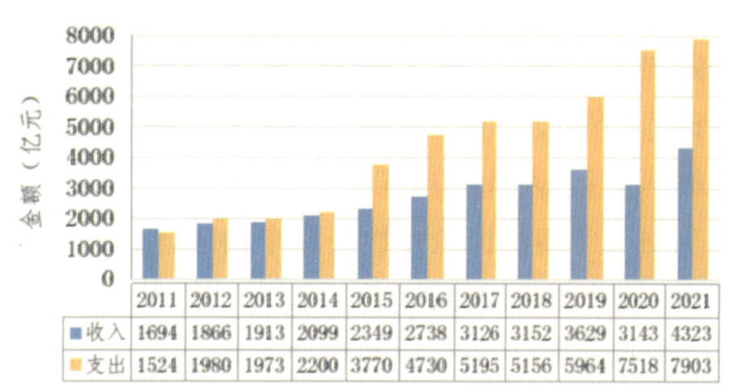

	2011	2012	2013	2014	2015	2016	2017	2018	2019	2020	2021
收入	1694	1866	1913	2099	2349	2738	3126	3152	3629	3143	4323
支出	1524	1980	1973	2200	3770	4730	5195	5156	5964	7518	7903

图 15　经营性公路收入与支出（2012—2021）

2021 年度，全国经营性公路车辆通行费收支缺口为 3579.2 亿元。其中，高速公路收支缺口 3499.4 亿元，一级公路收支缺口 77.4 亿元，二级公路收支盈余 3.6 亿元，独立桥梁及隧道收支缺口 5.9 亿元。剔除 2020 年疫情防控免费因素后，2021 年经营性公路车辆通行费收支缺口同比增加 232.1 亿元，增长 6.9%。

（四）车辆通行费减免情况

2021 年度，全国收费公路共减免车辆通行费 1178.9 亿元，占 2021 年度应收车辆通行费总额的 15.1%。其中，鲜活农产品运输“绿色通道”减免 274.7 亿元，占比 23.3%；重大节假日免收小型客车车辆通行费 380.7 亿元，占比 32.3%；高速公路差异化收费、ETC 车辆通行费优惠、抢险救灾车辆免费等其他政策性减免 523.5 亿元，占比 44.4%。剔除 2020 年疫情防控免费因素后，2021 年车辆通行费减免金额同比增加 91.0 亿元，增长 8.4%。

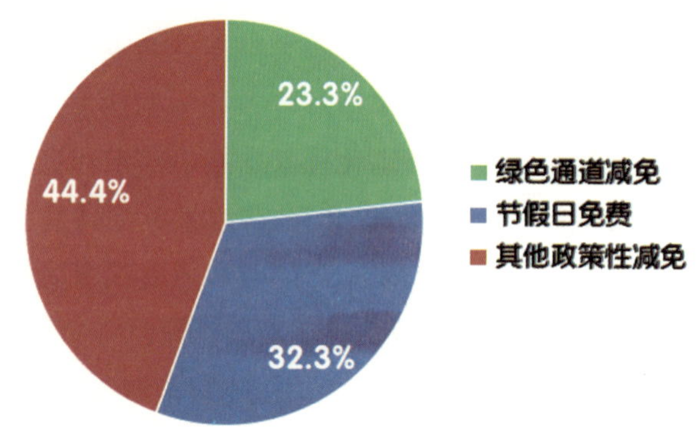

图 16　通行费减免构成（2021）

2021 年，交通运输行业深入贯彻落实党中央、国务院关于推进供给侧结构性改革和降低实体经济企业成本的决策部署，更加注重服务大局、服务人民、服务基层，进一步加大惠民措施力度，促进物流业降本增效。继续严格执行鲜活农产品运输“绿色通道”政策、重大节假日免收小型客车车辆通行费等惠民政策，为促进物流业降本增效、实惠人民群众出行作出了贡献。

2021年铁道统计公报

2021年，铁路行业坚持以习近平新时代中国特色社会主义思想为指导，全面贯彻党的十九大和十九届历次全会精神，扎实推进党史学习教育，弘扬伟大建党精神，按照党中央、国务院决策部署，坚持稳中求进工作总基调，立足新发展阶段，完整、准确、全面贯彻新发展理念，服务构建新发展格局，着力推进铁路科技创新，着力推进铁路运输市场化改革，着力推进铁路治理体系和治理能力现代化，持续强化铁路常态化疫情防控，坚决维护铁路安全稳定，推动铁路高质量发展，为"十四五"开好局、起好步作出积极贡献。

一、运输生产

旅客运输。全国铁路旅客发送量完成26.12亿人，比上年增加4.08亿人，增长18.5%。其中，国家铁路25.33亿人，比上年增长16.9%。全国铁路旅客周转量完成9567.81亿人公里，比上年增加1301.62亿人公里，增长15.7%。其中，国家铁路9559.09亿人公里，比上年增长15.8%。

表1 全国铁路旅客运输量

指 标	单位	2021年	比上年±%
旅客发送量	万人	261171	18.5
国家铁路	万人	253287	16.9
旅客周转量	亿人公里	9567.81	15.7
国家铁路	亿人公里	9559.09	15.8

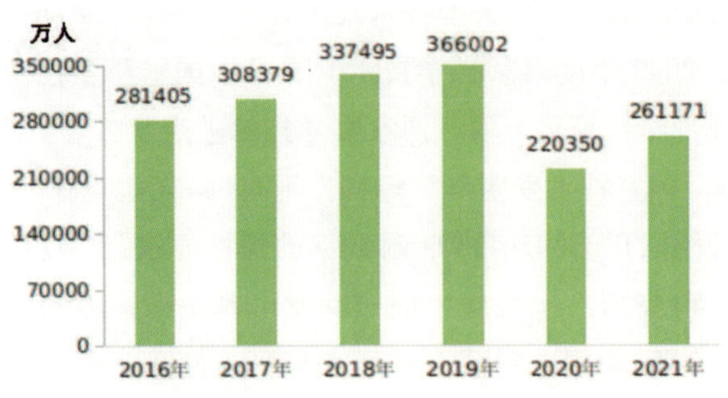

图1 全国铁路旅客发送量

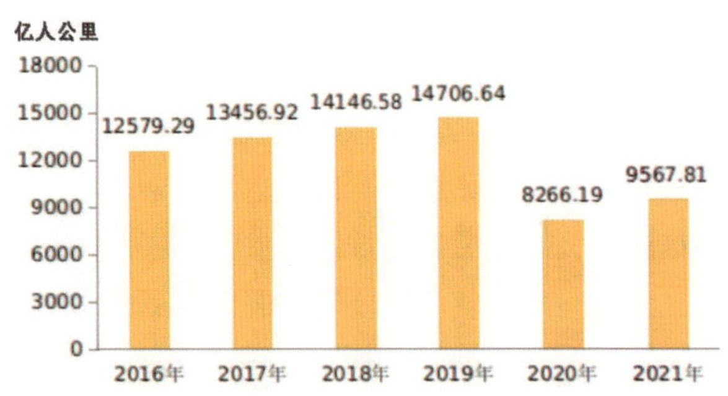

图2 全国铁路旅客周转量

货物运输。全国铁路货运总发送量完成47.74亿吨，比上年增加2.21亿吨，增长4.9%。其中，国家铁路37.26亿吨，比上年增长4.0%。全国铁路货运总周转量完成33238.00亿吨公里，比上年增加2723.54亿吨公里，增长8.9%。其中，国家铁路29950.01亿吨公里，比上年增长9.3%。

表2 全国铁路货物运输量

指 标	单位	2021年	比上年±%
货运总发送量	万吨	477372	4.9
国家铁路	万吨	372563	4.0
货物总周转量	亿吨公里	33238.00	8.9
国家铁路	亿吨公里	29950.01	9.3

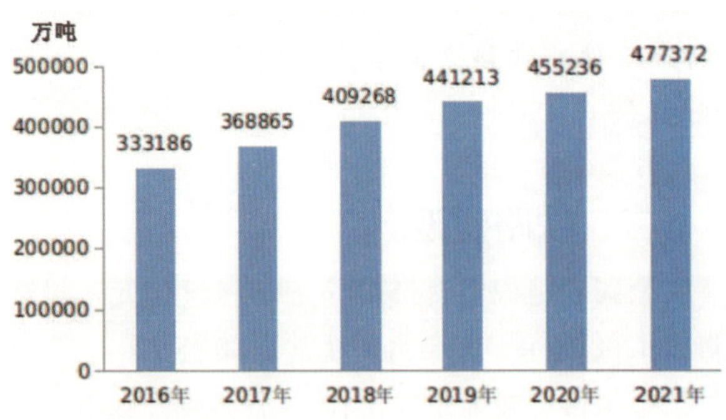

图3 全国铁路货运总发送量

换算周转量。全国铁路总换算周转量完成42805.81亿吨公里，比上年增加4025.16亿吨公里，增长 10.4%。其中，国家铁路 39509.10 亿吨公里，比上年增长 10.8%。

图 4　全国铁路货物总周转量

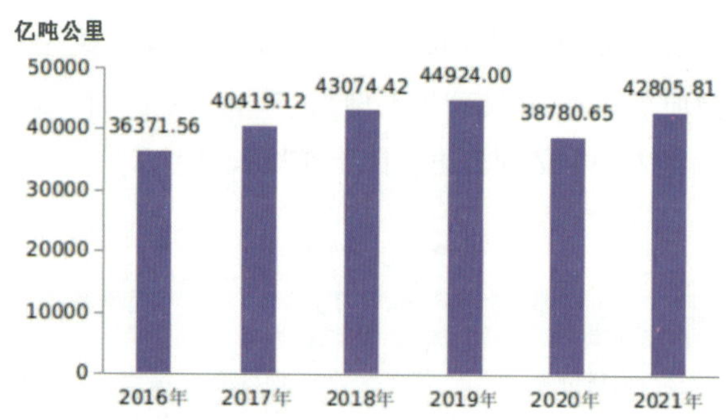

图 5　全国铁路总换算周转量

运输安全。全年全国铁路未发生铁路交通特别重大、重大事故；发生较大事故 1 件，比上年减少 12 件。铁路交通事故死亡人数比上年下降 23.1%。

二、铁路建设

全国铁路固定资产投资完成 7489 亿元，投产新线 4208 公里，其中高速铁路 2168 公里。

全国铁路营业里程达到 15 万公里，其中，高速铁路营业里程达到 4 万公里；复线率 59.5%；电化率 73.3%；西部地区铁路营业里程 6.1 万公里。全国铁路路网密度 156.7 公里 / 万平方公里。

国家铁路营业里程 13.1 万公里，复线率 61.9%，电化率 75.4%。

三、运输装备

全国铁路机车拥有量为 2.17 万台，其中，内燃机车 0.78 万台，电力机车 1.39 万台。全国铁路客车拥有量为 7.8 万辆，其中，动车组 4153 标准组、33221 辆。全国铁路货车拥有量为 96.6 万辆。

国家铁路机车拥有量为 2.09 万台，其中，内燃机车 0.74 万台，电力机车 1.35 万台。国家铁路客车拥有量为 7.6 万辆，其中，动车组 4012 标准组、32097 辆。国家铁路货车拥有量为 89.2 万辆。

四、技术标准和科技创新

重要技术标准制修订。发布《铁路客车通用技术条件》等铁道国家标准 9 项，《铁路辙叉结构高度测量器检定规程》铁道国家计量规程规范 1 项。发布《机车车辆非金属材料及室内空气有害物质限量》《邻近铁路营业线施工安全监测技术规程》等铁道行业标准 39 项，《铁路专用计量器具计量规程规范编写规则》等铁道行业计量规程规范 2 项。发布由我国主持制定的《铁路基础设施 钢轨焊接 第 1 部分：钢轨焊接的通用要求和试验方法》等国际标准化组织（ISO）、国际电工委员会（IEC）国际标准 5 项，《铁道货车通用技术条件》等铁道国家标准英文译本 2 项，《调度集中系统技术条件》《磁浮铁路技术标准（试行）》等铁道行业标准英文译本 47 项。

科技创新及获奖。铁路行业共有“高压富水长大铁路隧道修建关键技术及工程应用”等 10 个项目获 2020 年度国家科学技术奖，其中国家科学技术进步奖一等奖 1 项、国家科学技术进步奖二等奖 7 项、国家技术发明奖二等奖 2 项。铁路行业共有“一种桥梁用 Q345qDNH 耐候钢的焊接方法”等 35 项专利获第二十二届中国专利奖，其中中国专利金奖 3 项、中国专利银奖 4 项，中国外观设计金奖 1 项。铁路重大科技创新成果库 2021 年度入库 248 项，其中铁路科技项目42项、铁路专利42项、铁路技术标准38项、铁路科技论文126篇。

五、节能减排

综合能耗。国家铁路能源消耗折算标准煤1580.74万吨，比上年增加85.86万吨，增长5.7%。单位运输工作量综合能耗4.07吨标准煤/百万换算吨公里，比上年减少0.16吨标准煤/百万换算吨公里，下降3.9%。单位运输工作量主营综合能耗4.02吨标准煤/百万换算吨公里，比上年减少0.15吨标准煤/百万换算吨公里，下降3.5%。

主要污染物排放量。国家铁路化学需氧量排放量1611吨，比上年减少12吨。二氧化硫排放量0.2万吨，比上年减少0.1万吨。

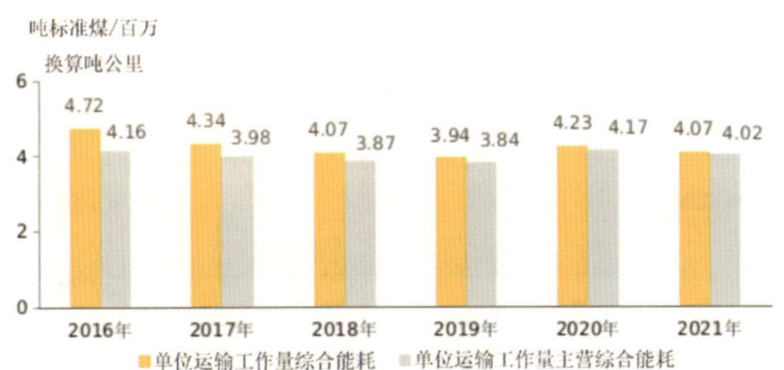

图6　国家铁路运输工作量综合单耗、主营单耗

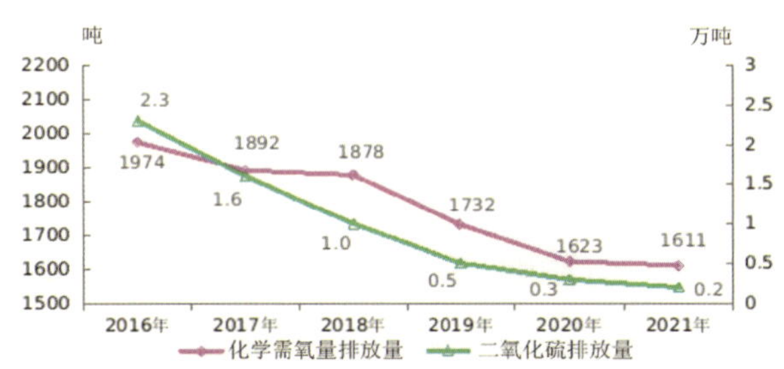

图7　国家铁路化学需氧量、二氧化硫排放量

注释：

1. 除注明外，国家铁路含国铁集团及其控股合资铁路。
2. 客货运量为精密数，其余数据均为速报数。
3. 统计范围不含港澳台。
4. 除注明外，比上年为同口径。

2021年民航行业发展统计公报[1]

2021年是民航发展历程中具有特殊重要性的一年，全行业以习近平新时代中国特色社会主义思想为指导，全面贯彻党的十九大和十九届历次全会以及中央经济工作会议精神，在党中央、国务院的坚强领导下，坚持新发展理念，坚持稳中求进总基调，认真落实"十四五"时期"一二三三四"民航总体工作思路[2]，努力克服疫情防控、经营亏损、安全压力等困难交织叠加影响，扎实推动民航高质量发展，各项工作取得了较好成绩。

一、运输航空[3]

2021年，新冠肺炎疫情对民航运输生产影响的深度和持续性超出预期。

(一) 运输周转量[4]

2021年，全行业完成运输总周转量856.75亿吨公里，比上年增长7.3%。国内航线完成运输总周转量641.14亿吨公里，比上年增长9.1%，其中，港澳台航线完成3.01亿吨公里，比上年下降5.5%；国际航线完成运输总周转量215.61亿吨公里，比上年增长2.3%。

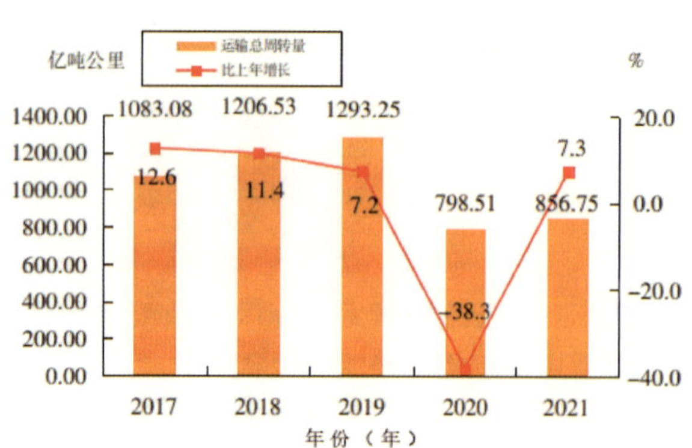

图1 2017—2021年民航运输总周转量

全行业完成旅客周转量6529.68亿人公里，比上年增长3.5%。国内航线完成旅客周转量6439.12亿人公里，比上年增长9.7%，其中，港澳台航线完成8.19亿人公里，比上年下降36.1%；国际航线完成旅客周转量90.56亿人公里，比上年下降79.5%。

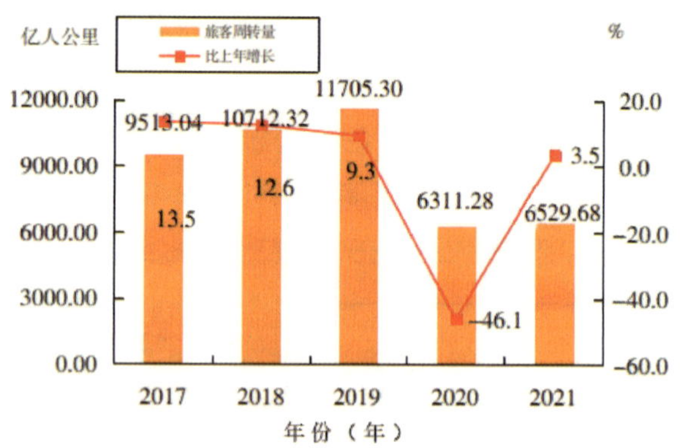

图2 2017—2021年民航旅客周转量

全行业完成货邮周转量278.16亿吨公里，比上年增长15.8%。国内航线完成货邮周转量70.59亿吨公里，比上年增长4.0%，其中，港澳台航线完成2.29亿吨公里，比上年增长10.8%；国际航线完成货邮周转量207.57亿吨公里，比上年增长20.5%。

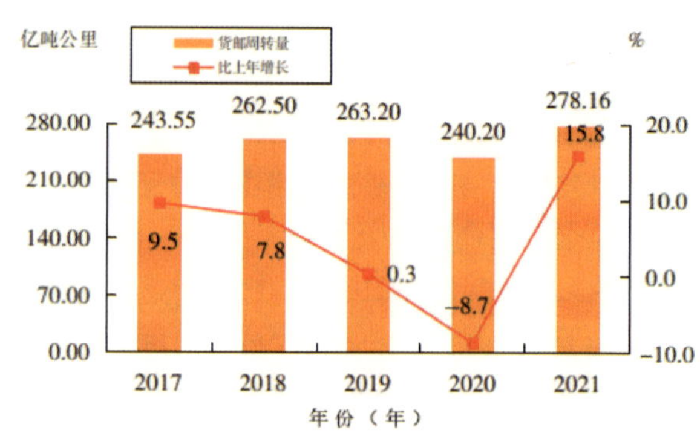

图3 2017—2021年民航货邮周转量

(二) 旅客运输量

2021年，全行业完成旅客运输量44055.74万人次，比上年增长5.5%。国内航线完成旅客运输量 43908.02 万人次，比上年增长 7.6%，其中，港澳台航线完成 59.25 万人次，比上年下降 38.4%；国际航线完成旅客运输量 147.72 万人次，比上年下降 84.6%。

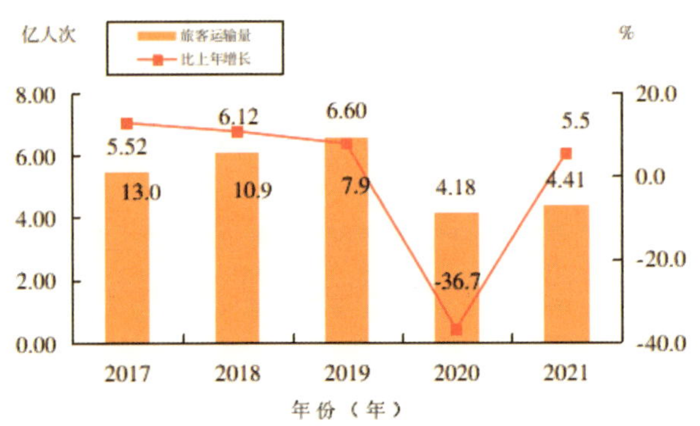

图 4　2017—2021 年民航旅客运输量

（三）货邮运输量

2021 年，全行业完成货邮运输量 731.84 万吨，比上年增长 8.2%。国内航线完成货邮运输量 465.14 万吨，比上年增长 2.6%，其中，港澳台航线完成 18.99 万吨，比上年增长 8.0%；国际航线完成货邮运输量 266.70 万吨，比上年增长 19.6%。

图 5　2017—2021 年民航货邮运输量

（四）飞行小时和起飞架次

2021 年，全行业运输航空公司完成运输飞行小时 932.16 万小时，比上年增长 6.4%。国内航线完成运输飞行小时 859.55 万小时，比上年增长 9.0%，其中，港澳台航线完成 2.64 万小时，比上年下降 25.7%；国际航线完成运输飞行小时 72.61 万小时，比上年下降 17.5%。

2021 年，全行业运输航空公司完成运输起飞架次 395.20 万架次，比上年增长 6.5%。国内航线完成运输起飞架次 385.53 万架次，比上年增长 7.9%，其中，港澳台航线完成 1.25 万架次，比上年下降 24.2%；国际航线完成运输起飞架次 9.67 万架次，比上年下降 29.9%。

2021 年，全行业运输航空公司完成非生产飞行小时 5.78 万小时，其中，训练飞行 1.32 万小时；完成非生产起飞架次 6.49 万架次。

（五）运输航空企业数量

截至 2021 年底，我国共有运输航空公司 65 家，比上年底净增 1 家。按不同所有制类别划分：国有控股公司 39 家，民营和民营控股公司 26 家。在全部运输航空公司中，全货运航空公司 12 家，中外合资航空公司 9 家，上市公司 8 家。

（六）运输机队

截至 2021 年底，民航全行业运输飞机期末在册架数 4054 架，比上年底增加 151 架。

表 1　2021 年运输飞机数量

飞机分类	飞机数量（架）	比上年增加（架）	在运输机队占比（%）
合计	4054	151	100.0
客运飞机	3856	139	95.1
其中：宽体飞机	465	7	11.5
窄体飞机	3178	120	78.4
支线飞机	213	12	5.3
货运飞机	198	12	4.9
大型货机	43	0	1.1
中小型货机	155	12	3.8

（七）航线网络

2021 年，我国共有定期航班航线 4864 条，国内航线 4585 条，其中，港澳台航线 25 条，国际航线 279 条。按重复距离计算的航线里程为 1049.63 万公里，按不重复距离计算的航线里程为 689.78 万公里。

表 2　2021 年我国定期航班航线条数及里程

指标：单位	数量
航线条数：条	4864
国内航线	4585
其中：港澳台航线	25
国际航线	279
按重复距离计算的航线里程：万公里	1049.63
国内航线	903.27
其中：港澳台航线	2.94
国际航线	146.36
按不重复距离计算的航线里程：万公里	689.78
国内航线	557.81
其中：港澳台航线	2.94
国际航线	131.96

2021 年，定期航班国内通航城市（或地区）244 个（不含香港、澳门和台湾地区）。我国航空公司国际定期航班通航 41 个国家的 60 个城市，内地航空公司定期航班从 8 个内地城市通航香港，从 8 个内地城市通航澳门，大陆航空公司从 8 个大陆城市通航台湾地区。

（八）运输航空（集团）公司生产[5]

2021 年，中航集团完成飞行小时 196.70 万小时，比上年增长 2.4%；完成运输总周转量 193.68 亿吨公里，比上年增长 2.4%；完成旅客运输量 8700.15 万人次，比上年增长 0.8%；完成货邮运输量 176.37 万吨，比上年增长 1.1%。

2021 年，东航集团完成飞行小时 180.09 万小时，比上年增长 13.4%；完成运输总周转量 162.16 亿吨公里，比上年增长 14.1%；完成旅客运输量 7909.99 万人次，比上年增长 6.0%；完成货邮运输量 145.48 万吨，比上年增长 23.6%。

2021 年，南航集团完成飞行小时 211.00 万小时，比上年增长 1.6%；完成运输总周转量 212.11 亿吨公里，比上年增长 2.0%；完成旅客运输量 9849.81 万人次，比上年增长 1.7%；完成货邮运输量 144.20 万吨，比上年下降 1.3%。

2021 年，其他航空公司共完成飞行小时 344.38 万小时，比上年增长 8.4%；完成运输总周转量 288.80 亿吨公里，比上年增长 11.4%；完成旅客运输量 17595.80 万人次，比上年增长 10.0%；完成货邮运输量 265.79 万吨，比上年增长 11.5%。

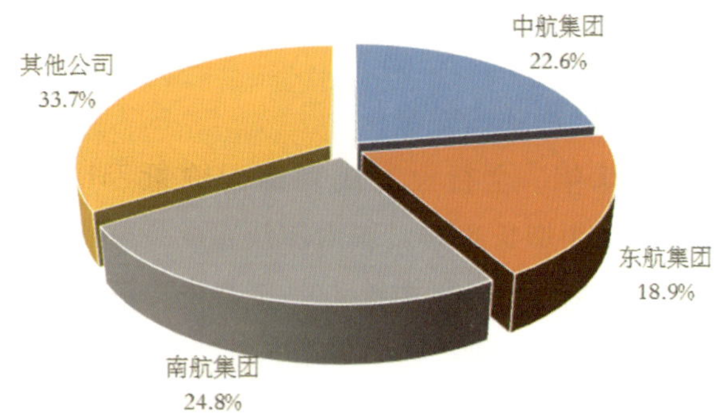

图 6　2021 年各航空（集团）公司运输总周转量比重

（九）运输机场

截至 2021 年底，我国境内运输机场（不含香港、澳门和台湾地区）248 个，比上年底净增 7 个。2021 年新增机场有：荆州沙市机场、九江庐山机场、菏泽牡丹机场、芜湖宣州机场、成都天府机场、郴州北湖机场、韶关丹霞机场。2021 年，青岛流亭机场迁至青岛胶东机场，连云港白塔埠机场迁至连云港花果山机场。

颁证运输机场按飞行区指标[6]分类：4F 级机场 15 个，4E 级机场 37 个，4D 级机场 37 个，4C 级机场 154 个，3C 级机场 4 个，3C 级以下机场 1 个。

截至 2021 年底，全行业运输机场共有跑道 275 条，停机位 7133 个，航站楼面积 1787.9 万平方米。

表 3　2021 年各地区颁证运输机场数量

地　区		颁证运输机场数量（个）	占全国比例（%）
全国		248	100.0
其中：	东部地区	56	22.6
	中部地区	40	16.1
	西部地区	125	50.4
	东北地区	27	10.9

（十）机场业务量

2021 年，全国民航运输机场完成旅客吞吐量 9.07 亿人次，比上年增长 5.9%。

图 7　2017—2021 年民航运输机场旅客吞吐量

其中，2021 年东部地区[7]完成旅客吞吐量 4.43 亿人次，比上年增长 3.6%；中部地区完成旅客吞吐量 1.13 亿人次，比上年增长 11.3%；西部地区完成旅客吞吐量 2.97 亿人次，比上年增长 6.5%；

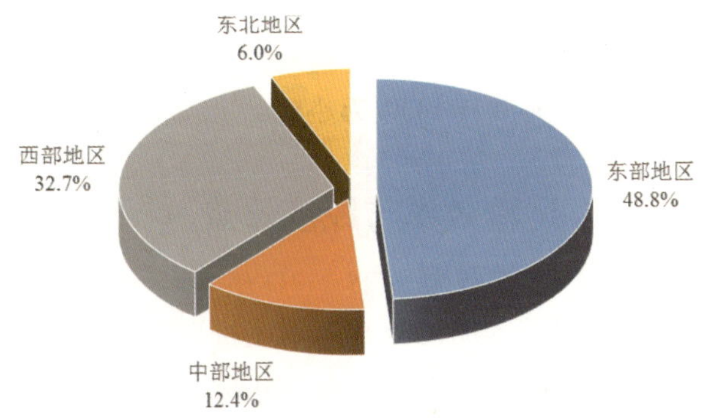

图 8　2021 年民航运输机场旅客吞吐量按地区分布

东北地区完成旅客吞吐量 0.55 亿人次，比上年增长 10.8%。

2021 年全国民航运输机场完成货邮吞吐量 1782.80 万吨，比上年增长 10.9%。

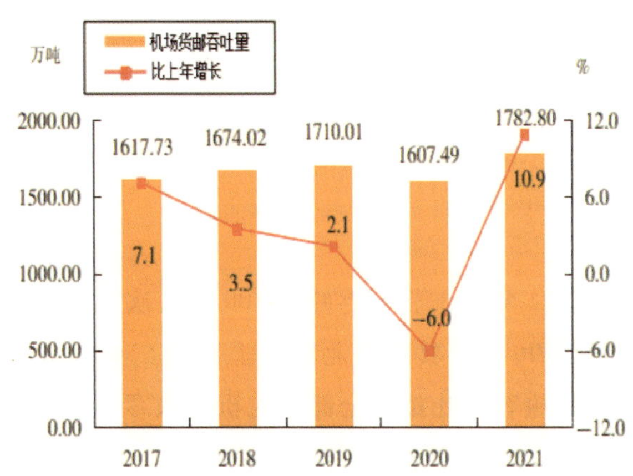

图 9　2017—2021 年民航运输机场货邮吞吐量

其中，2021 年东部地区完成货邮吞吐量 1298.80 万吨，与上年增长 11.2%；中部地区完成货邮吞吐量 158.95 万吨，比上年增长 15.9%；西部地区完成货邮吞吐量 272.72 万吨，比上年增长 8.2%；东北地区完成货邮吞吐量 52.32 万吨，比上年增长 4.8%。

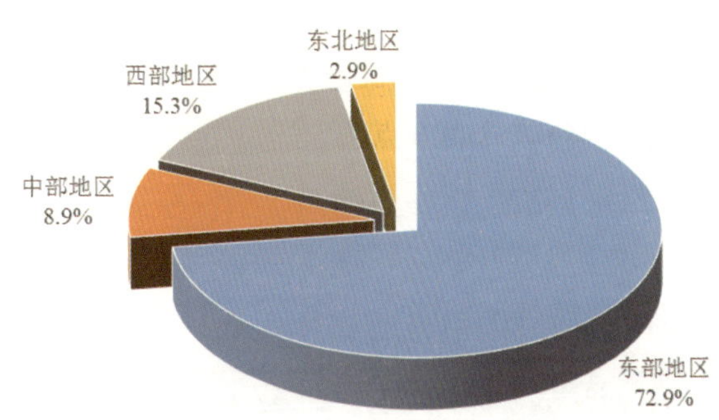

图 10　2021 年民航运输机场货邮吞吐量按地区分布

2021 年，全国民航运输机场完成起降架次 977.74 万架次，比上年增长 8.0%。其中，运输架次 798.56 万架次，比上年增长 7.1%。

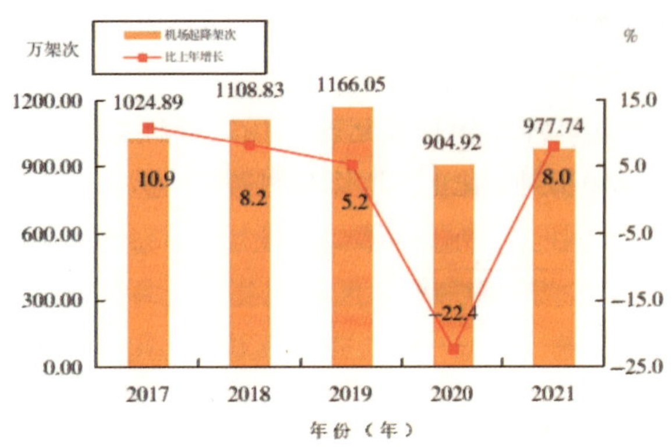

图 11　2017—2021 年民航运输机场起降架次

2021 年，年旅客吞吐量 100 万人次以上的运输机场 96 个，其中，北京、上海和广州三大城市机场旅客吞吐量占全部境内机场旅客吞吐量的 18.0%，比上年降低 0.2 个百分点。

表 4　2021 年旅客吞吐量 100 万人次以上的机场数量

年旅客吞吐量	机场数量（个）	比上年增加（个）	吞吐量占全国比例（%）
1000 万人次以上	29	2	70.8
100 万～1000 万人次	67	9	24.0

2021 年，年货邮吞吐量 1 万吨以上的运输机场 61 个，其中，北京、上海和广州三大城市机场货邮吞吐量占全部境内机场货邮吞吐量的 44.9%，比上年提高 0.9 个百分点。

表 5　2020 年货邮吞吐量万吨以上的机场数量

年货邮吞吐量	机场数量（个）	比上年增加（个）	吞吐量占全国比例（%）
10000 吨以上	61	2	98.7

二、通用航空

（一）通用航空企业数量[8]

截至 2021 年底，获得通用航空经营许可证的传统通用航空企业 599 家。其中，华北地区 121 家，东北地区 49 家，华东地区 157 家，中南地区 140 家，西南地区 78 家，西北地区 33 家，新疆地区 21 家。

截至 2021 年底，获得通用航空经营许可证的无人机通用航空企业 12663 家。其中，华北地区 1888 家，东北地区 1004 家，华东地区 4363 家，中南地区 2459 家，西南地区 1489 家，西北地区 969 家，新疆地区 491 家。

（二）机队规模

2021 年底，通用航空在册航空器总数达到 3018 架，其中，教学训练用飞机 1077 架。

（三）通用机场

2021 年，净增通用机场 31 个，全国在册管理的通用机场数量达到 370 个。

（四）飞行小时

2021 年，全国通用航空共完成飞行 117.8 万小时，比上年增长 19.8%。其中，载客类完成 2.0 万小时，比上年下降 19.1%，载人类完成 10.7 万小时，比上年增长 17.0%，其他类完成 59.1 万小时，比上年增长 27.0%；非经营性作业完成 46.0 万小时，比上年增长 14.4%。

（五）无人机情况

截至 2021 年底，全行业无人机拥有者注册用户达 78.1 万个，其中，个人用户 71.8 万个，企业、事业、机关法人单位用户 6.3 万个。全行业注册无人机共 83.2 万架。

截至 2021 年底，全行业无人机有效驾驶员执照 12.08 万本。

2021 年，参与民航局无人机云交换系统的无人机飞行小时共有 143.6 万小时。

三、运输效率与经济效益

（一）运输效率

2021 年，全行业在册运输飞机平均日利用率为 6.62 小时，比上年增加 0.13 小时。其中，大中型飞机[9]平均日利用率为 6.77 小时，比上年增加

0.16 小时；小型飞机平均日利用率为 3.78 小时，比上年减少 0.36 小时。

2021 年，正班客座率平均为 72.4%，与上年降低 0.5 个百分点。

2021 年，正班载运率平均为 66.9%，比上年提高 0.4 个百分点。

表 6　2021 年正班客座率和正班载运率

指　标	指标值 (%)	比上年提高百分点
正班客座率	72.4	-0.5
国内航线	72.9	-0.8
其中：港澳台航线	43.2	-6.4
国际航线	48.3	-15.8
正班载运率	66.9	0.4
国内航线	65.3	-0.9
其中：港澳台航线	57.2	4.7
国际航线	75.1	7.5

（二）经济效益[10]

据初步统计，2021 年，全行业累计实现营业收入 7529.2 亿元，比上年增长 21.5%；亏损 842.5 亿元，比上年减亏 187.1 亿元。其中，航空公司实现营业收入 4245.1 亿元，比上年增长 13.3%；亏损 670.9 亿元，比上年减亏 149.2 亿元。机场实现营业收入 944.1 亿元，比上年增长 7.9%；亏损 246.2 亿元，比上年减亏 14.1 亿元。保障企业实现营业收入 2340.0 亿元，比上年增长 48.4 %；利润总额 74.6 亿元，比上年增加 23.8 亿元。

据初步统计，2021 年，全行业运输收入水平为 4.55 元 / 吨公里，比上年提高 0.27 元 / 吨公里。其中，客运收入水平 5.28 元 / 吨公里，比上年提高 0.33 元 / 吨公里；货邮运输收入水平 3.05 元 / 吨公里，比上年提高 0.33 元 / 吨公里。

据初步统计，2021 年，民航全行业应交税金 236.9 亿元，比上年减少 15.3 亿元。

四、航空安全与服务质量

（一）航空安全

2021 年，民航安全运行平稳可控，运输航空百万架次重大事故率十年滚动值为 0。发生通用航空事故 16 起，死亡 18 人。

自 2010 年 8 月 25 日至 2021 年底，运输航空连续安全飞行 136 个月，累计安全飞行 9876 万小时。

2021 年，全年共发生运输航空征候 559 起，其中运输航空严重征候 6 起，人为责任原因征候 15 起。人为责任原因征候万时率分别为 0.016，同比下降 29.6%，各项指标均较好控制在年度安全目标范围内。

2021 年，全行业共有 51 家运输航空公司未发生人为责任征候。

（二）空防安全

截至 2021 年底，全行业共有安检员 74338 名，比上年增加 3563 名。

2021 年，全国民航安检部门共检查旅客 4.45 亿人次，检查旅客托运行李 1.85 亿件次，检查航空货物（不含邮件、快件）5.75 亿件次，检查邮件、快件 2.35 亿件次，处置编造虚假恐怖威胁信息非法干扰事件 32 起，查处各类安保事件 12047 起，确保了民航空防持续安全，实现了 236 个空防安全月。

（三）航班正常率

2021 年，全国客运航空公司共执行航班 378.59 万班次，其中，正常航班 333.14 万班次，平均航班正常率为 88.00%。

2021 年，主要航空公司[11]共执行航班 292.98 万班次，其中，正常航班 258.05 万班次，平均航班正常率为 88.08%。

2021 年，全国客运航班平均延误时间为 10 分钟，比上年增加 1 分钟。

（四）服务质量

截至 2021 年底，全国 29 家机场实现身份证一证通行，66 家机场应用人脸识别技术，234 家机场实现“无纸化”便捷出行。40 家千万级[12]大型机场开通旅客“易安检”服务，7.7 万名旅客注册“易安检”服务。在 9 家航空公司、53 家机场、99 条航线开展“通程航班平台”试点。29 家航空公司推出定制餐食服务。民航服务质量监督平台上线运行，国内航空公司投诉响应率达 100%。

表 7　2021 年航班不正常原因分类统计

指　标	占全部比例（%）	比上年增减百分点
全部航空公司航班不正常原因	100.00	0.00
其中：天气原因	59.56	2.25
航空公司原因	15.28	-1.19
空管原因（含流量原因）	0.63	-0.13
其他	24.53	-0.93
主要航空公司航班不正常原因	100.00	0.00
其中：天气原因	60.24	1.49
航空公司原因	14.95	0.30
空管原因（含流量原因）	0.75	-0.23
其他	24.06	-1.56

2021 年，民航局、各地区管理局、民航局消费者事务中心和中国航空运输协会共受理航空消费者投诉 13.86 万件。

2021 年，全行业千万级以上机场近机位靠桥率为 76.95%。

五、教育与科技创新

（一）教育情况

2021 年，民航直属院校共招收学生 22484 人，其中，研究生 1531 人，普通本专科生 20673 人，成人招生 280 人。全年招收飞行学生 2856 人。

2021 年，民航直属院校在校学生数达到 79464 人，其中，研究生 4037 人，普通本专科生 73203 人，成人在校生 2224 人。

2021 年，民航直属院校共毕业学生 18091 人，其中，硕士研究生 954 人，普通本专科 16121 人，成人学生 1016 人。

（二）科技创新

2021 年，民航承担国家重点研发计划项目立项 2 项。国家自然科学基金民航联合研究基金重点项目立项 18 项。

2021 年，民航共验收科技成果 16 项，评选中国航空运输协会民航科学技术奖 35 项。

（三）航行新技术应用

截至 2021 年底，全行业 34 家航空公司具备 HUD 运行能力，1299 架运输飞机具备 HUD 能力，具备 HUD 特殊Ⅰ类标准的机场 108 个，具备 HUD 特殊Ⅱ类标准的机场 20 个，具备 HUD RVR150 米起飞标准的机场 17 个。

全行业 242 个运输机场具备 PBN 飞行程序，地形或空域复杂的 27 个机场配备 RNP AR 程序，97.8% 的运输飞机具备 ADS-B 能力，49 家航空公司应用了电子飞行包（EFB）。

六、专业技术人员

（一）飞行员数量

截至 2021 年底，中国民航驾驶员有效执照总数为 76236 本，比上年底净增 6794 本。其中，运动驾驶员执照（SPL）1515 本，私用驾驶员执照（PPL）4822 本，商用驾驶员执照（CPL）42445 本，多人制机组驾驶员执照（MPL）187 本，航线运输驾驶员执照（ATPL）27267 本。

表 8　2021 年中国民航驾驶员执照分类统计表

执照种类	数量（本）	比上年增加（本）
运动驾驶员执照（SPL）	1515	402
私用驾驶员执照（PPL）	4822	807
商用驾驶员执照（CPL）	42445	4564
多人制机组驾驶员执照（MPL）	187	-5
航线运输驾驶员执照（ATPL）	27267	1026
合计	76236	6794

（二）其他专业技术人员

截至 2021 年底，全行业持照机务人员 63480 名，比上年增加 3145 名；持照签派员 10822 名，比上年增加 1828 名。

截至 2021 年底，空管行业四类专业技术人员共 35263 名[13]，比上年新增 2161 名。其中，空中交通管制人员 16236 名，比上年新增 1235 名。

七、对外关系

2021 年，我国先后与 16 个国家或地区举行双边航空会谈或书面磋商。截至 2021 年底，我国与其他国家或地区签订双边航空运输协定 128 个，与上年底持平。其中，亚洲 44 个（含东盟），非洲 27 个，欧洲 38 个（含欧盟），美洲 12 个，大洋洲 7 个。

2021 年，中国民用航空局分别与斯洛文尼亚民航局、欧盟航空安全局、英国民航局签署了适航审定方面的技术安排或工作安排。截至 2021 年底，与我国建立双边适航关系的国家或地区为 40 个，现行有效的双边适航文件共 191 份。

八、适航审定

2021 年，全行业新增 630 架航空器国籍登记。其中，新注册运输航空器 177 架，通用航空器 453 架。

2021 年，民航适航审定部门共颁发 163 份设计批准类证件，87 份生产批准类证件，114 份航油航化批准证件。

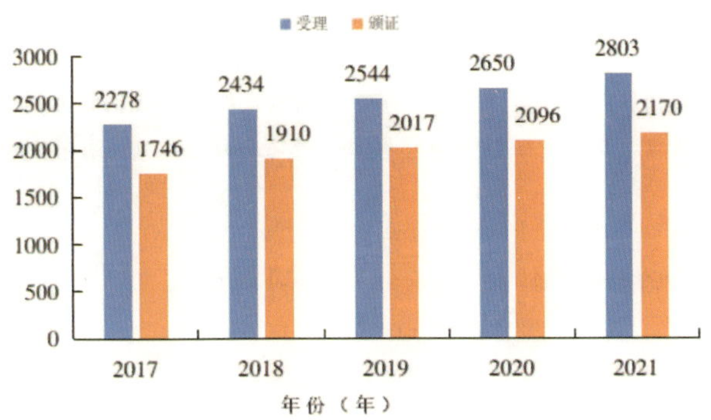

图 12　2017—2021 年型号合格、认可审定数量（累计值）

九、固定资产投资

2021 年，民航固定资产投资总额 1880.44 亿元，其中，民航基本建设和技术改造投资 1222.47 亿元，比上年增加 13.0%。

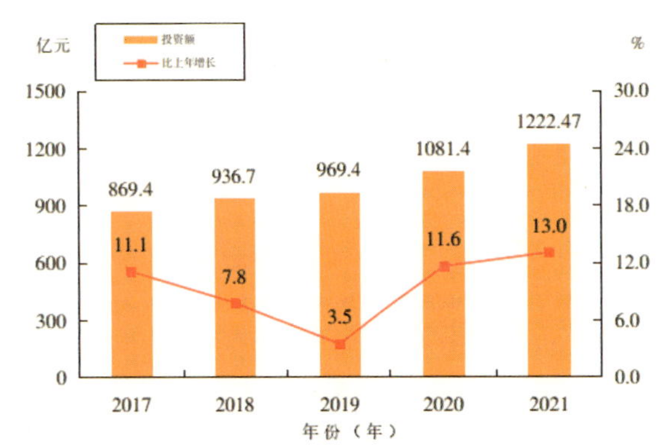

图 13　2017—2021 年民航基本建设和技术改造投资额

十、绿色发展

2021 年，中国民航吨公里油耗为 0.309 公斤，较 2005 年（行业节能减排目标基年）下降 9.2%，机场每客能耗较"十二五"末（2013—2015 年）均值上升 2.3%。

2021 年，共有 59.1 万架次航班使用临时航路，缩短飞行距离 2166 万公里，节省燃油消耗约 11.7 万吨，减少二氧化碳排放约 36.9 万吨。

截至 2021 年，机场场内电动车辆设备约 9900 台，充电设施 3600 个，电动车辆占比 21%；全国年旅客吞吐量超过 500 万人次以上机场飞机 APU 替代设备实现"应装尽装、应用尽用"。

2018 年民航启动打赢蓝天保卫战以来，实施项目累计 152 个，总投资约 37.5 亿元，累计节省航油约 62 万吨，相当于减少二氧化碳排放约 195.3 万吨，减少各种空气污染物约 7500 吨。

2021 年，机场能源清洁化保持较高水平，电力、天然气、外购热力占比达到 85.3%，太阳能、地热能等清洁能源占比约 1.0%。

十一、法规和信用体系建设

2021 年，5 部规章完成制定、修订或废止工作并予以公布。

2021 年，民航各级行政机关共实施行政处罚 438 起；依据《民航行业信用管理办法》，将 2 家组织、14 个自然人的严重失信行为信息列入民航行业信用信息记录。

十二、工会工作

2021 年，民航系统 6 个先进单位被授予“全国五一劳动奖状”、 11 名先进个人被授予“全国五一劳动奖章”、18 个先进班组被授予“全国工人先锋号”荣誉称号。

2021 年，在全行业“安康杯”竞赛活动中，共有 378 个单位、3.37 万个班组、69.43 万名职工参加。

注释：

[1] 本公报未包括香港、澳门及台湾地区统计数据。公报中部分数据因四舍五入原因，存在着与分项合计不等的情况。

[2] “十四五”时期“一二三三四”民航总体工作思路：指民航行业“践行一个理念、推动两翼齐飞、坚守三条底线、构建完善三个体系、开拓四个新局面。”的总体工作思路。

[3] 运输航空各项数据为正式年报数据，部分统计数据与此前公布的初步统计数据如有出入，以本次公布数据为准。

[4] 运输周转量、旅客运输量、货邮运输量、飞行小时和起飞架次涉及的数据均为境内航空公司承运的数据。

[5] 中航集团包括中国国际航空股份有限公司、中国国际货运航空有限公司、深圳航空有限责任公司、山东航空股份有限公司、昆明航空有限公司、中国国际航空内蒙古有限公司、大连航空有限责任公司和北京航空有限责任公司；东航集团包括中国东方航空股份有限公司、中国货运航空有限公司、上海航空有限公司、中国联合航空有限公司、中国东方航空江苏有限公司、中国东方航空武汉有限责任公司、东方航空云南有限公司和一二三航空有限公司；南航集团包括中国南方航空股份有限公司、厦门航空有限公司、中国南方航空河南航空有限公司、中国南方航空货运有限公司、贵州航空有限公司、汕头航空有限公司、重庆航空有限责任公司、河北航空有限公司、珠海航空有限公司和江西航空有限公司。

[6] 包括飞行区指标Ⅰ和飞行区指标Ⅱ，飞行区指标Ⅰ按拟使用该飞行区跑道的各类飞机中最长的基准飞行场地长度，采用 1、2、3、4 进行划分；飞行区指标Ⅱ按拟使用该飞行区跑道的各类飞机中的最大翼展，采用字母 A、B、C、D、E、F 进行划分。

飞行区指标Ⅰ	飞机基准飞行场地长度（米）
1	<800
2	800 ～ 1200（不含）
3	1200 ～ 1800（不含）
4	≥ 1800

飞行区指标Ⅱ	翼展（米）
A	<15
B	15 ～ 24（不含）
C	24 ～ 36（不含）
D	36 ～ 52（不含）
E	52 ～ 65（不含）
F	65 ～ 80（不含）

[7] 东部地区是指北京、上海、山东、江苏、天津、浙江、海南、河北、福建和广东 10 省市；中部地区是指江西、湖北、湖南、河南、安徽和山西 6 省；西部地区是指宁夏、陕西、云南、内蒙古、广西、甘肃、贵州、西藏、新疆、重庆、青海和四川 12 省（自治区、直辖市）；东北地区是指黑龙江、辽宁和吉林 3 省。

[8] 通用航空企业地区分布按民航各地区管理局所辖区域划分。

[9] 大中型飞机是指 100 座级（含）以上的航空器，小型飞机是指 100 座级以下的航空器。

[10] 经济效益涉及数据为财务快报数据，最终数据以财务年报数据为准。

[11] 主要航空公司是指南航、国航、东航、海南、深圳、四川、厦门、山东、上海、天津等 10 家航空公司。

[12] 千万级机场为 2019 年口径。

[13] 空管行业四类专业人员包括空中交通管制员、航空电信人员、航空情报人员和航空气象人员。

2021 年邮政行业发展统计公报

2021 年，邮政行业积极应对新冠肺炎疫情，奋力完成行业改革发展任务，“千亿万亿”目标胜利完成，行业与经济社会发展融合度持续提升，服务构建新发展格局的作用进一步发挥，实现“十四五”良好开局。

一、业务发展情况

全年邮政行业业务总量完成 13698.3 亿元，同比增长 25.1%。全年邮政行业业务收入（不包括邮政储蓄银行直接营业收入）完成 12642.3 亿元，同比增长 14.5%。

（一）邮政寄递服务业务

2021 年邮政寄递服务业务量完成 271.6 亿件，同比增长 6.3%；邮政寄递服务业务收入完成 397.5 亿元，同比下降 2.1%。

全年函件业务量完成 10.9 亿件，同比下降 23.3%；包裹业务量完成 1822.9 万件，同比下降 10.2%；订销报纸业务完成 163.9 亿份，同比下降 0.9%；订销杂志业务完成 6.9 亿份，同比下降 3.6%；汇兑业务完成 646.0 万笔，同比下降 32.8%。

（二）快递业务

快递业务保持较快增长。全年快递服务企业业务量完成 1083.0 亿件，同比增长 29.9%；快递业务收入完成 10332.3 亿元，同比增长 17.5%。

快递业务收入在行业中占比继续提升。快递业务收入占行业总收入的比重为 81.7 %，比上年提高 2 个百分点。

同城快递业务持续增长。全年同城快递业务量完成 141.1 亿件，同比增长 16.0%；实现业务收入 817.2 亿元，同比增长 6.6%。

异地快递业务快速增长。全年异地快递业务量完成 920.8 亿件，同比增长 32.8%；实现业务收入 5227.2 亿元，同比增长 15.4%。

国际 / 港澳台快递业务持续增长。全年国际 / 港澳台快递业务量完成 21.0 亿件，同比增长 14.6%；实现业务收入 1163.4 亿元，同比增长 8.4%。

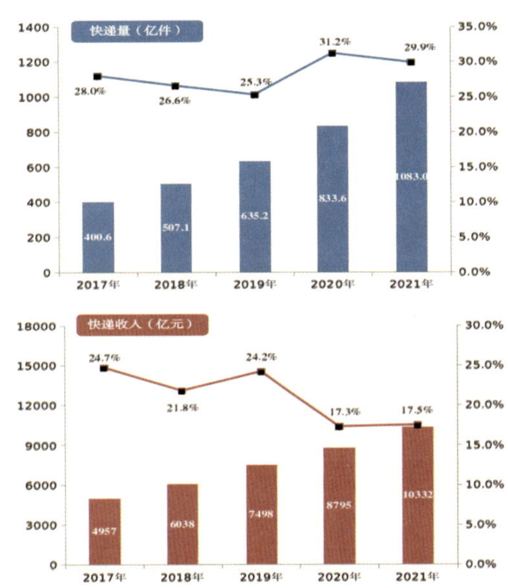

图 1　2017—2021 年快递业务发展情况

异地业务占比提升。同城、异地、国际 / 港澳台快递业务量占全部比例分别为 13.0%、85.0% 和 2.0%，业务收入占全部比例分别为 7.9%、50.6% 和 11.3%。

东、中、西部地区各项快递业务均保持了持续稳定的增长势头，中部地区业务增长继续提速，市场份额继续上升。全年东部地区完成快递业务量 846.3 亿件，同比增长 27.8%；实现业务收入 8078 亿元，同比增长 15.4%。中部地区完成快递业务量 157.6 亿件，同比增长 41.8%；实现业务收入 1334.6 亿元，同比增长 27.7%。西部地区完成快递业务量 79.1 亿件，同比增长 30.7%；实现业务收入 919.7 亿元，同比增长 22.5%。东、中、西部地区快递业务量比重分别为 78.1%、14.6% 和 7.3%，快递业务收入比重分别为 78.2%、12.9% 和 8.9%。

快递业务量排名前五位的省份依次是广东、浙江、江苏、山东和河北，其快递业务量合计占全部快递业务量的比重达到 66.0%，较上年前五位占比上升 0.2 个百分点。快递业务收入排名前五位的省份依次是广东、上海、浙江、江苏和山东，其快递业务收入合计占全部快递业务收入的比重达到 64.6%，较上年同期下降 0.9 个百分点。

快递业务量排名前十五位的城市依次是金华（义乌）、广州、深圳、上海、杭州、揭阳、东莞、苏州、北京、泉州、汕头、成都、温州、武汉和郑州，其快递业务量合计占全部快递业务量的比重达到 53.2%。

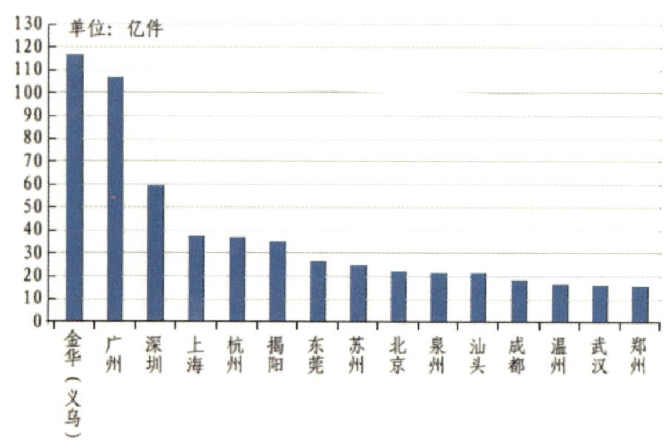

图 2　快递业务量前 15 名城市情况

快递业务收入排名前十五位的城市依次是上海、广州、深圳、杭州、金华（义乌）、北京、东莞、苏州、成都、揭阳、佛山、武汉、天津、宁波和泉州，其快递业务收入合计占全部快递业务收入的比重达到 56.2%。

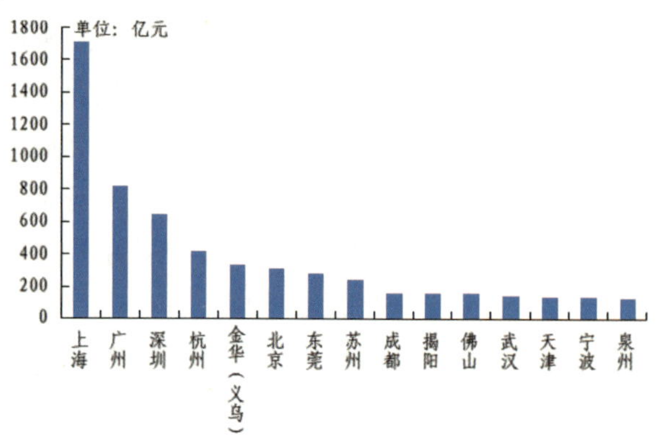

图 3　快递业务收入前 15 名城市情况

快递与包裹服务品牌集中度指数 CR8 为 80.5。

二、通信能力和服务水平

（一）机构设备

全行业拥有各类营业网点 41.3 万处，其中设在农村的 11.5 万处。快递服务营业网点 22.7 万处，其中设在农村的 7.5 万处。全国拥有邮政信筒信箱 9.5 万个，比上年末减少 0.4 万个。全国拥有邮政报刊亭总数 0.9 万处，比上年末减少 0.2 万处。

全行业拥有国内快递专用货机 142 架，比上年同期增加 18 架。全行业拥有汽车 34.9 万辆，比上年末减少 0.2%，其中快递服务汽车 25.1 万辆，比上年末减少 1.1%。

（二）通信网路

全国邮政邮路总条数 4.6 万条，比上年末增加 9032 条。邮路总长度（单程）1192.7 万公里，比上年末增加 5.3 万公里。全国邮政农村投递路线 10.5 万条，比上年末增加 4097 条；农村投递路线长度（单程）415.5 万公里，比上年末增加 5.1 万公里。全国邮政城市投递路线 11.5 万条，比上年末增加 8305 条；城市投递路线长度（单程）233.8 万公里，比上年末增加 14.4 万公里。全国快递服务网路条数 20.0 万条，比上年末减少 0.7 万条。快递服务网路长度（单程）4305.6 万公里，比上年末增加 214.2 万公里。

（三）服务能力

图 4　2017—2021 年人均用邮支出、快递支出和快递使用量情况

全行业平均每一营业网点服务面积为 23.3

平方公里；平均每一营业网点服务人口为 0.3 万人。邮政城区每日平均投递 2 次，农村每周平均投递 5 次。全国年人均函件量为 0.8 件，每百人订有报刊量为 7.7 份，年人均快递使用量为 76.7 件。年人均用邮支出 895.0 元，年人均快递支出 731.4 元。

注释：

1. 本公报中邮政寄递服务业务、通信能力和服务水平有关数据来自年报，其它数据为月报统计数据。
2. 各项统计数据未包括香港和澳门特别行政区及台湾省。
3. 部分数据因四舍五入的原因，存在着与分项合计不等的情况。
4. 邮政行业业务总量按 2020 年不变价格计算，同比增长按照可比口径计算。
5. 全国人口数据来自国家统计局《中华人民共和国 2021 年国民经济和社会发展统计公报》。

《2021年邮政行业发展统计公报》解读

2021年，邮政行业积极应对新冠肺炎疫情，奋力完成行业改革发展任务，“千亿万亿”目标胜利完成，行业与经济社会发展融合度持续提升，服务构建新发展格局的作用进一步发挥，实现“十四五”良好开局。

一、行业规模高位运行

2021年，邮政全行业完成业务总量13698.3亿元，同比增长25.1%；实现业务收入12642.3亿元，同比增长14.5%。其中，邮政行业业务收入与国内生产总值的比值约1.1%，较2020年进一步提升。

二、邮政寄递服务业务基本平稳

2021年，邮政寄递服务业务量、收分别完成271.6亿件和397.5亿元，同比分别增长6.3%和下降2.1%。业务结构上，邮政传统寄递服务业务同比下降，与上年相比，包裹、杂志业务降幅略有扩大，函件、报纸、汇兑降幅收窄。

三、快递业务增长超预期

2021年，快递规模实现“超千上万”。其中，快递服务企业业务量完成1083.0亿件，快递业务收入完成10332.3亿元，超过年初预期。年快递业务量净增249.4亿件，日均业务量3亿件，最高日业务量接近7亿件，均创历史新高。

快递业务收入在行业中占比继续提升，快递业务收入占行业总收入的比重为81.7%，比上年提高2个百分点。

2021年，同城、异地和国际/港澳台三项业务的业务量增速分别为16.0%、32.8%和14.6%，与上年相比，同城快递业务增长提速，异地快递业务增长质效有所提升，国际/港澳台快递业务增长放缓。

四、区域结构持续优化

2021年，东、中、西部地区快递业务量比重分别为78.1%、14.6%和7.3%。与去年同期相比，中部上升1.3个百分点，提升幅度再创新高。山西、安徽、河南、江西、湖北等省份业务量增速超过40%，成为增长的亮点。从快递业务龙头省份来看，快递业务量前5的省份与2020年保持一致，依然为广东、浙江、江苏、山东、河北。快递业务量城市排名中，揭阳上升至第6位，汕头上升至第11位，北京下降至第9位。

五、市场竞争格局加速演变

2021年，快递与包裹服务品牌集中度指数CR8达到80.5，头部企业的领先优势依然明显。

六、行业服务质效不断提升

行业下沉市场布局进一步拓展，农村营业网点数量较上年新增4179处。

行业运输能力进一步提升。年内全行业拥有国内快递专用货机142架，与上年相比增加18架；全行业拥有汽车34.9万辆，其中快递服务汽车25.1万辆，与上年基本持平。

通信网路不断完善。全国邮政邮路总条数4.6万条，比上年末增加9032条。全国邮政农村投递路线10.5万条，比上年末增加4097条。全国邮政城市投递路线11.5万条，比上年末增加8305条。全国邮路长度（单程）、快递服务网路长度（单程）较上年同期继续增长。

行业普惠程度更加突出。年内，人均快递使用量达到76.7件，较上年多出了17.7件，全国人均用邮支出、人均快递支出显著增加，邮政行业日均服务用户接近7亿人次。

附录 3 交通运输标准化发展报告

交通运输标准化发展报告

（2021 年 7 月）

交通运输部科技司

一、引言

标准是交通运输发展的技术支撑和基础性制度，是行业治理现代化的重要内容。

党的十八大以来，交通运输行业认真贯彻落实党中央、国务院决策部署，深入推进标准化工作改革，发布加强和改进交通运输标准化工作的意见，构建综合交通运输标准化体制机制，交通运输标准化迈入铁路、公路、水路、民航、邮政标准化融合发展阶段。标准化管理制度更加健全，技术标准体系更加完备，综合交通运输、安全应急、节能环保、运输服务、信息化等重点领域标准有效供给充足，标准实施监督效果明显改善，标准国际化工作取得重要突破，标准对加快推进交通强国建设的支撑作用显著提升，标准化在行业发展中彰显出新的担当作为。面对新形势、新要求、新机遇、新挑战，交通运输标准化将进一步发挥推动行业高质量发展的基础性、引领性、战略性作用，为构建国家综合立体交通网，加快建设交通强国提供有力保障。

二、体制创新 协同发展取得实效

“十三五”时期，交通运输部围绕现代综合交通运输体系发展要求，构建了综合交通运输标准化管理体制，不断完善标准化政策制度，推动标准、计量、检验检测和认证认可一体化运行，加强标准化技术机构和人才队伍建设，为促进铁路、公路、水路、民航、邮政标准化工作的协同发展奠定了坚实的基础。

（一）综合交通运输标准化体制机制更加完善

建立综合交通运输标准化管理体制。成立交通运输部标准化管理委员会，部主要负责同志任主任，分管部领导和国家局领导任副主任，统筹推进综合交通运输标准化管理工作，标志着综合交通运输标准化深入到了行业各领域。组建全国综合交通运输标准化技术委员会，负责两种或两种以上运输方式协调衔接的综合交通运输标准，推进货物多式联运、旅客联程运输、综合客货运枢纽和综合运输通道标准制定，有力支撑了现代综合交通运输体系建设。

系统设计综合交通运输标准化体系。2016 年印发首部综合交通标准化专项规划——《交通运输标准化“十三五”发展规划》，2017 年与国家标准化管理委员会联合印发《交通运输标准化体系》（图 1），从政策制度、技术标准、标准国际化、实施监督和支撑保障五个方面建立健全工作体系，梳理出 6489 项综合交通运输、铁路、公路、水路、民航和邮政标准项目，实现了各领域、各层级、各环节标准化工作的全覆盖。

图 1　交通运输标准化重要政策制度

(二)政策制度体系更加健全

颁布首部标准化部门规章。2019 年 5 月 13 日，交通运输部 12 号部令《交通运输标准化管理办法》(图 1)正式颁布，确立了综合交通运输标准化全过程管理要求，为统筹推进铁路、公路、水路、民航和邮政标准化发展、全面提高交通运输标准化管理水平筑牢了制度根基，对促进标准化改革创新发展具有里程碑意义。

健全各领域标准管理。以标准化部门规章为核心，交通运输部、国家铁路局、中国民用航空局、国家邮政局印发或修订了铁路、公路、水路、民航、邮政标准管理办法，形成了“1+5”的交通运输标准化政策制度体系基础。

完善标准化管理制度。针对标准全过程管理、专业标准化技术委员会(以下简称标委会)管理、产品质量监督等工作，制定发布了《水运工程建设标准管理办法》《交通运输标准审查管理规定》《交通运输行业专业标准化技术委员会管理办法》等管理制度，开展标委会考核评价、标准外文版管理、标准化信息平台运行维护等制度研究，有力促进了行业标准化科学管理水平提升。

(三)支撑保障体系更加有力

标准信息化服务水平显著提升。建成交通运输标准化信息平台(图 2)、铁路技术标准信息服务平台，推动了标准制修订业务全过程管理、标准化项目动态查询和信息共享，实现了 2380 余项行业标准文本在信息平台的免费公开查询，方便大众了解和使用。

图 2　交通运输标准化信息平台

标准组织机构和队伍。交通运输领域全国和行业性标准化技术委员会共有 22 个。通过标委会秘书处年度考核、标准实施情况跟踪督察等方式，促进标委会管理能力提升。组建了包括 1000 余人的标准化专家人才库，筑牢标准化工作高质量发展根基。

标准化经费保障稳定。将国家标准、行业标准研究与制修订等纳入了部门预算予以保障，使基础公益类标准发展获得稳定可靠的经费来源。地方行业主管部门、社会团体和企业对标准化工作投入加大，多元化经费投入机制逐步形成。

三、深化改革　标准体系基本建立

“十三五”时期，交通运输行业深化标准化改革工作，推动政府主导制定的标准与市场自主制定的标准协同发展，完成 1671 项国家标准和行业标准的制修订，基本建成适应交通运输发展的标准体系。

(一)深化标准化工作改革

强制性标准管理体系更加完善。构建了交通运输强制性标准体系，完成强制性标准整合精简，涉及铁路、公路、水路、民航和邮政领域的现行强制性标准 467 项，有力推动现行有效强制性标准和在研标准完成转化、整合、修订等工作。强制性标准管理体系更加完善，实现了“一个市场、一条底线、一个标准”。

推荐性标准协调性显著提升。完成推荐性标准集中复审，涉及铁路、公路、水路、民航、邮政领域推荐性标准3720项，基本解决了标准不适用、矛盾交叉、滞后老化等突出问题，进一步强化了政府制定标准的公益属性，提升了交通运输推荐性标准体系的整体有效性。

地方标准化工作协同推进。北京、天津、重庆、山西、湖南、广西、甘肃等地方行业主管部门开展标准化专项规划编制，北京、广东、辽宁、云南、青海等省（区、市）建立地方交通运输标准化管理体制，交通运输地方标准达到1100余项，与国家标准、行业标准有效衔接，逐渐形成了上下联动、协同推进的标准化工作格局。

团体和企业标准得到快速发展。中国铁道学会、中国公路学会、中国航空运输协会、智能交通产业联盟等14家社会团体围绕行业创新领域开展了800余项团体标准的制修订工作。5家社会团体列入国家团体标准试点单位。“十三五”期间，共有1016家企业参与了交通运输国家标准、行业标准研究与标准制修订，重庆市轨道交通集团有限公司、常州公交集团、中国邮政集团公司、圆通速递有限公司等一批交通运输重点企业根据发展需要，构建了企业标准体系，制定技术水平高于国家和行业标准的企业标准，提升了市场竞争力。

（二）技术标准体系基本形成

围绕国家重大战略实施和交通运输高质量发展要求，印发综合交通运输、安全应急、绿色交通、物流、信息化等5部重点领域标准体系，修订公路工程、水运工程标准体系，进一步完善铁路、民航、邮政标准体系，统筹规划标准制修订。“十三五”期间，发布标准1671项，包括国家标准275项、行业标准1396项；强制性标准203项、推荐性标准1468项（图3），标准体系更加完善，标准布局更为合理。

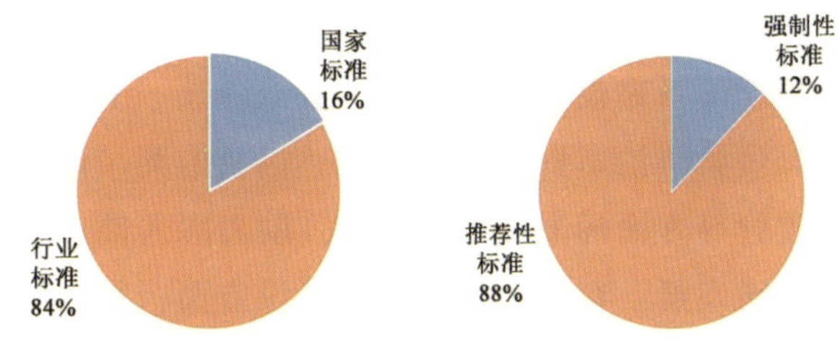

图3 “十三五”交通运输标准发布情况

截至目前，交通运输现行有效标准共计3854项，包括国家标准870项、行业标准2984项；强制性标准411项，推荐性标准3443项。其中，综合交通运输标准59项、铁路标准1312项、公路标准1199项、水路标准897项、民航标准284项、邮政标准103项（表1）。

表1 交通运输标准发布情况

领域	国家标准		行业标准		小 计	
	总数	“十三五”	总数	“十三五”	总数	“十三五”
综合交通运输	9	9	50	50	59	59
铁路	224	108	1088	540	1312	648
公路	350	96	849	404	1199	500
水路	233	55	664	271	897	326
民航	36	1	248	102	284	103
邮政	18	6	85	29	103	35
合计	870	275	2984	1396	3854	1671

重点领域标准体系建设成效显著（表2）。在综合交通运输标准体系建设方面，加强了综合客货运枢纽、货物多式联运、综合运输装备、旅客联程运输、综合运输通道建设、信息交换等方面的标准制修订，促进不同运输方式之间的有效衔接与协同发展，提高综合交通运输一体化服务水平。在安全应急标准体系建设方面，加强了交通运输从业人员安全作业行为、设备设施安全状态、运输服务作业环境条件、安全生产作业环节、运输作业安全评价、应急救助和打捞等方面标准制定，有力促进了行业安全监管能力的提升，为深

化平安交通建设提供了坚实技术支撑。在绿色交通标准体系建设方面，加大了节能降碳、生态保护、污染防治、资源循环利用，以及监测、评定与监管等方面标准制修订力度，助力深入推进绿色交通发展。在物流标准体系建设方面，重点围绕多式联运、冷链物流、甩挂运输、危险货物运输、大件货物运输等专业领域，加快了物流设施设备、运输作业、管理服务和信息化等方面标准制修订，促进现代物流业发展。在信息化标准体系建设方面，促进云计算、大数据、物联网、移动互联网、人工智能等信息技术在交通运输行业的创新应用和发展，加快了信息化技术设施、数据资源、信息应用、网络安全、工程规范等方面标准制修订，确保交通运输行业信息化建设规范有序，提升信息化服务效能和保障网络安全。

表 2　交通运输重点领域标准体系建设情况

标准体系	标准总数	已发布标准
《综合交通运输标准体系（2015 年）》	141	88
《交通运输安全应急标准体系（2016 年）》	366	230
《绿色交通标准体系（2016 年）》	221	164
《交通运输物流标准体系（2018 年）》	182	143
《交通运输信息化标准体系（2019 年）》	495	361
《公路工程建设标准体系（2020 年）》	250	129
《水运工程建设标准体系（2018 年）》	416	182

（三）铁路标准体系建设

铁路标准体系，适应国家深化标准化改革工作方案和我国铁路体制改革对于铁路标准工作新的要求，适用于高速、城际、市域（郊）、客货共线、重载等不同类型铁路建设运营需要。

铁路标准分为铁路装备、工程建设和运输服务等 3 类。铁路装备标准包括通用与综合、机车车辆、工务工程、通信信号、牵引供电等；工程建设标准包括基础、综合、勘察、设计、施工、验收等；运输服务标准包括基础通用、行车组织、旅客运输、货物运输等。

（四）公路标准体系建设

公路标准体系，包括交通工程、智能运输、道路运输、城市客运、汽车维修、挂车、客车、信息通信与导航、环保、公路工程等专业技术领域。

公路标准分为基础、安全应急、运输服务、公路建设、公路养护、公路管理、公路运营、信息化、节能环保、设施装备等 10 类。基础标准包含术语、符号与标识、分类与编码等；安全应急标准包含道路工程建设安全、道路运输与作业安全、安全管理、应急救助等；运输服务标准包含道路运输作业条件与规范、汽车维修、服务质量与评价等；公路建设标准包括项目管理、公路勘测、设计、试验、检测、施工、监理、造价等；公路管理标准包括管理站所、装备、信息系统、执法、路域环境等；公路养护标准包括养护检测评价、养护决策、养护设计、养护施工、造价等；公路运营标准包括公路运行检测、出行服务、收费服务、应急处置以及车路协同等；信息化标准包含信息采集与格式、数据交换与共享等；节能环保标准包含生态保护、污染防治等；设施装备标准包含运输车辆、交通工程设施产品等标准。

（五）水运标准体系建设

水运标准体系，涵盖集装箱、内河船、港口、疏浚、臂架、航海安全、航测、救捞、信息通信与导航、环保等专业技术领域。

水运标准分为基础、安全应急、运输服务、工程建设、信息化、节能环保、设施设备等 7 类。基础标准包含术语、符号与标识、分类与编码等；安全应急标准包含水路运输与作业安全、航海安全、救助打捞、事故应急等；运输服务标准包含水路运输作业条件与规范、测绘服务、服务质量与评价等；工程建设标准包括综合、规划、勘测、设计、施工、试验、检测与监测、监理、安全、工程造价、环保、工程信息等；信息化标准包含信息采集与格式、数据交换与共享等；节能环保标准包含生态保护、污染防治等；设施装备标准包含运输船舶、港口设施设备、疏浚装备等标准。

（六）民航标准体系建设

民航标准体系，涵盖民用航空产品及机载设备适航审定、运输航空和通用航空安全与运行、民航服务等重点领域。

民航标准包括民用航空领域的各类标准，分为信息化、航空运输、通用航空、航空安全、航空器维修工程、机场工程建设、民用机场地面保障与服务、航油航化、空中交通管理、航空安保、航空医学和其他等 12 类。

（七）邮政标准体系建设

邮政标准体系，涵盖绿色环保、安全发展、协同发展、服务多元、智能互联等重点方向。

邮政标准分为基础通用、服务保障、服务运行、服务提供、信息化等 5 类。基础通用标准包括标准化导则、术语、分类与代码、编码、其他等；

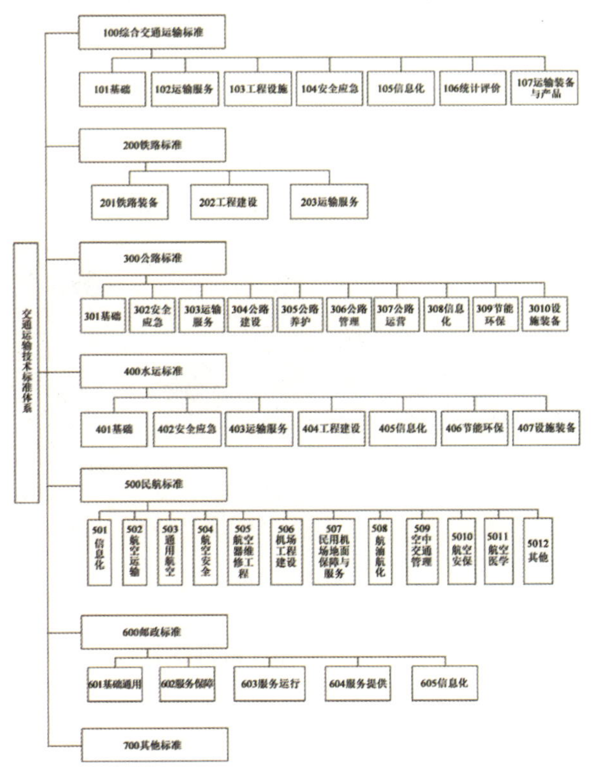

图 4　交通运输技术标准体系结构图

服务保障标准包括设施设备、用品用具、职业能力等；服务运行标准包括产业协同作业、多式联运作业、绿色作业、安全作业、智能技术应用等；服务提供标准包括服务质量、服务评价等；信息化标准包括基础数据元、信息安全、监管信息化、产业协同信息化、多式联运信息化、信息化系统平台等。

交通运输技术标准体系结构见图 4。

四、强化实施　服务发展成效显著

“十三五”时期，交通运输标准服务国家重大战略实施，对构建安全、便捷、高效、绿色、经济的现代化综合交通体系，加快建设交通强国、推动高质量发展发挥了更为重要的支撑和引领作用。

（一）服务国家重大战略实施

围绕京津冀暨雄安新区、长江经济带、长三角一体化、粤港澳大湾区等区域协调发展战略实施需要，不断完善区域标准化工作交流合作机制，加快推进区域标准制定，有力促进了区域交通一体化发展。发布实施了《收费公路车辆通行费车型分类》，有力支持取消全国高速公路省界收费站专项工作按期完成，配套《电子收费 专用短程通信》等系列标准，保障了全国超过 2 亿 ETC 客户的便捷出行。发布实施了《小交通量农村公路工程技术标准》等重要标准，对乡村振兴等国家战略实施的支撑作用显著增强。

■区域一体化发展标准化

服务京津冀协同发展战略，完成《支撑雄安新区交通运输高质量发展标准体系》，发布《高速公路智能管理和服务系统技术规范》《京津冀水域 5 米以下小型船舶检验技术标准》等区域性地方标准，促进地方标准充分衔接。支撑长江经济带发展战略，发布实施《长江干线通航标准》《内河过闸运输船舶标准船型主尺度系列》等，长江干线船闸通过效率提高了 20%（图 5）。助力长三角一体化发展战略，研究制定《船舶水污染物内河接收设施配置规范》《市域快速轨道交通客运服务规范》等地方标准，推动基础设施和运输服务提升。

图5　通过三峡船闸的长江干线标准船型

■“四好农村路”标准化

落实乡村振兴战略和打赢脱贫攻坚战部署，发布实施《小交通量农村公路工程技术标准》《农村公路养护技术规范》等“四好农村路”标准，切实促进了小交通量农村公路建设、养护和运营（图6），助力打赢脱贫攻坚战、服务乡村振兴战略实施。

图6　“四好农村路”——浙江省绍兴市柯桥区平王线平水段

（二）支撑综合立体交通网建设

加强综合交通枢纽，以及铁路、公路、水路、民航、邮政基础设施规划、设计、建设和养护的标准制定，推动交通网络加密拓展、综合衔接一体高效。在货物多式联运、旅客联程运输、综合客货运枢纽和综合运输通道建设等方面，发布实施了59项综合交通运输标准，纾解了不同货物运输方式之间衔接协调不畅、结构不平衡等问题，推动基础设施网络化水平不断提高，运输一体化进程持续加快。

■综合交通枢纽建设标准化

发布实施《综合客运枢纽通用要求》《综合客运枢纽换乘区域设施设备配置要求》等标准，规范和指导了全国118个综合客运枢纽规划、建设、运营与管理（图7）。推动实现不同运输方式客流转换场所集中布设，新建综合客运枢纽旅客换乘距离均小于300米。一体化综合交通枢纽占比由“十二五”末的10%提升到“十三五”末的30%左右，实现设施设备、运输组织、公共信息等有效衔接。

图7　综合客运枢纽换乘大厅

■交通基础设施安全耐久标准化

发布实施我国第一部重载铁路行业标准《重载铁路设计规范》，丰富和完善了我国铁路工程建设标准体系，支撑全国7300公里重载铁路建设，有力指导了重载铁路健康发展，促进了铁路建设的社会经济效益提升。修订实施《公路桥梁抗震设计规范》等公路桥梁建设工程和技术标准，融入了公路桥梁建设施工实践经验、技术要求和先进技术成果，促进了我国公路桥梁设计水平提升（图 8）。发布实施《水运工程信息模型应用统一标准》等系列标准，实现了水运工程设计、施工、养护、运营管理信息传递共享和工作协同，推动水运工程建设项目全程信息化，提升了我国水运工程建设企业国际竞争力。

图 8 贵州省平塘县平罗高速平塘特大桥

（三）保障交通运输安全发展

加强安全治理和应急保障能力建设，发布实施了《动车组车体耐撞性要求与验证规范》《道路交通标志和标线》《危险货物港口作业安全评价导则》等交通设施设备本质安全、安全警示标志、安全生产作业、应急救援和应急运输方面标准，推动交通运输企业安全生产标准化建设基本规范系列标准实施应用，交通安全生产得到了有效治理，运输安全水平得到了有效提升。

■科学运用标准高效应对突发事件

及时应对新冠肺炎疫情常态化防控需求，研究制定《交通运输工具重大呼吸道传染病疫情防控技术指南》2 项国家标准，提升交通运输业应对突发重大公共卫生事件的能力，阻断病毒通过交通工具传播，为打赢疫情防控人民战争、总体战、阻击战提供了有力技术支撑。

为提升出行安全水平，发布实施了《城市公共汽电车车辆专用安全设施技术要求》《城市公共汽电车驾驶区防护隔离设施技术要求》，规范了全国各大城市公共汽电车驾驶区防护隔离设施，为保障公共汽电车驾驶员和乘客安全树立起保护屏障（图 9）。

图 9 公共汽电车驾驶区防护隔离设施设置

为保障客车运行安全，制定发布了《客运班车行李舱载货运输规范》，明确了客车允许载货的种类范围和重量，客运企业、客运站检查程序，规范了客车载货行为，对促进道路客运行业安全发展和升级转型具有重要的安全效益（图 10）。

图 10 客运班车行李舱

■运输车辆安全标准化

发布实施《营运客车安全技术条件》和《营

运货车安全技术条件》系列标准，累计发布 51 批、8.5 万余个道路运输车辆达标车型，有效解决了营运客车应急逃生能力不足、内饰材料阻燃性差，以及营运货车制动协调性与行驶稳定性差、安全防护与配置水平低等突出问题，推动自动紧急制动、车道偏离预警等辅助驾驶技术在道路运输车辆上的应用（图 11）。《道路甩挂运输车辆技术条件》《中置轴挂车通用技术条件》等标准的实施，有效促进了甩挂运输的发展，推动了货运车型标准化，相关车型在 140 多个国家级甩挂运输试点项目中得到了应用，极大提高了货运车辆周转次数和车辆平均里程利用率，有效降低了单位运输成本（图 12）。危险货物运输、冷链运输、国际道路货物运输等一系列专业车辆技术要求标准发布实施，有效提高了交通运输装备安全性和可靠性。

（四）改善出行服务体验

多层次、多样化、个性化的出行需求，反映出人民群众出行模式正在发生深刻变化。为更好满足社会公众多样化出行需求，加快都市圈市域（郊）铁路发展，加强交通无障碍标准化建设，旅客联运、城市客运轮渡、邮轮港等一系列服务标准发布实施，支撑构建多层次、多样化、个性化的出行服务体系，促进人民群众出行需求从“走得了”向“走得好”转变。

■标准化规范网约车服务

《网络预约出租汽车运营服务规范》《巡游出租汽车运营服务规范》等标准有效规范了全国 400 多个城市、平台日均使用量 2000 万人次的网络预约出租汽车经营服务行为，保障了运营安全和乘客合法权益（图 13、图 14）。

图 11　营运货车稳态回转试验和通道圆试验

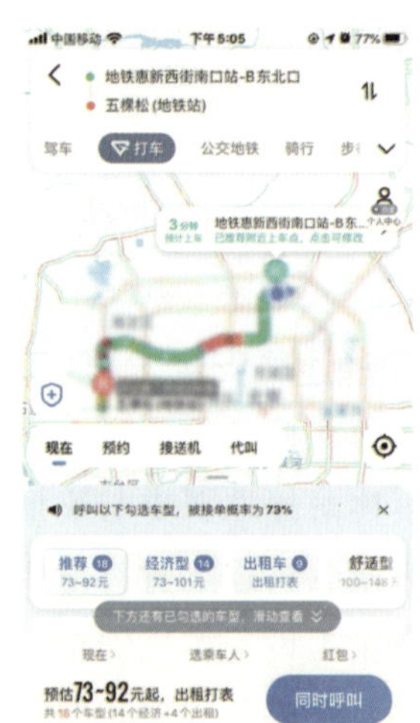

图 13　手机 App 预约网约车

图 12　甩挂运输轻量化车型

图 14　巡游出租汽车停靠等待区

■城市公共交通标准化

发布实施《城市公共汽电车客运服务规范》《城市定制公交服务规范》，较好地满足了居民出行需求，丰富了居民多样化、个性化出行选择，提高了出行便捷性、可达性（图 15）。《城市轨道交通运营管理规范》《城市轨道交通运营技术规范》等标准实施，为保障北京、上海、广州等在内的 44 座城市的 7500 多公里城市轨道交通线路的运营安全、提升运营服务质量提供了重要支撑。

图 15 定制公交专线服务

■旅客出行便捷标准化

《道路客运电子客票系统技术规范》发布实施以来，全面促进北京、天津、河北、江苏、山东、河南等 20 个省（区、市）道路客运电子客票应用，加快了电子客票售票终端、实名检票终端、移动服务终端等智能设备的应用与普及，推动为乘客提供移动终端购票、身份证检票等无接触式服务，极大改善了旅客出行体验（图 16）。

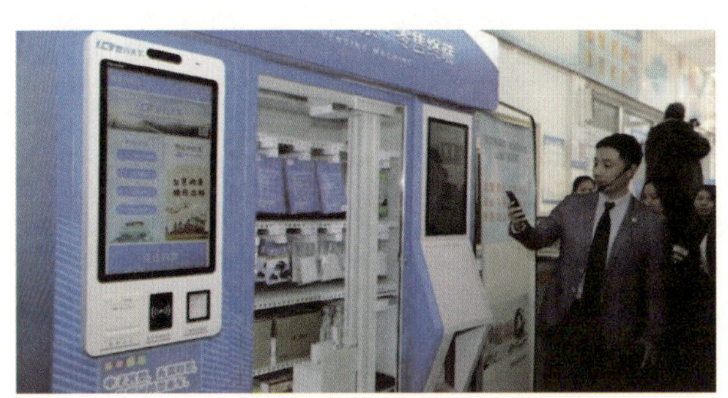

图 16 道路客运电子客票系统电子客票智能服务终端

（五）提升物流运输效率

高价值、分散性、快速化的货运需求，对货物运输的可达性、时效性和经济性提出了更高要求。多式联运、甩挂运输等领域技术装备和作业要求标准的发布实施，为推动构建集约高效的货运物流服务体系提供了坚实保障。城市配送、零担货物、冷链运输等物流服务标准，有力支撑了专业化物流服务高质量发展。道路运输电子证照等信息服务标准，促进了跨地区、跨部门运输互信互认，提升了道路运输便民利民惠民服务水平。

■货物多式联运标准化

《驮背运输 道路运输车辆技术要求》《驮背运输 装载栓固技术要求》等标准有力推进了公路铁路货物联运效率与安全性提升（图 17）。《商品车多式联运滚装操作规程》《乘用车集装箱运输技术要求》等标准助力提高多式联运作业效率和服务水平，为全面提升“一带一路”国际物流保障能力提供有力支撑（图 18）。

图 17 驮背运输

图 18 商品车滚装运输

■冷链运输标准化

发布实施《道路冷链运输服务规则》《冷链货物空陆联运通用要求》等冷链运输服务标准，围绕冷链运输车辆、系统、设备配套制定一系列标准，构建了完整的道路冷链运输质量控制体系，有效减少了冷链“断链”等问题，更好保证易腐货物品质（图 19）。新冠疫情期间，冷链运输相关标准为出台《新冠病毒疫苗货物道路运输技术指南》提供了技术支持，有力推动冷链运输市场逐步走向规范化。

图 19　中型冷藏运输车

（六）促进绿色低碳交通建设

贯彻国家蓝天保卫战和运输结构调整要求，推进绿色低碳发展，围绕资源节约集约利用、节能减排、污染防治和交通生态环境保护修复，制定实施了《铁路煤炭运输抑尘技术条件》《铁路专用线设计规范（试行）》《公路工程节能规范》《营运货车能效和二氧化碳强度等级及评定方法》等标准，以及排放物和有害物质限值管理、交通设施评估和能效评定、新能源车辆推广应用、港口和船舶防污染等方面标准，强化绿色交通发展科学性和系统性，践行绿色发展理念，提升绿色、低碳、集约发展水平。

■新能源交通装备标准化

《电动公共汽车配置要求》《电动营运货车选型技术要求》《天然气公共汽车配置要求》等标准实施，有效推进了新能源和清洁能源车辆使用（图 20）。截至 2019 年底，行业新能源公交车超过 40 万辆，新能源货车超过 43 万辆，天然气运营车辆超过 18 万辆，提高了可再生能源、清洁能源利用占比。

图 20　电动公共汽车电池舱

《靠港船舶岸电系统技术条件》系列国家标准，与《码头岸电设施建设技术规范》《码头岸电设施检测技术规范》等一系列标准衔接配套实施，为岸电技术在我国应用起到了推进和保障作用，有力支撑了港口岸电设施建设使用和沿江沿海主要港口集装箱码头“油改电”，对推进船舶在港大气污染防治、改善港区大气环境质量和推动港航共建绿色水运具有重要意义（图 21）。

图 21　码头岸电系统

■绿色包装标准化

修订发布的《快递封装用品》系列国家标准，倡导“绿色包装”，增加绿色环保和循环利用要求等内容，通过技术手段积极推进邮政快递绿色包装工作。标准修订和实施以来，大力推行包装减量化、绿色化和可循环利用，有效遏制了资源浪费、包装物重金属等物质超标等问题发生，减少了快递包装对环境的污染和对人体的危害，促进邮政快递业健康发展（图 22）。

图 22 邮政快递包装绿色化

（七）推动智慧交通快速发展

面对智慧交通发展新变化、新形势，智慧交通标准建设全面提速，以关键共性技术、前沿引领技术、现代工程技术创新为重点，推动自动驾驶、北斗卫星定位导航、自动化集装箱码头等新技术创新应用标准发布实施，深化行业信息化应用，加快新技术与交通基础设施融合发展，推动智慧交通建设迈上新台阶。道路运政管理信息系统、汽车维修电子健康档案系统、12328 交通运输服务监督电话系统等信息化服务标准，为“互联网 + 便捷交通”的发展打下了坚实的基础。

■自动驾驶标准化

交通运输部会同工业和信息化部、国家标准化管理委员会联合制定发布了《国家车联网产业标准体系建设指南（智能交通相关）》，发布实施了《营运车辆自动紧急制动系统性能要求和测试规程》《营运车辆弯道速度预警系统性能要求和测试规程》等重要标准，推进营运车辆主动安全预警、智能辅助驾驶、车路协同信息交互等技术应用，支撑了北京通州、西安、重庆、上海、泰兴、襄阳、北京亦庄等 7 个交通运输部自动驾驶封闭场地测试基地认定（图 23）。

图 23 营运车辆自动紧急制动系统工况验证试验实车测试

■北斗系统应用标准化

《道路运输车辆卫星定位系统 车载终端技术要求》《北斗卫星导航系统船载终端》等标准在交通运输行业北斗系统推广应用方面有效发挥了规范和促进作用，支撑了全国超过 700 万道路运输车辆、3 万余辆邮政和快递干线车辆等安装和使用北斗终端，实现在交通运输多个领域的广泛应用（图 24）。

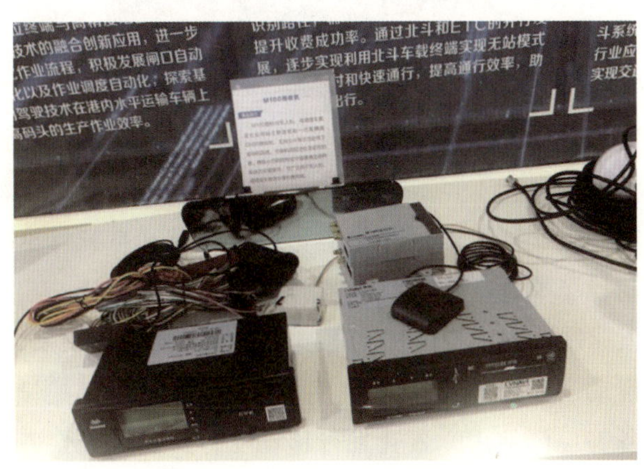

图 24 道路运输车辆卫星定位系统高精度车载定位终端

■标准推动交通一卡通移动支付

《城市公共交通 IC 卡技术规范》系列标准明确了城市公共交通 IC 卡的卡片、读写终端、信息接口、非接口通讯、安全和检测要求，是加快城市公共交通“一卡通”互联互通平台，推进城市公共交通“一卡通”跨市域、跨省域互联互通的重要技术基础，支撑全国实现 303 个地级以上城市的互联互通，在 3.4 万条公交线路、34 个城市的 221 条城市轨道交通线路、4.7 万余个公共自行车桩锁、3.6 万辆出租汽车以及 35 条轮渡线路使用，全国累计发卡九千余万张，实现了我国城市居民出行交通卡在不同城市、不同交通方式间互相通用，大幅提高了出行效率（图 25）。

图 25　城市公共交通 IC 卡

《交通一卡通移动支付技术规范》系列标准明确了交通一卡通移动支付软硬件产品设计、研发、制造和维护的标准化技术要求。自实施以来，推动手机 NFC 虚拟卡、手机 SIM 卡、可穿戴设备等广泛使用，累计发行移动支付产品三千余万个，推动我国交通领域移动支付产品与方案实现标准化和规范化，推动移动支付在交通领域健康发展（图 26）。

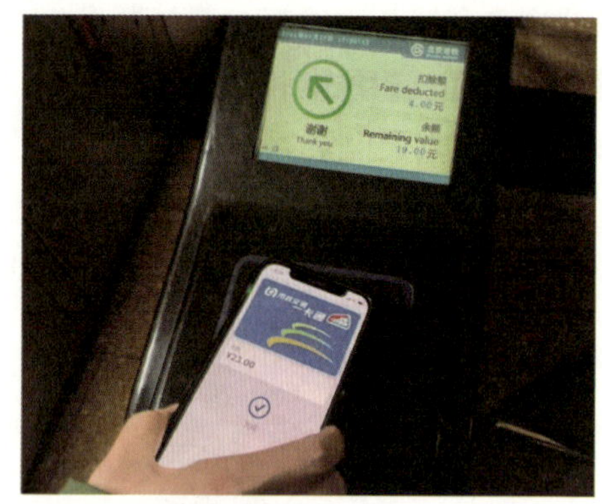

图 26　交通一卡通移动支付

（八）提升行业发展质量

计量基础服务体系不断完善。行业量值传递溯源体系初步形成，组织编制公路水运试验检测设备计量管理目录，建立了 24 项部门最高计量标准，发布了 157 项行业计量技术规范。推进公路水运计量检定机构建设，成立了国家道路与桥梁工程检测设备计量站、国家水运工程检测设备计量站、国家船舶舱容积计量站和国家能源计量中心（城市交通），组建了全国公路专用计量器具计量技术委员会、全国水运专用计量器具计量技术委员会，以及广东、湖北、四川、内蒙古等 10 余个省（区、市）行业计量站建设，交通计量服务网络不断完善。

产品质量监督力度不断加大。落实“双随机、一公开”，组建了包括 55 家检测机构的监督抽查检测机构信息库和抽查对象信息库。制定了包括 4 大类 125 种重点监管产品的交通运输重点监管产品目录，截至 2020 年 12 月底，发布监督抽查实施规范 51 项。通过产品质量监督抽查工作，实现了抽查一个产品、整顿一类企业、规范一片行业市场的要求。

检验检测和认证认可服务能力不断增强。与国家市场监督管理总局商定成立资质认定交通评审组，负责管理交通运输领域36家检验检测机构资质认定工作。指导中国船级社、交通运输部科学研究院等组建行业认证机构，推动了符合标准的认证产品、服务在行业中的应用。

■交通运输计量检定

“十三五”时期，国家道路与桥梁工程计量站、水运工程计量站完成2.6万余台（套）重点仪器设备计量检定任务，国家船舶舱容积计量站完成695艘水上加油船、2110个污油水舱强制检定和4054艘液货船舶计量检定任务，为公路水运工程建设质量和船舶污染排放监管执法、保护贸易交接公正提供技术支持（图27）。

图27　交通运输计量检定

■重点产品质量监督抽查

“十三五”时期，交通运输部组织开展了电子不停车收费(ETC)设备、公路波形梁钢护栏、桥梁支座等11类重点产品在内的行业产品质量监督抽查（图28、图29），涉及产品2146个批次，样品总数33221件（组），覆盖31个省（区、市），重点产品抽样合格率总体保持在90%左右，总体抽样合格率逐年上升。

图28　玻璃钢管箱产品现场抽样

图29　公路波形梁钢护栏产品现场抽样

五、开放共享　国际交流与合作成果丰硕

“十三五”时期，交通运输标准化更加积极融入国际标准治理体系，标准国际交流与合作更加密切，在国际标准制修订、标准外文版翻译与海外工程应用等方面取得丰硕成果，交通运输标准化的国际影响力大幅提升。

（一）积极融入国际标准治理体系

铁路应用、轨道交通电气设备与系统、航空货运及地面设备、集装箱、内河船、交通工程设施（公路）、智能运输、疏浚装备、挂车、客车、臂架起重机等11个领域与国际标准化组织(ISO)、国际电工委员会(IEC)相应技术委员会或分技术委员会建立了对口工作关系，航海安全、公路计量器具 2 个领域与国际海事组织（IMO）、国际法制计量组织（OIML）等其他国际组织明确了对口联系。铁路、航空等领域在国际标准化组织承担或与相关国家联合承担分技术委员会秘书处职务，集装箱、疏浚装备等领域在国际标准化组织技术委员会下牵头成立工作组并担任召集人职务。我国已经成为国际标准化组织铁路应用技术委员会（ISO/TC 269）中最具影响力的国家，在国际电工委员会轨道交通电气设备与系统技术委员会（IEC/TC9）中的排名已经上升为第 5 位。

（二）国际标准制修订取得重要突破

积极加快了我国主持的国际标准制定步伐，在铁路、智能交通、疏浚、港口机械等领域，主持了 28 项国际标准。《智能运输系统 支持 ITS 服务的便携终端应用 第 1 部分：通用信息与用例》《轨道交通 机车车辆 电连接器 基本要求与试验方法》等 19 项国际标准获得国际标准化组织（ISO）、国际电工委员会（IEC）发布，《铁路应用 制动系统 通用要求》《集装箱 设备数据交换 一般通信代码》等 9 项国际标准加快编制，我国交通运输领域在国际标准化技术组织中的影响力和贡献度不断提高。

■中国疏浚国际标准

2018 年，牵头制定的《船舶和海上技术 挖泥船 分类》《绞吸挖泥船疏浚监控系统》等 5 项国际标准发布实施，我国在国际范围内逐步建立疏浚技术标准体系，提升了中国疏浚业在国际标准舞台上的影响力（图 30）。

图 30 ISO/TC8/WG11 工作组第四次会议

（三）标准外文版翻译成果丰富

交通运输标准外文版翻译数量和涉及领域持续扩大，截至目前，已发布交通运输标准外文版共计 430 项，其中“十三五”发布 285 项（表 3）。《交流传动电力机车》《重载铁路设计规范》《公路工程技术标准》《水运工程施工通则》《国际道路货物运输车辆选型技术要求》等交通运输外文版标准发布实施（图 31），有力支撑了工程建设、产品、技术与服务等领域国际交流与合作，推动实现交通运输标准与重点产品、重要技术、重大项目和品牌企业的立体支撑和有机衔接。

表 3 交通运输外文版标准发布情况

领域	国家标准		行业标准		小计	
	总数	“十三五”	总数	“十三五”	总数	“十三五”
铁路	31	14	292	194	323	208
公路	5	5	63	33	68	38
水路	3	3	36	36	39	39
合计	39	22	391	263	430	285

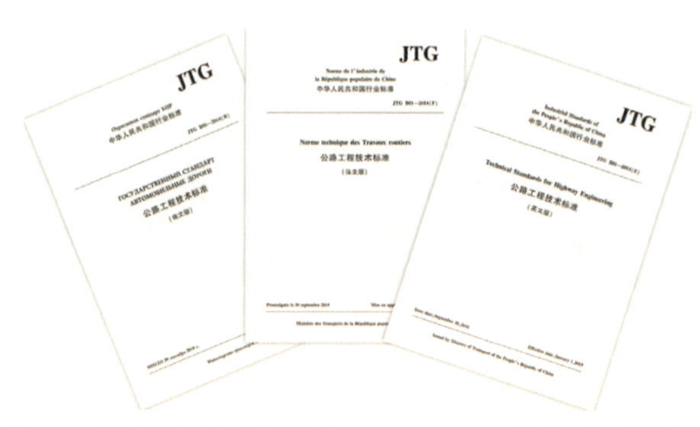

图 31 《公路工程技术标准》（JTG B01—2014）（英、法、俄文版）

（四）中国标准“走出去”迈出新步伐

积极推动中国标准海外应用。通过交通运输海外工程建设及技术合作，协助巴基斯坦等国家建立本国公路工程标准体系，积极推进交通运输技术标准、产品标准海外应用与属地转化。肯尼亚蒙内铁路、埃塞俄比亚 AA 高速公路、乌干达坎帕拉—恩德培机场高速公路等工程项目全部采用中国标准设计、施工、试验。蒙内铁路作为首个带动铁路技术标准“走出去”的大型铁路项目，完全采用中国技术、中国标准、中国装备和中国运营管理模式（图 32）。以该项目为基础，进一步推动融入当地国情的中国标准在肯尼亚属地化工作，为“东非四国”框架协议下的铁路工程建设提供技术支撑。

图 32　蒙内铁路

系统推进中国标准属地转化。人民交通出版社创新举措推动中国标准全球出版发行，联合加拿大、印度等国出版机构发行交通标准外文版，有利于国际市场充分采用中国标准，为“一带一路”倡议实施提供有力的标准支撑（图 33）。服务“一带一路”建设，我国企业依据中国标准、中国产品、中国方案，推动缅甸等国家加快交通运输系统建设发展。

图 33　联合国外出版机构发行交通标准外文版

标准化援外培训取得积极效果。中国交建等企业积极开展标准化援外培训，与东盟、非洲等“一带一路”沿线国家通过技术研讨、技术培训、共建海外培训基地等方式，完成了多项援外培训任务。交通运输部管理干部学院、大连海事大学等高校和研究机构将标准化课程纳入援外培训，为我国与沿线国家开展交通领域标准化务实合作，推动标准联通共建“一带一路”奠定了坚实基础。

六、发展展望

习近平总书记指出，“中国将积极实施标准化战略，以标准助力创新发展、协调发展、绿色发展、开放发展、共享发展。”（引自新华社北京 2016 年 9 月 12 日电《第 39 届国际标准化组织大会召开 习近平致贺信》）“积极推广应用国际标准，以高标准助力高技术创新，促进高水平开放，引领高质量发展。”（引自新华社北京 2019 年 10 月 21 日电《习近平向第 83 届国际电工委员会大会致贺信》）加快建设交通强国、构建现代化高质量国家综合立体交通网、提升行业治理能力，对标准化提出了更高要求。立足新发展阶段，贯彻新发展理念，构建新发展格局，交通运输标准化发展要坚持以人民为中心，以建设适应高质量发展的标准体系为主线，着力加强重点领域标准有效供给，着力提升标准实施效能，着力推动标准国际化发展，着力提升标准化治理能力，为推动综合交通运输高质量发展，加快建设交通强国提供有力保障。

附录 4　权威媒体报道

一、交通运输好新闻和重大报道

（一）中共中央 国务院印发《国家综合立体交通网规划纲要》

近日，中共中央、国务院印发了《国家综合立体交通网规划纲要》，并发出通知，要求各地区各部门结合实际认真贯彻落实。

《规划纲要》以习近平新时代中国特色社会主义思想为指导，明确发展目标是，到 2035 年，基本建成便捷顺畅、经济高效、绿色集约、智能先进、安全可靠的现代化高质量国家综合立体交通网。实现国际国内互联互通、全国主要城市立体畅达、县级节点有效覆盖，有力支撑“全国 123 出行交通圈”（都市区 1 小时通勤、城市群 2 小时通达、全国主要城市 3 小时覆盖）和“全球 123 快货物流圈”（国内 1 天送达、周边国家 2 天送达、全球主要城市 3 天送达）。交通基础设施质量、智能化与绿色化水平居世界前列。

本规划纲要规划期为 2021 至 2035 年，远景展望到本世纪中叶。

（央视《新闻联播》 2021 年 2 月 24 日）

（二）2035 年我国将基本建成交通强国

国务院新闻办今天（3 月 24 日）举行深入贯彻“十四五”规划加快建设交通强国发布会。“十四五”期间，交通运输部将按照国家综合立体交通网主骨架的布局，畅通综合运输大通道，新增城际铁路和市域铁路运营里程 3000 公里，新改建高速公路里程 2.5 万公里，新增民用运输机场 30 个以上。到 2035 年，基本建成“人民满意、保障有力、世界前列”的交通强国；到 2050 年全面建成交通强国，实现“人享其行、物优其流”。

（央视《新闻联播》 2021 年 3 月 24 日）

（三）李小鹏：加快建设统一开放的交通运输市场

交通运输是我国较早开放也是开放程度较高的行业之一。作为行业主管部门，交通运输部在规范网约车等新业态领域，开展了哪些工作？下一步将采取哪些措施，继续深化交通运输综合行政执法改革？来看本台记者对交通运输部部长李小鹏的专访。

李小鹏表示，近年来以网约车、共享单车、网络货运等为代表的交通运输新业态企业快速发展，针对发展中出现的一些问题，交通运输部会同有关部门制定出台一系列政策举措，规范企业经营行为，取得初步成效。

今年以来，为切实解决人民群众反映强烈的执法领域突出问题，维护广大交通运输从业人员合法权益，交通运输部开展了为期6个月的专项整治行动。

（央视《新闻联播》 2021 年 10 月 23 日）

（四）习近平出席第二届联合国全球可持续交通大会开幕式并发表主旨讲话

国家主席习近平 14 日晚以视频方式出席第二届联合国全球可持续交通大会开幕式并发表题为《与世界相交 与时代相通 在可持续发展道路上

阔步前行》的主旨讲话。

习近平指出，交通是经济的脉络和文明的纽带。从古丝绸之路的驼铃帆影，到航海时代的劈波斩浪，再到现代交通网络的四通八达，交通推动经济融通、人文交流，使世界成了紧密相连的“地球村”。当前，百年变局和世纪疫情叠加，给世界经济发展和民生改善带来严重挑战。我们要顺应世界发展大势，推进全球交通合作，书写基础设施联通、贸易投资畅通、文明交融沟通的新篇章。

（《人民日报》2021 年 10 月 15 日第 01 版）

（五）聚焦全球合作 关注发展中国家——来自第二届联合国全球可持续交通大会的声音

第二届联合国全球可持续交通大会于16日在北京闭幕。在为期三天的会议上，130 余位交通部长、企业家代表、国际组织负责人呼吁各方加强国际合作和政策协调，聚焦发展中国家和弱势群体的需求。

合作，是本届大会与会代表们发言的高频词。

在推进全球交通领域合作方面，中国是先行者。中国积极推进全球互联互通，以共建“一带一路”为合作平台，与 19 个国家签署包括《上海合作组织成员国政府间国际道路运输便利化协定》在内的 22 项双边、多边政府间国际道路运输便利化协定。中欧班列累计开行超过 4 万列、通达欧洲 23 个国家的 170 多个城市。

中国交通运输部部长李小鹏表示，中方愿与各方全面推动“全球发展倡议”尽快落地，继续推进高质量共建“一带一路”，为加快落实联合国 2030 年可持续发展议程、造福各国人民作出积极贡献，为携手开辟国际发展合作光明前景、推动构建人类命运共同体作出不懈努力。

（新华社北京 10 月 16 日电）

（六）未来 5 年，交通运输重点工作敲定

经济社会发展，交通运输先行。未来 5 年，交通运输工作发力重点在哪？交通运输部副部长王志清 24 日在国新办发布会上表示，“十四五”期间，将紧紧围绕补短板等六方面开展工作，力争到 2025 年交通强国建设迈出坚实步伐。

王志清表示，交通运输是国民经济循环的动脉，是形成完整内需体系的坚实支撑，也是国内国际双循环相互促进的重要纽带和产业链、供应链安全稳定的保障基石。

王志清介绍，在服务构建新发展格局方面，将大力完善综合交通网络，努力构建现代物流服务体系，积极推动交通运输与现代农业、先进制造业、旅游业等相关产业的融合发展，积极拓展多元化的国际物流通道等，努力发挥好交通运输的支撑和保障作用。

创新是引领发展的第一动力。交通运输部总规划师兼综合规划司司长汪洋表示，将坚持科技创新赋能交通运输发展，推动发展自动驾驶、智能航运等技术发展与试点应用，构建数字出行网络、智慧物流服务网络、现代化行业治理信息网络，加快北斗系统在交通运输行业的推广应用，并结合交通强国建设试点等，推动实施一批示范项目，推动智慧交通高效有序发展。

（新华社北京 2021 年 3 月 24 日电）

（七）交通事业驶入高质量发展快车道

1909 年 10 月，中国人自主设计建设的第一条铁路——京张铁路通车；2019 年 12 月，全球首条时速 350 公里的智能高铁——京张高铁通车，开启世界智能高铁先河。习近平总书记作出重要指示指出，从自主设计修建零的突破到世界最先进水平，从时速 35 公里到 350 公里，京张线见证了中国铁路的发展，也见证了中国综合国力的飞跃。

跨越百年的京张线之变，成为我国交通事业历

史巨变的一个缩影。经济要发展，交通须先行。百年来，在中国共产党的坚强领导下，亿万中国人民自立自强、艰苦奋斗，推动交通运输面貌发生了巨大变化，取得了显著成就！

交通强国前景可期，光荣使命催人奋进。交通运输部有关负责人表示，2021年，将扎实推进京滨铁路、京秦高速等项目建设，深入推进长三角辐射全球的航运枢纽建设，完成长江干线武汉至安庆段6米水深航道建设并投入使用，加快建设综合立体交通网，力争为国家重大战略实施当好先行。

（《人民日报》2021年06月12日第05版）

（八）奋力推动交通当好中国现代化的开路先锋

10月14日至16日，第二届联合国全球可持续交通大会在北京成功召开。习近平主席以视频方式出席大会开幕式并发表题为《与世界相交 与时代相通 在可持续发展道路上阔步前行》的主旨讲话（以下简称"主旨讲话"）。习近平主席站在世界发展大势和人类前途命运的高度，以宏阔的全球视野、深邃的历史眼光、高远的战略思维、博大的天下情怀，提出重要倡议、宣布务实举措、展现中国担当，为全球可持续交通发展指明了前进方向。我们要认真学习主旨讲话，坚决抓好贯彻落实。

（《人民日报》2021年11月24日第11版）

二、铁路权威媒体报道

（一）国家铁路局介绍落实《国家综合立体交通网规划纲要》精神、加快建设交通强国媒体报道情况

2021年3月1日，国务院新闻办公室举行新闻发布会，国家铁路局党组书记、局长刘振芳出席发布会，介绍落实《国家综合立体交通网规划纲要》精神，加快建设交通强国有关情况，并答记者问。发布会后，国家铁路局政府网站发布题为《落实〈国家综合立体交通网规划纲要〉精神 加快建设交通强国发布会》和《国家铁路局介绍落实〈国家综合立体交通网规划纲要〉精神 加快建设交通强国有关情况》的新闻稿件。中国政府网、人民日报、新华社、中央电视台等300余家媒体、门户网站进行转发报道，社会反响良好。

（二）国家铁路局有关负责人就铁路安全专项整治、国家综合立体交通网建设等问题答记者问媒体报道情况

2021年3月30日，国家铁路局总工程师、新闻发言人严贺祥就铁路安全专项整治、国家综合立体交通网建设、科技创新等问题答记者问。4月2日12时30分，中央人民广播电台《交广会客厅》"辉煌十三五 交通新时代"特别节目播出该专访。中国政府网、新华社、中央人民广播电台等60余家媒体进行报道，社会反响积极。

（三）国家铁路局有关负责人就《关于加强铁路沿线安全环境治理工作的意见》答记者问媒体报道情况

2021年6月18日，国家铁路局有关负责人就《关于加强铁路沿线安全环境治理工作的意见》答记者问，并在国家铁路局政府网站发布题为《国家铁路局有关负责人就〈关于加强铁路沿线安全环境治理工作的意见〉答记者问》新闻稿件和专题图解。中国政府网、中国青年报、人民网等50余家媒体进行报道，宣传效果较好。

（四）国务院新闻办公室举行为全面建成小康社会提供交通保障新闻发布会媒体报道情况

2021年8月24日，国务院新闻办公室举行为全面建成小康社会提供交通保障新闻发布会。国家铁路局党组书记、局长刘振芳出席发布会，介绍铁路服务全面建成小康社会有关情况，并答记

者问。国家铁路局政府网站、官方微博发布题为《国家铁路局局长刘振芳出席国务院新闻发布会 介绍铁路服务全面建成小康社会有关情况》和《国新办举行为全面建成小康社会提供交通保障新闻发布会》的新闻稿件以及图解《全面小康看铁路》。中国政府网、新华社、人民日报等400余家媒体进行报道，并转发图解《全面小康看铁路》，社会反响积极。

（五）铁路沿线安全环境治理成效媒体报道情况

为进一步提升铁路沿线安全环境治理水平，国家铁路局将铁路沿线安全环境治理纳入党史学习教育“我为群众办实事”清单，推动治理工作取得显著成效。2021年5月27日，围绕铁路沿线环境治理，光明日报01版刊发题为《国家铁路局：保障好人民群众出行安全》的新闻稿件；9月16日，人民网围绕铁路沿线安全环境治理部际联席会议办公室现场工作会议有关情况，在首页刊发题为《织牢铁路沿线安全网 保障人民群众安全出行》的新闻稿件，中国交通报专版进行报道，新华网、中国交通新闻网等200余家媒体进行转发，铁路沿线安全环境治理成效得到广泛关注，社会反响热烈。

（六）媒体报道中老两国政府签署国境铁路协定情况

2021年11月30日上午11时，《中华人民共和国政府和老挝人民民主共和国政府国境铁路协定》签署仪式以视频形式在中国北京、老挝万象举行。中国国家铁路局局长刘振芳与老挝公共工程与运输部长万沙瓦·西潘敦代表两国政府签署协定。中央电视台、新华社记者现场拍摄，中央电视台《新闻联播》播出，新华社、人民网、中新网等200余家媒体进行报道，社会反响较好。

（七）媒体报道国家铁路局2022年度工作会议

2021年12月27日，国家铁路局召开2022年工作会议，局党组书记、局长刘振芳作题为《加快建设交通强国 推动铁路高质量发展 努力当好中国现代化的开路先锋》的工作报告。新闻稿件《2022年国家铁路局工作会议在京召开》及图解《一图读懂：2022年国家铁路局工作会议》得到广大媒体转发报道，中国政府网、新华社、人民网、央视网等媒体进行报道，社会关注度较高。

三、民航权威媒体报道

（一）我国民航运输总周转量、旅客周转量均位居世界第二

截至2020年底，我国已与128个国家或地区签署了双边航空运输协定，其中“一带一路”国家100个，与64个国家保持定期客货运通航，多项民航运行指标进入世界前列。截至2020年，全国航线达到5581条，比2012年增加3124条，增幅达120%。目前，我国民航运输总周转量、旅客周转量、货邮周转量均已位居世界第二，航空服务覆盖全国92%的地级行政区、88%的人口和93%的经济总量。

（二）民航局：春节期间机票可免费退改

为响应国家合理有序引导群众就地过年的号召，最大限度减少人员流动，切实降低疫情传播风险，1月26日，民航局下发通知，明确自1月27日0时起，购买1月28日—3月8日春节期间机票的旅客，均可办理免费退票或至少一次改期。

（三）科学编制规划 强化能力建设 加快提升国家空中交通管理水平

中共中央政治局常委、国务院副总理、中央空中交通管理委员会主任韩正3月31日前往民航局空管局运行管理中心、航空气象中心、航行情报服务中心，调研了解我国民航运行管理、气象服务、航行情报服务等情况。韩正指出，“要科学编制“十四五”有关专项规划，统筹把握当前和长远，合理设定目标任务，进一步完善相关政策举措。”“要瞄准管理中的短板弱项，

加强资金保障，提升装备设备水平，全面增强空中交通管理体系支撑保障。要加强协调配合，以改革推动发展，为把我国建设成为航空强国作出更大贡献。”（引自新华社北京4月1日电）

（四）国内航线旅客运输规模已恢复至疫情前水平

上半年我国航空运输生产先降后升，总体呈现V型走势。民航局发展计划司副司长张清介绍，春节过后，航空运输快速反弹，二季度，行业运输总周转量已经恢复到2019年同期的82.3%，较一季度大幅提高16.7个百分点。上半年，全行业完成运输总周转量465亿吨公里，同比增长45.4%，恢复到2019年同期的74.1%，恢复程度较2020年全年提升12.4个百分点。从旅客运输情况来看，航空旅客运输稳健恢复，国内市场恢复到疫情前水平。

（五）民航局：就部分国际航线“天价”机票开展核实调查

针对媒体反映土耳其航空公司伊斯坦布尔至广州航线出现“天价机票”，严重损害境外回国旅客权益问题，民航局迅速行动，依据中土航空运输协定及相关国内法律法规，部署民航中南地区管理局立即对相关情况进行核实调查，如发现有违反相关规定的情况，将依法依规进行处置。

（六）在机场快速过检！“易安检”来了 预约攻略这里看！

在飞机场如何快速通过安检？在民航局3日举行的新闻发布会上，民航局公安局副局长李彤介绍，为进一步方便广大旅客乘机出行，民航局推出了更安全、更便捷、更舒适的安检模式——“易安检”，目前旅客在国家政务服务平台支付宝小程序的“民航公安服务”中找到“易安检”服务，经实名认证后即可预约使用。

（七）中共中央宣传部就“为了人民的美好航空出行”举行中外记者见面会

7月6日，中央宣传部举行中外记者见面会，邀请5名民航领域基层党员代表围绕“为了人民的美好航空出行”主题与中外记者见面交流。

（八）2021中国航空产业大会圆满落幕

2021中国航空产业大会暨南昌飞行大会由江西省人民政府、中国航空学会、中国航空工业集团有限公司、中国商用飞机有限责任公司、中国航空发动机集团有限公司、南京航空航天大学主办，江西省科协、江西省科技厅、江西省工信厅、江西省国资委、南昌市人民政府、南昌经济技术开发区管理委员会承办，会议主题为“新开端、新视角、新服务”。中国航空产业大会是行业内高层次高规格的专业会议，已在江西省举办了两届，本次大会是第三届，是首次在南昌举办，也是首次与南昌飞行大会同时召开。大会于10月29日开幕，10月31日闭幕。

（九）民航局：进一步扩大无人机物流配送试点范围

民航局局长冯正霖近日在通用航空工作领导小组第六次全体会议上表示，要发挥通航产业融合功能，特别是加快无人机规章标准制定，进一步扩大无人机物流配送试点范围，服务乡村振兴战略。

（十）我国民航首个乘务员职业形象规范发布

《民航客舱乘务员职业形象规范》日前正式对外发布，这是我国民航业首个关于乘务员职业形象的团体标准。

（十一）民航局：保证国际国内航班工作人员不交叉

民航局局长冯正霖日前在民航防控工作领导小组扩大会议上表示，民航有关部门要会同地方政府对直接接触国际旅客、货物的保障人员实施封闭管理，保证国际和国内航班的工作人员不交叉，工作区域和休息区域严格区分，工作期间集中住宿，工作场所与居住地之间点对点转运，当班期间不得与家庭成员和社区普通人群接触。

（十二）民航局：我国已基本实现从航空运输大国向航空运输强国跨越的目标

2020 年，我国已经基本实现了从航空运输大国向航空运输强国跨越的目标。按照民航强国的战略进程，我国计划在 2035 年实现多领域的民航强国，在 21 世纪中叶实现全方位的民航强国。

（十三）开启无人机管理智慧新模式 民航局"无人机实名登记系统"改版上线

"无人机实名登记系统"已完成改版上线，新系统采用多项新技术，不仅为无人机用户提供了更方便的服务，也开启了无人机管理的智慧新模式。

四、邮政权威媒体报道

中央媒体报道邮政业情况一览表

序号	媒　体	标　　题	刊次及版面信息
1	新华社	2021 年，你对快递有哪些新期盼？	1 月 4 日
2	新华社	国家邮政局：今年东部地区将基本实现快递服务直投到村	1 月 14 日
3	新华社	交通运输部：快递企业"春节不打烊"	1 月 27 日
4	新华社	"跑"出来的幸福 新广州人梁果的"快递人生"	1 月 31 日
5	人民日报	便捷顺畅 经济高效 安全可靠 综合立体交通网，这样构建	2 月 1 日
6	人民日报	快递进村助力产业发展（新视点）	2 月 3 日
7	新华网	5 天，3.65 亿！	2 月 16 日
8	人民网	全国邮政快递业结束"春节模式" 恢复正常运营	2 月 21 日
9	人民日报	快递业连接千城百业（微观）	2 月 23 日
10	人民日报	就地过年 服务不打烊（经济新方位 · 新春观察）	2 月 23 日
11	新华网	快递暴力分拣怎么治？有关部门回应来了	3 月 1 日
12	新华网	交通运输部：快递定时派送、定时投递将大范围推广	3 月 1 日
13	新华社	"月入万元"的快递小哥仅占 1.3%	3 月 22 日
14	新华社	【新华财经调查】如何让民营快递"愿意进村""主动进村"？	3 月 22 日
15	人民日报	综合立体交通网蓝图绘就	3 月 28 日
16	人民日报	农村客运车成了老乡"购物车"（经济聚焦）	3 月 30 日
17	新华社	快递过度包装专项治理 4 月启动	4 月 6 日
18	人民日报	将建快递业限制过度包装行业标准	4 月 8 日
19	新华社	新华时评丨让快递穿上"绿"衣裳	4 月 9 日
20	新华网	第 41 届全国最佳邮票评选颁奖活动举行	4 月 29 日
21	新华社	"五一"当天全国快递投递量同比增近三成	5 月 2 日
22	人民日报	快递投递量同比增长近三成 银联网络交易金额达 3987 亿元	5 月 3 日
23	人民网	"宠物盲盒"涉事企业被处罚 多部门将共同强化行业规范	5 月 8 日
24	新华社	畅通乡村物流 破解快递进村"最后一公里"梗阻	5 月 17 日
25	人民网	马班邮路的忠诚信使王顺友逝世	6 月 1 日

续上表

序号	媒　体	标　题	刊次及版面信息
26	新华社	索玛花儿“别”样红	6月1日
27	人民日报	今年我国快递业务量已突破400亿件	6月2日
28	人民网	第四届中国（杭州）国际快递业大会举行	6月12日
29	人民网	国家邮政局局长马军胜：行业发展仍处于重要战略机遇期 要推进快递出海	6月12日
30	人民网	全力打造现代化邮政服务体系	6月15日
31	新华网	端午假期全国揽收快递包裹8.74亿件	6月17日
32	人民网	首发！特种邮票来啦！	6月21日
33	人民网	《中国共产党成立100周年》纪念邮票7月1日发行	6月29日
34	人民日报	快递争“快”更要争口碑	7月3日
35	新华网	今年全国快递业务量突破500亿件	7月5日
36	人民日报	一人一舟二十载	7月7日
37	新华网	有据可依丨快递小哥合法权益有保障啦！	7月8日
38	人民网	多部门联合发布解读《关于做好快递员群体合法权益保障工作的意见》	7月8日
39	人民日报	七部门联合印发关于做好快递员群体合法权益保障工作的意见	7月8日
40	人民日报	小哥心安，快递安心	7月9日
41	新华社	破解“不包邮”尴尬	7月22日
42	人民日报	2025年农村寄递服务基本实现全覆盖	7月26日
43	新华社	2021年上半年邮政行业业务总量达6424.7亿元	8月3日
44	人民日报	[朝闻天下]国家邮政局 全国建制村全部实现直接通邮	8月25日
45	新华社	#全国每天快件量达3亿#有你的贡献吗？	8月25日
46	人民日报	交通运输部：西藏实现乡镇及以上城市邮政网点全覆盖	8月26日
47	人民日报	“绿色快递进机关”活动在京启动	8月26日
48	人民日报	快件派费加一毛钱意味着什么	9月1日
49	人民日报	“绿色快递进机关”活动在京启动	9月2日
50	人民日报	服贸会首届供应链及商务服务专题正式开展	9月3日
51	人民日报	#快递进村步伐还可更快些#	9月9日
52	新华社	国家邮政局：聚焦“四个体系”“四项任务” 推动农村寄递物流体系建设	9月10日
53	人民日报	国家发改委：到2025年，可循环快递包装应用规模达到1000万个	9月16日
54	人民日报	假日消费新趋势	10月10日
55	新华社	中国邮政发行《辛亥革命110周年》纪念邮票	10月11日
56	人民日报	国庆黄金周共揽投快递包裹超39亿件	10月11日
57	人民日报	国庆假期居民消费平稳增长	10月11日
58	人民日报	《豫剧》特种邮票于今日发行！	10月18日

续上表

序号	媒体	标题	刊次及版面信息
59	人民日报	18家企业响应 中国快递协会绿色“双11”倡议发布	10月19日
60	新华社	《交通可持续发展》在京首发	10月21日
61	人民日报	“十四五”塑料污染治理行动方案内容是什么?	10月25日
62	人民日报	央视奥林匹克频道开播纪念邮资明信片发布	10月27日
63	人民日报	[视频]建设更高水平文明城市	11月1日
64	人民日报	莫急！#您的快递已坐上高铁正飞驰而来#！	11月4日
65	人民日报	10月中国快递业务超百亿件	11月5日
66	人民日报	快递旺季遭遇雨雪天气 国家邮政局呼吁多理解和包容快递小哥	11月8日
67	人民日报	#双十一最难忘的购物回忆#	11月9日
68	人民日报	快递企业备战“双十一”	11月11日
69	新华社	中高风险地区邮件快件消毒后投递	11月23日
70	新华社	科技创新纪念邮票又来了	11月24日
71	新华社	#一个人的山村邮路#	11月24日
72	人民日报	广西首个年寄递量过亿产品是螺蛳粉	11月30日
73	人民日报	刚刚！#2021年我国快递业务量突破1000亿件#	12月8日
74	人民日报	#救人快递小哥被授予消防勇士奖章#	12月10日
75	人民日报	国家邮政局：11月全国快递业务量达113.3亿件	12月14日
76	人民日报	国家邮政局：11月全国快递申诉3.48万件 同比增长62.9%	12月27日
77	人民日报	数字化转型促农民农村共同富裕	12月28日
78	人民日报	《“十四五”邮政业发展规划》出台 预计2025年快递业务量超1500亿件	12月28日

附录5　2021年大事记

2021年交通运输部大事记

1月

自2021年1月1日起，取消港口建设费。

4日，杨传堂出席2021年中国国家铁路集团有限公司工作会议。

4日，杨传堂出席2021年全国邮政管理工作电视电话会议。

4日，交通运输部安委会2021年第一次全体会议暨交通运输安全生产视频会议召开。李小鹏出席会议并讲话，戴东昌参加，刘小明主持。

4日，《瞭望》杂志2021年第1期刊发李小鹏专访文章《奋力开启加快建设交通强国的新征程》。

5日，李小鹏在北京调研春运疫情防控工作，刘小明参加。

7日，交通运输部召开进一步提升公路桥梁安全耐久水平暨危旧桥梁改造行动动员部署视频会议。

8日，国家发展改革委、交通运输部、公安部、国家卫生健康委等11部门联合印发《关于做好2021年春运工作和加强春运疫情防控的意见》。

9日，交通运输部党组召开2020年度民主生活会。12日，书面通报民主生活会情况。

10日，李小鹏主持召开国务院联防联控机制春运工作专班第一次会议，刘小明参加。

12日，杨传堂出席全国民航工作会议。

13日，巴拿马籍散货船“永丰”轮在菲律宾以东约400海里海域机舱爆炸起火，船舶失去动力，货舱进水，有沉没危险。经全力协调搜救，最终22名遇险船员全部安全获救。

21日，交通运输部召开部应对新冠肺炎疫情工作领导小组会议、联防联控机制会议、春运工作专班会议，听取春运疫情防控工作的汇报，进一步分析疫情防控形势，部署统筹做好交通运输疫情防控和春运工作。杨传堂、李小鹏出席会议并讲话，戴东昌、刘小明、王志清参加。2021年，共召开部应对新冠肺炎疫情工作领导小组会议14次、联防联控机制会议27次，研究部署交通运输行业及部系统“外防输入、内防反弹”各项工作。

22日，交通运输部印发《关于服务构建新发展格局的指导意见》。

27日，中共中央政治局委员、国务院副总理刘鹤在北京检查春运工作，李小鹏陪同参加。

28日，2021年春运正式拉开帷幕。李小鹏主持召开国务院联防联控机制春运工作专班专题会议，总结前期工作，部署下一步工作。

2月

4日，国务院安委会印发《关于加强水上运输和渔业船舶安全风险防控工作的意见》。

4日，交通运输部召开2021年党风廉政建设工作电视电话会议。杨传堂出席会议并讲话，李小鹏主持，宋福龙就做好2021年纪检监察工作作出部署、提出要求，冯正霖、马军胜、戴东昌、刘振芳、刘小明、王志清参加。

5日，交通运输部部长李小鹏视频会见新加坡交通部部长王乙康。

5—7日，李小鹏主持召开部省综合运输春运疫情防控工作视频调度会议，逐省（自治区、直辖市）调度了解各地落实《2021年综合运输春运疫情防控总体工作方案》情况，对工作进行再安排、再部署。

8日，中共中央、国务院印发《国家综合立体交通网规划纲要》，并发出通知，要求各地区各部门结合实际认真贯彻落实。《国家综合立体交通网规划纲要》提出，到2035年，基本建成便捷顺畅、经济高效、绿色集约、智能先进、安全可靠的现代化高质量国家综合立体交通网，实现国际国内互联互通、全国主要城市立体畅达、县级节点有效覆盖，有力支撑“全国123出行交通圈”和“全球123快货物流圈”。交通基础设施质量、智能化与绿色化水平居世界前列。交通运输全面适应人民日益增长的美好生活需要，有力保障国家安全，支撑我国基本实现社会主义现代化。到本世纪中叶，全面建成现代化高质量国家综合立体交通网，拥有世界一流的交通基础设施体系，交通运输供需有效平衡、服务优质均等、安全有力保障。新技术广泛应用，实现数字化、网络化、智能化、绿色化。出行安全便捷舒适，物流高效经济可靠，实现“人享其行、物优其流”，全面建成交通强国，为全面建成社会主义现代化强国当好先行。

8日，交通运输部召开第三届直属机关党委第六次全委（扩大）会议和直属机关纪委第五次全委（扩大）会议。杨传堂出席会议并讲话，刘小明代表第三届常委会作工作报告。

8日，交通运输部印发《邮件快件包装管理办法》（中华人民共和国交通运输部令2021年第1号），自3月12日起施行。

9日，王志清任交通运输部副部长。

9日，G59呼北高速公路宜昌至张家界段控制性节点工程——湖北省宜都长江大桥（原名：白洋长江公路大桥）通车试运营，大桥主桥采用主跨1000米双塔单跨钢桁梁悬索桥。

11—17日春节假期，杨传堂、李小鹏等部领导带班值守，听取值班值守情况和运输服务保障工作汇报，慰问坚守岗位的干部职工。

19日，杨传堂以“以习近平总书记重要指示精神为根本遵循 建设讲政治守纪律负责任有效率模范机关”为主题，为交通运输部系统党员干部讲授专题党课。

22日，交通运输部印发《农村公路中长期发展纲要》。

22日，交通运输部办公厅印发《关于做好进口电商货物港航“畅行工程”有关工作的通知》，组织实施基于区块链技术的进口电商货物港航“畅行工程”。

23日，铁路沿线安全环境治理部际联席会议第一次全体会议、铁路沿线安全环境治理工作推进电视电话会议先后在交通运输部召开。会议通报了铁路沿线安全环境治理工作阶段性成果和存在的主要问题，部署了下一步工作。杨传堂、李小鹏和中央政法委副秘书长王洪祥出席会议并讲话，刘小明、刘振芳参加。

23日，宋福龙不再担任中央纪委国家监委驻交通运输部纪检监察组组长。

23日，交通运输部印发《交通运输部2021年立法计划》。

24日，交通运输部召开船舶碰撞桥梁隐患治理三年行动视频调度会。

25日，交通运输部部长李小鹏会见联合国副秘书长刘振民。

26日，交通运输部召开《国家综合立体交通网规划纲要》宣传贯彻电视电话会，深入学习领会习近平总书记关于加快建设交通强国的重要指示精神，传达中央领导同志批示要求，部署国家综合立体交通网建设重点任务。杨传堂、李小鹏出席会议并讲话，戴东昌、刘小明、刘振芳、王志清参加。

26 日，中共交通运输部党组印发《中共交通运输部党组关于印发开展党史学习教育实施方案的通知》。

27 日，交通运输部党组党史学习教育动员部署电视电话会召开，深入学习贯彻习近平总书记在党史学习教育动员大会上的重要讲话和党中央《关于在全党开展党史学习教育的通知》精神，对部系统开展党史学习教育进行动员部署。杨传堂出席会议并讲话，李小鹏主持。

3 月

1 日，国务院新闻办公室举行落实《国家综合立体交通网规划纲要》精神、加快建设交通强国发布会。李小鹏、马军胜、刘振芳、王志清和民航局董志毅出席发布会。

1 日，交通运输部印发《民用航空导航设备开放与运行管理规定》（中华人民共和国交通运输部令 2021 年第 2 号），自 7 月 1 日起施行。

3 日，杨传堂主持召开交通运输部党组党史学习教育领导小组第一次会议，李小鹏出席，刘小明参加。

3 日，交通运输部印发《公共航空运输旅客服务管理规定》（中华人民共和国交通运输部令 2021 年第 3 号），自 9 月 1 日起施行。

3 日，交通运输部取消部海事局和各直属海事局、有关分支海事局港口建设费征稽工作职责，撤销部海事局及各直属海事局、广州、大连、青岛海事局规费征稽处，优化执法督察（执法监督）、内部审计和安全管理机构设置。

5 日，交通运输部救助飞行队成立 20 周年。20 年来，交通运输部救助飞行队安全飞行 70000 余小时，执行救助任务 5300 余起，成功救助遇险人员 5400 余人。

8 日，2021 年春运结束。春运 40 天，全国铁路、公路、水路、民航共发送旅客 8.7 亿人次，比 2020 年同期下降 40.8%。

10 日，交通运输部印发《仿印邮票图案监督管理办法》（中华人民共和国交通运输部令 2021 年第 4 号），自 5 月 1 日起施行。

11 日，财政部、交通运输部联合印发《公路资产管理暂行办法》。

12 日，交通运输部召开传达全国两会精神干部大会暨部党组理论学习中心组第三次集体学习（扩大）。杨传堂、李小鹏出席会议并讲话，刘小明、王志清参加。

15 日，国务院办公厅转发国家发展改革委、交通运输部、国家铁路局、中国国家铁路集团有限公司《关于进一步做好铁路规划建设工作的意见》。

15 日，李小鹏主持召开国务院联防联控机制春运工作专班总结视频会议，刘小明参加。

15 日，交通运输部印发《关于修改〈大型飞机公共航空运输承运人运行合格审定规则〉的决定》（中华人民共和国交通运输部令 2021 年第 5 号），自印发之日起施行。

16 日，交通运输部成立服务构建新发展格局工作领导小组，杨传堂、李小鹏任组长。

16 日，交通运输部成立服务乡村振兴战略推进“四好农村路”建设领导小组，杨传堂、李小鹏任组长。

17 日，交通运输部加快建设交通强国领导小组召开第一次会议，听取领导小组办公室工作推进情况和 2021 年工作安排的汇报。杨传堂、李小鹏出席会议并讲话，刘小明、王志清参加。

18 日，杨传堂主持召开交通运输部党组第七轮巡视工作动员部署会，李小鹏出席，刘小明参加。

18 日，交通运输部党校（管理干部学院）举行 2021 年春季学期开班式，杨传堂出席开班式并讲话。

19 日，交通运输部服务乡村振兴战略推进“四好农村路”建设领导小组召开第一次全体会议，总结交通运输脱贫攻坚工作成效，部署全面推进乡村振兴工作。杨传堂、李小鹏出席会议并讲话，刘小明参加。

19日，交通运输部安委会印发《关于深入整治危险货物港口作业安全生产重点难点问题的通知》。

22—23日，根据交通运输部党组关于巡视工作的统一部署，部党组三个巡视组陆续进驻部海事局等8家被巡视单位，并召开巡视进驻动员会，部党组第七轮巡视工作全面展开。

22日—4月15日，交通运输部党组党史学习教育6个巡回指导组对部系统81家单位开展第一轮全覆盖督导。

26日，交通运输部部长李小鹏会见上海合作组织秘书长弗拉基米尔·诺罗夫。

26日，长江干线武汉至安庆段6米水深航道整治工程全面完工并投入试运行。

27日，交通运输部、国家发展改革委、生态环境部、住房和城乡建设部联合印发《关于建立健全长江经济带船舶和港口污染防治长效机制的意见》。

29日—4月2日，2021年交通运输应急管理厅局级干部培训班在中央党校应急管理培训中心举办。

30日，财政部、交通运输部联合印发《车辆购置税收入补助地方资金管理暂行办法》。

31日，交通运输新业态协同监管部际联席会议2021年第一次全体会议在交通运输部召开。杨传堂、李小鹏出席会议并讲话，王志清参加。

31日，交通运输部完成编制部权责基础清单并报送中央机构编制委员会办公室。

31日，交通运输部公布2021年12件交通运输更贴近民生实事。

4月

1日，交通运输部安委会2021年第二次全体会议暨交通运输安全生产视频会议召开，总结一季度工作，研究部署清明节和“五一”劳动节假期交通运输安全生产、疫情防控、服务保障、值班值守和下一阶段重点工作。李小鹏出席会议并讲话。

4日，一辆大货车与一辆大客车在沈海高速江苏盐城段发生碰撞，导致大客车侧翻，大货车又与两辆货车发生碰撞，造成11人死亡、19人受伤。

6日，交通运输部召开专题会议暨安委会专题会议，进一步贯彻落实国务院领导同志批示精神，听取清明节假期安全生产工作情况汇报，进一步部署做好“五一”劳动节假期及二季度交通运输安全生产工作。杨传堂、李小鹏出席会议并讲话。

6日，交通运输部修订印发《交通运输政务数据共享管理办法》，自4月15日起施行。

7日，刘小明不再担任交通运输部副部长。

8日，党史学习教育中央宣讲团宣讲报告会在交通运输部举行。中央宣讲团成员、中央党校（国家行政学院）副校（院）长谢春涛作宣讲报告。杨传堂、李小鹏出席报告会，王志清参加。

8—20日，交通运输部党组分四期举办深入学习贯彻党的十九届五中全会暨党史学习教育培训班，对部直属机关处级以上干部、基层党支部书记进行集中培训。

12日，中共中央政治局委员、全国人大常委会副委员长王晨到交通运输部进行海上交通安全法修订立法调研，杨传堂、李小鹏参加。

14—15日，2020年度海（水）上搜救奖励评审会在山东烟台召开。会议评审通过给予2020年度参与海上搜救行动的社会力量奖励资金583万。

19日，客滚船“中华富强”轮载677名旅客、85名船员及162辆车由山东威海驶往辽宁大连，途中发现第三甲板汽车舱出现冒烟情况，船长指挥船舶安全返回威海港，旅客全部安全转移上岸并得到妥善安置。20日，在应急处置过程中，船舶发生燃爆。27日，大火被完全扑灭。事故未造成人员伤亡，直接经济损失超过9000万元。

22日，交通运输部召开全国交通运输脱贫攻坚总结暨巩固拓展脱贫攻坚成果全面推进乡村振兴动员电视电话会议，总结交通运输脱贫攻坚工作，通报表扬成绩突出的166个集体和348名个人，动员部署有效衔接工作。杨传堂、李小鹏出席会议并讲话，王志清参加。

23日，李小鹏主持召开交通运输部应急工作领导小组会议，总结2020年度交通运输应急管理工作，审议2021年交通运输应急管理工作要点分工方案、有关制度文件和应急预案。王志清参加。

23日，交通运输部部长李小鹏会见白俄罗斯驻华大使尤里·先科。

24日，交通运输部党组修订印发《中共交通运输部党组巡视工作实施办法》。

25日，交通运输部召开会议，进一步研究部署规范道路货运领域行政执法、保障货车司机合法权益等工作。李小鹏出席会议并讲话。

25—28日，杨传堂到湖北省武汉市、黄石市开展党史学习教育宣讲，并就长江经济带发展、长航系统改革发展及基层建设等情况开展调研和座谈。调研期间，杨传堂与湖北省委书记应勇、省长王晓东就推动湖北交通运输改革发展稳定工作交换了意见。

27日，油船“交响乐”轮与散货船“义海”轮在青岛朝连岛东南约11海里处发生碰撞，“交响乐”轮货舱破损，约9400吨货油泄漏。交通运输部派出工作组赶赴现场，指导山东省海上搜救中心在地方党委政府统一领导下，积极开展存油过驳、溢油清除、安全保障等各项工作。历时54天，完成溢油清除工作。

27日，交通运输部印发《道路运输驾驶员应急驾驶操作指南（试行）》，针对车辆自燃等14个典型场景提出应急处置措施、要领和注意事项。

29日，国务院总理李克强以视频方式与德国总理默克尔共同主持第六轮中德政府磋商。李小鹏参加并发言。

29日，《中华人民共和国海上交通安全法》通过第十三届全国人民代表大会常务委员会第二十八次会议审议，自2021年9月1日起正式实施。

29日，交通运输部、教育部、财政部、人力资源和社会保障部、退役军人事务部、中华全国总工会等6部门联合印发《关于加强高素质船员队伍建设的指导意见》。

30日，交通运输部召开“永远跟党走、奋进新征程”五一交通运输行业先进典型座谈会。杨传堂出席座谈会并讲话，李小鹏主持，王志清参加。

30日，交通运输部召开视频报告会，揭晓“2020年感动交通十大年度人物”推选结果，中国铁路青藏集团公司格尔木工务段望昆线路车间党支部书记于本蕃等10个个人和集体获此殊荣。山东港口集团青岛港“连钢创新团队”等4个集体和个人荣获“2020年感动交通年度特别致敬人物”称号。

30日，交通运输部成立交通运输执法领域突出问题专项整治行动领导小组，李小鹏任组长。

30日，交通运输部、科技部联合印发《关于公布首批国家交通运输科普基地名单的通知》，上海中国航海博物馆等10家基地入选。

30日，武汉市青山长江公路大桥通车试运营，大桥主桥采用主跨938米钢箱及钢箱组合梁斜拉桥。

5月

1—5日，全国铁路、公路、水路、民航共发送旅客2.67亿人次，日均5349.8万人次，比2019年同期日均增长0.3%，比2020年同期日均增长122.3%。

“五一”劳动节假期期间，杨传堂、李小鹏等部领导在部带班值守，听取假期行业总体运行情况汇报，向节日期间坚守岗位的行业广大干部职工表示慰问。

7日，交通运输部召开交通运输执法领域突

出问题专项整治行动动员部署电视电话会议。杨传堂、李小鹏出席会议并讲话，戴东昌参加。

8日，杨传堂主持召开交通运输部党组党史学习教育领导小组第二次会议，听取前一阶段工作汇报，研究部署下一阶段工作，李小鹏出席，王志清参加。

12日，交通运输部、财政部、国家卫生健康委、国家铁路局、中国民用航空局、国家邮政局、中国红十字会总会、中国国家铁路集团有限公司联合印发《关于推广普及交通医疗急救箱伴行计划的指导意见》。

17日，按照国务院安委会统一部署，国务院安全生产考核组第十组到交通运输部开展2020年度安全生产考核工作。李小鹏出席见面会，王志清出席考核汇报会并汇报交通运输安全生产工作情况。

17—25日，杨传堂、李小鹏、戴东昌、王志清分别赴山东、陕西、广东、河北、河南等地，就交通运输执法领域突出问题专项整治进展和12328电话运行服务、交通运输安全生产和铁路沿线安全环境治理工作等情况开展调研和座谈。调研期间，杨传堂、李小鹏分别与山东、广东省委省政府主要负责同志就推动当地交通运输改革发展稳定工作交换了意见。

18日，交通运输部部长李小鹏会见联合国副秘书长刘振民。

19日，交通运输部、财政部、农业农村部、国家乡村振兴局联合印发《关于深化"四好农村路"示范创建工作的意见》。

19日，交通运输部发布《2020年交通运输行业发展统计公报》。

20日，《中华人民共和国政府和巴拿马共和国政府海运协定》生效。

20日，交通运输部召开全国12328交通运输服务监督电话电视电话会，杨传堂主持会议并讲话，王志清参加。

21日，交通运输部在政府网站开通"司机有话说"栏目，为广大司机反映意见建议提供网上"直通车"。

21日，交通运输部印发《交通运输突发事件应急预案管理办法》《交通运输部应急工作领导小组突发事件信息报告情况通报制度》《交通运输部应急工作领导小组专家咨询会商工作制度》《交通运输部应急工作领导小组突发事件应急演习演练工作制度》《突发公共卫生事件交通运输应急预案》《交通运输部应急工作领导小组工作制度》《交通运输部应急工作领导小组突发事件信息报告及处理联络员会商制度》《交通运输部应急工作领导小组办公室应急工作检查指导手册》，进一步提升部应急管理工作制度化、规范化水平，加强交通运输应急管理体系和能力建设。

22日，李小鹏在广东广州调研进口粮食港口接卸疏运情况，要求统筹做好疫情防控和运输保障各项工作，为国际物流供应链稳定畅通提供有力交通运输服务保障。

22日，云南省大理州漾濞县发生6.4级地震，青海省果洛州玛多县发生7.4级地震。交通运输部启动Ⅱ级应急响应，成立应急工作领导小组和各有关工作组。杨传堂主持应急工作领导小组第一次会议并讲话，传达学习党中央、国务院领导同志重要批示精神，研究部署灾后应急处置工作。部派出工作组分赴大理、果洛现场指导。

24日，2021年交通运输科技活动周启动式在中国铁道博物馆举行。

25日，杨传堂主持召开交通运输部党组党史学习教育第一次工作交流推进会。

25日，交通运输部召开警示教育电视电话会议。杨传堂出席会议并讲话，李小鹏主持。

26日，杨传堂到中国交通通信信息中心北京国际移动卫星地面站，就12328交通运输服务监督电话系统运行情况开展调研。

27日，交通运输部部长李小鹏视频出席国际运输论坛2021年峰会。

27 日，邹天敬任中央纪委国家监委驻交通运输部纪检监察组组长。

28 日，交通运输部办公厅印发《深化公路服务区“厕所革命”专项行动方案》。

29 日，雄安新区京雄高速公路河北段、荣乌高速新线、京德高速公路一期工程同期建成通车，雄安新区“四纵三横”对外高速公路骨干路网基本形成。

31 日，交通运输部、公安部、生态环境部、住房和城乡建设部联合印发《关于深入开展坚决整治违规设置妨碍货车通行的道路限高限宽设施和检查卡点有关工作的通知》。

6 月

1 日，李小鹏主持召开第二届联合国全球可持续交通大会组委会办公室第二次会议，研究大会筹备工作进展情况，审议相关工作方案等，戴东昌参加。

1 日，交通运输部部长李小鹏会见欧盟驻华大使郁白。

1 日，交通运输部部长李小鹏视频会见新加坡交通部部长易华仁。

2 日，交通运输部、国家发展改革委、财政部联合印发《全面推广高速公路差异化收费实施方案》。

3 日，杨传堂在交通运输部天津水运工程科学研究院参加党支部联系点活动，并到天津港就智慧港口建设、港口运行、港口及船员疫情防控等开展调研和座谈。调研期间，杨传堂与中共中央政治局委员、天津市委书记李鸿忠，天津市委副书记、市长廖国勋就推动天津交通运输改革发展稳定工作交换了意见。

3 日，李小鹏主持召开交通运输执法领域突出问题专项整治行动领导小组会议，戴东昌参加。

4 日，党史学习教育中央第二十一指导组进驻交通运输部开展工作。杨传堂出席进驻会议并讲话，党史学习教育中央第二十一指导组组长王一鸣讲话，李小鹏主持会议并介绍交通运输部党史学习教育总体情况。

4 日，人力资源和社会保障部通报表彰第十五届中华技能大奖和全国技术能手，交通运输部上海打捞局胡建、长江三峡通航管理局谢启龙、东海航海保障中心迟才明等 3 名同志获评“全国技术能手”。

5 日，汪洋任交通运输部副部长。

7 日，国家发展改革委、交通运输部联合印发《成渝地区双城经济圈综合交通运输发展规划》。

7—9 日，杨传堂到新疆维吾尔自治区乌鲁木齐市、博尔塔拉蒙古自治州、伊犁哈萨克自治州，就交通运输支撑服务巩固拓展脱贫攻坚成果和全面推进乡村振兴、口岸疫情防控、中欧班列运行等开展调研和座谈。调研期间，杨传堂与中共中央政治局委员、自治区党委书记陈全国，自治区党委副书记、自治区政府主席雪克来提·扎克尔，自治区党委副书记、兵团党委书记、政委王君正，自治区政府副主席、兵团党委副书记、司令员彭家瑞就推动新疆维吾尔自治区及兵团交通运输改革发展稳定工作交换了意见。

8 日，赵冲久任交通运输部副部长。

8 日，交通运输部印发《关于贯彻实施〈中华人民共和国长江保护法〉的意见》。

8 日，交通运输部印发《国家海上搜救和重大海上溢油应急处置部际联席会议指导监督办法》。

9 日，十三届全国人大常委会第二十九次会议在北京人民大会堂举行联组会议，审议国务院关于建设现代综合交通运输体系有关工作情况的报告并开展专题询问。中共中央政治局常委、全国人大常委会委员长栗战书出席会议并讲话。李小鹏参加会议，戴东昌、王志清参加分组审议会。

9 日，交通运输部、公安部联合印发《关于公布〈道路客运车辆禁止、限制携带和托运物品目录〉的公告》。

10—22日，杨传堂、李小鹏、戴东昌、王志清等部领导分别讲授党史学习教育专题党课。党史学习教育中央第二十一指导组组长王一鸣列席指导。

11日，全国政协在北京召开“推进多式联运高质量发展”网络议政远程协商会。中共中央政治局常委、全国政协主席汪洋主持会议并讲话。杨传堂、李小鹏出席会议。

11日，交通运输部、海南省人民政府、广东省人民政府、广西壮族自治区人民政府联合印发《琼州海峡客运滚装港口布局规划方案（2035年）》。

15日，光明日报发表交通运输部党组署名文章《加快建设交通强国 为全面建设社会主义现代化国家当好先行》。

16日，交通运输部安委会2021年第三次全体会议暨交通运输安全生产视频会议召开，传达学习习近平总书记6月13日对湖北十堰市燃气爆炸事故的重要指示精神（《人民日报》2021年6月14日01版）和李克强总理等党中央、国务院领导同志批示要求，部署有关工作。李小鹏出席会议并讲话，戴东昌、王志清、汪洋参加，赵冲久主持。

21日，外交部会同交通运输部共同组织举办的“驻华使节走进交通运输部”活动在北京举行。李小鹏出席活动并与120多位驻华使节和国际组织驻华代表就交通运输改革发展进行深入互动和交流。

22日，交通运输部部长李小鹏视频会见柬埔寨国务兼公共工程与运输大臣孙占托。

22日，交通运输部部长李小鹏视频会见密克罗尼西亚联邦交通、通讯和基础设施部部长卡尔·阿皮斯。密克罗尼西亚联邦驻华大使文森特·西瓦斯参加会见。

23日，李小鹏主持召开部务会暨部服务保障建党100周年庆祝活动工作领导小组会议，传达学习中央有关精神，听取服务保障建党100周年庆祝活动有关工作情况汇报。

23日，广西百色水利枢纽通航设施工程开工建设，断航20年的右江航道将被打通。

24日，交通运输部部长李小鹏视频会见智利交通和电信部部长格洛丽亚·胡特。

24日，交通运输部办公厅印发《关于开展〈中国港口史〉和〈中国运河史〉编纂工作的通知》。

24—28日，根据交通运输部党组巡视工作安排，部党组三个巡视组分别向部海事局等8家被巡视单位党组织反馈巡视情况。

25日，全国政协副主席汪永清到交通运输部走访督办“加快公共交通适老化进程”重点提案。杨传堂主持座谈会，汪洋参加。

25日，在第十一个“世界海员日”到来之际，交通运输部召开《中华人民共和国海上交通安全法》宣贯电视电话会。李小鹏出席会议并讲话，戴东昌主持，赵冲久参加。当日，李小鹏致信慰问全国船员。交通运输部发布《2020年中国船员发展报告》。

25日，交通运输部部长李小鹏视频会见德国联邦交通与数字基础设施部部长安德里亚斯·朔伊尔。

25日，交通运输部上海打捞局成功实施500米饱和潜水载人陆基实验。

28日，交通运输部召开2021年部系统优秀共产党员、优秀党务工作者和先进基层党组织表彰电视电话会，并颁发“光荣在党50年”纪念章。李小鹏出席会议并讲话，冯正霖主持，马军胜、邹天敬、戴东昌、赵冲久、刘振芳、王志清、汪洋参加。

28日，交通运输部部长李小鹏视频会见巴基斯坦联邦交通部部长穆拉德·赛义德。

29日，交通运输部印发《关于进一步做好道路货运车辆“三检合一”改革有关工作的通知》。

30日，交通运输部印发《关于修改〈交通运输行政执法程序规定〉的决定》（中华人民共和国交通运输部令2021年第6号），自7月15日起施行。

30日，G7京新高速公路梧桐大泉至木垒段建成通车，标志着京新高速公路全线贯通。

30日，按照中共中央组织部关于开展新业态、新就业群体党建工作试点的部署要求，经中央领导同意，交通运输部印发《交通运输部关于开展货车司机党建工作专项试点方案》。（机关党委）

7月

2日，李小鹏和邹天敬、戴东昌、赵冲久、王志清、汪洋，部总师、部机关司局级党员领导干部和部属在京单位党政主要负责同志等100余人到中国共产党历史展览馆，重温入党誓词，集体参观"'不忘初心、牢记使命'中国共产党历史展览"。

2日，交通运输部召开学习领会贯彻落实习近平总书记"七一"重要讲话动员部署会议。李小鹏出席会议并讲话，邹天敬主持，戴东昌、赵冲久、汪洋参加。党史学习教育中央第二十一指导组组长王一鸣到会指导。

2日，交通运输部办公厅印发《关于印发2021年系列"最美人物"推选宣传活动方案的通知》，第一届"最美公路人""最美港航人"、第二届"最美搜救人"推选宣传活动正式启动。

5日，交通运输部印发《民用航空通信导航监视设备飞行校验管理规则》（中华人民共和国交通运输部令2021年第7号），自10月1日起施行。

6日，李小鹏主持召开交通运输部服务乡村振兴战略推进"四好农村路"建设领导小组2021年第二次会议，戴东昌、汪洋参加。

7日，李小鹏主持召开部务会暨交通运输执法领域突出问题专项整治行动领导小组会议，传达学习中央有关精神，研究分析上半年交通运输经济运行情况，听取交通运输执法领域突出问题专项整治行动等情况汇报。

7日，交通运输部召开电视电话会议，进一步传达学习习近平总书记关于提高自然灾害防治能力重要论述精神和李克强总理批示要求，部署推进自然灾害综合风险公路水路承灾体普查全面实施阶段工作。

9日，交通运输部部长李小鹏视频会见塞尔维亚建设、交通和基础设施部部长托米斯拉夫·莫米洛维奇。

9日，交通运输部部长李小鹏视频会见肯尼亚交通、基础设施、住房和城市发展部部长詹姆斯·马查里亚。

9日，交通运输部印发《关于修改〈邮政行政执法监督办法〉的决定》（中华人民共和国交通运输部令2021年第8号），自7月15日起施行。

9日，人力资源和社会保障部、国家发展改革委、财政部、住房和城乡建设部、交通运输部等10部门联合印发《工程建设领域农民工工资专用账户管理暂行办法》。

11日，2021年中国航海日主论坛以线上形式举行。

12—19日，交通运输部党组成员分别以普通党员身份参加所在党支部或党小组党史学习教育专题组织生活会。党史学习教育中央第二十一指导组列席了专题组织生活会。

14日，交通运输部、国家发展改革委、国家能源局、国家电网有限公司联合印发《关于进一步推进长江经济带船舶靠港使用岸电的通知》。

15日，交通运输部部长李小鹏视频会见波兰基础设施部部长安杰伊·阿达姆契克。

16日，交通运输部印发《关于废止〈中华人民共和国拆解船舶监督管理规则〉的决定》（中华人民共和国交通运输部令2021年第9号），自7月16日起施行。

16 日，交通运输部办公厅印发《关于探索开展道路货运领域党的建设试点工作的通知》。（机关党委）

19 日起，李小鹏每周调度第二届联合国全球可持续交通大会筹办工作。截至 9 月 30 日，共开展 11 次周调度。

20 日，李小鹏到部综合应急指挥中心调度指导第 7 号台风“查帕卡”防御工作。交通运输部启动Ⅲ级防御响应，印发通知全面部署防范应对台风“查帕卡”。

21 日，交通运输部召开部系统学习贯彻习近平总书记“七一”重要讲话精神专题宣讲电视电话会。中央党史和文献研究院院长曲青山作宣讲报告。李小鹏主持会议并讲话，邹天敬、赵冲久、汪洋参加。党史学习教育中央第二十一指导组有关同志参加。

21 日 3 时，国家防总将防汛Ⅲ级应急响应提升至Ⅱ级后，交通运输部随即启动Ⅱ级应急响应。13 时，李小鹏主持召开部应急工作领导小组会议，强调要认真学习、深刻领会、坚决贯彻、迅速有效落实习近平总书记对防汛救灾工作的重要指示精神和李克强总理等中央领导同志批示要求，全力履职尽责做好防洪防汛防台风和抢险救灾涉交通运输各项工作。

22 日，李小鹏主持召开调度会议，部署进一步做好防洪防汛防台风和抢险救灾涉交通运输工作，邹天敬参加。

22 日，交通运输部印发《关于贯彻落实习近平总书记重要指示精神做好公路抢通保通保畅工作的通知》。

23 日，交通运输部部长李小鹏视频会见尼日利亚交通运输部部长罗蒂米·阿马埃奇。

23 日，交通运输部启动Ⅱ级防御响应，全力防范应对第 6 号台风“烟花”。

25 日，李小鹏到部综合应急指挥中心检查指导台风防御工作，就进一步贯彻落实习近平总书记重要指示精神和李克强总理等中央领导同志批示要求，全力做好第 6 号台风“烟花”防御工作再强调、再部署，赵冲久参加。

26 日，李小鹏主持召开部应急工作领导小组、部安委会暨防洪防汛防台风专题会议，强调要深入贯彻落实习近平总书记重要指示精神，认真落实李克强总理等中央领导同志要求，按照国家防总抗洪抢险救灾和防汛工作视频会议部署，做好交通运输安全生产、应急管理、防汛防台风和抢险救灾各项工作。邹天敬、戴东昌、赵冲久、王志清、汪洋参加。

26 日，交通运输部召开全国公路养护管理工作会暨公路桥梁安全耐久水平提升视频会议。

26 日，一辆大客车在青兰高速甘肃平凉段侧翻，造成 13 人死亡、47 人受伤。

27 日，李小鹏主持召开第二届联合国全球可持续交通大会组委会办公室第三次会议，审议重点工作进展情况及筹办重要工作文件，部署下一阶段重点工作，戴东昌参加。

27 日，交通运输部印发《关于命名北京怀柔区等 41 个县（区、市）城乡交通运输一体化示范县的通知》。

28 日，李小鹏主持召开部务会暨部应急工作领导小组会议、部应对新冠肺炎疫情工作领导小组会议，传达学习中央有关精神，听取暑期有关工作情况汇报，审议《“十四五”现代综合交通运输体系发展规划》等，研究长江干线建设水上应急救助基地工作。

28 日，交通运输部公布 2020 年度全国水运工程设计、施工、监理企业和监理工程师信用评价结果。

28 日，交通运输部印发《关于修订〈公路建设市场信用信息管理办法（试行）〉的通知》《关于修订〈公路工程市场分包管理办法〉的通知》。

29 日，李小鹏主持召开交通运输部党组党史学习教育领导小组第三次会议，王志清参加。

29日，交通运输部部长李小鹏视频会见科威特公共工程大臣兼通信和信息技术事务国务大臣拉娜·法里斯。

29日，交通运输部印发《关于进一步做好公路防汛防台风抢险救灾和疫情防控工作的通知》。

29日，交通运输部印发《关于修订〈公路施工企业信用评价规则（试行）〉的通知》。

30日，交通运输新业态协同监管部际联席会议2021年第二次全体会议在交通运输部召开。李小鹏主持会议并讲话，汪洋参加。

30日，交通运输部召开全国城市轨道交通运营安全视频会议。李小鹏出席会议并讲话，邹天敬、戴东昌、汪洋参加。

31日，交通运输部召开全国交通运输2021年半年工作视频会，总结上半年工作，部署安排下半年重点工作。李小鹏主持会议并讲话，马军胜、邹天敬、戴东昌、刘振芳、王志清、汪洋参加。

8月

2—6日，李小鹏到西藏自治区拉萨市、林芝市、日喀则市，贯彻落实习近平总书记在西藏考察重要讲话精神，落实新时代党的治藏方略和中央第七次西藏工作座谈会精神，就川藏铁路及配套公路建设情况、出入西藏综合运输通道情况及巩固拓展脱贫攻坚成果全面推进乡村振兴工作等开展调研座谈，并出席交通运输援藏工作座谈会。调研期间，李小鹏与西藏自治区党委书记吴英杰、自治区政府主席齐扎拉就推动自治区交通运输改革发展稳定工作交换了意见，齐扎拉一同进行相关调研。1—4日，王志清到青海、西藏调研出疆入藏综合运输通道建设情况。

4日，交通运输部发布公开招标政府采购意向，启动2021年国家公路网技术状况监测工作。截至12月，监测工作结束并通过验收。完成全国范围内1万公里国道路面技术状况抽检、64座重点桥梁和33座重点隧道监测、2500公里交通安全设施评估。

9日，交通运输部、公安部、财政部等9部门联合印发《关于推动农村客运高质量发展的指导意见》。

11日，交通运输部印发《关于修改〈公路、水路交通实施《中华人民共和国节约能源法》办法〉的决定》（中华人民共和国交通运输部令2021年第10号），《关于修改〈公路建设监督管理办法〉的决定》（中华人民共和国交通运输部令2021年第11号），《关于修改〈超限运输车辆行驶公路管理规定〉的决定》（中华人民共和国交通运输部令2021年第12号），《关于修改〈老旧运输船舶管理规定〉的决定》（中华人民共和国交通运输部令2021年第13号），《关于修改〈水运工程建设项目招标投标管理办法〉的决定》（中华人民共和国交通运输部令2021年第14号），《关于修改〈出租汽车驾驶员从业资格管理规定〉的决定》（中华人民共和国交通运输部令2021年第15号），《关于修改〈巡游出租汽车经营服务管理规定〉的决定》（中华人民共和国交通运输部令2021年第16号），《关于修改〈小微型客车租赁经营服务管理办法〉的决定》（中华人民共和国交通运输部令2021年第17号），《关于修改〈机动车维修管理规定〉的决定》（中华人民共和国交通运输部令2021年第18号），《关于修改〈中华人民共和国海员外派管理规定〉的决定》（中华人民共和国交通运输部令2021年第19号），《关于修改〈中华人民共和国内河海事行政处罚规定〉的决定》（中华人民共和国交通运输部令2021年第20号），《关于废止3件交通运输规章的决定》（中华人民共和国交通运输部令2021年第21号），自8月11日起施行。

19日，交通运输部部长李小鹏视频会见埃塞俄比亚交通部部长达格玛维特·莫格斯。

20日，第八届中日韩运输与物流部长会议以视频形式举行。中国交通运输部部长李小鹏、日本国土交通大臣赤羽一嘉、韩国海洋水产部长官文成赫和中日韩三国合作秘书处秘书长道上尚史分别率团出席会议。

20 日，交通运输部印发《关于进一步做好公路下穿通（隧）道防汛工作的通知》。

20 日，人力资源和社会保障部、住房和城乡建设部、交通运输部、水利部、银保监会、国家铁路局、中国民用航空局联合印发《工程建设领域农民工工资保证金规定》。

23 日，交通运输部、财政部联合印发《公路界河桥梁养护管理办法》，自 10 月 1 日起施行。

23 日，北京冬奥会交通工作协调小组印发《北京 2022 年冬奥会和冬残奥会交通领域新冠肺炎疫情防控工作指南（第一版，试行）》。12 月 2 日，印发指南第二版。

24 日，李小鹏出席国务院新闻办公室新闻发布会，介绍交通运输服务全面建成小康社会有关情况。马军胜、刘振芳和民航局董志毅一同出席并回答记者提问。

24 日，交通运输部召开“护佑生命 70 载 建功碧海新时代”救捞系统创建 70 周年新闻发布会。70 年来，交通运输部直属救捞系统共救助遇险人员 82418 名（其中外籍人员 12650 名），救助遇险船舶 5409 艘（其中外籍船舶 954 艘），打捞沉船 1826 艘（其中外籍船舶 99 艘）。

25 日，交通运输部、科技部联合印发《关于科技创新驱动加快建设交通强国的意见》。

26 日，交通运输部部长李小鹏视频会见卢森堡副首相兼国防、交通和公共工程大臣弗朗索瓦·鲍什。

26 日，交通运输部部长李小鹏视频会见沙特交通和物流服务大臣萨利赫·本·纳赛尔·埃勒贾希尔。

27 日，李小鹏主持召开交通运输部党组党史学习教育第二次工作交流推进电视电话会。党史学习教育中央第二十一指导组有关同志到会指导。

30 日，交通运输部印发《交通运输领域新型基础设施建设行动方案（2021—2025 年）》。

30 日，国道 316 线陕西宝鸡市凤县境内酒奠梁在建隧道留凤关出口方向施工作业中发生塌方，10 人被困。9 月 1 日，10 名被困人员全部获救。

9 月

1 日，交通运输部印发《公路养护作业单位资质管理办法》（中华人民共和国交通运输部令 2021 年第 22 号），自 2022 年 1 月 1 日起施行。

1 日，交通运输部印发《关于修改〈水上交通事故统计办法〉的决定》（中华人民共和国交通运输部令 2021 年第 23 号），《关于修改〈中华人民共和国水上水下作业和活动通航安全管理规定〉的决定》（中华人民共和国交通运输部令 2021 年第 24 号），《关于修改〈船舶引航管理规定〉的决定》（中华人民共和国交通运输部令 2021 年第 25 号），《关于修改〈中华人民共和国海事行政许可条件规定〉的决定》（中华人民共和国交通运输部令 2021 年第 26 号），《中华人民共和国海上海事行政处罚规定》（中华人民共和国交通运输部令 2021 年第 27 号），自印发之日起施行。

2 日，交通运输部部长李小鹏视频会见斯洛伐克交通和建设部部长安德烈·多莱扎尔。

2 日，交通运输部部长李小鹏视频会见利比里亚交通部部长塞缪尔·A·弗卢。

3 日，交通运输部部长李小鹏视频会见安哥拉交通部部长里卡多·德阿布雷乌。

3 日，交通运输部印发《关于修改〈中华人民共和国海上船舶污染事故调查处理规定〉的决定》（中华人民共和国交通运输部令 2021 年第 28 号），《关于修改〈危险货物水路运输从业人员考核和从业资格管理规定〉的决定》（中华人民共和国交通运输部令 2021 年第 29 号），自印发之日起施行。

4 日，一辆重型半挂货车在国道 229 线黑龙江省七台河市境内追尾碰撞一辆四轮拖拉机，造成15人死亡、1人受伤。

6日，交通运输部印发《关于修改〈民用航空行政处罚实施办法〉的决定》（中华人民共和国交通运输部令2021年第30号），自印发之日起施行。

7日，交通运输部部长李小鹏视频会见哥斯达黎加公共工程和交通部部长鲁道夫·门德斯·马塔。

7日，李小鹏主持召开部务会暨交通运输执法领域突出问题专项整治行动领导小组会议，传达学习中央有关精神，听取关于交通运输执法领域突出问题查纠整改工作情况的汇报。

9日，交通运输部部长李小鹏视频会见哥伦比亚交通部部长安赫拉·玛利亚·奥罗斯科·戈麦斯。

9日，交通运输部党组召开第八轮巡视工作动员部署会，深入学习贯彻习近平总书记关于巡视工作重要论述精神，落实中央巡视工作会议要求，对部党组第八轮巡视作出安排。李小鹏出席会议并讲话，邹天敬、王志清参加。

9日，交通运输部部长李小鹏视频会见阿塞拜疆交通通信与高科技部部长拉沙德·纳比耶夫。

9日，交通运输部部长李小鹏视频会见孟加拉国航运部国务部长卡利德·乔杜里。

10日，交通运输部公布2020年度公路建设市场全国综合信用评价结果。

13日，李小鹏到部综合应急指挥中心指导做好台风“灿都”防御工作，赵冲久参加。

13日，交通运输部部长李小鹏同匈牙利创新和技术部部长鲍尔科维奇·拉斯诺通电话。

13日，交通运输部印发《关于修改〈港口和船舶岸电管理办法〉的决定》（中华人民共和国交通运输部令2021年第31号），自印发之日起施行。

13日，中国海上搜救中心、河北省海上搜救中心在河北曹妃甸海域成功举办“2021年国家海上搜救无脚本实战演练”。

13—14日，根据交通运输部党组关于巡视工作的统一部署，部党组三个巡视组陆续进驻长江航务管理局等8家被巡视单位，并以现场和视频方式召开巡视进驻动员会，部党组第八轮巡视工作全面展开。

15日，交通运输部部长李小鹏与斯洛文尼亚基础设施部部长耶尔奈伊·弗尔托维茨通电话。

15日，李小鹏主持召开第二届联合国全球可持续交通大会组委会办公室第四次会议，戴东昌参加。

17日，湖北省棋盘洲长江公路大桥正式通车，大桥主桥采用主跨1038米双塔单跨钢箱梁悬索桥。

21日，交通运输部印发《水运“十四五”发展规划》。

23日，交通运输部部长李小鹏视频会见文莱交通和通讯部部长阿卜杜勒·穆塔里布·尤索夫。

23日，交通运输部部长李小鹏视频会见吉布提基础设施与装备部部长哈桑·胡迈德·易卜拉欣。

24日，交通运输部安委会2021年第四次全体会议暨交通运输安全生产视频会议召开。李小鹏出席会议并讲话，赵冲久主持，汪洋参加。

24日，交通运输部部长李小鹏视频会见马来西亚交通部部长魏家祥。

26日，国务院新闻办公室就加快推动交通运输领域新型基础设施建设情况举行新闻发布会。

29日，交通运输部部长李小鹏视频会见芬兰交通通讯部部长蒂莫·哈拉卡。

29日，交通运输部部长李小鹏视频会见希腊海运与岛屿政策部部长扬尼斯·普拉基奥塔基斯。

29日，交通运输部部长李小鹏视频会见土耳其交通和基础设施部部长阿迪尔·卡拉伊斯马伊尔奥鲁。

29日，交通运输部部长李小鹏视频会见拉脱维亚交通部部长塔利斯·林凯茨。

29日，交通运输部、外交部、国家卫生健康委、海关总署、国家移民管理局联合印发《关于进一步加强国际转国内航线船舶疫情防控工作的通知》。

30日，“第二届联合国全球可持续交通大会交通运输风险防控应急演练”在交通运输部综合应急指挥中心开展。

10月

1日，交通运输部成立碳达峰碳中和工作领导小组，李小鹏任组长。

1—7日，全国铁路、公路、水路、民航累计共发送旅客4.03亿人次，日均5754万人次，比2019年同期日均下降33.9%，比2020年同期日均下降7.5%。

国庆节假期期间，李小鹏等部领导在部带班值守，听取假期行业总体运行情况汇报，向节日期间坚守岗位的行业广大干部职工表示慰问。

1—10日，李小鹏每天调度第二届联合国全球可持续交通大会筹办工作。11—13日，李小鹏每天2次调度第二届联合国全球可持续交通大会筹办工作。14—16日，李小鹏每天3次调度第二届联合国全球可持续交通大会有关工作。

4日，交通运输部印发《关于做好今冬明春煤炭、LNG水路运输保障工作的通知》。

7日，交通运输部部长李小鹏视频会见国际海事组织秘书长林基泽，双方就海运领域共同关心的问题交换了意见。期间，双方共同签署了《中华人民共和国交通运输部与国际海事组织关于落实〈通过“21世纪海上丝绸之路”倡议推动国际海事组织文件有效实施的合作意向书〉加强海事合作的行动计划（2022—2023年）》。

9日，中共交通运输部党组印发《贯彻落实〈中共中央 国务院关于新时代加强和改进思想政治工作的意见〉的实施意见》。

9日，科技部批准建设北京大杜社公路材料腐蚀与工程安全、青海花石峡冻土公路工程安全、广东港珠澳大桥材料腐蚀与工程安全三个国家野外科学观测研究站。这是国家首次在交通运输领域布局建设国家野外科学观测研究站。

11日，一辆载有51人的通勤班车在河北省平山县钢城路王母桥发生侧翻落水。经各方力量全力救助，37人获救，14人死亡。

12日，交通运输部部长李小鹏视频会见南非交通部部长菲基莱·姆巴卢拉。

12日，第二届联合国全球可持续交通大会开幕新闻发布会在北京召开。大会秘书长、联合国副秘书长刘振民表示，大会将为改进交通运输系统指明方向，在助力环境保护的同时，开创新的经济机遇，改善人们的健康与福祉。

13日，经国务院同意，交通运输部会同中央网信办、国家发展改革委等16部门建立推动道路货运行业高质量发展部际联席会议。杨传堂、李小鹏任召集人。

14日晚，国家主席习近平以视频方式出席第二届联合国全球可持续交通大会开幕式并发表题为《与世界相交 与时代相通 在可持续发展道路上阔步前行》的主旨讲话。联合国秘书长古特雷斯和俄罗斯总统普京、土库曼斯坦总统别尔德穆哈梅多夫、埃塞俄比亚总统萨赫勒·沃克、巴拿马总统科尔蒂索、荷兰首相吕特等5位外国元首、政府首脑以视频形式出席开幕式并致辞，全球171个国家派代表参加，开幕式由交通运输部部长李小鹏主持。

15日，第二届联合国全球可持续交通大会第二次全体会议、部长论坛在北京举行。论坛联合主席、中国交通运输部部长李小鹏，联合国副秘书长刘振民担任第二次全体会议和部长论坛联合主席。部长论坛主题为“可持续交通与消除贫困和经济复苏”，白俄罗斯、希腊等22国交通部长围绕主题分享了本国的实践与经验。

15 日，交通运输部公布对 28 家公路建设从业企业弄虚作假失信行为的处理意见。

16 日，第二届联合国全球可持续交通大会第三次全体会议在北京召开。交通运输部部长李小鹏、联合国副秘书长刘振民担任会议联合主席。

16 日，第二届联合国全球可持续交通大会在北京落下帷幕，此次大会的成果文件《北京宣言》当日通过大会官网发布。

17 日，交通运输部部长李小鹏会见联合国副秘书长刘振民一行。

17 日，以“智慧零碳”为特色的自动化集装箱码头——天津港北疆港区 C 段智能化码头建成投运。2021 年，我国已有深圳妈湾、日照石臼、天津北疆 3 座自动化集装箱码头建成投运，已建和在建自动化集装箱码头规模均居世界首位。

18 日，交通运输部党校（管理干部学院）举行 2021 年秋季学期开班式，李小鹏出席开班式并讲话。

18 日，交通运输部召开全国交通运输系统学习贯彻习近平总书记在第二届联合国全球可持续交通大会开幕式上主旨讲话精神电视电话会议。李小鹏主持会议并讲话，马军胜、邹天敬、戴东昌、赵冲久、刘振芳、王志清、汪洋参加。

18 日，交通运输部、公安部、人力资源和社会保障部、全国总工会等 16 部门联合印发《关于加强货车司机权益保障工作的意见》。

18 日，北京冬奥会交通工作协调小组印发《关于做好北京 2022 年冬奥会和冬残奥会测试赛期间交通保障工作的通知》。

20 日，李小鹏视频出席首届“世界航商大会”并致辞。

20 日，交通运输部办公厅印发《关于做好船舶碰撞桥梁隐患治理三年行动集中整治阶段有关工作的通知》。

21—22 日，全国推动“四好农村路”高质量发展现场会在河南省兰考县召开，李小鹏、河南省省长王凯出席会议并讲话，戴东昌主持。其间，李小鹏与河南省委书记楼阳生、省长王凯就推动河南交通运输改革发展稳定工作交换了意见。

22 日，交通运输部、河北省人民政府联合印发《支撑雄安新区交通运输高质量发展标准体系》。

23 日，我国首艘万吨级海事巡逻船“海巡 09”轮在广州南沙列编，标志着我国目前吨位最大、装备先进、综合能力强，具有世界领先水平的公务执法船正式投入使用。

25 日，国家主席习近平视频会见联合国秘书长古特雷斯时表示：中国同联合国成功举办《生物多样性公约》第十五次缔约方大会和第二届全球可持续交通大会，为人类可持续发展凝聚了新共识。（《人民日报》2021 年 10 月 26 日 01 版）

25 日，交通运输部印发《数字交通“十四五”发展规划》。

26 日，中国海上搜救中心会同中国船东协会、中远海运特运公司联合举办反海盗船岸联合演练。

27 日，中央组织部、中央宣传部、人力资源和社会保障部、科技部印发《关于表彰第六届全国杰出专业技术人才和专业技术人才先进集体的决定》，首都机场集团有限公司姚亚波、交通运输部上海打捞局大深度饱和潜水系列技术研发团队分别被授予“全国杰出专业技术人才”“全国专业技术人才先进集体”称号。

27 日，交通运输部印发《关于加强海事队伍革命化正规化专业化职业化建设的意见》。

27 日，交通运输部印发《港口危险货物重大危险源监督管理办法》。

27 日，交通运输部印发《关于公布第二批城乡交通运输一体化示范创建县的通知》。

27—29 日，李小鹏到四川省成都市、阿坝藏族羌族自治州小金县等地，就部定点帮扶工作开展调研。调研期间，李小鹏与四川省委书记彭清华就推进交通强国建设试点、服务国家区域发展战略等交换了意见。王志清到四川省阿坝藏族羌族自治州、甘孜藏族自治州等地调研。

28日，交通运输部办公厅印发《交通运输“十四五”立法规划》。

28日，交通运输部、国家标准化管理委员会、国家铁路局、中国民用航空局、国家邮政局联合印发《交通运输标准化“十四五”发展规划》。

11月

1日，交通运输部印发《公路“十四五”发展规划》。

3日，交通运输部办公厅、中国人民银行办公厅、银保监会办公厅联合印发《关于进一步做好货车ETC发行服务有关工作的通知》。

3—4日，李小鹏在上海港调研煤炭、LNG等能源物资和粮食运输保障情况，要求统筹做好疫情防控和运输保障各项工作，为国际物流供应链稳定畅通提供有力交通运输服务保障。调研期间，李小鹏与中共中央政治局委员、上海市委书记李强，市长龚正就共同推动上海交通运输改革发展稳定工作交换了意见。

4日，国家主席习近平向上海市人民政府与交通运输部共同举办的2021北外滩国际航运论坛致贺信。国务院副总理刘鹤在论坛开幕式上通过视频宣读贺信。上海市委书记李强、交通运输部部长李小鹏出席论坛开幕式并致辞，上海市市长龚正主持开幕式，交通运输部副部长赵冲久发表主旨演讲。（《人民日报》2021年11月05日第01版）

5日，交通运输部、国家铁路局、中国民用航空局、国家邮政局、中国国家铁路集团有限公司联合印发《现代综合交通枢纽体系“十四五”发展规划》。

5日，财政部、交通运输部联合印发《政府还贷二级公路取消收费后补助资金管理暂行办法》。

6日，海外首条集设计、施工、装备、人员、培训、联调试运行、工程监理和运营咨询全过程“中国标准”城市轻轨项目——越南河内轻轨，正式开通运营。

10日，交通运输部印发《关于开展公路水运工程建设领域2022年春节前根治欠薪专项行动的通知》。

11日，交通运输部办公厅印发《关于深入开展ETC服务提升工作的通知》。

15日，一辆重型自卸货车与一辆小客车在安徽省马鞍山市博望区秦岭大道新合西路交叉口处发生碰撞，造成10人死亡。

16日，交通运输部、国家发展改革委联合印发《关于加强国家公路省际瓶颈路段建设的通知》。

19日，交通运输部印发《关于修改〈铁路运输基础设备生产企业审批办法〉的决定》（中华人民共和国交通运输部令2021年第32号）、《关于修改〈违反《铁路安全管理条例》行政处罚实施办法〉的决定》（中华人民共和国交通运输部令2021年第33号），自印发之日起施行。

19日，交通运输部印发《关于加强“十四五”期全国航道养护与管理工作的意见》。

19日，第二届联合国全球可持续交通大会组委会办公室第五次会议以书面形式召开。

21日，王志清不再担任交通运输部副部长。

22日，交通运输部召开部系统学习宣传贯彻落实党的十九届六中全会精神动员部署视频会。李小鹏出席会议并讲话，邹天敬主持，戴东昌、赵冲久、汪洋参加。

24日，第二十一届东北亚港湾局长会议在北京以线上会议形式召开，中日韩三国港口管理部门以“保障东北亚海运物流供应链稳定畅通”为主题，通报和交流了港口发展最新情况、抗击疫情以及保障国际物流供应链稳定畅通的情况和做法。

25日，国务院总理李克强通过视频方式出席上海合作组织成员国政府首脑（总理）理事会第二十次会议。李小鹏参加。

25日，交通运输部、生态环境部联合印发《关于进一步明确港口总体规划调整适用情形和相应环境影响评价工作要求的通知》。

26日，李小鹏主持召开部党组学习贯彻党的十九届六中全会精神集体学习班第五次集体学习暨交通运输工作视频座谈会，邹天敬、赵冲久参加。

26日，京哈国家高速公路辽宁省绥中（冀辽界）至盘锦段改扩建工程初步设计获批，这是全国首条全线采用超宽十车道断面实施改扩建项目。

29日，李小鹏主持召开部党组党史学习教育领导小组第四次会议暨部党建工作领导小组、党风廉政建设和反腐败工作领导小组第三次会议，邹天敬、汪洋参加。

30日，国务院总理李克强同俄罗斯总理米哈伊尔·米舒斯京通过视频方式共同主持中俄总理第二十六次定期会晤。李小鹏参加。

30日，交通运输部召开交通运输执法领域突出问题专项整治行动总结电视电话会，研究部署深化和巩固行动成果、推动交通运输行政执法队伍建设实现常治长效工作。李小鹏出席会议并讲话，邹天敬、赵冲久、汪洋参加，戴东昌主持。

30日，交通运输部、公安部、国家市场监督管理总局联合印发《关于充分利用信息化手段 切实加强道路旅客运输非法违规运营精准协同治理工作的通知》。

30日，交通运输部、中央宣传部、中央网信办、国家发展改革委、公安部、人力资源和社会保障部、国家市场监督管理总局、中华全国总工会等8部门联合印发《关于加强交通运输新业态从业人员权益保障工作的意见》。

30日，交通运输部印发《关于调整港口深水岸线标准的公告》和《关于加强港口岸线管理工作的通知》。

12月

2日，李小鹏主持召开部分交通运输企业座谈会，邹天敬、戴东昌、赵冲久参加。

2日，交通运输部印发《关于开展境外国际集装箱班轮公司非五星旗国际航行船舶沿海捎带业务试点的公告》，在上海自贸区临港新片区开展外籍国际航行船舶沿海捎带试点。

3日，中共中央总书记、国家主席习近平同老挝人民革命党中央总书记、国家主席通伦举行视频会晤，并通过视频连线共同出席中老铁路通车仪式。李小鹏参加。（《人民日报》2021年12月04日01版）

6日，李小鹏主持召开专家学者座谈会，邹天敬、戴东昌、赵冲久参加。

6日，交通运输部召开部系统学习贯彻党的十九届六中全会精神专题宣讲电视电话会议，李小鹏作专题宣讲报告，邹天敬主持，戴东昌、赵冲久、汪洋参加。党史学习教育中央第二十一指导组有关同志到会指导。

7日，交通运输部举行国家工作人员宪法宣誓仪式。李小鹏监誓并讲话，戴东昌主持仪式。

8日，交通运输部办公厅印发《交通运输部门计量检定规程管理办法》。

9日，国务院印发《“十四五”现代综合交通运输体系发展规划》。

10日，交通运输部召开部系统学习贯彻党的十九届六中全会精神中央宣讲团专题宣讲电视电话会。中央宣讲团成员、原中央党史研究室主任欧阳淞作宣讲报告，李小鹏主持并讲话，邹天敬、戴东昌参加。

10日，交通运输部、生态环境部、商务部、国家市场监督管理总局联合印发《关于深化汽车维修数据综合应用有关工作的通知》。

12日，散货船“天丰369”轮在烟台港东北28海里处发生自沉，造成9人死亡、2人失踪。

14日，交通运输部部长李小鹏以通讯方式与荷兰基础设施与水利大臣芭芭拉·维瑟共同签署《中华人民共和国交通运输部与荷兰王国基础设施与水利部合作谅解备忘录》。

14日，中国民用航空局、国家发展改革委、交通运输部联合印发《“十四五”民用航空发展规划》。

16日，李小鹏先后到河北省张家口市和北京市延庆区，调研北京冬奥会交通运输服务保障工作并主持召开座谈会，汪洋参加。

16日，交通运输部办公厅、财政部办公厅联合印发《关于进一步加强农村公路技术状况检测评定工作的通知》。

18日，国家邮政局、国家发展改革委、交通运输部联合印发《“十四五”邮政业发展规划》。

18日，水利部交通运输部国家能源局南京水利科学研究院正高级工程师胡亚安当选为中国工程院院士。

19日，交通运输部印发《交通运输支持浙江高质量发展建设共同富裕示范区的实施意见》。

20日，李小鹏主持召开交通运输部党组党史学习教育领导小组第五次会议。

20日，交通运输部主管的公路与桥梁高效养护及安全耐久、港口水工建筑技术和交通安全应急信息技术3家国家工程研究中心纳入新的国家工程研究中心序列管理。

22日，交通运输部办公厅、国家卫生健康委办公厅联合印发《交通医疗急救箱配置标准指导目录（试行）》。

23日，2022年全国交通运输工作会议在交通运输部召开。会议采用电视电话形式，传达学习了中共中央政治局委员、国务院副总理刘鹤批示精神，深刻把握当好中国现代化的开路先锋的历史使命，总结2021年交通运输工作，分析形势，部署2022年工作。李小鹏出席会议并讲话，冯正霖、马军胜、邹天敬、戴东昌、刘振芳、汪洋参加。

23日，交通运输部、国家发展改革委印发《关于修改〈港口岸线使用审批管理办法〉的决定》（中华人民共和国交通运输部、国家发展改革委令2021年第34号），自印发之日起施行。

23日，交通运输部印发《关于修改〈铁路建设工程质量监督管理规定〉的决定》（中华人民共和国交通运输部令2021年第35号），自印发之日起施行。

23日，交通运输部通报2021年度全国交通技术能手评选结果，授予中国中铁大桥局集团第二工程有限公司蒋华等245名同志“全国交通技术能手”称号。

23日，交通运输部办公厅印发《公路水路行业产品质量监督抽查实施规范管理办法》。

24日，交通运输部、国家铁路局、中国民用航空局、国家邮政局联合印发《西部陆海新通道“十四五”综合交通运输体系建设方案》。

24日，交通运输部办公厅印发《关于开展打造国内水路旅游客运精品航线试点工作的通知》。

25日，国务院办公厅印发《推进多式联运发展优化调整运输结构工作方案（2021—2025年）》。

27日，李小鹏主持召开交通运输部党组党史学习教育领导小组第六次会议，传达学习习近平总书记关于党史学习教育的重要指示精神，传达学习党史学习教育总结会议精神，审议有关申请，研究部署下一步工作。汪洋参加。

27日，李小鹏出席2022年国家铁路局工作会议。

28日，交通运输部召开警示教育电视电话会议。李小鹏出席会议并讲话，邹天敬主持，赵冲久参加。

28日，交通运输部召开全国交通运输法治政府部门建设工作电视电话会，总结近年来法治政府部门建设取得的成效，分析面临的新形势新要求，部署下一步工作任务。李小鹏出席会议并讲话，邹天敬主持，赵冲久参加。

29—30日，根据交通运输部党组巡视工作安排，部党组三个巡视组分别向长江航务管理局等8家被巡视单位党组织反馈巡视情况。

30日，交通运输部党组党史学习教育6个巡回指导组对部系统81家单位启动第二轮全覆盖督导。

30 日，交通运输部党组印发《关于报送中共交通运输部党组党史学习教育总结的报告》，党史学习教育领导小组印发《中共交通运输部党组党史学习教育领导小组关于认真做好党史学习教育总结工作的通知》。

31 日，交通运输部规章库上线运行，按国务院办公厅部署要求，向社会提供了格式统一、内容完整、权威规范的现行有效规章文本。

2021 年国家铁路局大事记

1 月

5 日，国家铁路局党组书记、局长刘振芳陪同交通运输部部长李小鹏到北京站调研春运疫情防控工作，安全总监白晓春参加调研。

6 日，印发《国家铁路局关于印发〈铁路运输企业准入许可实施细则〉的通知》（国铁运输监规〔2021〕2 号）。

8 日，国家发展改革委、交通运输部、公安部、国家铁路局等 11 部门联合印发《关于做好 2021 年春运工作和加强春运疫情防控的意见》（发改运行〔2021〕35 号）。

18 日，印发《国家铁路局关于做好 2021 年春运疫情防控和监督检查工作的指导意见》（国铁运输监函〔2021〕9 号）。

21 日，国家铁路局采用网络视频方式组织召开《标准轨距铁路限界 第 1 部分：机车车辆限界》（GB 146.1-2020）和《标准轨距铁路限界　第 2 部分：建筑限界》（GB 146.2-2020）两项强制性铁道国家标准宣贯会，对铁路运营、勘察设计及施工单位，科研院所、地方铁路协会及相关检验检测机构等 68 家单位 912 名人员进行了培训。

22 日，国家铁路局召开 2021 年铁路工程监管工作视频会议，总结分析 2020 年铁路工程监管工作，研究部署 2021 年重点工作任务。党组成员、副局长郑宏波出席会议并讲话。

22 日，印发《国家铁路局贯彻落实〈法治中国建设规划（2020—2025 年）〉〈法治社会建设实施纲要（2020—2025 年）〉工作方案》（国铁科法函〔2021〕17 号）。

22 日，印发《国家铁路局关于做好 2021 年铁路安全监督管理工作的意见》（国铁安监〔2021〕1 号）。

22 日，印发《国家铁路局关于在铁路工程建设领域推动落实农民工工资支付保障措施的通知》（国铁工程监函〔2021〕16 号）。

25 日，国家铁路局召开 2021 年安全监察工作电视电话会议，总结分析 2020 年铁路安全监察和行政执法工作，研究部署 2021 年安全监管重点工作。党组成员、副局长吴德金出席会议并讲话，安全总监白晓春参加会议。

26 日，国务院同意建立铁路沿线安全环境治理部际联席会议制度。联席会议由交通运输部、中央政法委、公安部、国家铁路局、中国国家铁路集团有限公司等 12 个部门和单位组成，日常工作由国家铁路局承担。

27 日，国家铁路局党组书记、局长刘振芳陪同国务院副总理刘鹤到北京朝阳站检查春运工作，安全总监白晓春参加检查。

27 日—2 月 3 日，国家铁路局党组成员带队，分别赴沈阳、上海等地区铁路监督管理局辖区，开展春运监督检查工作。

27 日，印发《国家铁路局关于印发 2021 年铁路危险货物运输安全监督管理工作要点的通知》（国铁运输监函〔2021〕21 号）。

28 日，印发《国家铁路局行政许可实施程序规定》（国铁科法〔2021〕5 号）。

2月

1日，国家铁路局党组书记、局长刘振芳到北京南站监督检查春运疫情防控和运输组织工作，安全总监白晓春参加检查。

5日，印发《国家铁路局关于印发〈2021年铁路运输监管工作要点〉的通知》（国铁运输监函〔2021〕27号）。

8日，国家铁路局召开2021年党风廉政建设工作电视电话会议。党组书记、局长刘振芳传达学习习近平总书记在十九届中央纪委五次全会上的重要讲话精神和十九届中央纪委五次全会精神，回顾总结2020年国家铁路局全面从严治党、党风廉政建设和反腐败工作，部署2021年重点任务。中央纪委国家监委驻交通运输部纪检监察组组长、交通运输部党组成员宋福龙出席会议并讲话。党组成员、副局长安路生主持会议，党组成员、副局长刘克强、吴德金、郑宏波，总工程师严贺祥、安全总监白晓春参加会议。

11日，国家铁路局党组书记、局长刘振芳到北京西站监督检查春运疫情防控和运输组织工作。

22—26日，国家铁路局党组成员带队，分别赴广州、成都等地区铁路监督管理局辖区开展节后春运监督检查工作。

22日，国家铁路局党组成员、副局长安路生主持召开巴基斯坦1号铁路干线升级改造项目专项工作组专题会议，研究项目融资方案和工作安排。外交部、国家发展改革委、交通运输部、中国进出口银行、中国中铁股份有限公司等部门和单位代表参加会议。

23日，全国铁路沿线安全环境治理部际联席会议第一次全体会议和治理推进电视电话会议在北京召开。会议深入学习习近平总书记关于铁路安全的重要指示精神，认真落实党中央国务院关于铁路沿线安全环境治理部署要求，统筹协调、共抓共治，合力推进我国铁路实现更高水平的安全发展。国家铁路局党组书记、局长刘振芳，党组成员、副局长吴德金参加会议。

3月

2日，国家铁路局召开2021年铁路设备监管工作电视电话会议，总结2020年铁路设备监管工作，分析形势，部署2021年工作任务。党组成员、副局长郑宏波出席会议并讲话。

4日，国家铁路局党组召开党史学习教育动员部署会。党组书记、局长刘振芳传达学习习近平总书记重要讲话和中央党史学习教育动员大会精神，对国家铁路局开展党史学习教育进行动员部署。党组成员、副局长安路生主持会议，党组成员、副局长刘克强、郑宏波，总工程师严贺祥，安全总监白晓春参加会议。

10日，国家铁路局党组书记、局长、推进“一带一路”建设暨外事工作领导小组组长刘振芳主持召开2021年推进“一带一路”建设铁路互联互通暨外事工作领导小组会议，审定2020年局对外合作交流工作情况及2021年工作安排等。党组成员、副局长刘克强、安路生、郑宏波，总工程师严贺祥、安全总监白晓春参加会议。

16日，国家铁路局召开2021年综合工作会议，总结2020年综合工作，部署2021年重点工作任务。党组成员、副局长刘克强出席会议并讲话。

22日，国家铁路局党组召开2021年巡视工作动员部署电视电话会，传达学习习近平总书记关于巡视工作重要论述，总结2020年巡视工作，动员部署2021年巡视工作。局党组书记、局长、局党组巡视工作领导小组组长刘振芳出席会议并讲话，局党组成员、副局长、局党组巡视工作领导小组副组长安路生主持会议，中央纪委国家监委驻交通运输部纪检监察组副组长、局党组巡视工作领导小组副组长胡志彬宣布巡视组组长授权任职和任务安排。

24日，国家铁路局党组书记、局长刘振芳到京张高铁延庆站检查指导2022年北京冬奥会、冬残奥会筹办铁路运输保障工作。安全总监白晓春参加检查。

25—26日，国家铁路局举办党史学习教育专题培训班暨第一期“国铁大讲堂”，特邀中央宣讲团成员、中央政策研究室原副主任李忠杰，中国人民大学马克思主义学院教授、博士生导师何虎生作专题辅导报告。党组书记、局长刘振芳作开班动员讲话，党组成员、副局长安路生主持会议，党组成员、副局长刘克强、吴德金、郑宏波，总工程师严贺祥，安全总监白晓春参加会议。62名司局级干部参加培训。

29日，国家铁路局召开铁路运输监管工作电视电话会议，总结2020年以来的运输监管工作，结合疫情防控分析铁路运输监管面临的形势和任务，部署下一阶段重点工作。安全总监白晓春出席会议并讲话。

30日，国家铁路局总工程师严贺祥与巴基斯坦计划委员会副主席吉罕泽布共同主持召开巴基斯坦1号铁路干线升级改造项目中巴融资工作组第4次视频会议。双方重点围绕影响项目融资的有关问题展开讨论，并就共同制定工作路线图等事宜达成共识。

4月

1—2日，国家铁路局党组成员、副局长郑宏波带队先后赴中国铁建股份有限公司、中国中铁股份有限公司通报2020年铁路工程监管有关情况，就做好2021年铁路工程监管重点工作进行座谈交流，并分别签署相关会谈纪要。

13日，发布《2020年铁道统计公报》。

13日，国家铁路局党组书记、局长、安全生产委员会主任刘振芳主持召开安全生产委员会专题会议，传达学习中央领导同志重要批示精神，落实国务院安全生产委员会安全生产工作部署。党组成员、副局长刘克强、郑宏波参加会议。

14—16日，国家铁路局党组书记、局长刘振芳赴广东省广州市检查调研铁路沿线安全环境治理、地方铁路管理相关问题，听取地方政府和有关企业关于粤港澳大湾区铁路“十四五”规划和铁路运输市场化改革的意见建议。

14日，国家铁路局党组成员、副局长郑宏波赴中国国家铁路集团有限公司通报2020年铁路工程监管情况，就做好2021年铁路工程监管重点工作进行座谈交流，并签署相关会谈纪要。

22日，国家铁路局党组书记、局长刘振芳带队赴中国人民抗日战争纪念馆，开展“追寻红色记忆，传承红色基因”主题党日活动，祭奠抗日英烈，重温入党誓词。党组成员、副局长刘克强、安路生，总工程师严贺祥，安全总监白晓春参加活动。

23日，印发《国家铁路局关于调增铁路工程造价标准编制期综合工费单价的通知》（国铁科法〔2021〕15号），调增铁路工程造价标准编制期综合工费单价，自2021年5月1日起实施。

27日，交通运输部、中华全国总工会印发《交通运输部、中华全国总工会关于公布“2020年感动交通十大年度人物”等名单的通知》（交政研发〔2021〕40号），国家铁路局铁路机车车辆驾驶人员资格考试中心被评为2020年感动交通年度人物。

28日—5月5日，国家铁路局党组成员带队，分别赴中国铁路昆明局、沈阳局集团有限公司等铁路运输企业开展“五一”假期铁路运输安全防范工作督查调研。

5月

7日，印发《国家铁路局贯彻落实巩固拓展脱贫攻坚成果同乡村振兴有效衔接的实施方案》（国铁党发〔2021〕20号）。

7日，印发《国家铁路局关于公布2019～2020年度铁路工程建设部级工法评审结果的通知》（国铁工程监函〔2021〕82号）、《国家铁路局关于公布2019～2020年度铁路优质工程（勘察设计）奖评选结果的通知》（国铁工程监函〔2021〕83号）。

7日，国家铁路局采用互联网网络视频方式，举办《铁路接发列车作业》《铁路调车作业》《铁路车机联控作业》三项行业标准培训班。铁路运输企业、地方铁路协会、地区铁路监督管理局、局相关部门和事业单位近千人参加培训。

10日，印发《国家铁路局2021年铁路工程建设标准编制计划》（国铁科法函〔2021〕84号）和《国家铁路局2021年铁路工程造价标准编制计划》（国铁科法函〔2021〕35号），发布国家铁路局2021年铁路工程建设标准、造价标准编制计划。

12—13日，国家铁路局党组书记、局长刘振芳赴山东省检查调研铁路沿线安全环境治理、城际市域铁路规划建设及运营管理有关情况，听取地方政府和有关企业意见建议。

12日，交通运输部、财政部、国家卫生健康委员会、国家铁路局、中国民用航空局、国家邮政局、中国红十字会总会、中国国家铁路集团有限公司联合印发《关于推广普及交通医疗急救箱伴行计划的指导意见》（交人教〔2021〕45号）。

12日，印发《国家铁路局2021年铁路技术标准项目计划》（国铁科法函〔2021〕89号），2021年计划制修订铁道行业标准和铁路部门计量规程规范24项，翻译技术标准10项。

12日，国家铁路局举办党史学习教育专题辅导报告会暨第二期“国铁大讲堂”，邀请中央党校中共党史教研部主任、教授、博士生导师罗平汉作专题辅导报告。党组成员、副局长安路生主持会议，党组成员、副局长刘克强作交流发言。

14日，印发《国家铁路局定点帮扶榕江县的实施方案》（国铁党发〔2021〕22号）。

17—21日，国家铁路局党组成员分别带队，赴上海、广州铁路监督管理局辖区开展汛期铁路防洪检查。

19日，国家铁路局党组书记、局长、局党组党史学习教育领导小组组长刘振芳主持召开局党组党史学习教育领导小组会议，听取党史学习教育推进工作情况和局机关各部门开展“我为群众办实事”实践活动“七一”前办实事情况，就下一步工作进行部署。党组成员、副局长刘克强、安路生参加会议。

19日，国务院办公厅印发《国务院办公厅转发交通运输部等单位关于加强铁路沿线安全环境治理工作意见的通知》（国办函〔2021〕49号）。

19—21日，国家铁路局组织举办2021年上半年铁路机车车辆驾驶人员资格统一理论考试。

24日，国家铁路局党组书记、局长、局党组巡视工作领导小组组长刘振芳主持召开局党组巡视工作领导小组会议。党组成员、副局长安路生参加会议。

6月

4日，国家铁路局党组书记、局长刘振芳主持召开党组会议，传达学习刘鹤副总理关于“6·4”兰新线铁路交通较大事故批示精神，研究制定具体工作措施。党组成员、副局长刘克强、郑宏波参加会议。事故发生后，安全总监白晓春带队赶赴事故现场，指导现场处置和事故调查工作。

4日，党史学习教育中央第二十一指导组进驻国家铁路局，开展指导工作。第二十一指导组组长王一鸣传达党史学习教育中央指导组培训会议精神，介绍中央第二十一指导组职责职能和工作安排，局党组成员、副局长安路生汇报局党史学习教育进展情况。局党组书记、局长刘振芳作表态发言，局党组成员、副局长刘克强、郑宏波，党史学习教育中央第二十一指导组全体成员参加会议。

4日，国家铁路局举办党史学习教育专题辅导报告会暨第三期“国铁大讲堂”，邀请党史学习教育中央宣讲团成员、中国人民大学中共党史党建研究院执行院长、马克思主义学院教授杨凤城作专题辅导。党组书记、局长刘振芳主持报告会，党组成员、副局长刘克强、安路生、郑宏波，总工程师严贺祥参加报告会。

9—11日，国家铁路局党组成员、副局长郑宏波赴成都、林芝、拉萨检查调研川藏铁路建设和拉林铁路开通运营准备情况。

15日，国家铁路局党组书记、局长刘振芳主持召开全局电视电话会议，传达学习习近平总书记重要指示批示精神，对铁路安全隐患排查整治工作进行部署。党组成员、副局长刘克强、安路生、郑宏波，总工程师严贺祥、安全总监白晓春参加会议。

15—17日，国家铁路局副局长刘克强参加铁路合作组织第49届部长视频会议。

16日—7月16日，国家铁路局认真贯彻落实习近平总书记重要指示和李克强总理批示精神，按照全国安全生产电视电话会议部署，由局领导带队成立6个督导检查组，突出行车安全、人员密集场所安全、危险货物运输存储安全、暑期季节性运输安全、工程建设安全等重点，扎实开展为期1个月的铁路安全隐患集中排查整治督导检查。

16日，国家铁路局会同中国国家铁路集团有限公司，在中国铁路北京局集团有限公司北京西站、北京南站开展“6·16”铁路安全生产宣传咨询日活动，广泛普及铁路安全知识，增强公众安全素质，提高群众爱路护路和法律意识。

18日，国家铁路局党组书记、局长刘振芳到北京高铁工务段检查调研营业线施工、设备质量安全等有关工作。

21日，国家铁路局党组书记、局长、安全生产委员会主任刘振芳主持召开安全生产委员会专题会议，观看《生命重于泰山——学习习近平总书记关于安全生产重要论述》电视专题片，进一步推进安全隐患集中排查整治督导检查。党组成员、副局长刘克强，总工程师严贺祥，安全总监白晓春参加会议。

21—22日，国家铁路局党组成员、副局长安路生赴贵州省榕江县开展定点帮扶工作调研，对接巩固拓展脱贫攻坚成果与乡村振兴有效衔接等工作。

28日，国家铁路局党组书记、局长刘振芳出席庆祝中国共产党成立100周年文艺演出《伟大征程》。

30日，《铁路无线电管理办法》（中华人民共和国工业和信息化部、交通运输部令2021年第56号）颁布，自2021年10月1日起施行。

7月

4日，国家铁路局党组书记、局长刘振芳率队前往中国共产党历史展览馆，参观“‘不忘初心、牢记使命’中国共产党历史展览”。党组成员、副局长刘克强、安路生、郑宏波，总工程师严贺祥，安全总监白晓春参加活动。

6—10日，国家铁路局党组书记、局长刘振芳赴四川省成都市，西藏自治区林芝市、拉萨市，甘肃省兰州市开展汛期铁路安全隐患排查整治监督检查和川藏铁路建设安全质量检查及西部铁路规划调研等工作。

8日，国家铁路局举办党史学习教育专题辅导报告会暨第四期“国铁大讲堂”，邀请中央党校研究室副主任、教授、博士生导师沈传亮围绕党的十八大以来的历史作专题辅导报告。党组成员、副局长安路生主持会议，党组成员、副局长郑宏波参加会议。

15日，国家铁路局党组书记、局长刘振芳以《以习近平总书记“七一”重要讲话为指引 从百年党史中汲取智慧和力量 努力锻造忠实践行习近平新时代中国特色社会主义思想的坚强领导班子》为题，为全局党员干部讲授党史学习教育专题党课。党组成员、副局长刘克强、安路生、郑宏波参加学习，党史学习教育中央第二十一指导组成员到会指导。

16 日，中央纪委国家监委驻交通运输部纪检监察组组长邹天敬到国家铁路局开展调研。局党组书记、局长刘振芳介绍有关情况，中央纪委国家监委驻交通运输部纪检监察组副组长胡志彬，局党组成员、副局长刘克强、安路生、郑宏波，总工程师严贺祥，安全总监白晓春参加调研座谈会。

22 日，国家铁路局党组书记、局长刘振芳添乘检查京哈线暑期运输通道铁路设备设施、防洪防汛安全和北京站、北戴河站旅客运输组织、疫情防控工作等情况。

22 日，国家铁路局党组成员、副局长吴德金赴中国铁路北京局集团有限公司检查汛期安全工作。

22 日，国家铁路局党组成员、副局长郑宏波赴中国国家铁路集团有限公司建设管理部、调度指挥中心检查指导防汛救灾工作。

29 日，国家铁路局召开安全生产委员会联络员会议，传达学习习近平总书记关于安全生产和防汛救灾的重要指示批示精神，通报 2021 年上半年全国铁路安全情况，分析铁路安全面临的形势，沟通交流铁路交通事故整改追责等工作情况，研究提出加强 2021 年下半年铁路安全工作的措施。安全总监白晓春主持会议，党组成员、副局长吴德金出席会议并讲话。

30 日，印发《国家铁路局关于印发〈铁路标准体系建设方案〉的通知》（国铁科法函〔2021〕143 号），发布《铁路标准体系建设方案》。

8 月

2 日，国家铁路局党组成员、副局长、乡村振兴工作领导小组常务副组长安路生主持召开乡村振兴专题工作会议，听取国家铁路局乡村振兴工作推进情况，研究部署下一步主要工作任务。

4 日，国际标准化组织（ISO）正式发布实施我国主持的首项 ISO 铁路国际标准《铁路基础设施钢轨焊接 第 1 部分：钢轨焊接的通用要求和试验方法》（ISO 23300-1:2021）。

8 日，印发《国家铁路局新时代对口支援永丰县实施方案》（国铁党发〔2021〕29 号）。

9 日，印发《国家铁路局巡视执纪审查人才库管理办法（试行）》（国铁党发〔2021〕30 号）。

9 日，国家铁路局印发《关于开展在建铁路站房安全风险隐患排查专项整治行动的通知》（国铁综工程监函〔2021〕213 号）。

18 日，国家铁路局党组成员、副局长刘克强参加上海合作组织成员国铁路部门（铁路）负责人第三次视频会晤。

25 日，国家铁路局党组书记、局长刘振芳主持召开国家铁路局学习贯彻习近平总书记“七一”重要讲话精神专题辅导讲座，邀请党史学习教育中央宣讲团成员、中央党史和文献研究院院长曲青山作专题辅导报告。党组书记、局长刘振芳，党组成员、副局长安路生、吴德金作交流发言。党组成员、副局长刘克强、郑宏波参加会议。

25 日，印发《铁路进口冷链食品运输新冠病毒防控和消毒技术指南（第二版）》（国铁运输监〔2021〕25 号）。

27 日，人力资源和社会保障部、住房和城乡建设部、交通运输部、水利部、银保监会、国家铁路局、民航局等 7 部门联合印发《工程建设领域农民工工资保证金规定》（人社部发〔2021〕65 号），切实发挥工资保证金在解决拖欠农民工工资问题中的重要作用，依法保护农民工工资权益。

9 月

1 日，国际铁路联盟（UIC）发布实施我国主持制定的 UIC 标准《机车车辆通过台橡胶风挡供货技术条件》（IRS 80845:2021）。

2 日，国家铁路局党组书记、局长刘振芳出席 2021 年中国国际服务贸易交易会全球服务贸易峰会。

7日，国家铁路局以视频形式，组织召开《市域（郊）铁路设计规范》《邻近铁路营业线施工安全监测技术规程》2项工程建设标准宣贯会，对15个省、自治区、直辖市发展改革委和交通运输厅，18个铁路局集团公司，61个铁路勘察、设计、施工、运营等94家单位2400余名技术和管理人员进行培训。

9日，国家铁路局党组成员、副局长吴德金在浙江省杭州市出席铁路沿线安全环境治理部际联席会议办公室现场工作会议。

17日，国家铁路局召开2021年警示教育会，党组书记、局长刘振芳出席会议并讲话，党组成员、副局长安路生主持会议并通报中央和国家机关部分典型案例以及交通运输系统和国家铁路局党员干部违纪违法案例。党组成员、副局长刘克强、吴德金，安全总监白晓春参加会议。

21日—10月8日，国家铁路局党组成员分别带队，赴上海、武汉等地区铁路监督管理局辖区开展国庆期间旅客运输安全和疫情防控工作监督检查。

28日，国际标准化组织（ISO）发布实施我国主持制定的ISO铁路国际标准《铁路应用 悬挂部件 第1部分：橡胶弹性元件性能和试验方法》（ISO 22749-1:2021）。

30日，修订印发《铁路营业线施工安全管理办法》，进一步规范营业线施工安全管理基本原则、方案计划管理、施工组织实施等，明确安全管理责任和监督管理要求。该《办法》于12月1日起施行。

10月

11日，印发《铁路法治宣传教育第八个五年规划（2021—2025年）》（国铁科法函〔2021〕32号）。

14日，国家铁路局党组书记、局长刘振芳出席第二届联合国全球可持续交通大会开幕式。

15日，国家铁路局党组书记、局长刘振芳参观第二届联合国全球可持续交通大会展陈，出席第二届联合国全球可持续交通大会“可持续交通与互联互通”主题会议并致辞。

16日，国家铁路局党组书记、局长刘振芳出席第二届联合国全球可持续交通大会闭幕式。

19日，印发《国家铁路局关于煤炭等重点物资铁路运输保障协调监督工作方案》（国铁运输监函〔2021〕173号）。

21—22日，国家铁路局党组书记、局长刘振芳带队赴贵州省榕江县调研巩固拓展脱贫攻坚成果同乡村振兴有效衔接工作。

26日，国际标准化组织（ISO）发布实施我国主持制定的ISO铁路国际标准《铁路应用 机车车辆车体侧窗》（ISO 22752:2021）。

27—29日，国家铁路局举办2021年下半年铁路机车车辆驾驶人员资格统一理论考试。

29日，印发《国家铁路局综合司关于认真贯彻落实全国新冠肺炎疫情防控工作电视电话会议精神进一步做好铁路运输新冠肺炎疫情防控工作的通知》（国铁综运输监函〔2021〕291号）。

11月

4日，国际标准化组织（ISO）发布实施我国主持制定的ISO铁路国际标准《铁路应用 悬挂部件 第2部分：质量控制和批准程序》（ISO 22749-2:2021）。

4日，印发《国家铁路局关于加强北京2022年冬奥会铁路疫情防控、运输安全保障和服务质量监督检查的通知》（国铁运输监函〔2021〕178号），部署为期100天的监督检查工作。

19日，《交通运输部关于修改〈铁路运输基础设备生产企业审批办法〉的决定》（交通运输部令2021年第32号）颁布实施。

19日，《交通运输部关于修改〈违反《铁路安全管理条例〉行政处罚实施办法〉的决定》（中华人民共和国交通运输部令2021年第33号）公布施行。

19日，国家铁路局印发《关于修订〈铁路建设工程质量安全监督机构和人员考核管理办法〉的通知》（国铁工程监〔2021〕38号）。

22日，国家铁路局修订印发《国家铁路局公平竞争审查制度实施办法》（国铁科法〔2021〕39号）。

22日，国家铁路局党组书记、局长刘振芳主持召开国家铁路局学习贯彻党的十九届六中全会精神动员部署视频会议。党组成员、副局长刘克强、安路生、吴德金，安全总监白晓春参加会议。

30日，国家铁路局党组书记、局长刘振芳与老挝公共工程与运输部长万沙瓦·西潘敦代表两国政府以视频形式签署《中华人民共和国政府和老挝人民民主共和国政府国境铁路协定》。

11月30日，国家铁路局副局长刘克强与韩国国土交通部铁道局局长姜熙业共同主持召开第十四次中韩铁路合作会议。

12月

1—2日，国家铁路局党组成员、副局长吴德金赴云南省昆明市、景洪市开展中老铁路开通前安全检查调研。

2日，国家铁路局党组成员、副局长刘克强参加东亚铁路共同体国际论坛视频会议。

7日，国家铁路局、自然资源部、水利部、应急管理部、中国气象局、中国国家铁路集团有限公司联合印发《关于加强铁路自然灾害监测预警工作的指导意见》（国铁安监〔2021〕42号）。

14日，印发《“十四五”铁路科技创新规划》（国铁科法〔2021〕45号），明确了“十四五”时期我国铁路科技创新工作的指导思想、基本原则、发展目标和重点任务。

15日，国家铁路局党组成员、副局长吴德金陪同交通运输部部长李小鹏调研检查京张高铁及服务冬奥会相关工作准备情况。

16日，国家铁路局在北京召开2021年铁路科技创新工作会议，总结铁路科技创新成就经验，谋划“十四五”铁路科技创新工作。国家铁路局党组书记、局长刘振芳出席会议并讲话，局党组成员、副局长安路生主持会议。铁路相关企业、高校负责同志参加会议。

16日，国际电工委员会（IEC）发布我国主持制定的IEC标准《轨道交通 受流系统 受电弓滑板试验方法》（IEC 62499:2021）。

21日，印发《“十四五”铁路标准化发展规划》（国铁科法〔2021〕47号），明确了“十四五”时期我国铁路行业标准化工作的指导方针、主要目标、重点任务、保障措施。

23日，国家铁路局副局长安路生与尼泊尔基础设施与交通部常秘施雷斯塔以视频会议形式，共同主持召开中尼铁路合作第七次工作会议。

23日，《交通运输部关于修改〈铁路建设工程质量监督管理规定〉的决定》（中华人民共和国交通运输部令2021年第35号）公布施行。

27日，国家铁路局召开工作会议。交通运输部部长李小鹏出席会议并讲话，局党组书记、局长刘振芳作题为《加快建设交通强国 推动铁路高质量发展 努力当好中国现代化的开路先锋》的工作报告。党组成员、副局长刘克强、安路生、吴德金，安全总监白晓春参加会议。

28日，国家铁路局党组书记、局长刘振芳添乘检查京张高铁，调研督查北京冬奥会铁路运输保障工作。

30日，国家铁路局与香港运输及房屋局组织召开广深港高铁安全监管及过境铁路机车车辆驾驶人员资格管理2021年度联席会议（视频会议）。

30日，国家铁路局党组书记、局长、局党组党史学习教育领导小组组长刘振芳主持召开局党组党史学习教育领导小组全体会议，传达学习习近平总书记在中央党史学习教育总结会议上的重要指示精神和中央政治局党史学习教育专题民主生活会精神。党组成员、副局长刘克强、安路生参加会议。

31 日，印发《国家铁路局处置铁路工程建设突发事件应急预案》（国铁工程监〔2021〕52 号）。

2021 年中国民航大事记

1 月

1 日，海航旗下长安航空携手支付宝正式推出空中“离线支付”新功能，打破传统飞行中无网环境的支付方式壁垒。

12—13 日，2021 年全国民航工作会议、全国民航安全工作会议召开。全国政协副主席、交通运输部党组书记杨传堂出席会议并讲话。会议期间，《中国民航发展阶段评估报告》正式发布。

19 日，民航局党组印发《“十三五”时期深化民航改革工作情况的报告》，总结“十三五”时期深化民航改革工作的做法与成效，对“十四五”民航改革工作提出意见和建议。

22 日，民航局印发《关于巩固疫情防控成果支持行业稳定发展有关政策的通知》。

25 日，广东机场集团召开新闻发布会，宣布广州白云国际机场 2020 年旅客吞吐量达 4376.8 万人次，居全球机场第一。

26 日，由国际民航组织（ICAO）主办、亚太地区分办事处承办的“ICAO 在中国”网络技术研讨会在北京召开。中国民航局副局长崔晓峰出席开幕式并致辞，国际民航组织秘书长柳芳、亚太地区办事处代理主任曼吉特分别致辞。本次研讨会专门面向中国召开。

27 日，中共中央政治局委员、国务院副总理刘鹤在北京检查春运工作。先后来到首都机场等地，听取民航等有关单位春运工作情况汇报，实地检查春运保障情况。

27 日，民航局授予飞行学院“飞行训练安全五星奖”。该院成为中国民航唯一两次获该奖项的飞行院校。

29 日，海航集团收到海南省高级人民法院发出的《通知书》，相关债权人申请法院对海航集团破产重整，意味着海航集团整体风险化解按破产重整实质推进。12 月 8 日，海航集团航空主业引战企业的经营管理实际控制权利正式移交战略投资者辽宁方大集团实业有限公司，并由其确保航空安全。

30 日，湖北荆州沙市机场通航。该机场飞行区等级 4C，新建跑道长 2600 米，总投资 12.98 亿元。

2 月

4 日，国务院批复《虹桥国际开放枢纽建设总体方案》。2 月 22 日，国家发展改革委正式印发。

8 日，民航局发布《运输航空公司、机场疫情防控技术指南（第七版）》。9 月 23 日，发布《运输航空公司、机场疫情防控技术指南（第八版）》。

8 日，民航局印发《新冠病毒疫苗航空运输保障专班工作方案》。

9 日，上航旅游集团与上海市无人机产业协会签署合作框架协议。这是“旅游 + 科技”的又一次跨界创新。

10 日，民航局印发《民航旅客中转便利化实施指南》。

20 日，民航局印发《关于“十四五”期间深化民航改革工作的意见》。

20 日，民航局印发《民用无人驾驶航空试验基地（试验区）管理办法》。

23 日，民航局印发《“十四五”平安民航建设工作实施意见》。

25 日，全国脱贫攻坚总结表彰大会在北京人民大会堂举行。大会表彰了全国脱贫攻坚先进个人 1981 名，先进集体 1501 个。新疆局副局长，原“访惠聚”驻村工作队总领队、队长彭诚荣获“全国脱贫攻坚先进个人”荣誉称号。

25 日，民航局召开 2021 年民航系统全面从严治党工作电视电话会议。民航局党组书记、局长冯正霖和中央纪委国家监委驻交通运输部纪检组副组长丹向东出席会议并讲话。

25 日，国家技术标准创新基地（民航）揭牌。这是交通运输领域的首个标准创新基地，也是民航行业建设的首个国家级基地。

3 月

1 日，中国民航局与斯洛文尼亚共和国民用航空局签署双边协议《中国民用航空局与斯洛文尼亚共和国民用航空局关于设计批准、出口适航审定、设计批准证后活动以及技术支持的技术安排》。

1 日，北京 2022 年冬奥会和冬残奥会抵离信息系统正式上线，这是北京冬奥组委、民航局、移民局、海关总署和民航系统各单位持续推动信息共享、促进数据融合、实现创新应用的最新成果。

1 日，东航作为国产大飞机 C919 全球首家启动用户，与中国商飞在上海签署 C919 大型客机购机合同，首批引进 5 架。

1 日，北京大兴国际机场荣获国际机场协会授予的 2020 年度“亚太地区 2500 万至 4000 万吞吐量最佳机场奖”及“亚太地区最佳卫生措施奖”。

3 日，民航局授予吉祥航“飞行安全二星奖”。

8 日，民航局印发《外国公共航空运输企业航空安全保卫规定》，实现了外航安保监管有法可依。

12 日，民航局局长冯正霖在北京会见吉林省委书记景俊海，省委副书记、省长韩俊一行，双方签署《关于推动吉林民航高质量发展的战略合作协议》。

17 日，国际航协在其官网全文刊登了中国航协《航空食品企业传染病疫情应急处置规范》团体标准，向其全球会员航空公司介绍和推广，标志着中国航协团体标准向国际化迈出了重要一步。该项标准于 2020 年 12 月 31 日正式发布并实施，是我国航空食品行业首部传染病疫情应急处置团体标准，填补了国内航空食品行业传染病疫情防控标准的空白。

18 日，东航旗下中货航派出包机，将我国政府援助加勒比海岛国多米尼加的中国国药新冠肺炎疫苗和注射器，以及该国从我国采购的中国科兴新冠肺炎疫苗运抵该国首都圣多明各，这是中国民航首个洲际全货机疫苗包机航班。

19 日，财政部印发《关于取消港口建设费和调整民航发展基金有关政策的公告》，将航空公司应缴纳民航发展基金征收标准再降低 20%。

22 日，民航局修订印发《民航安全从业人员工作作风建设指导意见》。

23 日，民航局印发《关于深入开展运输航空公司空勤人员作风整顿的实施方案》。

23 日，民航局与香港特区政府民航意外调查机构签署《民用航空器事故调查合作安排》。

24 日，迅蚁 RA3 无人机运载 10 个单位临床用血，从浙江省血液中心起飞，5 分钟后降落在浙江大学医学院附属第二医院无人机起降站，标志着全国首条常态化无人机急救送血航线投入使用。

25 日零时，黔桂、滇东地区空域调整方案正式实施。此次空域调整每日惠及航班约 500 架次。

25 日，民航局完成新疆富蕴、那拉提机场远程塔台运行验证准入评审，这是中国民航远程塔台首个运行验证准入评审。5 月 8 日，富蕴、那拉提机场远程塔台正式进入运行验证阶段。

30 日，中国航空器拥有者及驾驶员协会（中国 AOPA）编制的《中国 AOPA 通用航空产业发展指数(GAIDI)》正式对外发布，这是我国第一个通用航空产业发展指数。

31日，中共中央政治局常委、国务院副总理、中央空中交通管理委员会主任韩正前往民航局空管局运行管理中心、航空气象中心、航行情报服务中心，调研了解我国民航运行管理、气象服务、航行情报服务等情况。

31日，中国民航局与欧盟航空安全局签署双边协议《中国民用航空局和欧盟航空安全局关于中国空中客车（天津）A319、A320飞机总装线和交付中心以及A330、A350飞机完成和交付中心的工作安排》。

4月

1日，民航局印发《民航系统从业人员新冠病毒疫苗接种工作方案》。

1日，财政部、工信部、海关总署、民航局联合印发《关于2021—2030年支持民用航空维修用航空器材进口税收政策的通知》，进一步扩大免税范围、延长免税期限，标志着民航税收优惠政策取得新突破。

2日，山东菏泽牡丹机场通航。该机场飞行区等级4C，新建跑道长2600米，总投资18.23亿元。

6日，民航局召开智慧民航建设领导小组第一次会议。12月31日，召开智慧民航建设领导小组第二次会议，并审议通过《智慧民航建设路线图》《航空5G机场场面宽带移动通信系统建设应用实施方案》《智慧民航建设2022年工作计划》。

11日，民航机场安全与运行工程技术研究中心揭牌。

12日，民航局印发《民航行业信用管理办法》。

15日，粤港澳大湾区机场共享国际货运中心暨白云机场南沙自贸区空运中心在广州南沙启动，标志着打造以南沙为集散枢纽、大湾区各大机场空运作业协同的联运合作平台建设全面铺开。

16日，西南空管局新终端管制中心正式启用，标志着指挥调度“两市三场”（“两市”即成都市、绵阳市，“三场”即天府机场、双流机场、绵阳机场）民航航班进离港飞行的空管重要枢纽设施正式运行。

22日，中国民航工会印发《中国民航工会关于2021年全国五一劳动奖和全国工人先锋号的表彰通报》《中国民航工会关于命名第四批全国民航劳模和工匠人才创新工作室的决定》。

22日，北京航空航天大学与民航大学签署战略合作框架协议，民航局局长冯正霖出席签约仪式。

22日，中国民航信息网络股份有限公司与长沙黄花国际机场联合举办机场旅客中转便利化暨省际跨航司行李直挂服务发布会。长沙、深圳、昆明、郑州、兰州5家机场共同组成“跨省中转通机场联盟”。旅客在这5家机场中转，可实现一次值机、一次安检。标志着国内机场中转业务与省际跨航司行李直挂服务取得新突破。

27日，“郑州机场布达佩斯海外货站”在匈牙利布达佩斯国际机场挂牌。这是国内机场在海外建立的首个境外航空货站。

28日，民航局印发《关于国际定期客运航班熔断措施调整试行的通知》，自北京时间5月1日起（落地时间），从单一熔断调整为熔断或控制40%客座率运行二选一。

30日，安徽芜湖宣州机场通航。该机场飞行区等级4C，新建跑道长2800米，总投资13.99亿元。

30日，民航局印发《中国民航新一代航空宽带通信技术路线图》，提出以5G为核心的航空宽带通信技术应用于中国民航的系统性实施路径。

30日，中国民航局与新加坡民航局签署《关于航空器维修技术协定的实施程序》。

5月

7日，民航局、文化和旅游部联合印发《关于促进民航业与红色旅游深度融合创新发展的指导意见》。

8日，“国际定期客运航班预先飞行计划查询”小程序在民航局官网正式上线。

14日，民航局印发《民航局关于提高机务维修人员职业满意度的指导意见》。11月10日，民航局飞标司印发《航空公司机务维修人员薪酬推荐体系》。

14日，航科院中宇（北京）新技术发展有限公司与唐山三女河机场联合创办的技术创新实验室（机场运行应用）正式揭牌。该实验室成为我国首家支线机场运行的应用类科技研发实验室。

17日，由中国航协编制的《民航客舱乘务员职业形象规范》正式对外发布，这是我国民航业首个关于乘务员职业形象的团体标准。

18—19日，民航运行管理中心、民航气象中心、民航情报管理中心工程通过行业验收。6月30日，该工程正式投入运行。这是1949年以来投资最多、规模最大、技术最新的空管单体建设项目。

19—21日，民航局首次接受国务院安委会安全生产考核，并获得“优秀”等次。

20日零时起，全国流量管理系统正式启用，标志着以民航局运行管理中心为全国流量统筹、地区空管局共同决策、分局站及各管制单位具体实施的三级流量管理组织架构全面建成，形成了我国民航唯一横跨三大运行主体的协同运行平台。

20日3时起，成都地区空域结构调整方案正式实施，这是我国西部地区最大的一次空域调整。

21日，中国航协在北京召开新中国通用航空发展70周年纪念大会，并发布《中国通用航空年谱（1951—2021）》。

24日，民航局与中国电子科技集团有限公司在北京签署深化战略合作框架协议。民航局局长冯正霖和中国电子科技集团有限公司董事长陈肇雄出席签约仪式。

25日，民航局举行“护航2021”民航反劫机综合演练。这是多年来首都地区最大规模的民航安保应急演练。

25日，民航局向中国石化颁发首款国产航空润滑油技术标准规定项目批准书（编号CTSOA0295）。

28日，民航援藏工作会议在拉萨召开。民航局与西藏自治区人民政府签署《关于促进西藏民航高质量发展的战略合作协议》。

6月

4日，民航局印发《关于进一步优化民航行政事业性国有资产处置管理有关事项的通知》。

4日，民航局为中国南方航空货运有限公司颁发公共航空运输企业经营许可。8月13日，中南局向该公司颁发《航空承运人运行合格证》，标志着该公司正式成为南航股份旗下具备公共航空运输承运资格的货运航空公司。

7日，华东局批准东航在B777机队使用电子飞行记录本，东航成为中国民航首家获批使用电子飞行记录本的航空公司。6月10日，东航波音777机队正式启用电子飞行记录本。

8日，民航局与科技部在北京签署《中国新一代智慧民航自主创新联合行动计划纲要》。

9日，东航集团旗下东方航空物流股份有限公司在上海证券交易所主板挂牌上市，成为“民航混改第一股”，标志着东航物流作为全国首批、民航首家央企混合所有制改革试点企业，完成“三步走”的“混改”路径，正式成为一家公众性公司，也标志着东航集团成为首家实现航空客运和航空物流两项核心主业“双上市”的国有大型航空运输集团。

10日，首届国产民机安全经济运营保障大会召开。

15日，民航局召开支持国产民机运行全面融合改革专项工作组首次会议，明确“十四五”时期及2021年支持国产民机运行全面融合改革任务。

16日，推动长三角一体化发展领导小组办公室印发《长江三角洲地区民航协同发展战略规划》。

16—17日，以“厚植红色基因 奋进时代航程”为主题的第四届民航中小机场与区域经济发展论坛在山东临沂召开，临沂机场、南昌机场、石家庄机场、井冈山机场、延安机场、遵义机场共同发起成立全国红色机场联盟的倡议。

18日，民航局党组书记、局长冯正霖，党组成员、副局长董志毅、胡振江为中共民航局党校、中国民航安全学院迁址揭牌，为民航博物馆作为中国民航党性教育基地、中国民航安全教育基地授牌。

18日，民航局授予首都航“飞行安全二星奖”。

24日，首都机场集团有限公司取得营业执照，正式改制为法人独资公司。7月27日，首都机场集团有限公司（改制）成立大会召开，标志着国内规模最大的机场管理集团完成公司制改制。

27日，成都天府国际机场通航。该机场飞行区等级4F，新建跑道3条，分别为4000米、3800米、3200米，总投资776.99亿元。

28日，全国“两优一先”表彰大会在北京人民大会堂举行，民航共有4名个人和4个集体受到表彰。四川航空副总飞行师刘传健等3人荣获“全国优秀共产党员”称号，首都机场集团有限公司北京大兴国际机场党委书记、副总经理李勇兵荣获“全国优秀党务工作者”称号，湖北监管局党委等4个集体荣获“全国先进基层党组织”称号。

28日，民航局党组召开庆祝中国共产党成立100周年暨“两优一先”表彰大会，颁发“光荣在党50年”纪念章，表彰民航系统“两优一先”先进集体和优秀个人。民航局党组书记、局长冯正霖以《铭记奋斗历程 传承红色基因 在新时代新征程上谱写民航强国建设新篇章》为题作党课报告。

7月

1日，民航局印发《深化“证照分离”改革进一步激发市场主体发展活力实施方案》，民航领域“证照分离”改革在试点基础上向全国推广。

2日，财政部、海关总署、国家税务总局、民航局联合印发《关于海南自由贸易港进出岛航班加注保税航油政策的通知》。

6日，中国民航局空管局与新加坡民航局签署谅解备忘录，就空管相关方面开展多领域合作达成一致。

6日，民航局印发《关于航空煤油销售价格政策有关问题的通知》。

8日，首个民航电子政务综合办公领域移动平台“民航e政”App正式发布上线。

12日，民航局印发《运输机场运行安全保障能力综合评估管理办法》，自2021年9月1日起实施。

13日，民航局修订印发《民航局运输飞机引进管理办法》，自2021年9月1日起实施。

20日，民航局印发《关于加强应对德尔塔变异株防控措施的通知》。

23日，民航局、交通运输部、国铁集团联合印发《提升北京大兴国际机场旅客集疏运能力实施方案》。

26日，民航局授予川航“飞行安全五星奖”。

26日，民航局印发《民用航空器事件调查安全建议管理办法》，自2022年1月1日起实施。

29日，民航局印发《民航安全从业人员工作作风长效机制建设指南》，提出7项基本原则、建设6个机制，持续深入开展安全从业人员工作作风建设。

30日，国航广东分公司挂牌成立。

30日，民航局正式认可空军某部队“民航维修人员执照培训能力”，对促进空军、民航标准融合，方便退伍军人再创业，深化军民融合具有重要意义。

31日，民航局印发《关于进一步加强国际机场疫情防控工作的指导意见》。

8月

3日，民航局印发《民用航空器征候等级划分办法》，自2021年10月1日起实施。

11日，珠海翔翼航空技术有限公司成功攻克模拟机拆装技术难题，成为国内首家自主完成模拟机拆装的飞行训练机构。

12日零时起，青岛地区空域优化调整方案正式实施。此次调整为青岛流亭国际机场转场至青岛胶东国际机场提供了重要交通要素支撑。

12日，青岛胶东国际机场通航。该机场飞行区等级4F，新建2条3600米长跑道，总投资360.39亿元。

12日，民航局印发《关于开展机场服务设施提升专项行动的通知》。

13日，民航局印发《关于推进民航统计现代化改革的若干意见》。

19日，民航局印发《推动民航智能建造与建筑工业化协同发展行动方案》。

23日，民航局印发《民用航空安全信息保护管理办法》，自2021年10月1日起施行。

25日，中国民航局与英国民航局签署双边协议《中国民用航空局与大不列颠及北爱尔兰联合王国民用航空局关于相互接受生产和适航批准的工作安排》。

25日，民航局修订发布《中国民航国内航线航班评审规则》，自2021/2022年冬春航季起施行。

27日，首都机场集团有限公司在银行间市场成功发行民航业内首单可持续发展挂钩债券（中期票据），这是继8月12日30亿3年期中期票据后的再次成功发行。可持续发展挂钩债券于2021年4月由交易商协会推出，旨在落实“碳达峰、碳中和”决定部署。

9月

1日，民航局印发《公共航空运输旅客服务质量管理体系建设指南》，自2021年9月1日起施行。同日，民航局正式启用民航服务质量监督平台。

1日，马涛正式就任国际民航组织亚太地区办事处主任，成为该办事处首任中国籍主任。

3日，民航局为惠阳航空螺旋桨有限责任公司颁发国内首款复合材料螺旋桨型号合格证（编号TC0050P）。

3日，民航局为中电科芜湖钻石飞机制造有限公司CA42型飞机颁发型号合格证（编号TC0051A）。

10日，国航新疆分公司挂牌成立。

11日，以“守望相助，共谱中国—东盟民航发展新篇章；对接陆海新通道，助推中国—东盟国际多式联运新发展”为主题的第一届中国—东盟民航合作论坛在广西南宁举办。

15日，南航股份工程技术分公司挂牌成立。

15日，民航局发布《机场数据规范与交互技术指南》，这是机场领域覆盖数据项最多、最广泛、最全面的数据类标准规范。同日发布《机场数据基础设施技术指南》。

15日，全球首个航空箱CT安检机试点项目在深圳机场正式开工建设。此项目的应用场景、技术能力在全球均为首次，填补了CT技术用于大型航空箱货物安检的空白。

15日，湖南郴州北湖机场通航。该机场飞行区等级4C，新建跑道长2600米，总投资21.3亿元。

22日，东航、中国石化、中远海运联合在上海举办我国首船全生命周期碳中和石油认证仪式，上海环境能源交易所分别向3家企业颁发我国首张碳中和石油认证书，这是东航、中国石化、中远海运共建“绿色交通新模式”的创新实践，探索了一条跨行业、产业链实现净零排放的路径，对我国交通能源领域推动“双碳”目标落地具有里程碑意义。10月12日，东航执飞我国首班全生命周期碳中和航班。

23日，中共民航局直属机关第六次代表大会在北京召开。会议选举产生新一届直属机关党委、纪委，董志毅任直属机关党委书记。

23日，中航集团与吉林省人民政府在长春签署合作框架协议，双方在航空客运、货运物流等方面开展合作。

25日，民航大学建校70周年庆祝大会在天津举行。中共中央政治局委员、国务院副总理刘鹤发来书面致辞。民航局党组书记、局长冯正霖和天津市委副书记、市长廖国勋出席大会并讲话。

28日，第十三届中国国际航空航天博览会在珠海开幕，并推出“云上航展”。这是中国首次采用线上线下结合的方式举办航展。

30日，广州白云国际机场发布《春风服务“基本法”》，总结提炼了100条服务原则、标准和规范，这是民用机场行业第一份以“基本法”形式问世的发展纲要。

30日，民航局、国家卫生健康委、海关总署、国家移民管理局联合印发《国际运行航班机组人员隔离管理规定》。

10月

4日，国务院应对新型冠状病毒肺炎疫情联防联控机制综合组印发《全国机场疫情防控工作方案》。

9日，华东空管局在上海虹桥国际机场实施全国首例千万级机场近距跑道绕滑模式，南绕滑道投入运行。12月2日，上海虹桥国际机场北绕滑道投入使用，标志着中国民航首套跑道端绕滑道系统正式投入运行。

12—22日，国际民航组织新冠肺炎高级别会议（HLCC）以线上形式召开。中国民航局局长冯正霖代表亚太地区民航部长做主旨发言，提出4点倡议。

14日，由中国航协、鄂尔多斯市民政府主办的首届中国支线航空发展峰会在内蒙古自治区鄂尔多斯市召开。民航局副局长吕尔学出席峰会并作主旨演讲。

14日，民航局印发《关于打造民用机场品质工程的指导意见》。

20日，民航局印发《机场无人驾驶设备应用路线图（2021—2025年）》。

22日，民航局召开乡村振兴工作领导小组第一次（扩大）会议。

11月

2日，中组部印发任免通知，柳芳任民航局党组成员，明确为正局级干部。

4日，民航局向中国商飞颁发民航行业首张电子证照(ARJ21—700)临时登记证，标志着民航行政许可审批业务逐步进入使用电子证照的时代。

8日，民航大学飞行分校内蒙古飞行学院PBN（基于性能的导航）程序真机训练圆满完成。该院成为我国首家开展PBN程序训练的具有CCAR—141部（《民用航空器驾驶员学校合格审定规则》）合格证（包括临时证）的飞行学校，填补了PBN程序在国内CCAR—141部飞行院校培训领域的空白。

10日，民航局空管局印发《“十四五”民航空管系统发展规划》。

12日，厦门航联合兴业银行推出民航行业首批“碳中和”机票，意味着旅客可通过购票乘机践行“碳减排”。

16日，由中国民航局、中国气象局、俄罗斯联邦水文气象与环境监测局共同建设的中俄联合体全球空间天气中心（CRC）正式投入运行，这是我国民航领域第一个被国际民航组织批准的全球空间天气中心。

同日，中国民航局与芬兰交通和运输局举行双边视频会谈，就扩大航权安排达成一致，会后签署谅解备忘录。

19日，东航“凌燕”青年讲师团被中宣部授予“2021年度基层理论宣讲先进集体”，成为中国民航唯一获此荣誉的集体。

22日，民航局发布《关于取消一批证明事项及实施证明事项告知承诺制的公告》。

22日，民航局批复中国民航智慧监管服务项目可行性研究报告。本期工程采用“一云、两中台、七应用”系统架构，总投资2.1亿元。

23日，民航局行政审批新服务大厅正式启用，实现22个行政审批服务事项全部“一站式”受理。民航局局长冯正霖为审批服务大厅揭牌。

23日，运行监控中心启动“全国民航协同运行系统”建设。

24日，宁波栎社国际机场自主研发的智慧门禁管理系统正式投入使用，这是我国民航机场首创的数字孪生智慧门禁管理系统。

25日，在上海数据交易所揭牌成立仪式暨2021上海全球数商大会上，东航股份与上海数据交易所签约成为首批数商，也是此次民航行业唯一签约的数商。

27日，广东韶关丹霞机场通航。该机场飞行区等级4C，新建跑道长2800米，总投资16.67亿元。

30日，全国民用机场建设管理工作会议在湖北省鄂州市召开。民航局局长冯正霖，湖北省委副书记、省长王忠林出席会议并讲话。在11月31日召开的机场建设高质量发展之四型机场建设专题会议上发布了《四型机场示范项目2021年度进展材料汇编》白皮书。

30日，民航局与香港民航处、澳门民航局在深圳签署全面《联合维修管理合作安排》，实现了三方维修能力、培训资源以及维修人员的全面无障碍流通。

30日，民航局印发《关于做好应对“奥密克戎”变异株各项防控措施的通知》。

12月

1日，修订发布的新版《民用机场飞行区技术标准》（MH5001—2021）正式施行。

1日，民用无人驾驶航空器综合管理平台（UOM）实名登记系统正式上线运行，实现了民用无人驾驶航空器所有人统一身份联网验证。

2日，江苏连云港花果山机场通航。该机场飞行区等级4D，新建跑道长2800米，总投资37.29亿元。

2日，民航二所建立民航气象计量器具校准平台。该平台获得中国合格评定国家认可委员会认证，填补了民航自主进行气象计量器具校准的空白。

6日，民航局党组印发《关于推进民航直属院校高质量发展的意见》。

7日，民航局印发《以法治方式推动民用机场高质量发展改革工作方案（2021—2023）》。

10日，民航局印发《“十四五”民航运输机队规划实施细则》，并于12月14日印发《“十四五”民航运输机队规划方案》。

13日，民航局印发《关于促进公共航空危险品运输高质量发展的指导意见》。

14日，北京大兴国际机场（航站楼及综合换乘中心、停车楼）工程荣获中国建设工程鲁班奖（国家优质工程）。

15日，经国务院批准，中国银行保险监督管理委员会和人民银行向航空公司发放第二轮应急贷款540亿元，有效缓解航空公司暂时流动性困难。

15日，中国民航局与欧盟航空安全局正式签署第二期中欧民航合作项目（App）合作意向书。

16日，2021年数字政府服务能力评估暨第二十届政府网站绩效评估结果发布，民航局政府网站获得2021年国务院其他部门网站第六名、政务类App调查评估结果优秀级和“十佳”优秀创新案例共3个奖。

17日，中国民航局空管局与德国空管公司签署合作谅解备忘录。

20日，民航局印发《机场新技术推广应用管理办法》，标志着机场新技术推广应用全链条管理体系的建立。

21日，民航局印发《“十四五”民航立法专项规划的通知》，此为民航业第二次发布立法规划，也是立法规划首次纳入行业规划编制。

21日，民航局印发《“十四五”民航绿色发展专项规划》，是中国民航历史上编制的第一部绿色发展规划。

22日，首届民航飞机数字化运营峰会在山东青岛召开。

23日，民航局印发《“十四五”民用运输机场建设专项规划》。

24日，民航局、国家发展改革委、交通运输部联合印发《“十四五”民用航空发展规划》。

24日，民航局印发《中国民用航空局深入推进法治建设实施方案（2021—2025年）》。

24日，民航局印发《关于贯彻落实〈“十四五”全国档案事业发展规划〉的实施意见》。

27日，中国质量认证中心为国航颁发ISO14001环境管理体系认证证书，国航成为中国大陆首家全面通过环境管理体系认证的航空公司。

28日，民航局印发《关于做好北京2022年冬奥会和冬残奥会民航疫情防控工作的通知》《北京2022年冬奥会和冬残奥会航空运输领域新冠肺炎疫情防控指南（第一版）》。

29日，民航局召开京广大通道实施准备工作视频会暨京广大通道实施工作领导小组第一次会议。京广大通道建设全面进入实施阶段，这是新中国成立以来范围最广的一次空域调整。

30日，航科院航空器评审中心挂牌成立。这是民航局飞标司授权开展航空器评审工作的专职机构，标志着我国民用航空器评审能力实现关键性提升。

30日，民政部授予中国民用机场协会等281个社会团体、社会服务机构和基金会“全国先进社会组织”称号。

31日，民航局为辽宁通用航空研究院RX1E-S双座水上电动飞机颁发型号合格证（TC0059A-DB）。

12月，40家民用机场正式开通“易安检”服务。通过预约该服务，理想状态下，旅客通过安检时间较以往缩短50%。

2021年国家邮政局大事记

1月

4日，2021年全国邮政管理工作电视电话会议在北京召开。会议总结2020年和“十三五”时期邮政快递业改革发展成效，谋划“十四五”及未来一段时期行业发展思路，明确提出2021年行业改革发展工作的总体要求和主要任务。交通运输部党组书记杨传堂出席会议并作重要讲话。

8日，中国邮政集团有限公司2021年工作会议在北京召开。会议总结2020年工作，分析当前形势，部署2021年任务。交通运输部党组成员、国家邮政局局长马军胜出席会议并讲话。

12日，国家邮政局局长马军胜主持召开局务会议，审议并原则通过2021年工作任务目标分解安排和2021年邮政业更贴近民生七件实事。

15日，国家邮政局党组书记、局长马军胜主持召开河北邮政快递业服务保障工作电话会议。

26日，邮政业安全和应急工作领导小组召开全体会议。

28日，2021年寄递渠道安全管理领导小组第一次会议在京召开。

2月

4日，国家邮政局网络安全和信息化领导小组召开会议，审议《中共国家邮政局党组关于落实党委（党组）网络安全工作责任制的办法》等文件，研究部署下一阶段网信重点工作。

5日，国家邮政局局长马军胜拜会十二届全国政协副主席、中国宋庆龄基金会主席王家瑞。

5日，国际邮政组织职员（中国）2021年新春视频见面会举行。

7日，国家邮政局召开全国邮政管理系统党风廉政建设工作电视电话会议。局党组书记、局长马军胜作报告。

8日，国家邮政局党组书记、局长马军胜在京调研春节寄递服务保障工作，代表局党组慰问邮政、快递企业一线员工。

20日，国家邮政局局长马军胜主持召开2021年第二次局长办公会，审议并原则通过《2021年全国邮政普遍服务工作电视电话会议方案》《2021年全国邮政市场监管工作电视电话会议方案》，听取“绿盾”工程2021年工作安排和2020年全国两会建议提案办理有关情况的汇报。

23日，国家邮政局副局长刘君在北京视频会见了美国联合包裹公司国际业务总裁斯科特·普莱斯。双方就中国快递业发展和美国联合包裹公司在华经营情况等问题交换了意见。

24日，国家邮政局局长马军胜在北京视频会见了泛非邮联秘书长尤努斯·吉布里纳。双方就邮政业应对新冠肺炎疫情和加强中非邮政领域合作等问题交换了意见。

25日，国家邮政局与中国邮政集团有限公司联合召开2021年全国邮政普遍服务工作电视电话会议。

3月

1日，国务院新闻办公室举行新闻发布会，国家邮政局局长马军胜介绍加快建设交通强国有关情况，并答记者问。

1日，国家邮政局召开2021年全国邮政市场监管工作电视电话会议。局党组成员、副局长刘君出席会议并讲话。

6日，出席十三届全国人大四次会议的甘肃代表团第一组小组会议正式开始。按照国务院办公厅有关工作安排，国家邮政局通过政务网络视频方式旁听甘肃代表团第一组小组人大代表审议政府工作报告、审查“十四五”规划和2035年远景目标纲要。

17日，国家邮政局局长马军胜主持召开2021年第三次局长办公会，审议并原则通过《邮政业服务“一带一路”建设2020年工作总结和2021年重点工作安排》、国家“十四五”规划纲要涉邮任务和关联工作分工、《国家邮政局2021年行业生态环境保护工作要点》《2021年全国邮政管理系统新闻宣传工作要点》《邮政快递业庆祝中国共产党成立100周年宣传报道方案》和《邮政代办所监督管理规定（试行）》。

22日，在第六届国邮智库专家沙龙上，国家邮政局党组书记、局长马军胜和党组成员、副局长刘君与6位行业相关研究领域的专家学者，就新时代邮政快递业高质量发展路径进行面对面研讨。

25日，国家邮政局局长马军胜主持召开2021年第四次局长办公会，审议并原则通过《邮件快件过度包装和随意包装专项治理方案》、档案管理系列制度、国家邮政局落实《政府工作报告》重点工作实施方案。

26日，国家邮政局在京召开主要品牌寄递企业生态环保工作座谈会，宣贯《邮件快件包装管理办法》。局党组成员、副局长赵民出席会议并讲话。

31日，国家邮政局举办RCEP（区域全面经济伙伴关系协定）背景下邮政快递业国际合作发展论坛。国家邮政局副局长赵民出席论坛并致开幕、闭幕辞。

4月

2日，国家邮政局召开邮政快递业生态环保工作电视电话会，宣贯《邮件快件包装管理办法》。局党组成员、副局长赵民出席会议并讲话。

8日，国家邮政局局长马军胜在京会见浙江省政府副省长刘小涛一行，就推动浙江省邮政快递业加快转型升级、更好服务经济社会发展和筹办第四届中国（杭州）国际快递业大会交换了意见。

21日，国家邮政局召开电视电话会议，通报一季度邮政管理系统财政事权划分改革工作情况。局党组成员、副局长赵民出席会议并讲话。

25日，第四届数字中国建设峰会在福建省福州市开幕。本届峰会由国家网信办、国家发展改革委、工信部、国资委和福建省政府共同主办，主题为“激发数据要素新动能，开启数字中国新征程”。国家邮政局副局长刘君出席峰会，并在数字政府分论坛发表主旨演讲。

28日，第41届全国最佳邮票评选颁奖活动在上海东方艺术中心举行。经公众投票，在2020年度发行的邮票中，《众志成城 抗击疫情》邮票荣获最佳邮票奖；《中国人民志愿军抗美援朝出国作战70周年》邮票和《新时代的浦东》邮票荣获优秀邮票奖。经专家评审，《庚子年》邮票荣获最佳设计奖，《莫高窟》邮票荣获最佳印刷奖。第十二届全国政协副主席、中国福利会主席王家瑞现场颁发了最佳邮票奖。交通运输部党组成员、国家邮政局局长马军胜出席活动并颁奖。

28日，由中华全国集邮联合会和上海市委宣传部共同主办的庆祝中国共产党成立100周年主题集邮展览在上海科技馆开幕。第十二届全国政协副主席、中国福利会主席王家瑞出席开幕式并宣布主题邮展开幕。交通运输部党组成员、国家邮政局局长马军胜出席开幕式。

27—29日，国家邮政局党组书记、局长马军胜赴上海调研，了解快递员公租房保障进展情况，慰问获得全国五一劳动奖章等表彰的基层邮政快递员工，召集7家快递企业主要负责人就快递小哥群体合法权益保障问题进行专题座谈。

5月

10日，国家邮政局局长马军胜主持召开2021年第七次局长办公会，审议并原则通过《2020年邮政普遍服务监管报告》，听取关于进一步推进“快递进村”有关工作的汇报，审议并原则通过《关于2021年持续解决形式主义问题深化拓展基层减负工作主要措施及分工方案》和2021年督查调研统筹计划。

11日，国家邮政局召开2020年邮政快递业安全生产工作考核汇报会。国家邮政局党组书记、局长马军胜主持。

12日，国家邮政局召开2021年全国邮政行业人才工作领导小组会议。国家邮政局党组书记、局长马军胜出席会议并讲话。

13日，国家邮政局局长马军胜在京会见东风汽车集团有限公司总经理杨青一行。双方就邮政快递业转型升级、快递进厂等方面内容交换了意见。

13日，国家邮政局党组成员、副局长廖进荣带队在京调研寄递渠道安全保障工作，召开座谈会听取北京市邮政管理局重大活动安保工作情况汇报，赴快递企业一线网点调研寄递安全三项制度落实情况。

14日，国家邮政局党组成员、副局长廖进荣到北京机要通信局调研指导工作，实地查看机要通信生产作业现场，听取中国邮政集团有限公司、北京市邮政分公司、北京机要通信局工作情况汇报。

20日，国家邮政局召开推进部分地区邮政快递业从业人员疫苗接种工作电视电话会议。局党组成员、副局长廖进荣出席会议并讲话。

21日，国家邮政局党组书记、局长马军胜主持召开乡村振兴工作领导小组调整设置暨领导小组第一次会议。中央纪委国家监委驻交通运输部纪检监察组副组长胡志彬列席会议。

28日，国家邮政局召开中国共产党成立100周年庆祝活动寄递渠道安全服务保障工作动员部署电视电话会议。局党组成员、副局长廖进荣出席会议并讲话。

31日—6月4日，国家邮政局党组成员、副局长廖进荣带队在重庆、海南督导检查建党100周年安保反恐工作。其间，廖进荣调研了重庆市邮政管理局和海南省邮政管理局。

6月

1日，“永远跟党走 逐梦新时代”全国少年儿童邮票创作设计作品征集活动颁奖仪式暨《儿童画作品选》特种邮票首发式，在北京中国宋庆龄青少年科技文化交流中心举行。第十二届全国政协副主席、中国宋庆龄基金会主席王家瑞，国家邮政局党组书记、局长马军胜出席。

3—4日，国家邮政局党组成员、副局长赵民带领调研组，到河北省平泉市调研定点帮扶工作。

8日，海峡两岸邮政交流协会第二届理事会第二次会议在北京召开。海峡两岸邮政交流协会会长、中国邮政集团有限公司董事长刘爱力出席会议并讲话。国务院台湾事务办公室经济局局长张世宏出席会议。

10—12日，国家邮政局党组书记、局长马军胜赴浙江调研，视察邮政快递企业分拨中心，了解快递员权益保障和末端网点发展，关注“快递进村”和出海进展等情况，召集部分品牌快递企业负责人专题座谈。

11日，由国家邮政局、浙江省人民政府、中国快递协会主办，杭州市人民政府承办的第四届中国（杭州）国际快递业大会在桐庐召开。国家邮政局局长马军胜出席大会并致辞。万国邮联总局长比沙尔·侯赛因、亚太邮联秘书长林洪亮分别通过视频连线致辞、演讲。

11日，第六届全国“互联网+”快递业创新创业大赛正式启动。

12日，国家邮政局党组书记、局长马军胜召开浙江省部分品牌快递企业区域负责人座谈会，就规范快递市场秩序、保障小哥合法权益问题与义乌一线从业者深入座谈，聚焦市场秩序规范和快递小哥权益保障。

15日，国家邮政局党组书记、局长马军胜在京会见广西壮族自治区党委副书记刘小明一行，就推动广西壮族自治区邮政快递业加快转型升级、更好服务经济社会发展交换了意见。

16日，国家邮政局党组成员、副局长廖进荣带领由国家邮政局、公安部、国家安全部相关人员组成的联合督导组，到河北督导检查建党100周年寄递渠道安全保障工作。

17日，国家邮政局党组书记、局长、邮政业安全和应急工作领导小组组长马军胜主持召开邮政业安全和应急工作领导小组会议。

18日，国家邮政局党组书记、局长、乡村振兴工作领导小组组长马军胜主持召开乡村振兴工作领导小组会议，听取“快递进村”及定点帮扶有关工作情况汇报。

20日，《中国共产党历史展览馆》特种邮票首发仪式暨中国共产党历史展览馆主题邮局揭幕仪式在北京举行。邮编为“100100”的中国共产党历史展览馆主题邮局也于当日正式揭牌。中共中央宣传部副部长傅华、国家邮政局副局长戴应军和中国邮政集团有限公司董事长刘爱力为特种邮票揭幕。中国共产党历史展览馆书记、馆长吴向东和中国邮政集团有限公司副总经理康宁为中国共产党历史展览馆主题邮局揭牌。

21—24日，在建党100周年之际，国家邮政局党组成员、副局长刘君赴江苏省督导建党100周年庆祝活动寄递渠道安全服务保障工作。

21日，国家邮政局召开寄递企业建党100周年庆祝活动安保视频调度会。局党组成员、副局长廖进荣主持会议并讲话。

22日，国家邮政局党组成员、副局长戴应军赴中国邮政集团有限公司邮票印制局，检查《中国共产党成立100周年》纪念邮票印制生产工作。

23日，国家邮政局党组成员、副局长廖进荣带领由国家邮政局、公安部、国家安全部相关人员组成的联合督导组，在京督导检查建党100周年首都寄递渠道安全保障工作。

23日，经国务院同意，交通运输部、国家邮政局、国家发展改革委、人力资源和社会保障部、商务部、市场监管总局、全国总工会联合印发《关于做好快递员群体合法权益保障工作的意见》。

27日，国家邮政局党组书记、局长马军胜在京督导检查建党100周年首都寄递渠道安全保障工作。

29日，《中国共产党成立100周年》纪念邮票和纪念封在中国共产党历史展览馆隆重发布。中共中央宣传部副部长蒋建国，国家邮政局党组书记、局长马军胜，中国邮政集团有限公司党组书记、董事长刘爱力出席发布仪式并为纪念邮票揭幕。国家邮政局党组成员、副局长戴应军，中国共产党历史展览馆馆长吴向东，中国邮政集团有限公司党组成员、副总经理康宁为纪念封揭幕。

7月

1日，庆祝中国共产党成立100周年大会在北京隆重举行。国家邮政局、公安部、国家安全部组成联合督导组，对相关重点省（市）开展实地检查。6月21日—7月1日，各级邮政管理部门累计出动执法检查人员4.55万人次，累计检查企业2.13万家。

5—7日，国家邮政局党组成员、副局长陈凯赴辽宁省鞍山市、营口市、大连市开展调研。

6—9日，国家邮政局党组成员、副局长戴应军深入安徽、江西、福建三省，随机走访了7市、12县的18个乡镇和6个村屯，共41个乡镇邮政、快递网点和村级邮政快递服务站，专题调研农村地区邮政普遍服务、“快递进村”及邮政业服务军营等工作。

6—9日，国家邮政局党组成员、副局长廖进荣赴江苏南京、无锡、苏州等地调研，了解行业安全生产、“扫黄打非”“快递进村”、快递员合法权益保障等情况。

6—10日，国家邮政局党组成员、副局长刘君率调研组赴新疆乌鲁木齐、喀什、和田等地，就快递员合法权益保障、“快递进村”、县级机构和安全中心建设及运行、干部队伍建设等情况进行调研。

8日，国家邮政局召开2021年第三季度例行新闻发布会，联合人力资源和社会保障部、全国总工会，对《关于做好快递员群体合法权益保障工作的意见》进行发布解读。局党组成员、副局长陈凯出席发布会。

8日，国家邮政局副局长陈凯在京会见了美国联合包裹公司中国区总裁何嘉美一行。

9—11日，国家邮政局党组书记、局长马军胜赴陕西调研“快递进村”和维护快递小哥合法权益等工作。

12—14日，国家邮政局党组成员、副局长赵民赴天津调研快递行业党建、快递员权益保障及“快递进村”等工作进展情况。

14日，国家邮政局党组书记、局长马军胜主持召开第七届国邮智库沙龙。

14日，第三届全国邮政行业职业技能竞赛启动电视电话会议召开。国家邮政局党组成员、副局长刘君出席会议。

15日，全国政协第二十六次重点关切问题情况通报会在京举行。围绕“加强快递员、外卖配送员权益保障，促进行业健康发展”主题，国家邮政局党组成员、副局长陈凯到会通报情况，并与委员互动交流。

16日，国家邮政局召开《关于做好快递员群体合法权益保障工作的意见》宣贯工作电视电话会议。局党组成员、副局长陈凯出席会议并讲话。

26日，国务院新闻办公室举行国务院政策例行吹风会，介绍加快农村寄递物流体系建设的情况。国家邮政局党组成员、副局长陈凯出席会议。

29日，国家邮政局党组书记、局长马军胜电话连线江苏省邮政管理局党组书记、局长张水芳和河南省邮政管理局党组书记、局长訾小春，询问邮政快递业疫情防控和防汛救灾进展情况，要求切实做好邮政快递业疫情防控、防汛救灾工作，为保障人民群众生命财产安全和社会稳定贡献行业力量。

29日，国务院办公厅印发《关于加快农村寄递物流体系建设的意见》（国办发〔2021〕29号）。

29—30日，为确保第27届万国邮联大会参会工作有序进行，国家邮政局在北京以线下线上方式召开中国代表团会议，研究部署参会工作。国家邮政局局长马军胜出席会议并讲话。

30日，国家邮政局党组书记、局长马军胜电话连线内蒙古自治区邮政管理局党组书记、局长钟奇志，了解边境口岸地区邮政快递业防范新冠肺炎疫情情况，要求切实加强边境口岸地区新冠肺炎疫情防控工作，重点防范新冠肺炎疫情通过进口邮件快件输入和传播风险。

8月

5日，国家邮政局召开邮政快递业疫情防控工作视频调度会，按照国务院联防联控机制部署要求，研究调度行业疫情防控工作。局党组书记、局长马军胜出席会议并讲话。

当地时间9日上午，第27届万国邮联代表大会在科特迪瓦阿比让开幕。大会采取线上线下相结合的方式举行。国家邮政局局长马军胜率中国代表团出席线上开幕式。

当地时间10日，第27届万国邮联代表大会部长级会议在科特迪瓦阿比让召开。国家邮政局局长马军胜应邀出席线上会议并作主旨发言。

19日，国家邮政局党组成员、副局长赵民主持召开“三重一大”决策不规范等四个方面突出问题专项整治工作专题推进会，对专项整治进行再动员、再部署、再推进。

24日，国务院新闻办公室举行新闻发布会，国家邮政局局长马军胜介绍为全面建成小康社会提供交通保障有关情况，并答记者问。

24日，国家邮政局党组成员、副局长廖进荣在北京市督导检查国际邮件快件处理场所疫情防控工作。

当地时间25—26日，在科特迪瓦阿比让召开的第27届万国邮联代表大会上，中国成功连任新一届行政理事会理事国、邮政经营理事会理事国。

26日，国家邮政局联合国家机关事务管理局，以“使用绿色快递创建节约型机关”为主题，在北京邮电会议中心共同举办“绿色快递进机关”活动启动仪式。国家邮政局副局长赵民出席活动并致辞。

当地时间27日，第27届万国邮联代表大会在科特迪瓦阿比让闭幕。国家邮政局局长马军胜率中国代表团采取线上线下相结合的方式出席闭幕式。我国驻科特迪瓦大使万黎代表中国政府签署了修订后的万国邮联法规。

27日，公安部、国家邮政局、国家禁毒委员会办公室召开“寄递渠道禁毒百日攻坚行动”部署会。国家禁毒委员会委员、国家邮政局副局长廖进荣出席会议并讲话。

9月

2日，国家邮政局副局长刘君出席了2021中国国际服务贸易交易会全球服务贸易峰会。

3日，国家邮政局局长马军胜视察2021中国国际服务贸易交易会供应链及商务服务板块“中国快递”展区，了解企业最新发展情况。

8日，2021年度邮政快递业新闻宣传工作会议暨中国邮政快递报社通联工作电视电话会议召开。国家邮政局党组成员、副局长陈凯出席会议并讲话。

9 日，国家邮政局召开《国务院办公厅关于加快农村寄递物流体系建设的意见》宣贯电视电话会议。局党组书记、局长马军胜出席会议并讲话。

16 日，第五届中国邮政“919 电商节”在京启动。中国邮政集团有限公司党组书记、董事长刘爱力出席并讲话。国家邮政局党组成员、副局长戴应军出席启动仪式。

16 日，国家邮政局党组成员、副局长赵民主持召开“三重一大”决策不规范等四个方面突出问题专项整治工作专题调度会。

17 日，国家邮政局党组成员、副局长刘君调研北京市邮政业安全运行监测中心筹建、干部队伍建设、职业技能培训和行业技术职称评定等工作情况。

24 日，全国塑料污染治理工作电视电话会议在国家发展改革委召开。国家邮政局党组成员、副局长陈凯出席会议并讲话。

27 日，以“心向山河，全力以赴”为主题的 2021 年快递“最后一公里”峰会在京举行，发布了《中国快递末端生态报告》。国家邮政局党组成员、副局长陈凯出席会议并致辞。

10 月

8 日，国家邮政局定点帮扶平泉市工作座谈会在京召开。局党组书记、局长马军胜出席座谈会。

9 日，国家邮政局局长马军胜发表第 52 个世界邮政日致辞。

12 日，国家邮政局局长马军胜在北京以视频方式会见新任泛非邮联秘书长西丰多·契夫·莫尤。双方就加强中非邮政领域合作、积极参与全球邮政治理等事宜交换了意见。

14 日，第二届联合国全球可持续交通大会在北京开幕。国家邮政局局长马军胜参加会议。邮政、顺丰、“三通一达”等十余家邮政快递企业代表和北京邮电大学等邮电高校的代表参加会议。

14—15 日，2021 年全国行业职业技能竞赛——第三届全国邮政行业职业技能竞赛总决赛在江苏无锡城市职业技术学院举行。国家邮政局党组成员、副局长、竞赛组委会名誉主任刘君在闭幕式上致辞并为一等奖获奖者颁奖。

14 日、25—29 日，国家邮政局党组成员、副局长赵民率调研组先后在北京、广东深圳、浙江调研，深入快递企业，了解快递业党建、关心关爱快递员工及旺季服务保障等工作，看望慰问干部职工。

15 日，国家邮政局党组书记、局长马军胜就农村地区快递物流配送体系建设接受《人民日报》记者专访。

15 日，在第二届联合国全球可持续交通大会“可持续交通与消除贫困、服务民生和经济复苏”主题会议上，中方联合主席、国家邮政局局长马军胜发表开场致辞。

15 日，《交通可持续发展》特种邮票首发仪式在国家会议中心举行。交通运输部党组成员、国家邮政局党组书记、局长马军胜出席仪式并为特种邮票揭幕。

17 日下午，国家邮政局局长马军胜在京主持召开第 27 届万国邮联大会参会代表座谈会。国家邮政局副局长赵民、中国邮政集团有限公司副总经理温少祺出席会议。

18—22 日，国家邮政局副局长戴应军一行深入山东省泰安、临沂、日照、青岛 4 地市 12 县（市）区，采取“四不两直”方式随机选取 9 个乡镇邮政局所、8 个快递网点、16 个村庄社区，就农村地区邮政普遍服务、快递下乡进村、邮快合作情况以及邮政服务军营、行业科技等开展调研。

21 日，国家邮政局召开 2021 年快递业务旺季服务保障动员部署电视电话会议，解读《2021 年快递业务旺季服务保障工作方案》。局党组成员、副局长陈凯出席会议并讲话。

22日，十三届全国人大常委会第三十一次会议举行联组会议，结合听取和审议全国人大常委会执法检查组关于检查《中华人民共和国固体废物污染环境防治法》实施情况的报告开展专题询问。国家邮政局党组书记、局长马军胜到会回答询问。

26日，北京冬奥会倒计时100天。《中央电视台奥林匹克频道开播》纪念邮资明信片发布仪式在京举行。中宣部副部长、中央广播电视总台台长兼总编辑慎海雄，交通运输部党组成员、国家邮政局局长马军胜，中国邮政集团有限公司董事长刘爱力出席发布会，并为纪念邮资明信片揭幕。

27日，国家邮政局与广西壮族自治区人民政府在南宁签署《加快广西邮政快递业高质量发展战略合作协议》。国家邮政局党组书记、局长马军胜与自治区副主席费志荣共同签署协议。

27—29日，国家邮政局党组书记、局长马军胜在广西壮族自治区调研，先后来到南宁、柳州、桂林等地，了解电子商务与快递协同发展、快递提供供应链物流服务、快递共仓共配、快递服务农产品配送等情况。

28日，广西壮族自治区人民政府在南宁召开快递企业座谈会，正在广西考察调研的国家邮政局局长马军胜出席。

28日，浙江省快递业“两进一出”工程推进会议在义乌召开。国家邮政局副局长赵民出席会议并讲话。

11月

4日，国家邮政局召开全国邮快合作工作推进电视电话会议，通报全国邮政快递企业合作实现“快递进村”工作的开展情况。局党组成员、副局长戴应军出席会议并讲话。

10日晚，国家邮政局党组书记、局长马军胜和局党组成员、副局长陈凯深夜督战2021年“双11”旺季服务保障工作。

12日，国家邮政局局长马军胜在北京以视频方式会见万国邮联候任总局长目时正彦。双方就未来在万国邮联框架下加强合作深入交换意见、达成广泛共识。

18日，中宣部在京召开2022年度党报党刊发行工作视频会议。国家邮政局党组成员、副局长戴应军出席会议。

26日，国家邮政局党组书记、局长马军胜在中国邮政邮票博物馆与国家林业和草原局（国家公园管理局）党组书记、局长关志鸥举行工作会谈。双方就深入贯彻落实习近平生态文明思想，加强自然生态系统原真性、完整性保护，共促邮政快递业和林草业高质量发展等工作交换意见。

12月

3日，国家邮政局党组书记、局长马军胜主持召开快递企业电话座谈会，要求不断推动邮政快递业高质量发展。局党组成员、副局长陈凯出席会议。

3日、5日，国家邮政局局长马军胜，副局长戴应军、陈凯接连与快递企业、邮政企业主要负责人召开座谈会，畅谈发展、剖析问题、探讨路径。在中国邮政集团有限公司，马军胜、戴应军和陈凯一行与邮政集团董事长刘爱力、总经理张金良进行座谈，鼓励中国邮政巩固发展普遍服务、做强做大寄递主业。

6日，国家邮政局局长马军胜在北京以视频方式会见万国邮政联盟总局长比沙尔·侯赛因、副总局长帕斯卡尔·克里瓦茨。双方就全球邮政治理等问题交换了意见。

7日，第四届内地与港澳邮政高峰会议以视频方式在北京、广州、香港和澳门四地联合举行，就推动落实《关于促进粤港澳大湾区邮政业发展的实施意见》工作情况进行总结与交流。国家邮政局局长马军胜出席会议并致辞。

7日，由国家邮政局主办、南京邮电大学承办的亚洲合作资金援外项目——“一带一路”框架下5G技术与邮政物流现代化专题培训班正式在线上开班。来自11个亚洲国家的140多名邮政官员、邮政快递企业相关负责人及科研技术人员参加了本次培训。

8日，中国快递业务量创造了新的纪录，达到1000亿件。万国邮联总局长比沙尔·侯赛因、亚太邮联秘书长林洪亮分别致信中国国家邮政局局长马军胜表示祝贺。

13—16日，在寄递渠道禁毒百日攻坚行动即将收官之际，中央和国家机关第八检查督导组组长、国家邮政局副局长陈凯带队，由国家禁毒办、国家邮政局相关人员组成的督导组，赴四川省资阳市、德阳市等地考核禁毒工作。

14日，国家邮政局党组成员、副局长戴应军一行前往北京2022年冬奥会和冬残奥会赛区，考察邮政服务场所和崇礼区主题邮局，调研邮政服务设施建设及服务准备情况。

15—17日，国家邮政局党组书记、局长马军胜赴江苏宣贯党的十九届六中全会精神并调研“快递进村”工作。

17日，江苏省召开农村寄递物流体系建设推进会。国家邮政局局长马军胜、江苏省人民政府副省长储永宏出席会议并讲话。

28日，国家邮政局召开2021年快递市场秩序整顿工作总结电视电话会。局党组成员、副局长陈凯出席会议并讲话。

29日，国家邮政局党组书记、局长马军胜在北京调研冬奥会和冬残奥会寄递服务保障工作。

29—30日，国家邮政局党组成员、副局长戴应军带队赴河北复查乡镇邮政局所专项整治行动情况，赴山东调研“快递进村”推进情况、快递物流绿色能源使用情况。

31日，国家邮政局局长马军胜主持召开局务会，审议2022年全国邮政管理工作会议工作报告，部署新一年度重点工作。

31日，国家邮政局印发《“十四五”邮政业绿色发展行动计划》，就“十四五”期间深入打好行业污染防治攻坚战，加快推进行业绿色低碳发展作出系统部署。

附录 6　交通运输各行业有关统计数据

综合统计

交通运输主要指标

指标名称	计算单位	2021 年	2020 年	2021 年比 2020 年增减	2021 年为 2020 年 %
一、交通设施及运输线路拥有量					
1. 铁路营业里程	万公里	15.00	14.63	0.37	102.5
其中：高铁营业里程	万公里	4.00	3.80	0.20	105.3
2. 公路线路里程	万公里	528.07	519.81	8.26	101.6
其中：高速公路里程	万公里	16.91	16.10	0.81	105.0
二级及以上公路里程	万公里	72.36	70.24	2.13	103.0
等级公路里程	万公里	506.19	494.45	11.74	102.4
3. 公路桥梁　数量	万座	96.11	91.28	4.84	105.3
长度	万米	7380.21	6628.55	751.66	111.3
4. 公路隧道　数量	万处	2.33	2.13	0.20	109.2
长度	万米	2469.89	2199.93	269.96	112.3
5. 公共汽电车运营线路总长度	万公里	159.38	148.21	11.17	107.5
其中：无轨电车	公里	1247	1284	-37	97.1
6. 公交专用车道长度	公里	18264	16552	1712	110.3
7. 城市轨道交通运营里程	公里	8736	7355	1381	118.8
8. 内河航道通航里程	万公里	12.76	12.77	-0.004	99.97
其中：等级航道	万公里	6.72	6.73	-0.01	99.9
9. 港口生产用码头泊位	个	20867	22142	-1275	94.2
其中：沿海	个	5419	5461	-42	99.2
内河	个	15448	16681	-1233	92.6
其中：万吨级及以上码头泊位	个	2659	2592	67	102.6
10. 颁证运输机场	个	248	241	7	102.9
其中：定期航班通航机场	个	248	240	8	103.3
年旅客吞吐量达到 1000 万人次以上的机场	个	29	27	2	107.4

续上表

指标名称	计算单位	2021年	2020年	2021年比2020年增减	2021年为2020年%
11. 邮路总长度	万公里	1192.70	1187.44	5.26	100.4
其中：航空邮路	万公里	752.30	825.80	−73.50	91.1
铁路邮路	万公里	35.90	24.09	11.81	149.0
汽车邮路	万公里	404.10	336.46	67.64	120.1
12. 邮政行业营业网点	万处	41.30	34.91	6.39	118.3
二、交通运输工具拥有量					
1. 铁路					
客车	万辆	7.80	7.60	0.20	102.6
货车	万辆	96.60	91.20	5.40	105.9
机车	万台	2.17	2.20	−0.03	98.6
2. 公路					
公路营运汽车	万辆	1231.96	1171.54	60.42	105.2
载客汽车	万辆	58.70	61.26	−2.56	95.8
	万客位	1751.03	1840.89	−89.85	95.1
载货汽车	万辆	1173.26	1110.28	62.98	105.7
	万吨位	17099.50	15784.17	1315.33	108.3
私人汽车	万辆	26152.02	24291.19	1860.83	107.7
载客汽车	万辆	24074.19	22333.81	1740.38	107.8
其中：私人小轿车	万辆	15730.78	13992.93	1737.85	112.4
载货汽车	万辆	2022.34	1907.28	115.06	106.0
其他汽车	万辆	55.49	50.10	5.39	110.8
3. 城市客运					
公共汽电车	万辆	70.94	70.44	0.51	100.7
	万标台	80.51	80.15	0.36	100.5
其中：无轨电车	辆	2596	2618	−22	99.2
城市轨道交通配属车辆	辆	57286	49424	7862	115.9
巡游出租汽车	万辆	139.13	139.40	−0.27	99.8
客运轮渡船舶	艘	196	194	2	101.0
4. 营业性民用运输轮驳船					
艘数	万艘	12.59	12.68	−0.09	99.3
净载重量	万吨	28432.63	27060.16	1372.47	105.1
载客量	万客位	85.78	85.99	−0.22	99.7

续上表

指标名称	计算单位	2021 年	2020 年	2021 年比 2020 年增减	2021 年为 2020 年 %
集装箱箱位	万 TEU	288.43	293.03	-4.59	98.4
总功率	万千瓦	7306.84	7174.62	132.22	101.8
（1）机动船					
艘数	万艘	11.80	11.79	0.01	100.1
净载重量	万吨	27692.69	26313.84	1378.85	105.2
载客量	万客位	85.61	85.71	-0.10	99.9
集装箱箱位	万 TEU	288.20	292.94	-4.74	98.4
总功率	万千瓦	7306.84	7174.62	132.22	101.8
（2）驳船					
艘数	万艘	0.79	0.89	-0.10	88.6
净载重量	万吨	739.93	746.32	-6.38	99.1
载客量	万客位	0.16	0.28	-0.12	57.0
集装箱箱位	万 TEU	0.23	0.09	0.15	271.7
三、客货运输量					
营业性客运量	亿人	83.03	96.65	-13.63	85.9
营业性旅客周转量	亿人公里	19758.15	19251.47	506.68	102.6
营业性货运量	亿吨	521.60	464.40	57.20	112.3
营业性货物周转量	亿吨公里	218181.32	196760.95	21420.37	110.9
1. 铁路运输					
（1）客运量	亿人	26.12	22.04	4.08	118.5
其中：国家铁路	亿人	25.33	21.67	3.66	116.9
（2）旅客周转量	亿人公里	9567.81	8266.19	1301.62	115.7
其中：国家铁路	亿人公里	9559.09	8258.10	1300.99	115.8
（3）货运总发送量	亿吨	47.74	45.52	2.21	104.9
其中：国家铁路	亿吨	37.26	35.81	1.45	104.0
（4）货运总周转量	亿吨公里	33238.00	30514.46	2723.54	108.9
其中：国家铁路	亿吨公里	29950.01	27397.83	2552.18	109.3
2. 公路运输					
（1）营业性公路客运量	亿人	50.87	68.94	-18.07	73.8
（2）营业性公路旅客周转量	亿人公里	3627.54	4641.01	-1013.47	78.2
（3）营业性公路货运量	亿吨	391.39	342.64	48.75	114.2

续上表

指 标 名 称	计算单位	2021 年	2020 年	2021 年比 2020 年增减	2021 年为 2020 年 %
（4）营业性公路货物周转量	亿吨公里	69087.65	60171.85	8915.81	114.8
3. 城市客运					
城市客运量	亿人次	993.84	871.92	121.91	114.0
其中：公共汽电车	亿人次	489.16	442.36	46.80	110.6
城市轨道交通	亿人次	237.27	175.90	61.36	134.9
巡游出租汽车	亿人次	266.90	253.27	13.63	105.4
客运轮渡	亿人次	0.51	0.39	0.12	130.5
4. 水路运输					
（1）营业性水路客运量	亿人	1.63	1.50	0.13	109.0
（2）营业性水路旅客周转量	亿人公里	33.11	32.99	0.13	100.4
（3）营业性水路货运量	亿吨	82.40	76.16	6.23	108.2
（4）营业性水路货物周转量	亿吨公里	115577.51	105834.44	9743.06	109.2
5. 港口生产					
（1）港口货物吞吐量	亿吨	155.45	145.50	9.95	106.8
（2）港口外贸货物吞吐量	亿吨	46.97	44.96	2.02	104.5
（3）港口集装箱吞吐量	亿 TEU	2.83	2.64	0.18	107.0
（4）港口旅客吞吐量	亿人	0.48	0.44	0.04	108.0
6. 民航					
（1）旅客运输量	亿人次	4.41	4.18	0.23	105.5
（2）旅客周转量	亿人公里	6529.68	6311.28	218.41	103.5
（3）货邮运输量	亿吨	0.07	0.07	0.01	108.2
（4）货邮周转量	亿吨公里	278.16	240.20	37.96	115.8
7. 邮政					
（1）邮政业务总量	亿元	13698.30	21053.20	—	125.1
（2）邮政函件业务	亿件	10.88	14.18	-3.30	76.7
（3）包裹业务	亿件	0.18	0.20	-0.02	89.8
（4）快递业务量	亿件	1082.96	833.58	249.39	129.9
四、交通固定资产投资					
交通固定资产投资	亿元	36219.81	34783.27	1436.53	104.1
1. 铁路固定资产投资	亿元	7489.00	7819.00	-330.00	95.8
2. 公路水路固定资产投资	亿元	27508.34	25882.86	1625.47	106.3

续上表

指标名称	计算单位	2021 年	2020 年	2021 年比 2020 年增减	2021 年为 2020 年 %
公路	亿元	25995.33	24524.84	1470.49	106.0
其中：脱贫地区	亿元	7581.65	—	—	—
高速公路	亿元	15151.22	13479.40	1671.82	112.4
普通国省道	亿元	5608.81	5298.05	310.77	105.9
农村公路	亿元	4095.27	4702.75	-607.48	87.1
水路	亿元	1513.01	1358.02	154.99	111.4
其中：内河	亿元	743.10	704.29	38.81	105.5
沿海	亿元	722.74	626.17	96.57	115.4
3. 民航建设投资	亿元	1222.47	1081.41	141.06	113.0
五、新增生产能力					
1. 铁路新增生产能力					
新线投产里程	公里	4208	4933	-725	85.3
其中：高速铁路	公里	2168	2521	-353	86.0
2. 公路、水路新增生产能力					
新改建公路	公里	199684	305552	-105868	65.4
新增及改善内河航道	公里	986	1071	-85	92.1
新、改（扩）建码头泊位	个	708	584	124	121.2

铁路统计

全国铁路主要指标基本情况（2021 年）

指　标	单　位	2021 年	2021 年比 2020 年同比增长 ±%
货运总发送量	万吨	477372	4.9
货运总周转量	亿吨公里	33238.00	8.9
旅客发送量	万人	261171	18.5
旅客周转量	亿人公里	9567.81	15.7

公路统计

全国公路里程（按行政等级分）

单位：公里

地 区	总 计	国 道	国家高速公路	省 道	县 道	乡 道	专用公路	村 道
全国总计	5280708	375384	116967	387532	679493	1223044	51756	2563498
北京	22320	1930	683	2111	3902	7344	1501	5532
天津	15307	1527	603	2549	1259	3628	—	6344
河北	207170	15953	5553	12330	11727	46460	371	120329
山西	144617	11403	3508	6907	21126	47304	239	57638
内蒙古	212603	22369	5913	17595	39717	40369	963	91590
辽宁	131588	10669	3559	10460	8710	29966	814	70968
吉林	108691	10895	3662	4904	10711	28287	1138	52756
黑龙江	168354	14720	3385	13173	19547	36622	17259	67033
上海	13082	729	477	1144	3337	6441	—	1431
江苏	158036	8408	3448	9384	25396	56578	—	58269
浙江	123885	8077	3549	5179	29760	19976	555	60338
安徽	237411	11172	3711	17180	32980	42747	17	133315
福建	111031	11179	4033	5686	14911	41557	123	37575
江西	211101	12017	4320	12906	21225	40758	16	124178
山东	288143	13470	5053	13784	28561	38600	1457	192270
河南	271570	13990	4270	24127	27570	59456	—	146427
湖北	296922	14306	4946	20366	28598	85038	440	148175
湖南	241940	13781	4959	24501	36396	57605	1001	108656
广东	222987	15253	6043	24091	27689	68891	—	87062
广西	160637	15516	4580	11547	17877	28727	11	86958
海南	41046	2516	1136	2312	2233	6803	14	27166
重庆	184106	8313	2875	10679	7095	13013	329	144678
四川	398899	22702	5335	24661	62157	103739	—	185640
贵州	207190	12080	3661	22091	35898	48603	—	88519
云南	300890	21249	6076	15887	63615	106741	257	93141
西藏	120132	14442	407	15216	19278	12658	17132	41406
陕西	183414	14598	5716	11965	19164	25205	267	112215
甘肃	156583	14077	4594	17318	23756	27323	71	74038
青海	86152	13044	3221	8757	9182	22151	1543	31475
宁夏	37577	4056	1685	2947	823	9124	1564	19063
新疆	217326	20945	6006	15775	25292	61332	4672	89310

全国公路里程（按技术等级分）

单位：公里

地　区	总　计	等级公路						等外公路
		合计	高速	一级	二级	三级	四级	
全国总计	5280708	5061899	169071	128162	426417	467100	3871149	218809
北京	22320	22320	1177	1400	4012	4104	11627	—
天津	15307	15302	1325	1431	2031	1069	9446	5
河北	207170	207112	8084	7450	22130	22514	146934	58
山西	144617	143667	5763	2841	16020	21329	97715	950
内蒙古	212603	208632	6985	8984	20817	31187	140659	3972
辽宁	131588	127173	4348	4245	18940	29405	70235	4415
吉林	108691	104783	4315	2233	9767	9725	78742	3909
黑龙江	168354	145455	4520	3291	12573	33434	91637	22899
上海	13082	13082	851	480	3893	2562	5297	—
江苏	158036	158036	5023	16038	24161	17264	95549	—
浙江	123885	123885	5200	8105	10860	10590	89131	—
安徽	237411	237388	5146	6171	13874	21606	190590	23
福建	111031	97876	5810	1504	11742	9656	69164	13155
江西	211101	205655	6309	3186	12612	18213	165335	5446
山东	288143	288123	7477	12521	26638	36659	204828	21
河南	271570	264606	7190	4862	30086	21177	201291	6963
湖北	296922	292721	7378	7569	25015	8923	243836	4201
湖南	241940	231019	7083	3054	16386	6324	198172	10921
广东	222987	222779	11042	12421	19374	23945	155997	208
广西	160637	153292	7348	1890	15634	9683	118737	7345
海南	41046	40891	1265	501	2065	1919	35140	155
重庆	184106	171559	3839	1209	9553	6661	150297	12548
四川	398899	384891	8608	4617	17534	15879	338252	14008
贵州	207190	188797	8010	1459	10670	6350	162308	18392
云南	300890	281614	9947	1715	13209	10915	245827	19276
西藏	120132	100820	407	587	1089	14565	84172	19312
陕西	183414	173045	6484	2180	10359	15371	138652	10370
甘肃	156583	152434	5540	1166	11035	14532	120162	4148
青海	86152	74669	3503	598	9116	5211	56241	11483
宁夏	37577	37568	2079	2003	4263	5501	23722	9
新疆	217326	192708	7014	2450	20961	30827	131456	24618

全国公路里程（按路面类型分）

单位：公里

地区	总计	有铺装路面（高级）			简易铺装路面（次高级）	未铺装路面（中级、低级、无路面）
		合计	沥青混凝土	水泥混凝土		
全国总计	5280708	4496716	1295638	3201078	277591	506401
北京	22320	22320	18033	4287	—	—
天津	15307	15302	11624	3678	—	5
河北	207170	196442	76177	120265	6096	4632
山西	144617	126889	50846	76044	10265	7462
内蒙古	212603	163240	84761	78479	8247	41116
辽宁	131588	96143	66154	29989	19455	15991
吉林	108691	94843	31398	63445	26	13823
黑龙江	168354	127132	17686	109446	515	40708
上海	13082	13082	7981	5101	—	—
江苏	158036	158036	62905	95131	—	—
浙江	123885	121705	48462	73242	1750	431
安徽	237411	236657	41659	194997	322	432
福建	111031	95986	9954	86032	1193	13851
江西	211101	205264	29849	175415	578	5259
山东	288143	239120	111279	127841	44302	4721
河南	271570	253514	57736	195779	11510	6545
湖北	296922	275179	39676	235503	7572	14171
湖南	241940	226382	30240	196141	1101	14457
广东	222987	222320	27832	194488	575	92
广西	160637	136829	17055	119774	9600	14209
海南	41046	40827	4574	36253	51	167
重庆	184106	144939	26160	118780	5974	33193
四川	398899	368586	64830	303756	5200	25113
贵州	207190	170244	33740	136504	25970	10975
云南	300890	239593	72608	166985	2752	58544
西藏	120132	48355	34536	13819	548	71229
陕西	183414	156863	45749	111113	8234	18317
甘肃	156583	115552	38315	77237	25324	15706
青海	86152	50083	17016	33066	2488	33582
宁夏	37577	33099	19664	13435	1762	2716
新疆	217326	102191	97139	5052	76180	38954

公路桥梁（按跨径分）

地区	总计		特大桥		大桥		中桥		小桥	
	数量（座）	长度（米）	数量（座）	长度（米）	数量（座）	长度（米）	数量（座）	长度（米）	数量（座）	长度（米）
全国总计	961139	73802121	7417	13478742	134533	37158948	230965	12853268	588224	10311164
北京	6898	750794	113	265827	1088	298016	2087	122103	3610	64848
天津	4120	945600	244	433359	908	400044	1402	80071	1566	32125
河北	45623	3896645	427	858738	7125	1919531	10927	662760	27144	455616
山西	15756	1463218	108	162301	3441	905870	3766	234084	8441	160963
内蒙古	26979	1389321	56	98975	2781	622683	5285	335855	18857	331809
辽宁	49860	2045670	103	193088	3325	780847	8626	504945	37806	566791
吉林	17714	840939	37	53763	1456	362567	3848	221359	12373	203249
黑龙江	23718	1055684	38	70724	1687	371112	5458	326206	16535	287641
上海	11692	829071	93	258108	749	281171	3462	147674	7388	142118
江苏	71356	3885289	314	639515	4502	1373194	20958	977675	45582	894905
浙江	52815	4182182	561	1292728	5464	1622038	13342	683955	33448	583461
安徽	49151	2892089	351	705952	3554	1057077	9125	495104	36121	633955
福建	32966	3517979	377	717792	6968	2039748	7815	449983	17806	310456
江西	27860	1807651	86	184006	3659	920789	8161	443983	15954	258873
山东	64718	3815010	283	720097	5175	1327309	16724	959065	42536	808539
河南	54954	3556170	206	417472	6487	1644678	17896	931627	30365	562394
湖北	43126	3370357	465	920918	5432	1515844	7880	436291	29349	497304
湖南	51308	3291320	268	550662	6241	1643278	9231	509969	35568	587411
广东	51302	4924474	788	1353086	7415	2406745	10847	623290	32252	541353
广西	24775	1854812	94	101175	4426	1081341	7149	429840	13106	242456
海南	8530	502080	28	43543	946	248387	2174	118809	5382	91342
重庆	13525	1093060	131	137737	2618	637682	2982	168935	7794	148705
四川	47042	4060674	406	632054	9365	2361308	11019	596176	26252	471136
贵州	27239	4186935	441	483768	9998	3125446	6264	368701	10536	209019
云南	37872	5411297	475	608861	13365	3885229	10794	670699	13238	246509
西藏	14025	657786	61	89615	997	259685	3083	145566	9884	162920
陕西	38065	4268376	528	952929	9095	2509789	8532	511602	19910	294056
甘肃	17510	1686432	225	353765	3316	876447	5048	291663	8921	164558
青海	8628	518312	44	65069	917	241113	2026	117998	5641	94131
宁夏	5231	357283	25	50864	715	161599	1667	94120	2824	50700
新疆	16781	745612	41	62251	1318	278381	3387	193159	12035	211821

公路隧道、渡口

地区	公路隧道										公路渡口	
	总计		特长隧道		长隧道		中隧道		短隧道		总计(处)	机动渡口(处)
	数量(处)	长度(米)	数量(处)	长度(米)	数量(处)	长度(米)	数量(处)	长度(米)	数量(处)	长度(米)		
全国总计	23268	24698902	1599	7170816	6211	10844327	5595	4008108	9863	2675651	1001	461
北京	150	135397	13	53533	25	48904	22	14995	90	17964	—	—
天津	5	7997	—	—	4	7572	—	—	1	425	—	—
河北	812	854928	63	281521	206	348937	186	134156	357	90314	—	—
山西	1047	1155031	98	516650	191	328069	256	183891	502	126420	—	—
内蒙古	51	72995	8	28699	17	31963	11	8165	15	4168	7	7
辽宁	269	238780	4	13624	81	120992	119	80735	65	23429	74	7
吉林	225	311938	13	64882	101	183062	68	52613	43	11382	49	43
黑龙江	4	4435	—	—	2	3350	2	1085	—	—	208	36
上海	3	17301	2	15441	1	1860	—	—	—	—	—	—
江苏	38	41925	2	7460	12	22279	13	8671	11	3516	12	9
浙江	2375	1934076	92	384084	515	874645	493	348046	1275	327301	16	15
安徽	422	353765	17	61483	93	165953	104	73473	208	52857	16	13
福建	1917	2463267	188	810688	615	1082086	515	378127	599	192367	2	2
江西	333	330445	15	62603	99	166142	92	65346	127	36354	62	29
山东	143	165872	9	39122	42	76240	53	37871	39	12639	4	1
河南	603	406252	15	74599	94	156223	121	86556	373	88873	—	—
湖北	1176	1205378	92	418100	263	451867	289	204775	532	130637	111	84
湖南	900	786788	37	147153	197	336404	262	188700	404	114530	127	34
广东	1007	1132262	70	309710	294	515498	266	188668	377	118386	64	49
广西	1153	976527	52	201292	242	424576	272	189195	587	161464	79	52
海南	59	44823	2	9715	12	15644	17	11026	28	8438	6	4
重庆	843	970369	86	379554	208	387182	159	116205	390	87429	19	7
四川	1662	2190942	182	846188	505	910903	365	261843	610	172008	77	51
贵州	2535	2683525	125	488782	839	1427828	689	497481	882	269435	17	1
云南	2580	3031883	195	866590	802	1434224	630	453177	953	277891	14	3
西藏	131	104013	8	40784	27	40274	16	10596	80	12359	—	—
陕西	1812	1670436	104	536339	383	655747	331	230627	994	247724	21	5
甘肃	748	984332	72	345091	240	430808	191	142475	245	65958	5	—
青海	181	303560	31	124618	74	145816	27	19322	49	13804	—	—
宁夏	35	48439	2	18970	9	15921	14	10485	10	3063	9	9
新疆	49	71222	2	23542	18	33361	12	9804	17	4515	2	—

公路客、货运输量

地　区	客运量（万人）	旅客周转量（万人公里）	货运量（万吨）	货物周转量（万吨公里）
全国总计	508693	36275426	3913889	690876531
北京	28059	541106	23075	2744131
天津	8916	543009	34527	6727110
河北	7079	664622	227203	86500978
山西	5280	558472	114698	32257117
内蒙古	2686	342025	132847	22185002
辽宁	19362	960912	152596	27195009
吉林	9155	729040	47675	15238130
黑龙江	8477	566196	42086	8158063
上海	1480	496806	52899	10373231
江苏	43789	3015808	186708	36877943
浙江	24246	1768698	213653	26369680
安徽	16284	1478161	259044	37278807
福建	10522	745152	110777	12331581
江西	14978	977066	181024	39601135
山东	15139	1778325	291196	75176111
河南	37388	2937339	226447	70263319
湖北	21098	1286053	161310	21961780
湖南	37031	1953756	198423	14611563
广东	27567	2659600	267489	29804586
广西	18326	1842221	169019	18733892
海南	4856	424301	7608	447224
重庆	25647	1203887	121185	11558412
四川	45349	2702690	171377	17897895
贵州	19004	1538892	89154	7263145
云南	14973	1380309	129090	13775726
西藏	612	147750	4502	1189147
陕西	12794	1019720	122716	18186676
甘肃	10813	667029	69665	11974143
青海	1590	277209	14083	1604686
宁夏	2713	268065	37506	5777042
新疆	13483	801206	54309	6813268

全国公路营运

地区	汽车数量合计（辆）	载客汽车							
				大型		合计		普通货车	
		辆	客位	辆	客位	辆	吨位	辆	吨位
全国总计	12319587	586998	17510343	277638	12316750	11732589	170994996	4069392	49234323
北京	126341	12681	561358	9906	514306	113660	1060402	60470	600702
天津	127788	9091	383318	7804	355875	118697	1675022	21422	238730
河北	1192286	18096	572416	9047	392479	1174190	19655009	191859	2719139
山西	573230	9703	304166	4953	207772	563527	9062412	89145	1243571
内蒙古	248179	10596	358270	6690	282803	237583	3110793	69742	850462
辽宁	552737	20745	761639	13474	598597	531992	7906482	171544	1879591
吉林	251683	12025	400654	6686	294142	239658	2855647	95608	1043871
黑龙江	353506	15463	502216	8948	384593	338043	4899951	144015	1932258
上海	253506	8961	386186	7707	361434	244545	3560997	75711	826068
江苏	824995	31794	1330636	25559	1211598	793201	11038113	368133	4198910
浙江	399227	17173	615170	11128	497046	382054	5552102	140464	1782487
安徽	670875	17244	569812	8993	415912	653631	9467985	141867	1969338
福建	247397	13626	419528	6753	302403	233771	3725559	81629	1026783
江西	370823	11745	363320	5307	235587	359078	4583888	148700	1685809
山东	1392201	17957	666310	13154	575985	1374244	21350739	341383	4357223
河南	827623	29768	936691	12807	572051	797855	12047705	211983	2812037
湖北	361745	27179	702440	8865	376682	334566	4728209	153253	1870197
湖南	308954	32045	809724	8654	372831	276909	3893443	135753	1536665
广东	627233	33656	1369170	25946	1220808	593577	8922789	218612	2840636
广西	385526	22815	753922	12716	561648	362711	5052415	179627	2160876
海南	37265	5405	182069	3411	140294	31860	423791	15245	149913
重庆	275333	15045	388142	5329	225538	260288	3102110	152272	1532135
四川	498867	47599	1133545	14450	579292	451268	6142555	250650	2987682
贵州	115126	23635	566021	6216	258059	91491	1102828	59199	653906
云南	309819	39453	706963	7906	318596	270366	3215166	186453	1918771
西藏	51473	4497	85198	70	2752	46976	575450	36683	420229
陕西	284086	17063	514417	8060	349112	267023	3811706	97482	1157200
甘肃	141919	16204	357371	5426	221027	125715	1622512	68288	797855
青海	50665	4322	119275	1964	83015	46343	640854	22760	287950
宁夏	129614	4498	143141	2605	115513	125116	1665996	24761	326051
新疆	329565	36914	547255	7104	289000	292651	4542367	114679	1427279

车辆拥有量

载货汽车									其他机动车	
货车						牵引车	挂车			
大型		专用货车		集装箱车						
辆	吨位	辆	吨位	辆	TEU	辆	辆	吨	辆	吨位
3734399	48494343	603874	7187611	6203	9146	3466783	3592540	114573061	10065	62993
59157	597427	22666	139256	—	—	19971	10553	320444	—	—
21237	238342	8257	73268	—	—	45727	43291	1363024	—	—
183716	2701153	26001	283648	29	59	453494	502836	16652223	2090	2451
88504	1241912	9135	104468	—	—	231841	233406	7714373	—	—
51531	819647	8447	83133	36	48	85359	74035	2177198	—	—
147602	1826237	41116	436914	366	427	156836	162496	5589977	344	3426
88836	1021619	14431	164939	—	—	61610	68009	1646836	48	943
114387	1864394	20398	329575	470	422	86678	86952	2638118	—	—
73532	818895	14519	113579	7	9	70978	83337	2621350	—	—
361113	4176481	38317	503354	28	40	192185	194566	6335849	557	4756
137601	1775139	13839	135238	—	—	114476	113275	3634377	—	—
139998	1967124	93312	1337571	1302	2014	224260	194192	6161076	—	—
77759	1017902	10895	126041	—	—	60503	80744	2572736	—	—
131480	1644794	14545	129152	—	—	87811	108022	2768928	2333	3642
333335	4337094	54193	704060	914	872	472897	505771	16289455	—	—
186702	2747118	35381	503555	3	3	283552	266939	8732114	—	—
146274	1852025	11254	99222	2	3	83182	86877	2758790	1140	10736
121609	1504204	16108	158824	7	7	56165	68883	2197954	56	90
203774	2800464	37068	456173	184	234	158699	179198	5625979	6	107
166771	2131268	9449	82604	9	9	86773	86862	2808935	789	9291
11921	142018	3146	37408	—	—	6045	7424	236469	—	—
108212	1464693	15623	177181	37	36	47883	44510	1392795	12	9
230111	2943397	26956	345451	2659	4751	85712	87950	2809422	—	—
51582	633010	9745	101520	58	46	10931	11616	347402	1	8
151706	1858505	15450	190556	44	91	34180	34283	1105839	—	—
32033	407636	1199	10379	1	2	3826	5268	144842	—	—
94247	1150804	14340	172397	34	60	74783	80418	2482109	4	42
64542	788697	2951	27614	—	—	28731	25745	797043	—	—
21350	283440	1394	13775	—	—	11150	11039	339129	—	—
24080	324829	1482	14921	—	—	57726	41147	1325024	—	—
109697	1414078	12257	131836	13	13	72819	92896	2983253	2685	27493

国道

地　区	观测里程（公里）	年平均日						
		机动车		汽　车				
		当量数合计	自然数合计	当量数合计	自然数合计	小型货车	中型货车	大型货车
全国合计	232764	14993	9826	14344	9225	920	498	460
北京	1129	27040	21588	27022	21573	1588	1216	616
天津	578	25802	16493	25371	16140	1648	952	592
河北	7407	22027	12497	21507	12025	1269	617	488
山西	6885	13355	6612	12861	6244	556	409	466
内蒙古	15897	6163	3366	6050	3280	265	174	205
辽宁	6570	11480	7175	10948	6769	733	359	368
吉林	7131	7500	5196	7048	4804	467	249	249
黑龙江	9913	5862	4051	5458	3791	413	234	186
上海	506	72516	46628	72249	46379	4476	2678	1423
江苏	6002	32265	20326	32244	20308	1421	1087	1077
浙江	6153	33092	22523	32302	21751	2391	1127	1050
安徽	6527	17916	11062	17249	10452	1095	624	612
福建	7423	15756	10849	14656	9758	850	628	219
江西	7702	13443	8392	13036	7988	724	519	768
山东	9913	32286	18653	31557	18083	1722	921	1015
河南	11206	23592	15100	22685	14211	1401	684	564
湖北	9843	12078	7951	11441	7347	603	647	414
湖南	6700	23780	15103	23422	14751	905	558	582
广东	13723	34342	25359	31470	22541	2706	1107	1173
广西	7136	12581	8708	11294	7436	741	384	340
海南	2104	15198	12196	14324	11403	1511	758	460
重庆	4631	9473	7756	8551	6855	1112	274	247
四川	13283	11985	8862	11528	8456	672	563	536
贵州	6322	5066	4181	4481	3614	423	158	96
云南	15679	6442	5101	5721	4431	611	215	221
西藏	4245	1975	1581	1851	1484	251	49	34
陕西	5521	12489	7638	12074	7241	774	318	321
甘肃	9654	9638	5909	9409	5728	527	293	267
青海	4849	4613	3002	4484	2894	405	224	138
宁夏	3324	13471	7994	13246	7796	985	337	362
新疆	14808	6934	3980	6795	3874	319	218	144

交通量

交通量（辆 / 日）							行驶量（万车公里 / 日）	v/C 值
				摩托车	拖拉机			
特大货车	集装箱车	中小客车	大客车		当量数合计	自然数合计		
1136	141	5832	238	585	64	16	348692	0.50
831	243	16305	774	14	4	1	3054	0.69
2019	417	9985	527	327	104	26	1491	0.71
2556	141	6741	213	456	64	16	16312	0.72
1554	237	2807	215	326	168	42	9191	0.68
666	82	1830	58	77	36	9	9787	0.20
908	136	4001	264	364	168	42	7534	0.47
469	39	3135	196	372	80	20	5343	0.34
338	37	2477	106	212	192	48	5804	0.30
3894	3203	29916	789	243	24	6	3673	1.44
2521	493	13316	393	17	4	1	19359	0.64
2180	369	14152	482	766	24	6	20357	0.73
1554	152	6129	286	591	76	19	11687	0.50
1252	79	6424	306	1088	12	3	11691	0.35
924	122	4701	230	403	4	1	10344	0.38
3261	317	10348	499	517	212	53	31992	0.60
2151	135	8984	292	883	24	6	26429	0.58
736	188	4418	341	593	44	11	11875	0.51
1922	442	10069	273	350	8	2	15927	0.58
1576	343	15091	545	2800	72	18	47120	0.87
850	95	4724	302	1267	20	5	8973	0.53
392	79	7785	418	766	108	27	3197	0.44
284	36	4691	211	894	28	7	4383	0.48
462	65	5883	275	389	68	17	15902	0.56
178	8	2674	77	561	24	6	3198	0.30
223	10	3067	84	653	68	17	10086	0.30
86	1	1036	27	88	36	9	834	0.19
1248	69	4349	162	391	24	6	6890	0.45
948	31	3534	128	165	64	16	9294	0.53
377	11	1662	77	101	28	7	2232	0.17
1473	28	4502	109	189	36	9	4475	0.48
811	18	2289	75	95	44	11	10258	0.24

国家高速公路交通量

地　区	观测里程（公里）	年平均日交通量（辆/日）									行驶量（万车公里/日）	v/C 值
		当量数合计	自然数合计	小型货车	中型货车	大型货车	特大货车	集装箱车	中小客车	大客车		
全国合计	54357	26405	17045	1468	924	780	2045	333	11087	408	143619	0.43
北京	420	57016	46014	3178	2573	1174	1574	595	35199	1721	2400	0.79
天津	50	34342	18676	1564	1796	921	3564	594	9333	904	172	0.50
河北	1535	32123	17450	1455	1045	763	3825	321	9667	374	4935	0.44
山西	349	9940	5490	298	821	110	552	700	2882	127	348	0.18
内蒙古	4905	7159	3546	204	141	225	888	134	1901	53	3513	0.13
辽宁	761	27012	14307	1708	489	1065	2840	538	7274	393	2060	0.39
吉林	1019	7821	4746	405	202	239	693	117	2958	132	797	0.16
黑龙江	1310	8525	5789	609	351	240	555	115	3777	142	1124	0.17
上海	297	104756	63927	6619	4170	2300	6397	4803	38549	1089	3123	1.47
江苏	1309	55078	38407	2272	2038	1198	3312	956	27727	904	7211	0.78
浙江	2212	50932	32477	3062	2029	1498	3891	800	20454	743	11271	0.74
安徽	1092	29201	16814	1327	691	1091	2656	557	10051	441	3188	0.42
福建	3047	22617	14417	949	1233	144	2323	28	9254	486	6892	0.31
江西	2270	20421	12583	1031	834	1721	1094	193	7474	236	4635	0.30
山东	3076	37850	23504	2080	1130	1227	3252	402	14682	731	11651	0.46
河南	4146	33292	20626	1788	848	899	3059	334	13167	531	13803	0.47
湖北	1526	29530	18186	1194	1573	1006	1993	767	11121	532	4506	0.54
湖南	4184	30288	18416	801	711	701	2623	694	12558	328	12670	0.53
广东	4212	44172	31966	3981	1764	1456	2238	425	21255	847	18605	0.73
广西	1289	22554	14909	1055	803	550	1721	250	10068	462	2909	0.37
海南	932	24472	19249	2465	1368	803	698	159	13031	725	2289	0.47
重庆	339	27812	24747	5919	566	77	456	362	17019	348	944	0.47
四川	1926	39423	30017	1875	1185	1948	1425	150	23048	386	7595	0.67
贵州	236	15940	11917	1131	575	352	775	189	8615	280	378	0.29
云南	1288	12891	10371	1053	498	424	389	47	7730	230	1661	0.20
西藏	355	6551	6486	1198	4	1	1	—	5165	117	233	0.17
陕西	1012	31670	18373	1761	944	852	3314	337	10828	337	3209	0.49
甘肃	3347	13633	8270	507	456	272	1437	66	5367	165	4561	0.39
青海	1206	7652	5140	880	614	279	517	17	2743	90	925	0.13
宁夏	1230	17094	10935	1053	347	395	1660	50	7298	132	2104	0.38
新疆	3477	11203	5722	345	470	155	1608	19	3015	110	3907	0.17

公路建设投资完成额

单位：万元

地区	总计	高速公路	普通国省道	农村公路
全国总计	259953289	151512185	56088122	40952738
北京	1852432	1689215	70330	87219
天津	456418	206613	192472	20551
河北	6882119	3701332	1485104	1526995
山西	7153327	3243458	1624674	2208016
内蒙古	2903227	1094090	1005146	706936
辽宁	1017598	127300	181825	494683
吉林	2731799	1967834	331997	403622
黑龙江	3086488	1479940	1135271	353949
上海	1535170	687554	382991	464625
江苏	10107656	4551406	2979291	1814163
浙江	17994320	6598919	4246127	6145718
安徽	8411870	3722964	3294183	1142754
福建	6548659	2303524	2033161	1371960
江西	7658520	3704653	1744569	1903974
山东	14509212	7630042	2445631	3041140
河南	11573481	8392653	1737027	1193351
湖北	10934914	3811011	3497482	2791121
湖南	9953608	5455220	1948832	1782056
广东	18080109	11464596	4193782	1508502
广西	19860380	16151781	1521825	1976026
海南	1802650	434608	1094382	98340
重庆	6136690	4240540	1164507	677114
四川	21113020	11360571	5632526	3525293
贵州	8961763	6838283	1163082	832750
云南	32059424	28731880	1715195	1285852
西藏	1813567	645430	443583	220526
陕西	4075870	2068715	952501	979295
甘肃	8953566	4990898	2380079	1201650
青海	2407074	877757	1390388	116543
宁夏	1453717	978413	297172	142893
新疆	7924642	2360986	3802990	935121
其中：兵团	1033223	64500	731866	181320

注：公路交通固定资产投资统计范围包括高速公路、普通国省道、农村公路以及专用公路、枢纽场站、公路信息化、公路科研教育。

水路统计

全国内河航道通航里程（按技术等级分）

单位：公里

地　区	总　计	等级航道								等外航道
		合计	一级	二级	三级	四级	五级	六级	七级	
全国总计	127642	67204	2106	4069	8348	11284	7602	16849	16946	60439
北京	—	—	—	—	—	—	—	—	—	—
天津	52	52	—	—	—	26	—	27	—	—
河北	22	22	—	—	—	—	—	22	—	—
山西	467	139	—	—	—	—	118	21	—	328
内蒙古	2403	2380	—	—	—	555	201	1070	555	23
辽宁	413	413	—	—	56		140	217	—	—
吉林	1456	1381	—	—	64	227	654	312	124	75
黑龙江	5098	4723	—	967	864	1185	490	—	1217	375
上海	1662	918	125	—	127	53	17	322	274	743
江苏	24386	8816	370	506	1648	753	1014	2056	2470	15570
浙江	9763	5034	14	12	447	1179	471	1520	1390	4729
安徽	5645	5068	343	131	437	813	423	2209	712	577
福建	3245	1269	108	20	52	264	205	46	574	1977
江西	5638	2349	78	175	540	87	89	313	1067	3289
山东	1117	1029	—	150	130	72	57	381	238	88
河南	1403	1334	—	—	—	456	200	431	247	69
湖北	8488	6031	229	721	1045	268	827	1734	1206	2457
湖南	11496	4131	—	454	674	274	94	1476	1159	7365
广东	12265	4442	562	73	766	238	495	973	1336	7822
广西	5707	3487	268	314	621	717	321	406	839	2221
海南	343	76	9	—	—	7	1	22	37	267
重庆	4352	1882	—	545	555	150	170	134	330	2470
四川	10817	3984	—	—	309	1188	476	470	1541	6833
贵州	3954	2781	—	—	—	988	572	780	441	1173
云南	4590	3671	—	—	14	1647	235	965	810	919
西藏	—	—	—	—	—	—	—	—	—	—
陕西	1146	558	—	—	—	137	9	164	248	588
甘肃	911	456	—	—	—	—	325	13	118	455
青海	674	663	—	—	—	—	—	663	—	12
宁夏	130	115	—	—	—	—	—	105	11	15
新疆	—	—	—	—	—	—	—	—	—	—

全国港口生产用码头泊位拥有量（分省）

地　区	泊位长度（米）		生产用码头泊位（个）		# 万吨级泊位（个）	
	总长	公用	总数	公用	总数	公用
全国总计	1984402	1083453	20867	9528	2659	2011
沿海合计	895190	604503	5419	3098	2207	1717
天津	40973	40613	160	158	127	126
河北	62928	51796	256	205	208	177
辽宁	87283	71367	432	346	249	212
上海	76480	38780	567	222	185	115
江苏	31931	23749	185	146	93	69
浙江	143312	52688	1080	298	268	140
福建	78851	59642	430	305	190	160
山东	125201	101881	616	450	358	311
广东	180586	119703	1270	722	349	274
广西	40993	29185	274	159	101	81
海南	26652	15099	149	87	79	52
内河合计	1089212	478950	15448	6430	452	294
山西	—	—	—	—	—	—
辽宁	345	345	6	6	—	—
吉林	1726	1238	31	19	—	—
黑龙江	11834	10435	154	138	—	—
上海	35856	4407	766	154	—	—
江苏	472059	147199	5724	1319	436	280
浙江	122311	24262	2473	703	—	—
安徽	69241	48411	823	611	16	14
福建	—	—	—	—	—	—
江西	27733	19332	457	341	—	—
山东	16244	15457	221	212	—	—
河南	8689	1299	146	20	—	—
湖北	81169	51214	772	433	—	—
湖南	29210	23283	577	479	—	—
广东	54738	24084	809	390	—	—
广西	34606	18217	527	242	—	—
重庆	48370	40532	478	396	—	—
四川	27205	23755	371	338	—	—
贵州	24379	6087	441	92	—	—
云南	9284	5431	228	99	—	—
陕西	11127	11127	258	258	—	—
甘肃	3086	2835	186	180	—	—

水路客、货运输量

地　区	客运量（万人）	旅客周转量（万人公里）	货运量（万吨）	货物周转量（万吨公里）
全国总计	16337	331117	823973	1155775068
北京	—	—	—	—
天津	70	1055	10159	14512595
河北	—	—	4800	7240009
山西	76	301	16	345
内蒙古	—	—	—	—
辽宁	268	18865	3491	5590882
吉林	98	908	—	—
黑龙江	135	1414	519	462425
上海	361	7068	101380	330183278
江苏	2140	8254	98232	77432909
浙江	3846	49403	109210	100295135
安徽	161	2130	134580	65132585
福建	742	8221	50224	87246100
江西	159	2406	12843	3542415
山东	1047	38521	19329	28024112
河南	203	4296	17541	12637039
湖北	314	18775	47625	34463874
湖南	764	16897	21272	4496243
广东	1580	45074	107206	246885236
广西	504	20815	38030	22359300
海南	1317	28164	19282	87108742
重庆	610	29847	21462	24359447
四川	865	9784	5400	2647296
贵州	370	8890	560	237349
云南	357	6334	576	79198
西藏	—	—	—	—
陕西	66	1388	85	3113
甘肃	79	870	—	—
青海	63	614	—	—
宁夏	141	824	—	—
新疆	—	—	—	—
不分地区	—	—	152	835442

全国港口吞吐量（分省）

地区	旅客吞吐量（万人）	货物吞吐量（万吨）		集装箱吞吐量	
			外贸	箱量（万 TEU）	重量（万吨）
总 计	4774	1554534	469736	28272	318593
沿海合计	4652	997259	418806	24933	276003
天津	—	52954	29422	2027	20409
河北	—	123427	32404	481	4726
辽宁	265	78768	27254	1135	15411
上海	20	69827	41491	4703	45691
江苏	—	38127	16948	541	5282
浙江	276	149010	59170	3489	33400
福建	273	69190	25960	1746	21978
山东	694	178158	99506	3447	41464
广东	1849	181604	66194	6429	71588
广西	9	35822	16694	601	11174
海南	1265	20373	3763	334	4881
内河合计	122	557275	50930	3340	42590
山西	—	—	—	—	—
辽宁	—	—	—	—	—
吉林	—	—	—	—	—
黑龙江	—	396	95	1	12
上海	—	7143	—	—	—
江苏	—	282709	42550	1639	20588
浙江	3	43824	263	122	1476
安徽	—	58326	1522	204	1858
福建	—	—	—	—	—
江西	—	22905	444	78	1251
山东	—	6585	—	—	—
河南	—	2154	—	2	24
湖北	48	48831	1787	284	3012
湖南	—	14094	460	82	1114
广东	—	27996	2976	649	8746
广西	—	19837	116	119	2240
重庆	71	19804	578	133	1882
四川	—	2044	140	26	386
贵州	—	25	—	—	—
云南	—	602	—	—	—
陕西	—	—	—	—	—
甘肃	—	—	—	—	—

全国水路运输

地区	轮驳船总计					一、机		
	艘数（艘）	净载重量（吨）	载客量（客位）	集装箱位（TEU）	功率（千瓦）	艘数（艘）	净载重量（吨）	载客量（客位）
全国总计	125890	284326276	857768	2884341	73068425	118025	276926929	856146
北京	—	—	—	—	—	—	—	—
天津	312	4214024	3780	6130	1212543	299	4020397	3780
河北	768	2423039	16909	1868	503484	768	2423039	16909
山西	216	7241	3925	—	16430	216	7241	3925
内蒙古	—	—	—	—	—	—	—	—
辽宁	339	1311714	31929	16092	619170	331	1275184	31929
吉林	204	5260	8597	—	27099	194	—	8597
黑龙江	1245	225239	24286	—	122967	985	53974	24286
上海	1430	28056042	33181	1684500	13376197	1421	28009498	33181
江苏	27998	38420753	39389	75868	9329748	25842	35998178	39389
浙江	13362	32520592	92822	59492	7649421	13362	32520592	92822
安徽	24821	54281284	14583	130181	11197223	24128	53891149	14583
福建	1886	16452478	31706	318723	4116816	1885	16452426	31706
江西	2403	5442029	13958	6905	1287105	2400	5438999	13958
山东	10173	15516709	75945	16281	3602484	6852	12060833	75945
河南	5409	10886317	18383	2442	2294515	5095	10583338	18383
湖北	3177	7862413	36058	3825	1935024	3101	7676344	36058
湖南	4334	4902111	57119	10087	1564958	4250	4873057	56419
广东	6634	23704214	80060	218518	6177114	6625	23669067	80060
广西	7627	15734975	33030	175209	2667201	7627	15734975	33030
海南	590	11457861	41717	43057	2033070	590	11457861	41717
重庆	2616	9039277	37932	111455	2239862	2587	8985519	37932
四川	4495	1345249	37314	3666	545218	3806	1282555	37314
贵州	2001	138243	52287	—	171172	1997	134965	52287
云南	1366	189734	29452	42	183511	1363	189504	29452
西藏	—	—	—	—	—	—	—	—
陕西	1222	32591	17159	—	61455	1039	31347	16237
甘肃	447	903	9947	—	49703	447	903	9947
青海	147	—	3639	—	23872	147	—	3639
宁夏	665	—	12661	—	36851	665	—	12661
新疆	—	—	—	—	—	—	—	—
不分地区	3	155984	—	—	24212	3	155984	—

工具拥有量

动船		1. 客船			2. 客货船			
集装箱位（TEU）	功率（千瓦）	艘数（艘）	载客量（客位）	功率（千瓦）	艘数（艘）	载客量（客位）	集装箱位（TEU）	功率（千瓦）
2882015	73068425	15570	725990	2184394	306	130156	3748	955602
—	—	—	—	—	—	—	—	—
6130	1212543	57	3780	9968	—	—	—	—
1868	503484	642	16533	38676	1	376	270	12960
—	16430	206	3925	13587	—	—	—	—
—	—	—	—	—	—	—	—	—
16092	619170	53	10089	36047	35	21840	144	169721
—	27099	192	8597	26659	—	—	—	—
—	122967	622	22879	57694	56	1407	—	5659
1684500	13376197	102	32836	84379	1	345	250	12360
74838	9329748	327	29371	56899	63	10018	—	33227
59492	7649421	1255	92381	336403	5	441	—	1796
130181	11197223	337	14583	40064	—	—	—	—
318723	4116816	341	29901	103591	6	1805	256	51463
6905	1287105	268	13958	30932	—	—	—	—
15561	3602484	1015	35871	147057	46	40074	2828	431173
2442	2294515	881	18383	50422	—	—	—	—
3825	1935024	324	36058	94347	—	—	—	—
10087	1564958	1527	56419	99550	—	—	—	—
217942	6177114	400	54500	269817	33	25560	—	98280
175209	2667201	339	31930	88731	2	1100	—	8400
43057	2033070	306	15259	88511	28	26458	—	128218
111455	2239862	342	37932	124144	—	—	—	—
3666	545218	1332	37314	63370	—	—	—	—
—	171172	1602	52287	107190	—	—	—	—
42	183511	1114	28720	76953	30	732	—	2345
—	—	—	—	—	—	—	—	—
—	61455	746	16237	31946	—	—	—	—
—	49703	432	9947	47748	—	—	—	—
—	23872	147	3639	23872	—	—	—	—
—	36851	661	12661	35837	—	—	—	—
—	—	—	—	—	—	—	—	—
—	24212	—	—	—	—	—	—	—

地　区	3. 货船							
					集装箱船			
	艘数(艘)	净载重量(吨)	集装箱位(TEU)	功率(千瓦)	艘数(艘)	净载重量(吨)	集装箱位(TEU)	功率(千瓦)
全国总计	100210	276540806	2878267	68039872	1752	22675421	2266497	8636670
北京	—	—	—	—	—	—	—	—
天津	170	4020397	6130	826261	3	78531	5847	50576
河北	124	2419339	1598	449908	1	7077	478	2206
山西	10	7241	—	2843	—	—	—	—
内蒙古	—	—	—	—	—	—	—	—
辽宁	237	1221605	15948	394576	9	198306	13471	68670
吉林	—	—	—	—	—	—	—	—
黑龙江	191	51617	—	31264	—	—	—	—
上海	1271	28005643	1684250	13055008	290	13702001	1684250	5599415
江苏	24728	35980403	74838	8844641	106	670842	43706	212263
浙江	12040	32520592	59492	7110520	208	814013	49729	290746
安徽	23691	53891149	130181	11131773	105	914849	53563	243710
福建	1536	16445381	318467	3940372	155	3174905	203615	1045818
江西	2127	5438999	6905	1243211	5	12444	878	4098
山东	5323	11894384	12733	2649347	12	77657	5777	33913
河南	4201	10583338	2442	2240719	—	—	—	—
湖北	2724	7676344	3825	1797183	12	57464	3825	14426
湖南	2719	4873057	10087	1463010	23	97049	6783	25534
广东	6147	23608675	217942	5689832	592	1500086	113735	537609
广西	7286	15734540	175209	2570070	122	482883	17469	81522
海南	255	11387692	43057	1813399	18	500143	40511	324494
重庆	2220	8985519	111455	2096852	68	336795	20550	85006
四川	2294	1282555	3666	466585	20	48796	2268	12900
贵州	394	134965	—	63780	—	—	—	—
云南	216	189137	42	103537	3	1580	42	3764
西藏	—	—	—	—	—	—	—	—
陕西	288	31347	—	29014	—	—	—	—
甘肃	15	903	—	1955	—	—	—	—
青海	—	—	—	—	—	—	—	—
宁夏	—	—	—	—	—	—	—	—
新疆	—	—	—	—	—	—	—	—
不分地区	3	155984	—	24212	—	—	—	—

续上表

油船			4. 拖船		二、驳船			
艘数（艘）	净载重量（吨）	功率（千瓦）	艘数（艘）	功率（千瓦）	艘数（艘）	净载重量（吨）	载客量（客位）	集装箱位（TEU）
2970	24499210	5014360	1939	1888557	7865	7399347	1622	2326
—	—	—	—	—	—	—	—	—
31	66031	23533	72	376314	13	193627	—	—
6	8768	3246	1	1940	—	—	—	—
—	—	—	—	—	—	—		—
—	—	—	—	—	—	—	—	—
58	302838	88123	6	18826	8	36530	—	—
—	—	—	2	440	10	5260	—	—
—	—	—	116	28350	260	171265	—	—
250	9560612	1664724	47	224450	9	46544	—	—
1039	3865707	974780	724	394981	2156	2422575	—	1030
627	2764445	829459	62	200702	—	—	—	—
103	141698	48301	100	25386	693	390135	—	—
130	431828	143894	2	21390	1	52	—	—
35	156082	39033	5	12962	3	3030	—	—
55	764136	160875	468	374907	3321	3455876	—	720
—	—	—	13	3374	314	302979	—	—
166	437121	123404	53	43494	76	186069	—	—
21	26762	9188	4	2398	84	29054	700	—
314	973380	316127	45	119185	9	35147	—	576
34	58592	14909	—	—	—	—	—	—
52	4767938	508368	1	2942	—	—	—	—
48	173230	66336	25	18866	29	53758	—	—
1	42	60	180	15263	689	62694	—	—
—	—	—	1	202	4	3278	—	—
—	—	—	3	676	3	230	—	—
—	—	—	—	—	—	—	—	—
—	—	—	5	495	183	1244	922	—
—	—	—	—	—	—	—	—	—
—	—	—	—	—	—	—	—	—
—	—	—	4	1014	—	—	—	—
—	—	—	—	—	—	—	—	—
—	—	—	—	—	—	—	—	—

民航统计

2021 年度航空公司主要

单　位	飞行小时	运输总周转量（万吨公里）		
		2021 年	2020 年	增长（%）
总计	9321562	8567493.15	7985059.83	7.3
国内航线	8595453	6411374.51	5876731.44	9.1
其中：港澳台地区航线	26359	30128.79	31865.86	-5.5
国际航线	726109	2156118.64	2108328.39	2.3
中国南方航空股份有限公司	1325629	1531586.46	1480099.33	3.5
中国国际航空股份有限公司	981912	942886.74	892494.42	5.6
中国东方航空股份有限公司	967714	826685.36	738137.36	12.0
四川航空股份有限公司	439885	398654.07	363198.33	9.8
海南航空控股股份有限公司	386953	367816.67	335629.60	9.6
中国国际货运航空有限公司	59766	323757.95	317516.04	2.0
厦门航空有限公司	398205	320135.88	342390.84	-6.5
中国货运航空有限公司	46860	317917.64	258397.69	23.0
深圳航空有限责任公司	455340	317516.76	337102.80	-5.8
春秋航空股份有限公司	329492	298987.04	263401.64	13.5
山东航空股份有限公司	334568	263526.40	254608.77	3.5
上海吉祥航空股份有限公司	247789	194671.01	171409.39	13.6
北京首都航空有限公司	184719	163770.74	155426.85	5.4
顺丰航空有限公司	107030	160282.97	140148.26	14.4
浙江长龙航空有限公司	167084	127549.82	117261.18	8.8
东方航空云南有限公司	210489	122229.04	113758.57	7.4
中国东方航空江苏有限公司	167115	110938.07	106434.63	4.2
上海航空有限公司	177609	110535.86	110746.38	-0.2
天津航空有限责任公司	154596	103090.86	86045.08	19.8
云南祥鹏航空有限责任公司	120994	97227.92	91375.54	6.4
成都航空有限公司	144732	95286.01	82530.10	15.5
西部航空有限责任公司	106855	91839.84	85821.34	7.0
中国联合航空有限公司	139250	80300.69	61772.62	30.0
金鹏航空股份有限公司	42836	75089.63	68636.87	9.4
中国新华航空集团有限公司	96599	71937.32	63763.16	12.8
奥凯航空有限公司	70894	59846.39	43658.68	37.1
西藏航空有限公司	91444	57998.61	53775.87	7.9
九元航空有限公司	65273	54878.80	47832.97	14.7

生产指标完成情况统计表

旅客运输量（人次）			货邮运输量（吨）		
2021 年	2020 年	增长（%）	2021 年	2020 年	增长（%）
440557425	417778171	5.5	7318401.8	6766069.9	8.2
439080249	408213044	7.6	4651394.2	4535328.4	2.6
592505	961268	-38.4	189890.5	175780.6	8.0
1477176	9565127	-84.6	2667007.6	2230741.6	19.6
57665201	55627502	3.7	1158936.5	1115767.2	3.9
40464500	39079378	3.5	858396.7	729090.3	17.7
41270183	40268801	2.5	673854.6	495481.2	36.0
22463809	20407361	10.1	297132.6	279351.0	6.4
19922356	17528597	13.7	268051.9	210342.4	27.4
—	—	—	432510.7	471359.9	-8.2
20557075	21388637	-3.9	174399.6	220132.2	-20.8
—	—	—	534984.8	465122.8	15.0
20616649	21669293	-4.9	276349.2	321693.3	-14.1
21303421	18591852	14.6	82678.0	85300.9	-3.1
18655055	18203292	2.5	145218.1	165932.1	-12.5
13893731	11784089	17.9	83633.5	83703.1	-0.1
9750793	9385954	3.9	74673.9	55151.2	35.4
—	—	—	876903.3	814985.0	7.6
8150842	7661598	6.4	69553.7	69986.7	-0.6
9867725	9566595	3.1	77804.0	62298.9	24.9
8271626	8066330	2.5	57709.0	60080.4	-3.9
8270350	8311514	-0.5	58871.3	61361.6	-4.1
9003014	7689602	17.1	36704.7	27475.7	33.6
7893292	7648251	3.2	48845.4	35196.8	38.8
7390185	6296646	17.4	24563.7	24550.8	0.1
6525672	6338250	3.0	27693.0	24473.0	13.2
6294106	5202527	21.0	21379.4	11197.8	90.9
1736769	2097858	-17.2	95097.2	115786.1	-17.9
4925783	4454353	10.6	36972.7	32690.3	13.1
4341026	3305238	31.3	20762.4	17896.5	16.0
4315921	3904318	10.5	21498.7	27386.6	-21.5
4539761	3922668	15.7	25004.3	22210.9	12.6

单　　位	飞行小时	运输总周转量(万吨公里)		
		2021 年	2020 年	增长(%)
华夏航空股份有限公司	118666	54758.12	65569.08	-16.5
青岛航空股份有限公司	70761	53022.17	47822.22	10.9
中国东方航空武汉有限责任公司	85269	51643.24	32449.49	59.1
昆明航空有限公司	71550	50800.21	50279.99	1.0
中国南方航空河南航空有限公司	70450	48987.42	54221.46	-9.7
河北航空有限公司	67229	48594.83	54436.76	-10.7
重庆航空有限责任公司	73810	46488.22	41404.31	12.3
东海航空有限公司	52707	40725.40	51687.00	-21.2
贵州航空有限公司	55532	39931.19	38887.81	2.7
乌鲁木齐航空有限责任公司	42583	39171.07	26475.42	48.0
苏南瑞丽航空有限公司	49607	37007.30	42609.10	-13.1
广西北部湾航空有限责任公司	51697	34404.46	30879.15	11.4
珠海航空有限公司	43317	30589.29	25893.25	18.1
福州航空有限责任公司	38889	29828.07	25361.22	17.6
汕头航空有限公司	43169	29037.79	25271.62	14.9
杭州圆通货运航空有限公司	28143	25980.10	18111.88	43.4
湖南航空股份有限公司	33076	25763.74	17975.01	43.3
多彩贵州航空有限公司	42124	24324.87	15720.67	54.7
长安航空有限责任公司	27920	23432.54	22958.36	2.1
江西航空有限公司	32051	21980.21	17035.70	29.0
中国国际航空内蒙古有限公司	31708	18546.78	16243.38	14.2
中国邮政航空有限责任公司	36382	17943.69	16972.44	5.7
大连航空有限责任公司	26965	16870.54	19412.91	-13.1
桂林航空有限公司	23972	16429.74	15835.77	3.8
中原龙浩航空有限公司	16475	15824.63	4913.90	222.0
幸福航空有限责任公司	17764	8820.20	3278.23	169.1
中州航空有限责任公司	9812	5615.82	915.46	513.4
龙江航空有限公司	7852	4964.62	4183.60	18.7
大新华航空有限公司	6721	4794.32	4300.88	11.5
天津货运航空有限公司	6292	4120.21	5843.53	-29.5
中国南方航空货运有限公司	559	3784.72	—	—
北京航空有限责任公司	5162	2859.18	3699.93	-22.7
一二三航空有限公司	6558	1355.88	6.30	21411.4
天骄航空有限公司	3565	1109.11	1029.69	7.7
西北国际货运航空有限公司	1594	1038.91	—	—

续上表

旅客运输量（人次）			货邮运输量（吨）		
2021 年	2020 年	增长（%）	2021 年	2020 年	增长（%）
5015194	6404969	-21.7	9502.6	13631.4	-30.3
3710691	3308611	12.2	16878.9	20999.2	-19.6
4963045	3202509	55.0	30177.7	21340.9	41.4
3714694	3811703	-2.5	32135.8	34707.6	-7.4
3805507	4342010	-12.4	26872.8	33133.2	-18.9
3734494	4184246	-10.7	12784.5	23466.0	-45.5
3738526	3326824	12.4	14130.1	15497.6	-8.8
2883980	3698079	-22.0	25348.0	34551.8	-26.6
2852187	2799728	1.9	20251.3	20044.8	1.0
1856102	1325936	40.0	9631.5	8540.0	12.8
3001086	3364462	-10.8	11992.0	13767.2	-12.9
2694342	2422523	11.2	5244.4	5237.4	0.1
2028209	1737464	16.7	10650.9	8486.3	25.5
2233119	1879073	18.8	8879.1	7826.1	13.5
2290414	2113680	8.4	13809.5	14273.5	-3.3
—	—	—	108518.0	90992.3	19.3
1854118	1249161	48.4	6609.0	5267.6	25.5
2044952	1335627	53.1	6325.8	4404.3	43.6
1774496	1773218	0.1	7711.0	8530.3	-9.6
1826508	1335908	36.7	5839.4	10064.0	-42.0
1742767	1570855	10.9	8562.1	8672.9	-1.3
—	—	—	159779.0	153533.6	4.1
1491039	1578213	-5.5	8734.5	11081.9	-21.2
1319926	1180458	11.8	2930.4	2121.2	38.1
—	—	—	87425.0	36452.4	139.8
673109	356074	89.0	4134.2	750.4	450.9
—	—	—	44496.2	9930.3	348.1
256289	227047	12.9	1955.3	1788.3	9.3
340878	291504	16.9	2183.6	1794.7	21.7
—	—	—	39457.8	36500.2	8.1
—	—	—	4318.5	—	—
316746	429110	-26.2	1776.8	2650.5	-33.0
162851	597	27178.2	28.7	—	—
143311	128078	11.9	—	27.3	-100.0
—	—	—	9144.1	—	—

2021年度飞行1000小时

单　　位	通用航空作业小时合计							
					载客类作业小时			载人类
	名次	2021年	2020年	增长(%)	2021年	2020年	增长(%)	2021年
总计		1178412.5	983988.1	19.8	19925.7	24618.1	-19.1	106932.5
中国民航飞行学院	1	334138.6	271985.7	22.9	—	—	—	—
四川龙浩飞行驾驶培训有限公司	2	60122.2	37133.8	61.9	—	—	—	—
中国民航大学	3	46054.9	46275.7	-0.5	—	—	—	—
湖北蔚蓝通用航空科技股份有限公司	4	41471.1	28127.5	47.4	—	—	—	—
新疆天翔航空学院有限公司	5	40849.5	37405.9	9.2	—	—	—	—
中信海洋直升机股份有限公司	6	34206.3	32921.5	3.9	187.3	62.0	202.2	31008.0
珠海中航飞行学校有限公司	7	31007.2	21187.2	46.3	—	—	—	583.4
青岛九天国际飞行学院股份有限公司	8	30519.2	28329.9	7.7	—	—	—	—
河北致远通用航空有限责任公司	9	25917.0	21607.7	19.9	—	—	—	—
海南航空学校有限责任公司	10	22712.5	15343.6	48.0	—	—	—	—
中国飞龙通用航空有限公司	11	21850.2	17000.5	28.5	129.3	739.7	-82.5	1193.0
山东南山国际飞行有限公司	12	19166.8	27049.4	-29.1	—	—	—	—
海若通用航空股份有限公司	13	16345.2	2533.9	545.1	—	—	—	—
南航通用航空有限公司	14	15563.7	13402.3	16.1	209.7	180.3	16.3	10229.9
陕西凤凰国际飞行学院有限责任公司	15	15247.4	17003.6	-10.3	—	—	—	—
国网通用航空有限公司	16	13796.4	13463.4	2.5	—	—	—	287.7
吉林省福航航空学院有限公司	17	13687.8	7285.4	87.9	—	—	—	1.0
湖北龙浩飞行培训有限公司	18	13411.5	2548.4	426.3	—	—	—	—
北大荒通用航空有限公司	19	13104.7	14520.4	-9.7	102.1	706.1	-85.5	680.6
新疆龙浩飞行培训有限公司	20	12709.2	3676.8	245.7	—	—	—	—
东方时尚(西华)通用航空有限公司	21	12646.5	—	—	—	—	—	3.0
中国民用航空飞行校验中心	22	12113.5	11128.1	8.9	—	—	—	—
西安航空基地金胜通用航空有限公司	23	11887.2	17388.3	-31.6	—	—	—	—
北京翔宇通用航空有限公司	24	10182.6	7620.0	33.6	—	—	—	—
甘肃泛美通用航空有限公司	25	7309.0	5008.2	45.9	—	—	—	159.6
亚捷通用航空无锡有限公司	26	6286.4	5134.2	22.4	1928.4	1692.1	14.0	2387.0
青岛直升机航空有限公司	27	4916.0	5424.5	-9.4	—	—	—	4214.5
海直通用航空有限责任公司	28	4853.1	4737.9	2.4	1.5	—	—	2077.5
云南能投通用航空有限公司	29	4678.8	2306.6	102.8	—	—	—	—
中国通用航空有限责任公司	30	4638.6	4984.9	-6.9	—	—	—	3775.8
北京华彬天星通用航空股份有限公司	31	4456.2	4123.2	8.1	1117.3	963.1	16.0	1238.4

以上通用航空公司统计表

经营性小时					非经营性小时		
作业小时		其他类作业小时					
2020 年	增长（%）	2021 年	2020 年	增长（%）	2021 年	2020 年	增长（%）
91420.3	17.0	591093.7	465410.6	27.0	460459.5	402539.0	14.4
—	—	—	—	—	334138.6	271985.7	22.9
—	—	57650.9	37133.8	55.3	2471.3	—	—
—	—	—	—	—	46054.9	46275.7	-0.5
—	—	41471.1	28127.5	47.4	—	—	—
—	—	40783.1	37277.3	9.4	66.4	128.6	-48.3
29733.9	4.3	381.5	229.8	66.0	2629.5	2895.7	-9.2
74.4	684.0	30423.8	21112.8	44.1	—	—	—
—	—	30504.9	28309.0	7.8	14.2	20.9	-31.8
—	—	25917.0	21607.7	19.9	—	—	—
—	—	22712.5	15343.6	48.0	—	—	—
1521.2	-21.6	20525.0	14709.9	39.5	2.9	29.7	-90.3
—	—	19166.8	26940.3	-28.9	—	109.1	-100.0
—	—	16158.5	2533.9	537.7	186.7	—	—
8542.4	19.8	3635.8	3868.6	-6.0	1488.2	811.0	83.5
—	—	15247.4	17003.6	-10.3	—	—	—
4.8	5893.1	13070.5	12066.9	8.3	438.3	1391.7	-68.5
17.4	-94.3	13569.0	7174.9	89.1	117.8	93.1	26.5
—	—	13325.2	2458.6	442.0	86.3	89.8	-3.9
1606.9	-57.6	11339.1	10439.0	8.6	982.9	1768.4	-44.4
—	—	12154.4	3676.8	230.6	554.8	—	—
—	—	12616.3	—	—	27.2	—	—
—	—	—	—	—	12113.5	11128.1	8.9
—	—	11887.2	17388.3	-31.6	—	—	—
—	—	10037.1	7505.7	33.7	145.5	114.3	27.3
318.1	-49.8	7129.8	4676.4	52.5	19.6	13.7	43.5
1595.6	49.6	1129.8	1157.3	-2.4	841.2	689.2	22.0
4606.9	-8.5	24.9	—	—	676.7	817.6	-17.2
1800.3	15.4	2059.8	2155.2	-4.4	714.2	782.4	-8.7
—	—	4657.3	2306.6	101.9	21.5	—	—
3538.2	6.7	811.5	1155.7	-29.8	51.3	291.0	-82.4
446.1	177.6	1316.7	1661.7	-20.8	783.7	1052.2	-25.5

单位	通用航空作业小时合计							
					载客类作业小时			载人类
	名次	2021 年	2020 年	增长(%)	2021 年	2020 年	增长(%)	2021 年
中一太客商务航空有限公司	32	4348.5	4304.5	1.0	2361.1	2711.2	-12.9	—
金鹿（北京）公务航空有限公司	33	4114.0	4794.3	-14.2	—	—	—	—
四川驼峰通用航空有限公司	34	4012.5	5207.4	-22.9	—	1.6	-100.0	542.7
新疆通用航空有限责任公司	35	3933.1	4126.5	-4.7	737.6	1127.4	-34.6	730.4
海南三亚亚龙通用航空有限公司	36	3766.3	2619.6	43.8	4.6	4.3	5.8	3325.2
江西快线通勤航空有限公司	37	3765.1	2064.0	82.4	3065.1	1531.6	100.1	—
亚联公务机有限公司	38	3700.6	3256.5	13.6	—	—	—	9.3
新疆天山雄鹰国际飞行学院有限公司	39	3659.6	908.1	303.0	—	—	—	—
领航通用航空有限公司	40	3502.4	3201.5	9.4	—	—	—	—
安徽通用航空有限公司	41	3484.9	105.1	3214.2	—	—	—	3265.8
北京华龙商务航空有限公司	42	3407.3	3263.1	4.4	1632.6	1534.6	6.4	—
湖北同诚通用航空有限公司	43	3369.7	3550.5	-5.1	—	—	—	1045.0
日照锐翔飞行培训有限公司	44	3320.5	2036.6	63.0	—	—	—	—
日照锐翔通用航空有限公司	45	2996.7	1999.2	49.9	—	—	—	664.2
山东通用航空服务股份有限公司	46	2989.9	1460.1	104.8	—	—	—	2315.3
河北金鹏通用航空有限公司	47	2640.7	2102.9	25.6	—	—	—	1188.5
四川奥林通用航空有限责任公司	48	2633.3	727.3	262.0	—	—	—	—
浙江德盛通用航空有限公司	49	2581.5	953.2	170.8	0.6	1.8	-66.4	1392.9
新疆天鹰通用航空有限公司	50	2416.2	967.6	149.7	—	—	—	—
广州穗联直升机通用航空有限公司	51	2345.0	2324.1	0.9	—	—	—	77.0
上海金鹿公务航空有限公司	52	2312.9	2752.8	-16.0	13.7	374.0	-96.3	—
内蒙古通用航空股份有限公司	53	2288.4	3875.5	-41.0	683.0	2823.3	-75.8	774.3
湖北楚天通用航空有限责任公司	54	2262.3	1226.1	84.5	—	—	—	672.3
中体飞行衡水通用航空有限公司	55	2190.0	952.6	129.9	—	—	—	—
上海中瑞通用航空有限公司	56	2175.5	1030.3	111.2	—	—	—	964.8
广东聚翔通用航空有限责任公司	57	2160.8	1826.4	18.3	—	—	—	1287.5
翼飞通用航空股份有限公司	58	2139.4	2056.8	4.0	—	—	—	—
中飞通用航空有限责任公司	59	2104.0	1657.5	26.9	—	6.0	-100.0	—
山东鲁翼通用航空有限公司	60	2089.6	1000.0	109.0	—	—	—	19.7
北京猎鹰飞行俱乐部管理服务有限公司	61	1993.1	1156.0	72.4	—	—	—	—
齐齐哈尔鹤翔通用航空有限责任公司	62	1973.2	1790.2	10.2	—	—	—	120.4
北京首航直升机股份有限公司	63	1884.0	5674.1	-66.8	—	—	—	781.3
海南亚太通用航空有限公司	64	1793.1	1259.7	42.3	80.2	310.1	-74.2	571.1

续上表

经营性小时					非经营性小时		
作业小时		其他类作业小时					
2020 年	增长（%）	2021 年	2020 年	增长（%）	2021 年	2020 年	增长（%）
—	—	—	—	—	1987.4	1593.3	24.7
—	—	—	—	—	4114.0	4794.3	-14.2
443.3	22.4	2278.3	3085.8	-26.2	1191.5	1676.8	-28.9
641.1	13.9	1915.7	1793.7	6.8	549.4	564.3	-2.6
2419.4	37.4	290.7	160.2	81.4	145.9	35.6	309.5
—	—	—	—	—	700.0	532.3	31.5
—	—	—	—	—	3691.3	3256.5	13.4
3.6	-100.0	3621.9	108.0	3254.6	37.7	796.6	-95.3
99.3	-100.0	2566.0	1974.3	30.0	936.5	1127.9	-17.0
—	—	101.6	99.5	2.0	117.5	5.6	1998.2
—	—	—	—	—	1774.7	1728.5	2.7
363.4	187.6	2131.4	2870.2	-25.7	193.3	317.0	-39.0
—	—	3081.4	1635.9	88.4	239.0	400.6	-40.3
412.6	61.0	1516.8	392.2	286.7	815.7	1194.4	-31.7
1077.7	114.8	586.5	94.7	519.3	88.2	287.7	-69.4
1099.8	8.1	1452.2	998.8	45.4	—	4.3	-100.0
—	—	1617.3	404.5	299.9	1016.0	322.9	214.7
71.2	1856.8	474.4	154.0	208.0	713.6	726.2	-1.7
—	—	2395.6	835.9	186.6	20.7	131.7	-84.3
40.6	89.6	2237.9	2032.0	10.1	30.1	251.5	-88.0
—	—	—	—	—	2299.2	2378.9	-3.3
166.1	366.2	497.9	542.1	-8.1	333.2	344.0	-3.1
5.5	12124.2	1348.6	631.1	113.7	241.4	589.4	-59.0
—	—	1990.0	252.6	687.7	200.0	700.0	-71.4
377.6	155.5	1206.7	508.0	137.5	4.1	144.7	-97.2
811.4	58.7	869.1	950.5	-8.6	4.3	64.5	-93.3
—	—	2073.2	2056.8	0.8	66.1	—	—
—	—	907.4	1115.1	-18.6	1196.5	536.5	123.0
17.6	11.8	2067.1	981.0	110.7	2.8	1.4	101.2
—	—	1993.1	1148.8	73.5	—	7.2	-100.0
70.9	69.9	1773.2	1627.5	8.9	79.6	91.8	-13.2
1269.8	-38.5	1063.3	3230.3	-67.1	39.4	1174.0	-96.6
103.6	451.4	1048.6	775.1	35.3	93.2	70.9	31.5

单　位	通用航空作业小时合计				载客类作业小时			载人类
	名次	2021 年	2020 年	增长（%）	2021 年	2020 年	增长（%）	2021 年
南京若尔通用航空有限公司	65	1740.8	1842.8	-5.5	2.1	—	—	452.6
四川皓燃航空服务有限公司	66	1720.4	—	—	—	—	—	5.1
安阳通用航空有限责任公司	67	1706.1	2222.7	-23.2	—	—	—	88.3
东北通用航空有限公司	68	1665.5	2382.0	-30.1	—	—	—	317.6
上海翼飞通用航空有限公司	69	1659.0	1000.0	65.9	—	—	—	—
东时双悦（北京）通用航空有限公司	70	1591.9	—	—	—	—	—	778.1
北京蓝天飞行通用航空有限公司	71	1587.3	601.7	163.8	—	—	—	—
黑龙江九州通用航空有限公司	72	1572.1	1620.2	-3.0	—	—	—	—
珠海中航通用航空有限公司	73	1569.9	1369.2	14.7	871.5	615.5	41.6	—
陕西精功通用航空有限公司	74	1561.2	1468.5	6.3	—	—	—	211.8
四川一诺通用航空有限公司	75	1555.7	—	—	—	—	—	—
广西展卓通用航空有限公司	76	1527.0	1430.9	6.7	40.1	3.1	1172.0	297.1
南山公务机有限公司	77	1508.6	1546.3	-2.4	514.8	22.0	2238.2	—
广州市尚得尔航空俱乐部有限公司	78	1499.6	505.8	196.5	—	—	—	—
陕西天颖航空俱乐部有限公司	79	1479.0	419.4	252.7	—	—	—	—
贵州黄平且兰通用航空有限公司	80	1477.9	1015.0	45.6	—	—	—	4.9
湖北祥云通用航空有限公司	81	1472.2	522.9	181.5	—	—	—	1309.9
江苏圣豪通用航空有限公司	82	1460.6	965.2	51.3	—	—	—	—
中徽通用航空股份有限公司	83	1451.0	1863.4	-22.1	—	—	—	225.0
淄博益农通用航空服务有限公司	84	1412.8	689.1	105.0	—	—	—	—
云南通用航空有限公司	85	1387.2	1136.8	22.0	—	—	—	—
河北中航通用航空有限公司	86	1374.7	2326.4	-40.9	631.1	1761.8	-64.2	—
山东高翔通用航空股份有限公司	87	1344.6	1874.1	-28.3	—	—	—	143.7
上海桥枫航空科技有限公司	88	1332.0	24.5	5336.7	—	—	—	—
河南永翔通用航空有限责任公司	89	1325.4	1177.2	12.6	—	—	—	62.8
湖南山河通航有限公司	90	1304.2	1270.5	2.7	—	—	—	273.8
辽宁锐翔通用航空有限公司	91	1301.6	2995.3	-56.5	—	—	—	14.7
黑龙江勇翔通用航空有限公司	92	1289.5	902.6	42.9	—	—	—	—
广东知行通用航空有限公司	93	1279.6	373.9	242.2	—	—	—	265.5
常州江南通用航空有限公司	94	1279.5	918.0	39.4	7.6	1.8	332.1	0.7
山西成功通用航空股份有限公司	95	1276.6	1523.4	-16.2	196.1	720.3	-72.8	30.1
海燕通用航空有限公司	96	1274.3	1054.3	20.9	—	—	—	—
衡阳通用航空有限公司	97	1260.2	416.8	202.4	—	—	—	893.7
幸福运通用航空有限公司	98	1255.4	788.1	59.3	26.8	57.7	-53.5	1044.2

续上表

经营性小时					非经营性小时		
作业小时		其他类作业小时					
2020 年	增长（%）	2021 年	2020 年	增长（%）	2021 年	2020 年	增长（%）
486.9	-7.0	1002.7	1306.3	-23.2	283.4	49.5	472.6
—	—	1522.7	—	—	192.6	—	—
182.1	-51.5	1350.3	1544.9	-12.6	267.5	495.8	-46.1
848.1	-62.5	1269.1	1443.4	-12.1	78.7	90.6	-13.1
—	—	1659.0	1000.0	65.9	—	—	—
—	—	782.6	—	—	31.1	—	—
—	—	1587.3	601.7	163.8	—	—	—
—	—	1572.1	1611.9	-2.5	—	8.3	-100.0
23.7	-100.0	698.5	727.2	-4.0	—	2.8	-100.0
13.0	1533.3	1196.2	1351.9	-11.5	153.2	103.6	47.8
—	—	1522.0	—	—	33.7	—	—
437.6	-32.1	810.6	921.8	-12.1	379.3	68.3	454.9
—	—	—	—	—	993.8	1524.3	-34.8
—	—	1499.6	505.8	196.5	—	—	—
—	—	1331.0	273.8	386.1	148.0	145.5	1.7
—	—	1283.6	—	—	189.5	1015.0	-81.3
399.2	228.1	136.2	83.8	62.6	26.0	39.9	-34.9
11.9	-100.0	1414.1	910.5	55.3	46.6	42.9	8.6
246.4	-8.7	1226.0	1617.0	-24.2	—	—	—
—	—	1412.8	689.1	105.0	—	—	—
—	—	1387.2	1136.8	22.0	—	—	—
—	—	521.9	281.6	85.3	221.7	283.1	-21.7
19.3	644.6	1200.4	1849.6	-35.1	0.5	5.2	-89.8
—	—	428.0	—	—	904.0	24.5	3589.8
92.1	-31.8	1201.8	1073.7	11.9	60.8	11.5	430.4
333.9	-18.0	1017.1	926.9	9.7	13.4	9.7	37.4
61.8	-76.2	372.4	330.5	12.7	914.5	2602.9	-64.9
50.0	-100.0	1202.6	785.1	53.2	86.9	67.5	28.7
23.7	1021.6	768.1	292.7	162.4	246.0	57.5	327.5
1.0	-25.9	1247.3	865.8	44.1	23.9	49.5	-51.8
—	—	683.8	592.9	15.3	366.5	210.2	74.4
—	—	1274.3	1025.1	24.3	—	29.1	-100.0
20.2	4331.3	228.1	240.2	-5.0	138.5	156.4	-11.5
626.3	66.7	—	—	—	184.5	104.1	77.1

单位	通用航空作业小时合计				载客类作业小时			载人类
	名次	2021 年	2020 年	增长(%)	2021 年	2020 年	增长(%)	2021 年
黑龙江凯达通用航空有限公司	99	1247.5	938.4	32.9	—	—	—	776.4
辽宁辽河通用航空有限公司	100	1214.9	759.3	60.0	—	—	—	323.7
鄂尔多斯市圣鹰通用航空有限责任公司	101	1214.0	1099.4	10.4	—	—	—	150.0
盘锦跃龙通用航空有限公司	102	1208.7	1685.6	-28.3	—	—	—	40.5
湖南瀚星国际航空学校有限公司	103	1201.5	720.8	66.7	—	—	—	70.3
深圳市东部通用航空有限公司	104	1195.6	857.6	39.4	687.4	394.6	74.2	30.0
辽宁众翔通用航空有限责任公司	105	1191.3	904.2	31.8	—	4.6	-100.0	—
东方公务航空有限公司	106	1164.2	1863.0	-37.5	528.7	1078.6	-51.0	—
湖北奥蓝通用航空有限公司	107	1158.1	1237.9	-6.4	—	—	—	7.2
内蒙古天羽通用航空有限公司	108	1146.7	2480.7	-53.8	—	—	—	222.7
精功（北京）通用航空有限责任公司	109	1083.3	946.0	14.5	—	—	—	531.9
荆门通用航空有限责任公司	110	1059.3	976.5	8.5	—	2.1	-100.0	7.7
山东寰宇航空学校有限公司	111	1043.3	362.7	187.7	—	—	—	—
陕西秦汉通用航空有限公司	112	1042.8	675.4	54.4	—	—	—	142.0
大连欧亚直升机有限公司	113	1028.3	1062.3	-3.2	—	—	—	542.9
江苏润扬通用航空有限公司	114	1028.0	1053.3	-2.4	293.6	131.0	124.1	110.3
安徽蓝天国际飞行学院有限责任公司	115	1018.3	1104.6	-7.8	—	—	—	—
贵州小飞通用航空有限公司	116	1017.6	99.0	927.9	—	—	—	482.4
北京乐享通用航空有限公司	117	1014.2	236.1	329.6	—	—	—	—

续上表

经营性小时					非经营性小时		
作业小时		其他类作业小时					
2020 年	增长（%）	2021 年	2020 年	增长（%）	2021 年	2020 年	增长（%）
545.5	42.3	377.5	353.1	6.9	93.6	39.8	135.4
—	—	559.8	731.8	-23.5	331.5	27.5	1104.5
493.8	-69.6	640.0	271.3	135.9	424.0	334.4	26.8
14.1	186.6	921.8	1314.2	-29.9	246.4	357.2	-31.0
36.5	92.5	1121.1	668.6	67.7	10.1	15.7	-35.7
97.5	-69.2	156.0	148.8	4.8	322.1	216.7	48.6
4.1	-100.0	958.7	852.8	12.4	232.6	42.7	444.4
—	—	—	—	—	634.4	784.4	-19.1
—	—	1108.7	1210.6	-8.4	42.2	27.4	54.1
—	—	889.5	2480.7	-64.1	34.5	—	—
450.0	18.2	512.7	445.3	15.1	38.7	50.7	-23.6
—	—	819.0	819.8	-0.1	232.6	154.6	50.4
—	—	102.9	—	—	940.4	362.7	159.3
139.2	2.0	471.4	361.2	30.5	429.4	175.0	145.4
772.3	-29.7	442.5	167.1	164.9	42.9	122.9	-65.1
216.9	-49.2	493.5	601.2	-17.9	130.6	104.2	25.4
—	—	1018.3	1104.6	-7.8	—	—	—
—	—	528.7	—	—	6.6	99.0	-93.4
—	—	905.4	141.2	541.2	108.8	94.9	14.7

2021 年度民航各运输机场吞吐量和飞机起降

机　场	旅客吞吐量（人次）				
	名次	2021 年	2020 年	增长（%）	名次
合计		907482935	857159437	5.9	
广州 / 白云	1	40249679	43760427	−8.0	2
成都 / 双流	2	40117496	40741509	−1.5	7
深圳 / 宝安	3	36358185	37916059	−4.1	3
重庆 / 江北	4	35766284	34937789	2.4	8
上海 / 虹桥	5	33207337	31165641	6.6	10
北京 / 首都	6	32639013	34513827	−5.4	4
昆明 / 长水	7	32221295	32989127	−2.3	11
上海 / 浦东	8	32206814	30476531	5.7	1
西安 / 咸阳	9	30173312	31073884	−2.9	9
杭州 / 萧山	10	28163820	28224342	−0.2	5
北京 / 大兴	11	25051012	16091449	55.7	18
长沙 / 黄花	12	19983064	19223825	3.9	16
武汉 / 天河	13	19796618	12802070	54.6	13
郑州 / 新郑	14	18954907	21406709	−11.5	6
南京 / 禄口	15	17606886	19906576	−11.6	12
海口 / 美兰	16	17519708	16490216	6.2	24
贵阳 / 龙洞堡	17	16964158	16583878	2.3	28
乌鲁木齐 / 地窝堡	18	16880507	11152723	51.4	26
三亚 / 凤凰	19	16629950	15412787	7.9	31
青岛 / 胶东	20	16031973	14561592	10.1	15
天津 / 滨海	21	15127110	13285478	13.9	17
厦门 / 高崎	22	14952064	16710197	−10.5	14
沈阳 / 桃仙	23	13923884	13181482	5.6	19
济南 / 遥墙	24	13616212	12384736	9.9	21
哈尔滨 / 太平	25	13502030	13508687	0.0	30
兰州 / 中川	26	12171160	11126554	9.4	37
长春 / 龙嘉	27	11289686	9360541	20.6	32
南宁 / 吴圩	28	10851498	10584134	2.5	27
大连 / 周水子	29	10365478	8587079	20.7	25
太原 / 武宿	30	9995334	9013205	10.9	38
南昌 / 昌北	31	9795967	9426518	3.9	20
宁波 / 栎社	32	9462501	8971579	5.5	29

架次统计表（旅客吞吐量100万人次以上机场）

货邮吞吐量（吨）			起降架次			
2021年	2020年	增长（%）	名次	2021年	2020年	增长（%）
17827978.1	16074918.9	10.9		9777362	9049212	8.0
2044908.7	1759281.2	16.2	1	362470	373421	−2.9
629422.2	618527.7	1.8	4	300862	311797	−3.5
1568274.5	1398782.5	12.1	3	317855	320348	−0.8
476723.1	411239.6	15.9	6	280577	274659	2.2
383405.5	338557.1	13.2	10	231261	219404	5.4
1401312.7	1210441.2	15.8	5	298176	291498	2.3
377225.4	324989.8	16.1	7	279471	274433	1.8
3982616.4	3686627.1	8.0	2	349524	325678	7.3
395604.5	376310.9	5.1	8	256965	255652	0.5
914063.0	802049.1	14.0	9	238269	237362	0.4
185942.7	77252.9	140.7	12	211238	133114	58.7
209074.5	192018.0	8.9	15	162977	156321	4.3
315998.2	189361.1	66.9	14	174565	115197	51.5
704748.9	639413.4	10.2	17	161162	178682	−9.8
359138.5	389362.4	−7.8	16	161896	181725	−10.9
148378.6	134717.9	10.1	19	138930	129726	7.1
115242.6	113452.0	1.6	21	134639	134606	0.0
137444.8	122005.4	12.7	20	138724	100096	38.6
103892.2	79933.6	30.0	24	116066	108157	7.3
237603.0	206785.9	14.9	18	139677	127058	9.9
194886.6	184980.4	5.4	23	125328	115770	8.3
297836.5	278336.4	7.0	22	128057	139827	−8.4
173871.3	171985.9	1.1	25	113051	107268	5.4
168135.2	146571.3	14.7	26	112746	102375	10.1
106886.4	112052.4	−4.6	27	108770	108444	0.3
73108.3	69990.0	4.5	30	102688	94892	8.2
94465.3	83671.9	12.9	35	89323	75510	18.3
124128.3	107085.1	15.9	32	92723	88200	5.1
137671.0	122951.8	12.0	33	92479	83275	11.1
55646.9	50788.1	9.6	36	88951	79299	12.2
173394.4	182174.8	−4.8	34	90904	87146	4.3
112685.6	119155.9	−5.4	43	77705	75373	3.1

机　场	旅客吞吐量（人次）				
	名次	2021 年	2020 年	增长（%）	名次
温州 / 龙湾	33	9231409	8787200	5.1	35
福州 / 长乐	34	9037195	8861811	2.0	23
呼和浩特 / 白塔	35	9006388	8108674	11.1	40
合肥 / 新桥	36	8795391	8594344	2.3	33
珠海 / 金湾	37	8020230	7335646	9.3	43
无锡 / 硕放	38	7126411	5993519	18.9	22
银川 / 河东	39	6998424	6906054	1.3	42
石家庄 / 正定	40	6451083	8203974	−21.4	45
泉州 / 晋江	41	5984109	5620551	6.5	36
烟台 / 蓬莱	42	5955936	5791514	2.8	34
西宁 / 曹家堡	43	5864258	5862059	0.0	44
揭阳 / 潮汕	44	5734175	5285718	8.5	47
拉萨 / 贡嘎	45	4779386	4133192	15.6	41
桂林 / 两江	46	4531212	4351377	4.1	52
成都 / 天府	47	4354758	—	—	49
西双版纳 / 嘎洒	48	4267978	4091893	4.3	55
丽江 / 三义	49	4220618	5037158	−16.2	54
绵阳 / 南郊	50	2980409	2890912	3.1	67
常州 / 奔牛	51	2923644	2255238	29.6	48
徐州 / 观音	52	2614503	2201097	18.8	66
南通 / 兴东	53	2525426	2515044	0.4	39
湛江	54	2508238	2231708	12.4	76
临沂 / 启阳	55	2364486	1877341	25.9	57
扬州 / 泰州	56	2223755	2371571	−6.2	58
宜昌 / 三峡	57	2201505	1846280	19.2	89
喀什	58	2171947	1272042	70.7	59
泸州 / 云龙	59	2100833	1624263	29.3	75
惠州 / 平潭	60	2008153	1984661	1.2	62
威海 / 大水泊	61	2005161	1807384	10.9	51
运城 / 张孝	62	1919323	1638066	17.2	68
北海 / 福成	63	1889903	1632147	15.8	70
库尔勒 / 梨城	64	1839281	1417094	29.8	65
呼伦贝尔 / 海拉尔	65	1825229	1526590	19.6	78
赣州 / 黄金	66	1808479	1461715	23.7	79

续上表

货邮吞吐量（吨）			起降架次			
2021 年	2020 年	增长（%）	名次	2021 年	2020 年	增长（%）
73241.4	73571.6	−0.4	42	80592	73717	9.3
152742.7	119970.1	27.3	40	81523	82768	−1.5
45291.3	43142.6	5.0	37	84325	79195	6.5
93721.0	87505.6	7.1	44	77547	74838	3.6
40046.8	38357.8	4.4	46	69073	66450	3.9
163395.2	157198.0	3.9	47	65650	55186	19.0
42021.9	51824.4	−18.9	48	64311	61630	4.4
33298.6	86390.4	−61.5	55	53605	70680	−24.2
73185.7	77506.0	−5.6	56	52347	50295	4.1
74589.3	67371.3	10.7	49	61855	61335	0.8
33820.8	38788.1	−12.8	52	57020	54565	4.5
31235.0	27661.9	12.9	59	50333	44517	13.1
45105.7	41920.2	7.6	62	44449	36762	20.9
17222.7	15442.9	11.5	63	41423	39290	5.4
19853.7	—	—	65	37103	—	—
13719.5	8592.4	59.7	66	36675	35152	4.3
14212.6	11207.9	26.8	64	39192	42937	−8.7
7347.3	7564.8	−2.9	13	188894	179878	5.0
20116.0	18911.3	6.4	58	50739	38323	32.4
8155.7	11346.1	−28.1	76	29775	34568	−13.9
53021.7	54016.3	−1.8	79	27294	28454	−4.1
5794.8	5747.1	0.8	77	28206	25478	10.7
12058.8	10496.0	14.9	61	47068	29585	59.1
10687.7	12579.0	−15.0	67	36507	42154	−13.4
2746.5	3211.9	−14.5	38	83810	49960	67.8
10577.6	8505.6	24.4	89	19104	12824	49.0
6001.8	5643.2	6.4	81	24555	23629	3.9
8556.4	8931.6	−4.2	91	18749	18007	4.1
19215.0	8858.9	116.9	84	22893	19467	17.6
7306.5	5372.9	36.0	82	24229	26094	−7.1
7153.3	6582.7	8.7	101	16174	14826	9.1
8247.5	9018.3	−8.5	87	20227	17599	14.9
5459.9	5254.1	3.9	95	17076	15512	10.1
4623.4	4083.1	13.2	92	17635	15142	16.5

机　场	旅客吞吐量（人次）				
	名次	2021年	2020年	增长（%）	名次
盐城/南洋	67	1754272	1691883	3.7	61
襄阳/刘集	68	1742022	1214621	43.4	85
榆林/榆阳	69	1718283	1621591	6.0	56
义乌	70	1677265	1366207	22.8	53
阿克苏/红旗坡	71	1623187	1266998	28.1	71
西昌/青山	72	1595315	953387	67.3	81
宜宾/五粮液	73	1543792	913093	69.1	73
鄂尔多斯/伊金霍洛	74	1502958	1364931	10.1	69
舟山/普陀山	75	1483700	1141491	30.0	138
张家界/荷花	76	1433164	1278388	12.1	91
赤峰/玉龙	77	1421971	1290608	10.2	115
大理/荒草坝	78	1420494	1312180	8.3	72
遵义/茅台	79	1413381	1450420	−2.6	127
淮安/涟水	80	1404683	1326809	5.9	50
台州/路桥	81	1338960	1086994	23.2	60
包头/东河	82	1336911	1179202	13.4	86
恩施/许家坪	83	1301477	932914	39.5	102
遵义/新舟	84	1292664	1531287	−15.6	101
和田	85	1290889	1003825	28.6	74
德宏/芒市	86	1237937	1892713	−34.6	64
洛阳/北郊	87	1237795	959448	29.0	124
连云港/花果山	88	1233272	965336	27.8	63
柳州/白莲	89	1158885	1012860	14.4	77
万州/五桥	90	1149138	1007287	14.1	112
十堰/武当山	91	1132398	948966	19.3	98
南阳/姜营	92	1067753	955606	11.7	126
保山/云瑞	93	1016445	976878	4.1	96
常德/桃花源	94	1008348	965844	4.4	151
济宁/曲阜	95	1006299	416835	141.4	90
兴义/万峰林	96	1001683	1042558	−3.9	92

续上表

货邮吞吐量（吨）			起降架次			
2021 年	2020 年	增长（%）	名次	2021 年	2020 年	增长（%）
10087.9	13630.7	-26.0	90	19057	18799	1.4
3059.4	2849.3	7.4	45	71531	73847	-3.1
12606.3	12860.7	-2.0	88	19367	18680	3.7
14249.3	12584.8	13.2	100	16506	13677	20.7
7050.7	7638.1	-7.7	96	16967	14831	14.4
4564.8	3377.5	35.2	93	17454	10458	66.9
6372.1	5467.1	16.6	104	15815	10245	54.4
7283.5	5012.1	45.3	75	29828	21544	38.5
625.7	893.5	-30.0	83	23045	20250	13.8
2628.1	1110.7	136.6	106	14722	13547	8.7
1184.7	2258.1	-47.5	112	13727	12733	7.8
6651.0	5485.8	21.20	103	15999	13734	16.5
829.1	970.8	-14.6	102	16104	17845	-9.8
19637.4	12343.1	59.1	74	31194	34135	-8.6
10150.9	10431.2	-2.7	120	12081	9498	27.2
2927.0	4113.8	-28.8	108	14320	12776	12.1
1448.2	594.6	143.6	116	13370	8925	49.8
1461.6	2167.5	-32.6	111	13743	15639	-12.1
6327.1	5663.1	11.7	115	13527	11063	22.3
8271.9	12429.8	-33.5	118	12584	18265	-31.1
928.9	702.8	32.2	11	226214	180286	25.5
8415.6	1937.2	334.4	105	15116	11826	27.8
5567.3	5515.4	0.9	122	11943	10991	8.7
1227.0	1170.4	4.8	110	13754	15217	-9.6
1508.0	760.9	98.2	109	13930	11369	22.5
861.1	849.5	1.4	54	53774	46644	15.3
1708.9	1317.7	29.7	125	11663	10398	12.2
458.7	525.3	-12.7	51	60030	66305	-9.5
2662.9	1263.8	110.7	126	10868	4432	145.2
2039.6	782.9	160.5	123	11783	12536	-6.0

邮政统计

全国邮政业主要指标基本情况

指　　标	计算单位	2021 年	2020 年	同比增减（绝对量）	同比增减（%）
邮政行业业务总量	亿元	13698.3	21053.2	—	25.1%
邮政寄递服务	亿件	271.6	255.4	16.2	6.3%
其中：函件业务量	亿件	10.9	14.2	−3.3	−23.3%
包裹业务量	万件	1822.9	2030.6	−207.7	−10.2%
报纸业务量	亿份	163.9	165.4	−1.5	−0.9%
杂志业务量	亿份	6.9	7.1	0.3	−3.6%
汇兑业务量	万笔	646.0	960.7	−314.6	−32.8%
快递业务	亿件	1083.0	833.6	249.4	29.9%
邮政行业业务收入	亿元	12642.3	11037.8	1604.5	14.5%
邮政寄递服务	亿元	397.5	406.3	−8.8	−2.1%
快递业务	亿元	10332.3	8795.4	1536.9	17.5%
快递业务收入 / 邮政行业业务收入	%	81.7%	79.9%	1.8	2.3%
邮政邮路条数	万条	4.6	3.7	0.9	24.4%
邮政邮路总长度（单程）	万公里	1192.7	1187.4	5.3	0.4%
其中：航空邮路	万公里	752.3	825.8	−73.5	−8.9%
铁路邮路	万公里	35.9	24.1	11.8	49.2%
汽车邮路	万公里	404.1	336.5	67.6	20.1%
其中：农村投递路线条数	万条	10.5	10.1	0.4	4.1%
农村投递路线长度(单程)	万公里	415.5	410.4	5.1	1.3%
城市投递路线条数	万条	11.5	10.7	0.8	7.8%
城市投递路线长度(单程)	万公里	233.8	219.4	14.4	6.6%

2021 年邮政行业营业网点和邮政信筒信箱数及邮递线路

地　区	邮政行业营业网点（万处）	邮政信筒信箱（万个）	邮路总长度（万公里）				农村投递线路（万公里）
				汽车邮路	铁路邮路	航空邮路	
总　计	41.3	9.5	1192.7	404.1	35.9	752.3	415.5
北京	0.6	0.4	150.5	11.7	2.0	136.8	2.8
天津	0.7	0.3	10.1	2.9	0.0	7.0	2.2
河北	1.8	0.3	15.2	15.1	0.0	0.1	21.4
山西	1.0	0.2	13.7	7.5	0.1	6.1	9.8
内蒙古	0.7	0.2	20.5	10.5	0.1	10.0	15.2
辽宁	1.1	0.2	22.7	12.0	0.4	10.2	10.7
吉林	0.7	0.1	14.8	6.5	0.0	8.3	9.3
黑龙江	0.9	0.2	22.7	9.0	6.6	7.1	9.5
上海	0.7	0.3	18.6	9.7	4.2	4.8	3.7
江苏	2.9	0.5	43.1	31.0	0.0	12.1	26.9
浙江	2.7	1.3	60.1	29.8	3.1	27.2	25.6
安徽	1.8	0.2	23.4	23.0	0.4	0.0	13.6
福建	1.2	0.7	40.4	23.7	0.7	16.1	11.8
江西	1.3	0.2	20.8	12.4	1.5	6.9	9.0
山东	2.4	0.3	41.6	24.1	1.5	16.0	28.8
河南	2.3	0.3	62.1	15.8	0.9	45.3	20.4
湖北	1.7	0.2	28.0	13.9	0.1	14.0	17.4
湖南	1.6	0.3	37.6	12.7	0.6	24.3	21.1
广东	4.1	0.4	306.9	34.4	4.4	268.1	32.2
广西	1.3	0.2	29.1	12.9	0.0	16.2	11.7
海南	0.2	0.3	18.4	2.4	1.1	14.9	3.2
重庆	1.1	0.2	12.3	7.1	0.3	4.9	6.0
四川	3.0	0.7	28.4	18.7	0.3	9.5	22.6
贵州	1.3	0.2	16.2	9.9	0.2	6.1	13.7
云南	1.3	0.2	37.9	12.9	3.0	22.1	19.4
西藏	0.1	0.5	5.9	4.4	0.2	1.3	8.9
陕西	1.5	0.2	18.3	8.4	0.3	9.6	11.7
甘肃	0.6	0.2	17.4	8.8	0.4	8.2	13.2
青海	0.2	0.0	11.0	4.2	1.1	5.8	4.7
宁夏	0.2	0.0	7.6	1.3	0.0	6.3	2.2
新疆	0.4	0.2	37.3	7.3	2.7	27.3	6.8

后 记

在交通运输部和国家铁路局、中国民用航空局、国家邮政局领导的高度重视和编纂工作委员会的正确领导下，《中国交通运输年鉴（2022）》（以下简称《年鉴》）编纂工作启动以来，历经了拟订大纲、分工组稿、收集资料、稿件编辑、审校排版、征求意见等流程，2022 年 6 月形成初稿，在征求各方面意见后对初稿进行了多次修改，经过三审三校、反复推敲，终成此书。

本书的编纂工作由交通运输部办公厅会同国家铁路局、中国民用航空局、国家邮政局综合司（办公室）统筹组织、谋篇布局，各参编单位高度重视、积极响应，对编纂组稿工作给予了业务指导和大力支持，指定专人负责资料收集和稿件撰写，司局领导亲自审核本单位稿件。部档案馆、中国公路学会和《中国公路》杂志社作为编辑工作的承办单位，先后三次对编纂大纲进行了研究调整，对收集的资料采取即收即编的方式，进行认真梳理、查漏补缺，确保了工作进度和编辑质量。

在编纂过程中，**交通运输部**办公厅周敏霞、李洪斌、许春风、侯浩、吕丞、房清雨、李动智、韩韡、蒋丽萍、汤继伦、鲍鑫荣、罗丙辉、刘民、罗健、李丽、刘宝刚、吕军、耿长龙，政策研究室臧青、宋亚峰、朱春雷、李颖、蔡垚、李俊鹏、王振宇、韩东方、周晓雪、张杰、马国栋、方建敏，法制司刘扬、杨剑、李景杰、李树栋，综合规划司高铁、荣学文、付冬梅、夏永强、刘东、杜彩军、刘凌、马骥、张金发、李玉辉、邬志华、尹振军、黄东旭、侯振兴、张巍巍、王广民、范杰、杨建刚、宋彩萍、翟威、郑文英、余高潮、汪忠，财务审计司陈冰波、陈闽、孙静、孟丽静，人事教育司胡红哲、万广顺、王英、蔡筠、孙志伟，公路局高永亮、陈文亮、李泽卿、陶汉祥、王海臣、乔正、杨勇、刘硕、李培源、王恒斌、宾帆、于光、张慧彧、花蕾、贺志高、王燕弓、马超云、尹硕、杨亮、蔡小秋、李健、刘凇男，水运局高鹏飞、王建军、王颖、张琳、赵帅、王大志、李坤、康玮星、张同戌、王显锋、李花叶、郭青松、李德春、闫军、韦伟、邹永超、马跃、李雪莲、谢燕、刘国辉、马兆亮、张俊勇、陈盈、胡琳琳，运输服务司唐俊忠、李旭辉、张鹏、孟文戟、吕亚军、李良华、席锦池、田桂飞、朱超、刘新，安全与质量监督管理司关振军、纪昌安、杨云超、刘健，科技司林小平、赵晓辉、张成、邢凡胜、唐妍，国际合作司（港澳台办公室）陈鹏、陈星森、胡楠、舒兰、杨晓卿，直属机关党委石冬，中国海上搜救中心刘保康、李允，海事局董乐义、黄睿、金玉鑫、宋明、刘雷达、陈康群、陈一忱、周巍、吴延国、胡伟、孙大斌；**国家铁路局**综合司杨海燕，科技与法制司许晨、孙昊、王京伟、庄继武、蒋中明、付国华、蒋中明、刘晓冬、王同磊，安全监察司刘朝辉、刘轩智，运输监督管理司陈建雨，工程监督管理司许亚伟，设备监督管理司周磊，直属机关党委胡力铮、饶俊、潘鑫，人事司刘凯，信息中心夏南，统计中心杨阳，机关服务中心王声林、贺志斌，档案史志处韩丽芳；

中国民用航空局综合司刘凡磊，航空安全办公室朱玉斌，政策法规司刘晶晶，发展计划司李明、袁加林、高超，财务司周雅静，人事科教司许洪，国际司（港澳台办公室）姬秀竹，运输司郑开建、党晓，飞行标准司黄欣，航空器适航审定司赵晋玉，机场司闫法威，空管行业管理办公室侯佳，公安局于天宝，直属机关党委田胜，离退休干部局赵文舟，空管局潘丽先，档案馆苏丽、李雅丹，运行监控中心王传祥，国际合作中心韩婕、方瑞丰、王堪林；**国家邮政局**陈凯、王珍珠、佟正堂、寇建堂、杨文明、郭蒲、王波、寇增春、王晓芳、张淑霞、黄志彪、孔德超、邓治国，国家邮政局发展研究中心王岳函，国家邮政局邮政业安全中心周颖洁，中国邮政快递报社王毅；交通运输部救助打捞局顾嘉君；交通运输部长江航务管理局张伟；交通运输部珠江航务管理局黄婉丽、胡平，中国船级社柯珂；北京市交通委员会李云忠、毕保磊，天津市交通运输委员会张晓亭，河北省交通运输厅石晓峰、党少彬，山西省交通运输厅刘诚恩、郑雪芳、陈瑞丽，内蒙古自治区交通运输厅赵海涛，辽宁省交通运输厅宁威，吉林省交通运输厅刘洪波，黑龙江省交通运输厅杨楠，上海市交通委员会张谨，江苏省交通运输厅孟宇，浙江省交通运输厅周永富，安徽省交通运输厅梁晨、任艳、骆燕、吕广耀，福建省交通运输厅陈昌和、刘弢、卓弋阳、李忠奇、江辉、陈世如，江西省交通运输厅甘红缨、宋喻、田慧、张伟红，山东省交通运输厅王磊、朱惠娟，河南省交通运输厅韩冬，湖北省交通运输厅甘惠萍、罗志文、刘伟、朱正海、李碧、章治国、陆同华、鲁琴、周建勋、邹珺、董沛玲、王华仙、来滨，湖南省交通运输厅卢小成，广东省交通运输厅林健芳、姚小鹏、巫建文、廖为民、车育杰、陈映舒、汪洁、魏然、文艺、李锦威、张欣欣、官元春、刘经法、吴蓉、谢武林、何玲、吴柳纯、陈第侃、梁雪玲、张军，广西壮族自治区交通运输厅覃黄臻，海南省交通运输厅吴开心，重庆市交通局罗超，四川省交通运输厅岑松、蒋君兰、王谦、邱骊丹，贵州省交通运输厅王永超、鄂启科、陈娴、丁伟伟、雷懿川、杨先荣、欧阳琨、宋刚、成倩，云南省交通运输厅杨光勇，西藏自治区交通运输厅杨洁，陕西省交通运输厅何丰博，甘肃省交通运输厅尉永强，青海省交通运输厅林才让，宁夏回族自治区交通运输厅徐娜，新疆维吾尔自治区交通运输厅尹冬雪，新疆生产建设兵团交通运输局王倩等同志在收集资料、撰写稿件、提供图片、审核校对等方面做了大量富有成效的工作。

值此《年鉴》出版之际，向对本书编纂工作提供大力支持和帮助的相关单位和所有人员，一并表示最诚挚的谢意！

由于本书涉及的单位及资料较多，加之编者水平有限，书中难免存在疏漏错误之处，恳请各界人士批评指正。

本书编辑工作组

2022 年 6 月 30 日